中国农垦农场志丛

江苏
南通农场志

中国农垦农场志丛编纂委员会 组编
江苏省南通农场志编纂委员会 主编

中国农业出版社
北京

图书在版编目（CIP）数据

江苏南通农场志 / 中国农垦农场志丛编纂委员会组
编；江苏南通农场志编纂委员会主编． -- 北京：中国
农业出版社，2023. 12. -- （中国农垦农场志丛）．
ISBN 978-7-109-32575-3

Ⅰ．F324.1

中国国家版本馆 CIP 数据核字第 2024CP2919 号

出 版 人：刘天金
出版策划：郭　辉
丛书统筹：王庆宁　赵世元
审 稿 组：颜景辰　干锦春　薛　波
编 辑 组：杨金妹　王庆宁　周　珊　李　梅　刘昊阳　黄　曦　吕　睿　赵世元　刘佳玫
　　　　　李海锋　王玉水　李兴旺　蔡雪青　刘金华　耿韶磊　张潇逸　徐志平　常　静
　　　　　张田萌　银　雪　李瑞婷
工 艺 组：毛志强　王　宏　吴丽婷
设 计 组：姜　欣　关晓迪　王　晨　杨　婧
发行宣传：王贺春　蔡　鸣　李　晶　雷云钊　曹建丽
技术支持：王芳芳　赵晓红　张　瑶

江苏南通农场志

Jiangsu Nantong Nongchang Zhi

中国农业出版社出版
地址：北京市朝阳区麦子店街 18 号楼
邮编：100125
责任编辑：李　梅　　文字编辑：刘金华
版式设计：王　晨　　责任校对：张雯婷
印刷：北京通州皇家印刷厂
版次：2023 年 12 月第 1 版
印次：2023 年 12 月北京第 1 次印刷
发行：新华书店北京发行所
开本：889mm×1194mm　1/16
印张：47.5　　插页：28
字数：1200 千字
定价：580.00 元

大众分社投稿邮箱：zgnywwsz@163.com

国营南通农场历年围垦示意图

北

图 例

1958 年围
1960 年围
1964 年围
1965 年围
1968 年围
1969 年围
1972 年围

海门县 三和乡

南兴公社小学

坚积洪闸

1队
2队
4队
3队
5队
7队
9队
中心队
8队
12队
16队
20队
25队
21队
26队
22队
24队
27队
13队
17队
14队
18队
15队
19队
23队
11队

田头明闸

南兴公社
南社
社
公
行
竹
社
公

大安休四

老洪港闸
老洪港农场
老洪港
新垦农场
老洪

江苏省军区东方红农场

长江

长江

江苏省国营南通农场区域平面图（1988年）

北

海门县 三和乡

38 大队
39 大队
场
小

37 大队
分
36 大队
兴
水产养殖场
江心沙农场

明
34 大队
33 大队
大
29 大队
32 大队
30 大队
园艺场
27 大队
南兴乡十八大队
江边渔场
招结闸

1 大队
中
心
分
3 大队
场
19 大队
22 大队
5 大队
2 大队

4 大队
9 大队
13 大队
15 大队
分
21 大队
23 大队
17 大队
20 大队
24 大队
星

6 大队
10 大队
边
7 大队
11 大队
江
江苏省军区东方红农场

种畜场
竹
行
8 大队
14 大队
12 大队
场
新

长
洪
长
垦
长
场
大安横四
大心横四
长青河
江
江

南通市　南通县
崇明
常熟市　海门
太仓
昆山　浒浦
上海市
苏州市
长江口
启东
长江

图例

1:5万

地界
河流
简易公路　土公路
水闸
船闸
★
⊖
P
只车站

一九八八年六月制

江苏农垦集团南通有限公司持证土地分布图

原农垦部副部长王震（左二）、杨欣（左三）
视察农场江海皮鞋厂

原农垦部副部长杨煜（左四）视察农场

原江苏省委常委徐方恒（右二）、孙叶（右一）
在农场指导工作

原农垦部副部长赵凡（左三）视察农场

1994年，第十届全国政协副主席，时任江苏省副省长张怀西在
农场题词"面向市场"

2006 年时任江苏省农垦集团公司党委书记宣荣（右二）视察农场江海花园

2007 年时任团中央书记处书记卢雍政（右二）来农场视察

2008 年时任江苏省农垦集团公司党委副书记、总经理任建新（左五）视察农场福地广场建设工地

2014 年时任江苏省国资委副主任王宁生（右三）来农场视察混凝土项目

2017 年时任江苏省农垦集团公司党委副书记、总经理胡兆辉（右三）来农场视察夏收工作

2017 年时任开发区管理委员会主任顾淑英（左四）来农场调研

2017年江苏省农垦集团公司原党委书记、董事长许祖元（右二）视察新福地公司

2018年时任江苏省农垦集团公司党委书记、董事长魏红军（左二）来农场慰问

2018年时任江苏省农垦集团公司党委副书记姚准明（右二）春节慰问农场困难职工

2020年时任江苏省农垦集团公司副总经理刘耀威（左一）春节慰问农场困难职工

2020年时任江苏省农垦集团公司副总经理姜建友（右五）来农场检查基层党务工作

徐志明 ■

张德仁 ■

何静平 ■

李志忠 ■

王金亭 ■

郭洪义 ■

周伟森 ■

黄德元 ■

李志民 ■

葛克平 ■

袁象耕 ■

王钧强 ■

二、历任正职领导

仲银 ■

顾惠成 ■

冯德龙 ■

刘刚 ■

严忠 ■

杨新民 ■

薛忠 ■

朱忠惠 ■

筑坝

开荒

造林

合龙

备耕

开沟

三、历史回眸

耕耘 ■

丰收 ■

小棚 ■

制砖 ■

晨曲 ■

锻炼 ■

援非农机人员合影 ■

居民区新旧对比 1

居民区新旧对比 2

农场场部新旧对比

办公大楼新旧对比

河道新旧对比　　　　　　　　　　　　　　　农场道路新旧对比

农场新貌

农场境内苏通大桥

党员读书活动 ■

2007 年农场规模以上非公企业组建党组织工作动员会 ■

2007 年纪念建党 86 周年时政报告会 ■

2008 年党的十七大知识竞赛 ■

2009 年学习科学发展观动员大会 ■

2009 年冬训会场 ■

2015 年警示教育大会 ■

2016 年参加园区建党 95 周年大合唱 ■

2017 年南通公司第一次党代会 ■

2017 年南湖宣誓 ■

2018 年淮海红色实境教育 ■

2019 年与江海镇党建共建签约仪式 ■

2020 年井冈山实境教育 ■

2020 年党建共建从严治党作风效能大会 ■

2020 年与长江镇田桥村结对帮扶 ■

2020 年"七一"表彰大会 ■

六、农业现代化

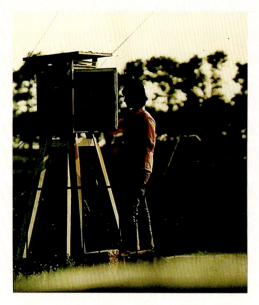

气象哨 ◾

农机车队 ◾

播种机 ◾

飞机治虫 ◾

机械耕地

机械打药

培育秧苗

草坪种植

插秧机

机械插秧

机械治虫 ■

水稻鱼虾一体化养殖 ■

大型收割机 ■

田间套种收割 ■

丰收 ■

无人机作业 ■

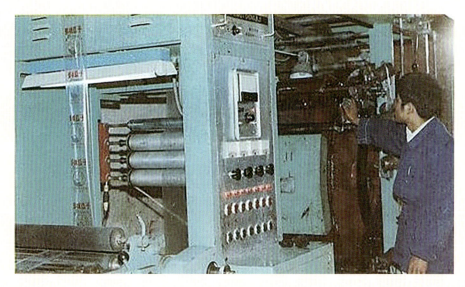

印刷厂车间 ■

醋厂 ■

包装脆饼 ■

皮鞋厂 ■

七、场办工业

粮油加工厂露天粮仓 ■

酱厂 ■

钢丝绳厂 ■

拆船厂工地 ■

江海酿酒厂 ■

酒厂灌装 ■

味精厂工人工作现场 ▦

粮油加工厂车间 ▦

修造厂石蜡车间 ▦

运输队船队 ▦

服装厂车间 ▦

建安公司承建的楼房 ▦

八、控参股企业

江苏中新苏通商品混凝土有限公司投产 ■

江苏农垦南通电力有限公司 ■

南通元基商业管理有限公司 ■

混凝土公司设备 ■

南通大桥广告有限公司 ■

电力施工现场 ■

元基公司工地 ■

南通市通常汽渡有限公司 ■

大桥广告高炮安装 ■

南通宝腾汽车销售服务有限公司 ■

汽车维修车间 ■

南京溧水区苏垦农村小额贷款有限公司 ■

江景瑞园售楼中心 ■

江苏农垦新福地投资发展有限公司开发项目之一 ■

江景瑞园 ■

河蚌育珠

河鱼养殖

猪场

薄荷收割

鸡苗

赶鸭

土豆丰收 ■

花卉栽培 ■

种业

桃子 ■

草莓 ■

葡萄 ■

水芹 ■

大闸蟹 ■

西瓜 ■

十、群团工作

职工交流大会

全场职工代表暨工会会员代表大会

管理区职工会员代表大会

属地企业工会会员代表大会

私营企业工会会员代表大会

南通公司职工暨工会会员大会

职工之家落成典礼 ■

首届职工运动会 ■

"三八"国际劳动妇女节活动 ■

职工运动会 ■

工会新会员入会宣誓 ■

老年门球队 ■

工会庆"三八"知识竞赛 ■

工会拓展活动 ■

团委植树活动 ■

团委"五四"活动 ■

职工幼儿园 ■

"六一"儿童节游艺比赛 ■

农场小学 ■

农场职业学校服装班 ■

女职工知识竞赛 ■

电力施工现场教学 ■

十一、职工教育 卫生防疫

市场营销培训班 ■

转岗职工岗位培训知识竞赛 ■

计划生育知识竞赛 ■

消防安全培训 ■

水产养殖技术培训班 ■

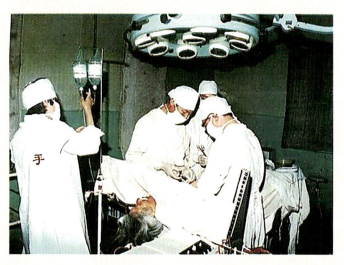

职工医院手术室 ■

社区卫生服务中心 ▮

慰问防疫人员 ▮

路口防疫值勤 ▮

路口防疫登记 ▮

十二、文化体育

职工运动会亲子活动 ■

庆"元旦"革命歌曲汇演 ■

职工运动会拔河 ■

职工运动会游泳 ■

职工电影放映队 ■

参加通州市象棋团体赛 ■

职工宣传栏 ■

与民同乐活动 ■

"江海风韵"文艺晚会 ■

参加开发区文艺汇演 ■

元宵节职工猜谜活动 ■

职工篮球队 ■

江苏省农垦文化艺术节文艺汇演——"秋之韵" ■

职工活动中心羽毛球馆 ■

老年门球队比赛 ■

文化宣讲报告会 ■

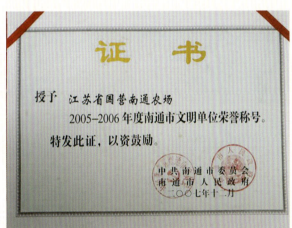

南通公司成立莫文隋志愿服务大队 ■

志愿者宣誓 ■

"情暖江海"定向捐助签约 ■

向敬老院捐赠资金及物资 ■

捐赠活动 ■

街头募捐 ■

关爱女孩行动 ■

为汶川地震募捐晚会 ■

"爱心粥"活动 ■

社区卫生整治志愿活动 ■

田桥村帮扶孤寡老人志愿服务 ■

农场团委学雷锋志愿服务 ■

田桥村爱心助学 ■

一方有难，八方支援 ■

公司员工奉献爱心献血活动 ■

敬老院看望老人 ■

大棚西瓜技术指导 ▮

农田林网化 ▮

大棚西瓜 ▮

"通农"牌西瓜 ▮

设施栽培 ▮

农林一体 ■

收获在金秋 ■

生态家园 ■

十六、对外合作 招商引资

江苏省农垦集团公司与上海景瑞合作签约

江苏省农垦集团公司与上海鹏欣集团合作签约

南通市政府、江苏省农垦集团公司土地合作签约

南通市经济开发区、江苏省农垦集团合作开发协议签约

中旗国信来南通公司考察

苏垦南通公司领导到三河农场考察学习

苏垦南通公司领导到临海农场考察学习

苏垦南通公司领导考察乐嘉大厦商业综合体

挑担筑堤 ■   二十四团机场警卫连女战士 ■

二十四团宣传队乐队在农场礼堂演出 ■   二十四团宣传队《农奴戟》剧组乐队 ■

知青园开园仪式 ■   农场知青小提琴演奏 ■

农场知青评弹表演 ■   常州知青大合唱 ■

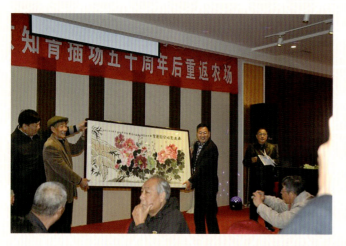

知青向农场捐赠书画 ■

农场十七队插队知青回场省亲 ■

南京知青插场50周年回场省亲合影留念 ■

镇江知青插场50周年回场省亲合影留念 ■

南通市首批知青插场50周年回场省亲合影留念 ■

60周年场庆大会会场 ■

农场成立 60 周年大会主席台 ■

江苏省农垦集团公司党委委员、副总经理仲小兵在南通
农场成立 60 周年大会上致辞 ■

农场党委书记严忠在南通农场 60 周年场庆会上发言 ■

60周年场庆之青年发展论坛会场　　　　　　　　　　　　会议签到

会场掠影1　　　　　　　　　　　　　　　　　会场掠影2

60周年场庆晚会舞蹈之《老师妈妈，妈妈老师》　　　60周年场庆晚会之《丰收舞》

60 周年场庆晚会之《春天的脚步》 ■

60 周年场庆晚会之《重阳"家"话》 ■

60 周年场庆晚会之《革命人永远是年轻》 ■

60 周年场庆晚会之大合唱《农垦之歌》《共筑中国梦》 ■

60 周年场庆大会合影 ■

十九、社会民生

扫除文盲 ■

文化宣传 ■

农场派出所成立 ■

积极参军 ■

光荣时刻 ■　　　　　　　　成立社区管理委员会 ■

禁毒宣传 ■

人口普查宣传 ■

法制宣传 ■

民兵训练 ■

新人妙会 ■

文化下乡 ■

广场舞 ■

慰问困难户 ■

南通农场区位图

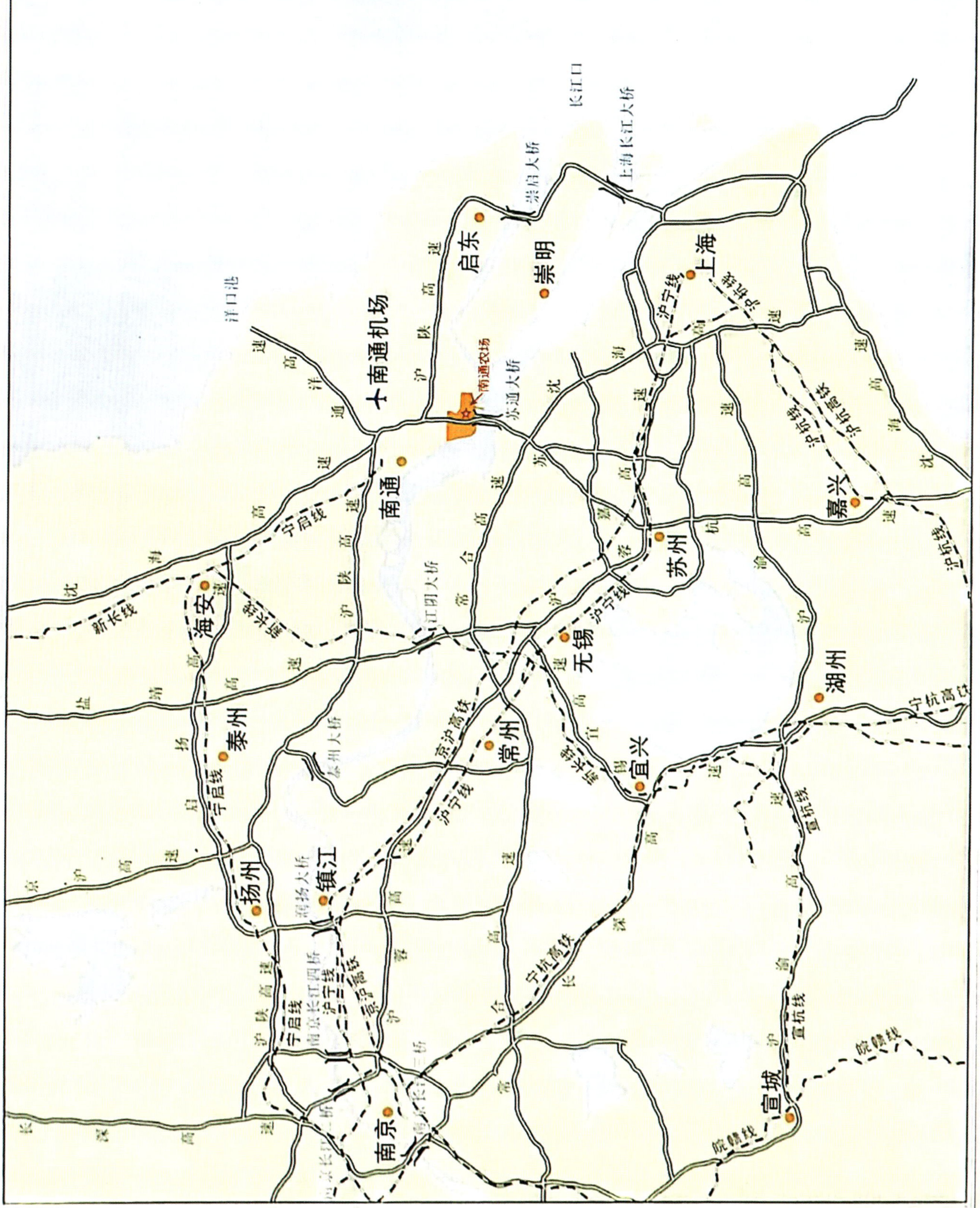

长江口

崇启大桥

上海长江大桥

启东

崇明

上海

沪宁线

洋口港

南通机场

南通农场

苏通大桥

嘉兴

南通

江阴大桥

苏州

无锡

沪宁线

海安

湖州

泰州

京沪高铁

常州

宜兴

扬州

镇江

润扬大桥

南京长江四桥

南京长江大桥

宣城

皖赣线

南京

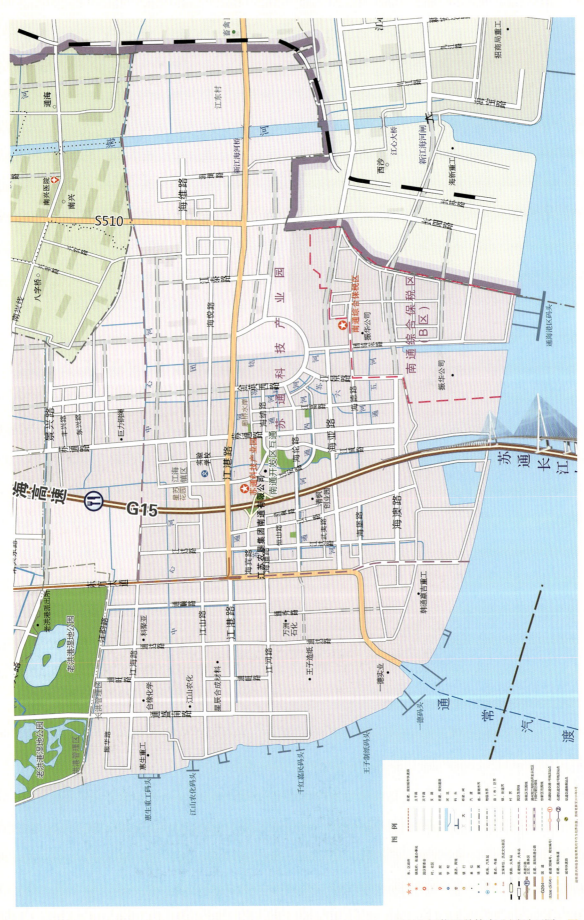

2019 年苏通科技产业园平面图

中国农垦农场志丛编纂委员会

主 任

张兴旺

副主任

左常升　李尚兰　刘天金　彭剑良　程景民　王润雷

成 员（按垦区排序）

肖辉利　毕国生　苗冰松　茹栋梅　赵永华　杜　鑫

陈　亮　王守聪　许如庆　姜建友　唐冬寿　王良贵

郭宋玉　兰永清　马常春　张金龙　李胜强　马艳青

黄文沐　张安明　王明魁　徐　斌　田李文　张元鑫

余　繁　林　木　王　韬　张懿笃　杨毅青　段志强

武洪斌　熊　斌　冯天华　朱云生　常　芳

中国农垦农场志丛编纂委员会办公室

主 任

王润雷

副主任

王　生　刘爱芳　武新宇　明　星

成 员

胡从九　刘琢琬　干锦春　王庆宁

中国农垦农场志丛

江苏南通农场志编纂委员会

主　任　孙　健

副主任　马少先　朱忠惠　于　琦　王信成　徐　曙　葛　俊

委　员　陆卫波　桑郁林　陆卫霞　陈飞（大）　陶　锋　邱慧婷

　　　　王小红　王晓林　宗　明　吉远军　何　忠　王　进

　　　　邱建华　张新海　沈　飞

顾　问　刘　刚　严　忠　冯德龙　丁荣根　杨新民　薛　忠

　　　　葛克平　王钧强　仲　银　顾惠成　朱启明　周永昌

　　　　张耀康　原强国　沈玉林　周卫平　庄凤水

江苏南通农场志编纂人员

主　任　陆卫波

副主任　施春芳　高建辉

编审人员

主　编　高建辉　施春芳

编审协助　周开全　陈发兵　严林锋　周　峰　何　佳　薛秋诗

　　　　　张润雨　杨天一　吴韵楠　曹　旸　曹天琦　郝成飞

　　　　　孙佳俊　徐友林　沈　芳　徐益辉

图片提供　葛克平　姜国生　宗　明　陈飞（小）　朱小照　袁　强

　　　　　吉家祥

中国农垦农场志丛自 2017 年开始酝酿，历经几度春秋寒暑，终于在建党 100 周年之际，陆续面世。在此，谨向所有为修此志作出贡献、付出心血的同志表示诚挚的敬意和由衷的感谢！

中国共产党领导开创的农垦事业，为中华人民共和国的诞生和发展立下汗马功劳。八十余年来，农垦事业的发展与共和国的命运紧密相连，在使命履行中，农场成长为国有农业经济的骨干和代表，成为国家在关键时刻抓得住、用得上的重要力量。

如果将农垦比作大厦，那么农场就是砖瓦，是基本单位。在全国 31 个省（自治区、直辖市，港澳台除外），分布着 1800 多个农垦农场。这些星罗棋布的农场如一颗颗玉珠，明暗随农垦的历史进程而起伏；当其融汇在一起，则又映射出农垦事业波澜壮阔的历史画卷，绽放着"艰苦奋斗、勇于开拓"的精神光芒。

（一）

"农垦"概念源于历史悠久的"屯田"。早在秦汉时期就有了移民垦荒，至汉武帝时创立军屯，用于保障军粮供应。之后，历代沿袭屯田这一做法，充实国库，供养军队。

中国共产党借鉴历代屯田经验，发动群众垦荒造田。1933 年 2 月，中华苏维埃共和国临时中央政府颁布《开垦荒地荒田办法》，规定"县区土地部、乡政府要马上调查统计本地所有荒田荒地，切实计划、发动群众去开荒"。到抗日战争时期，中国共产党大规模地发动军人进行农垦实践，肩负起支援抗战的特殊使命，农垦事业正式登上了历史舞台。

20 世纪 30 年代末至 40 年代初，抗日战争进入相持阶段，在日军扫荡和国民党军事包围、经济封锁等多重压力下，陕甘宁边区生活日益困难。"我们曾经弄到几乎没有衣穿，没有油吃，没有纸、没有菜，战士没有鞋袜，工作人员在冬天没有被盖。"毛泽东同志曾这样讲道。

面对艰难处境，中共中央决定开展"自己动手，丰衣足食"的生产自救。1939 年 2 月 2 日，毛泽东同志在延安生产动员大会上发出"自己动手"的号召。1940 年 2 月 10 日，中共中央、中央军委发出《关于开展生产运动的指示》，要求各部队"一面战斗、一面生产、一面学习"。于是，陕甘宁边区掀起了一场轰轰烈烈的大生产运动。

这个时期，抗日根据地的第一个农场——光华农场诞生了。1939 年冬，根据中共中央的决定，光华农场在延安筹办，生产牛奶、蔬菜等食物。同时，进行农业科学实验、技术推广，示范带动周边群众。这不同于古代屯田，开创了农垦示范带动的历史先河。

在大生产运动中，还有一面"旗帜"高高飘扬，让人肃然起敬，它就是举世闻名的南泥湾大生产运动。

1940 年 6—7 月，为了解陕甘宁边区自然状况、促进边区建设事业发展，在中共中央财政经济部的支持下，边区政府建设厅的农林科学家乐天宇等一行 6 人，历时 47 天，全面考察了边区的森林自然状况，并完成了《陕甘宁边区森林考察团报告书》，报告建议垦殖南泥洼（即南泥湾）。之后，朱德总司令亲自前往南泥洼考察，谋划南泥洼的开发建设。

1941 年春天，受中共中央的委托，王震将军率领三五九旅进驻南泥湾。那时，南泥湾俗称"烂泥湾","方圆百里山连山",战士们"只见梢林不见天",身边做伴的是满山窜的狼豹黄羊。在这种艰苦处境中,战士们攻坚克难,一手拿枪,一手拿镐,练兵开荒两不误,把"烂泥湾"变成了陕北的"好江南"。从 1941 年到 1944 年,仅仅几年时间,三五九旅的粮食产量由 0.12 万石猛增到 3.7 万石,上缴公粮 1 万石,达到了耕一余一。与此同时,工业、商业、运输业、畜牧业和建筑业也得到了迅速发展。

南泥湾大生产运动,作为中国共产党第一次大规模的军垦,被视为农垦事业的开端,南泥湾也成为农垦事业和农垦精神的发祥地。

进入解放战争时期,建立巩固的东北根据地成为中共中央全方位战略的重要组成部分。毛泽东同志在 1945 年 12 月 28 日为中共中央起草的《建立巩固的东北根据地》中,明确指出"我党现时在东北的任务,是建立根据地,是在东满、北满、西满建立巩固的军事政治的根据地",要求"除集中行动负有重大作战任务的野战兵团外,一切部队和机关,必须在战斗和工作之暇从事生产"。

紧接着,1947 年,公营农场兴起的大幕拉开了。

这一年春天,中共中央东北局财经委员会召开会议,主持财经工作的陈云、李富春同志在分析时势后指出:东北行政委员会和各省都要"试办公营农场,进行机械化农业实验,以迎接解放后的农村建设"。

这一年夏天,在松江省政府的指导下,松江省省营第一农场(今宁安农场)创建。省政府主任秘书李在人为场长,他带领着一支 18 人的队伍,在今尚志市一面坡太平沟开犁生产,一身泥、一身汗地拉开了"北大荒第一犁"。

这一年冬天,原辽北军区司令部作训科科长周亚光带领人马,冒着严寒风雪,到通北县赵光区实地踏查,以日伪开拓团训练学校旧址为基础,建成了我国第一个公营机械化农场——通北机械农场。

之后,花园、永安、平阳等一批公营农场纷纷在战火的硝烟中诞生。与此同时,一部分身残志坚的荣誉军人和被解放的国民党军人,向东北荒原宣战,艰苦拓荒、艰辛创业,创建了一批荣军农场和解放团农场。

再将视线转向华北。这一时期，在河北省衡水湖的前身"千顷洼"所在地，华北人民政府农业部利用一批来自联合国善后救济总署的农业机械，建成了华北解放区第一个机械化公营农场——冀衡农场。

除了机械化农场，在那个主要靠人力耕种的年代，一些拖拉机站和机务人员培训班诞生在东北、华北大地上，推广农业机械化技术，成为新中国农机事业人才培养的"摇篮"。新中国的第一位女拖拉机手梁军正是优秀代表之一。

（二）

中华人民共和国成立后农垦事业步入了发展的"快车道"。

1949年10月1日，新中国成立了，百废待兴。新的历史阶段提出了新课题、新任务：恢复和发展生产，医治战争创伤，安置转业官兵，巩固国防，稳定新生的人民政权。

这没有硝烟的"新战场"，更需要垦荒生产的支持。

1949年12月5日，中央人民政府人民革命军事委员会发布《关于1950年军队参加生产建设工作的指示》，号召全军"除继续作战和服勤务者而外，应当负担一部分生产任务，使我人民解放军不仅是一支国防军，而且是一支生产军"。

1952年2月1日，毛泽东主席发布《人民革命军事委员会命令》："你们现在可以把战斗的武器保存起来，拿起生产建设的武器。"批准中国人民解放军31个师转为建设师，其中有15个师参加农业生产建设。

垦荒战鼓已擂响，刚跨进和平年代的解放军官兵们，又背起行囊，扑向荒原，将"作战地图变成生产地图"，把"炮兵的瞄准仪变成建设者的水平仪"，让"战马变成耕马"，在戈壁荒漠、三江平原、南国边疆安营扎寨，攻坚克难，辛苦耕耘，创造了农垦事业的一个又一个奇迹。

1. 将戈壁荒漠变成绿洲

1950年1月，王震将军向驻疆部队发布开展大生产运动的命令，动员11万余名官兵就地屯垦，创建军垦农场。

垦荒之战有多难，这些有着南泥湾精神的农垦战士就有多拼。

没有房子住，就搭草棚子、住地窝子；粮食不够吃，就用盐水煮麦粒；没有拖拉机和畜力，就多人拉犁开荒种地……

然而，戈壁滩缺水，缺"农业的命根子"，这是痛中之痛！

没有水，战士们就自己修渠，自伐木料，自制筐担，自搓绳索，自开块石。修渠中涌现了很多动人故事，据原新疆兵团农二师师长王德昌回忆，1951 年冬天，一名来自湖南的女战士，面对磨断的绳子，情急之下，割下心爱的辫子，接上绳子背起了石头。

在战士们全力以赴的努力下，十八团渠、红星渠、和平渠、八一胜利渠等一条条大地的"新动脉"，奔涌在戈壁滩上。

1954 年 10 月，经中共中央批准，新疆生产建设兵团成立，陶峙岳被任命为司令员，新疆维吾尔自治区党委书记王恩茂兼任第一政委，张仲瀚任第二政委。努力开荒生产的驻疆屯垦官兵终于有了正式的新身份，工作中心由武装斗争转为经济建设，新疆地区的屯垦进入了新的阶段。

之后，新疆生产建设兵团重点开发了北疆的准噶尔盆地、南疆的塔里木河流域及伊犁、博乐、塔城等边远地区。战士们鼓足干劲，兴修水利、垦荒造田、种粮种棉、修路架桥，一座座城市拔地而起，荒漠变绿洲。

2. 将荒原沼泽变成粮仓

在新疆屯垦热火朝天之时，北大荒也进入了波澜壮阔的开发阶段，三江平原成为"主战场"。

1954 年 8 月，中共中央农村工作部同意并批转了农业部党组《关于开发东北荒地的农建二师移垦东北问题的报告》，同时上报中央军委批准。9 月，第一批集体转业的"移民大军"——农建二师由山东开赴北大荒。这支 8000 多人的齐鲁官兵队伍以荒原为家，创建了二九○、二九一和十一农场。

同年，王震将军视察黑龙江汤原后，萌发了开发北大荒的设想。领命的是第五师副师长余友清，他打头阵，率一支先遣队到密山、虎林一带踏查荒原，于 1955 年元旦，在虎林县（今虎林市）西岗创建了铁道兵第一个农场，以部队番号命名为"八五〇部农场"。

1955 年，经中共中央同意，铁道兵 9 个师近两万人挺进北大荒，在密山、虎林、饶河一带开荒建场，拉开了向三江平原发起总攻的序幕，在八五〇部农场周围建起了一批八字头的农场。

1958 年 1 月，中央军委发出《关于动员十万干部转业复员参加生产建设的指示》，要求全军复员转业官兵去开发北大荒。命令一下，十万转业官兵及家属，浩浩荡荡进军三江平原，支边青年、知识青年也前赴后继地进攻这片古老的荒原。

垦荒大军不惧苦、不畏难，鏖战多年，荒原变良田。1964 年盛夏，国家副主席董必武来到北大荒视察，面对麦香千里即兴赋诗："斩棘披荆忆老兵，大荒已变大粮屯。"

3. 将荒郊野岭变成胶园

如果说农垦大军在戈壁滩、北大荒打赢了漂亮的要粮要棉战役，那么，在南国边疆，则打赢了一场在世界看来不可能胜利的翻身仗。

1950 年，朝鲜战争爆发后，帝国主义对我国实行经济封锁，重要战略物资天然橡胶被禁运，我国国防和经济建设面临严重威胁。

当时世界公认天然橡胶的种植地域不能超过北纬 17°，我国被国际上许多专家划为"植胶禁区"。

但命运应该掌握在自己手中，中共中央作出"一定要建立自己的橡胶基地"的战略决策。1951 年 8 月，政务院通过《关于扩大培植橡胶树的决定》，由副总理兼财政经济委员会主任陈云亲自主持这项工作。同年 11 月，华南垦殖局成立，中共中央华南分局第一书记叶剑英兼任局长，开始探索橡胶种植。

1952 年 3 月，两万名中国人民解放军临危受命，组建成林业工程第一师、第二师和一个独立团，开赴海南、湛江、合浦等地，住茅棚、战台风、斗猛兽，白手起家垦殖橡胶。

大规模垦殖橡胶，急需胶籽。"一粒胶籽，一两黄金"成为战斗口号，战士们不惜一切代价收集胶籽。有一位叫陈金照的小战士，运送胶籽时遇到山洪，被战友们找到时已没有了呼吸，而背上箩筐里的胶籽却一粒没丢……

正是有了千千万万个把橡胶看得重于生命的陈金照们，1957年春天，华南垦殖局种植的第一批橡胶树，流出了第一滴胶乳。

1960年以后，大批转业官兵加入海南岛植胶队伍，建成第一个橡胶生产基地，还大面积种植了剑麻、香茅、咖啡等多种热带作物。同时，又有数万名转业官兵和湖南移民汇聚云南边疆，用血汗浇灌出了我国第二个橡胶生产基地。

在新疆、东北和华南三大军垦战役打响之时，其他省份也开始试办农场。1952年，在政务院关于"各县在可能范围内尽量地办起和办好一两个国营农场"的要求下，全国各地农场如雨后春笋般发展起来。1956年，农垦部成立，王震将军被任命为部长，统一管理全国的军垦农场和地方农场。

随着农垦管理走向规范化，农垦事业也蓬勃发展起来。江西建成多个综合垦殖场，发展茶、果、桑、林等多种生产；北京市郊、天津市郊、上海崇明岛等地建起了主要为城市提供副食品的国营农场；陕西、安徽、河南、西藏等省区建立发展了农牧场群……

到1966年，全国建成国营农场1958个，拥有职工292.77万人，拥有耕地面积345457公顷，农垦成为我国农业战线一支引人瞩目的生力军。

（三）

前进的道路并不总是平坦的。"文化大革命"持续十年，使党、国家和各族人民遭到新中国成立以来时间最长、范围最广、损失最大的挫折，农垦系统也不能幸免。农场平均主义盛行，从1967年至1978年，农垦系统连续亏损12年。

"没有一个冬天不可逾越，没有一个春天不会来临。"1978年，党的十一届三中全会召开，如同一声春雷，唤醒了沉睡的中华大地。手握改革开放这一法宝，全党全社会朝着社会主义现代化建设方向大步前进。

在这种大形势下，农垦人深知，国营农场作为社会主义全民所有制企业，应当而且有条件走在农业现代化的前列，继续发挥带头和示范作用。

于是，农垦人自觉承担起推进实现农业现代化的重大使命，乘着改革开放的春风，开始进行一系列的上下求索。

1978 年 9 月，国务院召开了人民公社、国营农场试办农工商联合企业座谈会，决定在我国试办农工商联合企业，农垦系统积极响应。作为现代化大农业的尝试，机械化水平较高且具有一定工商业经验的农垦企业，在农工商综合经营改革中如鱼得水，打破了单一种粮的局面，开启了农垦一二三产业全面发展的大门。

农工商综合经营只是农垦改革的一部分，农垦改革的关键在于打破平均主义，调动生产积极性。

为调动企业积极性，1979 年 2 月，国务院批转了财政部、国家农垦总局《关于农垦企业实行财务包干的暂行规定》。自此，农垦开始实行财务大包干，突破了"千家花钱，一家（中央）平衡"的统收统支方式，解决了农垦企业吃国家"大锅饭"的问题。

为调动企业职工的积极性，从 1979 年根据财务包干的要求恢复"包、定、奖"生产责任制，到 1980 年后一些农场实行以"大包干"到户为主要形式的家庭联产承包责任制，再到 1983 年借鉴农村改革经验，全面兴办家庭农场，逐渐建立大农场套小农场的双层经营体制，形成"家家有场长，户户搞核算"的蓬勃发展气象。

为调动企业经营者的积极性，1984 年下半年，农垦系统在全国选择 100 多个企业试点推行场（厂）长、经理负责制，1988 年全国农垦有 60% 以上的企业实行了这项改革，继而又借鉴城市国有企业改革经验，全面推行多种形式承包经营责任制，进一步明确主管部门与企业的权责利关系。

以上这些改革主要是在企业层面，以单项改革为主，虽然触及了国家、企业和职工的最直接、最根本的利益关系，但还没有完全解决传统体制下影响农垦经济发展的深层次矛盾和困难。

"历史总是在不断解决问题中前进的。"1992年，继邓小平南方谈话之后，党的十四大明确提出，要建立社会主义市场经济体制。市场经济为农垦改革进一步指明了方向，但农垦如何改革才能步入这个轨道，真正成为现代化农业的引领者？

关于国营大中型企业如何走向市场，早在1991年9月中共中央就召开工作会议，强调要转换企业经营机制。1992年7月，国务院发布《全民所有制工业企业转换经营机制条例》，明确提出企业转换经营机制的目标是："使企业适应市场的要求，成为依法自主经营、自负盈亏、自我发展、自我约束的商品生产和经营单位，成为独立享有民事权利和承担民事义务的企业法人。"

为转换农垦企业的经营机制，针对在干部制度上的"铁交椅"、用工制度上的"铁饭碗"和分配制度上的"大锅饭"问题，农垦实施了干部聘任制、全员劳动合同制以及劳动报酬与工效挂钩的三项制度改革，为农垦企业建立在用人、用工和收入分配上的竞争机制起到了重要促进作用。

1993年，十四届三中全会再次擂响战鼓，指出要进一步转换国有企业经营机制，建立适应市场经济要求，产权清晰、权责明确、政企分开、管理科学的现代企业制度。

农业部积极响应，1994年决定实施"三百工程"，即在全国农垦选择百家国有农场进行现代企业制度试点、组建发展百家企业集团、建设和做强百家良种企业，标志着农垦企业的改革开始深入到企业制度本身。

同年，针对有些农场仍为职工家庭农场，承包户垫付生产、生活费用这一问题，根据当年1月召开的全国农业工作会议要求，全国农垦系统开始实行"四到户"和"两自理"，即土地、核算、盈亏、风险到户，生产费、生活费由职工自理。这一举措彻底打破了"大锅饭"，开启了国有农场农业双层经营体制改革的新发展阶段。

然而，在推进市场经济进程中，以行政管理手段为主的垦区传统管理体制，逐渐成为束缚企业改革的桎梏。

垦区管理体制改革迫在眉睫。1995年，农业部在湖北省武汉市召开全国农垦经济体制改革工作会议，在总结各垦区实践的基础上，确立了农垦管理体制的改革思路：逐步弱化行政职能，加快实体化进程，积极向集团化、公司化过渡。以此会议为标志，垦区管理体制改革全面启动。北京、天津、黑龙江等 17 个垦区按照集团化方向推进。此时，出于实际需要，大部分垦区在推进集团化改革中仍保留了农垦管理部门牌子和部分行政管理职能。

"前途是光明的，道路是曲折的。"由于农垦自身存在的政企不分、产权不清、社会负担过重等深层次矛盾逐渐暴露，加之农产品价格低迷、激烈的市场竞争等外部因素叠加，从 1997 年开始，农垦企业开始步入长达 5 年的亏损徘徊期。

然而，农垦人不放弃、不妥协，终于在 2002 年"守得云开见月明"。这一年，中共十六大召开，农垦也在不断调整和改革中，告别"五连亏"，盈利 13 亿。

2002 年后，集团化垦区按照"产业化、集团化、股份化"的要求，加快了对集团母公司、产业化专业公司的公司制改造和资源整合，逐步将国有优质资产集中到主导产业，进一步建立健全现代企业制度，形成了一批大公司、大集团，提升了农垦企业的核心竞争力。

与此同时，国有农场也在企业化、公司化改造方面进行了积极探索，综合考虑是否具备企业经营条件、能否剥离办社会职能等因素，因地制宜、分类指导。一是办社会职能可以移交的农场，按公司制等企业组织形式进行改革；办社会职能剥离需要过渡期的农场，逐步向公司制企业过渡。如广东、云南、上海、宁夏等集团化垦区，结合农场体制改革，打破传统农场界限，组建产业化专业公司，并以此为纽带，进一步将垦区内产业关联农场由子公司改为产业公司的生产基地（或基地分公司），建立了集团与加工企业、农场生产基地间新的运行体制。二是不具备企业经营条件的农场，改为乡、镇或行政区，向政权组织过渡。如 2003 年前后，一些垦区的部分农场连年严重亏损，有的甚至濒临破产。湖南、湖北、河北等垦区经省委、省政府批准，对农场管理体制进行革新，把农场管理权下放到市县，实行属地管理，一些农场建立农场管理区，赋予必要的政府职能，给予财税优惠政策。

这些改革离不开农垦职工的默默支持，农垦的改革也不会忽视职工的生活保障。1986 年，根据《中共中央、国务院批转农牧渔业部〈关于农垦经济体制改革问题的报告〉的通知》要求，农垦系统突破职工住房由国家分配的制度，实行住房商品化，调动职工自己动手、改善住房的积极性。1992 年，农垦系统根据国务院关于企业职工养老保险制度改革的精神，开始改变职工养老保险金由企业独自承担的局面，此后逐步建立并完善国家、企业、职工三方共同承担的社会保障制度，减轻农场养老负担的同时，也减少了农场职工的后顾之忧，保障了农场改革的顺利推进。

从 1986 年至十八大前夕，从努力打破传统高度集中封闭管理的计划经济体制，到坚定社会主义市场经济体制方向；从在企业层面改革，以单项改革和放权让利为主，到深入管理体制，以制度建设为核心、多项改革综合配套协调推进为主：农垦企业一步一个脚印，走上符合自身实际的改革道路，管理体制更加适应市场经济，企业经营机制更加灵活高效。

这一阶段，农垦系统一手抓改革，一手抓开放，积极跳出"封闭"死胡同，走向开放的康庄大道。从利用外资在经营等领域涉足并深入合作，大力发展"三资"企业和"三来一补"项目；到注重"引进来"，引进资金、技术设备和管理理念等；再到积极实施"走出去"战略，与中东、东盟、日本等地区和国家进行经贸合作出口商品，甚至扎根境外建基地、办企业、搞加工、拓市场：农垦改革开放风生水起逐浪高，逐步形成"两个市场、两种资源"的对外开放格局。

（四）

党的十八大以来，以习近平同志为核心的党中央迎难而上，作出全面深化改革的决定，农垦改革也进入全面深化和进一步完善阶段。

2015 年 11 月，中共中央、国务院印发《关于进一步推进农垦改革发展的意见》（简称《意见》），吹响了新一轮农垦改革发展的号角。《意见》明确要求，新时期农垦改革发展要以推进垦区集团化、农场企业化改革为主线，努力把农垦建设成为保障国家粮食安全和重要农产品有效供给的国家队、中国特色新型农业现代化的示范区、农业对外合作的排头兵、安边固疆的稳定器。

2016 年 5 月 25 日，习近平总书记在黑龙江省考察时指出，要深化国有农垦体制改革，以垦区集团化、农场企业化为主线，推动资源资产整合、产业优化升级，建设现代农业大基地、大企业、大产业，努力形成农业领域的航母。

2018年9月25日，习近平总书记再次来到黑龙江省进行考察，他强调，要深化农垦体制改革，全面增强农垦内生动力、发展活力、整体实力，更好发挥农垦在现代农业建设中的骨干作用。

农垦从来没有像今天这样更接近中华民族伟大复兴的梦想！农垦人更加振奋了，以壮士断腕的勇气、背水一战的决心继续农垦改革发展攻坚战。

1. 取得了累累硕果

——坚持集团化改革主导方向，形成和壮大了一批具有较强竞争力的现代农业企业集团。黑龙江北大荒去行政化改革、江苏农垦农业板块上市、北京首农食品资源整合……农垦深化体制机制改革多点开花、逐步深入。以资本为纽带的母子公司管理体制不断完善，现代公司治理体系进一步健全。市县管理农场的省份区域集团化改革稳步推进，已组建区域集团和产业公司超过300家，一大批农场注册成为公司制企业，成为真正的市场主体。

——创新和完善农垦农业双层经营体制，强化大农场的统一经营服务能力，提高适度规模经营水平。截至2020年，据不完全统计，全国农垦规模化经营土地面积5500多万亩，约占农垦耕地面积的70.5%，现代农业之路越走越宽。

——改革国有农场办社会职能，让农垦企业政企分开、社企分开，彻底甩掉历史包袱。截至2020年，全国农垦有改革任务的1500多个农场完成办社会职能改革，松绑后的步伐更加矫健有力。

——推动农垦国有土地使用权确权登记发证，唤醒沉睡已久的农垦土地资源。截至2020年，土地确权登记发证率达到96.3%，使土地也能变成金子注入农垦企业，为推进农垦土地资源资产化、资本化打下坚实基础。

——积极推进对外开放，农垦农业对外合作先行者和排头兵的地位更加突出。合作领域从粮食、天然橡胶行业扩展到油料、糖业、果菜等多种产业，从单个环节向全产业链延伸，对外合作范围不断拓展。截至 2020 年，全国共有 15 个垦区在 45 个国家和地区投资设立了 84 家农业企业，累计投资超过 370 亿元。

2. 在发展中改革，在改革中发展

农垦企业不仅有改革的硕果，更以改革创新为动力，在扶贫开发、产业发展、打造农业领域航母方面交出了漂亮的成绩单。

——聚力农垦扶贫开发，打赢农垦脱贫攻坚战。从 20 世纪 90 年代起，农垦系统开始扶贫开发。"十三五"时期，农垦系统针对 304 个重点贫困农场，绘制扶贫作战图，逐个建立扶贫档案，坚持"一场一卡一评价"。坚持产业扶贫，组织开展技术培训、现场观摩、产销对接，增强贫困农场自我"造血"能力。甘肃农垦永昌农场建成高原夏菜示范园区，江西宜丰黄冈山垦殖场大力发展旅游产业，广东农垦新华农场打造绿色生态茶园……贫困农场产业发展蒸蒸日上，全部如期脱贫摘帽，相对落后农场、边境农场和生态脆弱区农场等农垦"三场"踏上全面振兴之路。

——推动产业高质量发展，现代农业产业体系、生产体系、经营体系不断完善。初步建成一批稳定可靠的大型生产基地，保障粮食、天然橡胶、牛奶、肉类等重要农产品的供给；推广一批环境友好型种养新技术、种养循环新模式，提升产品质量的同时促进节本增效；制定发布一系列生鲜乳、稻米等农产品的团体标准，守护"舌尖上的安全"；相继成立种业、乳业、节水农业等产业技术联盟，形成共商共建共享的合力；逐渐形成"以中国农垦公共品牌为核心、农垦系统品牌联合舰队为依托"的品牌矩阵，品牌美誉度、影响力进一步扩大。

——打造形成农业领域航母，向培育具有国际竞争力的现代农业企业集团迈出坚实步伐。黑龙江北大荒、北京首农、上海光明三个集团资产和营收双超千亿元，在发展中乘风破浪：黑龙江北大荒农垦集团实现机械化全覆盖，连续多年粮食产量稳定在 400 亿斤以上，推动产业高端化、智能化、绿色化，全力打造"北大荒绿色智慧厨房"；北京首农集团坚持科技和品牌双轮驱动，不断提升完善"从田间到餐桌"的全产业链条；上海光明食品集团坚持品牌化经营、国际化发展道路，加快农业

"走出去"步伐，进行国际化供应链、产业链建设，海外营收占集团总营收 20% 左右，极大地增强了对全世界优质资源的获取能力和配置能力。

千淘万漉虽辛苦，吹尽狂沙始到金。迈入"十四五"，农垦改革目标基本完成，正式开启了高质量发展的新篇章，正在加快建设现代农业的大基地、大企业、大产业，全力打造农业领域航母。

（五）

八十多年来，从人畜拉犁到无人机械作业，从一产独大到三产融合，从单项经营到全产业链，从垦区"小社会"到农业"集团军"，农垦发生了翻天覆地的变化。然而，无论农垦怎样变，变中都有不变。

——不变的是一路始终听党话、跟党走的绝对忠诚。从抗战和解放战争时期垦荒供应军粮，到新中国成立初期发展生产、巩固国防，再到改革开放后逐步成为现代农业建设的"排头兵"，农垦始终坚持全面贯彻党的领导。而农垦从孕育诞生到发展壮大，更离不开党的坚强领导。毫不动摇地坚持贯彻党对农垦的领导，是农垦人奋力前行的坚强保障。

——不变的是服务国家核心利益的初心和使命。肩负历史赋予的保障供给、屯垦戍边、示范引领的使命，农垦系统始终站在讲政治的高度，把完成国家战略任务放在首位。在三年困难时期、"非典"肆虐、汶川大地震、新冠疫情突发等关键时刻，农垦系统都能"调得动、顶得上、应得急"，为国家大局稳定作出突出贡献。

——不变的是"艰苦奋斗、勇于开拓"的农垦精神。从抗日战争时一手拿枪、一手拿镐的南泥湾大生产，到新中国成立后新疆、东北和华南的三大军垦战役，再到改革开放后艰难但从未退缩的改革创新、坚定且铿锵有力的发展步伐，"艰苦奋斗、勇于开拓"始终是农垦人不变的本色，始终是农垦人攻坚克难的"传家宝"。

农垦精神和文化生于农垦沃土，在红色文化、军旅文化、知青文化等文化中孕育，也在一代代人的传承下，不断被注入新的时代内涵，成为农垦事业发展的不竭动力。

"大力弘扬'艰苦奋斗、勇于开拓'的农垦精神，推进农垦文化建设，汇聚起推动农垦改革发展的强大精神力量。"中央农垦改革发展文件这样要求。在新时代、新征程中，记录、传承农垦精神，弘扬农垦文化是农垦人的职责所在。

（六）

随着垦区集团化、农场企业化改革的深入，农垦的企业属性越来越突出，加之有些农场的历史资料、文献文物不同程度遗失和损坏，不少老一辈农垦人也已年至期颐，农垦历史、人文、社会、文化等方面的保护传承需求也越来越迫切。

传承农垦历史文化，志书是十分重要的载体。然而，目前只有少数农场编写出版过农场史志类书籍。因此，为弘扬农垦精神和文化，完整记录展示农场发展改革历程，保存农垦系统重要历史资料，在农业农村部党组的坚强领导下，农垦局主动作为，牵头组织开展中国农垦农场志丛编纂工作。

工欲善其事，必先利其器。2019年，借全国第二轮修志工作结束、第三轮修志工作启动的契机，农业农村部启动中国农垦农场志丛编纂工作，广泛收集地方志相关文献资料，实地走访调研、拜访专家、咨询座谈、征求意见等。在充足的前期准备工作基础上，制定了中国农垦农场志丛编纂工作方案，拟按照前期探索、总结经验、逐步推进的整体安排，统筹推进中国农垦农场志丛编纂工作，这一方案得到了农业农村部领导的高度认可和充分肯定。

编纂工作启动后，层层落实责任。农业农村部专门成立了中国农垦农场志丛编纂委员会，研究解决农场志编纂、出版工作中的重大事项；编纂委员会下设办公室，负责志书编纂的具体组织协调工作；各省级农垦管理部门成立农场志编纂工作机构，负责协调本区域农场志的组织编纂、质量审查等工作；参与编纂的农场成立了农场志编纂工作小组，明确专职人员，落实工作经费，建立配套机制，保证了编纂工作的顺利进行。

质量是志书的生命和价值所在。为保证志书质量，我们组织专家编写了《农场志编纂技术手册》，举办农场志编纂工作培训班，召开农场志编纂工作推进会和研讨会，到农场实地调研督导，尽全力把好志书编纂的史实关、政治关、体例关、文字关和出版关。我们本着"时间服从质量"的原则，将精品意识贯穿编纂工作始终。坚持分步实施、稳步推进，成熟一本出版一本，成熟一批出版一批。

中国农垦农场志丛是我国第一次较为系统地记录展示农场形成发展脉络、改革发展历程的志书。它是一扇窗口，让读者了解农场，理解农垦；它是一条纽带，让农垦人牢记历史，让农垦精神代代传承；它是一本教科书，为今后农垦继续深化改革开放、引领现代农业建设、服务乡村振兴战略指引道路。

修志为用。希望此志能够"尽其用"，对读者有所裨益。希望广大农垦人能够从此志汲取营养，不忘初心、牢记使命，一茬接着一茬干、一棒接着一棒跑，在新时代继续发挥农垦精神，续写农垦改革发展新辉煌，为实现中华民族伟大复兴的中国梦不懈努力！

中国农垦农场志丛编纂委员会

2021 年 7 月

江苏南通农场志
JIANGSU NANTONG NONGCHANG ZHI

序言

一部描写一代又一代农场人栉风沐雨、筚路蓝缕的创业史诗。

一幅传承发扬"艰苦奋斗、勇于开拓"农垦精神的时代画卷。

一段展现农场人"献了青春献终身，献了终身献儿孙"的豪言壮志。

《江苏南通农场志》（1958—2020 年）成志之时，正是南通农场成立六十五周年、江苏农垦集团南通有限公司成立十周年之际。潮涌大江阔，沃野万里香，南通农场人把热爱与奉献挥洒在这片江畔热土，用使命与责任筑起一座不朽的丰碑，在江苏农垦发展史上留下了浓墨重彩的一笔。

六十余载风雨兼程，荒芜之地绽放希望之花。建场初期，屯垦戍边的垦荒大军头顶蓝天、脚踏荒滩，迸发着以苦为荣、以苦为乐的风采。他们围垦造田，防汛保坍，战天斗地；他们不畏艰险，无私奉献，开拓创业；他们铆定"舍身忘我平常事，敢教日月换新天"的雄心壮志，将野鼠出没、荒无人烟的江边芦苇滩，变成了绿浪翻滚、稻麦飘香的万顷良田，艰苦奋斗、勇于开拓，成为了南通农场人坚守的精神底蕴！

六十余载开拓创新，步履铿锵奋进时代前沿。建场以来，南通农场一直是江苏农垦改革发展的先行先试者。经历了农场经营管理体制的改革、场长负责制的试点、场办二三产业企业的改革改制，场域民营经济发展壮大，多种所有制经济格局形成，对外合作、二次创业打下了国有经济坚实的产业基础。响应国家农垦改革号召和江苏省政府决策部署坚定推进改革，成为江苏农垦18家农场中第一个彻底完成社企分离的单位，追江赶海、团结奋进，成为南通农场人永恒的文化内核！

六十余载沧桑巨变，上下求索镌刻辉煌华章。建场以来，一代又一代农场人自强不息、励精图治、敢于胜利，南通农场走过了从无到有、从小到大、从弱到强的发展之路，创造了无愧于时代的辉煌成就。从全国农垦系统"五面红旗"之一，到场办企业雨后春笋般兴起，产值多年破亿元大关，再到"江苏省文明单位""江苏农垦先进企业"等荣誉熠熠生辉，勇挑重担、勇争一流，成为南通农场人不变的使命追求！

回首望，砥砺前行的征途充满荆棘；抬望眼，改革发展的旋律从未休止。今天，农场公司制改造后的江苏农垦集团南通有限公司秉承先辈荣光，发扬"赶潮"精神，在高质量转型发展的新征程上阔步向前。我们将坚持以习近平新时代中国特色社会主义思想为指引，坚决贯彻落实党中央、江苏省委、江苏农垦集团党委决策部署，牢牢把握战略机遇期、重要窗口期和政策黄金期，围绕现代农业核心主业谋求产业振兴，持续深化管理体制改革和经营机制创新，进一步增强公司内生动力、发展活力和整体实力，在江苏农垦新一轮高质量发展的浪潮中乘风破浪、勇立潮头。

盛世修志，以启未来。志书的编纂是一项非常艰苦而又严谨细致的工作，在各级领导的关心支持下，在农场老领导、老同志、公司全体干部职工及相关档案机构的大力相助下，经过修志人员近两年的共同努力，《江苏南通农场志》（1958—2020年）即将付梓出版。作为南通农场的第一部志书，农场志全面、准确、客观、系统地记述了南通农场的发展历程、工作实况和辉煌业绩，帮助后人总结历史经验，汲取精神财富，赓续前行力量，奋力推动公司高质量发展的新征程行稳致远、再谱新篇！

江苏农垦集团南通有限公司党委书记、董事长：

2023 年 9 月

江苏南通农场志
JIANGSU NANTONG NONGCHANG ZHI

凡例

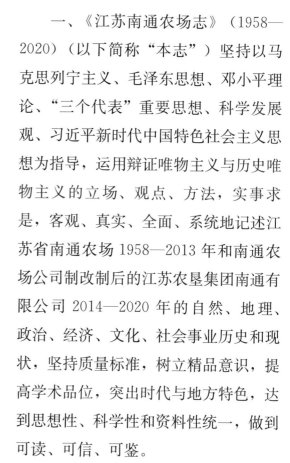

一、《江苏南通农场志》（1958—2020）（以下简称"本志"）坚持以马克思列宁主义、毛泽东思想、邓小平理论、"三个代表"重要思想、科学发展观、习近平新时代中国特色社会主义思想为指导，运用辩证唯物主义与历史唯物主义的立场、观点、方法，实事求是，客观、真实、全面、系统地记述江苏省南通农场1958—2013年和南通农场公司制改制后的江苏农垦集团南通有限公司2014—2020年的自然、地理、政治、经济、文化、社会事业历史和现状，坚持质量标准，树立精品意识，提高学术品位，突出时代与地方特色，达到思想性、科学性和资料性统一，做到可读、可信、可鉴。

二、本志记述内容，上迄建场1958年1月，下至2020年12月，根据内容编写需要，适当向前或向后追溯。

三、本志设编、章、节、目四个层次，按编章节目排列。目录编到"目"级，正文目以下分"（一）""1."
"（1）""①"四级标题。

四、本志采用述、记、志、传、图、表、录、照片等形式，以文为主。

五、本志采用记述体，以现代语体

文表述，行文力求准确、简明、朴实、流畅，只记事实，有的参照当时所发文件记述，不做评论，寓观点于记事之中。记述一律采用第三人称。人物直书姓名，不加"先生""同志"等礼貌词，也不加褒贬之词，必须说明身份时可在姓名之前冠以职务、职称。

六、本志用字以《通用规范汉字表》和 1986 年 10 月国家语言文字工作委员会发布的《简化字总表》为准。标点符号按国家技术监督局 2011 年批准的中华人民共和国国家标准《标点符号用法》使用。

七、本志第一次出现的各种名称，一律用全称，并括注符合志体规范的简称，再次出现时用简称。各时期的政治机构、官职均以当时名称著，地名也依当时地名，并括注农场被开发征用后的现行标准地名。

八、场域地图以测绘部门公开的资料为准。引用数据以统计部门正式公布的为准。计量单位、标点符号、数字用法按照国家最新标准执行。本志时间表述一律采用公元纪年；计量单位采用国务院 1989 年 3 月 4 日颁布的《中华人民共和国法定计量单位》（对亩、亩单产仍保留习惯称法），金额计量单位为元或万元。习惯用语、成语等专用名词中的数字用汉字，百分比用阿拉伯数字。引用文件一般不注文号。

九、记述范围以记述时限内江苏省南通农场和江苏农垦集团南通有限公司的综合情况及重大事件、事物和人物为主要记述对象。

十、本志资料主要来自南通农场档案史料，适当参考南通经济技术开发区区志和竹行镇志等相关资料及社会采访、调查，文内不注明资料出处。

中国农垦农场志

目 录

总序

序言

凡例

概述 1

大事记 9

第一编 建制、地理

第一章 建制沿革 71

第一节 境域 71

第二节 建制沿革 72

第二章 自然地理 75

第一节 区域位置 75

第二节 自然环境 76

第三节 自然资源 89

第四节 自然灾害 95

第五节 环境状况 99

第二编 经 济

第一章 农场经济概况 105

第一节 综合及主要指标 105

第二节 经济开放与合作 125

第二章 农场企业 139

第一节 农场企业基本情况 139

第二节 全资企业 140

第三节 控股企业 142

第四节 参股企业 145

第三章 基础设施 153

　第一节 城镇建设 153

　第二节 公共建设 161

第四章 第一产业 180

　第一节 第一产业基本情况 180

　第二节 种植业 195

　第三节 林业 224

　第四节 畜禽饲养业 228

　第五节 内河养殖业 235

第五章 第二产业 242

　第一节 第二产业基本情况 242

　第二节 制造业 247

　第三节 建筑业 264

第六章 第三产业 270

　第一节 第三产业基本情况 270

　第二节 交通运输业 270

　第三节 批发和零售业 272

　第四节 宾馆服务业 277

　第五节 农林牧渔服务业 278

　第六节 农业机械服务 281

　第七节 水的生产和供应 289

　第八节 电力供应服务业 291

　第九节 房地产及物业服务 293

第三编　管理体制

第一章 农场机构设置 297

　第一节 机构设置沿革 297

　第二节 机构调整与改革 311

　第三节 场办社会职能改革及分离 313

第二章 经营机制改革 316

　第一节 垦区集团化、农场企业化改革 316

　第二节 农场经营管理体制的改革 318

第三节　农业生产经营管理的改革 ································· 322

第四节　场办二三产业企业经营管理的改革 ················ 325

第五节　农场劳动用工制度的构建与创新 ··················· 328

第六节　国有资产监管体制的健全与创新 ··················· 333

第三章　计划财务管理 ··· 337

第一节　财务机构及制度 ·· 337

第二节　计划管理 ··· 341

第三节　统计管理 ··· 346

第四节　财务管理 ··· 348

第五节　审计管理 ··· 353

第六节　资产管理 ··· 355

第四章　人力资源和劳动保障 ····································· 361

第一节　人事管理 ··· 361

第二节　劳动与社会保障 ·· 402

第五章　安全生产 ··· 418

第一节　安全教育 ··· 418

第二节　安全管理 ··· 420

第三节　安全监察 ··· 425

第六章　土地管理 ··· 428

第一节　土地资产现状 ··· 428

第二节　土地的开发和征用 ··· 428

第三节　土地管理方式与创新 ······································ 429

第七章　企业政务管理 ··· 432

第一节　办公综合管理 ··· 432

第二节　应急管理 ··· 443

第三节　场务、党务公开 ·· 452

第四节　档案管理 ··· 455

第五节　法务工作 ··· 456

第六节　信访工作 ··· 459

第四编　党建及群团工作

第一章　农场党组织 ·· 465

第一节 党的代表大会 ……………………………………………………… 465

第二节 党的各级组织机构 ………………………………………………… 467

第三节 党建工作 …………………………………………………………… 474

第四节 纪检监察 …………………………………………………………… 512

第二章 农场群团组织 ……………………………………………………… 525

第一节 工会 ………………………………………………………………… 525

第二节 共青团 ……………………………………………………………… 566

第三节 女职工保护 ………………………………………………………… 574

第五编 科技、教育、文化与卫生

第一章 科学技术 …………………………………………………………… 579

第一节 科学技术方面基本情况 …………………………………………… 579

第二节 农业科学研究与试验发展 ………………………………………… 582

第三节 科技交流和推广服务 ……………………………………………… 587

第二章 教育 ………………………………………………………………… 594

第一节 教育方面基本情况 ………………………………………………… 594

第二节 学前教育与小学教育 ……………………………………………… 599

第三节 中学教育 …………………………………………………………… 601

第四节 职业教育 …………………………………………………………… 604

第五节 职工教育 …………………………………………………………… 605

第六节 教育改革与职能分离 ……………………………………………… 610

第三章 文化体育 …………………………………………………………… 612

第四章 医疗卫生 …………………………………………………………… 617

第一节 医疗卫生方面基本情况 …………………………………………… 617

第二节 卫生防疫 …………………………………………………………… 619

第三节 医疗及护理 ………………………………………………………… 623

第四节 妇幼保健 …………………………………………………………… 626

第五节 爱国卫生运动 ……………………………………………………… 627

第六节 卫生改革与职能分离 ……………………………………………… 631

第六编 社会生活

第一章 农场人口 …………………………………………………………… 637

第一节　人口总量及变化 ·· 637

第二节　人口结构及素质 ·· 639

第三节　流动人口 ·· 639

第二章　农场民政 ·· 641

第一节　社会救助 ·· 641

第二节　优抚安置 ·· 643

第三节　最低生活保障 ·· 646

第四节　残疾人管理 ··· 647

第五节　婚姻与计划生育 ·· 648

第六节　殡葬管理 ·· 649

第三章　农场治安 ·· 651

第一节　治安保卫 ·· 651

第二节　民兵组织及征兵工作 ·· 654

第三节　社会治安综合治理 ··· 657

第四章　文明单位创建 ·· 661

第五章　生态文明建设 ·· 665

第一节　基本情况 ·· 665

第二节　农业生态环境保护和修复 ·· 667

第三节　工业企业环境保护工作 ··· 668

第六章　乡村振兴建设 ·· 670

第七章　知青 ·· 676

第一节　农场知青工作 ·· 676

第二节　倡议书 ··· 679

第三节　二十四团宣传队 ··· 682

第四节　知青生活片段 ·· 682

第七编　人物、荣誉

第一章　农场人物 ·· 691

第一节　建场元老 ·· 691

第二节　离休干部 ·· 692

第三节　劳动模范 ·· 697

第四节　最美老干部 ··· 712

第五节　见义勇为英雄先进事迹 ·· 714

第六节　人物名录附表 ··· 716

第二章　集体荣誉 ··· 719

后记 ··· 728

概　述

一

　　江苏省南通农场（以下简称农场）位于长江下游北岸，是苏通长江公路大桥（以下简称苏通大桥）北桥头堡。农场原西南两面临江，现西南为通州港区和南通经济技术开发区（以下简称南通开发区）港口工业三区，北与南通开发区竹行街道、南通开发区富民港良种场、江苏南通苏通科技产业园区（以下简称苏通园区）接壤，东与南通市海门区三和镇交界，东南与江苏农垦江心沙农场有限公司（以下简称江心沙农场）相连，行政区划原隶属于南通县（1993 年 2 月改为通州市，2009 年 7 月改为南通市通州区）管辖，现为南通开发区和苏通园区管辖。苏通大桥和通常汽渡的开通运行，使临江的农场天堑变通途，区位优势不断显现，场域内沈海高速、沿江高等级公路、东方大道高架穿场而过。农场四周环绕发达城市，西北距南通市区 30 公里，距南通开发区 15 公里，往南过苏通大桥 1 小时即可抵沪和苏、锡、常等长三角城市，往东、北可直抵海门、通州及苏北各大城市。

　　1957 年秋，由中共南通县委和南通县人民政府组织近 1.6 万名民工筑大安港至竖积港江堤 8330 米，对沿江芦苇滩进行围垦。1958 年 3 月，经中共南通县委、南通县人民委员会决定，报经江苏省人民委员会批准建立南通县国营南通农场。农场建场时总面积为 15692 亩[①]，后又分别于 1959 年、1964 年、1965 年、1967 年进行了 4 次较大规模的扩垦，扩垦后总面积 80400 余亩。1996 年 10 月 30 日，土地利用规划图显示农场场域土地总面积为 87859 亩，加上 1991—1996 年被征用的 816.37 亩，农场场域实际总面积最多时达到 88675.37 亩。

　　1958 年底，南通专区三余棉场，南通县江边农场、姜灶农场、石港农场、河口农场、平潮拖拉机站等先后撤销，人员设备等全部并入南通农场。

　　从 1963 年开始，农场组织接收上海、南京、苏州、常州、无锡、镇江、扬州、徐州、连云港及南通地区的上万名知识青年来农场插队，参加农场经济建设。1969 年 11 月，农

　　[①]　亩为非法定计量单位，1 亩＝1/15 公顷。——编者注

场建制转为中国人民解放军南京军区江苏生产建设兵团第四师第二十三团、第二十四团。1970 年 12 月,二十三团撤销并入二十四团。1975 年 8 月,江苏生产建设兵团撤销,同年 12 月,二十四团恢复农场建制,属于江苏农垦直属企业。

建场时农场场部机关设在农场东部区域的原农场农机修造厂内(今为苏通园区海维路北南湖路口),1969 年 11 月,场部机关西迁至农场三大队西苏通园区江海街道江山路 588 号办公大楼(今为苏通园区公安分局办公楼),2007 年 12 月,场部机关搬迁至江海镇区太湖路今江苏农垦南通电力公司(以下简称苏垦南通电力公司)办公楼内,2020 年 12 月,场部机关搬迁至苏通园区江安路 33 号福地商业广场办公 1 号楼内。

二

建场初期,农场工作重点是新垦扩垦、防汛保坍、改田养田,每年投入资金用于农田水利基本建设,提高农场灌溉面积,改造中低产田。农场贯彻"以棉为主、棉粮并举、农牧结合、多种经营"的方针,以种植业为主,主要生产粮食、棉花、大豆,为全国农垦棉花高产样板农场。1965 年,农场因棉粮双高产,成为中央农垦部的样板农场,被评为全国农垦"五面红旗"之一。

党的十一届三中全会以后,特别是自 1982 年起中央连续多年发布关于"三农"的 1 号文件后,农场迈开了改革发展的步伐。1982 年以前,农场经营模式一直以农为主,棉粮并举。1983 年,在农垦企业整顿过程中,农场及时调整产业结构,实行"稳定粮食、发展工业、工副并举、外引内联、综合发展、富场裕民"的经营方针,初步形成为农、林、牧、渔全面发展,工、商、运、建、服综合经营的国营新型农业企业,各业生产稳步发展,分别受到中央农垦部和江苏省、市人民政府及江苏省农垦局的表彰奖励。

1984 年,农场召开第一届职工代表大会,讨论通过农场经营管理体制改革方案,拉开了农场经营体制改革的大幕。农场在江苏农垦系统率先试行场长负责制,先后进行了产业结构、领导体制、经济管理体制、机关机构设置、干部人事制度及劳动分配制度等一系列重大改革,给农场发展注入了新的活力。在体制改革中,农场落实农副业生产联产承包大包干经济责任制,兴办职工家庭农场,单独核算、自负盈亏,大包干责任制利益更加直接,责任更加明确,职工家庭农场最多时达 2328 个。建立健全各项企业管理制度,通过农、工、商综合经营,将工作重点转移到以经济建设为中心,农场经济步入了稳定发展的轨道。

改革初期,农场种植业以稻、麦、棉、油料作物为主,有薄荷、甜叶菊、黄肉桃等创汇产品和瓜果等主要经济作物，养殖业以鱼、猪、鸡、鸭、蚌珠生产为主，初步形成了副食品商品生产基地。农场场办工业产品有粮油、食品、味精、黄酒、草莓酒、砖瓦、钢丝绳、皮鞋、精铸汽车配件、电子元件、超声传感器、小化工等，畅销全国各地。场办建筑企业达国家三级企业资质标准，在上海、南通、苏州、淮南、新疆等地分别设有办事处。农场拥有大中型拖拉机 67 混合台，自走式联合收割机 20 混合台，机引农机具 197 台套，综合机械化程度达 65％ 左右，车船运输 1169.5 吨位。1984 年，农场总产值 2448 万元，净利润 255 万元，分别比 1983 年增长了 19.77％ 和 94.62％，创建场以来历史较好发展水平。

1987 年 3 月，农场为增强企业活力，适应对外开放、对内搞活，扩大城乡商品经济交流，经江苏省农垦农工商联合总公司（以下简称江苏省农垦总公司）批准，农场投资成立"江苏农垦南通农工商联合公司"，注册资金 500 万元，由农场全额出资。主要经营农场自产的农副产品，公司独立核算、自负盈亏，并在工商部门领取了"江苏农垦南通农工商联合公司"的营业执照，和农场实行两块牌子、一套班子管理。

江苏农垦南通农工商联合公司的成立，开辟了农场农业现代化和经济市场化的发展道路。农场干部职工大胆冲破禁锢思想和行为的"枷锁"，打破国营农场长期单一经营农业的格局，向多种经营发展，"无农不稳，无工不富，无商不活"，场办企业如雨后春笋般兴起。

1993 年，南通江海通集团在农场江边建设通常汽渡，农场以所涉土地作价入股，开辟了农场成功与场外合作的先河。通常汽渡投入运行后，极大地改变了场域内主干道路面貌，区域内张江公路、营渡公路穿场而过，区位优势开始显现，南通市政府在农场西南区域征地、开发建设的江海港区成为华东最大的化工原料和液化石油气中转储存基地。

1994 年，农场深化干部人事、劳动用工、工资奖金分配三项制度改革，坚持德才兼备和"四化"标准选拔干部，劳动用工坚持竞争上岗，优化组合。分配制度"工效挂钩"，非农企业实行定额计件工资制，干部实行"结构工资制"，完善干部管理考核办法。农场经济形成了以国有经济为主、多种经济成分并存的格局。

1996 年，农场在全场推行全员劳动合同制，贯彻落实《中华人民共和国劳动法》，建立农场与职工、企业与员工的新型劳动关系，同时对农场二三产业场办企业深化改革，关停并转，企业职工"有工做工、无工务农"，多渠道进行分流。

1997 年 12 月，根据江苏省国资委和江苏省农垦集团有限公司（以下简称省农垦集团公司）要求，农场开始了对包括江苏农垦国营南通印刷厂等在内的 24 家二三产业场办企业的改革改制工作，改制以关停并转、股份制改造等形式转换企业经营机制，提高企业活力，农场国有经济有进有退，大量民营资本进入农场非农企业。至 2000 年 6 月 30 日，24 家企业改制完成，24 家改制企业改制前资产总额为 7002.56 万元，负债总额为 5527.83 万元。为确保顺利改制，1998 年，农场配套出台了《国有场办企业富余人员转岗分流安置工作实施细则》，使职工待岗、转岗务农、内退及病休、自谋职业等政策更趋完善合理。

2000 年，农场对农业生产责任制做重大调整：一是改综合承包为专业承租；二是将两保金从费利税中分离；三是改公田为管理人员承租；四是精简管理人员，管理费用包干；五是自然风险自担，市场风险共担。

2001 年 4 月，农场行政区划调整，由通州市划归南通开发区管辖，划入时农场总面积为 80406 亩。随着南通开发区的南向开发，农场土地被不断征用，南通开发区在农场西部区域建成了港口工业三区，成为国家级开发区内上规模、上档次的工业集中区。

三

2003 年起，农场实施品牌战略，创建了无公害生态农场和绿色食品生产基地，农场在国家工商总局注册了"通农"商标。"通农"商标涵盖农场所有大宗农产品，即国家第 31 类农产品，小麦、新鲜蔬菜、未加工的稻、甜瓜、豆（未加工的）、鲜毛豆、鱼（活）、虾（活）、蟹（活）、西瓜。农场十分重视商标的运用、管理、保护等工作，开展了"通农"牌系列农产品的无公害生产和中国绿色食品的认证工作，农场的麦稻、西瓜、青毛豆、水产品等均被认定为无公害农产品，其中南通农场西瓜通过了中国绿色食品的认证。2005 年，农场被农业部授予"全国无公害示范基地"称号。农场通过实施品牌战略，科学种养，农产品知名度不断提高，影响力不断扩大，农业效益连年攀升，农产品产值年均在亿元以上，利润超千万元。

2004 年，农场设立农业服务中心和农业管理区，专职负责农场境内农产品及水产品的生产销售、技术支撑和质量管理。农场建立健全了各项管理制度，2009 年，农场通过了 ISO 9001：2008 质量管理体系和 ISO 14001：2004 环境管理体系认证，建立了较为完善的质量管理和质量保证体系。

2005 年，为农场职工增加就业机会，农场报经南通市人民政府同意，在五大队建设金属制品工业集中区，用地 572 亩作为农场招商引资发展民营经济的平台。农场引进包括南通凌龙特钢制品有限公司在内的 22 家金属制品企业，其中列入政府统计口径的规模以上工业企业 19 家，解决职工就业 1000 多人，有 15 家企业办理了土地征用手续，共征用土地 299.9 亩。

2007 年,江苏省农垦集团公司提出实现农场"三化"(工业化、产业化、城镇化)和"二次创业"号召,农场确立"立足场情,稳中调优一产,做大做强二产,乘势推进三产"的二次创业工作总思路,在农业上围绕城郊型农场定位,做好"新、特、优、精"文章,走特色农业、效益农业路子,把农场农业打造成南通及临近城市的菜篮子、米袋子、果盘子、鱼池子和休闲观光的好去处。在农场工业化建设上,抓住南通开发区南延扩张和农场金属制品工业集中区建设的机遇,大力招商引资,鼓励发展民营经济,做大做强民营工业板块。在三产上,充分利用农场滨江临路、临城的特色,用好农场内现有的长江岸线和高速公路,发展特色产业,投资成立南通大桥广告有限公司、江苏农垦新福地投资发展有限公司、南通元基建材有限公司等多家控参股企业。

2007 年 9 月,为加强合规管理,便于农场对场外投资,农场在江苏省工商行政管理局领取了工商营业执照,核定名称为江苏省南通农场,注册资金为人民币 2334.2 万元,由江苏省农垦集团公司全额出资。其经营范围为:农、林、牧、渔业生产及销售,农产品服务和技术咨询,农业机械作业和技术咨询,农作物种子生产销售,化肥、农膜、农机具维修,配件、润滑油等农业生产资料采购销售,建筑材料、五金、交电、金属材料、金属制品加工,对外投资、租赁业、物业管理。江苏省南通农场和江苏农垦南通农工商联合公司同时存在,实行两块牌子、一套班子管理。

2008 年,苏通大桥建成通车。2009 年 4 月,南通市人民政府为落实江苏省跨江联动发展战略,成立苏通园区进驻农场。农场东至海门区交界处、西至南通开发区东方大道、北至农场中心河、南至长江堤岸范围内的 35 平方公里(52500 亩)土地分两期划转给苏通园区用于园区建设。

2011 年 12 月,江苏农垦实施农业资源战略重组,成立江苏省农垦农业发展股份有限公司(以下简称苏垦农发)。根据江苏省农垦集团公司要求,农场的农业生产经营部分划入苏垦农发南通分公司,独立核算、独立经营、自负盈亏,同时为配合苏垦农发在上海证券交易所上市(股票名称:苏垦农发,股票代码:601952),农场把营业执照经营范围中有关农业的经营项目,包括"通农"牌商标全部划转变更给苏垦农发南通分公司。

随着农场 35 平方公里土地全部划转给苏通园区,根据 2012 年 9 月 24 日江苏省农垦集团公司与苏通园区综合管理办公室协议约定,农场将南通农场社区社会事务联合管理委员会、医疗卫生中心(农场医院)、水利站、综合服务部、幼儿园、绿化环卫所、自来水厂、文化中心、农贸市场、南通江海物业公司等 10 家社会管理单位整建制(包括资产、人员等全部)移交给苏通园区综合管理办公室管理。农场成为江苏农垦 18 家农场中第一个彻底完成社企分离的单位。

四

分离后的农场按照"抓住机遇、加快转型、科学布局、夯实基础，强抓管理、提升效益"的企业化工作思路，坚持"做强三产、做优二产"的发展战略。2013年11月，农场按照建立现代企业制度的要求，经江苏省国资委批准，农场将主要经营性资产和业务及相关负债无偿划转，全部整合进入江苏农垦南通农工商联合公司，借壳江苏农垦南通农工商联合公司将农场公司制改造为江苏农垦集团南通有限公司（以下简称苏垦南通公司），由江苏省农垦集团公司独资，注册资金10000万元。苏垦南通公司主要经营范围：淡水养殖、销售及相关技术服务和技术咨询，普通机械及配件、润滑油销售，实业投资，机械设备租赁、房屋租赁，物业管理，新材料的研发及销售。原江苏省南通农场营业执照继续保留，注册资金由人民币2334.2万元缩减为100万元，主要用于处理历史遗留问题，不再从事生产经营。2018年4月，根据江苏省农垦集团公司要求，江苏省南通农场公司改制，变更为江苏省南通农场有限公司（以下简称南通农场公司）。

改制后的苏垦南通公司主要经营原农场二、三产业资产及进行资产投资，旗下有江苏农垦南通电力有限公司、南通大桥广告有限公司等11家全资及控参股企业。苏垦南通公司正常运营后，印发了《江苏农垦集团南通有限公司董事会议事规则》《江苏农垦集团南通有限公司总经理工作细则》《江苏农垦集团南通有限公司机构设置和部门职责说明》等重要文件。

2014年，苏垦南通公司按照现代企业制度和公司转型发展要求，完善法人治理结构，在公司党委领导下，成立董事会、监事会、经营层。制定公司章程，公司各级组织各司其职，按照章程要求完善各项规章制度，落实各项改革举措，组织编制了《江苏农垦集团南通有限公司企业内控制度》。公司聘请上海交通大学战略执行专家团队对公司经济和社会发展情况进行剖析归纳，确定了苏垦南通公司的"企业精神"即传承、超越、合作、共赢；"企业使命"即助力区域发展，共建美好家园；"企业愿景"即立足农垦，融入地方，成为具有较强市场竞争力和可持续发展的现代企业集团，为公司发展注入了"灵魂"，营造公司"企业有生气、品牌有名气、员工有士气"的蓬勃向上的发展环境。

2017年3月，根据江苏省农垦集团公司及江苏省、南通市国土资源部门的统一部署，苏垦南通公司土地确权登记工作正式启动，历时一年多时间，截至2019年12月底，苏垦南通公司共有12宗土地，权证面积808.2万平方米，折合12123.24亩。其中：农用地545.6万平方米，折合8184.62亩；未利用地103.5万平方米，折合1552.83亩；建设用地 159.1 万平方米，折合 2385.79 亩。

2019 年 4 月，苏垦南通公司与苏通园区江海街道启动"垦地 e 家"企地党建共建活动，双方共同搭建交流互动平台，通过教育共抓、资源共享、工作共推、文化共融，提升基层党建水平，促进经济社会发展。活动开创了南通市区域范围内省属国企与地方政府结对共建的先例，丰富了省属国企和南通地区党建工作的内涵。通过共同组建的离退休干部宣讲团、文体活动队、莫文隋志愿服务队、社情民意联络组，宣传政策、服务群众、调解纠纷、移风易俗，积极培育和践行社会主义核心价值观，倡导文明乡风，形成党员干部和职工群众广泛参与的社会治理新模式。2020 年，苏垦南通公司克服新冠疫情的影响，精心谋划企地一体化发展战略，与属地政府达成土地移交共享模式共识，科学谋划企地一体化发展思路，探索企业利益共享模式，得到了属地政府的高度认可和积极响应，相继提出了基础设施合作开发、民生工程代建等实质性一体化发展思路及协议。

农场公司制运作后，苏垦南通公司综合实力显著增强，主要经济指标稳步增长。至 2020 年底，公司资产总额为 84281.75 万元、净资产为 74177.36 万元，分别较 2014 年末增长 19.99%、26.38%，资产负债率维持在 11.99% 左右。2020 年，公司实现营业收入 15081.62 万元、利润总额 6010.46 万元，分别比 2014 年增长 9.62%、126.64%。

2016—2020 年，苏垦南通公司注重文明创建，聚焦培根铸魂、守正创新。常态化开展志愿服务，与"不忘初心、牢记使命"主题教育、党史学习教育等有机融合、有效创新、有力推进。相继开展助力疫情防控、疫苗接种、宣传绿色环保、农业面源污染治理活动等；推进"城乡结对、文明共建"活动，与如皋市长江镇田桥社区结对共建、扶贫帮困、科技助农。苏垦南通公司受"艰苦奋斗、勇于奉献、开拓创新"的农垦精神和"包容汇通、敢为人先"的南通精神的双重润泽，牢牢把握新时代公司的发展目标，围绕"五个始终坚持"：始终坚持党的全面领导，不折不扣贯彻中央、省委、省农垦集团公司党委决策部署，紧紧依靠广大职工办企业，这是公司发展的制胜之道；始终坚持高质量发展这个根本要求，聚焦商贸服务企业定位，强化改革驱动、创新驱动，这是公司发展的必由之路；始终坚持助力区域发展、共建美好家园的企业使命，弘扬传承超越、合作共赢的企业核心价值观，不断满足职工群众对美好生活的向往，这是公司发展的初心之愿；始终坚持立足农垦、融入地方，建设具有较强市场竞争力和可持续发展的现代企业集团的核心任务，这是公司发展的固本之要；始终坚持依法治企、文化强企，不断完善更具竞争优势的中国特色现代国有企业制度，这是公司发展的管理之基。经过公司全体职工的不断努力，苏垦南通公司先后获得了"南通开发区最具爱心慈善捐赠单位""南通开发区文明单位""南通市文明单位""南通市志愿服务先进单位""江苏农垦先进企业""江苏农垦突出贡献企业""江苏省文明单位""江苏省健康单位"等荣誉称号。

　　农场成立至今,一代又一代农垦人头顶蓝天、脚踏荒滩、以苦为荣、以苦为乐。来自上海及江苏省内各地的知识青年,他们积极响应党和国家的号召,背井离乡,投身农场生产建设。农场的广大干部职工在农场建设发展的各个阶段、各条战线奋力拼搏。奋进的农场一直是江苏农垦改革发展的先行先试者。发展蓝图已经绘就,前途光明,催人奋进,苏垦南通公司将在江苏省农垦集团公司党委的坚强领导下,在属地政府的关心指导下,围绕新发展理念,坚持高质量发展,以推进转型发展,打造绿色生态为目标,发扬传承、超越、合作、共赢的企业精神,公司上下团结同心,担负起历史使命,承载起新的梦想,迈开铿锵步伐,踏出激越节奏,与时代同行,与人民共进,阔步迈向更加辉煌、基业长青的美好明天!

大 事 记

● **1957 年** 10 月　南通县人民政府组织近 1.6 万民工挑泥构筑长江北岸大安港至竖积港江堤 8330 米，围垦土地近 16000 亩。

● **1958 年** 3 月　经南通县人民委员会报经江苏省人民委员会批准，建立南通县国营南通农场，农场正式建场，建场时场域面积 15692 亩。

5 月　徐志明任南通县国营南通农场党委书记，张德仁任南通县国营南通农场场长。

12 月　南通县的三余棉场、江边农场、姜灶农场、石港农场、河口农场、平潮拖拉机站等人员设备等与农场合并。

● **1959 年** 10 月　农场划归江苏省农垦局领导，改称国营南通农场，农场组织民工进行扩垦围堤。

● **1960 年** 4 月　中国共产党南通农场第一次代表大会召开。

● **1961 年** 3 月 17 日　农场举办青少年业余初中班。

6 月 12 日　农场增设一所场办全日制普通初中学校。

9 月 11 日　农场将原 11 个单位改建为 5 个科：生产科、机械科、财贸科、组宣科、秘书科。

● **1962 年** 1 月 15 日　农场制定《1962 年农林牧渔副业生产三包一奖制度（草案）》。

10 月 7 日　中国共产主义青年团国营南通农场第三届第一次会议召开。

10 月 12 日　成立国营南通农场财务科、基建科、农机科、副业科、武保科、人事科。

10 月 13 日　原农场六队、七队合并为七队，原农场十三队改为六队。

● **1963 年** 2 月 6 日　江苏省水利厅召开老洪港地区水利规划座谈会，南通专区水利局、南通县水利局、国营南通农场、军垦农场、竹行公社等单位委派代表参加。

3 月 4—8 日　召开农场职工代表扩大会，会期 5 天。

3 月 9 日　增列长桥港涵洞并撤销南通农场涵洞项目。

— 9 —

8月31日　成立国营南通农场良种繁育站。

● **1964年**　4月6日　中国农业银行南通县支行在农场增设南通农场营业所。

5月28日　农场建立16毫米电影俱乐部放映单位。

6月　中国共产党国营南通农场第二次代表大会召开，大会选举出新的一届党委会，张德仁任党委书记。

6月21日至7月17日　开展全国人口普查。

8月18日　江苏省人民委员会批准农场扩垦安置设计任务书，核定安置城市下放学生和工人2020人，南通县移民2000人（其中劳动力1000人），由农场统一安排。

9月6日　召开关于农场扩垦水利问题座谈会，参加座谈会的有南通县水利局代表、农场党委书记等代表、江苏省军区老洪港农场代表、南通县竹行公社代表、专署水利局代表，座谈会主要对农场江边扩垦有关水利进行了全面规划。

12月　江苏省农林厅同意农场扩垦，移民2000人，补助1万元，农场继续组织职工进行围堤扩垦。

● **1965年**　1月　南通县金南、金中、金余、金沙等公社移民1960人至农场。

3月27日　农场改管理区为生产队，同时第四、第十二两个生产队合并为第四生产队。

4月11日　农场在南通县通海公社十六大队第一生产队征地1.4亩，建高压变电所1座，农场划3亩土地作为置换。

4月　农场继续扩垦接收移民。

5月5日　启用中国共产党南通农场委员会印章，原中共江苏省南通县南通农场委员会印章停止使用。

5月21日　江苏省农林厅批复同意农场下设4个分场，其中：一、二、三、四、五、十等6个生产队为第一分场；六、七、八、九、十一等5个生产队为第二分场；十二、十三、十四、十五、十六、十七、十八、十九等8个生产队为第三分场；二十、二十一、二十二、二十三等4个生产队为第四分场，实行三级管理（总场、分场、生产队）、两级核算（总场、生产队）。

7月20日　何静平任南通农场场长。

9月18日　农场农机科划分为生产科和机务科，农场副业科改为多种经营管理科。

1965 年 根据江苏省农垦总公司经理蔡秋民、副经理孙叶指示精神，农场党委书记张德仁、副书记徐志明与前来农场的江苏省军区副司令员李木森、南通军分区副司令员刘金山洽谈，将 1964 年农场围垦的 4657.5 亩土地（包括农场二十二队、二十三队南堤连线以北 2047.5 亩土地）移交部队，成立"东方红农场"。

11 月 1 日　农场设立政治处，和党委办公室合署办公。

12 月 25 日　农场获中央农垦部嘉奖，为全国农垦"五面红旗"之一，中央农垦部召开全国农垦科学技术与高产经验交流会议，农场何静平、曹帮其、王炳亨、张学模、张晓辉 5 人赴京出席。会议期间，周恩来、朱德、邓小平等中央领导亲切接见与会代表并合影留念。

1966 年 1 月 3—5 日　共青团南通农场委员会召开第五届第一次团员代表大会。

1 月 12 日　启用国营南通农场公章。

10 月 22 日　成立国营南通农场物资管理供销站。

1967 年 3 月 9 日　成立国营南通农场生产办公室，负责管理全场事务。下设 4 个组：政治组、生产组、后勤组、秘书组，各生产队、场直各单位相应建立生产领导小组。

4 月 1 日　成立中国人民解放军江苏省南通专区国营南通农场军事管制委员会。

4 月 8 日　成立农场军事管制委员会生产办公室，与原农场生产办公室合署办公。

6 月 25 日　启用中国人民解放军江苏省南通专区国营南通农场军事委员会文革办公室、中国人民解放军江苏省南通专区国营南通农场军事管制委员会生产办公室新印章。

9 月　中国人民解放军江苏省南通专区国营南通农场军事管制委员会撤销。

1968 年 3 月 23 日　成立江苏省国营南通农场革命委员会，储广泉任革委会主任。

4 月 3 日　农场革命委员会第一次全委会决定，革委会下设"一室、一部、四组"。

4 月 5 日　江苏省南通县革命委员会（通革〔1968〕字第 59 号文件）同

意农场扩垦 3500 亩。

4 月 26 日　农场制定《关于公费医疗的几项补充规定》。

9 月 5 日　成立江苏省国营南通农场革委会专案小组。

10 月 20 日　农场运输队、油料加工厂、供销站合并为供销站。

12 月　农场与江心沙农场合作，军民共筑立新坝。

● **1969 年**　11 月　农场场部机关由农场东部老场部修造厂内（今苏通园区海维路北南湖路西）西迁至中心队（江海镇区江山路 588 号办公大楼，今为苏通园区公安分局办公楼）。

11 月 26 日　中国人民解放军南京军区江苏生产建设兵团第四师第二十三、第二十四团正式成立。

● **1970 年**　1 月 17 日　立新坝合龙。

2 月　王学堂任江苏生产建设兵团四师二十四团团长。

2 月 3 日　农场（团）由原来的 3 个机耕队改编为 5 个机耕队（连）。

● **1971 年**　1 月　江苏生产建设兵团四师二十三团并入二十四团，抽出二十三团机关全部及部分建制分队，前往金湖县接收运西劳改农场。

7 月 29 日至 8 月 1 日　召开中国共产党二十四团首届党员代表大会。

3—12 月　二十四团各基层单位相继成立团支部。

● **1972 年**　3 月 21 日　王金亭任江苏生产建设兵团四师二十四团团长。

4 月 10 日　任静安任江苏生产建设兵团四师二十四团政治委员。

9 月 25 日　江苏生产建设兵团四师二十四团共青团首届团员代表大会召开。

10 月　江苏生产建设兵团四师二十四团召开授枪大会。

● **1973 年**　4 月 6 日　农场捕捞连、轧花连、修理连、加工连更名为二十四团船队、二十四团轧花厂、二十四团修配厂、二十四团加工厂。

12 月 5—7 日　召开二十四团知识青年代表大会。

● **1974 年**　8 月 23 日　农场（兵团）抗击 13 号强台风。

8 月　农场（兵团）从场部向北，经五大队到南通县薛家店，筑通全长约 4.5 公里的晴雨公路。

10 月　农场（兵团）成立保圩指挥部。

● **1975 年**　6 月 30 日　撤销江苏生产建设兵团。

8 月 5 日　撤销江苏生产建设兵团四师二十四团番号。

12月1日　恢复农场建制，原中国人民解放军南京军区江苏生产建设兵团第四师第二十四团更名为国营南通农场。

● **1976年**　1月19日　农场撤销营级建制，成立分场，场部机构调整设立办公室、农业科、财务物资科、基建办公室、工副业科、政工科及保卫科，下属单位由9个营调整合并为6个分场和场直工副业。

3月27日　农场撤销五分场28连，四分场良种连合并改为28连、场直警卫连改为良种站。

4月20日　经中共南通农垦局党的核心小组批准，建立了中国共产党国营南通农场核心小组，张德仁任南通农场革委会主任、党的核心小组组长。

5月13日　南通县委、县农业局、县水利局、南通农垦局、南通农场、江心沙农场、地区革命委员会、财政局代表在南通农垦局召开关于南通县同南通农场、江心沙农场有关水利建设和立新坝以西新围滩地权划分问题的座谈会，一致同意：一是兴办河闸；二是在立新坝西新修南北向团结河，并在江边建涵闸1座；三是立新坝以西新围滩地原则上以各半划分，以团结河中心为分界线，河东土地为南通农场、江心沙农场，河西归南通县，农场同意将团结河穿过江心沙农场的河西1块约300亩耕地和新围北、团结河西的两小块数十亩耕地及军分区农场移交给农场的100多亩耕地全部划归南通县，南通县境内农场外围新老滩地归南通县所有。

8月8日　启用国营南通农场革命委员会、国营南通农场革命委员会办公室、国营南通农场革命委员会政工科、国营南通农场革命委员会农业科、国营南通农场革命委员会工副业科、国营南通农场革命委员会财务物资科、国营南通农场革命委员会劳动工资专用章等印章，原国营南通农场印章同时废止。

9月　农场在加工厂打成第一口深水井（深217米）。

9月12日　成立国营南通农场革命委员会，张德仁任委员会主任。

10月6日　江苏省农垦局同意农场团结河闸设计及概算布置方案，在农场东部新开南北向排水干河1条，并在江边建控制闸1座，净宽12米。

12月20日　农场26连并入3连，31连并入32连，39连并入38连，35连并入33连和37连。

12 月 27 日　中共中央、国务院在北京召开第二次全国农业学大寨会议。时任农场革委会主任、党的核心小组组长张德仁赴京参加会议。会议期间，党和国家领导人华国锋、叶剑英、陈云、李先念、邓颖超、王震、乌兰夫等亲切会见与会代表并合影留念。

● **1977 年**　1 月 29 日　农场建立地区新江海河枢纽工程建闸工程处。

1 月　农场修建团结闸。

5 月 10 日　农场成立爱国卫生运动委员会。

5 月 19 日　成立南通农场知识青年工作办公室。

7 月 18 日　成立国营南通农场汽车修配厂。

10 月 12 日　启用国营南通农场船队、国营南通农场工程队、国营南通农场兽医站、国营南通农场加工厂、国营南通农场养蜂场财务专用章、国营南通农场轧花厂、国营南通农场砖瓦厂、国营南通农场运输队、国营南通农场化工厂等印章，同时废止原江苏生产建设兵团二十团相关单位的印章。

12 月　制定《国营南通农场革命委员会关于试行"基本工资加工分工资"的意见》文件。

● **1978 年**　1 月 22 日　成立农场三麦、杂交水稻指挥部。

1 月 24 日　原农场 3 连、26 连合并为一分场 3 连。

1 月 27 日　成立国营南通农场爱国卫生、计划生育委员会。

3 月　经过恢复性整顿，农场把下属 6 个分场合并设置为 5 个分场。

3 月 3 日　农场 18 连、副业连、一分场机耕连、二分场机耕连被评为江苏省农垦"学大寨、学大庆"先进集体。

3 月 30 日　农场制定《国营南通农场财务管理制度》《关于 1978 年农机管理工作的意见》。

5 月 25 日　建立国营南通农场民兵团、民兵武装基干营。

5 月　农场召开全场知青代表大会并表彰了部分知识青年。

6 月 30 日　建立南通农场 35 连。

7 月 8 日　农场制定《关于基本建设管理试行办法的通知》。

8 月　农场制定《国营南通农场行政管理制度》。

8 月 21 日　在南通农场召开新江海河桥农场机耕桥施工协调会议，确定新江海河农场机耕桥是新江海河枢纽配套工程。

8月28日　农场制定《关于加强土地管理的规定》。

11月10日　黄德元任国营南通农场党委书记、场长。

12月20日　农场召开中共南通农场委员会成立大会，中国共产党南通农场委员会重新建立。

12月　农场实现粮食总产量2055万斤①，棉花总产量34500担，经营盈利133万元，摘掉了多年的"亏损帽"，被评为全国农垦系统先进单位。

12月30日　农场制定《畜禽生产经营管理办法》。

● **1979年**　1月1日　启用中国共产党江苏省国营南通农场委员会、江苏省国营南通农场印章，原中国共产党国营南通农场核心小组、国营南通农场革命委员会印章停止使用。

1月9日　农场组织全场干部职工学习党的十一届三中全会公报，场部、各分场、连队普遍召开了总支会、支委会、骨干会、职工大会，层层进行动员，组织学习公报。

3月13日　农场、农场第五机耕连被国家农垦总局评为1978年度先进集体。

3月29日　农场建立耕牛配种基地。

4月3日　制定《关于农机工作奖赔办法的规定》。

4月23日　成立国营南通农场三项工作委员会，三项工作是爱国卫生、计划生育和幼托工作。

4月24日　建办国营南通农场弹力丝厂。

8月8日　农场制定《关于开展清产核资的实施意见》。

9月27—28日　农场召开职工代表大会，恢复中断十多年的职工代表大会制度。

10月12日　农场与南通县种畜场调换土地，县种畜场土地780亩调换南通农场土地1116亩，农场调换土地为9连、6连北岸的北坡脚线及4连西岸的西坡脚线。

11月28日　农场二、三分场合并作为机械化试点，改称为二分场，五分场改称为三分场。

● **1980年**　1月5日　农场制定《关于堤防造林办法》。

---

① 斤为非法定计量单位，1斤＝0.5公斤。——编者注

1月7日　建办国营南通农场印刷厂，作为连级建制。

1月20日　设立江苏省国营南通农场办公室、江苏省国营南通农场政工科、江苏省国营南通农场农业科、江苏省国营南通农场工业科、江苏省国营南通农场财务物资科、江苏省国营南通农场保卫科、江苏省国营南通农场农业科，原使用的革命委员会办公室、政工科、农业科、工业科、财务物资科印章作废。

3月5日　农场撤销四分场农科队建制，合并到10连统一管理。

3月15日　国营江海生物化工厂更名为国营南通江海化工厂。

3月25日　农场制定《关于农副业连队经营管理办法的补充意见》。

4月8日　农场制定《关于副业生产经营管理中若干问题的规定》。

5月4日　农场被评为江苏省农垦局1979年度先进集体。

6月16日　黄德元任南通农垦局副局长兼任农场党委书记，李志民任农场场长。

9月13日　农场撤销14连建制，并入18连。同日，成立工业、副业、商业领导小组。

9月29日　农场建立建筑安装工程队。

10月27日　建立农场房屋管理所，负责全场公有房屋的管理，包括使用、调配、维修等项目。

11月6日　农场制定《关于房屋管理的规定》。

11月12日　建立南通县选举委员会南通农场选举办公室。

11月21日　农场修理排改建更名为南通农场拖拉机、汽车修理厂。

12月14日　召开南通农场职工代表大会，总结1979年的工作，制定1980年农场各业生产计划，通过了《南通农场职工守则》。

12月31日　农场因粮食增产、经济盈余被江苏省农垦局嘉奖并授予奖状。

● **1981年**　1月3日　农场制定《关于私建房屋的规定》。

1月12日　撤销南通农场40连建制，并入36连。

2月26日　农场首次成立中共国营南通农场纪律检查委员会。

3月5日　农场制定《关于发展林业生产的试行办法》。

3月7日　农场制定《国营南通农场关于内河渔业生产暂行管理的办法》。

5月12日　农场建办家具厂。

6 月 1 日　农场修理排与运输连合并。

6 月 30 日　农场制定《关于计划生育若干问题的暂行规定》。

8 月 16 日　农场建立国营南通农场物资站。

10 月 3 日　农场成立多种经营办公室，同年 11 月 19 日更改为多种经营科；建立国营南通江海服装厂、国营南通江海晴雨伞厂、国营南通江海家具厂。

12 月 19 日　农场成立南通农场组织科。

● **1982 年**　1 月 1 日　农场撤销农副业连队排级建制，成立生产作业组。同日，制定《国营南通农场关于 1982 年工交服务业财务包干责任制实施意见》。

2 月 18 日　农场制定《国营南通农场 1982 年关于农业多种经营财务包干责任制实施方案》。

3 月 10 日　农场建办南通农场拖拉机、汽车修理厂。

3 月 20 日　李志民任农场党委书记兼场长。

3 月 22 日　农场成立农场工会筹备组。

5 月 16 日　农场成立江苏省国营南通农场人口普查办公室。

6 月 10 日　农场成立防汛总指挥部。

7 月 12 日　农场农科站改为农场良种站，建立农场种子站。

11 月 26 日　制订《国营南通农场 1983 年农业、多种经营生产经济责任制实施方案》《国营南通农场 1983 年多种经营生产经济责任制实施细则》《国营南通农场 1983 年工业生产经济责任制实施方案》。

12 月 23 日　农场建办国营南通农场中心酱制品厂。

● **1983 年**　2 月 10 日　农场 14 连划归四分场管辖。

3 月 1 日　农场 4 个分场分别更名为：中心分场、长洪分场、大明分场、江边分场；农场基层农副业连队名称更改为"生产大队"。

8 月 11 日　制订《国营南通农场经营管理体制改革方案》。

9 月 22 日　制定《中共南通农场纪委关于干部住房建房标准的暂行规定》。

9 月 23 日　制订《国营南通农场 1984 年农业、多种经营生产经济责任制方案》《国营南通农场 1984 年农副业大队大包干责任制实施方案》。

12 月 20 日　农场设置办公室、农业科、多种经营科、农机科、计财科、教卫科、劳资科、人保科、组宣科、纪委、工会、团委、妇联、建筑安装公司、物资运输公司、工业公司、农工商服务公司。

12月　农场制订《国营南通农场1984年工交服务单位经济责任制实施方案》。

● **1984 年**　2月23日　农场制订《1984年农副业大队大包干责任制实施方案》。

3月27日　农场五大队范围内征用土地30亩给农垦造纸厂作为堆草场地。

4月9日　农场与江心沙农场签订协议书，将江心沙农场借用农场南路线产权作价转让。

4月16日　农场制定《渔业生产经营管理细则》。

5月2日　农场建办国营南通江海食品总厂。

5月8日　农场建办南通江海钢丝绳厂、南通江海塑料制品一厂。

5月11日　农场加工厂与粮站分开管理，独立核算；建办国营南通江海食品一厂。

5月25日　农场征用变电所前面土地1.3亩作为变电所建房基地。

5月28日　企业整顿，农场机关设置办公室、农业科、农机科、工业科、多种经营科、供销经理部、劳动工资科、计划科、财务物资科、基建科和组宣科、教育卫生科、保卫科、人武部和工会（筹建）。

5月　农场制订《关于房屋折价归户试行方案》。

6月14日　农场建办南通大明塑胶厂。

6月22日　国营南通农场中心服务站更名为国营南通江海食品二厂。

6月23日　中国共产党国营南通农场第四次代表大会召开。

7月25日　江苏省农垦建筑安装公司第一工程处更名为江苏省农垦建筑安装公司南通分公司。

8月7日　正式启用江苏省国营南通农场中心分场、江苏省国营南通农场江边分场、江苏省国营南通农场长洪分场、江苏省国营南通农场大明分场、江苏省国营南通江海物资运输公司、江苏省国营南通江海工业公司、江苏省国营南通江海建筑安装公司、江苏省国营南通江海农工商服务公司、江苏省国营南通农场计财科、江苏省国营南通农场组宣科等印章。

8月11日　制订《国营南通农场经营管理体制改革方案》《国营南通农场关于农副业大队联产承包到户的大包干经济责任制方案》《国营南通农场关于工商运建服单位经济责任制改革方案》。

8月12日　制定《国营南通农场关于房屋管理的若干规定》。

8月16日　农场五大队范围核减10亩土地，用于南通农垦印染针织总厂拆建厂房。

8月23—25日　召开国营南通农场第一届第一次职工代表大会，通过《国营南通农场职工奖惩条例实施细则》《国营南通农场职代会暂行实施条例细则》。

9月3日　制定《1985年度农副业大队联产承包的大包干经济责任制实施方案（试行稿）》。

9月19日　农场建办南通江海汽车改装厂。

10月29日　制定《南通农场扫盲工作实施细则》。

11月12日　农场建办南通江海建材二厂。

11月13日　江苏农垦江海拆船公司改名为江苏南通江海拆船厂。

11月18日　成立江苏农垦南通华兴建筑公司南通工程处。

11月28日　成立江苏省国营南通农场农业服务公司、江苏省国营南通农场农机服务公司、江苏省国营南通农场多种经营公司。

12月　农场建办国营南通江海酿酒厂。

12月12日　制定《国营南通农场关于办好职工家庭农场实施优惠政策的若干规定（讨论稿）》。

12月25日　启用中国共产党国营南通农场场直总支委员会、中国共产党国营南通农场农业服务公司总支委员会、中国共产党国营南通农场农机服务公司总支委员会、江苏省国营南通农场财务科、江苏省国营南通农场房屋管理所等印章。

1985年　1月1日　农场原第二中学附属小学更名为国营南通农场中心小学。

1月4日　制定《国营南通农场关于大队购销站经营管理若干规定》。

1月16日　制定《国营南通农场集体、个体办工业企业管理条例》。

1月22日　葛克平任农场党委书记。

1月24日　成立国营南通农场农机服务公司。

2月14日　农场江苏农垦南通华兴建筑公司设立上海、南通工程处。

3月　农场成立场长负责制领导小组，成为江苏农垦第一家试行场长负责制农场。

4月17日　南通江海皮鞋厂从国营南通江海印刷厂划出，单独建制。

5月3日　袁象耕任农场场长。

5月10日　召开南通农场实行场长负责制大会，场长袁象耕发表就职讲话。

5月18日　农场召开第一届职工代表大会第二次会议，审议通过《1985—1988年四年规划》《国营南通农场改革总体方案》《关于保护和支持职工家庭农场的若干规定》《国营南通农场计划生育工作奖惩细则》《国营南通农场计划生育工作实施细则》《国营南通农场职工代表大会暂行条例》等制度条例。

6月30日　制定《国营南通农场渔政管理的有关规定》。

7月1日　南通江海钢丝绳厂与国营南通江海工业公司签订合资筹办南通钢丝绳厂的协议书。

7月　农场正式成立派出所，经江苏省公安厅批准建立南通农场派出所，编制干警6人。

7月23日　华能国际电力开发公司南通分公司与农场签订拨用土地协议书，农场同意将八大队队部以西的土地拨给华能国际电力开发公司南通分公司使用，其范围南起2号丁坝北首，北迄南通县良种场，西至长江江滩，东到八大队中心河，共拨用土地1975亩。

7月25日　南通江海钢丝绳厂改名为国营南通农场钢丝绳厂。

8月　企业整党，参加整党的农场正式党员全部通过党员登记。

9月20日　制定《国营南通农场计划生育工作实施细则》。

9月29日　制订《关于农副业大队及家庭农场经济承包责任制实施方案》。

10月11日　农场多种经营科更名为多种经营公司，同时成立园艺场。

11月5—30日　农场建办国营南通江海汽化炉厂、国营南通农场江海石墨石棉密封垫圈厂、国营南通农场江海金属凹型制版厂。

● 1986年　1月14日　农场在1985年生产建设中因取得显著成绩受到江苏省农垦总公司表彰并授予锦旗。

1月22日　南通江海皮件厂更名为上海市华宝运动鞋厂南通江海分厂。

1月23日　建办南通农场校办电器厂。

2月14日　成立国营南通农场教育管理委员会。

3月20日　制定《南通农场渔政管理的具体规定》。

3月31日　农场被评为江苏省农垦工农业生产先进单位。同日，农场、工业公司、江边分场、六大队、二十一大队、二十七大队、三十二大队、兽医站、化工厂、修造厂、拆船厂、加工厂被评为南通农垦1985年度工农业生产先进单位。

4月1日　农场组宣科撤分为组织科、宣传科，教育卫生科撤分为卫生科、教育管理委员会（下设办公室，经济独立核算）。

4月10日　农场制定家庭农场会计核算制度。

5月4日　制定《南通农场关于职工公墓管理的若干规定（讨论稿）》。

5月　农场被江苏省计划经济委员会和江苏省企业整顿领导小组命名为"企业整顿先进单位"荣誉称号。

6月6日　农场成立蔬菜基地。

8月22日　召开国营南通农场第二届第一次职工代表大会暨农场工会会员代表大会。

10月30日　成立共青团国营南通农场第二中学委员会。

11月1日　南通农场加工厂更名为江苏省国营南通农场粮油加工厂。

11月3日　农场建两座轮窑厂和1座煤屑砖厂。

11月18日　制定《国营南通农场1987年农业经济责任制实施方案》《国营南通农场关于工商运建服单位经济责任制实施方案》《关于加强劳动、就业、工资管理的暂行规定》。

11月25日　农场制定《关于交通公路管理的规定》。

12月9日　江苏省国营南通农场江海物资运输公司更名江苏省国营南通农场物资公司。

12月25日　农场加工厂被评为南通县第二次全国工业普查先进集体。

12月30日　农场修造厂弹力丝车间扩建为清江合成纤维厂南通分厂。同日，农场小麦机械化高产栽培研究获1986年度江苏省科学技术进步三等奖。

1987年　1月1日　农场制定《国营南通农场节约能源管理暂行规定》。

1月13日　召开南通农场第二届第二次职工代表大会。

1月　制定《国营南通农场工业公司1987年度经济责任制实施细则》。

2月4日　农场被评为江苏省农垦1986年度农机管理标准化农场。

2月13日　农场撤销国营南通农场农业服务公司、国营南通农场农机服务公司、国营南通农场多种经营公司，成立江苏省国营南通农场农业科、江苏省国营南通农场农机科、江苏省国营南通农场多种经营科。

2月14日 制定《国营南通农场1987年多种经营经济责任制实施细则》《果树生产经济责任制》。

2月21日 农场获江苏省农垦总公司"双文明单位"先进奖杯。

3月5日 修订完善《南通农场渔政管理的具体规定》。

3月9日 成立国营南通农场农机配件供应站，独立核算单位。

3月19日 农场注册成立江苏农垦南通农工商联合公司，其与江苏省国营南通农场实行两块牌子、一套班子管理。

4月13日 召开中国共产主义青年团国营南通农场第八次代表大会。

6月1日 建办江苏省国营南通农场电珠厂。

8月17日 农场制定《场长负责制暂行条例》《职工代表大会暂行条例》。

8月19日 农场第二中学被评为农垦系统教育先进集体。

8月28日 召开南通农场第二届第三次职工代表大会。

9月7日 建办国营南通农场商场，经济性质为全民非独立核算的商业单位。

10月8—9日 中国共产党国营南通农场第五次代表大会召开。

12月4日 成立中共南通农场委员会党校，作为农场党员干部思想政治教育培训的主阵地。

12月8日 划拨农场国有土地2.81亩建农场中心幼儿园。

12月27日 制订《国营南通农场1988年农业经济责任制实施方案》《国营南通农场工商运建服1988年经营责任制实施方案》。

1988年 1月3日 建办国营南通农场皮鞋二厂。

1月27日 农场被评为江苏省农垦总公司1987年度农机管理标准化农场。

2月3日 农场恢复多种经营公司，单独设立劳动工资科，与办公室划开；农科站与良种站、种子站合并建立农场农科所（站）；成立农场职称改革工作领导小组及工作机构。

2月4日 农场运输连被评为1987年度南通县安全生产先进单位。

3月1日 农场撤销轧花厂、食品一厂、伞厂、酱制品厂、皮件厂建制；

轧花厂并入粮油加工厂，成立粮棉油加工厂。

3月2日　农场多种经营科新扬州鸡提纯复壮项目获1987年江苏农垦科学技术进步三等奖。

3月3日　农场制定《房地产管理暂行办法》。

3月9日　农场被评为南通农垦公司"两个文明建设"场际竞赛优胜单位。

3月20—21日　农场召开第二届第四次职工代表、1987年度先进表彰大会。

4月12日　农场长洪分场被评为南通县1987年度文明卫生单位。

4月22日　农场被评为南通县1986年和1987年普法先进集体、南通市非农业用地清理工作先进单位。

4月25日　成立南通农场科学技术委员会；农场进行职称改革，按照中央和江苏省职称改革文件精神和江苏省农垦总公司的部署，农场开展首次专业技术职务评审聘任工作。

6月10日　农场被评为南通市文明单位。

6月23日　成立农场水产养殖场、农场档案科。

6月28日　国营南通江海化工厂更名为国营南通江海味精厂。

7月18日　成立国营南通农场机械化施工队。

8月25日　制订《国营南通农场1989年农业承包经营责任制实施方案》。

10月3日　成立农场农机安全监理站。

10月5日　农场获江苏省农垦总公司1987—1988年度三麦达标竞赛优胜奖，农场佳康三号被评为江苏省农垦总公司1988年度先进联合收割机组先进机组。

10月15日　农场获南通农垦公司1987—1988年度三麦生产达标竞赛优胜单位。

10月17日　农场制定《党委会工作暂行条例》。

10月20日　成立南通农场种子公司。

12月31日　农场制定《关于公费（统筹）医疗的暂行规定》。

1989年　2月17日　农场获南通农垦公司1988年度场际竞赛优胜单位。农场农业办公室棉花高额丰产田获江苏省1988年"丰收杯"赛三等奖，农场麦子百亩方获江苏省1988年"丰收杯"赛三等奖。

2月23日　农场工会被评为江苏省农垦总公司工会1988年度先进基层工会。

2月24日　农场成立审计室，同年9月更名为审计科。

3月7日　农场被评为南通县计划生育达标单位。

3月11日　成立农场清产清资办公室（设在计财科）。

3月16日　农场被评为南通县体育先进乡、镇。

3月15日　农场建立大明、团结、三孔桥水产养殖场。

3月24—25日　农场召开第三届第一次职工代表大会暨1988年先进表彰大会。

南通县司法局党组批准，成立"江苏省国营南通农场法律服务所"。

5月2日　农场被评为南通市1988年度农村计划生育目标管理达标单位。

5月24日　成立农场老干部工作指导小组。

5月25日　农场制定《关于队（厂）以上以工代干人员离岗退养暂行规定》。

6月19日　农场被评为南通市1988年度文明单位。

7月29日　建立江苏省国营南通农场自来水厂。

9月20日　农场制定《关于加强劳动、就业、工资管理的实施细则》。

9月25—26日　农场召开第三届第二次职工代表大会。

10月5日　农场制定《1990年渔业生产经营承包责任制实施细则》。

11月30日　农场成立国营南通农场学校董事会。

12月28日　农场成立全国人口普查农场人口普查办公室。

● **1990年**　1月10日　制订《国营南通农场1990年工商运建服承包经营责任制实施方案》《1990年度畜禽生产经营承包责任制实施细则》。

1月18日　农场被评为江苏省农垦总公司通讯报道先进单位。

2月26日　农场更改四所小学校名，即21连小学更名为国营南通农场江边小学，11连小学更名为国营南通农场长洪小学，一中小学更名为国营南通农场大明小学，2连小学更名为国营南通农场场北小学。

2月28日　农场被评为江苏省农垦总公司1989年度安全生产单位。

3月16—17日　农场召开第三届第三次职工代表大会暨1989年度先进表彰大会。

5月21日　成立农场监察室。

5月22日　制定《国营南通农场计划生育实施细则》。

5月27日　农场被评为南通市1989年度文明单位。

5月28日　农场被评为江苏省农垦总公司1990年度冬春水利先进单位。

5月30日　成立农场三电办公室。

7月7日　农场制定《土地管理暂行办法》。

8月4日　成立南通农场成人教育中心。

9月15日　恢复农场轧花厂建制,江苏省国营南通农场粮棉油加工厂更名为江苏农垦国营南通粮油加工厂。

10月16日　农场制订《1991年农业生产承包经济责任制实施方案》。

11月16日　农场制定《1991年渔业生产经营承包责任制实施细则》。

12月8日　葛克平兼任农场场长。

1991年　1月7日　中国共产党南通农场第六次代表大会召开。

1月10日　农场撤销农业办公室,恢复为原来的农业科、农机科两个科室;撤销工业公司,恢复为原来的工业科。

1月15日　农场建立江苏农垦国营南通石油供应站。

1月18日　江苏省国营南通农场自来水厂更名为江苏农垦国营南通自来水厂,全民所有、独立核算、自负盈亏,属农场水电管理站主管。

1月31日　农场制定《关于加强自来水管理的暂行规定》。

2月25日　农场制订《1991年工商运建服承包经营责任制实施方案》。

3月22日　农场成立多种经营公司党总支。

3月27—28日　农场召开第三届第四次职工代表大会暨1990年度先进表彰大会。

4月13日　农场制定《场办工业单位内部经济责任制模式》。

5月18日至6月19日　农场受暴雨灾情影响,共计损失超1200万元。

5月23日　农场成立江苏农垦南通农场种子公司。

5月30日　农场被评为江苏省农垦总公司1991年度冬春农田水利建设先进单位。

6月10日　南通农垦三孔桥工厂职工医院划归农场,同年10月又恢复原隶属关系。

6月20日　南通市水利局决定在农场征地90亩,新建2.5万吨级油品码头1座,建设地点在农场8号和9号丁坝之间。

9月3日　国营南通农场钢丝绳厂更名为江苏省国营南通江海钢丝绳厂。

9月11日　制订《国营南通农场1992年农业生产承包经营责任制实施方案》。

11月7日　成立南通市通常汽渡工程建设处，由计委、经委、建委、规划局、港监局、土管局、环保局、水利局、港务局、公安局、粮食局、劳动局、财政局、中国人民银行、建设银行、消防大队、南通县政府、南通农场等单位组成。

12月19日　农场成立商业物资公司。

12月26日　农场制定《1992年渔业生产经营承包责任制实施细则》。

● 1992年　2月15日　制订《国营南通农场1992年工商运建服承包经营责任制实施方案》。

2月18日　农场建立四号坝渔场、长洪渔场、江边渔场、长江渔场。

2月27日　国营南通农场大明化工厂更名为国营南通江海日用化工厂。

3月9—10日　农场召开第四届第一次职工代表大会、第三届第一次工会会员代表大会。

3月21日　农场在南通市开设江苏省国营南通农场崇川贸易部。

4月21日　水利部长江水利委员会同意在长江南通农场岸段建造深水高桩平台专用油码头1座。

6月6日　农场成立江苏农垦国营南通工业供销公司、江苏农垦国营南通物资公司驻通经营部。

6月15日　农场机关行政机构改革，11个科室合并和更名为"四室""四中心"，即：党委办公室、场长办公室、政法办公室、工会办公室、工业服务中心、农业服务中心、财务结算中心；同年11月，撤销工业服务中心，建立工业办公室。

6月22日　农场建立江苏国营南通江海化工厂。

8月9日　农场召开第四届第二次职工代表大会、第三届第二次工会会员代表大会。

8月13日　农场与香港中化石油国际有限公司在农场合资成立中外合资南通嘉民港储有限公司。

9月7日　农场建立上海第一皮鞋厂江海分厂。

9月26日　农场建立江苏农垦国营南通土方机械施工公司，农场制定

《1993 年农业生产承包经营责任制》。

10 月 8 日　成立农场选举工作领导小组。

11 月 9 日　农场制订《1993 年工商运建服承包经营责任制实施方案》。

11 月 21 日　农场建立江苏农垦南通华兴建筑公司驻苏州办事处。

11 月 30 日　农场建立江苏农垦南通加油站。

12 月 24 日　农场建造场域内主干道营渡公路。

12 月 31 日　农场制定《1993 年渔业生产经营承包责任制实施细则》。

1993 年　1 月 6 日　成立农场城镇管理委员会。

2 月 16 日　农场拆船厂范围内设立通常汽渡停车场。

2 月 17 日　农场建立通常汽渡加油站。

2 月 19 日　江苏农垦国营南通农场石油供应站液化气分装部变更为江苏农垦国营南通农场液化气站。

3 月　农场达到 1992 年度省级绿化标准。

3 月 5—6 日　农场召开第四届职工、第三届工会会员第三次代表大会。

3 月 8 日　农场建办江海电器配件厂。

4 月 2 日　农场制定《关于在职人员学习、进修的有关规定》。

4 月 17 日　农场建立江苏农垦南通种子公司、江苏农垦南通房地产开发公司。

5 月 7 日　农场建立特种养殖场，隶属于多种经营公司。

5 月 12 日　农场加工厂被评为江苏省农垦总公司先进单位。

6 月 7 日　农场制定《关于在职工新村建房的暂行规定》。

6 月 8 日　建立国营南通农场招待所。

6 月 23 日　农场建立沿江渔场。

8 月 10 日　农场制定《关于加强固定资产管理的暂行规定》。

8 月 14 日　农场建立江苏农垦国营南通临渡加油站。

9 月 20—21 日　农场召开第四届第四次职工代表大会。

9 月 22 日　农场制定《关于企业职工缴纳部分基本养老保险费实施办法的通知》。

9 月 28 日　农场制订《1994 年农业生产承包经营责任制实施方案》。

12 月 11 日　国营南通农场农机修造厂更名为国营南通江海机械厂。

12 月 24 日　王钧强任农场场长。

12 月 25 日　农场制定《1994 年渔业生产经营承包责任制实施细则》。

1994 年　2 月 25 日　农场制订《1994 年工商运建服承包经营责任制实施方案》。

3 月 9 日　农场石油供应站被评为通州市 1993 年度消防工作先进单位。

3 月 30 日　农场被评为江苏省农垦总公司 1993 年畜牧水产工作先进单位。

3 月　农场在 1993 年全国第三产业普查中被评为市级先进集体。

4 月 6—7 日　农场召开第四届第五次职工代表大会、第三届第四次工会会员代表大会。

4 月 18 日　成立江海港区开发南通农场协调领导小组。

5 月 17 日　修订《国营南通农场计划生育实施细则》。

6 月 21 日　通州市地名管理委员会同意将南通农场场部驻地命名为江海镇（自然镇）（通名委 1994 年 2 号文）。

8 月 30 日　农场发布《关于口粮按市场价格供应后适当给予职工临时补贴的通知》，补贴标准按国家规定价格与挂牌供应的口粮价格差额计算（每个职工每月按 30 斤口粮标准）。

9 月 13 日　农场制订《1995 年农业生产经营责任制实施方案》。

9 月 29 日　农场与通州市良种场在良种场召开关于界址权属的座谈会，讨论关于农场与良种场老洪港南岸江堤权属问题。

10 月 9 日　农场召开第四届第六次职工代表大会。

10 月 14 日　制定《国营南通农场公费（统筹）医疗暂行办法》。

12 月 31 日　农场成立养老保险办公室，办公室设在农场劳动工资科；成立养老社会保险领导组，制定《关于农场职工养老社会保险实施办法》。

1995 年　2 月 13 日　建立国营南通农场养鸡场、国营南通农场交通管理站；二十四大队合并给二十大队统一管理。

2 月 22 日　农场制订《1995 年工商运建服承包经营责任制实施方案》《1995 年果树生产经营承包责任制实施方案》《1995 年渔业生产经营承包责任制实施细则》。

3 月 4—5 日　农场召开第五届第一次职工代表大会、第三届第五次工会会员代表大会。

3 月 16 日　农场成立清产核资领导小组及办事机构，制定《国营南通农场清产核资实施办法》。

3月17—18日　召开中国共产党国营南通农场第七次代表大会。

3月29日　成立农场结算中心。机关科室机构设置调整，由原来的四室两中心调整为一室八科一所，即办公室、组宣科、计财科、劳动工资科、工业科、农业科、保卫科、土地管理科、教卫科、农科所。

3月　农场被评为江苏农垦1994年安全生产先进单位。

3月　按农业部颁布标准检查验收，农场被评为1994年度二级农机标准化管理农场。

4月5日　农场获评江苏省农垦总公司1994年度畜牧水产生产先进单位。

4月15日　农场制定《关于建立人民教育基金的暂行规定》。

4月30日　成立南通农场民营经济工作领导组。

5月29日　农场制定《关于对外出培训、进修人员流动的暂行规定》。

5月30日　农场成立第三次工业普查领导小组。

6月1日　成立南通农场廉政建设领导小组。

6月13日　成立南通农场初级卫生保健委员会。

6月20日　夜间22点至早上4点，6个小时降雨161毫米，造成全场5000亩西瓜受淹，西瓜绝收，损失惨重。

7月13日　撤销南通农场第一中学、第二中学、职业中学，将它们合并建立南通农场中学。

8月16日　农场制定《江海镇区居民供用电规则（试行）》。

9月1日　制定《南通农场江海镇管理条例》。

9月3日　农场制定《关于改革公费住宅电话制度的实施办法》。

9月16日　农场制订《1996年农业生产承包经营责任制实施方案》《1996年果树生产经营承包责任制实施方案》《1996年渔业生产经营承包责任制实施细则》。

9月22日　成立南通农场教卫科考研室、南通农场职工教育委员会。

10月11—12日　农场召开第五届第二次职工代表大会。

10月18日　制定《关于农场关停企业职工分流及安置工作的试行办法实施细则》。

12月20日　农场制订《关于全面实行劳动合同制度的实施方案》。

● **1996年**　2月16日　农场被评为1995年度全国农垦系统农机管理标准化优秀

单位。

2月28日　农场被评为江苏省农垦总公司种子生产先进单位。

3月5日　农场被评为江苏省农垦总公司1995年安全生产先进单位。

3月8日　农场制订《1996年工商运建服承包经营责任制实施方案》。

3月12日　农场"江苏农垦成建制吨粮田工程建设研究"项目获1994—1995年度江苏农垦科学技术进步一等奖。

3月19—20日　农场召开第五届第三次职工代表大会、第三届第六次工会会员代表大会。

3月22日　制定《国营南通农场人民教育基金管理委员会章程》，成立南通农场人民教育基金管理委员会。

3月30日　制定《国营南通农场场规场纪》。

4月1日　成立南通农场文化长廊建设领导小组。

4月13日　制定《南通农场"文化长廊"建设规划》。

4月30日　农场制定《关于场内物资调拨的暂行规定》。

5月7日　农场、农场大明渔场1995年畜牧水产"高产高效益竞赛"受到表彰。

5月14日　农场成立教卫党总支。

6月1日至7月4日　农场遭受雨灾，全场实际经济损失超过千万元。

6月17日　农场成立江苏农垦中华鳖原种场筹建组，同年11月建立江苏农垦南通中华鳖养殖场。

7月19日　农场成立创建国家级消灭无标生产场工作领导小组，成立南通农场农村户口城市化管理领导小组。

9月8日　建立南通农场建筑管理站。

9月9日　农场制定《1997年农业生产承包经营责任制实施方案》《1997年果树生产承包经营责任制实施细则》。

10月14日　农场召开第五届第四次职工代表大会。

11月4日　成立国营南通农场实施全员劳动合同制领导组，制定《国营南通农场全员劳动合同制实施办法（试行）》。

11月5日　农场制定《关于南通江海皮鞋一厂关停后职工分流及安置工作的实施细则》。

11月18日　农场物资公司获1996年度江苏农垦农资连锁经营成绩显著

单位二等奖。

12月23日　恢复农场职业中学。

12月25日　制定《南通农场职工建房管理若干规定》。

12月30日　农场参加农机援助获江苏省农垦总公司通报表彰。

● **1997年**　1月22日　江苏农垦南通汽车拖拉机修理厂划分为江苏农垦南通汽车修理厂和江苏农垦南通农机修造厂两个厂。

1月22日　农场二十二、二十一大队合并，原二十二大队建制撤销。

1月30日　农场制定《关于干部退岗保养的暂行规定》。

2月12日　农场获江苏省农垦小（大）麦"百亩方"优胜奖。

2月15日　农场1996年度达到农垦二级农机标准化农场。

2月16日　农场三十八、三十九大队合并，原三十九大队建制撤销。

2月18日　农场获江苏省农垦1996年度"最佳绿化领导工程"奖。

2月24日　农场制订《1997年工商运建服承包经营责任制实施方案》。

3月　农场被评为江苏农垦1996年安全生产"三无"企业。

3月2日　成立南通农场农业综合开发领导小组和南通农场绿色食品领导小组。

3月5日　农场多种经营公司被评为江苏省农垦1996年度畜牧水产工作畜牧水产单项年创利百万元以上的先进企业。

3月6日　苏垦加油站脱离液化气站划给石油供应站；农场成立农业服务中心。

3月25日　农场召开第六届第一次职工代表大会、第四届第一次工会会员代表大会。

4月30日　成立农场生猪猪肉管理领导小组。

5月20日　制定《国营南通农场土地管理试行办法》。

5月27日　制定《南通农场扶贫帮困工程实施办法》。

7月18日　11号台风从农场过境，造成农场的江堤出现严重险情，全场农业战线干部职工江堤抢险。

7月21日　农场在江海镇区分别成立莫愁新村居民管理委员会、腾飞新村居民管理委员会、桃李新村居民管理委员会，居民管理委员会隶属于农场城镇管理办公室。

8月5日　农场成立三孔桥工业区社区管理委员会，管理农场三孔桥地区的社会事务。

8 月 6 日　原隶属于多种经营公司的中华鳖场划归农业服务中心管理。

9 月 1 日　原隶属于南通农垦公司的南通丝绸印染厂、三益公司和原隶属于江苏省农垦集团公司的勤奋制药厂医院整建制划归农场管理；原隶属于南通农垦公司的苏垦南通电力公司由农场代管。

9 月 4 日　农场制订《1998 年农业生产承包经营责任制实施方案》。

9 月 10 日　成立农场物资科，制定《关于存货管理的暂行规定》；成立农场场办企业体制改革领导组及办公室。

9 月 24 日　农场成立江海镇健康新村居民委员会；成立农场关停企业职工分流及安置工作领导组，制定《关于南通农场皮鞋二厂、南通新江海机械厂弹力丝车间关停后，职工分流及安置工作的实施细则》。

9 月 29 日　王钧强任农场党委书记；仲银任农场场长。

10 月 24 日　制定《南通农场场内公路使用、养护、管理暂行规定》。

11 月　农场棉花新良种及综合增产技术获农业部全国农牧渔业"丰收奖"三等奖。

11 月 4 日　成立农场"两清"办公室，成立农场"两清"领导小组，制定《关于加强应收款项管理的暂行规定》《存货管理的暂行规定》。

12 月　农场在 1997 年江苏省"农业领导工程"丰产方竞赛中获水稻高产二等奖。

12 月 5 日　农场制定《1998 年果树生产承包经营责任制实施细则》。

12 月 8 日　农场制定《国有场办企业产权制度改革的实施意见》《国有场办企业富余人员下岗分流安置工作实施细则》；成立农场建设科；农场第二园艺场、园艺场合并。

12 月 11 日　农场商业物资公司被评为江苏省农垦集团公司 1997 年度农资经营先进单位。

12 月 28 日　成立农场江堤达标建设领导小组。

● **1998 年**　1 月 5 日　农场制定《1998 年渔业生产经营承包责任制实施细则》。

1 月 10 日　江苏农垦国营南通印刷厂改制，实施租卖结合。

1 月 12 日　成立南通农场中华鳖养殖公司。

1 月 14 日　农场建立医疗保险中心和医疗保险结算中心。

1 月 16 日　重新修订《南通农场江海镇管理暂行办法》；制定《南通农

场职工医疗保险暂行办法》。

1月25日　江苏农垦运输公司南通车队实施改制。

2月1日　国营南通农场服务站实施兼并改制。

2月10日　农场制订《1998年工商运建服承包经营责任制实施方案》。

2月11日　江苏农垦南通华兴建筑工程公司华兴酒家实施租赁经营改制。

2月12日　农场获江苏省农垦集团公司1997年度"丰收杯"高产竞赛小（大）麦"百亩方"优胜奖。

2月15日　农场中心砖瓦厂实施关停（内部破产）清理，同年12月，撤销江苏农垦南通中心砖瓦厂建制；江苏农垦南通农工商联合公司种子经营部更名为南通农垦大华种子有限公司。

2月20日　国营南通江海元件厂实施关停（内部破产）清理，同年12月，撤销国营南通江海无线电元件厂建制。

3月12日　农场成立江海新村居民管理委员会，分管范围为江海北路两侧的居民住宅区、加工厂住宅区、建材厂住宅区，居民管理委员会隶属于农场城镇管理办公室。

3月19日　农场遇北方强冷空气影响，造成经济损失共约817万元。

3月15日　江苏省国营南通江海钢丝绳厂实施租卖结合改制；南通鼎盛皮革制品有限公司实施关停（内部破产）。

3月22—23日　农场召开第六届第四次职工代表大会、第四届第二次工会会员代表大会。

3月25日　江苏农垦南通华兴建筑工程公司场内工程处预制构件厂实施租赁经营改制。

3月28日　制定《南通农场劳动力管理的暂行规定》《国有场办企业富余人员转岗分流安置实施细则》。

4月6日　制定《南通农场供水管理细则》。

5月6日　农场被评为江苏省农垦集团公司场（厂）级安全生产"优秀企业"。

7月25日　农场场办企业江苏农垦国营南通土方机械公司的挖掘机实施有偿转让改制。

8月9日　江苏农垦国营南通农场液化气站经公开竞标，改制为股份制企业。

9月2日　农场制订《1999年农业生产承包经营责任制实施方案》。

10月21日　国营南通江海酿酒厂实施切块租赁经营，改制后组建南通江海酿酒有限公司。

11月8日　农场召开江海镇总体规划评审会。

11月28日　农场召开第六届第五次职工代表大会。

12月10日　农场被评为江苏省农垦集团公司1998年度财务管理先进单位。

● **1999年**　1月6日　农场成立机关党总支。

1月26日　农场被评为江苏省农垦集团公司1998年度"最佳绿化领导工程"。

1月　农场获江苏省农林厅1998年度"农业领导工程"丰产方建设竞赛一等奖。

2月2日　农场获江苏省农垦集团公司"吨粮田"千亩方优胜奖。

2月4日　农场制定《1999年果树生产承包经营责任制实施细则》《1999年渔业生产经营承包责任制实施细则》。

3月1日　农场江边砖瓦厂、大明砖瓦厂实施租卖结合改制。

3月8日　农场制订《1999年工商运建服承包经营责任制实施方案》。

3月12日　江苏国营南通新江海机械厂实施租卖结合改制；江苏省石油集团公司南通分公司和南通农场签订临渡加油站股权转让协议，5月19日，江苏省农垦集团公司同意临渡加油站股权实施有偿转让改制。

3月23日　农场召开第六届第六次职工代表大会、第四届第三次工会会员代表大会。

3月25日　制定《国营南通农场关于病休职工实行医疗期管理及病休待遇的规定》。

3月28日　制定《江苏省国营南通农场关于实行"场（队、厂）务公开、民主管理"试行办法》。

3月31日　成立南通农场信访工作领导小组。

4月22日　南通市副市长黄利金在市委农工部会议室召开专题会议，研究南125地段江堤达标建设问题。

4月30日　制定《江苏省国营南通农场财务管理制度》。

6月5日　江苏农垦国营南通轧花厂实施改制组建有限公司。

6月8日　江苏农垦国营南通粮油加工厂实施改制组建有限责任公司。

6月10日　农场同意苏垦加油站实施租卖结合改制方案；建立南通农场蔬菜花卉办公室。

7月20日　成立南通农场安置帮教工作站。

7月22日　农场在老场部成立大明居民管理委员会。

8月3日　成立南通农场江海港区消防安全工作领导小组。

8月26日　农场粮站改制组建有限公司。

9月13日　农场召开第六届第七次职工代表大会、第四届第四次工会会员代表大会。

9月14日　制订《江苏省国营南通农场2000年农业生产土地租赁经营责任制实施方案》。

9月20日　江苏农垦南通农工商联合公司农机修造厂实施关停（内部破产）清理。

9月29日　农场制定《2000年渔业生产租赁经营责任制实施细则》。

10月8日　江苏农垦国营南通商物公司实施改制，组建南通华垦物资有限公司。

10月19日　制定《南通农场家畜防疫工作实施办法》《2000年园艺场土地租赁经营责任制实施细则》。

11月9日　成立南通农场人口普查办公室。

11月18日　江苏农垦国营南通江海服装厂实施关停（内部破产）清理。

11月19日　制定《南通农场2000—2002年农业结构调整实施意见》。

12月14日　关停并撤销南通农场中华鳖养殖公司。

12月27日　制定《南通农场档案管理暂行办法》。

● **2000年**　2月24日　农场制订《2000年工商运建服经营责任制实施方案》。

2月28日　农场获江苏省农垦集团公司1999年度农业"丰收杯"高产竞赛"吨粮田"百亩方优胜奖。

2月　农场被评为南通市拥军优属先进集体（2000—2003年度）。

3月2日　农场成立企业管理科。

3月27日　农场召开第七届第一次职工代表大会、第四届第五次工会会员代表大会。

4月2日　农场十七大队王志明被授予"江苏省见义勇为先进分子"荣誉称号。

4月7日　制定《〈南通农场职工医疗保险暂行办法〉修改意见》。

4月10日　制定《加强职工自筹联建住房资金管理的暂行规定》。

4月20日　江苏农垦国营南通农场石油供应站农机配件部实施改制，组建有限责任公司。

5月9日　顾惠成任农场党委书记。

5月20日　农场遭遇冰雹，损失惨重。

7月12日　成立南通农场农网建设改造工程领导小组。

7月23日　农场撤销建设科成立土地（房屋）管理所。

7月27日　江苏农垦南通华兴建筑工程公司实施内部关停清理。

8月17日　成立农场农机改制领导小组。

9月5日　农场制订《2001年农业生产土地租赁经营责任制实施方案》。

9月7—8日　中国共产党南通农场第八次代表大会召开。

9月12日　制定《南通农场退伍士兵安置及现役军人优抚暂行办法》。

9月26日　农场召开第七届第二次职工代表大会。

11月28日　原江苏省国营南通农场机电公司（改制后组建南通农垦江海农机服务中心）下属5个核算单位（公司本部、4个农机站），实施改制。

11月29日　成立南通农场医院改制领导小组；成立农场医院管理委员会。

12月15日　农场幼儿园改制为公有民营学校。

12月28日　江苏农垦国营南通农场石油供应站改制，组建有限公司。

12月　农场农业综合开发项目大米加工厂扩建项目，总投资253.21万元。

● **2001年**　2月4日　农场审计科与组宣科合署办公。

2月　农场开展六项劳动竞赛。

3月6日　农场制订《2001年非农企业经营责任制实施方案》。

3月20日　农场成立配合南通市市区部分行政区划调整工作领导小组。

3月22日　农场召开第七届第三次职工代表大会、第四届第五次工会会员代表大会。

3月26日 通州市人民政府同意农场编制的《江海镇总体规划（1997—2010）》。

4月1日 农场行政区域由通州市划归南通开发区管辖。

4月10日 农场完成江堤达标的各项建设任务，江堤达标申请验收，工程总投资1102.6万元。

6月28日 农场大明分场党总支被评为南通开发区先进基层党组织。

8月3日 农场多种经营公司更名为渔业分场；农场园艺场更名为三十二大队，划归大明分场管辖。

8月10日 农场中、小学校正式移交南通开发区。

8月15日 农场成立林业管理站，制定《林业管理暂行规定》；制定《林地租赁经营实施办法（试行）》。

8月16日 农场召开第七届第四次职工代表大会，制定《2002年大农业土地租赁经营责任制实施方案》《关于改革劳动用工管理制度的若干规定（试行）》。

8月17日 农场机关科室设置为"三室四科"，即行政办公室、党委办公室、工会办公室、社管科、计财科、企管科、保卫科；调整分场大队（渔场）财务体制。

9月5日 农场同意南通江海粮油有限公司解散清算。16日，成立南通江海粮油公司关停清算领导小组。

9月18日 农场医院实施国有民营改制方案；制定《关于医院富余职工转岗分流的有关规定》。

10月1日 农场职工医疗保险与南通市接轨，执行《南通市市区城镇职工基本医疗保险实施办法》和《南通市市区城镇职工大病医疗救助暂行办法》。

11月 农场被评为江苏农垦2001年信访工作先进单位。同月，农场区域农网改造开始启动。

12月20日 江苏农垦南通农工商联合公司接待中心实施卖囊租壳改制方案。

2002年 2月22日 农场制订《2002年非农企业经营责任制实施方案》。

3月16日 成立南通农场社会治安综合治理和预防职务犯罪工作领导小组。

3月23日 农场召开第七届第五次职工、第四届第六次工会会员代表大会。

4月10日 农机民营化改制，4个农机站改为民营农机服务点。

4月21日至5月20日 农场遇连续降雨重大灾情，全场实际经济损失达980万元。

5月13日 农场场直党总支与机关党总支合并为场直党总支；成立农机服务中心清算小组及二次改制领导小组；成立南通农场开发建设领导小组。

5月31日 成立南通农场创建文明社区领导小组；成立南通流动人口管理领导小组；成立南通农场刑释、解教人员帮教领导小组；成立南通农场预防青少年违法犯罪领导小组。

6月14日 为服务苏通大桥建设和南通开发区港口工业三区建设，成立苏通长江公路大桥南通农场服务组和南通农场开发建设领导小组，着重做好政策宣传和征地拆迁、管线迁移、水系路系调整等工作。

8月23日 南通开发区特种机械修理厂党支部，成为农场第一家私营企业党支部成立。

8月21日 农场制订《2003年大农业土地租赁经营责任制实施方案》。

8月29日 农场召开第七届第六次职工代表大会。

8月31日 成立南通农场禁毒工作领导小组。

9月5日 制定《南通农场广播设施管理暂行规定》。

9月10日 成立南通江海物业管理有限公司；成立集中整治校园及周边治安秩序专项行动领导小组。

9月28日 南通开发区管理委员会与南通农场签订合作开发南通农场地区协议书。

9月30日 成立南通开发区氯碱厂、热电厂工程项目用地农场拆迁工作组。

10月15日 成立南通农场人大代表选举工作领导小组。

12月10日 江苏省水利厅同意南通农场团结闸拆除重建。

12月18日 成立南通农场无公害农产品基地工作领导小组。

12月31日 建立南通农场计划生育信息网络。

● **2003年** 1月1日 农场派出所划归南通开发区公安分局；同日起，农场离退休人员基本养老金一律由江苏农垦社保管理处委托企业所在地县以上农业银行实行社会化发放，发放日统一确定为每月 25 日。

1 月 2 日　成立南通农场团结闸改建工程管理处，对团结闸进行改造。

1 月 16 日　农场被评为江苏农垦 2002 年扭亏为盈先进单位。

2 月　农场被评为南通市 2002 年度全市处理法轮功问题工作先进乡镇（街道）。

2 月 13 日　成立南通农场招商引资工作领导小组及招商引资办公室，办公室设在农场投资发展科；制定《南通农场招商引资的激励政策》；成立南通农场征地拆迁工作领导小组。

3 月　农场被评为南通市第二次全国基本单位普查先进集体。

3 月 10 日　农场 2000 年度农业综合开发项目（日加工 100 吨大米生产线技改）竣工验收。

3 月 19 日　农场召开第八届第一次职工代表大会、第五届第一次工会会员大会。

3 月 31 日　制定《关于加强农场无公害农产品生产基地建设及管理的规定》。

4 月 30 日　农场防治"非典"工作开始，成立防治重大动物疫病工作领导小组，成立南通农场"防非"工作督查组。

6 月 12 日　农场大明水产养殖场、长洪分场十大队、水利站、苏垦南通电力公司被评为南通开发区 2001—2002 年度文明单位。

6 月 18 日　制定《关于实施农场无职党员上岗工程的意见》。

8 月 1 日　江苏省农垦集团公司同意江山农药化工有限公司破除南通农场闸下游二道江堤，长度 520 米。

8 月上旬　农场遭受冰雹灾害，每亩皮棉损失在六成以上。

8 月 4 日　农场引进奶牛临时隔离检疫场项目立项并组织实施。

8 月 12 日　农场团结闸通过竣工验收。

8 月 25 日　制定《南通农场 2004 年大农业土地租赁经营责任制实施办法》。

8 月 28 日　农场召开第八届第二次职工代表大会。

8 月 28 日　农场修订《关于病休职工实行医疗期管理及病休待遇的暂行规定》。

8月　农场注册"通农"商标。

9月1日　成立南通农场社会治安大防控、社会矛盾纠纷大调解服务体系领导小组；成立南通农场稳定工作领导小组。

9月11日　制定《南通农场农业机械管理办法（试行）》。

10月10日　农场企业管理科党总支委员会、农场医院、农场城镇管理办公室被评为南通开发区防非工作先进集体。

11月28日　仲银任农场场长。

12月31日　南通开发区与农场签订拆迁协作协议。

12月　农场一大队等13个大队22000亩稻米获"江苏省无公害粮油产地"证书。

● **2004年**　1月3日　农场撤销机关所有科、室建制，重新设立5个科室，即党委办公室、行政办公室、工会办公室、计划财务科、社会事业管理科。

1月21日　农场成立预防高致病性禽流感领导小组；同年2月6日，成立重大动物疫病（禽流感）防治指挥部。

2月12日　农场被评为江苏省农垦集团公司2003年度先进企业及江苏省农垦集团公司2003年度招商引资先进单位。

2月21日　农场获2003年度南通开发区计划生育工作进步奖及被评为2003年度南通开发区群众文体工作先进单位。

2月　农场对租赁国有资产的农机个体经营点的所有固定资产，低值易耗品等进行公开拍卖。

3月19日　成立南通农场社会事业管理办公室。

3月24日　制定《南通农场党委会议事规则》《南通农场场长办公会议事规则》等文件。

3月27日　农场召开第八届第三次职工代表大会、第五届第二次会员代表大会。

4月2日　制定《南通农场江海镇区管理暂行规定》。

4月6日　制定《南通农场在"两级管理、一级核算"体制改革中基层干部退岗保养的规定》《南通农场安全生产"一票否决"暂行办法》等文件。

4月23日　成立南通农场创建文明城市工作领导小组及南通农场"五城同创"工作领导小组。同年7月20日，成立南通农场"五城同创"市场专项整治指挥部。

5月18日　共青团南通农场委员会召开第十七次团员代表大会。

5月19日　制定《南通农场对农场承包粮食生产直接补贴资金管理暂行办法》。

6月12日　农场向江海镇区提供6亩建设用地，用于建设南通开发区公安分局江海派出所新办公楼。

6月17日　成立南通农场渔业协会。

7月3日　农场遭受暴风雨袭击，直接经济损失800万元。

7月5日　成立南通农场基本农田保护工作小组。

8月5日　制定《南通农场场内建设工程项目监审（暂行）制度》《南通农场内部审计工作规定》；成立南通农场场内建设工程项目监审领导小组。

8月21日　农场召开第八届第四次职工代表大会。

8月31日　制定《南通农场2005年大农业土地租赁经营责任制实施办法》。

9月17日　建立南通农场处理信访突出问题及群体性事件联席会议。

9月30日　制定《国营南通农场收费公示制度实施意见》。

10月17日　农场建立进口动物临时隔离检疫场。

10月30日　建立南通农场价格监督管理站及价格监督管理网络。

10月　农场第一届"江海风韵"综艺晚会在灯光球场举办。

● **2005年**　2月5日　农场受倒春寒极端天气影响，共计1.1万亩小麦遭受不同程度的冻害。

3月3日　农场被评为江苏省农垦集团公司通讯报道先进单位。

3月15日　农场制定《2005年场属企业经营责任制实施方案及年薪考核办法》。

3月18日　农场召开第八届第五次职工代表大会、第五届第三次工会会员代表大会。

3月24日　成立南通农场工会劳动保护监督检查委员会。

4月20日　南通市开发区与江苏省农垦集团公司签订农场国有土地使用协议书，协议就使用农场土地的方式、补偿、安置办法和采取农场土地的扶持措施做了一致协商。

4月28日　成立南通农场公路建设工程办公室；南通农场6000吨粮食仓

库项目立项。

5月16日 成立南通农场私营企业工会委员会筹备工作领导小组；成立南通农场创建全国文明城市迎查领导小组。

5月25日 召开南通农场私营企业工会第一届第一次会员代表大会，正式成立南通农场私营企业工会委员会。翌年6月26日，南通农场私营企业工会委员会更名为南通农场私营企业工会联合会。

6月6日 成立南通农场保持共产党员先进性教育活动领导小组，制订《南通农场保持共产党员先进性教育活动实施方案》。

6月14日 成立南通农场农民集中居住规划建设领导小组。

6月21日 农场遭受龙卷风袭击。

6月29日 制定《南通农场重大自然灾害防救应急预案》。

7月 农场新优花木引进和繁育技术研究推广获江苏省农垦集团公司科学技术进步三等奖（2002—2004年）；农场长江中华绒螯蟹良种推广及产业化开发获江苏省农垦集团公司科学技术进步二等奖（2002—2004年）。

7月7日 江苏省农垦集团公司同意南通农场农贸市场二期扩建工程。

7月28—29日 中国共产党国营南通农场第九次代表大会召开。

8月8日 农场成立换发第二代居民身份证领导小组。

8月17日 南通市植保工作研讨会在农场召开，来自南通市的启东、海门、通州、如皋、如东、海安及市区的崇川区、港闸区、南通开发区的各县、市、区级的植保站站长和南通市植保站的领导及专家一行20人参加会议。

9月8日 农场召开第八届第六次职工代表大会。

9月9日 制定《南通农场2006年大农业土地租赁经营责任制实施办法》。

10月8日 江苏省农垦集团公司同意南通巨力钢绳有限公司征用南通农场土地67880平方米（合6.788公顷）。

10月26日 成立南通农场植物保护协会。

11月9日 农场被农业部评为第二批农业部无公害农产品示范基地（2005.11—2008.11）。

11月10日 制定《江苏省国营南通农场重大动物疫病（禽流感）防治应急预案》。

11月23日 成立南通市启海区域供水工程南通农场联络小组。

12月8日　成立南通农场退休人员社会化管理网络机构及南通农场退休人员社会化管理领导小组。

12月12日　成立南通农场农水中心；成立南通农场动物疫病防治中心。

12月20日　农场广播作品《农场15家钢绳企业排污全部达到排污标准》获江苏农垦2005年度广播"好新闻"评选二等奖。

12月　农场通疏路、通江南路、通江北路、通中路四条道路全部竣工。

● **2006年**　1月4日　成立南通农场江海镇社区管理办公室，正科级建制。

2月15日　制定《南通农场自备机动车辆从事公务活动暂行规定》。

2月16日　农场中心管理区、大明管理区、江边管理区、长洪管理区、渔业管理区被南通开发区评为2005年度社会治安安全村。

2月　农场被评为江苏省农垦集团公司2005年度先进企业。

2月28日　农场被评为江苏农垦创建标准化职代会单位；农场大明管理区工会、中心管理区工会、渔业管理区三孔桥养殖工会被命名为江苏农垦学习型班组（集体）；农场工会《大力推进非公企业职工民主管理》获江苏省农垦集团公司工会2005年度工会工作创新成果首创性工作成果。

3月　共青团江苏省国营南通农场委员会获"南通市五四红旗团委"称号。

3月10日　农场召开第八届第七次职工代表大会、第五届第四次会员代表大会。

3月30日　泰国正大集团执行副总裁谢炳在江苏省农垦集团公司许祖元等的陪同下来农场考察；南通开发区管理委员会与江苏省农垦集团公司签订港口工业三区职工公寓楼建设协议书。

4月28日　苏垦南通电力公司、农场中心管理区、农场水利站、农场城镇管理办公室、农场大明管理区、农场企管总支委员会被评为2003—2004年度南通开发区文明单位。

5月9日　江苏农垦南通农工商联合公司、江苏省农垦集团公司和江苏通宇房地产开发有限责任公司在南通开发区联合投资成立江苏农垦新福地投资发展有限公司。

5月23日　成立南通农场劳动法律监督委员会；成立南通农场劳动争议调解委员会。

6月12日　制定《关于加快农场民营经济发展的激励办法》。

6月20日　成立南通农场农业经济合作协会。

6月22日　农场获南通开发区第五届合唱节暨廉政歌曲歌咏比赛活动组织奖。

8月10日　成立南通远东钢绳、南通明星钢绳、南通华通钢绳、南通锐杰服饰、冠峰印染布业有限公司党支部，农场非公企业党建工作再上新台阶。

9月5日　农场召开第八届第八次职工代表大会，通过《国营南通农场职工代表大会工作制度》；农场制定《南通农场2007年大农业土地租赁经营责任制实施办法》。

9月6日　制定《南通农场农业土地竞租暂行规定》《南通农场关于鼓励和发展土地"骨干牵头、联合承租"的实施细则》。

9月29日　港口工业三区职工公寓一期工程（农场秀江苑工程）立项。

10月30日　江苏农垦南通农工商联合公司、南通高速广告有限公司合资成立南通大桥广告有限公司。

11月5日　制订《南通农场第二次全国农业普查实施方案》。

12月9日　召开农场农业经济合作协会成立大会暨第一届第一次代表大会。

12月11日　制定《南通农场地震防救应急预案》。

12月13日　仲银任农场党委书记。

12月18日　成立南通农场农业中心。

12月29日　江苏省农垦集团公司委托农场参与长江造纸厂的管理工作，指导长江造纸厂的党建、社区管理和稳定工作，长江造纸厂的财务经费来源、职工的劳资及社保关系仍维持原状不变。长江造纸厂的道路、环境、基础设施等由农场纳入规划、统一管理。

●**2007年**　1月8日　农场招商办被评为2006年度"江苏省用户满意服务明星班组"及2006年南通市标准化工作先进集体。

1月30日　成立中共南通农场委员会610办公室。

3月2日　农场被评为江苏农垦2006年度先进企业。

3月23日　农场召开第八届第九次职工代表大会、第五届第五次工会会员代表大会。

4月9日　农场成立场庆五十周年活动领导小组；成立南通农场农产品

质量安全事件应急工作小组。

5月24日　农场召开第八届第十次职工代表大会、第五届第六次工会会员代表大会。

5月28日　成立南通农场二次创业领导小组。

5月29日　南通开发区党工委委员陈佩芝及农场部分领导召开南通农场水污染事件第二次会议。

5月下旬　江苏省委研究室副主任范朝礼一行6人在江苏省农垦集团公司党委书记、董事长宣荣的陪同下，到农场就民营经济、高效农业进行专题调研。

6月4日　江苏省农垦集团公司总经理任建新率投资发展部刘刚、农业发展部华国雄来农场就高效农业和民营经济等方面进行专题调研。

8月10日　成立南通农场内部社会职能分离试点工作领导小组；制定《江苏省国营南通农场办社会职能内部分离工作实施意见》。

8月14日　农场举办二次创业先进事迹报告会；制定《南通农场无职上岗党员目标管理考核暂行办法》。

8月28日　农场召开第八届第十一次职工代表大会。

8月29日　制定《南通农场2008年大农业土地承包经营责任制实施办法》。

9月4日　南通开发区党工委委员、纪委书记丁秉华等一行3人来农场大明管理区调研。

9月6日　农场"通农"牌西瓜获2007年南通名牌产品称号。

9月8日　制定《南通农场2008年度农业土地竞价发包实施细则》；成立南通农场农民集中居住区建设管理办公室。

9月10日　南通开发区管理委员会组织部长东升一行5人来南通农场调研农场规模以上非公企业党建工作。

9月11日　农场党员干部现代远程教育终端接收点建设完成并举行开通仪式。

10月10日　农场从江苏省工商行政管理局领取江苏省南通农场营业执照，启用江苏省南通农场印章。

10月11日　成立南通农场社区管理委员会；社区管理委员会内部设立社会行政管理科、社会事业管理科、社会服务管理科和土地房产管理科

4个职能部门；仲银兼任社区管理委员会主任。

10月12日　南通开发区港口工业三区职工宿舍（秀江苑）项目在农场举行奠基仪式，江苏省农垦集团公司总经理任建新、副总经理孙宝成、南通开发区副主任周健等参加了奠基仪式。

10月27日　江苏省农垦集团公司分离办中小学，南通农场在职和离退休教师33名教师列入二次移交。

10月31日　江苏省农垦集团公司原工会主席姜射阳一行来农场调研二次创业工作。

11月9日　农场被农业部评为第二批农业部无公害农产品示范基地。

11月28日　2007年度江苏农垦电视、广播"好新闻"评选活动在农场举行，垦区共有17家农场参加，农场获一等奖。

12月18日　农场社区管理委员会在农场原场部机关大楼（今南通市公安局苏通园区分局办公楼）正式揭牌，江苏省农垦集团公司副总经理孙宝成、南通开发区管委会副主任陈琦等参加了揭牌仪式。

12月20日　制定《南通农场职工代表竞选实施办法（试行）》。

12月　农场被评为2005—2006年度南通市文明单位。同月，为有效实施农场社会职能内部分离，场部机关搬迁至江海镇区太湖路苏垦南通电力公司办公楼内，原办公楼改为农场江海镇社区管理委员会办公场所。

● **2008年**　1月22日　农场被评为南通开发区2007年度农口系统农机工作先进单位、防汛防旱工作先进单位。

1月　农场被农业部渔业动植物病原库确定为"渔药安全使用技术和新型渔药制剂开发"示范基地。

2月15日　农场被评为江苏农垦2007年度先进企业、江苏农垦2007年度新闻宣传工作先进单位称号；成立南通农场环境整治工作领导小组。

2月23日　江苏省农垦集团公司外部董事、南农大博士生导师胡秋辉教授一行4人来农场参观考察。

2月28日　农场获江苏省农垦企业工会建设年活动先进单位。

3月11日　农场医院内科获2007年度南通开发区卫生系统先进集体；农场长洪管理区获2007年度南通开发区人口和计生工作先进村、居。

3月18日　农场召开第九届第一次职工代表大会、第六届第一次会员代表大会。

3月27日　江苏省农垦集团公司同意南通农场整体收购南通市沿江特色蔬菜产业科技示范园区。

4月8日　江苏省农垦集团公司副总经理孙宝成一行5人来农场视察"走看比"活动参观点。

4月　农场获第二次全国农业普查国家级先进集体（由国务院第二次农业普查领导小组办公室、中华人民共和国国家统计局发证）。

4月8日　农场工会获江苏省模范职工之家称号；成立南通农场社区医疗服务中心筹建工作领导小组。

4月10日　制定《南通农场社区专项经费核决权限表》《南通农场专项经费核决权限表》。

4月20日　成立南通农场环境卫生和交通秩序整治工作领导小组；成立南通农场劳动争议调解委员会。

5月28日　成立南通农场文明城市创建工作领导小组。

5月29日　江苏省农垦集团公司工会副主席谢晋及周恒生、毛宁生到农场进行实地调研《劳动合同法》落实情况。

6月28日　成立南通农场第二次全国经济普查领导小组。

7月3日　南通开发区同意南通农场农机停放点选址在中波发射台用地西侧；成立南通农场农工培训工程领导小组。

7月27日　农业部农垦局副局长吴恩熙、江苏省农垦集团公司副总经理胡兆辉、农业发展部副部长朱亚东等来农场考察。

8月20日　农场送展的巨玫瑰葡萄荣获南通市新品葡萄展示会暨第三届通州市葡萄博览会银奖。

8月31日　农场召开第九届第二次职工代表大会。

8月　农场被评为2008年南通市质量管理先进企业。

9月1日　制定《江苏省南通农场2009年农业生产经营管理实施办法》。

9月26日　农场召开第九届第三次职工代表大会、第六届第二次会员代表大会。

10月20日　成立南通农场农用物资采购办公室。

10月29日　制定《江苏省南通农场农业模拟股份制联合体财务管理办法》（试行）和《江苏省南通农场农业模拟股份联合体核算办法》。

10月30日　成立南通农场招标、投标领导小组，制定《南通农场招标、投标管理办法》。

11月12日　农场党委、团委和社区联合主办庆祝建场50周年文艺晚会"希望的田野"在农场灯光球场举行。

11月13日　成立江苏农垦南通农场社区管理委员会党总支。

11月18日　农场召开庆祝建场50周年大会。

12月3日　成立江苏省南通农场老年人体育协会。

12月23日　农场获"农业部水产健康养殖示范场"称号。

● **2009年**　1月4日　修订《南通农场退伍士兵安置及现役军人优抚暂行办法》；核定社区管理委员会机构人员编制，总编制25人。

1月10日　农场被评为南通开发区2008年度农村价格工作先进集体。

2月　农场获南通开发区2008年度项目开工建设推进三等奖。

2月15日　江苏农场被评为江苏农垦2008年度先进企业。

2月16日　江苏省农垦集团公司同意南通农场购买土地开发建设商品房项目，项目占地80亩，拟建商住楼68000平方米，预计总投资2亿元。

2月25日　农场被评为江苏省农垦工会服务二次创业先进集体、江苏省农垦和谐劳动关系企业。

3月11日　农场被评为南通开发区违法生育专项治理工作先进单位。

3月16日　农场召开第六届第三次会员代表大会。

3月17日　成立南通农场党委深入学习实践科学发展观活动领导小组，制订《江苏省南通农场党委开展深入学习实践科学发展观活动实施方案》。

3月　农场团委被团省委授予"江苏省五四红旗团委"称号。

4月15日　南通市人民政府与江苏省农垦集团公司签订协议书，协议书明确中新苏通合作园区（今苏通园区）项目位于南通开发区内，东至农场与海门交界处、西至东方大道、北至中心河、南至长江堤岸内，其中涉及农场范围内土地约35平方公里。

4月23日　农场制定《关于中新苏通合作园区项目建设用地范围内保持土地利用现状的紧急通知》。

5月18日　成立南通农场农工创业培训工程领导小组，制订《2009年南通农场农工创业培训实施方案》。

5月19日　共青团南通农场委员会召开第十八次团员代表大会。

5 月 17 日　农场获 ISO 9001：2008 质量管理体系认证。

6 月 16 日　制定《南通农场关于企业内部资源整合实施方案》；成立南通农场防控甲型 H1N1 流感工作领导小组；成立南通农场信息化工作领导小组。

6 月 18 日　江苏省农垦集团公司同意农场投资组建预拌商品混凝土生产销售公司。

6 月 29 日　江苏省农垦集团公司同意农场投资控股成立南通苏垦物流有限公司。

7 月 2 日　成立江苏省南通农场农业保险工作小组。

8 月 2 日　农场遭受罕见暴雨，全场共计 2260 亩农作物受灾。

8 月 10 日　成立南通农场社区教育服务中心。

9 月 6 日　农场召开第九届第四次职工代表大会。

9 月 8 日　江苏省农垦集团公司同意农场参股投资参与组建沥青生产销售公司并由新公司进行具体的项目建设。

9 月 29 日　农场获"江海韵、开放情"专场文艺演出优秀演出奖，农场《今天是你的生日，我的中国》获优秀节目奖。

9 月 30 日　成立南通农场社区健康等 8 个居委会；成立南通农场和谐社区建设示范单位创建活动领导小组；成立违章建筑监督管理领导小组。

10 月 24 日　成立南通农场农业营销中心，同时撤销南通农场农用物资采购办公室。

11 月 25 日　成立南通农场治理工程建设领域突出问题工作领导小组。

12 月 11 日　农场"通农"牌西瓜被评为 2009 年江苏名牌农产品。

12 月 8 日　仲银任农场党委书记。

12 月 21 日　江苏省农垦集团公司同意南通农场为江苏中新苏通商品混凝土有限公司和江苏中新苏通市政工程有限公司两家企业投资建设生产经营所需房产。

12 月 31 日　农场西瓜"通农"牌商标认定为南通市知名商标。

12 月　农场被评为南通市 2007—2008 年度文明单位。

12 月　农场"通农"牌无公害中华绒螯蟹、草鱼、鲢鱼、鳙鱼、鲫鱼被评为南通名牌产品（2009.12—2011.11）；"通农"商标被评为南通市知名商标（2009.12—2011.12）。

● **2010 年**　1 月 21 日　农场被评为江苏农垦 2009 年度先进企业。

1 月 22 日　农场社区管理委员会被评为江苏农垦社区管理先进单位。

1 月 31 日　农场社会行政管理科被评为 2009 年度南通开发区食品安全工作先进单位。

3 月 2 日　农场工会围绕"二次创业"和"全面达小康，建设新农场"的目标，对 2009 年度全场 14 名"致富女能手"进行表彰。

3 月 8 日　农场召开第九届第五次职工代表大会。

3 月 9 日　南通开发区、苏通园区、江苏省农垦集团公司三方联合组建南通农场社区社会事务联合管理委员会，并于 4 月 28 日正式挂牌；仲银任南通农场社区社会事务联合管理委员会主任。

4 月 8 日　成立南通农场上海世博会安保应急处置小分队。

4 月 12 日　制定《南通农场关于加强农业模拟股份制承包体成本控制的有关规定》。

5 月 24 日　制订《2010 年南通农场职工创业培训实施方案》。

6 月 4 日　江苏省农垦集团公司同意南通农场改造通闸道路。

6 月 10 日　江苏省农垦集团公司同意南通农场农贸市场改造，项目投资总额控制在 106.34 万元。

8 月 9 日　制定《南通农场工程投资控制管理暂行办法》。

8 月 17 日　制订《南通农场第六次全国人口普查宣传工作方案》；成立南通农场治理"小金库"工作领导小组。

8 月 25 日　中国共产党国营南通农场第十次代表大会召开。

9 月 9 日　成立南通农场社区药品安全专项整治及"两网"建设工作领导小组；成立南通农场加强地沟油专项整治和餐厨废弃物管理工作领导小组。

9 月 20 日　制定《南通农场 2011 年农业土地承包经营管理实施办法》。

9 月 27 日　农场长洪管理区党总支及管理区建制撤销。

10 月 8 日　农场设立资产经营科，负责农场国有土地、房屋等资产的管理和租金收取等。

11 月 16 日　南通开发区农村工作局与农场签订委托管理协议书，将南通农场闸委托给农场管理。

11 月 22 日　农场计生办、农场三孔桥社区获 2010 年度"RTI"综合检查工作先进集体二等奖；农场计生办获《江苏省育龄妇女综合信息平台》和《江苏省全员信息系统》合并工作先进集体三等奖。

12月 农场"通农"牌商标被评为江苏省著名商标。

● **2011 年**

1月17日 农场被评为2010年度农口系统农机工作先进单位；农场农业服务中心被评为农业技术推广先进单位。

1月 农场"通农"牌西瓜获绿色食品A级产品证书。

2月17日 农场被评为江苏农垦2010年度先进企业。

3月3日 成立南通农场"四位一体"环境长效管理领导小组；成立南通农场第一次全国水利普查领导小组；制定《2011年场属企业经营责任制实施方案及年薪考核办法》；农场成立2010—2011年河道整治规划领导小组。

3月10日 南通市副市长秦厚德带领南通开发区经贸局一行来农场视察菜篮子工程落实情况。

3月15日 农场召开第九届第六次职工代表大会、第六届第五次会员代表大会。

3月30日 制订《南通农场党务公开实施方案（试行）》。

3月30日 江苏农垦新福地投资发展有限公司与江苏炜赋集团建设开发有限公司签订秀江苑转让协议。

3月31日 江苏省农垦集团公司工会在农场举行江苏农垦南通片劳动模范先进事迹报告会。

4月11日 德国农业协会一行15人到农场进行农业参观考察。

4月15日 农场成立生态高效设施农业园区规划领导小组。同日，制定《南通农场社会管理创新综合试点工作实施意见》《南通农场社会管理创新综合试点工作项目书》。

4月29日 江苏省农垦集团公司同意南通农场对江苏中新苏通商品混凝土有限公司和江苏中新苏通市政工程有限公司增加资本金。

5月 成立南通农场农业突发公共事件信息调度与报送领导小组；成立南通农场成立夏季秸秆综合利用和禁烧领导小组及督查巡查组；成立南通农场创卫复审迎查工作领导小组；江苏省农垦集团公司同意原大明砖瓦厂西至中心河船闸280多米道路改造建设立项。

6月1日 南通开发区与农场签订协议书，同意将老通常汽渡码头200

多亩土地和所属的 224.7 米长江岸线无偿交由南通农场开发使用。

6 月 24 日　江苏农垦现代高效农业"三八"示范基地现场会在农场召开。

8 月 12 日　农场被评为 2009—2010 年南通开发区文明单位。

9 月 7 日　南通苏垦物流有限公司在南通开发区工商行政管理局正式注册。

10 月 8 日　江苏省农垦集团公司同意江苏省苏舜集团有限公司和农场联合收购南通宝腾汽车销售有限公司。

10 月 12 日　江苏省农垦集团公司在南通市鹏欣大酒店主持召开联席会议，专题协商江苏省农垦集团公司所属南通农场有关土地等相关问题。

10 月 20 日　制定《南通农场 2012 年农业土地生产承包经营管理办法》；成立江海社区卫生服务中心公共卫生领导小组。

11 月 23 日　江苏省农垦集团公司实施农业资源整合方案，成立江苏省农垦农业发展股份有限公司。

11 月 25 日　成立南通农场农业资源整合组织机构。

11 月 30 日　农场召开第九届第七次职工代表大会。

12 月　农场被评为 2009—2010 年度南通市文明单位；成立南通农场维护稳定工作领导小组；成立南通农场人大代表换届选举工作领导小组。

12 月 18 日　农场与苏垦农发签订江苏农垦米业有限公司股权划转协议书。同日，农场与苏垦农发签订资产划转协议书。

2012 年　2 月 16 日　农场被评为江苏农垦 2011 年度先进企业。

3 月 11 日　农场召开第九届第八次职工代表大会、第六届第七次会员代表大会。

3 月 12 日　农场被评为 2011 年度南通开发区社会管理创新（长安法治建设）先进集体。

9 月 24 日　江苏省农垦集团公司与苏通园区综合管理办公室签订《关于南通农场二期土地交割资金结算支付协议》及《关于南通农场社区、社会事务及相关事项移交协议》，确定相关移交事项。

11 月 22 日　江苏省农垦集团公司同意农场参股企业江苏农垦新福地投资发展有限公司购买商业用地 32 亩。

12 月 31 日　苏通园区与农场签订协议，就 9 月 30 日苏通园区第二期征用农场土地 15.1 平方公里移交园区，和同时移交的南通农场社区社会事务联合管理委员会等 10 家单位财务清算达成协议。

2013 年　1 月　农场"通农"牌西瓜被江苏省农业委员会、江苏省海洋与渔业局授予"江苏名牌农产品"称号（2013.01—2015.12）。

2 月 27 日　农场被评为 2012 年度江苏农垦先进企业。

2 月　农场"通农"牌无公害草鱼、鲢鱼、鳙鱼、中华绒螯蟹被评为南通名牌产品（2012.12.31—2014.12.31）；农场微孔增氧技术在常规混养鱼池的应用获得 2012 年度江苏农垦农业科学技术进步三等奖。

3 月 5 日　农场工会被评为江苏农垦模范职工之家。

3 月 14 日　江苏省农垦集团公司、南通开发区、苏通园区在苏通园区研发中心 1507 办公室召开协调会，形成《关于南通农场二期土地移交过程中有关未完事项备忘录》，主要内容除尽快完成一期土地各项补偿，尽快完成社区资产和人员交接外，原纳入三方分摊的农场社会管理费用由园区和南通开发区分摊，农场不再承担。

3 月 26 日　制定《南通农场投资管理暂行办法》。

4 月 12 日　农场召开第十届第一次职工代表大会。

4 月 24 日　农场工会被评为 2012 年度南通开发区工会帮扶服务先进集体。

7 月 18 日　成立南通农场党的群众路线教育实践活动领导小组。

7 月 19 日　苏垦南通电力公司被评为 2011—2012 年度江苏农垦基层思想政治工作先进单位。

8 月 1 日　江苏省国资委同意农场公司制改革方案，将农场主要经营性资产和业务及相关负债整合进入江苏农垦南通农工商联合公司，并改建为江苏省农垦集团公司直接投资的有限责任公司。

8 月 8 日　江苏省国资委同意江苏农垦南通农工商联合公司（江苏省南通农场）将所持有的江苏农垦新福地投资发展有限公司 20% 的股权协议转让给通宇公司。

8 月 18 日　江苏省国资委同意将南通农场所属江苏省南通农场联合社区管理委员会等 10 户单位的国有产权无偿划转给苏通园区，划转基准日为 2012 年 9 月 30 日。

8 月 26 日　撤销南通农场兽医站。

10 月 15 日　江苏省农垦集团公司同意农场购买新福地投资发展有限公司的商业综合楼（秀江苑 1 号、2 号楼）。

10 月 18 日　江苏省国资委同意将农场相关资产和负债及 100% 股权无偿划转给江苏农垦南通农工商联合公司，划转基准日为 2013 年 7 月 31 日。

11 月 10 日　江苏省农垦集团公司同意将农场主要经营性资产和业务及相关负债整合进入江苏农垦南通农工商联合公司，并将其改建为江苏省农垦集团公司全资子公司——"江苏农垦集团南通有限公司"，注册资本为 10000 万元。

11 月 11 日　农场公司制改造，苏垦南通公司成立中共江苏农垦集团南通有限公司委员会、中共江苏农垦集团南通有限公司纪律检查委员会。

11 月 11 日　组建苏垦南通公司首届董事会、监事会。

12 月 19 日　撤销江苏省南通农场工会委员会。

12 月　农场小麦、新鲜蔬菜、蟹（活）等"通农"牌商标被评为江苏省著名商标（2013—2016）。

● **2014 年**　1 月 9 日　成立苏垦南通公司安全生产领导小组；制定《江苏农垦集团南通有限公司安全生产管理办法》《江苏农垦集团南通有限公司安全生产事故应急预案》。

1 月 13 日　苏垦南通公司、苏通园区江海镇区社会管理委员会、南通开发区慈善会签订三方协议，苏垦南通公司每年向南通开发区慈善会捐赠 50 万元定向用于农场困难群众的救助项目。

2 月 24 日　苏垦南通公司召开第一届董事会第一次会议。会议审议通过了《关于选举江苏农垦集团南通有限公司董事长的议案》《江苏农垦集团南通有限公司董事会议事规则的议案》《关于聘任江苏农垦集团南通有限公司总经理的议案》《关于江苏农垦集团南通有限公司总经理工作细则的议案》《关于聘任江苏农垦集团南通有限公司副总经理的议案》《关于聘任江苏农垦集团南通有限公司财务负责人的议案》《关于聘任江苏农垦集团南通有限公司董事会秘书的议案》《关于江苏农垦集团南通有限公司机构设置和部门职责说明的议案》等 10 项议案，制定《江苏农垦集团南通有限公司章程》。

3 月 19 日　南通开发区与江苏省农垦集团公司签订《关于南通长江造纸厂、热电站职工住房危旧房改造相关问题的协议》等 3 份协议。同日，南通开发区与江苏省农垦集团公司签订关于苏垦汽车城项目用地的协议。

3月24日 苏垦南通公司召开第一届第一次职工暨工会会员代表大会。

3月27日 苏垦南通电力公司等6家原农场所属控（参）股企业出资人由农场变更为苏垦南通公司。

3月31日 撤销原江苏农垦新福地投资发展有限公司、南通大桥广告有限公司、南通江山广告有限公司和南通保诚物业有限公司的工会联合委员会，成立南通大桥广告有限公司工会。

4月1日 成立苏垦南通公司工会劳动法律监督委员会；成立苏垦南通公司招投标领导小组及办公室；成立苏垦南通公司劳动争议调解委员会；成立苏垦南通公司企务公开民主监督委员会。

4月29日 在南通开发区管理委员会二楼202会议室，江苏省农垦集团公司资产经营部部长钱伯彬、科长徐彬冰，苏垦南通公司总经理冯德龙，南通开发区规划房产局局长曹维熙、副局长袁伟斌，财政局副局长蔡长春，国土分局副局长陈出新，劳动和社会保障局副局长翟敬东，总公司副总经理凌华、财务部经理包雷兵、资产部经理陶晓东，房屋征收中心主任沈元忠、副主任杨欣华等就落实推进3月19日签订的《关于南通长江造纸厂、热电站职工住房危旧房改造相关问题的协议》等3份协议的相关具体工作进行会商，并形成意见备忘录。

5月12日 成立苏垦南通公司2014年度重点企业劳动竞赛活动领导小组。

6月13日 江苏省农垦集团公司决定在垦区统一规范使用"江苏农垦"企业形象标识，并推广"苏垦"主商标的运用。

6月20日 江苏省国资委同意无偿划转南通长江造纸厂和南通农垦热电站两企业厂房和土地资产给南通开发区。

6月24日 苏垦南通公司召开第一届董事会第二次会议。

7月1日 苏垦南通公司党群党支部、江苏省大华种业集团有限公司南通分公司党支部、苏垦南通电力公司党支部、江苏省勤奋药业有限公司第一党支部被评为苏通园区2013年度先进基层党组织。

9月12日 苏垦南通公司召开第一届董事会第三次会议，会议审议通过《关于对中新苏通商品混凝土公司追加借款额度的提议》等2项议案。

10月17日 苏垦南通公司召开第一届董事会第四次会议，会议主要讨论港务有限公司有关投资入股事宜。

● **2015 年**　1 月 18 日　制定《江苏农垦集团南通有限公司内部控制制度》汇编。

1 月 22 日　苏垦南通电力公司党支部被评为江苏农垦党建工作创新工作示范点。

1 月 30 日　苏垦南通公司召开第一届董事会第五次会议，会议审议通过了《关于江苏农垦集团南通有限公司董事会秘书调整的议案》《关于江苏农垦集团南通有限公司财务负责人调整的议案》等 8 项议案。

3 月 5 日　成立苏垦南通公司文明单位创建工作领导小组，制订《苏垦南通公司 2015—2016 年度文明单位创建工作实施方案》。

4 月 13 日　苏垦南通公司党委组织全体党员参与公司组织的"坚定信念 忠诚于党"主题读书活动，活动分筹备、阅读、总结 3 个阶段，从当年 4 月初开始，6 月底结束，历时 3 个月。

5 月 15 日　制定《江苏农垦集团南通有限公司党委中心组学习制度》；成立江苏农垦集团南通有限公司"十三五"战略规划编制领导小组。

6 月 9 日　制定《江苏农垦集团南通有限公司干部管理暂行办法》。

7 月 6 日　苏垦南通公司召开第一届第六次董事会，讨论通过《关于公司本部机构设置和部门职责调整的议案》等 5 项议案。

7 月　苏垦南通公司被评为 2013—2014 年度南通开发区文明单位。

10 月 8 日　苏垦南通公司召开第二届第一次董事会，讨论通过《关于调整公司董事长的议案》等 16 项议案。

10 月 10 日　制定《江苏农垦集团南通有限公司本部年休假管理暂行规定》。

11 月 6 日　苏垦南通公司根据人员调整情况，对所属控参股企业委派董、监事进行调整。

● **2016 年**　2 月 17 日　苏垦南通电力公司工会被评为江苏省农垦模范职工小家。

2 月 18 日　苏垦南通公司被南通市总工会评为职工代表大会制度规范化示范单位。

2 月 19 日　苏垦南通公司计划财务部被评为江苏省农垦巾帼建功标兵岗。

3 月 29 日　苏垦南通公司召开第一届第三次职工暨工会会员代表大会。

3 月 31 日　苏垦南通公司召开第二届第二次董事会，讨论通过《关于成立江苏农垦南通资产运营公司的议案》《关于调整部室职能的议案》《关于修订安全生产管理办法的议案》《关于修订"三重一大"决策制度实施办法的议案》等14项议案。

5月8日　苏垦南通公司成立"两学一做"学习教育领导小组；制订《关于在公司党员中开展"学党章党规、学系列讲话，做合格党员"学习教育的实施方案》《关于苏垦南通公司"两学一做"学习教育具体方案》。

5月9日　苏垦南通公司开展2016年度"5.10"思廉日系列活动，活动内容有：讲廉政故事，"两学一做"学习教育动员，听辅导报告，参加廉政知识测试。

5月24日　苏垦南通公司召开江苏农垦集团南通有限公司第二届董事会第三次会议，审议通过《关于提名南京市溧水区苏垦小额贷款有限公司董事的议案》等两项议案。

5月26日　苏垦南通公司被评为南通市职工代表大会制度规范化建设示范单位。

5月31日　南京市溧水区苏垦农村小额贷款有限公司与苏垦南通公司签订股权转让协议。

6月1日　江苏省农垦集团公司总经理、苏垦农发董事长胡兆辉，江苏省农垦集团公司办公室副主任江刘苗等一行来苏垦南通公司调研指导工作。

6月2日　江苏省农垦集团公司检查组一行，深入苏垦南通公司重点单位、场所进行了安全生产及"三夏"工作检查。

7月19日　苏垦南通公司成立江苏省农垦集团思想政治工作研究会苏垦南通公司分会；7—9月，开展"苏垦南通公司职工读书月"活动；苏垦南通电力公司党支部被评为江苏农垦先进基层党组织。

7月27日　苏垦南通公司召开第二届董事会第四次会议，审议通过了《关于提名南京市溧水区苏垦小额贷款有限公司监事的议案》。

8月31日　制定《江苏农垦集团南通有限公司信用管理方针及目标》《江苏农垦集团南通有限公司信用管理制度》。

9月12日　苏垦南通公司召开第二届董事会第五次会议，审议通过《关于南京溧水区苏垦农村小额贷款有限公司4000万银行贷款提供担保的议案》。

11月8日　农场退休领导葛克平被南通市评为全市"最美老干部"。

12月30日　在2016年度江苏农垦思想政治工作优秀论文评选中，苏垦南通公司《对农场企业化改革工作的几点思考》获一等奖，《农场公司制改革和转型期的法治实践与探索》获二等奖；《浅谈企业转型期信访举报工作的难点、问题及解决对策》《加强"三型"党组织建设　助推企业经济转型升级》获三等奖。

● **2017 年**　1月　苏垦南通公司被江苏农垦评为学习型党组织建设示范点。

1月4日　制定《苏垦南通公司纪委议事规则》。

3月　苏垦南通公司被评为南通开发区 2016 年度最具爱心慈善捐赠单位。

3月9日　苏垦南通公司召开第一届第四次职工暨工会会员代表大会。

3月20日　苏垦南通公司召开第二届第六次董事会，会议讨论通过了《关于公司 2016 年工作总结及 2017 年工作计划的议案》《关于混凝土公司关停歇业改制方案的议案》等 6 项议案。

3月24日　苏垦南通公司成立公司法治工作领导小组。

4月25日　苏垦南通公司工会被评为南通市"栾馨仁"先进集体；江苏农垦集团南通有限公司青年志愿服务队被评为南通开发区"栾馨仁"青年志愿服务先进集体。

6月26日　成立苏垦南通公司风险管控体系建设领导小组。

7月3日　制定《苏垦南通公司党委关于落实主体责任推动问题整改实施方案》。

7月13日　苏垦南通公司通过 2016 年江苏农垦信用管理贯标验收。

7月28日　南通开发区管理委员会召开关于南通农场闸（四号坝闸）移交管理专题会议，决定自 2017 年 7 月 15 日起，农场四号坝闸由南通农场移交给南通开发区老洪港管理委员会管理。

7—10月　开展"苏垦南通公司职工读书月"系列活动。

8月10日　成立苏垦南通公司 2017 年度基层工会技能竞赛系列活动领导小组，制订《2017 年度基层工会技能竞赛系列活动的实施方案》。

8月24日　制定《江苏农垦集团南通有限公司基层党组织建设规范》《江苏农垦集团南通有限公司创建党建示范点实施方案》。

9月4日　制定《江苏农垦集团南通有限公司基层党组织党建工作考核

细则》。

9月15日　苏垦南通公司召开第一次党员大会，选举冯德龙为党委书记。

10月　苏垦南通公司被评为南通开发区2015—2016年度文明单位。

10月19日　苏垦南通电力公司被评为江苏农垦2016年度质量管理先进企业。

11月14日　江苏省农垦集团公司同意苏垦南通公司对江苏中新苏通商品混凝土有限公司固定资产及部分流动资产的处置方案。

12月4日　苏垦南通公司召开第二届董事会第七次会议，会议审议通过《关于核销江苏中新苏通商品混凝土公司应收合肥宏伟建筑公司昆山分公司账款的议案》。

12月11日　江苏中新苏通商品混凝土有限公司与苏通园区管理委员会签订拆迁协议。

12月　苏垦南通公司被授予2015—2016年度南通市文明单位。

12月26日　经选举审查通过丁荣根、冯德龙为中共江苏省农垦集团公司第一次代表大会代表。

12月29日　苏垦南通公司制定《工会经费收支管理（暂行）办法》。

● **2018年**　1月3日　成立苏垦南通公司国有土地使用权确权登记发证工作领导小组和工作班子。

1月12日　苏垦南通公司被江苏省农垦职工思想政治工作研究会、江苏省农垦集团公司党委宣传部评为2017年度江苏农垦思想政治工作研究先进单位。

1月29日　制定《江苏农垦集团南通有限公司党建工作考核暂行办法》。

2月27日　江苏省南通农场工商变更为"江苏省南通农场有限公司"，注册资本100万元。

3月11日　苏垦南通公司被评为江苏农垦2017年度先进企业。

3月15日　成立苏垦南通公司供水质量提升改造项目和供水分离移交工作专项领导小组。

3月26日　苏垦南通公司第二届董事会第八次会议召开。会议审议通过《关于提名公司董事会秘书的议案》《关于〈公司章程修正案（草案）〉的议案》《关于江苏省南通农场有限公司章程的议案》等十二项议案。

3月28日　苏垦南通公司第一届第五次职工暨工会会员代表大会召开。

4月9日　苏垦南通公司单设监察部，增设法务部。

4月12日　苏垦南通公司受江苏省农垦集团公司委托管理南通农垦热电站、长江造纸厂有关事宜，管理事项包括留守工作人员日常管理；留守工作人员工资、福利等审核发放；非在岗职工生活费审核发放，退休职工独生子女一次性奖励费等审核发放；管理费审核和支出管理。同日，苏垦南通公司根据人员调整情况对下属控参股单位委派董监事进行调整。

4月24日　农场民营企业南通恒钢工程机械有限公司董事长胡建斌被评为江苏农垦第一届创业模范。

5月2日　苏垦南通公司成立防汛抗旱工作领导小组；江苏省农垦集团公司同意南通农场公司及江苏中新苏通商品混凝土公司（持股65%）公开转让相关资产，包括办公楼、地磅房等12项资产。

5月25日　修订《江苏农垦集团南通有限公司章程》。

6月6日　江苏省农垦集团公司同意将南通农场公司名下原印染厂三宗土地产权无偿划拨到苏垦南通公司名下，证号分别为：通开国用2007第0310195号、第0310196号、第0310197号。

6月24日　严忠任苏垦南通公司党委书记、董事长；杨新民任苏垦南通公司总经理。

7月4日　苏垦南通公司被江苏省农垦集团公司党委评为垦区企业文化阵地建设首批合格单位。

7月6日　江苏农垦南通丝绸印染厂注销。

7月13日　苏垦南通公司召开第三届董事会第一次会议，会议审议通过了《关于调整公司董事长的议案》等5项议案。

7月23日　制定《江苏农垦集团南通有限公司党委会议事规则（试行）》。

7—10月　开展"2018年度苏垦南通公司职工读书月暨征文比赛"系列活动。

9月4日　印发《江苏省南通农场有限公司内部控制制度》。

9月6日　制定《江苏农垦集团南通有限公司员工病事假管理规定》《江苏农垦集团南通有限公司薪酬管理办法》。

11月10日　苏垦南通公司召开纪念改革开放40周年暨庆祝江苏省南通农场建场60周年大会；同日晚，苏垦南通公司举办纪念改革开放40周年暨庆祝南通农场建场 60 周年专场文艺会演，并通过"苏垦南通"微信公众号进行现场直播。

11 月 19 日　制定《江苏农垦集团南通有限公司绩效考核管理办法（修订稿）》《江苏农垦集团南通有限公司员工晋升管理办法》。

11 月 20 日　苏垦南通公司网站被江苏农垦评为 2018 年度优秀网站。

11 月 26 日　苏垦南通公司召开第三届董事会第二次会议，会议审议通过了《关于聘任严忠为公司总经理的议案》《关于"三重一大"决策事项清单的议案》等 4 项议案；同日，苏垦南通公司对委派到各全资控参股公司的董监事及法定代表进行了调整。

11 月 28 日　江苏省农垦集团公司同意苏垦南通公司职工家属区"三供一业"供水分离移交改造立项。

11 月 29 日　苏垦南通公司机关工会被江苏省农垦集团公司工会委员会评为"模范职工之家"。

12 月 7 日　制定《江苏农垦集团南通有限公司公务用车管理和公务出行保障办法（试行）》《江苏农垦集团南通有限公司产权代表管理办法》。

12 月 29 日　制定《江苏农垦集团南通有限公司风险管理工作办法（试行）》。

● **2019 年**　1 月 29 日　苏垦南通公司召开第三届董事会第三次会议，审议通过了《关于公务用车处置的议案》。

2 月 19 日　苏垦南通公司召开第三届董事会第四次会议，审议通过《关于江苏农垦集团南通有限公司 2018 年工作总结和 2019 年工作计划的议案》等 5 项议案。

2 月 28 日　苏垦南通公司召开第二届第一次职工暨工会会员大会和 2018 年度先进表彰大会。

3 月 11 日　苏垦南通公司被评为江苏农垦 2018 年度先进企业。

3 月 17 日　苏垦南通公司被评为江苏省健康单位。

4 月 27 日　苏垦南通公司召开第三届董事会第五次会议，会议审议通过了《关于提名公司董事会秘书的议案》等 3 项议案。

5 月 1 日　苏垦南通公司成立土地管理办公室，设在资产经营部；成立耕地保护领导小组。

5 月 14 日　南通大桥广告公司、元基商业管理有限公司、江苏中新苏通商品混凝土有限公司 3 家企业组成联合工会委员会。

5月　苏垦南通公司团委被评为南通开发区五四红旗团委。

6月17日　苏垦南通公司成立"不忘初心、牢记使命"主题教育领导小组，制定《"不忘初心、牢记使命"主题教育实施方案》《"不忘初心、牢记使命"主题教育学习计划》，同年8月21日，制定"不忘初心、牢记使命"主题教育专项整治工作方案。

7月15日　苏垦南通公司召开第三届董事会第六次会议，会议审议通过了《关于2019年度苏垦南通公司财务中期调整的议案》。

7—10月　开展"2019年度苏垦南通公司职工读书月暨征文比赛"系列活动。

8月22日　苏垦南通公司召开第三届董事会第七次会议，会议审议通过了《关于核定公司经营层年薪的议案》。

9月24日　苏垦南通公司与南通开发区慈善会签订南通开发区慈善会冠名慈善基金协议书，基金定名为"情暖江海助困基金"，年基金总额49.8万元。

9月　苏垦南通公司被南通开发区评为2015—2019年度最具爱心慈善捐赠单位。

10月31日　苏垦南通公司法务部、审计部合署办公。

11月23日　苏垦南通公司党委和江海镇区党委党建共建"结对聚力，共享凝智"图书捐赠暨党史宣读会在公司四楼会议室进行，苏垦南通公司领导严忠、江海镇区领导朱志祥等参加了会议。

12月2日　江苏省国资委厅局级老领导包生华、陈世爱、王正宇等一行到苏垦南通公司考察。

12月4日　根据南通市人民政府发布的《市政府关于变更崇川区部分行政区划的批复》文件，南通农场区域成立南通市江海街道办事处，负责南通农场区域内四至即"东至南通市海门区交界线、西至东方大道、南至长江岸线、北至农场中心河及江海路"范围内的社区社会事务，农场其他地区行政区划属南通开发区，由南通开发区竹行街道办事处管理。

12月5日　南通市政协常委、民进南通市委原副主委何志斌、市政协委员祝培林等一行到苏垦南通公司考察调研。

12月7日　苏垦南通公司被评为江苏省文明单位。

12月10日　苏垦南通公司召开第三届董事会第八次会议，会议审议通过了《关于公司撤销监察室的议案》。同日，受苏垦南通公司邀约，南通开发区管理委员会副主任曹海锋带领南通开发区投资中心、环保局以及安评、规划等相关单位领导，专程赴扬州中兴绿建科技有限公司考察装配式工厂，对企业规模、产品生产、企业运营等公司实况进行调研，并在规划、环保、安全、销售、经济效益等方面进行现场询问和评审，参与考察的还有江苏省农垦集团资产经营部、苏州高新环保及公司相关人员。

12月16日　苏垦南通公司被评为南通市文明单位。

12月17日　苏垦南通公司薛忠在公司二楼会议室会见了中财荟兴资本管理有限公司董事、总经理韩志勇一行并座谈。

12月25日　成立江苏农垦集团南通有限公司安全生产专项整治工作领导小组，制订《江苏农垦集团南通有限公司深入开展安全生产专项整治行动工作方案》。

12月28日　苏垦南通公司土地确权发证工作全面结束。

12月31日　制定《江苏农垦集团南通有限公司参股企业派驻人员管理暂行办法》《江苏农垦集团南通有限公司鼓励激励实施办法（试行）》。

● **2020年**　1月8日　苏垦南通公司召开第三届董事会第九次会议，会议审议通过了《关于与南通开发区财政局续签借款的议案》。

1月10日至2月20日　苏垦南通公司开展2019—2020年度党员干部冬训工作。

1月15日　江苏省农垦集团公司党委副书记、总经理胡兆辉，党委委员、副总经理仲小兵一行来苏垦南通公司慰问困难职工。

1月17日　苏垦南通公司召开第三届董事会第十次会议，会议审议通过了《关于江苏农垦集团南通有限公司2019年工作总结和2020年工作计划的议案》《关于2019年度投资计划执行和2020年投资计划编制情况的议案》等5项议案。

1月18日　朱忠惠任南通农场公司总经理、执行董事职务。

1月23日　苏垦南通公司成立疫情防控工作领导小组；制定《江苏农垦集团南通有限公司新型冠状病毒感染的肺炎疫情防控工作方案》《江苏农垦集团南通有限公司新型冠状病毒感染的肺炎疫情防控应急预案》。

2月21日　制定《2020年江苏农垦集团南通有限公司重点工作任务

分解》。

2月22日　苏垦南通公司召开第三届董事会第十一次会议，会议审议通过了《关于向江海街道定向捐资用于新冠肺炎疫情防控的议案》《关于公司本部增设纪委办公室的议案》等3项议案。

3月4日　苏垦南通公司严忠、朱忠惠先后慰问南通开发区5位援鄂医护人员家属。

3月9日　苏垦南通公司严忠、朱忠惠、王信成在公司3楼会议室会见了中南集团副总裁曹永忠并就项目合作进行了座谈。同日，江苏农垦集团同意苏垦南通公司收购新福地公司股权项目立项。

3月　苏垦南通公司被江苏省农垦集团公司评为2019年度先进企业。

3月17日　苏垦南通公司被评为2019年江苏省健康单位称号。

3月20日　苏垦南通公司被评为江苏农垦文化阵地建设首批"优秀单位"。江苏农垦南通电力有限公司施工队被评为"江苏农垦工人先锋号"。

3月24日　苏垦南通公司制定《协会管理暂行办法》。

3月27日　苏垦南通公司召开第二届第三次职工暨工会会员代表大会。

4月1日　苏垦南通公司制定《江苏农垦集团南通有限公司生产安全事故隐患排查治理制度》。

4月3日　江苏省农垦集团公司同意苏垦南通公司租用福地商业广场办公楼，租赁期暂定1年，月租金不高于22元/平方米。

4月9日　江苏农垦南通电力有限公司党支部被评为江苏省农垦集团公司先进基层党组织。

4月16日　苏州高新股份生命健康小镇建设发展有限公司总经理徐海东一行来苏垦南通公司研讨300亩商办项目产业规划。

4月17日　苏垦南通公司《"垦地e家"共建共融》获江苏省农垦集团公司党建工作"三创"案例评选二等奖。

4月22日　苏垦南通公司领导严忠在公司二楼会议室会见了南通大明商品混凝土有限公司执行董事包金龙一行，双方就苏垦物流地块绿色建材项目进行初步研讨。

4月26日　苏垦南通公司相关人员与江苏农垦新福地投资发展有限公司分管领导、招商人员在新福地公司二楼会议室就苏垦南通公司租用新福地公司开发建设的福地广场办公楼相关事宜进行了初步洽谈，拟定租赁起始时间为 2020 年 8 月 1 日。

5 月 11 日 苏垦南通公司召开第三届董事会第十二次会议，会议审议通过了《关于江苏农垦集团南通有限公司〈内控制度汇编〉修订的议案》；制订《2020 年度苏垦南通公司基层工会劳动技能竞赛系列活动实施方案》；苏垦南通公司成立政治安全工作领导小组，办公室设在综合工作部。

5 月 15 日 制定《江苏农垦集团南通有限公司"第一议题"学习制度》。

5 月 18 日 制定《江苏农垦集团南通有限公司公务接待管理实施细则》；制定《江苏农垦集团南通有限公司通信费用控制管理办法（修订）》的通知。

5 月 25 日 苏垦南通公司成立乡村振兴工作领导小组并制定《江苏农垦集团南通有限公司乡村振兴三年行动计划（2019—2021 年）》。

5 月 26 日至 31 日 苏垦农发南通分公司"三夏"生产视频在中央电视台农业农村频道（CCTV17）《整点报时》播出，时长 30 秒，为期 1 周。

6 月 1 日 江苏省农垦集团公司总经理、苏垦农发董事长胡兆辉一行到苏垦南通公司检查指导工作。

6 月 15 日 江苏省农垦集团公司同意苏垦南通公司实施福地商业广场办公楼装修项目，项目建设总投资约 680 万元。

6 月 16 日 制定《江苏农垦集团南通有限公司新时代文明实践所建设实施意见》，建设苏垦南通公司新时代文明实践所。

6 月 28 日 苏垦南通公司举办首届消防安全运动会。

7 月 21 日 南通开发区行政审批局局长黄驾宇、南通开发区房屋征收中心主任沈元忠一行到苏垦南通公司商谈阿里巴巴江苏云计算数据中心扩容项目用地相关事宜。

8 月 4 日 苏垦南通公司成立职工大病互助基金管理委员会。

8 月 6 日 制订《江苏农垦集团南通有限公司开展第十一届"江苏农垦职工读书月"活动实施方案》。

8 月 8 日 苏垦南通公司召开第三届董事会第十三次会议，会议审议通过了《关于江苏农垦集团南通有限公司领导人员 2019 年度薪酬发放标准的议案》。

8 月 18 日 苏垦南通公司与如皋市长江镇田桥村签订"城乡结对、文明共建"活动协议,共建时间为 2020 年 7 月至 2022 年 7 月。

9 月 2 日　南通市总工会同意将苏垦南通公司工会隶属关系由苏通园区工会调整到南通市总工会直属工会工作部。

9 月 3 日　南京万购信息科技有限公司总经理郑坚一行来苏垦南通公司交接公司自然资源资产管理平台的相关工作,至此,苏垦南通公司自然资源资产管理平台正式进入试运行阶段;受浙江海云环保有限公司邀请,严忠带领相关部门人员,陪同南通开发区管理委员会副主任保德林及区生态环境局、行政审批局、自然资源局有关负责人,前往浙江海云环保有限公司参观考察并洽谈工业固废热解碳化项目投资合作开发事宜。

9 月 8 日　制订《江苏省南通农场有限公司退休人员社会化管理实施方案》。

9 月 16 日　苏垦南通公司召开第三届董事会第十四次会议,会议审议通过了《关于综合工作部更名为工会办公室的议案》。

10 月 14 日　制定《江苏农垦集团南通有限公司招商引资奖励实施办法》《江苏农垦集团南通有限公司员工晋升管理办法(修订稿)》。

10 月 20 日　制定《江苏农垦集团南通有限公司职工大病互助基金管理实施办法(暂行)》《新时代苏垦南通公司产业工人队伍建设改革实施意见》。

10 月 21 日　江苏省农垦集团公司党委委员、总会计师刘克英,总经理助理钱伯彬一行到苏垦南通公司调研指导项目招商及与地方一体化发展工作。

10 月 23 日　苏垦南通公司邀请江苏省兰德土地技术有限公司一行对公司土地进行实地踏勘,苏垦南通公司国土空间规划工作正式启动。

10 月 27 日　苏垦南通公司、江海街道、南通开发区慈善总会签订三方协议,2020 年度"情暖江海助困基金"定向捐赠完成。

11 月 12 日　南通市退休人员管理中心与苏垦南通公司签订国有企业退休人员社会化管理移交协议书,共移交退休人员 5672 名。

11 月 16 日　成立江苏农垦集团南通有限公司党风廉政建设和反腐败工作协调小组,制定《江苏农垦集团南通有限公司党风廉政建设和反腐败工作协调小组议事办法》。

12月3日 制订《江苏农垦集团南通有限公司冬春火灾防控工作实施方案》《苏垦南通公司危险化学品使用安全专项治理行动实施方案》。

12月4日 由南通市文明办、民政局、团市委联合主办的"南通首届江海志愿文化节"在南通 BU 中心盛大开幕，苏垦南通公司莫文隋志愿服务大队受邀参加。

12月11日 江苏省农垦集团公司党委副书记姚准明到苏垦南通公司做党的十九届五中全会精神宣讲报告；《苏垦南通公司莫文隋志愿服务行动进行时》被评为江苏农垦 2020 年度优秀微信公众号作品。

12月22日 苏垦南通公司召开第三届董事会第十五次会议，会议审议通过了《关于为宝腾公司借款 3000 万元提供反担保的议案》等 5 项议案。

12月30日 制定《江苏农垦南通电力有限公司人员分流方案》，根据方案要求，新成立的凯惠南通分公司人员编制为 15 人，苏垦南通公司分流安置 11 人。

12月31日 苏垦南通公司被江苏省农垦集团公司授予 2020 年度江苏农垦突出贡献企业。

中国农垦农场志

第一编

建制、地理

中国农垦农场志

第一章 建制沿革

第一节 境   域

一、江苏省南通农场

农场地处长江下游北岸，位于南通市区东南约 30 千米、南通开发区东南约 15 千米处，地理位置为北纬 31°51′、东经 121°48′。世界最长的斜拉索桥——苏通大桥在农场与苏州的常熟市相连。

农场西面和南面两面临江，1958 年建场时，初期围垦面积为 15692 亩。经 1959 年、1964 年、1965 年、1967 年四次较大规模的扩垦，扩垦后农场东西长约 13.5 公里，南北宽 9 公里，总面积 50 多平方公里（80400 亩）。20 世纪 80 年代后期，农场部分土地及长江岸线被开发征用，农场除江堤岸线外，西面和南面与通州港区、南通开发区港口工业三区、江苏省军区东方红农场接壤，北面与竹行镇、南通开发区富民港良种场相邻，东北边与南兴村接壤，东边与海门市三和镇、畜禽良种场等单位交界，东南边与江心沙农场相连。

进入 21 世纪后，南通开发区向南发展，跨江联动的苏通园区定址于农场，农场中心河以南成片土地被征用，农场境域位置只剩农场中心河以北土地及农场西、南数宗未被南通开发区征掉的零星隙地。

二、江苏农垦集团南通有限公司

随着南通开发区向南开发，征用农场东方大道以西 7 平方公里土地，苏通园区进驻农场，征用农场位于东至农场与南通市海门区交界处、西至东方大道、北至农场中心河、南至长江堤岸范围内的所属 35 平方公里土地，农场现存的位于农场中心河以北约 12123 亩土地为苏垦南通公司所属境域。

苏垦南通公司南靠农场中心河，并与苏通园区江海街道隔中心河相邻，北与南通开发区竹行街道毗连，东及东北与苏通园区江海街道和锡通科技产业园区张芝山镇南兴村接壤，西及西北与江苏省军区东方红农场及南通开发区老洪港管理区相连，土地行政区划属南通开发区竹行街道管辖。苏垦南通公司本部办公地址位于北纬31°50′、东经120°59′的苏通园区江安路33号的福地商业广场1号楼，该区域行政区划属苏通园区江海街道管辖。

第二节 建制沿革

1957年春夏，中国共产党南通县委员会和南通县人民委员会决定围垦南通县大成镇南面的江边滩地，派出时任县农工部副部长徐志明、县交通局局长黄达、县水利局袁允阁等做了实地勘察测量。同年秋冬，南通县成立"围垦工程总队部"，由时任南通县副县长蔡其生兼任总队长，县委副书记黄士敏兼任总队政委，徐志明、陈锦康任总队副队长，组织近1.6万民工驻大成乡修筑大安港至竖积港江堤8330米，对沿江芦苇滩进行首期围垦造田工程。

1958年3月，中国共产党南通县委员会和南通县人民委员会决定成立"南通县国营南通农场"。同年底，原南通专区三余棉场、南通县江边农场、姜灶农场、石港农场、河口农场、平潮拖拉机站等先后撤销，人员设备等并入农场。

1959年10月，农场生产行政隶属江苏省农林厅农垦局（1958年5月由国营农场管理局改为农垦局、1965年8月更名为江苏省农垦公司、1969年组建生产建设兵团、1975年10月成立江苏省农垦局、1983年5月变更为江苏省农垦农工商联合总公司至1997年6月改制为江苏省农垦集团公司）领导，场部机关设在农场东部区域的原农场农机修造厂内（今为苏通园区海维路北南湖路口）。

1965年1月，南通县金南、金中、金余、金沙等公社1960人移民至农场。农场经过几次扩垦，增加了人员和耕地面积，下属24个农业生产队，划分为4个分场（片）和直属工业单位。

1967年3月，农场成立生产办公室，下设4个组，领导全场的生产工作。

1969年3月30日，以沿海25个农场为基础组建南京军区江苏生产建设兵团，设立4个农业师，下辖20个农业团、6个独立营，兵团部设在盐城，后移驻清江市（今淮安市区）。中国人民解放军毛泽东思想宣传队进驻农场，着手组建生产建设兵团，同年11月，成立中国人民解放军南京军区江苏生产建设兵团第四师第二十三团、二十四团（二十三团于1970年12月撤销，人员迁往江苏省金湖县运西农场），党政关系与南通县脱离，归属于中国人民解放军南京军区江苏生产建设兵团领导。同时，农场场部机关西迁至农场中心队（三大队西，今江山路588号苏通园区公安分局办公大楼）。下属单位设有9个营、38个农业连、8个机耕连、11个工副业单位、直属警卫连、一中、二中、医院、兽医站。

1975 年 8 月 5 日，江苏生产建设兵团四师二十四团奉令撤销。同年 10 月 4 日，江苏省委决定恢复农垦体制，成立江苏省农垦局，经江苏省农垦局批准，农场由郭洪义、周伟森等组成五人领导小组，负责农场日常工作。同年 12 月，恢复国营南通农场和国营南通农场革命委员会建制，隶属江苏省农垦局领导，下属单位由 9 个营调整合并为 6 个分场和场直工副业。

1976 年 5 月，成立中共国营南通农场核心小组。同年 9 月，经南通农垦局批准，恢复建立南通农场革命委员会及常委会。

1987 年 3 月，经江苏省农垦总公司批准，农场投资成立江苏农垦南通农工商联合公司，注册资金为 500 万元，由农场全额出资。主要经营农场自产的农副产品，领取了江苏农垦南通农工商联合公司的营业执照，江苏省国营南通农场实行两块牌子、一套班子管理，农场隶属于江苏省农垦总公司领导，行政区划属南通县管理。

2001 年 3 月 9 日，江苏省人民政府下发《关于同意调整南通市区部分乡镇行政区划的批复》文件，对农场行政区进行调整，农场行政区由通州市划归南通开发区管辖。同年 4 月，行政区划和党组织关系进行交接，农场行政区划归南通市富民港办事处管理。农场行政隶属江苏省农垦集团公司和南通开发区双重领导。

2007 年 10 月，农场在江苏省工商行政管理局领取了工商营业执照，更名为江苏省南通农场，停止使用建场以来使用时间较长的"江苏省国营南通农场"的名称及印章。江苏省南通农场和江苏农垦南通农工商联合公司同时存在，实行两块牌子、一套班子管理，江苏省南通农场作为农场的主要生产经营企业。

2006 年 1 月，农场成立江海镇社区管理办公室。2007 年 10 月，江海镇社区管理办公室更名为南通农场社区管理委员会。2010 年 3 月 9 日，社区管理委员会更名为南通农场社区社会事务联合管理委员会，后又改为苏通园区江海镇区社会管理委员会，负责农场的社区社会事务工作。2012 年 9 月，农场社区管理职能和社会事业服务单位全部移交苏通园区管理办公室。2019 年 12 月 4 日，南通市人民政府下发《关于变更崇川区部分行政区划的批复》文件，农场区域撤销苏通园区江海镇区社会管理委员会，成立南通市江海街道办事处，负责原农场区域的社区社会事务管理工作，原由苏通园区江海镇区社会管理委员会负责的农场中心河北部分（今苏垦南通公司所属区域土地）划归南通开发区竹行街道办事处管理。

2011 年 11 月，江苏省农垦集团公司实施农业资源整合方案，决定将垦区农场现有的种植业（含高效农业）及相对应的资产、负债、人员以及大华种业公司和苏垦米业公司的全部股权实施整合，成立江苏省农垦农业发展股份有限公司（简称苏垦农发）并准备上市。农场农业资源整合，成立苏垦农发南通分公司，隶属苏垦农发领导，存续农场仍隶属于江苏省农垦集团公司领导，行政区划属苏通园区江海镇区领导。

2013年11月，农场公司制改造，经江苏省国资委批准，将农场的资产负债等全部注入江苏农垦南通农工商联合公司，同时将江苏农垦南通农工商联合公司改制为江苏省农垦集团公司独资的"江苏农垦集团南通有限公司"，作为农场公司化主要运营单位，注册资本10000万元。苏垦南通公司主要经营范围：淡水养殖、销售及相关技术服务和技术咨询；普通机械及配件、润滑油销售；实业投资；机械设备租赁、房屋租赁；物业管理；新材料的研发及销售。江苏省南通农场保留营业执照状态，主要用于处理历史遗留及失地职工社保等问题，注册资本由原来的2334.2万元缩减为100万元。苏垦南通公司和农场继续实行两块牌子、一套班子管理。2018年2月，农场改制为江苏省农垦集团公司全资子公司"江苏省南通农场有限公司"（以下简称南通农场公司）（表1-1-1）。

表1-1-1　南通农场建场以来建制沿革

起讫时间	名称	隶属关系	备注
1958.3—1959.10	南通县国营南通农场	南通县政府	—
1959.10—1967.4	国营南通农场	江苏省农垦公司	—
1967.4—1968.3	中国人民解放军国营南通农场军事管制委员会	南通县政府	—
1968.3—1969.3	国营南通农场革命委员会	南通县政府	—
1969.11—1971.12	中国人民解放军南京军区江苏生产建设兵团第四师第二十三团、第二十四团	中国人民解放军南京军区江苏生产建设兵团	
1971.1—1975.8	中国人民解放军南京军区江苏生产建设兵团第四师第二十四团（二十三团撤销）	中国人民解放军南京军区江苏生产建设兵团	—
1975.12—1979.1	国营南通农场	江苏省农垦局	—
1979.1—1987.3	江苏省国营南通农场	江苏省农垦局（江苏省农垦总公司）	—
1987.3—2007.9	江苏省国营南通农场、江苏农垦南通农工商联合公司	江苏省农垦总公司（江苏省农垦集团公司）	两块牌子、一套班子，以国营南通农场为主要经营企业
2007.9—2013.11	江苏省南通农场、江苏农垦南通农工商联合公司	江苏省农垦集团公司	两块牌子、一套班子，以江苏省南通农场为主要经营企业
2013.11—2018.2	江苏农垦集团南通有限公司、江苏省南通农场	江苏省农垦集团公司	两块牌子、一套班子，以江苏农垦集团南通有限公司为主要经营企业
2018.2—2022.12	江苏农垦集团南通有限公司、江苏省南通农场有限公司	江苏省农垦集团公司	两块牌子、一套班子，以江苏农垦集团南通有限公司为主要经营企业

第二章　自然地理

第一节　区域位置

农场（苏垦南通公司）地处长江入海口北岸的国家级南通开发区内，位于苏通大桥北翼，距离南通开发区 15 公里，距离南通市人民政府 30 公里，距离江苏省会城市南京 270 公里，是江苏沿江、沿海发展的交会点，是南通接轨上海、融入苏南的桥头堡，也是上海、苏州、南通"小金三角"的中心点。

2009 年 4 月 15 日，南通市人民政府与江苏省农垦集团公司签订协议书，协议书明确中新苏通合作园区（今苏通园区）项目位于农场区域，征用东至农场与海门交界处、西至东方大道、北至农场中心河、南至长江堤岸内农场所属土地 35 平方公里。随着南通开发区南向开发征用农场土地 1 万多亩，苏通园区开发建设征用农场土地 5 万多亩的不断深入，农场成为"区中场"和"都市农场"，区位优势更加明显，农场职工居民的生活生产均在苏通园区或南通开发区之内。

苏通园区是江苏省沿海开发和跨江联动开发的重点项目，是苏州、南通两市跨江联动开发，推动区域共同发展的合作园区，是苏州工业园区成功经验推广辐射的创新之区。通过引进新加坡先进的规划开发理念和与国际接轨的管理体制、机制，苏通园区将建设成为一个集生产、商贸、居住于一体的高科技、生态型、国际化、综合性的"江海生态城，国际创业园"。随着苏通园区规划建设，农场开始拥有四通八达的交通网络，轨道交通具有"一纵、一横、三支线"的铁路路网规划，将农场与苏通园区、竹行、南通开发区、南通市衔接畅通；具备"一纵、一横"的高速公路网络，一纵是沿海高速，一横是宁启高速，拉近农场与苏南、苏北、上海等周边大城市的距离；交通公路有"三纵、四横、两连"的快速路网结构，东方大道、张江公路、沿江公路等高等级公路贯穿农场，与高速公路、快速路有效衔接，农场居民出行方便快捷。发达的交通使农场居民能在 1 小时车程内快速到达距农场 32 公里的南通兴东国际机场、距农场 28 公里的南通火车站，以及上海、苏州等周边发达城市。独特的区位交通优势，使农场与上海和苏南以及南通的主城区的联系更为密切，真正融入上海 1 小时都市圈和长三角核心圈。优越的地理位置使农场成为贯通东西、承启南北交通的中心枢纽。

第二节 自然环境

一、地质

农场位于长江下游地段，在南通开发区东南约 15 公里处，西、南两面临江，地质构造属扬子准地台与江南古陆的交接部，属沿江区域，成陆较晚。20 世纪初期，农场区域还是行船的航道，1920 年以后，河道泥沙不断淤积，1957 年后，经南通县民工围垦成陆，20 世纪 60 年代初期沉积加快，江中原有小沙丘长成一片滩地，与北岸相连成片，经 8～9 次围垦，逐步建成现有规模。

据《南通市经济技术开发区志》记载，农场区域地质，第四系地层厚 300～400 米，为河流相、海相和过渡相沉积，沿江地表下 50 米内土层自上而下依次为：灰黄色黏质沙土（厚 2 米）、灰色粉细沙（厚 30 米左右），淤积质粉质黏土（厚 10～20 米）和灰色粉沙。河床底层为粉沙和极细沙。

南通市的工程地质分为 4 个区。南通开发区（南通农场）属南通市工程地质分区的第 II 区，即河口相中期沉积工程地质条件良好区。区内 55 米以浅的第四系沉积物划分为 5 个工程地质层，第一工程地质层为棕黄色亚沙土，分布在地表至标高 0.5 米左右，厚度为 2 米，属中等压缩土，地耐力每平方米 13～15 吨，可作为一般浅基建筑物的天然地基；第二工程地质层以黄-灰绿色粉细沙为主，厚度为 15～20 米，地耐力每平方米 12～13 吨，为工程主要持力层；第三工程地质层以灰-深灰色和黑灰色淤泥质亚土为主，顶板埋深 22～25 米，厚度为 7～15 米，地耐力每平方米 9 吨，为高压缩性软弱土层；第四和第五工程地质的地耐力为每平方米 14～16 吨，该两层埋深过大，对于一般多层建筑意义不大。南通开发区（南通农场）地层以细沙、粉沙物质为主，夹有薄层黏土，强度较大。工程承力层在 20 米以下浅范围内，地基容许承载力一般为每平方米 8～13 吨，深层岩 55 米以下稳定。

农场紧靠长江，无暗沟暗塘。地下深井水分 3 层，第一承压含水层，埋深较浅，与地表水连成一体；第二承压含水层，埋深在 160 米左右，水质较差，水量不多；第三承压含水层，埋深在 220～250 米，水质较好，水量丰富，是主要开采层。

农场地层：表层 0.5 米左右为缓慢沉淀的淤土及沙壤土层，下层则为快速深沉的青沙土层及流沙土层，20～30 米以下为粗沙层。

二、地貌

农场位于长江下游三角洲平原的江海平原，地势低而平坦，平均高程 2.7 米（以废黄河口为零点，下同），地面高 2.2～2.8 米，相对高差 0.6 米，由西北向东南略微倾斜，最低洼处高程 2.3 米，二道堤以南约 2.4 米，二道堤以北 2.8 米，土层深厚，土壤肥沃。

开垦初期有泓沟洼地，经开挖条沟及去高填低，逐步形成平整的标准条田。条田宽度：第一次围垦的老场部 15692 亩（其中耕地面积 10332 亩），宽 130 米（包括条沟 10 米左右）；第二次围垦的条田（即原农场一、二、三、五大队等），宽 150 米（包括条沟宽 10 米、林带 8 米）；第三次围垦的条田（即原农场三十八、三十九大队），宽 156 米（包括条沟林带）；第四次围垦的条田（即原农场二十九、三十四、三十六大队），宽 130 米；第五次围垦的条田（即原长洪分场），宽度 110 米（包括条沟林带）；以后开垦的条田宽均为 110 米（包括条沟、林带）。1973 年起长江泓道逼近沿江大堤，四号坝南北及二十四大队南共 8300 多亩土地先后坍入江中，其中农场耕地 5100 亩，附近乡镇所围土地 2500余亩。

三、气候

农场地处长江下游，受海洋性气候影响，属北亚热带湿润季风区，气候温和，雨量充沛，日照充足，四季分明，无霜期较长，对农作物生长较为有利，降水较为集中，6、7月有明显的梅雨季节，过后常会出现伏旱，7—9 月常出现台风、暴雨、伏旱等灾害性天气，早春和晚秋常受寒流影响，夏熟作物易受春寒低温的冻害，秋熟作物易受旱、涝、风、雹、低温等自然灾害的影响。

因受海洋性气候影响，海洋和江面对气温和降水的调节作用使农场和同纬度内陆地区相比，雨水更为丰富，另一方面受季风环流影响，农场历年主导风向为东风和东南风，冬季盛行西北风和东北风，夏季以东南方向的海洋季风为主，春秋两季为冬夏的过渡季节，冷热气团比较活跃，主要以偏东风为主。

四季划分时间：

春季：3 月上旬至 5 月底，这个季节，北方时有冷空气侵袭，与南方暖湿空气对峙，时寒时暖，时雨时晴，变化无常，气温回升较慢，当季平均气温稳定在 10～22℃时，气候湿润，万物苏醒，树木吐芽，青草生长。

夏季：6 月上旬至 9 月中旬，历时 3 个多月。前期 6 月中旬进入梅雨季节，降水频率高，雨量大，往往造成涝灾。7月上、中旬出梅雨季后进入伏期，天气炎热、干燥，形成伏旱高温，但也有少数年份，副热带高压比较薄弱，夏季温度也较低，出现凉夏。

秋季：9月中旬至11月下旬，是冬季风取代夏季风的过渡季节，气温稳定在10～22℃，降水量偏少。入秋以后受大陆单一冷气团控制，给人以秋高气爽的感觉，有时也会受副热带高气压影响，多西南风，持续高温，形成"秋老虎"，伏旱连秋旱。夏秋之交为热带气旋活动季节，常受台风、热带风暴侵袭，龙卷风、冰雹也偶有出现，使农作物受灾。

冬季：11月下旬至翌年3月上旬为冬季，是四季中最长的季节，气温持续稳定降至10℃以下。每年12月至翌年1月为最冷，多西北风，北方冷空气频频南下，称为寒潮，有时伴有雨雪，极端最低气温为零下10℃以下，冬季是全年日照时间最少、光线强度最弱的季节。

四季划分与自然现象基本吻合，但四季长短不一，春季80天左右，夏季90天左右，秋季65天左右，冬季130天左右。习惯上把3—5月作为春季，6—8月作为夏季，9—11月作为秋季，12月至翌年2月作为冬季。

风速：年平均风速为3.7米/秒，台风遇寒潮时最高风速达18～19米/秒，平均10分钟最大风速为26.3米/秒，瞬时最大风速为30.4米/秒，年均大于7级风力的天数为12.8天（风速大于13.9米/秒），5～7级风平均42.8天（风速大于8米/秒，小于13.9米/秒），风速的变化受下垫面热效应影响，也受冬夏季风环流更替变化的影响，风速具有显著的日变化规律。最大风速一般出现在14时前后，最小风速出现在夜间，俗话有"西风夜静"的说法。风速差值为2米/秒。

风向：4—8月以东南风居多，9月和10月以东北风为主，2月和11月风向为偏北风，12月和1月以西北风为主（表1-2-1）。

表1-2-1 南通农场正常年份全年各月风向、风力情况

月份	1月	2月	3月	4月	5月	6月	7月	8月	9月	10月	11月	12月
风向	北风 西北风	北风 东北风	东风 北风	东风 东南风	东南风	南风 东南风	南风 东南风 西南风	东南风	东北风	东北风	北风 东风	西北风
风力	3～5级	3级	3～4级	4级	3～5级	3～4级	2级	2～3级	2～3级	3～4级	3～5级	3～5级

根据往年的气象资料记载，农场全年平均气温为15.3℃，1月气温最低，平均气温为2.98℃，最低平均气温为−5.7℃，极端最低气温为−11.2℃；7、8月气温最高，平均气温达27.3～37.03℃，极端最高气温达38.3℃，最低气温平均为20.2℃，极端最低气温达

17.9℃，年平均降水量为 1054.9 毫米，年平均降雨日 116 天，最多降雨日达 143 天，最少的只有 88 天。年平均日照时数 1712.9 小时，最多年份达 1973.8 小时，最少的只有 1519.9 小时。全年平均无霜期 231 天，初霜期常年出现在 11 月下旬，终霜期在 4 月上旬，最早年份的初霜期在 1982 年 10 月 26 日，终霜期最迟的在 1986 年 4 月 16 日。全年蒸发量为 1283 毫米。

地面温度年平均值为 15.6℃，最高达 18℃（1978 年），最低为 15.5℃（1980 年），极端最高日为 1983 年 8 月 3 日，达 61.3℃，极端最低日为 1984 年 12 月 23 日，温度为 —9.1℃；5 厘米地温：年平均值为 15.8℃，达到 10℃ 以上，一般在 3 月中旬，最早是 2 月 10 日（1987 年），最迟 3 月 28 日（1984 年）；10 厘米地温：年平均值为 15.9℃，最高达 16.3℃（1985 年），最低为 15.5℃（1980 年）。

地下水位，根据原农场农业科学研究所（以下简称农科所）1987 年下半年记载：月平均水位值为 1.02～1.83 米。最高日 7 月 24 日达 2.12 米，最低日 12 月 31 为 0.92 米，与降水量密切相关。

多年平均雾日为 30.9 天，年最多雾日 60 天，年最少雾日 5 天，年大雾日平均为 5.37 天。雾最多时出现在晚春和初冬，80% 小雾出现在凌晨 3—7 时，雾的最长持续时间为 27 小时。

长江水域（南通段）不封冻，农场所涉江边陆地冻土深 20 厘米，降雪集中于 1～2 月，年平均降雪 6.6 日，最大积雪厚 17 厘米。

四、物候

农场地处长江边，四季分明，动植物对气候变化敏感。立春以后，天气寒冷，但青草开始发芽，花木绽露蓓蕾。惊蛰以后，冬眠动物开始苏醒，出外活动。杏花在暖冬年份一般在农历二月中旬末、下旬初开始现蕾开花，气温在 5～10℃，则推迟 10 天左右开花。桃花初开在农历三月中旬，到下旬全部开放。立夏以后，天气逐渐炎热，这时大杜鹃鸟（四声杜鹃）开始鸣叫"花好稻好""布谷布谷"，青蚕豆开始成熟，小满三朝麦上场，小杜鹃鸟（二声杜鹃）"谷哥""谷哥"不时鸣叫，提醒人们收割播种。水稻栽插，须顺应季节，否则，将会造成严重减产，甚至失收。

农场无霜期平均为 231 天，有些年份霜降那天就现霜，到第二年的谷雨节才断霜，共 140 天左右，也有的年份初霜要推迟到小雪甚至更晚一些，这些年份无霜期会长一些。越冬作物如元麦，因生长期较长，如果在茬口布局无法安排按季节播种，可推迟一些时间播种，只要下足基肥，也不会影响第二年的产量，俗话说，"麦种在雪地（小雪节气至大雪节气）只要出地"。农历九月后，多刮西北风，天气渐冷，"九月廿七催懒妇"，提示妇女们要把过冬衣服准备好，冬天就要来了。

《南通市志》中关于物候现象记载：20世纪80年代初，野外物候观测中银杏、楝树、桃树和野外植物的物候数据，东起启东经竹行（编者注：农场相邻竹行）至狼山在一条纬度线上，相隔近百公里，物候相差无几，兹录于此。野外物候观测情况见表1-2-2、表1-2-3。

表1-2-2　20世纪80年代初野外物候观测情况

单位：　月　日

植物名称		发芽初期	展叶期		开花期			果熟期	秋叶变色		落叶期	
			始	盛	始	盛	末		始	全	始	末
银杏	平均	3.29	4.70	4.17	—	—	—	—	9.60	10.50	9.24	10.24
	最早	3.19	3.30	4.50	—	—	—	—	8.25	9.23	9.16	10.20
	最迟	4.50	4.13	4.25	—	—	—	—	9.30	10.27	10.70	11.16
楝树	平均	4.11	4.25	5.30	5.15	5.19	5.25	11.60	9.25	10.22	10.50	11.14
	最早	3.20	4.80	4.20	4.27	5.30	5.15	10.30	8.25	10.50	9.30	10.17
	最迟	4.28	5.60	5.17	5.23	5.25	6.20	11.16	10.80	11.60	10.27	11.29
桃树	平均	3.19	3.28	4.30	3.29	4.50	4.11	6.26	10.60	10.23	10.16	11.13
	最早	3.10	3.16	3.30	3.14	3.28	4.60	6.22	9.30	10.14	10.10	10.24
	最迟	3.25	4.90	4.15	4.10	4.13	4.18	6.29	10.11	11.30	10.25	11.23

表1-2-3　20世纪80年代初芦苇、莲野外物候观测情况

单位：　月　日

植物名称		发芽初期	展叶期		开花期			种子成熟期		种子散布期	黄枯期		
			始期	盛期	始期	盛期	末期	始熟	全熟		始期	普遍	全枯
芦苇	平均	3.7	3.21	4.4	9.21	10.2	10.12	10.17	10.25	11.7	10.18	10.26	11.4
	最早	3.2	3.15	3.30	9.5	9.30	10.4	10.9	1.15	10.24	10.5	10.16	11.2
	最迟	3.15	3.26	4.10	9.29	10.9	10.9	10.25	11.2	11.16	10.25	11.1	11.25
莲藕	平均	4.3	5.16	6.7	7.7	7.20	8.16	9.1	9.23	10.3	9.8	9.23	10.11
	最早	4.22	5.8	5.23	6.25	7.8	7.20	8.21	9.10	10.1	9.2	9.14	10.5
	最迟	5.7	5.27	5.25	7.26	8.5	8.30	9.15	10.2	10.5	9.18	9.28	10.17

农场地处北亚热带湿润季风区，受海洋性及长江对流气温的调节作用，冬夏两季以西北风、东南风为主导风向，四季分明，气温宜人，适于人居，是个土壤肥沃、种瓜得瓜、种豆得豆的好地方。由于水资源丰富，很适宜水生及陆生植物的生存，有野生哺乳动物、鸟类、鱼类、两栖动物，野生木本、草本植物生长旺盛，整个地区的自然情况以风调雨顺居多。20世纪80年代初部分动物物候情况见表1-2-4。

表 1-2-4　**20 世纪 80 年代初部分动物物候情况**

单位：　月　日

动物名称	青蛙	四声杜鹃（花好稻好）	大杜鹃（谷歌）	蟾蜍	蚱蜢
始见（鸣）	3.28	5.4	5.2	2.22	5.21
最早	3.13	4.29	—	2.8	3.25
最迟	4.10	5.6	—	3.24	6.25
绝见（鸣）	10.5	7.9	7.7	11.24	8.30
最早	9.15	7.3	—	10.27	8.25
最迟	10.27	7.14	—	12.20	9.5

五、水文、水系

农场属长江流域，西、南两面临江，河流属长江水系，辖区内有 3 条主干河道，总长 53.13 公里。中心河为农场东西骨干河道，团结河、热电河为农场南北骨干河道，电灌河主体南北走向，匡河主体东西走向，构成农场河网。3 条主干河道连接场内 486 条大小河沟，总长 354.59 公里。

农场水资源较足，地表水主要来自长江，水质良好，基本符合灌溉要求。农场灌溉体系的渠系布置格式：斗渠-农渠，总长 357 公里，其中斗渠 37 公里，农渠 320 公里，防渗渠 10.05 公里。斗渠 3.36 公里，结构形式为矩形现浇钢筋混凝土；另有 2.65 公里，结构形式为 U 形现浇混凝土；农渠 3.86 公里，结构为 U 形现浇混凝土；另有 0.18 公里，结构形式为涵管埋设地下渠。

农场防洪体系：1988 年，农场有防洪堤 5.27 公里，堤顶高程一线主江堤 9.23 米，港支堤 8.73 米。其中：高程在 9.23 米的有 4.02 公里，高程在 8.73 米的有 1.25 公里。20 世纪 90 年代初，农场有长江岸线 10.8 公里，由于南通市征用土地开发建设，至 2005 年时，农场尚有 5.2 公里长江岸线，高程 9.23 米的一线主江堤为 4.02 公里，高程 8.73 米支堤为 1.25 公里。2009 年，苏通园区进驻农场，征用农场土地 35 平方公里，农场仅剩南通苏垦物流有限公司及向南部分的长江岸线，经 2019 年土地确权，还有约 1.5 公里长江岸线属农场所有。

农场的长江岸线和南通开发区的长江岸线紧密相连，江流情况相差无几，据《南通市经济技术开发区志》记载，记录如下：

（一）长江径流

据大通水文站 1953—1996 年的统计资料，历史上长江最大流量为 9.26 万立方米/秒（1954.8.1），枯水季最小流量为 4620 立方米/秒（1979.1.31），汛期平均流量为 3.99 万立方米/秒（5—10月），多年平均径流量为2.79万立方米/秒。

（二）长江潮汐

长江南通开发区河段为感潮河段，属非正规半日潮，每日两涨两落，高潮位与低潮位相差较大。支槽内潮波发生较大变形，潮形前坡陡直，后坡平缓，近于立波。长江南通开发区河段一年中绝大部分时间均处于潮流界内，只有当流量大于6万立方米/秒、天文潮为中小潮时，潮流界在下游徐六泾（崇明岛）附近。

（三）长江潮位（水位）

长江南通开发区河段的潮位由天文潮、风暴潮和长江径流3个因素的组合条件决定。天文潮每昼夜24小时有两高两低涨落；农历初三、十八两日有朔望两次高潮。风暴潮，对长江口而言主要是台风（热带气旋）的影响，实测资料表明，风暴潮影响强烈时，水位可增高1米左右。

（四）长江波浪

长江南通开发区河段水底摩擦力较大，外海波浪难以进入。有限风区产生风浪，南通江海港区、东方红农场一带江面较宽（8～9公里），波浪稍大，上游波浪较小。长江对岸的徐六泾水文站测到过波高3米的大浪（1997年8月17日），长江新开河段夹沙槽的波浪高度一般小于1米，50年一遇的波高为1.37米。

（五）长江水流

根据1988年7月和1995年12月测得的水文资料，当长江大通站流量为4.4万立方米/秒时，大潮期涨潮流时间为3～4小时，落潮流时间为8.5～9.5小时，平均涨、落潮量之比为1：2.92，河槽特性系数值大潮为0.34，小潮为0.17，涨落潮时落潮平均流速大于涨潮，说明新开沙夹槽上端是落潮为主的汊道。

根据1992—1994年测得的水文数据，新开河夹槽上段在相对富民港偏上处，夹槽深槽部位洪季大汛涨急垂线平均流速为1.07米/秒，其中最大测点值为1.32米/秒。相应落急垂线平均流速为1.34米/秒，其中最大测点值为1.52米/秒，说明落潮流速大于涨潮流速。

近岸边大汛涨潮流速大于落潮流速，枯水季大汛涨潮流速也大于落潮流速，其涨急垂线平均流速为1.07米/秒，其中最大测点为1.17米/秒，相应落急垂线平均流速为0.76米/秒，其中最大测点值为0.86米/秒。

新开沙夹槽上段落潮流速是从上到下逐步递增，流向也是渐渐加大。涨潮流速，枯水季变幅较大，洪水季变化较小（表1-2-5）。

表 1-2-5　1992—1994 年新开沙夹槽洪季沿程和流速、流向变化

测定位置			进水通道口附近	富民港下侧	南通农场界址	相应长江大通站流量（立方米/秒）
间距（公里）			3.80		2.80	
落潮流	流速（米/秒）/流向（°）	大潮	1.11/150	1.30/154	1.65/168	55000
		中潮	0.99/147	1.18/152	1.54/166	52500
		小潮	0.83/148	0.87/153	0.94/178	46600
涨潮流	流速（米/秒）/流向（°）	大潮	1.07/319	1.06/335	1.25/342	55000
		中潮	0.88/320	0.88/332	0.86/351	52500

据天生港水道上端 1979 年 8 月 9 日实测，涨潮流速大于落潮流速。涨潮历时 4 小时 15 分，落潮历时 8 小时 27 分。

（六）长江泥沙

长江南通开发区段从上游来的悬移质含量不大，粒径较细。支汊的量更小，粒径更细。在受到涨落潮流冲刷时，部分河床被掀起，底层悬移质含沙量增大，粒径较粗。

新开沙夹槽部分河床质为 0.118～0.210 毫米，新开沙沙脊处河床质为 0.111～0.119 毫米，均为细沙土。1979 年 8 月 9 日长江实测含沙量见表 1-2-6。

表 1-2-6　1979 年 8 月 9 日长江实测含沙量

单位：公斤/立方米

潮别	垂线平均含沙量	垂线平均最大含沙量	测量最大含沙量
涨潮	2.56	3.73	7.23
落潮	1.08	1.77	6.81

六、土壤

（一）土壤的形成

土壤是人类赖以生存和发展的宝贵而有限的自然资源，土壤的肥力在一定程度上决定农作物的产量和品质。农场土壤是从 19 世纪初由长江夹带泥沙逐步沉积而成，20 世纪 50 年代初期沉积加快，沉积母质露出水面，生长芦苇等湿生植物，随潮水涨落，沉积物不断增加积累发育而成自然土壤，带有石灰性，因水分在土层中升降活动频繁，氧化还原作用交替进行，土体中有铁锈斑纹，在 1.3 米左右深层下常年滞水处则有青灰的潜育层次，全土层有明显的冲积层理，开垦后由于耕作影响，逐步发育成现在的土壤。pH（酸碱度）在 7.5 左右，带有碱性。

农场的土壤绝对年龄很小，20 世纪 50 年代初，农场还只是依靠长江北岸江中的一些小沙丘，当时农场区域范围还是走轮船的航道，后因沉积作用进一步发展，沙丘间以及与

北岸之间的隔江一下急涨出水，与北岸逐渐相连成片，1958年围垦后在人为耕作条件下逐步发育形成现在的耕作土壤。由于成土绝对年龄小，石灰等难溶性物质淋溶下移不明显，故全层土壤有较强的石灰反应，心土层具有明显的冲积层理。

土壤演变图式大致如下：

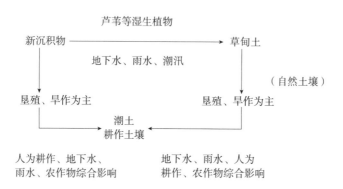

（二）土壤的分类及特性

农场土壤发育于长江冲积物母质，成土过程以草甸化为主，垦殖后以旱作为主，土体构造无水稻土特征，表土颜色呈棕灰，属潮土类，灰潮土亚类。由于沉积母质来源不同，以及微域地形的影响和长江潮水流速的快慢变化，受"快出沙，慢出淤，不快不慢黄来淤"的沉积规律支配导致土壤质地沙黏差别很大，以质地为主要依据可划分为夹沙土、缠脚土、返盐夹沙土3个土属，土体层次沙黏间夹。以土体构型和耕作特征为主要依据，划分为砂性夹沙土、夹沙土、黄沙土、黄泥土、含盐砂性夹沙土等5个土种。

据《2000年江苏农垦土壤复查资料》显示，农场各土种的主要特性为：

1. 黄泥土　肥力最高，保水保肥性较好，但耕性较差，1980年，黄泥土面积为6812亩，占耕地的12.84%。20世纪80年代以来，农场的3个砖瓦厂制砖大量用土，至2000年时，黄泥土面积为3394亩，占耕地面积的7.8%。2000年以后，农场停止对砖瓦生产供土，黄泥土面积基本未变。

土壤剖面性态：表土层一般厚约18厘米，深灰棕色，小块团粒结构，较疏松、根多，有机质含量为13.8克/公斤，全氮1.107克/公斤，全磷1.84克/公斤，重壤到中壤质地，黏质土层厚度一般为37～55厘米，55～63厘米为呈青灰夹子沙层，63～112厘米为轻壤土。全剖面有较强的石灰反应，偏碱性。

2. 黄夹沙　肥力较高，保水保肥能力较好，耕性比黄泥土好，全场面积为9483亩，占耕地面积的21.79%。

土壤剖面性态：表土层一般厚度为16厘米，重壤质地，灰棕色到浅棕色，粒状或块状结构、疏松、根多，有机质含量为 14 克/公斤，全氮 1.107 克/公斤，全磷 1.84 克/公斤，剖面层次可分为耕作层 16 厘米，亚耕层 17～29 厘米，心土层 30～127 厘米。全剖面有较强的石灰反应，偏碱性。

3. **夹沙土**　肥力中等，耕性好，面积为 14754 亩，占耕地面积的 33.9%。

土壤剖面性态：表土层厚度为 15 厘米，棕淡色，轻壤质地，粒状或小块结构、疏松、多根。有机质含量为 12.2 克/公斤，全氮 0.948 克/公斤，全磷 1.82 克/公斤。亚耕层：棕黄色、块状结构沙壤土，根锈较多，全剖面有较强的石灰反应，偏碱性。

4. **砂性夹沙土**　肥力较差，耕性好，保水保肥性差，易板结，面积为 15893 亩，占耕地面积的 36.52%。

土壤剖面性态：表土层厚度为 13 厘米，浅棕色，沙壤至轻壤质地，粒状或小块结构，疏松、根系多。有机质含量为 12.9 克/公斤，全氮 0.892 克/公斤，全磷 1.61 克/公斤，全钾 18.5 克/公斤。剖面层次分为耕作层、亚耕层、心土层、底土层。心底土层壤质土，片状结构，锈斑较多，全剖面有较强的石灰反应，中性偏碱性。

5. **返盐砂性夹沙土**　主要分布在农场三十大队，该处原是大流漕，曾在海潮顶托时上过咸水，后来急涨露出水面后不久就开垦。1980 年，原剖面地下水矿化度每升 2 克左右，土质偏沙，垦殖后引起次生盐渍化，面积 483 亩，占耕地面积的 0.91%。经过 20 多年的种植，耕作层、亚耕作层基本脱盐，其他特性同砂性夹沙土。南通农场土壤分类系统见表 1-2-7。

表 1-2-7　南通农场土壤分类系统

土类	亚类	土属	土种	代号	主要特征
潮土	灰潮土	夹沙土	砂性夹沙土	3	全层为沙壤至轻壤土
			夹沙土	4	全层为轻壤至中壤土
			黄夹沙	22	全层为中壤至重壤土
		返盐夹沙土	返盐砂性夹沙土	23	全层为沙性至轻壤土，表土含盐量为 0.1%～0.2%，且底土已脱盐，含盐量≤0.1%
		缠脚土	黄泥土	7	50～60 厘米以上土壤质地黏重，为轻黏至中黏质，以下为壤质土

（三）土壤评级

根据耕层厚度、土壤质地、有机质含量、障碍因子含盐量等 7 个因子，结合农田基本建设及有机质表土层质地为主，按江苏省土地评级标准评定土壤等级，1981 年，农场 53040 亩耕地中一级没有；二级 31946 亩，占 60.23%；三级 17960 亩，占 33.86%；四级 3134 亩，占 5.9%。1981 年南通农场土地评级统计见表 1-2-8。

表 1-2-8　1981 年南通农场土地评级统计

单位	耕地（亩）	二级		三级		四级	
		亩数	占比（%）	亩数	占比（%）	亩数	占比（%）
五大队	1506	894	59.36	612	40.64	—	—
一大队	1582	897	56.70	505	31.92	180	11.38
二大队	1625	1246	76.68	379	23.30	—	—
三大队	2349	2036	86.68	221	9.40	92	3.92
四大队	1976	—	—	1554	78.64	422	21.36
二十七大队	2029	1155	56.92	706	34.80	168	8.28
三十大队	1686	—	—	1411	83.68	275	16.32
农科站	359	239	66.57	120	33.43	—	—
副业队	60	60	100	—	—	—	—
一分场	13172	6527	49.55	5508	41.82	1137	8.63
六大队	1714	1155	67.39	559	32.61	—	—
七大队	1804	1152	63.86	652	36.14	—	—
八大队	1665	1058	63.54	537	32.25	70	4.21
九大队	1606	832	51.81	317	19.74	457	28.45
十大队	1500	1387	92.47	113	7.53	—	—
十一大队	1200	868	72.33	332	27.67	—	—
十二大队	1331	476	35.76	855	64.24	—	—
十三大队	1691	1383	81.79	308	18.21	—	—
十四大队	786	361	45.93	425	54.07	—	—
十八大队	1543	1465	94.94	78	5.06	—	—
二分场	14840	10137	68.31	4176	28.14	527	3.55
二十九大队	831	681	81.95	150	18.05	—	—
三十二大队	1899	1697	89.36	127	6.69	75	3.95
三十三大队	1575	645	40.95	868	55.11	62	3.94
三十四大队	1222	790	64.65	253	20.70	179	14.65
三十六大队	1797	1257	69.95	128	7.12	412	22.93
三十七大队	1583	—	—	1583	100	—	—
三十八大队	1236	699	56.55	193	15.62	344	27.83
三十九大队	811	385	47.47	126	15.54	300	36.99
三分场	10954	6154	56.18	3428	31.29	1372	12.53
十五大队	1768	966	54.64	802	45.36	—	—
十七大队	2572	2500	97.20	72	2.80	—	—
十九大队	1710	—	—	1710	100	—	—
二十大队	1694	1559	92.03	135	7.97	—	—
二十一大队	1669	1364	81.73	207	12.40	98	5.87
二十二大队	1824	222	12.17	1602	87.83	—	—

（续）

单位	耕地（亩）	二级		三级		四级	
		亩数	占比（%）	亩数	占比（%）	亩数	占比（%）
二十三大队	1502	1270	84.55	232	15.45	—	—
二十四大队	1335	1247	93.41	88	6.59	—	—
四分场	14074	9128	64.86	4848	34.45	98	0.69
全场合计	53040	31946	60.23	17960	33.86	3134	5.91

（四）土壤分布规律

农场土壤，由于母质来源不同，以及沉积时地形地势等因素的影响，表层质地沙黏程度差别很大，表层的沙黏土、夹沙土、黏性土交错插花分布。据《2000年江苏农垦土壤复查资料》显示，其分布规律大致是：从成土时间来看，沉积物露出水面越早，质地越黏，这是因为沙洲露出水面后生长芦苇等湿生植物，在汛期常被夹带泥沙的江水淹没，由于芦苇等湿生植物的阻挡，水流速度慢，较细的淤泥得以沉积，生长芦苇的时间越长，静水沉积物越多越厚，因此原露出水面较早的沙洲处都是质地较黏重的黄泥土和黄夹沙。而后，急涨出水成陆地的，因不久就开垦，长芦苇时间短，有的甚至未长过芦苇，静水沉积物少，所以土质偏砂，多为砂性夹沙土。从地形地势看，则最低处多为黄泥土，最高处为砂性夹沙土，夹沙土居于过渡地带；从地理位置看，砂性夹沙土与流漕、原小隔江的走向基本一致，也有部分分布在场域边缘。黄泥土、黄夹沙主要分布在农场中心分场二十七大队和江边分场十七、二十、二十一、二十四大队一带。

（五）土壤肥力及养分测定

江苏农垦1980年对农场土壤进行了普查，结果是：

（1）有机质含量不高，只有1.15%，相当于全国土壤养分分级标准的四级下限，比建场初下降1%左右。土壤有机质含量大于2%的几乎没有，大于1.5%的面积有2000多亩，占总耕地不到4%，67%的耕地有机质含量在1%~1.5%，29%的耕地有机质含量只有0.5%~1%，与有机质含量相关的全氮含量平均只有0.01716%，相当于全国养分含量分级标准的五级水平。由于有机质含量下降，带来土壤理化状态不好，亚耕层坚实，在自然状态下，耕作层容量，一般都在1.3~1.4米。结构差的黏土耕性更差，沙土遇雨或水作时易淀浆板结，水汽矛盾不协调，对作物生长不利，土壤吸收容量（即离子代换量）小，约占耕地1/3的黄泥土、黄夹沙土每100克达到10~15毫克当量，其余2/3的土壤每100克只有6~8毫克当量，这给施肥带来了困难，掌握不好，易引起作物长势大起大落。

（2）速效磷钾缺乏，速效磷平均含量只有3.7微克/公斤，相当于全国养分含量标准的五级，是极缺水平。全场耕地中大于10微克/公斤的只有2100亩，不到耕地面积的

4％；含量在 5～10 微克/公斤的有 6400 多亩，占耕地面积的 12％左右；近 84％的耕地速效磷含量小于 5 微克/公斤；含量不足 3 微克/公斤的耕地有 24450 亩。

速效钾含量也很低，平均只有 33 微克/公斤，相当于全国标准的五级水平下限。耕地中速效钾含量大于 100 微克/公斤的仅有 400 亩，不到耕地的 1％；而大于 50 微克/公斤的有 11600 亩，占耕地的 21.86％；近 77.14％的耕地速效钾含量小于 30 微克/公斤。

（3）由于化肥施用量越来越大，达到 50 公斤/亩以上标准肥，与 20 世纪 60 年代相比，增产效果越来越小。20 世纪 60 年代 0.5 公斤化肥能生产 1.5 公斤皮棉或 15 公斤粮食，现在只能生产 0.5 公斤皮棉或 5 公斤粮食。

总的看来，农场耕地条田方正，土地平坦，肥力中等，耕性较好，种植各种作物均较适宜，但有机质含量不高，速效磷钾含量偏低，化肥使用量较大，对农作物高产稳产有一定影响。

江苏农垦在 1980 年、1990 年土壤普查的基础上，2000 年又进行了复查，结果显示，农场的土壤肥力及养分含量如下：

1. **有机质含量**　农场土壤有机质含量平均为 13.77 克/公斤，分别比 1980 年、1990 年普查每公斤提高 2.3 克和 3.57 克。土壤中全氮平均含量为 1.061 克/公斤，比 1980 年、1990 年每公斤提高 0.345 克和 0.311 克。亚耕层土壤较为紧实，黏质土耕性差，沙质土遇雨或水时易沉淀板结，水汽矛盾不易协调，对农作物生长发育十分不利。

2. **碱解氮含量**　农场土地平均碱解氮含量每公斤 49.78 毫克，分别比 1980 年、1990 年化验结果每公斤 68.3 毫克和 72.4 毫克下降了 18.52 毫克和 22.62 毫克。

3. **速效磷**　农场土地平均速效磷含量每公斤达 31.63 毫克，分别比 1980 年、1990 年化验结果每公斤 3.68 毫克和 7.3 毫克增加了 27.95 毫克和 24.33 毫克。

4. **速效钾**　农场土地速效钾每公斤平均含量为 73.86 毫克，虽然分别比 1980 年、1990 年普查结果每公斤 32.65 毫克和 57.6 毫克增加了 41.21 毫克和 16.26 毫克，但和国家标准相比仍属于严重缺钾范围。

5. pH **酸碱度**　农场土地 pH 为 7.9，分别比 1980 年、1990 年提高 0.685 和 0.2，土壤向碱性转化。

七、植被

农场地处北亚热带湿润季风气候区，植被中有北方温带落叶阔叶树种，也有南方亚带常绿树种，过渡性表现明显。树木以松、柏科种类的面积最大，以落叶阔叶乔木和灌木种类最多，杂有樟、广玉兰、女贞等常绿阔叶树，次生林中温带成分有榆、洋槐和枣树等，亚热带成分有樟、女贞等。

树木中还有银杏、雪松、乌桕和桑树等，人工植被中的薪材植被主要有刺槐、苦楝、旱柳、白榆和枫树、杨树等。农场防风林带、副林带和条沟林带有水杉、白杨等树种。江堤和河岸上有芦苇、芦竹等种类。竹林以毛竹、箐竹为主。湖桑用以养蚕，为经济树种。

风景园林植被有水杉、侧柏、池杉、洋槐、枫杨等。场部镇区街道两旁的行道树和观赏植物有梧桐、夹竹桃、冬青、黄杨、楝树、龙柏、雪松、棕榈、美人蕉、桂花、广玉兰和菊花等。庭院观赏植物有山茶、杜鹃、铁树（苏铁）、罗汉松及雀舌等。果树有桃、李、杏、苹果、葡萄、柿、梨、枇杷、柑橘和无花果树等。

农作物植被有冬麦、油菜、水稻、棉花及大豆、玉米，还有薄荷、甜叶菊、红麻和黄麻等。蔬菜有白菜、菠菜、萝卜、胡萝卜、花菜、芹菜、刀豆、豇豆、番茄、黄瓜、丝瓜、西瓜等。

湿生和水生植被主要分布在江、河、塘、洼地的水面、江滩河塝及河岸上，有眼子菜、狐毛藻、黑藻、金鱼藻、芦苇、蒲草、茅草、茭白（菰）、慈姑、莲、芡实、菱、水芹、荸荠、菖蒲、满江红、水浮莲、凤眼蓝（水葫芦）、空心莲子草（水花生）等种类。

第三节　自然资源

一、土地资源

农场1958年建场时土地总面积为15692亩，后分别于1959年、1964年、1965年、1967年进行四次较大规模的扩垦，扩垦后总面积为80400亩左右。根据1996年10月30日土地利用规划图显示，农场场域土地总面积为5857.273公顷（合87859亩），加上1991—1996年农场被征土地816.37亩，合计农场场域土地总面积最多时达到88675.37亩。经90年代通州市在农场西南建设通州江海港区、2001年南通开发区南向开发建设港口工业三区及2009年苏通园区进驻农场征用农场大片土地，到2019年12月31日土地确权时，农场（苏垦南通公司）除江堤岸线及四号坝地区属南通开发区管理没有列入农场确权范围外，农场仅存土地12123.24亩，其中：农用地8184.62亩，未利用地1552.83亩，建设用地2385.79亩。

二、生物资源

（一）野生动物

开发前的农场，西、南两面临江，水源丰富，且拥有较大面积的江边湿地，适宜水生及陆生动物生存，也具有迁徙鸟类歇息觅食的良好环境，野生动物比较丰富。但随着土地的不断开发利用，人群聚居增多，野生动物逐渐减少。

农场地区的野生哺乳动物主要有：白鳍豚、江豚、黄鼬（黄鼠狼）、猪獾、水獭、狐狸、刺猬（刺鱼）、华南兔（野兔）、伏翼（蝙蝠）等。

鸟类：小鹏鹏（水葫芦）、苍鹭、池鹭、牛背鹭、白鹭、夜鹭、白鹳、鸿雁、豆雁、白天鹅、黑天鹅、赤麻鸭、绿头鸭、秋沙鸭、苍鹰、雀鹰、环颈雉（野鸡）、苦恶鸟（白胸秧鸡）、白腰杓鹬、丘鹬、三趾鹬、扇尾沙锥、海鸥、银鸥、红嘴鸥、珠颈斑鸠（河鸽）、杜鹃（布谷、补锅）、草鸮（猴面鹰）、斑头鸺鹠（九头鸟）、长耳鸮（猫头鹰）、短耳鸮（短耳猫头鹰）、夜鹰（蚊母鸟）、翠鸟（青丝鸟儿）、戴胜（臭姑姑）、绿啄木鸟、云雀（告天子）、家燕、金腰燕、白鹡鸰（雪姑）、黄腹灰鹡鸰、白头鹎（白头翁）、太平鸟（十二黄）、小太平鸟（十二红）、棕背伯劳、牛头伯劳、黑枕黄鹂（黄莺、创赠）、灰徐鸟、八哥（鸲韵）、喜鹊、灰喜鹊（洋鸦鹊、白颈鸡）、乌鸦、虎跳地、结嘴雀（黑尾蜡嘴、山练子）、锡嘴雀、棕头鸦雀、黄胸鹀（不花雀）、黄眉鹀、灰鹀、田鹀、三道眉草鹀等。

鱼类：中华鲟、长江鲟（达氏鲟）、白鲟、胭脂鱼、鲥鱼、刀鲚（刀鱼）、凤鲚（凤尾鱼）、长吻鮠（铜鱼）、鲻鱼、鲈鱼、鳜鱼（音：桂鱼）、塘鳢（狮子鱼）、河豚（条斑东方鲀、虫纹东方鲀和暗纹东方鲀）、白条、翘嘴红鲌、餐鲦鱼、银鱼、鳡鱼、鳗鲡、黄鳝（长鱼）、鲫鱼、鲤鱼（花鱼）、青鱼（乌青）、草鱼（鲩、草青）、鲢鱼（白鲢）、鳙鱼（黄鲢、花鲢、黑鲢、胖头鱼）、鳊鱼、中华鳑鲏、麦穗鱼（罗汉鱼、麦格郎）、泥鳅、鲶鱼（泥滑子）、黄颡鱼（昂刺鱼）、乌鳢（乌鱼、黑鱼）等。

两栖动物：黑斑蛙（老花田鸡）、金线蛙（田鸡）、泽蛙（旱蝈老儿）、雨蛙、中华大蟾蜍（蟾蜍、癞宝、癞蛤蟆）等。

爬行动物：金钱龟、绿毛龟（黄喉拟水龟）、鳖（中华鳖、甲鱼）、壁虎（壁虎子）、蝮蛇（七寸子、地皮蛇）、火赤链蛇、水赤链蛇（水臭斑蛇）、虎斑游蛇（红脖游蛇）、黑眉锦蛇（黄颌蛇、家蛇、菜蛇）、红点锦蛇（水蛇）、乌风蛇、草蜥（北草蜥、石龙子、四脚蛇）、铜楔蜥（铜石龙子、四脚蛇）等。

无脊椎动物：背角无齿蚌（河蚌）、中华圆田螺（田螺）、铜锈环棱螺（螺蛳）、日本沼虾（河虾、青虾）、中华新米虾（草虾）、克氏螯虾（蝲蛄、小龙虾）、中华绒螯蟹（河蟹）、蜈蚣（百脚）、大腹园蛛（蜘蛛）、蝎子、斑蝥、蝉、知了、大胡蜂（金环胡蜂）、地鳖虫（土元）、环毛蚯蚓（河宪、曲蟮）、日本医蛭（水蛭、蚂蟥）、苍蝇、蚊虫、蟑螂等。

野生动物中有不少种类是国家保护的物种，其中属于国家一级重点保护的有白鳍豚、中华鲟、长江鲟、白鲟；属于二级重点保护的种类有胭脂鱼、白天鹅、黑天鹅、猛禽类、江豚、白鹳等。其他种类大多属于2000年8月1日国家林业局发布实施的《国家保护的有益的或者有重要经济、科学研究价值的陆生野生动物名录》中的物种，即"三有"保护物种。对人、畜等有害的有蝮蛇（剧毒）、微毒蛇两种（火赤链和虎斑游蛇），以及水蛭、蜈蚣、蝎子、胡蜂、苍蝇、蚊子、蟑螂等。

以上众多的野生动物，不少已得到利用，癞蛤蟆身上的蟾酥为贵重的中药材，鸽、鹌鹑被人工饲养，画眉、黄莺、八哥等是重要的笼养观赏鸟种。

（二）野生植物

农场地区的木本野生植物有雪松（喜马拉雅松）、罗汉松、水杉、桧（圆柏）、侧柏（扁柏）、刺柏、樟树、海桐、火棘、石楠、女贞子、冬青、黄杨、柞木（柞榛）、木樨（木椰、桂花树）、山茶、天竹、十大功劳、荷花玉兰（广玉兰、洋玉兰）、榔榆、榉树、槐树、合欢、栾树、梧桐、枫杨、提香、枫树、鸡爪槭、迎春、木兰（紫玉兰）、绣球花、木芙蓉、无花果、构树（榖树）、杨树、柳条、花椒、苦楝、桑树、朴树、枸杞、柿树、桃树、杏树、梨树、葡萄、枣树、紫荆、紫薇等。其中属于国家保护的木本野生植物有银杏和水杉等。

竹类有燕竹、箦竹、三路头、五月季、笔竹等。

野生草本植物有石蒜、牵牛、千日红、虞美人、莲、诸葛菜、虎耳草、蛇莓、黄蜀葵、三色堇、星宿菜、打碗花、万寿菊、一枝黄花、大花马齿苋、紫花曼陀罗、大花美人蕉、芦苇、蘑草、关丝草、芦苇、乌秋、茅柴、益母草、马兰头（一种红茎，一种白茎，直立生长，红茎的称为红蝀蜞头，可食用，白茎的称为白蝀蜞头）。长在路边田头的有姜麦秧、冷草、蒲公英、野红花草、苜蓿。冬草有蓟草（俗名小尖头）、鹅绒藤、老棉絮、马鞭草、野葡萄藤、狗尾巴草、马齿苋、蛇床、含羞草、野茄树、葎草（拉人草）、爬山虎等，近年来传入的加拿大一枝黄花，繁殖力极强，与庄稼争地、争肥、争空间，成为草害。野生植物中有大量的中草药，如车前、蓟草、枸杞、桑葚、桑皮、山药、贝母、附子、元胡等。

水中生长的有茭白、荷藕、菱角、水芹菜等。河沟中生长着水花生，这种水生植物20世纪60年代作为养猪的青饲料，具有极强的生命力，水中土中都能生长，后成为草害。

野生植物中的有害种类有加拿大一枝黄花、空心莲子草（水花生）、凤眼蓝（水葫芦、凤眼莲）、大藻（水浮莲）等，多为外来物种。这些植物的共同特点是生命力强、耐受力强、生长快、繁殖快。加拿大一枝黄花为陆生植物，其他3种均为水生植物。

但随着近年来农场的不断开发，农场内各类企业不断增多，种植和养殖的面积也越来越小，导致野生或养殖的动物也越来越少。

农场常见植物选介：

1. 针叶树

雪松　松科。常绿乔木，枝轮生，横展，小枝下垂。叶在长枝上散生，在短枝上多枚簇生，针形，有三棱角；雌雄同株，球果椭圆形，鳞片多枚，各有两颗种子，种子具翅，为著名观赏植物；木材坚实，纹理细，可用于建筑、桥梁、造船；种子含油 25%，供工业用油。

金钱松　松科。中国特有树种，落叶乔木，高可达 40 米，树干挺直；叶线形，柔软，在长枝上散生，短枝上簇生，伸展排列成圆形，秋季变成黄色；球果卵形，直立，成熟时种鳞脱落，种子顶端有翅；木材黄褐色，纹理直，结构较粗，耐水湿，供建筑用；树姿优美，秋叶金黄，为优良观赏树。根皮入药，称土槿皮，治顽癣、食积，种子可榨油。

罗汉松　罗汉松科。常绿乔木或灌木，叶条状披针形，长 7～10 厘米，中脉在两面均明显突起。初夏开花，雌雄异株，雄花圆柱形，3～5 个簇生在叶腋，雌花单生在叶腋；胚珠一枚，种子卵圆形，核果状，下部有肥厚、肉质、暗红色的种托，栽培供观赏。木材可供建筑、制器具等用。果入药，治心胃气痛。

水杉　杉科。落叶大乔木，高可达 35 米。叶扁平，对生，花单性，球果近四棱球形或短圆筒形，种子扁平。原产中国，1941 年始发现于湖北利川磨刀溪，后又发现于重庆市万州、石柱与湖南龙山、桑植等地。为冰川孑遗珍贵树种、国家保护植物。为速生造林树种，木材材质轻软，可作装修、家具、造纸等用。

刺柏　亦称山刺柏，柏科。常绿小乔木，高可达 12 米，小枝细弱下垂。叶三枚轮生，披针形，表面平凹，中脉绿色而隆起，两侧各有一条白色气孔带，较绿色的边带宽；背面深绿色而光亮，有纵脊。球果的种鳞肉质，联合成浆果状，球形，暗红棕色，成熟后顶部稍开裂。木材纹理直、结构细，有香气，耐水湿，可作为船底、桥柱以及工艺品用材，也可作为庭院观赏树种。

2. 常绿阔叶乔木和灌木

樟树　亦称香樟，樟科。常绿乔木，叶互生，椭圆形或卵形。初夏开花，花小，白色略带绿色，圆锥花序核果小球形，暗紫色。全株有樟脑香气，可防虫蛀；木材坚硬美观，可制作家具、箱子；枝叶可提取樟脑和樟油，又为绿化树和行道树。

石楠　亦称千年红，蔷薇科。常绿灌木或小乔木。叶互生，革质，长圆形，边缘有细锯齿，背面有光泽；初夏开花，白色，圆锥花序；小梨果球形，熟时红色，可以酿酒；叶入药，称石南叶，有利尿、解热等作用。

女贞子 木犀科。常绿灌木或乔木。小枝无毛。叶对生，革质，卵状披针形，长6～12厘米，宽4～6厘米，平滑无毛，几乎无柄；初夏开花，花白色，排成顶生圆锥花序，长10～20厘米，雄蕊与花冠近等长；核果椭圆形，熟时蓝黑色，入药称女贞子，为常用补阴中药。

冬青 冬青科。常绿乔木。叶革质，长椭圆形，有浅锯齿；夏季开花，雌雄异株，花小，淡紫红色，聚伞花序；核果椭圆形，红色，供观赏；叶、树皮入药，称四季青，功能清热解毒、凉血、止血。

黄杨 黄杨科。常绿灌木或小乔木。茎有四棱，叶对生，革质，圆状倒卵形，钝头或顶上微凹缺；春季开花，雌雄同株，花小，簇生；果实有3个短角状突起，熟时裂成3瓣。产于中国，庭院栽培供观赏。

荷花玉兰 亦称广玉兰、洋玉兰，木兰科。常绿乔木。叶卵状长椭圆形，厚革质，上面光亮，下面披暗黄色毛；夏季开花，花大，色白，芳香；果实为聚合的蓇葖，圆柱形；常栽培供观赏，花含芳香油，可制鲜花浸膏。广玉兰为南通市市树。

日本珊瑚树 亦称法国冬青，忍冬科。常绿灌木或小乔木。枝有小瘤状凸起的皮孔；叶对生，革质，狭倒卵状长圆形至长卵形，表面深绿色，有光泽；圆锥状聚伞花序着生于新枝顶，苞片及小苞片披针形至卵状披针形，早落；夏季开花，有芳香；萼管钟状，无毛，花萼裂片阔三角形；花冠白色，辐状；裂片反折，卵圆形，略长于花管；花柱圆锥状，高出花萼，柱头头状；核果倒卵形，先红后黑。

黄斑桃叶珊瑚 山茱萸科。常绿灌木，无毛，叶长椭圆状卵形，顶端尖锐至渐尖，基部广楔形或圆形，边缘有稀疏的锯齿；两面深绿色，有光泽，并有黄色斑点；3—5月开花，花瓣顶端短尖。

3. 落叶阔叶树

榉树 榆科。落叶乔木。小枝细，叶互生，排为两列，椭圆状卵形，单锯齿，羽状脉，有毛；春季开花，单性，雌雄同株；坚果小，上部歪。

槐树 亦称国槐，豆科。落叶乔木。羽状复叶，花淡黄色，结荚果，圆筒形；花蕾制黄色染料，称槐黄；花（槐花）、果实（槐角）入药，有凉血、止血作用，为常用中药。

合欢 亦称马缨花、夜合树，豆科。落叶乔木，树皮灰色，羽状复叶，小叶对生，白天张开，夜间合拢；夏季开花，头状花序，花萼和花瓣黄绿色，花丝粉红色，荚果扁平；6月开花，远看嫣红一片，近看红花绿叶相映成趣，极具观赏性；根皮（合欢皮）、花蕾（合欢花）入药，为常用安神药。

栾树　无患子科。落叶乔木。羽状复叶，小叶卵形；夏季开花，淡黄色，圆锥花序顶生；蒴果囊状中空，三角状卵形，果皮膜质；种子球形，黑色；木材可制小器具；花可提黄色染料，又可药用；叶可为青色染料，亦可制栲胶；种子可榨油，亦为观赏树种。

梧桐　亦名青桐，梧桐科。落叶大乔木。树干挺直，幼树皮绿色，平滑；叶掌状 3～7 裂，叶柄长；夏季开花，雌雄同株，黄绿色，圆锥花序；果实分为 5 个分果，成熟前裂开呈小艇状，种子生其边缘，种子球形；木材供制乐器和家具用，树皮纤维可造纸；种子炒熟可食，亦可榨油；叶、花、果、根入药，又为绿化树。

银杏　亦称白果树、公孙树、灵眼树，银杏科。落叶乔木，高可达 40 米。叶折扇形，雌雄异株；种子称白果，椭圆形或倒卵形；系史前孑遗植物，中国普遍栽培。生长较慢，树龄可长达千余年，为庭院树、行道树。木材细致、轻软，供建筑、制家具、雕刻及其他工艺品使用；种子入药，有敛肺定喘、化痰和收涩作用；种仁可食。

4. 落叶灌木

无花果　桑科。落叶灌木或小乔木。全株含白色乳汁，掌状单叶，3～5 裂，大而粗糙，背面披柔毛；雌雄异花，花隐于囊状总花托内，外观只见果而不见花，故得名。果实由总花托及其他花器组成，呈扁圆形或卵形，成熟后顶端开裂，黄白色或紫褐色，肉质柔软，味甜，供鲜食或制作果干、果酱、蜜饯等。果干入药，主治咽喉痛。

5. 草本植物

牵牛　通称喇叭花，旋花科。一年生草本，全株有刺毛；缠绕茎，叶心脏形，通常三裂，有长柄；花冠喇叭形，通常淡红、紫红、紫蓝色，筒部白色，供观赏；果实为蒴果，种子黑色，入药称黑丑、白丑，中医用作泻药。

马兜铃　马兜铃科。多年生缠绕草本。叶互生，三角状卵形，基部具两耳；夏季开花，花单生叶腋，花被不整齐，喇叭状筒形，弯曲，基部膨大呈球形；蒴果球形，果实入药，称马兜铃，功能清肺降气；茎入药，称天仙藤，功能疏气、活血、祛除风湿；根入药，称青木香，功能行气止痛、降血压。

虎耳草　虎耳草科。多年生草本，分枝细长如丝状，紫红色；叶略呈圆形，背面带紫红色，有长柄；花白色，圆锥花序；茎和叶子的汁可治中耳炎、冻疮等。

百日菊　菊科。一年生草本，茎直立，有短毛；叶对生，长椭圆形至心脏状卵形，基部稍抱茎；夏秋开花，头状花序单生枝端，外围为舌状花，有紫、红、粉红、黄、白各色，中央为管状花，黄色或橘黄色，并多重瓣变种。原产墨西哥，庭院栽培供观赏。

万寿菊　菊科。一年生草本。叶互生，叶片羽状全裂，裂片呈长椭圆形或披针形；头状花序单生，夏秋开花，花黄色至橘黄色，花梗顶端膨大如棒状，栽培供观赏；花大，多重瓣，花期较长，适于布置花坛或盆栽。

一枝黄花 菊科。多年生草本。叶互生，披针形、卵圆形或椭圆形；秋季开花，头状花序排列成总状，多数集合成顶生的大圆锥状花丛；花黄色，外围为舌状花，中央为管状花。野生，可供观赏；全草可提黄色染料，亦可入药，功能清热解毒、消肿。

大花马齿苋 亦称松叶牡丹、太阳花，马齿苋科。一年生草本。茎叶肉质柔软，节上及花部披疏长毛；叶短圆柱状，散生，或略集生于花下；夏秋开花，日中开，午后闭；花瓣5枚，或重瓣，有红、紫、黄、白等色；原产巴西，庭院栽培，为常见观赏植物。《辞海》称半枝莲，与唇形科半枝莲为不同植物。

大花美人蕉 美人蕉科。植高1～2米，茎绿色或紫红色，有黏液；叶互生，下部叶较大，卵状长圆形；总状花序，有蜡质白粉，二花聚生，每花有1苞片，长圆形至近圆形；萼片绿或紫红，外围3片退化雄蕊倒卵状披针形，有深红、橘红、黄等色；蒴果近球形，有瘤状凸起；种子坚硬，色黑；花果期为7—10月；原产美洲。花大而美丽，为著名观赏植物。

第四节 自然灾害

农场临江靠海，受海洋性气候影响，属北亚热带湿润季风区，自然灾害主要有台风、暴雨。每年夏秋季节，常受台风侵袭，伴随江潮暴雨、农田淹没、房屋受淹，特别是随着近年来全球气候形势的变化，台风、暴雨、寒潮、强对流等极端天气多发频发，为此，农场自建场以来一直重视水利建设，开挖并疏通河道，畅通排水系统，加固江堤，增强抵御自然灾害的能力。

建场初期至20世纪90年代初，农场拥有长江岸线最长时为10.8公里，建场初期江岸都是沙土垒成，比较疏松，岸基窄，高度只能抵御一般的江潮，岸的坡度上虽然贴上草皮或种上竹子或其他植物，但蝲蛄、野生猪獾、狗獾、黄鼠狼等打洞，遇上大潮，岸堤渗水现象比较严重，所以每年6—10月长江汛期，潮水大而急，遇上台风、暴雨，惊涛拍岸，险象环生。农场为了防止江岸被冲破，江水倒灌，每年汛期，农场成立防汛抗旱指挥部，配备工作人员，加强巡逻，一有险情，立即组织人员抢险。

20世纪90年代末，农场通过职工自筹捐献，农场集体投入部分资金，把江堤加固、加宽、加高，靠江一面用石块护坡，修筑坚固的水泥墙抵挡江潮，并通过省有关部门的江堤达标验收，自此以后破堤事件再没有发生。

近年来，随着农场的开发建设，农场职工原有的抗风暴能力较差的兵营式住房绝大部分已经拆迁，职工居民住进了宽敞明亮的高楼大厦，既改善了职工和场域居民的居住条件，也增加了住房抗击风暴潮的能力。

据资料记载，建场以来，农场主要经历的自然灾害有：

一、风暴潮涝灾害

1960年8月3—5日，连续降雨327毫米，全场25000多亩耕地中有90％的面积受淹，平均积水深在330毫米，低洼地区达500～700毫米。废弃大豆11331亩，棉花1738亩，作物颗粒无收，河内放养的鱼苗在排水时随水逃逸，受涝减产损失达27.93万元。

1962年7月4日至9月5日，短短两个月时间，先后遭受了3次雨涝灾害，特别是9月5日至6日，降雨261.2毫米，由于雨前受到连绵阴雨影响，这次暴雨，受淹面积达24637亩，占耕地面积的95％左右。其中积水深在200毫米以下的占24.8％，200～400毫米的占56.6％，400～700毫米的占14.2％，700毫米以上的占4.4％。前后经历了七昼夜，才勉强把积水排尽。这年棉花、大豆两种作物颗粒无收，灾害损失达17.88万元。14556亩农田被淹受灾后，补种大豆6892亩，重播二次662亩，三次902亩，四次76亩，五次108亩，用种111400余斤。

1963年4月17日至5月5日，29天中下雨21天，总雨量278.2毫米，5月7日至10日，4天中降雨156.5毫米，其中，7—8日两天降雨121毫米，4000余亩土地被淹。

1966年6月1日，冰雹袭击农场二分场，8000多亩棉花受灾，二十三、十八、十九大队3个大队较为严重，当时棉花已有2～3片真叶，一些田块棉苗全部被打掉重种，单产皮棉仅80斤左右，减产二成以上。

1975年6月21日，降雨143.6毫米，6月25日又降雨100.7毫米，由于四号坝闸已经建立，农作物受害较轻。

1987年7月，16号台风近中心过境，最大风力8～10级，农场农作物受损倒伏，江堤未有危险。

1988年5月4日凌晨，雷暴风袭击，三十大队、农场一中房舍部分瓦顶被揭，三麦倒伏近4000亩，刮坏民房、仓库20余间，未有伤亡。张芝山南某工厂高烟囱被旋风刮倒，造成高压电线杆断倒2根，农场供电中断48小时。

1991年5月18日至7月2日，40天中降水量为713.1毫米，雨量之大，雨日持续时间之长，灾情之严重，是百年所罕见，地面积水和河水连成一片，职工家中进水，庄稼受淹。由于日照时数少，连续阴雨后遇5月25日、6月1日两天高温34℃。全场7000亩大小麦穗发芽全部损失，800万斤小麦变质霉烂；近万亩棉套西瓜90％死苗失收，损失500

万元以上；1000 多亩投产桃园，亩损失 700 多元，计 70 多万元；400 多亩甜叶菊失收 30 吨，计 24 万元；油菜籽失收 25 万斤，损失 15 万元；场办工业倒塌砖坏，工厂停产，仓库进水导致原材料受损等损失计 110 万元；大豆种子、机播及人工费用、淹死肉鸡、击坏变压器、冲垮电灌站和道路、职工家庭损失等计 105 万元。

1995 年 6 月 20 日夜间 22 点至翌日早上 4 点，6 个小时降雨计 161 毫米，造成全场 5000 亩西瓜地受淹，导致损失惨重。

1996 年 6 月 1 日至 7 月 4 日，雨日 27 天，是上年的 1.8 倍，共降雨 241.8 毫米；光照 46.8 小时，是 1995 年的 1/3；全场实际经济损失超过千万元。

2000 年 5 月 25 日，当日先大雨后大风，小麦倒伏 40%～50%。同年 6 月 2—4 日，连续 3 天小雨，雨量 92.4 毫米，导致未来得及收割的 2000 余亩 9356 和扬麦 8 号白麦全部穗发芽。

2002 年 3 月下旬至 5 月 20 日，遇重大灾情，60 天雨日达 43 天，是 2001 年的 2.28 倍，是往年的 1.83 倍，日照只有 153.8 小时，是 2001 年的 38%，是往年的 46%，其中 4 月 21 日至 5 月 20 日中，降水量达 131.4 毫米，雨日达 24 天，一个月中的日照数只有 47.2 小时，结果导致小麦的赤霉病暴发，全场小麦减产四成以上，有部分田块只收二成，全场实际经济损失达 980 万元。

2004 年 7 月 3 日，农场受暴风雨袭击，10 小时（8:00—18:00）降水量达 156 毫米，降雨强度为历史最高，直接经济损失 800 万元。

2005 年 6 月 21 日下午 13—14 点，农场遭受龙卷风袭击，伴随着暴雨，第三管理点、第十管理点、第二十九管理点、米厂等单位超过 50 间仓库屋顶被刮坏，80 间职工住房的屋顶被刮坏，其中第十管理点某职工住宅楼屋顶被全部掀掉。

2009 年 8 月 2 日，农场遭受罕见暴雨，夜间 8 点前降水量为 47 毫米，8 点后近 3 个小时内降水量达 82.7 毫米，全天降水量为 129.7 毫米，雨量大且集中为多年所罕见，全场共计 2260 亩农作物受灾，其中，571 亩大棚滴灌西瓜、1625 亩大豆及 64 亩葡萄受淹，淹水深度近 20 毫米。场域内部分低洼居民点包括拆迁过渡房造成家中进水近 30 毫米。

2020 年 4 月 19 日 0 时至 11 时，连续暴雨，降水量达 43.7 毫米。

二、破圩灾害

农场沿江地区常遇破圩。1974 年 8 月 23 日，13 号强台风在长江口登陆，时值大汛期，又连降暴雨，江水陡涨，水面在局部地段最高潮位达 4.5 米（以废黄河口零点为基准，下同），高于大堤。当日农场十二大队、二十二大队等地段数处决口，三十四大队地段在大堤上面紧急筑埝岸，以阻挡江水漫溢，经全场军民两天三夜的顽强搏斗，保住了防汛大堤，沿江近 11 公里的大堤未发生大的决口，保护了国家财产和人民群众的生命安全。在抗击 13 号台风和特大洪水的斗争中，农场有 4 名同志受到兵团党委嘉奖，荣立三等功，60 名同志受到通令嘉奖。

1981 年 9 月 1 日，正值农历八月初四，14 号强台风过境，暴雨大潮，潮位高达 4.55 米（吴淞零点），为历史最高潮位。南大堤外南通县新开、小海、通海三乡的外小圩先后破堤受淹，与农场交界的二号滩竖堤决口后，将农场 80 多米长的大堤外坡冲塌一半，农场二十四大队正南堤岸出现 5 处较大漏洞。9 月 2 日，全场紧急动员，干部职工 7000 余人次赶赴现场抢修江堤，经过两天一夜，取土 6000 多立方米、装草包 7000 余只，排除了险情。

1997 年 7 月 18 日，11 号台风从农场过境，风力 10 级以上，12 小时的雨量达 109.9 毫米。雨借风势、风助潮涨、上冲下刷，沿江大堤和农田作物遭到了建场以来前所未有的风暴潮的同时冲击，四号坝闸最高潮位达 6.74 米，比历史最高潮位 6.36 米高 38 厘米。团结闸挡浪墙东侧堤岸被汹涌的潮水冲出 4 米的口子，同时高潮溢过闸门，造成江水倒灌 2 个多小时。新修大堤和老大堤多处被冲塌，丁坝块石坍塌，造成农场的江堤出现严重的险情。全场农业战线上干部职工上江堤抢险，7000 亩棉花全部倒伏，50％面积的大豆倒伏，水产养殖鱼池、蟹池坍塌决口，水果脱落，砖坯倒塌等，据统计直接损失 513 万元。

三、地震灾害

据农场周边竹行镇人民政府《竹行镇志》记载，农场周边曾发生如下几次地震灾害，农场有不同程度震感，但没有造成损失：

1975 年 9 月 2 日 20 时 10 分，南黄海发生 5.3 级地震。

1979 年 7 月 9 日 18 时 57 分，苏南溧阳发生 6 级地震。

1984 年 5 月 21 日 23 时 37 分，南黄海勿南沙发生 6.2 级地震。

1990 年 2 月 10 日 1 时 57 分，常熟和太仓交界处发生 5.2 级地震。

2001 年 12 月 25 日 7 时 43 分，农场及竹行地区发生 3.9 级地震。

四、冰雹冻害

1987 年 11 月 27 日，寒流突然袭击，气温从 18.5℃降到零下－4℃，农作物遭受霜冻，蔬菜大多被冻死，造成冬季菜荒。

1998 年 3 月 19—20 日，农场遇北方强冷空气影响，24 小时内降温幅度达 16.3℃，降温过程中绝对最低气温为－2.2℃，并普降春雪，低温持续时间近4天，总雪量为35.4毫米，积雪长达4天。小麦油菜叶片遭受严重冻害，10月底以前播种的小麦幼穗冻死率达90％，2500亩小麦收成只有二到三成，造成经济损失共约817万元。

2000年5月19日晚，农场忽降冰雹，使二、四分场沿江单位小麦和西瓜严重受损，受灾严重的小麦田块地下一层麦子，露天西瓜的瓜叶和幼瓜被打碎。八大队小麦穗子30％打断落地，十一、十二大队的棉花、西瓜头被打断，损失惨重。

2003年8月上旬，农场东南部十九、二十二、二十三大队遭受冰雹，800多亩棉花上部果枝被打断，蕾铃被打落，皮棉损失在六成以上。

2005年2月5日倒春寒，极端最低气温下降至－4.5℃。由于2004年暖冬小麦大面积出现冬前拔节，共计1.1万亩小麦遭受不同程度的冻害，其中，3000亩小麦田间茎蘖冻害率达70％以上，5000亩小麦田间茎蘖冻害率达50％左右，还有5000亩小麦田间茎蘖冻害率达20％左右。

2008年1月28—29日，农场连续下雪30多小时，平地积雪20厘米，场域内道路被封。1月30日，农场组织场部机关干部职工和部分下属企业职工扫雪，保证境内道路畅通。这次雪灾使农场金泰海绵等多家场域内企业厂房坍塌，经济损失较大，所幸没有人员伤亡，各企业组织生产自救。农业职工雪灾后加强了越冬作物田间管理，加施肥料，尽量使损失降到最低。

2020年2月18日，极端气温最低达到－10℃，使农作物受冻害。

第五节　环境状况

农场位于南通市区的南通开发区，根据南通市生态环境局《2020年度生态环境状况公报》显示，近年来，南通市贯彻落实"绿水青山就是金山银山"的理念，坚持以改善环境质量为核心，全力打赢污染防治攻坚战，生态环境质量大幅改善，空气质量优良天数比率连续三年全省第一，PM 2.5平均浓度江苏省内首批达到国家二级标准；江苏省考以上断面优Ⅲ类比例达93.5％，增幅全省第一，主要入江入海河流全部消除劣Ⅴ类，群众生态环境满意率提升至93.2％，全省第二。2020年11月20日，习近平总书记视察江苏首站莅临南通，用"沧桑巨变、流连忘返"对南通沿江生态环境保护修复工作表示肯定。农场（苏垦南通公司）以2020年南通市区基本环境状况作为环境状况的评价依据。

一、大气环境

2020 年，南通市区环境空气质量优良天数比例为 87.7％，比 2019 年上升 6.9 个百分点；细颗粒物（PM 2.5）年均浓度为 34 微克/立方米，比 2019 年下降 8.1％，均达到江苏省年度考核目标要求。

城市环境空气中可吸入颗粒物（PM 10）、二氧化硫（SO_2）、二氧化氮（NO_2）、一氧化碳（CO）第 95 百分位数年均浓度和臭氧（O_3）日最大 8 小时滑动平均值第 90 百分位数分别为 46 微克/立方米、9 微克/立方米、27 微克/立方米、1.1 毫克/立方米和 148 微克/立方米。与 2019 年相比，SO_2、PM 10、NO_2 和 O_3 浓度均有下降，降幅分别为 10.0％、16.4％、15.6％和 5.7％；CO 浓度与 2019 年持平。

2020 年，南通市区二氧化硫（SO_2）浓度为 9 微克/米^3，二氧化氮（NO_2）为 27 微克/米^3，可吸入颗粒物（PM 10）为 46 微克/米^3，细颗粒物（PM 2.5）为 34 微克/米^3，一氧化碳（CO）第 95 百分位数为 1.1 微克/米^3，臭氧（O_3）日最大 8 小时滑动平均值第 90 百分位数为 148 微克/米^3。

南通市区空气 AQI 达标率 87.7％；全年达到优 134 天，良好 187 天，轻度污染 37 天，中度污染 6 天，重度污染 2 天，分别占比为 36.6％、51.1％、10.1％、1.6％、0.6％。

2020 年，按照江苏省政府发布的《江苏省重污染天气应急预案》文件，南通市共发布 2 次黄色预警，2 次橙色预警，预警天数 22 天，比 2019 年减少 16 天。

2020 年，南通市采集有效降水样本 656 个，全市酸雨发生率为 2.7％，较 2019 年下降 0.2 个百分点，降水年均 pH 为 6.21。市区酸雨发生率为 0.45％。

二、水环境

南通市共有 5 个国家"水十条"考核断面，其中 4 个断面达到或优于《地表水环境质量标准》（GB 3838—2002）Ⅲ类标准。31 个省考以上断面中，姚港、九圩港桥、启东港、团结闸（团结闸属农场区域）9 个断面水质符合Ⅱ类标准，聚南大桥、孙窑大桥、节制闸等 20 个断面水质符合Ⅲ类标准，优Ⅲ类比例为 93.5％，高于江苏省定的 74.2％的考核标准；无Ⅴ类和劣Ⅴ类断面。

南通市均以长江水作为饮用水源，市区狼山水厂、洪港水厂（该水厂长江取水口靠近农场）、海门水厂、如皋鹏鹞水厂水源地符合地表水Ⅲ类及以上标准，水质优良。南通市全年共计取水量为 4.69 亿吨，饮用水源地水质达标率均为 100％。

长江（南通段）水质达到Ⅱ类，水质优良。与 2019 年相比，姚港、小李港、团结闸断面水质保持Ⅱ类。

2007 年，农场因周边化工企业影响，导致水污染。经查，农场受灾情况：水稻 253亩，涉及大田面积 6774 亩，承包户 84 户；西瓜田受损面积 51 亩，承包户 4 户；鱼池受影响面积 420 亩，承包户 24 户。5 月 22 日、29 日，南通开发区党工委委员陈佩芝及农场部分领导 2 次召开农场水污染问题紧急会议，研究确定妥善处理方案。

2020 年，南通市实施 255 个水污染治理项目，稳步推进水务一体化改革，构建供排水统一规划、统一建设、统一运行、统一监管工作机制，推进污水基础设施项目建设。经核算认定，全市化学需氧量、氨氮、总氮、总磷排放总量分别为 8.56 万吨、1.34 万吨、3.52 万吨、0.316 万吨，分别比上年削减 2.59％、2.57％、1.93％、1.94％，均完成年度减排任务。

中国农垦农场志

第二编

经　济

中国农垦农场志

第一章 农场经济概况

第一节 综合及主要指标

一、经济综合及主要经营成果

农场在建场前是一片荒滩，遍地芦苇。1958年建场初期，面对荒草江滩，农场第一代农垦人克服困难，风餐露宿，垦荒拓田，大搞农田基本建设。当时农场面积15692亩，主要以种大豆为主，试种了棉花和水稻，建办与农场农副产品有关的综合加工厂等工副业单位，全年实现总产值36.46万元，实现利税7.35万元。

1959年，农场在重视农业生产的同时，创办了包括粮油加工在内的农产品综合加工厂、砖瓦厂和农机修造厂等工副业单位。农场在抓好生产的同时又扩垦围堤，当年实现总产值70.13万元，实现利润16.6万元。

1960年，农场继续组织人员扩垦围堤，加上1959年扩垦的面积，农场增加土地16628亩，农场土地总面积达到32320亩，水面面积3400亩。农场经济生产实行农牧工副业结合，场办工业以农产品加工为主。当年，农场实现工农业总产值87.08万元，经营利润亏损24.7万元。

1961年，农场开始创办果园种植，全场实现工农业总产值153.66万元，实现利税15.18万元。

1962年起，农场除进行农业生产外，发展多种经营，建立了为生产、生活服务的粮棉加工厂、豆粉坊、手工编织，增加经济效益，改善和提高了职工生活水平。农场全年实现工农业总产值137.95万元，经营利润亏损31.68万元，缴纳税金3.07万元。

1963年，农场全场耕地面积有25579亩。农场围绕"粮棉并举，农牧结合，多种经营"的经营方针，合理进行作物布局调整，全年完成工农业总产值205.7万元，全年净利税35万元。

1964年，农场继续组织人员围垦扩地，农业种植主要贯彻以养地为主、养用结合的原则。当年，农场实现社会总产值415.96万元，农场固定资产原值218.1万元，全年净利润118万元。

1965 年，经过两年扩垦，农场土地总面积达到 68959 亩。农场保持棉粮双高产，农场社会总产值为 608.9 万元，全场固定资产原值 388.2 万元，全年净利润 260 万元。

1967 年，农场第四次扩垦，至 1968 年，农场土地总面积达到 80400 亩。1966—1977 年，由于"文化大革命"的影响，农场各业的生产经营连年亏损，农场共实现工农业总产值 7923 万元。12 年中 8 年亏损，亏损总额 1494.5 万元，2 年基本持平，2 年盈余，盈余总额为 97.5 万元，向国家缴纳税款 395 万元。

1978 年，党的十一届三中全会召开，农场贯彻落实国家"调整、改革、整顿、提高"的八字方针，把工作重心转移到以经济建设为中心。农场经济扭亏为盈，全场工业总产值达到 420 万元，创历史最高纪录，农业产值 750 万元，副业产值 180 万元，全场总产值为 1434 万元，经营利润 133 万元，摘掉了多年的"亏损帽"，农场被评为全国农垦系统先进单位。

1979 年，农场在党的十一届三中全会精神指导下，全场职工鼓足干劲搞生产，全年社会总产值 1672.5 万元，其中：农业产值 936 万元，副业产值 183 万元，工业产值 418 万元，经营利润 319 万元。

1980 年，农场围绕党的十一届三中全会精神，落实党的各项政策，发挥农业机械、科学技术和农、工、副、商综合经营的优势，贯彻增产节约、勤俭办场的方针，全场社会总产值为 1815 万元，其中：农业产值 801 万元，副业产值 214 万元，工业产值 498 万元，全场经营利润 174 万元。

1981 年，农场贯彻"调整、改革、整顿、提高"八字方针，发展场办工业、副业，开辟新的商业渠道，发挥农工商联合经营的优势，改进和落实包定奖赔的生产责任制。全场农业产值 653.34 万元，农业亏损 63.8 万元；工业产值 720 万元，经营利润 135 万元；多种经营产值 185 万元，商业经营利润 12.9 万元。全场农、工、副、商各业盈亏相抵后，基本平衡略有盈余。

1982 年，农场狠抓生产经营责任制的完善，尤其对多种经营项目实行专业承包到户到劳的经济大包干责任制形式，农场社会总产值达 1867.7 万元，经营利润 243.1 万元，其中，粮豆总产量、油菜籽产量、工业产值、工业利润和全场总产值均实现了超历史水平。全场农业产值为 687.6 万元，农业利润为 79.7 万元；多种经营（副业）产值为 252.8 万元，经营利润为 24.2 万元；工业产值为 722.1 万元，经营利润为 166 万元；商业产值为 181 万元，经营利润为 8.3 万元。

1983 年，农场学习贯彻江苏省农垦党组第一次工作会议精神，学习中央有关企业整顿的相关文件精神，以领导班子、劳动组织和生产责任制为重点，开展企业的 5 项整顿工作，尤其是中央自 1982 年开始连续三年发布关于农业、农村的 1 号文件，为农场改革发展指明了方向。农场全面落实农副业经济大包干责任制，实现社会总产值达 2023.93 万元，首次突破了 2000 万元大关，全场经营利润 190 万元，其中：农业产值 700 万元，多种经营（副业）产值 300 万元，经营利润 43 万元，场办工业产值突破千万元大关，达到 1040 万元。

1984 年，农场在中央〔1984〕1 号文件精神的指引下，全场上下贯彻落实党的对内搞活经济、对外实行开放的方针政策，通过企业整顿和经营管理体制的改革，对农场经营方针、领导体制和干部管理制度等进行了较大力度的改革，同时，通过兴办职工家庭农场，实现粮食总产量、工农业总产值、经营利润、农场积累、职工分配 5 个超历史水平。全场工农业总产值为 2296 万元，实现净利润 255.3 万元。农场工、商、运、建、服企业销售总收入为 1096 万元，销售利润 236 万元。

1985 年，农场确立"稳定粮食、发展工业、工副并举、外引内联、综合发展、富场裕民"的经营方针，改革经济承包责任制形式，调整农场产业结构。全场工农业总产值达 3967.9 万元，实现净利润 303.5 万元，其中：农业产值 1289 万元，利润 190.61 万元；农场有 2580 个家庭农场，2709 个劳动力，超利留成 114.97 万元。

1986 年，农场把改革放在首位，巩固、消化、补充、完善已有的改革成果，以提高经济效益为中心，完善大农场套小农场的双层经营体制格局，发展二三产业，加强服务体系建设。全场工农业总产值 4729 万元，其中农业产值 1211 万元，工、商、运、建、服等二三产业产值 3518 万元，二三产业产值占农场总产值的 74.39%。农场农业产值在总产值中占比在逐年下降，二三产业产值占比上升，农场的产业结构调整趋向合理。全场净利润为 305.7 万元，各业销售总收入为 4359.2 万元，其中：农副业收入 1523.5 万元，场办工业收入 2088 万元，建筑业收入 197.8 万元，交通运输业收入 112.1 万元，商业公司收入 181.9 万元。

1987 年，农场围绕江苏省农垦总公司"以经济建设为中心，深化企业改革，全面提高经济效益，促进农垦经济长期、持续、稳定、协调、发展"这一基本任务，完善以承包经营责任制为中心，提高经济效益为目标的企业内部配套改革，完善大农场套小农场的双层经营体制。全场各业完成总产值 5468.4 万元，二三产业的总产值占比项达到 79%，实现税利总额 566.8 万元，其中：利润 318 万元，场办工业完成总产值 2500 万元，经营利税 252.3 万元，净利润 155 万元，全员劳动生产总值 15142 元，工业职工收入 1051 元。

1988 年是农场被江苏农垦列为首家场长负责制试点单位首任任期届满的一年，农场坚持"稳定农业，发展工业，工副并举"的经济工作思路，全场社会总产值为 7375 万元，工农业总产值为 4244 万元，其中，农业产值 1299.4 万元，工业产值 2944.6 万元，实现利润 487.8 万元。

1989 年，农场围绕国家"一个中心、两个基本点"的基本路线，稳定工业，发展农业，综合经营。在经历了台风、暴雨等自然灾害的考验后，农场实现社会总产值 6783 万元，工农业总产值 4053 万元，其中，农业总产值 1305 万元，工业产值 2747 万元，实现利润 472 万元，上缴国家税金 254 万元。农场农机工作在抓管理服务工作中为农场粮食增产增收发挥了重要作用，经江苏省农垦总公司检查验收，农场为农机二级达标农场。

1990 年，农场紧扣"稳定、鼓劲、发展"主线，坚持以经济建设为中心，实现社会总产值 7490 万元，工农业总产值 4186.9 万元，实现利润 11.4 万元，上缴国家税金 249.7 万元。农场把稳定发展农业列为农场经济工作的首要任务，注重发挥整体服务功能，从技术、财力、物资等方面向农业倾斜，加大对农业的投入，添置农业机械，增加晒场，搞好农田基本建设。

1991 年，农场把"团结、求实、开拓、创新"的企业精神作为经济建设的精神动力，在经济建设中注重经济效益，实现经济稳定、协调发展。农场克服百年不遇洪涝灾害，实现社会总产值 7561.9 万元，工农业总产值 7450.41 万元，上缴国家税金 254.6 万元，亏损 195.3 万元。

1992 年，农场在中央 2 号文件精神指引下，围绕"加强农业、主攻工业、提高副业、开拓外引内联项目、发展第三产业"的工作思路，抓住"调整结构、外向开拓"两个战略重点，农场各业生产成绩显著。全场社会总产值为 10410.7 万元，工农业总产值达 9508.62 万元，上缴国家税金 290.1 万元，全场实现利润 48.34 万元。农场把主攻场办工业作为经济工作重点，农场整个工业实现总产值 5905.93 万元，销售收入 3482.2 万元，经济亏损 34.3 万元，主要是消化味精厂潜亏等因素，实际当年经营持平略有盈利。

1993 年，农场围绕建立社会主义市场经济体制的目标，完成社会总产值 16778 万元，国民生产总值 4338 万元，全年营业收入 6925 万元，实现利税总额 314.77 万元。农场场办工业实现工业总产值 5469 万元，销售收入 3736 万元，但经营亏损 143.7 万元。

1994 年，农场认真贯彻中央关于"抓住机遇、深化改革、扩大开放、促进发展、保持稳定"的二十字工作方针，坚持"依港兴场，以地生财，稳定加强农业，巩固提高工业，加速发展建筑业和第三产业"农场经济发展战略，围绕农场职工代表大会确定的"二一四四四"经济目标，实现了效益和速度同步增长，企业实力和职工收入同步提高的成果。全场实现社会总产值 21872 万元，工农业总产值 10006 万元，国民生产总值 6922 万元，实现利税总额 488.64 万元，其中净利润 127.61 万元。场办工业市场适应性逐步增强，实现了扭亏为盈，场办工业总产值6227万元，上缴国家税金164.5万元，上缴场部各项费用151万元，实现利润143.89万元。农场投资的加油站、液化气站等三产项目均取得较好经济效益。国营南通农场商物公司（该公司是1991年12月国营南通江海物资公司和农场商业公司合并而成）确定"发展物资业、提高商业、强化运输业"的经营方针，公司营业收入191.19万元，利润34.38万元；机电公司营业收入1944.65万元，利润154.71万元。农场农科所、水利站、粮站成为农场新的效益增长点，农科所（含种子站）利润16.99万元，水利站利润21.36万元，粮站利润39.75万元。

1995年，农场实现社会总产值21885万元，工农业总产值9621万元，其中工业产值5588万元，农业产值4033万元，国民生产总值7911万元，营业收入11456万元，利税总额566.6万元，全场实现净利润237万元。农场第三产业持续、快速、健康发展，已逐步成为农场的效益增长点，商物公司实现物资销售额1235.88万元，公司成立以来首次突破1000万元大关。机电公司实现营业收入2815.1万元，利润184.07万元，公司投资建设的液化气站成为机电公司的盈利大户，实现利润38万元。种子公司、粮站、水利站、农科所实现利润143.4万元。农场坚持把第三产业作为最大效益增长点来抓，有计划地发展了江海港区、江海镇、三级河3个三产中心，开拓了建材、饭店、农用物资、油库、小商品、冷冻库、连锁店等一批三产项目，全场三产增加值达到2815万元。

1996年，农村社会总产值为19303万元，工农业总产值为8317万元，国民生产总值为8188万元，利税总额为610.9万元，税金444.5万元，全场利润为138.4万元。农场第三产业占农场国民生产总值的比例不断提高，经济效益不断增长，全年三产增加值为3483万元，占国民生产总值的比例为42.54%，农场从事三产的人员达2231人，其中个体、私营业主占42.85%；机电公司立足场内农业生产服务，开拓对外经营，实现营业收入3078.04万元，实现利润109.9万元；商物公司围绕"立足农资，发展煤炭，稳定建材，开拓对外"的经营策略，以多品种、多网点、全方位优质服务争得市场主动，全年销售物资1571.09万元，公司组建以来营业额首次突破1500万元大关，实现利润63.95万元。农科所、种子公司、粮站、水利站共创利203万元。

1997年，农场在宏观经济环境继续从紧、市场竞争严酷、粮价大幅下跌、自然灾害频发等不利情况下，致力扭亏，改革求活，全场实现社会总产值18304万元，国民生产总值8132万元，经营利润28.08万元，缴纳税金414万元。场办工业总产值3346.8万元，建筑业营业收入1024.82万元。第三产业保持着一定的发展势头和经济效益，民营三产呈蓬勃发展之势，三产增加值3285万元。第三产业占全场国民生产总值的比例为40.4%，第三产业已成为解决就业、安置分流农场职工的重要渠道之一。机电公司实现营业收入

2766.5 万元,利润 76.04 万元,商业公司发挥了农资供应主渠道作用,实现营业收入 1601 万元,利润 65.03 万元。种子公司利润 19.20 万元,农科站利润 17.48 万元,水利站利润 30.82 万元,粮站利润 36.74 万元。

1998 年,农场围绕"一体两翼"的总体经济工作思路,加快农业产业化进程,按照"三改一加强"指导激活场办工业,遵照管理规范整顿建筑企业,发展第三产业和非公有制经济,全场实现社会总产值 19988 万元,国民生产总值 8207 万元,利税总额 343.47 万元,其中利润 29.48 万元。农场实现三产增加值 3467 万元,占国民生产总值比例的 42.24%。商物公司注重商业信誉,提高服务质量,加强场内网点建设,开拓对外经营,全年农资销售总量达 8240 吨,利润 84 万元,实现销量增长,费用减少,资金周转加速的较佳业绩。机电公司发挥农机潜力和一条龙优势,贯彻边改制、边经营的思想,加强附属三产的内部管理,努力开拓市场,挖潜增效,实现 105 万元的利润目标。苏垦南通电力公司全年供电 2761 万千瓦时,实现营业收入 1544 万元,利润 45 万元。场域民营、个体三产呈蓬勃发展之势,民营经济从业人员超 3000 人,经营范围不断扩展,项目与日俱增,涉及商业零售、批发、餐饮、修理、营运、土建、种植、养殖等数十个行业。其中土方施工已形成庞大的民营产业,拥有挖掘机 120 余台,民营三产发展正成为一支稳定农场社会的重要力量。

1999 年,农场突出二三产业场办企业改制和农业种植结构调整两大主题,开展学邯钢、学亚星活动,强化管理,节本降耗,增收节支。实现工农业总产值 7955 万元,国民生产总值 7828 万元,缴纳税金 342.63 万元,农场亏损 849.24 万元。亏损主要原因:一是粮价下跌减少农场收入 800 万元;二是粮食种子价格大幅下跌,主产品红皮小麦受政策影响,1000 多万斤转商,价格差为 160 万元,种子公司亏损 154.44 万元;三是鳖价暴跌,中华鳖公司亏损 92.4 万元;四是场办企业改制成本支出;五是刚性支出的增加,文教、卫生、治安、江堤达标等各项政策性、社会性负担的加重,退休职工队伍不断庞大等。全场实现三产增加值 2447 万元,占国民生产总值比例的 31.2%,农场参股的通常汽渡公司收益为 184 万元。场办三产坚持有进有退,主动退出竞争激烈的加油业和液化气经营,实现了资产置换,巩固和发展农资经营、电力经营、物业管理。

2000 年,农场开展"管理效益年"活动,经济止跌回升,全场实现社会总产值 23247 万元,实现工农业总产值 8574 万元,国民生产总值 8241 万元,农场亏损 282 万元。农场二三产业企业通过产权改革,资产重组,放手搞活,鼓励发展,农场已初步形成多种经济成分共同发展的良好局面。农场参股企业运营正常,生产稳定,场办国有企业改制为私营企业后,活力顿显,竞争力增强,农场个体、民营经济升势强劲,以挖掘机为龙头,平板车、推土机、翻斗车为辅助,维修服务、零件供应、定点修理停放为保障,以信息互通、工程联络为支持的土方机械施工业,已形成年产值数千万的庞大民营产业,成为远近闻名的"挖机之乡",成为吸纳农场富余劳动力、致富职工、稳定农场的强大支柱。

2001年,农场经济出现转机,运行质量有所改善,全场社会总产值达24828万元,工农业总产值9109万元,国民生产总值8415万元,税金598.26万元,全场亏损148.2万元。改制后的二三产业企业经营正常,效益稳定,农场个体私营经济在农场"放手发展"政策鼓励下呈蓬勃发展态势,尤其是以挖掘机为龙头的土方施工业已形成较大规模,全场个人拥有机械超200台,总资产超亿元,年施工产值5000万元以上,成为农场民营经济的"亮"点,民营二三产业实现增加值3689万元,占全场国民生产总值的43.8%,成为农场经济的半壁江山。

2002年,农场社会总产值为27717万元,工农业总产值为11284万元,国民生产总值为8634万元,利润41万元。农场把改革作为工作总抓手,加大对农业租赁经营、二三产业企业改制、农场管理体制和干部人事管理制度的改革力度。推进农场管理体制改革,改农业三级管理、三级核算为二级核算。农场二三产业企业改制效应逐步显现,招商引资初见成效,个体私营经济活力迸发。场域内列入国家统计口径的规模以上工业企业11家,实现产值10200万元,利税170万元。充分利用农场土地资源和区位优势,报请南通开发区同意,农场利用五大队部分土地成立金属制品工业园区,享受南通开发区财政分成政策,新增企业8家,新增投资1760万元,新增产值2500万元。通过招商引资,有效利用土地资源,盘活了闲置资产,增加了农场经济总量,促进了职工就业。农场还创造极为宽松的创业环境,鼓励职工积极创业,以挖掘机土方施工业为龙头的各类个体私营股份合作体不断涌现,成为农场的支柱产业之一。

2003年,农场克服非典疫情影响,围绕"两个率先"和"三化"目标,紧扣"富民强场"主题,发挥区位优势,加快结构调整,主攻招商引资,发展民营经济,实现了"经济总量扩张、居民收入增加、城镇建设推进、社会协调发展"的目标。农场社会总产值40624万元,国民生产总值11869万元,营业收入31489万元,农场国有利润总额249万元。

2004年,农场一、二、三产业比例更趋合理,固定资产投资大幅增长,全场总投资3000多万元,其中,国有投资1000万元,全年招商引资到位资金2934万元,新办企业3家,实现社会总产值49407万元,工农业总产值31603万元,缴纳国有税金259万元,国有利润300万元。以生产技术服务、农机服务、动物防疫服务和关键生产资料供应服务为主要内容的农业服务体系得到改善和加强。民营经济取得新进展,农场二三产业经改制后和农场招商引进的民营企业共实现产值 25118 万元，经工商部门统计，全场领取法人营业执照的私营二三产业企业 45 家，总注册资金 5555 万元，领取个体营业执照的个体企业、个体工商户近 400 家。

2005 年，农场围绕"工业化、城镇化、产业化"建设的要求，实现社会总产值 62832 万元，国民生产总值 17105 万元，缴纳税金 1028 万元，其中，国有部分 286.3 万元，国有利润 380 万元。农场一、二、三产业比例优化为 28∶41∶31，全场完成固定资产投资 3933 万元，其中国有投资 1504 万元。全年招商引资民营到位资金 3542 万元，新建民营企业 5 家。

2006 年，农场总资产 18100 万元，国有净资产 7381 万元，社会总产值 76600 万元，国民生产总值 20300 万元，其中，国有部分营业收入 9365 万元，国有利润 460 万元。全年招商引资到位资金 4496 万元，新建企业 8 家，新增注册资金 1718 万元，新增民营固定资产 4018 万元，新增就业人员 142 人，全年实现民营工业总产值 49600 万元，场域规模以上工业产值 27100 万元。

2007 年是江苏农垦二次创业开局之年，农场围绕"一番（国有营业收入、利润三年翻番）、二先（二次创业农垦争先，全面小康农垦领先）、三提升（提升高效农业规模、提升国有二三产总量、提升民营经济质量）"的二次创业总体目标，制定了"做精一产，做优二产、做强三产"二次创业总体思路，致力将农场建设成为以国有三产为主体、新型工业为特色、现代农业为支撑，房地产、物流、广告、新材料工业、现代农业综合经营的跨行业现代企业集团，农场二次创业开局良好。全年实现社会总产值 91900 万元，国民生产总值 25000 万元，营业收入 90100 万元，国有营业收入 11300 万元，国有利润 562.7 万元。全年固定资产投资总额 6826 万元，其中，国有及国有控参股企业固定资产投资 1111.68 万元，全年招商引资到位资金 6277 万元，新建企业 10 家。对民营工业，农场合理引导，加大环保力度，推进节能减排，企业技改深入开展，民营工业实现质量、效益双提升，全年场域民营工业总产值 57600 万元，其中，11 家规模以上工业总产值 37200 万元，民营工业完成固定资产投资 5617 万元。

2008 年是江苏垦区实施二次创业的关键之年，农场继续围绕"做精一产、做优二产、做强三产"创业总体思路，推进农场二次创业，全场实现社会总产值 11.1 亿元，国民生产总值 3 亿元，全场实现营业收入 11 亿元，其中国有营业收入超 1.4 亿元。国有利税总额为 2447.5 万元，其中，利润 1569.1 万元，税金 878.4 万元。国有及控股企业完成固定资产投资 7606 万元，全年完成招商引资项目 17 个，新建企业 10 家，到位资金 6415 万元，新增就业 198 人。全场国有资产总额为 4.6 亿元，资产负债率 45%，产业结构进一步优化，全场一、二、三产业结构比例为 20∶56∶24，非农产业比例达 80％，高于垦区其他农场水平。根据江苏省农垦集团公司考核，2008 年农场小康建设几项主要考核指标完成情况：人均 GDP 为 18516 元，超额完成序时进度；二三产业增加值占 GDP 比例达80％；农场城镇化水平为 51.26％，场域居民人均纯收入 11644 元，已超省定小康标准；场域居民人均住房面积 38.80 平方米，高于垦区平均水平；森林覆盖率 17.87％。同年，农场被评为江苏垦区先进单位。

2009 年是垦区二次创业国有经济总量实现"三年翻番"阶段性目标的决胜之年，农场结合"管理提升年"活动，全力推进二次创业。全场实现社会总产值 13.97 亿元，国民生产总值 4.03 亿元。投资 1.6 亿元建设的南通开发区港口工业三区职工公寓"秀江苑"项目全力推进。

2010 年，农场围绕"抓转型、调结构、推创新、提效益"的思路，经济发展迈上新台阶，全场实现社会总产值 19.25 亿元，国民生产总值 4.86 亿元，实现国有营业收入2.06 亿元，国有利润 3200 万元，缴纳税金 3800 万元（国有），年末国有资产总额 6.1 亿元。农场利用苏通园区开发建设带来的商机和农场独特的区位和土地优势，走"资源变资金、资金变资本、资本变效益"的路子，狠抓重大项目的推进与实施，中新苏通市政、商品混凝土两项目顺利投产。老通常汽渡长江岸线物流项目通过南通市人民政府审批，拿到了长江岸线使用批文。控参股企业效益不断提高，新福地公司"秀江苑"公寓项目整体转让给南通开发区，回收 1 个多亿的投资成本。场属苏垦南通电力公司、自来水厂"坚持主业、开拓副业"承揽水电工程，苏垦南通电力公司营业收入 1.7 亿元，利润 985 万元，自来水厂营业收入 401 万元，利润 76 万元。元基公司拓展沿江码头租赁经营业务，营业收入 315 万元，利润 46 万元。大桥广告公司营业收入 1017 万元，利润 221 万元。

2011 年，农场按照"抓住机遇、加快转型、科学布局、夯实基础、强抓管理、提升效益"的工作思路，经济持续快速发展，场域实现总产值 21.9 亿元，增加值 5.85 亿元，国有营业收入 2.6 亿元，国有利润 6217 万元，农场资产负债率为 38％，农场经济结构更加优化，农场二三产业比例达到了 90％。长江化工物流码头项目推进顺利，注册成立南通苏垦物流有限公司，通过政府挂牌上市，成功拍得项目所需土地使用权。农场与江苏农垦苏舜公司合作，出资收购南通宝腾汽车 4S 店股权。场属企业自来水厂、苏垦南通电力公司、广告公司、水利站等充分发挥苏通大桥北桥头堡的优势和品牌效应，取得较好效益。

2012 年，在农场农业资源整合划转给苏垦农发南通分公司、社会事务移交地方后，农场围绕"抓住机遇、加快转型、科学布局、夯实基础、强抓管理、提升效益"的工作思路,"做强三产、做优二产",推动企业转型升级。全年实现国有营业收入 5.41 亿元,缴纳税金 4594 万元。农场控股企业混凝土公司生产商品混凝土 40 万方,完成产值 1.23 亿元,经营利润 556 万元,缴纳税费 833 万元。宝腾 4S 店营业收入 2.27 亿元,新福地公司在苏通园区拍地 32 亩,投资建设集办公、商务于一体的便利中心——福地商业广场,项目总投资 1.5 亿元。

2013 年是农场推进转型升级的开局之年,也是农场公司制改造后正式运营的开元之年。全年除农业外,苏垦南通公司实现国有营业收入 5.06 亿元,国有利润 6977 万元。苏垦南通公司所属三产效益稳步提升,苏垦南通电力公司完成施工工程 83 个,创收 3114 万元。

2014 年,是苏垦南通公司正式运营的第一年,全年除农业外,实现国有营业收入 3.43 亿元,国有利润 5335 万元。全资及控参股企业苏垦南通电力公司营业收入 1.63 亿元,利润 1769 万元;混凝土公司营业收入 1.4 亿元,利润 455 万元;大桥广告公司利润 54 万元;元基建材公司营业收入 130 万元,利润 84 万元;宝腾公司营业收入 2.54 亿元,利润 320 万元;通常汽渡营业收入 3471 万元,利润 692 万元;中新苏通市政公司营业收入 8812 万元,利润 311 万元。

2015 年,苏垦南通公司坚持稳中求进工作总基调,"稳增长、调结构、强基础、提效益、转作风、上水平"。全年除农业外实现国有营业收入 22933 万元,国有利润 2919 万元。苏垦南通电力公司投入 100 余万元,用于集中抄表系统的改造,攻克集中抄表系统与开票系统的衔接、地下配电间信号传输等难点,全年完成各类施工工程 50 个,新增变压器 16 台,总容量 8895 千伏安,供电施工齐头并进,全年供电量 22500 万千瓦时,利润 1050 万元,营业收入 15900 万元。混凝土公司重质量、保安全,管控能力不断增强,全年生产量为 17.59 万立方米,产值 6190.2 万元,利润 126.64 万元。大桥广告公司强化跟踪服务,不断提升业内口碑,全年广告收入 451 万元,营业利润 22.5 万元。

2016 年是"十三五"规划开局之年,苏垦南通公司全年实现除农业外的营业收入 23465 万元,利润 2995 万元。抓转型、拓发展,投资 2750 万元收购苏垦小贷公司 25% 的股权。苏垦南通电力公司完成新一轮资质延续的申报、验收工作,并通过了政府的审核,为公司承揽电力工程打下基础,全年完成各类施工工程 56 个,创收 4314 万元,工程施工利润 1269 万元。大桥广告公司调整经营思路和策略,采取"节日放价、买一赠一、一牌一价"等灵活营销策略,让客户"做得起、信得过、留得住",与北京、上海、南京、杭州等地媒体合作,全年合作业务 277 万元,占营业收入的 53%。

2017 年,苏垦南通公司以经济建设为中心,抓住发展机遇,提高资产收益水平。除农业外，全年实现营业收入18358万元，利润3578万元。加强下属企业管理，苏垦南通电力公司实现营业收入15425.8万元，经营利润1565.2万元，全年完成各类施工工程70个，创收1995万元，创收利润940万元，公司质量管理荣获"江苏农垦2016年度质量管理先进单位""2017年度质量管理信得过班组"等荣誉称号。大桥广告公司加大营销力度，全年实现营业收入580万元，利润175万元。根据江苏省农垦集团公司的要求，对扭亏无望的商品混凝土公司实施关停歇业，对人员进行分流，对设备进行处置。

2018年，苏垦南通公司迎难而上推进转型发展，多措并举完善公司治理，除农业外，全年实现营业收入17294万元，利润5809万元。苏垦南通电力公司克服电力"两改"冲击，完成南通开发区新农村公司、南通国际双语学校等用电工程，全年营业收入15114万元，利润1166万元，完成施工工程88个，创收1567万元，工程毛利510万元；大桥广告公司全年新增广告客户19家，续约客户10家，完成广告销售658万元，主营业务收入588万元，利润256万元。苏垦南通公司提高存量资产的收益，土地及房产租赁户超130户，年可收取土地及房产租金1300多万元。

2019年，苏垦南通公司在江苏农垦"稳""好""强"的大环境下，聚焦转型发展，精细企业管理，推进经济建设。除农业外，苏垦南通公司营业收入16562万元，利润3381万元，苏垦南通公司资产管理质量和资产运营效能显著提高，全年收取包括租金、市政公司转让款、拆迁补偿款在内的各款项共计2325万元；国有公房的管理做到账账相符、账物相符，房屋租金普遍提高了30%；统一工业土地租金，实现每亩年租金7035元（含城镇土地使用税）；完成土地确权和领证工作，领取不动产权证12本，登记面积12123亩。苏垦南通电力公司抢抓线路改造移交前的机遇，全年供电量为21946万千瓦时，实现营业收入14524万元，其中工程收入1811万元，实现利润1186万元。大桥广告公司加强宣传营销、媒体合作、客户服务，完成国家二级广告资质的申请、复审和验收工作，实现营业收入733万元，利润294万元。元基商管公司牵头拟定福地商业广场招商方案及运营制度，协助新福地公司完成签约商户18家，签约面积13165平方米，福地商业广场出租率达73.7%。

2020年，苏垦南通公司在抓好常态化新冠疫情防控的同时统筹推进经济建设工作，除农业外，全年实现营业收入15082.62万元，利润6010.46万元。苏垦南通电力公司全年承揽工程35个，创收2323.63万元，同时升级了电力承装、承修资质，全年实现营业收入14060.78万元，利润1656.39万元。大桥广告公司采取"一牌一价"灵活营销策略，营业收入501.51万元，利润151.04万元。元基商管公司协助新福地公司签约租户24户，福地商业广场出租率为95%。规范各类合同管理，加强资产管理，巩固土地确权成果，增加土地租金，全年收取资产租金 1440 万元。苏垦南通公司的苏垦物流地块（老通常汽渡地块）与南通大明混凝土公司达成合作意向。

二、固定资产投资

建场初期，农场投入资金主要用于扩垦围堤、农田基本建设及江堤护坡。1958 年投资 13.18 万元，1959 年投资 55.81 万元，1960 年投资 48.92 万元，三年两次围垦扩垦，农场面积增加到 3.2 万亩，生产队从 6 个增加到 11 个以及增加畜牧场、捕捞队、渔场、糖厂、酒厂、酱油厂、砖瓦厂、粮食加工厂等 19 个单位。

1961—1963 年，农场总投资 183.09 万元，包括兴修水利 361.9 万立方米，江堤护坡，建设房屋 46766 平方米（其中生产性用房 12157 平方米）。通过 1959—1960 年的扩垦，农场土地面积从 15692 亩增加到 32320 亩，水面面积 3400 亩，可耕地面积 24647.5 亩。农业生产主要农机具从原始的耕牛、马匹逐步改变到以机械农机为主。机械设备逐年增加，拥有拖拉机 28 个标准台、牵引康拜因 3 台、脱粒机 2 台、载重汽车 4 辆、各种犁 14 台、圆盘耙 13 台、谷物条播机 8 台、棉花攒种机 2 台、万能中耕除草机 2 台、联合喷粉喷雾器 7 台、悬挂式喷雾器 2 台、钉齿耙 15 组、镇压器 4 组、柴油机 7 马力、210 水泵 5 台、拖车 2 台等农具设施。随着农副业生产的发展，农场投入资金，发展工业生产，投资了粮食加工、饲料加工、砖瓦加工等生产项目，新建和扩建了年产 5.5 吨糖的制糖厂，加工粮食饲料 500 多吨的综合加工厂和酿酒、榨油、制酱菜等厂和车间，在幼禽哺化上有电动哺化器 2 台，土缸设备 72 台。

1964 年，为改善职工住宿条件，农场投入资金用于修建管理区的房屋建筑。当年，全场共建设生活用房 1840 平方米，其中职工宿舍 1740 平方米，为管理区改建和维修了房屋 3710 平方米。

同年 8 月 18 日，江苏省农委下发《关于南通农场扩垦安置设计任务书的批复》文件，核定农场扩垦安置基建总投资 233.73 万元，其中水利经费（包括土方、桥、涵闸）150 万元，农业机械 15.1 万元，生产用房 11 万元，生活用房 42.75 万元，开荒、畜牧舍、牲畜购置及其他 14.88 万元。

1965 年，农场为改善全场农田水系，投资大量资金用于农田基础设施建设。农场基本建设总投资 281.36 万元，其中 1964 年结转扩垦安置经费 233.73 万元。投资完成的任务主要有：扩垦土地 4.29 万亩，12 米闸桥 1 座，三孔桥 3 座，机路、水泥涵洞安装 6 座，木涵迁移 4 座，房屋面积 20036 平方米，其中：生产用房 6502 平方米，生活用房 13114 平方米，公共用房 420 平方米，高压输电线路 16 公里及变配电所 1 所。同年 3 月，江苏省另批示农场节制闸扩大工程，核定工程经费 37.44 万元。

1966 年，国家对农场基本建设投资 16.25 万元，加上农场利润提成 18 万元，折旧留成 3.31 万元，共 37.56 万元用于基本建设投资，当年实际完成投资 37.729 万元。主要建设项目有：二十二大队、二十三大队拖拉机桥 3 座，水闸 1 座，办事处用房 201.07 平方米，晒场 1815 平方米，拖拉机机库 627.52 平方米，猪舍 2254.15 平方米，宿舍、伙房 1141 平方米，三围扩垦土方工程 359061.25 立方米，二十大队前堤岸加固工程 9748.5 立方米，电灌车 5 处，三围新建草竹结构的房屋 1750 平方米，建造飞机治虫的机场及吃水沟，场部新建草竹结构礼堂 1 座等。

1967 年，江苏省农林厅核准农场基本建设总投资 30.30 万元，建设中心河桥 1 座，输电线 15 公里，电灌站 13 座，仓库 13 万元，便桥 10 座，猪舍 2000 平方米，科学试验站用房 160 平方米，新垦区新建伙食房 60 平方米。

1968 年，农场在中心队投资建设新场部，投资 28.73 万元新建职工用房。农业、加工、畜牧、机械修理、卫生事业等基本建设投资为 83.71 万元，其中：电灌站 9 处投资 21.78 万元，农业建设投资 36.98 万元，加工事业投资 8.22 万元，畜牧投资 6.56 万元，修理机械设备投资 6.43 万元，卫生事业投资 3.74 万元。另兴修小型水利土方工程投资 15.67 万元。

1964—1978 年，农场总投资 650 多万元，围堤扩垦，特别是 1964 年、1965 年、1967 年进行了 3 次较大规模的扩垦，农场占地面积达到了 80400 余亩，土地面积 76684 亩。同时为保证土地耕种质量，农场加大农田水利基本建设，对耕地进行农田平整和水利的基本建设，平整棉田 3000 多亩，土方 84000 多立方米。平整水稻田 2100 多亩，土方 6.18 多万立方米，平流槽和积土堆 3400 多立方米，开挖棉田中心排水沟 58 条，土方 6.4 万立方米，开挖排灌渠 12 条共 9600 米，土方 1.44 万立方米。农田水利基本建设为农场农业作物的大面积增产奠定了良好基础。投资 2 万元购置制作养蜂箱的木材。投资 9.825 万元购置轧花设备等，扩建轧花车间，建设职工安置房屋等。

1979—1980 年，农场投资 50 万元完成 160 多万立方米的农田水利建设任务，平整了农田，扩大耕地千余亩，疏通了浜沟，新建改建了 5 座电灌站和 7 个水泵，新建 3 座桥梁，提高了农业抵御自然灾害的能力；铺设水泥晒场 500 平方米，建造各类仓库 1624 平方米，新建食堂、宿舍和小伙房 9166 平方米，办公室 714 平方米，11 个厕所 176 平方米，逐步改善了部分职工的居住条件；投资 62 万元用于长江江堤保坍工程，使农场二分场的坍江情况得到有效遏制。农业机械方面，投资 40 多万元，新建二分场机库等 1883 平方米，添置了 4 台东风-50 拖拉机、4 台南斯拉夫康拜因、4 台棉套麦播种机，改装了 4 台灭茌犁。场办工业总投资 65 万元（包括江苏省农垦局投资 25 万元），新建地下井 1 座，水塔 1 座，新建粮油加工厂油脂浸出车间，新建三层基建厂房及年产配合饲料 500 多万斤的配合饲料加工车间，设备采用现代化电子操作饲料混合机 4 台，设有产品化验室，产品主要有鸡鸭饲料、猪饲料、科学配方饲料；扩建服务连缝纫车间、元件厂、修理厂、印刷皮鞋厂厂房 2150 平方米，和江苏省农垦局共同投资的科技大楼已经动工，同时添置卷扬机 1 台、8 吨卡车 2 辆、水泥驳船 5 条共 30 吨位，材质检验设备 1 套，发电机组和摇臂钻床各 1 台；农场副业结合兴修水利投资 9 万元，建造精养鱼池 40 亩，植树造林 478 亩（20 万株），四旁绿化植树 3 万株，修建从农场三连至东方红农场的晴雨公路 1 条。

1981—1982 年，农场基本建设投资 167.1 万元，主要是投资 52.7 万元（其中农场投资 15.12 万元，连队当年包干盈利中支出 20.6 万元，当年生产费用中支出 16.98 万元，补贴粮食约 20.29 万斤）用于农田水利基本建设，总土方 133.19 万立方米；投资 11 万元新建 3 座电灌站、1 座桥梁、30 座涵洞；继续进行江堤保坍，对 24 连前的江堤进行加固保坍；连队疏浚泯沟，全场 60％以上的耕地铺上肥泥；投资 15 万元购置农业机械，添置 1 台东风联合收割机、4 台铲运机，建造一分场和三分场机库；场办工业方面，农场投资 60.4 万元，主要用于修理厂食堂、精工车间、老场部浴室、粮站粮库、晒场、场部工业食堂、皮鞋厂大楼、元件厂大楼、物资仓库（原农场财务科大仓库改为酱制品厂）、印刷车间彩印机、修筑 10 连至老场部的东西晴雨公路等；职工生活方面：农场投资 14.3 万元建造职工宿舍，主要建造房屋有 4 连 5 排（其中 1 排由武装连调去职工居住）、30 连 4 排、18 连 3 排、船队 4 排、四分场场部 2 排、水利站 1 排；农场文教经费及地区农垦局两个厂共同投资 3.8 万元，合并武装连、2 连、4 连 3 所小学，建成 1 所完全小学，以改善学生学习条件；投资 2 万元，在场部新建幼儿园 1 所；农场投资 4 万元，建造两口地下深井，二、四分场各 1 口；规划建造 16 个改良厕所，由各基层单位从积累中自行投资；副业投资 3.9 万元，主要用于 4 连、武装连、15 连、32 连、33 连等单位拆建改造猪舍，在 8 连新开 3 口鱼塘，砖瓦厂续建 1 口鱼塘。全年完成土石方 64.32 万立方米，房屋基建 6000 平方米，新建水塔 2 座、泵房 3 座、水井 1 口，长江保坍工程用石 55700 吨。

1983 年，农场自筹 134 万元，江苏省农垦总公司投入 81 万元，加上 1982 年结转未完工程 59 万元，全年完成基本建设投资 274 万元。主要投资项目有：套闸、物资仓库、浴室、小学教学楼、水塔和自来水管道、农田水利基本建设、工业设备更新改造、增添新设备。农场投资 16.5 万元改造和新建仓库及水泥晒场；投资 10 万元购置收割机和播种机；投资 3.3 万元营造防风林带 184.7 亩。

1984 年，农场投资 49.7 万元，主要项目有农场元件厂冲床、切割机、黑瓷双列；印刷厂鲁林机、字模、吹塑机等；酱制品厂道路、腌制池、门市部、化验室及设备等；育林基金 3.7 万元；场部仓库和宿舍 712 平方米；三十四大队电灌站 1 座，涵洞渡槽 14 个；酒厂锅炉 1 只，化工厂压滤机，加工厂粮库 600 平方米；生产队仓库、晒场、鱼池、水井等。

1985—1988 年，农场农业投资 839 万元（其中保坍和中小型水利 275.82 万元），与场办工业的投入比例为 1∶1.15。主要用于添置农机具 77 台套，建设电灌站 17 座，仓库、晒场 38000 平方米及新品种、新技术的试验推广，开挖鱼池、修建农田水利和公路、桥梁等社会化服务设施。

农场场办工业投资 886.2 万元，其中味精厂投资 193.88 万元，味精年生产量由 500 吨扩大到 1200 吨；钢丝绳厂投资 220.6 万元，年产量由原来的 350 吨扩大到 1000 吨；酒厂投资 89 万元，年生产能力达 800 万斤，并在原来生产黄酒的基础上又试制草莓酒投放市场；投资 158.72 万元新建年产 1200 万块砖瓦窑厂两座（即江边砖瓦厂和大明砖瓦厂）；投资 35 万元，对粮油加工厂的油脂加工车间进行了扩建改造，日加工能力达 10 万斤，年对外加工油料 1400 多万斤，成为农场年盈利最高的场办企业；罐头厂项目 22 万元；修造厂弹力丝年加工能力也由 60 吨扩大到 90 吨；为扩大运输能力，保证安全运输，投资 167 万元更新 50 吨船舶 18 艘，卡车 13 辆。

农场基本建设项目有：职工之家项目 6 万元，中心河桥修缮 12 万元，水泥场心 13 万元，仓库 19 万元，电灌站 24 万元，康拜因 11 万元，自来水管道 20 万元，老干部楼 24 万元，招待所楼 60 万元；利用紧靠长江的有利条件，投资 74 万元修建晴雨公路 18.3 公里。科学文教卫生事业，投资 32 万元新建中心小学教育楼，投资 9.5 万元添置了部分教学设备。铺设自来水管道 3000 米，农田基本建设投资和江堤保坍投资 46.21 万元。

1989 年，农场根据国家建设形势，压缩基本建设投资成本，投资方向主要着眼于优化、合理。全年共投资 165 万元用于鱼池改造及农机具，新添置拖拉机 8 台，旋耕犁 6 台，播种机 2 台；投资 65.54 万元用于电灌站、公路、自来水等项目；投资 54 万元用于粮油加工厂面粉车间扩建改造，建造了日产 30 吨面粉的加工车间；投资 23.43 万元用于学校房屋、变压器、深井电机、小锅炉等修理改造。

1990 年，农场对农业投资 79.19 万元，分场、大队自筹投资 23.06 万元，新增联合收割机 4 台、拖拉机 7 台、开沟机 4 台、条播机 2 台、开沟犁 5 台、插秧机 1 台；仓库 1954 平方米，水泥晒场 5359 平方米；十一大队小学桥 1 座，八大队涵洞 1 座；完成农田水利土方 35 万立方米，疏浚大小泯沟 104 条，平整土地 455 亩。对农场工业和其他产业更新改造投入资金 54.5 万元，主要用于粮食仓库翻建、酒厂发酵车间改造、堆煤场建设和加工厂冷凝器购置等。

1991年，农场基本建设投资417.1万元，主要是农场皮鞋一厂投资66.6万元，建设长56米、宽12米的平房1排，建筑面积2016平方米的三层生产大楼1幢，56平方米的平房10间；工业科更新改造基金21.6万元，建设长7米、宽4米的大学生宿舍12间，共计336平方米，合计6万元；味精厂扩建投资24万元，酒厂成品仓库10万元，草莓系列饮料生产和扩大黄酒瓶装项目110万元；印刷厂更新印刷机械2.6万元，加工厂1只增添油罐6.6万元；医院建设门诊部14.5万元；建设公墓200平方米，合20万元；机关招待所锅炉房改造投资8万元；零星更新大修费用为13.3万元；二十九大队废窑泥田改鱼池7.5万元；提水站1座4万元，低压线3万元，涵洞4座1万元；看守房、仓库、珠蚌手术室12间合计2.5万元；小城镇街道下水道628米，建设30厘米宽明排水沟15.7万元；小城镇街道绿化带池每个25米长，共36个，合计3万元；职工自来水管铺设等投资47.2万元，修建中心幼儿园30万元。

1992年，农场在江海港区共投入1560万元，用于发展中外合资企业和外引内联项目。其中，投资313.95万元（包括63.95万元的土地补偿费）与南通市燃料公司（即南通华强集团公司）及港商在农场沿江十四大队合资建设2.5万吨级码头和10万立方米油库，即南通嘉民港储有限公司项目。

1993年，农场投资50万元与南通石油公司合资建设位于营渡公路（今通盛大道）农场八大队路口的临渡加油站投入运行。同年7月1日，农场与南通轮船公司合资建设的通常汽渡项目投入运营，项目总投资1400万元，其中农场投资280万元。

1992—1994年，农场其他投资372万元（其中含向场内干部职工征收的黑色路面费40万元），主要用于：一是场部小城镇区域内的"长江路"（今江山路）、"江海路"（今太湖路）、"黄河路"（今海明路）、"健康路"及场部大院内33000平方米沥青路面建设；二是占地3555平方米的农贸市场扩建；三是农贸市场周边门市部及商铺建设；四是首批70门程控电话开通；五是新开辟的江海南路职工新村（今江山路南太湖路两侧）初具规模，有42户职工建成别墅式楼房；六是临渡、苏垦加油站投入运营；七是场部深井和浴室投入使用；八是3个招商区正在逐步形成；九是农场工会与华兴公司南通工程处的三产服务楼已经开始营业。

1995年，农场策应港区开发，创造良好投资环境，改善和提高职工生活水平，把小城镇建设作为农场投资重点，在新开辟的江海南路职工新村（今江山路南太湖路两侧）完成100户职工自建别墅的基础上，由农场医院、学校等单位职工集资兴建4幢公寓"教师楼"，计10130平方米；由多种经营公司职工集资兴建1幢5层2700平方米的商住楼"腾飞楼"。投资135万元，完成了三大队西住宅区"莫愁路"、配件库西"丰收路"、农科所

"振兴路"的黑色路面工程；完成江海南路和珠江路的路基工程和路面喷油工程；整修了三十大队至老场部1.5公里的"大明北路"的砂石路面。同年，农场对农业投资540万元。利用世界银行贷款160万元，购买2台进口挖掘机；投资140万元，购买7台联合收割机；投资10万元，购买18台水直播机；投资4万元，购买其他农机具。农田水利上，投资40万元改建了团结闸、四号坝闸门；投资30万元用于中型农田水利；投资18万元用于防汛保坝；投资63万元用于农业综合开发。在农业生产上，投资75万元改善农业大队仓库和晒场条件，新建仓库45间，维修仓库1600平方米；新建水泥晒场7000平方米，砖场1200平方米。

1996年，农场农业总投资498.8万元，其中：农业机械上投资40万元购买了2台收割机，投资120万元购买了其他农机具；农田水利投资30万元用于防洪保坝，投资35万元用于中型农田水利，投资64万元用于农业综合开发；为发展专业化种子生产，投资110万元新建1147平方米的种子仓库；为改善农业大队生产条件，投资99.8万元新建仓库1778平方米，新建水泥晒场7522平方米。农场多种经营公司投资240万元，利用原味精厂厂房及锅炉、发电机等设备，新建2200平方米的全封闭养鳖温室，筹建"中华鳖原种养殖场"。为改善职工医疗条件，农场投资60万元新建建筑面积为839.94平方米的医院门诊楼；投资50万元将原农场招待所改建为职工医院住院楼。小城镇建设中完成了4幢职工公寓楼和1幢商住楼共计13196平方米房屋的建设；完成长759米、宽32米的长江路（今江山路）一期土方拓宽工程；投资8万元完成三十八大队、三十九大队自来水管道铺设工程；在原有350门程控电话的基础上，新增程控电话240门。

1997年，农场农业总投资769.8万元，其中，155万元用于疏通河道，改造低产田、植树造林、修建电灌站、仓库、晒场、加固堤岸等农田基本建设，改善了农田生产环境，提高了土地产出能力和抗灾程度；投资175.4万元用于农机具更新改造，自行设计制造15台高架机动喷雾机；投资289.4万元用于种子产业化工程的硬件建设。场办工业投资坚持以市场为导向，以产品开发和结构调整为重点，以提高市场占有率为目标，投资150万元，对粮油加工厂大米加工和炼油设备进行了技术改造。在小城镇和各项公共事业方面，动工兴建5幢职工集资公寓楼，总建筑面积16651平方米，有效地改善了职工的居住条件。基础设施建设有长江路（今江山路）拓宽、三十二大队、三大队、二十七大队和长江中路近20000平方米的沥青路面和腾飞新村内六条沥青路面施工完成，三孔桥地区土路基施工，添置了压路机、洒水车。投入通信设施建设，农场淘汰老总机，告别手摇电话机时代，程控电话交换机容量达到了1037门。农场投入资金更新有线广播，为提高播音质量和宣传效果提供了良好条件。投资40万元改造基层单位公厕等生活设施。

1998年，农场基本建设投入资金444.5万元（不含江堤达标工程），其中：农业分场大队50万元，种子公司19万元，场办工业5万元，建安公司3万元，医院15万元，场部144万元，大中型农机具更新改造资金153万元，农田水利资金11.5万元，新增农机具21台套，新建、改建水工建筑物1座，平整土地274亩，多种经营公司投资31万元，用于植树造林159.2亩，更新林地87.87亩，完成江苏省农垦总公司下达的农业综合开发任务，投资中华鳖养殖场13万元。农场小城镇建设方面，动工新建机关3号楼、4号楼、长虹楼、两幢教师楼等职工集资公寓楼。

1999年，农场固定资产投资365万元，其中：投资农业大队晒场、仓库等55.7万元，机电公司5万元，多种经营公司15.6万元，场直单位3.6万元，场办工业36万元，建安公司6.5万元，医院4.7万元，场部228万元（主要用于投资通常汽渡购置汽渡7号、9号两艘渡轮的20%产权，224万元），商物公司1.5万元，苏垦南通电力公司8.4万元。根据江苏省政府确定的1999年6月30日前长江流域水污染物必须达标排放的要求，对场办改制企业丝绸印染厂污废水排放，投资60万元进行综合整治，取得了明显效果。

2000年，全场固定资产投资307.2万元，其中：农业大队晒场、仓库等31.8万元，农机中心收割机等73.7万元，多种经营公司护坡等17万元，场直单位0.9万元，工业单位技改94.9万元，农科站5.5万元，场部78万元，物资公司2.4万元，苏垦南通电力公司3万元。

2001年，全场固定资产投资551.6万元，其中：农业大队晒场、仓库等52.3万元，农机中心收割机等43.8万元，多种经营公司护坡等19.1万元，场直单位48.5万元，粮贸公司大米加工车间技改扩建387.9万元。

2002年，全场固定资产投资160.99万元，其中：农业大队仓库、护坡等46.54万元，江海镇道路35万元，苏垦南通电力公司投资12万元，场直单位51.94万元，粮贸公司技改6.04万元，商物公司投资9.47万元。

2003年，农场固定资产投资1188万元，其中：团结闸改造工程728.8万元，农业大队晒场、仓库、护坡等43万元，水利站8.4万元，江海镇路灯60万元，苏垦南通电力公司投资16.6万元，场部投资261.7万元，沥青路面69.5万元。

2004年，农场固定资产投资868万元，其中：农业大队晒场、防渗渠道、仓库、护坡等50万元，苏垦南通电力公司投资3万元，自来水厂投资16万元，场部投资287万元，黑色路面301万元，自来水管道投资121万元，小城镇投资90万元。

2005年，农场固定资产投资1628万元，其中：投入600多万元用于农业管理区道路、防渗渠道、晒场、仓库和鱼池护坡、米厂6000吨粮库等工程建设，为适应城镇人口集聚，城镇规模扩大的需要；投入600多万元用于农贸市场的二次扩建改造和江海镇区域内河道立驳，自来水管网大修改造，环卫绿化等工程；投入428万元用于建设三级黑色公路2.63公里，四级水泥路面6.5公里，建设桥梁1座。

2006年，农场固定资产投资1240万元，其中：农业大队晒场、防渗渠道、仓库、护坡等162万元，粮贸公司米车间投资41万元，道路投资448万元，场部投资164万元，自来水管道投资143万元，小城镇投资90万元，苏垦南通电力公司投资办公大楼投资192万元。

2007年，农场固定资产投资1209万元，其中：农业大队晒场、防渗渠道、仓库、护坡等155万元，大桥广告公司投资企业及广告牌建设409万元，元基建材公司投资66万元，自来水管网投资86万元，道路、小城镇投资121万元，苏垦南通电力公司办公大楼投资372万元（续建）。

2008年，农场固定资产投资共7718万元，其中：农业大队晒场、防渗渠道、仓库、护坡等284万元，蔬菜园281万元，医院40万元，大桥广告公司投资551万元（续建），元基公司投资23万元（续建），江山广告公司投资60万元，自来水管道投资112万元，道路、小城镇投资106万元，苏垦南通电力公司33万元，新福地公司6162万元（秀江苑房屋建设），场部投资66万元。

2009年，农场固定资产投资共10600万元，其中：农业大队晒场、防渗渠道、仓库、护坡等203万元，农机停放点150万元，小城镇建设400万元，新福地公寓楼建设9447万元（续建），广告牌120万元（续建），元基建材砂石堆场60万元（续建），自来水改造100万元，其他投资120万元。

2010年，农场固定资产总投资4169万元，其中：农业大队的仓库、晒场16.78万元；机关食堂、农贸市场改造、小城镇建设、道路建设等投资281.85万元；投资7.61万元为社区办公购置办公设备；投资391.21万元为新福地秀江苑工程建设（续建）；新建江苏中新苏通混凝土和中新苏通市政工程公司，混凝土公司固定资产投资2994.11万元，投资161.2万元建设混凝土公司宿舍、办公室；大桥广告公司技改投入4.52万元；医院购置医疗设备38.56万元；元基公司建设吊机基础场心及吊机102.16万元（续建）；场部投资171万元。

2011年，农场投资1512万元，其中：购买电脑等办公设备14万元；投资建设江苏中新苏通商品混凝土有限公司房屋等534万元（续建）；南通元基建材有限公司建设吊机基础场心及购吊机等27万元（续建）；投资162万元用于机关房屋建设，共2912.44平方米；自来水厂工程车23万元；农场医院购置医疗设备14万元；农场场部购置小汽车25

万元；苏垦南通电力公司线路改造及开闭所水泥路建设 3 万元；南通苏垦物流有限公司土地征用预付款及契税 710 万元。

2012 年，农场固定资产投资 1237 万元，其中：办公楼、招待所建筑装修 73 万元，购买泵车设备 28 万元，苏垦南通电力公司线路改造 6 万元，工程改造 166 万元，运输设备、机器设备 838 万元，农机停放点平房、米厂固定资产 123 万元，购买电脑等办公设备 3 万元。

2013 年，农场公司制改造，成立苏垦南通公司，当年固定资产投资 3800 万元，其中：苏垦南通电力公司线路施工机具设备 6 万元，苏垦南通电力公司表计改造 17 万元，公司试驾车、办公设备、修车设备等 187 万元，购置消毒柜、相机、电脑等 6 万元，九大队电灌站 53 万元，购买新福地秀江苑商业综合楼 3528 万元，购买电脑等办公设备 3 万元。

2014 年，苏垦南通公司完成固定资产投资 132 万元，其中：苏垦南通电力公司集抄系统、线路改造、用户进户线改造、电脑、打印机更新、交通用车更新、复印机更新、资质设备升级 29 万元（未完）；公司本部电脑、健身器材、空调等 92 万元；九大队水系改造工程（土建部分）8 万元；大桥广告公司购买电脑 2 万元，混凝土公司购买电脑 1 万元。加大农业基础设施建设投入，投入 30 余万元购买玉米收割机、播种机、植保机，添置场头机械小四轮 2 台、三轮车 3 辆、输送机 2 台套、田园运输机 2 台；农机具改造投入 5 万元；投入 26.3 万元新建农资仓库 384 平方米、临工宿舍 200 平方米；投入 140 万元购置育秧硬盘 20 万只。

2015 年，苏垦南通公司固定资产投资 341.2 万元，其中：公司机关办公设施购置 12.9 万元；苏垦南通电力公司集抄系统、线路改造、用户进户线改造、电脑、打印机更新、交通用车更新、复印机更新、资质设备升级 162.6 万元（续建），苏垦南通电力公司工程车 18.7 万元，电脑等 3 万元；混凝土公司黄沙石子堆场 25 万元，扬尘整治工程 119 万元（未完）。农业上加大农业基础设施建设投入，完成固定资产投资 367 余万元，其中：外拓基地投入 35.8 余万元购买大型联合收割机、播种机、抛肥机、植保机；投入 35 万元添置场头机械小四轮 8 台、三轮车 1 辆、6 台套电灌站混流泵、输送机 2 台套、农机具改造等；投资 18 万元完成三十二大队电灌站改建工程，投入 2.2 万元添置和改进办公设施；针对外拓基地水利基础条件差、耕地不平整，投入 26 万元新建了 3000 平方米江东村临时周转晒场；投资 250 余万元完成了江东村配套水利工程项目及土地平整项目。

2016 年，苏垦南通公司完成固定资产投资 139.9 万元，其中：苏垦南通电力公司集抄系统、用户进户线改造 23.3 万元（续建），空调、电脑等更新 3.17 万元，开闭所前道路维修 9.42 万元，开闭所前监控 3.31 万元，工程车 17.9 万元；公司本部空调、桌椅 2.5 万元，混凝土公司叉车 52.3 万元，扬尘整治工程 28 万元（续建）。

2017 年，苏垦南通公司完成固定资产投资 251.6 万元，其中：购置小汽车 24 万元，办公楼、招待所装修 101 万元，其他办公设施购置 4.8 万元，苏垦南通电力公司集抄系统、线路改造、用户进户线改造、电脑、打印机更新、交通用车更新、复印机更新 110 万元（续建），苏垦南通电力公司服务器不间断电源等设备 1.3 万元，公司本部空调、电脑等办公用品 2.3 万元，购买种鸡场房屋 8.2 万元。同年，苏垦南通公司出资 30 万元项目资金，专项用于江海镇区道路维修改造，包括江海镇区桃李路、政校路、老干部楼东侧道路。

2018 年，苏垦南通公司完成固定资产投资 151.8 万元，其中：公司本部空调、电脑等办公用品 11 万元，汽车 38.4 万元，公司职工活动中心 102.4 万元。农业上，苏垦农发南通分公司通过投资增强农业基础设施保障能力，做好被苏通园区项目建设破坏的水系恢复建设，以满足稻麦生产需要，共投入 130 万元对三大队、三十三大队、万顷良田等单位电灌站、总渠、防渗渠进行了建设，疏通电灌河、开好隔离沟，及时对破损晒场、电灌站、场头机械维修保养，引进育秧筛土机，加大微喷育秧设施设备投入，有利于水稻育秧及生产。

2019 年，苏垦南通公司完成固定资产投资 12.3 万元，主要是办公设备更新 8 万元，党建工作阵地建设 4.3 万元等。

2020 年，苏垦南通公司完成固定资产投资 626.2 万元，其中：福地商业中心办公楼整体装修（含配套设备）523 万元，苏垦南通电力有限公司工程车更新 17.2 万元，资质升级设备采购 2.3 万元，公司本部办公用品等更新 6.5 万元，档案设备购置 33.4 万元，新时代文明实践所建设 43.8 万元。

第二节　经济开放与合作

一、开放与合作

1974—1978 年，农场机务人员徐国兴、陈品高、管云章、包恒和赴坦桑尼亚援助国营姆巴拉利农场建设。1977 年，时任农场副场长农艺师王炳亨两次赴坦桑尼亚援助巴拉利农场建设。

1982 年，农场农艺师应业钧赴斯里兰卡援助马尔瓦纳加马农场建设。

1984年夏，加拿大英特伦克公司总裁凯里来农场访问。1985年1月，应凯里邀请，时任农场场长袁象耕赴加拿大考察奶牛养殖项目。同年2月，加拿大英特伦克公司奶牛项目专家考察组来农场进行工作考察。

1984年11月，农场与美国华盛顿环球有限公司总裁、副总裁两次洽谈农牧合资项目，双方签署了年产50万只"南通鸭"的饲养、屠宰、速冻、包装、出口一条龙项目的协议。协议约定美国华盛顿环球有限公司拥有建立家禽饲养和加工等类项目之专业技术力量，并提供工艺、设备、技术、设计和承包，为合资经营"南通鸭"出口做可行性调研，提供最低利率的长期贷款在农场合资建造年养殖和加工量500吨家禽加工场，包括饲养、屠宰、净化、速冻和包装等生产线，合资企业注册资本比例为农场85％、美国华盛顿环球有限公司占比15％。美国华盛顿环球有限公司负责提供购买家禽加工厂所需先进设备，并尽可能以长期低息贷款，并根据银行贷款条例由合资企业偿还，同时指派农场胡监雄、袁象耕，以及美国华盛顿环球有限公司鲁本、珍德曼作为双方的项目经理。

1985年3月，农场和南通县竹行乡陈伟合资生产经营食用菌，陈伟负责食用菌生产的供产销业务，每年总产值不少于3万元，纯利润不少于1万元，利润分配40％归陈伟所得，60％归农场所得。农场负责提供生产用房9间，并投资2万元人民币。

1985年5月，英国国际胚胎公司专家来农场访问，并于1986年1月，与农场和南通江海经济发展公司洽谈，合资成立"南通国际胚胎公司"，经营胚胎生产。南通市外经委、计委批准该项目的可行性报告，南通国际胚胎公司是江苏农垦系统第一家中外合资企业，项目中方投资中农场占比为51％。同年5—8月，美国维克斯公司来农场参观薄荷生产，西德布劳哈仕啤酒公司代表来农场访问。

1986年，西班牙共产党代表团来农场考察桃园生产，罗马尼亚农机专家来农场指导工作。同年11月，日本加商公司甜叶菊专家来农场洽谈合作生产甜叶菊项目。

1987年，加拿大阿尔伯达农学院教授彼得来农场访问考察。

1990年9月，南通市计划委员会通计固〔1990〕369号《关于同意市化轻、燃料公司新建2.5万吨级石化专用码头及液体化工储罐区的批复》，同意在农场8号和9号丁坝之间合建2.5万吨级的码头以及化轻公司单独建造液体化工储罐区。1991年6月20日，南通市水利局〔1991〕75号《关于南通市江通股份有限公司要求新建油库专用码头的报告》，1991年12月26日，通建委基〔1991〕99号《关于南通市汇通公司通宁油库工程初步设计的批复》，决定在农场征地90亩。1991年10月12日，长汛〔1991〕605号《对"关于南通市汇通股份有限公司要求使用长江岸线新建油库专用码头的请示"的批复》，农场投资313.95万元与南通市燃料公司及港商合资的2.5万吨级码头和10万立方油库即南通嘉民港储有限公司项目 1993 年成功投入运营。1997 年 4 月，农场退出投资，将农场原投资款作为借款，由南通市燃料公司分期偿还农场投资本息，本息总额 400 万元（本金 313.95 万元，资金占用费 86.05 万元）分 10 年还清。

1991 年，通常汽渡工程经南通市计委通计固〔1991〕513 号文批准立项。同年 11 月 7 日，南通市交通局发文《关于建立南通市通常汽渡工程建设处的通知》，建立南通市通常汽渡工程建设处，办公室设在市交通局内，由市政府葛忠康、陈汝华副市长，计委、经委、建委、规划局、港监局、土管局、环保局、水利局、港务局、公安局、粮食局、劳动局、财政局、中国人民银行、中国建设银行、消防大队、南通县政府、南通农场等单位组成。1992 年，随着通常汽渡的建设，农场区域内开始建设与通常汽渡配套的营渡公路（今通盛大道）和张江公路。

1992 年 3 月，农场与澳大利亚西澳洲实业公司和澳大利亚安发农业投资公司合资在农场建立蔬菜水果保鲜加工企业并签订意向书，南通县计划委员会和南通县对外经济贸易委员会批复，同意农场与澳大利亚西澳洲实业公司和澳大利亚安发农业投资公司共同投资在农场江海镇规划区域内建办合资企业，生产经营保鲜蔬菜、水果。项目总投资 20 万美元，注册资本 15 万美元，其中：农场投资 5 万美元，占注册资本的 33.3%，以厂房、土地使用权及人民币现金投入；澳大利亚西澳洲实业公司投资 5 万美元，占注册资本 33.3%，以设备、技术及美元现汇投入；澳大利亚安发农业投资公司投资 5 万美元，占注册资本 33.3%，以设备、技术及美元现汇投入。项目建成后年生产保鲜蔬菜、水果 7000 吨，产品全部外销，由合资企业外方负责，项目合资年限初定 15 年。

同年 4 月，水利部长江水利委员会文件《关于南通市石油公司要求使用长江岸线和建造油码头的批复》，同意南通市石油公司在长江澄通河段农场岸段 9 号至 10 号丁坝之间建造 2.5 万吨级深水专用油码头 1 座，同意使用岸线 270 米，建造 2.5 万吨级高桩平台油码头 1 座，位于 10 号丁坝的上游保护区段范围内。码头顺水流流向布置，长 102 米，宽 15 米，前沿设置在负 11 米（吴淞基面）左右。栈桥采用高桩板梁结构，长 149 米，宽 7 米，其梁底高程应高于设计洪水位，栈桥接岸段为 51 米长的土堤。

同年 11 月，农场经中国轻工业部食品发展研究中心和上海食品学会介绍，与美国纳喜有限公司合资兴建"南通纳喜食品有限公司"，生产含有天然蔬果营养成分、具有减肥功效、深受欧美市场欢迎的果蔬脆片，产品为美国纳喜公司的专利产品，合营公司成立后，年产 600 吨，全部由外方负责返销。项目总投资 300 万美元，注册资本 250 万美元，农场出资 175 万美元，占股 70%，外方出资 75 万美元，占股 30%，项目合营期限 15 年。

1993年2月17日，农场投资50万元和南通石油公司合资建设位于营渡公路的临渡加油站，农场单独建设的有位于张江公路的苏垦加油站和南通农场石油供应站。

1994年秋，农场与美国百事可乐公司签订了马铃薯生产合同，种植面积为400亩。

2001年4月，农场行政区由通州市划归南通开发区管辖。同年，南通市政府出台关于苏通长江公路大桥桥北接线公路两侧用地和汇丰石化码头至海门立新闸段长江岸线及陆域用地规划控制的意见，提出苏通大桥桥北接线公路线型中心线两侧1000米为一级控制区，北接线公路两侧各1000~1500米段为二级控制区，以及汇丰石化码头至海门立新闸段长江岸线（全长约18公里）以及纵深1200米范围内的陆域部分，任何单位和个人均不得在该范围内擅自用地进行各类工程建设。

2002年6月6日，苏通大桥备用道开始施工，苏通大桥开始建设。6月14日，农场成立苏通大桥南通农场服务组。

2002年10月20至11月20日，位于农场的中国长江国际化学新材料工业园范围内的南通开发区氯碱厂、热电厂工程施工建设，以及随着南通开发区港口工业三区的建设，从2002年起，经南通开发区与江苏省农垦集团公司签订征地协议，南通开发区征用农场大片土地。同年，农场为配合南通开发区对农场的开发规划，促进苏通大桥及南通开发区港口工业三区的开发建设，成立了南通农场开发建设领导组。

2005年4月，南通开发区与江苏省农垦集团公司签署《农场国有土地使用协议书》，征用农场10000亩国有土地，用于建设南通开发区港口工业三区。协议书明确，南通开发区同意农场在现有土地利用总体规划的范围内设立一个工业集中区，作为农场工业发展用地和招商引资的平台。在农场工业集中区内的项目，其税收的南通开发区留成部分全额返还农场，农场引进的建在南通开发区投资基础设施的工业区内项目，其税收的南通开发区留成部分一半返还农场。

2006年10月，农场与南通高速广告有限公司合资成立"南通大桥广告有限公司"，从事苏通大桥北接线高速公路农场段及沿江高等级公路农场段户外广告的设计、制作、代理及发布国内外各类广告业务。

2006年12月，农场、江苏省农垦集团公司和江苏通宇房地产开发有限责任公司联合在农场投资成立"江苏农垦新福地投资发展有限公司"。公司主要从事房地产投资、开发、经营及相关信息咨询、房屋租赁、物业管理。

2007年2月14日，农场利用靠江滩的四号坝闸和团结闸的区位优势，农场和范忠等3人合作共建南通元基建材有限公司，主要经营范围为砂石、建筑材料销售、土石方施工。

2007年4月，农场和江苏金达广告有限公司合作合资成立南通市金达广告有限公司，经营苏通大桥北接线高速公路户外广告。

2007年12月，农场参股投资江苏省农垦麦芽有限公司，该公司由江苏省农垦集团公司控股。

2008年，苏通大桥建成通车，给农场带来了无限的发展空间。同年7月，农场和南通开发区江山粮贸有限公司合资组建"南通开发区江山广告有限公司"，公司主要从事设计、制作、发布国内各类广告。

2009年4月，为配合江苏农垦新福地投资发展有限公司的房地产开发，农场和自然人周燕合资建立"南通保诚物业管理有限公司"，主要从事物业管理、维修、养护，装潢材料（油漆除外）销售，楼宇机电配套设备管理维修，清洁卫生服务，庭院绿化服务。

同年4月，根据江苏省委、省政府关于苏州、南通跨江联动开发的总体要求，推进中新苏通园区建设，南通市人民政府和江苏省农垦集团公司签署合作开发南通农场的协议。江苏省农垦集团公司同意将农场区域内东至与海门交界处、西至东方大道、北至中心河、南至长江堤岸范围内的农场国有土地用于园区建设，该土地总面积约35平方公里，包括农用地、未利用地和建设用地。

同年9月，农场和江苏苏垦物流有限公司合资组建南通苏垦物流有限公司，公司主要经营范围为货物仓储。

同年11月，农场和常州市市政建设工程有限公司、中新苏州工业园区市政公用工程建设有限公司、南通苏通科技产业园控股发展有限公司4家合资组建"江苏中新苏通商品混凝土有限公司"和"江苏中新苏通市政工程有限公司"，其中江苏中新苏通商品混凝土有限公司注册资本2000万元，江苏中新苏通市政工程有限公司注册资本2000万元。

2011年12月，农场和苏舜公司联合收购南通宝腾汽车销售服务有限公司部分股权。

2016年8月，苏垦南通公司受让南京炬达投资有限公司所持有的南京市溧水区苏垦农村小额贷款有限公司15％股权和孔军所持有的南京市溧水区苏垦农村小额贷款有限公司10％股权，合计持有南京市溧水区苏垦农村小额贷款有限公司25％的股份。

二、工业集中区

2001年6月，农场向南通开发区管理委员会上呈《关于建立南通农场新江海工业园区的报告》，2002年6月14日，南通开发区党工委第六次会议同意农场自建一个工业集中区，同年9月28日，南通开发区与农场签署《合作开发南通农场地区协议书》，明确在农场建设工业集中区，农场工业集中区为南通开发区金属制品加工区的一部分，确定为农场招商引资的载体平台。同时南通开发区全力扶持农场经济的发展，农场按照南通开发区规划要求引进项目建在农场工业园区内的，其税收南通开发区留成部分全额返还农场。

2005年3月，农场向南通开发区正式提出建办工业集中区的申请和选址的初步意见，经南通开发区研究确定后报南通市规划部门审批，南通开发区发文同意农场将三级河以南、中心河以北、沿张江公路两侧的572亩土地建设成为南通农场工业集中区，主要以金属制品加工为主，连片周边竹行、小海镇金属制品加工业。农场先期在工业集中区内投入200多万元，铺设了区内供水主管道2500米和两条高标准主干道路纬一、纬二路，实现了三通。南通开发区对农场工业集中区建设十分重视，专门印发《关于加快推进工业集中区建设的实施意见》，在政策上给予大力支持。

2006年，农场按照"敞开大门、接轨地方、服从规划、优势互补、共同发展、共建共荣"的方针，与南通开发区再次商定，在原有572亩工业集中区的基础上，扩大到3000亩，土地手续由南通开发区统一办理，招商主体由原来的农场单独招商扩大到由南通开发区一同招商。南通开发区在原有农场投资的基础上，对农场工业集中区加大投入，投入近亿元用于对工业集中区的基础设施建设，包括道路、自来水、排污管道、电力设施配套等，对工业集中区规划范围内涉及的农场五大队居民给予拆迁，享受南通开发区拆迁安置待遇。同年12月，根据江苏省国土规划部门政策，对2001年1月至2004年4月进入农场工业集中区的企业，没有办理合法用地手续的，经核实补充相关资料后，相关用地企业只要缴纳每亩10万元左右费用就可以补办合法征地手续。农场工业集中区内17家企业，补办了合法征地手续，取得了工业用地土地使用证。同时农场以江苏农垦南通农工商联合公司名义办理了两宗地共120亩工业用地手续，作为农场后续开发建设使用。该宗土地于2017年被南通开发区回购。

2007年底，农场工业集中区内共有企业25家，属农场招商引进企业19家，其中钢丝绳等金属制品加工企业有18家，年产钢丝绳20万吨左右，产值12亿元。其中规模以上企业11家，区内最大的企业南通巨力钢绳有限公司占地296亩，内有钢材交易市场、钢材热处理连续生产线12条，年生产钢绳和钢丝6万～7万吨，年产值6亿元左右，年利税8000万元左右。

2008年，农场工业集中区实际占地面积1400亩，入驻企业25家，年就业人数3314人，年销售收入12.95亿元，利润6027万元。

2010年，南通市人民政府对钢绳行业进行环境综合治理，将通海片区所有的钢绳制造前道工艺统一搬迁到农场工业集中区内，规划用地1000亩，但因国家对建设用地从严控制，实际只争取到点供指标300亩，建设了热处理中心和南通市钢绳废物污染处理中心——江苏荣信环保科技有限公司。

2011年，由于土地指标的限制，农场工业集中区规划基础设施虽基本到位，但项目用地无法落实，招商引资难度加大，工业集中区招商引资项目建设处于停滞状态。用于工业集中区建设的剩余农场土地，由南通开发区整体租赁，农场代耕代种，农场工业集中区划归南通开发区集中管理招商。

南通农场工业集中区内农场招商引进企业见表2-1-1。

表 2-1-1　南通农场工业集中区内农场招商引进企业一览

编号	企业名称	引进时间	主要从事行业
1	南通赛杰渔业钢绳有限公司	1999年1月	金属制品加工
2	南通市明星钢绳有限公司	2000年8月	金属制品加工
3	南通金鹰钢绳有限公司	2000年8月	金属制品加工
4	南通市江东钢丝制品有限公司	2000年8月	金属制品加工
5	南通市新星金属制品有限公司	2001年3月	金属制品加工
6	南通东方钢绳有限公司	2001年5月	金属制品加工
7	南通远东钢绳有限公司	2001年6月	金属制品加工
8	南通华通钢绳有限公司	2001年8月	金属制品加工
9	南通巨力钢绳有限公司	2002年1月	金属制品加工
10	南通开发区佑力金属制品有限公司	2002年5月	金属制品加工
11	南通凌龙特钢制品有限公司	2003年3月	金属制品加工
12	南通超凡纺织有限公司	2003年3月	金属制品加工
13	南通万豪钢绳有限公司	2003年3月	金属制品加工
14	南通开发区力强钢丝制品有限公司	2003年3月	金属制品加工
15	南通博旺钢绳有限公司	2003年4月	金属制品加工
16	南通泰瑞实业有限公司	2003年11月	金属制品加工
17	南通贝斯特钢绳有限公司	2003年12月	金属制品加工
18	南通博恒纺织有限公司	2004年3月	纺织制品加工
19	南通欧凯钢绳有限公司	2004年3月	金属制品加工

三、招商引资

20世纪90年代后期，农场完成场办企业产权制度改革，江苏农垦推进农场城镇化、工业化、产业化建设。从1999年4月农场引进第一家钢绳企业即南通赛杰渔业钢绳有限公司开始，农场围绕江苏省农垦集团公司"一体两翼"战略，开展农场招商引资工作，促进职工就业，减轻农场压力。

2000年，农场成立企业管理科，作为农场招商引资发展民营经济的职能部门，将场域私营企业和个体工商户管理纳入农场机关管理内容。同年，引进南通江东钢丝制品有限公司、南通金鹰钢绳有限公司等企业来农场工业集中区内租地办厂。

2001年4月，农场行政区划归南通开发区，农场的区位优势和资源优势更加突出，给农场的招商工作带来众多利好。同年，引进南通新星金属制品有限公司等企业来农场工业集中区内租地办厂。

2002年，苏通大桥开工在即，农场抓住机遇，大力招商引资，盘活农场闲置资产，利用农场产权制度改革后关停的闲置厂房对外招租出让，引进了机械制造、芦荟加工、毛绒织造、塑料制品、卫生用品等一批新的工业项目。新建工业企业8家，吸纳民资1760万元，年新增产值2500多万元，使50多名改制企业分流职工实现了再就业。同年，农场与南通开发区签署《合作开发南通农场地区协议书》，南通市规划局批准在农场中心河以北、三级河以南、沿张江公路两侧建立南通农场工业集中区，面积3000亩（初期指标572亩），作为农场招商引资的平台。

2003年，江苏省农垦集团公司提出"两个率先，富民强垦"主题，明确把招商引资、发展民营经济作为富民强垦的重要举措。农场成立招商引资工作领导组，企业管理科改为投资发展科，并在投资发展科内设立招商引资办公室，印发了《南通农场招商引资的激励政策》。农场按照"一切从企业出发，一切为企业着想，一切对企业负责，一切让企业满意"的工作思路，实行首问负责制，从项目洽谈、手续办理、立项审批、企业用地、水电安装、企业建设到投产运转的整个过程做到为企业全方位服务。招商引资的激励政策规定，农场成立招商机构，由场长、党委书记和各科室负责人组成招商工作领导组，制定目标任务，落实考核奖惩措施，凡引进中外合资、合作经营企业和外商独资企业，引进内资生产经营性企业的，对引进该项目的中介人给予按注册资金的5‰～10‰奖励；对引进资金包括引进无偿捐赠、基础设施建设投资、从事农业及土地开发、争取地方政府拨款的，按资金到位情况给予中介人1000～5000元的奖励；提供信息的包括提供投资商姓名、通信地址由农场招商引资部门联系而实现注册资本50万元以上的给予中介人2000～5000元的奖励。

2003年8月，农场第八届第二次职工代表大会通过了农场招商引资发展民营经济工作思路：一是争取农场工业集中区规划的批准，加强区内基础设施建设，做到三通一平，超前规划，功能分区，按步实施，基础配套，滚动发展；二是发挥农场的区位优势和土地资源优势，加大招商力度，狠抓组织领导和软硬件基础建设；三是突破招商思想障碍，加强招商组织领导和舆论宣传，由被动招商转为主动招商，加大对招商工作考核力度，在农场机关形成专业招商、部门招商和全员招商相结合的浓烈氛围；四是完善招商引资政策，包括对加入工业集中区企业的优惠政策和对招商有功人员的奖励政策；五是为民营企业提供一条龙服务，进场企业零障碍、服务民企零距离、工作质量零差错。2003 年，农场引进项目（企业）10 个，涉及纺织、钢丝绳加工、服装加工、奶牛隔离等 4 个领域，总投资 4450 万元，到位资金 2924 万元，提供就业岗位 302 个。同年，农场引进落实两个农业招商项目：一是在农场三十三大队成功引进了中国种畜进出口有限公司与南通牧工商公司合资组建的华东规模最大的进口奶牛隔离检疫场项目；二是与上海可久可大生物技术有限公司签订了租地种植万亩速生天意杨项目。这两个项目对促进农场农业结构调整、提高种养业规模效益、促进农业劳动力转移产生了深远的影响。

2004 年，江苏省农垦集团公司印发《江苏农垦国有农场招商引资奖励办法》，办法体现了江苏省农垦集团公司对招商引资和发展民营经济的重视。农场围绕集团公司"一体两翼"发展战略，充分发挥区位优势，克服招商瓶颈，引进企业 3 家，增资扩股 2 家，技术改造 1 家，全年引进资金 2934 万元，新增就业岗位 112 个。同时围绕江苏省农垦集团公司的要求，提高项目进场门槛和进场项目含金量，严格禁止污染项目进场。同年，南通巨力钢绳有限公司热处理中心改造磷化线，购置自动磷化线设备、热处理连续线设备、污水处理设备等共计 63 台套，总投资 2900 万元，投资后热处理磷化钢丝能力达到了 60000 吨，新增就业人员 90 多人。南通赛杰渔业钢绳有限公司投入 300 多万元，扩建厂房，增加设备，提高了生产能力。

2005 年，农场继续围绕"一体两翼"战略，敞开大门、服从规划、扬长避短，克服国家"用地控紧、审批从紧、银根收紧、能源趋紧"的政策困扰，引进企业 5 家，增资扩股 3 家，技术改造 2 家。农场华通钢绳有限公司和明星钢绳有限公司两家企业投入 2000 万元用于扩大再生产。远东、华通、赛杰 3 家钢绳企业生产红火，外贸订单不断，产品供不应求，3 家公司增资扩股追加注册资金 1245 万元。冠峰印染公司为了使企业在香港取得市场，一次性增资扩股 1000 万元。同年，农场利用 2004 年度南通开发区税收留成返还的 216 万元资金，帮助企业减免相关地方规费，减轻企业负担。农场为工业集中区内 17 家企业办理了建设用地合法转让手续，领取了土地证，总面积为 767.64 亩。

农场每年召开新春茶话会，召集区域内的规模民营企业主进行座谈沟通，主动为企业发展排忧解难，起到了以商引商的功效。加强企业管理，按照现代企业制度要求，农场寓管理于服务之中，对企业党建、安全生产、环境保护、计划生育、治安管理、统计资料等均按规定常抓不懈，组建了 7 个私营企业党支部，成立了 33 个私营企业基层工会组织，并成立了南通农场私营企业工会联合会，有 11 家企业达到了国家规模定报工业企业的标准。对企业经营者普遍进行了安全资格培训，考核取得上岗证书，场区内有 8 家企业通过了 ISO 9000 质量保证体系认证。农场通过农业招商，先后引进南通市大棚蔬菜基地、万头养猪场等项目，初步改变了农业结构调整的单一局面，有效规避单一结构带来的风险，提高了土地产出效率。

2006年，国家对使用非农土地控制比较严格，宏观的土地控紧给农场招商引资带来了工作难度，农场转变招商引资的工作思路，在巩固稳定原有企业的同时，转变招商引资观念：一是由追求总体数量型向追求单体规模型转变；二是由土地资源消耗型向资金密集型转变；三是由简单作坊型向劳动技术密集型转变；四是二产带动三产，二三产业齐发展。南通赛杰渔业钢绳有限公司、江苏泰瑞钢线有限公司、南通新华钢绳有限公司、南通辉弘金属制品有限公司4家民营企业技改投入2500万元。农场大桥广告公司在苏通大桥北接线广告牌的基础上，当年又增加了沿江高等级公路广告牌，追加投入150万元。全年招商引资到位资金4496万元，新建了6家企业，总注册资本750万元，新增农场就业人员142人。

2007年，为迎接国家卫生城市的达标验收和苏通大桥的通车，南通开发区集中开展烟囱、烟气整治工作。农场境内有44根烟囱，需要整治的有25根，当年投入了70多万元整治25根烟囱，通过整治彻底改变了农场钢绳企业烟囱林立、黑烟缭绕的历史。针对国家宏观调控形势，使用非农土地十分紧张的情况，农场决定将招商引资和农场二次创业有机地结合起来，当年农场招商引资到位资金6277万元，新增就业岗位160个。主要项目有工业集中区内赛杰钢绳、贝斯特钢绳、泰瑞钢线、华通钢绳、金达海绵、东方钢绳等企业建设近40000平方米的标准厂房，增添了先进的生产设备；新建企业10家，新增注册资金660万元；增资扩股企业2家，增加注册资金297万元；技术改造企业8家，投入资金5320万元。

2008年，国际金融危机、国内的雪灾和汶川地震等严重自然灾害，给农场的招商引资工作带来考验。农场出台刺激场域内民营企业发展的激励机制，利用苏通大桥通车机遇，鼓励现有企业做大做强，加大技改投入，提高土地的集约利用率。农场机关推行全程化、代理式服务，对进场项目的每个环节主动配合，全年招商引资6415万元，新增就业人员198人。其中，新建企业10个，增资扩股企业1个，技改扩产企业6个，超额完成江苏省农垦集团公司年初的考核指标。

2009年，农场被列入中新苏通合作园规划范围，南通开发区《关于中新苏通合作园区项目建设用地范围内保持土地利用现状的紧急通知》要求，中新苏通合作园区涉及农场土地35平方公里范围内维持土地利用现状不变，这给农场的招商引资工作带来困难。农场立足现有企业做大做强，提高企业的土地集约利用率，引导企业积极进行技术改造，提高产品的科技含量，强化企业管理，克服金融危机带来的不利因素，最大限度地提高企业的经济效益。充分利用农场现有的资源优势，把从二次创业活动中引进的场外资金作为农场招商引资的有效补充，走出了农场招商引资工作的新路子。农场和常州市市政建设工程有限公司、中新苏州工业园区市政公用工程建设有限公司、苏通园区控股有限公司合资建设中新苏通商品混凝土有限公司和中新苏通市政工程有限公司，主要从事商品混凝土及混凝土预制构件生产、销售，市政道路路面沥青和二灰碎石（或水稳土）搅拌制作、配送和摊铺等，两家公司注册资金4000万元，仅此项目引进场外资金2400多万元。另外农场收购南通宝腾汽车4S店40％股权，与江苏苏垦物流公司合作组建南通苏垦物流有限公司，为农场招商引资铺开新路。围绕新的招商工作思路，农场全年招商引资实现到位资金5500万元，提供就业岗位140个。

2010年是江苏农垦二次创业实施新三年国有经济总量再翻番目标的第一年，农场借势苏通园区入场的历史机遇，充分利用农场的资金优势，优化产业结构，全年完成招商引资5600万元，新增就业岗位150个，完成了江苏省农垦集团公司的考核指标。主要项目有南通明星钢绳有限公司、南通凌龙特钢制品有限公司等4家非公工业企业技改扩产，新建汇杰金属制品公司、竣竣家用纺织品公司2家非公企业。

2011年起，农场工业集中区招商引资项目建设处于停滞状态，农场工业集中区划归南通开发区集中管理招商，农场原用于工业集中区建设的剩余土地由南通开发区整体租赁，由农场代耕代种。南通开发区和苏通园区均要求农场保持土地使用现状，不得再对外招商出租。此后，农场招商引资工作主要以国有投资合作和固定资产投资为主，例如对中新苏通商品混凝土有限公司、江苏农垦新福地投资发展有限公司等进行增资扩股。

四、民营经济

农场民营经济作为职工致富新的经济增长点，来源于20世纪90年代场办企业产权制度改革。

1995年，农场成立发展民营经济工作领导组，并在农场工会下设办公室，鼓励和支持农场民营经济的发展，使非国有经济成分在农场经济总量中占有一定比例，成为国有经济的补充。

1997年12月起，农场根据江苏省农垦集团公司的部署，围绕国家经济体制改革的要求，在发展实体经济、优化产业结构的基础上，迈开场办企业改革改制的步伐。农场对24家场办二三产业工商运建服企业实施改制，通过关停并转、收缩重组、国退民进，制定优惠政策，招商引资发展民营经济。民营经济不仅优于从事农业种植的土地收益，还有国家许可范围内的财税返还，又有效盘活了农场闲置资产，使改制企业分流职工实现了再就业。通过发展民营经济，农场各业兴旺，职工增收，人们的生活质量明显提高，使农场弘扬企业文化和社区文化有了强有力的物质基础。

1999年4月，农场引进了第一家民营钢绳企业——南通赛杰渔业钢绳有限公司，此后受周边竹行、小海钢丝绳板块南向辐射，以钢丝绳加工为主的民营企业纷纷进驻农场，呈迅猛发展之势。农场抓住机遇，在苏通大桥北接线公路控制线以东、农场中心河以北五大队区域，沿张江公路两侧规划建设农场工业集中区，作为招商引进金属制品加工企业的平台，成为通州市通海片金属制品加工的延伸段。

2000年，农场成立企业管理科，作为农场机关管理和发展民营经济的职能部门，将场域私营企业和个体工商户管理纳入了正规管理范畴。农场民营经济主要由三大板块组成：第一板块是1997—2000年由原国有场办企业改制后成立的民营企业，行业涉及服装、皮鞋加工、砖瓦制造等；第二板块是全国钢绳加工基地之一的竹行、小海等乡镇民营企业向南辐射延伸而来农场投资的新建企业群，主要分布在农场工业集中区和场办改制关停企业闲置厂房内，行业涉及钢丝绳、服装、纺织、塑料等；第三板块是以农场职工个体挖掘业为主的土方施工户。

2001年4月，农场区划调整后，农场与南通开发区签订《合作开发南通农场地区协议书》，南通开发区同意在农场境内规划一个工业集中区，作为农场发展民营经济的平台，农场加强对招商引资和发展民营经济的组织领导和规划制定，利用南通开发区在农场开发建设和苏通大桥五年建设机遇期，放大区位、内抓机遇、外争政策、夯实基础、自加压力、抬高标杆、接轨地方、共建共荣、精心谋划农场特色的民营经济可持续发展之路。

2002年，农场围绕通州市政府批准的《江海镇总体规划》，抓住苏通大桥、沿江高等级公路和南通开发区港口工业三区建设机遇，加快江海镇旧城改造进程，增强江海镇区集聚功能，规划建设农场工业集中区。同时农场对来场投资者，只要法律许可，放宽一切市场准入限制，建立公平竞争机制，提高二三产业档次和水平。对有龙头带动作用、安置就业面广的二三产业，农场加大引导扶持力度，同时鼓励退职干部、在职干部投资、入股创业在政策允许的框架内，只要对提高居民收入有利，对发展一方经济有利，农场均放手发展。

2003年，农场打好"区位优势""土地资源""政策环境"3张牌，编印3000册《南通农场简介》，展示农场的基础环境、区位优势和发展前景。将发展民营经济工作纳入规范化、经营化管理轨道，确定由主管场长负责招商引资和民营经济发展工作，对原有属于招商职能部门的招商办、土管所等明确各自招商职能，规范工作程序，坚持一个口子对外，杜绝因职责重叠等原因造成各自为政和扯皮现象，形成工作合力。为激励招商，农场修订出台《关于招商引资的激励政策》，设置了引进项目奖、引进资金奖、提供信息奖。

在鼓励、倡导、大力发展民营经济的同时，农场坚持放管结合、松紧有度、管而不死。一是强化民企的安全生产、环境保护管理，完善统计上报制度；二是在场部镇区附近建立两个挖掘机等施工机械集中停放修理场所，解决业主的后顾之忧；三是抓住苏通大桥建设商机，在建设工地附近建造临时服务用房24间，向社会公开招租，发展餐饮服务行业。据不完全统计，2003年，农场民营工商及农机企业58家，其中：年营业额100万元以上的企业30家，从事个体土方施工和运输等农机作业688户，个体工商户367户，民营企业工商总注册资本5555万元，从业人员3193人，当年产值40671万元，资产总额36627万元。

2004年，农场围绕《江苏农垦国有农场招商引资奖励办法》发展民营经济，为农场职工和居民提供多渠道就业门路。据2004年全国第一次经济普查显示，场域内民营个体经营户721户，总就业人员1265人，年营业收入3615万元。场域内民营法人企业77家，就业人员2556人，年营业收入28780万元。民营经济涉及行业有钢绳加工、纺织印染、轧花、服装加工、物资批发零售、建材加工、机械加工修理、塑料制品、酿酒、农机作业、个体土方施工、餐饮休闲等。其中钢绳加工业和以个体挖掘机为龙头的土方施工业，成为场域内民营经济两大"亮点"。场域钢绳企业22家，总注册资本3550万元，资产总额1.2亿元，年创利税超千万元，从业人数1540人。民营农机及工程机械724台套，资产原值2.2亿元，从业人员2400余人，年创收近亿元。挖掘机总台数312台，资产原值19470万元，从业人员963人，年创收9500多万元，成为农场职工增收的重要来源。

2005年，农场为配套民营经济发展，投资数百万元，大力度推进场部小城镇道路、亮化工程、市场扩容、河道立驳清淤、绿化环卫等基础设施建设，农场城镇面貌不断改善，人气和商机不断聚集。农场在招商引资发展民营经济中追求4个转变：由追求总体数量型向追求单体规模型转变；由土地资源消耗型向资金密集型转变；由简单生产型向劳动技术密集型转变；由机器生产型向贸易服务型转变。做好"土地变资源，资源变资产，资产生效益"文章，2005年底场域内民营企业60家，个体经营户721户，民营经济的总资产3亿元，全年实现营业收入超5亿元。农场二三产业企业改制中的下岗职工、社会自然增长劳动力实现了再就业，解决了农场超一半人员的生活就业问题，极大地减轻了农场的就业压力，促进了农场区域的和谐稳定。

2006年，农场在发展民营经济工作中实施高效现代农业，推进农业土地租赁经营责任制的改革，致富农业职工，鼓励全民创业，围绕"强场靠国有经济，富民靠民营经济"的工作思路，出台了《关于加快农场民营经济发展的激励办法（试行）》。办法明确规定：一是投资商在农场工业集中区内投资，100％享受国家和地方政府所规定的有关优惠政策；二是当年营业收入实现1亿元或1亿元以上的企业，农场给予企业法人代表奖励5000元；

实现营业收入 5000 万～1 亿元的企业，农场给予企业法人代表奖励 3000 元；实现营业收入 3000 万～5000 万元的企业，农场给予企业法人代表奖励 1000 元；三是企业当年实缴税金 300 万元以上者奖 8000 元，当年实缴税金 201 万～300 万元者奖 6000 元，当年实交税金 101 万～200 万元者奖 4000 元，当年实交税金 51 万～100 万元者奖 1000 元；四是享受奖励的企业，必须是在农场注册登记、纳税、缴清土地租金，并列入农场统计口径，企业全年安全生产事故为零，无环境污染等。截至 2006 年底，农场区域内共有民营二三产业企业 90 家，其中工业企业 58 家，建筑企业 4 家，商业运输等三产企业 23 家，民营农机企业 5 家。个体工商户 490 户，土方挖掘经营户 380 户，民营企业 2006 年实现税收 1372 万元。场域内民营企业行业门类齐全，企业经营发展兴旺。民营经济使农场各业兴旺、职工增收，加快推进了农场"城镇化、工业化、产业化"建设，带动了商业、交通、运输、餐饮等相关产业的发展。

2007 年，农场抓住改革发展的机遇，通过优化经济结构，大力发展民营经济，不断转移农业劳动力，致富职工，以苏南民营经济发展经验为样板，创造"三优"投资环境。2008 年，全国第二次经济普查显示：农场场域内民营个体经营户 1070 户，就业人员 2618 人，年营业收入 25747 万元；场域内民营法人企业 125 家，总就业人员 4308 人，年营业收入 168894 万元。

2009 年，农场围绕江苏农垦二次创业的发展战略，按照江苏农垦"发展现代农业在全省领先，建设全面小康在全省争先"的要求，做大做强国有企业，培育壮大民营经济，策应沿江开发，依托大桥效应，调优一产、做大二产、主攻三产。农场为支持发展民营经济，报请南通开发区批准，在农场东三连新建农机停放及挖机修理配件门市部 10 个，每个门市部面积为 64 平方米，同时建设 4 个农机修理铺，每个修理铺占地 5 亩，建筑面积 265 平方米，公开出租给农场职工经营。

同年，农场结合经济发展情况对文件《关于加快农场民营经济发展的激励办法》进行了补充完善，该办法从 2008 年开始执行。对照该激励办法，2009 年度，农场对民营企业经营实绩对照考核条件进行了考核奖励，江苏巨力钢绳有限公司等 3 家企业合计奖励 81685 元。2011 年，农场对江苏巨力钢绳有限公司等 8 家民营企业共计奖励 115180 元；2012 年奖励 150655 元；2013 年奖励 118800 元。

2014 年，随着农场社区社会职能的剥离和农场公司制改造，南通开发区以"农场已不再承担社会职能及社会费用支付"为由，不再执行《合作开发南通农场地区协议书》中税收南通开发区留成部分的一半予以返还农场的协定。农场改制后，苏垦南通公司对原农场民营经济激励政策也不再执行。

第二章 农场企业

第一节 农场企业基本情况

2006年，江苏省农垦集团公司依据农垦实际，向全垦区发出了"二次创业"的号召。二次创业是壮大农垦国有经济，提高企业盈利水平，提升江苏农垦影响力的必要措施，是实现富民强垦、构建和谐垦区的重要途径，农场通过二次创业回归企业经营本色。

20世纪末和21世纪初，农场围绕江苏农垦产权制度改革的要求，在全面完成对场办工商运建服企业改革改制，国有经济退出，民营经济进入，组建多种经济所有制成分的有限责任公司。二次创业中，农场紧扣发展主题，快速完成发展理念、发展思路、发展定位的转变，加快农场经营职能的回归，依托区位交通优势、西部开发优势、土地资源优势和快捷资讯优势发展国有控参股二三产业企业，实施多元化经营战略，增强国有资本的盈利能力。把国有资本优先投入农场具有资源优势和相对垄断地位的二三产业，利用农场滨江临路的特色，发展特色产业，发展切合场情、具有发展前景的公路广告、化工物流、砂石经营、房地产等三产项目，实现"土地变资金，资金变资产，资产生效益"的目的，最终实现包括场域经济总量、国有经济实力、居民小康水平三提升。

2007年底，农场经产权制度改革后，还保留有全资企业苏垦南通电力公司、江苏农垦国营南通自来水厂、农场医院3家单位。

2008年，苏通大桥通车，农场作为大桥的北桥头堡，在做大做强全资企业苏垦南通电力公司的同时，积极寻找合作伙伴，用足农场资源优势，组建大桥、金达、江山等广告公司和南通宝腾汽车销售服务有限公司等参股企业。

2012年，江苏农垦国营南通自来水厂、农场医院2家单位在农场社区社会事务移交过程中一并移交给苏通园区江海镇区管理委员会，农场全资企业只有苏垦南通电力公司。

2013年11月，农场借壳江苏农垦南通农工商联合公司为载体，公司制改造为苏垦南通公司，和农场实行两块牌子、一套班子管理。农场改制后，苏垦南通公司为农场运行主体，经江苏省农垦集团公司批准，原农场所属控参股企业出资人由农场变更为苏垦南通公司，原江苏农垦南通农工商联合公司出资的企业也变更为苏垦南通公司出资。

第二节　全资企业

一、江苏农垦南通电力有限公司

江苏农垦南通电力有限公司前身是江苏建设兵团第四师变电所，于 20 世纪 70 年代初自筹资金建立。1985 年，被江苏省电力电业局批准为江苏省农垦唯一的占电力指标的趸售变电所。1989 年 7 月，经南通农垦公司批准成立南通农垦电力公司，注册资金 200 万元。1992 年，经江苏省农垦总公司批准成立江苏农垦南通电力公司，行政隶属于南通农垦公司。1997 年 9 月，苏垦南通电力公司划归农场代管，是一个独立核算、自负盈亏的国有法人企业。苏垦南通电力公司供电业务隶属南通供电局，用电计划由南通市三电办下达，成为南通地区供电系统"六县一市加农垦电力"乃至江苏地区独特的供电网络体系，也是江苏农垦唯一有供电运行和电力营销资格、营业执照的农垦电力公司。2009 年，因苏垦南通电力公司生产经营需要，增资扩股，农场增加投资资金 180 万元，企业注册资金 380 万元，将南通农垦公司所持苏垦南通电力公司的股权 200 万元划转由农场持有。2018 年，苏垦南通电力公司更名为江苏农垦南通电力有限公司。

苏垦南通电力有限公司成立以来，一直是以购、售电经营为主，兼营工程施工，主要从事区域内电网建设、运行与管理，经营网电销售业务、电力安装工程业务。公司具有机电设备安装工程专业承包三级资质，承装、承修电力设施四级，承试五级资质，已发展成为集电力供应、用电监察、电量抄收、计表校验、供电值班、维护抢修、工程预决算、电力设备安装和高低压设备检修等供用电于一体的电力企业。公司下设生产技术科、施工队、财务科、工程管理科 4 个部门，至 2020 年底，公司具有大专及以上学历人员 17 名，高级职称 1 人、中级职称 9 人、初级职称 10 人；注册二级建造师 4 人、注册安全工程师 2 人、注册会计师 1 人。

苏垦南通电力公司地处农场场部（今苏通园区江海街道太湖路），周边与南通开发区、海门搭界。起初，在南通市供电不能满足农场发展的情况下，农垦人自己投资建设了 35 千伏变电所，除了向农场、江心沙农场供电外，经过多年的发展，还为当时南通市供电不能到达的周边乡镇送去电源。供电范围包括南通市江海港区、通州市通州港区、江苏省军区东方红农场和小海、先锋、姜灶、南兴、竹行等部分村及开发区种畜场、良种场六大队、长桥港渔场、南通市司法警察训练基地、武警农场等地，地域范围东与海门搭界、北至三级河、南到江边、西至江海库区（长江边）。供电范围达 100 多平方公里，供电职能大大超出一个企业供电所的职能，事实上已经行使向社会供电的职能。

2002 年，江苏农垦启动第一轮农网改造，江心沙农场划归海门市供电，南通开发区竹行镇的五大队、十四大队划归竹行供电。调整后，苏垦南通电力公司供电范围减少到 70 多平方公里。改造后苏垦南通电力公司有 10 千伏开闭所 1 座，10 千伏供电线路 15 条，总长约 145 公里。辖区内专变用户近 300 户，居民用户 13000 多户。

苏垦南通电力公司经济效益一直较好，年对外供电量最高达 2.21 亿千瓦时，最高实现年营业收入 1.912 亿元，最高实现年利润总额 1656 多万元，为农场（苏垦南通公司）的经济发展做出了积极贡献。

2018 年，江苏省农垦集团公司同意《江苏农垦南通电力公司改制方案》，改制后，公司名称变更为江苏农垦南通电力有限公司，注册资本为 380 万元。同时，组建江苏农垦南通电力有限公司董事会、监事会。同年，农场响应国家"电力两改"政策，与国网江苏省电力公司南通供电分公司签订电力资产移交协议，分 3 年对所有线路进行改造并逐步移交。2020 年底，公司的供电线路及用户全部移交给南通供电公司。至此，江苏农垦 18 家农场供电管理的历史使命结束。根据《江苏农垦电力服务企业资源整合方案》精神，至 2020 年底，公司有 15 名人员转入到新成立的江苏凯惠电力工程有限公司南通分公司，其他 11 人仍留原公司。整合后的江苏农垦南通电力有限公司虽保留但不经营，主要业务是为以往的工程扫尾工作，同时承接供电公司电力营业厅外包业务。

二、南通元基商业管理有限公司

2007 年 2 月，随着南通开发区的南向开发和苏通大桥即将通车，农场区域内开发建设力度不断加大，给建筑材料销售市场带来契机。农场在团结闸注册成立南通元基建材有限公司（以下简称元基公司），主要从事建筑材料的批发零售、土石方施工。2010 年 9 月 13 日，江苏省农垦集团公司同意农场在南通农场闸上下游投资建造吊机码头，作为元基公司资产对外租赁使用，总投资 150 万元。2013 年，公司经营范围增加机械设备租赁，利用农场四号坝和团结闸两个码头经营建筑材料和土石方工程施工项目。

元基公司由农场与农场水利站范忠等（作为经营层）3 位自然人合资组建，注册资金 100 万元。其中农场出资 90 万元，占股 90%；范忠等 3 人作为岗位股出资 10 万元，占股 10%。2012 年 12 月，范忠等 3 人随农场水利站由农场移交苏通园区，不再作为公司的经营层，公司章程规定："公司自然人股本金为岗位股，在岗设股，不在岗位，按原价退出，产生效益按股分红"。2013 年 5 月，3 位自然人的岗位股 10 万元由农场原价收购，经工商部门登记，元基公司的股权结构为农场（以江苏农垦南通农工商联合公司名义出资）占股 100%，属农场独资的有限责任公司。

2014年4月，农场公司制改造为苏垦南通公司后，公司股权结构变更为苏垦南通公司占股100%。

2018年10月，为加强福地商业广场的物业管理和服务保障，公司名称变更为南通元基商业管理有限公司，经营范围增加了市场推广服务等内容。

元基公司成立之初，制定了公司章程，根据章程规定，公司未设股东会，设董事会，由4名董事组成；未设监事会，只设监事1人；经理层人数2人，每年召开董事会、监事会1次。元基公司同时建立健全公司议事规则，规范公司的经营与生产，公司自成立以来主要从事场地和设备租赁业务，效益比较稳定。

三、南通苏垦物流有限公司

根据江苏省农垦集团公司与南通开发区签订的用地协议以及农场与南通开发区多次协商结果，为顺利取得老通常汽渡码头土地的开发使用权，发展垦区物流产业，2009年6月29日，江苏省农垦集团公司同意由农场和江苏苏垦物流有限公司共同出资组建，投资设立南通苏垦物流有限公司，主要用于办理南通开发区通盛南路西、协和石化北的老通常汽渡码头182亩土地及223米长江岸线土地征用手续。

2011年9月7日，南通苏垦物流有限公司正式成立，注册资金5000万元。农场出资4000万元，占股80%；江苏苏垦物流有限公司出资1000万元，占股20%。主要经营范围：货物仓储。

2012年9月11日，经江苏省国资委批准，江苏苏垦物流有限公司将持有的南通苏垦物流有限公司的20%股权转让给江苏省农垦投资管理有限公司，转让后的南通苏垦物流有限公司股权结构中，农场占股80%，江苏省农垦投资管理有限公司占股20%。

2015年1月12日，经江苏省农垦集团公司批准，南通苏垦物流有限公司农场80%股权变更为苏垦南通公司持有。

第三节　控股企业

一、南通大桥广告有限公司

横穿农场场域内的苏通大桥北接线和沿江高等级公路是连接上海及苏南、苏北各地之间的高速黄金线，是中国南北公路交通大动脉的重要通道。农场境内有苏通大桥北接线高速公路9公里，沿江高等级公路8公里，农场充分利用资源和区位优势，与南通高速广告有限公司合资成立南通大桥广告有限公司。

南通大桥广告有限公司成立于 2006 年 12 月 13 日，注册资金 180 万元。由农场出资 108 万元，占股 60％；南通高速广告有限公司出资 72 万元，占股 40％。主要经营范围：苏通大桥北接线高速公路和沿江高等级公路农场段的户外广告设计、制作、代理、发布。

2014 年 4 月，农场公司制改造后，南通大桥广告有限公司股权结构变更为苏垦南通公司占股 60％，南通高速广告有限公司占股 40％。

南通大桥广告公司成立时公司章程规定，公司设股东会，股东 2 位；设董事会，董事 5 人；设监事会，监事 3 人；经理层人数 2 人。公司章程健全，每年召开股东会和董事会、监事会 2 次，制定公司议事规则，规范运行。

二、南通开发区江山广告有限公司

南通开发区江山广告有限公司成立于 2008 年 7 月 18 日，注册资金 30 万元。公司由农场出资 18 万元，占股 60％；南通开发区江山粮贸有限公司出资 12 万元，占股 40％。公司主要经营范围是：设计、制作、代理、发布国内各类广告业务，其他有形动产经营性租赁。

2014 年 4 月，经江苏省农垦集团公司批准，农场 60％股权全部转让给苏垦南通公司，南通开发区江山广告有限公司股权结构变更为：苏垦南通公司占股 60％，南通开发区江山粮贸有限公司占股 40％。

根据南通开发区江山广告有限公司章程规定：公司设股东会，股东 2 位；设董事会，董事 5 人；设监事会，监事 3 人；经理层人数 2 人，每年召开股东会和董事会、监事会 1 次。公司章程健全，围绕章程公司制定了议事规则，为公司正常规范运行提供了基础保障。

三、江苏中新苏通商品混凝土有限公司

2009 年，为发挥农场的区位优势，江苏省农垦集团公司董事会三届七次会议同意农场投资组建年产 40 万立方米预拌商品混凝土生产销售公司，即江苏中新苏通商品混凝土有限公司（以下简称公司）。公司成立于 2009 年 11 月 12 日，成立时注册资本 2000 万元，其中：农场出资 1180 万元，占注册资金比例 59％；常州市市政建设工程有限公司出资 420 万元，占注册资金比例 21％；中新苏州工业园区市政公用工程建设有限公司出资 400 万元，占注册资金比例 20％。公司设股东会，股东 3 位；设董事会，董事会成员 5 人，由股东会推选产生，股东中新苏州工业园区市政公用工程建设有限公司推选董事 1 名，股东常州市市政建设工程有限公司推选 1 名董事，股东农场推选 3 名董事。公司设监事会，由

3名监事组成。公司主要经营范围：商品混凝土及混凝土预制构件生产、销售，建筑脚手架、建筑机械设备和建筑器材的租赁、销售，土石方工程，河道整治、水利设施建设，建材销售，城市园林工程，环保绿化工程，机械工程，路基、路面工程施工，市政工程养护。同年12月21日，江苏省农垦集团公司同意由农场为江苏中新苏通商品混凝土有限公司和江苏中新苏通市政工程有限公司两家企业投资建设生产经营所需房产，建成后由两公司租赁使用。

2010年12月31日，公司股权结构调整为：农场出资1020万元，占注册资金比例51%；南通苏通科技产业园控股发展有限公司出资360万元，占注册资金比例为18%；常州市市政建设工程有限公司出资340万元，占注册资金比例为17%；中新苏州工业园区市政公用工程建设有限公司出资280万元，占注册资金比例为14%。公司股东会由4位股东组成，公司设董事会，成员7人，由股东会推选产生，股东中新苏州工业园区市政公用工程建设有限公司推选1名董事，股东常州市市政建设工程有限公司推选1名董事，股东农场推选4名董事，股东南通苏通科技产业园控股发展有限公司推选1名董事。公司设监事会，由4名监事组成。

2011年9月8日，公司增资扩股，注册资金由2000万元增加为4000万元，其中：农场出资2040万元，占注册资金的51%；南通苏通科技产业园控股发展有限公司出资720万元，占注册资金的18%；常州市市政建设工程有限公司出资680万元，占注册资金比例为17%；中新苏州工业园区市政公用工程建设有限公司出资560万元，占注册资金比例为14%。

2014年4月，经江苏省农垦集团公司批准，原股东农场股权变更为苏垦南通公司，出资2040万元，占股51%。公司章程规定，公司股东会由4个股东组成，董事会由7名董事组成，监事会由4名监事组成，经理层由4人组成。建立健全公司议事规则，聘请上海交通大学专家协助公司进行战略研究，为公司的正常运行提供强有力的保障。

2016年，经江苏省农垦集团批准，苏垦南通公司将持有的江苏中新苏通市政工程有限公司的14%股权与中新苏州工业园区市政公用工程建设有限公司持有的江苏中新苏通商品混凝土有限公司的14%股权进行置换，置换对价差额70.16万元由中新苏州工业园区市政公用工程建设有限公司以现金支付苏垦南通公司。置换后公司的股权结构为苏垦南通公司占股65%，南通苏通科技产业园控股发展有限公司占股18%，常州市市政建设工程有限公司占股17%。

2017年，公司由于市场因素，连续多年亏损严重，公司实施关停。江苏省农垦集团公司同意苏垦南通公司对公司固定资产及部分流动资产的处置方案，即苏通园区以1350

万元收购中新苏通商品混凝土公司资产，同意苏垦南通公司对该公司所投资的房屋资产按园区正常的拆迁程序，经评估后给予拆迁。

四、南通保诚物业管理有限公司

南通保诚物业管理有限公司（以下简称保诚物业），注册资本 50 万元，其中农场出资 30 万元，占股 60%；自然人周燕出资 20 万元，占股 40%。保诚物业于 2009 年 4 月 7 日经南通工商行政管理局开发区分局注册成立，经工商核准的公司经营范围为：物业管理、维修、养护；装潢材料（油漆除外）销售；楼宇机电配套设备维修；清洁卫生服务；庭院绿化服务。注册地址为农场江山路 668 号，租赁农场国有房产作为办公用房。

保诚物业是江苏农垦新福地投资发展有限公司建设秀江苑职工公寓楼后续物业管理的配套项目。秀江苑建成后，由于南通开发区规划调整，无人员入住，经农场与南通开发区协商后将秀江苑公寓楼整体出售给江苏炜赋集团（其中 1 号、2 号综合楼仍留在新福地公司，后转让给苏垦南通公司），保诚物业于 2014 年 6 月 19 日经南通工商行政管理局开发区分局注销。

第四节　参股企业

一、江苏农垦新福地投资发展有限公司

江苏农垦新福地投资发展有限公司（以下简称新福地公司）由农场和江苏省农垦集团公司、江苏省农垦通宇房地产有限公司共同投资组建。新福地公司位于农场江海镇（今江山路 668 号），成立于 2006 年 12 月，注册资金 3000 万元。新福地公司成立时农场出资 1800 万元，占股 60%；江苏省农垦集团公司出资 750 万元，占股 25%；江苏通宇房地产开发有限责任公司出资 450 万元，占股 15%。公司经营范围为房地产投资、开发、经营及相关信息咨询、房屋租赁、物业管理。

新福地公司成立主要为负责承建南通开发区港口工业三区企业配套居住规模的职工公寓及配套生活设施。该项目为占地 15 万平方米、供 1.5 万人居住的职工宿舍公寓，是南通开发区为改善投资环境、解决企业消防和社会治安等诸多隐患，以及满足在南通开发区港口工业三区的外来务工人员工作、生活之需而规划建设的。项目分两期建成，一期工程占用建设用地 75 亩，建职工宿舍 22 幢，楼高 3～6 层，绿化率 39%，建筑面积 70500 平方米。2007 年 10 月 12 日，公寓楼项目在农场进行了项目奠基仪式，由南通建筑设计研究院负责设计，桩基工程于 2007 年 12 月进场施工，翌年 3 月底结束。工程分 A、B 两个

标段，A 标段由上海荣欣建筑装饰工程有限公司建设，B 标段由南通中房建设工程有限公司建设，土建工程 2008 年 4 月 18 日正式开工。工程总投资 1.5 亿元（含配套公建、装潢、绿化费等），于 2008 年 12 月底竣工，竣工后命名为"秀江苑"职工公寓。工程竣工后经审计总投资 1.512 亿元，建筑面积 59360.23 平方米，其中宿舍楼及附属设施建筑面积 52247.55 平方米，1 号、2 号配套公建楼面积 7112.68 平方米，单位建筑成本 2547 元/平方米。

2011 年，秀江苑 22 幢楼中除 1 号、2 号配套公建楼外，其他 20 幢宿舍楼及附属设施整体由新福地公司转让给南通开发区。2014 年，秀江苑 1 号、2 号配套公建楼由新福地公司转让给苏垦南通公司，作为苏垦南通公司对外出租商业门面资产。

2013 年 9 月 12 日，新福地公司股权调整，江苏通宇房地产开发有限责任公司受让江苏省农垦集团公司的 25％股权和农场的 20％股权，受让后新福地公司注册资金 3000 万元的股权结构变更为江苏通宇房地产开发有限责任公司投资 1800 万元，占股 60％；农场投资 1200 万元，占股 40％。同时将公司注册地址由南通开发区农场江海镇变更为苏通园区江安路 33 号。

2014 年 1 月 20 日，农场公司制改造，新福地公司原股东农场股权变更为苏垦南通公司。

2014 年 2 月 25 日，新福地便利中心（今福地商业广场）项目通过苏通园区立项核准。新福地便利中心项目是新福地公司于 2013 年 4 月 28 日通过挂牌出让方式，取得 C13011 地块的国有建设用地的土地使用权。项目地块位于苏通园区江安路东、苏四路西，用地面积 21578 平方米，用地性质为商业、商务办公用地。建设办公、商业及配套用房，总建筑面积 35102 平方米（地上建筑 17262 平方米，地下建筑 17840 平方米）。项目于 2014 年 4 月开工，2016 年 4 月底竣工，项目总投资 15159 万元。

2015 年 9 月 17 日，新福地公司江景瑞园项目通过苏通园区立项核准，2014 年 10 月，通过挂牌出让，新福地公司取得 R14007 地块的国有建设用地土地使用权。项目地块位于苏通园区江嘉路东、景盛路西、海伦路南、通四河北，总用地面积 80882 平方米，用地性质为二类居住用地。项目用地作为房地产开发项目，总建筑 180000 平方米（地上建筑 129000 平方米，地下建筑 51000 平方米），包括高层住宅、低层住宅及配套用房等，项目于 2015 年底开工，2018 年 6 月底竣工，项目总投资 5.4 亿元。

2015 年 11 月 2 日，新福地公司增资扩股，注册资金由 3000 万元增至 9000 万元，增资后股东江苏通宇房地产开发有限责任公司投资 5400 万元，占股 60％；苏垦南通公司投资 3600 万元，占股 40％。

二、南通宝腾汽车销售服务有限公司

南通宝腾汽车销售服务有限公司（以下简称宝腾公司）为上汽大众授权经销商，成立于 2006 年 4 月，由 3 家股东合资组建而成，注册资本 800 万元。宝腾公司成立时股东江苏省苏舜工贸集团有限公司出资 280 万元，占股 35%；通州市苏舜汽车销售服务有限公司出资 440 万元，占股 55%；南通嘉宇国际车业有限公司出资 80 万元，占股 10%。宝腾公司注册地为南通市长江中路 129 号。宝腾公司的主要经营范围是汽车、摩托车、机动车配件销售及售后服务，二手车交易，汽车维修养护美容装潢、机动车信息咨询、汽车租赁、自有房屋出租。

2011 年 12 月，江苏省农垦集团公司同意苏舜公司和农场联合收购南通宝腾公司部分股权。2012 年 5 月，农场成为宝腾公司股东之一，企业经营管理隶属于江苏省农垦集团公司旗下以汽车产业为主营业务的江苏省苏舜集团有限公司。宝腾公司的注册资本 800 万元，股权结构为：江苏省苏舜集团有限公司出资 320 万元，占股 40%；农场出资 320 万元，占股 40%；施继峰出资 160 万元，占股 20%。

宝腾公司是南通地区唯一国企性质上汽大众 4S 店，多年来专业销售上汽大众 Polo、朗逸、凌渡 L、帕萨特、途观、途岳、途昂、威然、纯电 ID 等系列品牌车型。宝腾公司拥有上汽大众全新一代数字化展厅，是集整车销售、售后服务、配件销售、信息反馈、汽车金融、二手车置换及销售、汽车俱乐部于一体的 6S 服务中心。宝腾公司始终秉承"客户至上、服务至上"的原则，始终坚持"诚信发展"的经营理念，诚信经营、精益求精，致力于服务每一位汽车用户，以不断提升客户满意度为目标，赢得了广大用户的信赖，建立了良好的客户服务口碑，同时也多次获得上汽大众四星级经销商等荣誉表彰。

2018—2019 年，宝腾公司因国家建设需要，拆迁搬至南通开发区通富南路 37 号。老店新开，重建升级了展厅形象，更新了专业设备，并全力打造南通宝腾"宝师傅"保姆式团队服务品牌，为广大客户提供买车放心、用车舒心、线上线下融合的优质服务体验。

三、南通市通常汽渡有限公司

1992 年 5 月，江苏省南通市轮船运输公司（后改制为南通江海通集团有限公司）为适应南通市对内搞活、对外开放的需要，遵照市政府领导及有关部门的意见和安排，在农场所属 7 号坝附近建造汽渡码头及相应公路，开辟南通至常熟的汽车渡运业务。汽渡码头建在农场 7~8 号丁坝之间，南通开发区东方大道 1 号位置，占地 189 亩，占有效长江岸线约 220 米。鉴于农场为维护沿江岸深水航道在防汛保坍工作方面做出的巨大贡献，南通市同意农场要求按工程总投资 20％入股，余股 80％由江苏省南通市轮船运输公司投入。具体入股方式是江苏省南通市轮船运输公司以自筹资金和技术作为现金投入，农场以工程所用土地拨用费作为现金投入，现金投入后的不足部分由江苏省南通市轮船运输公司统一贷款解决。1992 年 9 月 23 日，南通江海通集团有限公司（前身江苏省南通市轮船运输公司）和农场按 8∶2 比例联合投资组建联营企业，即南通市通常汽渡有限公司（以下简称通常汽渡），生产经营活动实行独立核算。主要经营范围是长江汽车摆渡运输（短途）、汽车配件、船舶配件销售、自有房屋租赁、设备租赁。

1996 年 7 月 1 日，通常汽渡经南通市工商行政管理局核准注册登记，成立时注册资金 1400 万元，农场投资 280 万元，占股 20％；南通江海通集团有限公司投资 1120 万元，占股 80％。

1998 年 12 月 22 日，通常汽渡董事会决定，将以往年度已分未付利润 234.1036 万元中的 234 万元用于增资扩股。1999 年，通常汽渡注册资金为 1634 万元，其中：农场投资总额 326.80 万元，占注册资金的 20％；南通江海通集团有限公司投资总额 1307.20 万元，占注册资金的 80％。

2014 年 4 月，通常汽渡原股东农场股权变更为苏垦南通公司，占股 20％。

通常汽渡南北两码头为两通道四泊位，南北两码头间水上航行距离 6 公里，渡轮航行时间不到 25 分钟，日通过能力最大可达 15000 辆，是长江中下游地区规模最大的汽渡码头。通常汽渡北岸接盐通高速、宁通高速、204 国道、省 336 线，南岸接沿江高速、苏嘉杭高速、204 国道，交通四通八达，是苏北通往上海最便捷的通道之一。2008 年，苏通大桥通车后，通常汽渡作为重要的战备通道，是苏通大桥重要的辅助通道、补充通道，目前拥有 8 艘渡轮，车流量以货车为主。

四、南通市金达广告有限公司

2007 年 4 月，南通市金达广告有限公司由农场与江苏金达广告有限公司联合投资兴办，注册资金 80 万元。其中农场（以江苏农垦南通农工商联合公司名义出资）出资 32 万元，占股 40％；江苏金达广告有限公司出资 48 万元，占股 60％。公司主要经营范围为苏通大桥北接线高速公路农场段的户外广告设计、制作、代理、发布。公司主要由江苏金达广告有限公司管理经营，农场固定分红。

2014 年，农场公司制改造后农场持有股份变更为苏垦南通公司持有，占股 40％。

五、南京市溧水区苏垦农村小额贷款有限公司

南京市溧水区苏垦农村小额贷款有限公司（以下简称小贷公司）成立于 2012 年 3 月

26 日，由江苏省人民政府金融工作办公室批准设立，组织形式为有限责任公司，企业类别为国有绝对控股。企业成立时注册资本 10000 万元，实收资本 10000 万元，出资人为江苏省农垦投资管理有限公司、江苏省盐业集团有限责任公司、江苏苏垦物流有限公司、江苏大和能源有限公司、孔军等 5 家股东，持股比例分别为 32%、18%、8%、30%、12%。

2013 年 1 月，江苏大和能源有限公司将其所持有的小贷公司 15% 股权转让给石蓉。2014 年 4 月，石蓉将其所持有的小贷公司 15% 股权转让给南京炬达投资有限公司。2014 年 7 月，江苏苏垦物流有限公司将其所持有的小贷公司 8% 股权转让给江苏省农垦投资管理有限公司。2016 年 5 月，江苏省农垦投资管理有限公司增加苏垦南通公司作为苏垦小贷公司股东，并受让 2500 万元，另司法冻结的股权 1500 万元由江苏省农垦投资管理有限公司受让。2016 年 8 月，南京炬达投资有限公司将其所持有的小贷公司 15% 股权转让给苏垦南通公司；孔军将其所持有的小贷公司 10% 股权转让给苏垦南通公司，2% 股权转让给江苏省盐业集团有限责任公司。2018 年 2 月 27 日，股东江苏大和能源有限公司持有的小贷公司 15% 股权因股东自身经济纠纷作为标的物在南京市鼓楼区人民法院司法拍卖网络平台公开竞价，江苏省农垦投资管理有限公司在此次公开竞价中以最高价胜出，取得小贷公司 15% 的股权。

截至 2020 年 12 月 31 日，小贷公司实收资本 10000 万元，其中国有资本 10000 万元，主要出资人为江苏省农垦投资管理有限公司、苏垦南通公司、江苏省盐业集团有限责任公司，持股比例分别为 55%、25%、20%。

小贷公司主营业务为面向中小企业和个人开展贷款业务、提供融资性担保业务、开展金融机构业务代理及经过监管部门批准的其他业务。小贷公司自成立以来至 2020 年年末，累计实现贷款金额 13.97 亿元，服务客户 1074 户。2020 年末在岗职工 9 人，其中，总经理 1 人，副总经理 1 人，信贷业务经理 2 人，风控经理 3 人，法务 1 人，财务 1 人。2020 年实现营业收入（贷款利息收入）1188.39 万元，利润总额 933.13 万元，净利润 715.47 万元，净资产收益率 6.32%。

小贷公司秉承"诚信为伴，行稳致远"的经营宗旨，以小微企业、农民、城镇低收入人群等为重点服务对象，践行普惠金融观念，支持实体经济发展。小贷公司主要产品包括：①助农贷，以小微企业、农民、城镇低收入人群等为重点服务对象，向符合条件的"三农"及小微企业发放贷款，贷款额度 1 万～200 万元，贷款期限 3 个月至 1 年；②置业贷，为现金流紧张的小微企业、个体工商户提供放贷且 1 年内分期归还的贷款服务；③易车贷，主要针对流通性二手车交易商户，在一定时期内给予最高额授信，在最高额授信内循环使用的流动资金贷款服务；④苏垦贷，针对有实际生产、经营资金需求，但是缺乏有效抵押、担保措施的优质自然人，提供的最高 200 万元贷款的服务产品；⑤房押贷，主要以普通住房一押和二押为风控方式的贷款产品，金额为 300 万元以下。

小贷公司 2017—2019 年连续三年被江苏省金融办评为 A 级小贷公司，2020 年被评为 AA 级小贷公司。小贷公司 2017—2020 年近 4 年来贷款规模稳步扩大，年末贷款余额分别为 7523.05 万元、9699.02 万元、12142.27 万元、13010.94 万元，并且信贷风险防控和内控制度持续规范，虽然贷款规模增加但连续 4 年未出现新增不良贷款。近 4 年营业收入分别为 671.83 万元、884.52 万元（环比增长 31.66%）、1049.78 万元（环比增长 18.68%）、1188.39 万元（环比增长 13.20%）。

六、江苏省农垦麦芽有限公司

2007 年 10 月 24 日，江苏省农垦集团公司第二届董事会第十次会议通过了江苏农垦新建年产 10 万吨麦芽企业项目的议案。江苏省农垦麦芽有限公司系由江苏省农垦集团公司、江苏省东辛农场、江苏省黄海农场、江苏省滨淮农工商实业总公司、江苏美尔姿集团有限公司、江苏省弶港农场及农场共同出资组建而成的有限责任公司。公司成立于 2007 年 12 月，成立时注册资本 29500 万元，分 2007 年 12 月、2008 年 10 月、2009 年 2 月 3 次出资到位。江苏省农垦麦芽有限公司是江苏省农垦集团公司的控股企业，江苏省农垦集团公司出资 13500 万元，占注册资本比例 45.76%；农场参股其中，出资 5000 万元（2007 年 12 月 19 日出资 700 万元，2008 年 10 月 27 日出资 300 万元，2009 年 2 月 26 日出资 4000 万元），占注册资本比例 16.96%。

2013 年 9 月，经江苏省国资委同意，农场公司制改造后将持有的江苏省农垦麦芽有限公司股权 5000 万元上缴给江苏省农垦集团公司，农场不再是公司股东。

七、江苏中新苏通市政工程有限公司

2009 年 9 月，江苏省农垦集团公司同意农场联合中新苏州工业园区市政公用工程有限公司等单位组建江苏中新苏通市政工程有限公司（以下简称市政公司）。市政公司成立于 2009 年 11 月 12 日，成立时注册资本 2000 万元，其中中新苏州工业园区市政公用工程建设有限公司出资 1180 万元，占注册资金比例为 59%；常州市市政建设工程有限公司出资 420 万元，占注册资金比例为 21%；农场出资 400 万元，占注册资金比例为 20%。

市政公司设股东会，股东 3 位，设立董事会，董事会成员 5 人由股东会选举产生，股东中新苏州工业园区市政公用工程建设有限公司推选 3 名董事，股东常州市市政建设工程有限公司推选1名董事，股东农场推选1名董事。公司设监事会，由3名监事组成。

市政公司主要经营范围：市政管道工程的市政建设，通用工业及民用建筑施工及设备安装，道路、桥梁、隧道基础设施，土石方工程，河道整治、水利设施建设，地基与基础工程，城市园林工程，环保绿化工程，机械工程，结构工程，路基、路面工程施工，市政工程养护，市政道路路面沥青和二灰碎石搅拌制作、配送及摊铺。

2010年12月31日，市政公司股东会决定，市政公司注册资金2000万元股权结构调整为：中新苏州工业园区市政公用工程建设有限公司出资1020万元，占注册资金比例为51％；南通苏通科技产业园控股发展有限公司出资360万元，占注册资金比例为18％；常州市市政建设工程有限公司出资340万元，占注册资金比例为17％；农场出资280万元，占注册资金比例为14％。

股东调整后公司董事会成员7人，由股东会选举产生，股东中新苏州工业园区市政公用工程建设有限公司推选4名董事，股东常州市市政建设工程有限公司推选1名董事，股东南通农场推选1名董事，股东南通苏通科技产业园控股发展有限公司推选1名董事。公司设监事会，由4名监事组成。

2011年9月8日，公司增资扩股，注册资金由2000万元增加为4500万元。其中：中新苏州工业园区市政公用工程建设有限公司出资2295万元，占注册资金比例为51％；南通苏通科技产业园控股发展有限公司出资810万元，占注册资金的18％；常州市市政建设工程有限公司出资765万元，占注册资金比例为17％；农场出资630万元，占注册资金的14％。

2014年4月，经江苏省农垦集团公司批准，原股东农场股权变更为苏垦南通公司。公司章程规定，公司股东会由4个股东组成，董事会由7名董事组成，监事会由4名监事组成，经理层由4人组成。

2016年，经江苏省农垦集团公司批准，苏垦南通公司将持有的江苏中新苏通市政工程有限公司的14％股权与中新苏州工业园区市政公用工程建设有限公司持有的江苏中新苏通商品混凝土有限公司的14％股权进行置换，置换对价差额为70.16万元，由中新苏州工业园区市政公用工程建设有限公司以现金支付苏垦南通公司。置换后苏垦南通公司退出该公司，不再占有该公司股份。

2017年，市政公司实施改制，职工买断工龄实施分流，市政公司由南通百臻工程公司经营至今。农场的土地、建设的房屋等固定资产继续实施租赁经营，2020年经过评估审计，委托南通星海拍卖公司公开拍卖，房屋被南通百臻工程公司拍得。

八、江苏凯惠电力有限公司

2018 年，苏垦南通公司响应国家"电力两改"和企业"三供一业"分离政策，与国网江苏省电力公司南通供电分公司签订了电力资产移交协议，分 3 年对所有线路进行改造并逐步移交。至 2020 年底，江苏农垦所有农场及公司的供电线路及用户全部移交给地方供电公司，农垦农场供电管理的历史使命结束。为求得企业生存发展，2020 年 12 月，江苏省农垦集团公司出台《江苏农垦电力服务企业资源整合方案》，根据方案，苏垦南通公司参股江苏凯惠电力有限公司投入资金 750 万元，占注册资金比例 15％，注册成立江苏凯惠电力工程有限公司南通分公司，原苏垦南通电力有限公司 15 名人员转入新成立的分公司，承接相关电力工程业务。

第三章　基础设施

第一节　城镇建设

一、农场小城镇建设

1976 年，农场有 5 万多亩耕地，2 万多人口，新老场部两个工商区，农场的场办工商运建服及文教卫生事业等单位主要集中在新场部（今苏通园区江海街道江海镇所在区域）。随着新场部人口集聚度不断提升，新场部初步成为农场政治、经济、文化中心。同年，农场首次提出小城镇建设规划，在已有的基础上，以现有商业区为中心，在新场部办公大楼（今苏通园区公安分局）以东东西向公路（今为江山路）两侧建镇，形成东西一条街。同时为方便职工群众，在一、二分场和三、四分场各设一个商业供应服务点。

1986 年 8 月 22 日，农场第二届第一次职工代表大会通过场部小城镇规划、住宅及公路桥梁建设规划：以场部为中心，对现有街道进行改造，形成十字大街，四周建成公路网，左侧大仓库，西边新增南北公路一条，与二分场南公路、北公路及四分场通往东方红农场公路相连接。大街两端已有从三大队十字路口的西经二中至四号坝公路，大街北端即规划中的大路向西经轧花厂过中心河桥与大仓库西新建公路相接、形成环镇一周路网，四通八达。

功能区域的划分：一是行政管理区位置不变，在场部办公大楼（今苏通园公安分局）东侧建造一幢与之对称的办公楼，2 幢楼房前后都建造各种图案对称的花坛，四周种植常绿树木，形成一个环境幽静的行政管理中心；二是商业中心区，从建材厂向东开辟一条大街直通东公路，在现运输队大门处交叉成十字街道，形成农场城镇市容，商业中心建有 4～5 层贸易大楼及银行、邮局、税务所等综合楼，十字街向东西南北方向延伸成照相、理发、印染、冷饮、餐馆以及其他服务性等商业街道。十字街东南向有包括放映厅、阅览室、少年宫的职工俱乐部；三是工业区规划在中心大街北端东西公路南北两侧；四是以二中为文教卫生区域中心不变，医院建在小学教育楼西首，东西与小学教育楼成直线，酒车间改建为中心幼儿园；五是居住区，规划以场部行政管理区为中心，分东、中、西 3 个居民住宅区，东片即西三连和一机连、汽修厂的位置，中片即场部人员住宅区、医院及化工厂住宅区，西片即二中北侧。运输队汽车站迁往一机连南边，位于东西大街入口处，原汽车站房址改建农场派出所。

1993年1月16日，农场成立城镇管理委员会，出台《南通农场城镇管理条例》，划定农场小城镇的区域范围：南至通常汽渡大路（后命名张江公路）、北至农场中心河、西至农场第二中学西河边、东至运输队（包括中心队十字路口）。城镇管理的主要内容：

一是绿化管理，小城镇绿化全面规划，统一安排，实行"三包""五定"，"三包"：包栽、包管、包活；"五定"：定人员、定管理地段、定管理株数、定成活率、定奖赔。

二是建筑管理，统一规划、合理布局、因地制宜、综合开发、配套建设、节约用地，城镇规划区内居民新建、扩建、改建、翻建、转让私有住房必须经农场城镇管理委员会签署意见后到农场土地管理所办理建房等相关手续，经批准后再到农场城镇管理委员会备案。私有房屋出租双方当事人应持相关证件到城镇管理委员会办理手续。

三是卫生管理，场部建有固定的垃圾堆场集散地，配有专职卫生工人和运输力量。规划区内各单位必须自建垃圾坑，将工业和生活垃圾分开堆放，实行"门前三包"，无垃圾、无杂草、无积水，并对职工进行经常性卫生教育。

1993年11月5日，农场报告通州市人民政府，要求把农场场部的小城镇规划区设置为非建制的自然镇，命名为"江海镇"。设置自然镇后的农场不设镇政府，农场原有的隶属关系不变，所有制性质不变。1994年6月，通州市地名管理委员会同意将农场场部驻地命名为江海镇（自然镇）（通名委〔1994〕2号文）。

1995年9月，农场为加强江海镇管理，把江海镇建设成为文明、卫生、繁荣的新型集镇，制定印发《南通农场江海镇管理条例》，条例明确了江海镇范围、主要管理内容及居民文明要求和奖罚措施。

1997年7月，为加强江海镇区内的卫生、绿化、建筑、水电、户籍、退休工人、社会治安等社区管理，农场在江海镇区分别成立"莫愁新村居民管理委员会""腾飞新村居民管理委员会""桃李新村居民管理委员会"，居民管理委员会隶属于农场城镇管理办公室。各居民管理委员会分管区域为：莫愁新村居民管理委员会分管范围为原西三大队居民点、汽修厂南居民点、紫琅路及张江公路招商区居民点；腾飞新村居民管理委员会分管范围为长江路（今江山路）南江海南路（今南太湖路）两侧居民住宅区；桃李新村居民管理委员会分管范围为中学、小学生活区及中学南居民点。

1998年1月，农场重新修订《南通农场江海镇管理暂行办法》，规定：农场城镇管理办公室是农场江海镇的主管部门，下设新村居民管理委员会，并依照本办法对江海镇进行管理，重新界定了江海镇区域为南至通常汽渡大路、北至中心河、西至中学西河边、东至张江公路东 100 米。管理内容为该区域内的卫生、绿化、道路、建筑、水电、户籍、退休工人、计划生育、物业、社会治安等。同时根据整个江海镇区的居民居住现状，农场成立"江海新村居民管理委员会"，分管范围为江海北路（今太湖北路）两侧的居民住宅区、加工厂住宅区、建材厂住宅区，居民管理委员会隶属于场城镇管理办公室。

1998 年 11 月 8 日，在农场场部招待所召开江海镇总体规划评审会，江苏省农垦集团公司、南通市建委、通州市人大、市政府、通州港区、通州市建委、交通、环保、国土、邮电、水利、消防等部门的专业技术人员组成规划评审组，对规划成果进行了评审，农场有关领导和技术人员参加了评审会。

1999 年 7 月，农场老场部成立"大明居民管理委员会"，对老场部周围经二路两侧、新江海机械厂厂区及住宅区、江边商业公司东商店、大明小学西侧等有关住宅区的卫生、绿化、建筑、水电、户籍、退休工人、计划生育、社会治安等事务进行管理。

2000 年，农场对小城镇建设的物业管理、安居工程、环境卫生、城市绿化、市场管理、道路养护、殡葬服务等管理日益完善，制度健全。农场农贸市场被评为通州市文明市场。

2001 年 3 月 26 日，通州市人民政府下发文件《关于南通农场场部（江海镇）总体规划批复》，同意农场编制的《江海镇总体规划（1997—2010）》。

集镇性质：农场场部为南通农场和通州港区的政治、经济、文化中心，通州港区的生活服务基地。

集镇规模：人口规模，2000 年为 0.9 万人，2010 年为 3 万人。

用地规模：2000 年为 90.6 公顷，2010 年为 260.4 公顷。

规划建成区范围：西至农场十三大队，南、东至张江公路，北至二大队种鸡场，总面积 290 公顷，其中建设用地 260.4 公顷。

发展方向：近期主要充实桃李河河东地区长江路（今江山路）南北两翼，远期主要以长江路为横轴向西发展。

2002 年 9 月，农场为加强江海镇区物业管理，实现物业管理社会化，社区管理规范化，成立"南通江海物业管理有限公司"，隶属于农场城镇管理办公室。

2004 年 4 月，经农场第八届第三次职工代表大会审议通过了《南通农场江海镇区管理暂行规定》，文件规定农场城镇管理办公室是江海镇区管理的职能部门，下设江海镇社区管理委员会、南通农场交通管理站、南通农场农贸市场、南通农场民办保洁站、南通农场殡葬服务部。城镇管理办公室依照规定对江海镇的环境卫生、物业服务、居民管理、计划生育、社会治安、农贸市场、全场的殡葬服务和道路养护实行管理，农场保卫、安全、农机监理、土管、房管等部门协助管理。江海镇管理范围：南至张江公路、北至中心河、西至苏通大桥、东至三大队住宅区（不含原二十七大队住宅区）。

2006 年 1 月，农场成立江海镇社区管理办公室，办公室下辖桃李新村、健康新村、腾飞新村、莫愁新村、三孔桥社区和老场部社区（老场部小区、大明农机小区）6 个新村社区。主要职责是对场部区域的江海镇区、原农垦直属的三孔桥社区以及老场部地区 3 个人口居住比较集中的区域加强包括党建和精神文明建设、社会就业与保障的促进、流动人口的管理、计划生育工作、社会治安综合治理、治安保卫与民事调解、环境卫生管理、社区文化与居民宣传教育等事务的管理。

农场同时推出三项重点工程，加快小城镇建设步伐：一是新、老场部两个居民集中居住区建设，建成后可容纳近万居民，后由于政府规划的调整，在做足前期规划设计工作后被叫停；二是由南通开发区投资建设低价位商品房（拆迁安置房）江海花园、星河湾花园等，使农场拆迁职工得到安置；三是兴建秀江苑企业职工公寓，首期计划 20000 平方米。

2007 年，作为江苏垦区试点单位，农场社会职能内部分离，成立社区管理委员会，统一管理农场社会事务。实施镇区拆违和环境整治、镇区路灯更新亮化、设置镇区道路交通安全标志，配合南通开发区交警部门实施农场交通秩序的整顿。

2012 年 9 月，根据江苏省农垦集团公司与南通市人民政府签署的协议，农场在苏通园区土地征用完成，农场的社会事业管理职能全部移交苏通园区后，农场的城镇管理职能就此画上句号。

二、职工住房建设

建场初期，农场干部职工发扬艰苦创业精神，吃"旗杆饭"、住"环龙舍"，因条件所限，常常是男女职工同住一室或 10 多个职工挤一间草房，住宿条件非常艰苦。1961 年 3 月，农场为了生产生活需要，应急建设了每间用 3 根小木头或 3 根毛竹支撑的草棚子 100 间。

1959 年，农场筑起第一座土窑，手工制坯，烧制砖瓦，逐步建起砖墙草顶结构的简易棚，作为生产生活公用房。1965 年底，农场总人口发展到 10460 多人，职工人数 7122 人，房屋面积增加到 78855.5 平方米，其中职工公用宿舍 49936.5 平方米，人均住房面积 4.8 平方米。

20 世纪 70 年代初，农场土窑扩建成轮窑，手工砖坯发展为机制砖坯，增加了砖瓦产量，农场建起砖墙瓦盖木架结构的房屋。20 世纪 80 年代初，农场公房面积扩大到 286917.5 平方米，人均住房面积增加到 11.4 平方米，改善了职工住房条件。

1980 年 3 月，农场出台《关于房屋管理的规定》，设立房管所，隶属基建办，分场设专职或兼职房管员（会计兼），大队设管理员（排级）兼事务长。房管所根据资金和生产生活需要，统一规划房屋基建，报职工代表大会或行政办公室审议通过后组织实施；负责全场公房规划，房屋管理分配，收取房租，提取折旧，组织维修等。农场筹备资金积极建房，将统一建的公有房屋折价卖给职工，折价收入归基建办用于另盖新房。鼓励职工在统一规划下自建房屋，但规定工业单位、场直单位、场部区域不允许私建房屋。

1981 年，农场职工公房安排标准为：原则上一个大人（17 周岁参加工作计算）8～10 平方米，一家 1 个小孩 6～8 平方米，一家 2 个小孩 8～10 平方米，2 个以上小孩原则上不增加房屋；户口不在农场不安排住房；单身职工两人一间房屋。所有公房均必须缴纳房租，超过标准的房租增加 50％，不服从分配强占公房的按 1～2 倍征收房租，场直工副业单位只安排集体宿舍。

同年 1 月，农场规定职工自建房屋须先申请，得到批准后由所在单位放样，基建办核实后方可建设。建在公房上的房屋高度、跨度、式样等必须与公房统一；几户联建必须统一；建在两排公房之间的小伙房，规格不得大于 4 米×4 米，位置必须在自家住房前面。

1984 年 5 月，根据中央关于经济体制改革的决定精神，为适应兴办职工家庭农场，以便集中资金，保证农场重点建设和兴办职工集体福利事业，农场将职工所住的兵营式公房折价归私，房款分 3 年付清，全场 140284.5 平方米公房共折价款 1780358 元。为了做好公房折价后的管理工作，同年 5 月设立农场房管所（设在计划科内），印发《关于房屋折价归户试行方案》，规定折价范围：农副业大队、农机站、场直、工业单位的职工住房、小伙房、专业户等生产用房；折价标准：场部周围及工业单位、场直按现行价 75％折率，农业单位按 65％折率。

1985 年 5 月，农场出台《关于房屋管理的若干规定》，职工在统一规划自建房屋的基础上，规定建筑面积：农业大队人均不超过 25 平方米，场部及工业单位人均不超过 15 平方米。1988 年 3 月，农场对该规定又做了补充修改，所有职工自建房屋，统一由房管所按规划负责审批。到 1988 年 6 月底，全场有 822 户职工建房，建筑面积共 50720.86 平方米，建筑标准也由单一平房向住宅小楼方向发展，人均住房面积 16 平方米，职工居住条件有了较大改善。

1987 年 10 月，针对 1984 年农场公房折价给个人后还有部分公房未作价及 1986 年竣工的老干部宿舍大楼没有租金标准的情况，农场下发《关于调整和修订公房租金和住房标准的通知》。住房标准：场级家庭户 70～80 平方米，半家户 35～45 平方米；科、分场、公司级家庭户 60～70 平方米，半家户 25～35 平方米；队级家庭户 55～65 平方米，半家户 20～30 平方米。中级知识分子参照科级干部享受，家属户超过 5 人，每超过 1 人增加 15 平方米，最多不超过 30 平方米。月租金标准：平房 0.04～0.06 元/平方米，楼房 0.07 ～0.08 元/平方米，居住面积包括公房及私建住房、伙房等。

1990 年，农场结合土地管理，出台农场房地产管理办法，规定农场职工住宅建设、单位集体建设、公共设施和公共事业建设必须按规划要求进行。农副业大队居民点平房间距 12 米，新规划的楼房间距 12 米，小城镇规划区内平房间距为 8 米，楼房间距为 10 米，楼房檐高 6.6 米，小城镇规划区建楼房必须服从场规定的定点区域、规定范围、规定设施。农场职工住房标准（包括伙房）：在农副业大队建房的人均面积 24 平方米，未婚独生子女照顾增加一人建房面积；在小城镇规划区内（包括修造厂、老窑厂、五大队新居民点）场直工业单位人员，人均建房面积 20 平方米，居民户建房面积为 15 平方米；已满法定婚龄的未婚男青年，可增加一人建房面积；女方招婿需要建房，须有招婿协议，在交纳建房押金以外，加押金 1000 元，方可照顾建房面积，待领取结婚证书，男到女家落户后方可退还押金；田头建房的职工，每户可增加厕所、禽畜棚舍等临时建筑面积 15 平方米，无承包面积的增加 4 平方米厕所；新建房屋宅基地为房前 2 米，房后及两山头各 1 米。

1993 年 6 月，农场制定《关于在职工新村建房的暂行规定》，对农场长江路（今江山路）南、江海南路（今太湖南路）两侧建房统一设计、统一高程、统一装饰、统一式样、统一栅栏、分户建造，推出 A、B 两种型号楼房，图纸由农场城镇管理办公室有偿提供，该区域命名为腾飞新村别墅区。内部位置由农场土地管理所在接到建房户申请后与城镇管理办公室共同研究确定，按政策给予办理批准手续，收取有关税费及公共设施费 2500 元；临街楼房以 3500 元为基数进行竞价以确定地点，建房保证金 2000 元。房屋施工结束必须接受有关部门验收，符合图纸和城镇规划要求方可发放宅基地证。从 1994 年 5 月至 1996 年 8 月，共建有 100 幢别墅，有 100 户居民入住，其中朝江海路的门面户有 20 户，每户占地 76 平方米，弄堂内的住户有 80 户。

1996 年 7 月，农场下发《关于开展全场居民点现状调查和规划工作的通知》文件，对全场居民点所有建筑物进行丈量发证。农场通过调查摸底，对所有职工住房进行注册登记，完善农场职工房屋建筑的档案管理工作，为宅基地换证、发证工作打下基础。同年 9 月，农场成立"国营南通农场建筑管理站"，从 1996 年 10 月 1 日起，农场区域内的居民建房由建筑管理站会同土管、房管、城管、规划等部门统筹安排和管理。12 月，农场下发《南通农场职工建房管理若干规定（试行）》进一步明确职工建房须经建筑管理站选址，由农场土管科依法办理用地手续。

1994 年开始，农场为改善职工居住条件，改变江海镇面貌，在江海镇区内，在拆除部分旧建筑的基地上，由职工集资，农场场办企业南通华兴建筑工程公司开发建设商住两用楼 20 幢。南通农场开发建设集资楼及商住楼见表 2-3-1。

表 2-3-1 南通农场开发建设集资楼及商住楼一览

序号	名称	建设时间	用地面积（平方米）	楼址	造价（万元）	建成时间	安置居民（户）	底楼商铺（家）	总层次
1	腾飞 6 号	1994.6	570	江海南路东	171	1996.7	30	—	5
2	腾飞 8 号	1994.6	570	江海南路东	171	1996.5	30	—	5
3	大明楼	1994.12	920	长江路北	220	1996.9	28	14	6
4	腾飞 4 号	1995.3	570	江海南路东	171	1996.7	30	—	5
5	腾飞 2 号	1995.6	570	江海南路东	171	1996.7	30	—	5
6	腾飞 3 号	1995.8	466	江海南路东	140	1998.6	20	—	5
7	银花楼	1995.8	800	长江路南	294	1998.6	25	11	6
8	金谷楼	1995.11	928	长江路南	335	1998.6	40	13	6
9	机关 1 号	1995.11	602	机关大院	180	1997.6	30	—	5
10	腾飞 1 号	1996.3	466	江海南路东	140	1998.6	20	—	5
11	长虹楼	1996.3	694	长江路南	208	1998.9	24	12	5
12	腾飞楼	1996.4	583	长江路南	175	1997.7	24	5	5
13	金穗楼	1996.4	637	长江路南	190	1997.7	24	16	5
14	腾飞 5 号	1996.6	570	江海南路东	171	1997.6	30	—	5
15	腾飞 7 号	1996.6	570	江海南路东	171	1997.6	30	—	5
16	商物楼	1996.9	842	江海路西	250	1997.6	32	16	5
17	机关 2 号	1996.11	602	机关大院	180	1998.7	30	—	5
18	机关 3 号	1996.11	555	机关大院	166	1998.7	24	—	6
19	机关 4 号	1996.11	555	机关大院	166	1998.7	24	—	6
20	工业楼	1996.12	535	健康路西	160	1998.9	24	14	5

1997 年，江海镇规划区内职工新建房一般采取集资联建公寓楼的方式解决。5 月，农场制定《国营南通农场土地管理试行办法》，规定职工住房最新用地标准，按建筑占地面积计算，1～2 人户为 50 平方米，3～5 人户为 95 平方米，6 人以上户为 115 平方米。

职工住房建设有关技术规定，除江海镇职工公寓楼外，基层单位居民点内职工住宅楼不得超过 2 层，宅基地以外场地原则上保持自然平面的高度，不得堆土填高，违者按超占宅基地处罚规定处理，直到铲平为止。楼房高度控制：地基的自然地面与室内地平高差不得超过 0.6 米，房屋层高平均 3.3 米，天沟围板高度不得超过 0.3 米，房屋总高度（自然地面到建筑物主体檐）不得超过 7.5 米，凡需建 2 层以上隔热层的，总高度仍不得超过7.5 米，因故确需超过此高度，须持有批准手续，否则按违章建筑处理。

为节约用地，农场提倡住宅联户合山建造。独户建造时，2 人户住房正面宽度原则上不超过 6 米，3～5 人户住房正面宽度原则上不超过 10 米，6 人以上住房正面宽度原则上不超过 12 米，平面布局出现局部凹凸时，伸前或拖后不得超过 2.5 米，伸前或拖后部分的正面宽度不得大于整幢建筑正面宽度的 1/3。住房建筑间距，前排后墙至后排前墙的水平距离南向楼房间距为 10～12 米，老居住区改造建楼间距不小于 1∶1.1～1∶1.13，其他朝向房屋间距参照南向房屋间距执行。相邻建筑分体建造时，两山墙间距各留 0.75～1 米的共同维护界，新建平房的间距一律以一层楼房的间距为标准。前房后墙与后房前墙的间距内，除依法使用的宅基地外，均为单位集体使用地段，用于单位公共设施建设，原则规定：间距达 10～12 米的，在前房后墙向后 5 米内安排道路排水系统绿化带等公共设施，间距不足 10 米的，参照以上执行，间距大于 12 米的，在后房前墙向前 7 米、前房后墙向后 1 米之间内安排公共设施建设。

2001 年，农场出台《关于对现有公有住房处理的有关规定》，实行住房商品化，对 1984 年未能作价出售的公有住房，继续作价出售给个人。对集体宿舍、暂不出售公房和作价后未开票的，房租每平方米调整月租金 0.5～1 元。

2001 年，农场行政区划由通州市调整到南通开发区。2002 年起，农场根据南通开发区的要求，停止宅基地的上报审批工作。苏通园区确定建设后，南通开发区叫停原本同意建设的农场两个居民集中居住区建设项目。

农场行政区划归南通开发区后，南通开发区不断在农场征地拆迁，为安置拆迁居民，2004 年 3 月，南通开发区在农场汽车站南面选址 29800 平方米，建造拆迁安置房——江海花园一期（低价位商品房）。2005 年 3 月，江海花园一期工程竣工投入使用，农场首批 340 户拆迁户喜迁新居，为农场居民迫切改善住房条件带来希望。2006 年，第二批拆迁安置房（江海花园二期、星河湾花园）动工，2008 年，第三批拆迁安置房星港湾花园动工建设，2011 年，第四批拆迁安置房星苏花园一期动工，2015 年，星苏花园二期动工建设。

2009 年，农场自然住户 6843 户，居住总面积 493443 平方米，其中：居住平房有 4689 户，户均居住面积 57 平方米；居住楼房有 2154 户，户均居住面积 105 平方米。

同年，苏通园区进驻农场，农场中心河南至长江边的土地均被征用，居住在农业大队的所有居民和场部江海镇区大部分居民均被拆迁。农场居民告别过去兵营式建筑的低矮潮湿环境，住进了宽敞明亮的高楼大厦江海花园、星河湾花园、星港湾花园、星苏花园等低价位商品房（拆迁安置房）内，农场城镇化建设实现了加速度。

三、场部镇区基础设施建设

2002 年，农场投资 35 万元，修建了镇区江海南路（今太湖南路）和长江路（今江山路）的黑色路面，对长江路进行了绿化，修建了场部办公室前面的小花园，改善了镇区环境。

2003 年，农场小城镇建设重点抓江海镇的亮化、河道整治和环境整治。投资 60 万元，对 4000 米小城镇主干道路实施亮化工程；投资 38 万元，对镇区河道进行整治，建造石驳围栏；投资 69.5 万元，实施长江路东延。

2004—2005 年，借南通市"五城同创"机遇，农场开展以小城镇基础建设和卫生整治为重点的"五城同创"工作，是农场历史上的场部镇区基础设施建设年。随着农场城镇人口不断集聚，农场城镇环境急需改善，农场投资 1000 多万元用于道路建设、农贸市场二期扩建、河道立驳清淤、绿化环卫、生猪屠宰场重建等方面，镇区自来水管网维修改造，小城镇面貌显著改善，小城镇建设与南通市滨江新城区规划建设相衔接，思路明晰。

2006 年，农场小城镇及道路建设共计投入 681 万元，其中 448 万元用于建设镇区 5.8 公里沥青、水泥路面；投资 143 万元对 9 幢集资居民楼、农民街、第三管理点和镇区自来水管网进行改造。投资 192 万元建设了农场电管大楼，预售 22 幢低价位安置房，职工居住条件大为改善。

2007 年，农场加大镇区道路建设和卫生整治的投资，道路、自来水管网及小城镇建设共投入 207 万元。对镇区农贸市场扩建工作进行完善，促成了江山路的全线亮化。

2008—2009 年，农场小城镇及道路建设投资 700 多万元。投入 100 多万元将农场医院改制转型，创建江海社区卫生服务中心；投入 10 多万元，推进镇区幼儿园创建省优质幼儿园；新建篮球场和门球场；投入 212 万元进行自来水管网改造。

2010—2011 年，农场积极准备社区社会服务与管理职能移交地方政府，在镇区基础设施建设上落实"四位一体"管理机制，加强环境整治和城镇管理，全面清理整治三、四级河道，修理黑色路面，加强砂石路面养护，对镇区海天陵园改造扩容。镇区环境面貌大大改善，农场通过开发拆迁，居民齐聚镇区，住上了窗明几净的高楼大厦，优质的居住环境加快了农场城镇化的步伐。

第二节　公共建设

一、道路建设

1957 年冬，南通县在围垦建场时，为方便运输，开辟了临时凉江公路，该公路从南通县凉棚镇至农场江边，全长 8.6 公里，路基宽度 5.5 米。后来由于百姓种植侵占路面，路面宽度只有 4 米左右，影响车辆来往，特别是 1963 年农场通班车后，更显交通不便，也不利于农场继续向西扩垦运输。1963 年 6 月 24 日，农场报告南通县人民委员会，修建凉江公路桥及拓宽路基至原路基标准 5.5 米，同时重修该路段巴掌店、朱家店和朱国源店

3座木桥。1992年，通常汽渡建设时重修此路，命名为张江公路。

1958年1月，第一次围垦结束，形成农场雏形。生产队之间修筑宽约10米的泥路以便交通，以后4次扩垦建立的生产队之间也都修筑了同类型的泥路。1974年8月，从场部向北，经五大队到南通县薛家店，筑通了全长约4.5公里的晴雨公路。

自1982年后，农场每年拨出一定数量的专款，修筑场部通往各分场、大队的晴雨公路，以改变农场内交通不便的状况。

1982—1988年底，农场共投资180万元，修筑晴雨公路线，总长50多公里。1992年开始，农场采取农场拨款和职工自筹的方式加强对道路的投资，职工缴纳黑色路面费，实施场区内道路通达工程，场内道路逐渐黑色化。农场修筑了西至桃李桥、东至张江公路长约750米的长江路（今江山路），以及长600米的江海北路（今太湖路），长270米的场部中心路的沥青路面。

1992—1993年，由南通市交通局、通常汽渡公司、公路处联合出资建造张江公路；2001年，农场会同南通市交通局等单住共出资800万元对张江公路进行大修；2002年，在农场西部修筑主干道路疏港公路（今通盛大道）。

1993—1994年，农场投资372万元，将750米的黄河路（今海明路）、700米的农民街（今嵩山路）、750米的江海南路（今太湖路）、270米的健康路、350米的丰收路、350米的莫愁路先后改造成沥青路面。

1995年，农场投资135万元将通往各大队的道路全部重铺沙石，进行大修改建。当年，农场自建公路总长42.7公里。

1997年，农场制定《南通农场场内公路使用、养护、管理暂行规定》，农场城镇管理办公室为农场公路的主管部门，负责对场域内公路使用、养护、管理进行监督检查，农场公路管理站具体负责保护公路、公路用地、公路设施，维护公路合法权益。农场各分场加强相关区域公路管理工作的领导，场机关各科室及各中层公司要积极支持和配合公路主管部门及分场做好管理工作，维护路产路权，确保公路畅通。

2001年开始，南通开发区在农场建港口工业区，在农场境内修筑多条高等级的公路，如东方大道、通盛大道、江海路、景兴路、江山路等，沿江高等级公路贯穿农场，有效地改善了农场的公路条件。

2003年，农场投资69.5万元将长江路东首向东经二十七大队团结桥到大明分场十字路口长3375米的路面修筑成柏油路面。

2004年，农场投资301万元将大明分场十字路口向北到大明桥长900米的路面，以及大明分场十字路口向东至江海河桥长2100米的沙石路改建成柏油路。

2005 年，为加强农场公路建设，农场成立公路建设工程办公室，办公室下设建设工程工作组、安全质量监督组、资金使用管理组、纪检审计组。当年农场投资 428 万元将张江公路向南至二十二大队长 2625 米的路面修筑成柏油路；将二十二大队向东至团结闸长 2419 米的路面、二大队向东至老场部大明桥长 4027 米的路面修建成宽 4 米（局部 3 米）的水泥路。

2008 年，苏通大桥通车，连接大桥的北接线沈海高速横贯农场，苏通大桥桥北第一出口（南通开发区出口）和第一服务区（苏通大桥服务区）建在农场境内，通过苏通大桥快速可达上海、苏州，连通长三角经济圈和长三角生活圈。

2009 年，苏通园区进驻农场后，借助园区对场域范围的基础设施投入，场域内高规格城市化道路纵横交错，快速发展，苏通路、江成路、江广路、江达路、海伦路、江安路等相继建成，张江公路拓宽改造。东方大道高架使农场和南通市区直接相连，东方大道高架往北第一和第二两个出入口在农场境内，农场迅速融入南通繁华都市生活圈，快速直达南通开发区永旺购物中心、世茂广场、星湖 101 及南通主城区等商圈，快速抵达南通长途汽车站、南通火车站、南通兴东国际机场等交通枢纽。

二、桥梁建设

2001 年 4 月，农场划归南通开发区，当时农场境内有建场以来农场自主建设的拖拉机桥 18 座，公路桥 5 座，生产桥 2 座，人行桥 7 座。至 2005 年底统计，农场共有桥梁 35 座，其中公路桥 16 座，机耕桥 16 座，人行桥 3 座（表 2-3-2）。

表 2-3-2　2005 年底农场自建桥梁统计

序号	桥梁名称	建造时间	规格标准（宽×长）	结构形式	所在地点
1	二十七大队桥	1960 年	5.8 米×5.5 米 单跨 机耕桥	梁板式 无桩基础	二十七大队电灌站
2	老八大队桥	1965 年	5 米×24 米 3 跨 机耕桥	梁板式桥灌注式 圆桩基础	八大队电灌河
3	桃李桥	1965 年	28 米×25 米 汽-20 挂 100	梁板式 灌注式圆柱桩基础	农场中学东侧
4	通江路桥（三大队南桥）	1965 年	8 米×15 米 汽-20 挂 100	钢筋砼桥面	翔宇公司南面
5	老十二大队桥	1965 年	30 米×10 米 汽-20 挂 100	浆砌块石缩孔结构梁板式桥 无桩基础	十二大队电灌站

（续）

序号	桥梁名称	建造时间	规格标准（宽×长）	结构形式	所在地点
6	十四大队桥	1965年	30米×10米 汽-20 挂100	梁板式平桥 无桩基础	十四大队电灌西站
7	老十七大队桥	1965年	5.5米×15米 3跨 机耕桥	钢筋砼桥面 无桩基础	十七大队电灌站
8	十五大队桥	1965年	5.5米×15米 3跨 机耕桥	钢筋砼桥面 无桩基础	十五大队电灌站
9	西二十大队桥	1965年	5.5米×15米 3跨 机耕桥	钢筋砼桥面 无桩基础	二十大队电灌站
10	东二十大队桥	1965年	5.5米×15米 3跨 机耕桥	钢筋砼桥面 无桩基础	东二十大队电灌站
11	十九大队桥	1967年	6米×23米 3跨 机耕桥	钢筋砼桥面 无桩基础	十九大队电灌站
12	大明分场南桥	1967年	5.5米×20米 3跨 机耕桥	梁板式平桥打入式方桩基础	大明分场场部南侧
13	场北小学桥	1970年	1.5米×20米 3跨 人行桥	梁板式打入式方桩基础	二大队西面200米
14	二大队公路桥	1973年	11.5米×23米 汽-20 挂100	梁板式现浇钢筋砼桥 灌注式圆桩基础	二大队居民点西侧
15	中心河桥（油库桥）	1976年	12米×37米 单跨 汽-20 挂100	钢筋砼桥面 无桩基础	农场变电所东侧100米
16	老场部桥	1976年	5.5米×54米 3跨 机耕桥	钢筋左桥面 灌注式方桩基础	老场部北侧
17	新江海河桥	1977年	30.5米×150米 汽-20 挂100	钢筋砼桥面 灌注式圆桩	新江海河上
18	中心窑厂北桥	1978年	5.5米×20米 3跨 机耕桥	梁板式平桥打入式方桩基础	中心窑厂住宅区内
19	长洪桥	1981年	5.5米×36米 单跨 机耕桥	钢筋砼拱桥 无桩基础	长洪农机站西北侧
20	团结河桥	1981年	6.5米×54.4米 3跨 机耕桥	钢筋砼拱桥 无桩基础	二十七大队西侧

（续）

序号	桥梁名称	建造时间	规格标准（宽×长）	结构形式	所在地点
21	十七大队北桥	1985 年	2.5 米×12 米 2 跨	钢筋砼桥面 打入式方桩桩基础	十七大队居民点北侧
22	十五大队北桥	1985 年	1.5 米×20 米 3 跨 人行桥	梁板式打入式方桩基础	十五大队居民点北侧
23	龙庆桥	1987 年	7.9 米×44.5 米 3 跨 汽-15 挂 100	钢筋砼平板桥 灌注式圆桩基础	加工厂西侧
24	九大队北桥	1988 年	1.5 米×203 米 跨人行桥	梁板式打入式方桩基础	老九大队北
25	营渡公路桥	1993 年	30.5 米×39 米 汽-20 挂 100	钢筋砼桥面 灌注式圆桩	四号坝闸东侧
26	一大队桥	1993 年	2.5 米×22.5 米 3 跨 机耕桥	梁板式 打入式方桩基础	一大队居民点北侧
27	长洪分场北匡河桥	1993 年	30.5 米×8 米 汽-20 挂 100	现浇钢筋砼桥面 无桩基础	营渡公路上
28	十一大队电灌河桥	1993 年	30 米×10 米 汽-20 挂 100	浆砌块石缩孔结构梁板式桥 无桩基础	十一大队电灌站
29	张江公路十大队桥	1993 年	10 米×6 米 汽-20 挂 100	钢筋砼桥面 浆砌块石缩孔结构桥台	张江公路
30	张江公路老十三大队桥	1993 年	10 米×6 米 汽-20 挂 100	浆砌块石缩孔结构桥台 钢筋砼桥面	张江公路
31	鸡鸣桥 （农场中学东河南桥）	1993 年	28 米×10.5 米 汽-20 挂 100	浆砌块石缩孔结构桥 钢筋砼桥面	张江公路
32	临江桥	1993 年	46.5 米×8.3 米 汽-20 挂 100	浆砌块石缩孔拱桥台 钢筋砼桥面	125 化工基地东侧
33	东方红路口西公路桥	1993 年	17.8 米×4.2 米 汽-20 挂 100	梁板式桥 无桩基础	东方红路口西侧
34	东方红路口东公路桥	1993 年	17.8 米×4.2 米 汽-20 挂 100	染板式桥 无桩基础	东方红路口东侧
35	中心窑厂南桥	2005 年	30 米×40 米 汽-20 挂 100	浆砌块石缩孔桥台 钢筋砼桥面	中心窑厂西南侧

（一）桃李桥

桃李桥位于原农场中学与农场江海小学的东侧，是农场建造比较早的桥梁之一。1965年秋，为便于中心队与西边新围垦建立的十六、十七、十八、十九队的交通，农场投资6000元建造了这座宽6米、长26米的三跨无名公路桥。设计标准为汽-20，挂100，结构形式为灌注式圆桩基础。1995年夏，场部投资2.5万元对小桥进行改建：加宽桥墩，桥两边各加6块预制板，后加部分比中间高30厘米，同时还建造了桥栏杆，便于行人安全过桥。改建后的小桥宽8米，长26米，因其西侧是中学、小学，故命名"桃李桥"。2004年下半年，南通开发区投资建设的自来水管道及排污管道的铺埋工程进入镇区，原桃李桥对施工有一定的影响，南通开发区和农场各投资50万元，拆去旧桥，重建新桥。重建的桃李桥宽28米、长25米，结构形式为"箱梁式桥，重力式灌砌块石桥台"。

（二）三大队南桥

三大队南桥始建于1965年前后，是一座宽5.1米、长25.3米的钢筋砼拱机耕桥，无桩基础。因使用多年，加上缺少维修，故破损严重。2005年6月，农场投资28万元，由农场水利站负责施工，拆去旧桥，在原址上重建宽8米、长15米的新梁板式桥，无桩基础，命名为"通江路桥"。

（三）中心河桥（亦称油库桥）

中心河桥位于场部东北的中心河上，它的东侧是私营砂石堆场。该桥建于1976年，是一座宽6.5米，净跨20米的桁架拱桥，设计标准为旧汽-10级，共投资4.2万元；1987年，场部投资4.8万元对桥下河底、河坡及桥台两侧用浆砌块石护（底）的办法进行加固。1992年，市交通局、公路处出资45万元，在紧靠中心河桥的东侧又造了一座宽6米，净跨20米的姊妹桥（东桥略低于西桥）。1993年，市交通局、公路处修筑张江路、中心河桥被改建成宽12米、长37米单跨公路桥，设计标准为汽-20，挂100，结构形式为拱桥浆砌块石缩孔结构桥台，现浇钢筋砼桥面，无桩基础。2019年，南通开发区对张江公路拓宽改造，按城市主干道路标准进行道路拓宽改造，道路红线宽度53米，拓宽工程中将该桥拆除，重新建设与之配套的高标准城市主干路桥，该桥梁成为一座名副其实的农场通往场外的门户桥梁。

（四）江海河桥

1976年冬，南通地区开挖新江海河穿越农场东部，将农场分割为东西两块，不仅使河东4000多亩地排灌困难，而且切断了两个大队的交通，机耕受阻塞。1977年，农场据报告，由南通市水利局投资新建新江海河大桥。1978年8月21日，地区水利局在农场召开新江海河桥农场机耕桥施工协调会议，确定新江海河农场机耕桥为新江海河枢纽配套工程。机耕桥设计为三跨，拱桁架结构，桥正宽 5.8 米，通航高度 8.2 米，设计标准为汽-10 级农业拖拉机桥，工程由南通地区水电局设计并出资，地区水利工程队施工，该桥于 1980 年竣工通行。多年来，农场对该桥进行多次修缮，近年，由于南边沿江公路新江海河大桥可以替代该桥的作用，该桥年代久远已属危桥，基本废弃不用，该桥现在位于苏通园区开发地带，已经被园区征用，待园区开发后重新建设。

（五）长洪桥

建于 1981 年的长洪桥位于长洪农机站西北侧，是连接长洪分场南北片的枢纽。此桥净宽 5.5 米，净跨为 36 米，单跨机耕桥设计标准为汽-10 级的桁架拱桥，总投资 6.71 万元。1995 年开始，该砼拱钢筋拱桥多处出现裂缝，砼出现露筋，引桥凹凸不平，河坎塌方，2004 年，南通开发区南北方向 C 大道上新建大桥取代它的作用，长洪桥基本废弃不用，现已拆除重建。

（六）团结河桥

团结河桥横跨在二十七大队西边的团结河上，建于 1981 年。桥宽 6.5 米，长 54.4 米，为汽-10 级的桁架拱桥，三跨机耕桥。结构形式为钢筋砼拱桥，无桩基础，总投资 6.82 万元。目前该拱桥倾斜，局部有裂缝，护坡出现塌方现象，该地段已经被苏通园区征用，此桥已基本不用。

（七）龙庆桥

1987 年 12 月，农场投资 14 万元建造位于原物运公司东侧、农场粮油加工厂西边的中心河上的龙庆桥（今星苏二期东侧，海明路段），1988 年 6 月建成。此桥宽 7.9 米、长 44.5 米，为 3 跨钢筋砼拱桥，是灌注式贺桩桩基础，设计标准为汽-15 级。随着苏通园区的开发，该桥西侧建设农场居民住宅小区星苏花园二期，海明路拓宽。2015 年，拆除重建标准公路大桥。

2009 年，随着苏通园区进驻农场，农场 35 平方公里土地被园区征用，上述农桥或农场自建桥均在征地范围，随着园区开发建设的推进，将被拆除或重建高规格城市主干路桥。

三、公共交通设施

1963 年 3 月，农场至南通市开辟了公共班车，每天上下午各一班，从老场部发车，经大明港过八字桥，穿凉棚镇到张芝山、南通市。由于晴雨公路当时只通到南通县凉棚镇，农场班车只能晴通雨阻。

1974 年 8 月，从农场（兵团）场部经五大队到南通县薛家店筑通了晴雨公路，农场职工可乘坐公共汽车直达南通市区。

1975 年底，农场投资 1 万元建造了汽车站。

1976 年，农场至南通县金沙镇（今南通市通州区）的班车开通。

1988 年秋，农场筑通场部至各分场大队的晴雨公路，场内晴雨公路线总长 50 余公里。农场至南通市的班车，每天增加到 6～7 班；农场至金沙的班车，每天增加到 5 班。

1992 年，农场至南通县金沙镇班车于每天早晨 6：00 从农场和金沙同时发出首班车，每天晚上农场 17：30 左右，金沙 18：00 左右发出当日末班车，每天约 30 个班次。同年，农场个体中巴车迅猛发展，20 余部中巴车一夜之间取代了农场至金沙的班车。

1998 年 7 月，南通市到农场的公共汽车增加到 3 辆，班次增加到每天 20 班。

2001 年 4 月，农场行政区划归南通开发区，同年 6 月 6 日，南通到农场无人售票（专线）车正式运行，公交车从 1998 年的 3 辆增加到 7 辆，每天班次增加到 40 班，比 1998 年翻了一番。同年 5 月，金沙至农场江海镇的"金农线"公交班车（私营）投入运行，该线路共有 14 辆车，每隔 20 分钟金沙与农场相向发出一班车，每天约 32 个班次。至此，金农线中巴车营运历史结束。同年 9 月 28 日，南通市公交总公司开通南通开发区管理委员会至农场江海镇的 29 路公交线。早上 5：20 从管理委员会发出当日首班车，每隔 15～20 分钟一班车，17：45 从管理委员会发出当日末班车，共有 6 辆车在该线路上运行，每天约 37 个班次。

2003 年 6 月，南通到农场无人售票（专线）车辆增加到 10 辆，班次比 2001 年增加了 12 班，平均 15 分钟一班车。早上 5：30 南通和农场同时发出当日首班车，晚上 5：30 左右（冬季提前 10 分钟，夏季推迟 10 分钟）南通和农场再同时发出当日末班车（南通市客运公司每晚有 4 辆车在农场过夜，以保证次日晨能与南通同时发车）。

2004 年 4 月 26 日，29 路公交车的终点站，从江海镇东移至老场部（农场三十三大队与原修理厂之间的"丁"字形路口），车辆往返全程 1 次，需用时 1 小时 40 分钟。

2005 年 10 月 1 日，南通市易初莲花超市开通至农场江海镇的接送车，每天上午、下午各一班车，大大方便了农场职工赴南通购物。开通一段时间后，由于市场因素车辆停运。

2009 年，苏通园区进驻农场后，农场公交线路和车辆增加，公交线路除保留了南通、金沙、29 路等传统线路外，增开了 99 路、90 路、50 路、76 路公交线路，至 2020 年底时，苏通园区（场域内）除建设数十个公交站点外，还建设有南通市长途汽车站苏通园区分站点，通过该站点可以直达大江南北，农场居民出行更方便快捷。

四、水利设施

农场围垦前原是通海沙,是长江下游河势发生变化淤积而成。1915—1938年间淤涨,20世纪40年代初期有多块小沙先后露出水面,并有水草生长。20世纪40年代后期,通海沙进一步淤涨,沙体逐渐扩大,滩面增高,并生长杂草和芦苇。进入20世纪50年代初期,沙体开始联岛并陆。1957年冬季,南通县组织民工开始筑堤围垦建场,后经过农场广大干部职工多年的辛勤建设,以及国家对农场农田水利建设的投入,农场最终成为沟河成网、条田成方、水利设施基本配套,能排、能灌、能降、能航的黄金平原,也为农场今后的工农业生产发展奠定了基础。

(一)围垦

1957年5—7月,中共南通县委决定在江边芦苇滩地筑堤围垦,经副县长蔡其生带领农工部和水利局、交通局的有关同志进行多次考察后,决定先围南通县通海区大明港南面一片滩地。同年11月,南通县成立围垦总队部(总队部设在南兴乡大明港靠近芦苇滩地的王姓宅园),蔡其生任总队长,县农工部副部长徐志明、川港区委书记陈锦康任副总队长,县委副书记黄士敏任政治委员。南通县水利局抽调大批技术骨干,负责工程测量和技术指导任务。南通县委从各区、乡组织民工15943人,按原区乡组织编队,并由原区乡干部带队,开始筑堤围垦。

1958年1月,围垦工程结束,共筑堤岸11000米,沿大堤内侧平行于大堤开匡河数千米,新开泯沟35条,沟宽10米,深2米,条田宽度为120米,共挖土方107.60万立方米。围垦造田面积1.57多万亩,初步形成农场雏形。

1959年8月4日,随着堤外滩地淤高,港汊淤浅,农场拟订扩垦计划呈报中共南通县委批准,在已围区西部大安港至老洪港外围的芦滩地1.64万亩和已围区的东部竖积洪闸东至牛洪港一片0.2万亩荒滩地上进行筑堤围垦。10月,从南通县小海、通海、川港、先锋、金余5个公社组织民工15000余人进入滩地,搭草棚、砌泥灶,开始施工,1960年春节完成。共筑堤岸11700多米,同时开挖了匡河和泯沟,共挖土方133.3万立方米。

1964年,农场西部芦滩地面增高,筑堤围垦的条件成熟,但几经请示未曾回复,后经农业部副部长廖鲁言亲临现场察看,当即表态支持扩垦。同年8月18日,江苏省人委对农场扩垦设计任务书做正式批复,同意沿南岸一线上游(西部)围垦滩地的2/5,并建排灌两用水闸1座,其余3/5滩地的围垦问题由江苏省水利厅、农林厅与长江流域规划办公室研究后再行答复。9月6日,南通县水利局、农场、江苏省军区老洪港农场、竹行公社、南通专署水利局等代表在南通专署水利局召开座谈会,研究关于农场扩垦的水利问题，初步确定建闸位置，对原计划堤岸线做了必要的调整。10月，南通县水利局抽调技术人员对围区进行全面定位和测量。12月，南通县组织2万余民工进入围垦工地，同时在4号坝破土建闸。整个工程于1965年春天结束（4号坝闸于1965年8月竣工放水）。

由于堤外滩地逐渐由低滩淤积为高滩，滩内港汊也渐渐淤浅，这些都为进一步扩垦奠定了基础，经1965年、1966年、1967年几次扩垦，农场总面积达50余平方公里，耕地面积达5万余亩。

1968年12月，经江苏省农垦公司（农垦革生〔1968〕第148号）批准，由农场与江心沙农场合作立新坝工程。在当地南通、海门两县大力支持下，两场建立立新坝工程联合指挥部，徐志明、黄德元、刘长展3人分别担任正副指挥，于1969年1月13日正式动工。3月，北岸完成1100米大堤，南岸完成333米引堤，中间365米夹江深泓因预算经费不足，工程停工。9月，江苏生产建设兵团批准继续施工，成立中国人民解放军南京军区江苏生产建设兵团四师立新坝工程建设指挥部，组织南通、海门两县民工和南通、江心沙两场职工共7284人，采取平堵立堵相结合合龙施工方案，南、北岸终于在1970年1月17日成功合龙，1月25日全部竣工。立新坝整个工程历时1年，共运土方231万立方米、沉排2.1万平方米、石料4.9万吨、草包27万只、铁丝5吨、麻皮11.2吨、树林柴草164万斤，经费支出92.38万元。立新坝工程使位于坝西的南通农场和坝东的江心沙农场新增土地数万亩，也彻底解决了南通农场和江心沙农场的防汛保坍的难题。

农场历次围垦，先后共筑大堤84.7公里。之后大部分江堤在堤外扩垦后失去挡潮作用分别被平整，1977—1982年，共平整江堤52.8公里。农场最终拥有沿江第一线江堤10.8公里，第二线堤岸4.75公里。

（二）水系

1960年，农场总面积21.5平方公里，排涝主要靠沿江堤岸下面埋设的七孔木涵，这些木涵内连匡河，外接江滩港汊，正常情况下可排除围区内的雨后积水，但由于孔径太小，过水断面不足，排涝时经常受江潮顶托的影响，所以排水时间受限制，排水量小，暴雨后常不能及时排涝，如1960年8月3—4日，3天降雨287.1毫米，全场有90%的庄稼被淹，局部水深0.5～0.7米。

1963年，老洪港闸建成，缓和了农场排涝困难状况（该闸为一孔，孔径5米，属南通县管辖）。

1965年春，扩垦后的农场，东西长13.2公里，南北最宽处有6公里，总面积50平方公里。为解决排灌、运输等问题，农场新开挖了西部与4号坝闸相连、东部与老围区的西匡河相接的中心河，成为全场的骨干河道。同年8月，4号坝闸竣工放水，全场的排灌问题基本得到解决。

1968年，农场总面积达53.6平方公里，加上江苏省军区东方红农场4.6平方公里，共58.2平方公里面积的雨水均要经过4号坝闸排出。此时场内沟河水系虽已形成，但有部分中型河道弯曲较多，距离最远的泯沟水要经两天以后才能排出，加之1964年以后扩垦时挖的沟河，因水利经费不足而挖得较小较浅，因此遇到暴雨，常有部分低田受淹，大面积的地下水降不下去，使作物生长受到较大影响而减产歉收。

水利是农业的命脉，小型农田水利是农业生产直接受益的基础工程。1976年5月13日，南通县、农场及江心沙农场等单位部门在南通农垦局召开有关水利建设和立新坝以西新围滩地权划分问题有关方面座谈会，一致同意兴办河闸，规模视受益范围农田排灌需要而定，同时在立新坝西新修南北向团结河，并在江边建涵闸1座。

1976年秋，农场制定农田水利基本建设规划，力争"日雨300毫米不受涝，百日无雨保灌溉，历史最高潮位不破堤，地下水位降低1.5（米），条田方正化，水系河网化，灌溉电力化，空船能从桥下过，重载船底不碰土……"。根据这一规划，从1976年冬季开始，农场每年冬春两季均安排人力、物力和财力进行农田水利基本建设。农田水利建设主要有开挖河流、河道疏浚、积土施肥、堤岸加固、挖沟挖渠等。1976—1982年，农场填平废河近50公里，新修团结河、大寨河、排灌河等大中型河道，在三十大队东挖沟接通横贯全场的中心河，并予拓宽浚深，同时疏浚了25条中型河道，兴建团结闸及闸北河西的内河节制闸、排灌站等。

1976年冬，南通地区开挖新江海河，穿过农场三十六、三十七两个大队东边的土地，把两个大队的部分土地和农场三十八、三十九两个大队分隔在河东（共4000多亩），不仅切断了水系，使这块土地遇旱无法灌溉，遇雨无法排涝，并且还切断了农场东西部之间的交通，农场被一分为二，给人员外出及农副产品运输带来了困难。至1977年冬，农场为该区域开挖排灌河，兴建排灌站，解决了该片土地的排灌问题。同年6月，农场为解决新江海河两岸交通及农副产品运输、农业机械作业，报告南通地区水利局，建设新江海河配套机耕桥。

1984年，在总体规划的基础上，为解决航运和降低内河水位以及因引水灌溉所夹带的泥沙淤积河床的问题，农场在三十七大队后面新建农场船闸。1986年，再一次拓宽浚深从船闸至物资公司仓库一段长7公里的中心河。

1987年，农场制定《国营南通农场水利工程管理实施细则》，主要内容是强化农场范围内的沟、河、堤、涵、闸、桥等各类大、中、小型水利工程和设施的管理及确定每项设施的管理范围，明确农场农业办公室是管理农场水利工程的职能部门，并按细则要求组织实施和监督执行。

至 1988 年时，农场经过近 30 年的水利建设，共挖土方 1555.28 万方。全场有大河两条（团结河、中心河），总长 16.48 公里；中型河道 33 条，总长 73.4 公里；小沟 599 条，总长 420.1 公里。全场水面积（不包括鱼池）4.68 平方公里，占总面积的 9.44%。三级河沟的组成，控制了全场各条田、地块的地下水位，有效地解决了灌溉、排涝和航运的矛盾，为农场工农业生产创造了有利的条件。

1988—2005 年，农场在原有形成的比较系统的水文水系基础上，进行完善，修建电灌站，扩建船闸。农场每年冬春两季都会安排江堤护坡、疏浚河道、农田基本建设等水利工作，为来年农业丰收、农场安全打下基础。

（三）水工建筑物

1. **机电排灌站** 建场初期，农场基本上靠临时固定的柴油机（座机）和流动式船机抽水灌溉，少数田块用风车或牛车戽水灌溉。

1965 年，农场接通高压线后，开始逐步兴建电灌站，使用电力灌溉。1967 年，农场新建 13 座电灌站。1968 年，农场新建十一队电灌站 1 座。至 1987 年底，全场 32 个农业大队建电力灌溉站 41 座，装机容量为 905 千瓦。41 台水泵中有 14 寸[①]水泵 23 台，20 寸水泵 18 台；电力排灌两用站 1 座，装机容量 160 千瓦；装有 20 寸水泵 2 台，苏排Ⅱ型污工泵 1 台。排灌站总设计流量为 18.14 立方米/秒。

2004 年，南通开发区南向开发，建设二化小区，二号路、四号路东延，拆除六大队、十大队等电灌站，进行重新迁建。

2013 年，苏通园区开发建设，拆除九大队电灌站，投资 67.5 万元，重新在九大队区域建设电灌站及配套设施。

2015 年 3 月，农场三孔桥渔场由南通开发区实施整体拆迁，渔场内两座电灌站整体拆迁。同年 4 月，因苏通园区纬十八路（S223 至经十八路）建设需要，拆除三十二大队东两座电灌站。

2018 年，苏通园区开发建设，拆除三十四大队电灌站。至 2020 年底，场域开发，土地被苏通园区征用，原有的电灌站大部分被拆迁或废弃不用，截至本志成稿时，场域内有 38 座临时电力灌溉站在运行，装机容量 683.90 千瓦。

2. **闸、涵**

（1）南通农场闸（又名 4 号坝闸）。始建于 1964 年冬，1965 年 8 月竣工放水。该闸为

---

① 寸为非法定计量单位，1 寸≈3.33 厘米。

三孔 12 米，中孔 6 米，直升式平板钢闸门，能通航船只，绳鼓式机电两用启闭机，两边边孔各 3 米，直升式木制闸门。初建时用手摇螺杆式启闭，1981 年改为电动螺杆式启闭闸门。闸室为钢筋混凝土结构，闸底板高程为－1.0 米，设计流量 100 立方米/秒。闸上除工作桥外，设有拖拉机桥 1 座，总造价 35.34 万元。2009 年，农场拆老建新，建设单孔新闸，孔宽 12 米，闸底高程-2.5 米（八五高程）。2017 年 6 月 5 日，农场区域的原农场所属的南农闸（4 号坝闸）管理体制调整，由南通开发区管理委员会投资重建，权属归南通开发区。同年 7 月 28 日，南通开发区召开关于南农闸（4 号坝闸）移交管理的会议，专题研究南农闸（4 号坝闸）确权划界和管理体制调整问题。2017 年 7 月 15 日起，南农闸（4 号坝闸）由农场移交给南通开发区老洪港管理委员会管理，按《关于调整南农闸管理体制的通知》和《关于南农闸确权划界的通知》执行，交接内容为土地移交、责任主体移交、长效管理移交。

（2）团结闸。建于 1977 年。该闸三孔，净宽 12 米，中孔 6 米，两边孔各 3 米，均为直升式钢丝网水泥闸门。3 孔均采用电动油压式启闭，闸底板高程－1.76 米，闸顶高 9 米，设计流量为 109 立方米/秒，闸上设有工作桥和拖拉机桥，总造价 44.1 万元。

2001 年 8 月，团结闸年久失修，农场向江苏省农垦集团公司报告要求重建。2002 年 12 月，江苏省水利厅审查批准，同意团结闸拆除在原址重建，拆建工程于 2003 年 2 月 14 日开标，2 月 17 日施工单位进场施工，于 8 月 12 日通过了建设、监理单位、质量监督单位三方汇合的水下工程验收，8 月 26 日拆坝开闸放水。12 月 24 日，南通市水利局组织该项工程竣工初验，认为该工程（3 个单位工程）符合设计和江苏省水利工程质量验评标准，同意交给管理单位使用。新闸规模为三孔（2＋8＋2）米，即 3 孔净宽 12 米，中孔 8 米，两边孔各 2 米。设计过闸流量为 75 立方米/秒。按照《水利水电枢纽工程等级划分和洪水标准》（SL 252—2000）及江苏省长江堤防达标等有关规定，团结闸闸室和下游（长江）侧翼墙按 2 级水工建筑物，上游（内河）侧翼墙按 3 级水工建筑物进行设计，工程总投资 728.8 万元。新建的团结闸防洪（潮）标准按百年一遇高潮位设计，二百年一遇洪（潮）位校核。其工程设计与内容：闸室底板采用整块底板，其中中孔为开敞式结构，两边孔为胸墙式结构，闸底板顺水流向长由原设计 15.8 米改为 15 米，垂直水流向长为 16.2 米，闸底板面高程 0.00 米（吴淞斟面，下同），闸底板厚度由原设计 1.6 米减为 1.3 米。下洲闸墩边墩顶高程 9.23 米，中墩顶高程 8.9 米，上游闸墩高程 6.0 米，闸门门顶高程 8.0 米。上、下游翼墙分别采用 12°扩散角与闸室连接。上游第一，第二节翼墙采用钢筋砼扶壁式结构，第三节翼墙采用浆砌块石重力式结构；下游第一，第二节翼墙采用钢筋砼空箱扶壁式结构，第三节翼墙采用浆砌块石重力式结构。其防渗设计为闸底板下四周和上、下游第一、二节翼墙底板下采用防渗墙处理。

（3）南通农场船闸。位于农场三十七大队后，中心河与新江海河交界处，距新江海河260米。1983年4月，该船闸委托南通市水利局设计，始建于1984年春天，1986年3月竣工验收。该闸上、下闸首净宽7米，闸首底板高程分别为−1.2米和−1.7米，通航顶高程分别为6.5米和6.0米。闸首为钢筋混凝土结构，钢质平面上卧式闸门，用2×10吨卷扬式启闭机启动。闸室面积为14米×140米，底板高程−1.7米，墙顶高程2.8米，直立式闸室，浆砌块石重力式挡土墙，总造价为67.6万元。此闸不能排水，故它既是船闸，又是引水闸，可引水灌溉量为8立方米/秒，闸身上不设机耕桥，只设工作桥。

（4）内河节制闸两座（十四大队后和团结闸北边）。分别建于1966年和1977年，净孔宽度分别为4米和3米，十四大队后面的节制闸竣工后未做闸门。团结闸北边的节制闸闸门是借用4号坝边孔叠梁式预备门，但很少使用，两座闸上均有拖拉机桥1座。

（5）全场中沟以上涵洞43座。其中直径80公分涵洞有18座，直径80公分双孔涵洞1座，直径80公分加直径60公分的双孔涵洞1座，直径60公分的涵洞19座，直径60公分双孔涵洞2座，下方上圆形涵洞2座，渡槽7座，倒虹吸5座。2001年以后，随着农场土地被南通开发区和苏通园区征用，涵洞被征用拆除或改建。

3. **保坍** 由于长江上游水势变化，南通狼山节点挑流作用减弱，1948年，长江主流改走通州沙东水道后，农场西部沙体（指水下部分）逐渐坍塌。1958年后，通州沙东水道出龙爪岩的主流恰好顶冲狼山沙，使该沙沙体迅速下移。到20世纪60年代后期，沙头移到4号坝闸北，沙面高程在−1.0米左右，并逐渐向滩边靠拢，渐渐形成外沙内泓，而且内泓上游成一喇叭口，所以落水时水流湍急，形成弯流顶冲，使农场西侧大面积坍方。在1964年围垦时，堤外最少留有600多米宽的芦苇地，其外缘还有较宽的浅滩地。1973年6月，堤外滩地仅剩下200米左右，到冬季时，最窄的地段已不到30米宽，大堤岌岌可危。经上级批准，农场（兵团）分别在1973年冬和1974年春在闸北、闸南新筑退堤，以保安全。1974年7—8月，农场（兵团）又在4号坝闸南的滩边抛石300吨左右，以护滩防冲，但没多久就全部坍入江内。9月，农场（兵团）将草包装土护坎，并用几十万斤树枝（当时淘汰大堤内侧挂脚田上的刺槐树和桑树）由8号铅丝联结，系在滩地的大木桩上，作挡浪护滩之用，但只经过一个大汛（半个月），又全部坍入长江，因坍速过快，未来得及回收，全被潮水卷走。

1974年10月，农场（兵团）成立保坍指挥部，随即派出工程技术人员前往海门、沙州等县的保坍工地参观学习。从海门邀请工程技术人员来现场指导，同时对江床进行多次测量，观察其变化，分析其原因。农场（兵团）根据所掌握的资料和当时的坍势分析，制定了"短丁坝，小间距，沉排护底，抛石护坎"的保坍方案，确定在 4 号坝闸北 1.8 公里的坍江地段筑 4 条丁坝，在闸南先筑 2 条丁坝（共筑 6 条丁坝），概算投资为 271.46 万元，块石近 20 万吨。由于投资较大，块石、树枝等材料需要量多，要在短时间内完成比较困难，因此，农场（兵团）制订"统一计划、分期实施、先急后缓、确保重点"的施工方案，将 2 公里多的坍塌江岸分 3 年（1975—1977）治理完成。

同年 12 月，农场（兵团）分别在 4 号坝闸下游引河的左右滩边选择一凸出滩边作为丁坝的坝头（两地相距 500 多米），用草包、块石进行护坝。在坝头前面沉排护底，随着坝头边侧的坍塌逐步护坝坡，坍到哪里，护到哪里，坝坡脚的安全排就沉到哪里，这样任其后退形成自然泥芯丁坝。由于坍速很快，窝崩一个接着一个，仅 1975 年一年中，大大小小的崩坍就有 10 多次，几个小时内坍掉 5000 平方米以上的就有 5 次。1975 年 9 月 7 日，在 2～3 号丁坝，一次就崩塌近万平方米，深度 8～9 米，窝崩边缘紧靠堤脚，有 40 多米长一段大堤的外坡被坍掉一半，情况十分危急，农场（兵团）紧急动员 4000 多名干部职工，奔赴现场抢险。在这一年中，基本上每天都有几百名工人在江堤施工，虽然购运了 6 万多吨块石，但还是满足不了需要，因而与 3 号丁坝同时开工的 4 号丁坝只能停止施工。到 1976 年复工时，只能把原来的后退泥芯丁坝改为前伸块石丁坝，增加了造价。至 1982 年，西侧一线 4.9 公里的坍江地段共坍掉面积 6482 亩，其中耕地 3315 亩（包括农场大堤以外公社围垦的 1305 亩）。

1978 年，在与南通县良种场交界处，农场与南通县保坍指挥部合筑了一条丁坝（南通县编为第 4 号，农场编为第 5 号，故命名为 4～5 号丁坝）。1979 年，又新建 6 号丁坝。随着狼山沙的下移，4 号坝闸南的坍塌仍很严重，农场于 1979 年起向下游继续新建丁坝，并抛石护坎。截至 1982 年，4.9 公里的坍江地段共筑了 10 条丁坝，抛石 40 多万吨，沉排近 10 万平方米，投资 600 多万元。上述工程的完成，使农场西侧一线坍江得到了治理，坍势得到控制，稳定了江堤，安定了人心，发展了生产。

农场南部一线面临长江，1968 年围垦时，堤外有芦滩地 200 多米宽，滩边稳定，并有浅滩。1976 年，发现距滩边千米以外有一块阴沙，滩边开始坍塌，以后随着阴沙的扩大，滩边的坍塌日趋加快。1979 年冬，二十四大队西南角大堤外的滩地只剩下 30 米左右，农场立即组织人员在滩边抛石护坎，大堤外坡干砌块石护岸。到 1980 年 3 月，由于滩坝刷深，所抛块石全部坍落江中，并且滩边紧靠堤脚，只能筑退堤，损失耕地百余亩，二十四大队副业场从退堤外迁至退堤内。当时，由于没有采取根本性的治理措施，滩边坍塌面积不断扩大。1981 年，又一次筑退堤 300 多米长，二十四大队副业场再次拆迁，损失耕地近百亩。由于该段大堤面向正南，每年汛期常遭汛风袭击，江中阴沙日趋扩大，夹洪不断刷深，而农场经费困难，使保坍工程未能及时跟上。1982 年，农场再一次筑退堤 1500 多米，放弃耕地 400 多亩。自 1968 年以后，农场南部一线共坍掉 1900 多亩，其中耕地 1850 亩（含公社围的土地 1200 多亩）。

1982 年，农场南线开始保坍，经过 6 年时间的施工，筑丁坝 10 条，抛石近 10 万吨，沉排 3 万多平方米，干砌块石护岸 2000 多米，共投资近 200 多万元。

1988 年，农场第一线 11 公里江堤中，4.65 公里江堤岸顶高程 5.6 米（历史最高潮位 4.55 米），堤顶宽 3～4 米，外坡 1：2.5 左右，内坡 1：2 左右，顶狭坡陡，相当多的地段堤外无滩或少滩，遇到较大风潮容易出险。当年，农场投入 30 多万元，江堤加固加高培厚，将堤顶高程加至 6.5 米，顶宽 4 米，内外坡比分别为 1：2 和 1：3，加土 13 万立方米。

1997 年，农场成立江堤达标建设领导小组，根据江苏省《江海堤防三年达标建设规划》，准备用 3 年时间对农场江堤土方工程、护坡工程、护岸工程、堤顶公路进行达标建设，对穿堤 3 座建筑物进行加固。

1998 年，根据江苏省《江海堤防三年达标建设规划》文件，农场为了江堤达标，解决资金困难，从当年 1 月 1 日起向场内干部职工筹措农场防洪保安基金，标准是每人每年 10 元。农场投入 235 万元用于南线江堤达标和抢险加固工程，包含农场干部职工筹措的江堤达标捐款 50 多万元，实施江堤达标工程建设。当年，农场加固堤防 1.4 公里，完成年度达标计划，保证了全场 5.4 公里主江堤、2 公里二线江堤和 2.6 公里江海港区代防江堤安全度汛。

1999 年 4 月 22 日，南通市副市长黄利金在市委农工部会议室召开专题研究南 125 地段江堤达标建设问题的会议。参加会议的有南通市水利局、南通农垦局、农场、市国土规划局、市财政局农财科等代表。

2001 年 4 月 10 日，经过农场全体干部职工的共同努力，农场全部完成江堤达标的各项建设任务，经江苏省市有关部门验收江堤达标合格通过，工程总投资 1102.6 万元。

五、路灯及亮化

2002 年以前，农场场部中心路以及江海中路（今江海镇太湖路中段）上只装了为数不多的简易路灯。

2002 年 9 月，农场拨款 8 万元，由农场水电管理站负责施工，在长江路（今江山路）与江海路交界处的大转盘（今转盘已拆除，设置了红绿灯控制），建起了一座高 12 米的碟形广场灯。碟形灯座呈六角形，每只灯孔里装有一盏 400 瓦的大灯泡，从此，农场场部亮起了夜明灯。

2003 年 5 月，农场决心彻底改变江海镇区道路上的照明状况，实施亮化工程。农场投资 54 万元，由农场水电管理站负责施工，先后在江海路、长江路、农民街（今嵩山路）、黄河路（今海明路）竖起高 8 米的涂锌喷塑灯杆，在场中心路、健康路上竖起高 6 米的涂锌喷塑灯杆。2003 年 7 月 29 日，农场路灯建设工程结束，江海镇主干道全部实现亮化。

2004 年 8 月，农场投资 5 万元，进行路灯亮化二期工程，在建材新村安装 8 盏高 6 米的庭院式路灯，农科所安装 4 盏简易路灯。

2004 年 11 月，农场投资 20 万元，在西三连中心路、莫愁新村中心路上，共安装 14 盏高 6 米的庭院式路灯。至此，农场投资近 80 万元的江海镇区路灯改造工程，历时两年余顺利竣工。整个农场场部铺设电缆总长为 4.7 千米，安装每盏 150 瓦路灯 97 盏，实现江海镇全区亮化。

2005 年，农场对农场工业集中区内纬一、纬二路以及张江公路农场段实施了亮化，安装路灯。

2009 年，苏通园区进驻农场后，园区在农场内加大基础设施投入，场域内城市化道路纵横，实现农场全区域亮化。

六、农贸市场

1984 年秋，农场原服务连二层楼前的空地上（今江海镇太湖路），零零星星地有农场职工将自家种植的蔬菜拿来出售，不久，附近公社里的农民也来销售蔬菜、家禽、鱼肉、豆制品等产品。随着销售的品种逐渐增多，摊位越来越多，渐渐形成农场农贸市场的雏形，当时仅有市场管理员 1 人。

1985 年，农场经营蔬菜、副食品的队伍不断扩大，服务连门口人满为患，摊位不得不向西发展，将原江边商店门口变成了露天农贸市场。

1986 年，农场出资 2.5 万元，由原服务连（即后来农场商业公司管辖的服务站）负责，从农场拆船厂买些废旧角铁、钢管以及玻璃钢等材料，在今江海街道腾飞社区（原农场中心幼儿园）所在地，搭起占地约 500 平方米的简易农贸市场。当时只用旧楼板搭了两排摊位，大部分小商贩只能摆地摊经营。

1987 年，农场建设中心幼儿园，决定将农贸市场暂迁至农民街（今嵩山路）上。商贩们将自己的农副产品，放在路两旁的地上或自备的台子上销售，农贸市场再次成了露天市场，虽条件简陋，却也一片红火。

1993 年，农场投资 40 万元，由农场工会负责在原农场运输连蔬菜地（今农贸市场所在地）筹建占地 2500 平方米（大棚占地 500 平方米）的农贸市场，同时新建十几家门面朝南的小商铺。1994 年 1 月 8 日，新农贸市场开门迎客。

2000 年，农场农贸市场被评为通州市"文明市场"。

2004 年 7 月，农场投资 59 万元，由农场城镇管理办公室负责，对农贸市场进行翻修扩建。翻修后的市场大棚占地 876 平方米，修建 0.8 米×0.9 米×20 米水泥台 32 个、出售活鱼摊位 4 个、出售活禽摊位 6 个、酱菜摊位 8 个、熟食小亭子 4 个、面食摊位 6 个。新建朝南及朝西门面小仓库 28 间，占地 500 余平方米。同时在市场十字路口西开辟共 480 平方米的空地建起小商品、水果买卖市场。

2005 年，农场投资 302.99 万元对农贸市场进行二期改造工程。同年 5 月，成立农贸市场二期扩建工程领导小组，二期改造工程包括将 1993 年建的市场附属建筑 10 多家小商铺以及车辆停放处拆除，修建一幢门面朝西和朝南的连体 3 层楼房，共占地 3400 平方米。底楼朝南门面为小商铺，朝西门面为超市。从联体建筑进去，是全天候营业的农场农贸市场。

2012 年 9 月，包括农贸市场在内的农场社会事业管理服务单位全部移交苏通园区，农贸市场的资产及管理全部移交苏通园区江海街道。

七、邮电

建场初期，农场在老场部（今园区海维路北南湖路西）设有邮电代办所，统一办理邮政、电话、电报通信业务。总机房设在原修造厂内（今园区海维路北、南湖路西）。当时只有 1 台 60 门的总机设备，下设 10 多只电话分机，2 名话务员除完成本职工作外，还兼管广播和全场的报刊分发工作。

1969 年 11 月，农场组建生产建设兵团后，二十四团团部驻地（今江山路北，场部机关 4 号住宅楼后临河的平房内），又设立 1 台总机，电话间购置 1 台 60 门新总机，东场部和西场部两台总机共 120 台分机，一个完整的通信网络基本形成。

1972 年 4 月，南通县邮电局在农场（兵团）设立支局，电报、报刊分发等邮政业务移交给支局管理，场内电话通信部分仍由农场（兵团）管理。

1982 年，农场投资 12 万元，更新场内所有电话线路、电线杆，铺设从西总机到东总机、西总机至三孔桥总机的地下通信电缆。农场的通信事业跃上了一个新台阶。

1992 年 12 月 29 日，为改变农场落后的通信面貌，原南通县邮电局与农场签订协议，将农场仅有的 70 部磁石电话机改为自动电话，农场电话用户从此用上自动程控电话，场内电话通信事业退出舞台，接轨地方电话通信事业。

八、广播电视

1958 年至 1966 年 2 月，坐落在老场部原修造厂（今园区海维路北、南湖路西）内的电话总机房，曾是农场的第一间广播室，农场利用电话线路从张芝山接收南通县广播站的播音信号送达各大队，当时的设备只有 1 台 60 门的总机，下设 10 多只电话分机、1 台 300 瓦的广播扩大机，部分家庭装有小喇叭，广播员由 2 名话务员兼职。

1966 年 2 月，广播站购进 1 台 550 瓦广播扩大机，各大队陆续添置小喇叭，除转播南通县广播站的节目外，开始自办节目。

1969 年 11 月，农场组建兵团后，总机、广播站迁至二十四团团部驻地（今江山路北，场部机关 4 号住宅楼后临河的平房内）。同年，广播站增加 1 台 550 瓦扩大机，电话间购买了新总机（60 门），各连队均改装了高音喇叭。

1970 年，广播站添置了第一台盘式录音机，使广播质量大幅度提高，形式不断增多。

1972 年，广播站购买第 3 台 550 瓦扩大机，至此，农场（兵团）广播站已具备 3 台（计 1650 瓦）扩大机（第一台 300 瓦已报废），加上农业、工副业及场属单位 60 只高音喇叭，东西两台总机 120 只分机及各单位自己购买的三用机，一个完整的广播通信网络基本形成。

1982 年，20 世纪 50—60 年代架设的广播电话线路已老化破旧，农场投资 12 万元更新所有线路、电线杆，铺设从西总机至东总机、西总机至三孔桥总机的地下电缆，使农场的广播通信事业跃上一个新台阶，确保了场内广播通响率，增强了播音效果。

1997 年，农场开通有线电视，第一批有线电视用户有 400 户。2004 年 3 月 1 日，农场与江苏省电信有限公司南通分公司签订"宽带通业务使用"协议。2005 年，农场与南通市广电局崇川分局签订"南通农场有线电视发展"协议。

随着有线电视、宽带、程控电话、手机的广泛使用，农场的自办广播基本结束，全部接轨地方广播电视事业。

第四章　第一产业

第一节　第一产业基本情况

一、第一产业综合情况

第一产业指农业,包括种植业、林业、畜牧业、渔业等。农场建场以来,第一产业一直是农场的核心产业,农场经过数次围垦,土地面积逐年增加,第一产业规模也逐步扩大。农场种植业以生产稻、麦、棉、大豆、油料、瓜果作物为主,创汇农业有薄荷、甜叶菊、棉花、玫瑰花、黄桃等,多种经营有畜禽和淡水养殖。

建场初期,农场刚围垦的土地质量较差,为使荒地变农田,农场农业主要以种地跟养地相结合种植模式。每年冬季始终坚持以养地为主,种植相当数量及面积的绿肥,施用人畜肥、有机肥及变换套种方式等,利用轮作,养用结合,合理布局到每一条田,以确保农业稳产高产。

1958年,农业种植以大豆为主,品种为纽口红,亩产量125~150公斤,但由于排水闸未建,常受水涝之灾。农场还试种棉花36.3亩(品种"岱"字棉15)和10亩水稻田,粮豆总产量为259.75万斤,棉花总产量为1900斤。由于条田水系不完善,农场在完成计划棉粮面积的同时,还种植些薄荷、黄麻等经济作物,为农场增收做保证。

1959年,农场发展多种经营,开始种植甜菜、玉米、烤烟等经济作物,当年粮豆总产量为301.8万斤,棉花总产量为10.6万斤。

1960年,农场继续扩垦围堤,农场可耕地面积达24647.5亩,水面面积3400亩。当年,农场粮豆总产量为344.6万斤,棉花总产量为16.2万斤。

1961年,农场农业种植以二水二旱轮作为主,并开始种植果园。当年,全场粮豆总产量为359.2万斤,棉花总产量为26.67万斤。

1962年起,农场初步形成了多种经营体系的萌芽,当年营造防护林320亩,饲养猪1400头、大家畜54头、家禽3460只、蜜蜂110箱,建立了淡水养殖、内河捕捞、水面种植、蔬菜种植。农场全年粮豆总产量为243万斤,棉花总产量为18.8万斤。

1963年,农场围绕"粮棉并举,农牧结合,多种经营"的经营方针,合理进行作物布局调整，粮食占 50%，棉花占 40%，其他作物占 10%。农场全年粮食总产量为 414.4 万斤，棉花总产量为 91.86 万斤。

1964 年，农场新围垦区当年开垦当年种植，全场种植棉花 17408 亩，大豆玉米 7862 亩。农场提出"以棉为主（60%）、粮棉并举"的种植结构，水稻占 10%（由于灌溉条件未跟上），大豆玉米占 25%。农业种植贯彻以养地为主、养用结合的原则，冬季以冬绿肥为主，金花菜绿肥占 60%～70%，另外种植少量薄荷、三麦。当年，农场粮豆总产 516.1 万斤，棉花 191.5 万斤。

1965 年，农场保持棉粮双高产，水稻亩产 600～700 斤，大豆亩产 250 斤左右，农场粮豆总产量为 724.5 万斤；20203 亩棉花全面丰收，皮棉亩产 120～130 斤，棉花总产量为 407.5 万斤。当年，农场被评为全国农垦系统棉花高产样板农场，获得农垦部嘉奖，为全国农垦"五面红旗"之一，同时还获农垦部良种繁育"特等奖"，奖励"解放"牌汽车一辆。

1966—1977 年，"文革"期间，农场在极"左"思潮影响下，农田里草比苗高，只见杂草不见苗，棉花单产仅 15～20 公斤，水稻单产仅 150～200 公斤，还不够成本，造成连年亏损。12 年间，全场粮豆总产量为 16409.5 万斤，棉花总产量为 2882.9 万斤。1976 年后，棉花单产回升到亩产 50～60 公斤，水稻单产上升到 350 公斤左右，夏粮为 200～250 公斤不等。

1978 年，党的十一届三中全会召开，农场工作重心转移到以经济建设为中心。农场全年粮豆总产量为 2055 万斤，单产为 1110 斤，创建场以来最高纪录；棉花总产量为 345 万斤，单产为 128 斤，是建场以来的第三个丰收年；生猪饲养 2.3 万头，出售肥猪 7500 头。

1979 年，农场全年粮豆总产量为 2134.5 万斤，棉花总产量为 327 万斤，单产 124 斤；增加薄荷生产，薄荷总产量为 5.55 万斤；肥猪出售 10053 头。

1980 年，农场克服历史上罕见的大灾，农副业生产均取得比较好的收成。全年粮豆总产量为 2224.2 万斤；棉花由于长时间阴雨低温，大幅度减产，总产量为 270 万斤；薄荷由于面积减少近 2000 亩，加上自然灾害，单产也有降低，薄荷总产量为 2.85 万斤；肥猪出售 11000 多头。

1981 年，农场以农业为基础，粮棉并举，种足面积，力求提高单产，粮豆总产量为 2008.3 万斤，棉花总产量为 238 万斤，油菜籽总产量为 36.07 万斤。

1981 年后，由于受市场调节和价值规律的影响，农场棉花面积逐年缩减，到 1986 年无棉花栽培。西瓜、薄荷、甜叶菊三项新兴作物亩产值近 300～400 元，亩成本 100 元左右，亩利润达 200～300 元，因此很快替代了棉花。

1982 年，中央发布关于农业、农村 1 号指导性文件，为农场改革发展指明方向。农场粮豆总产量、油菜籽产量实现超历史水平，全场粮豆总产量为 2213 万斤，棉花总产量为 246.8 万斤，油菜籽总产量为 63.3 万斤。

1983 年，农场全面落实农副业经济大包干责任制，全场实现粮豆总产量为 2131 万斤，棉花总产量为 231 万斤，油菜籽总产量为 19 万斤。

1984 年，农场在中央〔1984〕1 号文件精神的指引下，农场农业实现又一个丰收年，粮豆总产量为 2250 万斤。农场多种经营在改革中进行了种植结构的调整，缩减了棉花，扩大了西瓜、薄荷等经济作物的种植；淡水养殖也从无到有，扩大到 420 多亩，年产商品鱼 14 多万斤；发展鱼蚌混养，生产珍珠，获得了较好的经济效益。

1985 年，农场改革经济承包责任制形式，调整农场产业结构，经济效益明显上升，全年农业销售总收入为 1289 万元，实现销售利润 196.1 万元。农场逐年调减成本高、工量大的棉花种植面积 2.5 万亩，全部扩种了西瓜、薄荷、留兰香、甜叶菊、中药材等经济作物。油菜面积在 1976 年后逐步增加，在"谁多种谁多吃油"的政策鼓励下，面积很快扩大，到 1985 年，农场纯种油菜面积达 7000 多亩。

1986 年，农场以提高经济效益为中心，发展二三产业，农场农业产值在总产值中占比在逐年下降。全场粮豆总产量为 2788.4 万斤，油菜籽为 183.6 万斤。

1987 年，农场完善以承包经营责任制为中心，完善大农场套小农场的双层经营体制，取得粮豆总产量、产值、销售收入、利润、平均收入五超历史水平的好成绩。全场粮豆总产量为 3054.8 万斤，创建场以来新高。人均占有粮食突破吨粮关，是全省人均占有粮的 2 倍（当年全省人均占有粮食 1000 多斤）。农场多种经营以发展黄桃经济林的种植业为主，为建设出口创汇基地打基础；经济林总面积达到 1291.7 亩，年产果品 49.8 万斤；林间套种草莓、蔬菜、豆类、中草药等，与外商合作种植甜叶菊获得了成功；配以发展以青、扁、鲫鱼淡水养殖为辅，均产生了较好的经济效益。当年，因国民经济发展的需要，农场恢复棉花的种植，3000 亩棉花总产量为 17.3 万斤；全场上市肉猪 3922 头，饲养蛋鸭 1.5 万只，肉鸡 6.5 万只，种鸡 5000 只，山羊 1692 只，畜禽总收入为 208.66 万元。

1988 年，农场坚持"稳定农业，发展工业，工副并举"的经济工作思路，全场粮豆总产量为 3400.6 万斤，棉花总产量为 34.5 万斤，出栏肥猪 4397 头，出售成禽 10.89 万只，淡水养殖已经发展到 1087 亩，总产成鱼 83 万斤。全场林木覆盖率为 8.25%，以黄肉桃为主栽的经济林面积为 1400 亩，已经成为全省最大的出口罐装黄桃基地，受到了江苏省农垦总公司的表彰。农场坚持稳定粮食生产，发展多种经营，经济作物由单一的棉花发展为西瓜、薄荷、甜菊、水果、小豌豆、番茄等品种，收到了明显效果；推行渔牧结合，利用低洼地、窑泥田改造成鱼池，进行种植结构调整，渔业的发展促进和带动了畜禽业的发展，提高了鸡、猪、渔综合养殖的经济效益，养殖业总产值为 364.64 万元；新开鱼池 1377 亩，新植果树 1100 亩，为农场大农业种植结构调整和农产品深加工增值打下了基础。

1989 年，农场粮豆总产量为 4045 万斤，棉花总产量为 27.2 万斤。农场林木覆盖率为 8.95％，年产水果 47.6 万斤，淡水养殖年产商品鱼 102 万斤，出栏肥猪 7998 头，出栏苗猪 5624 头，出售肉鸡 4.94 万只，苗禽 41 万只，禽蛋 56.26 万斤，存栏耕牛 137 头。

1990 年，农场全年粮豆总产量为 3821.2 万斤，棉花总产量为 37 万斤，油菜籽为 98 万斤。农场坚持"无农不稳，以农为本"的原则，在稳粮增棉的指导思想下，进行种植结构调整，大面积推广麦棉瓜立体种植，优化栽培新技术，面积 4900 多亩，增收 80 多万元，瓜套棉亩产值 656.25 元，种植甜叶菊 300 亩，创汇 19.6 万元，亩产值 653.6 元。农场坚持多养猪、多种草，形成鱼、猪、草结合的综合养鱼生产模式，降低生产成本，提高水产养殖效益，全场 2200 亩水面上市鱼货 90 多万斤。全场水果总产量为 64.6 万斤，成片造林 150 亩，四旁绿化 23000 株，全场林木覆盖率为 9.2％。全场出栏生猪 7547 头，饲养母猪 275 头，提供苗猪 6283 头，出栏成禽 14 万只，出售禽蛋 4.39 万斤。

1991 年，农场把企业精神"团结、求实、开拓、创新"作为经济建设的精神动力，在经济建设中注重经济效益，实现经济稳定、协调发展。克服百年不遇洪涝灾害，全年粮豆总产量为 3617.1 万斤，棉花总产量为 51 万斤。全场有 8 块"百亩方"达省标（1200 斤），8 块"百亩方"达场标（1100 斤），1 块"千亩片"达省标（1100 斤），3 块"千亩片"达场标（1000 斤）。全年出栏肉鸡 17 万只，出售商品鱼 153.2 万斤，出栏生猪 7156 头。全场植树造林 308 亩，林木覆盖率达 9.6％。

1992 年，农业生产通过调整种植结构，实行"六压六扩"，粮豆单产、总产量双超历史水平，特种经济作物效益明显，综合经济效益得到提高，在面积减少，部分单位遭受冰雹、暴雨灾害的情况下，仍然取得了超历史水平的好收成。全年粮豆总产量为 4088.8 万斤，棉花总产量为 56 万斤。全场有 17 块百亩丰产方达省标，有 15 块百亩丰产方达场标，有 8 块千亩丰产片达省标，有 2 块千亩丰产片达场标。种植甜叶菊 800 亩，总产量为 24.34 万斤，经济收入 97.4 万元；草莓生产有了新的发展，外贸收购 29 万斤，经济收入 22.4 万元；8000 亩瓜套棉和特种稻取得较好的经济效益。农场多种经营开发新项目，合并组建八大渔场，在市场鱼价、苗鸡价格下跌的情况下，通过加强生产经营管理，健全服务体系，推广科技成果，应用光合细菌、银鲫繁殖等新技术，抓市场促销售。全年出售商品鱼 221.4 万斤，生猪出栏 6018 头，家禽出售 12.1 万只，果品 90 万斤，蚌珠 250 斤；植树造林达到了江苏省平原绿化标准，通过了江苏省农垦总公司的验收，多种经营利润为 128.64 万元。

1993 年，农场农业遭受较为严重的自然灾害，7—8 月连续阴雨低温寡照，8 月两场大暴雨使农场近万亩西瓜及其他农作物遭受损失，11 月的连续阴雨又直接影响了水稻的收割和麦子的播种。全场在灾害面前上下齐心合力，团结抗灾，实现了"三增"目标：全场粮豆总产量在面积减少的情况下仍达到 3984.2 万斤，夏粮单产、总产量超过历史最高水平；棉花总产量为 61.4 万斤，甜叶菊总产量为 53 万斤。多种经营调整水产养殖品种结构，扩大底层鱼放养比例，完善经营承包责任制，合并组建"沿江渔场"，通过专业化管理发挥规模效益，依靠科技兴渔，采用先进放养模式，重视生产投入，提高了职工的管理水平和生产技能，全年出售商品鱼 200 万斤，营业收入为 191.91 万元，净利润为 136.94 万元。

1994 年，农业生产实现粮食单产、总产量、大队积累、职均收入及挂账下降等五超历史水平，粮棉生产持续增产增收，完善"大队集体承包和职工分户承包"相结合的双重承包体制。科技兴农，推广高产优质品种，推行先进栽培技术，健全服务体系，开展劳动竞赛，全场粮豆总产量为 4325 万斤，皮棉总产量为 60 万斤。多种经营公司以深化内部改革为动力，对特种养殖和鸡场实行分组承包，落实了责任制，当年创利 11 万元；依靠科技，推广了颗粒饲料和光合细菌，"以猪养鱼，以草换鱼"，亩水面成鱼产量突破千斤；发挥"城郊农业"和副食品生产基地作用，调整养殖结构，扩大底层鱼放养比例，利用轮捕轮放，均衡上市的生产模式，全年出售商品鱼 260 万斤，营业收入为 900 万元，利润为 151.06 万元。

1995 年，农业生产实现了"三超三突破"：一是粮豆总产量超历史水平，达到 5319 万斤，突破了年初提出的 4500 万斤的指标；二是利润超历史水平，4 个农业分场除完成上交场部的税利费及产品任务外，实现积累 531.1 万元，突破年初下达的 220 万元的目标；三是农业劳均收入超历史水平，突破了上年的 5448 元的收入水平。农场农业生产完善了职工分户承包和大队集体承包双重承包体制，强化"六统一"管理，坚持宜统则统、宜分则分。实施"科技兴农"战略，把提高经济效益转移到提高劳动者素质的轨道上来，引进繁育和推广种植一系列优质高产新品种，农场成为江苏农垦淮南地区的小麦高产典型。适应市场需求，调整种植结构，提高农业生产经济效益，全场压豆扩稻 4000 多亩，既提高了粮食总产量，又提高了经济效益。农场种子公司正式加入"中国种子集团公司"，种子生产成为农场新的效益增长点，全年向省内外出售种子 592.4 万斤，创利 48.62 万元。农场多种经营坚持"科技兴鱼""科技兴果"战略，全年出售商品鱼 224.6 万斤，实现利润 165.3 万元，发展特种养殖，50％以上的职工养鱼户引进放养加州鲈鱼、镢鱼、罗氏沼虾、甲鱼、螃蟹等特种水产品种。

1996 年，农场在耕地面积减少 648 亩的情况下，农业生产连续 3 年实现超历史水平的好成绩，全年粮豆总产量为 6022 万斤，棉花总产量为 107.59 万斤。实现"吨粮田"的面积 32700 亩，占全场耕地的 75.1％，种子销售量 962 万斤，利润 128 万元，在第二产业大幅滑坡的情况下，为农场的稳定与发展做出重大贡献。农场坚持以市场为导向，按照"优质、高产、高效"的原则，调整种植结构，培育农业发展新的效益增长点，压缩 4000 亩大豆，扩种了 3000 亩水稻，仅此一项实际增收近 90 万元。农科所作物引种试验，丰田三号甜叶菊引进替代丰田二号甜叶菊，繁殖推广顺利，年产优质干叶 300 吨，创汇 50 多万美元。农场种子公司扩大供种量和市场覆盖率，扬麦 9 号等新品种的繁育，为种子公司的拓展提供了充实的后备种源。农场多种经营调优结构，强化管理，加强对养殖户的技术指导和承包管理，提高养殖业的科技含量，开发特水养殖，给传统养殖业注入新活力，投资 170 万元建成江苏农垦规模最大的"中华鳖养殖场"，作为龙头带动作用及示范作用，农场特种水产综合养殖出现快速发展局面，全年出售商品鱼 288.4 万斤，实现利润 168 万元。

1997 年，农场以种子生产为龙头，发挥国有农场"三基地一中心"作用，发展"两高一优"农业，实现原粮增值、职工增收，致力推进农业的产业化进程。全年粮豆总产量为 5055.2 万斤，棉花为 71.14 万斤，甜叶菊为 96 万斤，销售种子 1000 万斤。调整种植结构，"压稻扩豆"5000 亩并选用新优品种，降低生产成本 125 万元，每亩净增效益 35 元。把"科技兴农"作为转变农业经济增长方式的强大推力，聘请江苏农学院两名教授为农场麦稻生产技术顾问，定期授课，现场指导。多种经营全年销售水产品 278.2 万斤，水果 125.2 万斤，利润 175.36 万元。

1998 年，农场全年粮豆总产量为 4402.6 万斤，棉花总产量为 66.6 万斤，水产品为 317 万斤；全场水稻亩产 550 公斤，大豆亩产 182 公斤。农场继续把种子经营作为农业生产的效益增长点和农业生产的中心，理顺体制，完善考核机制，严格"六统一"管理制度，狠抓全员质量教育，建立严格的质量保障体系，实行从种到售全过程的质量监控，维护品牌信誉，实现种子销量、产值、经营利润三超历史水平，销售各类良种 1201 万斤，净利 82 万元。种植业结构调整促优化，压豆扩稻 2000 多亩，稳粮扩经，以甜叶菊生产为龙头，起步推广花卉、草坪、中药材、蔬菜等经济作物的种植。对养殖业继续重视常规养殖，销售淡水鱼 317 万斤，实现利润 125 万元。全场植树造林 159.2 亩，更新林地

87.87亩。

1999年，农场全年粮豆总产量为6018.6万斤。发展订单农业，布局调整压豆扩稻，压粳扩糯5000亩，增值150万元。养殖业在稳定四大家鱼的基础上，发展鱼鳖、鱼蟹、鱼虾混养，发展特禽养殖，全场发展混合养殖和特种养殖水面2620亩，占全场总养殖水面的78%，承包户达200户，拨款改造池塘100多口，全年水产品总量为285.8万斤。

2000年，农场实行对农业生产责任制推行租赁经营的重大改革，同时抓好结构调整，尽管当年遭受严重的自然灾害，全场粮豆总产量仍达6102.4万斤。农场农业管理措施有：一是重视"种子工程"，确立种子生产在农业生产中的主体地位，精心维护好农场的"大华"种子品牌，全年共销售稻种110万斤，大豆种20万斤，小麦种400万斤，净利26万元。二是以西瓜设施栽培为切入点，发展高效蔬果产业，全场种植蔬菜瓜果5300亩，其中1200亩设施栽培西瓜，亩净收入2000元以上。农场被列入江苏省农垦集团公司三项工程之一的高效水芹种植，获得了亩效益9000多元的好收成。农场在农业结构调整中发展蔬菜、花卉、林果等高效经济作物，引进浅水藕、绿花菜、西兰花、美国甜玉米、小洋葱、小南瓜、地刀豆、芦荟、大阪豆等系列蔬菜品种。三是适应市场调优大宗品种，示范推广了扬麦10号、宁麦9号和99-8、99-15等优质稻麦品种10多个，农场"小麦丰收计划项目"通过了省厅验收。农场水产养殖总产量为292万斤，实现利润70万元，将鱼蟹、鱼虾、鱼鳖混养作为水产结构调整的重点，全场混养水面2448亩，占总水面70%，亩增加值2319元。

2001年，农场农业夏秋两熟全面丰收，全场粮豆总产量为6084.4万斤，接近历史最高水平，产量增加、粮价回升使农业职工人均增收1250元，水产养殖水产品总产量为290.4万斤。农业围绕市场抓好种养业结构调整，种植业以推广种植设施栽培西瓜为重点，大中棚西瓜发展到2700亩；秋播青毛豆、水生蔬菜、秋春菠菜有所发展，创汇甜叶菊种植面积增加；新优野生花木引种得到较快发展；水产业注重发展适销对路的名、特、优产品，新引进鳜鱼和南美白对虾等品种。注重农业产业化经营，实施"种子工程"，全年销售种子1040.6万斤。以江花粮贸公司为龙头，以市场需求为取向，调优品种结构，试种无公害大米。当年，农场全面实施高产、高效水产养殖工程，巩固创新常规放养模式并引导职工使用颗粒料和投饵机，引进彩虹鲷、史氏鲟、南美白对虾等新品种，2200亩精养塘加700亩河沟总产量合计为1452吨，其中精养塘1226吨。1800亩水面产幼蟹13500公斤，成蟹63000公斤；鱼鳖混养320亩，产成鳖9600公斤；40亩水面产南美白对虾16000公斤，175亩水面产青虾12250公斤；25亩水面产彩虹鲷12500公斤；400平方米水面产史氏鲟400公斤。

2002 年，农场全年粮豆总产量为 5540 万斤。农场抓好种养业结构调整，以西瓜设施栽培为重点，呈现多元化发展态势，一批适宜场内种植、具有良好发展前景的经济作物崭露头角。设施西瓜 3740 亩，秋西瓜、秋冬瓜、水生蔬菜面积不断扩大，引种的葡萄、芦荟、食用仙人掌、出口菠菜等均获得了成功。水产养殖传统精养模式被特种混养替代，全年出售水产品重量 165 万斤。

2003 年，全年粮豆总产量为 5517 万斤。当年起农场不再种植露地西瓜，设施栽培西瓜 4995 亩，总产量为 3500 万斤；蔬菜 8130 亩，总产量为 1793 万斤。水芹、浅水藕、茭白等水生蔬菜种植规模逐步扩大，由过去的 30 多亩扩大到近 300 亩，大明分场三十八大队仅水芹菜一项就为职工增收 40 多万元。水产养殖全面推行混养和特种养殖，面积达 2300 亩。休闲垂钓渔业前景看好，继续发展订单农业，江边分场十九大队新增常熟台太公司出口叶菜类基地 400 亩，亩产值 2500～3000 元。2003 年淡水养殖面积 3200 多亩，其中精养水面发展到 2900 余亩，总产量达 1905 吨。鱼虾混养面积达 200 余亩；鱼蟹混养面积有 3100 亩，总产量为 12.5 万公斤；鱼鳖混养 50 亩，产成鳖 1500 公斤。水产总销售收入为 1968.7 万元。

2004 年，农场农业在南通开发区建设征地、土地面积减少的情况下，创造了建场以来的第二个丰收年，粮食亩均效益 800 元左右，全年粮豆总产量为 4856 万斤。5000 多亩西瓜全部设施栽培，大棚亩效益 2500 多元。渔业管理区成立农场建场以来第一个协会——渔业协会，科技推广取得新成绩，农业产业化"龙头企业＋基地＋农户"作用显现，实现共赢。农业服务体系更完善，500 亩设施栽培西瓜、500 亩青毛豆通过无公害生产基地省级认证，100 吨"通农"牌中华绒螯蟹通过农业部认定。

2005 年，农场始终把发展农业作为基础，在耕地面积不断减少的情况下，全年粮豆总产量为 5637 万斤。设施栽培西瓜 5415 多亩，总产量为 2708 万斤，亩效益超 4000 元；种植蔬菜 8745 亩，总产量为 1875 万斤；水产养殖 3200 亩，总产量为 2310 吨；引进良种猪兴办绿康生猪养殖场，占地面积 68660 平方米。农业职工职均收入 10388 元，农场抽样调查人均收入 8157 元，高于垦区其他农场平均水平。农业产业化围绕江苏省农垦集团公司"龙头企业＋基地＋农户"的产业化模式，培育壮大龙头企业，重点推进农场的米业、种业产业化建设。成立了由 437 人组成的农场第二个协会——植保协会，为农场产业化的推进、无公害农产品基地的建设发挥积极作用。同年，农场被农业部确认为农产品无公害生产基地。

2006 年，农场抓好农业基础建设和政策落实，农业产量和效益稳定，粮豆总产量为 5117 万斤。大棚西瓜 143 亩，亩均产值 6500 元；中棚西瓜 311 亩，亩均产值 2500 元；小棚西瓜 3564 亩，亩均产值 1800 元；青毛豆 6000 多亩，亩均产值超 850 元；农场渔业承租面积 3536.66 亩。全场共有已认证无公害农产品基地 9 个，无公害农产品 8 个。农场对购买投饵机的养殖户每台补贴 200 元，当年新增投饵机近 100 台。

2007 年，农场做精一产，全场粮豆总产量为 4078.3 万斤。全年种植稻麦良种 2 万余亩，米业订单面积 1.6 万余亩。高效设施栽培面积进一步扩大，全场西瓜面积 6388 亩，其中示范种植大棚滴灌栽培西瓜 188 亩，中棚西瓜 4700 亩，小棚西瓜 1300 亩。

2008 年，农场种植面积大幅减少，农场第一产业占全场产业结构比例为 20%，但粮食单产显著增加，全场粮豆总产量为 4512.6 万斤。全场成立 14 个农业联合体，小麦单产突破 900 斤，水稻单产超 1100 斤。高效农业实现规模、产值双突破，种植大棚滴灌西瓜 613 亩，亩均产值超万元，水产养殖亩利润超 2600 元以上。

2009 年，根据江苏省农垦集团公司部署，农场对大宗农作物生产全面推行模拟股份制，由原来分户承租改为股份制规模经营，形成农场、农业管理人员、农业职工三方利益共同体，使得农场的管理优势、资源优势、规模优势得以充分发挥。随着苏通园区征用农场大片土地，农场在种植面积不断减少的情况下，通过科学种田，不断提高单产，全年粮豆总产量为 4426.2 万斤。农场对经济作物不断加强政策引导，推进现代农业高效规模化发展，设施栽培西瓜、蔬菜 8100 亩，总产量为 2490 万斤，大棚滴灌西瓜亩产值 14000 多元。农场成立"通农"品牌建设领导小组，负责农场"通农"商标品牌农产品的江苏省名牌农产品和南通市名牌产品以及"通农"商标江苏省著名商标、南通市知名商标的申报工作。

2010 年，农场农业实行模拟股份，种植粮豆作物 15076 亩，实现粮豆总产量为 3201.9 万斤，营业收入为 3964 万元，利润为 968 万元，亩均利润为 642 元。农业生产结构更加优化，发展设施蔬菜、大棚西瓜、优质葡萄、特色水产等高效农业，全场种植西瓜、葡萄、青毛豆 1757 亩，亩均产值 6000 元，其中大棚滴灌西瓜、葡萄亩均产值 15000 元以上。农场"通农"商标被评为江苏省著名商标。

2011 年，农场第一产业只占全场产业结构比例为 10%，全年种植粮豆作物 15539 亩，粮豆总产量为 2819.2 万斤，营业收入为 3385 万元，利润为 1084 万元，亩均利润为 701 元。农场调优农业产业结构，高效农业效益明显，种植设施蔬菜、大棚西瓜、优质葡萄等 1820 亩，亩均产值 9500 元，其中大棚西瓜亩均产值 13000 元，葡萄产值最高可达亩产 25000 元。高效渔业养殖引进"名、特、优"水产品，普及微孔增氧技术，每亩水面可增加效益 500 多元。

2012 年，农场农业资源整合划转给苏垦农发南通分公司。苏垦农发南通分公司仅农场范围耕地实现营业收入 3610 万元，利润 620 万元，粮豆总产量为 2600 万斤。农场高效农业主推大棚长季节滴灌西瓜技术，该技术的大棚西瓜质量好、价格高且产品供不应求，亩产值 15000 元，最高 25000 元。

2013 年，苏垦农发南通分公司紧紧围绕"推进上市、规范运作、拓展经营"思路，突出质量效益，推进农业生产集体经营发展战略，完善制度管理，降本增效，积极拓展新的发展空间，在土地面积大幅减少的情况下，全年实现粮食总产量为 2816 万斤，营业收入为 3600 万元，利润为 400 万元。

2014 年，苏垦南通公司运营第一年，苏垦农发南通分公司积极外拓生产基地，加强与地方政府的联系。2013 年 6 月与南通市开发区新农村建设有限公司签订万顷良田 1 万亩耕地租种协议；2014 年 6 月又与苏通园区签订了江东村 5000 亩耕地合作耕种协议；2014 年 10 月与南通开发区富民港良种场成功签订 1200 余亩耕地租种协议。全年实现粮食总产量为 3386.4 万斤，营业收入为 3900 万元，利润为 720 万元（其中外拓基地利润 80 万元）。高效农业继续推广大棚长季节滴灌西瓜栽培技术，种植大棚滴灌西瓜 903 余亩、中棚西瓜 306 亩。因夏季多雨，大棚西瓜亩产值 13000 元，利润为 8000 元；中棚西瓜加青毛豆亩产值 6000 元，利润为 4000 元。

2015 年，苏垦农发南通分公司牢牢把握"保增长、推上市、强管理、重创新"的工作要点，粮食总产量为 3720.2 万斤，全年实现营业收入 4802 万元，实现利润 590 万元（其中外拓基地利润 290 万元）。高效农业种植大棚滴灌西瓜 971 余亩，因夏季多雨，大棚西瓜亩产值 12000 元，利润 7000 元。

2016 年，苏垦农发南通分公司农业生产实现粮食总产量为 3096.5 万斤，营业收入 3958.6 万元，农业生产实现利润 369.9 万元。

2017 年，苏垦农发南通分公司全年粮食总产量为 3350 万斤，营业收入为 4714.4 万元，农业生产实现利润 543.9 万元。

2018 年，苏垦农发南通分公司全年粮食总产量为 3352 万斤，营业收入为 3865 万元；农业生产实现利润 358 万元。

2019 年，苏垦农发南通分公司全年粮食总产量为 3344 万斤，营业收入为 3600 万元，农业生产实现利润 370 万元。

2020 年，农场发展"绿色生态经济"，在成功探索隙地种植栾树和榉树基础上，打造了绿色生态观赏海棠园和金叶女贞绿色走廊。农业生产上，苏垦农发南通分公司粮食总产量为 3050 万斤，营业收入为 4958 万元，利润为 500 万元。

二、农业产业化、外拓经营

2005 年是江苏农垦发展农业产业化经营推进年,按照江苏省农垦集团公司"龙头企业＋农场＋农户"的农业产业化模式,农场加快了农业产业化建设和发展。

农场成立农业产业化领导小组。领导小组的主要职能:全面负责农场的农业产业化发展工作;根据江苏省农垦集团公司的工作部署并结合农场的实际制定相关工作计划和措施;研究农场的主导产业和特色产业的发展方式、方法,制定相关的产业或产品发展方案;研究相关的产业发展投资项目,制定相关的发展措施,将制订的各种方案进行审核和论证后,报江苏省农垦集团公司审核与批准。

农场农业产业化领导小组下设办公室,其主要职能:在农场产业化领导小组的领导下开展工作,全面处理与农业产业化相关的日常工作;根据江苏省农垦集团公司或农场领导小组的意见,负责农场各种实施方案的初步制订,各种项目投资的初步研究,提交农场农业产业化领导小组讨论,并负责解释;负责与上级相关业务部门的工作衔接,办理相关工作业务;开展农业产业化经营的发展研究工作,负责向农场农业产业化领导小组提出相关的发展方案;负责国家相关农业产业化优惠政策的争取工作。

制定《江苏省国营南通农场农业产业化经营推进年实施细则》(以下简称细则)。

细则指出:农场以建立增加职工收入长效机制为目的,以进一步完善发展农业产业化经营的基础条件为重点,加强社会化服务组织的建设,培育重点农业产业化龙头企业,完善利益联结的内部运行机制,推动场域经济的快速发展,致富职工,提升农场农业经济的总量和水平。明显提升产业化龙头企业的运行水平,规范设立新的协会组织并加强运行和管理,推进以合作形式经营农业,提高农业综合生产能力,推进特色产业和农业生产向现代化农业的方向发展。同时坚持以体制创新促进农业产业化经营的发展,完善土地经营制度,探索产前、产后龙头企业和协会联结机制,统一规划、统一经营,逐步建成龙头企业和生产基地一体化,产前、产中、产后统一运作的现代化农业企业运作模式;完善和发展农业技术服务体系,提高农业生产的社会化服务保障程度,提高农业标准化生产水平,加强无公害农产品生产基地认证,当年农场就获得了国家级"无公害农产品示范基地农场"的认证,加强产业化经营人才的培养,确保农场大部分职工能掌握集约化经营的基本知识和操作技能。

细则明确做到以下七点:一是加大投入,完善发展农业产业化经营的基础条件,加大对农业的投入,2~3 年内完成场内主干道的黑色化、水泥化,把农田灌溉渠主渠全部建成防渗渠道,同时加大对晒场、仓库等农业基础设施的投入。2005 年投资 750 万元用于农业基础设施建设，其中 200 万元用于管理区道路建设，投资 150 万元用于防渗渠道建设，投资 100 万元用于电灌站、仓库、晒场和鱼池护坡建设，投资 300 万元用于农场米厂 6000 吨粮食仓库建设。

二是提升产业化龙头企业运行水平，龙头企业具有带动主导产业发展，延长产业链，获得加工增值的功能，有无龙头企业或龙头企业的功能强弱，是产业化发展的关键和核心。培育和壮大龙头企业，发挥龙头企业的牵动作用，沿江特色蔬菜示范园、绿康生猪养殖场是农场新引进的两家农业类龙头企业。沿江特色蔬菜示范园，占地 1000 亩，设施投资 1000 余万元，由南通市农林局牵头组建；绿康生猪养殖场占地面积 68660 平方米，其中绿化面积 20160 平方米，恒温猪舍 20200 平方米，工程总投资 800 万元人民币，年产瘦肉生猪 30000 头、种猪 1000 头，是南通市首家园林化、规模化、工厂化生猪养殖产业龙头企业。这两家龙头企业都具有较强的辐射和带动作用，能够带动农场农业产业化经营，确保生猪养殖场 2005 年 9 月投入生产，同时协助蔬菜示范园做好边建设、边生产等方面的衔接工作，做到尽早投产、尽早带动。巩固和发展现有龙头企业，加强龙头企业与农场之间，以及与农户之间的合作，主要是加强苏垦米业南通农场米厂和大华种业南通农场种子公司之间的合作，建立完善公司＋协会＋农户的运行方式，建好无公害稻米生产基地和良种生产基地。推进米业、种业的产业化建设，投资 300 万元新建 6000 吨粮库 1 座，对全场留种水稻和商品水稻按照高于市场价格合同收购，为米厂扩大再生产提供了保障，实现了农产品的转化增值，基本实现了小麦、水稻全部种子化。

三是推进特色产业。西瓜设施栽培、鱼蟹混养、苗木生产和孵化场是农场多年形成发展起来的特色产业。农场 5000 余亩设施栽培西瓜、无公害鱼蟹混养基地 2000 亩、苗木 700 余亩，以及拥有现代化孵化箱 150 台，年孵化量 3000 万只的孵化场 3 座。

四是推进集约化经营，农场通过摸索对集约化经营提出指导性意见并出台激励政策，对从事集约化经营的农户给予政策上的倾斜和资金上的帮助，要求种植业每亩的增加值不低于 3000 元，水产养殖每亩增加值不低于 2500 元，养猪养家禽的增加值以户为单位，每户不低于 15000 元。农场给予组织化指导和启动经费的适当支持，鼓励农户之间组成"互助合作组"开展生产和销售，对于规模较大的产业或产品，以合作社的形式推进，并逐步向龙头企业发展。

五是推进规模化经营，规模化经营是现代农业生产发展的方向，它不仅有利于推进农业产业化经营，而且有利于加强农业生产措施的落实，便于统一管理、统一实施，有利于无公害生产基地的建设，因此必须通过多种途径转移耕地上的从业人员，促使其向种田大户和种田能手发展，推进规模化经营，就是以模拟股份制的方法承租土地，由职工自主结合，成立大田经营股份制合作组织，承租职工以租田支出认购股份，由职工推选的生产经营人员负责大田规模化生产，生产经营所有收益按股份配给职工。承租职工一般不直接从事大田生产，主要精力从事集约化生产。

六是加快农业标准化建设，加强无公害产品认证，农场有 9 个无公害农产品生产基地获得了认证，农场通过了农业部"无公害农产品示范基地农场"认证工作，获得了国家级"无公害农产品示范基地农场"证书。严格执行农场《无公害农产品生产基地建设及管理的规定》，加强对农业投入品的规范管理，禁止在农场内销售国家明令禁止的各种高毒、高残留的农药（包括兽药、鱼药）；在无公害农产品生产区禁止施用高毒、高残留的农药（包括兽药、鱼药）；积极为无公害农产品生产区提供低毒、低残留的农药（包括兽药、鱼药）。

七是构建现代高效农业产业体系和服务体系，围绕城郊型农业"新、特、优、精"特色，发展高效生态农业，把农场农业打造成南通及临近城市的菜篮子、米袋子、果盘子、鱼池子等，以大宗作物优质化调整为基础，发展高效经济作物和养殖业，变唱农业的"四季歌"为"市场歌"。

2012 年，苏垦农发南通分公司借助国家万顷良田建设，积极搜寻流转土地信息，外拓土地资源，先后到南通市港闸区万顷良田、南通开发区万顷良田项目实地查看了解土地流转。经过与地方政府沟通协调，2013 年 6 月 21 日顺利与南通开发区新农村建设有限公司签订了开发区万顷良田项目 10000 亩土地承包合同，与苏通园区沟通 10000 亩被征土地未建设前的土地种植。

根据江苏省农垦集团公司与南通市签订土地移交框架协议，积极与地方政府沟通，于 2013 年 10 月 8 日与南通苏通科技产业园控股发展有限公司、苏通园区江海镇区社会管理委员会签订 5000 亩土地耕种合作协议，约定双方合作耕种苏通园区代管的原竹行街道江海村、江东村 5000 余亩土地种植，实际种植是江东村 2200 余亩土地，江海村土地因拆迁未能种植。

2014 年 10 月 20 日，苏垦农发南通分公司与南通市富民港良种场签订 1200 余亩土地耕种承包合同，约定种植南通市富民港良种场代管的小海八号滩拆迁整理土地 1200 余亩，实际种植 600 余亩。2016 年，因南通开发区应急水源管理需要，该协议终止。

2015 年 12 月 16 日，苏垦农发南通分公司与苏通园区江海镇区社会管理委员会签订了由农场移交给地方的 7000 余亩土地合作耕种协议，该土地部分已种植绿化苗木，部分已建设使用，至今还有 5000 余亩在种植。

2016 年 1 月 6 日，苏垦农发南通分公司与苏通园区江海镇区社会管理委员会签订了 1140 余亩鱼蟹池合作复垦及耕种协议，但因苏通园区绿化建设需要，种植 2 年后全部种植绿化苗木。

2018—2021 年，苏垦农发南通分公司分别与中国人民解放军江苏省军区东方红农副业基地、融通农业发展（南京）有限责任公司流转种植了原农场四大队置换给东方红农场的 850 余亩耕地租种协议。

2019 年 12 月，苏垦南通公司与启东市合作镇人民政府签订了 4677 亩土地托管种植协议，主要是派技术人员进行指导管理，对方按照粮食产量情况支付管理费，种子收益全部由对方承担，农场及时将农业社会化服务拓展到启东。所以农场目前种植的土地资源主要来自外拓土地，截至 2020 年底属于农场自有的耕地只有原一大队、二大队、九大队 3000 余亩，其余 13000 余亩种植耕地均为外拓流转地。

三、农业综合开发

农业综合开发是中央政府为保护、支持农业发展，改善农业生产基本条件，优化农业和农村经济结构，提高农业综合生产能力和综合效益，设立专项资金对农业资源进行综合开发利用的活动。1997 年 3 月，农场成立农场农业综合开发领导小组，设立农场农业综合开发办公室，目的是以国家、省关于扶持农业产业化经营方针政策为指导，以促进农业职工持续增收、加快发展现代农业、提升农业竞争力和促进农业可持续发展。

农场农业综合开发立足农场农业资源优势，以粮食安全、农业增效、农工增收，富场裕民为目标，与农业产业结构调整、生态环境建设、新农村建设相结合，推进新型农业经营体系建设，强化现代农业发展的产业支撑。农场主要的农业综合开发项目有：1996 年，农场多种经营公司投资 240 万元，利用原味精厂厂房及锅炉、发电机等设备，新建 2200 平方米的全封闭养鳖温室，筹建"中华鳖原种养殖场"，1997 年，对中华鳖原种养殖场进行扩建；农场对大农业的投入，主要用于疏通河道、改造低产田、植树造林、修建电灌站、仓库、晒场、加固堤岸等农田基本建设及农机具更新改造；农场粮油加工厂大米加工车间的改造；2005 年，米厂 6000 吨粮库的建设，农场种子产业化建设等。

2000 年 4 月，农场实施"高效农业示范工程"（种植类）贴息项目，项目的主要内容是：建立 5 个高效种植业示范区，即大棚西瓜千亩示范区、特种创汇蔬菜千亩示范区、水生蔬菜百亩示范区、特种经济作物示范区和蔬菜良种、杂交种制种示范区。2000—2002 年示范区共发展 12210 亩，完成项目建设固定投资 990 万元，2000—2002 年每年分别投入 220 万元、330 万元和 440 万元。

2003 年 11 月，南通市农业局为推进现代农业示范园建设，租用农场土地建设南通市沿江特色蔬菜产业科技示范园区，2008 年 3 月，农场 280.36 万元受让该园区整体资产，主要有 622 型钢架大棚 106.24 座，828 型钢架大棚 257.55 座，高架防虫网计 71.41 亩，简易路面 9352 平方米，水泥路面 11880 平方米，D1000 型、D1500 型、D600 型涵洞各 10 座、2 座、1 座，桥 2 座，围墙 2061 米，园区便道 220 平方米，电力工程 1 项，节水灌溉工程 1 套。2015 年，被苏通园区征地拆迁。

四、农产品商标管理

2003 年，农场为实施品牌战略，创建无公害生态农场和绿色食品品牌，农场申报注册"通农"牌商标（以江苏农垦南通农工商联合公司名义申报），该商标涵盖农场所有大宗农产品。

2004 年 8 月，国家工商行政管理局核准通过农场"通农"商标的注册，商标核定使用范围为第 31 类商品，即小麦、新鲜蔬菜、未加工的稻、甜瓜、豆（未加工的）、鲜毛豆、活鱼、虾（活的）、蟹（活的）、西瓜。

"通农"品牌是农场企业重要无形资产，是提升竞争力的重要手段，农场十分重视商标的运用、管理、保护等工作，成立品牌建设领导小组和"通农"商标管理组织，制定"通农"商标管理办法，统一"通农"商标产品包装，建立健全使用"通农"商标产品质量和无公害生产的承诺书，建立"通农"商标产品维权打假网络，同时开展"通农"牌系列农产品的无公害生产和中国绿色食品的论证认证工作。农场的稻麦、西瓜、青毛豆、水产品等通过了无公害农产品和中国绿色食品的认证，农场被农业部授予"全国无公害示范基地农场"（2005.11—2008.11），示范产品：水稻、蔬菜、中华绒螯蟹；示范规模：水稻 1467 公顷、蔬菜 67 公顷、中华绒螯蟹 133 公顷。

农场建立适应现代农业发展的管理体制，设农业服务中心和农业管理区，专职负责农场境内农产品及水产品的生产销售、技术支撑和质量管理，建立健全各项管理制度，通过实施品牌战略，科学种养。2009 年，农场通过 ISO 9001：2008 质量管理体系和 ISO 14001：2004 环境管理体系认证建立了较为完善的质量管理和质量保证体系。"通农"系列农产品在市场赢得良好信誉，先后获得"南通市名牌产品""江苏省名牌农产品""中国绿色食品"称号；"通农"商标获得"江苏省著名商标""南通市知名商标"等荣誉。

2013 年 8 月，因江苏农垦农业资源整合上市，为避免关联交易，"通农"商标由江苏省农垦集团公司根据苏垦农发上市需要进行调整使用。

第二节 种 植 业

一、综述

种植业是农业的基础，建场以来，种植业一直是农场的主导产业，是农场生产经营的主要组成部分。围垦之初，在对围垦的芦苇荡地进行改造使其逐渐适于耕种后，农场农业以种植棉花、玉米、大豆等旱田作物为主。经土地平整改造、水系完善后，农场农业以种植水稻、小麦为主。经过几十年的探索发展，迄今，农场形成了主要以种植高效设施农业和大宗粮食水稻、小麦等种子产品为主的基本模式，并积累了较为丰富的种植经验和技术。

进入 21 世纪后，农场发展高效农业。通过基地建设和"通农"品牌打造，农场种植业形成一品为主、多品经营的生产格局。农场成为南通市及周边城市的米袋子、菜篮子、鱼池子和休闲观光好去处。

江苏省农垦集团公司整合农业资源一体化经营后，苏垦农发智慧农业提上了日程。以无人化作业、自动控制等为代表的数字化、智能化技术纷纷从实验室走到田野，助力农业标准化、精准化、集约化生产，成为现代农业可持续发展的有效支撑。

（一）作物布局

建场初期，农场耕地全系芦苇荡开垦，包括后期围垦的新垦区，耕后芦苇多，水系尚未建立，作物布局以种大豆为主，大豆夹种玉米，并试种棉花和水稻。1959 年，农场开始种植少量甜菜、玉米、烤烟等经济作物，但由于排水闸未建，常受水涝之灾。

1965 年前后，农场几度围垦，新垦面积扩大，新垦区当年种植棉花、大豆、玉米等旱田作物。农场总体种植结构以棉为主，粮棉并举，因灌溉条件未跟上，种植水稻仅占 10％左右，大豆、玉米占比为 25％；冬季以冬绿肥养地为主，绿肥中金花菜绿肥占 60％～70％。随着农场灌溉条件的逐步改善，水稻种植面积逐渐增加，大豆、玉米面积开始减少，但棉花种植面积基本维持在 70％左右。

1966 年后，由于绿肥田棉花立苗难，麦套棉保苗容易，因此冬绿肥面积逐年减少，三麦面积逐年增加，逐步增加了麦套棉，夏粮面积增加，绿肥稻也逐步改为麦茬稻。1970 年后，农场不再种植金花菜冬绿肥，采用麦套蚕豆扣青套种棉花。1968—1975 年，农场发展双季稻。1975—1980 年，农场推广棉花营养钵育苗移栽。

1983 年后，农场实行稳定粮食生产，缩减棉花，适当扩大经济作物种植面积的作物布局模式。1985 年，农场种植结构调整，棉花种植逐渐被西瓜、薄荷、甜叶菊等经济作物替代，冬季全部种植三麦油菜。1986 年，农场停种棉花，经济作物以西瓜、薄荷、甜叶菊等为主。1987 年后，由于国家建设需要，农场重新逐步恢复棉花种植，同时种植经济作物。

1997 年，农场启动农产品绿色食品认证工作。2002 年 12 月，启动无公害农产品基地认证工作。农场粮豆生产向优质化、专业化、种子化发展，经济作物向设施栽培和高效农业发展。

2001 年，农场划入南通开发区后，特别是 2008 年苏通大桥通车后，农场融入上海一小时经济圈。在传统农业增值潜力有限的前提下，农场迈开都市农业、高效农业发展步伐，推进 5 个基地建设：一是设施栽培西瓜基地建设，大棚滴灌西瓜形成千亩规模，亩均产值超万元；二是特种水产养殖基地建设，引进新品种、优化养殖模式，4000 亩基地亩均产值超 7000 元；三是稳定 360 亩江边管理区台太公司叶菜出口蔬菜基地建设，发展订单农业；四是发展大明管理区水芹菜种植基地建设，利用窑泥田和淘汰的鱼池形成 200～300 亩种植规模，亩均产值超万元；五是 2008 年收购南通市农林局在农场的 1000 亩大棚蔬菜基地建设，种植大棚蔬菜，开展配送经营。

进入 21 世纪后，农场形成农业大宗农产品以稻麦生产为主，产品用途以种业为主、稻米加工为辅的粮食产业链，对符合留种条件的由农场种子公司收购，剩余的由农场大米加工厂作为商品粮进行加工销售。农场主要种植的作物是小麦、水稻、大豆、西瓜、青毛豆，搭配种植过大麦、棉花、菠菜、甜叶菊等。

（二）轮作制度

轮作制的主要原则，首先是轮作的主要作物必须保证国家农业生产计划任务的完成，然后针对主要作物的特性，充分利用好本地滨临长江、水源足、水质好的有利自然条件，确定水稻为主体作物的同时，有计划地安排好耗地作物（麦、稻、棉）、自养作物（大豆）和养地作物（豆科绿肥）的适宜比例，以便从作物内部处理好用地和养地的关系，加速提高土地的生产能力。

1961—1964 年，农场以二水二旱轮作为主，即冬休平田＋水稻→金花菜绿肥＋大豆玉米或棉花→冬绿肥或三麦蚕豆＋棉花或大豆玉米。

1965 年后，农场种植面积扩大，改为三旱一水为主，即金花菜冬绿肥＋棉花→休闲平田＋水稻→三麦＋大豆→冬绿肥＋棉花。

1970 年后，农场冬绿肥面积逐步减少，轮作仍以三旱一水为主，即稀麦套种蚕豆绿肥＋蚕豆扣青套种棉花→棉田套种麦子＋麦田套种棉花→冬绿肥金花菜＋水稻→三麦＋大豆或稀麦营养钵育苗棉花移栽。

1985 年后，农场已不再种植绿肥，棉花也由西瓜、薄荷、甜叶菊替代，轮作制度为三旱一水或二旱二水，即三麦＋水稻→薄荷夹油菜＋薄荷→三麦＋水稻→三麦＋大豆或水稻→水稻→稀麦或稀油菜＋套种西瓜→晚大豆→三麦或水稻＋稀麦→甜菊→稀麦＋甜菊→水稻→三麦。

1982 年 12 月起，农场开始运用与农业现代化相适应的轮作制度。建立用地和养地相结合的综合农业技术体系，恢复实行大田轮作制度，科学利用自然条件和经济条件不断提高土地的生产力。农场以 24 连为单位，实行一水二旱三区 3 年轮作制的试点，制订轮作实施方案，随之在全场推广，当年已进入第三个轮作周期。具体实施中，以一个农业连为轮作实施单位，即将一个农业连的成片大田划成面积大致相等的 3 个轮作区，3 年为一个轮作周期。一水二旱三区 3 年复种轮作制的方式为：第 1 区，棉行套播纯作密冬绿肥——机械水直播水稻；第 2 区，机播稀麦，麦行空播冬翻冻土——麦行机械套播棉花；第 3 区，棉行机械套播稀麦，间作稀冬绿肥——麦行机械套播棉花的水旱轮作方式及作物布局，是按照当时农场每年秋熟棉花、大豆和其他特用经济作物占大田面积的 65% 左右，水稻占 30% 左右，其他占 5% 的非轮作作物。建立一水二旱三区 3 年轮作制后，农场稻谷年总产量为 1200 万斤左右，可满足职工口粮自给和提供场办工业粮食原料的需要，夏熟麦类年总产量为 1000 万斤左右，油菜籽为 40 万斤左右，除保证职工食油和畜禽饲料自给外，每年可上交国家商品粮及大豆 250 万斤左右，每年确保纯作密冬绿肥一万亩，稀麦间作稀冬绿肥 15000 亩。此外，农场保证每年轮换休闲 5%～10% 的大田面积，以便冬季结合兴修农田水利，使用高标准机械铲运平整土地。运用这样的轮作布局，既可完成国家商品生产的要求，又能保证农场自给需要并兼顾发展多种经营，有计划地进行农田基本建设，确保农场经济收入的稳定。

1984 年，农场全面落实农副业生产大包干责任制，试行联产承包经营责任制和家庭农场。农场统一作物轮作布局，主要粮食产品轮作方式一年两熟，水旱轮作，即种冬小麦收获后种水稻，秋天收获水稻后再种植小麦。

2000 年以后，农场土地实行租赁经营，改综合承包为专业承租。农场产业结构调整为传统农业加高效设施农业，以麦稻豆粮食作物种植为主，搭配西瓜、青毛豆等经济作物，实行水旱轮作，粮菜轮作。

2012 年，江苏省农垦集团公司整合农业资源，实行一体化经营。通过资源整合，外拓基地，农场农业生产由分散经营向规模化经营转变。农业生产实行统一作物和品种布局、统一种子和农资供应、统一农业生产措施、统一农机作业标准、统一农产品收购加工销售的"五统一"管理方式来组织标准化农业生产，应用稻麦两熟绿色优质高效农业技术，建立了农业可持续发展的推广机制和模式，农场农业生产水平处于领先位置。

（三）良种繁育

农场在建场初期就开始进行良种繁育工作。1958 年，在农场老二队一个作业组内划出 50 亩地设立三圃，进行棉花、麦子的提纯复壮。1963 年 8 月 31 日，江苏省农林厅农垦局转发农垦部"国营农场良种繁育制度"的规定，国营农场应当成为繁育农作物的良种基地，繁育和推广当地的农作物良种，把良种繁育工作列为农业生产基本建设主要项目之一。同年，农场在老场部建立"国营南通农场良种繁育站"（简称良种站），具体负责全场的农作物良种繁育任务。良种站占地 400 亩，同时在老四队划出 800 亩地作为良种站的原种圃，开始正式开展种子培育工作。

1960 年，农场新建棉花加工厂，能加工 4 万亩棉花。棉花加工厂有加工皮棉、种子剥线、风选等成套棉种加工设备，加上其他设备，农场形成一套完整的良种繁殖体系。

1964 年 8 月，农场建立良种繁育制度，积极繁育高产品种。除建立专门的良种繁育站外，农场在各管理区也都建立了良种繁育区，并制定良种选留制度，既为本管理区选留足优良品种，又担负起为外地繁育良种的任务。当年，农场推广岱字棉 15 原种 105 万斤、南通稻种 70 万斤、"4931"大豆种 50 万斤、矮秆红小麦种 35 万斤。农场在良种站内成立良种科学试验组，配备较为充足的良种繁育用具和测试设备。

1966 年以前，农场良种站曾承担南通县全县 60 万亩棉田的棉花原种三代更新任务。因为农场种子质量好，纯度和发芽率较高，加上推广的水稻、麦子、大豆良种在各地产生的较好社会影响力，农场良种繁育声誉较好。四川南充地区、江西乐平县、上海星火、东海、山东德州地区、江苏弶港、新洋等农场的良种繁育工作技术人员纷纷来场长期学习，农场也经常派员去江西、上海等地指导。

自 1963 年开始，农垦部对良种繁育每两年评一次奖，设特等奖、一等奖、二等奖、三等奖 4 级。1963 年，农场在农垦部第一次评奖中，获一等奖（全国共 4 个），奖励烘干机 1 台。1965 年，在第二次评奖中，农场获特等奖（全国农垦共 2 个），奖励解放牌载重汽车 1 辆。1966 年后，农垦部停止了该项评奖活动。

1965 年以后，随着农场扩垦，耕地增多，良种需要量陡增。良种站以满足本农场需要量为主，人员和设备逐步增加并相对稳定。后由于"文革"的影响，良种站位置 7 年中搬迁了 3 次，1969 年从老场部搬迁到六队（农场窑厂西边），1972 年迁到五营营部（后来的四机队），1976 年搬到农场场部南边（今江山路南苏通园区实验学校位置）。搬至场部后，农场在该地成立南通农垦农科所。

1976 年以后，国家对农业科技工作更加重视，农场种子工作逐步恢复。1981 年 4 月，农垦部颁发的《国营农场农业生产规章》规定："国营农场按照种子生产专业化、加工机械化、质量标准化、品种布局区域化的要求，建立健全良种繁育体系，逐步做到以农场或垦区为单位，统一供应标准化的种子"。农场种子工作由自选、自繁、自留、自用、辅之以调剂的"四自一辅"，逐步向供种区域化、繁育专业化、加工机械化、种子质量标准化，统一由种子部门供种的"四化一供"方向转化。种子工作目标明确，道道工序把关，严防种子的退化、混杂、霉烂。

1982 年，农场单独成立良种站，独立核算。良种站专门经营种子的预约、繁殖、加工和调拨购销等业务，改变了原种子跟口粮、饲料粮均集中在农场加工厂，由加工厂负责种子调拨的现状，使种子质量更有保证，种子适应性、纯度、发芽率等更有保障，较好地满足了生产发展的需要。同年 7 月 12 日，农场为尽快达到农场种子工作"四化"要求，以东粮食仓库为基地建立南通农场种子站（属良种站领导），负责统一管理全场各种作物种子的计划生产、加工、检验、贮藏，对内供应和对外销售等工作。

1988 年，农场将农科所与良种站、种子站合并，建立国营南通农场农科所（站），负责全场的良种繁育、技术推广、课题研究等。同年 10 月 20 日，为健全农业生产的技术服务体系，强化"六统一"的经营机制，充分发挥良种在农业生产中的重大作用，提高农场的农业生产水平，农场成立南通农场种子公司，为股级农技服务机构，隶属于农业科，接受农业科的技术指导。种子站主要职能是统一按农业科的品种布局积极引进、采购、繁育、推广优良品种，负责全场农业生产用种。全场所有大田作物用种，均须由种子站统一供种，种子站完善良种繁育体系，按照用种计划建立三级良种繁育体系。为防止品种退化，大田当家品种均由种子站统一组织提纯复壮，确保种性。种子站在做作物良种繁育的同时，还需进行种子科学实验，及时引进新品种、新技术，进行评比和验证，对质地优良的布点示范推广。种子站配备有种子田、试验田 475 亩，考种室、仓库 36 间共 720 平方米，水泥晒场 1600 平方米，玻璃温室 1 间 130 平方米，塑料大棚 16 个计 2880 平方米，气象哨 1 座，土壤化验室 1 个，科技人员 13 名。分设了经济作物室、粮豆作物室、蔬菜室、植保土化室等，分别开展专业化的试验研究和良种繁育工作。

建场以来，农场良种站先后引进、繁育、推广的良种棉花有岱 15、沪棉 204、通棉 5♯、徐州 142、泗阳 835 等；良种小麦有矮秆红，1962 年引进大黑芒，后来引进推广了扬麦 1号、扬麦 2 号、扬麦 3 号、扬麦 4 号、扬麦 5 号；良种大麦有尺八、早熟 3 号、7631，7631 是适合间作套种、网斑病较轻的良种；元麦是建场初期职工的主粮之一，品种先是黑六柱、肖山三月黄，后来引进立新 1 号、立新 2 号、海麦 1 号、浙 114，1986 年开始农场已经不再种植元麦；良种大豆先是纽口红，后来是关青豆，1962 年引进 4931，1976 年引进苏豆 1 号，1978 年引进夏豆 75，1986 年从东方红农场引进 1915，其中夏豆 75、1919 是适宜 8 月上旬迟播的良种，1988 年引进的大青豆，粒大皮青，作为西瓜后作，国庆节前后上市作蔬菜用，颇受大家欢迎；水稻品种的更替最复杂，先是黄壳早、农垦 57，1968 年以后引进农垦 58、南粳 33、农林 140、通选 122、京引 1 号、井岗 30、691，1976 年以后引进推广了南优 3 号、汕优 3 号、TR661、BG902、筑紫晴、通糯 1 号，1988 年大面积种植的是盐粳 2 号、搭配 A 系 11、中籼糯等；油菜当家品种是宁油 7 号，1986 年引进 821，1987 年引进杂交油菜秦油 2 号；玉米品种以"老人牙"和杂交玉米为主，是建场初期职工主粮之一，现在种植很少。

1991 年 5 月，农场成立江苏农垦南通农场种子公司，隶属于上市公司"中农资源"。种子公司拥有现代化的种子加工线，年产优良种子 12500 吨以上，是苏、浙、皖等地麦、稻种子供应基地，后更名为江苏大华种业集团有限公司南通分公司。公司集种子科研、生产、经营于一体，以农场为生产基地，秉持绿色农业发展理念，围绕稻麦良种优势主导产业，统一组织集约化、标准化生产，实行种子的专业化生产、标准化加工、规范化管理，从事新品种的引进、繁育，当家品种的提纯复壮。农场建成种子生产基地 3 万余亩，年产稻、麦、棉、豆、玉米、油菜、蚕豆等各类农作物原良种 10000 余吨。其主要品种有，小麦良种：扬麦 158、扬麦 10 号、扬麦 11、扬麦 12、扬麦 13、扬麦 15、扬麦 16、宁麦 8 号、宁麦 9 号、生选 3 号、镇麦 168、镇麦 8 号、华麦 2 号；水稻良种：武运粳 7 号、武育粳 3 号、99-15、大华香糯、华粳 1 号、华粳 2 号、华粳 3 号、通育粳 1 号、南粳 46；玉米良种：华单 1 号、掖单 13、农大 108；棉花良种：苏棉 12、苏棉 18；油菜良种：扬油 4 号、汇油 50、秦油 7 号；蚕豆良种：启豆 4 号、日本大板豆等；大豆良种：淮豆 4 号、通矮 405 等。2012 年，作物品种常规水稻主推华粳 5 号、华粳 9 号、连粳 13、扬农香 28、泗稻 16、大华香糯、连糯 1 号等高产优质品种；小麦主推华麦 5 号、华麦 8 号、华麦 1028、镇麦 168、镇麦 10 号、扬麦 29、扬辐麦 10 号、郑麦 1860 等高产优质品种；玉米主推苏玉 34、大华 1146、苏玉糯 602 等品种。

（四）病虫防治（植物保护）

建场初期，农场种植作物比较单纯，病虫害的种类和数量较少。20 世纪 70 年代以后，随着农场耕作制度的改变、种植的作物品种增多、复种指数的提高，以及大量使用化学农药等因素，造成农场农业生态系统发生变化，粮棉各种病虫害情况也发生新的变化，病虫草害的发生情况日益加重和复杂。

1. **主要病虫害** 20 世纪 60 年代，农场主要病虫为棉蚜虫、小地老虎、红蜘蛛、绿盲椿象、玉米螟、金刚钻，病害为棉花立枯病、炭疽病。20 世纪 70 年代以后，除上述病虫外，棉铃虫、稻蓟马、水稻总卷叶螟、稻苞虫、褐飞虱、白背飞虱等害虫逐渐猖獗，成为主要害虫。棉花枯萎病、旱杂3号大麦的网片病、黄花叶病不断扩大和加重。

20世纪90年代，特别是进入21世纪以来，西瓜苗期的猝倒病、炭疽病，以及西瓜的枯萎病、病毒病、潜叶蝇、蚜虫、红蜘蛛、瓜嘴螟不断加重。水稻有灰飞虱、稻蓟马、纵卷叶螟、褐飞虱、白背飞虱、大螟、二化螟、三化螟及纹枯病。小麦有蚜虫、黏虫、赤霉病、白粉病。大豆有卷叶螟、豆秆叶蝇、甜菜夜蛾、斜纹夜蛾等病虫害。水稻条纹叶枯病、稻曲病、穗颈瘟等病虫害大发生频率越来越高，程度越来越重，用于植保上的农药成本越来越高。

2. 植保队伍 为建立健全植保技术队伍，1962年，农场就配备专职的植保员。1975年，又增添两名植保员。1973年，各营、连队设植保员，各排还设专门的查虫员。1980年，农场成立植保站，配备5～6名植保专职干部，负责农场农作物的预测预报和病虫草害的防治工作。1985年，农场大队技术员、植保员被精简，只剩下大队长一人负责行政管理和抓技术工作，结果是顾此失彼，引进的新农药、新技术很难推广，甚至连一些常规措施都无法落实。1986年起，农场重新恢复大队技术员编制，栽培植保由大队技术员负责，技术推广网络日趋稳定，对农业生产作用较大。2001年以后，农场的农业生产经营体制发生变化，农场由原来的三级管理改为两级管理、一级核算，机关的管理人员和基层单位的管理人员大幅度减员，负责植保的专业干部全场只有1人，另请1名临时工，负责全场的病虫草预报和防治推广工作，全场农业单位只配备4名技术人员负责基层的技术推广工作。

3. 病虫测报 农场农作物的病虫草测报工作一直保持正规化、系统化。1958年，农场为有效落实病虫防治以及为农业种植户提供实用生产技术资料，创办《病虫情报》期刊，向种植户及时发送农作物病虫害防治指导意见、防治方法、用药量以及农药品种等。1969年开始，农场对主要粮棉作物病虫害进行预测预报工作。1980年，随着生产水平的不断提高，为了更有效地战胜病虫，农场建立病虫测报站，其主要任务是掌握全场主要作物病虫害的系统消长情况和及时发布"病虫情报"，当好领导参谋，指导大田防治。进入21世纪，随着高效农业的发展，农场《病虫情报》由原来的每年15期，每期100份发展到每年30期，每期1000多份，内容由单一的农业生产指导发展成以高效农业设施栽培为主的病虫害防治、农药介绍、综合知识，读者由原先的农场干部发展到科技示范户及农业种植户。

4. 机械治虫 农场自建场初期开始积极探索植物治虫的机械化。20世纪60年代至80年代初期先后和江苏省民航管理局合作，委托民航管理局利用飞机喷粉喷雾的方法防治农林业害虫。为便于飞机能安全治虫，江苏省民航管理局派专人到农场勘察地形进行飞机场选址，确定在农场十九大队修建临时飞机场，每年喷药调机前5～7天，民航局对临时机场进行安全验收。喷药作业在气象及地形条件允许的情况下，飞机飞行高度距作物、林带的顶端5～7米，距水面植物、森林及建筑物10～15米，复杂地形距地面作物或树冠15～20米，喷粉、喷雾作业风速不大于5米/秒，按规定药量喷洒，误差不超过±10％。每架飞机每天治虫能喷洒1万～2万亩地，飞机喷药一天工作量相当于6000～12000个人工的工作量，喷洒时像下雾一样，密度大，防治效果好，连苍蝇、蚊子都大大减少。农场成立飞机治虫指挥部，机治时间和喷药部署由飞机治虫指挥部统一计划、统一指挥、统一行动。1995年，农场自行研制了高架自行宽幅不破坏排水沟的喷雾机，对农业生产取得了较好的保护作用。农场负责做好喷药作业安全防护宣传、安全保卫工作，农场各单位及职工做好人畜所用物资储备，确保喷药后能在规定天数内不饮用或食用喷洒过农药的蔬菜和农副产品及青饲料。

5. **病虫用药**　从1985年以来，农场重视综合治理和经济核算，加强对农药的引进和推广工作，加强技术指导，严格遵循"试验、示范、推广"的程序，通过试验、筛选，先后引进推广稳杀得、伏草隆、苯达松、草甘膦、百草敌、丁草胺、盖草能、禾草克、都尔、农得时、扫费特、千金、快杀稗、乙草胺、膘马；大豆上引进高盖、虎威、克锈宁，防病杀菌剂为代森锰锌、阿米西达、可杀得、百菌清；水稻用药为爱苗、三环唑、施保克、浸丰2号；小麦使用多菌灵胶悬剂、粉锈宁，杀虫剂使用乐斯本、锐劲特、吡虫啉、朴虱灵、三唑磷、杀虫丹、杀虫双、骄子等低毒高效农药。

6. **种子处理**　种子处理也是有效防治各种农作物病害及苗期病害的最好途径，以水稻种子处理为例，农场水稻种子处理长期使用施宝克等咪鲜胺类的杀菌剂的办法，虽然对水稻恶苗病有较好的防治效果，但是对水稻干尖线虫病和其他细菌性病害防治效果较差，导致水稻小粒翘穗现象较为严重，造成严重减产。2006年，农场为更有效地遏制水稻恶苗病、干尖线虫病及其他细菌性病害的发生，对水稻种子进行技术处理，推广应用浸丰2号杀菌剂。处理方法是在职工购买水稻种子时，由大华种子公司南通农场分公司按每亩稻种（一般情况为4～6公斤）配5.5％浸丰2号可溶性乳油2毫升浸种，浸种时先将池内注入所需水，然后按种子量加入所需的药剂，搅拌均匀后，将种子放入，时间一般掌握在日平均气温15℃左右时，浸种时间不得少于56小时；日平均气温20℃左右时，浸种时间不得少于48小时，确保做到水稻浸种处理率达到100％，这样可有效防治水稻恶苗病、干尖线虫病及其他细菌性病害、苗期青枯病等病害。

（五）无公害农业

2003 年开始，农场实行农业无公害生产，农场为农产品注册"通农"商标，"通农"牌西瓜、青毛豆、中华绒螯蟹分别获得省、部级无公害产品及绿色食品认证证书。2005年 11 月 15 日，农业部第 12 号令公布农场通过"农业部无公害农产品示范基地农场"认证，取得证书。至 2006 年南通农场有无公害基地或产品情况见表 2-4-1。

表 2-4-1 南通农场农业无公害基地一览

基地名称	产品名称	面积（亩）	取得时间
无公害水稻基地	—	22000	2003 年 12 月
中华绒螯蟹无公害基地	中华绒螯蟹	2000	2004 年 3 月
无公害西瓜基地	"通农"牌西瓜	500	2005 年 6 月
无公害青毛豆基地	青毛豆	500	2005 年 6 月
无公害蔬菜基地	—	500	2005 年 6 月
无公害小麦基地	—	10000	2006 年 10 月
无公害四大家鱼基地	鲢鱼	500	2006 年
	鲫鱼	500	2006 年
	草鱼	500	2006 年
	鳙鱼	500	2006 年

二、粮食种植

"手里有粮，心里不慌"，建场以来，粮食生产在农场种植业中一直占据非常重要的位置，关乎国计民生和职工生存。1958 年，农场新围垦的土地，水系尚未建立，农场仅以少量移栽水稻进行试验种植，粮食生产主要以旱粮为主，种植大豆和玉米。当时玉米是职工主粮之一，品种以"老人牙"和杂交玉米为主，后来随着水系的改善，水稻种植面积逐渐增加。

（一）水稻种植

1. **种植沿革** 建场初期，农场农业种植以棉为主，建场以后年年抓挖沟平田、平整土地、完善水系等农田基本建设，水稻种植面积逐步扩大。

1959—1968 年，农场水稻全部是旱直播，由于旱直播平田难度大，水平田旱直播影响播种季节，稻谷产量极不平衡。为了及时播种，提高产量，农场把水平旱直播改为水平水直播。1969—1972 年，农场水稻改旱直播为育秧移栽。

1973 年后，农场实行水平水直播栽培技术，由于水直播稻田田面平，水浆管理方便、长势平衡，杂草化除效果好，产量比旱直播高。随着水直播机械化程度的不断提高，大面积种植花工少、产量高，水稻的水直播栽培很快在全场推行，每年种植的水稻面积 90％

以上是水直播。

1976年，为提高单位面积产量，农场试种杂交稻，开始种子繁殖。农场先去海南岛加代繁殖，因为南优3号、汕优3号两个杂交品种米质不是太好，且制种技术要求高，比较麻烦，种了三四年后，被杂交亲本中的一个父本-IR661所替代。1968年、1974年农场还推广过双季稻，双季稻花工多，农忙时劳动力矛盾突出，农场无法解决，后季稻产量低且不稳定，只能停止种植。1980年后，农场水稻种植方式以机械水直播为主，人工栽插为辅；品种以TR661为主，筑紫晴、农垦57、南粳33等品种为辅，产量水平400公斤左右。

1983年以后，农场农业开始实行承包责任制，绿肥茬水稻逐渐减少，麦茬稻的面积逐步扩大，收麦、播种水稻的时间过分集中，劳动力矛盾突出，水稻往往不能适时播种，严重影响夏秋两季的产量。同年，农场从盐城农科所引进盐粳2号，并逐步推广成为农场主导品种，水直播成为农场主导栽培方式。

1983—1985年，农场与江苏农学院合作，参加二省一市农垦水稻叶龄模式栽培课题组，进行多种小区试验，扩大示范研究。1986年，农场得益于全面推广水稻的叶龄模式栽培，水稻单产水平比未推广前增产60公斤，增产水平17%。

1985年以后，农场基本上是麦茬稻，而且大部分是小麦茬稻。收麦、播种水稻任务很集中，水稻往往不能适时播种。1986年，为了争取夏、秋两熟双高产，农场从练湖农场引进"田间简易盘育机插"新技术。盘育机插可以节省种子和秧田，提前育秧，适用于生长期较长的品种，满足了麦茬稻的品种不能过分单一、播期不能过分集中的客观要求。

1987年，农场研究水稻旱种，使全场水稻生产逐步形成一个日趋完整的配套技术体系。同年，农场引进延吉插秧机厂生产的插秧机，应用塑盘育秧技术，至1988年，全场塑盘育秧机插面积达2000多亩。

1989年，农场从镇江练湖农场引进武育粳3号水稻新品，成为1990—1995年农场水稻主要品种，搭配糯稻86120种植面积1.6万亩，机械水直播占水稻种植面积的90%以上。1992年，水直播稻改重施基肥为重施分蘖肥肥料运筹技术，降低基本苗，促进个体健壮，同时引进塑料盘小苗抛秧。1993年，引进抛秧技术，1994年推广抛秧技术1200亩，后因农场田多劳动力少不适应这种栽培方式而终止；同期还引进水稻肥床稀植旱育人工移栽技术，当年栽插面积240亩，当年全场水稻单产突破千斤大关，单产达588.5公斤。1995年，农场停止塑盘育秧机插方式。

1997年，农场从常州武进引进水稻新品种9516和9520，通过两年试验示范，新品种穗型大、抗倒伏性强、适应性广、产量高，当时人工移栽面积已达1200亩，单产稳定在575～600公斤。1998年以后，两个水稻新品种很快成为农场水稻的主打品种。1997年，水稻整地推广无水层墋田技术，为全场大面积秸秆还田起到保证作用。1998年至今，农场坚持麦秸、稻草全部还田。

2002年后，农场水稻品种更新加快，种植品种以武运粳7号为主，搭配种植99-15、19-8、太湖糯、中优、华粳1至华粳4系列，以及武粳13、武粳14、武粳15等系列品种。农场种植太湖糯品种面积从2006年2160亩增至2011年5880亩，占总水稻面积的近40％。2007年，农场引进南粳44，随即其成为农场粳稻主栽品种。2012年，农场种植的主要品种为武运粳24，搭配种植镇稻10号、镇稻16、秀水128、南粳5055、太湖糯、淮稻7号等。2013年，农场引进南粳46、秀水134、镇糯19等品种。2015—2020年，农场水稻主要品种以南粳46、南粳9108、南粳5055、南粳4924、镇稻11、镇稻16、镇稻18、镇稻19、武运粳24、武运粳30、武育粳18、武育粳33、武育粳35、太湖糯，皖垦糯2号，沪软1212，常农粳10号，丰粳1606，沪旱61等品种作为主要种植品种。

2002—2003年，农场水稻以人工移栽为主，机械水直播为辅，同时开始引进机械插秧栽插方式。2004开始，农场机械插秧比例不断增大，水稻直播、人工栽插的种植方式逐步被机械插秧所取代。2009年起，农场基本告别水稻种植传统人工栽培方式，机械插秧栽培方式取而代之。

2. **栽培技术**　水稻栽培技术包括种子准备、秧田准备、塑盘准备、机械流水线播种的育秧程序、叠盘暗化、顺次摆盘、覆盖无纺布、秧田管理、大田管理、机插技术、肥料运筹、水浆管理。全程做好病虫草的防治工作、中后期管理、穗肥的施用、拔节到抽穗期的水浆管理等整个过程。具体栽培技术本志不再详述。

3. **收割摊晒入库**　建场以来农场水稻种植情况见表2-4-2。

表2-4-2　建场以来农场水稻种植情况一览

年份	种植面积（亩）	单产（斤）	总产量（万斤）
1958	11	639.0	0.7
1959	300	479.0	14.4
1960	1667	244.0	40.7
1961	1486	154.0	22.9
1962	137	302.0	4.1
1963	996	434.0	43.2
1964	2102	537.0	112.9
1965	3447	535.0	184.4
1966	5711	593.0	338.7
1967	10775	568.0	612.0

（续）

年份	种植面积（亩）	单产（斤）	总产量（万斤）
1968	14030	614.0	861.4
1969	22343	320.0	715.0
1970	19440	430.0	835.9
1971	16746	402.0	673.2
1972	17686	462.0	817.1
1973	18642	613.0	1142.8
1974	17445	682.0	1189.7
1975	16635	534.0	888.3
1976	16500	592.0	976.8
1977	13000	599.0	778.7
1978	14600	807.0	1178.2
1979	22343	321.0	717.2
1980	15153	712.0	1078.9
1981	14896	735.0	1094.9
1982	14940	733.0	1095.1
1983	15700	786.0	1234.0
1984	16000	919.0	1470.4
1985	18000	700.0	1260.0
1986	20594	686.5	1413.8
1987	20780	745.9	1550.0
1988	21141	734.0	1551.7
1989	21793	749.9	1634.3
1990	20000	830.0	1660.0
1991	21000	963.0	2022.3
1992	18163	987.0	1792.7
1993	15259	1050.0	1602.2
1994	15930	1177.0	1875.0
1995	22005	1155.0	2541.6
1996	25005	1176.0	2940.6
1997	19095	1109.0	2117.6
1998	19995	1150.0	2299.4
1999	25995	1062.0	2760.7
2000	25995	1150.0	2989.4
2001	27000	1150.0	3105.0

（续）

年份	种植面积（亩）	单产（斤）	总产量（万斤）
2002	28005	1249.8	3500.1
2003	28005	1049.8	2940.0
2004	25110	1154.9	2900.0
2005	27300	1000.0	2730.0
2006	23595	1150.2	2713.9
2007	15888	962.0	1528.4
2008	19105	1150.1	2197.3
2009	20172	1100	2218.9
2010	14520	1020.7	1482.1
2011	14865	1060.5	1576.4
2012	14030	1143.7	1604.6
2013	13717	1112.4	1525.9
2014	15791	1148.9	1814.2
2015	19566	1111.0	2173.8
2016	18533	1043.9	1934.7
2017	18896	902.4	1705.2
2018	15324	1095.1	1678.1
2019	14286	1267.1	1810.2
2020	15038	1212.1	1822.8

（二）小麦种植

1. **种植沿革** 冬小麦是农场主要的种植作物之一。建场以来，随着农场生产条件的改善和种植经验技术的不断积累，小麦由低产作物变成了高产稳产作物。20世纪80年代初，农场夏粮生产以二棱裸麦"浙114"为主，后因抗寒性差而淘汰。

1983年，农场小麦以扬麦3号为主。1986年，农场引进扬麦5号，逐步替代了扬麦3号。

1989年，农场与里下河农科所合作稀繁扬麦86158品系（后定名扬麦158），调回种子360斤，到农科所稀繁40亩，收种2.6万斤，一部分给里下河农科所调回，保留部分在三大队试种。因此品种产量明显高于扬麦5号，农场于1993年向全场推广，成为夏粮生产主打品种，种植面积达2.6万亩以上。

1996年，农场夏粮单产首次突破400公斤大关，达410公斤。

1997年，农场引进宁麦8号、宁麦9号等品种种植。

2002 年，农场小麦种植面积 35700 亩，品种以扬麦 158 为主，搭配扬麦 10 号、扬麦 11，另有少量宁麦 8 号、宁麦 9 号、苏麦 1 号（白皮小麦，因易感赤霉病和穗发芽而淘汰）。大麦的种植面积每年基本稳定在 900 亩左右。

2006 年开始，农场引进种植镇麦 168 和镇麦 8 号、扬麦 13，后因农场拆迁征地，种植面积不断缩小。至 2008 年，小麦种植面积为 24383 亩，大麦种植基本消失。

2011 年，农场小麦种植面积只有 15540 亩。

2012—2020 年，农垦农业一体化经营，外拓基地增加，小麦种植面积相应增大。小麦种植品种更新速度加快，主要以扬麦 158，扬辐麦 4 号、扬辐麦 6 号，华麦 5 号、华麦 6 号、华麦 7 号，镇麦 168、镇麦 9 号、镇麦 10 号、镇麦 11、镇麦 12，扬麦 13、扬麦 16、扬麦 20、扬麦 23、扬麦 25、扬麦 29、扬麦 30，宁麦 8 号，农麦 88 等品种为主。

2. **栽培技术**　小麦的栽培技术包括根据产业化要求确定品种布局原则、栽培技术路线、规范作业程序、提高播种作业质量、田间沟系标准、开播期确定（农场一般于 10 月 25 日开播）、合理确定基本苗，做好药剂拌种工作、合理肥料运筹等，具体栽培技术本志不再详述。

3. **收割晒干入库**

建场以来农场小麦种植情况见表 2-4-3。

表 2-4-3　建场以来农场小麦种植情况一览

年份	种植面积（亩）	单产（斤）	总产量（万斤）
1959	1573	228	35.9
1960	1777	164	29.1
1961	4021	110	44.2
1962	2121	166	35.2
1963	1307	184	24.0
1964	2448	307	75.2
1971	8702	194	168.8
1972	5585	288	160.8
1975	6578	289	190.1
1976	4773	370	176.6
1977	1910	234	44.7
1978	2222	386	85.9
1979	2787	554	154.4
1980	4106	615	252.5
1981	2696	519	139.9
1982	3220	451	145.2

（续）

年份	种植面积（亩）	单产（斤）	总产量（万斤）
1983	5300	401	212.5
1984	6920	482	333.5
1985	10739	387	415.6
1986	10685	556	594.1
1987	11046	569	628.5
1988	20000	615	1230.0
1989	32861	454	1491.9
1990	29300	580	1699.4
1991	26400	398	1050.7
1992	21220	744	1578.8
1993	26717	747	1995.8
1994	24795	755	1872.0
1995	29505	701	2068.3
1996	28995	820	2377.6
1997	31005	753	2334.7
1998	31005	514	1593.7
1999	35010	793	2776.3
2000	34995	800	2799.6
2001	34500	750	2587.5
2002	35700	500	1785
2003	33495	700	2344.7
2004	23505	791	1859.2
2005	28005	820	2296.4
2006	30840	750	2313.0
2007	26800	860	2304.8
2008	24383	902	2199.3
2009	23963	904	2166.3
2010	19001	900	1710.1
2011	15540	1057	1642.6
2012	15875	713	1131.9
2013	14656	798	1169.6
2014	18211	770	1402.2
2015	23848	701	1671.7
2016	23184	489	1133.7
2017	21755	738	1605.5
2018	20030	838	1678.5
2019	17332	842	1459.4
2020	11943	847	1011.6

（三） 其他粮食种植

建场初期，农场粮食种植主要以旱田作物为主，主要有三麦（元麦、大麦、小麦的统称）、玉米、水稻（旱稻和水稻）及其他小杂粮（包括蚕豆、豌豆、赤豆、绿豆、高粱、番芋等）。随着人们主食结构的变化及土壤水系的改善，农场粮食生产主要以大宗粮食产品小麦、水稻为主。玉米由于产量高，建场以来种植面积不少，开始时作为人们的主粮，当人们主粮结构发生变化时，种植的玉米主要作为饲料使用，其他粮食作物只零星种植。

三、棉花种植

建场初期，农场土地刚刚围垦，土壤较贫瘠，种植结构比较简单，耕作也较粗放，以绿肥→棉花为主。棉花品种为"岱"字棉15，皮棉亩产只有50～60斤。之后，农场推广适期早播、合理密植、轻施蕾肥、重施花铃肥、适时打顶心等栽培技术，棉花产量有所提高。

1963年，农场总体规划确定水旱轮作制，并在以后的实践中做了探索。

1964年，农场种植贯彻"以棉为主，棉粮并举，农牧结合，多种经营"的方针，全场种植棉花13537亩，收到籽棉494.9万斤，每亩起田籽棉420斤（潮花），折合皮棉每亩140斤（干花）。棉花种植密度每亩4000株以上的占73.9％，计9006亩；3200～4000株的4531亩，占棉田总数26.1％。

1965年，农场经几度围垦，新垦面积扩大，全场耕地26501亩。农场提出"以棉为主、粮棉并举"的种植结构，当年种植棉花17404亩，棉花种植面积保持在70％。亩产皮棉120～130斤，亩产值120～130元，亩成本40～50元，亩利润70～80元。随着灌溉条件的改善，农场水稻种植面积逐步上升到20％以上，减少了大豆玉米种植面积。

1966年后，由于纯作棉苗期受多种不利因素的影响，争取苗全、苗早、苗壮很困难，又绿肥田棉花立苗难，麦套棉保苗容易，同时粮食产量也得上，农场逐步减少冬绿肥面积，增加三麦面积，开始推广麦套棉种植。在农场机耕队的密切配合下，麦套棉、棉套麦的机械先后试制、仿制成功并推广使用。1967—1968年，农场推广使用除草剂1号、2号和敌草隆、除草醚等，较好地解决了粮、棉争地矛盾，实现了粮棉双高产。

1970年后，农场采用麦套蚕豆扣青套种棉花。1975年起，农场在总结以往经验的基础上，实行一水二旱三年轮作制，对防止地力衰退、减轻作物病虫草害起到显著作用。

1975—1980年，农场引进棉花营养钵育苗移栽技术。1980年起，逐步推广靖江县的营养钵育苗移栽方法，"早揭早盖、暖床过夜"，开沟移栽，促进了田块间的平衡高产。针对水田回旱的第一年，土壤冷、板、瘦，棉花迟发、产量低的问题，农场在江边分场试行一水三旱四年轮作制，这项研究直至 1984 年实施家庭农场承包体制，推行"大农场套小农场"时才终止，但"水旱轮作"已成为一种大家公认可行的耕作制度。为解决稻茬棉迟发、产量低而不稳的问题，农场在栽培技术上做了配套改革，1981—1982 年，农场通过边试验示范、边推广，引进棉花地膜栽培新技术，使棉花单产水平稳步上升。

1981 年后，由于受市场调节和价值规律的影响，农场棉花种植面积逐年缩减，到 1986 年基本停止棉花栽培。在借鉴地膜棉推广成功的基础上，随着棉花种植面积的缩减，种植结构调整，农场很快把地膜栽培技术大面积应用到西瓜、甜叶菊种植上，取得非常明显的经济效益。西瓜、薄荷、甜叶菊 3 项新兴经济作物很快替代了棉花作物。

1987 年后，因国民经济发展的需要，农场又逐步恢复棉花的种植。当年，农场 2979 亩棉花总产量为 18.8 万斤。1999 年，国家对棉花收购、销售渠道放开，皮棉销售价格不断下跌，直接影响了棉农种植棉花的积极性，农场棉花种植面积明显减少。2008 年，农场停止种植棉花。

建场以来农场棉花种植情况见表 2-4-4。

表 2-4-4 建场以来农场棉花种植情况一览

年份	种植面积（亩）	单产（斤）	总产量（万斤）
1958	36	52.3	0.19
1959	1609	66.0	10.6
1960	5762	28.0	16.1
1961	4737	56.0	26.5
1962	5702	33.0	18.8
1963	9777	94.0	91.9
1964	13537	141.5	191.5
1965	30203	133.0	401.7
1966	33855	112.0	379.2
1967	29549	102.0	301.4
1968	29528	116.0	342.5
1969	29004	57.0	165.3
1970	29703	29.0	86.1
1971	30926	48.0	148.4
1972	30000	83.0	249.0
1973	27662	110.0	304.3
1974	27740	102.0	282.9
1975	28100	71.0	199.5
1976	28100	80.0	224.8
1977	28100	72.0	202.3

（续）

年份	种植面积（亩）	单产（斤）	总产量（万斤）
1978	27200	127.0	345.4
1979	29004	50.0	145.0
1980	28174	97.5	274.7
1981	27000	88.3	238.4
1982	25000	99.0	247.5
1983	22000	105.4	231.9
1984	17000	93.0	158.1
1985	440	45.4	2.0
1986	0	0.0	0
1987	2979	63.1	18.8
1988	3454	99.9	34.5
1989	4292	63.6	27.3
1990	7000	52.9	37.0
1991	3500	145.7	51.0
1992	4236	132.2	56.0
1993	4774	128.6	61.4
1994	3900	141.0	55.0
1995	3495	157.4	55.0
1996	4500	191.1	86.0
1997	4500	158.2	71.2
1998	3495	190.6	66.6
1999	3000	140.7	42.2
2000	3495	140.2	49.0
2001	2295	139.4	32.0
2002	1200	116.7	14.0
2003	600	150.0	9.0
2004	1005	149.3	15.0
2005	798	150.4	12.0
2006	795	150.9	12.0
2007	550	98.2	5.4

四、油料种植

（一）油菜种植

菜籽油是农场及周边地区的主要食用油。油菜籽出油率达33％以上，榨油后的饼粕是优质有机肥，也可用作禽畜及鱼虾的饵料。建场初期，农场职工群众主要食用棉籽油，油菜种植比较少，主要是利用什边零星隙地种植，包括积土堆、岸坡、渠道、什边地及职工家前屋后等零星隙地。

1980年，农场为使职工不再吃棉籽油，实现菜籽油自给有余，出台了《国营南通农场关于油菜种植和食油供应的管理办法》。通过超产分成奖售的办法，增加职工的食油供应量，改善职工群众生活。到1982年，油料薄荷面积迅速增加，随之套种油菜面积大增。到1985年，纯种油菜面积已达6600多亩，成为农场夏熟的重要作物，也是农场不种绿肥后的养田作物（菜籽饼全部还田）。随着绿肥种植停止，棉花种植面积压缩，逐步被西瓜、薄荷、甜叶菊等经济作物替代，冬季田间全部种上三麦和油菜，土地冬闲养地的面积基本取消。

建场初期，农场主要种植黄油菜。黄油菜株高约0.8米，枝杈少，枝秆短而粗，产量比较低。20世纪60年代中期起，农场引种了胜利油菜，人们习惯称之为洋油菜。该油菜品种株高1.5米左右，枝杈多，荚子密而长，产量明显高于黄油菜。1976年后，农场油菜种植面积逐步增加，在"谁多种谁多吃油"的政策鼓励下，面积很快扩大，油菜总产量不断上升，当时油菜当家品种是宁油7号。1986年，农场引进821。1987年，引进杂交油菜秦油2号及后来的秦油7号等品种，产量明显提高。农场油菜一直种至2011年，2012—2020年，农场基本不种油菜，主要种植大宗粮食作物水稻、小麦及经济作物西瓜、青毛豆等。2020年秋冬，苏垦农发南通分公司利用外拓基地冬闲土地种植直播油菜，当年种植3472.4亩，收获总产量为74.4万斤油菜籽。1970—2011年农场油菜种植情况见表2-4-5。

表 2-4-5 1970—2011 年农场油菜种植情况一览

年份	种植面积（亩）	单产（斤）	总产量（万斤）
1970	211	71	1.5
1971	260	54	1.4
1972	341	112	3.8
1973	400	102	4.1
1974	50	86	0.4
1975	107	42	0.4
1976	201	94	1.9
1977	250	92	2.3
1978	349	85	3.0
1979	584	162	9.5
1980	200	249	5.0
1981	2530	144	36.4

（续）

年份	种植面积（亩）	单产（斤）	总产量（万斤）
1982	1237	384	47.5
1983	1300	164	21.3
1984	1500	122	18.3
1985	5655	222	125.5
1986	5000	367	183.5
1987	6601	236	155.8
1988	5700	232	132.2
1989	6450	118	76.1
1990	5697	172	98.0
1991	4000	150	60.0
1992	2595	333	86.4
1993	2542	232	59.0
1994	2370	159	37.7
1995	2505	270	67.6
1996	1410	243	34.3
1997	2505	199	49.8
1998	2025	125	25.3
1999	1800	327	58.9
2000	1305	406	53.0
2001	3000	317	95.1
2002	3510	185	64.9
2003	3300	312	103.0
2004	2790	315	87.9
2005	2790	315	87.9
2006	2790	351	97.9
2007	2790	349	97.4
2008	2490	351	87.4
2009	2494	350	87.3
2010	2494	350	87.3
2011	2490	351	87.4

（二）大豆种植

大豆俗称黄豆，出油率较高，是不错的油料作物。大豆榨油后的副产品饼粕含氮量高，是上好的农家肥，也是极好的畜禽饲料。

建场初期，农场水系尚未建立，耕地质量差，黄豆根瘤菌固氮，可以养田肥田，种植大豆有利于改良土壤。大豆对土壤性质和肥力要求不高，播种的同时下一点磷、钾肥即可，所以后来农场几度围垦后，新垦区都会种植大豆。

农场种植的大豆品种先是纽口红，后来是关青豆。1962 年，农场又引进 4931 等大豆品种。20 世纪 80 年代初，农场大豆品种以苏豆 1 号为主，种植面积 1.2 万亩，单产 250 斤左右。

1985 年，农场引进夏豆 75，取代苏豆 1 号。1986 年，农场从东方红农场引进 1915，是适宜 8 月上旬迟播的良种。1987 年，农场引进的大青豆，粒大皮青，作为西瓜后作，在国庆节前后正好作为青毛豆上市，需求量大，价格看好。

1990 年，农场引进短 405 大豆和诱变 30。1998 年，农场引进淮豆 4 号。1998 年后，因市场因素，农场大豆种植面积呈下降趋势，特别是随着农场被拆迁征地，土地面积减少，大豆种植面积也不断减少。至 2010 年，农场大豆种植面积缩减到 300 亩左右，品种以淮豆 4 号为主。2011—2020 年，随着外拓基地扩大，农场在场外的外拓基地种上大豆。

1970—2020 年农场大豆种植情况见表 2-4-6。

表 2-4-6　1958—2020 年农场大豆种植情况一览

年份	种植面积（亩）	单产（斤）	总产量（万斤）
1958	10768	238	256.3
1959	8388	254	213.1
1960	5874	243	142.7
1961	10484	191	200.2
1962	10089	92	92.8
1963	10748	222	238.6
1964	6514	250	162.9
1970	2691	133	35.8
1971	2773	156	43.3
1972	3418	120	41.0
1973	3038	109	33.1
1974	1179	357	42.1
1975	899	115	10.3
1976	3834	229	87.8
1977	2520	221	55.7
1978	1500	362	54.3
1979	1763	108	19.0
1980	2259	115	26.0
1981	3166	225	71.2
1982	5023	272	136.6

（续）

年份	种植面积（亩）	单产（斤）	总产量（万斤）
1983	7865	275	216.3
1984	5135	267	137.1
1985	7069	222	156.9
1986	16951	174	294.9
1987	13695	191	261.6
1988	18902	165	311.9
1989	17587	217	381.6
1990	13550	148	200.5
1991	10000	196	196.0
1992	11255	226	254.4
1993	18676	158	295.1
1994	18000	133	239.4
1995	10995	288	316.7
1996	5670	285	161.6
1997	13410	302	405.0
1998	12000	350	420.0
1999	7005	346	242.4
2000	7005	350	245.2
2001	10005	350	350.2
2002	6000	350	210.0
2003	5505	351	193.0
2004	1995	331	66.0
2005	1005	348	35.0
2006	1005	299	30.0
2007	7268	300	218.0
2008	3900	300	117.0
2009	1200	350	42.0
2010	300	300	9.0
2011	550	300	16.5
2012	1084	232	25.1
2013	2403	145	34.8
2014	2822	152	42.9
2015	565	327	18.5
2016	4142	64	26.5
2017	655	203	13.3
2018	833	265	22.1
2019	1958	251	49.1
2020	1317	153	20.2

（三）棉籽油

棉籽是棉花加工的副产品，棉籽经过压榨加工得棉籽油。建场初期至 20 世纪 70 年代末，棉籽油一直是农场职工及周边地区的主要食用油。

（四）其他油料作物种植

建场以来，农场除种植主要食用油棉籽油、菜油、大豆油的原生作物棉花、油菜、大豆外，还利用零星隙地种植了其他油料作物，如花生、芝麻等。花生学名落花生，土名长生果，花生籽粒含油量和蛋白质都高，其品种有大光果和龙爪果，前者荚大籽粗，结荚少；后者荚细长，籽粒细，结果多。两种花生的藤都为蔓生，收获比较费工费时。芝麻出油率为 40％左右，油芳香特殊，用作凉拌菜的调味油料，小磨麻油更醇香，芝麻还可用作元宵的馅，茶食糕点外嵌芝麻，既香又美。

五、蔬菜种植

农场从建场开始就有引进和种植蔬菜。1958 年建场初期，每个农业大队建立蔬菜班，根据农业大队的人口多少，种植 20～40 亩蔬菜，主要供给本大队的集体食堂和职工平时生活用。种植品种以粗菜为主，如冬瓜、生瓜、大白菜、甘蓝、青菜、茄子、番茄、马铃薯等。全场种植面积 1500 亩左右，这种形式维持到 1984 年。

1986 年，农场与南通市蔬菜办、南通市蔬菜所协作，在农场建立南通市三线蔬菜基地 350 亩，种植大白菜、青菜、冬瓜、春丰甘蓝、京丰甘蓝，制种有一点红豇豆种子、京丰甘蓝种子、京丰辣椒种子等，1989 年，因种子原因停止协作。1999—2001 年，为适应江苏省农垦集团公司产业结构调整，农场扩大蔬菜的种植面积，与海门蔬菜公司协作，种植地刀豆 300 余亩；与东台的蔬菜公司协作，种植小洋葱 800 余亩；与常熟梅李台泰公司协作，种植青花菜（西兰花）300 多亩，大叶菠菜 500 余亩，后因种种原因终止种植。

1992 年 11 月，农场与澳大利亚西澳洲实业有限公司和南京国际信托投资公司三方合作，合资兴办"南通永鲜食品有限公司"，生产销售各类保鲜蔬菜和水果。

1992 年开始，农场长洪分场职工在水稻的渠道、田埂上种植青毛豆，在国庆节、中秋节前后向南通市提供青毛豆，以后逐年扩大。2002 年以后，农场每年 6000 亩左右的西瓜后茬种植以小寒黄的青毛豆为主的蔬菜，深受市场欢迎，销售到南通及上海、苏南各个大中城市，成为农场职工西瓜后茬的主栽蔬菜作物，是农场种植业职工经济收入的重要来源之一。

1995 年开始，农场大明分场职工利用低洼田块进行改造试种水芹 5 亩并一举获得成功，当时每亩产值均达 6000 元以上，取得较好的经济效益。到 2005 年，水芹种植面积达

60 余亩，同时发展浅水藕水生作物 40 余亩，每亩产值在 4000 元左右。

1999 年 6 月，农场为提高职工种植蔬菜的积极性，调整农业种植结构，在农场农业服务中心内设立蔬菜花卉办公室，专门负责农场内蔬菜种植的技术指导和销售服务工作。农场利用独特的区位优势和悠久的蔬菜栽培历史，发展精细蔬菜和设施栽培蔬菜，采取粮菜轮作，生产特色菜、创汇菜、反季菜。2000 年，农场建立 5 个蔬菜示范点，即中心分场的大棚西瓜示范点、江边分场隧道棚蔬菜栽培示范点、大明分场的水生蔬菜示范点、长洪分场间套作示范点及农科所的大棚蔬菜示范点。发展订单农业，当年订立蔬菜销售订单3000 多亩，其中，青花菜 180 亩、红皮小洋葱 450 亩、日本大阪豆 1000 亩、青毛豆 1200亩、糯玉米 800 亩。

2002 年，常熟的台泰公司和农场建立蔬菜基地，承租土地 360 余亩，主要种植日本大叶菠菜、日本小松菜、绿花菜、青花菜、京丰卷心菜，产品直接送往台泰公司加工，然后销往中国台湾和日本、韩国。

2002 年 9 月，南通市农业局为推进现代农业示范园建设，在农场原三十四大队挂角及东 1 号、2 号、3 号、4 号、5 号、6 号、7 号和三十六大队的 8 号、9 号田建设南通市沿江特色蔬菜产业科技示范园区的高效蔬菜园区，旨在示范带动南通市设施蔬菜生产。该基地当年通过江苏省无公害农产品生产基地认定，产品注册了"佳富乐"商标，形成以"公司＋基地＋农户"的生产经营模式，地址位于石江公路与沿江公路交叉口西北。2003 年，蔬菜园区搭建标准钢架大棚，有 622 型钢架大棚 106.24 座，828 型钢架大棚 257.55 座等，面积 530 余亩，另建设 80 亩的防虫网设施种植区。种植的主要蔬菜品种为番茄、青椒、茄子、西兰花、豇豆、草莓、西瓜、青玉米等。设防虫网，主要用于白菜制种。种植的蔬菜主要销往苏州、上海超市，一部分销于南通市的各大农贸市场。

2008 年 4 月，随着苏通大桥的通车，都市农业成为农场农业结构调整的重要目标。农场出资 700 余万元收购了南通市农业局的沿江特色蔬菜产业园区，配备人员成立蔬菜队和蔬菜办，负责蔬菜园区的种植及经营。

2009 年 3 月，由江苏省农垦集团公司农业发展部牵线，农场与上海景瑞农业科技发展有限公司签订《蔬菜产销合作协议》。农场作为蔬菜的生产单位，实现蔬菜订单生产，主要品种有露地种植的秋西兰花 150 亩，总产量为 30 万斤；秋糯玉米（京科糯 2000）300亩，总产量为 45 万斤；设施栽培黄瓜（津研）40 亩，总产量为 28 万斤；青菜（日本华王）65 亩。后由于苏通园区进驻农场，征用农场大片土地，2011 年起农场停止蔬菜种植。2012 年，农场主打蔬菜青毛豆种植随着征地拆迁也基本停止种植，原有高效设施蔬菜园区全部拆迁。

2002—2010 年农场蔬菜种植情况见表 2-4-7。

表 2-4-7 2002—2010 年农场蔬菜种植情况一览

年份	种植面积（亩）	单产（斤）	总产量（万斤）
2002	2505	2495	625.0
2003	8130	2205	1792.7
2004	8130	2196	1785.3
2005	8745	2144	1874.9
2006	8235	2050	1688.1
2007	8250	1932	1593.9
2008	6495	2002	1300.3
2009	5925	1806	1070.0
2010	5325	1872	996.8

六、水果种植

（一）西瓜种植

1. 种植沿革 1981 年，农场与江苏省农科院协作，引进示范种植西瓜品种"苏蜜 1 号""华东 24""华东 26""蜜宝（台黑）"等，其中"苏蜜 1 号"性能较好，农场利用示范地膜栽培技术种植并大面积推广。

1984 年，随着农场棉花种植面积的缩减，西瓜作为经济作物，替代棉花，种植面积增加，是农场农业职工的主要收入来源之一。

从 1985 年至 20 世纪 90 年代，农场西瓜最大种植面积曾超 1.2 万亩。当时"苏蜜 1 号"西瓜甜度高、品质优，农场周边县市争相抢购，"农场西瓜"由此而出名。

1985 年，农场西瓜种植方式采取以稀大麦或稀油菜套种西瓜，西瓜后茬种植大头菜、大白菜，出售给奶牛场作青饲料，或出售给酱制品厂腌制咸菜。

1991 年，由于"苏蜜 1 号"西瓜的抗病性差、产量低，逐步被安徽的"丰乐 D29""兴红宝"品种所取代，种植方式也由西瓜纯作改为以棉花套作，即稀大麦、西瓜、棉花间作，西瓜起田后，棉花再间作青毛豆，每年种植面积在 8000 亩左右，种植时间持续到 2002 年。

1998 年，农场六大队职工在 6 号田试验 13 亩大棚西瓜栽培，种植品种为"凤光"和"京欣 1 号"（8424），试验获得成功，西瓜产量、效益明显上升。1999 年，农场大棚西瓜种植面积扩大至 27 亩，平均每亩产值 4240 元，每亩利润达 2300 元。但大棚西瓜，一次性投入高，技术管理严，未能形成规模。2000—2006 年，农场大棚西瓜每年种植面积基本稳定在 140 亩左右，与此同时，农场十九大队和三大队 43 户职工试验示范中棚西瓜栽培。中棚西瓜因为上市早、价格高、抗自然灾害能力强，投资成本远比大棚低，深受职工欢迎。2002—2009 年，中棚西瓜种植面积基本稳定在 3000 亩左右，西瓜品种为京欣 1 号（8424）。农场京欣 1 号（8424）西瓜，果实圆形，绿皮上覆墨绿窄条带，外形美观，红瓤，质脆口感极佳，中心含糖 11～12 白利度，皮薄、汁多、甘甜、爽口，深受周边城市居民的青睐，"农场西瓜"远近闻名。

2001 年 3 月，农场《关于"551 高效精准农业工程"改进型小棚西瓜设施栽培项目申请立项的报告》获得江苏省农垦集团公司批准，农场试点大棚改小棚取得成功，最高亩产值 4000 多元，当年亩均纯利近 2000 元，小棚面积每年稳定在 2000 亩左右。露地地膜栽培西瓜，西瓜蔓处在露地生长，抗自然灾害的能力弱，且效益低、风险高，基本被淘汰，全场种植面积不足 300 亩。

农场不断加强西瓜设施栽培技术研究，掌握了大棚西瓜在低温情况下的育苗技术、移栽后的大棚温湿度的技术、人工授粉技术、西瓜的配方施肥技术、西瓜的合理运筹肥料技术、大棚西瓜病虫草害综合防治技术等取得了比较明显的经济效果。2005 年，针对连续大面积种植西瓜而产生西瓜枯萎病普遍发生的现象，农场农业服务中心与安徽宿州无籽西瓜研究所在农场联合试种 5 亩嫁接西瓜，喜获丰收，其产量、口味、病虫害的防治等方面均优于普通西瓜，为农场全茬大面积种植嫁接西瓜打下基础。

2007 年，农场在原来大棚西瓜种植基础上，引进大棚滴灌栽培技术，将西瓜高效设施栽培面积进一步扩大。全场大棚西瓜 388 亩，其中示范种植大棚滴灌栽培西瓜 188 亩，获得成功，亩均产值近万元；中棚西瓜 4700 亩；小棚西瓜 1300 亩。农场基本实现了西瓜栽培完全设施化，设施栽培技术已被广大职工接受和掌握。

2009 年，农场大棚西瓜每亩最高产值达 14000 元以上，亩效益达 8000 多元。2010年，西瓜每亩最高产值达 15000 元以上。2011 年，大棚西瓜亩均产值 13000 元。2012年，大棚西瓜亩均产值达 15000 元。

农场注重西瓜品牌建设，2003 年，注册"通农"西瓜商标。2004 年，农场申报无公害西瓜生产基地并获得确认。2005 年，农场申报西瓜无公害农产品并获得认证，农场西瓜生产基地为国家无公害生产基地。农场"通农"牌西瓜荣获江苏省及南通市"名牌农产品"称号，"通农"西瓜商标被评为江苏省著名商标、南通市知名商标，农场西瓜享誉大江南北。

2. **栽培技术**　农场西瓜的传统栽培技术是 20 世纪 80 年代引种时采用的地膜栽培技术。1998 年，经过不断探索，农场引进大棚设施栽培技术，使西瓜的品质和产量有了提高。2000年，农场结合实际，研究开发了中棚设施栽培技术。进入21世纪，农场中棚设施栽培全面推广，全场西瓜全部采用棚架农膜覆盖，从而增强了西瓜的抗灾能力，提高了品质和产量，同时填补了大棚西瓜和地膜西瓜上市之间的空缺，为稳定市场供给起到了较好的保障作用。2007年，农场引进大棚滴灌栽培技术和综合防病治虫技术，延长了西瓜的生长时间，将西瓜采收时间从5月一直延至10月底。具体栽培技术不再详述。

（二）黄桃种植

农场水果种植起初以种植桃子为主。1961年，农场在北十一条田建立第一代桃园，面积86亩，品种有龙华蟠桃、酸红桃等。由于缺乏种植经验，品种混杂且产量不高，后又遭到桑盾介壳虫的严重危害，第一代桃园桃树于1974年被分批淘汰。第一代桃园虽然经济效益不高，却使农场培养了一批果树栽培技术骨干。

1967年春，为支援国家出口创汇，农场发展第二代桃园，品种为爱尔保太及西洋黄肉黄桃，面积80亩。自此农场果树树种以罐藏黄桃为主，并逐渐发展为南通地区及江苏省的黄桃重点产区，成为南通市罐桃出口的主要原料基地。农场技术人员及广大职工经过不断探索欧洲系黄桃在农场的生长习性及优质丰产栽培技术，发现这批桃树自1967年定植至1982年淘汰，整个生命周期长达16年，总产黄桃1005吨，其中为国家提供出口合格桃原料600吨左右，历年平均每亩产值395.58元。

1977年，农场开始发展第三代桃园，品种为白凤、连黄、金丰等，面积108亩。至1978年，农场果园发展到1861亩，普及16个连队。1977—1980年，农场桃树连续4年亩产在1750公斤以上，实现了大面积黄桃的连续多年高产稳产，产量在江苏省名列前茅。

1981—1983年，农场与江苏省农科院园艺研究所协作，进行金丰黄桃的丰产栽培试验，实现亩产1531公斤，超过了全国黄桃攻关组提出的南方黄桃亩产1500公斤的丰产指标，加工合格率达75.2%。1985年，该项试验经全国黄桃攻关课题组有关专家验收通过鉴定。

为了实现桃子良种化、区域化、系列化，农场建立"桃子良种试验场"，先后从国外引进黄、白桃新品种近百个，坚持十年对各品种的物候期做观察记载，开展一系列科学实验，筛选并培育出能适应农场自然条件的早、中、晚熟加工黄桃及鲜食小蜜桃两个优良品种系列，经大面积推广，提高了果树经济效益，该项科研成果获1987年江苏省农垦局科学技术进步二等奖。

1982年，农场利用植树造林发展罐桃生产，当年罐桃总产量为36.33万斤，比1981年增产近20万斤。35亩6年生黄桃亩产2122斤，比1981年增产21倍，36亩金丰桃亩产3114斤，比1981年增产10倍，两种产品分别比南通地区同品种增产3.4倍和

10.9 倍。

1983—1984 年，农场发展了第四代桃园，面积 240 亩。主要品种为朝霞、罐 5、雨花露等。

1986 年起，根据国内外市场对黄桃的迫切需求，发展外向型经济，农场继续发展黄桃种植，在农场三十二大队建立第二园艺场，面积 1092 亩，成为农场以黄桃为主的新果园。果园品种为江苏省园艺所 20 世纪 70 年代选育的一系列黄桃新品种。

1987 年，农场发展以黄桃经济林为主的种植业，为建设出口创汇基地打基础，黄桃经济林总面积已经达到 1291.7 亩，年产果品 49.8 万斤。桃园林间还间作草莓、蔬菜、豆类、中草药等经济作物。

1988 年，农场以黄桃为主栽的经济林成为全省最大的出口罐装黄桃基地，面积达 1400 亩，受到了江苏省农垦总公司的表彰。

1989 年，农场在"决不放松粮食生产，积极发展多种经营"的指导思想下，增加果树等经济林种植，在巩固园艺场及三十二大队果园的基础上，新开辟三十三大队果园，全年水果产量 47.6 万斤。

（三）苹果种植

1967 年起，在农场副业队试栽苹果树 40 亩，品种有大小"国光""红玉""倭锦"（红金狮）、"红星"等。到 1974 年，全场苹果树曾发展到近千亩；1977 年定植后剩下 435 亩。由于苹果树适应性差，且病害严重，成本高，产量低，于 1979 年冬全部淘汰。

（四）梨的种植

1968 年，农场在黄桃园株间定植 50 亩"开菲"梨，到 1977 年，全场发展"开菲"梨 273.9 亩。1979 年冬，农场在淘汰苹果树的同时，对部分"开菲"梨也进行了淘汰。至 1987 年，农场仅剩园艺场、十一、十七、三十二、三十四大队等 150 多亩梨园。

（五）葡萄的种植

2007 年，农场率先在大明管理区三十三管理点引进种植葡萄，面积 55 亩，品种有夏黑、巨玫瑰、金手指等优良品种。

2009 年，农场葡萄种植面积发展到 120 亩，第一年挂果的葡萄亩产值达到 6000 多元。2010 年，葡萄种植率先采用大棚设施栽培，葡萄的产量提高，收获期提前，亩产值在 15000 元以上。

20 世纪 60—70 年代，农场在果园的经营管理上，由于受"左"的思想影响，基本上吃"大锅饭"，收多收少与职工个人收益无关。自 1983 年起，农场坚持改革探索果园承包责任制，1983 年，果园实行"承包到组，联产计酬"责任制。1984 年，果园实行"以户承包，独立核算，定额上交，全奖全赔"的大包干经济责任制。1985 年以后，全场经济体制改革，成立职工家庭农场，土地一定，多年不变，指标一定，三年不变。到 1987 年，全场果园面积达到 1600 亩，年产果品 160 多吨，总产值 20 多万元。

七、其他经济作物种植

（一）薄荷种植

薄荷作为一种经济作物，薄荷油除制药外，也可用于化工食品工业，是外贸出口的化工原料之一。农场从 20 世纪 60 年代初期就开始种植薄荷，1981 年，农场与江苏省外贸公司协作，引进种植薄荷海香 1 号、海选 1 号等品种，并获得成功。之后农场不断扩大种植面积，1983—1985 年，每年种植面积达到 4000 多亩。1985—1986 年，随着棉花种植面积的减少，农场薄荷种植不断增加，最多时种植面积达一万亩，种植方式有薄荷纯作和薄荷套种油菜两种。1987 年以后，由于化肥、农药、煤炭、钢材料和工资的上涨，薄荷油价格受外贸市场波动影响不断下跌，亩利润下降至不足百元，农场职工逐步调整种植结构而停止种植薄荷。

（二）甜叶菊种植

甜叶菊作为 20 世纪 80 年代时期一种新兴糖料作物，在食品和医药上的应用日益广泛，许多国家把它作为合成糖料，做低热糖源。20 世纪 80 年代，农场开始种植由南通农垦农业科学研究所通过南通土畜产外贸公司从日本引进的甜叶菊。1982—1984 年，农场每年的甜叶菊种植面积达 2000 亩。1986 年，农场从日本引进甜叶菊品种丰田 1 号，用无性繁殖方法进行繁殖，不断扩大种植面积。1992 年，农场引进甜叶菊丰田 2 号。1996 年，农场引进甜叶菊丰田 3 号。1997 年，全场种植甜叶菊 2500 亩左右，收购甜叶菊干叶 500 多吨，每亩产值在 1500 元左右。

甜叶菊种植期间，农场农科所开展一系列丰甜 1 号甜叶菊无性繁殖的研究工作，有小棚、遮阳网秋繁扦插技术，冬季的保苗和大田的防冻越冬技术，春季春繁技术。其中以玉米田扦插繁殖甜叶菊效果最好，成为农场无性繁殖甜叶菊的重要方式，为甜叶菊扩大种植起到了较好的保障作用。1991—2001 年，农场累计繁殖甜叶菊幼苗 3000 多万株，冬季保苗 1500 余亩，种植面积达 6000 多亩。

农场的甜叶菊生产是农场与外贸公司签订产销合同的订单农业，每年秋天农场都要和外商签订下一年度外贸收购合同，确定下一年度甜叶菊的生产计划，以销定产，是农场指令性生产的农作物之一。农场经济责任制中明确规定，各单位种植的甜叶菊一律交由农场农科所统一收购、统一销售，并以合同形式确定种植面积和上交干叶数量，未完成合同要求按规定给予赔偿，同时对分场大队管理人员年终奖赔实行单项考核。

2001年，农场把甜叶菊种植作为创汇农业项目列入江苏农垦"551高效精准农业工程"和2001年度"三项工程"项目计划，并通过验收。1998年开始，外贸对甜叶菊干叶的质量要求提高，而国内市场波动幅度太大，外贸市场渐渐停止向国内市场收购甜叶菊。2002年起，农场停止种植甜叶菊。

第三节 林 业

农场滨江临海，常年多台风，为增加农业生产抵抗自然灾害的能力，保证农业的稳定高产，建场初期，农场除加强兴修水利和平整土地外，十分重视植树造林工作，建设农田防护林。植树造林既可以防灾，又可以绿化、美化环境，若干年后又可为农场建设提供木材，是造福子孙后代的千秋大业。

1958年建场至1962年，农场累计林业生产投资57661.37元，但成材成林的很少。其中，1959年种植乌桕林61亩，20130株，成活率仅70%，至1964年时剩14091株树，身高3～4米，胸径14厘米。1962年所植各种树共计177350株，购苗费用5938.84元，至1964年保存率仅有50%左右。至1962年底，农场营造农田防护林2989亩，覆盖率占耕地总面积的5.94%，造林和四旁绿化共植树132.5万株，建成主副林带64条，连接总长215公里，初步形成了农场全方位防风林网；有成片果园面积150亩，种植桃、金柑、苹果等品种；有成片竹林168亩。

1963年开始，农场全面规划农田防护林网建设。农场农田防护林规划设计为：主林带宽度为10米，带距200～300米；副林带宽度为5～10米，实现农田林网化，受益面积40000亩以上，条田道路绿树成荫。为保证规划及时实施，同时开展树木苗圃的规划种植，在苗圃生产苗木培育过程中指派有一定技术水平的人员专职采购接穗保存，保证苗木接穗质量，适当施肥，确保苗木长势。坚持自力更生，贯彻"自采、自育、自用"的方针，降低造林成本，保证苗木质量，提高成活率。

农场为提高职工积极投入植树高潮，按时按质完成计划任务，使植树造林成为群众性运动，每次会议都进行宣传布置，指定专人抓质量、抓管理，先搞样板林带，然后组织各管理区干部职工代表参观学习，统一规格质量标准，以点带面，完成造林任务。

1964年，农场苗圃投资5286元种植了包括洋槐、白杨、苦楝、本桑、旱柳、乌栖、枫杨、重阳木、杞柳、二年生榛、女贞、水杉等品种的60亩苗圃。苗田里苗数达到1705000株，当年移栽种植391555株树苗，其中：一类苗73015株；二类苗187890株；

三、四类苗 17115 株；等外苗 9500 株。这些苗木除供给当年造林 460 亩和各管理区四旁绿化所需的部分苗木外，同时支援南通县桑苗 15 万株，苦楝 1 万株，苗田其余苗木作为 1965 年新围垦地区造林用。因苗木由自己培育，成本低，质量好，且绝大部分为大苗，基本上做到随挖随种，栽植后成活率高，1963 年冬至 1964 年春所植林带成活率达 95％以上，成活后树高达 2 米以上，根围 12.9 厘米，缺株很少。

1965 年，农场林地总面积已经达到 5500 亩，其中，农田防护林 5300 亩，果园 200 亩，四旁植树 40 万株，林木覆盖率达到 10％以上，基本实现农田林网化。1965 年，农场被评为江苏省绿化先进单位。

1966—1978 年，受“文革”的影响，全场林业生产遭到严重破坏，树木被大量砍伐。到 1978 年，全场林地只剩 1600 亩，四旁树木被砍去 90％以上，林木覆盖率降到了 2.36％。农场生态失去平衡，抵抗风、旱、涝等自然灾害的能力降低，这给农场的农业生产工作带来了非常不利的影响。

1979 年起，因缺少防护林导致无法抵御自然灾害的发生，农场重新认识到发展林业的重要性。此后，农场把林业生产纳入了大农业统筹规划，着重抓好调整农田防护林规划实施，主林带宽度调整为 7 米，南北成条，同时抓好经济林的发展。

1982 年，农场大力发展植树造林，当年全场营造防护林 237 亩，植树 10.5 万株，成活率达 89％，四旁绿化植树 5.5 万株。

1987 年，农场林地已逐步得到恢复，林地面积达到了 4595.7 亩。其中：防护林 3304 亩；经济林 1291.7 亩；四旁树木达到 13.9 万株，人均 9.3 株。全场林木覆盖率恢复到 7.15％。

1985 年，农场加速林业发展，落实林业生产责任制，实行林带随田走的承包责任制。在延长土地承包期的同时，条田林带随责任田划分，实行分户承包，列入承包合同内容。承包期限与大田相同，如土地转包则林带同时转包，办理转包手续，报场部备案。承包时林带根据年限分类作价归户，作为在产品记账到户，林带淘汰时收入扣回。

1987 年，为建设出口创汇基地，农场发展以黄桃经济林为主的林业种植业，对职工实行定指标、定产量三年不变及作价归户管理的大包干责任制。职工果园管理水平明显提高，经济林已初具规模，当年经济林总面积达到了 1291.7 亩。农场于 1986 年、1987 年连续两年被评为江苏省农垦系统林业工作先进单位，农场王钧强、袁象耕于 1987 年被评为江苏省农垦林业生产先进工作者。

1988 年冬到翌年春，农场落实林业生产承包责任制，营造农田防护林 197 亩，义务植树 1.2 万株，同时搞好新造林、中龄林、公路林的管护。各单位根据林地面积配备专业护林员，并与护林员签订承包合同。同年，农场林业工作又有新的发展，以黄肉桃为主栽的经济林已成为全省最大的出口罐装黄桃基地。

1989年，农场增加水果等经济林种植，全场林木覆盖率达到8.95%。1990年，农场成片造林150亩，四旁绿化23000株，全场林木覆盖率达到9.20%。农场同时重视居民点、工厂区的绿化工作，居民点、工厂区绿化覆盖率达到25.7%，比1989年增长10%。

1992年，江苏省农垦总公司下达绿化达标验收办法，并对农场林业现状全面普查验收。当年，农场建有成片林6459.14亩，建成农田林网耕地面积45943.5亩，农田林网每间隔300米左右建一条林带，林床宽一般为6～8米，林网率达91.6%，主要品种为苦楝、刺槐等老品种。全场宅区绿化覆盖率达32.7%，全场森林覆盖率为10.12%，基本达标。

1992—1993年，农场植树造林达到江苏省平原绿化标准，通过了江苏省农垦总公司的验收。1996年，农场长洪分场中心河1.2万亩耕地实现林网化，360亩河道林获江苏农垦"最佳绿化领导工程"。农场施怡吾于1986年、1991年及1998年分别获江苏省农垦林业生产先进工作者、江苏省农垦年度"最佳绿化领导工程"绿化先进个人。

2000年末，农场职工宅区绿化率达到36%，农田林网化比率达到100%，路沟渠道绿化率为100%，全场林木覆盖率达到11.6%。同时，农场对低产林进行改造，将防护林带的树种更新为水杉。

2001年8月1日，农场出台《林业管理暂行规定》，并成立林业管理站，同时出台《林地租赁经营实施办法》。农场根据江苏省农垦集团公司林权制度改革的要求，从2002年起至2004年，农场通过招商引资合作造林，在张江公路东100米以内土地造林800多亩，种植树种为意杨。

2004年8月31日，农场出台《林业管理暂行规定》，对2001年出台的《林业管理暂行规定》进行了修改补充和完善。农场建立林业管理两级网络，明确行政一把手为林业管理第一责任人，农场成立林业管理领导小组，组长由场长担任，成员由管理区行政负责人和农场农服中心、机关有关科室负责人组成。领导组下设农场林业管理站和管理区林业管理小组负责具体事务。

2005年，农场完成成片造林726.77亩，种植品种为速生杨10.3万株；四旁植树0.8万株，主要品种为棕榈树、金丝柳、黄杨球、冬青树、重阳木等。农场林木覆盖率达14.5%，农田林网率达到100%，苗圃面积767亩。

2006年是全国开展全民义务植树造林运动25周年和江苏省颁布《江苏省全民义务植树条例》10周年，也是我国林业"十一五"计划开局之年。农场高度重视林业工作，当年完成造林327.95亩，共植树木48910株，其中，生态林178.85亩，四旁绿化林149.1

亩。种植的林木以水杉、意杨为主，搭配种植香樟、黄山栾树、重阳木、广玉兰等观赏性树木。同时，随着农场招商引资力度加大，场区内民营企业增多，为改善企业形象，农场农服中心为场域企业优惠提供树苗 622 棵，其中：广玉兰 22 棵、毛莱 100 棵、落羽杉 100 棵、野苹果 100 棵、无患子 100 棵、阴樟树 100 棵、桂花树 100 棵，供企业种植，美化环境。同年 7 月 20 日，由南通市林业局局长、专家组成的植树造林检查验收组一行 5 人来场，对农场 2006 年度的植树造林情况进行实地检查验收，检查验收工作包括对农场 2006 年新植的 17 个林木小班，390 多亩水杉、意杨林地进行 GPS 卫星定位和树木成活率检查测算，对职工住宅区、民营企业厂区绿化工作进行实地查勘。通过检查，林业局的领导及专家对农场 2006 年的植树造林工作给予充分肯定，肯定了农场为绿化江海大地、建设绿色和谐投资环境、创建美好家园、造福子孙后代所做的积极贡献。

2007 年，农场为深入贯彻《中共中央、国务院关于加快林业发展的决定》，落实《中共江苏省委、江苏省人民政府关于推进绿色江苏建设的决定》以及《中共南通市委、南通市人民政府关于加快林业发展的决定》文件精神，实现市委、市政府确定的到 2009 年林木覆盖率达到 20% 的总体要求，农场以建设生态防护林为主体，积极开展绿色农场、绿色道路、绿色园区、绿色宅区等建设工作，确保"十一五"农场林业各项指标任务的全面完成。当年完成新造林 692 亩，共植树木 158861 株，其中，生态林 153861 株，四旁绿化林 5000 株，品种以水杉为主，搭配种植意杨等品种。

2010 年 2 月 3 日，农场沿江公路立交桥南侧绿化工程通过验收，沿江公路立交桥南侧绿化工程包括 74 行×20 株、94 行×19 株、92 行×19 株、83 行×19 株、83 行×14 株共计 6176 株水杉树，总绿化面积达 13.89 亩。种植的树木通过植树绿化数量、胸径、质量、成活率等技术指标对照，满足国家有关林业技术规范标准。

2011—2018 年，由于农场（苏垦南通公司）处于苏通园区和南通开发区开发建设时期，农场被征地拆迁，农场林业方面基本没有投入。随着土地被征用，企业入驻及道路建设的需要，农场对原有的林木在得到批准的情况下进行了砍伐，同时在新建的道路两旁又新植一批包括樟树等在内的行道树。

2019 年，苏垦南通公司利用南通开发区拆迁后形成的闲置土地种植经济林，增加绿化面积，拓展林业发展空间。当年年底，对原农场一大队、二大队现有条田防护林进行查漏补缺，补种水杉树约 28 亩；在二大队拆迁后的居民点种植黄山栾树 438 棵，榉树 321 棵，土地面积约 15 亩。

2020 年，苏垦南通公司用好拆迁后形成的废弃土地，改善公司环境面貌，促进美丽乡村建设，在原农场中心分场一大队东侧三角区域和道路两侧沿线 35 亩土地进行生态绿化。以"提升绿化水平，改善环境面貌"为宗旨，种植多个观赏海棠等优良品种，打造特色金叶之路（选用女贞改良品种），建设具有观赏艺术的海棠展示基地，实现更高的生态价值与社会价值。

第四节　畜禽饲养业

一、基本情况

畜禽饲养既能增加农场收入，又能积肥，肥沃土壤，增加农业产量，建场以来，随着农业生产的发展，畜禽养殖在农场经济建设中占有一定位置。

农场畜禽饲养起初归口于农场工副业科管理，后归农场多种经营管理科（1984 年 11 月成立多种经营公司，2001 年 8 月改称为渔业分场或渔业管理区）管理。20 世纪 60 年代，为搞好畜禽养殖，农场建立总场、分场、大队三级防疫网络，设立兽医站，配备畜牧、兽医技术人员，对农场畜禽生产正常发展起到一定的保障作用。

农场畜禽养殖品种主要有猪、牛、马、羊、兔、鸡、鸭、鹅、蚕、蜂等与人民生活和农业生产息息相关的大宗产品，农业、渔业、畜禽养殖业交互作用，可以实现饲料和排泄物相互利用、相互转化，实行自繁自养。

1964 年，农场畜禽养殖以扩大牲畜养殖为主，强化生猪养殖，全年畜牧总产值为 131977 元，盈余 11677 元。通过繁育优良品种，及时更新种畜家禽，全年实际出售肥猪 3100 头，年末圈存 1546 头，仔猪繁殖成活 4200 头。当时生猪主要以发展新淮猪为主，保留优良本种，大家畜以体型优良生产性能较好的海子水牛和蒙古马为主，家禽以来克亨鸡、狼山鸡和"老黄咀"鸭为主，全年共繁殖良种鸡 8000 多只，鸭 4000 多只，在附近农村颇受欢迎，尤其是来克亨鸡更是供不应求。

1978 年，农场制定《畜禽生产经营管理办法》，实行岗位定员定编责任制考核，年终完成任务的与生产队劳动力同工同酬，同时对超产或减产的视情况给予奖赔。具体内容：

一是肥猪饲养，任务到班组，每排肥猪圈（5～6 间大圈）由一个饲养班（组）管理，每个班（组）6～8 人，常年圈养肥猪 160～200 头，出售肥猪 150～180 头。肥猪饲养期在 10～11 个月内，每头产值 80 元以上，出售率 95％以上，死亡率 7％以下。种饲料田 18～20 亩（每头猪 1 分田），推广精青料套种夹种，达到亩产精料 500～600 斤，青料 1.5 万斤。责任制要求每人饲养出售肥猪 24 头以上，创造产值 2000 元，盈余 150～200 元。

二是母猪饲养，在保证母猪生产力不断提高的前提下，重点抓好生产母猪的配种，接产护仔，提高产仔数、成活率，增加窝重。任务到排（班），每一个母猪场由一个副业排

（班）负责饲养。每个饲养班饲养定额为：饲养生产母猪 18～22 头，后备母猪 4～5 头，按饲养班人员计算，平均每个人应饲养生产母猪 5 头，后备猪 1 头，种饲料田 2～2.5 亩，每头母猪一年产苗猪 16～18 头，每头产值 15～16 元。每头母猪年产两窝，每窝产仔 10 头，成活率 90％，苗猪合格率 85％，每人每年产值 1350 元，盈余 50～150 元。

三是种鸡饲养，每位饲养员核定 400～500 只，按月存母鸡数计算，每只年产蛋 12 斤，死亡率 15％，每只白洛克种鸡送种蛋 100～120 只。饲养员同时还负责种鸡场周边的隙地种植，力争青饲料自给。

四是种鸭饲养，每趟老鸭 400～450 只，由 3 个人饲养，每只母鸭年产蛋 16～20 斤，折损率（包括死亡和流失）7％，盈余 600～1200 元，即每人纯收益 200～400 元。

五是小鸡饲养，每 1000 只左右由 4 人饲养，2 个月后由 2 人饲养，4 月龄狼山、来克亨、杂交鸡体重 2～2.5 斤，白洛克 3 个月内全部出售，成活率 85％以上，白洛克鸡出售率 90％，一级鸡出售率 75％。

六是小鸭饲养，每 1000～1200 只小鸭由 4 人饲养，4 月龄平均体重达 3.5 斤，成活率达 85％，按成活鸭计算，每只鸭用饲料量在 7 斤内。

七是耕牛饲养，每人饲养耕牛 6～8 头，成年母牛繁殖率达 60％以上，体膘夏秋季 85％～90％，冬春 70％以上，每头年积干粪 50 担。另外，对于用良种公牛配种，所生小牛满 6 个月，每头奖护理费 6 元，超额繁殖 1 头小牛奖励护理费 8 元，少繁殖 1 头小牛扣工分 25 分。耕牛使役有严格交接制度，由于管理使役不当造成人为流产的，1 头小牛赔损 4～8 元；造成牛病，赔损医药费的 50％～100％；造成死亡，赔损死牛价值的 10％～50％；造成牛鼻破坏，每头赔偿 8～10 元；造成流窜斗架事故，流窜牛主应赔偿斗伤单位牛损失的 50％～100％；放牧时伤害青苗和树木，要按价贴损。

1979 年 3 月 29 日，农场建立耕牛配种基地。

1985 年 9 月，农场对养殖业进行结构调整，坚持国营、集体、职工家庭多种经济成分一起上，调动各方面的养殖积极性。

1986 年，为促进畜禽养殖业发展，农场对兽医站兽医人员完善岗位责任制，并与年终奖金和经济收入挂钩。

1987 年，农场正式建立兽医站办公室和饲料化验室，兽医人员认真做好场域内禽流感的防控工作。

1988 年，兽医站设立人工授精站，为全场母猪实行人工授精，以降低饲养成本，提高经济效益。

1989 年，农场畜禽养殖迈出新步伐，萎缩了一段时期的畜禽养殖出现了新发展，当年出栏苗猪 5624 头，出售肉鸡 49400 只，畜禽 410000 只，禽蛋 281.3 吨，存栏耕牛137 头。

1991 年 1 月，顾永义荣获江苏农垦畜牧病情普查先进个人。

1992 年，农场出台畜禽生产承包责任制，对母猪养殖继续采取计划性生产和保护性措施，农场对各母猪场实行"亏损分担、盈余分成、以料换猪、以产计酬"的经济保护性结算办法，正确处理统分关系，促进生猪生产健康发展。

1995 年，农场把隶属于兽医站的种鸡场单独划出，组建队级建制的农场养鸡场，独立核算。

1996 年 5 月，农场根据国务院令和省市有关通知精神，组织实施"放心肉"工程，结束了农场多年来生猪屠宰管理上的无序状况，有效地杜绝和防止了病猪肉上市。

20 世纪 90 年代后期，随着企业产权制度改革，农场国有经济已经不再从事畜禽养殖，主要由个体户承租农场房屋、土地进行规模养殖或由个人家庭散养等。2002 年，农场民营畜牧业生产共出栏生猪 2100 头，养蜂 150 箱，出栏羊 2200 头，出售特禽 200 只，出售家禽 6.1 万只（鸡 2 万只，鸭 3 万只，鹅 1.1 万只），入孵种蛋 1560 万枚，产禽蛋3.5 万公斤。

2003 年 8 月，农场为支持国家奶牛的引进和繁殖，促进农场产业结构的调整，经国家质检总局质检动函〔2003〕166 号文件批准，同意南通市牧工商公司与中国种畜进出口有限公司租用农场 163 亩土地，共同建设引进奶牛临时隔离检疫场项目。该项目所租土地位于农场三十三大队的 6 号田（今园区南湖路东、海维路北），南北 776 米，东西 140 米，计 163 亩。项目分 3 期进行，当时属首期工程，投资 500 万元，建设牛棚及配套生活办公设施，建筑面积 11000 平方米，第二期工程为 600 头进口奶牛的良种繁育饲养场，第三期工程为奶制品加工，3 期工程完成后将形成完整的奶牛产业链，对农场农业结构调整有较大的推进作用。该项目在运营几年后由于苏通园区进驻农场，被征用土地而拆迁。

2004 年，农场为加强预防高致病性禽流感，成立南通农场高致病性禽流感防治指挥部，指挥部下设办公室，办公室设立在农场行政办公室。

2005 年，农场防治高致病性禽流感和口蹄疫、猪高热病、猪链球菌病等重大动物疫病，当年农场生猪五号病和三联苗的防疫达到了 3120 头次，对 47 头牛进行了五号病防疫，并对农场奶牛隔离场的 1496 头奶牛进行了检疫，对 97223 只禽类进行了防疫免疫，禽类防疫率消毒率为 100%。对 9000 余平方米的禽舍按规定进行多次的消毒处理，并对农贸市场的畜禽交易进行监管，组织专人挨家挨户进行消毒处理。同年 8 月 10 日至 9 月 6日，猪高热病发病期间，农场无害化处理死亡生猪 123 头。农场为保障食品安全，认真开展动物检疫，狠抓兽药监察与饲料管理，实施"放心肉"工程，实行对生猪定点屠宰，严把屠宰、市场检疫关，最大限度地禁止了不合格动物产品流入农贸市场。全年农场生猪屠宰场共检疫生猪13583头。同年5月，《国务院关于推进兽医管理体制改革的若干意见》《省政府关于推进兽医管理体制改革的意见》关于实施官方兽医制度，农场由畜牧兽医站承担农场辖区内的动物防疫、检疫和公益性技术推广服务职能。

2016年，国家"263"整治行动，治理畜禽养殖造成的环境和水污染，即"两减六治三提升"专项整治行动，农场所在区域被列入畜禽禁养区域，场域内禁止进行畜禽养殖。

二、生猪饲养

建场初期，由于条件所限，农场没有种猪。农场从外地调进一批苗猪，进行大棚饲养，带进了疾病流行，加上粮食紧张、饲料缺乏、猪舍简陋等因素，又是袭用传统的饲养方式，故而猪仔成活率比较低，且苗猪饲养周期长，有的饲养周期达1年以上，养殖效益不太理想甚至亏损。建场初期2～3年的时间，生猪生产一直徘徊不前，全场仅饲养20头母猪，数百头肥猪。

1964年，随着农场扩垦，畜牧兽医方面的技术干部逐步配备完善，农场生猪养殖实行"一圈三改"（即小圈改大圈、熟食改生食、从无饲料田改为用饲料田）。全场11个大队建有母猪舍16排，饲养母猪近200头，肥猪舍15排，一年出栏肥猪近3000头，全年饲养规模达7000头左右。同年，农场根据江苏省农林厅农垦局的通知精神，积极做好生猪三大烈性传染病（猪瘟、猪丹毒、猪肺疫）的防疫工作。农场采取措施有：按时注射疫苗；自繁自养，不向外购进苗猪，严禁外地猪随便进入农场；改进肉食供应方法，职工肉食统一由农场委托场办国营商店代办，收购场内肥猪，动员职工不外购猪肉；组织农场兽医经常性检疫，并储备适量药品用于应急。

1965年，农场进一步围垦、扩垦，增加了12个生产单位。按照中央大力发展养猪的有关指示精神，农场对扩垦新增加的单位都配备了猪舍，各单位都建有1排或2～3排的猪舍建筑。从那时开始，农场基本上每新增一个单位同时配备猪舍建筑设施。

"文革"初期，由于无政府思潮严重干扰，畜牧生产一度无人问津，生猪饲养受到严重挫折。到1969年，中国人民解放军进驻农场，组建生产建设兵团，农场养猪生产开始回升。

十一届三中全会以后，农场生猪饲养跃上了快车道。1981年，农场上市肥猪达11141头、饲养种母猪达738头，全年调出苗猪1434头、生猪饲养量达到26100头，创历史最高纪录，当时的3连曾达到了一亩一猪的指标。

1978 年，农场制定《畜禽生产经营管理办法》，按照"各尽所能，按劳分配"原则，对肥猪场按出售肥猪数量、质量、产值、积肥多少考核，每个养猪场必须做到多养猪、养大猪、努力缩短饲养周期，提高出栏率，降低成本，增加盈余，实行岗位责任制。

20 世纪 80 年代，受穷养猪思想影响，农场生猪饲养周期较长，一般肥猪饲养周期在 10 个月以上，最多长达 1 年。当时饲养肥猪尚属指令性计划，加上受市场行情、收购政策、饲料价格上涨等诸多因素影响，经济效益并不理想，职工饲养意愿不强。1981—1985 年，农场生猪饲养数量下降。

1983 年，为调动兽医人员的积极性，提高工作效率，促进农场畜牧业的健康发展，农场兽医站试行兽医岗位责任制。农场兽医人员研究科学的饲料配方，以降低生猪的死亡率，节省兽药的费用支出，缩短肉猪存栏时间，提高出栏周转率，有效提高了职工的养殖积极性。

1984 年，农场对肥猪生产实行派购和奖售的办法，当年全场计划派购 5500 头，根据市场销售的淡旺季需要，实行按季按月上市。全场母猪饲养 354 头，派购合格苗猪 6272 头，饲养公猪 19 头，为适应肥猪上市需要，苗猪逐步实行常年产仔。

1986 年，农场制定畜牧兽医站目标管理细则，兽医站继续做好良种繁育工作，发展杜洛克、长白等瘦肉型优良品种纯种猪繁殖。副业大队作为杜洛克纯种猪繁殖基地，农科站为二元杂交后备母猪基地，培育杜梅、长梅 F 代后备母猪，有计划更新全场母猪群。每个兽医结合自身工作，做好科学研究及数据采集管理工作，建立档案，探索最佳方案，更好地为畜禽生产服务。主要课题有：一是不同杂交组合对仔猪增重及肉猪生长的经济效益观察；二是几种饲料配方对仔猪、肉猪的生长及经济效益的探索；三是不同的投料方法和日投料量对肉猪生长及效益的观察；四是畜禽饲料添加剂和微量元素的饲喂试验。同年，为提高经济效益，满足职工生活需要，农场对肥猪生产全面放开，年出栏肥猪 4000 头左右。同时，为保存种猪，农场对母猪饲养采取政策性补贴的保护措施。

1987 年，农场根据中央对生猪放开的指示精神，农场肉猪生产与销售全面放开。母猪场由分场组织与饲养肉猪专业户签订购销合同，合同内订购的苗猪实行保护价供应，计划外的苗猪随行就市。对肉猪生产，年初农场下达指导性计划，积极鼓励扶持，根据出售头数，每头划给饲料田 0.1 亩，免缴税利。家庭农场职工凡养殖 10 头以上，同样可享受饲料田优惠待遇。肉猪销售放开后，农场鼓励养殖户与农场商业公司签订生猪购销合同，也可由分场组织屠宰加工，满足场内职工生活需求外的肉猪，由大队、分场自行销售。所需苗猪必须与母猪场签订供销合同，合同内按保护价供应。对母猪场实行保护性措施，每头母猪划给饲料田 0.4 亩，后备母猪 0.1 亩，免缴税利。

1988 年，农场对母猪饲养实行保护性措施，肥猪养殖全面放开走向市场。当年，农场养殖母猪 250 头，肥猪 3800 头。农场鼓励鱼池多养猪，猪粪喂鱼，提高饲料转化率，同时鼓励扶持庭院养殖。农场对肥猪养殖完全放开，享受饲料田优惠，鼓励家庭饲养，兽医站与养殖户签订生猪保健合同，实行有偿服务。

1989 年后，农场一直实行保护性政策养殖母猪，每年的责任制中明确每个饲养员核定基本母猪 8～10 头，后备母猪 2 头，每头基本母猪交售合格苗猪 17 头（70 天出栏体重 40 斤），实行"亏损保底、盈余分成、以料换猪、以产计酬"优惠政策养好母猪，实行保护价饲料补贴。

1990 年，农场通过增加养猪种草作为提高水产养殖产量，降低水产养殖成本的有效途径，形成了具有一定规模的鱼、猪、草结合综合养鱼的生产模式。农场通过强化服务，推动养猪种草的发展，做到对养殖户苗猪供应良种化，饲料配方科学化；采取资金实物扶持，防疫保健提供服务，调动养鱼承包户的养猪积极性；同时加强技术培训，加强管理，明确责任制。当年出栏生猪 7547 头，饲养母猪 275 头，提供苗猪 6283 头。1991 年，农场出栏生猪 7156 头。1992 年，出栏生猪 6018 头。

农场生猪养殖品种，从科学养猪角度出发，母猪先后引进过"新淮""二花脸""梅山"等本种血统；公猪先后引进过"约克夏"（大、中、小型）、"巴克夏""苏白""长白""杜洛克"等外来血统品种。为了能满足自繁自养的需要，在繁育上农场建立三级繁育体系，即农场设有核心种猪群，培育二元杂交后备母猪，分场设有二级种猪场，培育三元杂交商品苗猪，交各肥猪场育肥上市。培育的商品肥猪生长速度快，料肉比低，屠宰率高，瘦肉率占胴体重的 55％以上，受到屠宰户和消费者的欢迎。

1997 年 4 月 30 日，农场成立生猪猪肉管理领导组。同年 5 月，根据国务院和省市有关通知精神，农场认真组织实施"放心肉"工程，实行生猪集中屠宰检疫，结束农场多年来生猪屠宰管理的无序状态，有效地杜绝和防止了病猪肉的上市，控制了"五号病"流入农场。

2012 年，为提高肉品卫生质量，农场投入资金对生猪屠宰场进行整改。农场围绕南通市商务局要求，在原屠宰场西侧加建 15 平方米病猪隔离间，20 平方米急宰间；原屠宰间烫毛灶拆除，原地改建烫毛池；外面烫毛池拆除，增建了 1 间化验室和值班室。

2012 年 9 月以后，因农场社会职能分离划入苏通园区，兽医站原有防疫职能和屠宰场的管理监测职能也随之由政府承担。农场撤销兽医站和生猪屠宰场，对兽医站、屠宰场包括房屋在内的资产进行承租经营。2017 年，农场生猪屠宰场拆除，建设了垃圾中转站，位于太湖路苏垦南通电力公司南的原兽医站门面由农场收回，出租给自然人经办其他企业。

三、家禽饲养

1959—1960 年，农场家禽生产以鸡、鸭、鹅为主，总饲养量在 10 万只以上。各单位大量饲养不下数千只，但由于当时对雏禽缺乏饲养管理技术和饲养经验，加上经营管理不善，大批苗禽死亡造成经济损失，致使农场家禽饲养数量逐渐下降。

1968 年，农场从江苏农学院（今扬州大学，下同）引进"新扬州"蛋肉兼用鸡种在场内发展饲养。该品种具有产蛋率高、生长快等特点，而成为农场重点发展项目。

1984 年，农场作为江苏农学院"新扬州鸡"繁育基地，参加了江苏农学院在农场召开的全国有关养鸡专家参加的全省"新扬州鸡"品种鉴定会，并通过鉴定。

1984—1985 年，农场集体、个体饲养"新扬州鸡"近 2 万只，孵育的苗鸡远销广东、浙江、河南、上海等省市。农场"新扬州鸡"苗禽在省内外有较好信誉和知名度。

随着人们生活水平的提高，食物结构发生变化，人们对蛋、肉、禽的需求增加，农场于 1984 年发展了圈养蛋鸭，农场专业饲养 34 户，圈养蛋鸭 25000 余只。对于蛋鸭生产，农场规定凡利用农场资源（土地、水源、草滩、荒滩等）饲养蛋鸭者，均须完成场部的蛋品派购任务。上交大队利润、派购、交利标准为：圈养鸭按实际饲养母鸭数的 90％测算，为稳定鸭群，签订合同时可以圈舍面积按每平方米 6～8 只计算，也可以按每个劳动力职工饲养 500 只计算，也可两者兼顾。对于放养鸭，每只以年产蛋 20 斤计算，派购与圈养相结合，同时按标准供应议价饲料和划给饲料田。

1985 年，农场养鸭生产受市场物价影响，资金周转不灵，饲料、鸭舍投资不足，加上大群饲养技术尚不具备，经济效益欠佳，大部分专业户出现亏损，蛋鸭淘汰将近一半。但坚持饲养 3～4 年一个周期鸭趟的职工，后期都获得了较为理想的经济效益，先后还清了欠款。

在家禽的配套设施上，农场曾建立过种鸭站、种鸡场和哺坊。哺坊由 60 年代土炕房逐步发展，到 1986 年拥有 20 多台电孵箱，年孵苗禽能力 200 万只。

1986 年，农场引进 AA 鸡父母代种蛋 4000～5000 枚，培育种鸡 1500 羽，试养肉禽 2 万羽。继续配合江苏农学院"新扬州鸡"提纯复壮，继代繁育的育种工作及杂交组合试验，加强"新扬州鸡"核心群的饲养技术管理，建立系统技术档案，提供组织提纯复壮的繁殖场所，确保育种工作顺利进行。

1987 年，农场对蛋禽生产采取扶持保护政策，蛋禽生产不交税利，只交劳力费和禽舍折旧费，禽舍修理费由个人承担，按 200 只蛋禽划给饲料田 1 亩，每亩饲料田上缴税金

50 元。

1991 年，农场出栏肉鸡 17 万只。1992 年，出栏家禽 12.1 万只。

农场在家禽品种上，先后曾引进过太湖鹅、狮子鹅；鸭有高邮鸭、肖山鸭、卡基鸭、康贝尔鸭、北京鸭、樱桃鸭等；蛋鸡有红玉、新扬州、罗斯、西塞斯、来杭、海塞克斯等；肉鸡有白洛克、新波罗、新浦东、海贝科、AA 鸡、红宝等品种。

第五节 内河养殖业

农场系长江下游围垦而成，地势低洼，光照充足，气候较好，无霜期长，水资源富集，气候及资源条件有利于进行渔业生产，加上围垦时开挖的坑沟较多，适于进行内河淡水养殖。

1959 年，农场开挖 108 口 11 排鱼种池，每口 2～2.5 亩。1964 年，全国性片面重视农业种植，忽视淡水养鱼，农场原有鱼种池大多填平，只剩下 4 口，全年捕捞鱼虾 17.44 万斤。1971 年，农场曾在中心队以东到老场部的大河与中心河以及其他河道内用网箱做栏进行成鱼养殖，但到第二年就夭折了。从建场到 1981 年，农场的池塘养鱼很少，主要是利用河沟少量养殖，单产低；靠长江捕捞，成本大，经常处于亏损经营状态。

长江捕捞从建场开始，曾专门组织了一支由 20 余名职工、6 条木船组成的捕捞队，建队以后因吃大锅饭的体制造成年年亏本，1980 年撤销捕捞队。经济体制改革后，在群众自发组织的基础上，1985 年开始有 3 条船在长江捕捞地段进行捕捞。

1977 年，在全国学大寨，建设大赛场的形势下，农场干部职工大干快上，把发展农场渔业生产作为发展大农业的根本方针之一。农场全面贯彻毛主席"以粮为纲、全面发展""要实行农、林、牧、副、渔五业并举的方针"，充分利用场域内的匡河、塘漕发展水产养殖，开始以分场为单位放养成鱼的渔业生产模式。农场根据当时河道情况，对渔业养殖实行分区管理。大河养鱼以分场为主，与连队相结合，分场与分场的水面界线由双方协商。连队住宅四周及条田河沟由连队负责放养，连队不养则由分场接收放养。农场三分场流漕收归场部，改成精养鱼塘放养成鱼，以水产专业组为主，与分场合养。大河养殖设置网箔，共计 19 道网箔，即：一是中心河段，农场一中至变电所段设网箔 4 道，其中农场一中后设 2 道，变电所后设 2 道，由一分场、五分场管理；二是南匡河段，9 连至 25 连段，在 25 连前设网箔 2 道，由五分场负责放养，三分场南匡河，在 12 连前设网箔 2 道，由三分场负责放养；三是二分场北匡河，9 连至 8 连段，在 8 连后边设网箔 2 道，由二分场负责放养；四是团结河，闸口到南匡河边段，在闸口前设网箔 2 道，匡河边设 1 道，由四分场负责放养；五是四分场南圩河及 4 条排水河段，在 15 连、17 连、19 连排水河口各设网箔 2 道，由四分场负责放养。所用网箔由聚乙烯（线、网、绳）、铁链子、铁脚子、钢丝绳、铅丝等制成。农场除连队零星河沟养殖外，放养水面 1025 亩左右，其中主河道 890 亩（中心河 300 亩、南圩河 250 亩、团结河 150 亩、二分场北圩河 40 亩，四分场南圩河及 4 条排水河 150 亩），流漕 135 亩（7 连 10 亩、9 连 30 亩、10 连 50 亩、11 连 45 亩），年可放养 20 万尾鱼种。

农场从船队抽出 3～5 人组成水产专业组，专业负责农场渔业生产的计划和安排，承担内河捕捞和精养鱼塘的管理工作。农场各分场、连队也配备精干的养鱼专业队伍，采取鱼池养猪、以肥换鱼、鱼池种草、以草换鱼的模式。农场根据养殖面积配备一定的饲料田种草。农场鱼种以自己培养为主，搭配以青草鱼、鲢鱼、鳊鱼各占 1/3，本地鲫鱼、东北鲫鱼和白条等占比较大。当时农场鱼种池有 8 个，面积 6 亩左右，结合农场水面情况，由农场 25 连每年培育鱼种 20 万～25 万尾，以青鱼、草鱼、鲢鱼、鳊鱼、鲤鱼、东北鲫鱼为主，鱼种出塘不得小于 2.5～3 寸。

1980 年，农场在砖瓦厂工地利用窑泥田第一次开挖 5 口池塘，计 36 亩水面养殖成鱼。

1981 年，农场在八大队利用原流漕的低洼地开挖 10 口简易池塘，计 62 亩水面养殖成鱼，同时在二十四大队利用打退堤挖出 21 口简易池塘，99 亩水面养殖成鱼。同年，农场制定《关于内河渔业生产暂行管理办法》，文件规定：对连队水产养殖，贯彻"定塘、定人、定产、定成本"的联产计酬，超产奖励，减产赔款的办法；对养鱼人员实行"五定"，即定任务、定成本、定劳力、定渔具、定报酬。

1982—1988 年，农场每年投入一定的资金改造低洼地、流槽、低产田，共计开挖池塘 1500 多亩养殖成鱼，亩产成鱼 300 公斤以上。农场内河养殖从无到有，年产商品鱼 14 万多斤。推行鱼牧混养，精养鱼塘一般一人管理 8～12 亩水面，饲养 12～15 头猪，每亩水面无偿划给两分青饲料田，每头猪划给一片青饲料田。农场养殖的鱼品种分吃食鱼（指青鱼、草鱼、鳊鱼、鲫鱼、鲤鱼）和肥水鱼（指花白鲢、吴郭鱼）两种，交售 1 斤吃食鱼，农场供应精料 1.5 斤、蚕豆 2.5 斤；交售 1 斤肥水鱼，农场给予供应精料 0.5 斤、蚕豆 1.5 斤。同时，农场发展以青鱼、鳊鱼、鲫鱼为主的成鱼养殖，扩大鱼蚌混养面积，发展珍珠生产。珍珠生产从 1981 年的 10 亩水面，发展到 1987 年的 90 余亩。1987 年，农场多种经营公司在巩固和发展四大家鱼的基础上，利用 10 余亩水面探索螃蟹养殖，并获得成功。

20 世纪 80 年代初期开始，农场渔业生产和大农业一样，实行以户为单位的经营承包责任制，每个养殖职工基本任务为水面 8～12 亩或以上的精养鱼池（蟹池 2 亩折 1 亩），多包不限。渔业承包实行全奖全赔、分户核算的方式，职工自己承担"两保金"和按面积按标准上缴租金或鱼货产品，所需的生活、生产资金自筹，自负盈亏。农场对全场渔业生产总体要求是：生产统一管理，鱼种统一供应，财务统一结算，产品统一处理。

1988 年，经南通县国土局批准，农场投资 40 万元，在原三十四、三十六大队 644 亩低洼地开挖鱼池 346 亩，其中成鱼池 26 口，242 亩，鱼种池 10 口，71 亩，河沟 33 亩，基本做到科学设计，当年施工、当年放养、当年投产。

1989 年，经南通县国土局批准，农场利用低洼地、窑泥田开挖鱼池 1041 亩，先后成立大明渔场、团结渔场、中心渔场、三孔桥渔场、沿江渔场等 9 个水产养殖场，隶属于多种经营公司，拥有水产养殖户 150 多户，年产成品鱼 100 万斤以上。

同年 4 月，农场出台加强渔政管理的有关规定，对农场池塘养殖、内河与长江沿岸的渔业养殖做出具体规定。全民所有制的水面，可由集体或个人承包，从事养殖生产，水面的使用权受法律保护，任何单位和个人不得侵犯。偷捕、抢夺他人养殖水产品，破坏他人养殖水体、养殖设施的，由渔业行政主管部门或者其他的渔政监督管理机构责令赔偿损失，并处罚款，数额较大情节严重的，依照《中华人民共和国刑法》规定对个人或者单位直接责任者追究刑事责任。

同年，农场为大力发展农场水产养殖业，建立南通农场水产养殖场，隶属于多种经营公司。同时为扩大产品经营渠道，多种经营公司在农场设立两个门市部，为多种经营公司下设的非独立核算分支机构，主要为多种经营公司及下属渔场销售产品。第一门市部设在场部市场附近，以经营农场生产的农副业土特产品为主，兼营国家许可的农副业生产资料，实行代购代销，批发零售。第二门市部设在大明分场（老场部），主要经营渔货，兼营饮食、日用百货。

1990 年，农场把多养猪、多种草作为提高单产、降低生产成本、提高经济效益的重要措施，形成一个具有一定规模的鱼、猪、草结合的综合养鱼生产模式，农场 2200 亩水面上市鱼货 180 多万斤，平均单产超过 800 斤。

1991 年，农场渔业生产以渔业为龙头，依靠科技攻单产，发展特种养殖鱼蚌混养，扩大珍珠蚌养殖。在中国科学院水产养殖研究所的帮助下，农场建办年产 50 吨的光合细菌工厂。同年 12 月，农场新建南通农场中心水产养殖场。

1992 年，农场对养殖资源进行整合，合并组建八大渔场，推广科技成果，应用光合细菌、银鲫繁殖等新技术，全年出售商品鱼 221 万多斤。同年 6 月，农场多种经营公司与南通市港口医院协议，租用港口医院 9、10 号两间计 48 平方米的门市，在南通市青年西路 16 号附 9～10 号开设"江苏农垦国营南通多种经营公司经营部",主要经营农场农副产品(有专项规定的除外)购销,代购代销,禽蛋制品、饲料、水产品零售兼批发,兼营渔具零售及糖烟酒零售。

1994 年,农场调整水产养殖品种结构,扩大底层鱼放养比例,发展特种养殖,引进放养加州鲈鱼、鳜鱼、罗氏沼虾、甲鱼、螃蟹等特种水产品种,经济效益明显。农场将白鲢、鳙鱼等肥水鱼为主的养殖模式逐渐改成草鱼等吃食鱼为主的养殖模式,养殖管理以轮补轮放"热水鱼"起补方式,亩产量达 500 公斤以上。螃蟹养殖技术日趋成熟,亩产达 100 多公斤。

1996 年 5 月 28 日,江苏省农垦总公司批准农场关于养殖中华鳖项目。同年 9 月,农场中华鳖项目投产。11 月,农场正式建立江苏农垦南通中华鳖养殖场,地址在原江海味精厂内(今江山路南苏通园区实验学校北),隶属于农场多种经营公司。中华鳖养殖场专业从事特种养殖,项目总投资 794.56 万元,其中固定资产 294.56 万元,流动资金 500 万元,项目建成有 6000 平方米的全封闭式养鳖池及锅炉房、仓库等配套设施。1998 年,中华鳖养殖场实行鱼池鱼鳖混养和温室厂房养殖,380 亩鱼鳖混养和 2200 平方米温室产稚鳖 6000 只,成鳖 26000 公斤。当年,中华鳖养殖场在农场起到了龙头带动作用和示范作用,全场出售商品鱼货 288 万多斤。

1997 年,农场抓好常规水产养殖的同时,以江苏农垦中华鳖养殖场为龙头,主攻特种水产养殖。全场 2500 多亩精养鱼池,发展鱼鳖混养,全场鱼鳖混养池塘 17 口,水面 150 亩。

1998 年,农场稳定常规养殖,发展特种养殖和混合养殖。农场发展鱼蟹、鱼鳖混养,全年销售商品鱼货 300 万斤,特种水产品 11 万斤。农场中华绒螯蟹及中华鳖苗种的培育和混养技术研究获 1998—1999 年江苏省农垦科学技术进步三等奖。

1999 年,农场内河养殖在稳定四大家鱼的基础上,投入资金,改造鱼池,发展鱼蟹、鱼鳖、鱼虾混养,混养面积达 2620 亩,占农场总养殖面积的 78%,承包户达到了 200 户。同年,由于农场中华鳖养殖公司严重亏损,农场关停撤销中华鳖养殖公司。

2000 年,农场内河养殖在稳定四大家鱼的基础上,将鱼蟹、鱼鳖、鱼虾混养作为水产结构调整的重点,引进市场前景好、效益高的水产新品。养殖 39 亩热带鱼彩虹鲷,亩产值 6000 多元;引进 800 尾史氏鲟,节前每尾重 1.5 斤,市场价 120 元/斤;喜泽鲫 90 万尾,长势良好。同年,农场多种经营公司获全国农牧渔业丰收三等奖,鱼、虾、蟹、鳖高产高效混养配套技术项目中成为第四完成单位。

2001 年,农场注重发展适销对路的名、特、优产品,新引进鳜鱼和南美白对虾等品种。对常规品种优质化和上规格，引进彭泽鲫200万尾，实现传统鲫鱼的更新换代。推广鱼蟹、鱼虾、鱼鳖、虾蟹混养，面积2100亩，达到了总养殖面积的84%以上。农场除巩固创新常规鱼的放养模式外，引导职工使用颗粒料和投饵机。当年，农场2200亩精养塘加700亩河沟总产量合计290万多斤，其中精养塘245万斤；1800亩水面产幼蟹2.7万多斤，成蟹12.6万多斤；鱼鳖混养320亩，产成鳖1.92万多斤；40亩南美白对虾产量为3.2万多斤；175亩青虾产量为2.45万多斤；25亩彩虹鲷产量为2.5万多斤；史氏鲟400平方米产量为800斤。农场为水产品注册"通农"商标。

同年，休闲渔业亮相农场。"南通农场111高效设施休闲渔业工程"项目经过农场近两年的努力，于2002年11月，完成项目建议书的所有投资与建设，通过了集团的验收。项目中建池中廊桥140米，凉亭100平方米，食宿娱乐用房600平方米，配电房100平方米，清淤土方12000立方米，护坡1200米，修建进水防渗渠350米，修路600米，围墙650米。项目位置在原农场长江路江海化工厂南（今苏通园区江山路南，已拆迁）。

2002年，农场淡水养殖面积3230亩，其中水面2650亩，池背580亩，鱼类单产1700斤/亩，螃蟹单产90斤，鱼类总产量为450.5万斤，螃蟹总产量为23.85万斤，总销售收入为1828.5万元。

2003年，农场淡水养殖面积有3200多亩，其中精养水面发展至2900余亩，总产量381万斤；鱼虾混养面积200余亩，虾产量4.4万斤；鱼蟹混养面积有3100亩，蟹总产量25万斤；鱼鳖混养50亩，产成鳖0.3万斤。全年销售总收入1968.7万元。

2004年，农场内河养殖通过分片管理、区域协调、统筹安排、集中指导的管理办法，推广颗粒饲料投喂技术。农场与全国500强企业通威饲料公司合作，组织养殖户和专业人员去通威培训参观，熟悉饲料加工流程，提升养殖户鉴别饲料真假优劣的能力，购置自动投饵机，提高饲料利用率。同年4月，"通农"牌无公害水产品通过农业部验收，荣获国家级无公害水产品称号。"通农"牌中华绒螯蟹得到农业部无公害农产品认证，2200亩蟹池获得省级无公害中华绒螯蟹基地称号。5月，农场向南通市水产局申请了3万尾欧江彩鲤免费给承包户试点养殖。6月，农场从东辛农场引进海水淡化养殖新品种梭鱼10万尾，进行示范养殖，并取得成功。当年，农场养殖水面达4000余亩，从业人员500余人，年产值2200多万元，成为南通市水域环境、基础设施、技术水平等条件较好的水产养殖区域之一。同年，经南通市海洋与渔业局批准，农场把从事渔业生产、药物、饲料经销的企业和养殖户组织起来，成立农场第一个协会——南通农场渔业协会，旨在为全场养殖户提供信息服务，推动农场地区淡水养殖业的健康发展，优化养殖品种。

2005年，农场投资5000多元从浙江湖州引进3000尾澳洲淡水龙虾进行试养，从常州武进引进 2000 尾鳜鱼进行蟹池套养（每亩 15～20 尾），长势良好，每亩为职工增收 200 多元。同时，农场推广鳜鱼蟹池套养，为职工增收开辟新路子。渔业管理区亩均收入从 3000 元提高到 8000 元，最高达 11000 多元，实现利润从原来的每亩 1500 元上升到 3000 元左右。

2006 年，农场继续实行鱼虾、鱼蟹混养，增加效益。养殖美国鮰鱼、鳜鱼、河豚鱼、黄颖鱼、小龙虾、墨斑牙鲆、南美白对虾等名、特、优、新品种试养，取得成功，涌现了一大批水产养殖示范户。农场推广颗粒料和投饵机养殖技术，对添置购买投饵机的职工补贴 200 元/台，投饵机数量从 2005 年的 20 多台增至 120 多台，此项技术的应用为职工降低了饵料系数，节约了成本，减轻了劳动强度，同时减少了鱼病的发生。当年，农场渔业承租面积为 3536.66 亩，其中，水面 2615.48 亩，池背 921.18 亩，承租户数为 149 户。同年，农场"通农"牌无公害中华绒螯蟹续保工作及草、鲫、花、白等四大家鱼无公害淡水养殖基地及产品的续保工作都获得通过，并全部获得资格认证，产品获农业部认证、基地获省级认证。同年 10 月、11 月，农场分别参加江苏省在上海举办的第四届农副产品展销会和全国农副产品展销会，农场"通农"牌中华绒螯蟹深受上海市民的青睐与好评。

2008 年，农场推广种草移螺、轮捕轮放、突出主养、合理搭配的科学养殖技术，不断改进以草鱼为主四大家鱼的搭配比例，适当调大鱼种放养规格，调优传统养殖模式，鱼蟹、鱼鳖、鱼虾等高产高效混养模式日趋成熟。引进微孔增氧技术，安装微孔增氧设备，进一步降低饵料系数，减少了鱼病、泛塘等现象的发生。

2009 年，农场渔业生产管理坚持"四统一"，即统一各类放养模式，统一技术措施，统一农资采购，统一热水鱼起捕。建立水产品质量安全监察制度，专门成立市场无公害农产品检测室，加强对上市水产品的检测，并建立消费者投诉台账和完善售后服务网络，多措并举、多管齐下，做好上市水产品的监管力度，确保上市水产品的质量。同年，农场的鲢鱼、鳙鱼、鲫鱼、草鱼等四大家鱼及中华绒螯蟹均被评为南通市名牌产品，农场水产养殖基地被农业部授予"健康养殖示范场"称号。同年，苏通园区进驻农场，农场大片土地被征用，农场渔场及鱼塘陆续拆迁。

2011 年，农场水产养殖注重"抓转型、调结构、推创新、提效益"，启动职工科技创新工作室，遵循市场规律，提升科技养殖水平，提高水产养殖的机械化、专业化、现代化水平。农场调整养殖结构，巩固四大家鱼的当家鱼，做强"通农"无公害品牌的小康鱼，推广名、特、优、新品种的创汇鱼，打造休闲渔业的文化鱼，全力推进农场水产养殖业又好又快发展。

同年，农场培育和壮大专业经济合作组织，通农渔业专业合作社成为养殖户的服务平台，实现资源和信息共享，降低养殖风险。农场与上海水产大学、无锡淡水所保持长期技术交流合作机制，常年聘请专家、教授来场为广大职工进行技术指导、授课。仅 2011 年就举办 3 次大型渔业创业培训和渔业实用技术培训班，受训人数 683 多人次，提高了农场职工水产养殖水平和增强水产养殖创新活力。当年，"通农"牌淡水鱼产量 490 万斤，"通农"牌中华绒螯蟹 24 万斤，实现总产值 2320 万元，实现利润 856 万元，亩均利润 3800 多元。农场渔业生产辐射带动周边乡镇近千户养殖户近万亩水面，为他们增收 1000 万元以上。

建场初期，农场内河养殖（渔业生产）属农场工副业科管理，1965 年，改为多种经营管理科管理，1976 年 8 月，又改为工副业科管理。1984 年 11 月，农场成立多种经营公司，2001 年 8 月，改称渔业分场，同时注册成立江苏农垦南通农场多种经营公司。2004 年 4 月，按照江苏省农垦集团公司"二级管理，一级核算"体制改革的要求，农场撤销渔业分场建制，成立渔业管理区，同年 8 月，根据南通开发区农村工作局成立民间社团的要求，农场在渔业管理区内成立南通农场渔业协会，拥有 185 名会员，7 个团体会员单位，加强了对渔业职工的服务职能。2015 年，农场仅留存的三孔桥渔场因为南通开发区开发的需要，和江苏省军区东方红农场置换，渔业管理区撤销。同年，江苏农垦南通农场多种经营公司工商注销。

附：2004 年南通农场渔业协会简介

南通农场渔业协会于 2004 年 8 月 18 日正式成立，是由水产养殖的生产和营销，药物、饲料经销，休闲渔业基地和养殖个体等相关单位与个人自愿组成的非营利性社会团体，是南通市首家企业内水产专业性合作组织。协会办公地点设在农场渔业管理区内。

南通农场渔业协会有个人会员 185 名，团体会员 7 个，拥有养殖水面 4000 余亩（其中主养四大家鱼混养螃蟹的水面 2600 余亩、混养青虾的水面 150 亩、主养中华绒蟹混养鱼的水面 1250 余亩），年产值 2200 多万元。协会聘用 12 名肯钻研、懂技术、讲奉献、善服务的行业精英作为理事会成员，其中拥有大专以上文化程度 7 人、中专文化程度 2 人。

协会发展规划和方向：以科学发展观为指导，协助行政主管部门制定相关政策，共同研究水产养殖业的发展方向，合理制定养殖规划，推广无公害、生态养殖模式。切实提高产品质量和档次，保护好水产养殖环境，加强对外交流与合作，为广大水产养殖户提供良好服务，帮助养殖户在激烈的市场竞争中抵御风险。为水产养殖业增效、养殖户增收做出贡献，全面促进农场水产业稳定健康发展。

第五章　第二产业

第一节　第二产业基本情况

一、第二产业概况

农场的第二产业是指从建场以来农场所建办的以全民所有制经济形式存在的国有场办制造业（工业）和建筑业。场办工业包含的行业主要有钢丝绳、纺织、服装、皮鞋、农副产品加工业等。

建场初期，农场的场办工业主要是关系到职工群众实际的生活需要，原材料取之于农场资源，又为职工生产生活所服务的加工业，主要有砖瓦厂、农机修配厂及粮油加工（以面粉、大米、饲料、油脂加工为主）厂、轧花厂、建材加工厂等场办工业。工业产品主要用于农场内部调拨，部分外销，年产值在 50 万元左右。

1977 年，农场创办味精厂、酒厂等食品发酵厂，主要生产味精和黄酒。1980 年后，接着相继创办农场印刷厂、电子元件厂和皮鞋厂等。产品由小批量、对内销向大批量、对外销方向发展。面粉加工、榨油（油菜籽、黄豆、棉花籽）以丰富的本地资源作为加工原料后盾，年加工量在 2 万吨左右，工业产值逐年稳步增长。

1980 年 4 月，农场对场办工业实行"五定一奖"生产经营模式，农场对工厂实行五定，工厂对车间、车间对班组也都实行五定。"五定一奖"主要是定产品质量、定产品产量、定流动资金、定产值、定利润，超包干利润实行提成奖励。遵循"各尽所能，按劳分配"的社会主义分配原则，树立职工主人翁的思想，促进企业技术革新、技术改造工作，加强企业经济核算，开展增产节约运动。当年，全场工业产值达 498 万元。

1983 年，农场坚持以农副产品加工为主的工业发展方向发展食品工业。在农副产品深加工上做文章，扩大味精生产能力，从 120 吨增到 210 吨。在原有项目的基础上扩大和新增脆饼及酱制品生产，同时狠抓企业整顿，不断改善经营管理，提高生产经营水平，脆饼、黄酒、味精等保持畅销不衰。当年，场办工业产值突破千万元大关，超历史最高水平，达到 1040 万元，经营利润达 170 万元，商业产值为 170 万元，利润为 7 万元。

1984 年，农场场办工业实行"利润包干、超利留厂、累进计奖、减利赔偿"的生产责任制，通过调节包干指标，解决行业及工厂之间苦乐不均的问题。建立各级管理干部岗位责任制，健全考核办法和经济奖赔制度，解决企业干部队伍中的"混岗"和"大锅饭"的问题。农场 12 个场办工厂中 11 个工厂盈余，1 个工厂持平，粮油加工厂盈余最高达 63 万元。农场整个工业系统在南通农垦公司评比中获得了第 1 名。农场建筑业走出农场，打入城市，取得总收入为 123 万元，利润为 7.7 万元的好成绩；农场商业公司推行"一包三改"责任制，走出了困境，有了突破，营业额 173 万元，利润 27 万元。

1986 年，农场通过与大专院校和科研院所合作、联营发展场办工业，对现有企业立足于挖潜、革新和改造，对产品品种进行包装，改变多年来的"一贯制"，加强全面质量管理，创优上水平。

1987 年，农场为促进场办工业稳定发展，采取措施有：一是改革分配制度，工业单位全面推行浮动工资制，改职工固定等级工资为档案工资，将职工的报酬分为出勤工资、定额工资、效益工资 3 个部分，实行全员浮动，砸掉工业上的大锅饭；二是及时调整工业单位领导班子用人，任人唯贤，注重干部素质培养；三是以大城市科研单位为依托，先后与复旦大学 3506 厂、北京邮票总厂建立了协作关系。当年，农场已拥有场办工厂 13 家，分场办工厂 3 家，形成了粮油加工、工业发酵、棉花加工、电子元件、纺织服装、鞋帽制品、印染、家具制造、印刷业、金属制品制造、机修、汽修、铸造等多个行业，主要生产味精、黄酒等 40 余种工业产品，从业人员 2330 人。同年，场办工业为克服能源紧张、原材料涨价、市场竞争激烈的不利因素，加大对职工的技术培训力度，抓好产品质量和市场信息调查，以改革为动力，立足挖潜增利润，当年实现工业总产值 2500 万元，经营利税 252.3 万元，净利润 155 万元，13 家企业中只有 2 家亏损，场办工业产值占农场工农业总产值超 60%。农场建筑业承建各类建筑面积 7.46 万平方米，竣工面积 6.16 万平方米，竣工造价 1176 万元，实现净利 86 万元；农场物资运输业销售粮油 1426.2 万元，运输业产值 123.8 万元，物资运输经营净利 109.8 万元，物资销售总吨位 41553 吨，商业净利润 21.6 万元；酒厂的生醅黄酒、封缸酒经江苏省市质检中心抽查，质量达到了部颁标准；元件厂长瓷价元片电容在江苏省电子行业质量评比中获得一等奖。

1988 年，农场调整工业结构，培植骨干企业，针对工业摊子大、门类多、投资重点不突出、经济效益不稳定的弊端，对场办工业做了调整。先后关闭了管理不善、产品质量差、经营严重亏损的酱制品厂、皮件厂、伞厂、轧花厂针织车间、汽修厂拉丝车间。农场轧花厂和粮油加工厂合并成立粮棉油加工厂，妥善安排了富余人员。

1989 年，农场以"稳定农业，发展工业、工副并举"的经营方针，以改革开路，完善工业经济承包责任制。根据工业特点，实行浮动工资制，将职工的报酬分为出勤工资、计件工资、联产浮动工资 3 部分，调动了干部职工的积极性。加强企业基础管理，以农副产品和自有资源加工为主的粮棉油加工、酿酒、砖瓦保持了稳中有升的趋势。

1991 年，农场理顺了工业管理体制，把分场办厂划给工业科统一管理，使场办工业管理纳入了规范化管理轨道。农场场办工业抓管理、拓市场、抓销售，工业经营利润比 1990 年减亏 18.86 万元。建筑公司抓治理整顿、精简机构、理顺关系，增强企业活力，全公司实现利润 53.14 万元；物运公司"对内加强生产服务，对外搞活经营"，抓机遇，寻市场，全年供应各类物资 4.3 万吨，销售额为 833 万元，实现利润 46.44 万元。

1992 年，农场工业的主要产品产量有了较大幅度的增长，粮油总加工量为 7.3 万吨，黄酒产量为 5067.4 吨，草莓酒 8.4 万瓶，砖瓦生产 3061.7 万块片。机电服务中心以深化内部三项制度改革为重点，完善各业生产经营承包责任制，改革机驾人员工资奖金分配制度，在确保场内农机作业服务的前提下，走出农场，开拓经营，实现经营收入 706.04 万元，实现利润 131.23 万元。农场运输队通过加强内部管理，完善经济责任制，转变经营作风，扩大经营渠道，运输收入 125 万元，一年实现扭亏为盈，年终盈余 1.48 万元。建安公司抓机遇、拓市场、聘人才、扩队伍、争业务，实现建筑产值 2082 万元，利润 85.14 万元。农场商物公司通过完善经济承包责任制，增设经营服务网点，面向市场开拓经营，实现经营利润 53.93 万元。同年，农场把主攻钢丝绳厂、味精厂作为场办工业扭亏增盈的工作重点，调整了钢丝绳厂领导班子，狠抓内部整顿，健全管理制度，对产品销售不畅、扭亏无望的味精厂实行停产处理。

1993 年，农场对工业单位调整结构，对产品无销路的日化厂、净水剂厂实行停产整顿。同时加速转换经营机制，按照"自主经营、自负盈亏、自我发展、自我约束"的要求，使企业的市场意识、风险意识、质量意识、竞争意识、效益意识明显增强。采取深化内部改革措施，分配实行"工效挂约"责任制，职工工资总额与企业效益挂钩，拉开分配档次，加强内部成本管理。

同年，农场机电服务中心确立"强化内部管理，提高服务质量，开拓对外经营，提高经济效益"的方针，以挖掘机为龙头，配套 4 个农机站的推土机、铲运机、自卸拖拉机投身通常汽渡码头及公路建设，完成土方 124 万立方米，实现净利润 166.21 万元。农场建安公司在"重点开拓上海，大力发展南通，全力开辟苏州，积极搞活场内"的经营思想指导下，利用二级企业资质优势，实现了"企业资质、安全生产、产值、利润、经营规模、知名度"6 个新突破，公司完成工程总造价 6912 万元，实现营业收入 1377.03 万元，净利润 106.17 万元。商物公司突破单一的所有制形式，对经营亏损的中心商场进行国有民营改革试点，库存商品拍卖，房屋及货橱租赁承包，为国有商业企业改革走出了一条新的路子，实现净利润 43 万元。农场与南通轮船公司合办的通常汽渡营运正常；与通州市联办的拆船厂拆解废钢船两条，当年获利 41 万元。

1994 年，农场把提高工业作为农场经济工作的重点，场办工业总产值 6227 万元，营业收入 4089 万元，上缴国家税金 164.5 万元，上缴场部各项费用 151 万元，实现利润 143.89 万元，按同口径相比，比 1993 年扭亏增盈 193.13 万元。农场建安公司采取"外拓内联"发展战略，全公司完成建筑造价 6850 万元，营业收入 1261.54 万元，实现利润 129.64 万元。

1995 年，农场场办工业依靠农场自身资源优势，酒厂、轧花厂、加工厂、3 个砖瓦厂、拆船厂等 7 家工厂共盈利 223.68 万元，在整个工业中发挥了骨干作用。农场建安公司"一业为主，多种经营"，公司大抓三产，大打"华兴牌"，实现利润 181.45 万元。

1996 年，农场场办工业受计划经济到市场经济转换的影响，经历了最为困难的一年。当年工业产值较 1995 年下降了 1719 万元，降幅为 41.1%，整个场办工业盈亏相抵实际亏损 579.7 万元，场办工业上缴国家税金 187.98 万元，上缴场部 38.5% 费用，共 237.7 万元。农场华兴建安公司，建筑产值 4430 万元，营业收入 1181.19 万元，上缴税金 53.03 万元，实现利润 130.1 万元。

1997 年，由于市场的影响，农场针对场办工业产值、产量、销售持续下降，发出商品、应收款数额居高不下，各项费用增加，亏损额较大的问题，农场明确扭亏目标，层层落实扭亏责任制，签订目标责任状。为加强领导，场部机关 5 个科室分别与 5 家重点工厂实施"科厂挂钩"，制定"调查研究，出谋划策，协助厂长，扭亏增盈"的工作方针，有关科室为工厂厂长提出了很多建设性意见。当年，场办工业总产值 3346.8 万元，建筑业营业收入 1024.82 万元。

同年 9 月，根据江苏省农垦集团公司统一部署，农场成立场办企业体制改革领导小组及办公室，和农场工业科一起，对场办工业企业实施改革改制，国退民进，通过关停并转和股份制改造，引进民营资本，引进塑料、木器、纺织等许多新的工业行业，农场工业经济成为以民营经济为主体的多种所有制经济并存的局面。

1998 年，农场狠抓正常营运的 7 家企业的管理，制定以质量管理为中心的现场管理考核细则，开展"转机制、抓管理、练内功、增效益"的"效益杯"竞赛。场办工业启动产权制度的改革改制，通过改革止住农场场办工业两大出血点，正常运营的企业实现利润 16.69 万元。建筑业规范管理，转建制推行项目法施工，引入施工监理，改革用工制度，积极参与工程竞标，全年实现营业收入 1258.12 万元，经营亏损 41.45 万元。

1999 年，农场场办工业一手抓改制，一手抓正常运营企业管理，制定场办工业现场管理考核办法，提高企业管理水平，增强营销观念。江海粮油有限公司主动出击，抢占市场，全年收购兑换和代加工油菜籽 3840 万斤；江海轧花有限公司在本地棉源不足的情况下，对外收购籽棉数超 400 万斤；江花粮贸有限公司销售粮食 4931.6 万斤。农场工业运行质量有所改善，企业改制顺利推进，企业的各项管理得到了加强，始于 1997 年 12 月的场办工业改制，至 1999 年底，13 家场办工业全部改制完成。改制工作坚持"因企制宜，公开公正"原则，对农场起支柱作用的农业产业化龙头企业实行公司制改造；对扭亏无望、无发展前途的企业实行关停处理；对适合个体私营的企业，国有资本退出，公开拍卖。

2000 年，农场通过对场办企业深化产权制度改革，资产重组，鼓励发展，农场已初步形成多种经济成分共同发展的工业经济良好局面，农场参股企业营运基本正常，总体经营情况良好，原场办企业改制为私营或租赁的企业，轻装上阵，活力顿显，竞争力增强，经营绩效较改制前明显好转。

农场场办工业经过 3 年多的改革改制，国有第二产业大多转为民营企业，2002 年开始，农场的第二产业经济形式主要以民营经济为主。

二、第二产业管理

建场以来，农场工业的管理模式主要有：1958—1968 年，农场的工业由农场指派 1 位副场长主管，工业的经营由农场财务科直接管理；1969 年，农场改组生产建设兵团，由兵团 9 营负责管理全团的工副业经营；1975 年 8 月，兵团撤销，恢复原先农场建制，场办工业由工副业科管理；1979 年，副业划归多种经营科，成立工业科，管理全场工业；1984 年，工业科改为江海工业公司，从场部划出，办公地址迁居在农场长江路原化工厂和酒厂内（今江山路北工业集资楼位置），占地 14.47 亩，下属单位有：修造厂、砖瓦厂、化工厂、酒厂、元件厂、拆船厂、汽车拖拉机修理厂、服装厂、加工厂、罐头厂、印刷厂、皮鞋一厂、皮鞋二厂等单位；1993 年，农场撤销江海工业公司，恢复农场工业科，属农场机关编制，管理全场工业，办公地址搬迁到江山路 588 号场部办公大楼，同时撤销原江海工业公司下属的"江苏农垦国营南通工业供销公司"和"南通市通源贸易公司"。江苏农垦国营南通工业供销公司成立于 1992 年 6 月，主营农场所属工厂的工业产品的批发零售业务，采购供应场办工业的原辅材料。南通市通源贸易公司成立于 1992 年 12 月，系江苏农垦国营南通工业供销公司设在南通市的窗口。

第二节 制 造 业

一、粮油加工

（一）粮油加工厂

1959 年，农场在老场部三十三大队住宅区（今苏通园区南湖路东、海维路北）北面，创办粮食、饲料、粮油加工企业。1961 年，创办制糖厂，因设备差，产糖结晶不佳，只能生产糖稀，翌年停产。1965 年，农场扩垦后，农场范围不断扩大，加工厂西迁至农场三大队（中心队）西北 0.5 公里处，位于全场中心地带，即江海镇区黄河路南（今海明路南），更名为粮油加工厂。粮油加工厂占地 35633 平方米，拥有配套粮油加工设备，主要有碾米、饲料加工、面粉、榨油 4 个车间，同时利用副产品进行加工，发展过酿酒、肥皂、酱油等生产，职工 200 多人，年产值 144 余万元，加工的农产品注册"吴钩"牌商标。

1. **碾米车间** 碾米车间初建于 1964 年，设备陈旧，产量、出率低，碎米及杂质多，米质差，达不到国家规定的高产、优质、低耗的标准要求。1976 年，车间根据当时生产建设兵团调给的一套新的碾米设备，重新建造了总面积 724 平方米的新车间，其中楼房面积 384 平方米。通过技术改造，把车间改进为全风运碾米生产，大大改善了工作环境，降低了劳动强度。当时生产的大米主要用于供应农场职工和居民的计划口粮和工业用粮。

2. **饲料加工** 建场初期的饲料设备陈旧，农场只 1 台粉碎机，多年来只能粉碎单一饲料。1980 年，农场为改变饲料利用不合理的状况，投资 15.2 万元，组建配合饲料加工车间，设备采用现代化电子操作饲料混合机 4 台，设有产品化验室。产品主要有鸡鸭饲料、猪饲料、科学配方饲料，年产量 500 多万斤，20 世纪 90 年代初，引进颗粒饲料生产工艺和设备。

3. **面粉加工** 20 世纪 60 年代，加工厂利用土法加工生产面粉。1973 年，添置 200型面粉机，年产面粉 1685 吨，挂面 116 吨。1989 年，农场投资 50 多万元，新建日加工面粉 30 吨的 3 层面粉加工大楼及配套生产设备，面粉质量和产量明显提高，经济效益明显提升。

4. **榨油车间** 1959 年，榨油车间使用传统人力土法生产。1965 年，改为电动机榨油。1979 年，农场对榨油车间进行改进和扩建，改用横车生产并购进 200 型横车榨油机，生产能力大幅度提高。1981 年，农场新建日产可达 30 吨饼粕的油脂浸出车间，提高了出油率。1986 年，浸出车间再次扩建，日产饼粕达 50 吨。1987 年 3 月，农场对榨油车间进行技术改造，把 200 型横车改装成 202 型，年加工能力达到 12000 吨，几度扩产，油脂加工产量成倍提升。1987 年，全年加工产量 8600 吨，达到设计能力的 70%～80%。

1986 年 11 月，南通农场粮油加工厂更名为江苏省国营南通农场粮油加工厂。1988 年，农场棉花种植面积减少，农场撤销轧花厂，轧花厂并给粮油加工厂，成为粮油加工厂的第五车间（轧花车间），江苏省国营南通农场粮油加工厂更名为江苏省国营南通农场粮棉油加工厂。数年后，由于农场种植结构调整，棉花种植面积增加，1990 年 9 月，轧花车间又从加工厂分出，重新成立南通农场轧花厂，单独核算。粮棉油加工厂又更名为粮油加工厂，注册资金 230 万元，主要从事粮油加工、饲料加工、面粉加工。

1988 年 4 月 12 日，粮油加工厂建立"国营南通农场粮棉油加工厂经营服务部"，经营食品、饲料、农副产品、饮食业，兼营修理、燃料、基建材料。

1989 年，粮油加工厂重视企业基础管理和信贷资金使用管理，企业计量工作达南通市三级企业标准，基础管理工作通过江苏省农垦局验收达系统内三级合格企业。同年，粮油加工厂获南通市"信贷优级合格企业"，在合同管理上被南通县工商局评为"重合同守信用"合格企业。加工厂锅炉车间连续 3 年被评为南通县节能先进集体，产品二级菜籽油取得省级鉴定合格证书，菜籽油质量评比在全省 33 个厂家中列第 10 名。

1990 年，粮油加工厂重视企业七项基础管理工作，健全工作班子和管理网络，企业标准化、计量、重合同守信用、档案管理通过验收，取得市级标准合格证书，企业通过江苏省农垦二级企业的验收。粮油加工厂以合格的产品质量和优质的服务吸引了周边 6 个县市的顾客来厂兑换菜籽油。1988—1990 年，粮油加工厂企业利润连续 3 年超百万元，成为农场盈利水平最高的场办工业企业。

1991 年，粮油加工厂加强质量管理，增强全员产品质量意识，米、油产品获得市优产品称号，同时抓好"清洁米"的开发。同年，为努力完成全年经济指标，在农业遭受大灾低产，加工原料严重不足的情况下，主动转变经营方向，发扬"四千四万"的精神，派出多批人员到黑龙江、内蒙古、安徽等地联系生产原料，找米下锅搞经营，在大灾之年，经营利润仍达 82.3 余万元。

1992 年，粮油加工厂采取灵活多样的经营策略，吸引客户，扩大加工业务量。年加工油菜籽 15223 吨，总产值达到 3263 万元，实现利润 116.49 万元，实现了经济盈余、产量产值、职工收入三超历史水平。同时为搞活经营，增强企业活力，在南通市人民西路 107 号租用南通市扎染厂 35 平方米营业用房，开设江苏农垦国营南通粮油加工厂驻通经营部，经营农场及粮油加工厂的产品。

1993 年 5 月 12 日，粮油加工厂获江苏省农垦总公司先进单位。

1995 年，面对周边油厂的激烈竞争，粮油加工厂主动到省外开辟市场，寻找货源，共收购兑换油菜籽 1500 万斤。

1997 年，粮油加工厂加强以产品质量管理为中心，现场管理为重点的基础管理工作，清理整顿劳动力，加大技改投入。1997 年 12 月 4 日，江苏省农垦集团公司同意粮油加工厂技改项目立项，对大米加工和炼油设备进行技术改造，大米、油品质量得到显著提高，同时恢复颗粒饲料生产。

1998 年，受国家粮食流通体制改革及自然灾害造成油菜籽大面积减产的影响，粮油加工厂主营业务油菜籽收兑受到严重制约，当年油菜籽收兑量不及往年的 1/2。

1999 年，根据江苏省农垦集团公司要求，农场对场办工业实施"国退民进"的改革。同年 6 月 8 日，农场对粮油加工厂实施改制，组建南通江海粮油有限公司。2000 年 1 月 26 日，南通江海粮油有限公司注册资金 133.3 万元，其中农场投入国有法人股 98.9 万元，占总股本的 74.19%，农场工会代表加工厂 96 名职工出资 34.4 万元，占总股本的 25.81%。选举产生公司职工持股管理委员会，成为农场改制企业中唯一成立职工持股管理委员会的企业。

2000 年，南通江海粮油有限公司推行竞争上岗，民主评议，择优录用，按岗取酬的新型用工分配制度，规范了岗位职责和物料流转制度，努力增收节支，全年加工油料 19200 吨。同年，公司投资 60 多万元，扩建油脂浸出车间，油脂加工能力由日处理 80 吨油料增加到 150 吨；新建 1200 吨贮油罐，通过改锅炉用深井水为浸出循环水等，大大降低了生产成本。但组建运营一年后，公司现行经营体制不能完全适应市场竞争需要，加之公司员工严重超编，内部管理不善，生产经营出现亏损。

2001 年 8 月 30 日，经南通江海粮油有限公司股东大会讨论，决定于 9 月 1 日起，对南通江海粮油有限公司实行内部破产及解散清算后再度深化改制。9 月 5 日，农场同意南通江海粮油有限公司实施关停清理、深化改制，96 名职工股东（每人持股 300～5000 元）股本金 34.4 万元由农场全额收购为国有资本金，原职工投入股本金按实际金额退还职工个人。

2002 年 3 月 26 日，农场对粮油公司原油脂加工车间进行公开竞卖和租赁改制，采用卖囊租壳，即机器设备、低值易耗品、包装物、五金配件等资产实施公开竞卖，房屋、土地实施租赁。

2002 年 3 月 30 日，经公开竞买，杨希高等中标，取得原南通江海粮油有限公司油脂加工车间的机器设备及存货的受让权。5 月，南通江海粮油有限公司注销，杨希高等重新注册成立民营企业——南通开发区希望粮油有限公司。2003 年 5 月 16 日，经江苏省农垦集团公司批准，南通开发区希望粮油有限公司以评估价买断原租赁的油脂加工车间房屋资产，一直经营至今，土地实施租赁。

（二）农场粮站

1984 年 5 月，农场对粮油加工厂内负责粮食仓储贸易职能的部分进行剥离，在粮油加工厂东侧重新成立农场粮站，单独核算。农场粮站属农场物资公司管理的下属单位，主要负责农场粮食、油料等物资的管理与购销。收购和解缴当时全场 2440 多个家庭农场合同内的粮食、大豆、花生、油料等农副产品，并负责计划经济时代全场职工口粮、食油的供应及负责经营议价粮油及市场经济时代的全场粮油的购销。

1998 年 8 月，农场粮站实施改制，组建南通江花粮贸有限公司（以下简称江花粮贸公司），注册资金 62.8 万元。其中农场以江苏农垦南通农工商联合公司名义出资 47.4 万元，曹联秋等 34 名在职粮站职工出资 15.4 万元。改制时公司占地 24 亩，土地实施租赁。

1999 年，粮油加工厂改制时，把原属粮油加工厂的大米加工车间从粮油加工厂分出，划归江花粮贸公司。江花粮贸公司实现粮食收购、加工、销售一体化，经营服务意识更加完善，全年销售粮食 24658 吨。

2000 年，江花粮贸公司改变经营作风，改"事事请示"为"自主经营"，改"坐商"为"行商"，积极开辟上海、无锡等新市场。公司与各批销商建立贸易关系，全年销售小麦 11300 吨，水稻 4476 吨，加工销售大米 3707 吨，生产销售形势良好。同年，公司大米加工技改项目获批立项，投资 380 万元的日加工 100 吨大米生产线正式投入设计及建设阶段。

2001 年，江花粮贸公司认真做好全场粮食收购入库、销售工作，销售小麦 8623 吨，加工水稻 7000 吨，经营大米 1321 吨，净利 36.6 万元。同年 3 月 26 日，公司进行增资扩股，将注册资金由 62.8 万元扩增为 106.8 万元，每 1000 元为 1 股，合计 1068 股。增资扩股后公司股本金组成为：公司经营层和职工股本 52.4 万元，农场法人股 54.4 万元。

2003 年 3 月，江花粮贸公司日加工 100 吨大米生产线技改项目竣工投入生产，项目投入使用达到预期目标，"江花"大米畅销市场。同年 9 月 18 日，江花粮贸公司召开股东大会，会议认为由于市场竞争激烈，公司未能有效占领市场，生产经营严重不足，且更新改造的投资为借贷资金，承担资金占用费和折旧双重支出，企业生产出现了严重亏损。经全体股东投票表决，股东会决定南通江花粮贸有限公司从 2003 年 10 月 1 日起停产清算。成立南通江花粮贸有限公司停产清算领导小组，负责公司的资产清算和人员分流，从控股方债权中返还职工股金，39 名职工按农场规定进行分流安置。南通江花粮贸有限公司关停后，农场呈报告给江苏省农垦集团公司，申请将关停后的南通江花粮贸有限公司加入江苏农垦米业集团，得到江苏省农垦集团公司的批准。南通江花粮贸有限公司撤销，重新注册成立江苏农垦米业集团有限公司南通农场米厂，农场以原南通江花粮贸有限公司资产经评估的 300 万元作为股权，超过部分作为债权。南通江花粮贸有限公司营业执照保留，用于处理改制前原企业的债权债务。2009 年 7 月 28 日，南通江花粮贸有限公司营业执照申请注销。

2005 年 4 月，农场新建 6000 吨粮食仓库项目立项。农场在米厂内新建 6000 吨粮食仓库 1 座，购置输送线 1 条（长 100 米），总投资 240.15 万元。项目资金来源为自筹，建筑面积为 1921 平方米，该工程 2005 年 7 月 2 日开工，同年 10 月 10 日竣工并验收合格。江苏农垦米业集团南通农场米厂经营至今，该厂大米产品注册"江花"商标。

二、食品发酵

（一）味精厂

1977 年，农场在原有的小药厂基础上筹建味精车间，翌年 9 月试车投产，命名国营江海生物化工厂。1980 年 3 月 15 日，更名为国营南通江海化工厂，占地 17660 平方米，职工 70 人，主要生产味精。1979—1981 年，江海化工厂生产味精 168 吨，上缴利润 27.41 万元。

1982 年，农场投资 20 万元，扩建 1 只 20 立方米发酵罐，扩建后，年味精产量从 1982 年的 120 吨增加到 210 吨，增产 75%。1983 年，江海化工厂试制赖氨酸成功试产。1984 年，农场又投资 50 万元，增设两只 20 立方米发酵罐，年产味精 444 吨，市场供不应求。同年，江海化工厂狠抓设备的挖潜改造和更新，生产能力成倍翻番。

1987 年 1 月，农场再次投资 210 万元，增设两只 60 立方米发酵罐，年生产能力达到 1200 吨，经济效益稳步上升，产品除供应本省部分地区，远销安徽、云南、新疆、西藏等地。

1988 年 6 月 28 日，国营南通江海化工厂更名为国营南通江海味精厂。味精厂搬迁至原农场长江路（今园区江山路）南原农场第二中学东边。

1989 年，味精厂加强基础管理工作和计量工作，获得了南通市三级计量合格企业证书。1990 年，味精厂被工商行政管理局评为县级重合同、守信用企业。企业长年与上海复旦大学、上海微生物研究所、苏州大学、无锡轻工学院等大专院校及科研机构保持技术协作关系。经国家工商总局批准，国营南通江海化工厂生产的味精使用"白鲫豚"注册商标，"白鲫豚"牌味精曾获市优产品，企业曾连续多年被评为"重合同、守信用"铜牌企业。

1992 年 6 月 22 日，味精厂更名为江苏国营南通江海化工厂。同年，由于市场竞争激烈，产品销售不畅，扭亏无望，工厂实行停产处理。

（二）江海酿酒厂

1980 年，农场小药厂停产，筹建酿酒车间，当年投产，创利 6 万余元。1983 年，农场投资 26 万元扩建酿酒车间，更名为酿酒厂，占地 22160 平方米，职工 102 人。1985 年，农场投资 75 万元将工厂搬迁至位于农场江海镇黄河路（现苏通园区海明路）北，成立国营南通江海酿酒厂。江海酿酒厂以生产饮料酒为主，占地 48024 平方米（约 72 亩），扩产后，酒厂年转化粮食 1100 吨，饮料酒的年生产能力由 2000 吨增至 4000 吨，年增加利润 50 多万元，比扩产前增加 1 倍。

1986 年，农场再次对江海酿酒厂投资扩产，设备年产能力达 1 万吨，主要产品为米酒、黄酒、封缸酒、草莓酒等，注册"加篷"商标。

1989 年，江海酿酒厂为占领市场、扩大销路，在黄酒市场过剩、降价冲击时，制定了"生醅保优势、熟醅赶白蒲"的质量目标。黄酒生产坚持以部标的质量推向市场，并通过广告、信息等媒介扩大社会影响，取得了较好的经营利润。同年，江海酿酒厂获南通市三级计量合格企业证书，厂化验室取得县级化验资格，6 月 19 日，获南通市食品卫生先进单位。1990 年 8 月 15 日，江海酿酒厂增加草莓酒经营项目。

1991 年，江海酿酒厂加大科技投入，做好"酒护神"新产品的开发，草莓系列饮料的可行性研究。酒厂的草莓酒、黄酒被评为市优产品，草莓酒获市第二届新产品"金鹰奖"。

1995 年，在市场行业竞争十分激烈的情况下，江海酿酒厂及时调整产品结构，生产的黄酒质量稳定，价格合理，受到消费者青睐。同年，江海酿酒厂建厂以来首次突破生产黄酒万吨大关，销售黄酒也突破万吨大关，创历史最高纪录。

1996 年，江海酿酒厂坚持以质量、规模取胜，全年生产黄酒 9813 吨。江海酿酒厂注重新产品开发，陆续开发了"江海特酿""蓝特加""蓝加饭"等新品种，增强了市场适应能力。

1997 年，江海酿酒厂加强营销工作，注重营销队伍建设，根据市场制定营销策略，通过参与江苏省黄酒行业协会年会和协助南通市技术监督局扶优打假等活动增加企业和产品知名度。同时，注重开发新品、新包装，改变"加篷"酒包装的老面孔，形成了产品的系列化。

1998 年后，江海酿酒厂周边兴办起农场海江酒厂、农场陶氏酒厂、农场长城酿酒厂和农场祥丰酿酒厂 4 家民营酒厂，从事生产黄酒、米酒。多家酒厂互相竞争，江海酿酒厂效益不断滑坡。同年，江海酿酒厂职工达 137 人，企业总资产 465.27 万元。由于市场竞争激烈，周边小酒厂林立，企业冗员较多，负担过重，经农场同意，江海酿酒厂决定关停改制。

1999 年 1 月，农场同意国营南通江海酿酒厂改制组建南通江海酿酒有限公司，并组织人员进行资产盘点评估。同年 6 月 4 日，由农场以江苏农垦南通农工商联合公司名义与张栋等 4 位自然人股东共同出资，在原国营南通江海酿酒厂基础上改制成立南通江海酿酒有限公司，总注册资金 72.5 万元。其中农场以其下辖单位原国营南通江海酿酒厂的机器设备经评估确认的 52.5 万元人民币出资，占股 72.41%，张栋等 4 位自然人股东以人民币 20 万元出资，占股 27.59%。

南通江海酿酒有限公司自 1999 年 3 月 18 日正式运行（章程通过之日），至 1999 年 6 月下旬，公司发生严重亏损，无法完成董事会的核定指标。经 1999 年 7 月 16 日公司第三次董事会讨论决定，公司停产进入清算程序。1999 年 11 月 13 日，公司第四次董事会决定关停、解散南通江海酿酒有限公司。

南通江海酿酒有限公司关停解散后，农场为盘活资产，将原属于农场江海酿酒厂所有的房屋和土地等资产通过切块拍卖房屋、切块租赁土地等形式向社会公开招租、拍卖。原江海酿酒厂所属的房屋和土地切块成 9 块，对外出租，收取租金至今。

（三）罐头食品厂

1986 年 6 月，南通农场新建罐头食品厂，厂址在新建的江海酿酒厂西边。罐头食品厂主建筑有冷库和棒冰、烧鸡车间、仓库等共 590 平方米，后由于市场因素关停，合并给江海酿酒厂。该厂北面的冷库在农场建设海天陵园安息堂时，被改建成南通农场海天陵园，南边一排办公室目前为职工宿舍。

三、棉花加工

1960 年，农场粮油加工厂增设轧花车间，设备有皮辊机 8 台。随着棉花种植面积的不断扩大，棉花产量的逐渐增加，1963 年，农场投入资金对轧花车间进行技术改造，又新增 8 台皮辊机。

20 世纪 60 年代，棉花是农场的主要经济作物。1965 年，农场投资 35 万元，在紧靠粮油加工厂北界处的黄河路（现为海明路）北创办南通农场轧花厂。把轧花车间从粮油加工厂分出，在原轧花车间的基础上，再购进皮辊机 16 台，剥绒机 5 台。新成立的南通农场轧花厂实行单独核算，当年加工生产皮棉 40248 担。

1975 年，农场根据轧花厂生产能力更新机械。新增剥绒机 7 台，清绒机 3 台，打包机 1 台，日产皮棉 380 担，职工人数发展到 173 人，占地面积 16966 平方米。1984 年，轧花厂加工皮棉 17121 担，剥绒 5636 担，上缴利润 28 余万元。1985 年，在北京邮票总厂支持下，轧花厂建办凹凸制版车间。

1987 年，农场关停产品质量不稳定、没有销路的轧花厂针织车间、旅游鞋车间并转产皮鞋加工，妥善安排富余人员。

1988 年，农场棉花种植面积减少，农场撤销轧花厂建制。轧花厂人员、设备、厂房除少部分拨给皮鞋厂、制版车间与印刷厂外，大部分并给了粮油加工厂，成为粮油加工厂的第五车间（轧花车间），成立粮棉油加工厂。

20 世纪 90 年代，农场棉花种植面积不断增加。1990 年 9 月，轧花车间又从粮油加工厂分出，恢复轧花厂建制，组建南通农场轧花厂，单独核算，命名为江苏农垦国营南通轧花厂。

1994 年，轧花厂用足用好政策，拓宽经营渠道，全年实现利润 76.63 万元。

1998 年，棉花收购价格调整，受棉纺织行业强制压锭波及，农场棉花种植面积明显减少，工厂效益明显下降。

1999 年 6 月 5 日，江苏省农垦集团公司同意江苏农垦国营南通轧花厂实施改制，组建江苏农垦南通江海轧花有限公司。农场围绕江苏省农垦集团公司关于场办企业改革改制要求，由农场控股，职工参股。职工个人股为普通股，每股 1000 元，职工人均持股 3 股，主要经营者不低于 15 股，非主要经营者不低于 12 股，总账会计不低于 10 股，经营层干部基本股和职工一样，也为 3 股，其余为责任股。同时在红利分配上，农场从轧花厂评估后的净资产中划出 11.4 万元净资产按职工的基本股实行期限 3 年的 1：1 配股（责任股不配股）。

根据改制时农场轧花厂资产评估情况，确定江苏农垦南通江海轧花有限公司的注册资金是 83.19 万元，其中国有股东农场以江苏农垦南通农工商联合公司名义参股。农场以轧花厂净资产 67.09 万元出资作为国有法人股，占总股本金的 80.6%，时任厂长胡士奎为首的 38 位在职干部职工以现金 16.1 万元人民币出资，占总股本金的 19.4%。加上职工享有农场的 3 年配股，轧花公司前 3 年国有股和个人股的分配比例为 66.94：33.06。

2000 年，轧花厂公司制改造后，推行竞争上岗、民主评议、择优录用、按岗取酬的新型用工、分配制度。公司在货源紧缺，各厂家竞相抬价收购的不利形势中制定"立足场内、面向周边、微利经营、以量取胜"的经营策略，取得了场内收购籽棉 50 万斤，场外经营籽棉 400 万元，经营利润 40.5 万元的好业绩。

2001 年，轧花公司全年收购棉花 3130 吨，投资 30 万元增添了棉花烘干机。同年 6

月，江苏省农垦集团公司对已改制企业"回头看"，国有资产逐步退出。结合当时农场棉花种植逐年减少的实际情况，农场对江苏农垦南通江海轧花有限公司实施二次改制，进行股权结构调整。农场投资的国有股由原来的 67.09 万元减少为 10.19 万元，占总股本金的 12.25%，胡士奎等干部职工由原来的 16.1 万元增加为 73 万元，占总股本的 87.75%，其中经营层干部持股 58 万元，占职工股的 79.45%。在股权设置及股利分配等方面，农场投入的国有股作为优先股，每年固定分红 10%，农场不再指派董事参加企业经营管理。

江苏农垦南通江海轧花有限公司股权调整后经过 4 年的生产经营，由于市场原因，于 2005 年彻底关闭，机械设备及房屋资产向社会公开出售。2005 年 8 月 26 日，农场成立江苏农垦南通江海轧花有限公司歇业清算领导小组。12 月，通过公开竞买，农场三鑫建筑陶瓷厂购得了该厂的房屋和设备，一直闲置到 2019 年 3 月被苏通园区拆迁。

2009 年 7 月 28 日，农场申请工商行政管理局对江苏农垦南通江海轧花有限公司执照予以注销。

四、电子元件

1976 年 7 月，在南通晶体管厂、无锡七四二厂的支持下，农场投资 34 万元，在农场场部黄河路（今海明路）南创办无线电元件厂。1977 年，无线电元件厂命名为国营南通江海无线电元件厂，列为江苏省电子工业局的定点厂，占地 5333 平方米（约 8 亩），职工 114 人，只生产集成电路双列直插外壳与扁平外壳。

1980 年，元件厂开始生产电容器。1985 年，经电子工业部批准获得电容销售许可证，翌年获电容批量生产许可证，主要生产 CC1 型、CT1 型瓷介电容器，年产电容器 1500 万只。

1987 年，元件厂生产电容器 868 万只，扁平外壳 39 万只，年产值达 116 万元。当年生产的 CC1 型、CT1 型瓷介电容器参加江苏省电容质量评比均获第一名，获江苏省电子工业厅行业评比一等奖，列为江苏省电子工业厅定点生产厂家。

为适应电子工业发展的需要，从 1987 年起，元件厂在上海硅酸盐研究所帮助及指导下，试制生产出超声波传感器并通过省级鉴定，颇受用户欢迎，随即批量生产。1992 年，元件厂职工增至 230 人，占地增至 15000 平方米（约 22.5 亩），企业生产呈现出比较繁荣兴旺的景象。

1990 年，元件厂通过外出走访用户，确定"高标准、低销价"的灵活供销策略，争取了用户，全年生产 1000 多万只电容器，全部销售一空，企业获得良好的经济效益。同年，元件厂被南通县工商行政管理局评为县级重合同、守信用企业。

1991 年，元件厂加强基础管理，增强全员产品质量意识，该厂的双路遥控开关获南通市第二届新产品"金鹰奖"，瓷介电容获部优产品称号。

1995 年后，市场电子元件产品行业科技含量提高，更新改造速度加快，但元件厂机器设备陈旧、落后，且工厂技术力量薄弱，科技研发力度不足，完全不能适应飞速发展的科技发展形势，元件厂几乎年年亏损。至 1997 年，元件厂累计亏损 400 多万元，其中，1996 年亏损 49.1 万元，1997 年亏损 48.7 万元。

1997 年 10 月，根据江苏省农垦集团公司关于对扭亏无望的企业实施关停并转的要求，农场决定对元件厂实施关停（内部破产）清理，职工人员实行转岗分流到农副业大队承包土地或者由本人申请自谋职业。当时该厂职工 208 人中，退岗保养 39 人（男满 55 周岁、女满 45 周岁），分流到农副业大队 72 人，自谋职业 94 人，退休待批 2 人，转入其他单位 1 人。

1998 年 12 月 28 日，农场撤销国营南通江海无线电元件厂建制，人员全部分流。元件厂关停后，农场农贸市场扩建，征用元件厂部分职工宿舍及场地，厂区厂房置换作为职工宿舍。

五、纺织服装、鞋、帽制品

（一）制鞋厂

1976 年，农场在工程连建立皮鞋车间，职工 30 人。皮鞋车间全是手工操作，年产皮鞋 2 万双左右。1985 年，农场同上海第一皮鞋厂挂钩签订协议，皮鞋生产采取来料加工生产模式。同年，皮鞋车间迁址农场轧花厂院内，命名为南通江海皮鞋厂，占地 3493 平方米，职工 198 人。江海皮鞋厂拥有工业缝纫机 24 台，各种抛车 7 台，固定资产 14 万元，年产皮鞋 10 万多双。1986 年 1 月，南通江海皮鞋厂更名为上海市华宝运动鞋厂南通江海分厂。1992 年 9 月，农场建办上海第一皮鞋江海分厂，皮鞋厂逐步由来料加工转向自产自销。1994 年，皮鞋厂自产自销皮鞋共计达 5.25 万双。1996 年，按照国家对国有企业改革的基本方针，农场对扭亏无望的皮鞋一厂实施关停，对 433 名职工根据有工做工、无工务农、退二还一、退二进三的原则，多渠道进行了分流。同年 11 月 5 日，农场印发《关于南通江海皮鞋一厂关停后职工分流及安置工作的实施细则》。1998 年 4 月，原江海皮鞋一厂关停改制，对外切块租赁。农场职工徐敏在原江海皮鞋一厂内创办南通市文天鞋业有限公司，主要从事皮鞋加工销售，年产值 120 多万元，从业人员 15 人左右。该企业在 2019 年江海街道环境整治时被拆迁。

1988 年 1 月，农场为扩大皮鞋加工生产，成立江海第二皮鞋厂。1993 年 10 月，江海第二皮鞋厂适应改革开放，在原厂内成立中港合资企业南通艺通皮革制品有限公司（今海明路南通时锐服饰有限公司厂区内），成为农场第一家合资企业。当年10月31日开业后，由于合资方总经理管理混乱，试产3个月严重亏损。1994年2月，农场依据合同章程及法律程序，解除对方总经理的职务，终止与港方合作。1994年3月，在南通艺通皮革制品有限公司终止后，农场与台湾恒鼎有限公司合作，在原厂区内利用原厂房设备等资产合资成立南通鼎盛皮革制品有限公司，由农场方出任总经理。自1994年下半年开始，公司投产第一年生产并销售各类皮鞋4.7万双，营业收入305.7万元，经营利润18.24万元，企业生产实现扭亏为盈。1998年3月15日，农场同意南通鼎盛皮革制品有限公司实施关停（内部破产），1998年4月30日，公司关停改制。2003年5月，南通鼎盛皮革制品有限公司房屋资产经公开拍卖转让给农场民营企业"南通锐杰服饰有限公司"经营服装。

（二）服装

1973年，农场在小药厂院内建办服装厂，有机器设备20台，职工20人。翌年，服装厂址迁至农场服务连后院。1981年10月，经南通农垦局批准正式建办国营南通江海服装厂，地址在原江海镇江海路（今为苏通园区太湖路），后更名为江苏农垦国营南通江海服装厂。1985年，农场自筹资金扩建服装厂厂房，占地420平方米，人员发展到70人，固定资产20万元，购进圆头锁眼机1套，电动中速缝纫机5台，电剪2台，15型家用缝纫机60台。服装厂年产呢绒服装近万件，加工其他服装2万件，销往北京、新疆、东北等地的呢绒服装深受客户欢迎。1992年，江海服装厂扩大经营项目，变原来单一服装加工为服装、绣品的生产销售，同时在江海镇区开设经营门市部。

1999年11月30日，根据江苏省农垦集团公司关于企业产权制度改革的要求，农场关停江苏农垦国营南通江海服装厂，实施改制。服装厂资产经公开拍卖给南通开发区江海服装厂，用工20人左右。2000年2月，农场撤销江海服装厂建制。

1981年10月，农场在江海服装厂院内增设国营南通江海晴雨伞厂。1986年11月，农场在南通江海晴雨伞厂内又增设国营南通江海服装二厂。

六、印染

江苏农垦南通丝绸印染厂原系南通农垦公司直属企业，建办于1981年，当时名称为江苏农垦南通针织总厂。1996年11月21日，职工周建峰与该厂签订了财产租赁合同承租该厂，租赁期为5年（1996年11月1日至2001年10月31日止）。1998年1月，该厂划归农场管理，农场投入资金为该厂增加污水处理设备1套，增添1台变压器。

1999年，根据江苏省政府确定的1999年6月30日前长江流域水污染物必须达标排放的要求，农场对丝绸印染厂投资进行综合整治。12月30日，周建峰注册厂名为南通冠峰印染布业有限公司，注册资本434万元。

2000年，南通冠峰印染布业有限公司投资增添圆网机等印染设备。2001年10月25日，周建峰与农场签订财产租赁延期合同。续签后，南通冠峰印染布业有限公司投资扩建改造圆网机生产线，引进5名大学毕业生充实技术队伍。

2004年，南通冠峰印染布业有限公司买断原江苏农垦南通丝绸印染厂所有的房屋、设备等资产，土地租赁使用，2017年拆迁。

七、印刷

1977年3月，农场第二中学建办印刷厂，有四开平台印刷机1套，圆盘印刷机2台，切纸机1台，铅字4套，承印一般稿纸和简单的表格，同时农场服务连设有印刷车间。1979年，二中校办印刷厂收归场部，与农场工程连皮鞋车间和服务连塑料车间合并，更名为农场印刷、皮鞋厂。印刷厂厂址在农场服务连（今江海镇太湖路苏垦南通电力公司内），占地2020平方米。1980年1月7日，农场将第二中学印刷厂、服务连印刷车间、工程连皮鞋车间合并建立"国营南通农场印刷厂"（兼营制作皮鞋等），作为队级建制。1981年初，该厂划归农场工业科管理。

1982年，农场投资5万元，对印刷厂进行扩建。先后购置方箱印刷机1台、铸字机1台、鲁林印刷机1台、打蜡机1台、订书机1台、烫金机1台、吹塑机2台、320型和420型轮转机各1台。全厂机械设备共26台组，承印各种联单、说明书、纸盒、烫金请柬、档案文件袋和各种塑料包装袋等。同年，国营南通农场印刷厂正式更名为江苏农垦国营南通印刷厂。

1985年，农场轧花厂在北京邮票总厂支持下，建办凹凸制版车间。1988年，轧花厂并入粮油加工厂时，将制版车间与印刷厂合并。

1998年1月20日，江苏农垦国营南通印刷厂作为农场首批改制企业，实行租卖结合改制方案，即对房屋土地实施租赁，对机器设备及存货等资产实行以底价16万元一次性拍卖。经公开竞拍，时任厂长申志祥中标，改制为民营企业农场印刷厂。同年2月19日，农场注销江苏农垦国营南通印刷厂营业执照。

2004年，民营企业农场印刷厂关停，机器设备卖出，房屋拆除，场地由苏垦南通电力公司建造电管综合大楼，农场印刷行业从此结束。

八、金属制品制造

1984年初，农场采取和职工合资的形式，由农场投资44万元，二大队职工集资18

万元，购买手摇制绳车前车、后车各 1 台，在二大队住宅西 11 号田东条沟旁划出 2 亩地作为工厂场地，建办手制钢丝绳厂，开始钢丝绳生产，命名为南通农场江海钢丝绳厂。建厂初期有职工 12 人，年产各种规格的钢丝绳 15 吨。同年年底，钢丝绳厂增加 1 台手摇制绳车，职工人数增加到 22 人，年产钢丝绳 30 吨，盈利 2 万元。

同年，农场为发展场、队办工业，改变农场经济结构，提高经济效益，减轻农业负担，南通江海钢丝绳厂（集体企业）和农场（以国营南通江海工业公司名义）合资筹办钢丝绳厂，厂址选择在农场三大队住宅区南 10 号田，占地 32 亩。同年 5 月破土动工，总投资 62 万元，职工集资 15 万元，分场投资 2 万元，农场投资 17 万元，其余向银行贷款。同年 9 月 26 日投产，命名为国营南通农场中心钢丝绳厂，职工总数 231 人。企业投产后经营利润按筹资比例分红。该厂属农场中心分场的下辖企业，经济性质是集体企业。

1986 年，钢丝绳厂生产 6.2～60 毫米各种规格的钢丝绳 288.8 吨，销售 107.8 吨，总产值 167.5 万元，实现利润 26.7 万元，年末职工人数 251 人。

1987 年，钢丝绳厂生产钢丝绳 311 吨，销售 230.9 吨，总产值 195.6 万元，实现利润 31.2 万元。同年 5 月，钢丝绳厂开始新建机制绳双跨车间，发展机制绳生产，更换旧设备，增添机制钢丝绳生产的全套新设备，至此从焖火、酸洗、拉丝到成绳，全套工艺流程实现自动化。当年，钢丝绳厂的固定资产总值增加到 312 万元，职工总人数增加到 280 多人，设备年产能力达到 1500 吨以上。1988 年 12 月 8 日，农场在沈阳设立南通农场钢丝绳厂东陵南塔经销部。

1990 年，江海钢丝绳厂停产整顿，农场收编为场办企业，直属农场工业公司（科）领导。1991 年 9 月 3 日，钢丝绳厂更名为江苏省国营南通江海钢丝绳厂，工厂强化基础管理，通过整顿，健全制度，主要产品钢丝绳经市县质检部门检验合格，获得市三级合格证书。

1992 年 3 月 16 日，江海钢丝绳厂占地面积 2 万平方米，建筑面积 6124 平方米，其中生产用房 4380 平方米，拥有固定资产 329 万元，职工 248 人，年生产能力 1500 吨以上。同年，农场把主攻钢丝绳厂扭亏增盈作为工作重点，全年生产钢丝绳 1110.76 吨，销售收入 606.84 万元。1998 年，钢丝绳厂亏损严重，仅 1997 年度亏损就达 159.85 万元，1998 年 1—2 月亏损 54.33 万元，农场决定对其关停清理，实施改制。

1998 年 3 月 15 日，农场同意将江海钢丝绳厂实行租赁经营的改制形式，经公开议租，曲红兵承租该厂，买断该厂的流动净资产，租赁厂房及设备等固定资产，就地改建为民营租赁企业，企业名称不变，沿用原来的执照。农场按照《国有场办企业租赁经营实施细则》文件规定，和承租人曲红兵订立租赁承包合同，租赁企业同农场的行政隶属关系不变，在租赁期间由承租方自主经营、自负盈亏，独立承担经营风险和民事责任，承租方必须按国家有关规定变更营业执照、税务登记账户等有关法定手续，必须在营业执照规定范围内经营，不得随意更改经营项目。

2000年，农场同意对钢丝绳厂进行深化改制，将由原租赁土地、房屋及机械设备等改为房屋、土地实施租赁，机器设备、低值易耗品等实施买断。深化改制后的企业组建新的有限责任公司，领取新的法人营业执照。原来的营业执照保留至2009年7月28日申请工商部门予以注销，其间主要用于改制前原企业的债权债务的处理。

2000年6月11日，由原改制承租人曲红兵买断原江海钢丝绳厂机器设备、低值易耗品等，租赁原江海钢丝绳厂范围内的厂房及办公用房等，共计6328平方米，场地20.86亩。后出租给南通江通集团巨力钢绳有限公司，由农场、曲红兵、南通江通集团巨力钢绳有限公司订立三方租赁合同，成立南通巨力钢绳有限公司，生产加工钢丝绳、弹簧钢丝等产品。

九、砖瓦制造

1958年9月，农场在老场部西南两公里处，建办"山西"式小土窑1座。1959—1963年，农场相继创办1座"山西"窑，3座"蒙顶"窑，年产砖瓦27万块，砖瓦坯靠手工制作。

1963年4月，农场购进350型制砖机1台，节省了人力，提高了制砖速度。

1964年，农场对砖瓦生产实行指标管理，年产砖瓦指标为300万块，年底财务科统一核算。

1967年，因煤炭紧缺，砖瓦厂停产一年，在职人员由农场劳资科分配到粮油加工厂、轧花厂和农业大队。

1968年，砖瓦厂试用稻草代煤，恢复砖瓦生产。

1969年，农场分配苏州和连云港知青40人到砖瓦厂，职工人数由130人左右发展到170人，占地63113平方米。

1972年，农场对建筑材料的需求量增加，投资30万元，扩建18门轮窑1座，配煤渣粉机1台。20世纪80年代初，砖瓦厂添置360型制砖机1台，半制动平瓦机1台。1986年，砖瓦厂设备再次更新，增加450型双级真空制砖机，年产机砖1153万块左右，机瓦39万片。

1986年，农场根据自然土壤特点和建筑材料的需要量，相继在大明分场船闸附近投资40万元，建办22门轮窑1座，成立大明砖瓦厂。在江边分场二十二大队西500米处投资 50 万元，建办 22 门轮窑 1 座，成立江边砖瓦厂。两个厂占地 90233 平方米，拥有 2 台制砖机，从业人数 86 人。

1994 年，农场 3 家砖瓦厂抓住市场机遇，积极参与市场竞争，并取得较好经济效益，全年产砖 4107.1 万块，增产 1575.92 万块，共创净利 133.95 万元，增盈 101.39 万元。

1995 年，农场 3 家砖瓦厂坚持外抓市场促销售，内抓管理上水平，重点抓好劳动力管理，特别是外来临工管理。3 家砖瓦厂在农场工业科的领导下，发挥集团优势，统一销售价格、统一工资定额、统一煤炭供应，有效降低成本，出现了产销两旺的好形势。

1998 年 2 月 25 日，根据江苏省农垦集团和农场《国有场办企业产权制度改革的实施意见》，农场针对中心砖瓦厂（原老场部西南砖瓦厂）近年来连续亏损，农场土源不足，加上新增土地资源税使砖瓦厂成本增加、工厂人员年龄结构老化、机械设备陈旧的实际情况，同意中心砖瓦厂实施关停（内部破产）改制，人员全部分流。同年 12 月 28 日，农场撤销江苏农垦南通中心砖瓦厂建制。2000 年，该厂轮窑被拆除。

1999 年 3 月 1 日，农场同意江边砖瓦厂和大明砖瓦厂实施租卖结合的改制，资产拍卖，房屋、土地、轮窑实施租赁，对供土要求在现有库存泥料的基础上，农场只提供 1 年土源，1 年后农场不再供土，由各承租者自行解决土源问题。

1999 年 3 月 27 日，农场江边砖瓦厂实施改制，由时任厂长陈培忠等人承包该厂经营至 2010 年 5 月。2010 年 6 月，苏通园区征用该地，该厂拆迁。

1999 年 3 月，农场大明砖瓦厂实施改制，由时任厂长沈学明等人承包经营至 2009 年被拆除。农场在该地建设中新苏通商品混凝土有限公司和中新苏通市政工程有限公司。

十、机修、汽修、铸造

（一）农机修造厂

1959 年 3 月，农场组织 12 名职工在农场老场部三十三大队住宅区（今苏通园区南湖路西、海维路北）西侧建办农机修理厂，主要修理场内的拖拉机、农机具、水利工程机械等，厂房是茅草芦芭结构，设备简陋，只有皮带车床 1 台，电焊机 1 台，面积 80 平方米。

1965 年，农场投资 50 万元，增设 7 台车床、2 台钻床及其他设备。随着农场围垦造田，农场土地面积越来越大，农机修理厂调整生产结构，根据农业生产需要制造农机具，同时对旧农机具进行革新改装，以修为主，修造结合。

1973 年，在"工业学大庆"群众运动的推动下，农机修理厂自力更生，制造大型脱粒机 3 台、插秧机 25 台、打稻机 28 台、黑光灯 100 台，改装康拜因 5 台、网眼筒管 3 万只。

1975年后,农机修理厂开始制造汽车变速排挡和多胎架等汽车配件,对外销售,改以修为主为以造为主。1978年,农机修理厂年产排挡800套、备胎架500套,创利20多万元。同年,农机修理厂增设经编、弹力丝加工车间。

1979年4月24日,农机修理厂经编、弹力丝车间单独分开,成立国营南通农场弹力丝厂。

1980年,农机修理厂更名为国营南通农场农机修造厂,占地25840平方米,职工201人,固定资产59万元。厂内设金工、钳工、铸造(包括失蜡铸造)、加弹4个车间,主要进行拖拉机、汽车配件、农机具生产,年产值100多万元。1990年,农机修造厂被工商行政管理局评为"县级重合同、守信用企业"。

1981年10月,包含经编、弹力丝两个车间的国营南通农场弹力丝厂收编为江苏农垦南通针织总厂的第四分厂。

1986年12月,南通农场弹力丝厂加工车间扩建,成为清江合成纤维厂南通分厂。

1989年4月29日,国营南通农场弹力丝厂更名为国营南通江海弹力丝厂。1994年,因化纤弹力丝行业衰退,国营南通江海弹力丝厂年年亏损,直至关停,设备闲置报废。

1994年2月1日,农场同意将国营南通农场农机修造厂更名为江苏南通新江海机械厂。

1999年,南通新江海机械厂有职工131人,厂区面积30余亩,以生产加工农机配件、汽车配件为主,有金工、失蜡、铸造3个车间。新江海机械厂由于设备陈旧,缺乏技术含量,农配、汽配质量上不去,因而产量和销量很少,加之汽车、农机具更新换代快,经常发生退货情况,造成库存大量的积压,连续多年亏损。同年3月,农场根据《国有场办企业产权制度改革的实施细则》等有关文件,同意将南通新江海机械厂的动产部分经评估后转让,不动产部分租赁经营,职工全部转岗分流。原任厂长纪彬应标承包该厂,成立民营企业南通新江海机械有限公司经营至2017年拆迁。

(二) 汽车拖拉机修理厂

1976年,农场在三大队住宅西(今园区嵩山路南边苏通园区自来水经营部)建立修理排,是隶属于国营南通农场农机修造厂的一个车间。1980年,修理排从农机修造厂单独分离出来,经济独立核算,更名成立国营南通农场汽车拖拉机修理厂,占地8886平方米,建筑面积2920平方米。修理厂主要机械设备有曲磨1台,马力试验机1台,车床7台,油泵试验机1台,空气锤1台,车间分修理、电工、锻工、车工、漆工、焊工、胎工、油泵等8个小组。1981年6月,修理厂与农场运输队合并。

1994年6月27日,汽修厂设立3个分厂,分别是设在张江公路农场与竹行交界处的江苏农垦国营南通汽车拖拉机修理厂一分厂、设在农场城镇区域运输队内的江苏农垦国营南通汽车拖拉机修理厂二分厂、设在通常汽渡的江苏农垦国营南通汽车拖拉机修理厂三分厂。3 个分厂主营汽车拖拉机修理，兼营汽车、拖拉机配件、停车、饮食。

1997 年 1 月 22 日，江苏农垦国营南通汽车拖拉机修理厂划分为江苏农垦南通汽车修理厂和江苏农垦南通农机修造厂。

1999 年 10 月 31 日，在企业产权制度改革时，拖拉机修理厂宣告破产，实施关停，人员分流。厂区房屋土地切块租赁经营，建办了金属制品加工、挖机修理、家具制造销售等民营企业，部分区域成为农场城镇管理办公室和自来水厂经营门市部经营至今。

十一、其他工业

（一）制糖

1961 年，农场在综合加工厂创办制糖厂，因设备差，产糖结晶不佳，只能生产糖稀，翌年停产。

（二）烤烟

1961 年，农场在三十三大队副业场（原老 2 队）建办烤烟厂，只产烤烟叶，不生产卷烟，因烤烟设备条件不够，1963 年停产。

（三）制药

1969 年 9 月，农场医院建办小药厂，生产大输液、桑椹膏、眼药水等药品。1974 年，更名为南通农场制药厂，扩大生产蜂乳和关节镇痛片。1976 年 11 月，制药厂挂靠南通勤奋制药厂，对外作为南通勤奋制药厂第四车间，生产的产品由勤奋制药厂向上级部门报批，并由勤奋药厂对产品规格、质量进行复验。1980 年，制药工厂调整，药厂停止生产药品。

（四）食品

1981 年 10 月，服务站开始生产食品，翌年更名为食品厂，主要生产脆饼和云片糕，年使用面米粉 5 万余斤，因食品质量不佳，供销门路不广，产品积压变质，1986 年停产。

（五）酱制品

1982 年，中心分场建办了酱制品厂，因加工管理不善，产品质量不佳，销路不畅造成亏损，1987 年 4 月停产清理。

（六）拆船厂

1984 年 11 月，农场利用紧靠长江的区位优势，投资 50 万元在农场 4 号坝长江边上建办拆船厂，占地 12686 平方米，职工 42 人。翌年，拆船厂购进塞浦路斯干货船 1 艘

（5324 轻吨），当年将船拆解，盈利 100 多万元，不仅收回全部投资，还盈余 50 多万元。

1986 年，拆船厂代黑龙江华龙拆船公司拆解日本产"埃罗坦"油轮 1 艘（14060 轻吨）。1987 年，拆解国产"胜利号"油轮 1 艘（5024 轻吨）。

1989 年 8 月，针对拆船厂暂时无船可拆的情况，工厂利用其库房、人员、资金、设备等有利条件，增加废旧物资回收项目，负责在全厂范围内统一设点，组织回收处理废旧物资工作。

1993 年 3 月，随着港区的开发，农场在拆船厂内建设南通江海拆船厂停车场，属江海拆船厂的分支机构，非独立核算，主营停车、食宿、汽配、零修，兼营糖、烟、酒及生活用品。

1994 年，南通市重点项目"南 125 工程"在农场江边征用岸线和土地，农场拆船厂在征用范围，拆船厂无法经营而关闭。

（七）罐头

1985 年 6 月，农场投资 22 万元建办罐头厂，占地 3193 平方米，职工 32 人，拥有设备 8 台（套），主产烧鸡、盐水鸭、棒冰等。

（八）电珠厂

1981 年，农场建食品二厂，后因食品二厂关闭后转产电珠厂，占地 3.69 亩，位于农场二大队。

（九）塑料厂

1984 年，经南通农垦局批准，在农场副业大队建立南通江海塑料制品一厂，该厂属队办企业，后来被关停。

第三节　建　筑　业

农场建场前，周边大批人员进场围垦，因居住需要，农场建筑业起步较早，但发展缓慢。1957 年围垦初期，只成立 1 个基建组，仅有 10 多名木工，3 名芦芭工，瓦工仅有数人，担负农场的基本建设任务。这支队伍既无设备，也无专业技术人员，主要的住房是用芦草搭成的"环笼舍"，建筑队伍就是在这种条件下建立和逐步发展起来的。

1965 年，农场正式成立基建科，先后调进若干土建水工建筑的工程技术人员，加强农场建筑和基本建设的技术力量。同年，在基建科的统一领导下，成立第一个工程队。到 1966 年 10 月，建筑队伍发展到 103 人，其中管理人员 14 人，水利工程员 4 人，锯板机工 9 人，后勤人员 7 人，建筑工人 69 人。

1969 年，中国人民解放军进驻农场成立生产建设兵团，当时在农场组建二十三、二十四 2 个团，原工程连也一划为二，建立 2 个工程连。1970 年，二十三团撤销，2 个工程队又合并为二十四团工程连，直属团后勤处。二十四团工程边下设 2 个瓦工班，2 个木工班，1 个预制场，1 个电工班，1 个竹工班。

1971 年，工程连撤销，将瓦工组人员分散到各营，成立营瓦工组，负责各营下属单位的基建任务。

1974 年 1 月，农场（兵团）建办预制场，占地 14.5 亩，主要为场内建筑提供预制楼板等预制块。

1978 年，党的十一届三中全会以后，江苏省农垦局成立建筑安装总公司，各地区农垦局成立工程处。为适应形势的需要，1979 年底，农场把各分场瓦工合并到工程连。1980 年，农场以工程连为基础建办家具厂。1981 年 10 月，经南通农垦局批准正式建立国营南通江海家具厂，一方面生产成套家具，一方面担负农场基建任务。

1980 年 9 月 29 日，农场在原农场基建连和建筑站的基础上建立南通农场建筑安装工程队。南通农场建筑安装工程队为江苏省农垦建筑安装公司第一工程处第五工程队，既是南通地区局建筑工程处的下属单位，又是农场的直属单位。

1981 年，为适应管理上的需要，江海家具厂一分为二，把瓦工和一部分木工以预制场为基础成立江苏省农垦建筑安装公司第一工程处第五工程队，另一部分木工组成以生产成套家具为主的家具厂。家具厂建在粮油加工厂西南侧紧靠粮油加工厂。1983 年，第五工程队和家具厂又合并组成工程队。

从建场到 1966 年 10 月，农场建筑工程队先后完成基建任务总造价 320 万元，具体完成了农场轧花厂厂房 2701 平方米、草竹宿舍 12080 平方米、伙食房 2424 平方米、宿舍 11301 平方米、仓库 1708 平方米、畜牧用房 4709 平方米、机具用房 995 平方米、其他用房 1708 平方米，以及水闸 2 座、机桥 7 座、涵洞 7 座、高压输电线 16 公里、水泥晒场 4980 平方米、电灌车口 6 处、围垦水利土方 2744547 立方米。

1967—1978 年，农场建筑工程队共完成职工住房约 40000 平方米，新建扩建厂房约 12000 平方米，机仓库约 6000 平方米，建水泥晒场约 13000 平方米，建团结闸 1 座、电灌车口 29 个、机桥 9 座、架设高压输电线 30 公里，建学校教室、宿舍约 6720 平方米，建畜牧用房约 7200 平方米，总造价为 650 万元。

1979—1986 年，农场建筑工程队完成各种不同结构的工程项目共计 127000 余平方米，总造价近 2000 万元。承建的主要工程项目有南通曙光漂染厂锅炉房，综合大楼，南通长安、长乐旅馆，南通港六队外贸双垮、单垮仓库两排，九圩港水泥厂食堂综合大楼，河南省洛阳市洛阳宾馆 14 层全部木工装饰工程（约 12000 平方米），农场科技大楼、中心小学教学楼、招待所、中心商场大楼，浴室化工厂、酒厂、钢丝绳厂扩建工程，中心河拓宽工程，南通农垦针织总厂厂房，南通农垦热电站一、二期工程及职工宿舍大楼，南通勤奋制药厂氯化钠车间和职工宿舍大楼等主要工程。架设高压输电线 6.8 公里，铺设自来水管道 34.5 公里。

1984 年 3 月，农场成立江苏南通江海建筑安装公司，1986 年 5 月更名为江苏农垦南通华兴建筑公司（以下简称华兴建筑公司）。华兴建筑公司属农场场属中层单位，成立时借用农场电工队仓库和办公室作为临时办公室，设有经理室、办公室、预（决）算股、财务股、技术股、信息室，有建筑工人 3122 人。其中场内固定职工 427 名，工程技术人员 24 名，行政管理人员 24 名。公司有固定资产 105 万元，主要机械设备有 30 吨和 40 吨红旗塔吊各 1 台，载重汽车 3 辆、客货车 2 辆、吉普车 10 辆、面包车 5 辆、混凝土搅拌机 14 台。公司下属有场内 3 个施工队、1 个水电安装队、1 个建材厂、1 个预制构件厂、1 个混凝土制砖厂、1 个土石方工程队及 3 个驻外工程处。华兴建筑公司初步成为一个具有独立设计、组织施工和安装的三级资质的全民所有制建筑企业。

农场华兴建筑公司成立前后，农场建筑施工开始向场外发展。1982 年 5 月，部分建筑队伍进驻南通市，并建立南通工程处（拥有 3 个施工队，建筑工人 449 人）。1985 年 4 月，派出部分施工人员进驻上海，成立上海工程处（拥有 8 个施工队，建筑工人 2230 名）。1987 年 10 月，华兴建筑公司又组织力量进驻安徽淮南市，成立淮南工程处（拥有建筑工人 150 名）。

1986 年 3 月，为适应不断发展的建筑形势，解决华兴建筑公司办公用房问题，华兴建筑公司在农场三大队副业场新建公司办公大楼及建材门市部，同时在其北侧新建预制场 6000 平方米。同年，华兴建筑公司承建六层全框架结构的上海延中实业有限公司工业大楼，建筑面积 5461 平方米，投资 205 万元。工业大楼从 1986 年 10 月开工起，用时 440 多天，于 1988 年 6 月竣工交付使用。此项工程经上海市纺织设计院、上海市质检站、甲乙双方共同验收，工程质量等级优良，完全符合设计要求，是华兴建筑公司建立以来承建的最大工程项目之一。当年，华兴建筑公司完成建筑产值 378.1 万元，实现利润 40.91 万元。

1987 年，华兴建筑公司改革承包形式，调动积极性，重质量、抓安全、强管理、树信誉，在竞争日趋激烈的南通市场中敢于投标且连中三元，巩固和发展了南通、上海、淮南等城市。同年，华兴建筑公司承建各类建筑 7.46 万平方米，竣工面积 6.16 万平方米，竣工造价 1176 万元，实现净利润 86 万元。江苏省统计局、江苏省建设委员会考核全省

110 个国营建筑企业，在其后的通报中，华兴建筑公司"主要经济效益指标完成情况及其综合评价分值"由 1986 年的第 12 位上升到第 10 位。

1988 年，华兴建筑公司在全国性压缩基本建设投资的不利形势下，也得到了较快发展，取得三级资质，并在南通、淮南、上海等城市站稳脚跟，全年取得 65.4 万元的经营利润。当年承建并开工的工程有：上海仙霞小区住宅楼六层 3 幢，总造价 400 万元；南通市丝绸进出口公司丝绸库；南通市狼山天主教协会海门教区主教府楼等。

1989 年，受建筑市场调整"大气候"影响，华兴建筑公司出现亏损。

1990 年，华兴建筑公司在抓好内部清理时注重建筑质量和管理水平的提高，经营出现向好的局面，全年完成建筑造价 708 万元，年末略有盈余。南通工程处面对强手林立的南通城，敢于拼搏，以管理求效益，驻通 9 年，年年盈余，被南通市评为重合同、守信用企业。

1991 年，华兴建筑公司狠抓治理整顿，精简机构，理顺关系，使企业增强了活力，全公司实现利润 53.14 万元。

1992 年，农场华兴建筑公司通过抓机遇、拓市场、聘人才、扩队伍、争业务，经济效益超历史水平，抓住建筑市场升温的有利机遇，积极开拓市场，扩充队伍，调动一切积极因素，实现建筑产值 2082 万元，利润 85.14 万元。华兴建筑公司下属南通工程处承接石油公司码头土建工程，利用江边施工优势，同时经营建材，降低了工程造价，增加了企业盈利；承建南通市新西纳尔服装公司 800 多万元造价的厂房工程，完成产值 356 万元，实现利润 37.56 万元。上海工程处抓机遇打进了浦东市场，以多产薄利的策略获得了明显的效益，完成产值 905 万元。场内工程处完成产值 200 万元，实现利润 23.6 万元。同年，公司开辟成立苏州工程处。

1993 年，华兴建筑公司取得二级资质，经济效益创历史最好水平，建筑业成为农场经济建设的支柱产业。在"重点开拓上海，大力发展南通，全力开辟苏州，积极搞活场内"的经营思想指导下，依靠二级企业资质优势，实现"企业资质、安全生产、产值、利润、经营规模、知名度"6 个新突破，公司完成工程总造价 6912 万元，实现营业收入 1377.03 万元，上缴税金 94.07 万元，实现净利 106.17 万元。

1994 年，华兴建筑公司在国家宏观紧缩的形势下，采取"外拓内联"发展战略，全公司完成建筑造价 6850 万元，营业收入 1261.54 万元，实现利润 129.64 万元。

1995 年，华兴建筑公司坚持"一业为主，多种经营"，大力发展三产，大打"华兴牌"。华兴酒家、华兴综合经营部、华兴砂石堆场成为新的效益增长点，市场适应能力得到增强。同年，南通工程处和场内工程处合并，发挥人财物优势。

1996年，华兴建筑公司抓住港区开发和江海镇职工建房机遇，主动承接施工业务，发扬实干精神。同年，完成南京炼油厂所属的宁汇工程。

1997年，华兴建筑公司在场域实施"安居工程"，实施农场职工公寓建设，推动农场小城镇建设。但由于市场因素，公司出现严重亏损，公司营业收入1024.82万元，亏损366.67万元。

1998年，华兴建筑公司加速农场内职工公寓楼建设，外拓南通市西郊小学办公楼、先锋供销社住宅楼等工程。在现有工程资质的基础上，增加市政工程和装饰装潢工程资质，经济效益严重滑坡的势头得到控制。

1999年，因场内工程少，对外承接业务难，企业收入大幅度下降，公司从内部管理抓起，改革用工管理，实行先交费后上岗，竞争上岗，择优用工，财务实行双控措施堵塞漏洞。

2000年7月27日，针对华兴建筑公司设备落后、技术力量薄弱、工程业务锐减的实际情况，经农场同意，报请江苏省农垦集团公司批准，华兴建筑公司实施内部关停清理。同年10月27日，农场撤销江苏农垦南通华兴建筑工程公司建制。江苏农垦南通华兴建筑工程公司及6个下辖核算单位（南通工程处、苏州工程处、上海工程处、场内工程处、华兴堆场、江海工程处）实施内部关停、切块出售的改制。改制购买程序是首先向农场体制改革办公室报名申请，经资格审查合格后，交纳应标抵押金5万元，参加竞买。中标后，与农场签订资产、负债转让协议，并在中标后5天内一次性交清买断资产、负债转让协议所规定交纳的款项。竞买的范围是各工程处的资产（机器设备、存货、应收款项等）作为底价，所列资产不得做舍弃选择，负债不参加竞买，等资产竞标中标后一并转让。转让的负债由受让人全额负责清偿，农场不再承担清偿责任。

华兴建筑公司最后改制结果为：

1998年3月13日，农场对华兴酒家实施卖囊租壳、切块租赁经营改制，通过公开招租，由公司职工瞿汉其租赁经营，年租金8万元，后调整为4.8万元。1999年8月18日，瞿汉其经营亏损，要求终止租赁合同。1999年9月24日，农场与其解除租赁合同，收回房屋等资产。1999年10月1日，华兴公司职工姜海军与农场签订了华兴酒家租赁合同，年租金4.8万元。2001年11月21日，农场根据《国有场办企业产权制度改革的实施意见》《国有场办企业产权竞卖转让实施细则》的有关精神，对华兴酒家房屋资产产权进行公开拍卖竞标，农场职工刘淑营等以58.2万元受让了该房屋资产，经营原华兴酒家的生意和农资经营，直至被南通开发区拆迁征用。

1998年4月25日，对江苏农垦南通华兴建筑工程公司场内工程处预制构件厂实施租赁经营改制，通过公开竞租，时任负责人曹克勤以年租金 5.1 万元中标，租赁期 3 年。

2000 年 9 月 28 日，时任苏州工程处主任张盘忠以净资产-50795.39 元中标购得苏州工程处的 1781727.61 元资产和负债 1832523 元，继续在苏州经营建筑业。

2000 年 9 月 28 日，时任江海工程处主任单正其以 137618.43 元中标购得了江海工程处的 381275.39 元资产和负债 243656.96 元，租赁了原江海工程处所占的土地、房屋、电力设施 80 千伏安，从事建筑施工，现该地已经拆迁。

2000 年 10 月 12 日，时任华兴堆场负责人姜光荣以 117351.80 元中标购得了华兴堆场的机器设备、低值易耗品等资产，租赁原堆场所占的土地 5.29 亩、房屋 224 平方米、电力设施 80 千伏安，经营石子、黄沙至 2011 年拆迁。

2000 年 10 月 14 日，时任场内工程处副主任徐洪涛以 75015.06 元中标购得了场内工程处的机器设备、低值易耗品和原材料等资产。

2000 年 10 月 16 日，时任上海工程处主任束杰等人以 10956.22 元中标购得了上海工程处的 54949.62 元资产和负债 43993.40 元，继续在上海经营建筑业，经营期 1 年（2000 年 10 月 18 日至 2001 年 10 月 17 日），现该工程处已撤销。

2000 年 11 月 24 日，在南通工程处改制过程中，根据农场《国有场办企业产权制度改革的实施意见》精神，南通工程处职工顾建等 4 人以 4 万元价格买断原江苏农垦南通华兴建筑工程公司南通工程处拥有的化工局西侧的 3 间店面房，用于自主经营。

考虑到改制前原企业的债权债务尚未处理完毕，农场保留江苏农垦南通华兴建筑工程公司营业执照，2009 年 7 月 28 日，申请工商部门予以注销。

第六章　第三产业

第一节　第三产业基本情况

建场以来，农场的第三产业主要是以为农场职工的生产、生活服务活动为主体，包括交通运输、粮食、农资、生活必需品及日用品的批发零售、农业技术服务、畜牧兽医技术服务、林业服务、农业机械服务、宾馆服务、水电服务及房地产服务、卫生防疫和医疗服务等行业。其他如金融、邮电、电视、电信、工商、税务等均由场外机构或相关驻场机构服务，如 1964 年 4 月 6 日南通县人民委员会同意在农场增设中国农业银行南通农场营业所，加强农场农业资金管理和现金的及时回笼，并代理原人民银行部分业务等。

1984 年，随着国营农场经营管理体制的改革，农场的经营方针由单纯农业生产转向在稳定粮食生产的基础上，大力发展工业和多种经营生产，协调发展商业、运输业、建筑业、服务业等第三产业。

20 世纪 90 年代以后，随着农场场办企业改革改制，农场职工转岗分流，大量职工退二进三，农场第三产业得到迅猛发展。进入 21 世纪后，农场提出"做精一产、做优二产、做强三产"的二次创业新路子，国有控参股的房地产公司、广告公司、建材公司相继成立并投入运营，国有三产成为农场国有经济的支柱。同时，农场鼓励发展以土方挖掘机为龙头，平板车、翻斗车为辅助，机械维修服务、零件供应、定点修理停放为保障，信息互通、工程联络等为支持的土方机械施工业，年形成数千万元的营业产值，农场成为远近闻名的"挖机之乡"。农场从事三产行业的职工最多时达到 3000 多人，场域挖掘机、推土机、平板车等机械设备 400 余台套，农场民营三产成为职工增收、农场稳定的强大支撑。

第二节　交通运输业

一、道路运输

建场初期，农场的物资运输主要依靠拖拉机运输或人力推车、畜力拉车等。1963 年 8 月，农场成立国营南通农场运输队，有汽车 6 台，42 吨位，职工 106 人，经营道路运输业务，是场办国有道路运输企业。1978 年，十一届三中全会以后，运输队车辆由原来的 6 台增加到 12 台，总吨位增加到 97.5 吨位，汽车驾驶员 23 人，担负着农场一小部分的运输任务，而农场大部分运输任务则依靠社会各方面提供，包括依靠拖拉机运输或人力推车、畜力拉车等。

1984 年 4 月，农场经济管理体制改革，农场对运输队实行"定额包干，超利留成，以利计酬"的经济责任制形式，职工的工资与奖金捆绑，按年初确定的工资总额和包干利润计算百元利润工资含量，年终决算。车辆实行单车核算、包干上缴的经济责任制。同年 8 月，农场成立江苏省国营南通江海物资运输公司，农场运输队归属于该公司，更名为国营南通江海物资运输公司运输队，后又更名为江苏农垦运输公司南通车队，从事物资运输。1987 年，南通车队运输产值 128.8 万元。

1991 年，南通车队运输收入 41.73 万元，亏损 22.75 万元。1992 年，南通车队通过加强内部管理，完善经济责任制，转变经营作风，扩大经营渠道，运输收入增加到 125 万元，一年实现扭亏为盈，增加效益 24.23 万元，年终盈余 1.48 万元，扭转了徘徊不前的亏损局面，企业出现了新的生机和活力。

1993 年 1 月起，南通车队运输实行大包干经营承包责任制，因为运输市场影响，业务量减少，车队连年亏损。至 1998 年 1 月 26 日，农场终止南通车队大包干合同，决定对南通车队实施改制，汽车就地封存，车队歇业清算，评估后公开拍卖。

1998 年 9 月，南通车队所有车辆等资产由时任车队队长黄水良竞买所得，车队所属的国有房屋和场地实施租赁使用，成立民营企业"南通江海运输有限公司"经营至今。

1998 年 12 月，江苏农垦运输公司南通车队营业执照注销。

二、水上运输

1960 年 1 月，农场成立国营南通农场捕捞队船队，船队仅有 6 条 40 吨位木船，由南通县的南兴、竹行、通海、新开等乡渔业抽调来场的 20 多人作为船队骨干。船队队部设在三孔桥，后迁址至 4 号坝。建队初期，船队利用农场地处沿江地带、水产资源丰富的优势，主要从事长江捕捞作业，以改善农场职工生活。由于船小，生产设备简陋，造成亏损 4 万元。

1963 年 11 月，中央农垦部调拨上海闸北区畜牧场的木壳柴油机帆船两艘给农场船队使用。

1967 年，农场从新洋船厂购买 4 条 60 吨水泥驳船，江苏省农垦公司调拨 5 条共 500 吨位水泥驳船，南通农垦局调拨 10 条共 600 吨位的水泥轮驳，从事水上运输。

1984 年 8 月，农场成立国营南通江海物资运输公司，船队作为其下辖单位之一，南通农场捕捞队船队更名为国营南通江海物资运输公司船队，后又更名为江苏省国营南通农场船队。1984 年，农场经济体制改革，船队实行经济单独核算，全奖全赔的大包干责任制，调动了干部职工的生产积极性，增强了企业的活力。

1986 年 2 月，船队成立船舶修理车间，船坞位置在江海酿酒厂北中心河边，主要以农场自家船舶修理为主，对外营业为辅。

1986—1987 年，为增加货运量，船队根据农场需用物资和甲级航道的安全系数，更新钢质货驳 18 艘（其中拖轮 2 艘、货驳 16 艘，总吨位 1200 吨）。船队成立轮队，职工 119 人，固定资产 103 万元，后因市场因素等原因轮队关停。

1998 年 2 月 15 日，农场船队实施改制，船舶就地封存，评估后公开竞卖。2 月 20 日，农场船队的轮队实施拍卖转让，最后由时任船队副队长张宏清等 24 名职工合股竞得，成立合股公司。公司实行定额包干、全奖全赔的承包经营形式。

同年 3 月 24 日，国营南通农场商物公司与建湖第六航运公司签订购、卖船舶协议书，商物公司将苏垦 101 轮队一轮十三拖船舶按当时现状出售给建湖第六航运公司，总金额 42.2 万元。

同年 5 月 20 日，农场的场办水上运输企业船队经通州市工商局核准注销。

第三节　批发和零售业

20 世纪 60 年代初，南通县商务局在农场开设江边商店，供应农场职工生活资料及日用消费商品。为方便农场边远大队职工购物，江边商店在农场下属部分单位增设代销点（小卖部），主要销售酱油、盐、酒、火柴、卫生纸等日用消费品。除此之外，农场职工所需农药、化肥、种子及生活资料主要由江苏省农垦局直接供应，农场场部及有关部门负责做好服务工作。经济体制改革前，职工生产资料由农场计划供应，农副产品由农场统一销售。

1984 年，随着国营农场经营管理体制改革，农场在抓好农工副业生产的基础上，建办了从事物资购销运输及为职工服务的场办批发零售企业。农场商品经济逐渐活跃，物资购销流通成为辅助农场经济发展的重要渠道。

一、国营南通江海农工商服务公司

1981 年 4 月，随着生产发展和经济管理体制的改革，农场场部机关成立农工商供销经理部，有工作人员 8 名。供销部主要任务是负责购销农场生产的农副产品和部分工业产品，经营项目有：西瓜、大头菜、皮蛋、黄酒、煤炭、食油、尿素等，当年营业额（产值）达到 136.8 万元。

同年，农场在服务连开设第一个商业门市部，以后随着广大职工消费需求的不断增长，农场又逐年增设 6 个门市部。

1984 年 4 月，农工商供销经理部更改为国营南通江海农工商服务公司（以下简称商业公司），下设财务股、供销股。同时农场将工业公司管辖的服务连划归商业公司，更名为服务站（设有照相、理发、饮食、缝纫、修理服务等）。

1985 年，随着党的经济政策的落实，改革开放深入人心，农场的经济结构由原单一的农业型经营转为农工商综合经营。农场在江海中路（今太湖路）新建招待所和商业门市部兼用大楼，靠街门面建办国营南通农场中心商场，面积 480 平方米，是隶属于商业公司的全民所有制商场。1987 年 12 月 1 日，中心商场正式营业。

1987 年，商业公司实行"公有私包、自主经营、定额上交、费用自理、自负盈亏"的经济责任制。同年，农场将水产品销售划归商业公司经营管理，全年产值达 882.70 万元，净利润达 23.14 万元，同 1981 年相比，产值增加了 2.4 倍，利润增长了 1.78 倍，营业面积增加到 1050 平方米。至 1988 年 6 月，商业公司扩大到 8 个门市部和 1 个商场，职工总人数 86 名，固定资产 21.27 万元。

1990 年，农场商业公司增设水产、陶器两个门市部，位置在农场中心商场附近。水产门市主营水产品，兼营禽蛋、水果；陶器门市主营陶器，兼营日杂、竹制品。

1991 年 12 月，国营南通江海物资公司和农场商业公司合并组建国营南通农场商物公司。

二、江苏省国营南通江海物资公司

1984 年 8 月，农场成立江苏省国营南通江海物资运输公司，下辖及管理农场运输队、船队、粮站、油库（石油供应站）、物资仓库等，公司管理机关设在粮油加工厂西侧，紧靠中心河河西（今星苏花园二期南侧）。经营范围有：农药、化肥、农膜、地膜等生产资料；石子、黄沙、水泥、玻璃、油毡、钢材、木材等建筑材料；汽油、柴油、机油、黄油等石油产品；工业及民用煤、无烟煤等燃料，以采购、供应、运输的方式经营。同时兼营农场内职工计划内和计划外粮油等。

1986 年 12 月，国营南通江海物资运输公司更名为国营南通农场物资公司，主营各类物资，兼营粮、油、食品加工，兼管汽车运输队、船队、粮站、煤球厂等单位。

1991 年 12 月，农场为搞好商业、物资的经营与服务，将农场商业公司、物资公司合并，组建江苏农垦国营南通商物公司，1997 年，商物公司获江苏省农垦集团公司农资经营先进单位称号。

1999 年 10 月，江苏农垦国营南通商物公司实施改制，组建南通华垦物资有限公司，注册资本为 110.82 万元，农场占股 84.21%，时任公司经理徐承宏等自然人占股 15.79%。

2001 年 5 月，农场对南通华垦物资有限公司深化改制，国有资本退出 83 万元，股东之间股权进行调整，注册资本 51.3 万元，农场股本金 10.3 万元，占总股本的 20%，公司职工投资 41 万元，占总股本的 80%。农场投入的股本金作为优先股，年息为 10%，农场不再指派董事参与企业的经营管理和决策。

2004 年 12 月，农场深化对南通华垦物资公司改制，农场将华垦物资公司国有股 10.3 万元全部转让给时任华垦物资公司法人顾卫东，农场国有股全部退出，南通华垦物资有限公司改制成为民营企业经营至拆迁。

三、南通农场煤球厂

1985 年，农场农业种植结构调整，职工生活用草发生紧缺，农场筹集资金建办南通农场煤球厂，主要向场直机关、工副业、服务行业等非农业单位职工供应煤球。煤球厂隶属国营南通农场江海物资公司，是以服务为主的经营核算单位，实行独立核算、定量补贴、自负盈亏、考勤计奖的经济责任制。煤球厂以服务职工为主，以原料进价＋加工费等实际成本计价，不计利润、平进平出、议进议出，实行计划供应。

四、大队购销站

1984 年，为鼓励职工办好家庭农场，适应家庭农场独立生产经营农副产品，疏通商品渠道，做好生产资料供应和产品收购工作，农场在各大队成立购销站，实行"独立核算、自负盈亏、考核计奖"的经济责任制。每个购销站配备 3～4 名专职购销人员，经营资金由场部核定拨给，不足部分自行解决。

购销站隶属于分场直接领导，其计划、供应、收购、调运、财务、物资接受分场及农场有关部门的检查督促，农场物资运输公司与购销站是供销业务关系，但负有业务指导和帮助经营管理的责任。

购销站职责：一是加强计划，合理采购，根据家庭农场需求，制定全年商品采购计划报农场物资运输公司，农场物资运输公司发给供应卡，凭证供应，或直接向场外组织商品经销，扩大经营范围；二是正确核算商品价格，按规定价格出售；三是尽量满足家庭农场生产所需，提高服务质量，做到常规商品不脱销，紧俏物资不歇销，坚持"优质优价、劣质劣价"的原则，不以次充好，扣斤压两；四是农忙季节值班制度，商品供应做到四包：买错包换、质量不符包退、零售商品包供应、数量不足包补；五是面向家庭农场，计划内上交的粮食、大豆、花生、油料等产品由购销站收缴后统一向场部粮站交售，坚持产品质量，分户做好登记台账。购销站经营的一切业务（包括生产资料供应和产品收购）一律采用结算兑现制。

五、江苏农垦国营南通石油供应站

1991年，根据江苏省农垦总公司农场农机一体化管理要求，农场将原隶属于国营南通农场物资公司的南通农场石油供应站（非独立）划归农场农机科管理，单独成立江苏农垦国营南通石油供应站，本部设在江海镇区农场二大队境内，分点设在农场船闸旁，实行一站两点经营、全民所有、独立核算。

1992年11月30日，农场在三级河路口建立江苏农垦南通加油站（以下简称苏垦加油站），属独立核算的全民企业，注册资金50万元，主要从事经营汽油、柴油、润滑油、液化石油气零售。建站初期苏垦加油站和农场液化气站合并，1997年3月，苏垦加油站从液化气站分出，单独成立苏垦加油站，同时将江苏农垦国营南通石油供应站并入苏垦加油站。

1993年3月，江苏农垦国营南通石油供应站和南通石油公司在疏港公路和通常汽渡处合资联建临渡加油站，属独立核算的全民企业，主要从事汽油、柴油、润滑油及加油器具零售。1999年5月，农场在产权制度改革时将临渡加油站股权有偿转让给南通石油公司，由南通石油公司出资44万元收购农场股份，资产拍卖，土地实施租赁经营至今。

1999年6月10日，农场对苏垦加油站产权制度改革，对加油站的机器设备和建筑物有偿转让，土地、电力设施实施租赁。1999年6月15日，江苏农垦国营南通石油供应站与通州市紫琅加油站签订资产转让协议书，苏垦加油站所有设施，包括存储加油设备、各种建筑物、水电设施（含水电增容费）和场地设施（不包括土地）等固定资产，一次性作价35万元转让给通州市紫琅加油站，加油站所占有的2.55亩土地以租赁形式（随地面设施）使用经营至今。

1999年7月5日，江苏农垦国营南通石油供应站、苏垦加油站营业执照注销。

2000年12月，经江苏省农垦集团公司批准，江苏农垦国营南通石油供应站改制，石油供应站北边部分改制为民营南通市张江石油供应有限公司，沿用传统一站二点的经营方式，经营汽油、柴油、润滑油等，船闸旁加油点经营柴油和润滑油。石油供应站南边部分改制成民营南通开发区富港贸易有限公司，经营氯乙烯等产品，两公司一直经营至今。

六、江苏农垦国营南通农场液化气站

1992年3月，南通市化轻公司在农场江边兴建万吨级码头和石油液化气中转储罐区，农场作为项目股东之一，化轻公司同意在项目建成后支持农场建办一座50立方石油液化气分装站，并提供气源。1993年4月20日，江苏农垦国营南通农场液化气站正式建立，核定经营范围为液化石油气零售，注册资本60万元。项目建成后和苏垦加油站一起合并至江苏农垦国营南通农场石油供应站经营。1997年3月，苏垦加油站从液化气站分出，液化气站单独建制，隶属于农场机电公司管辖。

1998年，农场对江苏农垦国营南通农场液化气站实施改制，实行租赁经营，企业固定资产及场地、用电容量3项不动产实行租赁，流动资产实行有偿转让。同年1月18日，时任该站负责人黄忠达在液化气站的租赁经营公开竞标会议上以年租金32万元中标。同年1月24日签订租赁合同，合同规定出租企业的国有性质不变，同农场行政隶属关系不变，在租赁期间由承租方自主经营、自负盈亏，独立承担经营风险和民事责任；按工商规定变更营业执照，在营业执照规定范围内经营，不得随意更改经营项目，经营期限定为3年。当年6月28日，黄忠达要求中止液化气站租赁经营，甘愿承担违约责任。7月27日，农场决定对江苏农垦国营南通农场液化气站实施二次改制，改制方式为机器设备（不含变压器）和围墙内的建筑物（含围墙）等实施拍卖转让，对围墙外的房屋、场地等实施租赁经营。同年7月31日，在液化气站二次改制公开竞标会议上，黄忠达以95万元中标，当场签订拍卖资产转让协议和财产租赁合同。因种种原因，未能履约并违约，后终止了已签订的租赁合同。

1998年8月9日，在农场对液化气站二次改制中的第二次公开竞标会上，王雅中以101万元报价中标，买断该站的二道围墙内包括二道围墙和所有机器设备建筑物（不包括土地）。农场对液化气站二道围墙外的房屋、变电设施及该站占用的全部土地实施租赁，就地改建为股份制企业。

1999年12月28日，农场与南通华洋液化气港口有限公司签订租赁使用合同，租赁农场所属液化气站土地、变压器的使用权，其中土地面积12.46亩，总容量为100千伏安的变压器1台，实际租赁50千伏安，经营至今。

七、南通农场农机配件供应站

南通农场农机配件供应站组建于1958年10月，服务于农场境内的农机具，主营农机

配件、汽车配件、摩托车配件、五金、化工产品，以及一、二级易燃溶剂、油漆、乙炔、火补胶、碳化钙、硼氢化钠、松香水、建筑装潢材料零售；兼营柴油、润滑油、农机及摩托车修理。

1999年9月，农场为理顺管理体制，农场决定把隶属于江苏农垦南通商物公司的农机配件站划归江苏农垦国营南通石油供应站管理，更名为江苏农垦国营南通石油供应站农机配件站。

2000年5月，江苏农垦国营南通石油供应站农机配件站实施改制，组建南通江海农机配件有限公司，为私营股份有限公司，经营至今，农场不参股。

八、江苏农垦国营南通商物公司农资供应站

1991年3月，江苏农垦国营南通商物公司利用三孔桥北侧三级河处房屋，在公司本部农资销售的基础上，增加了三级河销售网点，开设农资、钢材、建材门市部。

1999年9月，因农场农业承包体制改革，农业大队农资仓库取消，农资一律由承包者自己购买。为方便职工购买农资，商物公司增设4个农资供应站，分别是：江苏农垦国营南通商物公司江海镇农资供应站、江苏农垦国营南通商物公司老场部农资供应站、江苏农垦国营南通商物公司临渡农资供应站、江苏农垦国营南通商物公司三十九大队农资供应站。

九、其他批发零售商店和经营部

建场初期成立的南通农场商店，主要负责为农业大队、围垦现场、造闸工地供应生产资料和生活资料，经销农副产品。全场有经销店18个，包括代销店9个，特别是知识青年来场后，农场又建办书店，商店和书店坚持送货下乡、文化下乡。

1992年3月，农场在南通市外环西路4号开设"江苏省国营南通农场崇川贸易部"，企业属全民性质，独立核算，主营农副土特产品及农垦系统生产的工业品；兼营生资、农资、钢材、建材、燃料、油漆、兽药、五金交电、日用杂货、针纺织品、服装、塑料制品、饮食。经营方式为购销、代销、代购、零售兼批发。

2001年8月，农场建立江苏农垦南通农工商联合公司经营部，供应、销售、批发农场自产的粮食和食油等农副产品。

第四节　宾馆服务业

农场的宾馆服务业主要是指农场招待所（后称接待中心），农场招待所是隶属于农场

场部机关的对外窗口。

建场初期，农场场部腾出几间简易房屋作为场部公务接待和会议使用，形成农场最初的公务接待服务场所（招待所）。随着农场工农业生产的发展，几间简易房屋已远远不能满足往返人员接待和农场有关会议需要。1977年8月，农场报告南通农垦局，在场部河东筹建招待所（宾馆），建筑面积1100平方米。

1985年，随着党的经济政策的落实，改革开放深入人心，农场的经济结构已由单一的农业型经营转为农工商综合经营。众多外省市以及外商、港商等来场考察参观、洽谈业务，原有两排规模小、设施简陋的平房招待所已不能适应形势发展需要。农场报告江苏省农垦总公司，在原机关老食堂前面新建农场招待所（今农场江海社区卫生服务中心）和商业门市部兼用大楼。大楼主楼4层，副楼3层，总建筑面积2200平方米，造价80万元。同年，农场申请南通农场招待所营业执照，主营旅馆业；兼营糖烟酒、日杂百货，全民性质，独立核算。后因生产发展需要，招待所扩建搬迁至当时场部机关东侧，更名南通农场接待中心。原招待所房屋及场地作为农场职工医院使用。

1998年2月，农场招待所首次实行承包责任制，招待所工作人员的工资奖金与场部机关脱钩，年终经审计确认后盈余按10%～40%计奖，亏损按10%计赔。

2001年12月，农场接待中心实施卖囊租壳改制（即动产出售，不动产租赁）。2002年，农场体制改革，接待中心改为国有民营，房屋、土地实施租赁使用。2002年1月12日，农场职工徐平与农场签订接待中心房屋和场地租赁合同。

2007年4月，在徐平第一轮五年租赁期期满后，农场为改善接待条件，服务二次创业，在接待中心第二轮招租时提出要求承租人对宾馆、餐厅按照不低于南通市准"三星"级宾馆的标准进行装潢后，方可正常营业，最后沈裕忠中标，经营至2014年3月转让给陈军经营。

第五节　农林牧渔服务业

一、农林服务业

建场以来，农场农业、林业服务一直由农场农业管理部门负责，其机构设置主要包括农业科、农业中心、农业服务中心等部门，其主要服务职能有以下10种：

1. **良种服务**　为农业职工提供粮食、棉花、畜禽、水产、苗木等优质高效种子种苗；改造中低产田、绿肥养地、配方施肥、提高地力；运用和推广农业新技术，加强农技服务能力，为农场农业产业结构调整、农业发展提供服务，实行统一供种。

2. **农资服务** 为农业职工提供优质化肥、农药等农业生产物资服务，保证职工用上放心农资。农场专门成立农资供应服务站，实行农资统一供应。

3. **农技服务** 发展以农业科技推广为主要内容的新型农技服务，为职工提供适用种养模式和技术，搞好主要农作物的栽培技术指导及各项增产技术措施的安排、督促落实；为农场发展现代农业提供科技和人才支撑，为农场高效农业、现代农业的发展提供技术保障，促进农场培育、引导和带动特色优势产业的发展；做好农场农业新技术的引进及新品种的引种实验、示范、推广、培训和宣传工作，加强田间技术指导，做好产前、产中、产后服务。

4. **培训服务** 为农业职工提供培训，拓展职工增收致富道路。围绕江苏农垦农工培训要求，落实好省委、省政府农工培训工程，提高农工素质。

5. **信息服务** 为农业职工提供党和政府的各项惠农政策和市场行情、病虫害防治信息、天气预报信息，负责涉农法规的宣传、贯彻、执行、编制农业技术推广计划，负责农场各项农业新技术的推广应用工作及粮食、蔬菜、水果等作物病、虫、草害的预测、预报，并积极组织防治；收集传递农业生产、科技、市场信息，指导农户选好生产项目，指导农业社会化服务体系建设和农业产业化经营及农业合作经济组织建设；负责农业经济有关的数字统计，并做到准确及时。

6. **规划服务** 制定农场农业长远发展规划，指导和组织农业职工和农业单位开展各项农业生产经营活动；指导农业产业化、标准化建设，指导农业基地建设、农业名牌产品申报和创建工作；加强农产品商标管理，同时通过物流载体，为职工提供优质安全的农产品交流平台。

7. **水利服务** 按照党和国家的方针、政策、水法及法规，在上级业务主管部门的指导下，负责管好、用好水利工程设施，做好江堤加固安全检查和安全评定工作，制定与实施农田水利基本建设等年度规划；负责农场农田水利基本建设规划、勘测设计、组织施工、技术指导、质量管理工作。

8. **防汛服务** 执行上级有关防汛工作指令，组织防洪抢险劳动力，筹备物资器材，指挥农场防汛、抗灾工作，负责农场境内水土保持监督预防及水土流失的治理工作。

9. **农机服务** 宣传贯彻国家有关农业机械化推广的方针、政策、法律、法规，搞好农业机械安全监理工作，做好农机新技术指导、新机具的推广和农机信息服务工作；组织各类农业机械的技术检测、机具维修，开展农机具社会化服务，负责农场农业机械的建档及统计上报工作；组织农业机械进行抢险救灾，抓好场域内农机交通安全工作，增强人民安全意识，组织指导农业救灾工作。

10. 质量安全服务 抓好农产品质量安全培训、质量安全控制技术推广、生产环节质量安全巡查监管；对农业资源和农业生态环境进行监测，实施生态农业建设，指导无公害、有机食品建设和申报工作，协助做好农业植物检疫工作。

二、畜牧渔服务业

建场以来，农场场部成立了工副业科，专职做好畜牧渔业养殖的服务和管理工作。1979 年，随着农场养殖规模的扩大和市场的需要，工副业科划分为农场多种经营管理科和工业科两个科室，多种经营管理科主管农场畜牧渔业生产经营服务和管理工作。1981年 10 月，农场建立多种经营办公室。1984 年 11 月，随着农场经营管理体制改革，多种经营管理科改为集畜牧渔业生产经营和管理服务于一体的多种经营公司，独立核算，负责组织指导养殖户做好畜禽养殖、鱼苗、鱼种的生产和兽药、鱼药、鱼饲料及渔业水域的管理，做好境内水生生物的防疫和检疫工作。2001 年 8 月，改称为渔业分场或渔业管理区。

1977 年，农场设立兽医站，配备畜牧、兽医、渔业生产相关技术人员，隶属于农场多种经营公司。农场在总场、分场及各大队种畜场配备技术人员或赤脚兽医，定期选送人员到省局、有关高等学校或专业机构培训，建立总场、分场、大队三级防疫网络。

兽医站及相关技术人员主要负责场域内畜禽渔业养殖的免疫、疾病防治、免疫档案的建立，动物疫病控制和扑灭，场域内动物和动物产品检疫，相关车辆和场所的消毒，动物疫情调查、监测、兽药鱼药的使用监督管理工作；承担畜禽和渔业养殖的技术推广和培训工作；负责动物的诊疗活动、屠宰及动物和动物产品生产、经营、运输、动物产品加工、储存场所、活动的防疫监督，兽药、鱼药、饲料和饲料添加剂及种畜禽生产、经营、使用的监督管理等工作。农场对兽医站人员加强岗位责任制考核，要求深入生产队巡回检查、技术指导、送医上门、随叫随到不误病情，发现问题及时汇报，并采取有效措施，切实搞好常年防疫和季节防疫，消灭猪瘟、丹毒、新城疫Ⅲ号病等急性传染病。兽医站 4 名兽医划片包干，分工负责，搞好数据管理，每个兽医在包干范围内对母猪、肉猪、蛋鸭等饲养专业户，树立一个示范户，掌握第一手资料，及时总结经验，指导全面工作。

1985 年 3 月，农场聘请江苏农学院牧医系黄志荣副教授担任南通农场养殖顾问，主要顾问内容是为农场提供市场信息、代办科技咨询。

1987 年，农场正式建立兽医站办公室和饲料化验室（今江山路星苏花园一期南，后搬迁至太湖路苏垦南通电力公司办公室南侧），开设畜禽诊断化验室、门诊室、手术室，兽医人员诊治水平不断提高。农场做好技术培训，在农场第一中学职高班开设畜牧兽医班，为农场输送技术人员。

2004 年，经南通市海洋与渔业局批准，农场把从事渔业生产、药物、饲料经销的企业和养殖户组织起来，成立了农场第一个协会——南通农场渔业协会，旨在推动农场地区淡水养殖业的健康发展，为全场养殖户提供信息服务。

2008 年 4 月，南通开发区通农生态渔业专业合作社成立，由 93 名成员组成。通农生态渔业专业合作社成为养殖户的服务平台，让渔业职工实现资源和信息共享，降低了渔业职工的养殖风险。合作社与上海水大、无锡淡水所保持长期技术交流合作机制，常年聘请专家、教授来场为广大职工进行技术指导、授课。

农场与南通市水产技术推广站合作成立"南通市水产技术党员服务队开发区工作站"，开展送科技下乡活动，为广大职工送去水产养殖新技术等科技书籍。每月组织职工参加远程教育，通过网络、广播及时为职工传递管理新理念、养殖技术、市场信息以及病害情报，做好养殖户的渔业生产技术指导。每月出好一期渔事简报，对鱼病发生原因、防治方法和剂量及塘口注意事项及时向职工发布。工作人员经常采用三用机、黑板报、开会形式向职工宣传各阶段的养殖知识，提醒职工加强池塘管理，合理使用增氧机、科学投喂饵料，加强巡塘和鱼病的预防防治工作。为职工订阅《科学养鱼》《中国渔业报》《渔业致富指南》等杂志，让职工能迅速掌握最新的养殖技术。

2013 年 8 月，农场社会职能移交地方，农场不再承担畜禽防疫、检疫职能，农场兽医站撤销，相关服务工作由属地政府江海街道执行。

第六节 农业机械服务

一、农机装备

建场初期，农场土地由通州市金沙、三余、平潮拖拉机站代耕。1958 年，由江苏省农林厅投资 DT-50 拖拉机 1 台、D-35 拖拉机 2 台，农场成立机耕队。同年，平潮拖拉机站撤销，将其 Z-35 拖拉机 2 台、Z-25 拖拉机 2 台、拖车、棉播机、喷雾器调入农场，江苏省农林厅又投资 DT-54 拖拉机 3 台、DT-28 拖拉机 1 台，至此，农场共有拖拉机 11 台。

1960—1966 年，农场添置东-54 拖拉机 11 台、千里马 28 拖拉机 5 台、DT-28 拖拉机 1 台、东方红-28 拖拉机 2 台、牵引式收割机 RT-30 5 台、自走式联合收割机 AC-400 1 台。

1967—1976 年，农场增加东方红-54/75 拖拉机 17 台、东方红-28 拖拉机 3 台、丰收-35 拖拉机 9 台、东风-50 拖拉机 3 台、铁牛-55 拖拉机 1 台、联合收割机 ZKB-5 型 1 台、KT-4 牵引式联合收割机 1 台、背包式联合收割机 10 台，同时报废 D-35 拖拉机 2 台、Z-

35 拖拉机 2 台、DT-拖拉机 1 台。

1977—1988 年，农场增加东方红-60 型拖拉机 1 台、东风-50 型拖拉机 20 台、丰收-35 型拖拉机 3 台、东方红-28 拖拉机 3 台、U-445 拖拉机 16 台（其中 4 台为轮驱动）、自走式联合收割机东风 ZKB-5 型 2 台、东风 ZKB-5-1 型 5 台、东风 4LZ-5 型 1 台、JS-1065B₁ 收割机 4 台、ZMAJ-141 5 台、ZMAJ-161 1 台、C12M 3 台，报废背包式联合收割机、牵引式联合收割机、AC-400 自走式联合收割机。同时，3 台东风 ZKB-5 型联合收割机和 5 台 ZMAJ-141 联合收割机换上 X6105 发动机。

1989—1998 年，农场增加东风-50 型拖拉机 51 台、铁牛-654 型拖拉机 36 台、铁牛-804（904）型拖拉机 2 台、洛阳菲亚特-80 型拖拉机 4 台、1065 型金马联合收割机 11 台、1065 型佳联联合收割机 4 台、钮荷兰-624 联合收割机 1 台、TC-56 型联合收割机 1 台、T-75 型拖拉机带推土机 4 台、木特滋-802 拖拉机 2 台、东方红 60/70 和 802 拖拉机各 1 台。同时报废 ZMAJ-141C1617 联合收割机 6 台，东风 ZKB-5 型、ZKB-5-1 型联合收割机 7 台，C12M 联合收割机 3 台，东方红-54/75 拖拉机 20 台。增加悬挂四铧犁 17 台、中耙 5 台、24 行播种机 11 台，新增水田农具、水田耙塓 22 台，新增水田筑埂机 5 台。1992 年，农场有美国产 215B 履带式挖掘机 2 台、俄罗斯产 3124 履带式挖掘机 1 台、C4-3B 铲运机 16 台、5 吨侧卸拖车 40 台，土方机械施工方面形成初步规模。同年，农场建立江苏农垦国营南通土方机械施工公司，该公司是属大队级编制的全民法人企业，注册资金 130 万元，其中固定资金 120 万元，流动资金 10 万元。1995 年，农场同意土方机械施工公司购置 2 台日立 EX200-3 挖掘机，总投资 150 万元。

1999—2001 年，农场增加钮荷兰联合收割机 1 台。

2001 年时，全场已拥有大中型拖拉机 89 混合台，自走联合收割机 23 台，机引农具 211 台套，农用电灌站 43 座，农用动力 9030 千瓦。每自然亩拥有农用动力 0.25 千瓦，农机从业人员 209 人，农机年总产值 670 万元，其中农田作业量 130 万标准亩；三麦、水稻、大豆等作物，除场头作业外，从种到收实现全过程机械化，其中三麦、大豆机械化程度达 95% 以上，水稻机械化程度达到 85%，作物秸秆粉碎还田率为 95%；粮食干燥、土壤深松耕等技术不断得到推广运用，水稻机械水直播、机抛、机播达 80%，全场农业生产综合机械化程度达到 80% 以上。

至 2001 年底，农场主要农业机械装备情况是：农业机械原值 17560 万元，农机总动力 34179 千瓦。其中大中型拖拉机 126 台，5651 千瓦；小型拖拉机 40 台，350 千瓦；农用排灌机械动力 1204 千瓦；农用运输车 20 辆、机动水稻插秧机 2 台、专用水稻直播机 38 台、联合收割机 31 台、秸秆还田机 25 台、机引播种机 12 台、大中型拖拉机配套农具 280

台、小型拖拉机配套农具 30 台。

2005 年，农场新增大马力拖拉机、洋马乘坐式插秧机等农机具 16 台，推广机插秧 6600 多亩。2006 年，农场新购大型收割机 1 台，大型拖拉机 3 台，翻转犁 3 台，高速插秧机 6 台。

二、机务管理

1958 年，农场成立机耕队，受农场领导直接指挥。

1960 年，农场生产科设农机副科长 1 名，统管机务和农机修理厂、配件库、油库。

1961 年，农场成立农机科，下设 3 个机耕队、农机修理厂、农机配件库、油库。

1964 年，农场运输队成立。

1965 年 9 月，农场农机科改为生产与机务两科，下设 4 个机耕队、修理厂、配件库、油库、运输队、电工队。同年，农场联合收割机队成立，直属机务科。

1966 年，农场成立 1 个机械化生产队、4 个机耕队。

1967 年初，农场联合收割机队解散。

1969 年 11 月，组建生产建设兵团，农场分为二十三团和二十四团两个单位，两个团共设 8 个机耕队，二十四团设修理排，团部设机运股。

1970 年 12 月，二十三团撤销，机耕队合并后统归二十四团管理。

1973 年 8 月，农场（兵团）改编机耕连队，由现编的 8 个机耕连合并为 4 个机耕连。

1976 年，农场恢复农机科，下辖 4 个机耕队。

1984 年 11 月，农场成立农机服务公司，辖 4 个农机站、配件库、油库、汽车修理厂、皮件厂，专业从事为农场农业提供机耕、机收、机种、植保机械等一整套机械化作业。

1986 年，为适应农场体制改革和工农业生产的发展，考虑油库的地理位置和交通安全条件，油库由场部城镇规划区内迁至中心河桥北路东（今张江公路农场二大队桥北南通富港贸易公司位置）。

1987 年，农场撤销农机服务公司，成立农业办公室。农业办公室内设 1 名副主任、1 名工程师、1 名技师，负责分管农机及对下属 4 个农机站进行业务指导工作。农机站的行政、业务归所在分场管理，汽修厂、皮件厂划给农场工业公司。

1988 年，农场成立农机安全监理站，主要任务是贯彻国家、江苏省有关农业机械化和安全生产的方针、政策及江苏省农垦农机安全监理所下达的各项农机安全监理工作；结合农机标准化管理，负责全场农机安全技术检验和驾驶人员年检、年审、培训、季节性检验及其他安全生产检查；纠正违章行为，勘查、处理道路以外发生的农机事故，并提出防范措施等。

1992年，农场成立机电服务中心，下辖4个农机站、配件库、油库、汽车拖拉机修理厂、汽车运输队。

1994年，农场机电服务中心更名为江苏省南通农场机电公司，下辖4个农机管理站、配件供应站、油料供应站、汽车拖拉机修理制造厂、汽车运输队、液化气站、临渡加油站、水电管理站。

2000年，机电公司改制成立南通农垦江海农机服务中心（股份合作制企业），下辖4个农机管理站和1个农机监理所。农场与南通农垦江海农机服务中心签订土地房屋租赁合同，将建筑物面积7169397平方米，占地面积34782.91平方米的原机电工地及所属4个农机站房屋租赁给南通农垦江海农机服务中心，用于农业机械的停放、维护等经营服务的场所。

2001年，农机监理所与农机服务中心合并。

2002年4月，农机民营化改制，农场国有股全部退出，4个农机站改为民营农机服务点，由农机服务中心宏观管理。农场卖机不撤站，4个农机站除江边农机站和长洪农机站因南通开发区及苏通园区征用土地而拆迁外，中心农机站、大明农机站民营化营运至今。

三、管理制度与模式

建场初期，农机管理主要遵循农垦部下发的《机务工作规章》《机械田间操作规程》《安全操作规程》等文件，"文革"后主要执行《江苏农垦农机管理标准化规定》和自订规章。

农机具保养修理执行四级保养、二级修理制度，标准工作量折合系数按江苏省农垦局有关规定执行。

1963年，农机管理落实"三保证三奖励"生产责任制度，建立和健全定人员、定机车、定农具、定作业区四定生产责任制。"三保证"即保证任务、保证质量、保证成本；"三奖励"即任务超额奖励、节约成本奖励、生产超产奖励。

1977年以前，农机系统基本上执行等级工资制。

1978年开始，农机管理改过去行政计划管理为经济管理，执行"五定一奖"（即定任务、定成本、定消耗、定出勤、定质量）。达到五定指标的每人发放季度奖，年终按纯利润提取2%作为奖金，用评奖的办法兑现到人。

1980年，农机管理推行"三定六奖"奖赔责任制，即定生产任务，按标准台下达全年作业标准亩指标，超任务给予奖励；定油料消耗，按每标准亩下达主副油料消耗数，超耗均按规定百分比奖赔；定修理费，规定标准亩修理费支出，修理费又分大修修理费与常规修理费，大修修理费由农场统一管理使用，常规维修费的节约与超支，按定额百分比计奖赔。

1987年，农场执行江苏农垦农机管理标准化三级规定，对农场农机进行标准化管理。农机站定期组织开展每年3次的机车组等自查、农机管理部门再进行3次验收工作，对优异农机站及时给予表彰，对较差的农机站或机车组给予通报批评，逐步加大经济方面的考核力度。农机生产责任制仍由农机部门起草，并同所在分场讨论，由农场以文件的形式下发，对机车组实行"三定六奖"责任制，对农机站下达总的技术指标按车况进行分解，并实行机农挂钩，按照作业质量、服务态度、进度、安全等，以分场管理干部奖金的20%～30%为标准进行计奖，但奖金列入农机生产成本。

1988年，按照《江苏农垦农机管理标准化规定和检查评定办法》标准和要求，农场中心、长洪、大明、江边4个机耕队被江苏省、南通市农垦公司评为1987年度农机管理标准化机耕队。

1990年2月，农场被江苏省农垦总公司授予1989年度农机管理二级标准化农场。

1992年，农场成立机电服务中心，成为农场农机主管部门，主管全场农机工作。农场农机工作积极向标准化二级规定努力，制定具体的实施细则，农机生产责任制实行"经济效益超包干分成，机农挂钩专项指标考核，管理干部考核奖赔的责任制"，从经济方面调动广大干部职工的生产积极性。同年3月，农场被江苏省农垦总公司授予1991年度农机管理三级标准化农场。

1994年以来，农场在农机管理上主要执行《国营南通农场机务管理规章》《农机监理法规》《国营南通农场田间机械作业质量标准》，在确保对农业服务的前提下，积极对外开拓土方机械施工，形成对外机械土方施工自主经营、自负盈亏、自我约束、自我发展的法人体制。在农机内部责任制上，总体实行"定岗定编定员"，即按机定、按岗位需要定，年收入与专项指标考核挂钩。农场按农业部及江苏省农垦总公司有关《国营农场农机标准化管理》考核评定细则标准，要求各站每年必须进行静态自查3次和动态自查2次以上，农机主管部门予以抽查并考核。

1996年，农场农机深化改革，4个农机站实行定机定编，精简了60多名富余人员，优化了劳动组合。农机站实行工效挂钩，将工人的工资与其所完成的作业量、消耗、质量、服务态度等紧密联系在一起。

1997年，农场农机系统开展机械收割、播种、开沟、机耕、机耙5项田间作业竞赛，从作业数量、质量、油料和配件消耗、服务态度等方面综合考核,机架人员参赛面达85%,有效地提高了农机服务质量。

1998年,农场农机工作以农机标准化管理为主线,以确保机械作业质量为中心,以提高经济效益为目标,狠抓机务队伍建设,从加强内部管理入手,开展岗位培训。农机系统实行持证上岗,打破等级工资制,实行报酬与作业量、作业质量、经济效益等考核的密切挂钩,有效地调动了机驾人员的积极性。

2000年,为改变农业传统的繁重栽培方式,提高水稻机械化程度,农场引进两台洋马手扶式插秧机,逐年示范推广,获得职工认可。2003年,全场机插秧面积1500亩,2004年达3000多亩。2005年,农场职工自行购买高速插秧机6台,手扶式2台;2006年,购买高速插秧机6台,机插面积9100亩,使农场水稻机械化生产又向前迈进了一大步。

2002年,农场农机民营化改制。民营化改制后,农场每年出台农机推广实施办法,鼓励农机更新,实施购机补贴。2005年,农场出台《南通农场农业机械管理办法》,鼓励推广机插秧和水产养殖机械及高效复合式大型轮式拖拉机及配套机械等农机新品种。

1986—1987年,农场连续两年被江苏省农垦局授予江苏省农机管理标准化农场,1990年以来多年被江苏省农垦总公司评为农机管理先进单位,其中,1995年被农业部农垦局授予"全国农垦系统农机管理标准化优秀单位"荣誉称号。1997年2月15日,农场被江苏省农垦总公司评定为二级农机标准化农场。同时农场农机管理战线也涌现了一批先进人物得到了江苏省农机局和江苏省农垦总公司的表彰(表2-6-1)。

表2-6-1　农场农机战线受江苏省农垦或农机局表彰人员一览

姓名	荣誉称号	授奖部门	授奖时间
顾惠成	优秀农机干部	江苏省农垦总公司	1988年
仲　银	优秀农机干部	江苏省农垦总公司	1988年
王炳亨 顾惠成	农机管理标准化科学技术进步二等奖	江苏省农垦总公司	1988年3月
徐海兵 邵　勇 周　平 黄苏六	机耕队"优秀农机干部"	江苏省农垦总公司	1988年8月
顾惠成	优秀农机监理员	江苏江苏省农机局	1990年10月
顾惠成	优秀农机监理员	江苏省农垦总公司农机安全监理所	1992年2月
黄苏六	农机工作先进工作者	江苏省农垦总公司	1995年3月
姚　平	标兵拖拉机手	江苏省农垦总公司	1996年8月
王和平	标兵收割机手	江苏省农垦总公司	1996年8月

四、机具革新及技术改造

（一）拖拉机

1965 年，农场将报废的 3 台教课用的 R-27 拖拉机装上国产 485 发动机，原前桥加装钢板弹簧。

1966 年，农场将热托-35 链式车改装成轮式车。

1972 年，农场推广使用锯木纸质机油滤芯。同年，开始使用洗衣粉清洗机件，节约了保养机体用油。

1979 年，农场开始全面推广金属清洗剂。

（二）收割机

1970 年，农场（兵团）对全场 KT-30 牵引式联合收割机进行技改。将原单滚筒改为双滚筒，原链条传动改为皮带传动，将 AC-400 自走式联合收割机原链条传动改为三角皮带传动。

1981 年，农场在东风 ZKB5、ZMAJ-141 自走式联合收割机装上茎秆切碎装置，并取得成功。

1983 年，农场在东风 ZKB5、ZMAJ-141 自走式联合收割机装上复脱分离装置。

1985 年以后，农场分别对 ZMAJ-141、C12M 联合收割机进行割刀传动装置和切割装置的改装。

1987 年，农场对 C12M 自走式联合收割机滚筒传动进行改装。

1995 年，农场对 JM-1065 自走式联合收割机改装了第二复脱装置。

1999 年，农场对 JM-1065 自走式联合收割机改装了适合倒伏水稻作业的木翻轮。

（三）农具

1970 年，农场（兵团）把 1100 大型脱粒机的单滚筒改为双滚筒。

1971 年，农场（兵团）研制成功人力梳齿式手扶插秧机，并大面积推广使用。

1973 年，农场（兵团）研制成功大型复式脱粒机。

1974 年，农场（兵团）改制成功苏兵-74 型立式旋转开沟机。同年，研制成功东风-12 履带半喂入式联合收割机、小型机动水稻直播机，并大面积推广使用。

1977 年，农场研制与东风-50 型拖拉机配套的悬挂折叠式宽幅喷雾机，用于棉田治虫，工作幅宽 16 米。

1978 年，农场研制成功麦套棉播种机。

1979 年，农场研制成功高架棉套麦播种机，能一次完成松土、施肥、播种作业。同年，改制成功棉套麦田灭茬机。

1980 年，农场研制成功与东风-50 拖拉机配套的水田耖。

1981 年，农场研制成功人力、机引两种铺膜条播机，改制成功肥料撒施机；研制成功 ZBD-10 型水稻精量播种机，通过部级鉴定，并获得农垦部科技成果三等奖。

1988 年，农场改制成功东风-50 半挂 25 米幅宽 3T 喷雾器。

1989 年，农场研制成功铁牛-654 悬挂折叠式 5 米平土机。

1991 年，农场在原 3T、5T 轮挂车基础上，改制成功自卸车箱。

1995 年，农场研制成功适应旱地喷雾化除高架喷雾器，并获国家专利和江苏省农垦总公司科技成果。

1996 年，农场研制成功水田 IPZX-65 悬挂筑埂机和水田 IBMSX-35 悬挂耙墁机（配铁牛-654），改装 13 台联合收割机的双液筒复脱装置，提高了作业质量，减少了收割损失。

1998 年，农场自行研制生产联合收割机拨禾轮 8 台，改装联合收割机发动机高压油泵 8 台，改制悬挂四铧犁 4 台。通过对农机具革新改造，降低了作业的消耗，提高了农机作业的效率。

五、改革改制

2000 年 8 月 17 日，农场成立农机改制领导小组，江苏省南通农场机电公司实施改制。同年 9 月 23 日，农场成立南通农垦江海农机服务中心（股份合作制企业）。同年 12 月 20 日，南通农场机电公司登记注册为南通农垦江海农机服务中心，注册资本为 399.39 万元，采用产权受让方式，大部分股权置换给职工，其余部分由农场参股，参股比例为：职工股 300 万元，占股 75.11％，农场股 99.39 万元，占股 24.89％。其中职工基本股：职工 70 人，每人 1 股，每股 3 万元，合计 210 万元；责任股：选举产生的董事会及聘任的经营班子成员和中层管理干部增加认购的股份为责任股，即董事会、经理、总支书记每人 3 股，农机服务站站长每人 2 股，副站长 1 股，共计 30 股，人民币 90 万元；国有法人股产权受让后剩余的 99.39 万元，折合 33.13 股为国有法人股。

2002 年 2 月，南通农垦江海农机服务中心及所属单位实施二次改制。同年 4 月，随着农场农业生产租赁经营责任制的全面推进，对农业机械作业的要求更高，为适应改革和农业种植结构调整的需要，农机深化改制，原 4 个农机站所属的机器设备分别整体出售给农机站职工自主经营，农场在农机服务中心的股份全部退出，不再参股。农场执行卖机不撤站，除江边农机站和长洪农机站拆迁外，中心农机站、大明农机站民营化营运至今，单机出售给个人，机组出售给联合体经营至今。

在农场农机民营化期间，农场每年出台农机推广实施办法，对职工实施购机补贴，鼓励农机更新，个人投资农业机械的积极性提高。2002年，由个人出资购买进口纽荷兰TR98联合收割机1台，是当时全国马力最大（270马力）、割幅最宽（8米）、最先进（双轴流滚筒），全国唯一；购进铁牛-654，东风-50拖拉机及配套农具7台套，农场农业机械民营化为农场农业机械化走出了新路子。

农场土方机械化施工队成立于1988年7月，成立时施工队有进口215B挖掘机2台、推土机3台、铲运机13台及一批训练有素的技术人员。施工队主要承担场域内外的河道疏浚、修筑公路、筑渠筑坝、挖掘鱼池、平田整地等工程。1998年11月，农场对农机公司所属江苏农垦国营南通土方机械公司挖掘机队（前身国营南通农场机械化施工队）改制。改制时挖掘机队拥有挖掘机4台，其中：进口挖掘机3台，国产挖掘机1台。同年9月8日，农场委托通州市资产评估事务所对该公司的挖掘机现场评估，9月18日，农场公开竞卖，利用农场有线广播进行广播宣传。同年10月8日，进行二次公开竞卖，都高于评估价出售。

第七节　水的生产和供应

建场初期，农场没有自来水，结合水利工程建设，开挖吃水河。1976年，农场为改善职工生活用水和满足生产用水，在粮油加工厂打成第一口深水井（深217米），水塔容量60吨，出水量每小时80吨。加工厂、场部、建材厂等附近单位的职工首先用上清洁自来水，开创了建场以来职工用上自来水的先河。接着农场先后在修造厂、场部、中心分场、长洪分场、江边分场打了5口深井（井深均在215米左右），先后投资79.6万元，铺设自来水主管道46.5公里。到1988年9月，农场除一大队、十四大队、二十九大队、三十大队、三十四大队5个单位外，其他单位基本实现职工生产生活用上清洁自来水，自来水普及率达到95％，年耗水量90多万吨。

1985年，农场自来水收费本着以水养水的原则，每吨水费0.16元。各用水单位除水电服务站装总表外，单位对各用水户装分表。自来水管道维修由水电服务站负责，费用由受益单位承担。同年，农场出台《关于加强保护地下水质资源做好自来水供水工作的通知》，对保护地下水质资源、防止水质污染起到了重要作用。

1991年，为合理开发和利用地下水资源，保证正常供水，满足农场居民生产和生活的需要，农场出台《关于加强自来水管理的暂行规定》。主要内容：一是成立"江苏农垦国营南通自来水厂"，由自来水厂负责管理全场范围内的自来水供应、安装、检修、计量、收费等项工作，负责水质抽样、送检及污染监测；二是将农场现有的 6 口深井水全部划归自来水厂统一管理；三是规定任何单位和个人不得擅自安装、拆卸自来水管道及水表，凡是要安装和拆卸自来水管道，必须先向农场水电管理站办理申请手续，由自来水厂派人统一安装、拆卸；四是全场实行计划用水和节约用水制度，居民生活用水计划每人每月 2.5 吨，每人每月使用不足 1.5 吨按 1.5 吨收费，特殊情况除外。

1998 年 3 月，农场调整自来水供应价格。同年 4 月，农场出台《南通农场供水管理细则》，细则规定农场水电管理站负责制定全场供水发展规划和全场供水的统一管理工作。江苏农垦国营南通自来水厂是全场供水的统一经营单位，负责全场供水管理的日常工作，做到水质好、水压够、水量足、维修快、计量准、服务好，有自来水供水的接水权，其他任何单位或个人都无权接水。

2002 年 3 月 6 日，农场印发《关于调整自来水价格的通知》，规定从 2002 年 4 月 1 日起，农场范围内生活用水调整到 1.10 元/吨，工业用水为 1.3 元/吨。

2002 年，农场自来水厂在进行管网扩容的同时，对过去铺设的自来水管道进行逐步更新改造。过去由于受经济和技术等制约，场内铺设的自来水管道 80% 为水泥预应力管、铸铁管，容易破损泄漏爆管。1990 年开始，农场在财力许可的情况下，局部地段铺设了 PE 管，一小部分地段铺设了 PVC 管。2002 年，农场投资 54 万元，将严重老化、漏损严重的一大队、二大队、十九大队，以及健康新村、农科所等单位的管道进行更新。

2003 年，农场投资 40 万元，对建材厂新村、健康新村、江海北路（今太湖路）两侧、黄河路（今海明路）西首、七大队、九大队等单位的入户管道进行更新改造。同时新铺设江海镇区至三孔桥渔场 φ100PVC 管 3 公里；新铺设江海镇区至大明渔场 φ100PVC 管 2 公里。

2004 年初，南通开发区自来水公司铺设 1 条 φ300 球墨输水管道进入农场场部江海镇区，南通开发区洪港水厂的水接入农场，农场百姓吃上了水质较好、硬度较低的长江水。同年，为使农场区域接入南通开发区洪港水厂自来水，农场投资 260 万元，配套预埋相应的供水设施。农场分别在长江路（今江山路）埋设 φ300 管道；长江路至黄河路（今海明路）埋设共 2000 米 φ150～φ200 管道铺设；黄河路东西向 φ300 管道 850 米；新铺设场部至团结渔场 φ100PVC 管 4000 米；为农场招商引资，为农场工业集中区新铺设场部至三孔桥北南兴路口 φ100PVC 管 4300 米；为农场工业集中区沿途 14 家工厂接通自来水；新铺设场部至二十七大队 φ200PVC 管 2000 米；在场部新设消防栓 34 个；为农场工业集中区内纬一、纬二路铺设 φ200PVC 管供水主管道 2500 米，同时配上消防设施。

2005 年，农场投资 90 多万元，新铺设二十七大队至修理厂 φ200PVC 管 2300 米；更换农场 20 幢集资职工商住楼的所有自来水管道，增添防冻设备，取消楼顶水箱，不仅水压增大，而且彻底改善自来水水质。至 2005 年底，农场场部区域主输水管道的改造完成 50%，农业大队输水管道的改造完成 20% 左右，居民自来水入户管道的改造完成 60%，自来水普及率 98%，场部区域抄表率 97%，年耗水量 70 余万吨。改造后的自来水管道，水压增大，防冻能力明显增强，报修率、投诉率、漏损率大幅度下降。主输水管道的施工技术、质量接近南通市水平。

2012 年 9 月，随着苏通园区征用农场土地第二期移交，同时列入移交的包括江苏农垦国营南通自来水厂在内的 10 家农场社会事业管理服务单位，自此农场的供水管理及服务除三孔桥地区以外，其他地区全部移交苏通园区江海街道。

2018 年，江苏省农垦集团公司同意苏垦南通公司职工家属区"三供一业"供水分离移交改造立项。改造内容为：原 DN200 供水二级管网接水，穿越张江路，向东铺设 DN150 球墨铸铁管约 1.3 公里，向西铺设 DN150、DN200、DN100 球墨铸铁管约 2.3 公里。区域供水管道上接管，并新建输配水管道至居民住户及其他用水点。项目总投资 243.85 万元，建设工期 3 个月。同年，根据江苏省政府"王江在全省剥离国有企业办社会职能和解决历史遗留问题工作推进会上的讲话"和江苏省农垦集团公司要求，苏垦南通公司针对三孔桥地区供水未能移交地方的实际情况，多次赴南通市、南通开发区自来水公司沟通协调，研究解决问题的对策。对三孔桥地区供水改造及移交工作进行调查摸底、资料收集，与南通开发区自来水公司一起对水改区域现场测绘，完成工程方案设计及工程预算。同年 7 月 23 日，苏垦南通公司与南通开发区自来水供应中心签订供水质量提升改造项目和分离移交框架协议书，并向江苏省农垦集团公司上报《江苏农垦集团南通有限公司关于对供水质量提升改造项目立项的请示》。但由于三孔桥地区的特殊情况（户数少，居住分散），且管网老化，预算方案中造价较高，大幅超过《中央下放企业职工家属区"三供一业"分离移交中央财政补助资金管理办法》5800 元/户的供水改造标准，而且张江公路拓宽改造和三孔桥地区居民拆迁的推进，该地区已经大范围拆迁，未能通过省国资委的审批，三孔桥地区自来水改造及移交工程未能完成。

第八节　电力供应服务业

一、电力基础设施

建场初，农场仅有 35 千瓦发电机 1 台，供场部、修配厂、照明及生产用电。

1965 年起，农场从南通县张芝山到农场修配厂、轧花厂、九大队、十三大队架设高压线路 16 公里，并自建张芝山变电所 1 座，装机容量 560 千伏安，配变台 9 个，分别为 100 千瓦 3 个、180 千瓦 1 个、50 千瓦 1 个、5 千瓦 4 个。1966 年元旦，农场接通南通地区电网，用上南通市天生港发电厂送来的电。

1972 年，江苏生产建设兵团第四师在农场中心队新建变电所，原张芝山变电所移交地方，有 10 千伏高压线路长达 40 公里，负责对农场地区的供电。随着生产发展的需要，农场修造厂、化工厂、砖瓦厂、加工厂、钢丝绳厂等单位先后自置柴油发电机组，装机总容量 1322 千瓦，以补充供电量的不足。

1985 年，农场全场变压器及高压侧以上常规维修保养由农场水电服务站负责，场部给予 2.3 万元维修费用补贴；变压器因使用不当和变压器低压侧以下线路维修费用由使用单位承担。

1986 年，农场投资 60 万元，合建南通农垦热电站，装机容量 1500 千瓦，每月向农场供电 8 万千瓦·时，缓和了农场用电紧张状况。20 世纪 90 年代中期，南通农垦热电站关停。

1988 年，农场建场 30 周年时，农场拥有电灌站 41 座，电力变压器 74 台，总容量 8000 千伏安，10 千伏高压线路总长 46.8 公里，年用电量 580 多万千瓦·时。

二、电力管理

建场初期，农场建有电工组。1966 年 12 月，电工组改建成立电气化队。1969 年，电气化队改建成立电工队。1985 年，农场扩大业务范围，电工队改建为水电安装队。1990 年 5 月，农场成立国营南通农场三电办公室，"三电"工作归口管理，抓好计划用电、节约用电和安全用电等工作。1997 年，根据苏垦事政〔1997〕6 号文件精神，原隶属于南通农垦公司的苏垦南通电力公司划归农场代管。苏垦南通电力公司划归农场后，负责对农场和周边等单位的供电和线路的维修保养，农场的电力基本建设管理职能由水电安装队划转到苏垦南通电力公司，水电安装队合并到江苏农垦南通自来水厂，负责场域的自来水的安装管理维修。

2002 年 5 月，农场范围实施农网改造。农网改造前，农场供电有 35 千伏变电所 1 座，农网改造过程后，原 35 千伏变电所改为 10 千伏开闭所。

2018 年，苏垦南通公司根据江苏省委"王江在全省剥离国有企业办社会职能和解决历史遗留问题工作推进会上的讲话"精神，围绕江苏省农垦集团"三供一业"分离移交的要求，将供电管理及服务移交国网南通市供电公司。

第九节 房地产及物业服务

农场西、南两面临江，近岸水深，得天独厚的地理优势被南通市列为新江海港区和南通开发区的重要组成部分。1993 年，农场有 2 座万吨级码头建成投入运行，2 座万吨级码头和通常汽渡正在建设中，张江公路和营渡公路贯穿农场，形成环场公路，沟通了农场与江南江北的通道，外商来场考察和合资企业逐渐增多，与此相配套的第三产业和商业、民用建筑发展前途更是看好。为给农场创造一个更好的投资环境，吸引更多的中外客商来场投资。同年 4 月，农场成立江苏农垦南通房地产开发公司，以适应改革开放形势的需要。公司属全民企业，独立核算，主营房地产开发，兼营砂石、水泥、钢材、木材等建筑材料。

2002 年 9 月，为适应江海镇发展形势，强化镇区管理，促进镇区管理服务社会化，农场成立南通江海物业管理有限公司，注册资金 50 万元。负责江海镇区的环境卫生、保洁、绿化管理、秩序维护、居民住宅楼的有偿维修等工作。该公司在 2012 年 9 月农场社区社会职能移交时一并移交苏通园区江海街道。

2018 年 10 月，为加强福地商业广场的物业管理和服务保障，苏垦南通公司把原南通元基建材有限公司变更为南通元基商业管理有限公司，经营范围增加物业管理等内容。

中国农垦农场志

第三编

管理体制

中国农垦农场志

第一章 农场机构设置

第一节 机构设置沿革

一、场部机构设置沿革

1958年3月，南通县委、县人委组织垦荒大军对沿江芦苇滩进行围垦，经江苏省人民政府批准，正式成立南通县国营南通农场，场部机关设在后来的农机修造厂内。建场时，场部机构设有文（秘）书室、财务室，农场的生产行政归属南通县直接领导。

1960年起，农场生产行政隶属江苏省农林厅国营农场管理局（后改为江苏省农垦局）领导，南通县国营南通农场更名为国营南通农场，场部机关设有生产科、财务科、机务科、组织科、基建办公室。

1961年9月，农场场部改变原有的分口分部门领导体制，把原有设置的组宣科、财务科、机械科、治保科、副业办公室、基建办公室、秘书办公室、农科所、粮管所、邮电所、营业所共11个科室及单位合并改建为5个科级管理机构，即生产科、机械科、财贸科、组宣科、秘书科。5个科室的主要职责是：生产科包含原农科所、副业办公室、粮管所，具体负责全场的农、林、牧、渔生产经营，以及全场粮食与各项经济作物生产任务规划、技术措施指导及饲料管理；机械科负责全场机耕生产管理，同时要处理加工及修理车间动力设备管理，加强对全体机务人员的思想、组织领导，使其更好地发挥机械化生产效率；财贸科负责全场的生产经营财务收支，以及供销部、营业所等物资销售经营单位；组宣科负责搞好直属文卫系统，以及全场干部、农工的政治组织领导；秘书科由原基建室、文书室、邮电所、食堂事务等单位合并，具体抓好党委每时期的中心活动情况并向上汇报，取得上下级联系，并管理好机关人员思想、组织领导及日常事务等，各科均设办公室。

1962年10月，农场场部成立财务科、基建科、农机科、副业科、武保科、人事科。

1963年8月31日，根据江苏省农林厅农垦局转发中央农垦部"国营农场良种繁育制度"的规定，国营农场应当成为繁育农作物的良种基地，农场建立国营南通农场良种繁育站（简称良种站，取消原来的考种库名称），具体负责全场的农作物良种繁育任务。良种站由场部直接领导,属科级单位,业务由农机科指导。

1965年,农场经过几次扩垦,增加了人员和耕地面积,场部机构增设办公室、多管科、政治处(包括组织、团委、人武部、妇联)。

同年11月1日,为加强思想政治工作的领导,农场建立政治处,政治处和党委办公室合并办公。政治处下设组织科、宣传科、人保科及团委、妇联。

1967年3月,农场成立国营南通农场生产办公室,下设4个组:政治组、生产组、后勤组、秘书组。4月,经南通军分区批准,建立中国人民解放军江苏省南通专区国营南通农场军事管制委员会(简称军管会),钱兰卿任军管委主任。原中国共产党南通农场委员会、国营南通农场两枚印章停止使用。6月,成立中国人民解放军江苏省南通专区国营南通农场军事委员会文革办公室及农场军事管制委员会生产办公室,该生产办公室与原国营南通农场生产办公室合署办公,原生产办公室所设机构全部撤销。同年9月,军管会撤销。

1968年3月28日,经南通县革命委员会批准,建立江苏省国营南通农场革命委员会(简称革委会),储广泉任革委会主任。同年4月3日,革委会第一次全委会决定,革委会下设"一室、一部、四组":革委会办公室、人武部、革委会政工组、革委会群运组、革委会生产组、革委会后勤组;主任委员褚广泉、副主任委员张德仁负责全面工作。

1969年11月,农场成立中国人民解放军南京军区江苏生产建设兵团第二十三、二十四团(二十三团于1970年12月撤销,人员迁往江苏省金湖县运西农场)。二十四团成立临时党委,党政关系与南通县脱离,归属中国人民解放军南京军区江苏生产建设兵团领导。二十四团机关设司令部、政治处、后勤处三大部处,下设生产股、管理股、军务股、组织股、宣传股、保卫股、财务股、物资股和机运股。同年,场部机关西迁至农场中心队西位置(今江山路588号苏通园区公安分局办公大楼)。1973年,场部增设副业办公室。

1975年6月,国务院、中央军委批复同意撤销江苏生产建设兵团。同年8月5日,江苏生产建设兵团四师二十四团奉令撤销,停止办公。经江苏省农垦局批准,由郭洪义、周伟森等5人组成领导小组,负责农场日常工作。

1976年1月,根据精简、统一、效能原则,农场撤销营级建制,成立分场。机关建立四科一室,即政工科、农业科、工副业科、财务物资科和办公室。同年4月20日,经中共江苏省革命委员会农垦局党组苏革垦党字〔1976〕92号文件批准,成立中共国营南通农场核心小组;同年9月,经南通农垦局批准,恢复建立了南通农场革命委员会常委会,场部机构调整设立了办公室、农业科、财务物资科、基建办公室、工副业科和政工科、保卫科。1977年5月,农场成立知识青年工作办公室。同年10月,恢复建立人武部。

1979 年 11 月，农场机关设置为六科一室一部。

1980 年 10 月，成立农场房屋管理所，负责全场公有房屋的管理，包括使用、调配、维修等项目。

1981 年 6 月，农场原基建办公室撤销，成立基建科。同年 10 月 3 日，农场成立多种经营办公室，同年 11 月 19 日改为多种经营科，同时撤销原国营南通农场工副业科。

1982 年 2 月，经江苏省局批准，农场撤销国营南通农场教育辅导组，成立教育卫生科。

1983 年 12 月，农场机关及部门设置为办公室、农业科、多种经营科、农机科、计财科、教卫科、劳资科、人保科、组宣科、纪委、工会、团委、妇联、建筑安装公司、物资运输公司、工业公司、农工商服务公司。

1984 年，企业整顿后，为适应经济体制改革的要求，场部机构做了较大幅度的调整。场部机关设置有：办公室、农业科、农机科、工业科、多种经营科、供销经理部、劳动工资科、计划科、财务物资科、基建科和组宣科、教育卫生科、保卫科、人武部和工会（筹建）。同年 11 月，先后撤销工业科、农业科、农机科、基建科、供销经理部、多种经营科，成立工业公司、物资运输公司、农业服务公司、农机服务公司、建筑安装公司、多种经营公司、商业服务公司，同时办公室改为行政办公室、劳资科撤销归属行政办公室、组宣科改为党委办公室、教卫科撤销，党委办公室兼管教育卫生工作，财务物资科改为财务科，成立计划科。

1985 年 5 月，南通县公安局同意成立南通农场公安派出所，派出所与场保卫科合并办公，受农场行政和县公安局双重领导。

1986 年 1 月，计划科、财务科合并为计划财务科。2 月 14 日，根据苏垦联科字〔1985〕335 号文件精神，贯彻《中共中央关于教育体制改革的决定》文件精神，农场成立国营南通农场教育管理委员会，下设教育管理委员会办公室和卫生科（院科合一）。同年 4 月 1 日，农场将原组宣科改为组织科、宣传科，原教育卫生科改为卫生科、教育管理委员会（下设办公室，并实行经济独立核算）。

1987 年，农场机关机构设置：行政办公室、党委办公室、农业办公室和计划财务科、劳动工资科、保卫科（派出所）及工会，编制 58 人。同年 1 月，为适应农场经营管理体制改革，农场撤销国营南通农场农业服务公司、国营南通农场农机服务公司、国营南通农场多种经营公司，以上 3 个公司合并组建成立南通农场农业办公室。同年 2 月 13 日，为对内对外方便业务工作，恢复江苏省国营南通农场农业科、江苏省国营南通农场农机科、江苏省国营南通农场多种经营科。

1988年2月，农场把劳动工资职能从行政办公室划出来，单独设立劳动工资科，负责全场的劳动工资、劳动力的管理、调配等各项具体工作。同年6月，为使农场的档案工作走向规范化、标准化，农场成立档案科，集中保管各类技术资料。

1989年2月，农场成立审计室，由场长直接领导，主要职责是：对农场所属单位的撤销、合并及分设时的财务、物资的审计；对行政主管干部任期届满调动时的审计；对重点单位的经营、财务活动进行审计；对各单位的基建重点投资项目进行审计监督等。2月11日，农场成立"两清"办公室（设在计财科）。同年3月24日，南通县司法局批准农场成立法律服务所，场内隶属于场长办公室，场外单独行使职权，接受南通县司法局的行政和业务领导，在农场开展法律服务，为基层民主和法治建设及社会治安综合治理提供优质法律服务。同年12月28日，为迎接全国第四次人口普查，农场建立国营南通农场人口普查办公室，各分场、公司、大队、工厂、场直等建立户口的大队级单位，建立人口普查小组，负责本单位的人口普查工作。

1990年4月，根据苏垦联政字〔1989〕194号文件精神，农场撤销审计室，成立审计科。同年5月21日，根据苏垦联党字〔1990〕14号文件，农场建立监察室。

1991年1月，为适应开放、搞活经营，农场撤销农业办公室，恢复为原来的农业科、农机科两个科室；撤销工业公司，恢复为原来的工业科。

1992年6月，农场根据机关科室工作的共同性和协调性的特点，将有关的11个科室合并和更名为"四室""四中心"，即：党委办公室，工作范围包括组织、人事、宣传、共青团、老干部、纪检、监察、科技管理等；场长办公室，工作范围包括劳资、安全生产、外经、文秘档案、通信、行政管理等；政法办公室，工作范围包括治安保卫、派出所、人武、法律服务、民调、土地管理、工商、交管等；工会办公室，工作范围包括电影放映、职工俱乐部、职工教育、劳动竞赛及处理工会赋予的一切日常事务；工业服务中心，工作范围是负责场办工业的生产经营、思想政治工作和行政管理等项工作；农业服务中心，工作范围是负责农业生产、农业技术推广、农田水利、防汛保坝、农业科研、良种繁育、种子经营等；机电服务中心，工作范围包括农机、修理、水电安装、石油供应、汽车运输、机械施工等服务和经营管理；财务结算中心，工作范围包括财务物资、计划统计、基本建设、政策研究、财务审计等。同年11月，撤销工业服务中心，建立工业办公室。

1993年2月，农场撤销国营南通江海工业公司，恢复江苏省国营南通农场工业科，属场机关编制。

1994年12月，根据江苏省劳动局苏劳险〔1992〕6号文件精神，农场成立养老社会保险领导组，养老保险办公室设在劳资科。

1995 年 1 月，农场对机关科室机构设置调整，由原来的四室两中心调整为一室八科一所，即办公室，组宣科、计财科、劳动工资科、工业科、农业科、保卫科、土地管理科、教卫科，农科所。

1997 年 9 月，农场成立南通农场场办企业体制改革领导组及办公室，同时成立国营南通农场物资科，与国营南通农场计划财务科合并办公。同年 11 月，为加强应收款的清收工作，农场成立"两清"办公室。同年 12 月，成立南通农场建设科。

1998 年 1 月，农场建立医疗保险中心和医疗保险结算中心，医疗保险中心办公室设在教卫科，医疗保险结算中心设在医院。同年 7 月 21 日，经农场党委会讨论通过，建立机关综合档案室。

1999 年 7 月，为切实加强对刑满释放、解除劳教人员的安置和帮教工作，预防和减少其再次违法犯罪，维护社会稳定，根据通安教〔1999〕9 号文件精神，农场成立南通农场安置帮教工作站。同年 11 月，国务院决定 2000 年进行第五次全国人口普查，为认真做好农场的人口普查工作，农场成立南通农场人口普查办公室。

2000 年 3 月，随着场办二三产业企业改制完成，适应场部对改制后企业的管理职能和方式的改变，农场将工业科和体改办合并，成立企业管理科，其职能是对农场范围内的二三产业企业（含私营、个体）进行管理和按合同（协议）等规定收缴规费。同年 7 月 23 日，农场撤销南通农场建设科，建立土地（房屋）管理所，隶属于企业管理科。

2001 年 2 月，为发挥审计与纪监的合力作用，将农场审计科与组织宣传科合署办公，实行一套班子、多块牌子，合并后称为组宣科。同年 8 月，农场机关科室设置为"三室四科"，即行政办公室、党委办公室、工会办公室、社管科、计财科、企管科、保卫科。

2002 年 7 月，农场土地（房屋）管理所从企业管理科划出，改为正科级建制单位。

2003 年 4 月 17 日，根据《江苏省城镇企业职工养老保险规定》文件，为适应养老保险社会化发放形势需要，规范农场养老保险业务，做好农场养老保险工作，农场单独设立南通农场养老保险办公室，同时设立养老保险基金账户。

2004 年 1 月，农场机关设立 5 个科室，即党委办公室、行政办公室、工会办公室、计划财务科、社会事业管理科。同年 3 月，为做好农场西部大开发，大量拆迁失地人员的安置等事务管理工作，根据南通开发区管委会办公室〔2004〕76 号文件精神，农场成立南通农场社会事业管理办公室，负责农场范围内拆迁失地人员安置的具体事务管理工作，与农场社会事业管理科合署办公。

2005 年，为做好农场退休人员社会化管理工作，建立南通农场退休人员社会化管理办公室。同年 4 月，为加强农场公路建设的管理，成立南通农场公路建设工程办公室。

2006 年 1 月，为适应农场发展和社区管理需要，推进农场城镇化建设，成立南通农场江海镇社区管理办公室，正科级建制。辖桃李新村、健康新村、腾飞新村、莫愁新村、三孔桥社区和老场部社区（老场部小区、大明农机小区）。

2007 年 11 月，农场成立南通农场社区管理委员会。社区管理委员会内设社会行政管理科、社会事业管理科、社会服务管理科和土地房产管理科 4 个职能科室部门。同时，根据江苏省农垦集团公司关于农场内部分离办社会职能工作需要，农场社会职能内部分离后，农场机关机构及部门职能进行调整。机关设行政办公室、人力资源科（党委组织科、审计科）、计划财务科、工会办公室、投资发展科等 5 个职能科室。

2008 年 5 月起，农场养老保险办公室随职能转换，改设在农场社会事业管理科内。

2010 年 10 月，为加强农场国有资产经营管理，设立南通农场资产经营科。

2014 年 3 月，农场公司制改造后苏垦南通公司印发《江苏农垦集团南通有限公司机构设置和部门职责说明》并经公司第一届第一次董事会审议通过。苏垦南通公司内部职能部门设"六部一室"：人力资源部、党群工作部、监察审计部、计划财务部、投资发展部、资产经营部、公司办公室。

2014 年 4 月，苏垦南通公司成立招投标领导小组，办公室设在投资发展部。同年 9 月，由苏垦南通公司投资发展部对三孔桥水产养殖场进行归口管理，负责日常工作协调和事务处理。

2015 年 5 月，苏垦南通公司党群工作部更名为综合工作部。

2018 年 4 月，苏垦南通公司对本部机构设置和职责做相应调整，将监察室从综合工作部分离，单设监察室，独立行使纪检监察职能，同时增设法务部。

2019 年 5 月，为推进土地资源管理资产化和资本化，创新土地资产配置方式，苏垦南通公司成立土地管理办公室，办公室设在资产经营部。

2020 年 2 月 19 日，为适应苏垦南通公司发展的需要，推进全面从严治党，提高监督检查效能，苏垦南通公司决定在公司本部单设纪委办公室。

2020 年 10 月 16 日，苏垦南通公司综合工作部更名为工会办公室，其部门职能不变。

二、基层单位建制沿革

1958 年，建场时，农场下辖 6 个生产队，1 个机耕队、1 个修配厂、1 座砖瓦窑、1 个副业队。

1962 年 10 月，原六、七队合并为七队，原十三队改为六队。

1963年，农场有12个管理区和1个良种站、1个副业队（河口生产队），65个生产队，并有捕捞队、综合加工厂、砖瓦厂、渔场等单位，各管理区都附设有养猪场。

1965年，农场经过几次扩垦，增加了人员和耕地面积，农场划分为4个管理区（片），农场下属单位增加到24个农业生产队，直属工业单位有修配厂、砖瓦厂、加工厂和轧花厂。同年3月，农场将管理区改称为生产队，管理区党支部改称为生产队党支部，管理区管理委员会改称为生产队管理委员会，原生产队也相应改称为生产班，改称后，管辖范围不变，领导与被领导的关系不变。同年3月27日，农场四、十二两个生产队合并为1个生产队，原十二生产队管辖范围并入四生产队接管，统一核算，合并后统称为四生产队。

同年5月，因农场扩垦围滩以后，管理范围扩大，江苏省农林厅同意农场场部下设4个分场，实行三级管理（总场、分场、生产队）、两级核算（总场、生产队两级核算）。同年6月，新建12个生产队，分别从北机路、南机路、大二围由东向西顺序排列。分别是东北片一点为第十二生产队、二点为第十三生产队、西北片三点为第十四生产队、四点为第十五生产队、东南片五点为第十六生产队、六点第十七生产队、西南片七点为第十八生产队、八点为第十九生产队、东二片九点为第二十生产队、十点为第二十一生产队、十一点为第二十二生产队、西二围为第二十三生产队。4个分场设置：一、二、三、四、五、十6个生产队为第一分场；六、七、八、九、十一5个生产队为第二分场；十二、十三、十四、十五、十六、十七、十八、十九8个生产队为第三分场；二十、二十一、二十二、二十三4个生产队为第四分场。继续实行三级管理（总场、分场、生产队）、二级核算（总场、生产队），创建生产队以后，原点、片、围等名称同时取消，一律称为生产队。

同年9月18日，农场农机科划分为生产和机务两个科；副业科改为多种经营管理科；农场场直良种繁育站的业务和涵闸管理所统属场部生产科领导；场直农机修配厂，运输队属场部机务科领导；各分场机耕的业务仍属生产队领导；场直轧花厂、加工厂、砖瓦厂、捕捞队、养蜂场以及全场畜牧业、林业、编织业、加工副业等生产的业务属多种经营管理科领导。

1969年，农场下属单位设有9个营、38个农业连、8个机耕连、11个工副业单位、直属警卫连、一中、二中、医院、兽医站。

1970年12月，二十三团与二十四团合并后进行整编，二十三团整编为8个农业营、1个副业营，原团警卫连仍编为团警卫连，原二十三团3营8连改编为团良种连，此两个连以及邮电单位均属团司令部领导。两团原有的中、小学，均属团政治处领导。原二十三团6营修理连改编为团修理连，原两团的加工连、运输连、工程连合并编为团加工连、运输连、工程连（表3-1-1）。

表 3-1-1 二十三团并入二十四团整编方案

营别	营部	新编连别	原编团、连	备注
1营	2连	1连	—	老九队东边
		2连	—	老九队
		3连	二十四团1连	老中心队
		4连	二十四团2连	老八队
		5连	二十四团3连	四连南首新建点合并编入
		武装连	—	
		1机连	—	老七队
2营	6连	6连	二十四团6连	老十三队
		7连	二十四团7连	老十四队
		8连	二十四团8连	老十五队
		9连	二十四团5连	老十二队
		2机连	二十四团2机连	老十三队
3营	3机连	10连	二十四团10连	老十七队
		11连	二十四团11连	老十八队
		12连	二十四团12连	老十九队
		13连	二十四团9连	老十六队
		3机连	二十四团3机连	老十七队西边
4营	4机连	14连	二十四团新建连	在原13连西边
		15连	二十四团15连	老二十队
		16连	二十四团16连	老二十队西边
		17连	二十四团17连	老二十二队
		18连	二十四团20连	老二十三队
		19连	二十四团4机连	新六队
		4机连	—	老二十二队西边
5营	21连	20连	二十四团18连	老二十四队
		21连	二十四团21连	老二十一队
		22连	二十四团22连	老二十五队
		23连	二十四团23连	老二十六队
		24连	二十四团24连	老二十七队
		25连	二十四团新建连	老二十一连西边
		5机连	二十四团5机连	—
6营	28连	26连	二十四团新建连	在原三连东边
		27连	二十三团7连	老五队
		28连	二十三团新建连	老哺坊南边
		29连	二十三团9连	老四队外小圩
		6机连	待建连	—
7营	原二十三团工程连	30连	二十四团五连	老三队
		31连	二十三团警卫连	农校西边
		32连	二十三团6连	老四队
		33连	二十三团1连	老二队
		34连	二十三团12连	老二队外小圩
		7机连	待建连	—
8营	35连	35连	二十四团新建连	老二队东边
		36连	二十三团13连	老一队外小圩
		37连	二十三团2连	老一队
		38连	二十三团3连	老十队
		39连	二十三团4连	老十队外小圩
		8机连	待建连	新建8机连

（续）

营别	营部	新编连别	原编团、连	备注
9营	加工连南边	轧花连	二十四团轧花连	—
		捕捞连	二十四团捕捞连	老轧花厂
		养蜂连	二十四团养蜂连	二十团捕捞连合并
		副业连	二十三团副业连	—
		砖瓦连	二十三团窑厂	—

整编后 1 营下辖 7 个连队，营部设在 2 连；2 营下辖 5 个连队，营部设在 6 连；3 营下辖 5 个连队，营部设在 3 机连；4 营下辖 7 个连队，营部设在 4 机连；5 营下辖 7 个连队，营部设在 21 连；6 营下辖 5 个连队，营部设在 28 连；7 营下辖 6 个连队，营部设在原二十三团工程连；8 营下辖 6 个连队，营部设在 35 连；9 营下辖 5 个连队，营部设在加工连南边。

1973 年 4 月，江苏生产建设兵团第四师司令部同意二十四团捕捞连、轧花连、修理连、加工连更改名称，对外名称为二十四团船队、二十四团轧花厂、二十四团修配厂、二十四团加工厂。同年 8 月，改编机耕连队，由原有 8 个机耕连合并为 4 个机耕连。

1975 年 12 月，兵团撤销恢复农场建制后，为适应农业学大寨，普及大寨场需要，农场场直单位和机耕连队的农业排（班）合并到附近农业连队。按照原来从哪个农业连队划出的土地仍然归哪个连队，当时的农业排（班）的人员，原则上跟土地走，田归哪个连队，人去哪个连队的原则，具体安排如下：1 机连农业排（班）合并到 3 连；2 机连农业排（班）合并到 17 连；5 机连农业排（班）161 亩，其中 62 亩划给 22 连，99 亩划给 23 连，人员合并到 23 连；修理厂农业排（班）117 亩，其中 55 亩划给 33 连，62 亩划给 32 连，人员合并到 33 连；东加工排 10 亩划给 33 连；加工厂农业排（班）合并到警卫连；轧花厂农业排（班）137 亩，其中 37 亩划给 3 连，100 亩划给 9 连，人员合并到 9 连；运输连农业排（班）合并到 3 连；工程连农业排（班）合并到 13 连；船队农业排（班）合并到 8 连。

1976 年，农场撤销营级建制，下属单位由 9 个营调整合并为 6 个分场和场直工副业单位。一分场由原 1 营和 2 营（包括 1 机、2 机连）组成，分场部设在养蜂连；二分场由原 3 营和 4 营 14 连、18 连（包括 3 机连）组成，分场部设在原 3 营部；三分场由原 4 营 15 连、16 连、17 连、19 连和 5 营（包括 4 机、5 机连）组成，分场部设在原 5 营部；四分场由原 6 营和 7 营 30 连、31 连、32 连（包括 6 机连、副业连）组成，分场部设在原 6 营部；五分场由原七营 33 连、34 连和 8 营（包括 7 机、8 机连）组成，分场部设在原 8

营部；六分场由原 9 营组成，分场部设在原 9 营部。同年 3 月 27 日，农场撤销五分场 28 连，四分场良种连改为 28 连，场直警卫连改为良种站。

1976 年 12 月，农场为有利于整体规划和农业机械化的发展，将 26 连并入 3 连，31 连并入 32 连，39 连并入 38 连，35 连职工、耕地分别并入 33 连和 37 连。

1978 年 1 月，农场原 3 连、26 连合并为一分场 3 连。同年 3 月，根据全国农垦工作会议精神，为办好国营农场，消除干部超编，人浮于事及管理混乱的局面，农场从整顿干部队伍、精简人员编制着手，进行了整顿。农场每个基层单位的干部职数从 4～6 人精简为 3～4 人，把下属 6 个分场合并设置为 5 个分场，经过整顿，削减了脱产人员，重新任命基层领导干部，提高了干部队伍的素质。同年 6 月，新成立南通农场 35 连。

1979 年 11 月 28 日，经江苏省革命委员会农垦局同意，二、三分场作为机械化试点，合并为二分场，五分场改称为三分场。农场下设 4 个分场，35 个农业连队，5 个农机管理站及粮油加工厂、轧花厂、修配厂、砖瓦厂、元件厂、制药厂等 14 个工副业单位。农场实行三级管理，二级核算。

1980 年 1 月，农场将第二中学印刷厂、服务连印刷车间、工程连皮鞋车间合并建立国营南通农场印刷厂（兼营制作皮鞋等），作为连级建制。同年 3 月，农场撤销四分场农科队建制，并入 15 连统一经营管理。同年 9 月，农场将 14 连并入 18 连，撤销 14 连建制。同月 29 日，在原农场基建连的基础上建立建筑安装工程队，作为江苏省农垦建筑安装公司第一工程处第五工程队，既是南通农垦局建筑工程处的下属单位，又是农场的直属单位，为独立的经济核算单位。

1981 年 1 月，撤销农场 40 连建制，其耕地、物资和劳动力全部并入 36 连。同年 6 月，农场修理排与运输连合并。

1982 年 1 月，根据省局指示精神，为加强经营管理，减少领导层次，更好地落实联产承包生产责任制，农场撤销农副业连队排级建制，建立生产作业组。同年 7 月，农场为达到种子工作"四化"要求，以东粮食仓库为基地建立南通农场种子站（属良种站领导）。

1983 年 2 月，为贯彻中共中央、国务院关于"调整、改革、整顿、提高"的八字方针，便于领导和管理，农场将原二分场所属 14 连划归四分场领导管辖，同时撤销原国营南通江海工业公司下属的江苏农垦国营南通工业供销公司及南通市通源贸易公司。同年 3 月 1 日，为使农场的基层组织形式与农垦体制相适应，根据上级指示，农场 4 个分场分别更名为：中心分场、长洪分场、大明分场、江边分场；所有基层农副业连队名称更改为"生产大队"（表 3-1-2）。

表 3-1-2 基层大队更改前后对比

原单位名称	更改后名称	简称
一分场	中心分场	—
二分场	长洪分场	—
三分场	大明分场	—
四分场	江边分场	—
1连	第一生产大队	一大队
2连	第二生产大队	二大队
3连	第三生产大队	三大队
4连	第四生产大队	四大队
武装连	第五生产大队	五大队
27连	第二十七生产大队	二十七大队
30连	第三十生产大队	三十大队
6连	第六生产大队	六大队
7连	第七生产大队	七大队
8连	第八生产大队	八大队
9连	第九生产大队	九大队
10连	第十生产大队	十大队
11连	第十一生产大队	十一大队
12连	第十二生产大队	十二大队
13连	第十三生产大队	十三大队
14连	第十四生产大队	十四大队
15连	第十五生产大队	十五大队
17连	第十七生产大队	十七大队
19连	第十九生产大队	十九大队
20连	第二十生产大队	二十大队
21连	第二十一生产大队	二十一大队
22连	第二十二生产大队	二十二大队

（续）

原单位名称	更改后名称	简称
23 连	第二十三生产大队	二十三大队
24 连	第二十四生产大队	二十四大队
29 连	第二十九生产大队	二十九大队
32 连	第三十二生产大队	三十二大队
33 连	第三十三生产大队	三十三大队
34 连	第三十四生产大队	三十四大队
36 连	第三十六生产大队	三十六大队
37 连	第三十七生产大队	三十七大队
38 连	第三十八生产大队	三十八大队
39 连	第三十九生产大队	三十九大队
副业连	副业生产大队	副业队
服务连	服务站	—
运输连	汽车运输队	—

1984 年 12 月，农场第二中学附属小学更名为南通农场中心小学，负责领导各大队小学的行政与教务工作。

1985 年 10 月，农场多种经营科改为多种经营公司，同年成立南通农场园艺场。

1986 年 12 月 9 日，江苏省国营南通农场江海物资运输公司更名为江苏省国营南通农场物资公司。

1987 年，农场中基层单位有：4 个农业分场，33 个农业大队，4 个农机管理站，4 个公司，19 个场办工商运建服基层单位，场直属中学 2 所，11 所小学，1 所医院。同年 1 月，为适应农场经营管理体制改革，农场撤销国营南通农场农业服务公司、国营南通农场农机服务公司、国营南通农场多种经营公司，以上 3 个公司合并组建成立南通农场农业办公室。同年 3 月 23 日，建立国营南通农场农机配件供应站，该站属股级全民所有制企业，实行单独核算，自负盈亏。

1988 年 2 月，农场恢复成立多种经营公司，实行单独核算、自负盈亏、定额上缴、超利分成。

1992 年 12 月 9 日，为加强对农场场部周围城镇建设的卫生、绿化、建筑等的管理，造就一个良好的生活工作环境，建立南通农场城镇管理委员会。

1993 年 6 月，农场为加强管理，理顺关系，将江边渔场、长江渔场、四号坝渔场、长洪渔场 4 个小渔场合并为沿江渔场，隶属于多种经营公司。

1995 年 2 月，建立国营南通农场交通管理站，该站的主要职能是对场内机动车辆的管理，道路的维修及检查管理，各项规定费用的收取及上缴等。同时，为便于农业种植结构的调整，提高农业规模效益，农场撤销二十四大队建制，原二十四大队土地、人员、固定资产、财务（含债权债务）等并入二十大队统一管理。

1996年，组建国营南通农场建筑管理站。同年10月起，南通农场区域内的居民建房由建筑管理站会同土管、房管、城管、规划等部门统筹安排和管理。

1997年8月，农场成立三孔桥工业区社区管理委员会。同年8月6日，农场原隶属于多种经营公司的中华鳖场从8月起划归农业服务中心领导。同年9月1日，江苏省农垦集团公司对三孔桥工业区内的南通丝绸印染厂和三益公司实施资产重组，改变隶属关系：原隶属南通农垦公司的南通丝绸印染厂、三益公司和原隶属于江苏省农垦集团公司的勤奋制药厂医院，其全部资产（含土地）、债务、人员、权益整建制划归农场领导和管理；苏垦南通电力公司由农场代管。

1998年，调整部分核算单位体制，农场将农业科划出机关，组建农服中心；将城镇管理办公室、招待所剥离出机关；将农场物资公司粮站划归农场直接管理；将农场临渡加油站、苏垦加油站归属农场石油供应站，与石油供应站统一核算；将农场农机配件站划归商物公司，与商物公司统一核算，注销江苏农垦国营南通农机配件供应站门市部，将其项目划归商物公司三级河门市部。同时，成立南通农场接待中心。

1999年5月，根据通州市通编〔1998〕6号文件精神和通州市建委1999年4月3日下发的《关于加强乡镇建设管理服务所建设的意见》，将国营南通农场建筑管理站更名为国营南通农场建设管理服务所，隶属南通农场场部领导，业务上接受通州市建委指导，性质为全民所有制。同年6月，为搞好农场种植结构的调整，加强对职工种植的农产品销售指导和提高农场种植业的效益，农场建立南通农场蔬菜花卉办公室，隶属于农业服务中心。

2001年8月15日，为加强林木管理和林业体制改革，指导管理全场林业生产，农场成立林业管理站，隶属于农业服务中心。

2000年8月19日，农场《关于有关单位建制撤销和建立新组建单位建制的通知》，除十四大队、二十三大队、三十六大队、三十八大队建制不变外，对其他大农业单位建制进行调整，通过合并组建新的农业单位建制见表3-1-3。

表3-1-3　2000年农场大农业单位建制调整一览

原单位名称	调整后新单位名称
一大队的东半部分和三十大队合并	一大队
二大队和一大队的西半部分合并	二大队

（续）

原单位名称	调整后新单位名称
三大队和二十七大队合并	三大队
四大队和五大队合并	四大队
六大队和九大队合并	六大队
七大队和八大队合并	七大队
十大队和十三大队合并	十大队
十一大队和十二大队合并	十一大队
十五大队和十七大队合并	十五大队
十九大队和二十一大队路东部分（原二十二大队）合并	十九大队
二十大队和二十一大队路西部分（原二十一大队）合并	二十大队
二十九大队和三十四大队合并	二十九大队
三十三大队和三十七大队合并	三十三大队
园艺一场和园艺二场合并	园艺场
孔桥渔场和沿江渔场的部分合并	三孔桥渔场
团结渔场和沿江渔场的部分合并	团结渔场
中心渔场和特种水产养殖场的部分合并	中心渔场
大明渔场和特种水产养殖场的部分合并	大明渔场

2004 年，农场管理体制和干部人事制度改革，撤销全场 5 个分场、22 个大队及水产养殖场建制，农场大农业设立 5 个管理区，即中心管理区、长洪管理区、大明管理区、江边管理区、渔业管理区。管理体制由三级管理两级核算改为两级管理一级核算。

2005 年 12 月 12 日，为加强对农场农水工作的组织领导，成立南通农场农水中心，农水中心设在场水利站。为做好农场动物疫病防治工作，农场成立南通农场动物疫病防治中心，动物疫病防治中心办公室设在农场兽医站。

2006 年 12 月，为完善"土地先交后种""两级管理、一级核算"的经营管理模式，按照国家税务总局税发〔2005〕129 号"免税的种植业、养殖业、农林产品初加工必须与其他业务分别核算"的规定，成立南通农场农业中心，属非法人单位。

2007 年 9 月，为推进农场居民集中区建设，成立南通农场农民集中居住区建设管理办公室，办公地点设在今太湖路老农业银行大楼前面二层小楼。

2007 年 11 月 12 日，农场农科所隶属关系由农业服务中心划归到长洪管理区。

2008 年 10 月 20 日，成立南通农场农用物资采购办公室。2009 年 10 月，撤销南通农场农用物资采购办公室，重新成立南通农场农业营销中心。

2010 年 9 月 27 日，为顺应农场开发态势，加强企业内部管理，加快资源整合，农场撤销长洪管理区建制，原长洪管理区农科所、第七管理点管理事务划归江边管理区，其余管理事务一并划归中心管理区，原长洪管理区管理人员人随事转，党、政、工职务自然免除。

2013 年 8 月 26 日，因社会管理职能已移交地方，农场不再承担畜禽防疫、检疫职能，农场兽医站撤销。

第二节　机构调整与改革

1983 年，根据中共中央〔1982〕2 号、中共中央办公厅〔1983〕47 号文件精神，按照江苏省农垦总公司党委部署，农场开始全场企业整顿工作，主要内容是机构调整改革和兴办职工家庭农场。

1984 年，农场改革围绕"改革经营方针，改革管理体制，改革经营管理制度"，确定农场的经营方针为"稳定农业、发展工业、工副并举、内协外联、综合发展、富场裕民"，通过《南通农场经营管理体制改革方案》等文件。农场的机构设置着眼于为基层、为职工服务，形成生产指挥中心和服务中心。改革经营管理制度，根据中央〔1984〕1 号文件精神，延长土地承包期 16 年不变，兴办职工家庭农场。

同年 3 月，农场企业整顿工作基本结束，同年 5 月，经上级验收合格，共历时 1 年零 3 个月。农场整顿工作主要涵盖农场的各级领导班子、劳动组织、劳动纪律、生产责任制和精神文明建设等 5 个方面。经过企业整顿，农场的各项经营管理，开始走上正轨。1986 年 5 月，农场成为江苏农垦第一个被江苏省计划经济委员会和江苏省企业整顿领导小组授予"企业整顿先进单位"荣誉称号的单位。

1985—1986 年，农场改革场部机构的设置，将原来的 15 个科室改为三科三室和 7 个经营服务型公司，基本形成与农场生产力水平相适应的服务体系；改革干部管理制度，坚持党管干部的原则和"四化"标准，把干部的任命制改为选聘制；改革经济承包责任制形式，农业行业职工家庭农场成为大农场内部的独立核算、定额上交、自负盈亏的一个经营层次，工商运建服行业实行了百元利润工资含量经济责任制，机关、医院、学校实行考勤和考绩相结合，打破了"大锅饭"；改革和调整农场的产业结构，走种养加一体化的路子，给农场经济注入新的活力。

1987 年，农场改革分场经营管理体制，对分场实行场长负责制、独立核算、定额上交、自负盈亏，分场由原来的场部派出机构变为承包关系；对场部机关机构设置进行调整合并，撤销农业、农机、多种经营 3 个行政性公司；合并设立农业办公室，人武部、保卫科、派出所、车辆监理所合并办公。

1991年，农场在调整和改革中：一是理顺农业和农机管理体制，把农业办公室划分为农业科和农机科，实行行业管理，建立以农业科、农科所、种子公司为主体的松散型农业服务中心，一些先进生产技术和优良品种得到较快的应用和推广；二是理顺农机管理体制，把农机站、配件库、汽修厂、油库统一划给农机科，对农业机械管理、作业、零配件供应、修理实行统一管理，减少中间环节，保证机车的完好率和出车率；三是理顺工业管理体制，把分场办厂划给工业科统一管理，改变原来那种管而不严，抓而不紧的状况，纳入了规范化管理轨道；四是理顺多种经营管理体制，把原中心渔场，以林果业生产为主的三十二大队归属多种经营公司管理，有利于统一技术措施，提高规模效益。

1997年12月，为加快农场建设，规范建设项目管理，农场将土管科、计财科基建职能部分、农业服务中心的农田水利职能部分及其工作人员合并，成立南通农场建设科。

1998年，按照精简、效能的原则，重新界定了机关职能，将农业科划出机关，组建农服中心；将城镇管理办公室、招待所剥离出机关，实行费用包干、企业化管理。

2001年8月，根据江苏省农垦集团公司精简精神，农场机关科室设置为"三室四科"，定编27人。

2004年1月，根据《江苏省农垦集团有限公司关于深化农场管理机构、人事制度改革的意见》精神，农场印发了《关于深化农场管理机构、人事制度改革的决定》：一是撤销农场机关现行所有部、室建制，机关科室人员职务（职级）自行免去；二是农场机关设立5个科室。各科室定编人数为：党委办公室4人，行政办公室5人，工会办公室2人，计划财务科6人，社会事业管理科7人；三是农业科、农机科合并成立农业服务中心，划出机关编制，作为农场事业单位性质，农场土管所、城镇管理办公室同样列入农场事业单位性质管理；四是2004年度机关干部，男年满57周岁，女年满52周岁，退岗保养。

同年4月6日，农场对分场、大队管理体制、人事制度改革：一是撤销全场5个分场、22个大队及水产养殖建制，分场、大队（水产养殖场）管理人员的职务自行免去。二是农场大农业设立5个管理区。各管理区定编人数为：中心管理区8人，长洪管理区8人，大明管理区10人，江边管理区9人，渔业管理区9人。三是全场基层干部到2004年5月止，男年满52周岁的同志实行退岗保养。

2007年8月，农场成立内部社会职能分离试点工作领导小组。同年11月，成立农场社区管理委员会。社区管理委员会设置四大科室，即社会行政管理科、社会事业管理科、社会服务管理科和土地房产管理科，承担社会行政性、社会事业性和社会服务性职能。科室编制坚持精干、高效和不新增管理人员的原则，对社区管理人员定编43人，其中主任、副主任各1人，社会行政管理科8人，社会事业管理科14人，社会服务管理科12人，土地房产管理科 7 人，同时配备兼职管理人员 13 人，主要从事社区水电服务、防汛、船闸管理、居民活动中心管理、基层单位社区管理等。

2008 年 3 月 26 日，农场将行政办公室和人力资源科部分职能调整，办公室职能中的企业劳资职能调整至人力资源科。

2013 年 1 月，农场在社会事业管理职能和社会事业服务单位全部移交地方政府及农场农业资源整合划出后，借壳江苏农垦南通农工商联合公司进行公司制改造，成立苏垦南通公司，按照《公司法》和现代企业制度要求进行公司制运作。

第三节　场办社会职能改革及分离

2007 年，农场被江苏省农垦集团公司列为 2007 年度农场分离办社会职能内部分离试点单位，根据《江苏省农垦集团有限公司关于完善农场办社会职能内部分离试点有关问题的指导意见》的文件精神，农场成立内部社会职能分离试点工作领导小组，领导小组下设办公室具体负责内部社会职能分离试点工作。同年 8 月 7 日，农场召开全场社会职能内部分离试点工作动员大会。10 月，围绕社会职能内部分离试点要求，场部机关科室进行调整，成立南通农场社区管理委员会，统一管理农场社会事务，初步实现农场（企业）与社区机构、职能、人员资产、费用、核算等分开管理，保证社区管理的系统化、规范化，有效保障农场全身心投入二次创业，从而实现农场经营和社区管理的双加强。同年 12 月 18 日，南通农场社区管理委员会揭牌，取代 2006 年 1 月成立的农场江海镇社区管理办公室，承担农场社会事业管理职能，并通过逐步争取属地政府相关部门授权，加强场域社会事业的管理。

农场社区管理委员会内设社会行政管理科、社会事业管理科、社会服务管理科和土地房产管理科 4 个职能部门。其科室职能分别是：

社会行政管理科：城镇管理、市容监察、市场管理、道路及桥梁管理、物业管理与服务、环境卫生与绿化、公共基础设施管理与维护、农机监理、渔政管理、水资源管理等。

社会事业管理科：居民社会保障、离退休人员管理、民政、助残、济困、最低生活保障、司法、社区矫正、计划生育、医疗卫生、综合治理、人武部、义务兵役、安全、环保、劳动就业培训指导等。

社会服务管理科：非企业党建、群众信访、民调、社区水电管理与服务、幼儿教育管理、居委会、社区文化宣传、广播电视管理与服务等。

土地房产管理科：土地管理、房屋及房产管理、城镇规划建设、拆违及拆迁等。此外，在 5 个农业管理区分别设立社区办事处，协助管理社区管理委员会涉及管理区的社会事务。

2009 年 1 月，农场根据江苏省农垦集团公司关于进一步完善社区管理委员会机构职能、强化社区管理的要求，理顺社区管理委员会职能和机构设置，核定各职能部门人员编制。社区机构人员总编制 25 人，其中：

社会服务管理科：编制 3 人，下属单位为社区文化活动中心、居委会和三孔桥社区。

社会事业管理科：编制 10 人。

社会行政管理科：编制 4 人，下属单位为农贸市场、殡葬服务部、环卫绿化所、江海物业管理公司。

土地房产管理科：定编 8 人，代管单位为农民集中居住区管理办公室。

2009 年 8 月，农场成立南通农场社区教育服务中心，服务中心下设办公室，办公室设在社区文化活动中心，主要负责提高广大干部职工和外来务工人员素质，社区教育资料的收集、整理、建档、考核等工作。同年 9 月，农场为加强社区民主政治建设，健全和完善居民自治和民主管理制度，维护广大居民群众利益，根据《中华人民共和国城市居民委员会组织法》、江苏省农垦集团公司《关于推进农场社区居民委员会民主管理工作的指导意见》，并结合农场实际，成立南通农场社区健康居委会（桃李新村与健康新村合并）、腾飞居委会（腾飞新村与莫愁新村合并）、星河湾居委会（江海花园 1～13 幢及星河湾 1～30 幢）、三孔桥居委会、中心居委会、长洪居委会、大明居委会、江边居委会。

2010 年 3 月，南通开发区、苏通园区、江苏省农垦集团公司三方联合组建南通农场社区社会事务联合管理委员会（简称农场社区联合管委会）取代 2007 年成立的南通农场社区管理委员会。农场社区联合管委会设主任 1 名、副主任 2 名，主任由农场社区管理委员会主任担任，南通开发区、苏通园区各派 1 名副主任组成领导班子，负责社区联合管委会的日常工作，接受南通开发区管委会和苏通园区综合办的布置和检查考核。委员会管理范围包括整个农场区域内的社会事务，社区社会事务管理费用实行预算管理，由农场、南通开发区和苏通园区三方按照占地面积分摊，每年结算 1 次。

2012 年 9 月 30 日，经江苏省国资委同意，农场将所属的农场社区联合管委会、江苏农垦国营南通自来水厂、农场幼儿园、农场环卫道路绿化所、南通江海物业管理有限公司、农场综合服务部、农场水利站、南通开发区江海社区卫生服务中心（农场医院）、江苏农垦南通农场社区文化中心、农场农贸市场等 10 家农场社会事业单位的国有产权无偿划转给苏通园区，标志着农场地区场办社会职能全部分离。农场社会事务职能移交苏通园区后，农场社区联合管委会改为苏通园区江海镇区社会管理委员会，负责农场的社区社会事务工作。

2019 年 12 月 4 日，南通市颁发《市政府关于变更崇川区部分行政区划的批复》，农场区域撤销苏通科技产业园区江海镇区社会管理委员会，成立南通市江海街道办事处，负责原农场区域的社区社会事务管理工作。

2018 年，苏垦南通公司贯彻落实省政府"王江在全省剥离国有企业办社会职能和解决历史遗留问题工作推进会上的讲话"精神，推进三孔桥地区供水和苏垦南通公司职工家属区供电向相关部门移交，由公司主要领导牵头，成立专项工作领导小组，并在苏垦南通公司资产经营部和苏垦南通电力公司分别设立办公室，负责统筹协调推进工作。

2018 年 3 月 28 日，根据江苏省农垦集团公司与江苏省电力公司 2017 年底签订的《"三供一业"供电分离移交框架协议》，苏垦南通公司与南通供电公司签订《职工家属区供电设施资产移交协议》，明确江海镇区星河湾、星港湾、江海花园、莫愁新村、腾飞新村 5 个生活区，供电设施资产全部无偿移交，移交基准日为 2017 年 12 月 31 日。2017 年 11 月底完成高低压线路改造，截至 2018 年底，农场完成"三供一业"移交。

第二章　经营机制改革

第一节　垦区集团化、农场企业化改革

一、垦区集团化改革

1996年11月6日，江苏省人民政府颁发《关于江苏省农垦农工商联合总公司改制为江苏省农垦集团有限公司的批复》文件：一是同意江苏省农垦农工商联合总公司改制为江苏省农垦集团有限公司，同时挂"江苏省农垦事业管理办公室"的牌子。江苏省农垦集团公司是直属省政府领导的国有独资公司，江苏省政府授权其对直属企业和事业单位的国有资产实施资产经营管理。江苏省农垦事业管理办公室是省政府直属正厅级事业单位，承担省政府赋予的相应的行政管理职能，参与省政府职能部门协调、处理职责范围内同地方政府的衔接与合作问题。

二是同意组建江苏省农垦集团。其母公司江苏省农垦集团公司要按照《公司法》的要求，完善公司内部的运行机制和管理体制。将所属江苏省农垦企业视情况分别改制为全资子公司、控股子公司、参股公司，形成母子公司体制。江苏省农垦集团公司要发挥农工商贸一体化的产业优势，适应社会主义市场经济体制的要求，进一步探索组建跨地区、跨行业、跨所有制、综合性的江苏省农垦集团。

三是江苏省农垦集团国有资产收益纳入国有资产经营预算，经省政府批准后全部留给农垦企业转增国家资本金，江苏省农垦集团公司负责管理农垦的国有经营性资产的保值增值。

四是江苏省农垦集团公司参照执行中央直属四大垦区企业所得税政策，作为统一纳税人，"一个头"交纳所得税，由省地税局直属分局统一征收，税款直接入省库，80%返还，以扶持农垦事业的发展。

五是江苏省农垦集团公司及所属企业，凡是符合国家产业政策和全省经济发展规划、利用自有资金建设的项目、总投资3000万元以内的，江苏省农垦集团公司有权自主决策，报省计划经济委员会备案。

六是当时在编的总公司机关人员事业工资待遇保持不变，江苏省农垦集团公司成立后

机关人员的工资待遇,视经济效益和资产保值增值状况确定工资总额,在"两低于"原则下,分配形式由江苏省农垦集团公司决定。

七是农垦系统职工的养老和失业保险等仍维持系统统筹,由农垦社会保险管理机构负责管理和运作。今后,除江苏省农垦集团公司机关和事业单位人员的社会保险仍保持原渠道外,企业人员的社会保险逐步纳入省统筹。

1997年6月25日,江苏省农垦集团公司在江苏省工商行政管理局领取了企业法人营业执照。江苏省农垦集团公司成为省政府直属国有独资公司,在全国农垦省管垦区中率先实行经营管理体制改革,实现行政管理向企业管理的跨越,生产经营向资本运行的转轨。同年6月26日,江苏省农垦集团公司、江苏省农垦事业管理办公室正式挂牌成立。

二、农场企业化改革

1987年3月19日,农场为了增强企业活力,适应对外开放、对内搞活、扩大城乡商品经济交流,经江苏省农垦农工商联合总公司批复同意,农场投资成立江苏农垦南通农工商联合公司,和农场实行两块牌子、一套班子管理。

2013年4月12日,农场借壳江苏农垦南通农工商联合公司进行公司制改造,改造方案经农场第十届职工代表大会第一次会议表决通过并报送江苏省人民政府国有资产监督管理委员会批准。

2013年8月1日,江苏省人民政府国有资产监督管理委员会批复同意农场借壳江苏农垦南通农工商联合公司进行公司制改造方案,将农场主要经营性资产和业务及相关负债整合进入江苏农垦南通农工商联合公司,并改制为江苏省农垦集团公司直接投资的一人有限责任公司。

2013年11月27日,农场根据江苏省人民政府国有资产监督管理委员会批准的方案,整体借壳江苏农垦南通农工商联合公司进行公司制改造,成立江苏农垦集团南通有限公司。农场主要经营性资产和业务及相关负债整合进入苏垦南通公司,注册资金由500万元调增为1亿元,在南通市工商行政管理局开发区分局领取了营业执照,苏垦南通公司正式挂牌营业,作为农场公司制改造后主营企业。

农场仍保留江苏省南通农场营业执照,但注册资金由2334.2万元调减为100万元,主要为处理社会事务移交后农场相关遗留问题,以及为移交及失地职工代办社保等事宜。

2018年3月,根据江苏农垦集团统一部署,江苏省南通农场改制为江苏省南通农场有限公司。苏垦南通公司和南通农场公司继续保持一套班子、两块牌子运行管理。

第二节 农场经营管理体制的改革

建场初期，农场的经营管理模式是完成围垦保坍任务，按照国家计划组织生产。1962年，农场场部对生产队实行"三包一奖"，生产队必须完成"三包"：一包工，生产队全体农工保证完成本年度的计划种植面积，副业生产任务和所需要的出工任务；二包产值，生产队全体农工保证完成各项产量和产值的承包任务；三包成本，全体农工在完成各项承包的生产任务中必须保证不超过计划规定的直接生产成本，包括工资、肥料、农药、机耕费、工具、种子等。场部根据各生产队承包的总任务，对所需工资和生产费用实行财务包干，一次包定，全年不变，超支不补，节约归生产队。生产队在超额完成生产任务和降低生产成本后，其超产产值和成本结余合并以不变价格计算，按多超多奖的原则发给奖金，奖金按超额部分的二、三、五提成分配，超额部分的50％上缴国家；30％由生产队按每一固定工人和临时工人总工分进行分配，其中适当提留部分奖励给生产队管理干部和机务、福利等工作人员；20％上缴场部在全场范围内平衡使用，包括场部管理干部的企业管理奖金及其他一切生活福利费用。分配给职工的超产奖励金和企业管理奖金的10％，场部应付给粮、油、糖、布等实物。奖金在生产年度中，分夏收和秋收两次核定、两次发给。生产队如果不能完成总承包任务，造成减产和超过成本总额时，按其减产和超支金额30％作为赔偿，赔偿金在当年第四季度该单位的工资中扣算。

1963年，农场管理模式是三级管理、两级核算，即场部、分场、生产队三级管理，场部、生产队两级核算的体制。场部对全场的生产和经济活动进行统一领导；分场为场部的派出机构，领导本分场的生产和经济活动；生产队为生产管理和经济活动的基层责任单位。

1965年，场部和生产队建立各级管理委员会，凡是场内的生产计划、劳动制度、定额标准、技术措施、生活福利等重大决定，必须经各级管理委员会或职工大会通过实施。

党的十一届三中全会以后，特别是1982年起，中央连续发布关于农业改革的1号文件，拉开农场机构改革和经营管理体制改革的大幕。围绕改革要求，农场进行了5个方面改革整顿：一是整顿和完善经济责任制，改进企业经营管理，搞好全面计划管理、质量管理和经济核算工作；二是整顿和加强劳动纪律，严格执行奖惩制度；三是整顿财经纪律，健全财务会计制度；四是整顿劳动组织，按定员定编组织生产，有计划地进行全员培训，克服人浮于事、工作散漫的现象；五是整顿和建设领导班子，加强对职工的思想政治工作。通过整顿，落实农副业生产联产承包和大包干经济责任制，建立健全各项企业管理制度。

1984 年，农场围绕中央 1 号文件和中共中央关于经济体制改革的决定精神，实施经营管理体制改革。同年 6 月，农场第四次党代会决定农场实行"党委集体领导，场长行政指挥，职工民主管理"领导体制改革，改变党委"一元化"领导的传统体制，出台《南通农场经营管理体制改革方案》。农场首先对机构设置和干部管理制度进行改革，机构设置着眼于为基层服务、为职工服务，形成生产指挥中心和服务中心；其次改干部任命制为选聘制，把有知识、有才能的同志选聘到领导岗位，干部队伍的知识和年龄结构得到优化。

农业改革在推行联产承包责任制、延长土地承包期基础上，兴办职工家庭农场，当年兴办职工家庭农场 2240 多个，占全场总农户的 95％。家庭农场作为大农场套小农场的双层经营体制，独立核算、定额上交、自负盈亏。当年对农场非农企业实行百元利润工资含量经济责任制，机关、医院、学校实行考勤、考绩相结合，打破"大锅饭"，改革给农场经济发展注入了新的活力。在抓好农业生产的同时，分场、大队为了给职工增收，纷纷集资自筹办厂，农场出台《国营南通农场关于队办企业管理办法的规定》，对大队办工厂的原则、经济性质、办厂目的、报批手续、行政和核算管理等均做了详细规定。

1985 年，农场成为江苏农垦系统第一个试行场长负责制的农场，时任场长袁象耕被江苏省农垦总公司任命为第一任试行场长负责制的场长，任期 4 年。农场成立场长负责制领导小组，同年 5 月 10 日，召开农场试行场长负责制动员大会，农场党委向场长移交权力，包括农场生产经营行政管理工作中重大问题的决策权、行政管理体制机构设置调整改革的决定权、场级行政干部的任免提名和中层行政干部的考核管理任免权、生产经营和行政管理方面等规章制度进行修改建立或废除的决定权、职工的奖惩权、劳动人事的调配权、劳动工资管理权、资金的管理使用权、财产物资管理使用权等。农场党委在向场长移交权力后，党委的责任是抓好党的建设，对思想政治工作负领导责任，统一协调党政工团相互间的关系，对党和国家的方针政策在农场的贯彻执行起保证和监督作用。同年 8 月，农场第一届职工代表大会通过了农场试行场长负责制的决定。

为适应场长负责制的需要，协助场长用好生产经营和行政管理上的决策权和企业自主权，农场成立场务会，由场长、副场长、党委书记，副书记、工会主席及农场生产经营和行政管理部门的有关人员及工程技术人员组成。场务会会议内容：一是讨论研究农场发展的长远规划；二是讨论研究农场的年度、季度生产计划和生产经营行政管理工作上的方针大计；三是讨论研究农场产业结构的调整和重大项目的新建、引进、改进方案；四是讨论研究农场资金的使用；五是讨论研究农场的职工培训和教育计划；六是讨论研究农场行政机构的设置、调整、撤销和重要规章制度的建立、修改和废除；七是场长认为需要讨论的其他问题。场务会一般每月召开1～2次，特殊情况下，场长可临时决定组织召开。

1986年，农场围绕以提高经济效益为中心的经济工作思路，坚持把改革放在首位，完善大农场套小农场的双层经营体制格局，大力发展农场第二三产业，加强服务体系建设，全面提高经济效益，按照经济承包指标一定三年不变的原则，发展种植业。在调整产业结构，发展防护林建设的同时，注重以黄肉桃为主栽的经济林建设。

1987年，农场在继续完善大农场套小农场的双层经营体制基础上，开展增产节约、增收节支活动，稳定承包政策，调动家庭农场的生产积极性。对畜禽养殖承包责任制进行改革，实行定额上交、自负盈亏、全奖全赔；对场办工业改革分配制度推行全员浮动工资制，改固定等级工资为档案工资，将职工的报酬分为出勤工资、计件工资、效益工资3部分，实行全浮动；对国有商业公司改公有私包、费用自理、自负盈亏；对分场实行改革，实行分场长负责制，独立核算、定额上交、自负盈亏，分场由原来的场部派出机构变为和场部的承包关系。

1990年，农场大胆进行农业结构的调整，又一次进行较大规模的种植结构改革。大面积推广麦棉瓜立体种植，优化栽培新技术，面积达4900多亩，增收近80万元。

1994年，农场深化干部人事、劳动用工、工资奖金分配三项制度改革。在干部人事上，坚持德才兼备和干部"四化"标准，根据政绩、公论及实际水平决定干部的升迁免降；在劳动用工制度改革上，坚持竞争上岗、优化组合，按照职工奖惩条例规定对长期旷工、不尽义务的职工进行除名处理；在分配制度改革上按照"自主经营、自负盈亏、自我发展"的要求，明确总场与各场办单位的利益分配关系，强化"工效挂钩"，对农场工商运建服等非农企业实行定额计件工资制，对各级干部实行"结构工资制"，完善干部考核办法。经济体制突破单一所有制形式，形成多种经济成分并存的格局。

1996年，农场在全场推行全员劳动合同制，贯彻落实《中华人民共和国劳动法》，建立农场与职工、企业与员工的新型劳动关系，有利于农场深化改革，对扭亏无望的农场皮鞋一厂关停清理，对433名职工根据有工做工、无工务农、退二还一、退二进三的原则，多渠道进行分流。

1997年，江苏省农垦集团公司工作会议吹响农场二三产业场办企业产权制度改革改制的号角。农场成立场办企业体制改革领导小组和办公室，同时将全场32家二三产业场办企业排队摸查，确立分步实施，用3年时间将其中的24家企业实施改制。

1998年，农场二三产业场办企业体制改革正式推进，修订出台《国有场办企业富余人员转岗分流安置工作实施细则》。在稳步推进企业改制同时，农场同步推进管理体制、人事制度、劳动用工等各项配套改革。按照精简、效能的原则，重新界定场部机关职能，将农业科划出机关，建立农服中心。对学校、医院、城镇管理办公室、招待所实行经费包干的企业化管理，对建设科、保卫科实行经费包干，对机关其余科室实行可控办公费用考核。

2000年，农场对农业生产责任制做重大调整：一是改综合承包为专业承租；二是将两保金从费利税中分离；三是改公田为管理人员承租；四是精简管理人员，管理费用包干；五是自然风险自担，市场风险共担。当年底农场列入改制的24家场办企业全部完成改制。

2001年起，农场实行职工两保费用"先交纳，后享受"的劳动用工制度改革，每年由农场劳资科根据当地社会平均缴费基数确定职工下一年度缴费基数，职工按标准先交费、后享受职工待遇。农业职工人人承租土地，种植8亩基本任务，并将承租土地上交的费税利分解为两保费用和土地租金，"先交钱后种田（养殖），费用全额自理，土地资源补偿"的土地租赁经营模式得到了农业和渔业职工的普遍接受。农场二三产业职工同样采用两保费用先交纳、后享受的用工模式。

2002年，农场管理职能转变，管理体制改革进一步深化，农场机关生产经营职能淡化，组织协调服务职能和社区管理职能进一步突出。农机完全民营化，农资供应市场化，农产品销售市场化，职工自主销售，不再统购统销，农场提高为农服务质量，减轻农业职工负担。农场对林木制度进行改革尝试，对林地更新采用合作分成等激励机制，对老林带公开拍卖。

2003年，江苏省农垦集团公司印发《省农垦集团公司关于国有农场改革与发展的意见》，文件提出国有农场是具有社区行政管理职能的国有农业企业，是集资源（资产）管理、生产经营服务、社区行政管理于一体的区域性经济组织，国有农场定位于国有资产经营管理、开发和维护，以及城镇化、工业化和产业化的规划、建设、管理和服务。农场发展的基本思路以实现"富民强场达小康""两个率先"为目标，以实现农场城镇化、工业化和产业化为根本任务。农场积极招商引资，大力发展二三产业、民营经济，优化农场经济结构，全面推进农业产业化经营和农业结构调整，加快农业标准化建设，优化劳动力组合结构，促进农业经济发展再上新台阶，实现农场经济全面发展。围绕江苏省农垦集团公司文件要求，农场农业由三级管理、三级核算过渡为三级管理、两级核算，精简农业管理干部12人，农业管理人员达到1000亩/人的标准。

2004年，农场农业直接由三级管理、两级核算改为两级管理、一级核算，撤销全场5个分场，22个农业大队及水产养殖场建制，人员进行大幅精简，核定农业管理人员44人。农场大农业组建5个管理区并进行人员定编，即中心管理区8人、长洪管理区8人、大明管理区 10 人、江边管理区 9 人、渔业管理区 9 人。

2007 年，农场根据集团二次创业目标，提出"一番（国有营业收入、利润三年翻番）、二先（二次创业农垦争先、全面小康农垦领先）、三提升（提升高效农业规模、提升国有二三产业总量、提升民营经济质量）"的农场二次创业总体目标。"调优一产，放大二产，主攻三产"作为农场二次创业总体思路，打造以国有三产为主体，新型工业为特色，现代农业为支撑，房地产、物流、广告、新材料工业、现代农业综合经营的跨行业现代企业集团。

2011 年，按照江苏省农垦集团公司的统一部署，农场种植业资源整体划转苏垦农发南通分公司，实现农业的一体化经营。

2012 年，农场从事社会事务及社区管理的包括资产、人员、相关单位全部移交苏通园区，农场社会管理职能实现彻底分离。分离后的存续农场按照"抓住机遇、加快转型、科学布局、夯实基础，强化管理、提升效益"的企业化工作思路，继续坚持"做强三产、做优二产"的发展战略。

2013—2020 年，随着社会职能分离，农场积极促进管理体制改革和公司制改造，成立苏垦南通公司，按照现代企业制度和公司转型要求，完善法人治理结构，在公司党委领导下，成立董事会、监事会、经营层，各级组织各司其职，职责明确，运作正常。

第三节　农业生产经营管理的改革

建场以来，农场农业生产经营管理体制改革，从经营模式及管理机制改革来划分，具体经历了发展的 5 个阶段，即国营农场国家经营、家庭联产承包经营、土地租赁经营、农场规模化经营及农垦整合一体化经营 5 个阶段。

第一阶段（1958—1983 年）建场初期，农业采取供给制和工分制，农场主要是集中人力、物力、财力围垦兴办农场。农场实行国营农场国家经营管理体制，农业生产由国家和农场统一组织管理，一切按国家计划安排，每年制定下发农业生产计划，统一安排农业生产、畜禽养殖、林网布置等。农场田林路渠规划有序、条田化布局，引进农业机械，替代人力、畜力进行农业生产，和附近公社相比，农场率先走上农业机械化的大道。1978年，党的十一届三中全会召开，农场解放思想，坚持改革，实行财务包干，连队核算"五定"到排、车间，责任到班组，以按劳取酬、多劳多得为中心，实行包、定、奖、惩，以奖为主的制度，克服了大锅饭和平均主义倾向，调动了干部职工的积极性。

第二阶段（1984—1999 年）家庭联产承包经营，以大包干到户，建立家庭农场为中心。党的十一届三中全会为农场改革发展指明了方向，1982 年，农场首先对养殖业项目普遍实行专业承包到户、到人。1984 年，农场出台《国营南通农场经营管理体制改革方案》《国营南通农场关于农副业大队联产承包到户的大包干经济责任制方案》《国营南通农场关于保护和支持职工家庭农场的若干规定》《国营南通农场关于办好职工家庭农场实行优惠政策的若干规定》，农场全面落实了农副业生产大包干责任制，试行联产承包经营责任制和家庭农场，把每个家庭由生产单位变成生产经营单位。实施农业经营体制改革，出现以家庭为承包单位的家庭农场经营模式，并逐步形成统分结合的"大农场套小农场"双层经营体制。同时，农场坚持国营企业的性质，服从国家计划指导，正确处理好国家、集体、个人三者利益关系，坚持"五统一"（统一生产财务计划、统一作物轮作布局、统一主要机械作业及水利设施、统一主要技术措施、统一物资管理和主要产品处理）和"两不变"（农场全民所有制的性质不变，国家职工的身份不变）。大包干期间不再发给原工资，保留职工的原工资等级作为档案工资，作为调资升级、调动工作、年老退休的依据。职工承包的土地仍属农场全民所有，不准自由出租或买卖，采取大稳定、小调整的办法，鼓励职工对土地投资培养地力，不准自由种植或作宅基地等其他非农业用地。采取"混合承包到户，专业承包到人"为主，前后茬一律实行连包，林、牧、渔以专业承包为主，使生产向商品化、社会化、专业化发展。实行农场统一经营，产品统一管理，农场承担经营风险，分户生产管理，奖金与生产效益挂钩，充分发挥集体经营的规模优势、分户精细化的管理优势。1985 年，农场成为江苏农垦第一家试行场长负责制的农场。

职工家庭农场成为大农场内部的独立核算、定额上缴、自负盈亏的一个经营层次，农场保护和支持职工家庭农场的发展，把职工家庭农场作为全民所有制国营农场生产经营活动的基层组织。在国营农场的领导下，以家庭农场为承包单位，实行家庭经营，税利费定额上缴，是单独核算自负盈亏的经济实体。家庭农场具有法人地位，承担法律责任，它的财产受法律保护。在国营农场统一计划指导下，自主确定生产经营项目及采取增产措施。农场召开家庭农场成立大会，颁发家庭农场证书和土地使用证，同时在延长土地承包期的基础上，根据中央〔1984〕1 号文件精神，延长土地承包期 16 年不变，落实好经济承包合同。

1992 年起，在家庭农场基础上，农场完善职工分户承包和大队集体承包双重承包体制，发挥农场的土地资源和技术装备优势，走出一条"少数人种多数田，多数人种少数田"的改革新路。

第三阶段（2000—2006 年）土地租赁经营。进入 21 世纪，随着农场场办二三产业企业改制，农机私有化，农机作业、农资供应市场化，农场不再下达指令性计划，对产品销售不再实行统购统销。农场土地实行租赁经营，实行"先交钱后种田，两保费用全额自理，土地资源补贴"的办法。种植业职工自行承担市场和自然风险，租赁土地划分为"两保金补贴田"和一般承租田两大部分。每个农业承租职工可享受10亩、渔业管理区承租职工可享受水面7亩和池背3亩优惠租金的"两保金补贴田"，作为农场对农业职工全额自交"两保金"的补贴。承租土地的农业职工可以只承租"两保金补贴田"，也可以既承租"两保金补贴田"又承租一般承租田。承租职工可以选择种植经济作物或大面积粮豆作物，也可以选择既种植经济作物，又种植粮豆作物的综合经营方式。只选择"两保金补贴田"的职工，农场鼓励采用集约化栽培技术，种植高效经济作物，提高经济效益。土地租赁经营过程中的一切风险与责任均由土地承租人自负。

农场为完善土地租赁经营制度，土地租赁经营改综合承包为专业承租，改上交费税利为上交"两保金"和土地租金，改管理人员承包为租赁经营。农业职工实行"两田制"（身份田和租赁田），将两保金从费利税中分离，公田由管理人员承租；养殖业借鉴种植业做法，"先交后养"。理顺农业生产关系，调动农业干部职工种养积极性，增强了职工责任意识、节本意识、科技意识和增效意识，推进农场农业由计划指令型向市场型、效益型转变。农场作为资源管理者发租土地，通过农业服务体系做好管理服务工作；职工作为生产经营主体，实现自负盈亏，农业经营体制发生根本性变化，极大地调动了职工的积极性。

农业职工"两保金补贴田"以外的农业土地，根据竞租底价首先向农业职工进行竞价发租，同等条件下优先向职工发租，职工承租后多余的土地可以向场内外自然人或法人企业发租。为推进农业产业化、规模化经营，农场鼓励由农业职工中的能人牵头，合伙或合股租赁经营，农业职工也可以个人或家庭为单位租赁经营。

第四阶段（2007—2011年）农业规模化经营。2007年，农场为完善农业生产经营体制，实施"骨干牵头，联合承租"模式，形成多个联合体。种植由分散趋于集中，由区块形成连片，农业规模化生产逐步推进形成，农业组织化程度显著提高。农场充分发挥渔业协会、植保协会、西瓜协会等经济合作组织的作用，理顺运营机制，统一物资供应，统一产品销售，切实保护农业职工利益。2008年，根据《江苏农垦完善和加强农业生产经营管理的指导意见》和《江苏农垦完善和加强农业生产经营管理补充意见》，农场对2009年度农业生产经营管理推行"联合承包、入股自愿、先交后种、按股出资、利益共享、风险共担"的模拟股份制承包经营模式。农场作为经营主体，占股40%，经营层占股20%～30%，职工占股30%～40%。强化股份制"统"的功能，鼓励农业职工发展高效农业的同时，也可投股加入联合体，促进职工多方面增收。当年，农场4个管理区成立了14个模拟股份制联合体。

第五阶段（2012—2020 年）农垦整合一体化经营。2012 年，江苏省农垦集团公司整合垦区 18 个农场种植业资源和大华种业、苏垦米业、苏垦物流 3 家龙头企业，成立苏垦农发（2017 年 5 月上海证券交易所上市，股票代码：601952）。农场按照江苏省农垦集团公司部署，成立苏垦农发南通分公司，将农场种植业资源及龙头企业种业、米业整体划转到苏垦农发南通分公司，全力推进农业全产业链一体化经营。投入资金对农场农田水利、农业机械、烘晒储等设施设备进行建设和改造，提升农业基础设施条件，提高农业抗灾保丰能力；强化农业新技术研究与推广及技术培训；稻麦生产全面实现机械化、智能化，走出一条产出高效、产品安全、资源节约、环境友好的农业现代化发展道路。

整合后的农场农业围绕"推进上市、规范运作、拓展经营"思路，积极对外拓展新的发展空间，在征地开发、土地资源大幅减少的情况下，突出质量效益，提升农业生产经营管理水平，完善制度管理，降本增效，借助政府万顷良田建设，外拓基地面积不断增加，农业一体化经营取得显著成绩。

第四节　场办二三产业企业经营管理的改革

党的十五大以后，特别是 1997 年的江苏省农垦集团公司工作会议吹响了农场二三产业场办企业产权制度和经营管理体制改革改制的号角。农场广泛宣传发动，统一全场干部职工思想，召开农场改制动员大会，提高全场干部职工对企业改制重要性和紧迫性的认识。同年 9 月 9 日，农场成立场办企业体制改革领导小组，设置专门的办公机构，配备专职工作人员，对全场 32 个场办二三产业企业进行细致的调查研究，因企制宜，制订改制方案，确立分步实施改制的时间表，准备用 3 年时间将其中符合条件的 24 家企业实施改制。改制情况见表 3-2-1。经过研究，确定工业单位印刷厂、机电公司液化气站、建安公司华兴酒家和商物公司的船队作为首批改制试点单位，确立改制的基本工作思路和必须遵循的基本原则。试点单位选用拍卖和租赁经营两种改制形式，成立 4 家企业的改制指导组，做好制订方案、认真论证、清产核资、资产评估、资质审查、确定竞标对象等一系列详尽的前期准备工作。

1997 年 12 月 8 日，农场制定农场场办企业改制的指导性文件《南通农场国有场办企业产权制度改革的实施意见》，确定改制"因企（厂）制宜"、国有资产保值增值的原则，使企业成为自主经营、自负盈亏、自我约束、自我发展的法人实体和市场竞争主体。改制的范围是农场所有的场办工商运建服二三产业企业（包括经营性公司及所属单位、场直单位）。改制基本形式根据企业实际情况有拍卖转让、租赁经营、股份合作制等多种形式。

《实施意见》对农场二三产业改制工作做出详细的部署。农场按照"先易后难、先急后缓"的原则，先试点后推开：一是做好资产盘点清账工作，把好资产评估关，所有改制企业都委托通州市资产评估所评估，审慎处理债权债务，最大限度地防止国有资产流失；二是把好招标投标关，严格招投标程序，足额收缴应标抵押金，坚持公开、公平、公正原则，每次竞标都由通州市公证处派员现场公证，对违约者依法追究违约责任，做好改制企业善后服务，及时变更企业营业执照，办理注册登记，保证新企业按新体制及时运转；三是把好人员转岗分流关，把改制企业人员分流同减员增效、促进"再就业工程"结合起来，按照农场印发的《国有场办企业富余人员转岗分流安置工作实施细则》要求，使职工待岗、转岗务农、内退及病休、自谋职业等政策更趋完善、合理，坚持"一视同仁"同步纳入分流轨道。

改制后的企业有关费用的收缴，土地租用费、电力设施费、房屋或设备租金、职工及单位的社保费用缴纳等，按照国家、上级及农场规定标准执行。

对职工个人缴费标准，包括基本养老金、医疗保险及统筹费、道路维修费、人民教育基金、生态效益费、扶贫基金、防洪保安基金及其他应由个人缴纳的基金或费用，均按国家及上级或农场规定标准由企业代收代缴。

农场二三产业改制工作自1997年12月开始至2000年底，24家二三产业场办企业第一轮改制基本结束，共转岗分流职工1700人。第一轮改制后农场二三产业企业中，国有独资企业有苏垦南通电力公司和江苏农垦南通自来水厂，农场控股企业有5家：

江苏农垦南通江海轧花有限公司，注册资本83.2万元，农场占股80.65%，自然人占股19.35%，该公司由原南通农场轧花厂改制而成。

南通华垦物资有限公司，注册资本为110.82万元，农场占股84.21%，自然人占股15.79%，该公司由原南通农场商物公司改制而成。

南通江海粮油有限公司，注册资本133.3万元，农场占股74.19%，自然人占股25.81%，该公司由原南通农场粮油加工厂改制而成。

南通江花粮贸有限公司，注册资本为62.8万元，农场占股75.48%，自然人占股24.52%，该公司由原南通农场粮站改制而成。

南通农垦江海农机服务中心，由原南通农场机电公司改制组建，于2000年12月20日登记注册，注册资本为399.39万元（其中农场国有股99.39万元，职工股300万元），下属4个农机站。

2001年，根据江苏省农垦集团公司要求，农场对已改制企业进行改制回头看，特别是对农场控股的5家企业进行了深化改制，先由控股变为参股，再由参股变为不参股。

2001 年 6 月，农场对江苏农垦南通江海轧花有限公司等 5 家控股企业进行了二次改制和改制回头看，国有资本抽出，变农场控股为农场参股。其中：

江苏农垦南通江海轧花有限公司农场股份由原来的 67.09 万元下降为 10.19 万元，占总股本的 12.26%，该公司经营至 2005 年时彻底关停。

南通华垦物资有限公司注册资本由 110.82 万元减资为 51.3 万元，其中农场投资 10.30 万元，占总股本的 20%。2004 年 12 月，农场在华垦物资公司中的 10.30 万元农场国有股全部退出。

江苏农垦南通江海轧花有限公司和南通华垦物资有限公司两家公司农场投入的股本金均作为优先股，年息为 10%，农场不再指派董事参与企业的经营管理。

为做好南通江海粮油有限公司深化改制，2001 年 9 月 1 日起，实行公司内部破产，公司解散。2002 年 3 月 13 日，公司机器设备及部分存货经评估公开竞卖，杨希高等中标，土地房屋实施租赁使用。2003 年 5 月 16 日，农场对该厂的房屋评估转让，土地租赁使用至今，企业改制成为民营南通开发区希望粮油有限公司。

2001 年 3 月 26 日，经南通江花粮贸有限公司股东会决定，对公司的注册资本由 62.8 万元扩增为 106.8 万元，扩股后的股本金组成为公司经营层及职工共 52.4 万元，农场股本 54.4 万元。2003 年 9 月，公司经营层及职工的股本金全部退出，公司加入江苏农垦米业集团。

2004 年 4 月 10 日，为适应农场农业生产责任制改革和农业种植结构调整，农场对南通农垦江海农机服务中心深化改制，将下属 4 个农机站所属的机器设备整体转让给农机站，所有的农机具实施单机（机组）转让给自然人，实行卖机不拆站，农机具实行集中停放。

表 3-2-1　农场 24 家场办二三产业企业改制情况一览

原企业名称	改制日期	改制形式	改制后企业名称
江苏农垦国营南通印刷厂	1998.1.20	拍卖	南通农场印刷厂
南通鼎盛皮革制品有限公司	1998.4.30	关停转让	南通时锐服饰有限公司
江苏农垦南通土方机械公司	1998.8.31	转让	个体经营
南通农场液化气站	1998.5.31	转让	华洋液化气公司
南通农场船队	1997.12.31	转让	个体经营
江苏农垦运输车队南通车队	1998.8.31	转让	南通江海运输有限公司
苏垦加油站	1999.5.31	转让	苏垦加油站
国营南通江海钢丝绳厂	1998.3.15	转让	江海钢丝绳厂

（续）

原企业名称	改制日期	改制形式	改制后企业名称
临渡加油站	1999.3.19	转让	临渡加油站
江海无线电元件厂	1998.9.30	—	关停
国营南通农场中心砖瓦厂	1998.9.25	—	关停
国营南通江海酿酒厂	1998.10.31	关停	关停改股份制
国营南通农场大明砖瓦厂	1999.2.28	租赁	大明砖瓦厂
国营南通农场江边砖瓦厂	1999.2.28	租赁	江边砖瓦厂
南通新江海机械厂	1999.2.28	转让	南通新江海机械有限公司
江苏农垦南通农工商联合公司粮站	1999.8.31	转让	南通江花粮贸有限公司
江苏农垦国营南通粮油加工厂	1999.5.31	转让	希望粮油公司
江苏农垦南通农工商联合公司农机修造厂	1999.10.31	—	关停
江苏农垦国营南通商物公司	1999.10.31	转让	华垦物资公司
江苏农垦国营江海服装厂	1999.11.30	转让	农场江海服装厂
江苏农垦国营南通轧花厂	1999.5.31	—	江苏农垦江海轧花有限公司
南通农场服务站	—		兼并
国营南通农场接待中心	1999.2.28		租赁
江苏农垦南通华兴建筑公司及各工程处	1998.3.30		关停

第五节　农场劳动用工制度的构建与创新

农场自建场以来，劳动用工制度的构建按照国家《中华人民共和国劳动法》及相关法律要求，经历了从统包统配、劳动合同制、全员劳动合同制、产权制度改革劳动用工优化调整、市场化的劳动用工及现代企业制度下公司制企业新型劳动合同关系的创新改革6个阶段：

第一阶段是建场初期构建国营农场统包统配的传统劳动用工制度。

建场初期，农场的劳动用工主要是接收南通县周边乡镇移民、大批量城镇知识青年插场、国家统包统配的大中专毕业生、城市下放工人、部队转业复员退伍军人、配偶婚迁等。农场对户口在农场、年满17周岁、身体健康能服从统一分配的自然增长劳动力基本上实行统包统配，形成国营农场传统的劳动用工制度。农场职工性质分为固定职工、合同职工和计划内临工等类型。1965年9月，经中共中央批转农业部"国营农场经营管理十六条"，农场改革经营管理制度，自1965年10月起取消定级工、固定工与计件工的划分，取消职工与非职工的划分，农场凡是常年参加劳动的，都是国营农场工人，都纳入国家的劳动计划。

第二阶段是改革统包统配的劳动力分配模式，实行择优录用的劳动合同制。

1986年，农场为改革国营农业企业的劳动用工制度，增强企业活力，打破职工劳动就业由农场统包统配的传统模式，出台《国营南通农场关于加强劳动、就业、工资管理的暂行规定》。明确农场在总体全民所有制的前提下，可允许多种经济形式和多种经营方式共同存在、共同发展。农场对劳动力在统一管理的基础上采取多种形式就业，取消统包统配，实行劳动合同制。场办国营企业招收合同制工人，贯彻先培训后就业的原则，面向全场公开招工、全面考核、择优录用；集资（股份制）或集体企业可自行组织招工，也可以委托场劳资部门统一办理招工手续，但必须严格按照招工条件进行考核，录用人员签订劳动合同后报场劳资部门备案；录用人员必须有3个月至半年的试用期，到期经考核合格后办理正式合同制工人手续，不合格者退回户口所在单位。此类职工如按规定承担国家和农场义务，交纳各项费用的，农场承认其为合同制工人，享受合同制工人待遇。

对场内职工的流动做出规定：工商运建服企业之间职工流动，经单位同意，报农场劳资部门批准，方可办理流动手续，合同制工人在合同期满后方可流动。鼓励自然增长劳动力自费培训学习技术，自然增长劳动力在外自费学习期间不作为合同制工人，学习结束并取得国家颁发的专业合格证回场的，经考核合格，农场将优先录用为合同制工人。

1989年9月，农场对1986年文件进行修订完善，重新印发《国营南通农场关于加强劳动、就业、工资管理的暂行规定》，强调改革农场的劳动制度，打破职工就业由国家统包统配、劳动分配平均主义的大锅饭。

1992年9月，农场对实施多年的1989年印发的《关于加强劳动、就业、工资管理的实施意见》文件补充完善，主要补充内容是对离职人员和除名人员，其户口在场的子女幼儿入托费、子女入学费做出相关规定。文件规定离职人员和除名人员不得参与统筹医疗；其子女的统筹医疗费每年只收规定数的一半，医药费按照统筹医疗规定的最高限额的50％报销；离职人员和除名人员必须部分地承担农场的有关费用，包括每年防洪保安金、治安管理费、公共设施费等。

第三阶段是推行全员劳动合同制，构建新型劳动用工制度。

1995年12月，农场印发《关于全面实行劳动合同制度的实施方案》，推行全员劳动合同制，构建新型劳动用工制度。明确农场实行劳动合同制度后，在用人单位内部逐步取消干部与工人、固定职工与合同制工人等身份界限，由用人单位对各类人员按劳动合同实行统一管理，企业内部可以存在管理人员与工人的岗位区别。

1996年10月14日，农场第五届第四次职工代表大会审议通过《国营农场全员劳动合同制实施办法》，该实施办法是农场劳动用工走向市场化迈出的决定性一步，是为转换企业经营机制，深化企业用工制度改革，促进劳动力资源合理配置，实现企业用工自主、职工择业自由的双向选择机制，是为规范劳动关系双方签订和履行劳动合同的行为，维护劳动合同的严肃性而制定。

全员劳动合同制度是劳动者与用人单位在平等、自愿、协商一致的基础上，通过签订劳动合同书，明确双方劳动关系，实行双向选择，引入竞争机制的劳动用工制度。农场工资在册的固定职工及经江苏省劳资处批准的计划内临时工，以及通过招工、调入、分配、转业退伍等渠道来场的人员，都必须与各用人单位签订劳动合同，明确合同期间用人单位与职工双方的权利和义务（可订立专项协议作为劳动合同副本）。凡不愿意签订劳动合同的原固定工和计划内临时工（科技骨干和骨干教师等除外），自企业签订合同之日起，允许其在 3 个月内辞职或调出农场；对 3 个月后既不辞职又不能调离单位而又不愿签订劳动合同的，企业有权予以辞退。劳动合同一经签订，经地方劳动行政部门鉴证，即具有法律效力。

劳动者在合同期内，有依法享受劳动保护、休息休假、参加社会养老保险的权利；享有对用人单位生产经营提出意见和建议的民主管理的权利；有平等地劳动（工作）、学习和参加政治活动的权利；有获得政治荣誉和物质奖励的权利。用人单位对劳动者进行政治思想、职业道德、业务技术、安全生产、遵纪守法等有教育和培训的义务。工资遵循按劳分配、男女同工同酬的原则。用人单位应按照国家和农场的有关规定，为劳动者缴纳社会养老保险费；企业职工按照农场关于提高企业职工伤亡待遇的规定享受伤亡待遇，按照江苏省计划生育条例和农场的规定，享受产假等待遇，按照国家有关规定享受婚假、直系亲属丧假及探亲假的有关规定；劳动者患病或非因工负伤，实行医疗期制度，医疗期限按照其本人参加工作年限和在本单位工作年限长短确定；医疗期满，被解除劳动合同的，按照国家规定适当给予经济补偿。

第四阶段是产权制度改革优化农场劳动用工制度，农场劳动用工逐步走向市场。

1997 年起，农场开始国有场办企业改革改制，利用企业产权制度改革的契机，清理和整顿农场劳动力。同年 3 月 28 日，农场制定《国营南通农场关于劳动力管理的暂行规定》和《国有场办企业富余人员转岗分流安置工作实施细则》。

《国营南通农场关于劳动力管理的暂行规定》对加强农场劳动力管理，整顿职工队伍，统一费用缴纳和发放标准做出了详细规定。主要内容：职工无正当理由经常旷工，经批评教育无效，连续旷工超过 15 天，或者一年以内累计旷工超过 30 天的，企业有权予以除名；停薪留职自谋职业人员，每年必须按社会平均工资标准的 25％由个人全额缴纳养老保险费，可以参加医疗保险，但必须在办理停薪留职时同时办理，中途不得间断，并按社会平均工资标准的9%缴纳医疗保险费，享受农场《南通农场职工医疗保险暂行办法》所规定报销医药费，不享受其他福利待遇，同时向场部每年缴纳600元社会事业费，在年初订立合同时一次性缴纳；病休人员加强复工管理，农场劳动工资科定期组织对病休人员进行身体检查，对已恢复健康而不复工的人员，按旷工论处，达到旷工规定天数的给予除名处理，同时统一病休生活费发放标准；对内退人员管理，男性超过55周岁（含55周岁），女性超过45周岁（含45周岁）的职工，确因身体患有疾病，经本人申请，凭农场医院证明，出榜公布，民主评议，所在单位党政工联席会议研究同意，上报主管部门批准后可实行内退，并报场劳资科备案，内退人员的生活费按当时当地最低工资标准70%发放；对于工商运建服及场直单位改制后的富余人员，按农场关于《国有场办企业富余人员转岗分流安置工作实施细则》的有关规定办理。

第五阶段是实行"先交钱后种田，两保费用全额自理，土地资源补贴"市场化劳动用工制度改革。

2001年8月，农场制定《关于改革劳动用工管理制度的若干规定（试行）》，规定农场职工实行"先交钱后种田，两保费用全额自理，土地资源补贴"的办法。凡2001年8月底在册的所有农场职工，除已经选择自交两保费用的职工、原三孔桥地区企业的职工、实行病休医疗期内的职工等三类职工外，其他所有农场职工从当年秋播开始，承租基本任务土地，上交费用包括两保费用和土地租金。职工的两保费用中包括农场为职工交纳的养老保险费（20%）和职工医疗保险费（8%）以及应由职工个人承担的养老保险费（7%）和医疗保险费（2%）。土地租金中包括农业税、总场分场大队管理费、农田水利建设经费和职工福利费、工会经费、职工教育经费等。农场职工承租基本任务的土地，也可少包或多包，多包部分按计划外土地租金标准交纳。在岗的职工，也可不承租基本任务的土地，但必须选择自交两保费用，即经本人申请可按当地上年社会平均工资为基数，交纳27%的养老保险费和按不低于市区上年社会平均工资的60%为基数，交纳10%的医疗保险费，交清两保费用后享受两保待遇。选择承租土地的职工或选择自交两保费用的人员，在完成应交纳的土地租金和两保费用后，农场有关单位可以根据需要进行聘用，单位与职工签订聘用合同，并给予相应的报酬。同时一律取消按档案级别工资发放月工资的办法，管理人员实行岗位年薪制、工人实行计件工资等多种计酬形式。

2003年，农场印发《关于加强劳动用工管理的规定》，对2001年的《关于改革劳动用工管理制度的若干规定（试行）》修订完善，对各类职工"两保"费用的交纳做了具体的规定：一是对劳动关系在农业单位的农场职工，每个农业职工先由个人全额交纳"两保"费用，再划给每个农业职工8～10亩土地补偿田，种植经济作物，土地租金由原平均每亩490元下调为平均每亩190元，其每亩300元的土地租金差价，作为农场对农业职工"两保"费用的补偿；二是劳动关系在二三产业的农场职工，按照"先交费，后享受"的原则，先由职工个人全额预交下一年度的"两保"费用，再由用人单位（不分所有制形式）按照参保规定配套应由单位承担的"两保"费用补偿给职工；三是职工外出务工，"两保"费用由个人全额自交，农场为其代办"两保"关系接续手续，并免收代办管理费用；四是经过批准已经内退的农场职工，按照参保规定由农场配套应由单位承担的"两保"费用；五是患重病无法正常工作的并符合病休条件的农场职工，实行医疗期管理，医疗期内发给一定的生活补助费。医疗期满后，恢复工作，无法工作按有关规定执行；六是农业职工不按规定承租土地、二三产业的职工不按规定正常上班或违反劳动纪律、代办"两保"关系人员不按规定交纳"两保"费用，经教育不改者，按照《职工奖惩条例》和参加"两保"的有关规定，做自动离职或解除劳动关系处理，养老保险账户封存，医疗保险即行中止。

2003年9月起，由于农场耕地资源大幅度减少，农场停止办理社会人员"两保"关系挂靠，鼓励农场职工子女到南通开发区劳动力市场参与招工竞聘。

第六阶段是农场公司制改造后现代企业制度下企业新型劳动合同关系的改革创新。

2013年，农场公司制改造后，苏垦南通公司为加强人力资源管理，制定《人力资源管理制度》，开展现代企业制度下公司制企业新型劳动合同关系的改革创新。员工招录工作由公司人力资源部统一组织实施，根据岗位需求、岗位职责等情况制定岗位说明书和具体的招聘方案。坚持"公开招聘、全面考核、择优录用"的原则，采取笔试、面试相结合的办法进行，经考核录用后，被聘用人员与公司签订劳动合同。苏垦南通公司各用人单位对新入职员工进行试用期培训及考核，形成《试用期员工评估报告》报人力资源部，人力资源部组织相关人员对其进行民主测评、组织考察，综合结果上报党委会审批。人力资源部负责为通过试用期考核的员工办理转正手续，对新招用的人员在试用期内被证明不符合录用条件的，依法解除劳动合同。

苏垦南通公司与员工遵循合法、公平公开、自愿平等、协商一致、诚实信用、等价有偿的原则，订立书面劳动合同，自用工之日起与员工建立劳动关系，对新招用员工实行试用期制度。试用期包含在劳动合同期限内，计为本公司的工作年限。公司与员工协商一致，可以变更劳动合同约定的内容，包括合同期限、工作岗位、劳动报酬、违约责任（仅限于服务期约定和竞争限制约定）等。变更劳动合同，均采用书面形式，变更后的劳动合同各执一份。员工在规定的工伤医疗期内，女职工在孕期、产期和哺乳期内，劳动合同期满时，劳动合同的期限自动延续至工伤医疗期、孕期、产期和哺乳期满为止。劳动合同期满公司需要续签劳动合同时，提前30日以书面形式通知员工，并在30日内重新签订劳动合同，不再续签的，公司书面提前30日通知员工。员工提前30日以书面形式通知公司，可以解除劳动合同（在试用期内提前3天通知公司，可以解除劳动合同）。因员工本人原因违反《劳动合同法》规定提前解除劳动合同，或者违反劳动合同中约定的保密义务或者竞业限制，给公司造成损失的，应当承担赔偿责任。公司负有支付员工劳动报酬、提供劳动安全生产保障、保护员工合法劳动权益等义务，享有生产经营决策、劳动用工、工资奖金分配、依法制定和完善规章制度等权利。员工享有获得劳动报酬、休息休假、劳动安全卫生保护、享受社会保险福利等权利，同时应当履行完成劳动任务、提高职业技能、执行劳动安全卫生规程、遵守劳动纪律和职业道德等义务。

第六节　国有资产监管体制的健全与创新

建场以来，农场在江苏省政府国资委和江苏省农垦集团公司的领导和支持下，经历了国有资产监管体制的健全与创新，具体地来说经历了以下几个环节。

一是江苏省政府国有资产管理部门授权和委托江苏省农垦总公司监管系统内国有资产。

1990年6月，江苏省农垦总公司印发《关于加强国有资产管理的通知》，指定江苏省农垦总公司计财处是江苏省政府国有资产管理部门授权和委托作为江苏省国有资产管理局的授权代表，负责管理全江苏农垦总公司系统占有和使用的国有资产。要求农场做到在国有资产保值的基础上争取较为理想的增值，具体把清产核资、界定产权、完善国有资产经营承包责任制作为工作的重点。对在企业改革改制，涉及国有资产产权转移、经营利益分配的联营参股、中外合资、合作经营、兼并、拍卖、转让、出售、租赁、破产清理等事项都必须书面报告江苏省农垦总公司计财处，建立登记、评估、报告、审批制度。

1996年起，江苏省农垦总公司转变资产管理考核模式，将自1988年以来一直推行的农场承包经营改为全面实行资产经营责任制考核，考核结果与经营者年收入挂钩。考核采取对农场年度资产经营业绩先审计后兑现经营者报酬的原则，资产经营责任制采用年薪制形式，百分制考核计奖，建立健全农场经营者（现职领导班子全体成员）预交风险责任准备金的制度，此考核模式一直沿用至今。

二是改变投资管理体制，从严审批投资计划及项目投产登记，加强国有资产监管。

建立健全国有固定资产监管体制，是加强国有资产监管的重要手段，首先从投资抓起，从计划抓起。1985 年 9 月，农场根据江苏省农垦总公司《关于加强固定资产计划管理的通知》文件精神，制定《国营南通农场关于加强固定资产投资计划管理的规定》，根据规定正确编制投资计划，严格落实建设项目审批制度，实行建设项目责任制和统计报表制度。

1996 年 7 月 30 日，农场制定《关于加强固定资产投资管理的规定》，严格投资项目的审批程序，基本建设、设备购置、技术改造等投资项目数额超过 50 万元（含 50 万元）的，必须在每年的 10 月前上报立项报告、可行性调查报告及初步设计方案，经农场领导审核后报江苏省农垦集团公司批准立项后，列入下年度投资计划；投资额在 5 万元以上至50 万元的投资项目，必须提前上报计划，一般在第一年 10 月前报计划，经农场领导研究同意后列入第二年度计划上报，待江苏省农垦集团公司批准后实施；对零星固定资产投资计划（5 万元以下项目）及大修理项目，必须事先专项报告，经主管部门审查同意后报场计财科，经批准后方可购建或修理。

2006 年，江苏省农垦集团公司制定印发《江苏省农垦集团有限公司固定资产投资项目管理暂行规定》，作为江苏省农垦集团公司《投资管理暂行办法》的配套文件一并实施。文件规范了农场基本建设、技术改造、设备购置等固定资产投资建设项目申报审批程序和建设管理行为，提高了项目建设质量和投资效益。2013 年，农场根据国家有关规定和江苏省农垦集团公司相关文件，结合农场实际情况制定《江苏省南通农场固定资产投资项目管理暂行规定》，该规定是为加强农场固定资产投资项目管理，规范投资项目申报审批程序和建设管理行为，提高项目建设质量和投资效益而制定。规定中投资项目是指农场及所属企业进行的基本建设、技术改造、设备购置等项目，农场固定资产投资项目实行领导负责制，项目建设单位的法定代表人对项目申报、实施、建设质量、资金管理及建成后的运行等负总责；项目勘探设计、施工、监理等单位法定代表人根据其业务职责对所承建项目的工程质量负终身责任。

三是全面开展资产清查盘点，摸清家底，建立健全完善的资产台账资料。

1992 年 2 月，农场为摸清家底，正确掌握农场改革开放以来资产发展情况，于当年的 8—11 月对全场固定资产进行了一次全面性的清查盘点，建立完善台账资料。农场成立清资领导小组，全面负责清资领导工作。系统清资分 3 步走：第一自查清理阶段，各单位根据账册及实际情况查明固定资产实有数、报废数、不需用数、未使用数，分别标明金额，列表报送场清资办公室。对于报废、盘亏的固定资产，逐项书写专题报告，报场部鉴定审批；第二技术鉴定和检查验收阶段，农场清资办公室会同有关部门、分场对各单位进行全面检查验收；第三账务调整和建立账簿阶段，对于清后固定资产，各单位分门别类建立和记载完善的固定资产台账。

1993 年 8 月，农场在 1992 年认真盘点弄清家底的基础上，出台了《关于加强固定资产管理的暂行规定》，确定了固定资产规范化管理要求：一是资产原值规定；二是固定资产报废、拆除、变价出售、出租、对外投资及改变原有财产形状，必须由单位事前出具报告，报分场、公司、中心同意，经主管财务领导批准，同时必须由农场计财科及有关技术人员一起参加进行价格评估，办妥有关手续（合同、协议等）后，方能实施；三是确定部分固定资产分类折旧年限；四是在企业产权制度改革中坚持原则，规范监管国有资产。

1997 年起，农场进行二三产业场办企业产权制度的改革、改制。在二三产业企业改制中，坚持"一清二审三评估"和"公开、公平、公正"的原则，完善财产处置程序和改制的法律手段，进行资产清查盘点、摸清家底、明确产权，做到不重不漏。搞好全面审计，委托有关部门进行资产评估，在实施租赁、拍卖等改制操作中，做到公开竞标、公平竞争，并委托公证处现场公证，确保改制的规范化，建立健全规范的国有资产监督管理制度。通过农场场办企业产权制度改革改制，农场形成了以公有制经济为主体、多种所有制经济形式并存的格局，场办企业也实现所有权和经营权"两权"分离，企业活力显著增强，农场转变管理职能，注重国有资产的监督管理和有效运转，提高了农场的经济效益。

2002 年，农场对已经改制及关停企业，建立健全国有资产监管制度，对资产处置按照规定程序报批，完善法律手续，对闲置厂房、机械设备加强维护及保养并采取各项优惠政策积极实施租赁、转让，搞活存量资产增加收入。改制后的公司制企业健全法人治理结构，完善内控制度，充分发挥监事会职能，强化农场及场办改制企业的国有资产管理和监督，看管好国有资产，确保国有资产不流失。

四是完善国有资产损失责任追究制度，加强信息化平台建设，国有资产监管体系日趋完善。

2010 年 12 月 24 日，江苏省农垦集团公司转发省纪委、省委组织部、省监察厅、省国资委联合下发的《江苏省省属企业资产损失责任追究暂行办法》。2012 年 4 月 18 日，江苏省农垦集团公司向垦区各农场印发《江苏省农垦企业国有资产损失责任追究暂行办法》，办法的制定实施，加强了农垦企业国有资产监督管理，为防范经营风险，保障国有资产安全，规范国有资产损失责任追究行为提供具体的实施意见。企业国有资产损失责任追究遵循权利与责任相统一、谁决策谁负责、责任追究与资产损失相适应、教育与惩处相结合 4 个原则。

2013 年 11 月，农场公司制改造后，苏垦南通公司按照现代企业制度和公司转型要求，完善法人治理结构，建立内控制度体系，加强国有资产管理。制定《江苏农垦集团南通有限公司国有资产损失责任追究暂行办法》，加强公司国有资产监督管理，规范国有资产损失责任追究行为。

2017年，苏垦南通公司推进资产管理信息化建设，编制苏垦南通公司资产电子台账，资产管理工作更加透明，监管机制更加有效。

第三章　计划财务管理

第一节　财务机构及制度

一、财务机构

农场（苏垦南通公司）及全资子公司是独立的企业法人，各法人企业自主经营、自负盈亏、自我发展、自我约束，依法享有法人财产和民事权利，承担民事责任。独立企业法人设置独立的财务会计机构，农场所属非独立企业法人是否设置独立的财务会计机构由农场计财科根据具体情况另行确定。

1958年，农场成立时，农场没有专门的财会部门，只有会计1人，负责全场的财务工作，各生产大队也只配置1名财会人员。

1960年，农场成立财务科，设有总账会计、出纳会计、经费会计、统计，生产队设总账、出纳（兼事务）会计、收方员、保管员，农场物资站附属财务科。

1968年，农场成立革委会，财务科撤销，财务、基建、物资统归农场后勤组主管。

1969年，部队接管农场，同年底成立江苏生产建设兵团四师二十四团，改后勤组为后勤处，下设财务股、物资股、机务股，团部设立总账、出纳、经费会计，连队设总账、出纳、保管员，营一级不设核算会计。

1975年，兵团撤销，重新恢复农场管理体制，农场设财务物资科。财务物资工作归财务物资科主管，分场一级开始设立辅导会计。

1984年，农场经济体制改革，原由财务物资科主管的物资工作归农场物资运输公司，统计及基本建设由新成立的计划科主管。下属各公司成立后，设立财务股，配备会计2~3人。

1986年，财务科与计划科合并，成立计划财务科，主管业务包括全场计划财务、统计、政策研究、基本建设、房屋土管、节能等。分场成立财务股，配备辅导（兼总账）会计、出纳会计2人。随着科室建制的变化，科室职能又有所调整，农场成立房屋土地管理所后，基本建设和房屋管理职能从计划财务科划出。到1987年底，全场财会系统共有会计198人，其中中专以上学历的21人。

1989 年 2 月 11 日，农场在计划财务科成立"两清"办公室。

1992 年 6 月，农场机关改革，在农场计划财务科成立财务结算中心。

2014 年 3 月，农场公司制改造后，印发《江苏农垦集团南通有限公司机构设置和部门职责说明》，公司内设计划财务部。

二、管理体制

在实行财务包干前，从 1958 年到 1979 年，农场按国家的指令性计划组织生产，基本上实行的是统一经营、统一核算、统负盈亏的管理体制。1965 年 5 月 21 日，江苏省农林厅同意农场下设 4 个分场，实行三级管理（场部、分场、生产队）、两级核算（场部、生产队）。1979 年，农场实行财务包干后，逐步推行（场部、分场、大队）三级管理、三级核算，场部对基层单位实行利润包干、超利分成的经济责任制，生产管理上实行指令性与指导性相结合的计划组织生产模式。

1984 年，农场经济管理体制改革，农业单位全面兴办职工家庭农场，管理体制由三级管理、三级核算发展成为三级管理、四级核算。工业单位实行利润包干上缴、超利留成的经济责任制，使农场从一个统负盈亏的企业演变成为统分结合、分层经营、单独核算、自负盈亏的经济实体。

建场以来，农场各级单位在经营活动中，一切能以货币计量的客观实在的经济事务就是通过会计核算，填制会计凭证。农场各单位配备不少于 2 名财会人员，设置必要的会计岗位。单位会计人员的任免需征得农场主管部门的批准，会计人员分工合理、明确，符合会计制度的规定。各单位财会部门建立一套完整的账户体系，对本单位的经济活动进行全面完整的会计核算，履行财务管理的职责，参与经济的预测决策，做好财务的计划、控制、核算、分析和考核工作，筹集生产需要的资金，为提高本单位的经济效益服务。

1993 年 7 月，随着市场经济的建立，农场所属的二、三级单位或企业自主经营、自负盈亏、自我约束、自我发展，作为相对独立的经济实体，在农场的统一领导和监督下，依法行使自己的权利，承担应尽的义务。各单位建立健全各项财物管理制度，各项物资的收发流出、内部的转移都有原始记录，手续齐全、计量准确，定期或不定期对各项财产进行清查盘点，每年不少于两次，年终决算前要进行一次全面的清查盘点。

1997 年 11 月起，江苏省农垦集团公司在农垦系统执行财务总监制度。财务总监由江苏省农垦集团公司派出，代表江苏省农垦集团公司，依照《江苏省农垦集团有限公司国有农场财务总监管理办法》规定的范围，承担对农场经济运行和财务活动进行监督的责任。财务总监具体负责监管农场执行国家有关财经法律、法规、方针、政策、制度，组织领导农场财务管理、税务管理、资本营运、成本管理、预算管理、会计核算等方面的工作，参与农场重要经济问题的决策，执行江苏省农垦集团公司下达的各项任务以及落实国有资产保值增值任务，对江苏省农垦集团公司负责，为提高农场经济效益服务。

1998 年，农场实施会计基础工作规范化管理，单位财会人员认真学习《江苏省会计基础工作规范化管理实施办法》《江苏省会计基础工作规范化考核表》以及《江苏省关于对违纪会计人员解除专业技术职务的实施办法》，落实好会计基础工作规范化的各项要求。

2000 年 6 月 30 日，农场贯彻实施《中华人民共和国会计法》，对全场各单位负责人或法人代表及在岗会计人员进行培训，对培训合格人员颁发《会计法》培训合格证书，确保《会计法》的全面贯彻实施。

2001 年起，农场改革劳动用工制度，全面实行"先交钱后种田，费用全额自理、土地资源补偿"的土地租赁经营模式，渔业等养殖业也实行"先交后养"，市场风险自己承担。为农服务领域也随之改革，农机民营化，作业收费指导价，农资供应市场化。农场不再下达指令，产品销售不再实行统购统销，承租职工具有销售自主权。场办二三产业企业职工上岗前同样先交纳两保费用，农业已由三级管理、三级核算过渡为两级核算。

2002 年 1 月起，农场加强对会计统计业务工作考核，以增强会计统计人员的责任感和事业心，督促会计统计人员积极认真搞好财务管理和会计统计核算，执行财务会计统计制度和各项法律、法规，提高会计统计人员的业务水平和工作质量。考核对象是农场中心分场、长洪分场、大明分场、江边分场、渔业分场的分场部会计统计及苏垦南通电力公司、水电管理站、水利站、农科所、种子公司、清理组、粮贸公司、轧花公司、物资公司、城镇管理办公室的总账会计。除会计统计报表的质量、交表时间分别由农场计财科、劳资科、企管科考核外，其余以审计科考核为准。根据考核结果，对得分在前 5 名的同志，由场部给予奖励，对得分 85 分以下的同志，减发当年本人年薪的 0.5%～1% 并上缴场部。同年，农场财务变革核算体制，取消大队一级核算，有效控制和减少了非生产性支出。同年，农场印发财务核决权限文件。财务核决权限规定全场各单位主持工作的同志为本单位的主管财务负责人，可以按照规定的权限，具体负责本单位财务审批，超出规定授予的核决权限事项，应向上级报批财务事项的提议、审核或复审。各单位内部的财务事项，在农场规定授予的核决权限以内的，由各单位按规定自行制定核决权限，报场计财科、审计科备案；超出单位核决权限的事项按农场规定权限审批。实行费用包干的单位，包干经费内事项由单位主管负责审批，包干费用以外的事项按农场核决权限规定执行。企业的各项费用应严格根据年度预算支出，年度预算中没有包含的内容，必须先办理申请追加费用支出预算的手续，经批准后方可开支。农场国有控股企业参照《江苏省南通农场财务核决权限表》制定出本公司核决权限表，经董事会通过后实施并在农场计财科备案。

2004年，农场全面实行以"两级管理、一级核算"为主要内容的农场管理体制改革，按照江苏省农垦集团公司核定的人数配备管理人员。撤销全场分场和大队建制，组建5个农业管理区，由过去的三级管理、两级核算改为两级管理、一级核算。

2005年，农场抓好企业会计制度的衔接工作。当年1月1日起，江苏省农垦集团公司全面执行《企业会计制度》和《农业企业会计核算办法》，农场财务部门按照集团的要求，做好账表衔接、调账工作，做好经常性收支和社会性收支的划分和核算工作。

2008年4月，农场出台《南通农场专项经费核决权限表》《南通农场社区专项经费核决权限表》《南通农场专项经费核决权限表》《南通农场"三重一大"制度实施细则》。规范农场专项经费的管理及核算办法，明确财务审批权限，提高资金的利用率和农场整体经济效益。之后，农场（苏垦南通公司）分别在2011年、2013年、2018年、2020年对农场财务核决权限分别进行了补充和完善。

2012年，农场农业资源整合上市、社会事务移交地方，为规范企业管理，农场加强财务及预算管理，执行财务预决算制度，规范财务开支标准和基本建设投资操作规程，完善"提、审、决"制度，降低可控成本，加强国有资产管理。

2013年，农场顺利完成公司制改造，苏垦南通公司为推进转型升级、抓体制机制创新和内部管控机制，严格执行财务预决算制度，重新修订出台财务管理办法和制度，完善"提、审、决"制度和招投标管理办法。各项措施使国有资产管理得到强化，切实履行了财务管理对国有资产的管理、服务、监督职能。

建场以来农场在计划财务及统计管理方面也涌现了一批先进人物，得到上级党委和政府的表彰，见表3-3-1。

表3-3-1　农场财务统计系统受上级党委和政府表彰一览

姓名	荣誉称号	授奖部门	授奖时间
钱洪军	第二次全国工业普查先进工作者	江苏省工业普查领导小组	1987年5月
高建辉	农业普查先进个人	江苏省统计局	2009年1月
陆卫霞	农业普查先进个人	南通市统计局	2008年4月
邵国华	工业统计先进工作者		1988年12月
张武功	工业统计先进工作者		1988年、1992年
王思相	统计工作先进个人		1989年1月
单文海	经济管理先进工作者	江苏省农垦集团有限公司	1989年2月
曹金标	审计工作先进个人		2001年
赵跃进	干部统计先进个人		1989年、1990年
陈玉霞	综合统计工作先进个人		1991年、1995年、2000年、2001年、2003年

（续）

姓名	荣誉称号	授奖部门	授奖时间
袁新海	第三次工业普查先进个人		1996 年 12 月
邵国华	工业统计工作先进个人		1997 年 12 月
高建辉	工业统计先进工作者		2001 年 12 月
吴美琴	财务工作先进个人	江苏省农垦 集团有限公司	2008 年、2009 年、2012 年
陆卫霞	综合统计工作先进个人		2007 年、2008 年、2009 年、2010 年、2012 年、 2013 年、2015 年、2016 年、2017 年、2018 年
高　峰	财务工作先进个人		2015 年、2016 年、2017 年、2018 年
王小红	综合统计先进个人		2020 年

第二节　计划管理

一、农场生产经营和社会发展计划管理

计划管理是农场通过计划的制订和执行来组织、指挥、调节和监督整个生产经营和社会发展以及协调各生产环节相互关系的一系列管理活动。建场初期，农场计划内容主要有两个方面：一是财务收支计划，包括财务收支汇总计划、利润总额计划、生产费用计划、产品成本计划、货币资金计划（包括银行借款计划）等；二是基本建设计划，包括基本建设投资计划、动用固定资产计划等。

1959—1962 年，农场增加生产计划和劳动计划。生产计划包括土地利用计划、主要机器设备计划、农业生产计划、耕作计划、林畜产品生产计划；劳动计划主要包括劳动力计划、工资总额计划等。

1962 年后，农场实行"三包一奖"责任制，加强计划管理及财务上的定额包干。此时期计划编制较为全面，有关的生产、财务、成本、基本建设、劳动、物资等方面共编制计划表格 30 多种。

党的十一届三中全会以后，农场计划工作开始得到恢复，计划的重点开始转变成以考核企业经济效益为中心，重视对企业资金利润率、成本利润率、劳动生产率等经济效益指标的考核，逐步建立和健全各种形式的经济责任制。农场对分场（公司）、分场（公司）对大队（工厂）、大队（工厂）对职工（车间、班组）层层落实包定指标，较好地克服了计划工作中过去那种责、权、利脱节的弊病。

1983 年起至今，农场编制了"六五""七五"至现今的"十三五"等五年规划及年度计划等。1985 年，农场较为具体地制定了"国营南通农场 1985 年至 1988 年四年规划"，作为农场试行场长负责制的第一任期目标，为农场进行生产、建设提供了依据，促进了农

场经济的发展。

综上所述，1984年前，农场每年年度生产经营计划是国家通过江苏省农垦局下达的指令性任务。农场按下达的任务组织编制生产财务计划，农场的一切计划工作由场领导层组织各生产、财会部门共同编制。

1984年起，国家对国营农场主要产品的产、销改为指导性计划。粮、棉、油等产品从过去的统购改为合同定购和市场销售，江苏省农垦主管部门只对农场下达主要产品产量指标、经营利润考核指标和上缴利润指标，其余各项财务收支计划均由农场自行拟定，扩大农场制订生产、经营计划的自主权。农场围绕每年确定的生产经营思路、经济责任制和工作目标要求，制订年度、季（月）度各项计划及中长期计划。

1984年8月，农场财务物资科更名为财务科，另外成立计划科，主要职责是负责制定和落实各项经济责任制，原财务科负责的综合统计、基本建设、房屋管理等也划归计划科负责。1986年，计划科与财务科合并，农场成立计划财务科直至今日。

1985—2020年农场（公司）年（季、月）度计划编制要点见表3-3-2。

表3-3-2　1985—2020年农场（公司）年（季、月）度计划编制要点

年度	年（季、月）度计划编制要点
1985年	围绕"稳定农业、以工为主、工副并举、内协外联、综合发展、富场裕民"的经营方针和各业年度经济责任制要求，压缩棉花种植，扩大薄荷、西瓜等经济作物种植面积，稳定生猪饲养项目，发展禽蛋、奶牛、养鱼、商品瓜果蔬菜等项目
1986年	围绕农场经济管理体制改革，农业全面兴办职工家庭农场，工业推行"一包三改"，管理干部改任命制为选聘制，领导制度实行场长负责制，机关科室由行政管理型改为经营服务型，场办企业厂长、经理、队长实行任期目标责任制，内部分配实行计划完成情况的考核，采取上不封顶、下不保底的工资总额计划
1987年	改革分场经营管理体制，分场实行场长负责制，独立核算，定额上交，自负盈亏
1988年	围绕场长负责制中第一任场长任期目标的最后一年和场长第一任期1985—1988年农场四年计划的主要内容，以目标管理制和承包经营责任制为中心进行改革，继续实行分场场长负责制和场办工厂厂长负责制，巩固和提高职工家庭农场，合理调整产业和产品结构
1989—1990年	围绕调整产业结构，发展"两水"生产，确定水产和水果作为农场多种经营的重点发展项目和计划
1991—1992年	按照"加强农业、主攻工业、提高副业、开拓外引内联项目、发展第三产业"的工作思路，抓住"调整结构、外向开拓"两个战略重点，农业生产实行大队集体承包与家庭分户承包的两种承包体制，调整农业种植结构，扩大经济作物面积
1993年	围绕"调整农业结构、加速工业发展、开发副业项目、主攻外向经济、大办第三产业"的农场工作思路，农场工作重点是适应市场经济需要，改善投资环境，发展外向型经济、搞活第三产业，加快开放步伐，兴办中外合资企业和内联项目
1994年	围绕"依港兴场，以地生财，稳定加强农业，巩固提高工业，加速发展建筑业和第三产业"经济发展战略，提出了"21444"经济目标计划。强化"工效挂钩"，对工商运建服行业职工实行"定额计件工资制"，对各级干部实行"结构工资制"，完善干部考核办法。农场突破单一的所有制形式，逐步形成多种经济成分并存的格局
1995年	农业完善职工分户承包和大队集体承包双重承包体制，制订合理的计划和要求，发挥农场的土地资源和技术装备优势，加速农业实现第二次飞跃
1996年	以市场为导向，按照"优质、高产、高效"的原则，编制计划，调整结构，培育农业发展新的效益增长点

（续）

年度	年（季、月）度计划编制要点
1997 年	完善职工分户承包和大队集体承包双重经营方式，计划编制在大稳定、小调整的前提下给予基层一定的政策灵活性，在"六统一"管理的前提下，发挥国有农场"三基地一中心"作用，发展"两高一优"农业，实现种子科研、生产、加工、销售一体化，建成南通市最大的谷物种子加工线及配套设施
1998 年	农场在稳步推进场办企业改制的同时，同步推进并实施管理体制人事制度、劳动用工等各项配套改革。采取积极措施，顺应改革形势，精简机构，减人增效，加强以财务管理为中心的企业管理等
1999 年	按照职工代表大会通过的《国有场办企业富余人员转岗分流安置工作实施细则》，加大劳动人事、工资分配等各项制度的配套改革，推行干部聘用制
2000 年	农业生产责任制重大调整：一是改综合承包为专业承租；二是将两保金从费利税中分离；三是改公田为管理人员承租；四是精简管理人员，管理费用包干使用；五是自然风险自担，市场风险共担。改革推进了农业生产由计划指令型向市场型、效益型的转变。同年农场以西瓜设施栽培为切入点，积极发展高效蔬果产业。从 2000 年开始，在农业单位试行干部和管理人员年薪制
2001—2004 年	围绕改革劳动用工制度，职工承租土地 8～10 亩基本任务，将承租土地上交的费税利分解为两保费用和土地租金，实行"先交钱后种田、费用全额自理、土地资源补偿"的土地租赁经营模式，渔业、养殖业同样实行"先交后养"，同时推进农场为农服务领域的改革，农机民营化，农机作业实行收费指导价，农资供应市场化。对产品销售，不再实行统购统销，加强农业产业化龙头企业、基地和组织建设，技术推广、科技创新和标准化生产取得成效，场办二三产业企业同样采用先交纳两保费用方式
2005 年	在党的"三农"政策支持下，围绕农场推进"工业化、城镇化、产业化"建设，按照"龙头企业＋农场＋农户"的产业化模式，培育壮大龙头企业，加快农业产业化的建设和发展。坚持土地租赁经营制度，正确处理好职工收入和农场积累的关系，规模经营和公平承租的关系
2006 年	全场掀起二次创业高潮，农场把发展国有经济放在优先位置，优化一产结构，大力发展二三产业，实行"三产优先、三产为重"的方针。发展现代农业，转变经济增长方式，壮大国有经济，提高二三产产业占比，全力推进农场二次创业
2007 年	围绕"一番（国有营业收入、利润 3 年翻番）、二先（二次创业农垦争先，全面小康农垦领先）、三提升（提升高效农业规模，提升国有二三产业总量、提升民营经济质量）"的农场二次创业总体目标，农场确定"调优一产、放大二产，主攻三产"思路，致力将农场建设成为以国有三产为主体，新型工业为特色，现代农业为支撑，房地产、物流、广告、新材料工业、现代农业综合经营的跨行业现代企业集团。 农业推进"骨干牵头，联合承租"模式，形成多个联合体，种植由分散趋于集中，由区块形成连片，规模化生产。以种业公司、米业公司为载体，公司＋基地＋农户传统模式，实现农产品的转化增值，提高农业组织化程度，"统"的功能得以强化
2008—2009 年	农场将高效农业作为建设现代农业的重要组成部分，加快结构调整，逐步形成自身的特色和亮点，完善高效农业的组织形式与推进方法，大力推进高效农业规模化，从政策优惠、资金扶持、技术支撑、强化考核等方面加大对高效农业的推进考核力度
2010 年	农场策应苏通园区开发建设带来的商机，充分利用区位和土地优势，坚持走"资源变资金、资金变资本、资本变效益"的路子。农业继续推行模拟股份制经营模式，从场情出发，按照"一体两翼"的发展思路和建设经济强场的目标导向，做强三产、做优二产、做精一产，超额完成了"十一五"各项目标任务
2011—2012 年	按照"抓住机遇、加快转型、科学布局、夯实基础、强抓管理、提升效益"的思路，以创新经营管理为手段，按照江苏省农垦集团公司的部署，将农场种植业资源整体划转到苏垦农发南通分公司，农业一体化经营。调优农业生产结构，稳定发展大宗农产品的同时，发展设施蔬菜、大棚西瓜、优质葡萄、特色水产等高效农业
2013—2020 年	在农场顺利完成公司制改造、推进企业转型升级、明确长远发展大计、制定长远发展规划、抓好体制机制创新的同时，公司的计划管理按照现代企业制度和公司转型要求，建立内控制度体系，确立公司立足农垦、融入地方、共建美好家园，成为具有较强市场竞争力和可持续发展的现代企业集团的规划和目标，坚持把稳中求进工作总基调作为公司奋斗方向，"转方式、调结构、强动能"，坚持和巩固"稳定二产、发展三产"的思路，依托资金、资源、产业等优势，快速融入区域经济发展，推动集团内垦区合作、垦地合作，制定强有力的选人用人、机关绩效考核、控股企业考核、"三重一大"等制度规范流程。公司狠抓计划管理，按照现代企业治理要求，层层压实经营管理责任，严格执行内控制度，向管理要效益，向管理要效率

二、职工粮油计划管理

20 世纪 90 年代初之前，在国家计划经济体制下，粮油统购统销，农场职工口粮实行计划管理。粮油计划标准在执行国家定量标准的基础上，结合农场的生产情况、劳动强度决定吃粮标准，如 1967 年 6 月起执行的用粮标准，食用油每人每月 0.4～0.5 斤。

1968 年，分配来农场工作的大中专院校毕业生，将户口、粮油关系一并迁入农场，农场按迁出地的户口、粮油供应起始周期进行供应，其口粮供应标准一律按照农场同工种的标准供应。教师口粮标准不分公办民办，一律按照公办教师的口粮标准执行；属国家定量供应的，按标准供应；自带口粮的，如果生产队分配口粮低于这个标准的，其差额由国家补助；来自农村的中学生自带口粮。

1969 年 8 月，根据南京军区后勤部《关于调整生产建设兵团工作的军队干部吃粮标准的规定》的通知，从 1969 年 9 月 1 日起，军队干部在兵团机关工作者，每人每月 35 斤口粮；在师、团、独立营（农场）、工厂工作的每人每月 38 斤口粮；在营连工作的每人每月 45 斤口粮。

1993 年起，国家放开粮油销价，取消粮油计划，农场和全国人民一样告别"粮票时代"，人员流动不再办理粮油关系转移手续。

1967 年起农场各单位各工种口粮标准见表 3-3-3。

表 3-3-3 1967 年起农场各单位各工种口粮标准

单位：斤/月

单位	工种	口粮标准	单位	工种	口粮标准
轧花厂	外什工	40	砖瓦厂	行政人员	29
	内什工	38		成品发货	34
	清花工	32		司机	32
	剥绒工	38		削瓦	38
	喂花工	30		推泥	45
	保健工	34		坯管	45
	机修工	34		制中瓦	45
	机器打包工	38		炕窑	45
	棉检员	30		洋瓦拉模	41～43
	司机	32		烧窑	41
	司磅员	28		拉窑灰	45
	保管员	36		出窑	45
运输队、船队	汽车驾驶员	42		装卸	45

（续）

单位	工种	口粮标准	单位	工种	口粮标准
	队长	32		车床	34
	会计	28		机修	36
	工人	42	修配厂	冷作	34
	轮胎拖拉机	35		翻砂	38
	司机	34		铁工	40
	队干	30		行政人员	29
	工人	36		车工	36
	船工	34		机工	32
	捕鱼网	39		磨机	34
	结网	31		电机工	40
	木工	36		锻木工	40
	外线安装工	39	基建科	模型木工	37
	内线安装工	33		木工	40
	队干	30		瓦工	40
	拖拉机驾驶员	35		笆竹工	36
	拖拉机农具手	35		技术员	29
	队长	32		用具木工	36
	技术员	30		油漆	30
运输队、船队	当车工	40		工人	38～42
	保管员	32		开票	28
	司机	32	粮站	发货	32～34
	榨油	46		保管	32
	炼油	38		检验	29
	木工	36		干部	29
	保管员	32		缝纫	28
	检验员	30		裁剪	28
	采购员	32		上鞋	28
	技术员	30	服务行业	理发	28
	保育员	28		修自行车	32
	电焊	33		浴室擦背	32
	木工	34		服务员	28
	邮电话务员	28		挑水	42
	邮电线务员	35		初中生	30
	邮递员	31		大高中生	28
事业单位	养蜂场	35		中小学教师	30～31
	水利员	34	文教卫生	中小体教	32
	招待所勤务	30		医生	32
	电影队	30		护士	30
饮料、茶食业	加工员	32		发药	30
	保管员	29		文艺队	36～38

（续）

单位	工种	口粮标准	单位	工种	口粮标准
饮料、茶食业	红锅	29	居民	10 岁以上	25
	杀猪	38		1～3 岁	7
	服务员	28		4～6 岁	13
机关、企业	行政人员	30		7～9 岁	20
	一般市内干部	28	农、牧工	工人	38
	营业员	28		无劳动力	29～30
	保卫	30		18 岁左右的辅助劳动力	32～34
	技术员	30	机关炊事员		32～40
	采购员	34			

第三节　统计管理

统计是现代企业管理的重要工具，农垦经济建设和社会发展离不开统计信息。农场综合统计是保持垦区经济持续健康发展的一项重要基础工作，也是垦区各级领导科学决策的重要依据。从建场开始，农场统计工作就一直由农场财务部门管理，分场统计工作由分场部负责管理。农场和分场两级配备专职统计人员负责统计工作；农业大队、场办工厂或其他中基层单位配备专职或兼职统计员；规模较大的场办工业企业生产车间也配备兼职统计员；农场财务部门设综合统计。

农场的统计工作负责人是财务部门负责人，统计工作人员是农场综合统计，其主要职责：一是认真学习贯彻《统计法》，组织下属场办企业专兼职统计人员参加各类统计业务培训及统计资格考试，做到能持证上岗；二是负责领导、监督下属场办企业或分场统计人员及其他人员执行《统计法》和统计制度，履行《统计法》规定的领导职责，制定和实施农场的统计制度和统计工作计划，保证国家和地方政府统计调查任务的完成；三是监督农场及下属场办企业统计人员向政府统计机构按时报送统计资料，并对统计数据质量负责；四是监督各单位统计工作人员管理好本单位的统计调查表和统计资料，健全统计原始记录、台账和统计工作制度；五是统计业务上接受上级统计机构的指导。

农场及下属场办企业的中基层单位的统计工作人员必须具备统计专业知识、熟悉并掌握本单位统计报表制度中的各项规定，依法统计，如实提供单位原始记录和统计资料，准确、及时、全面地完成各项统计任务，正确处理统计数据、上报统计资料，并对统计结果进行分析，建立健全人、财、物、产、供、销及财务或业务核算等方面的资料的统计原始记录，按规定建立统计台账，并做到统计原始记录、统计台账与统计报表数据一致，执行《统计法》，杜绝虚报、瞒报、迟报现象，岗位变动时，做好统计业务和资料的交接工作。

农场是企业化管理企业，统计工作执行上级有关统计工作的规定，统计报表数据由各中基层单位逐级上报农场汇总报送江苏省农垦集团和地方政府统计局。农场统计有综合统计和专业统计两大类：综合统计报表反映农场各方面基本情况，由计划财务部门综合统计负责编制，报表涵盖农场经济生活的各方面；专业统计报表是综合统计报表的补充，为各职能部门业务管理工作服务，由各对口专业部门负责统计填报，报表有工业、农业、基建、农机、物资、商贸、产品、经贸、人事、党建、劳动工资、教育、卫生、计划生育等方面的定期统计报表。农场统计工作除完成定期报表外，统计工作还必须完成不定期的统计调查、统计分析和国家层面发动的人口普查、农业普查、经济普查、工业普查、污染源调查、水利普查、住户调查、人口抽样调查等普查调查等内容。

1999 年，江苏省农垦集团公司印发《关于加强农垦综合统计工作意见》，面对农场二三产业企业产权制度改革，国有场办二三产业企业转制为非国有企业，农垦的经济结构、所有制结构、核算形式都发生了深刻的变化。农垦经济中全民、集体、私营、个体等多种经济成分并存共同发展的格局已初步形成，农垦经济结构多元化。江苏省农垦集团公司对加强垦区统计工作提出要求：一是加强统计队伍建设，建立健全农垦统计网络，各单位要根据统计任务的大小，配备与之相应的统计人员。农场场部配备专职综合统计人员，农场的二级核算单位，凡年产值超过 500 万元的规模企业也应配备专职统计人员，其他核算单位则应根据统计工作任务的大小配备专兼职统计人员，以此在垦区内形成较为完整的统计网络，确保各单位各行业统计工作不重不漏。同时还要求统计队伍建设不但要确保统计人员的相对稳定，更要注重统计人员素质的提高，要把那些敢于坚持实事求是、文化水平高、业务素质强的年轻人选拔到统计岗位上来，没有统计上岗证和统计技术职称的人不得上岗。二是建立全面报表制度与抽样调查相结合的统计调查体系，农垦系统内的国有企业以及国有控股的企业，原则上以全面报表制度为主，对非国有企业和个体经济成分以及职工非工资性收入等统计资料，以抽样调查方法为主。

2002 年 1 月起，为增强统计人员的责任感和事业心，农场对统计业务工作展开考核，除统计报表的质量、交表时间分别由农场计财科、劳资科、企管科考核外，其余考核内容均以审计科考核为准。

2007 年 1 月起，江苏省农垦集团公司建立健全农场投资项目季报制度，通过投资统计，促进完善投资管理制度，加强对投资项目的跟踪管理。同年起，江苏省农垦集团公司强化对农场综合统计工作考核，严格执行《江苏农垦综合统计报表制度》，包括定报制度和年报制度，要求各农场必须严格按照制度要求，及时、全面、客观地反映单位发展状况，反对和抵制弄虚作假、瞒报、漏报等违法行为。农场因经济成分多样化，要求综合统计人员要本着不重、不漏的原则，真实地反映场域内各类企业的面貌，根据统计属地的原则，凡是在农场范围内的单位不管是何种经济成分均应统计在内。

2008 年，农场印发《关于加强农场规模以上工业企业统计考核和下达主要经济目标任务的通知》，主要是为贯彻落实江苏省农垦集团公司和南通开发区经济工作会议精神，完成江苏省农垦集团公司和南通开发区下达农场的各项经济目标任务，推进农场二次创业和小康建设的进程，达到农场增效，职工增收。农场对场域内 15 家规模以上工业企业加强指标统计考核并下达 2008 年度主要经济目标任务。主要考核江苏省农垦集团公司和南通开发区经贸局及有关业务部门制定下发的统计月报、季报和年报及相关资料报送情况和经济指标完成情况。

2013 年起，江苏省农垦集团公司根据省委、省政府决策部署和要求，提出了《关于开启垦区基本实现现代化新征程的工作意见》，制定《江苏农垦基本实现现代化指标体系（试行）》和相应的监测统计与考核办法，包括基本实现现代化目标要求。农场建立完善的监测统计与考评机制，以过程监测为主要推进方式，以综合考核评价发挥导向作用，构建体现科学发展观和正确政绩观要求的基本现代化考核评价体系。重点建立责任传导机制、协同推进机制、激励约束机制和完善配套机制，以保障垦区基本实现现代化各项工作的稳步推进。农场建立健全监测统计体系，明确一位场领导监测统计体系，按规定时间及时将本单位相关指标实现情况连同有关说明和总结材料报送江苏省农垦集团公司计划财务部。

第四节　财务管理

财务管理内容，包括资金筹集管理、资产资源营运管理、成本费用控制、收益分配、财务信息管理、财务监督以及预算管理。农场计划财务科对场办企业、全资子公司、直属生产经营单位的财务会计工作，实行统一领导、分级管理、部门协同的内部财务管理体制。

2012 年 2 月，农场围绕江苏省农垦集团公司企业财务信息化工作要求，建立资金管理、预算管理、核算管理"三算合一"的财务管理体系，实现集团财务管理的事先预测、事中控制和事后监督，促进江苏省农垦集团公司经济效益和管控效率的提高。农场按照要求做好财务信息化基础工作：一是严格按照集团会计制度做好会计核算工作，遵照会计准则正确处理业务；二是使用集团统一的财务信息系统；三是尽早对本单位的存货、客户、供应商等信息进行分类整理，实施统一规范编码，为信息化工作打好基础。严格遵守《江苏省农垦集团有限公司财务会计信息系统信息安全管理制度》和《江苏省农垦集团有限公司资金集中统一管理系统 CA 管理制度》的各项规定，重视信息的安全保密工作，建立健全农场系统的财务管理制度。

一、集中统一的财务管理

1958—1979 年，农场实行集中统一的财务管理制度，农场在上级主管部门的直接领导下，按照国家计划统管全场财权，统一对国家上缴和接受拨款，统一办理银行存款和贷款，盈多盈少全部上交，亏多亏少国家弥补。农场内部各基层单位对农场场部实行领报制度，会计记账方式，"文革"前采用借贷记账法，"文革"后改为增减记账法，1983 年又恢复借贷记账法。

1958—1962 年，农场财务核算主要采用集中核算的形式。此阶段，各基层会计部门只编制会计凭证，月终向场财务科报送经费开支、产品销售、材料消耗等月度报表，所有凭证的整理、汇总、登记账簿、计算成本和编制报表等工作，全部集中在农场财务科进行。

1963—1978 年，为非集中（分散）核算阶段。1963 年，农场加强了财务定额管理，对基层生产单位的直接成本开始定额包干使用，确定资金使用计划在基层，资金管理及审核计划在场部。各基层单位对本月所需的劳动工资、工具材料，必须在月前编制计划送财务科，由场部统一组织采购及调拨。此阶段，生产队单独计算成本，核算本单位经营成果，月终和年终编制会计报表送场财务科汇总核算，统负盈亏。

二、财务包干管理

1979 年 2 月，国务院批转由财政部、国家农垦总局拟订的《关于农垦企业实行财务包干的办法》，规定从 1979 年至 1985 年，国家对国营农场实行"独立核算、自负盈亏、亏损不补、有利润自己发展生产、资金不足可以贷款"的财务包干办法，改变了统收统支的财务管理制度。

1979—1981 年，江苏省农垦局对农场财务包干形式采取利润定额上交、一年一定、结余留用、亏损不补的办法，3 年中每年上交都是 50 万元，多盈不多交，少盈不少交。1982 年，改为微利不交，超 50 万元以上部分上交 30%。1984 年，国家规定在"七五"期间对农垦系统继续实行财务包干，国家对农场基本建设由财政拨款改为农场自筹，农场内部建立职工家庭农场，相应地形成财务管理和核算新体系。允许场办工业企业单独在银行开设账户，1985 年，扩大到农业大队，农业上原来以生产队为基本核算单位被职工家庭农场所替代，场部通过会计核算与统计相结合的方法了解它们的生产成本和经营成果，工业、商业、运输等企业作为相对独立的经济实体实行单独核算、自负盈亏，农场对其实行利润包干、超利留用，基层会计报表由各专业公司汇总上报场部。

从 1985 年开始，江苏省农垦总公司对农场采取利润定额上缴的形式，农场具有财产使用、处理、折旧，基金的留用，资金的筹集、管理等自主权。农场建立资金归口、分级管理、有偿占用的使用制度，对资金和固定资金都实行归口分级管理，对不同的资金分别征收合理的占用费，生产单位资金不足可以自行向银行申请贷款，即谁使用、谁管理、谁受益，并负责还本付息，打破资金上的"大锅饭"，把资金管理和使用上的责、权、利紧密地结合起来。农场财务部门的主要职能也转变到制定资金管理办法、监督及检查各有关单位的执行情况，考核其使用效果等方面。

三、承包经营的财务管理

1980 年 6 月，农场执行"五定"到排、包产到班组、责任到人的核算办法。把产量和工资、利润和奖励紧密挂钩，国家、集体、个人三者利益紧密结合起来。"五定"到排，即定面积、定劳动力、定产量、定产值、定直接成本，实行利润包干到排，年终按"五定"完成情况分配各排的奖金；包产到班组，在"五定"到排的基础上，把全排劳动力搭配划分为若干作业组（班），落实到条田、田块或副业项目，拟定包产指标和用工量（或核定临工工资指标）；责任到人：在落实包产到班组的基础上，把田块明确到人，建立岗位责任制，实行定额计分。年终分配办法：一是实行"五定"工分的办法，年终分配实行工资、奖金合并计算，统称兜底算，就是把工资、奖励与产量等"五定"直接挂钩；二是实行利润包干，按超利润 30% 的奖励办法（即六、一、三分配）。会计核算建立分类核算登记簿（三簿或称三账），即成本登记簿（账）、收入登记簿（账）、预付工资登记簿（账）。

1983 年，在中央 1 号文件精神指引下，农场开始实行"专业承包、核算到劳、联产计资、联利计奖"的经济责任制，工资结算方式采取平时预付、年终决算的形式，工资与产量挂钩，奖金与利润挂钩，超（减）计划按 30% 计奖（赔），"承包到劳、联产计酬"责任制的实施，职工生产经营成果好坏开始与个人切身利益直接挂钩。

1984 年，农场启动经营管理体制改革，首先从农业开始，在总结"承包到劳、联产计酬"责任制经验的基础上，农场开始实行以"大包干"为主要形式的家庭联产承包经营，兴办职工家庭农场。

1986 年 4 月，农场建立健全家庭农场会计核算制度，将各项主要经营指标包干到户，实行"统一管理、分类包干、定额上交、费用自理"，即农场的一切财产属国家所有，职工只有使用权，不得变卖、出租和转让，生产计划由农场下达，国家统购物资由农场组织采购供应，国家统购、派购的农产品由农场组织上交，农场水利工程和农业机械由农场统一组织管理和使用。随后农场在各个行业都开始实行承包经营责任制，完善承包经营的财务管理，严格承包经济指标，完善承包经营手续，增强激励促进机制，促进单位扭亏增盈。

农场根据江苏省农垦总公司《关于加大改革力度，转换企业经营机制的意见》精神，对单位的财务支出单据，坚持由单位财务负责人"一支笔"审批，凡财务负责人经手的支出单据，应指定一名单位领导干部审批，不准多头审批，凡重大经济事项，必须经单位领导班子和会计主管、总账会计集体研究决定。单位的资金使用必须严格按计划办事，在银行部门的支持配合下，主动用足用好信贷资金，服从场部结算中心的资金调配。单位的固定资产按现行制度规定提足折旧基金和大修理基金，坚持科技兴垦方针，建立技术开发基金。对"三项资金"占用（库存产品商品、发出商品、应收款）实行限额考核奖罚制，实行应收销货款与实绩利润考核挂钩。明确承包经营期间分配政策，建立健全承包经营风险抵押金制度，推行全员风险抵押承包，农场干部职工及承包户都要按年初责任制实施方案交纳风险抵押金，逐步健全多层次的风险机制。

四、农业土地租赁经营期的财务管理

2001 年，农场职工承包土地改为租赁土地，实行"先交钱后种植（养殖）"，"先交钱后种田，两保费用全额自理，土地资源补贴"的办法，租赁经营过程中的一切风险与责任均由土地承租人自负，职工作为生产经营主体，自负盈亏。2006 年 9 月，农场针对"两保金补贴田"以外的农业土地，制定了《南通农场农业土地竞租暂行规定》《南通农场关于鼓励和发展土地"骨干牵头、联合承租"的实施细则》。根据《南通农场农业土地竞租暂行规定》，以竞租底价首先向农业职工进行竞价发租，同等条件下优先向职工承租联合体发租，职工承租后多余的土地可以向场内外自然人或法人企业发租。农场鼓励由农业职工中的能人牵头，合伙或合股租赁经营，也可以以个人或家庭为单位租赁经营。参加承租土地的职工，"两保金"按照当地上年社会平均工资作为当年的缴费基数，按上级规定缴费比例全额由职工本人缴纳（由企业缴纳部分已经从土地租金中分离出来）。

五、农业模拟股份制联合体的财务管理

2008 年，农场农业经营体制推行"联合承包、入股自愿、先交后种、按股出资、利

益共享、风险共担"的模拟股份制承包经营方式。农场作为经营主体，占股40%。同年10月，农场为加强农业模拟股份制联合体财务管理，规范联合体财务行为，提高联合体经济效益，农场根据相关会计准则，制定《江苏省南通农场农业模拟股份制联合体财务管理办法》和《江苏省南通农场农业模拟股份联合体核算办法》。

2010年4月，农场印发《南通农场关于加强农业模拟股份制承包体成本控制的有关规定》，适用于农场参与投资组建的从事农业种植、养殖生产的模拟股份制联合体。办法明确每个农业模拟股份制联合体为独立核算单位，第一牵头人对本联合体生产经营及财务管理负责。联合体以管理区为单位，每一管理区设立1个会计机构，总账会计由管理区会（统）计兼任，每个联合体聘任1名具备会计从业资格的出纳会计，各会计人员按岗位要求履行会计职责。

农业模拟股份制联合体会计核算期为农场规定的每年土地联合承包经营期限。每个联合体都要设置总分类账、各类存货明细账、农业生产成本明细账、产品销售明细账、应收应付明细账等各类明细账以及必要台账，编制资产负债表、损益表、农业生产成本明细表、销售收入明细表。联合体的会计凭证、会计账簿、会计报表和其他会计资料必须真实、准确、完整，并符合会计制度的规定。会计人员应当配合农场计财科、审计科、股东定期进行财务审计、财产清查，保证账簿记录与实物、款项相符，同时接受管理区监督委员会的监督。农场对联合体资金实行"统一管理、监督用资"的管理办法。

农业模拟股份制联合体存货包括各种农用材料（种子、肥料、农药）、低值易耗品、产成品等。联合体要建立健全存货的购进、验收、发出、清查和保管等各项内部控制管理制度，严格存货收发凭证手续，明确责任。

农业模拟股份制联合体原则上不购置固定资产，如确需使用固定资产，实行向外租赁，租赁费用标准由股东会定，租赁费用由联合体承担。联合体农业生产成本、费用、农产品销售审批程序按农场相关规定执行。

农业模拟股份制联合体联合经营期限结束，应对存货进行盘点、变现，对往来款进行清结，产品销售款项及成本费用完整入账，财务资料对联合体公布无异议后，方可进行财务清算与分红。联合体经营期限内实现的净收益，按股份比例进行分红。

农业模拟股份制联合体会计资料由管理区会统计按规定整理、装订归档保管，联合体财务会计工作列入管理区管理人员年薪考核。财务会计出现违反规定行为，由农场按规定给予行政处分或经济处罚，构成犯罪的，依法移送检察机关追究其刑事责任。

六、农场公司制改造后财务管理

苏垦南通公司财务管理职能部门是计划财务部，其主要管理内容：一是制定和完善公司内部财务管理制度，负责公司的税务筹划，指导、督查下属公司规范执行国家财税政策和会计核算制度。二是负责编制公司的财务预决算及其管理，负责指导、审核下属公司财务预决算及其管理工作。负责公司及下属公司综合统计年报和各种定期报表的汇总、编制、分析和上报及经济运行评估和动态监测。三是负责制定公司财务风险防范措施，建立健全风险防范机制，定期进行财务报表分析和财务业绩评价。四是负责公司投资项目结果的评估，参与投资项目的财务调查和论证。五是负责公司的资金管理及运作，检查监督下属公司和控参股企业，做好资金预算，提高资金使用率，控制应收账款，规避资金风险，提高公司的资金调控能力。负责公司本部的银行存款、现金出纳工作。负责监督管理下属子公司在各类银行开户情况和日常资金流动情况。六是负责对国有资产进行监管，国有股权收益管理，负责公司的资产负债、权益、收支登记等核算管理。七是负责公司本部和下属公司各种债权、实物资产的清收和管理。负责监督审核公司及下属公司各项实物资产的盘盈、盘亏、处置、处理等事项。

第五节　审计管理

1989年2月，为保证监督党和国家有关经济政策的贯彻执行，加强农场各单位的经营管理和财务管理，正确反映经济活动情况，农场成立审计室，由场长直接领导，并对场长负责。审计室主要职责是对农场所属单位的撤销、合并，分设时的财务物资的审计，对行政主管干部任期届满调动时的审计，对重点单位的经营、财务活动的审计，对各单位的基建重点投资项目进行审计监督等。

1990年4月，农场根据江苏省农垦总公司文件要求成立南通农场审计科，撤销已经成立的农场审计室，旨在加强农场财务收支与经济活动的审计监督，增强自我制约能力，改善经营管理，提高经济效益。

1990年10月30日，农场发文聘任各分场、公司的辅导会计为兼职审计员，同时印发农场关于内部审计工作有关规定，对农场内部审计工作任务，定期审计单位、项目、范围、内容和时间，非定期审查事项，实施和终结阶段，审计人员守则等做了专门规定。

2000年，农场内审的主要工作完成77个基层二、三级核算单位年终决算的查账验证，67个基层核算单位财务收支的审计。出具对全场二三产业的改制单位的资产负债的审计报告，配合场纪检、监察部门对单位有关群众反映的经济问题进行审核、复查工作。

2001年2月4日，农场深化机关内部改革，发挥审计与纪检的合力作用，农场审计科与组织宣传科合署办公。

2004 年 6 月，按照江苏省农垦集团公司工作部署，农场成立"非正常应收款"领导小组，对农场"非正常应收款"进行效能监察。同年，农场建立场内建设工程项目监审领导小组，印发《南通农场场内建设工程项目监审（暂行）制度》，加强对场内建设工程项目的内部控制，防范项目管理中的差错与舞弊，提高资金使用效益。项目监审制度由场项目监审领导小组负责贯彻实施，监审领导小组由分管场领导、场纪检监察、财务审计、建设管理、劳动安全等部门组成，项目单位负责人对本单位项目内部控制的建立健全和有效实施负责。项目监审的内容主要包括：项目业务廉洁自律建立及执行，项目业务相关岗位及人员的设置，项目业务授权批准制度、项目决策责任制、概预算控制制度、各类款项支付制度、项目竣工验收制度、竣工决算制度、项目建设安全制度建立及执行情况。

同年，农场为了加强农场内部审计工作，促进经济管理，提高经济效益，维护投资者合法权益，保障企业经营活动健康发展和国有资产的保值增值，制定《南通农场内部审计工作规定》。文件要求农场内部审计部门接受江苏省农垦集团公司审计监察部的业务指导和监督及行业自律管理，内部审计应当遵守内部审计准则、规定，按照农场场长或者党委的要求实施。内部审计部门有权对审计范围内单位财务收支的特定事项开展专项审计调查；有权对单位的基建及维修项目预、决算和施工过程进行审计监督。内部审计的工作成果未经农场场长或党委批准不得向外披露。农场主要负责人在管理权限范围内，授予内部审计部门必要的处理、处罚权。被审单位违反本规定，拒绝提供与审计事项有关的文件、资料及证明材料的，或者提供虚假资料、阻碍检查的，内部审计部门应当责令其限期改正；情节严重的，报请农场负责人或党委依照有关规定予以处理。农场内部审计部门常设在农场党委办公室。

2008 年，农场制定《南通农场内部审计工作制度》，对 2004 年的《南通农场内部审计工作规定》进行了修订，主要修改内容有：内部审计工作在场长的领导下开展工作，独立行使内部审计监督权，向农场主要领导负责并报告工作。农场内部审计工作接受江苏省农垦集团公司审计监察部的业务指导和监督以及行业自律管理。从事内部审计工作的人员具有审计、会计等相关技术职称，具备与所从事的审计工作相适应的思想素质和业务能力。内部审计人员应接受岗位培训或后续教育。内部审计人员应当依法审计、忠于职守、坚持原则、客观公正、廉洁奉公、保守秘密，不得滥用职权、徇私舞弊、泄露秘密、玩忽职守。内部审计部门对办理的审计事项，应建立审计档案，并按照规定加强管理。

2013 年 11 月，农场公司制改造后，苏垦南通公司印发《内部审计管理办法》，2020年又对其加以修订完善。办法主要内容：公司内部审计是指对公司及其所属单位财务收支、经济活动、内部控制、风险管理等实施独立、客观的监督、评价和建议，以促进企业完善治理、实现目标的活动。公司及所属单位的经营投资、运营管理、财务收支及会计核算等活动，依据本制度接受审计检查和审计监督。公司及所属单位的负责人对本单位向内部审计机构提供的财务会计等资料的真实性、完整性负责。内部审计人员依法履行职责，受法律保护。公司内部审计机构为审计部，由公司董事长分管；审计部在董事长直接领导下开展内部审计工作，重大事项应当向公司党委、董事会报告。公司支持审计部依法独立开展内部审计，保障内部审计工作所需经费和条件。公司实行审计回避制度，内部审计人员与审计事项或被审计单位有利害关系的，应事先申明，不得参与该项审计工作。

苏垦南通公司审计部对公司及所属单位开展下列审计业务：一是财务审计，对公司及所属单位的财务计划、财务预算执行和决算情况，与财务收支相关的经济活动及经济效益情况，资金和资产管理情况等进行审计监督。二是经济责任审计，对公司及所属单位有经济责任的管理人员进行责任审计，审核公司下达的各项经济指标的完成情况，以及公司内部控制制度的执行情况等。根据管理监督的需要，可以在任职期间进行任中经济责任审计，也可以在不再担任所任职务时进行离任经济责任审计。三是经济效益审计，对公司及所属单位经济业务的效益性进行审计。四是内控评价，检查并评价公司及所属单位内部控制的合法性、充分性、有效性及适宜性，并提出改进意见，促使各项工作规范化。五是工程项目建设管理审计，对公司及所属单位工程项目建设全过程进行审计，包括但不限于工程项目的立项、招标、施工过程监理及跟踪审计、结算、决算等方面管理的审计。六是专项审计，对公司及公司单位与经营活动有关的特定事项进行专项审计调查。七是后续审计，为检查被审计单位对审计发现的问题所采取的纠正措施及其效果而进行的审计等。

第六节　资产管理

一、管理制度

农场一直重视资产管理，建场初期，资产管理工作主要由计划财务部门具体负责。1962 年 11 月，农场建立基建领导小组和基建办公室，负责全场基本建设的资产管理。1978 年 7 月，农场印发《关于基本建设管理试行办法的通知》，对如何管理农场基本建设形成的资产做出相关规定。同年 8 月，农场印发《关于加强土地管理的规定》，对管理国有土地资产做出具体规定。1979 年 8 月，农场印发《关于开展清产核资的实施意见》，在全场开展清产核资，成立南通农场清产核资领导小组，摸清农场资产家底，建立健全台账资料。1980 年 11 月，农场印发《关于房屋管理的规定》，加强了国有房屋资产的管理，强调公房不能与私房调换。1981 年 1 月，农场印发《关于私建房屋的规定》和《国营南通农场关于房屋管理的规定》。同年 6 月，农场撤销基建办公室，重新建立基建科，负责农场的基本建设。1984 年 8 月，农场对房屋管理修订完善并印发《国营南通农场关于房屋管理的若干规定》。同年 5 月，农场出台《关于房屋折价归户试行方案》。1985 年 9 月，农场制定《国营南通农场关于加强固定资产投资计划管理的规定》。1988 年 3 月，农场制定《房地产管理暂行办法》。1989 年 3 月，农场在计划财务科设立清产清资办公室，负责做好资产盘点和资产台账工作。1993 年 8 月，农场制定《关于加强固定资产管理的暂行规定》，强调农场固定资产的定义和范畴及计价处置方法。1995 年 3 月，农场建立清产核资领导小组及办事机构。同年 5 月 2 日，制定印发《国营南通农场清产核资实施办法》。1997 年 5 月，农场印发《国营南通农场土地管理试行办法》。同年 9 月，农场成立场办企业体制改革领导组及办公室。2008 年 10 月，成立南通农场农用物资采购办公室和南通农场招标、投标领导小组，出台《南通农场招标、投标管理办法》。2010 年 8 月，农场印发《南通农场工程投资控制管理暂行办法》。2013 年 3 月，农场制定《江苏省南通农场投资管理暂行办法》《江苏省南通农场固定资产投资项目管理暂行规定》。2014 年，农场公司制改造后，苏垦南通公司按照现代企业制度和公司转型发展要求，组织编制《江苏农垦集团南通有限公司企业内控制度》，其中包括《"三重一大"事项集体决策制度实施办法》《投资管理》《资产经营管理》等制度。2019 年，苏垦南通公司为加强国有资产管理，建立《公司"三重一大"决策事项清单》《公司财务核决权限表》《产权代表管理办法》等与资产管理相关的制度。

2020 年，苏垦南通公司根据江苏省农垦集团公司有关规定，对 2015 年形成的内控制度重新进行了修订，在国有资产监管方面出台新的《江苏农垦集团南通有限公司资产经营管理办法》，新的管理办法中的资产经营主要是公司对所经营管理的国有资产依法经营、管理和监督，并承担保值增值责任。

二、管理措施

1992 年 2 月，农场自改革开放以来，经济快速发展，固定资产数量大幅增长，为建立健全台账，摸清农场家底，掌握农场资产情况，农场向全场发文，决定于当年的 8—11 月对全场现存的固定资产进行一次全面性的清查盘点，建立完善台账资料，以利于加强资产管理，提高投资效果，提高资产的利用率。农场成立清资领导小组，全面负责清资领导工作，清资领导小组下设两个办公室：一是清资办公室，机构设在农场财务结算中心。二是清资技术鉴定办公室，机构设在农场工业服务中心。清资分自查清理、技术鉴定和检查验收、账务调整和建立账簿 3 个阶段，清资后分门别类地建立和记载固定资产台账，并调整好账户。

1992 年 6 月前，农场执行财政部关于固定资产定义，把同时具备"单项价值 500 元以上，使用年限一年以上"的生产资料列为国营企业固定资产。1992 年 7 月起，农场执行财政部〔1992〕第 61 号文件规定：国营企业固定资产单位价值标准为 1500 元，原有固定资产低于新标准 1500 元的，调整为低值易耗品，其原有净值按低值易耗品摊销办法摊入成本。

1993 年 8 月，农场制定《关于加强固定资产管理的暂行规定》，确定了固定资产规范化管理要求。

固定资产是使用年限在 1 年以上，单位价值 1500 元以上的房屋、建筑物、机械、机器、运输工具、公路、桥梁、机井、水泥晒场、养殖池、其他与生产经营有关的设备、器具、工具以及使用年限在两年以上，并且单位价值 2000 元以上非生产经营的主要设备，包括分场、公司、中心生产经营中的辅助设备，化验检测设备，文教卫生设备、办公设备等物品，不管何种资金来源，包括接受捐赠、外单位投入、融资租入、盘盈的、改建或扩建形成的，一并列入固定资产管理。

确认固定资产原价，将原始凭证、明细账和有关资料经场计财科审核盖章后，填制《固定资产申报表》后，方可作为记账的依据。固定资产需要报废、拆除、变价出售、出租、对外投资及改变原有财产形状，必须由单位事前报告，经分场、公司同意，经主管财务场长批准，同时由农场计财科及有关技术人员一起参加进行价格评估，办妥有关手续（合同、协议等）后，方能实施。对固定资产建立健全账卡，对固定资产定期清查盘点确保账物相符。固定资产折旧的方法采用平均年限法（表 3-3-4）。单位新建或购置固定资产，必须报经场部主管部门的批准后，方能实施。

表 3-3-4　固定资产分类折旧年限

编号	类别	折旧年限（年）
1	普通金属切割机床	10
2	锻压设备	10
3	起重设备	10
4	铸造设备	10
5	锅炉及附属设备	11
6	发电机组	12
7	输电线路	30
8	配电线路	15

（续）

编号	类别	折旧年限（年）
9	变电、配电设备	15
10	电信设备	6
11	通信线路	16
12	货运汽车	8
13	货运挂车	8
14	铲车、电瓶车	6
15	客运汽车	8
16	电子计算机、空调设备、电视机、复印机、文字处理机、冰箱、照相机	5
17	14千瓦以上拖拉机、发电机	8
18	14千瓦以下拖拉机、发电机	5

清产核资的主要工作内容为：清查资产和负债、界定产权、重估价值、核实资金、登记产权、建章建制，资产负债是指对企业单位占有的各类资产（包括流动资产、长期投资、固定资产、无形资产、递延资产和其他资产）和各种负债进行全面清理、登记、核对和查实。

1997年，农场对场办企业改制过程进行规范操作：一是认真做好资产盘点清账和资产评估，审慎处理债权债务，最大限度地防止国有资产流失；二是严格招标投标程序，足额收缴应标抵押金，坚持公开、公平、公正原则，每次竞标都由通州市公证处派员现场公证，对违约者依法追究违约责任；三是做好改制企业善后服务，及时变更企业营业执照，办理注册登记，保证新企业按新体制及时运转。

2000年，国家发布的《企业会计制度》，"固定资产是指企业使用期限超过1年的房屋、建筑物、机器、机械、运输工具以及其他与生产、经营有关的设备、器具、工具等。不属于生产经营主要设备的物品，单位价值在2000元以上，并且使用年限超过2年的，也应当作为固定资产"。从2000年起，农场以单位价值超2000元，使用年限超过1年作为固定资产衡量标准。

2010年10月，为加强农场国有资产经营管理，在农场场部机关设立资产经营科，主要职责是拟订资产管理办法并监督执行；负责研究和拟订公司存量资产经营方案，并组织落实；协助全资、控股公司的资产经营责任制方案的制订；负责出租资产的应收账款的催缴；负责公司资产的维护、保养及监督管理；定期对公司及全资、控股公司的资产经营行为进行总结、报告与分析。

2011年6月，农场根据苏垦集资〔2011〕135号文件精神，成立南通农场资产处置监督检查领导小组，下设办公室（设于资产经营科），负责 2009 年以来农场所处置的资产情况的汇总、整理、上报及草拟整改意见等。

2012 年 4 月，江苏省农垦集团公司根据江苏省政府国资委文件，制定《江苏省农垦企业国有资产损失责任追究暂行办法》，办法主要目的为加强农垦企业国有资产监督管理，防范经营风险，保障国有资产安全，规范国有资产损失责任追究行为等。

2013 年，农场为加强固定资产投资项目管理，制定印发《江苏省南通农场固定资产投资项目管理暂行规定》，直接指导农场场部及所属全资、控股企业的投资项目管理。投资项目由农场计划财务科按规定要求负责管理，投资项目由投资发展科进行可行性论证。

2014 年，苏垦南通公司成立资产经营部，出台公司内控制度《资产经营管理办法》，规定公司资产主要包括属于公司的房屋及建筑物、机械设备、交通运输工具、电子设备、行政办公设备、其他设备等。同时规定公司资产实行归口管理，土地及建筑物的资产经营管理归公司资产经营部；员工宿舍资产的管理归行政办公室。公司计划财务部负责对公司资产登记的全面统一管理，建立资产管理台账，对固定资产设账簿进行管理，并定期会同相关部门对公司资产进行盘点。公司其他部门协助资产经营部进行固定资产管理，公司行政办公室负责对公司本部资产进行实物管理，公司计划财务部负责对公司资产进行价值管理，使用部门负责对公司资产进行使用管理，资产经营部负责公司对外租赁资产及合同的管理。计划财务部按照固定资产类别、名称、规格、型号、使用部门统一编号，编制固定资产目录，建立固定资产台账及档案。各单位按固定资产的类型建立固定资产明细账，按使用部门建立固定资产卡片，固定资产明细账与固定资产实物要相符，企业对固定资产的购入、出售、报废清理及内部转移等都要办理固定资产入、销账手续。

2017 年，苏垦南通公司推进资产管理信息化建设，编制苏垦南通公司资产的电子台账，详细反映有形资产和无形资产明细信息、资产折旧明细、租赁资产租金收取情况等内容，定期了解周边商铺、土地、厂房租赁市场行情，适度提高各项租金。与国土部门合作，推进农垦国有土地使用权确权登记工作。

2019 年，苏垦南通公司为加强国有资产管理，建立《公司"三重一大"决策事项清单》《公司财务核决权限表》《产权代表管理办法》等与资产管理相关的制度。加强国有房屋的管理，在房屋资产上贴上标签卡，切实做到账卡物相符，推进土地确权工作，领取公司所属的土地资产不动产登记证 12 本，登记面积 12123 亩。

2020 年，苏垦南通公司结合 2014 年制定的公司资产经营管理内控制度执行情况进行修改完善，制定新的公司资产经营管理内控制度，包括产权管理、土地管理、房产出租管理、公司本部资产管理等相关内容的具体操作办法。其中苏垦南通公司本部资产管理主要指公司的非经营性资产，主要是实物资产，包括办公设备、汽车等；无形资产，主要是商标权、土地使用权等。公司本部的非经营性资产实行归口管理，办公自动化设备（包括机房设备、电脑、打印机、传真机等）以及其余非经营性实物资产归办公室集中管理，土地使用权归资产经营部集中管理，品牌和商标资产归企划部集中管理。归口部门的资产管理职责主要是：根据使用部门提出的采购申请编制资产采购计划；负责资产的采购、登记、发放、处置等管理；监督检查各部门对资产的使用和日常管理等。公司资产的价值管理统一归计划财务部管理，资产经营部负责公司对外租赁资产及合同的管理，办公室是公司内部固定资产的管理部门，其他部门协助资产经营部进行固定资产管理。公司的日常资产实行"谁使用、谁管理、谁负责"，资产使用部门妥善使用和保管资产，确保资产使用安全、高效。

第四章 人力资源和劳动保障

第一节 人事管理

一、劳动及工资管理机构

1958—1964年，农场劳动工资归组织科管理。1965年至1968年3月，农场成立政治处，下设组织人事科，管理劳动工资。1968年3月至1969年11月，农场成立革命委员会，劳动工资由生产组负责。1969年11月至1975年8月，农场建制转为中国人民解放军南京军区江苏生产建设兵团第四师第24团期间，劳动工资隶属团司令部军务股负责。1975年8月兵团撤销后，劳动工资归场部行政办公室负责。1984年2月至1985年，农场单独设立劳动工资科管理农场的劳动工资。1985年，农场为精简机关机构，撤销劳动工资科，劳动工资仍由场部行政办公室负责。1988年2月，恢复劳动工资科，负责农场的劳动工资、劳动力管理、调配等工作。2004年1月，为农场社企职能分离服务，撤销农场劳动工资科，成立农场社会事业管理科，管理农场的劳动工资、劳动力管理等。2013年11月，农场公司制后改为苏垦南通公司，劳动工资和人力资源、干部职工管理均归由公司人力资源部管理。

二、职工管理

（一）职工构成

建场初期，农场职工主要由南通县迁来的移民构成。1958年，按照国务院《关于处理义务兵退伍的暂行规定》，农场安置了大量的复员、退伍和转业军人。以后逐年由城市下放工人、上山下乡知识青年、退伍转业军人、大中专院校毕业分配生、配偶婚迁人员、自然增长劳动力等更新农场职工队伍。农场职工调配根据各单位的土地规模、作物布局结构、机械化程度和农场办厂规模等因素确定，基本劳动力定员定编，原则固定不变，很少调动。对扩垦（建）的新队（厂），由总场从老队抽调骨干去新队（厂）。当时农场工业生产薄弱，职工（时称劳动力，下同）大多从事农业生产工作。农场设立5个生产大队，职工人数313人。

1959 年，农场增加畜牧场、综合加工厂、窑厂、机耕队等单位，并进行土地扩垦，农场面积增大，职工人数增至 1029 人。

随着农场规模的扩大和生产的发展，职工专业技术队伍也在不断地发展和壮大。1960 年，14 名学生从南通县农业大学提前毕业分配到场，另有 40 多名南通县初级农校毕业生充实到农场各级领导班子和财会队伍。从江苏省南通农业专科学校、江苏省海门农业学校、南通县农业学校、苏州蚕桑学校、扬州水产学校分配来场的各专业毕业生 74 名，农、林、牧大专院校毕业生 20 多名，先后成为农场农业战线上的主要骨干。

1960 年，农场增设哺坊、鱼池、保健室等单位，生产队增至 11 个，职工人数增加到 3888 人，其中，男职工 2210 个，女职工 1678 个。农场根据生产发展需要，合理安排职工调配，安排农业生产职工 2777 名，畜禽生产职工 238 名，渔业生产职工 110 名，工业生产职工 88 名。

1961 年后，农场职工人数随着周边公社人口的迁入不断增加。当年，从周边公社陆续迁进 6100 多人，后由于受三年困难时期的影响，国有经济处于困难时期，部分职工不愿扎根农场，有 600 多人自动离职回乡。1963 年 3 月起，农场陆续接收南通等市下放工人 191 名。1964 年，农场经过第三次扩垦，耕地增加，劳动力大量缺乏。

1965 年 9 月，经中共中央批转农业部"国营农场经营管理十六条"，农场改革经营管理制度。自 10 月起，农场取消定级工、固定工与计件工的划分，取消职工与非职工的划分，全场凡是常年参加劳动的，都是国营农场工人，都纳入国家的劳动计划。

1974 年 9 月，农场（兵团）根据"关于贯彻执行省革委会计划委员会《关于国营农场自然增长劳动力问题的复函》的通知"精神，农场对户口在场、年满 17 周岁及以上、身体健康、能参加正常劳动的 104 名自然增长劳动力分配到农业连队，作为农场职工参加劳动。1975 年 9 月，农场又一批 96 名自然增长劳动力分配到各农业连参加劳动。

1976 年，农场陆续从公社迁进一批知识青年及干部职工的子女共 360 多人，安排到农场各单位参加劳动，作为农场新职工。1963—1978 年，农场除接收南通县移民来场人员外，又先后接收和安置上海、苏州、常州、无锡、南京、扬州、徐州、连云港及南通市城镇知识青年上万人。

1979 年开始，知识青年依据政策陆续回城，农场职工人数急剧减少，基本稳定在 8700 人左右。之后，场内职工子女，初、高中毕业生等自然增长劳动力，退伍转业军人，大中专院校毕业分配生成为农场职工的主要来源。

1981 年，农场农副业连队年初职工总数 5429 人，其中核定林、牧、渔等生产工人 839 人，间接人员 605 人（包括连干、会计、技术员、保管员、炊事员、保卫、卫生保育员等），农业工人 3985 人。农场职业中学开办以后，为了适应农场经济发展的需要，开设了机电、建筑、财会、服装、作物栽培和畜牧兽医等专业，加上农场代培、自学成才的各类毕业生（含五大生），共有 286 名毕业生分配到农场工作。

1986 年，农场根据中央农垦部《关于做好国营农场职工子女就业的意见》和江苏省农垦农工商联合总公司有关文件精神，对年满 16 周岁、政治思想表现好、身体健康、具有初中以上文化程度的待业青年，作为劳动合同制工人安排在场办工厂和部分农副业单位劳动（建筑业、窑业除外），作为农场自然增长劳动力的就业安排，也保证农业生产有足够的劳动力和合理的年龄构成。招收的合同制工人贯彻先培训后就业的原则，面向全场、公开招工、全面考核、择优录用。对非场办全民企业、集资（股份制）企业招收工人可自行组织招工，也可以委托农场劳资部门统一办理招工手续，招用人员签订劳动合同后报劳资部门备案，合同制工人必须要有 3 个月至半年的试用期，到期经考核合格者办理正式合同制工人手续，不合格者退回户口所在单位。自然增长劳动力到就业年龄规定，经劳动部门介绍，订立合同，才能作为正式合同制工人，或向农场交纳费用，才能享受合同制工人的待遇，劳保待遇的期限，按其交纳费用的年份计算，交一年算一年。

20 世纪 80 年代，农场转换经营体制，兴办职工家庭农场，改革后场办工、商、运、建、服等二三产业企业发展加快，很多农场职工和农场自然增长劳动力脱离农业而进入场办企业做工。

1997 年后，场办企业改制，农场对外招商引资，场域民营企业如雨后春笋般发展，用工量大，大量场外农民工来农场打工，弥补农场劳动力的不足。

2001 年 8 月，农场场办二三产业的关停改制，部分职工转岗到农副业大队，部分职工转岗至改制后企业，农场对全场劳动用工进行全面清理和整顿，重新签订劳动合同。

2004 年起，由于农场土地资源减少，场办企业改革改制，农场不再招聘合同制职工，对响应国家号召应征入伍的农场退伍军人，农场鼓励到城镇创业，或到二三产业企业竞聘上岗，农场给予一次性补偿，如本人要求自主创业，"两保"关系可挂靠农场，由农场社保机构代办"两保"事项。

2012 年，随着苏通园区征用农场第二期土地移交，农场社会事业职能剥离，社会事业单位全部移交，农场农业失地职工和相关单位职工全部移交苏通园区江海镇区管理委员会（今江海街道），农场农业职工划入苏垦农发南通分公司。2013 年时，存续农场职工只有 243 人。

2013 年，存续农场公司制改造成立苏垦南通公司，同年制定《人力资源管理制度》，公司招聘员工坚持"公开招聘、全面考核、择优录用"的原则。公司与员工遵循合法、公平公开、自愿平等、协商一致、诚实信用、等价有偿的原则，订立书面劳动合同。公司自用工之日起与员工建立劳动关系，对新招用员工实行试用期制度。试用期包含在劳动合同期限内，计为本公司的工作年限，试用期结束对新招员工进行全面考核，对不符合录用条件的，公司依法解除劳动合同。公司负有支付员工劳动报酬、提供劳动安全生产保障、保护员工合法劳动权益等义务，享有生产经营决策、劳动用工、工资奖金分配、依法制定和完善规章制度等权利。员工享有获得劳动报酬、休息休假、劳动安全卫生保护、享受社会保险福利等权利，同时应当履行完成劳动任务、提高职业技能、执行劳动安全卫生规程、遵守劳动纪律和职业道德等义务。

1958—2012 年农场职工人数统计见表 3-4-1，2013—2020 年苏垦南通公司职工人数见表 3-4-2。

表 3-4-1　1958—2012 年农场职工人数统计

年份	1958	1959	1960	1961	1962	1963	1964
职工人数	313	1029	3888	3775	3386	2824	3076
年份	1965	1966	1967	1968	1969	1970	1971
职工人数	7122	9200	12510	13250	13000	15467	13972
年份	1972	1973	1974	1975	1976	1977	1978
职工人数	13912	13577	13678	13174	13160	13262	12958
年份	1979	1980	1981	1982	1983	1984	1985
职工人数	8631	8368	7991	11203	11080	8098	8655
年份	1986	1987	1988	1989	1990	1991	1992
职工人数	9573	9177	8759	8608	8457	8341	9255
年份	1993	1994	1995	1996	1997	1998	1999
职工人数	8385	7888	7168	6721	5520	5156	5012
年份	2000	2001	2002	2003	2004	2005	2006
职工人数	4650	4567	4466	4253	3696	3507	3258
年份	2007	2008	2009	2010	2011	2012	——
职工人数	3062	2892	2772	2663	2555	2285	—

表 3-4-2　2013—2020 年苏垦南通公司职工人数一览

年份	2013	2014	2015	2016	2017	2018	2019	2020
职工人数	243	177	172	146	81	74	96	85

（二）职工工资

建场以来，农场职工工资形式随着各个阶段的经济和经营方式变化而变化，先后实行过固定工资制、评工记分制、基本工资加奖励、基本工资加工分工资、档案工资、结构工资、定额计件工资及年薪等形式。

建场初期，农场首先采用的是计时工资制。1959年，农场实行固定工资制，月工资标准18～26元/月。1963年，根据江苏省农林厅、江苏省劳动局《关于1963年农林牧场部分职工过低工资调整和有关工资问题意见》的通知，改为农、牧、工、机务工人等级工资，全场职工2824人，增资2010人，人均月增资3.10元，适应了当时生产发展的需要。同年，农场生产经营开始实行"三包一奖"，改基本工资加超额奖励工资，奖励措施是承包单位超额完成承包任务，超产价值在10％以上者，提出1个月工资的60％作为奖金，在20％以上者提出1个月工资的130％作为奖金，在30％以上者提出1个月工资的210％作为奖金，在40％以上者提出1个月工资的310％作为奖金，在50％以上者提出1个月工资的380％作为奖金，超产不足10％者，根据情况酌情奖励。实行超额奖励工资后，按定额计酬，即将原等级固定工资的60％作为基本工资，40％作为评工记分，定额按劳动力等级，每个职工按每月25.5个劳动日计算出勤。

1965年，中共中央批转农垦部"国营农场经营管理十六条"，试行"四、二、四"超产奖励，农牧工等级工资改为定额计件工资制。农场对生产队实行"四定一奖"（定产量、产值、成本、利润，一奖即超产奖励、综合奖、企业奖）。工资形式不分新老工人，常年出勤150天以上属正常劳动力，不满150天属辅助劳动力，农业劳动力实行定额记分、以分计酬的办法，畜牧工人实行定额管理定产计资的办法，根据全年生产任务一次性核定工资，月计年结、分月预发、年终结算；其他技术工人仍按原工资付给，后勤人员按同等劳力靠工，城市下放工人实行80％定额补贴，每年核一次，上述办法也称"上死下活"工资制，即一个单位核定的工资总额不能突破，而支付工资的工分是活的。

1967年1月3日，农场规定插场工人和插场青年的工资发放办法。从1967年1月起，插场工人和插场青年全面实行等级固定工资，如有插场青年和插场工人要求与老工人一样实行按分付酬也可以。对未定级的插场青年，根据定级条件，可按19元、21元、23元3个定级分别评定，报场部批准。已定级的插场工人，工资等级可按改计件之前的级别发给。插场工人实行固定工资以后，其工资差额按50％～80％补给。农场职工每月必须出勤27天，全年出勤324天，每月基本工分任务为：男劳动力一等为270分，二等为255分，三等为240分；女劳动力一等为255分，二等为240分，三等为230分。对劳动等级的确定由各生产队群众民主评定，同时规定，病假需经领导小组批准，按医生建议休息天数，给予病假工资。

1968年，对农场职工将定额计件工资改为大寨式评工记分，评为一、二、三等标准工分，每个工分8分钱。

1969年，农场组建兵团后，又改为平均工资24.2元作为工资总额下达连队，"上死下活"，评工记分。

1971 年 2 月，农场（兵团）劳动工分定额，原农场老职工的工资为大寨式评工记分，场部按生产队的总劳动力（包括半劳动力、辅助劳动力）下达工分定额，平均日工分为十分半，各生产队之间因劳动力情况不同，劳动力所得工分有高有低，连队认真核实劳动力，通过发动群众讨论评定。

1972 年，农场（兵团）遵照中央指示精神，进行工资制度改革的试点工作，按照"超产提成，按劳分配"的分配原则，"各尽所能，按劳取酬"，以劳动工分（或等级）分配，体现多劳多得，适当照顾未定级的新知青。具体分配比例：粮食超产部分，50%～60%上交国家，其余部分列入连队分配，分配总数不得超过全连劳动力两个月口粮总数，尚有积余作为连队储备粮；经济盈余部分 30%～65%上交国家，其中 10%留连队扩大再生产，其余部分列入连队分配。分配方法采取以劳动力与劳动工分（等级）相结合的办法，即按全连超产分配部分的总数，划出 50%，以劳动力数平均分到人，其余部分按劳动工分分配到人。

1973—1975 年，农场（兵团）按兵团"工改三十条"办法，对企业、连队实行控制工资总额，平均工资 24.5 元评工记分，年终按纯收益分等累进提成奖励，同时给未定级的知识青年进行工资定级，并按国务院和中央军委文件对复员军人进行工资定级。1974 年 11 月，农场（兵团）依据国务院 90 号文件《国务院关于调整部分工人和工作人员工资的通知》和国家计委和农林部〔1973〕32 号文件、江苏省计委 133 号、江苏省农业局 516 号文件精神，对生产建设兵团和国营农场部分职工工资进行调整，享受调级从 1971 年 7 月 1 日起按新级别计算工资，差额部分予以补发。1973 年定级的新职工，从 11 月 1 日起按新级别计算工资，差额部分予以补发，新调级的职工从 1974 年 7 月 1 日起按新级别发放工资。工资调整标准为：月工资 19 元的农工新一级改调为农工新二级，月工资为 21 元，改调为农工一级，月工资为 23 元；月工资 21 元的农工新二级改调为农工一级，月工资为 23 元；月工资 19 元的农工新一级改调为农工二级，月工资为 26.20 元；月工资为 21 元的农工新二级改调为农工二级，月工资为 26.20 元；月工资 23 元的农工一级改调为农工二级月工资为 28 元。对新安排的自然增长劳动力，工资待遇按第一年月工资 15 元，劳动满一年后按江苏省革委会计划委员会苏革计函〔1974〕139 号文件执行，定级为农牧工一级，月工资 23 元。定级为 23 元以上（包括 23 元）的劳动力，每月必须完成 27 个基本工日出勤，按基本工分为 189 个工分（每天计 7 分工），付基本生活费 15 元，达不到基本工分，应扣除基本生活费。基本工分和基本生活费当月结算，余者不转下月。未定级的新知青，每月完成 27 个基本工日出勤，基本工分为 189 个工分，付生活费 15 元，每月超过基本工分的工分，20%参加当月分配，80%参加年底分配。连队副业生产根据生产项目实行"五定"（即定任务、定劳力、定产值、定成本、定工分），作为年终分配的依据。

1976 年，农场在职工月工资平均在 24.5 元的基础上，增加为月平均 26 元，评工记分。当年农场陆续从公社迁进一批婚进的知识青年及干部职工的子女 360 多人，安排到农场各单位劳动，作为农场新职工。新进人员工资待遇如下：一是持有县以上上山下乡办公室知青下放证明材料（下乡通知书、知青登记表）的享受知青待遇，第一年月工资 15 元，劳动满一年后定级为农牧工一级，月工资 23 元，第三年调整为农牧工二级，月工资 28 元；二是持有退、复军人证明的婚进人员，按场内自然增长劳动力的固定职工计算，第一年月工资 15 元，劳动满一年后定级为农牧工一级，月工资 23 元，第三年调整为农牧工二级，月工资 28 元；三是经批准迁入的干部职工子女（包括 1974 年以后经批准迁入的）均可按自然增长劳动力处理；四是新迁进的家属工，一律以大寨评工记分，第一年为农场增资前平均月工资为 24.50 元，第二年和农场老职工一样享受增资后的平均月工资 26 元，同工同酬；五是新迁进的人员安排在工副业单位和不易评工记分单位工作的，月工资临时固定为 24.50 元，月底结算工资，如属大寨式评工记分人员，调入评工记分单位，和其他家属工一样，实行评工记分；六是新迁进被安排参加劳动的职工和原农场职工同等享受产假、病假、事假、医药费、生活困难救济等。对迁入的小孩、老年人不属职工的，其医药费实行包干医疗办法。

1977 年，农场试行"基本工资加工分工资"工资分配办法，实行"四定"，即定产量、定产值、定成本、定盈余，任务定额，人员定编。以平均月工资 31 元进行评工计分。定工资发放办法：以 31 元为标准，31 元以上保留，31 元以下提留 5%。凡是农工级工资和控制工分总额工资一律以本人与本单位工分制工资总额 60% 为作业基本工资，40% 为作业工分工资，拿 15 元生活费的新知青与自然增长劳动力不参与此法计酬，但参加评工计分，年终按工分参加盈余奖励。每个职工必须具备基本出勤每月 27 天、基本工分每天 6 分两个条件，才能取得基本工资，对于不能完成基本工分者，每少完成 6 分扣发一天基本工资。每个职工出勤日以每月不少于 27 天，参加评工记分，年终按总工分进行分配。

连队干部与后勤工作人员既要做好本职工作，又要定班劳动，干部定班劳动一、二、三制，即场部干部 100 天，分场干部 200 天，连队干部 300 天。保育员、炊事员、副业人员在定员定任务的前提下，经群众评议、领导批准，与农业排同等劳动力，靠工结算工资。

职工病假工资每天 0.5 元，病假一个月以上按每月 15 元发放工资，口粮发放按每个劳动力基本口粮 30 斤标准发放，其余为工分粮，对于长期（1 个月以上）旷工人员每月

24 斤，长期（1 个月以上）病假人员每月 30 斤。年终计划内盈余按四、三、三比例分配，即 40％上交国家，30％集体积累，扩大再生产，30％个人分配。超计划盈余按四、二、四比例分配，即 40％上交国家，20％集体积累扩大再生产，40％个人分配，二者分配到人的总额不超过本单位 3 个月工资水平。对于计划亏损单位，减亏部分按同样比例分配。对于因自然条件而造成的亏损，经有关部门研究可以酌情补贴。工副业单位采取定员定额，计时工资等报酬形式来体现按劳分配原则。全年旷工累计在 20 天以上者一律不得参加年终分配。

1977 年，农场根据国务院和农林部、国家劳动总局《关于国营农场调整部分职工工资的通知》以及江苏省革命委员会〔1977〕苏革发 47 号通知精神，并按国务院〔1977〕89 号文件有关规定，对职工普调工资，平均每人增加工资 5 元。

1978 年，农场对农副业连队实行"基本工资加工分工资"和"四定奖励"的年终奖励办法。"四定"即定产量、定产值、定成本、定盈余，年终以"四定"任务的完成情况进行盈余分配，"四定"各占比例为：产量 30％、产值 20％、成本 20％、盈余 30％，哪一项未完成，按未完成数比例扣除。以兼顾国家、集体、个人三者利益为原则，农业连队计划内盈余按四、三、三比例奖励，即 40％上缴国家，30％用于集体积累扩大再生产，30％按总工分奖励到个人。超计划盈余奖励按四、二、四比例奖励，即 40％上交国家，20％集体积累扩大再生产，40％加提留工资数一并按年终奖励工分和全年作业工分奖励到个人，奖励总额不得超过本单位 3 个月平均工资水平。副业单位计划内盈余按五、三、二比例奖励，超计划盈余按五、二、三比例奖励，奖励总额不得超过本单位 3 个月平均工资水平。工资发放办法：一是固定工资人员与工分制工资人员不改变原工资性质，除月工资是 15 元的人员外，其余不论工资高低每人每月一律提留 2 元，年终按各排完成产量高低给予奖励工分，根据年作业总工分进行分配；二是定农牧工级与控制工资总额工资的人员，每人每月以 13 元作为作业工分工资，其余为基本工资，领取基本工资条件是基本出勤每月 27 天，基本工分每天 6 分，超过部分一律作为作业工分参加当月分配作业工资。对于拿 15 元工资的知识青年与自然增长劳动力，不参加本分配办法但同样参加评工记分，当月按工分吃劳动粮，年终同样按工分参加盈余奖励。病假工资每天一律 0.5 元。连队干部与连队工作人员，参加集体生产劳动。排长与职工同工同酬，实行误工补工，一律不予靠工。口粮仍以 30 斤为基本粮，其余为工分粮，一个月以上的旷工每月 24 斤，一个月以上的病假为 30 斤。

同年，农场根据江苏省劳动局《关于给工作成绩特别突出的职工升级》的通知，劳薪〔1978〕83 号、劳薪〔1978〕79 号等文件，农场印发《关于对 2％工资调整人员批复通知》，全场列入 2% 增资人数 226 名，其中农牧工升一级的 84 人，无级增资的 9 人，评工记分的 133 人。

1979 年，农场根据中共中央、国务院〔1979〕251 号文件有关对 40% 职工调资升级的政策规定，全场实际调资人数：工分制的职工 2640 名，国家干部 86 名。农副业连队实行班组承包联产计酬制，把劳动者的劳动成果（产量、品质）与劳动报酬结合起来。年终分配坚持"多劳多得，按劳取酬"的社会主义分配原则，制定年终分配政策。农副业连队超利润按六、一、三比例分配，即 60% 上交场部，10% 连队积累，30% 奖励给个人，以工分计算到个人，连队的奖金和超产粮奖励根据"五定"到排的政策执行。工商运建服单位超利润按"六、二、二"比例分配，即 60% 上交场部，20% 单位积累，20% 奖励给个人。

1980 年，农场出台《关于加强工资管理的通知》，各单位工资发放，附考勤表作为原始凭证，工资表经连队干部审批签字，会计、制表人盖章后，报分场辅导会计审核签署意见（工副业单位、场直单位由各主管科室审核），然后由农场财务科核准拨款。工资标准变动一律凭劳资科（干部凭政工科）批复执行，单位和个人均无权提高或改变原工资标准。同年，农场根据苏劳薪〔1980〕47 号文件规定，调整工资区类别，由原三类工资区调整为四类，月人均增资额 1.99 元。农副业连队年终分配，场部按超利润分配比例：平均每个职工超利润有 50 元以内的按"六、四"比例分配，即 60% 上交场部，40% 奖给个人；超过 50 元的部分按"六、一、三"比例分配，即 60% 上交场部，10% 连队积累，30% 奖给个人。连队对排、班、组的计奖分配办法，按本单位的"五定"方案办法执行。工交服务单位年终分配：场部对厂（队）的超利润分配比例均按"七、一、二"比例分配，即 70% 上交场部，10% 单位积累，20% 奖给个人。农机站盈余单位按 20% 提取奖金，亏损单位赔偿 10%。

1983 年 9 月底，农场有固定职工 8229 名，根据国发〔1983〕65 号文件、劳人薪〔1983〕365 号文件、苏垦联劳字〔1984〕189 号通知要求，农场将 6579 名职工列入 1983 年调整工资范围，实际调资的有 6382 人，人均月调资 6.68 元；调资后，全部职工的年平均工资数为 552 元，管理人员年平均工资数为 594 元，生产人员年平均工资为 549 元。职工工资总额包括当时的劳动力补贴、技术补贴、夜班补贴、班主任补贴、以工代干补贴和副食品价格补贴。

同年，在中央 1 号文件精神指引下，农场开始实行"专业承包，核算到劳，联产计资，联利计奖"的经济责任制，职工工资结算采取平时预付，年终决算的形式，工资与产量挂钩，奖金与利润挂钩，超（减）计划按 30% 计奖（赔）。

1984 年，农场实行联产承包大包干责任制，创办联产承包的家庭农场责任制，土地全部承包到户，由家庭农场经营，家庭农场的职工保留工资等级、升级制度，津贴取消，保留的工资等级作为调动、升级、退职退休的依据，工调时同样晋升，有特大贡献和发明创造者同样享受场长的晋级待遇。同年，根据国务院〔1984〕67 号、苏发〔1985〕11 号及苏垦联办字〔1984〕205 号文件精神，农场职工 3% 晋级人员 173 人，人均月增资 7.50 元。同年 10 月，根据苏垦联劳字〔1984〕296 号、35 号文件规定，调整农牧工工资级别标准，全场职工总数 8098 人，其中执行农牧工标准 2582 人，月浮动工资总额 13533.80 元，除大包干 1090 人月浮动工资 4425.3 元，实际全场月浮动工资总额 9082.6 元，浮动一年后转为标准工资。实行工分制人员 4699 人，其中 1966 年底前参加工作的 2862 人，每人增加 8 元；1971 年底前参加工作的 1014 人，每人增资 5 元；1978 年前参加工作的 809 人，每人增资 3 元；1978 年后参加工作的 14 人，每人增资 2 元。

1985 年 6 月底，农场在册人数 8266 人，人均月工资 45.79 元。同年 7 月，农场根据国务院〔1985〕2 号、9 号，劳动人事部〔1985〕19 号、29 号和省委、省政府〔1985〕24 号、141 号，江苏省劳动局〔1985〕48 号、江苏省农垦总公司工资改革领导小组办公室《关于农垦企业工资改革中若干问题的处理意见》等有关文件的精神，对农场干部职工的工资进行了全面改革，各类国家干部的工资套改为江苏省新拟企业干部工资标准（1~17 级），各类职工的工资套改为江苏省新拟企业工资标准（1~8 级），同时由四类工资区改五类工资区，起点工资均可提高 2 元。7 月工资改革后，8226 人增加了工资，人均月工资为 62.91 元，人均月增资 17.12 元。

1986 年 9 月底，农场在册职工人数 8790 人，根据国务院工资制度研究小组、劳动人事部〔1986〕97 号、江苏省人民政府〔1986〕185 号《关于 1986 年适当解决国营企业工资问题的通知》，农场有 6922 名职工被列入工资升级范围，其中多升半级的 150 人，占升级总人数的 2%，人均月增资 5.7 元；缓升的 101 人，占升级增资总人数的 1.34%，人均月增资 4.95 元；不升级的有 3 人；国家干部列入升半级人数 228 人，其中 45 人升半级。同年，农场自然增长劳动力就业成为全民合同制职工的人员，其工龄一律从批准之日起执行，工资待遇按照苏垦联劳字〔1988〕115 号文件规定执行，补贴按固定职工标准发放，高中毕业生，第一年 32 元，第二年定 1 级，第三年定 2 级，第四年定 3 级；初中毕业生，第一年 30 元，第二年 32 元，第三年定 2 级，第四年定 2.5 级。对初中未毕业或小学文化程度的新工人，可作为计划内临时工，工资待遇参照初中文化程度的新工人办理。

1988 年 5 月，根据江苏省人事局〔1988〕13 号等文件精神，提高中小学教师工资10％，农场列入提高范围的共 251 人，人均月增资 7.92 元，提高标准后的工资从 1987 年10 月起执行补发，有 226 名职工按 3％晋级工资。

1992 年，农场深化工资奖金分配制度改革，全场一律实行档案工资。工商运建服行业实行计件工资和定额工资制，坚持"一包三挂"责任制；供销人员实行"三无一挂钩"责任制；从总场到基层干部、管理人员中实行责任工资提留考核制。通过三项制度改革给企业注入了新的活力，各业生产取得了较快发展。

1993 年，江苏省农垦总公司《关于企业工资保险制度改革中若干问题的处理意见》规定，企业新招收人员、招聘引进人员、受刑事处分重新就业人员等，在办理招录用手续时，要同时填报职工工资审批表，经批准后存入本人档案；学徒工学徒期满转正定级、招聘引进人员转正定级等，在报批职工转正定级表时，要同时附报招录用审批表。新招录职工、重新就业人员工资的审批，必须报南通农垦公司审批；农场招聘引进人员的工资，经南通农垦公司审核后报总公司劳经处审批。

同年 7 月 9 日，农场根据上级文件，提高企业职工工资标准，企业单位职工由原来的46 元工资起点线提高到 70 元起点线，不增加工资级别，同时适当提高新进人员初期工资待遇。分配到企业单位的大中专毕业生，见习期工资为：大学本科毕业生 102 元，大学专科毕业生 96 元，中专毕业生 86 元；高中毕业生（含两年制职业高中毕业生）初期待遇第一年为 81 元，第二年为 86 元，定级工资原则为四级副，少数技术达到四级工标准，表现较好的可定四级；初中毕业生第一年为 76 元，第二年为 81 元，第三年为 86 元，学徒年限为两年的，按上述第一、第二年的标准执行，定级工资原则为三级正到四级副；技工学校毕业生（含三年制职高毕业生），见习期工资待遇为 86 元，见习期满后原则定四级，技术达不到四级标准的则低定，熟练工定级工资原则为四级副。

1994 年，农场根据江苏省农垦总公司《江苏农垦深化企业工资制度改革适当解决企业职工工资问题的实施意见》，对 1993 年底前登记注册经营运转并独立核算国有企业工作的固定职工、劳动合同制职工、计划内临时职工进行工资制度改革。企业可以将经批准核定的增资额度与本年度计划增长工资额度合并使用，主要用于等级工资标准调整为技能工资标准的情况。增资水平一般掌握在人均 50 元/月，并将国家和江苏省规定的各种补贴中的 22.5 元纳入技能工资标准。根据江苏省劳动局拟定的《江苏省企业职工技能工资标准参考表》，由企业根据自身的经济效益、工资储备等情况，自主选择技能工资标准。根据农垦企业的实际情况，技能工资标准一般确定起点工资标准为 130 元。职工增资套改办法：企业在执行技能工资标准时，在对职工技能等方面进行认真考核的基础上，按《江苏省企业职工技能工资标准参考表》列新旧工资标准的级别和起点工资的对应关系过渡。

农场在分配制度改革上，按照"自主经营、自负盈亏、自我发展、自我约束"的要求，明确了总场与各单位的利益分配关系。强化"工效挂钩"，对工商运建服行业职工实行"定额计件工资制"，对各级干部实行"结构工资制"，完善了干部考核办法。

1995—1996年连续两年，农场对实行技能工资制的企业职工（不包括尚未定级的徒工和大中专毕业生）提高工资起点线，从原来的130元提高到150元，再从150元提高到170元，并且每年都在原有技能工资级别的基础上普加二级工资，同时规定对大包干职工、停薪留职人员、内部保养人员及纯计件制职工只调整档案工资，此类人员工资收入按责任制考核兑现。

1997年1月起，农场职工实发工资的标准为：实行计时工资的职工，一律按1995年10月调整后的150元起点线及普加二级标准工资进行发放；实行计件工资制的职工，其实际发放工资按本单位制定的定额标准或责任制考核兑现，坚持"工效挂钩，多劳多得"；实行结构工资的各级干部及相关管理人员，按组织科审批后的结构工资标准执行。实行新工资标准发放后，干部按实发工资的20%提留责任工资，职工按实发工资的10%提留责任工资，同时规定对1996年调整的提高起点线和二级工资记入档案，待年底视承包任务完成情况再做清算。

2002年1月起，农场机关打破固定工资，实行岗位工资制度。改革农业管理人员报酬形式，分场及大队管理人员同农业职工一样承租土地，农业管理及服务工作实行误工补贴。分场及大队管理费包干使用，分场核算。

2003年，农场对机关工作人员年薪发放采用平时预付、年终清算形式。农场领导年薪由江苏省农垦集团公司考核确定，平时按月预付工资，年薪补差分配系数：场党委委员为2.0，正科级为1.8，副科级为1.5，正科员为1.2；副科员为1.0，一般工人：0.7～0.8。年薪补差发放采用百分制考核，考核兑现到人，考核得90分，发给基本年薪差额，每增减1分，同比增减1%的年薪差额。

2005年，农场对机关工作人员年薪发放形式不变，管理区管理干部参照机关同级别干部标准预付，主任助理中副队级人员参照机关正科员标准预付。

2006年，农场对机关工作人员年薪发放标准调整，每月预付标准适当增加，场直单位的管理干部参照机关同级别干部标准预付。

2009年，大农业管理区管理人员年薪标准调整，年终根据考核确定农业单位平均绩薪为基数，乘以农业管理区人员系数，核定农业管理区绩薪总额，绩薪与农业管理区模拟股份制亩效益挂钩，达到平均亩效益的得平均绩薪，高于或低于平均亩效益的相应增加或减少绩薪，按农业管理人员系数分配到人，年薪差额分配系数：主任为2，副主任为1.6，主任助理（副职主管）为1.3，副职股级主任助理为1，会计统计、技术员工人性质为0.8。农场机关、社区工作人员平时预付标准适当提高。

2011年3月，农场根据场部年终确定的平均绩薪为基数，乘以岗位系数，核定工作人员绩薪总额。农业干部绩薪与各农业管理区模拟股份制亩效益挂钩，达到平均亩效益的得平均绩薪，高于或低于平均亩效益的，相应增加或减少绩薪。按农业管理人员系数分配到人。年薪差额分配系数：主任为2，副主任为1.6，主任助理（副职管）为1.3，副职股级主任助理为1，会计统计、技术员工人性质的0.8。失地农工的生活费与南通市最低工资标准挂钩，随最低工资标准的增长同比例增长。

2012年，根据南通市人力资源和社会保障局《关于调整企业在岗（失业）军转干部解困补助标准的通知》，农场对在岗和失业军转干部补助标准按标准进行调整，在职营职以下月工资不少于3625元，团职在营职基础上递增10%；师职在团职基础上递增10%；下岗、失业、内退军转干部按在职标准的80%发放。

2013年11月，农场公司制改造后，苏垦南通公司实行年薪制，包括岗位工资、绩效工资、工龄工资、职称工资等。公司出台《薪酬管理办法》，职工薪酬结构：岗位工资57%＋绩效工资40%＋工龄工资3%＋职称工资。其中：岗位工资57%，反映员工所在岗位或所具备的专业技能的价值，根据对应岗位人员的职务所支付的工资；绩效工资40%，根据员工工作业绩的优良程度和公司经济效益状况而支付的工资，用于鼓励员工提高工作质量和效率，既与企业效益有关，也与个人绩效有关；工龄工资3%，为体现员工对公司的忠诚贡献，员工在本单位工作年限10年以下每年20元/月，10年以上每年10元/月递增。职称（技术资格）工资，为鼓励本岗位员工获得更高的专业水平，高级100元/月、中级60元/月、初级40元/月。苏垦南通公司根据当年效益及员工的绩效考核结果于每年12月31日起调整薪酬总额。公司严格执行最低工资规定，员工正常劳动工资不低于南通市公布的上年度最低工资标准。

2018年起，苏垦南通公司为规范人员薪酬管理，充分发挥薪酬体系的激励作用，围绕江苏省农垦集团公司相关规定，结合公司实际，对2013年11月形成的薪酬管理办法进行充分完善，薪酬结构调整为：岗位工资47.5%＋绩效工资50%＋工龄工资2.5%＋职称工资。

1984—2012年农场职均年收入见表3-4-3，2013—2020年苏垦南通公司职均收入见表3-4-4。

表 3-4-3　1984—2012 年农场职均年收入一览

年份	1984	1985	1986	1987	1988	1989	1990	1991
职均年收入	539	816	1350	1865	2557	1884	1861	1780
年份	1992	1993	1994	1995	1996	1997	1998	1999
职均年收入	2090	2349	3463	4544	4965	5029	5261	5802
年份	2000	2001	2002	2003	2004	2005	2006	—
职均年收入	5924	6220	6580	7000	8539	9964	12164	—
年份	2007	2008	2009	2010	2011	2012	—	—
职均年收入	14945	17059	20301	24417	26200	28910	—	—

表 3-4-4　2013—2020 年苏垦南通公司职均年收入一览

年份	2013	2014	2015	2016	2017	2018	2019	2020
职均年收入	73000	83900	86000	87400	93300	132700	154600	167700

三、干部管理

建场至今，农场的干部管理工作一直归农场组织科管理，也称党委办公室，兵团时期归政治处管理，公司制改造后归人力资源部、组织部或党委工作部管理。

（一）干部培养及任免

建场初期的农场干部由南通县调配委派。1973 年，兵团时期，团司令部政治处发文《关于严格人事制度》，要求人事工作要在团党委领导下，按照党的政策和职权范围办事，干部由政治处组织股调配，班以下人员必须由司令部军务股调配；各营、连、工厂、船队、机关不得擅自增加人员，凡未经组织、军务部门调配和擅自增加的人员，一律不予承认，不发给工资；班以下人员在本营范围内连与连之间的调动，由营批准，营与营之间或调其他工作者，必须经团司令部批准，办理调动手续；专职业务工作人员，例如：文书、司务长、会计等保持相对稳定，不轻易调动。

1980 年以前，农场干部人事制度上，基本上是上级任命到终身制。党的十一届三中全会以后，南通农垦局把农场中层干部审批权下放给农场，1984 年 8 月，经农场第一届场职工代表大会第二次会议讨论通过《农场改革总体方案》，农场实施干部人事管理制度改革，各级行政干部改任命制为聘任制，各级党群组织的干部仍实行任命制。行政干部管理上实行"分级管理、层层负责、一级聘一级、一级管一级"的原则，即各级行政正职干部由上一级行政正职聘用，签订聘用合同，对上级和本单位的生产财务计划全盘负责。各级行政副职由正职提名报上级批准聘用，对正职和分管项目的经济效益负责；各级各单位的其他业务管理人员由该级单位的正职干部聘用，对主管领导和本职工作负责。选聘的干部每年签订一次合同，确有能力胜任工作的可连聘连任，无法胜任工作的聘用期间可随时解聘，真正做到"能官能民、能上能下"。选聘干部任职后，规定任职期限，实行任期目标责任制，并按级签订年度经济承包合同，同时加强对干部的考察考核，较好地调动了干部的工作积极性，把干部的个人收益与单位经营成果挂起钩来。

1984年8月，为提高职工队伍的科学技术素质，农场投入资金，将26名在职职工送入高等院校定向培养和代培，其中有农场急需的财务、建筑、经营管理、食品、畜牧等专业，为农场后备干部队伍储备专业人才。

1986年1月，按照党管干部的原则，农场积极改革干部制度，做好干部队伍的培养、考察和组织发展工作。除抓好在职干部队伍的建设外，还加强了第三梯队的建设，培养一批年轻的、德才兼备的后备力量，组织部门对干部调任严格把关，任人唯贤，守缺毋滥。

1989年8月，农场认真贯彻中央和省委关于改革和发展成人教育的决定，落实培训政策，使用和提拔干部要把学历、学习成绩同工作经历、工作成绩一样作为重要依据，学习成绩优秀并能在实际工作中应用的干部，在同等条件下优先提职晋级。

1990年2月，农场出台了《南通农场关于干部培养和考察的制度》，强调要加强干部的培养和使用，特别是培养后备力量，以实现干部的新老交替。组织部门选择年龄较轻、政治思想觉悟较高、德才兼备的人作为重点培养对象，制定培养措施，由主要领导对培养对象进行传、帮、带，经常关心、教育、帮助、指导他们，放手大胆使用和相信年轻干部，让他们到最基层、最艰苦的地方去锻炼，在实际工作中增长知识、增长才干。

重视后备干部和人才培养工作，按班子职数1∶1的比例调整充实后备干部队伍。在坚持德才兼备和"四化"条件的前提下，一看公论，二看实绩。对思想政治素质好、事业心强、政绩突出、有开拓创新和无私奉献精神的青年骨干，破格提拔，委以重任，并通过自培、引进、外聘等途径，培养和吸收各类专业管理人才。新分配来场的大中专学生到最基层锻炼2～3年后方可调到机关、公司工作，在锻炼的过程中，各级干部主动关心他们的生活、学习，指导他们的工作，对年轻干部的工作多做正面教育帮助，鼓励多些，批评少些，使他们逐步成熟起来。

加强对干部的培养和考察，完善干部考评考核制度，抓好新提拔干部和调动干部的考核工作。通过职工对干部工作的反映及单位的经济效益将干部的综合状况信息及时反馈给农场领导，为农场领导及时了解各单位的生产经营情况，以及对有关干部做出是继续使用、提拔还是降职、免职决策提供依据，同时又有效地对干部进行民主监督，及时减少因干部不称职而造成企业的损失。考察干部主要从政治思想觉悟、工作能力、业务水平、实干精神和经济效益，即德、能、勤、绩4个方面来进行。

1996年3月，农场大力推进干部岗位交流制度，实行领导干部能上能下机制。对在改革开放和经济建设中勇于奉献、政绩突出、群众公认的干部给予提拔重用，对德才素质差、能力水平低、不胜任现职的领导干部采取果断措施，坚决调整出领导班子或做降职安排，创造一个能者上、庸者下的良好氛围。

2002 年，农场管理体制和干部人事制度改革进一步深化，突出组织协调服务职能和社区管理职能，精简管理人员、改革核算体制。农场对干部的选拔任用实行任前公示制，接受公众监督。在江苏省农垦集团公司指导下，首次在全场公开选聘了一名农业副场长。

2004 年 2 月，农场印发《南通农场干部选拔任用暂行办法》，对培养后备干部提出了要求：考虑企业后继有人和干部队伍的长远建设，按照素质优良、结构合理的要求，建立科学规范的后备干部工作制度。办法规定选拔任用干部的 6 个原则："革命化、年轻化、知识化、专业化"原则；德才兼备、注重实绩的原则；党管干部和经营者依法行使用人权相结合的原则；符合江苏省农垦集团公司编制管理的原则；公开、平等、竞争和择优录用的原则；民主集中制的原则。选拔任用干部的条件如下：

有履行职责所需要的政治理论水平，有胜任领导工作的组织能力，有实践经验和分析、解决实际问题的能力，农场中层后备干部一般应当具有 3 年以上工龄，高中（中专）以上的文化程度，场级后备干部一般应当具有大学专科以上文化程度或中级以上职称。后备干部的年龄一般不超过 35 周岁，场级后备干部可放宽到 40 周岁，有基层领导工作经历，身体健康。选拔任用干部的办法：民主推荐考察对象（包括个人自荐），对确定的考察对象，由组织部门按照选拔任用条件以及不同领导职务要求，采取个别谈话、发放征求意见表、民主测评、查阅资料和实地调查等办法，全面考察其德、能、勤、绩、廉，需要进行经济责任审计的，委托审计部门按有关规定进行审计，形成考察书面报告。对经考察确定的任用对象，经农场党委集体讨论决定，由场长聘用，特殊情况也可以由场长提名、经场党委集体讨论后直接任用为农场中基层领导干部。对于场级后备干部选拔一般实行民主推荐，组织部门考察，党委研究，呈报江苏省农垦集团公司党委备案。场级后备干部确定后必须参加党校、行政院校或组织（人事）部门认可的其他培训机构的培训，培训时间 3 年内不得少于 3 个月。

所有新任干部均须任前公示，接受民主监督，公示时间一般为 5 天。对新提任人员实行试用期制度，试用期一般为半年。试用期满经考核胜任现职者，予以聘任，不胜任现职者，予以免职。需进一步试用考察的，可延长试用期，但最多不超过半年。对党务干部，农场基层单位党组织领导班子按照《党章》等规定选举产生，机关党群部门的负责人，由场党委分管领导提名推荐，农场党委组织考察，农场党委研究决定任命。对工会干部、基层工会组织负责人的人选报农场党委同意后按《工会法》规定程序产生，担任场纪委副书记或工会副主席的，需要报江苏省农垦集团公司相关部门认可。

同年，农场为培养储备人才队伍，选派 8 名干部和职工骨干参加了本科和大专的学习。

2015 年 6 月 9 日，苏垦南通公司出台《江苏农垦集团南通有限公司干部管理暂行办法》，对完善和加强苏垦南通公司及所属企业干部管理工作，推进公司干部管理工作科学化、规范化、制度化起到了积极的推动作用。公司管理干部的范围包括：公司经营层以外，本部各部室副科员（含）以上人员、全资企业副股级及以上人员，控参股企业中公司派驻管理人员。公司控股企业自行招聘的管理人员，由企业自行管理，不列入苏垦南通公司干部管理范围。

公司干部管理遵循的原则：党管干部、依法办事的原则；五湖四海、任人唯贤的原则；德才兼备、以德为先的原则；民主、公开、竞争、择优的原则；组织委派与市场配置相结合的原则。

公司干部任职的基本条件：政治素质好、工作能力强、身体素质好。具有大专及其以上文化程度，其中新选拔或聘任的管理干部一般应具有本科及其以上文化程度或中级及其以上专业技术职称；担任公司本部部室、全资企业经营层正职的，一般具有同层级副职 2 年以上工作经历；担任副职的，一般具有下一层级正职 3 年以上经历；担任本部部室、全资企业正副职的，一般应具有大学专科以上文化程度；担任党务和工会工作职务的，应符合《党章》《工会法》等相关规定要求，完善相关手续；担任财务、审计部门正副职的应具有会计师及以上专业技术职称；符合法律法规规定和企业经营管理需要的其他资格条件；对于因工作特殊需要破格提拔的干部，必须是德才素质好，发展潜力大，工作扎实，实绩突出，或年度考核连续 3 年以上（含 3 年）被评为优秀的；同时应当符合下列情形之一：一是职位有重要专项工作特殊要求的；二是专业性强的行业或部门急需专业管理人才的；三是其他工作特殊需要的。

选拔公司本部、全资及控参股企业管理干部，必须按照党管干部的原则、规定和程序，采取组织选拔、竞争岗位、公开招聘、依法或按章选举等方式产生。由公司人力资源部（组织部）按规定程序负责选拔任用具体工作。委派至控参股企业的管理干部由公司党委研究推荐，公司董事会聘任。委派控参股企业法人代表的管理干部按公司章程产生。委派干部职级认定：所属公司总经理、副总经理对应公司本部正部职、副部职；所属公司部门经理、副经理对应公司本部科员、副科员。

选拔任用干部程序：组织选拔程序、竞争岗位程序、公开招聘程序。考察程序：拟定考察方案，明确标准，发出考察预告等。全面考察有关人选业绩、素质、能力和廉洁等方面的情况，听取相关部门、工会和职工代表的意见。对新任干部和提拔干部的人选，要按规定程序公示，公示范围原则上在其任职单位和拟任职单位，公示时间一般不少于3个工作日，实行管理干部任职试用期制度。凡是新任职的中层助理以上干部，任职均为试用期一年。试用期经考核胜任现职的，予以聘任；不能胜任的，免去（解聘）试任职务，免职后，属于公司本部委派人员的，一般按照试用前职级安排工作。

2016年，苏垦南通公司严管厚爱抓好高素质专业化干部人才队伍建设，真正把对党忠诚、德才兼备的好干部用起来。修订干部选拔任用管理规程和相关办法，严格管理监督干部，落实分层分级谈话和约谈制度，加大提醒、函询、诫勉等力度。创新人才培养机制，引进急需的紧缺型专业人才，加强统筹谋划，加强年轻干部培养。

（二）干部监督

农场加强对干部的教育、管理和监督，自觉遵守党章和《准则》，自觉执行《党政干部廉政建设十条规定》，做廉洁勤政的表率。农场对干部管理坚持民主评议党员制度，干部考核制度，个人重大问题报告制度，上级党组织和下级领导干部谈话制度，使党风廉政建设走上规范化、制度化轨道。农场建立党风廉政建设责任制，根据一级抓一级和层层负责的原则，党委对全场的党风廉政建设负责；党委书记和纪委书记对党委成员和各总支书记及全场的党风廉政建设负责；党委成员和场领导对分工各线的党风廉政建设负责；各总支书记对各自所领导的部门和单位及各支部书记的党风廉政建设负责；支部书记对本支部的党风廉政建设负责。廉政建设做到书记亲自抓，各级层层抓，并把检查落实党风廉政建设责任制的情况作为党的活动的经常内容，督促党员和党员干部遵纪守法。健全党的纪检队伍，加强党的纪律检查工作，开展多种形式的党风党纪教育。

党委成员和领导班子成员每年至少召开一次民主生活会，组织生活会每年不少于1次，由班子成员汇报一年工作。每年在职工代表大会上，向全体职工代表至少述职1次，职工代表当场对班子成员进行测评。领导班子成员述职内容包括：一是思想政治素质和工作思想作风方面；二是工作业绩方面；三是廉洁自律方面；四是工作业务学习方面；五是工作中的不足与努力方向。同时既要参加定期召开的领导班子民主生活会，把自己摆进去，开展积极健康的思想斗争，也要参加党支部组织生活，带头学习发言讲党课。参加党支部党员大会每月不少于1次，领导干部按照规定编入基层党小组，要形成领导干部参加双重组织生活的规范化、常态化。

党委成员和场领导带头端正党风，模范执行党的路线、方针和政策，健全党内生活，加强党组织对党员的教育、管理和监督，自觉把自己置于组织的监督之下，以自己高尚的精神面貌和优良工作作风做全场的表率。

在端正党风党性党纪中，党委成员及各级领导必须做到：一是牢记全心全意为人民服务的根本宗旨，注意倾听群众的意见，自觉接受人民群众包括下级机关的监督；二是坚持民主集中制的原则，切实执行集体领导与个人分工负责相结合的制度，重大问题集体讨论，形成决议坚决执行，尊重集体领导，维护班子的统一和团结；三是努力学习，不断地充实和提高自己，秉公办事，坚持原则敢于领导，敢于负责；四是在工作作风上，保证每年有1/4的时间深入基层调查研究，提高办事效率，对下级部门和单位请示工作不推诿、不敷衍，做到有请示、有答复；五是在个人生活作风上以身作则，保持俭朴。在处理个人问题上做到"七个不"，即：遵纪守法，不以权谋私；敢于碰硬，不做老好人；家属子女，不搞特殊；亲朋好友，不开后门；坚持原则，不分亲疏；正确处理社会协作，不铺张浪费，不搞请客送礼。领导干部按规定用车，如有违反，按章处罚。

（三）干部培训

1962年10月，农场党委以场部业余党校为中心，集中培训各支部的专管支部工作的副书记、组织委员、党小组长、支委委员、党课教员和党员中的积极分子，集中训练，训练时间为7～10天。同年12月，农场组织各支部其他党员干部，除党支部正常上党课教育制度外，以3个片的业余党校为单位，集中训练。1963年2月，农场对全场正副班长干部以上至大队干部副职和一般干部576人分9期进行轮训，每期训练时间为7～10天，人数50人。训练教育的主要内容为：当前国内形势与任务教育，统一思想认识，认清当前农村形势，增强克服困难的信心和决心，发扬党艰苦奋斗的优良传统和艰苦朴素的作风，积极办好农场，加强党的方针政策教育，着重于国营农场生产经营管理方针教育，巩固全民所有制，加强经营管理，发展农业副业生产。

1979年，农场为贯彻党的十一届三中全会精神，以"三整顿"为主要措施，以农场各级领导班子、职工队伍和企业管理者为对象，举办了一期干部集训班。通过学习和讨论弄懂现阶段我国社会的主要矛盾是什么，认清阶级斗争的存在和主要表现形式，从而发扬社会主义民主。

1981年上半年，农场在学习贯彻中央工作会议精神和中央2号文件的过程中，举办1次党团支部学习班，举办3次分场总支书记和科级以上干部参加的政工座谈会，举办4次各单位支部书记参加的政工汇报会，汇报交流了各单位思想政治工作的经验教训，具体安排了政治工作的任务和要求。同年8月，农场举办了为期5天的以学习六中全会精神"决议"为主的集训班。全场各党团总支书记、党团支部书记及机关各科室的负责人共125人参加了学习。

1984年2月，农场举办党员、干部学习培训班，学习时间为10天，全场党员、干部通过集中上课辅导、自学、分散讨论等形式集中学习了中发〔1983〕36 号文件、江苏省农垦总公司第一次工作会议有关文件、中发〔1984〕1 号文件、中办发〔1984〕1 号文件、《中共中央关于整党的决定》及《邓小平文选》。

1988 年，农场业余党校举办了 6 期干部培训班，激发了干部职工锐意改革、奋发进取的意志。

1989 年 8 月，江苏省农垦总公司制定了《关于中层干部岗位职务培训工作的实施意见》，对干部培训坚持"干什么、学什么、缺什么、补什么"及按需施教的原则，以提高企业中层领导、管理干部的政治素质和业务素质为重点，对农场的中层干部，场办企业的领导、管理干部，年龄在 50 岁以下，文化程度高中或相当于高中的中层干部、场办企业的领导、管理干部进行统一培训，其中青年骨干是培训的重点。培训从 1990 年开始，分 3 年完成，农场符合条件的企业中层干部都参加了培训，并取得岗培合格证书。

同年，农场明确岗位职务培训是任职资格的培训，以后对于拟提升的干部，必须先培训后提升。农场党委把干部培训列入议事日程、列入场长任期目标，加强对干部培训工作的领导，确定 1 名主要负责同志分管，并明确具体办事部门。当年，农场党委在农场党校组织开展形势任务、通讯报道、农技知识、农业机械、纪检员、企业思想政治工作新体制、工会工作、财会工作、"七一"党课教育、联合收割机技术、工厂企业管理、团干部业务知识、作物栽培管理、农机驾驶技术等培训，农场参加培训人员共计 3730 人次。

2001 年，江苏省农垦集团公司下发《江苏农垦企业"十五"干部培训规划纲要》，在全垦区围绕企业改革、调整和发展中心，以教育培训工作创新为动力，通过采取多层次、多形式、多类别的教育培训，全面提高企业各级经营管理者和各类专业技术人员的素质，盘活和开发利用农垦的人才资源。培训内容有：对垦区企业经营者开展新一轮的工商管理培训；开展各种特色培训，例如普法、WTO 相关知识、电子商务、信息技术；以及围绕垦区产业结构调整和产品结构调整的课题开展相关培训。要求垦区企业经营管理者和各级各类干部每年参加各种适应性短期培训的时间不得少于 7 天，新一轮"工商管理培训"的时间不少于 2 个月。同时，根据苏发〔2001〕13 号文件要求，垦区高、中级专业技术人员每年脱产接受继续教育的时间不少于 72 学时，初级专业技术人员每年接受继续教育的时间不少于 40 学时。"十五"期间，专业技术人员接受继续教育的比例要达到 80% 以上。并要求垦区各级各类干部参加培训情况，载入干部档案，作为干部考核考察的重要内容之一。

2007 年，农场新建 3 个基层党员远程教育工作站。基层党员远程教育工作站作为今后党员培训教育的重要平台之一，充分运用农场网络教育平台和江苏远程教育资源，对农场基层集中教育场地受限、集中学习困难的党员进行教育培训。

2008年6月，农场为使干部教育培训工作科学化、制度化和规范化，认真实施《干部教育培训工作条例》，加强学习型干部队伍、学习型农场建设。

培训目标：党政干部教育培训坚持以人为本、按需施教、突出重点，联系实际、学以致用、注重实效的基本原则。围绕理论武装、知识拓展、能力提高、党性修养等方面的任务，按照分层次、多渠道、重实效的干部教育培训要求，采取灵活多样的形式和切实有效的措施，确保农场党委培训干部的战略任务全面落实。

一是做好干部的政治理论培训，以中层党政干部为重点，每年对全体干部培训不少于两次，对队级干部和工作人员每年组织一次集中培训，年底举办一次党员干部冬训班。同时对预备党员、入党积极分子进行党员基础知识培训，适时举办纪检监察、理论骨干、文明创建等培训班。

二是做好党务干部的岗位能力培训，按照《关于加强党员经常性教育的意见》要求，把党务、工、青、妇等各类干部的培训放在重要位置，新任专职党务干部，任前或任后当年内必须参加农场党校党务知识和党建能力培训学习，加强党委（党总支）中心组学习，完善"三会一课"制度。农场每年的时政报告会和党员干部的冬训会议加强了对党员干部和职工的培训。

三是做好行政干部业务知识培训，开展政策法规、业务知识、文化素养和实用技能等培训，提高干部队伍科学执政、民主执政、依法执政的水平和推进经济社会又好又快发展的本领。

四是开展好专业技术干部的继续教育培训，分层次对全场专业技术人员进行继续教育。

2011年，农场对场域非公规模以上工业企业做好了新经济组织的支部党建工作和工会等群团组织的组建工作，并加强了非公企业支部书记和工会等群团组织负责人的培训工作。

2013年后，苏垦南通公司加强对干部岗位技能培训，重点抓政工干部、农业干部和农业技术人员的培训，组织人员参加外部培训，涉及专业内容包括税务知识、经济法与实务、摄影、统计、财务知识、纪检、理论宣读、电子商务、信用贯标、劳动关系、工伤保险、档案管理等，参加培训人员每年达10多人次。组织公司内部培训，涉及安全管理、财务知识、经济合同管理、企业文化与商务礼仪、团队执行力、公文写作、党务工作等内容，参加培训人员每年达200人次。

从2017年开始，苏垦南通公司分期分批组织公司各基层党组织书记参加省国资委组织的省属企业基层党组织书记培训班。继续组织公司人员参加外部及内部培训，有效地提高了干部队伍的整体素质和业务水平。

（四）专业技术人员管理

专业技术职务是根据实际工作需要而设置的，有明确职责、任职条件、任职期限，并具备专门知识和技术水平才能担负的工作岗位，有规定任职条件的各种专业、技术职务的总称。其评聘工作的基本程序是专业技术人员在学习吃透本系列有关文件的基础上，个人提出书面申请，专业考核评议组进行定性与定量考核，交专业评审委员会评审确认相应聘任资格，行政领导聘任或任命。

1980年10月，南通农垦局成立地区局会计统计干部技术职称评定小组，负责南通农垦局系统各农场会计、统计干部技术职称评定工作。

1982年，江苏省农垦局转发国家及省政府《关于解决部分专业技术干部农村家属迁往城镇由国家供应粮食问题的规定》的通知，农场认真落实，有多位专业技术干部解决了夫妻两地分居的后顾之忧，调动了工作的积极性，体现了党和政府对知识分子生活上的关心。

1984年，江苏省农垦总公司试行农垦系统内技术职称。同年9月，农场为做好财会人员的技术职称评定工作，成立农场财会人员技术职务职称评审委员会。同年11月，农场成立农场农业经济管理干部技术职称评审委员会。

1985年，江苏省农垦总公司下发《关于省农垦系统内无职称卫生工作人员职称评定工作的通知》，对农垦系统内"士"级职称卫生技术人员评审工作做此规定：一是凡1983年经过理论和实践考试合格，1984年已经转干的卫生工作人员，可免试填报"士"级技术职称；二是兵团时期为卫技级，1984年已转干的卫生工作人员，免试填报"士"级技术职称；三是1983年考试合格而未能转干的卫生工作人员，填表逐级审核后报江苏省农垦总公司职称评审委员会评审；四是凡1979年12月31日前从事卫生技术工作而无技术职称的工作人员，进行理论和实践考试合格后可进行"士"级技术职称评定。同年1月，江苏省农垦总公司成立江苏省农垦系统卫生技术人员职称评审委员会，评审委员会由12人组成。

1985年11月，江苏省农垦总公司根据中央职称评定工作领导小组改革职称评定方法，实行专业技术职务聘任制改革要求，农垦系统内职称评定工作（包括自然科学、财会统计、农业经济、医学卫生等）暂停进行。

1986年1月起，农场为鼓励农业生产一线的农业科技人员，决定对农场农、林、牧、渔、农机、水利、农经等行业具有中专以上学历或技术员以上职称的国家科技人员实行每人每月增加一级浮动工资。

1987年3月，农场为鼓励科技人员安心在农场工作，对具有中专毕业以上学历或"员"级以上职称的财会、工程技术、卫生技术的在职国家干部和学校老师队伍中的在职国家干部，从1986年1月起在现行标准工资基础向上浮动一级工资。

1988年3月，农场职称改革中对专业技术人员实行定量考核与定性考核相结合，科学全面评价专业技术人员政治思想、工作能力、工作实绩与学识水平，为各级专业技术职务评审委员会准确评审其专业技术职务提供比较可靠的依据。考核采用百分制，按条目逐项考核评分，政治思想18分，工作能力32分，工作实绩32分，学识水平18分，得分满60分为合格。由各评委会及专业考核组对申报专业技术职务人员按照其实际情况逐项给予评估记分合计总得分。为使农场专业技术评聘工作落到实处，农场成立了农业、工程、财务等若干专业考核组。

1988年4月25日，农场按照中央和江苏省职称改革文件精神及江苏省农垦总公司的部署，开展首次专业技术职务评审聘任工作。农场出台《国营南通农场关于专业技术职称改革工作实施意见》，实行专业技术职务聘任制度，改革职称评定办法。农场成立职称改革工作领导小组，统一领导、监督、指导本单位专业技术职务的评审工作，成立农业、工程、财统、中教、小教等5个初级专业技术职务评审委员会，负责各专业初级职务的评审及中高级职务的推荐。各初级职务评审委员会下设若干专业（或学科）考核评议组，负责对申报人员实行定性与定量相结合的全面考核，向初评委提出考核评议推荐意见。同年2月，农场成立卫生专业技术职务评审小组和考核小组，负责审核、推荐卫生专业技术人员。

1988年3月，南通农垦公司成立会计、统计技术、卫生技术初级职务评审委员会，负责南通市垦区农场（海安农场、掘港农场、南通农场、江心沙农场、如东农场、常阴沙农场、共青团农场）相关专业技术职务评审。

1988年12月17日，江苏省农垦总公司通知，从1989年起，除经江苏省农垦总公司职改办同意外，各单位不得擅自召开评委会进行技术职务的评审工作，农场的职称评审只能经江苏省农垦总公司职改办审定。关于场、厂长（经理）专业技术职务的聘任、专业技术职务聘任的范围，按干部任免渠道，由上级主管部门聘任；企业的高、中级技术职务由场、厂长（经理）直接聘任；初级技术职务的聘任由各单位自行研究确定，聘任期限一般为3～5年，即将离退休专业技术人员的任期可酌情办理。专业技术职务的聘任必须签订受聘与被聘人之间的聘约，颁发江苏省计划经济委员会统一印制的聘书，已办理离退休的人员只发任职资格证书。

1989 年 10 月，农场对在首次职称改革中取得各类专业技术职务且聘请了相应专业职务的国家干部实行科技工资浮动，即从原标准工资基础上浮动一级工资。

1992 年 10 月起，农场对具有专业技术职务的非国家干部性质的技术人员实行工资向上浮动，浮动标准是副队级以上（含副队级）向上浮动一级，公司、分场、中心、医院、学校等单位非股长级人员、队级总账会计向上浮动半级，副队级以下专业技术人员向上浮动半级。

1995 年，农场根据南通市人事局《关于进一步解决专业技术干部家属"农转非"有关问题的实施意见》，对符合条件的专业技术干部及时给予安排家属"农转非"。

2001 年，农场根据江苏省卫生厅《关于不再进行卫生系列初中级专业技术资格评审的通知》文件精神，从 2001 年 6 月 11 日起，农场不再进行卫生系列初、中级专业技术资格的初定和评审工作，农场卫生技术人员统一参加人事部、卫生部组织的卫生专业技术资格考试。

2004 年，江苏省集团公司人事部组织召开职称会议，对省人事厅职称改革情况及职称的重大变革做了解释培训工作。根据苏人发〔2004〕24 号文件的总体精神，对以后申报职称的人员，可不受户籍、档案、年龄、单位性质和身份的限制，着重管理岗位的人员，不包含技工；对取得的专业技术资格作为其本人专业技术水平和能力的体现不作为改变其工资福利等各项待遇的依据；允许专业技术人员自主申报两个系列（专业）以上的专业技术资格；对大学专科及以上学历的毕业生工作后，非个人原因尚未初定职称且符合相应资格条件，允许其按照规定程序直接申报相应专业技术资格。关于外语和计算机要求，农场范围内的申报职称，一律不需要外语；农场范围内申报中级以上职称都需要相应级别的职称计算机。

建场以来农场高级专业技术职称人员见表 3-4-5。

表 3-4-5　建场以来农场高级专业技术职称人员一览

姓名	职称	取得时间
李年照	中学高级教师	1988 年 9 月
蔡锦华	中学高级教师	1988 年 9 月
左政	副主任医师	1988 年 9 月
邓传贤	高级工程师	1988 年 9 月
汪文宗	高级工程师	1988 年 9 月
陈润林	高级农艺师	1988 年 9 月
应业钧	高级农艺师	1988 年 9 月
许振华	高级农艺师	1988 年 9 月

（续）

姓名	职称	取得时间
戚顺仙	高级农艺师	1988 年 9 月
王炳亨	高级农艺师	1988 年 9 月
袁象耕	高级兽医师	1988 年 9 月
杨子俊	高级农艺师	1988 年 12 月
顾鸿飞	高级农艺师	1989 年 3 月
张遐楼	高级工程师	1989 年 8 月
周其林	高级农艺师	1991 年 7 月
倪国祥	高级农艺师	1991 年 7 月
孙汉文	高级会计师	1991 年 7 月
严祖范	高级政工师	1992 年 7 月
葛克平	高级政工师	1992 年 8 月
田龙生	高级政工师	1992 年 8 月
郭锦道	高级会计师	1993 年 10 月
蔡振贤	高级农艺师	1994 年 12 月
夏翕强	副主任医师	1994 年 12 月
茅德备	中学高级教师	1995 年 1 月
王钧强	高级农艺师	1995 年 4 月
仲银	高级农艺师	1995 年 8 月
王海涛	中学高级教师	1995 年 8 月
马锦林	中学高级教师	1995 年 8 月
徐锦辉	中学高级教师	1995 年 8 月
曹钦	中学高级教师	1995 年 8 月
袁士豪	高级工程师	1997 年 2 月
周永昌	高级农艺师	1997 年 11 月
徐新民	高级政工师	1997 年 11 月
宋所珍	高级农艺师	1998 年 8 月
高建辉	高级工程师	1998 年 8 月
张洪飞	高级政工师	1999 年 8 月
任洪华	中学高级教师	1999 年 8 月
奚京中	中学高级教师	1999 年 8 月
曹怀忠	中学高级教师	1999 年 8 月
陆明	中学高级教师	1999 年 8 月
褚林泉	高级工程师	1999 年 8 月
于时之	中学高级教师	2000 年 8 月
单学忠	中学高级教师	2000 年 8 月
王建华	中学高级教师	2000 年 8 月
丁志刚	副主任医师	2000 年 8 月

（续）

姓名	职称	取得时间
朱启明	高级农艺师	2000 年 9 月
杨文琴	小学高级教师	2001 年 7 月
盛建新	中学高级教师	2001 年 8 月
吴振华	中学高级教师	2001 年 8 月
戴智毅	中学高级教师	2001 年 8 月
季学祥	高级农艺师	2002 年 6 月
冯德龙	高级经济师	2002 年 11 月
王金明	高级农艺师	2004 年 12 月
沈玉林	高级会计师	2009 年 10 月
丁荣根	高级农艺师	2009 年 12 月
顾惠成	高级工程师	2010 年 11 月
亢立平	高级农艺师	2011 年 9 月
吉远军	水产高级工程师	2012 年 10 月
杨新民	高级工程师	2012 年 11 月
徐曙	高级农艺师	2013 年 11 月
马少先	高级工程师	2014 年 9 月
王晓林	高级会计师	2015 年 8 月
王信成	高级会计师	2015 年 8 月
王小红	高级会计师	2016 年 8 月
沈晓英	高级会计师	2016 年 8 月
孙健	高级经济师	2017 年 11 月
高峰	高级会计师	2019 年 8 月
陆卫霞	高级会计师	2020 年 8 月

（五）干部工资改革

1985 年，按照江苏省农垦总公司工资改革领导小组办公室《关于农垦企业工资改革中若干问题的处理意见》，农场对干部职工的工资进行了全面改革，各类国家干部的工资套改为江苏省新拟企业干部工资标准（1～17 级），同时由四类工资区改五类工资区，起点工资可提高 2 元。

1986 年 1 月，农场出台对场办工商运建服企业及公司、机关干部奖励考核办法的规定，克服管理人员奖金分配上的平均主义，通过健全和完善考核，责、权、利紧密结合，对工商运建服企业单位正副厂长（队，站长）、正副书记、厂级技术干部和财务会计年终按折合人数核定考核奖励总额。考核分八项指标：即计划产值、计划利润、产品质量、全部资金利税率、会员劳动生产率、流动资金周转速度、安全生产、精神文明建设。实行千分制计分法，其中计划利润、流动资金周转速度各 150 分，精神文明为 200 分，其余 5 项各 100 分。对照考核细则，总分达到 800 分得全额基本奖，超过 800 分，每超 10 分加奖 5%，即达到 1000 分奖金可翻一番，超过 1000 分，每超 1 分加奖 1%，即达到 1100 分奖金是职工的 3 倍，低于 800 分，每少 10 分扣奖 5%，即 600 分不奖不赔；低于 600 分，每少 10 分扣责任工资 5%，即达到 400 分扣完责任工资；低于 400 分，每少 10 分扣基本工资 2%。

对农场中层公司管理人员正副经理、正副书记、技术干部及财务会计的奖赔，按所属单位管理人员平均奖额计算，奖赔到人。由各公司参照场部机关干部考勤考绩办法拟定奖赔方案，报场部批准后执行。

对场部机关干部（科室人员）考核，奖金总额的核定：50% 按分场、大队管理人员的平均奖，50% 按公司、工厂管理人员平均奖，职工按全员平均奖，实行考勤考绩。采用千分制计分法，考勤为 400 分，考绩为 600 分，考绩根据个人的工作量和责任大小，评定折合系数，折合系数 “1” 为标准，即得 600 分。系数上升或下降按比例加分或扣分，考勤分以出勤天数计算，出勤 1 天得 1 分，节假日加班每天得 2 分。结合部门会议，每月进行 1 次考勤考绩评定工作，年终累结，计奖到人。科室负责人（正副科长、正副主任、助理）不参加本科室考绩，具体奖励标准由场长决定。

1993 年，江苏省农垦总公司《关于企业工资保险制度改革中若干问题的处理意见》规定，经总公司政治处批准的聘用制干部，聘任期间的工资待遇按同期同类干部工资执行，解聘后其工资待遇按同期同类工人工资水平重新确定，并列表造册经批准后存入本人档案，其他以工代干人员的工资待遇仍按原规定浮动补贴到同期同类干部工资水平。同年，农场对副大队级以上干部进行工资改革，统一实行包括职位工资、职称工资、工龄工资等在内的内部结构工资制。平时工资发放统一提留 30% 作为责任工资，年终根据完成利润情况计算奖赔。

1994 年 8 月，农场出台《关于加强干部结构工资管理的规定》，对 1993 年执行的干部结构工资进行调整补充。干部的标准工资、结构工资及技术人员的书报费、浮动工资、离退休工资的变动必须报经农场组织科批准，不准擅自提高工资及补贴标准。全场各级干部不执行加班工资，对个别特殊行业确需干部跟班作业，又不可能调休的，必须报经场领导研究批准，由主管场长签字后方可发放干部的加班工资。干部的夜班补贴（夜餐费）必须凭原始记录造册，报经主管场长批准。实行结构工资的干部，平时一律不准搞预奖，不准与一线工人靠工计酬。

1999 年 8 月，农场为适应企业改革需要，在企业中逐步淡化干部和工人身份的概念，促进企业改革不断深化，取消干部的结构工资（包括退保干部和非管理性技术人员），干部工资发放和工人一样，即为档案标准工资加综合补贴，不提留责任工资。

2001 年 1 月起，农场机关干部试行职务工资，职务工资由各自的档案工资加职级补贴。干部职级补贴标准分别为：副科员 70 元/月，正科员 100 元/月，副科级 150 元/月，正科级 200 元/月，场级按 300 元/月预付。未改制单位的干部参照执行，已经改制的是否参照执行由董事会研究决定，报组织科备案。

同年，全场农业管理人员通过考核实行岗位年薪，岗位基本年薪系数是：大队以耕地 2500 亩、承租职工（含大队管理员）100 人、退休保养人员 150 人、设 8～10 个管理岗位。标准岗位年薪系数拟定为：大队主管（含副职任主管）1.3，正职非主管 1.1，副职平均为 1（含总账会计），技术员 0.80，现金会计 0.65，保管员平均 0.6，电工平均 0.5（系数可精确到两位小数）。承租面积每增加 100 亩，承租职工每增加 15 人，退休保养人员每增加 30 人，各增加 0.1 系数，反之，各减 0.05 系数。减少系数后以大队主管岗位系数不低于 1.2 保底，其余人员按下降比例以此向下类推。所计算的系数由分场负责核定到人。分场部管理人员岗位年薪系数：以本分场农业大队副职干部以上（正副队长、书记、总账会计）加权平均系数为基础，分场正职增加 0.4，分场副职增加 0.3，干事增加 0.15，另参考所辖大队数。

农业管理人员的年收入由岗位年薪和承租收入组成，农业大队管理人员平时按年初确定的岗位系数预付生活费，预付生活费的标准以系数 1 为基数，每月预付 600 元，每增减 0.1 系数，预付生活费增减 60 元，以此类推。分场部管理人员按本人标准工资（含综合补贴）及职务工资标准预付，年终考核结算时实行多退少补，另享受本分场大队管理人员平均承租收入的 50%，应由个人交纳的 6% 基本养老保险金及 2% 医疗保险金以预付生活费标准按月预交，年终清算时交足。岗位年薪考核实行百分制考核（只扣分，不加分）。年终参照全场平均考核得分确定为年基薪的基本分，每超（减）1 分加（减）基薪 1%，正常情况下全场不少于 70% 的单位得到岗位基本年薪。考核项目主要是当年无挂账（含垫支）权重 50%，清收陈欠款 30%（含垫支）权重 10%，结构调整权重 15%，精神文明权重 15%，阶段任务权重 10%。岗位年薪系数为 1 的基薪 1.1 万元。

同年，农场对场办非农企业干部实行年薪制，根据企业的资产总额、营业收入、盈利能力、职工人数及生产经营的特点等因素，分 3 个企业类别确定基薪标准。统一以主包经营者 1 为基数，基本年薪拟定一类为 1.4 万元，二类为 1.3 万元，三类为 1.2 万元。经营层其他干部的系数按《实施方案》规定执行，对场参股企业经营层干部年薪预付标准由公司董事会确定，报市场备案。由个人交纳的 6% 基本养老保险金及 2% 医疗保险金以年薪预付标准按月预交，年终清算时交足。对企业的利润总额、营业收入、职工平均收入、占用场部资金四项指标百分制考核。

2003 年，农场对与职工一样承租土地（鱼池）的大农业（渔场）管理人员，给予一定的误工补贴，误工补贴基数核定 50％按场部核准的分场、大队（渔场）管理人员定编人数的系数计算，50％按场部核定的"两保金"及土地租金总额比例计算，年终结算根据考核结果按实际完成数结算。核定每个分场 3 个管理岗位，每个大队（渔场）2～4 个管理岗位，各岗位定额补贴系数：分场正职 1.5，副职 1.4，分场会计和统计（总账）、渔业分场的技术员平均 1.15；大队主管（含副职主管）1.3，正职非主管 1.1，副职平均 1。分场、大队（渔场）管理人员误工补贴基本标准，1 个系数平均为 1.3 万元。对农业大队（渔场）兼职会计统计和技术员实行定额补贴，当年补贴基数为每人每年 1 万元。农业技术员在本大队每建立 1 户成本核算账补贴 600 元/年，兼职分场现金的会计统计每人每年再补贴 1800 元。

2009 年 5 月起，农场对场部机关、社区各职能部门和在岗工作人员实行绩效考核制度。农场成立绩效考核工作领导小组，年度考核期限为当年的 1 月 1 日至 12 月 31 日，在翌年的 2 月底前完成考核工作。考核内容按部门考核和个人考核分别确定。

部门考核主要以部门职能履行情况和年度工作目标完成情况为主要考核内容，个人考核以个人岗位职责和工作任务为基本依据。部门考核和个人考核的评价等次分别设部门 a 级、b 级、c 级、d 级 4 个等次和个人 a 级、b 级、c 级、d 级 4 个等次。绩效考核结果作为岗位绩效工资考核发放的主要依据，也是机关、社区工作人员聘用、解聘、职务晋升、培训等的重要依据。机关、社区工作人员绩效工资与个人年度绩效考核等次和考勤情况挂钩，年度考核被确定为 a 级等次人员，年终绩效工资按 105％标准发放；年度考核被确定为 b 级等次的人员，年终绩效工资按 100％标准发放；年度考核被确定为 c 级等次的人员，年终岗位绩效工资按 95％标准发放；年度考核被确定为 d 级等次的人员，年终绩效工资按 80％标准发放。

2013 年 11 月，农场公司制改造后，苏垦南通公司出台《薪酬管理办法》，薪酬结构由岗位工资 57％＋绩效工资 40％＋工龄工资 3％＋职称工资构成。员工薪酬以月薪方式预付，年底根据绩效清算。新招聘录用人员，原则上试用期薪酬标准为对应级别岗位工资的 80％，试用期无绩效工资，新员工当月入职薪酬，上半月入职计发全月薪酬，下半月入职计发半月薪酬。

2018 年，苏垦南通公司为规范人员薪酬管理，充分发挥薪酬体系的激励作用，围绕江苏省农垦集团公司相关规定，结合公司实际，对农场公司制改造后形成的薪酬管理办法进行充分完善。薪酬结构调整为：岗位工资 47.5％＋绩效工资 50％＋工龄工资 2.5％＋

职称工资。增加了员工薪酬根据岗位职责、专业技术水平、工作经验等评价要素实行以岗设等、以等分级的薪酬模式,薪酬标准职级系数分为6等,每等分为5级,每个等级具有相应的准入评价机制。薪酬调整分为整体调整和个别调整两种:一是整体调整全员绩效工资,根据公司当年效益以及江苏省农垦集团公司的考核结果,适时调整绩效工资,绩效工资与公司领导班子薪酬挂钩;二是个别调整,分为定期调整与职务变动调整,定期调整是指根据《员工岗位等级准入评价表》的规定,员工薪酬实行动态管理,符合相应的准入评价条件的,按规定正常调整;职位变动调整是根据职位变动情况适时调整相应的薪酬,从任职文件下达后的次月开始执行。员工薪酬以月薪方式预付,年底根据绩效清算。

(六) 干部退岗保养

1984年,农场在经营体制改革中,对干部人事管理制度也进行了改革。干部人事制度改革过程中对原任命的干部,因体力、年龄、能力等原因未被聘用的,实行退二线或另行安排工作;年龄在50周岁以上的各级干部,提前给予退休,在50周岁以下的科、分场级干部,农场安排适当工作,工资照发;50周岁以下的大队(工厂)级干部参加承包生产任务,多劳多得,并按任职年限予以补贴,连续干龄在5年以内每月补助5元,连续干龄在5年以上每月补助10元,连续干龄在10年以上每月补助15元,直至补助至50周岁;不属大队(工厂)级的管理人员不予补贴。

1989年,农场出台《关于队(厂)以上以工代干人员离岗退养暂行规定》,文件规定男同志年满55周岁以上,女同志年满45周岁以上或接近退休,并且在1983年底以前曾任职3年以上(含3年)的以工代干人员,因身体确有疾病,工作力不从心,可以申请办理退养;对仍在坚持工作,但难以胜任本职工作的人员,单位可动员其离岗退养保养至退休年龄后再办理退休手续。

1997年1月,在农场场办企业产权制度改革过程中,农场出台了《关于干部退岗保养的暂行规定》。文件规定对于年满55周岁以上(不含55周岁),因身体、工作能力等原因不能坚持正常工作的国家干部和连续干龄满10年(或累计干龄满15年)或以上的以工代干人员,经组织部门审批后可实行退岗保养。退保后的工资待遇按其档案工资的折率,另加综合补贴计发。折扣标准根据工龄长短分别为:1952年以前参加工作,按90%打折;工龄30年以上(含30年),按85%打折;工龄在29年以下的按75%打折。对于年龄在55周岁(含55周岁)以下,因身体、工作能力等原因离开干部队伍的,安排其力所能及的工作,其待遇与同类工人相同,待其年满55周岁时,如确实不能坚持正常工作,可报请组织部门审批办理退岗保养手续,退保后工资待遇从55周岁的次月起,按档案工资的折率另加综合补贴计发,其折率为上述已满工龄人员的折率下降10%。退岗退养人员参加正常工资调整，再按相应折率享受待遇。受到行政撤职、党内严重警告以上处分的干部不予享受退岗保养待遇，一律按工人处理，退岗保养干部年满 60 周岁正常办理退休手续。

1999 年，农场对退岗保养干部的生活费标准：一是国家干部和连续干龄在 10 年或累计干龄在 15 年以上的以工代干人员，男同志年龄 55 周岁以上（女同志 45 周岁以上），科级干部为档案工资加 66 元综合补贴，不享受奖金及电话、车辆等一切费用补贴，队级干部为档案工资的 85％加 66 元综合补贴，不享受奖金及电话、车辆等一切费用补贴，退保期间可参加档案工资调整，并按此折率标准打折与所在单位的在职人员同步兑现；二是对连续干龄不满 10 年或累计干龄不满 15 年的以工代干人员，男同志年龄 55 周岁以上（女同志 45 周岁以上），不论科级和队级，其工资待遇均为保养时档案工资的 60％加 66 元综合补贴，不享受奖金及电话、车辆等一切费用补贴，退保期间参与档案工资调整但不兑现，退保时间视为干龄，到退休时干龄达 10 年或累计干龄达 15 年，按干部待遇计算退休工资。

2004 年，农场在"两级管理、一级核算"体制改革中，撤销分场、大队建制，设立管理区，对分场大队管理体制和干部人事制度实行定员定编，对中基层干部的退岗保养及其待遇进行重新规定：一是国家干部和连续干龄在 10 年（或累计干龄 15 年）以上的以工代干人员，男同志年龄 55 周岁（女同志 45 周岁）以上，因身体原因不能胜任工作，可经组织批准安排退岗保养，其退保待遇为：从正队级岗位上退保的每月 700 元，从副队级岗位上退保的每月 600 元；二是在农场"两级管理、一级核算"体制改革中因精简缩编落聘的干部，年满 52 周岁、连续干龄 10 年以上或累计干龄 15 年以上者，可照顾提前保养，其退养待遇为：从正队级岗位上退保的每月 700 元，从副队级岗位上退保的每月 600 元。

2006 年，农场对干部退岗保养规定进行调整，规定退岗保养人员中如继续租赁农场土地、房屋等资源、资产从事经营活动的不予享受内退保养待遇，自其终止租赁协议停止经营之次月起，可由个人申请，主管部门审核，给予办理退保手续。征地拆迁后享受生活费待遇的国家干部和以工代干人员，其已经享受的退保待遇不变，暂未达到退保条件的在其达到退保条件时由个人申请、单位审核后，仍可享受相应退保待遇。由场组织部门批准退保的同志，春节和中秋节一律按在职干部的一半享受节日补贴。受行政撤职、撤销党内职务以上党纪政纪处分的干部，不予享受退岗保养待遇。

农场干部退岗保养文件执行后，农场一直按文件要求对合乎条件的干部执行退岗保养待遇。从 2004 年至 2020 年，农场对退岗保养干部的生活费根据工资增长情况，每年保持合理的增长机制。

四、老干部工作

党的十一届三中全会以后，随着经济体制和干部管理制度的改革，根据国务院〔1978〕104号《关于干部退职退休的暂行规定》及《中共中央关于建立老干部退休制度的决定》等文件精神，农场一批参加革命工作多年的老同志，先后退出各级领导岗位，并按国家有关规定办理离退休手续。

20世纪70年代，农场有两名年事已高的老干部办理过退休手续。1982年，按照国务院国发〔1982〕62号文件规定，由退休改为离休。

1983年12月，农场顾问徐志明、视察员汤明德等5名老干部率先退离工作岗位，以后老干部的离退工作逐步形成制度化。到1986年底，农场共有24名新中国成立前参加革命工作的老同志办理了离休手续，其中抗日战争时期参加工作的有10人。

老干部离休后，按照中央关于落实好老干部两个待遇的指示和中共江苏省委、省政府苏政发〔1988〕8号等文件精神，农场党委指定专人分管老干部工作，对老干部工作进行统一管理，具体工作由党委办公室负责。农场根据中央对老干部离休退休以后，"基本政治待遇不变，生活待遇还要略为从优"的政策原则，对已办理离休手续的老干部中，1人提为享受司局级待遇，10人享受县处级待遇。

1989年5月，农场成立老干部工作指导小组，建立老干部管理机构，配备了兼职老干部工作的管理人员，经常性地走访老干部，听取他们的意见和建议，妥善解决好他们的实际问题。

（一）政治待遇

1984年1月19日，江苏省农垦局依据国家和省政府的文件，下发《关于认真做好老干部工作的意见》，农场根据文件精神，对待老干部政治待遇不变，政治上关心老干部，尊敬老干部，重视发挥老干部的作用。此后，农场领导每年2～3次分期举行离休干部座谈会，向老干部通报农场的政治、经济形势，征求他们对农场工作的意见，党员代表大会、职工代表大会及重大活动均邀请老干部列席参加，充分发挥离休干部的顾问参谋作用；农场离休干部与同级在职干部一样阅读文件，听重要报告，参加某些重要会议和重要政治活动，建立定期集中学习制度；将离休的党员老干部编入农场党委的一个支部、小组，定期过组织生活；老干部党支部除订阅杂志外，还为离休干部和场级退休干部公费订阅《老年周报》，人手1份，订阅《当代老同志》，人手1册；农场重大会议或节日、纪念活动，安排离休干部参加；因人制宜地发挥离休干部的作用，如参加考察选拔干部，对中青年干部传帮带，进行一些调查研究、检查落实政策，对青少年进行革命传统教育等。

（二）物质生活待遇

生活上关心照顾老干部，农场对全场离休干部、退休干部的工资每月按时发放，从不拖欠，对离休干部的医药费实报实销。春节前夕，发给每位离退休干部一定数量的改革开放共享成果费（春节慰问金），还分发给离休干部、老干部遗孀及场级退休干部每人菜油、河鱼、肉款、大米等春节慰问物资。对居住在场外的老干部由场领导带上慰问礼品或折合现金亲自上门慰问，真正地把党的温暖送到老干部心里。

1. **补助**　1991年6月，农场根据苏垦联政字〔1990〕196号《关于改善退休干部待遇的暂行规定》文件精神，对离退休干部的待遇做如下规定：一是1953年底以前参加革命工作或到离退休年龄时在农垦工作满30年以上（含30年）的干部退休后，其本人标准工资打折的部分可用定额补助的办法给予补助。凡获得江苏省政府授予的劳动模范称号或者获得高级职称的干部，退休后其本人标准工资打折的部分也可用定额补助的办法给予解决。符合上述条件的，因犯错误受到刑事处分或党内开除党籍或行政上撤销职务处分的干部，退休后的工资发放仍按国家有关规定执行；二是以工代干的干部退休后，如有连续15年干龄或累计20年干龄，或到退休时有30年垦龄的也可享受工资打折部分给予定额补助的待遇；三是干部退休后可享受书报费待遇，以工代干人员如有连续15年干龄或累计20年干龄，退休后也可享受书报费待遇。凡不服从组织安排或自谋职业不上缴费利税等人员，虽符合以上条件，但不得享受以上待遇。

2004年1月起，农场对离退休干部实行定额补贴（垦龄补贴）。补贴对象：一是1953年底前参加革命工作的离退休干部；二是在农垦工作30年以上（含30年）的国家退休干部；三是在农垦工作30年以上（含30年）且连续干龄达10年或累计干龄满15年的以工代干退休干部；四是获得江苏省政府授予的劳动模范称号或者获得高级职称的退休干部。对符合上述补贴对象条件之一的补贴标准为：场级干部退休100元/月，科级岗位退休80元/月，队级岗位退休60元/月。

2. **住房**　农场在生活上从优照顾老干部，在住房方面为了改善老干部的居住条件及照顾部分老同志的具体情况，农场曾拨款4.4万元对5位离休干部做了易地安置。1986年，农场拨款32万元兴建老干部宿舍大楼，10月交付使用。同年12月16日，农场出台《关于做好离退休干部住房安排的意见》，落实中央关于离休干部"两个待遇"的政策精神，明确农场老干部宿舍楼，是专为离休干部建造，用于改善离休干部的居住条件，凡愿意搬进老干部楼居住的离休干部（含原场级退休干部），可由个人申请，经组织批准后，老干部本人及其配偶可住至终老，若其子女同住的不得继续享受。分配办法，除个别情况特殊者外，原则上按离休干部职级高低（同职级的按参加革命工作时间先后）和老干部楼居住环境条件的优次，顺序安排分配，最后农场有 14 名老干部搬到宿舍楼居住。通过住房的调整，老干部住房拥挤的状况明显改善，县处级干部每户住房 70 平方米，县处级以下干部每户 60 平方米。

对自建公助安排老干部住房的，凡离休干部愿意在农场自建住房，在服从农场统一规划的前提下，建房地点、标准、面积等由房管部门审核办理建房手续，农场安排建房基地，给予一次性经济补助（标准局级离休干部 6000 元，处级 5000 元，处级以下 4000 元），房屋面积按国家规定的标准划给。如与子女合并建房的，子女按农场规定的标准划给，所建房屋产权归私有。

老干部经批准自建住房的，根据条件许可，农场优先供应建房材料，砖、瓦按场内计划价格供应，其他建材按现行价格优先供应。离休干部已拥有原属公房折价归私的房屋，面积已达国家规定标准，本人愿意继续留住的，可参照有关规定标准发给房屋修缮费（县处级以上 1500 元、县处级以下 1200 元），农场一般不再另行安排。老干部居住的公房，统一由农场行政管理部门负责管理，经常检查，发现裂、漏、破等及时组织维修。

2009 年 12 月，农场执行离休干部住房补贴，根据南通市《关于南通市进一步深化城镇住房制度改革实施方案的通知》（通政发〔1998〕219 号）、《关于调整南通市市区房改政策意见的通知》（通政发〔2003〕255 号）和《南通经济技术开发区职工住房货币化补贴发放工作实施意见》（通开发管办〔2007〕9 号）等文件精神，农场对离休干部中无住房和住房面积未达到规定标准面积的予以补贴（含 1998 年 12 月 1 日及其以后去世的离休干部）。住房补贴面积按离休干部住房面积标准：享受厅局级政治生活待遇的 135 平方米，享受县处级政治生活待遇的 110 平方米，其他离休干部 90 平方米，差额面积补贴为每平方米 410 元，工龄补贴为每年每平方米 7 元。农场共有 22 名离休干部符合补贴规定（享受县处级待遇 14 名，其他离休干部 8 名），共补贴资金 775781.84 元。

3. 就医　农场关心老干部的身体健康，为方便离休干部看病就诊，农场医院免费为老干部服务，随到随诊，简化手续，及时治疗，送药上门；与南通医学院附属医院联系，给老干部发放"特约门诊卡"；定期对老干部进行体格检查，规定农场医院对老干部的健康保健工作要做到优惠照顾；对老同志因公外出或转外就医需要用车的，农场办公室及时派车接送；对一些生活比较困难的离休干部，给予一定的困难补助。2019 年 9 月 22 日，农场执行苏委老干〔2019〕52 号《关于给离休干部发放高龄护工费补贴的通知》，90 周岁以上离休干部，每人每月 1600 元；80～89 周岁离休干部，每人每月 1300 元；79 周岁以下离休干部，每人每月 1000 元。凡符合劳人险〔1983〕3 号文件规定，新中国成立前参加革命工作的老工人，按相应年龄段的离休干部的标准执行，自 2019 年 1 月 1 日起执行。

（三） 文化生活待遇

文化娱乐方面，农场自 1984 年建立"职工之家"后，专门设有 1 间 30 平方米的老干部活动室，里边配备了杂志、报纸和象棋、扑克、康乐棋、彩电等娱乐工具。除了学习之外，老干部可在活动室里开展各种活动和竞赛，丰富文化生活。2004 年初，农场为丰富老干部娱乐生活，在社区"职工之家"后面操场建造门球场 1 座，并成立老年门球队。2007 年 9 月，农场老年门球队代表南通开发区参加南通市门球赛荣获第三名，同年 11 月参加江苏省农垦集团公司组织的门球赛获前 6 名。2009 年，农场出资对门球场进行修缮改造，并拨出经费支持老干部门球队参加区、市级比赛。2010 年，农场老干部门球队在南通市（县）区门球联谊赛中获亚军，2011 年又进入前 4 名，为农场及南通开发区争得了荣誉。2012 年，南通市老干部门球赛在农场举办，农场出资对门球场进行更新改造，提高了门球场的规格标准。

五、福利待遇

1988 年，农场拟定《关于职工有关福利的意见》并经职工代表大会讨论通过。文件规定：农场职工享有病、丧、产、婚、工伤、公费医疗、退休、休假等福利待遇，同时规定在农场的改革发展过程中，农场坚持职工福利待遇上的"四个不变"，即：公费医疗待遇不变，退休退职制度不变，对老弱病残烈军属的照顾不变，计划生育和幼托保健不变。

从建场开始至今，农场职工享受的福利待遇有：

1. 职工退休退养待遇 从 1979 年起，农场按照国务院〔1978〕104 号文件规定，实行职工退职退休制度，对男满 60 周岁、女满 50 周岁（1996 年起执行农场副科级以上女干部 55 周岁）实行退休制度，退休后的待遇按国家规定发给。同时，为有利于农场改革发展，对达到规定年龄的干部、职工实行退职退岗保养，保养待遇根据各个时期农场相关文件规定执行。

1981 年，农场对 3 次围垦以后至 1971 年迁入农场，年龄超过男 50 周岁，女 45 周岁，且一直坚持顶班劳动或从事轻工劳动 10 年以上，对农场建设做过一定贡献，已丧失劳动能力的部分老年人，同意其参考保养手续办理，享受 15 元的保养费，不享受物价补贴。

1988 年，农场对退休补助金的规定有：凡 1952 年底以前参加革命和工作的正式职工，工作年限或连续工龄满 30 年的，每月发本人原标准工资 15％退休补助费；工作年限或连续工龄满 20 年的，每月发本人原标准工资 10％退休补助费；工作年限或连续工龄不满 20 年的，每月发本人原标准工资 5％退休补助费，退休补助费同退休金一起发放。

对 1953 年 1 月 1 日至 1957 年底参加革命和工作的正式职工工作年限或连续工龄满 30

年的，每月发本人原标准工资10％退休补助费；工作年限或连续工龄满20年的，每月发本人原标准工资5％退休补助费，同退休金一起发给；对因工致残，办理退休的人员（具有县级以上医疗单位鉴定手续者），可发给本人原标准工资的5％退休补助费。

评为省级以上劳动模范，到退休时仍然保持荣誉的，发本人原标准工资的10％的退休补助费。

1992年，农场规定计划内临时工，凡连续工龄满15年的，参照国发〔1978〕104号文件，按退休规定待遇办理；凡连续工龄满10年不满15年的，参照国发〔1978〕104号文件，按退职规定待遇办理；连续工龄不满10年的，每满1年发2个月本人最后一月标准工资的一次性生活补助费。

1993年，江苏省农垦总公司《关于企业工资保险制度改革中若干问题的处理意见》文件规定，农场职工在距离退休年龄3～5年内，确因身体不能正常顶班劳动的，由本人申请，单位批准，可以实行场（厂）内退养的办法，其待遇可以按不高于正常退休职工的待遇由企业自主确定；对1959年底前参加工作，家居农村的老工人，退养回农村后，允许招收1名符合招工条件的未婚子女到父母所在单位从事劳动，户粮关系不转，到法定退休年龄时办理退休手续，户粮关系转回农村，若用人单位将其子女录用为劳动合同制工人，准其办理户粮转移关系。

2. 职工病假待遇 农场职工病假待遇每个时期、每个时间都有不同的标准，根据工资发放制度及物价指数的变化，待遇标准也随之变化。建场初期，职工休病假期间发给基本生活费，评工记分时一般不记工分；长期病假1个月以上者，凭医生证明，领导批准，按场部当时的规定发放工资，也不计工分，口粮保本3个月不动。1971年，农场（兵团）的干部和有固定工资的职工，病假期间，凭医院证明，根据国务院规定，按以下标准发放工资：①病假在6个月以内，第一个月工资照发，从第二个月起，工作年限不满2年的发本人工资的70％；满2年不满5年的发本人工资的80％；满5年不满10年的发本人工资的90％；满10年和10年以上的发给本人工资的100％。②病假超过6个月的，从第七个月起，工作年限不满2年的发给本人工资的50％；满2年不满5年的发给本人工资的60％；满5年不满10年的发给本人工资的70％；满10年和10年以上的发给本人工资的80％。1999年，经农场第六届第六次职工代表大会审议通过，农场制定《关于病休职工实行医疗期管理及病休待遇的规定》，规定对农场病休职工实行医疗期管理，并对病休医疗期生活补助费的发放及病休医疗期的管理做了详细规定（详见第三编第四章第二节医疗保险）。2003年，农场对职工医疗期管理及病休待遇又做了修订调整。2004年、2007年、2008年，农场又分别对病休人员生活补助费做了调整。2018年，苏垦南通公司印发《南通公司员工病事假管理规定》，文件对公司员工医疗期管理、事假管理、病事假工资待遇做了规定。对员工休病假的，病假期间基薪正常发放，绩效工资按年度累计病假天数及工龄分段计算，并在年度绩效考核时一并结算，具体计算公式：年度绩效工资＝绩效工资总额/250×出勤天数＋绩效工资总额/250×病假天数×发放比例。

2018年苏垦南通公司员工病假年度绩效考核见表3-4-6。

表3-4-6　2018年苏垦南通公司员工病假年度绩效考核参考

累计病假天数	绩效工资发放比例			
	工龄10年以下	工龄10年以上	工龄20年以上	工龄30年以上
30天以内	90%	90%	90%	95%
31～90天	80%	80%	90%	95%
91～180天	60%	60%	70%	80%
181天至1年	50%	60%	70%	80%
1年以上	—	50%	60%	70%
说明	1．"以下"包含本数，"以上"不包含本数。 2．累计病假天数达1年以上的，则第二年病假绩效核算按1年以上标准考核发放。 3．经批准，延长医疗期的休假，不享受绩效工资。			

3. 因工负伤、残废、死亡补偿待遇　职工因工负伤、残废、死亡补偿待遇在农场不同时期、不同阶段都有不同的标准。建场初期，农场职工因公负伤凭医院证明，领导批准，治疗期间同等劳动力靠工记分，以后有病按病假处理；严重工伤造成残废，丧失劳动能力者，经医院证明，大队、工厂、分场、公司审查，场部批准，给予长期定额补助，补助标准按国务院的有关规定执行。因工负伤、残废的全部诊疗费、药费、手术费、住院费，以及就医所必需的路费，均由所在单位负担，医疗期间的工资全发。如因本人违反操作规程所造成的伤残，一律按病假待遇处理。

因工负伤经组织鉴定，确诊伤残时单位应按月发给因工致残补助费，完全丧失劳动能力，饮食起居需他人扶助的，发给本人原标准工资75%或按农场当时的相关规定执行；饮食起居不需他人扶助的，发给本人原标准工资60%或按农场当时的相关规定执行。对于部分丧失劳动能力但尚能从事一定工作的职工，应安排适当劳动并按其残废后丧失劳动能力的程度，发给因工残废补助费，其金额按其残废后工资减少的数量计算，一般工资减少11%～20%，发给本人伤残前原工资标准的10%；工资减少21%～30%，发给本人伤残前原工资标准的20%；工资减少30%以上的，一律补助本人伤残前原工资标准的30%，或按农场当时的相关规定执行。

农场职工因工死亡，按月发给其供养直系亲属抚恤费、生活困难补助和补贴，1988年起，职工因工死亡由企业发给3个月平均工资，另外，按供养（户口在场）直系亲属的人数，发给抚恤费：供养 1 人时，抚恤费为本人标准工资 25％，供养 2 人的，抚恤费为本人标准工资 40％，供养 3 人及以上的，抚恤费为本人标准工资 50％，如兄弟多人，供养老人的抚恤费，则按兄弟多少，平均分摊。抚恤时间，小孩年满 16 周岁为止，老人直至死亡为止。对在学儿童，可放宽至高中毕业，也可经双方协议做一次性补助。对因工死亡职工的子女，在安排招工时，可优先考虑。职工参加工伤保险后发生的因工负伤、残废、死亡，补偿待遇按国家相关规定执行。1996 年 1 月起，统一调整为以年均 4000 元、月均 333 元工资为基数，供养城镇户口直系亲属 1 人的按该基数的 30％发给，供养 2 人的按 50％发给，供养 3 人及 3 人以上的按 60％发给。供养直系亲属是农村户口的，在上述发放比例上分别降低两个百分点，即按 28％、48％、58％的比例发给。该补偿待遇自 1999 年 7 月 1 日起重新又调整为：供养城镇户口直系亲属 1 人的，按职工死亡时上一年当地城镇职工社会月平均工资的 30％发给，低于 90 元的按 90 元发给；供养两人的，按 50％发给，低于 160 元按 160 元发给；供养 3 人或 3 人以上的，按 60％发给，低于 225 元按 225 元发给。供养直系亲属是农村户口的，在上述标准基础上分别降低两个百分点，不足 70 元、120 元、165 元的，分别按 70 元、120 元、165 元发给。

农场职工因病或非因工死亡后，原按月发给供养直系亲属的救济费和补贴，1996 年 1 月起统一调整为以年均 4000 元、月均 333 元工资为基数，供养城镇户口直系亲属 1 人的按该基数的 20％发给，供养 2 人的按 30％发给，供养 3 人及 3 人以上的按 40％发给；供养直系亲属是农村户口的，在上述发放比例上分别降低 5 个百分点，即按 15％、25％、35％的比例发给。该补偿待遇自 1999 年 7 月 1 日起重新又调整为：供养城镇户口直系亲属 1 人的，按职工死亡时上一年当地城镇职工社会月平均工资的 20％发给，低于 70 元的可以补足到 70 元；供养 2 人的，按 30％发给，低于 120 元的可以补足到 120 元；供养 3 人或 3 人以上的，按 40％发给，低于 165 元的可以补足到 165 元。供养直系亲属是农村户口的，在上述标准基础上分别降低 5 个百分点，不足 50 元、80 元、110 元的，可以分别按 50 元、80 元、110 元发给。

农场职工因工死亡后，1996 年 1 月起丧葬费和一次性抚恤费以每月 333 元为基数，分别按 5 个月和 25 个月计 30 个月发给；非因工死亡的丧葬费和一次性抚恤费以 333 元为基数，分别按各 4 个月计 8 个月发给。国家干部（包括享受国家干部待遇的以工代干人员）死亡后，其丧葬费及一次性抚恤费参照国家机关及事业单位工资制的有关规定及标准执行。1999 年 7 月 1 日起，调整标准统一为：因工死亡丧葬费和一次性抚恤费分别按职工死亡时上一年当地城镇职工社会月平均工资 5 个月和 25 个月的标准发给，非因工死亡丧葬费和一次性抚恤费分别按职工死亡时上一年当地城镇职工社会月平均工资 4 个月的标准发给。

按国务院国发〔1978〕104 号文件规定办理退职和按〔1994〕53 号文件规定缴费年限不满 10 年，按月领取生活费的人员死亡后，其供养直系亲属不享受抚恤费，但可发给一次性丧葬费和直系亲属抚恤金，其标准自 1996 年 1 月起调整为以每月 333 元为基数，并分别按各 4 个月计 8 个月发给。1999 年 7 月 1 日起，调整为：丧葬费和一次性直系亲属抚恤费标准分别为死亡时上一年当地城镇职工社会月平均工资的 4 个月计 8 个月发给。

2012 年 3 月 1 日起，执行江苏省人力资源和社会保障厅《关于调整企业职工和退休人员因病或非因工死亡及供养直系亲属待遇的通知》，对农场职工正常死亡，其丧葬补助费、抚恤费经江苏省人力资源和社会保障厅审核，按一次性丧葬费统一为 6000 元、直系亲属一次性抚恤费 15000 元的标准执行。非正常死亡职工，如涉及责任人赔偿，其丧葬费和抚恤费发放按江苏省人力资源和社会保障厅审核标准执行。

农场职工去世后，对其未成年子女和无生活来源的配偶等供养直系亲属定期或一次性发放救济费，从 2013 年 1 月 1 日起，供养直系亲属救济费的计发基数调整，标准为：供养 1 人，按 340 元/月标准执行；供养 2 人，按 510 元/月标准执行；供养 3 人及以上，按 680 元/月发给；具体到人以江苏省人力资源和社会保障厅核定数据为准。

职工因工死亡，其近亲属根据《工伤保险条例》规定从工伤保险基金领取丧葬补助金、供养亲属抚恤金和一次性工伤补助金，具体领取标准以相关部门核定为准。

4. 职工探亲假待遇　农场职工探亲待遇按照《国务院关于职工探亲待遇的规定》，从 1981 年 3 月 14 日公布之日起执行。1988 年，农场关于职工探亲待遇规定：农场职工工作满 1 年以上，与配偶长期远居两地，又不能利用公休假日团聚的，可享受探望配偶的待遇，每年给予一方探亲假 1 次，时间为 30 天。职工与父母都不在一起，不能利用公休假日团聚的，也可享受探望父母的假期待遇，未婚职工探望父母，每年给假 1 次，时间为 20 天；如因工作需要，本单位当年不能给予假期，或者职工自愿两年探亲 1 次，时间为 45 天，已婚职工探望父母，每 4 年给假 1 次，时间为 20 天；实行休假制度的学校教职员工，应在假期间探亲，如假期不足，可由单位适当安排补足；职工在探亲（包括路程）期间，本人标准工资全发，不计奖金；职工探望配偶和未婚职工探望父母的往返路费由所在单位负担；已婚职工探望父母的往返路费，在本人每月标准工资 30% 以内的，由本人自理，超过部分由所在单位负担。

5. 职工殡葬待遇　1988 年，农场在职职工和退休职工死亡时，大队（工厂）在 3 日内，出具死亡报告至场派出所、劳资科以及粮油部门办理注销手续。同时，可凭火葬发票至农场财务部门领取丧葬费 100 元和按本人 3 个月标准工资计算的丧葬补贴费，死者工资从死亡的下月起停发，但对拒不执行火葬的不发丧葬补助费。1988年以后的殡葬待遇按不同时期农场相关规定或政府有关部门的规定领取丧葬费和丧葬补贴费等费用。

6. 婚、产假及有关待遇 农场职工婚、产假制度严格参照国家的相关法律法规执行，并给予及时调整。1988年，农场关于各种假期休息时间、待遇做相关规定：正常婚假（凭结婚证）男、女双方各休息3天；如合乎晚婚（男25周岁、女23周岁），则按正常婚假另加7天奖励假，如一方达到晚婚要求，另一方不足晚婚年龄，则不予享受；放环休息3天；取环休息2天；男结扎休息7天；女结扎休息21天；人工流产休息14天；人工流产加放环休息14天；人工流产加结扎休息1个月；钳刮休息21～30天；引产休息1个月；引产加结扎休息40天；产假平产休息56天，难产休息80天；产后加结扎按产假另加休息14天；符合年满24周岁生育的晚育者按正常产假另加30天鼓励假。放环、男结扎、女结扎以及由放环、结扎失败引起的人工流、引产休息和晚婚、晚育的鼓励假休息期间，工资全发，不影响全年评奖。取环和正常的计划内婚假、产假，工资全发，不计奖金；因服药、打针和外用药膜、膏冻以及避孕套等失败而人工流、引产休息，发给本人标准工资40%或按农场当时相关规定执行。1995年，农场女职工产假休息时间根据国家法律规定调整为：女职工生育享受98天产假，其中产前可以休假15天；难产的，增加产假15天；生育多胞胎的，每多生育1个婴儿，增加产假15天。女职工怀孕未满4个月流产的，享受15天产假；怀孕满4个月流产的，享受42天产假。2016年起，根据《江苏省人口与计划生育条例》相关规定，农场对于符合条例中规定生育子女的夫妻，女方在享受国家规定产假的基础上，延长产假30天，农场女职工产假调整至128天，不含国家法定节假日。

7. 职工人身保险及"五险一金"待遇 20世纪80年代，农场执行团体简易人身保险，是一种兼有储蓄特点，生、死、伤、残都可以得到经济保障的保险。职工参加团体简易人身保险的保险费用由个人负担，但农场规定有负担能力的单位可以用福利基金适当为职工保险，职工不论个人投保或单位集体投保，职工死亡伤残时的保险金均由被投保人个人所得。1992年起，农场执行职工养老保险、职工医疗保险、工伤保险、失业保险、生育保险。2012年起，农场开始执行住房公积金制度，自此"五险一金"待遇成为农场职工的基本福利。

8. 国家各种法定节假日待遇 建场以来，农场每年逢节过节特别是中秋、春节这些传统节日前，都会给职工发放一些农产品、渔产品等物资作为节日福利，让职工感受到集体的温暖，欢乐愉快地度过节日。2007年后，农场根据国家相关规定，职工节日福利发放标准不超过全国总工会和省总工会规定的相关标准，劳动保护等相关福利发放不超过南通市人社部门规定的标准。

农场改革之前评工记分人员，在国家法定假日休息的，同样记工分，如果安排劳动，按完成工量不另外加工分。改革之后，按国家规定法定节假日安排职工休息放假。

9. 职工集体蔬菜地和自用蔬菜地的待遇　建场初期农场为改善职工生活，配备每个职工 4 个方（每个方为 22.23 平方米）的集体蔬菜地和 1 个方的自用蔬菜地。1965 年时农场职工自用蔬菜地由原 1 个方调减为 0.5 个方，仅种大蒜、洋葱、韭菜等之类的细菜。原每个职工 4 个方的集体蔬菜地调增为 4.5 个方，用于种植各类蔬菜，之后集体蔬菜地取消，增加个人自用蔬菜地，俗称"菜园地"。截至 2003 年 11 月 27 日，农场下发《关于重申在全场范围内取消"菜园地"和禁止划分"菜园地"的通知》文件，任何单位不得再将成片耕地划作职工菜园地，农场范围内现有菜园地（除家前屋后隙地外）当年年底之前统一由所在分场、大队（渔场）收回，并从 2004 年起作为承租地向职工发租，农场职工种植蔬菜地的历史宣告结束。

10. 职工夏季清凉费（高温津贴）　从 1961 年起，农场根据国家相关规定，为做好夏季防暑降温工作，关心职工身体健康，给职工发放夏季清凉饮料费作为职工福利，清凉饮料费标准各单位、各岗位略有差别，且每年会根据当前情况调节发放标准或者改为实物发放。1981 年后，农场清凉饮料费开支时间一般按 60～70 天计算，高温工种不超过 90 天。1996 年起，农场对各单位夏季清凉饮料费开支标准调整为：室外作业、养路工等高温作业人员，每人每年 80 元，其他工作人员每人每年 60 元，执行时间为每年的 7 月 1 日至 9 月 30 日共 90 天；2004 年起，农场对各单位夏季清凉饮料费开支标准调整为每人每年 180 元；2005 年开始，农场根据国家规定发放高温津贴，发放时间是每年的 6—9 月，按月发放；2011 年，农场高温津贴标准调整到 200 元/月，800 元一年；2018 年，高温津贴调整至 300 元/月，1200 元一年。另外，农场工会每年都会对炎夏季节高温条件下坚守在岗位上的职工送上夏令用品，对高温作业人员送上高温慰问品，以表达农场工会对职工的关心和爱护之情。

11. 年休假待遇　2015 年起，苏垦南通公司员工享受年休假待遇。年休假时间：员工连续工作已满 1 年不满 10 年的可享受年休假 5 天，已满 10 年不满 20 年的可享受年休假 10 天，已满 20 年的可享受年休假 15 天。年休假期间薪资、福利照常计发。

12. 其他福利待遇　为调动员工积极性，增强员工归属感，体现苏垦南通公司人文关怀，进一步推动企业文化建设，增强企业凝聚力和向心力，2014 年 8 月，经苏垦南通公司总经理办公会讨论通过，公司本部在职员工享受以下相关福利待遇：①体检，公司每年为在职在岗正式员工组织一次体检，由公司指定医院进行，体检结果列入员工健康档案。

②学历奖励，员工参加不脱产自费学历教育，取得国家教委承认的学历给予一次性奖励。③午间工作用餐，根据自愿原则，公司员工缴纳一定的成本金后，可在公司餐厅用餐。④助学，员工子女在参加当年高考，获得全日制大专院校录取通知书并就学的，公司奖励助学金（夫妇同在公司的不予重复享受）。⑤结婚礼金，与苏垦南通公司签订劳动合同且服务满一年的员工，结婚时公司给予一次性婚礼贺金（夫妇同在公司的不重复享受）。⑥庆生，公司在每年员工生日时发放蛋糕票。⑦退休慰问，员工在退休当月，公司一次性发放退休慰问金。⑧住院慰问，员工因病住院，公司根据病情和所用医疗费程度给予现金慰问。⑨丧事慰问，员工家庭成员及双方父母去世，公司给予一次性慰问。另外，员工因家庭突发变故，导致家庭生活困难的，公司会给予相应救助。

第二节　劳动与社会保障

一、就业培训

建场以来，农场十分重视就业培训工作，作为就业岗前培训的重要程序，包括学历教育培训、农业技术培训、岗位技能技术培训、安全生产培训等各方面内容。

1990 年 8 月，南通县教育局同意农场成立"南通农场成人教育中心"，作为农场成人就业培训的教育基地，为农场"两个文明"建设做出了重要贡献。

为做好农场职工就业培训管理，农场建立培训工作机制，完善培训工作网络，精心制订培训方案、选派授课老师、认真开展培训，同时认真抓好培训的监督检查、绩效评价等工作。各职能部门和下属单位都负有技术培训的组织领导、宣传发动、综合协调、检查监督的工作责任。农场工会在场内聘请具有大专以上学历的专业技术干部作为技术培训兼职教师。

1992—1996 年，全场共举办各类业务技术培训班 151 期，参培人数 14290 人次，有效地提高了职工队伍的综合素质，促进了经济的发展。

1997—2001 年，农场为提高职工科技文化素质，掌握生产技能，适应市场经济需求，做好改制企业富余人员转岗分流工作，在职工培训教育方面，共举办科技培训班 213 期，参加培训人数 12789 人次。这项工作得到了江苏省农垦集团公司工会领导的肯定和职工的好评。

2002—2007 年，农场培训围绕宣传产业结构调整的重要性和紧迫性，抓典型示范，让职工学有榜样，在全场大农业单位树立 28 户种养结构调整典型示范户，抓好种养新品种引进等。在全场聘请 10 名具有大专以上学历的专业技术干部作为职工技术培训兼职教师，共举办各类科普培训班 216 期，参加培训的职工 9800 人次。

2008—2012 年，农场举办了多种类型的实用技术和创业培训班，使一线职工的科技文化素质和创业致富能力有较大的提升。举办各类技术培训班 40 期，参加培训人数 2099 人次，组织职工外出学习考察 230 人次。深化"职工科技创新年"活动，围绕农场转型发展的要求，通过"请进来、走出去"等方式举办了职工创业技术培训班。

2013—2020 年，农场公司制改造后，公司对新进员工给予一对一配备政治导师和业务导师，迅速提高新员工的政治素养和业务能力，使新进员工能快速适应公司环境，更快融入公司工作氛围。

（一）岗位技能培训

农场按照岗位要求开展技术培训，举办各种专业技术长短训练班。1960 年春，根据发展农业机械化生产的需要，农场从"初农"两个班挑选了身体比较好的 40 个男生，从公社挑选了 10 个爱好机务的青年举办农场首届机训班，学制半年，同年 7 月结业，毕业后大部分学员分在农场机耕队从事机务工作。

1964 年，农场经围垦，土地面积不断扩大，农业生产急需农机驾驶员，为使职工掌握农机驾驶技术，胜任农机驾驶岗位，农场从职工中抽调 11 名人员参加农场机训班培训学习，培训期为 9 个月，经考核合格发给结业证书，学习结业后在农场参加机务工作。

1979 年，大批知青离场回城，农场人员变动较大，不少农业连队的电灌车口、值班电工、手扶拖拉机驾驶员、汽油机操作人员、农用电器及农机操作人员严重缺额，农用电器及机械无人管理，直接影响了农场生产和人身安全。针对以上情况，农场各分场、农业连队迅速着手选定人员补缺机电人员缺口，所选人员为 18～25 周岁的男性，且具有初中以上文化程度、思想进步、劳动积极的职工，农场随即成立机电班进行培训。农场电工班负责全场农业连队值班电工的培训工作，各分场农机管理站负责本分场范围内的手扶拖拉机驾驶员、汽油机及小柴油机的操作人员业务培训工作，培训内容主要包括：一般结构原理、一般保养及操作使用的注意事项和常见的故障排除，培训时间 7 天左右。

1986 年，农场岗位技能培训贯彻按需施教、学以致用的原则，成立高中自学辅导站。职工教育办学是根据农场劳动力紧张的特点，在业余时间办长训班，系统提高技术理论知识，脱产办短训班，培训开发生产项目及专业技能。年内主要任务是使 20% 的不足高中文化程度的青年参加高中学习；分批分期轮流组织单位生产技术骨干、关键岗位技术职工和承担开发性项目的职工外出培训，以不断扩大企业技术力量，满足现代化生产的需要；工业单位举办一个中级技术训练班，作为工业单位技术培训中心，负责对工业单位职工分行业、分档次、分批分期进行系统培训岗位工种技术理论知识；通过外培和轮训，使不是中级技术的班组长、技术工种、关键岗位的职工有 25％ 在年内达到中级技术水平。

农场继续办好农业广播学校，组织 45 岁以内的农业及种子经营的干部和技术人员参加农业广播学校学习，做好第一批学员毕业、第二批学员定期辅导和当年招收新生工作，广播学校的集中辅导每月一次。做好"双补"验收准备工作，在 9 月报县审批、领证，年内完成技术补课任务。同时做好法治教育辅导员的轮训工作，有计划地开展全员培训工作。

同年，农场办好家庭农场场长培训班，学习家庭农场的经营管理等。多种经营种植业培训，包括玫瑰、葡萄、长春花、水生蔬菜茭白的栽培等；养殖业培训，包括螃蟹养殖技术、饲料合理运用与搭配、肉禽的饲养技术等；工业技术培训，包括味精工艺、酿酒工艺、失蜡工艺、电容生产工艺、油脂加工工艺、拆船工艺等；农机服务培训，包括农机站站长培训，机轴长、老驾驶员、新驾驶员培训，修理工、车工、机务统计、油料保管员等培训。

农场公司制改造后，苏垦南通公司注重职工队伍岗位培训，每年组织不同项目的培训，通过内部培训、外部培训等方式对职工和党员干部进行培训，每年组织内训不少于 6 场，参加培训不少于 200 人次，培训课程涵盖政治理论、问题分析与解决、绩效考核、内控体系建设、财务核算、法务知识等。每年外派 10 多位员工参加岗位专业理论培训，培训内容涵盖信访管理、纪检工作、财务管理、工会工作、行政办公、安全管理、文秘宣传等。

（二） 农工技能培训

农工技能培训目的是加强全场职工农业技术，全面提升职工科学文化和技术水平，充分发挥广大职工在企业生产和经营创业中的主力军作用，促进农场高效农业和特色优势产业的发展，围绕农场经济建设发展战略，以实现农产品竞争力增强、农业增效、职工增收的目标。

建场以来，农工培训是农场职工就业培训的重要内容，农业职工技术培训每年都进行，并且能做到年初有计划，年中有行动，年底有总结。2000 年以后，根据江苏省农垦集团公司要求，农场专门成立农工创业培训工程领导小组，领导和管理农场农业实用技术培训和农工创业培训工作。农业职工实用技术培训和农业职工创业技术培训的具体内容包括稻麦栽培技术、经济作物栽培技术、无公害农业生产技术、植物保护技术培训、渔业养殖技术培训、农机技术培训等。每年办好以下短期农工培训班：水稻盘育机插秧全部技术、西瓜栽培技术措施、薄荷栽培技术措施、主要农作物病虫害查治及杂草化除技术、水稻栽培技术、秋播技术品种布局及高产技术、农田水利技术和测量施工技术等。

主要培训方式是"五个结合"：一是邀请专家教授来场授课与农场办班培训相结合；二是集中培训与外出学习考察相结合；三是培训项目与生产实践和职工要求相结合；四是理论培训与实际操作相结合；五是培训内容与促进农业增效、职工增收相结合。同时按照培训内容选聘授课老师，授课老师为专家、教授、部门负责人、技术干部等。采取集中培训、现场观摩、分区培训、考察学习等方式，实施面对面、手把手培训，力求问得准、答得明，易理解、易掌握。生产实践安排 60～90 学时组织学员到有关农场、种植基地、农民专业合作社及附近农业企业进行考察参观学习。

每年培训总体目标：围绕中央、省农村工作会议精神，从发展农场主导产业，促进高效农业规模化，发展现代农业，建设新型农场，按照每年的江苏省农垦农场职工创业培训实施方案的总体要求，结合农场现代农业发展的实际需要，培养适应现代农业发展的农业科技和职工创业人才队伍和具有较高文化素质和一定专业技能的新型职工，增强职工的科技致富能力和市场竞争能力，更新就业观念，培养一批具有创业精神和创新意识的农业生产技术骨干和脱贫致富的带头人，为农场提前实现小康目标提供智力支持和人才保证。

培训具体战略：每年完成种、养殖农业专业技术培训 2000 多人次，使每个受训职工接受 3 次以上的集中培训，参训职工至少掌握 1～2 项农业实用技术，使农业从业人员的综合技术素质明显提高，同时培养出一批有文化、懂技术、会经营的新型职工。每年完成创业技术培训 80 人次，通过创业培训，使 80％以上的参训人员实现创业，造就一批专业技能高、生产规模大、创业能力强的职工队伍，提高生产的组织化程度，提升农业产业化经营水平。

（三）社区教育服务

2009 年 8 月，农场社区职能内部分离后，农场社区成立社区教育服务中心，推进农场教育现代化工程，提高广大干部职工和外来务工人员素质。社区教育的主要工作内容：一是组织学习党和国家在新时期的路线方针政策，组织科学发展观的学习讨论；二是开展种植养殖实用技术、技能培训；三是安全知识学习培训；四是岗前培训、岗中培训、转岗培训或其他专项培训。社区教育目标是对工、农、商、教、卫等各业从业人员年培训率达 50％以上。人员接受的培训时限以相应的岗位要求为准，一般以培训满 40 小时视为已经接受培训。

二、养老保险

1993 年 9 月，农场制定《关于企业职工缴纳部分基本养老保险费实施办法的通知》，根据企业职工基本养老保险实行国家、企业、个人三方共同负担的原则，农场所有干部职工自 1992 年 1 月起实行个人缴纳养老保险费制度。职工个人缴纳的基本养老保险费是基本养老保险基金的组成部分，与企业缴纳的基本养老保险费统一使用，分别记入《职工养老保险手册》，作为职工退休时计算连续工龄和退休待遇的依据。

缴费标准：职工个人缴纳基本养老保险费按当年本人工资总额收入的 2% 缴纳，职工无工资总额的以上年当地社会平均工资为基数，月工资总额超过本省上年月社会工资两倍的部分不作为个人缴纳基本养老基金数。留职停薪、自谋职业及参加农业承包的职工按档案工资总额计算缴纳。

缴费办法：职工个人缴纳的基本养老保险费，由企业发放工资时根据职工个人工资总额的 2% 计算，按月提留，计入职工工资单，连同企业缴纳职工工资总额 21% 的基本养老保险费一并向江苏省农垦局社会保险机构缴纳，为便于计算职工个人缴费工资总额，统一按本人上一年的月平均工资额为计算标准。

1994 年 12 月，农场根据《江苏省改革企业职工基本养老金计发办法的试行意见》和《江苏省农垦企业职工养老保险实施办法》文件精神，规定农场所有工资在册的固定职工（包括场办事业单位的学校和派出所人员）、经江苏省农垦局劳经处批准的计划内临时工、中外合资企业的中方职工，均须参加养老保险。基本养老保险金按劳动工资月报表工资总额的一定比例缴纳。1992 年 1 月 1 日至 1993 年 12 月的两年期间，单位按工资总额 21% 缴纳，职工个人按工资收入的 2% 缴纳，从 1994 年 1 月 1 日起，单位按工资总额 21% 缴纳，个人按工资收入的 3% 缴纳。

各类人员基本养老保险费基数确定：实行大包干职工的按本人标准工资加各项补贴为交费基数；实行计时工资、计件工资制的职工，以实发工资总额为缴费基数；对经职工本人申请，报场部或单位批准内部退养的，单位和个人以实发工资为基数，其中国家干部、以工代干的退养，按标准工资加各项补贴为基数；职工停薪留职期间，1994 年底以前，在向单位缴纳了规定费用后，按本人的标准工资加各项补贴为交费基数；从 1995 年 1 月 1 日起，停薪留职职工由本人报告，单位批准，一律到场劳资科办理停薪留职合同，并缴纳养老保险费用等，缴费标准以农场上年职工平均工资总额为缴费基数，按省局规定的单位和个人交费比例全额由个人交纳；职工因病医疗和休息期超过 6 个月，领取伤病救济费的人员、农业大队种生活田不上交费税利的人员，当年单位和个人均不缴纳养老保险费，不计入《手册》，不计算缴费年限；因工负伤经劳资部门批准的职工，在治疗和医疗终结、离岗休养期间，其实得工资低于本人档案工资的，按本人档案工资为基数缴纳；对经县计生委领导组织同意，场计生委或劳资部门批准的计划生育后遗症人员，可比照工伤人员执行；对关停企业及单位发 46 元生活费的职工，单位和职工应按南通市职工上年平均工资的 60%缴纳基本养老金。

职工缴费基数的上限，1992 年为南通市职工平均工资的 200%，1993 年以后统一为市职工平均工资的 300%。军队退伍转业军人，在进入企业工作后，其军龄视为已缴纳基本养老保险费的年限。

2001 年起，农场职工的养老保险由农垦统筹纳入省级统筹。

2002 年，农场印发《关于贯彻最低工资标准、养老保险缴费基数等有关规定的意见》，对最低工资标准制度及养老保险缴费基数做出相关规定。最低工资标准制度是指农场范围内正常运行二三产业企业，以实行计时工资制、计件工资制等计酬形式的职工，正常工作（指日工作时间 8 小时，周工作时间 40 小时），月工资收入不得低于当地政府公布的最低工资标准（最低工资标准中不含应由企业承担部分的"两保费用"，部分企业"两保费用"由职工先缴后由企业在工资中返还或单独返还的，要扣除由企业承担"两保费用"部分后的净工资数额），企业需加班的，要征得职工和同级工会的同意，并按规定发放加班工资。

农场农、副业单位参加承租土地的职工，原则上按照当地上年社会平均工资作为当年的缴费基数，按缴费比例全额由职工本人缴纳（由农场缴纳部分已经从土地租金中分离出来），有工资收入的职工都要纳入参保对象，按实际发放工资数作为缴费基数，由企业和个人按比例缴纳，实发工资低于当地上年社会平均工资 60%的，按当地上年社会平均工资 60%作为缴费基数。

2003 年 6 月，国家劳动和社会保障部、财政部、农业部、国务院侨务办公室联合发文《关于农垦企业参加企业职工基本养老保险有关问题的通知》，自 2003 年 7 月 1 日起，农垦企业养老保险从系统统筹纳入省级统筹，执行江苏省统一的企业基本养老保险缴费比例和缴费基数，退休工资正常发放，发放水平按上级规定正常调整，逐步增长。

2004 年 6 月，农场对于在农场参保后中断关系的人员做出如下规定：一是如本人愿意接续"两保"关系并转出的，可由个人申请，在补缴"两保"金和滞纳金及有关费用后，由农场给予办理接续手续，并协助办理"两保"转移手续；二是如本人愿意补缴，但暂时不转出而要求"两保"关系暂挂靠农场的，由个人申请，在补缴中断期间"两保"金和滞纳金及有关费用后，由农场给予办理补缴及签订挂靠合同，"两保"关系暂时挂靠农场；三是如服刑前参加养老保险，服刑期间中断，服刑期满后可以接续，不补缴服刑中断期间的"两保"金，视同缴费工龄取消。

2007 年 1 月，江苏省农垦集团公司下发《关于垦区农场灵活就业人员参加基本养老保险的意见》，文件规定，按照省劳动和社会保障厅《关于对农垦系统解除劳动关系人员养老保险关系接续问题的复函》（苏劳社险函〔2006〕34 号）和省社会保险基金管理中心〔2007〕112 号文件的要求，养老保险关系在农垦的原农场参保职工与农场解除劳动关系后养老保险关系暂时无法转出的，以灵活就业人员身份继续在农垦参加基本养老保险。灵活就业人员的缴费基数原则上为上年度全省在岗职工平均工资，具体缴费基数参照当地公布数执行，缴费比例为 20%，其中 8% 计入个人账户。

2008 年 5 月，农场成立江海社区劳动和社会保障服务站，归口管理农场区域内社会保障服务事项，隶属于南通开发区劳动和社会保障局。同年 10 月，江苏省农垦集团公司下发《关于企业职工养老保险若干问题的处理意见》，文件对已与农场解除劳动关系由农场代办基本养老保险的灵活就业人员，要求原则上转入户籍所在地的社会保险经办机构；外出务工的职工，养老保险已经由用工单位缴纳的，农场可为其代办养老保险暂停缴费手续，或将养老保险关系转出，待回农场就业时再办理养老保险关系的接续或转入手续。

三、医疗保险

（一）农场公费（统筹）医疗

建场初期，为有效管理公费医疗，农场规定场内职工及统筹包干医疗的家属、孩子到医院看病，必须持有各单位卫生人员转诊介绍信，才能免费就诊，无介绍信者，不能享受公费医疗待遇；或者持贴有本人照片的公费医疗卡或医疗保健卡来医院就诊，没有医疗卡的一律按场外人员收费处理；自行投医，自购药品者一律自费。全场职工统一建立病历，并由医院负责保存，复诊时带复诊卷，不再买病历，无复诊卷者重建新病历。职工病假证明单由医生在诊治疾病时开出，病员不得索取"补假证明"，场外人员的病假证明，必须由国家医院（地区级以上医院）开具，假期在两个月以上者必须办理"休养手续"，发现有人员病假期内经营私人副业、做临工、搞投机倒把等，不仅取消病假工资，而且视情节轻重给予教育处理。

1968 年 4 月，农场根据《全国卫生工作会议纪要》并结合农场公费医疗实施的具体情况，除对享受公费医疗人员进行审核调整外，对全场医疗范围划片包干。所有职工的医疗、预防、转院、病假等均由包干医务室（院）人员办理，自行投医、自购药品及滋补药品的不予报销，全面取消住院营养费。自行服毒、打架等人为事故，其医药费用不得由公费医疗开支，误工亦不做病假处理。

1971 年 2 月，农场（兵团）对职工子女、家属办理统筹医疗，兵团政治处制定《关于公费医疗、统筹医疗、门诊、住院报销等问题的规定（通知）》，文件规定国家干部、兵团战士和有户口、工资的正式职工均可享受公费医疗。从1971年3月起，公费医疗者患病在所在连队的卫生院、营卫生所诊治，需要到团部医院的，由营卫生所开给医疗专用介绍信至医院门诊或住院。享受公费医疗人员的子女和亲属（户口在本团的）从1971年3月起可以参加统筹包干医疗，其包干医疗费统筹标准为每人每月0.3元，由所在连队（单位）会计月度发工资时在工资报表上扣除，办理医疗卡，凭卡在连、营卫生所和团部医院诊治疾病。参加统筹包干医疗可按自愿原则，要参加的必须全家参加（个别孩子虽然户口在本团，但寄养外地可不参加）。享受公费医疗和统筹包干医疗的人员，因病需到外地医院治疗者，事先需经团部医院医生会诊，会诊后认为确实需要外诊者，办好手续，凭证明及外地医院的病历、诊断证明报销医疗费；自行在外就医，其医疗费一律自理。原享受公费医疗的人员，因年老体弱失去劳动力或因公因病致残者仍享受公费医疗。

1973年1月，农场（兵团）政治处印发《关于公费医疗、统筹医疗等问题的规定》，文件规定享受公费医疗和参加统筹包干医疗者因病要求到外地诊治，必须经团医院科主任或主治医生同意出具证明方可外出医疗，并凭医院证明、病历、发票、诊断证明报销医药费，自行外出就医者，医药费一律自理。

1980年10月1日起，农场分场、连队职工持有分场卫生所的介绍信可来农场医院享受免费就诊（医院附近单位，凭连队介绍信）。

1986年，为保证农场干部、职工医疗保健需要，农场印发《国营南通农场关于公费、统筹医疗的补充规定》，规定享受农场公费医疗、统筹医疗的对象（表3-4-7），凭医疗保健卡在农场医院或卫生所就诊，医药费由就诊者垫付50%，凭专用发票回原单位由专人审核批准后报销，住院及转院仍由场医院统筹，按规定比例定期转账，领导审批报销的医药费可根据本单位的资金周转和该病承包上缴税利费情况，按月或半年一次给予全部或部分报销。

表3-4-7　江苏省国营南通农场公费、劳保、统筹医疗分类

分类	具体对象	隶属
国家干部	1. 国家干部（包括离休、退休干部）。 2. 县管干部（包括县管教师）。	享受国家公费医疗待遇
国家职工	3. 凡属1965年底以前来场，并分配工作。当时年龄在退休年龄以内者（男60周岁，女50周岁以内）。 4. 凡属1966—1977年底来场并分配工作，当时年龄在45周岁以内者。 5. 凡属1978—1984年底期间来场并分配工作，当时年龄在35周岁以内，并具有初中毕业文化程度者（农业、建筑业、窑业文化水平可不限）。 6. 1985年以后经劳资科考核批准分配的新职工。 7. 退休（退职）工人。	享受国家劳保医疗待遇（所属范围，包括人员在编，工资在册，但户口不在农场者）

（续）

分类	具体对象	隶属
非国家干部	8. 符合省局〔1983〕137 号文件来场人员。 9. 1978—1984 年来场，当时年龄在 35 周岁以上，或其年龄虽然在 35 周岁以下，但文化程度不足初中毕业者。 10. 1985 年以来，婚进人员。 11. 户口不在农场的家属工（长期合同工）。 　（上述 4 类人员，必须在农场与职工同样承包任务，完成上缴税、利费和有关应尽义务者）。 12. 集资进厂，与农场职工同样承包生产任务，完成上缴税者（包括自谋职业，同样上缴税利费者）。	—
职工直系亲属	13. 年龄在 14 周岁以下独生子女（指领取独生子女证者）。 14. 保养人员。 15. 就业前超龄独生子女（指年龄满 14 周岁以上）。 16. 直系家属老人及小孩（包括代查户口中的农场职工直系子女及老人）。	享受统筹医疗待遇（13、14 二组统筹费用由工会承包；15、16 二组统筹费用由个人承担）
其他	说明： 　1. 职工直系亲属（子、女），父母均在工业单位或均在农业单位，由小孩户口所在单位（或父或母）负责；如小孩户口不在父方又不在母方单位，统一由母方单位负责；如父母双方有一方在工业，一方在农业，由工业单位负责。 　2. 职工直系亲属（老人）一律由老人户口所在地负责。 　3. 户口在场，人员长期在外地者（指自谋职业，在场内无任何承包任务，不上缴税利的，以及长期寄读书在外地者）一切费用自己负责。	新生儿必须满月后，方可参加统筹医疗，独生子女从领证起享受第十三条优待

农场统筹医疗的对象自 1987 年 1 月起，每人每月缴纳统筹医疗费 1 元。新生儿满一个月起，独生子女可从领证时起凭证享受统筹医疗优待。统筹医疗人员全年医药费报销总额控制在 600 元内（单位及医院各 300 元），超过部分自理。

1988 年，农场对 1986 年的《国营南通农场关于公费、统筹医疗的补充规定》进行详细解读，印发了《关于享受南通农场公费医疗的几点具体说明》。具体说明了有以下几种情况的农场务工人员均可纳入企业公费对象，如未经劳资科考核批准分配的自然增长劳动力，与单位职工同样订立合同、承包生产任务，完成上缴税、利、费用和应尽义务者；进厂同样与职工承包生产任务，完成上缴税利费用者；集资进厂，在厂同样由职工承包生产任务，完成上缴税利费用者；自谋职业，同样上缴税利费用者；户口不在农场的家属工中的合同工，亦可列入其中给予照顾。

可享受统筹医疗的对象，包括农场干部、职工的直系亲属、老人及小孩（包括年满 14 周岁至就业前的独生子女）。对不满 14 周岁的独生子女，根据计划生育的有关优待条款，一律凭独生子女证，免收统筹医疗费，享受统筹医疗待遇。免收统筹医疗费的独生子女，如父母双方均在农场工业或农业单位，一律在母方单位处理。如一方在工业单位工作，一方在农业单位工作，为支援农业，减少农业负担，一律由工业单位一方处理。享受统筹医疗的非独生子女以及 14 周岁至就业前的独生子女和家属老人，一律由上述对象的户口所在地处理（一是按期收取统筹医疗费，二是进行核报医药费）。新生儿参加统筹医疗，必须待出生 1 个月后方可参加，独生子女可照顾于领证起享受统筹医疗待遇。

享受公费医疗、劳保医疗、统筹医疗的对象均可凭医疗保健卡在农场医院或分场卫生所就诊，医药费由就诊者垫付 50％，凭医院专用发票回本单位核报。住院及转院仍由医院统筹按规定比例定期转账。同时强调享受公费、劳保、统筹医疗的对象，必须至指定医疗单位就诊，自由就医一律自费处理，必须转院（会诊）者，一切费用由批准单位根据规定核报，对因公出差、开会、学习期间的医疗费用，凭急诊证明或急诊病历按急诊原则处理。

1988 年 12 月，经农场两次职工代表大会主席团扩大会议讨论通过，农场印发《关于公费（统筹）医疗的暂行规定》，对农场原有的公费（统筹）医疗规定重新做了修订和补充。文件规定农场劳资科名单在册、工作在位的固定职工，包括劳动合同制职工、退休和保养职工，均享受农场公费医疗；户口在场的职工父母、子女、满 1 个月新生儿、待业人员可参加统筹医疗；各单位雇请的临时工、合同工，按合同有关规定处理。

公费（统筹）医疗费用的管理：就诊者 1 年内医疗费总额在 40 元内可报销 100％；40～200 元的部分报 80％；200～800 元的部分报 90％；800 元以上的部分报 95％。统筹医疗对象每人每年交纳 24 元，年累计医药费 800 元以外的部分自理。当年 40 元未用完的部分可累计结转下年度使用。

工龄 30 年以上的退休和在职职工、二等一级残废军人、属县级鉴定为计划生育后遗症的有关费用，除做 CT、多普勒、电子胃镜、心超等贵重仪器检查需自己负担 20％外，其余均按公费医疗有关规定全额结报，离休人员按规定全额结报。

统筹医疗对象单位落实办法：职工双方均在农场农业或工业单位子女随母方单位；职工一方在工业，另一方在农业单位，其子女随工业单位；父或母成为待业人员，其子女随未破产一方单位。统筹医疗以年度为单位筹款，不得病后参加统筹，缴款以年度为单位，享受也以年度落实在缴款单位。

规定列入农场医院转诊范围：南通医学院附属医院、南通市肿瘤医院、南通市妇产科医院、南通市传染病院、南通县精防院、南通市精防院（城南）。对以上各医院的联合体，即在城郊区的各乡镇卫生院、医院挂以上医院招牌的病区、康复部等，其医药费不得报销。特殊病员转外地者，须经卫生科研究报上级批准。

1992 年 3 月，农场重新印发《关于公费（统筹）医疗的暂行规定》，对 1989 年印发的《关于公费（统筹）医疗的暂行规定》有关条款做了修改，主要修改内容是公费（统筹）医疗费用管理。享受公费医疗的对象，医药费年累计在 2000 元以内的，场内就诊个人承担费用的 20％，场外就诊个人承担 30％；医疗费超过 2000 元的部分，场内就诊个人承担 10%，场外就诊个人承担 15%。国家干部（含队以上以工代干，享受国家干部待遇的）及 30 年以上工龄的职工，医药费年累计在 2000 元以内的，场内就诊个人承担 10%，场外就诊个人承担 15%；医药费超过 2000 元的部分，场内个人承担 5%，场外就诊个人承担 7.5%。离休干部和 1952 年底之前参加工作且工龄没有间断的人员，医药费按实报销。统筹医疗对象每人每年交费 48 元，按年结算，不得病后参加统筹，场内就诊个人承担 20%，场外就诊个人承担 30%，全年医药费报销总额不超过 800 元。参加统筹医疗并领取独生子女证的独生子女，除个人承担的部分外，全年医疗费可照顾到报销 1000 元。

1994 年 10 月，经农场第四届职工代表大会第六次会议审议通过《国营南通农场公费（统筹）医疗暂行办法》，对正在执行的 1992 年修订的农场公费（统筹）医疗管理办法进行了修改。办法规定享受公费医疗的对象是农场劳资科名单在册、工作在位的职工和离退休职工、保养内退职工；名单在册不尽义务的职工、停薪留职自谋职业人员在停薪留职期间及除名人员不得享受农场公费（统筹）医疗。

公费医疗的报销比例：国家干部（含队以上以工代干及享受国家干部待遇的人员）和 30 年以上工龄的职工，场内医院就医的报销 85%，个人承担 15%；经批准到场外医院就医的报销 75%，个人承担 25%；离休干部和 1952 年底以前参加工作的国家干部全额报销。其他享受公费医疗的对象，场内医院就医报销 75%，个人承担 25%；经场内医院批准到指定医院就医报销 60%，个人承担 40%。

享受统筹医疗对象：户口在场的农场职工的 18 周岁以下的子女和年满 18 周岁高中未毕业的在校学习的职工子女；新生儿满 1 个月以后可以参加统筹医疗；户口在场由农场职工供养又不享受农场退休养老待遇的直系老年父母；未有工作的农场残疾人员和智障人员。统筹医疗经费统筹标准：学前和在校的农场职工子女及 18 周岁以下的待业青年，每人每年 72 元；户口在场的职工供养的直系老年父母，每人每年 120 元；未有工作的农场残疾人员和智障人员每人每年 72 元。统筹医疗报销比例：场内医院就医报销 75%，个人承担 25%；经批准到场外指定医院就医报销 60%，个人承担 40%。统筹医疗全年报销限额 800 元，超过部分全额自理。领取独生子女证的独生子女参加统筹医疗全年报销限额可照顾到 1000 元，参加统筹医疗的职工子女，医药费逢双年份随母亲一方报销，逢单年份随父亲一方报销，户口在场的职工直系老年父母医药费随供养者单位报销。

1996 年 1 月，农场对正在执行的《国营南通农场公费（统筹）医疗暂行办法》进行修改，修改内容由"离休干部和 1952 年底以前参加工作的国家干部全额报销"改为"离休干部、1952 年底前参加工作工龄未间断的职工和高级职称人员全额报销"。

1999 年 3 月，经农场第六届第六次职工代表大会审议通过《国营南通农场关于病休职工实行医疗期管理及病休待遇的规定》，规定从 1999 年 1 月起农场对病休职工实行医疗期管理。农场在职职工患病，经指定县级以上医院确诊，经本人书面报告，本单位职工评议，单位领导集体讨论后报主管部门批准后进行病休鉴定，病休鉴定由农场劳资科指定的县级以上医院办理，经鉴定符合病休的人员实行医疗期管理。医疗期采取 1 年期和 2 年期两类，职工在本单位（场）连续工龄在 10 年以下，医疗期为 1 年；连续工龄在 10 年以上，医疗期为 2 年。医疗期的计算，从病休的第一天开始累计计算，病休期间，公休、假日和法定节日包括在内，医疗期 12 个月的按 18 个月内累计计算，医疗期 24 个月的按 30 个月内累计计算。

职工因工伤残待医疗终结后，经县级以上劳动部门鉴定伤残等级，符合 1～4 级的由场劳资部门上报江苏省农垦集团公司养老保险处办理病退审批手续；工伤伤残等级鉴定符合 5～6 级，继续工作或参加大田承包者，可发给一次性伤残补助费；如无法坚持正常工作的，由个人书面申请，经场劳资科批准后，准予病休，享受工伤病休生活补助费待遇；伤残等级符合 7～10 级者，发给一次性伤残补贴，并由原单位安排劳动。

经县以上医院确诊为癌症患者的职工，由场劳资部门将材料上报江苏省农垦集团公司养老保险处审批病退手续，在未正式办理病退手续前，由单位发放病休生活补助费，并实行医疗期管理。经农场或县以上医院确诊，患非绝症病而需病休者，由本人书面申请，经本单位职工评议，单位领导集体讨论报主管部门批准后进行病休鉴定，实行医疗期管理。

农场同时做好病休职工医疗期满后的复工管理，对医疗期满的职工，安排工作或承包土地或自谋职业。①由劳动鉴定委员会参照工伤与职业病致残程度鉴定标准进行劳动能力的鉴定，被鉴定为 1～4 级的应当退出劳动岗位，终止劳动关系，由农场上报批准后办理病退。②对鉴定伤残等级未达 1～4 级，本人要求退出工作岗位的人员，农场终止其劳动合同，解除其劳动关系。③对医疗期满，尚未痊愈的病休人员终止劳动合同，解除劳动关系。由单位发给本人标准工资 3～6 个月的一次性医疗费补助，同时发给一次性生活补助费，按工龄每满 1 年发给相当于本人标准工资 1 个月的生活补助费，最多不超过 12 个月。④医疗期满后，男满 55 周岁，女满 45 周岁的老职工，身体尚未痊愈的，由单位照顾发给生活补助费，享受公费医疗待遇。

病休职工在医疗期内生活补助费发放标准：①因工伤残等级达 5～6 级，不能坚持正常上班的，按国家有关工伤规定，由场劳资部门按批准时本人标准工资的 70% 加综合补贴按月由单位发放。②癌症病职工，连续工龄 10 年以下的（不含 10 年），按本人标准工资的 50% 加综合补贴，连续工龄 10 年以上 20 年以下的，按本人标准工资的 60% 加综合补贴，连续工龄 20 年以上的（包括 20 年），按本人标准工资的 70% 加综合补贴（本人标准工资为批准执行时的工资标准）。③其他疾病职工，医疗期内每月发给 67 元生活补助费。④病休职工在医疗期内可享受公费医疗待遇。⑤因工伤残职工病休期间，由单位及个人按规定比例缴纳基本养老保险金，癌症及其他病人医疗期内停止缴纳基本养老保险金。

2003 年 8 月，农场针对 1999 年 3 月印发的《国营南通农场关于病休职工实行医疗期管理及病休待遇的规定》执行情况，根据当时经济形势，重新制定了《国营南通农场关于病休职工实行医疗期管理及病休待遇的规定》，主要对病休职工生活补助费标准及"两保金"收缴政策规定做适当调整。文件经农场第八届第二次职工代表大会主席团联席会议审议通过，其主要修改内容为：职工因工伤残待医疗终结后，经劳动部门鉴定伤残等级，达 1～4 级的发放工伤伤残津贴，具体按工伤保险条例办理；伤残等级为 5～6 级的，原则上由单位安排适当工作；难以安排工作的，由用人单位按月发给伤残津贴；伤残等级为 7～10 级的，发给一次性伤残补助金。经南通市二级以上医院确诊为患有各类癌症病的职工，实行医疗期管理，从确诊的次月起发放癌症病休生活补助费，医疗期满后，不能恢复健康的职工，经本人申请参加劳动能力鉴定，符合病退的，办理病退手续，退出工作岗位；患有非绝症性的慢性病或其他伤残的人员，经本人申请，单位领导签具意见，经权威部门鉴定符合病休条件的，实行医疗期管理，医疗期满后，疾病痊愈的人员，恢复工作；病情加重的病人，并符合劳动能力鉴定的，参加劳动能力鉴定，达到病退的，退出工作岗位。

医疗期内病休生活补助费为每月 120 元，患病职工"两保金"收缴标准，由企业和病休职工个人按规定比例收缴。对疾病痊愈的职工，医疗期满后，恢复工作，签订承租协议。医疗期满后，符合病退条件的，参加江苏省农垦劳动能力鉴定委员会劳动能力鉴定，办理病退手续，退出工作岗位。医疗期满后，因患慢性疾病未痊愈，按国家有关劳动法规应予解除劳动关系，考虑到部分职工的实际情况，农场对年龄较大的职工（指男年龄超过 55 周岁，女年龄超过 45 周岁），从事重体力劳动有困难，由本人申请，单位职工评议，分场决定并报场部批准给予照顾 1 亩生活田，由农场照顾为其缴纳应由企业承担的养老保险费，养老保险个人缴纳部分及医疗保险全额由个人缴纳。

（二）农场医疗保险

1998 年 1 月，农场建立医疗保险中心和医疗保险结算中心，医疗保险中心办公室设在教卫科，医疗保险结算中心设在医院，同时制定《南通农场职工医疗保险暂行办法》，并经农场第六届职工代表大会第三次会议审议通过，印发全场。自 1998 年 2 月 1 日起，农场全面执行医疗保险制度。

《南通农场职工医疗保险暂行办法》规定农场享受医疗保险的对象是农场在职职工（不含停薪留职和自谋职业人员，下同）和离、退休职工，保养（内退）职工。医疗保险经费提取办法为：未改制企业按上年在册职工工资总额的 14％提取福利费，其中 8％拨给医院作为医疗经费；改制后的企业职工医药费由单位和医院签约，并以货币资金的形式每月按工资总额的 8％交医院。同时确定农场统筹医疗对象为：①农场职工（含签订自谋职业合同者）户口在场的符合计划生育政策出生的子女（新生儿满 1 个月以后），直到中学毕业。②户口在场由农场职工供养又不享受农场退休养老待遇的直系老年父母。③未有工作的农场残疾人员和智障人员。经费统筹标准每人每年 120 元（每月 10 元）。

医保中心为参保职工建立个人医疗账户，发给医疗保险账户手册。参保职工医疗保险关系变动时，用人单位应及时按规定办理有关手续。统筹医疗账户手册，遗失不补。

关于医疗待遇和费用分担：①参保职工（含退休职工）执行自费段过程，离休干部按规定享受全额报销的待遇，高级技术职称的人员除自费段以外的医药费按规定全额报销。②费用分段负担：200 元以内（含 200 元）个人负担 20％，报销 80％。200～400 元为个人自费段，个人负担 100％。400 元以上部分：一是国家干部（含以工代干）场内就诊个人负担 15％，报销 85％，国家干部（含以工代干）场外就诊个人负担 25％，报销 75％；二是工人在场内就诊个人负担 25％，报销 75％，工人在场外就诊，个人负担 40％，报销 60％；三是具有 30 年以上工龄的男性工人和具有 25 年以上工龄的女性工人，场内医院就诊的报销 85％，个人承担 15％，经批准到场外就诊的报销 70％，个人承担 30％。③外诊床位报销标准，按指定医院的普通床位标准报销。④农业大队职工田间作业农药中毒的抢救费、医药费和住院费经审定后全额报销，因计划生育引产、流产的费用全额报销，费用记入账户。⑤统筹医疗人员每年医药费限额为 1000 元，按 80％比例实报 800 元，独生子女照顾到限额 1250 元，实报 1000 元。

实施重病互助金制度，职工（包括退休、保养职工）每人每年 12 元，必须在年初一次性由个人缴纳，单位代收，交场计财科，专款专用。重病互助金用于补助报销的医药费中，个人承担部分超过 8000 元者，补助的标准：8000～12000 元的部分补助 40％；12000 元以上的部分补助 50％。重病互助金当年提取，当年年底结算，用于缴纳重病互助金者，按筹定支，用完为止。如果当年筹不抵支，则补助比例按梯度削减，如有结余，结转下年使用。

农场医院建立医疗保险结算中心，参保人员凭医院发给的"医疗保险账户手册"到医院就诊。凡在场内医院就诊者只缴纳按规定由个人承担的部分，当场结清，并计入个人医疗账户。由农场医院批准转诊所发生的费用，凭证到医保中心审批，按规定报销，并计入账户。职工 200～400 元（个人自费段）的部分，由个人全额负担，必须是符合报销规定的医药费，方可计入账户。需转诊者，必须经农场医院会诊批准，去指定医院按会诊决定所支付的医药费用方可按规定结报并计入账户。退休后安居场外的病员，必须到当地指定医院就诊，凭病历、复式处方、正式发票经医保中心审批后方可按规定结报，并计入账户。因假期或因公出差在场外急诊，必须在乡镇卫生院以上级别的医疗机构就诊，凭单位证明、急诊病历、复式处方、正式发票到医保中心审批后，方可按规定结报并计入账户。

农场指定转诊的医院为：南通医学院附属医院、南通市第一人民医院、南通市传染病医院、紫琅精神病医院、南通市肿病医院。需转省以上医院者，必须有上述医院转诊证明，经医保中心审批后方可转院诊治，诊后的医药费方可按规定结报并计入账户。

经费使用按年度结算，结报期至当年 12 月 25 日止，跨年度的病人医药费分开结算，账户中第一个 200 元中当年未用或未用完的部分，可结转下年累计使用。

2000 年 4 月，农场结合《南通农场职工医疗保险暂行办法》执行情况，经农场第七届第一次职工代表大会讨论对暂行办法提出了修改意见，主要内容是：医疗保险费用的提取办法除大农业上缴纳"两保金"和自谋职业的人员外，其余人员医疗费用的提取个人交纳工资额的 2%，其余由单位交纳。医疗待遇和个人分担条例中增加医疗费用实行封顶一项，即医疗总费用（个人承担和报销两部分之和）超过 3 万元后，不再按比例报销，而全部由个人承担，个人承担超过 8000 元者，若参加了大病统筹的人员，可申请在重病互助金中按规定补助（离休干部除外）。

2001 年 4 月，农场行政区从通州市划归南通开发区。10 月 1 日，农场医疗保险整体转入南通市医保中心，成为江苏农垦系统首家与地方医保接轨的农场。同年，农场开始执行南通市《南通市市区城镇职工基本医疗保险实施办法》和《南通市市区城镇职工大病医疗救助暂行办法》，同时废止 1998 年《南通农场职工医疗保险暂行办法》，农场近 9000 名在职和退休职工的医疗保险与南通市接轨，农场职工同样享受城市职工医保待遇，农场于 1998 年发放的医保卡手册同时作废。农场参保人员患病应在南通市市区范围内定点医疗机构就诊治疗，农场医院也是南通市医保定点医院之一，职工在定点医院就诊一律凭南通市医保中心发放的《职工医疗证历》和专用结算卡，划卡办理门诊挂号或住院登记等手续。2007 年，农场在垦区率先实现城镇居民医保与地方接轨，实现场域居民医保全覆盖。

四、其他保险

1. **工伤保险**　工伤保险指劳动者在工作中或在规定的特殊情况下，遭受意外伤害或患职业病导致暂时或永久丧失劳动能力以及死亡时，劳动者或其遗属从国家和社会获得物质帮助的一种社会保险制度。根据国务院 2003 年 4 月 27 日颁布的《工伤保险条例》中各类企业工伤保险应纳入属地管理的原则精神，农场从 2004 年起，将全场在职职工的工伤保险统一纳入南通市工伤保险管理，工伤保险费用由单位按规定比例缴纳，个人不需要缴纳。

2. **失业保险**　失业保险指国家通过立法强制实行的，由社会集中建立基金，对因失业而暂时中断生活来源的劳动者提供物质帮助的制度。它是社会保障体系的重要组成部分，是社会保险的主要项目之一。失业保险累计缴费时间满 1 年不满 5 年的，最长可领取 12 个月的失业保险金；累计缴费时间满 5 年不满 10 年的，领取失业保险金的期限为 18 个月；累计缴费时间满 10 年以上的，领取失业保险金的期限为 24 个月。

2012 年 1 月 1 日起，农场职工参加失业保险，参保职工个人按本人工资总额的 1％缴纳失业保险费，单位按照本单位职工工资总额的 2％缴纳失业保险费。

3. **生育保险**　生育保险是国家通过立法，在职业妇女因生育子女而暂时中断劳动时，由国家和社会及时给予生活保障和物质帮助的一项社会保险制度。主要包括两项：一是生育津贴；二是生育医疗待遇。生育保险待遇不受户籍限制，参加生育保险的人员，如果在异地生育，其相关待遇按照参保地政策标准执行。2019 年 3 月 25 日，国务院办公厅公布意见，要求 2019 年底前实现生育保险和职工基本医疗保险合并实施。

农场凡是与用人单位建立劳动关系的职工，包括男职工，都应当参加生育保险，用人单位按照国家规定缴纳生育保险费，职工不缴纳生育保险费。

第五章 安全生产

　　建场以来，安全生产是农场常抓不懈的重要工作，是农场改革发展、以人为本、构建和谐社会的重要内容。一直以来，农场在抓经济发展的同时，绝不放松安全与稳定工作，对安全生产始终坚持"安全第一、预防为主、综合治理"和"以人为本、安全第一"的工作原则，把保障职工生命、财产安全和身体健康作为工作的主要出发点和根本点，弘扬安全文化，推进安全标准化管理，深入开展"安全生产月"活动，绷紧安全弦，把紧安全线，以安全生产零事故为目标，落实农场及各下属企业安全生产主体责任，构建长效安全管理机制。

　　建场初期，农场安全生产管理由劳动工资科管理，随着农场场办企业产权制度改革，安全生产归由农场企业管理科管理，农场公司制改造后，安全生产由公司资产经营部管理。改制后的苏垦南通公司与南通天洋安全技术咨询有限公司签订常年安全顾问合同，聘请国家注册安全工程师全面参与到公司的安全生产工作中去，指导公司的安全生产检查、培训、隐患整改验收等事务，出具专业性意见，提高安全生产工作质量。

第一节　安全教育

　　农场十分重视安全生产宣传教育培训，建立完善"面向基层、贴近实际、题材多样"的宣传教育培训体系。农场制定《安全生产管理办法》，对企业主要负责人、安全管理人员、班组长、关键岗位人员实施安全生产培训教育，各下属场办单位以及场域私营企业、农场各职能部门牢固树立安全生产"红线"意识。对全场职工进行国家《安全生产法》培训，利用集中培训、会议强调、横幅、宣传栏、媒体平台、知识竞赛、通信报道等形式，开展安全生产宣传教育培训活动，增强职工的安全意识和自我保护能力。把安全生产责任层层落实到基层一线，落实到每个岗位，落实到每一个职工，做到单位一把手亲自抓，一级抓一级，层层抓落实，形成齐抓共管、全员参与的局面。

　　农场干部、职工全员倡导和树立"以人为本"的安全价值观，营造"安全生产，人人有责""关爱生命，关注安全"的舆论氛围，增强全民安全意识、自我保护意识和防灾减灾的能力，使社会公众自觉遵法守法，增强安全防范意识和能力，自觉遵守安全生产和劳动保护法规以及农场及相关企业的规章制度，积极主动地消除本岗位存在的事故隐患，提出改进安全生产和劳动保护工作的建议，对漠视职工安全健康的单位负责人，职工有权依法提出批评、检举和控告。

根据国家《安全生产法》要求，农场每年开展企业主要负责人、安全管理人员、高危行业、特种作业人员参加省、市农垦公司和地方劳动以及安全生产部门组织的安全生产、劳动保护的宣传教育及技术培训和考核，持证上岗。经常组织各单位专（兼）职安全生产管理人员学习安全生产、劳动保护的政策、法规和业务知识，提高自己的业务水平。经常对职工进行安全生产、劳动保护教育和培训，使他们了解所从事工作的危害性及有效防护措施。将安全技能培训作为企业从业人员就业技术培训的重要内容。日常以"安全生产月""安康杯"安全知识竞赛、道路交通"五进"工程、"119"消防宣传日等活动载体，面向基层，面向群众，大力开展寓教于乐、丰富多彩、生动活泼的安全文化普及，全面提高各类人员的安全素质。

每年的"安全生产月"活动是安全生产宣传教育的重要载体，围绕主题开展活动，达到宣传教育的目的，如"安全生产事故警示教育周"发放安全月活动相关资料及警示小卡片，张贴相关警示标语至各单位，发送安全生产相关信息，召开消防运动会，进行消防实战演练，组织观看安全主题教育片，开展智力竞赛和全员安全生产知识考试，组织听、学唱、传唱安全歌曲，组织开展安全生产法律法规、安全科学技术和标准、职业健康危害防治等方面知识的宣传普及，培训测试应对突发事件应急处置和逃生自救疏散演练，组织新《安全生产法》宣传教育志愿服务、交通安全劝导志愿服务等。

农场作为农业企业，农药的安全使用及农产品质量安全教育是农场农业安全教育工作的重要内容。农场对农业职工系统讲解《农药安全使用标准》《农药安全使用规定》《农产品质量安全标准》，强调农药使用不得超越标准中规定的极限用药量，不能施用残留量高的农药，要求农业施药人员必须选择经过技术培训的身体健康青壮年。通过宣传和普及安全用药常识，落实各项安全防护措施，预防中毒事故的发生。

农场根据农业生产具有季节性的特点，在每项作业前，对作业人员进行针对性的安全教育，对从事尘毒危害作业的人员进行尘毒的危害和防治知识教育，宣传普及用电、用气、消防、交通、农机操作等安全知识，在醒目处拉横幅、贴挂图，增强职工群众的安全意识，营造浓厚的安全生产氛围。

农场对新工人进行劳动安全的入职教育，工厂、车间（生产队）教育和班组教育，内容包括安全技术知识、设备性能、操作规程、安全制度等，企业对调换工作及采用新技术、新工艺、新设备、新材料的工人，重新进行操作方法的劳动安全教育，经考试合格后，方准独立工作。

第二节　安全管理

农场安全生产严格执行《中华人民共和国安全生产法》《中华人民共和国劳动法》《中华人民共和国消防法》《江苏省安全生产条例》《生产安全事故应急预案管理办法》及新《安全生产法》相关法律法规。农场安全管理主要包括以下内容：

一、安全生产机构

农场建立以场长为主要负责人的安全生产委员会或安全生产领导小组，领导小组下设安全生产办公室，作为安全生产的管理机构，配备专职安全管理干部。

场长是农场安全生产工作的第一责任人，对全场的安全生产工作负责。分管各项工作的副场长对各自分管的工作范围内安全生产工作负有直接责任，负责贯彻落实安全生产和劳动保护的各项规定，建立健全各职能部门的安全生产责任制，接受安全生产专职机构的监督和业务指导。各场办企业负责人是本企业安全生产的第一责任人，建立企业各岗位安全生产责任制，特别是特种作业岗位建立安全生产岗位责任制，持证上岗；车间（生产队）、工段和班组，层层落实安全生产责任制，车间（生产队）设有专职或兼职安全员，生产班组应设有不脱产的安全员，协助领导对职工进行经常性的安全生产教育，督促职工遵守安全操作规程和各种安全生产规章制度，正确使用防护用品，检查和维护安全设备和装置，及时报告生产中的不安全情况，组织职工消除事故隐患，参加事故调查分析，协助领导落实防止事故的措施。

二、安全生产责任制

健全农场党委、行政领导班子成员安全生产责任制，落实安全生产"党政两责，一岗双责、齐抓共管"制度，完善农场党委、行政定期讨论研究安全生产重点工作，建立农场党委、行政领导定期带队检查安全生产等工作制度。每年年初，农场场长作为安全生产责任第一人与各分管领导、各中基层单位、机关各部门负责人签订年度安全生产责任状。农场建设和生产过程中坚持"安全第一，预防为主"的方针，始终把安全放在第一位。依靠技术进步和科学管理，运用事故预测、分析、安全评价等科学管理方法，采取有效的技术措施和组织措施，预防和消除危及人身安全健康的一切不良条件和行为，保证生产正常进行。

三、安全生产考核制度

建立健全安全生产目标管理和考核制度，制定考核办法，农场各业经济承包责任制中明确安全生产要求，在企业升级和评优中，安全工作作为考核的重要内容，一票否决。农场强化对企业安全生产考核，以目标考核为龙头，落实企业责任主体，考核单位咬住考核指标不放松，始终使时序控制指标处于受控状态，决不能突破安全红线，严格履行"一票否决"和问责制，同时自觉接受政府的依法监管、行业部门的有效指导和社会的广泛监督，以此形成安全生产长效监管机制。

四、安全生产管理

（一）企业不得安排未成年工（满十六周岁，未满十八周岁）从事繁重体力劳动及生产、使用有毒物质的作业，禁止安排未成年工加班加点，任何单位和个人不得录用未满十六周岁的少年儿童从事生产劳动。

（二）企业新建、扩建、改建、技术改造和引进的工程项目，其安全和卫生工程设施必须与主体工程同时设计、同时施工、同时投产使用，建立健全工程项目"三同时"制度。

（三）企业引进的技术和设备应有完整可靠的防止职业危害的防护装置，符合我国劳动安全卫生标准和有关法规的规定。企业的厂房或建筑物，不论是永久性的或临时性的，均必须安全稳固，生产、使用和储存危险物品（包括易燃、易爆、有毒、有害、腐蚀性、放射性等物品）的工厂、车间、仓库与居民区及其他建筑物之间的间距或方位应符合安全、卫生、规范的要求，易燃、易爆区域的动火作业，必须执行动火审批制度。

（四）农场建筑安装企业执行国家和有关部门制定的建筑安装行业安全技术操作规程和安全技术规范的有关规定，进入建筑工地必须佩戴安全帽，从事高空作业的要有牢固的防护装置，以防坠落。农业机械的驾驶、操作人员进行专门技术培训和安全教育，并经考核持有驾驶证和操作证，严禁无证驾驶和操作，作业中要严格遵守机务工作规章和农业机械操作规程，不允许酒后、身体过度疲劳、怀孕或有禁忌症者操纵农业机械，也不允许作业时携带小孩、饮食、闲谈打闹等。拖拉机从事公路运输要严格遵守《道路交通管理条例》，拖拉机、联合收割机等动力机械的停放保管应远离生活区，并有安全保护设施。开展安全作业大比武和"安全示范岗""安全生产先锋"评比活动引导职工自觉遵守安全操作规程，提升一线人员的安全防范意识和应急自救本领，推动职工作业标准化管理。

（五）每年冬春对广大职工进行以防火、防事故为中心的安全生产法治教育和业务知识的培训，严格执行安全法规、安全操作规程、劳动纪律和工艺纪律，确保企业安全生产。针对风雪、严寒、大雾等恶劣气候，落实安全防范措施，做好厂房、设备、仪器、仪表、管线的防寒保暖工作。交通工具按规定和标准配齐救生和消防设备，机驾人员持证操作，杜绝酒后开车、疲劳开车和无证驾驶，执行交通规则，防止冻害、滑跌、中毒以及交通等事故的发生。加强对火源、电源、易燃易爆物品和消防器材的管理，电气设备及线路安装符合规范，严禁私拉乱接，严禁违章操作，老化线路及时更新，对消防器材、设备配足数量，配齐型号，放置到位，仓库、油库及电器设备作为防火重点，确保防火措施的落实。防止人畜冻伤和设备冻坏，对危险房屋采取加固措施，冬季寒冷，多冰雪，从事室外建筑、登高作业以及车辆、船舶作业的人员和设备，必须落实好防风、防冰和防滑措施。

（六）每年"三夏""三秋"大忙期间，为防范农业机械、危险有毒药物喷施、室外高温作业防火避险等方面的安全生产风险，农场安全生产委员会组织专门人员深入田间地头，开展安全检查，消除事故隐患，制定完整的应急预案，确保职责明确、责任到人、措施到位，防止各类安全生产事故的发生，有效增强农场全员的安全法治意识和应急处置能力，营造良好的安全生产氛围。

（七）针对每年的"三夏""三秋"大忙要聘请大量的临时工的情况，农场加强临时工安全管理。按照"谁使用，谁管理，谁负责"的原则，用工部门经常检查临时工是否认真执行安全方面规章制度，是否自觉遵章守纪，进入生产现场是否穿戴好安全帽和符合安全生产规定要求的工作服。农场指定专人负责管理临时工，属于特种作业和危险性的工作必须持证上岗，临时工不得单独工作，更不准担任工作负责人，临时工从事危险作业时用工部门除采取完善的安全措施外，还应发给必要的安全防护用品，由部门负责人或有工作经验的职工进行安全监护。

（八）常态化组织开展加油站、油库、粮食粉尘、危化品、道路交通、既有建筑、危房、人员密集场所（宾馆饭店、商场超市、出租房、办公楼）等安全大检查，全面排查隐患、彻底整改隐患。把风险管控挺在隐患前面，把隐患排查治理挺在事故前面，全力做好事故防控各项工作。安全生产检查坚持"四不两直"原则，即不发通知、不打招呼、不听汇报、不用陪同接待、直奔基层、直插现场。通过查思想、查制度、查管理、查隐患、查安全设施，特别是对易燃易爆场所、化学危险品库、变配电间、锅炉房、原成品库及公共场所等重点部位认真检查，发现事故隐患及时进行整改，安全生产检查不走形式，不走过场。通过突击检查，随机抽查、回头看复查等方式交替进行，检查结束后当即下发安全生产整改通知，限期整改后提交整改回执。

（九）农场加强消费安全管理，创建放心消费活动。一是农场农业以创建无公害农产品生产基地为重点，抓好无公害农产品生产技术措施的监督落实，注重农产品质量安全，确保农产品达到"无公害"各项指标；二是加强农贸市场食品安全的检测与管理，要求每天对不少于 10 个品种的蔬菜进行农药残留物检测，对市场卤味熟食制品的管理与监督采取准入证制度，并对个人卫生、操作环境卫生、进销渠道等进行跟踪监督管理；三是配合南通开发区有关执法部门，对小城镇零售业、餐饮业的物价、卫生管理，杜绝假冒伪劣商品和其他损害消费者利益情况的发生；四是对学校、企业公共食堂食品安全卫生管理，确保不发生集体食物中毒事故。

五、苏垦南通公司安全生产管理

2013 年，农场公司制改造成立苏垦南通公司，改制后的苏垦南通公司为了规范和加强公司所属控参股企业和机关各部门的安全生产管理，按照安全生产合规管理要求，制定印发《江苏农垦集团南通有限公司安全生产管理办法》。办法要求各单位和部门分别成立以主要负责人为第一责任人的安全生产领导机构，负责组织、指导、管理、协调公司和本单位的安全生产工作。设置安全监督管理部门，配备一定数量的专（兼）职安全生产管理人员，具体负责本单位的安全生产监管工作。各层级单位（子企业车间、生产管理区等）设立以主要负责人为第一责任人的安全生产领导小组，配备专（兼）职安全生产管理人员。企业主要负责人是安全生产第一责任人，对安全生产工作负全面责任，同时明确分管安全生产的负责人和其他分管领导人员的安全管理责任以及部门、人员安全生产管理职责。

苏垦南通公司设立安全生产领导小组，成员由公司总经理及分管领导和公司所属控参股企业及各部门负责人组成。安全生产领导小组的主要职责是：一是贯彻执行安全生产有关法律法规和国家标准、行业标准以及有关安全生产规定；二是建立健全公司安全生产管理体系；三是定期召开安全生产例会；四是协助、配合有关部门做好事故调查处理工作。

安全生产领导小组下设办公室，办公室主要职责：一是负责公司安全生产管理工作；二是负责公司与各企业签订年度安全生产责任状；三是负责制（修）订公司安全生产管理办法和考核细则，监督企业落实安全生产责任、设置安全生产管理机构以及执行各项规章制度情况；四是组织安全生产检查，督促安全隐患整改；五是定期组织召开安全生产工作会议，交流经验、总结、部署安全生产工作。

各单位及部门每年层层签订安全生产责任状，实行安全生产风险抵押金制度，将安全生产责任落实到生产经营的各个环节，完善安全生产责任考核，做到奖罚分明。

公司和各企业执行建设项目"三同时"制度，新建、改建、扩建工程必须按规定进行安全评价，编制安全专篇，安全设施必须与主体工程同时设计、同时施工、同时投入生产和使用。安全设施投入纳入建设项目概算。

企业在爆破、吊装、设备大修、建筑物和构筑物拆除、临近高压输电线路和密闭空间内作业时，严格执行危险作业管理制度，安排专门人员负责现场安全监管，确保操作规程的遵守和安全措施的落实。易燃、易爆、有毒、有害、在建工程等危险区域的安全设施、安全通道、安全警示标志等必须符合国家有关标准和规定。消防设施、消防器材应满足安全生产的需要。企业的生产区域、生活区域、储存区域之间的安全距离以及周边防护安全距离，应当符合国家标准和行业标准。企业必须加强在用安全设备、设施的检测、保养，对不符合安全生产要求的，应当及时维修或更新，并做好记录。企业必须按规定落实安全生产投入资金，健全必要的预防、预警保障体系，提高安全生产管理水平。

各单位和部门建立单位领导的安全生产责任制度、事故领导责任追究制度、安全生产例会制度等安全生产基本制度。同时建立安全生产工作基本台账，包括会议记录台账、安全生产检查台账、安全生产宣传教育与培训台账、特种作业人员管理台账、特种设备管理台账、事故隐患整改和危险源监控管理等台账资料。建立事故报告与调查处理制度。建立应急预案管理，提高事故防范和应急处置能力，尽可能避免和减少事故造成的伤亡和损失。加强安全生产宣传教育与培训，单位主要负责人、分管安全的负责人、其他分管负责人和安全生产管理人员，依法参加安全生产培训考核，合格率达100%；特种作业人员持有效证件上岗率达100%；新职工"三级安全教育"、换岗教育，以及采用新工艺、新技术、新材料及使用新设备等教育培训率达100%。企业认真组织开展"安全生产月"等活动，结合重点时段、重点工作，运用多种手段，开展形式多样、内容丰富、主题鲜明的群众性安全生产宣传教育活动，普及安全知识，增强安全意识。

2015年，苏垦南通公司建立《江苏农垦集团南通有限公司安全生产事故应急预案》，成立公司安全生产应急管理领导小组，下设通信联络组、应急组、安全警戒组、后勤保障组等工作小组，成立消防突击队，正确掌握各类火灾灭火方法和消防器材的使用。建立健全企业应急救援体系和安全生产应急救援工作机制，优化整合已有的应急救援队伍和装备，组织开展应急救援培训和演练，提高应急处置能力。

2020年4月，苏垦南通公司建立生产安全事故隐患排查治理制度，促进和强化对公司各类生产安全事故隐患的排查治理，有效防止和减少各类事故发生，彻底消除事故隐患。隐患排查内容：一是对被检查区域内的相关从业人员进行访谈询问；二是查阅被查单位安全管理的相关文件、记录和档案等台账；三是对被检查现场的环境、设施、工艺、指标、显示标识、作业等情况进行记录；四是对查出的所有事故隐患和不安全因素，要采用三定的方法（定专人、定时间、定措施）及时进行解决和处理。

第三节　安全监察

农场对安全生产监督管理依据《中华人民共和国安全生产法》《中华人民共和国劳动法》《中华人民共和国消防法》《江苏省安全生产条例》《生产安全事故应急预案管理办法》及新《安全生产法》相关法律法规，突出源头管控，强化落实整改，坚持"全覆盖、零容忍、严监管、重实效"的要求，安全检查不走过场，不留死角，整改动真碰硬，不留后患，把各种事故苗头消灭在萌芽状态。围绕春节、五一、端午、国庆、中秋等重大节日、重点时段、重要节点，开展防火、防塌、防爆、防触电专项检查和综合检查，并与各企业签订火灾等有关防控承诺书。

2004年3月起，农场利用数年时间，开展安全生产专项整治行动，分专业成立安全生产专项整治领导小组。包括：

道路交通安全整治，实施"畅通工程"建设和创建"平安大道"工作，强化车辆驾驶员源头管理工作，严肃查处交通运输工具带"病"运行，超载运行，农用车和无牌无证车辆载客，特别是运载小学生车辆违规现象。深入学校、大队开展各种形式宣传教育活动，增强全民交通安全意识。

非煤矿山专项整治，农场重点整治砖瓦厂，加强跟踪监管，对不具备安全生产基本条件的，督促企业加大安全生产投入，提高企业安全度。依照《安全生产许可证条例》的规定，加强现场安全检查，协助企业办理安全生产许可证。

危险化学品专项整治，农场贯彻《危险化学品安全条例》，督促符合条件的危险化学品经营单位及时申领和换发《危险化学品经营许可证》，对已领证单位加强安全监管，督促建章立制，建立完善的安全生产台账，取缔非法经营点，对不符合规定要求的经营单位要限期整改，整改后仍达不到要求的，责令停业整顿，取消其经营资格。

消防安全专项整治，农场以消防设施的使用状况及用火用电等规章制度的执行情况为重点，加强人员密集场所消防安全监督管理，对重点消防企业，办理消防审核、发放消防许可证制度，对消防重点单位及设备办理许可证。

农机安全专项整治，农场以农业机械检验和驾驶员年度审核为突破口，加强拖拉机、联合收割机、农机具等农业机械及驾驶员的管理，整治无牌无证拖拉机（含变形拖拉机）和人货混装等违章现象。

钢丝绳行业专项整治，农场按照《南通市钢丝绳行业安全生产检查标准》要求，对场域内钢丝绳企业组织安全生产检查验收。

2006年，农场成立安全检查督查组，进行安全生产督查，有效遏制各类事故发生。2007年7月，农场在安全生产委员会办公室内成立安全生产监督管理所，职责是进一步贯彻《中华人民共和国安全生产法》和《江苏省安全生产条例》，完善安全生产监督管理体制，落实各项安全生产措施，对农场及各下属单位、场办企业进行安全生产现场检查，督促农场及场办企业消除事故隐患，制止违章作业，对达到劳动安全要求的单位发给《安全合格证》，发现危及职工生命安全的险情时，有权停止作业。

2015年11月，苏垦南通公司全面推行安全生产诚信管理和承诺报告制度，促进企业落实安全生产第一主体责任。企业安全生产承诺和报告制度，是指纳入诚信管理的企业就安全生产工作做出承诺，并向社会和职工公开，做到信守安全生产法律法规，落实安全生产主体责任，定期向负有安全生产监督管理职责的部门或负有行业领域管理职责的部门报告安全生产履责情况。

2020年，新冠疫情突袭而来，苏垦南通公司为抓实抓细新冠疫情防控，把疫情防控作为公司安全生产的重要内容，加强风险管控，防范各类安全事故发生。公司安全生产办公室人员经常深入企业现场，检查企业安全管理和疫情防控、安全生产台账、企业消毒、测温、佩戴口罩、企业复工复产等防控措施落实情况，并与各单位签订疫情防控责任状和承诺书。

同年，苏垦南通公司纪委监督推进公司安全生产专项整治工作方案，把推进安全生产专项整治作为公司纪委的一项重要任务，自觉提高政治站位，认真贯彻执行，做到上级决策部署到哪里，监督检查就跟进到哪里。坚持问题导向和目标导向，聚焦防火、防爆、防塌、建设工程、机械设备、危险作业、道路交通等7个安全领域的重点场所、重点行业和重点领域，加大监督执纪力度，监督推进开展全覆盖拉网式的安全生产专项整治，强化主体责任，督促层级目标，夯实公司党委领导责任。督促党委按照"党政同责、一岗双责、齐抓共管、失职追责"要求，自觉扛起专项整治主体责任，制定主要负责人和班子成员安全生产职责任务清单，做到主要领导亲自抓、分管领导按照职责具体抓。督促定期召开专题会议，分析研判安全生产形势、部署安全生产工作、研究防范化解重大安全风险、解决安全隐患整改落实等。推动做实安全生产巡查，对特大事故实行"一票否决"，推动将履行监管职责情况纳入单位部门年度目标考核、领导干部考核，切实解决责任落实"不严不实"问题。督促职能部门严格落实"管行业必须管安全、管业务必须管安全、管生产经营必须管安全"要求，加大对企业安全生产日常管理的监督指导，严格落实监管责任。对问题隐患实施清单管理，督促限期整改到位，对重大隐患挂牌督办，依法采取措施消除安全隐患。督促控参股、驻场企业以及租赁公司资产的企业和个人要完善全过程安全生产管理制度，落实法定代表人、实际控制人的安全生产第一责任人责任，确保企业做到安全责任、管理、投入、培训、应急救援和安全生产能力评估"六到位"。严格落实安全管理措施，有效管控安全生产风险，消除隐患问题。强化安全生产教育培训、应急处置演练，不断提升企业职工安全意识和安全技能。

苏垦南通公司纪委对照公司主要负责人和班子成员安全生产职责任务清单，采取"嵌入式""下沉式"等有效监督手段，协助公司党委加强对班子成员、各单位及部室主要负责人等"关键人"履职情况的监督，增强监督的精准性、协同性、有效性，推动安全生产政治责任落实，对专项整治工作不力的严肃问责，严肃查处安全生产领域不负责、不担当、不作为等形式主义官僚主义问题，追究相关人员责任。对失职渎职行为特别是以权谋私、收受贿赂等腐败问题，坚决彻查到底，决不姑息放过。对日常监督检查过程中发现的安全生产责任落实不到位、监督机制不完善等问题，及时采取约谈提醒，提出纪律检查或监察建议等方式，督促党委和监管部门深刻剖析原因，有针对性地制定整改措施，并明确牵头部门和责任人，及时健全完善制度机制，加强长效监管，推进标本兼治，推动安全生产治理体系和治理能力现代化。

第六章　土地管理

第一节　土地资产现状

2019 年 12 月 31 日,江苏省农垦集团公司联合地方国土部门对农场土地进行确权登记,农场土地除部分江堤岸线及农场四号坝地区属南通开发区管理没有列入农场土地确权范围外,经确权,农场(南通公司)现存土地资产主要有 3 块:

一是江苏省农垦集团公司作为权利人的 12 宗土地,土地面积共计 8082157.78 平方米,折合 12123.24 亩。其中:农用地 5456411.50 平方米,折合 8184.62 亩;未利用地 1035218.28 平方米,折合 1552.83 亩;建设用地 1590528.00 平方米,折合 2385.8 亩。该土地目前部分由苏垦农发南通分公司种植,部分出租给南通开发区或相关企业。

二是苏垦南通公司作为权利人的 12 宗建设用地,其主要是中心河北原农场场办企业划拨的建设用地,总面积 68800.2 平方米,折合 103.2 亩,目前作为国家作价出资入股转增苏垦南通公司资本公积。这部分土地主要是农场场办企业改革改制时租赁给相关单位和个人经营办企业用地。

三是原南通农垦丝绸印染厂土地(该土地上建筑物已被南通开发区拆迁)以及苏垦南通公司购买秀江苑商业综合楼所占土地,总面积 34907.29 平方米,折合 52.36 亩,土地的权利人为苏垦南通公司。

第二节　土地的开发和征用

自 1991 年以来,农场土地不断被开发和征用(包括划拨),经 2001 年农场行政区划调整,2009 年苏通园区进驻农场等大变革,农场拉开了大开发、大征地的帷幕。具体来说,农场土地被征用(划拨)可以分为 8 个阶段。

第一阶段,1991 年至 1996 年 12 月,农场被征(划拨)土地 816.37 亩,所征土地位置以农场十四大队为主,开发建设的江海港区已成为华东最大的化工原料和液化石油气中转储存基地。其中通常汽渡公司征用土地 344.45 亩,农场以土地作为股权进行投资,占通常汽渡公司股权 20%。

第二阶段，1997 年至 2001 年 12 月，农场被征（划拨）土地面积为 425.49 亩，所征土地位置为农场十四大队、十二大队、八大队、二大队，除疏港路 258.12 亩为划拨土地外，其余土地均为企业征用土地。

第三阶段，2002 年 1 月至 2005 年 12 月，农场被征土地面积 6310.8 亩，除苏通大桥主线所用地 1398.87 亩，其余均是由南通开发区征用。

第四阶段，2005 年至 2009 年 11 月，农场被征土地面积 10442.647 亩，位于农场的西边部分，主要用于南通开发区建设港口工业三区。2006 年 11 月，江苏省国土资源厅同意将农场 75 亩国有农用地（其中耕地 50.51 亩）转为建设用地。

第五阶段，2009 年 4 月 5 日，南通市人民政府与江苏省农垦集团公司签订用地协议，征用农场土地用于建设苏通园区，用地总面积为 35 平方公里（约 52000 亩）。

第六阶段，2009 年为止，农场金属制品园区（农场工业集中区）钢丝绳厂等单位征用农场土地 889.579 亩。

第七阶段，2014 年 3 月 19 日，南通开发区与江苏省农垦集团签订协议书，征用农场土地 3226.95 亩。

第八阶段，2014—2020 年，南通开发区征用农场土地 1628.747 亩。

第三节　土地管理方式与创新

1978 年 8 月，农场关于加强土地管理的文件规定，从当年秋播开始，对全场土地进行丈量，按新丈量的面积建立土地档案后不允许再擅自变动。各单位的菜园地严格按照每人半分地划给，超过部分各连队应在秋播中划归大田面积，并列入农业生产计划，三年内菜园地一般不变动。各单位的饲料地仍按原规定每头肥猪一分地、种猪三分地划给，各单位饲料不准和大田混种、混收。农业科为全场土地主管单位，各单位土地的增减，不论何种情况，均由农业科负责会同有关部门处理，并报领导批准，凡未经批准一律不准动用。

1988 年 3 月，农场印发《土地管理办法若干规定》，文件实施后改变了建场以来土地管理工作上的紊乱现象，乱占乱挖耕地和乱建房屋的状况得到控制，农场的土地管理工作走上正轨。

1990 年 7 月，农场结合 1988 年印发的《土地管理办法若干规定》及国家《土地管理法》制定《国营南通农场土地管理暂行办法》，经农场第三届职工代表大会主席团审议通过，自 1990 年 4 月 6 日起执行。此办法适用于农场行政区域内的陆地、水域、滩涂等一切土地的管理，办法规定农场行政区域内的土地依法属于全民所有，任何单位和个人不得侵占、买卖或者以其他形式非法转让土地。单位和个人建设根据需要，可以依法对国家所有土地实行征（使）用，被征（使）用单位和承包经营土地个人应当服从农场和国家建设的需要不得阻挠。

农场各建设单位申请用地，必须持建设项目计划任务书或其他批准文件逐级申请。用地单位严格按照批准的选址、用地数量和范围进行施工，工程结束后应及时报请农场土管所会同有关部门进行验收。未经批准或采取欺骗手段骗取建房面积，以及超过批准用地面积和非法占用土地的单位和个人，除责令其退还非法占用的土地，限期拆除或没收在非法占用土地上的建筑物和其他设施外，对非法占地的单位主管人员和非法占用土地的人员给予行政处分，并处以100～400元的罚款。破坏土地资源，非法取土，造成水土流失和土地沙化、盐渍化，以及故意抛荒使农业生产造成损失的，责令限期治理和纠正，并按该土地年产值处以直接责任者1～3倍的罚款，构成犯罪的，依照《中华人民共和国刑法》追究刑事责任。

农场大队、工厂以上单位设兼职土地管理员，主要职责是：采取措施保护耕地，维护水利排灌工程建设，改良土壤，提高地力，防止土地沙化、盐渍化和水土流失，禁止乱占耕地、违规使用土地建设违章建筑，做好所在单位范围内的土地管理和房屋管理工作。

1990年起，南通县人民政府全面开展建立基本农田保护区工作，从稳定农业、稳定经济、稳定社会的高度，切实抓好建立基本农田保护区。基本农田保护区是指规划年内满足两个"基本需求"（即完成国家下达本地区的农业基本任务的需求和满足本地区对主要农产品的基本需求）的农田，用一定标志标明并采取特殊保护措施予以保护的区域。按照上级文件精神，农场开始注重基本农田保护工作，在全场宣传基本农田保护的重要性，切实保护和合理利用耕地，激励职工对农田增加投入，促进土地的开发和整治，使农业生产向集约化、现代化方向发展，实现对耕地的保护、利用。

1997年5月，经农场第六届职工代表大会第一次会议通过，农场印发《国营南通农场土地管理试行办法》。办法规定农场内非农业建设用地，应当按照土地利用规划和小城镇建设规划，由农场报江苏省农垦总公司和通州市人民政府批准后执行；农场内部各单位的公共设施和公益事业建设，必须按土地利用规划和农场建设规划进行；场内单位建设需要使用的土地批准后一年内未使用的，必须交还原大队继续耕种，并支付当年的荒芜费每亩1000元，注销用地批准文件，土地收回，需用地的重新办理申报手续。

下列情况之一可申请临时用地：一是单位生产经营需要的堆场等非永久性建筑物临时使用的土地；二是农场职工家庭养殖及专业承包户从事养殖业建临时用房所需的土地；三

是个体工商户从事商品经营及服务性行业所需的少量临时用地，但选址必须符合建设规划要求，尽可能利用原有宅基地和非耕地、闲置地、零星地，不得占用基本农田，不得有碍公共设施建设。需要临时使用土地的单位或个人应与被用地单位签订临时用地协议，经场土管科办理手续，报县以上人民政府批准。

1998 年，农场编修了全场土地利用总体规划，高标准、高起点抓好江海镇建设总体规划设计和基层居民点改造规划，查处违法用地，抓好土地复垦整理，保证农场耕地总体动态平衡。

1999 年 1 月，国家新修订的《土地管理法》经九届全国人大常委会四次会议审议通过，并于 1 月 1 日起施行。农场开展新《土地管理法》宣传日活动，强化公民的土地国策意识、耕地保护意识、依法用地意识。2008 年 7 月，农场开始创建土地执法模范场。

2013 年 11 月，农场公司制改造后，由苏垦南通公司资产经营部负责公司的土地管理工作。2019 年 5 月，为推进苏垦南通公司土地资源管理资产化和资本化，创新土地资产配置方式，苏垦南通公司成立土地管理办公室，印发《江苏农垦集团南通有限公司土地管理办法》，苏垦南通公司作为江苏省农垦集团公司所属的土地资产（资源）使用和运营单位，对土地实行统一管理、分级负责制。具体负责土地的日常管理，全面落实国家土地使用和管理政策、江苏省农垦集团公司土地管理制度及土地使用的规划和计划，接受江苏省农垦集团公司针对土地使用和管理方面的监督检查，充分利用好土地资产（资源），确保土地资产（资源）的安全。苏垦南通公司因出色的土地管理工作被江苏省农垦集团公司评为"土地管理先进单位"，时任资产经营部部长张新海获得江苏省农垦集团公司"土地管理先进个人"荣誉。

第七章 企业政务管理

第一节 办公综合管理

办公综合管理是指机关的行政管理和生活管理。主要工作内容有：建立和健全机关的工作制度，如会议汇报制度，业务、政治学习制度，会务制度，公章管理制度，车辆管理制度，商务接待制度等；日常的会务、接待、文书档案、文件收发、公章使用、机要保密、办公用品领用、宣传、文明创建、后勤保障、安全保卫、机关食堂、招待所等；接待和处理部分来信来访，调解民事纠纷等。建场以来，农场的办公综合管理工作一直由农场办公室负责。

一、职责沿革

1961年，农场设秘书科，由原基建室、文书室、邮电所、食堂事务等单位组成，承担办公室职责，具体工作内容是抓好党委每时期的中心活动情况并向上汇报，取得上下级联系，管好机关人员思想、组织领导及日常事务等。1965年，农场设场长办公室。

1981年，农场办公室设有办公室副主任1人、办公室秘书1人、民事纠纷调解员1人、保密员1人、管理员若干。直接管理的部门有：教导队，负责安排一些会议和专业训练班、各类学习班的食宿等；机关食堂包括菜园；负责调动小车驾驶员、打字员、招待员和通讯员等人的工作。

1984年，农场企业管理制度汇编材料中规定，办公室的主要职责有：①负责机关行政事务的管理；②负责催办行政办公会议布置给各部门的各项工作，及时了解掌握、汇总各类情况；③行政文字材料起草、修改工作及审核、打印、上报、下发；④来文、资料、文件的收发、传递；⑤文书档案资料的保密和保管；⑥外来人员的接待；⑦来信来访的处理、接待及转办；⑧各类民事纠纷的调处；⑨办理结婚登记手续；⑩场部公用具的登记、管配调配、办公用品的安排及发放；⑪小车的使用、安排及管理；⑫会场及会议室的安排、打扫、茶水供应；⑬场部公房的管理、维修及环境卫生，绿化管理工作；⑭招待所及场部食堂、蔬菜组的管理；⑮总机和广播站的管理。

1992 年 6 月，农场机关行政机构改革，原 11 个科室合并更名，设场长办公室，具体负责劳资、安全生产、外经、文秘档案、通信、行政管理等工作。

2004 年 1 月，农场深化管理机构、人事制度改革，农场机关设立 5 个科室，其中行政办公室定编 5 人，原农场企业管理科合并至行政办公室。

2007 年 11 月，农场社会职能内部分离后，机关机构及部门职能做相应调整。机关设行政办公室，负责机关政务管理，具体包括公文处理、文秘会务、信息传递、印章档案管理、机要保密、企业劳资、职工来信来访；机关后勤服务，具体包括公务接待、公务用车管理、报刊信函收发、机关卫生、保卫工作等。

2014 年 3 月，苏垦南通公司制定《江苏农垦集团南通有限公司机构设置和部门职责说明》，其中关于办公室职责规定有：①负责公司董事会、总经理层秘书工作，督办公司董事会、总经理办公会决策决议的落实。②为公司经营层提供行政支持和服务，负责公司综合协调和上传下达等日常行政管理工作，承担公司重点工作和经营层交办事项的检查、督办及信息反馈工作。③负责公司本部及下属公司办公室系统的建设，修订完善公司行政管理的规章制度和工作流程。④负责公司的会议、文书、机要、档案、保密、印章等管理工作和公司本部的行政事务。⑤负责公司对外联络和日常接待工作。⑥负责公司信息化建设的总体规划，协调管理公司本部和下属公司的信息化建设，办公网络系统的日常运营和维护，做好软硬件建设和网络建设、维护升级工作。负责公司网站开发和维护，公司本部弱电系统维护。⑦负责公司信访接待和矛盾调处工作，负责公司安保工作。

二、行政管理制度

一直以来，农场都重视制度建设，在狠抓经济建设的同时，不断完善行政制度体系，推进制度落实的体制机制。

1962 年 6 月，农场为充分发扬民主，加强扩大民主生活，建立和健全党的组织、各级单位部门行政领导管理组织、共青团、妇女、民兵等组织的思想作风、党政纪律、各项制度的组织生活会议的制度，农场拟定各单位部门政治组织生活会议、经营管理、生产、生活上的各项管理制度。

1977 年 4 月，农场制定适合农场具体情况的管理规章制度，内容包括：政治责任制、岗位责任制、技术操作规程制、设备维修保养制、质量负责制、安全生产责任制、经济核算制、考勤制。

1978 年 8 月，农场对管理规章制度进行完善，制定了全场统一的行政管理制度《国营南通农场行政管理制度》，管理制度包括政治学习制度、会议制度、请示报告制度、请销假制度、安全保卫制度、爱国卫生制度、生活管理制度、关于职工家庭副业的规定及纪律。

1984 年 3 月，农场根据中共中央、国务院《关于国营工业企业进行全面整顿的决定》文件精神，制定《江苏省国营南通农场企业管理制度汇编》，具体内容包括：国营南通农场场规民约、党委会工作制度、场领导班子小立法、党委书记的主要职责、农场场长的主要职责、农场副场长的主要职责、工会工作制度、职工劳动纪律制度、财务管理制度、物资管理制度、人事管理制度（七条规定）、科室（公司）职能范围（试行稿）、安全生产制度、政治工作制度、劳动竞赛评比制度、文明科室的标准要求及评比制度。同年 4 月，农场制定《国营南通农场机关管理制度（试行稿）》，内容包括：机关行政管理制度、机关工作人员岗位经济责任制、机关经费管理制度及各部室（公司）考核办法。

2015 年 1 月，苏垦南通公司制定《江苏农垦集团南通有限公司内部控制制度》汇编，内容包括《董事会议事规则》《总经理工作细则》《"三重一大"事项集体决策制度实施办法》《战略与规划管理办法》及账务管理 4 项制度、审计管理 1 项制度、投资管理 3 项制度、资产经营管理 4 项制度、人力资源管理 6 项制度、行政管理 7 项制度、综合工作 2 项制度。其中行政管理包括《公文处理运行及归档管理办法》《档案管理办法》《会议管理办法》《商务接待管理办法》《信息系统管理办法》《印章管理办法》《信访工作办法》，综合工作包括《信息发布管理办法》《危机公关管理办法》。

2020 年 5 月，苏垦南通公司对内部控制制度汇编相关制度进行修订。

2018 年 9 月，南通农场公司制定《江苏省南通农场有限公司内部控制制度》，具体内容包括财务管理办法等 6 项内部控制制度。

三、文秘工作

农场文秘工作包括各种文件、会议讲话稿的起草；文件的印制、装订及传递；日常文件的收发、传递、催办；文件的回收、清退、销毁；会议记录、会后会议纪要及相关材料总结整理；办公用品购置与领用；电话的接听等。2015 年，苏垦南通公司制定的内控制度中《关于公文处理运行及归档管理办法》，对公司文秘工作提出严格和具体的要求。办法明确提出，文秘工作主要职责是组织、协调全公司的公文处理工作，负责统一收文、分送、催办和以公司（含办公室）名义发出的各类文件的核稿、印制、发送、归档工作。同时文秘工作必须遵守各种类型公文运行规则，如上行文、下行文、平行文使用规矩和行文方法，以及遵守公文格式、编排规则、签发人、标题、主送单位、附件说明等规定要求。

四、保密工作

保密工作是指为达保密目的而采取一定手段和防范措施等，是维护国家安全和利益的一项重要工作。农场按照国家保密规定制定保密制度，通过对职工进行保密教育培训，加强职工的保密意识和保密责任感。

1971年9月，兵团时期的农场专门下发《关于保密工作的意见》，其主要内容有：

（一）保密教育

明确指出保密教育是一项经常性的政治工作。各级党委（支部）要列入议程经常抓，特别是每年"元旦、五一、七一、八一、十一"等节假日前夕，更要抓紧、抓实，结合形势和实际情况，全面进行一次保密教育。对团保密员、营书记、连文书以及材料员、通讯员、邮递员、话务员进行重点教育。使大家都能自觉为保卫无产阶级专政而保密，做到"守口如瓶"。

（二）保守守则

全体干部、职工，必须遵守保密守则：①不该说的机密坚决不说。②不该知道的机密，绝对不问。③不该看的机密，绝对不看。④不在私人通信中涉及机密事项。⑤不在非保密本上记录机密事项。⑥不在不利于保密的场合谈论机密。⑦不带机密材料游览公共场所和探亲访友。⑧不用公用电话，明码电报、普通邮件办理机密事项。

（三）保密任务

凡涉及国家军事机密的文件、电报、表报、书刊、资料和口令、暗语等，均属保密范围。团保密员、营书记、连文书是管理秘密文件的人员。其任务是负责本单位机要文件等的接收、登记、分发、传阅、转送、清退、保管和销毁。工作做到：制度严、手续清、运转快、无差错。

（四）文件打印

各部门起草的保密性文件，由拟稿者提出保密等级（秘密、机密），注明需要打印的份数，经团首长或主管首长审批后交打字员打印。校对工作由拟稿部门负责，成文后由保密室逐一清点、登记、分发、存档。打字废页、油印蜡纸、废纸以及按规定多印的文稿，都必须及时销毁。

（五）文件收发

文件收发建立登记制度，以便备查。①收文：秘密以上的机要文件，一律由保密室收拆、登记、转运、保存。②发文：秘密以上的机要文件，必须在"送文登记簿"上登记，由接收单位、人员签收。

（六） 文件传递

秘密以上的机要文件传阅，应填"传阅单"，在指定范围内传阅。传递工作由保密员具体负责、不要横传，以免泄密、失密。

（七） 文件清退

秘密以上的机要文件必须及时办理，随办随退，团的文件每月清理1次。各营、连在每月底向团保密室清退文件。清退后需要借阅的文件，应经主管首长批准，并在"借文登记簿"上登记签字。

（八） 文件保管

正在办理和使用中的文件，平时由承办单位或承办人严密保管；在节假日，应送保密员、书记、文书统一保管。一切办理完毕和不是正在使用的文件与资料，一律由保密员、书记、文书集中保管。

（九） 文件处理

办理完毕的文件，属于上级发文、注明定期收回的，应按期清退；属于本团事务性的、重复的和未注明收回的，应在办理完毕后及时销毁，销毁的文件必须逐一登记，由首长指定干部监销，并共同签字。

（十） 文件移交

保密员、书记、文书和承办秘密以上机要文件的人员调动工作时，必须移交文件，清理手续。交接双方均应认真清点，逐份核实、文件手续未交代清楚以前，不得离开工作岗位。

（十一） 工作手册

连以上军、政首长和团机关干部记录机密事项时，均应使用"工作手册"（保密本），不得用零星纸张随意记录。营以上军、政首长和机关干部的"工作手册"（保密本）由团统一登记和编号，每人发给两本，以后交旧换新，使用过的"工作手册"（保密本），由保密委员会研究，定期统一处理。

（十二） 会议保密

保密性的会议按规定对象参加，会议地点应选择保密的地方进行，会议期间一般不接待和处理日常工作，会议之后，按规定进行传达贯彻。

（十三） 保密检查

每年"四好"初评、总评，把保密工作列为一个重要方面进行一次全面的检查。同时召集保密委员会议。对保密工作进行总结分析，对下一阶段的工作提出总结意见，发现问题要及时追查。制定措施，堵塞漏洞，严格做好保密工作。

1992年6月，农场执行江苏省农垦总公司《关于江苏省农垦系统保密工作制度》，严格执行保密制度，保守国家秘密，维护国家的安全和利益。加强对机要文件的登记、传阅、保管等工作。对秘密文件随时登记、编号，按规定范围传阅或传达，机要人员按规定将秘密文件存放在有保密保障的地方，经常检查保管情况，对平时工作使用的秘密文件，用后立即入柜加锁，做到不在普通电话、明码电报、邮局传达机密事项。

2019年9月，苏垦南通公司对历年农场接收的秘密文件进行清查，对其中没有存查保管利用价值的秘密文件及上级来文全部登记造册，经领导批准后进行销毁处理，共销毁6778件文件材料。

五、接待工作

农场公务接待工作主要是公务来客宴请等工作。2006年2月，农场对公务宴请活动严格控制，规定如下：一是全场各单位要按照有利公务、节俭实在、杜绝浪费的原则建立健全公务接待制度，严格用餐标准，控制陪餐人数和次数；二是全场副股级以上干部和在编工作人员除受组织指派从事外事、招商活动外，不准在工作日午间饮酒或有酒精的饮料；三是各单位未经主管领导批准，不准以开会、检查、评比考察、学习、培训、庆典、联谊等各种名义，用公款宴请；四是各单位及其工作人员不准用公款到上级机关、部门所在地宴请领导机关工作人员，不准用公款招待私人亲属或朋友；五是各单位工作人员不准接受可能影响公正执行公务的宴请；六是机关工作人员到基层进行公务活动，需要用餐的，应当按照工作餐安排，严禁大吃大喝。对有违反上述6条规定的工作人员，视情节轻重按照干部管理权限和有关程序给予诫勉谈话、责令做出检查、通报批评或者免职、降职、辞退等组织处理，同时取消当年评选先进或者优秀资格，对违反规定行为的工作人员中的共产党员，构成违纪的，依照《中国共产党纪律处分条例》第七十八条、第八十条、第八十二条之规定，给予党纪处分，需要追究政纪责任的，比照所给予的党纪处分给予相应的行政处分，对不是共产党员的工作人员，按照情节轻重，给予相应的行政处分，情节严重的要公开曝光。

2020年5月，苏垦南通公司为贯彻落实中央八项规定精神、省委十项规定和集团党委《省农垦集团公司公务接待管理实施细则（修订）》的若干规定，规范苏垦南通公司公务接待管理，制定印发《江苏农垦集团南通有限公司公务接待管理实施细则》。细则明确公务接待主要是指召开及参加会议、考察调研、执行任务、学习交流、检查指导、请示汇报工作等公务活动的接待工作，坚持有利公务、务实节俭、严格标准、高效透明、尊重风俗习惯的原则。规定办公室和财务部门为公务接待工作的管理和协调部门。负责接待的单位（部门）根据规定的接待范围严格接待审批控制，对能够合并的公务接待统筹安排，严禁超规格、超标准接待，未经批准不予接待。

规定接待用餐坚持勤俭节约的原则，严格控制陪餐人数。公务用餐应当供应家常菜，不得提供高档菜肴，不得提供香烟，不得饮酒，不得使用私人会所、高消费餐饮场所，不得以任何名义赠送礼金、有价证券、各类纪念品和土特产。对用餐标准设定最高限额，具体标准应在《接待审批单》中列明。

规定公司层面的公务接待活动由办公室负责安排，涉及的相关部室协助安排；知青回场省亲由办公室负责接待，原则上安排工作餐，餐费标准 60 元/人，饮料、茶水费 10 元/人。接待住宿一般安排在具备接待条件的内部接待场所或定点宾馆。

规定公务接待的出行活动原则上集中乘车，合理安排车型，减少随行车辆。现场不组织迎送，不打电子屏，不张贴悬挂横幅标语，不铺设迎宾地毯。公务接待费应当纳入预算管理，单独列示。禁止在接待费中列支应当由接待对象承担的差旅、会议、培训等费用，禁止以举办会议、培训为名列支、转移、隐匿接待费开支，禁止向企业、个人转嫁接待费用，禁止在非税收入中列支接待费用，禁止借公务接待名义列支其他支出。

六、后勤管理

（一）食堂管理

建场初期，农场建立集体食堂，对推动职工劳动生产积极性、提高和改善职工生活发挥了重要作用。1961 年，农场下发《关于加强公共食堂管理与财务手续制度的通知》，建立食堂管理委员会和财务账目制度，明确食堂工作人员的职责范围。

1963 年，农场制定《国营南通农场食堂管理工作试行办法（草案）》，对食堂管理进行了整顿，改进工作办法。一是在经济体系上严格划清国家、集体、个人之间的关系，加强经济核算，建立民主管理制度，健全食堂民主管理的机构，调整、配备专职事务工作人员，加强食堂炊事人员的政治思想和技术业务的具体领导；二是建立和健全食堂财务手续制度，公开成本，公布账目，执行"三不见面"的制度，做到日清月结；三是根据条件的可能，尽量改善职工的生活，在高质低价味美新鲜的要求下，订计划，想办法，调剂菜蔬品种，提高饭菜蒸煮技术，使职工安心积极生产，增强职工身体健康；四是明确食堂工作人员的职责，加强责任性，并在炊事人员中加强政治教育，开展劳动竞赛，通过每月评奖的办法，采取基本工资加奖励。当年全场共有 20 个食堂。

1973 年，农场印发《连队食堂管理制度试行草案及有关规定》，建立经济委员会，参加食堂和菜园的管理，健全炊事员、事务长、食堂保管员等人员配备手续制度，明确职责分工范围及人员编制。

1978年，农场大批知青回城后，食堂功能转变，不再提供职工餐饮。

（二）公务用车

2005年11月，为保证农场机关车辆管理工作正规化、规范化，农场制定《南通农场机关公务用车试行规定》，明确：一是机关所有车辆，除值班车外，夜晚和公休日车辆全部入库，任何人不得擅自使用，场部车辆一律不得外借，确因工作需要，夜晚及公休日用车，须事先向分管场领导请示，经同意后转告场行政办公室，场行政办公室进行核对后方可用车。二是场领导用车，应在场行政办公室登记，以便掌握公车动向，长途出差用车，原则上应由场部兼职驾驶员驾驶公务车辆。三是场部车辆原则上用于场领导从事公务活动，各科室确需工作用车，要提前向场行政办公室预订，填写《南通农场机关派车单》，经分管场领导同意后，由场行政办公室派车，在调派车辆时，应本着优先保证领导、保证急需的原则，离场开会、办事尽量合并用车，一般不一事一派，用车后，乘坐人必须在派车单上签字。四是未经批准，严禁私自租车从事公务活动，否则场行政办公室不予结账。因紧急公务，确需租车的，经场分管领导批准，由场行政办公室统一租车。严禁租车自驾从事公务活动。五是严格控制公车私用，一般情况禁止私用公车，特殊情况因私用车的，须经分管场领导批准，并按照有关规定缴费。六是不准未经批准用公款和单位车辆学习驾驶技术，公务车辆维修、购置配件，必须报请场分管领导批准（出差途中除外），经批准后，由场行政办公室到指定地点进行维修。七是场部兼职驾驶员要经常对车辆进行安全检查，定期进行维修保养，收车后、出车前要擦洗车辆，保证车况经常处于良好状态。加强用油管理，节约用油，每月对用油数量和行驶里程进行考核；农场直属有公车单位，参照本规定制定本单位用车管理制度，报场行政办公室备案。

2006年2月，农场制定《南通农场自备机动车辆从事公务活动暂行规定》，规定如下：一是以自备机动车辆从事公务活动，须经场部安排使用。公务活动范围仅限于南通市区及南通开发区，不包括农场境内。二是各单位个人使用自备车辆从事公务活动的，均必须报场分管领导批准，由本单位负责人审核。三是个人自备机动车辆从事公务活动，各单位应做好登记审核、审批制度，主要登记公务活动内容、时间、地点等，做到日清月结。四是个人自备机动车辆从事公务活动费用补贴，仅考虑油费及车辆部分磨损等。五是对个人自备机动车辆从事公务活动造成交通事故的，按通纪发〔2005〕27号文件规定处理。六是其他特殊情况用车须经农场主管领导批准。

2008年12月，《南通农场关于公务执行费及差旅费实施经费包干的暂行办法》中对机关公务用车有关管理办法进行了修正完善：一是机关所有车辆用于场领导及机关工作人员从事公务活动，一律不得外借。二是机关车辆原则上用于农场领导，各科室确需工作用车需提前向农场办公室预订，填写《南通农场机关派车单》，由农场办公室调派。三是积极鼓励机关工作人员乘坐公交从事公务活动，严禁私自租车自驾，因紧急公务而场部车辆不足确实需租车的，由科室负责人填写《南通农场机关派车单》，办公室统一租车。自行租车自驾者，责任自负，不得报支。四是对个人自备车辆从事公务活动造成交通事故的，按照交通法律法规处理，责任自负。五是农场领导长途出差用车，应由农场办公室驾驶员驾驶，驾驶员要经常对车辆进行安全检查，定期进行维修保养，保持车况良好。六是各科室用车所涉费用均从包干经费中列支。七是农场下属单位有公车的，参照本规定制定本单位车辆管理制度报农场办公室备案，所有农场下属单位工作人员严禁租车自驾从事公务活动，违反规定者，责任自负。

2018年12月，苏垦南通公司根据江苏省农垦集团公司《关于公务用车制度改革工作方案的批复》文件规定及《江苏农垦集团南通有限公司公务用车制度改革工作方案》，制定《江苏农垦集团南通有限公司公务用车管理和公务出行保障办法（试行）》。办法中明确公司用车改革和保障公务出行的原则：一是改革后相关交通支出费用要低于改革前费用总和；二是公务用车改革不影响本单位正常的业务工作开展；三是不得在公务用车补贴保障范围内既拿钱又坐车，或者既拿钱又报销费用；四是企业主要负责人如选择报销公务交通费用，原则上不重新配备实物保障用车，如因情况特殊需要配备的，须报江苏省农垦集团公司批准。

公务用车使用范围：①参加抢险救灾、处置突发事件等不可预测特殊任务。②参加江苏省农垦集团公司等上级机关和部门召集的跨地区会议和活动。③参加公司统一组织的重要公务、商务活动和集体调研慰问活动。④购、送、取数量较多公务用品。⑤财务人员取、送大额现金。⑥干部职工工作期间因伤因病需紧急送医。⑦离退休老干部政策范围内用车。⑧经公司领导批准的特殊情况用车。

2020年5月，苏垦南通公司制定的《江苏农垦集团南通有限公司公务接待管理实施细则》中，对公司公务用车费管理进行了完善。规定：①对公司公务用车的保养、维修费用，以及日常使用所发生的保险费、年检费、车船使用税、燃油费、停车及过路费等各种运行费用，实行单车核算。②严禁私车公用，部室如因公务用车，须由办公室统一调配，公车优先，在南通市区内（含崇川区、港闸区、南通开发区）用车由用车人填写用车登记单，备注具体驾驶人员、时间、目的地、事由，部室负责人审核，办公室复核，报分管领导批准后使用，公车车费按租赁公司车辆费用减半列入部室包干经费，每月由办公室统计报财务部。在南通市区外用车，所涉费用按标准结算不计入部室包干经费。③严禁公车私用。节假日、双休日公车须停放在办公地点，如确需使用到办公室办理相关手续。④公司本部专（兼）职驾驶员因公出差的补贴计入公用经费，南通市区以外出差按里程发放补贴。

七、印章管理

农场印章具体包括党委会印章、农场公章、合同专用章、农场法定代表人名章、农场负责人名章、农场纪律检查委员会公章、农场工会公章、财务专用章、农场各部室公章及各部室工作职责内的业务专用章。

1982 年 5 月，农场制定《关于加强印章管理的通知》，对于撤销单位公章处理、公章尺寸规格、公章启用都做了规定。1996 年 10 月，农场为确保印章管理及使用的安全性和可靠性，杜绝违章管理使用，印发《南通农场印章管理办法》，对全场各单位所有各种印章进行彻底清理、登记、取印模，立卷归档，除正式使用的印章外，其余多余印章统一收缴场档案室封存，同时规定，今后各单位所有印章的刻制，统一由场办公室审批并镌刻。2015 年 1 月，苏垦南通公司内部控制制度汇编中《印章管理办法》重新详细规定了苏垦南通公司印章的使用管理办法。

（一）印章刻制、启用和收缴

公司因业务需要，需刻制公章之外的其他印章，由使用部室以书面形式向办公室提出申请，办公室根据工作需要提出意见，报总经理审批后按程序到当地公安机关指定单位刻制，并做好备案登记手续。未经批准，任何单位和个人不得擅自刻制公司各类印章。公司刻制的印章必须做好戳记，并填写《印章留样备案表》，统一在办公室留样保存。经办公室发文，下达启用通知，履行登记手续后方可启用、生效。公司因更名、部室撤并、业务调整撤销等原因而不需再使用的相关印章，履行收缴手续后由办公室负责收存和销毁。

（二）印章的保管

公司印章根据业务需要由相关部室专人负责保管。①人力资源部负责保管：公司党委会印章、企划宣传印章、公司组织部印章；②办公室负责保管：公司公章、公司法定代表人签名章、公司合同专用章；③计划财务部负责保管：公司负责人印鉴章、财务专用章、发票专用章，公司财务专用章和负责人印鉴章不得由同一人保管；④工会办公室负责保管公司工会印章，纪委办公室负责保管公司纪委印章；⑤公司团委书记负责保管公司团委印章；⑥各部室负责保管公司各部室印章及各部室工作职责内的业务专用章。各保管人在领取印章时要签名并履行登记、签收等手续后方可领取。印章保管人应严格做到：①严格执行印章管理规定；②印章保存地点应安全可靠；③经常清洁印章，确保用印清晰；④原则上禁止携带印章外出用印；⑤若出现遗失印章情况，必须第一时间报告办公室及部门负责人，并及时采取补救措施。

（三）用印审批及印章使用

（1）印章使用必须遵循以下具体用印程序。

①经办人提出用印申请，并清楚、完整地填写《印章使用登记表》。

②履行印章使用审批程序。

③经办人凭履行审批程序后的《印章使用登记表》到印章保管人处盖章。若需要用印的事项已按公司内控制度的规定履行过审批程序，经办人可凭相关审批凭证及经本部室负责人审批过的《印章使用登记表》办理用印。

④印章保管人负责检查印章审批流程是否符合相关授权规定，《印章使用登记表》填写内容是否准确完整。对于不符合用印规定的事项，印章管理人员有权拒绝用印。

⑤印章保管人盖章后应留存《印章使用登记表》及有关附件，并按月将登记表装订成册以备查阅。

（2）印章的审批流程如下。

①公司党委印章：经用印单位或部室经办人申请，由分管领导审核，报公司党委书记批准后方可用印。

②公司法定代表人名章：经用印单位或部室经办人申请，由分管领导审核，报法定代表人后方可用印。

③公司公章、合同专用章：公章经用印单位或部室经办人申请，由分管领导审核，报总经理（或其授权人）批准后方可用印；合同专用章凭批准的《合同审批表》用印。

④公司负责人名章：经用印单位或部室经办人申请，由分管领导审核，报总经理（或其授权人）批准后方可用印。

⑤公司纪律检查委员会公章：经用印单位或部室经办人申请，报纪委书记（或其授权人）批准后方可用印。

⑥公司工会公章：经用印单位或部室经办人申请，报公司工会主席（或其授权人）批准后方可用印。

⑦财务专用章：经用印单位或部室经办人申请，由部室负责人审核后方可用印，作为证明用途使用时，报公司财务总监（或其授权人）审核批准后方可用印。

⑧公司团委印章：经用印单位或部室经办人申请，报公司团委书记批准后方可用印。

⑨公司各部室的公章及各部室工作职责内的业务专用章由各部室主要负责人审核批准方可用印。各全资、控股子公司使用上述印章的，应由各全资、控股子公司根据所办业务

的性质向公司相关职能部室提出用印申请，经相关业务部室审核后，报公司用印批准人（或其授权人）批准后方可用印。

⑩交接工作时，印章保管人员应办理交续，填写《印章交接单》，登记交接日、交接印章名称，交接人员签字后备存。

为确保印章的安全，公司印章原则上不得携带外出。如因特殊情况需将公司印章携带外出用印的，应履行印章外带使用审批程序，经公司有关负责人审批同意后由印章保管人员亲自或指定专人携带，全程保管并负责用印。空白凭证或未填写完整的凭证原则上不得用印。如遇特殊情况确需在空白凭证或未填写完整的凭证上用印时，须经总经理批准，经办部室负责跟踪监督空白凭证或未填写完整凭证的使用。遇有急件需用印又暂时没有履行完审批手续时，经办人应协助印章保管人通过电话联系，经请示有审批权限的负责人口头批准（应记录在案）方可用印，经办人并负责在两个工作日内补办手续。

（四）印章的停用

出现下列情况，印章须停用：公司名称变更、部门撤并、业务调整；印章损坏；印章遗失或被窃，声明作废。公司决定停用印章的，经董事长或总经理签字同意后，由办公室下发停用印章的通知，将停用原因、时间通知公司各有关部门。停用的印章由办公室负责收存和销毁。

第二节 应急管理

一、重大自然灾害防救应急预案

农场滨江临海，是台风、洪涝等自然灾害多发地区，为提高防灾救灾的应急能力，2005年6月29日，农场制定《南通农场重大自然灾害防救应急预案》。应急预案范围：洪涝、干旱、风雹（包括龙卷风、飓风和冰）、台风（包括热带风暴）、雪灾、霜冻、低温、病虫害、地震及其他异常自然现象造成的重大损失和危害，当气象、地震等部门发出台风、洪涝、地震等自然灾害预报宣布进入台风、洪涝、地震等应急期时，预案启动。

农场防灾救灾实行行政领导负责制和分级分部门负责制。农场成立防灾救灾指挥部，由农场场长任总指挥，书记、副场长任副总指挥，党委办、行政办、工会办、计财科、社保科、农业服务中心、土管科、城镇管理办公室、5个农业管理区、苏垦南通电力公司、自来水厂、三孔桥社区、农场医院等部门的主要负责人为成员。农场防灾救灾指挥部在农场行政办下设办公室，行政办公室主任兼任办公室主任。主要职责分工为：

（1）农场防灾救灾指挥部在江苏省农垦集团公司及南通开发区总指挥部的领导下，负责全场防灾救灾工作的组织和协调。

（2）农场党委办负责抗灾救灾的宣传报道工作，对救灾款物分配情况进行纪检监察，对防灾救灾工作中的党员干部考察监督，会同学校负责受灾学校学生和教师的转移和安全。

（3）农场行政办公室负责防灾救灾工作的综合协调工作，组织收集汇总上报有关灾情的数据和资料，检查受灾地区各项救灾措施落实情况，组织、储备、调度全场的抗灾救灾物资，负责救灾应急交通工具，保证救灾物资的运输畅通，按规定程序对外发布灾情。

（4）农场工会办公室负责承担灾民无力克服的吃、穿、住和因灾引起疾病的医治等生活困难的救济工作，组织救灾捐赠工作，做好捐赠款物的接收、管理和发放工作。会同农场医院搞好灾区的卫生防疫，负责药品供应，实施医疗救助。

（5）农场计财科负责筹集、管理防灾救灾资金，将防灾救灾经费列入预算，并对防灾救灾资金发放和使用情况进行监督和审计。

（6）农场社管科负责及时制订救灾款物分配方案，安排和使用救灾款物，做好防灾救灾期间的安全保卫工作，调解防灾救灾期间的社会矛盾。

（7）农场农服中心负责组织指导灾民开展抗灾救灾、生产自救、灾后恢复生产工作。指导灾民搞好抢种、补种以及特种养殖的补救措施，对台风和洪涝现场情况进行监测和趋势判断，及时向场防灾救灾指挥部报告灾情和险情，提出紧急抢险建议，进行台风、洪涝宏观烈度考察和对社会经济影响调查。

（8）农场城镇管理办公室负责全场损坏道路的抢修工作，协助场防灾救灾指挥部转移安置灾民，处理伤亡人员的善后事宜。

（9）江海派出所负责对灾区进行治安防范，做好重点目标的警卫及交通疏导工作，保证灾区治安稳定。

（10）电信、供电、供水等公用设施管理部门负责恢复损坏的水、电、通信等有关设施，确保救援工作的顺利进行。

预案还对灾前准备、救灾资金的筹集、救灾物资的筹集、灾情等级划分和报告（包括灾害评估、灾害等级划分、灾情报告）、应急措施（包括转移安置、食品供应、伤病救济、口粮救济、衣被救济、房屋重建、修建、灾后恢复生产、社会救助）做了安排和要求。

二、重大动物疫病（禽流感）防治应急预案

2005年11月10日，农场为做好场域内重大动物疫病（禽流感）防治工作，制定了农场防治重大动物疫病（禽流感）应急预案。

（一）农场成立值班和应急指挥机构

依据"政府负总责，部门各司其职""属地管理，分级负责"的工作原则，农场重大动物疫病（禽流感）的防治工作接受南通开发区的统一领导，配合南通开发区重大动物疫病（禽流感）防治指挥部全面做好工作，农场成立由场长为总指挥的防治指挥部，指挥部下设办公室，办公室实行 24 小时值班制度，保证人员在岗，通信畅通。指挥部下设信息统计组、疫情处置组、综合组、督察组等 4 个专业组。

（二）疫情的确认

重大动物疫病（禽流感）疫情由江苏省重大动物疫病（禽流感）防治指挥部认定的专家进行现场流行病调查和临床诊断，可怀疑为高致病性禽流感疫情，在此基础上，经江苏省动物疫病诊断中心按国标《高致病性禽流感诊断技术》（GB/T 18936—2003）方法进行检测，诊断为阳性的，可确定为高致病性禽流感疑似病例，按规定及时报告省、市、区重大动物疫病（禽流感）防治指挥部，并积极配合相关部门做好疫情的处置工作。

（三）应急反应

1. 农场疫情应急反应的简易程序

（1）农场发现禽流感可疑病例或接到疫情报告后，立即报告至南通开发区重大动物疫病（禽流感）防治指挥部及江苏省农垦集团公司防治高致病性禽流感领导小组，由江苏省防治重大动物疫病（禽流感）指挥部派出指定的禽流感专家组进行流行病学调查和现场诊断，可怀疑为高致病性禽流感疫情。

（2）农场应立即对发病场（养禽点）采取紧急隔离控制措施和消毒措施，限制该地点相关人员和牲畜及有关动物产品的流动，配合南通开发区动物防疫监督机构做好相关工作。

2. 农场疫情应急反应的一般程序

（1）对临床诊断怀疑为高致病性禽流感疫情的，由南通开发区或南通市动物防疫监督机构立即采样送江苏省动物疫病诊断中心进行实验室检测，如确定为疑似病例的，按国家有关规定上报疫情。

（2）疑似病例确定后，南通市畜牧兽医行政管理部门将会立即派人至现场，划定疫点、疫区、受威胁区并将会发布封锁令。

（3）农场应无条件服从南通开发区重大动物疫病（禽流感）防治指挥部的工作部署，按照指令，调动农场动物疫情应急队伍，实施对疫点、疫区、受威胁区的封锁和消毒，对疫点周围 3 公里范围内的所有禽类进行扑杀和无害化处理，对疫区周围 5 公里范围内的禽类采取紧急接种等应急处理措施，迅速控制和扑灭疫情。在疫区封锁期间，禁止染疫和疑似染疫的禽类、禽类产品流出疫区，禁止非疫区的禽类进入疫区，并根据扑灭动物疫病的需要对出入封锁区的人员、运输工具及有关物品采取消毒和其他限制措施。

（四）预防措施

根据国家规定，使用农业部定点厂家生产的高致病性禽流感疫苗，严格外堵内防措施，严禁违章调运畜禽及畜禽产品进入农场，场内的所有家禽要立即实行强制免疫，确保免疫密度达100％。强化消毒，农场组织兽医站主动帮助和指导养禽户以及屠宰场，畜禽交易市场建立健全卫生消毒制度，定期做好消毒工作。农场对养禽大户实行封闭管理，建立并严格遵守各项防疫管理制度，严禁从疫区或受威胁区调入种蛋、种苗、饲料等。严禁外来人员到养禽场参观、学习。严格饲养、管理人员出入家禽饲养区的管理。加强对人群流感疫情的监测，农场卫生部门密切注意人群流感的发生情况，做到早监测、早发现、早诊断、早处理。加强和完善农场防疫队伍建设。

（五）建立疫情报告制度

实行疫情每日报告制度，实行24小时值班，在农场内发现疫情的，必须在6个小时内由专人以书面形式上报南通开发区重大动物疫病（禽流感）防治指挥部和江苏省农垦集团公司高致病性禽流感防治工作领导小组，并立即采取果断的强制性控制措施，主动配合南通开发区防疫监督机构迅速扑灭疫情。

三、质量安全事件应急管理

2007年4月10日，根据江苏省、南通市、南通开发区文件及《农产品质量安全法》《国家重大食品安全事故应急预案农业部门操作手册》的有关规定和要求，农场成立农产品质量安全事件应急工作小组。农场农服中心设综合组、农产品组，由农服中心成员及管理区主要负责人组成，主要负责农产品质量安全事件信息的收集、汇总、传递、上报工作；农场渔业管理区设水产品组，由渔业管理区的有关人员参加，主要负责水产品质量安全事件的处理工作；农场农贸市场设农产品检测组，由城镇管理办公室和农贸市场的相关人员组成，负责农产品质量检测工作，并及时上报交流。

农场农产品质量安全事件应急工作小组的工作程序：

（1）事件信息的收集、分类。农产品质量安全事件发生后，由综合组、农产品组及时对事件进行收集、整理，报组长同意后根据产品类别将事件信息分别通知相关专业组或上级部门。

（2）事件调查。各专业组在收到事件信息后，立即对事件具体情况进行调查。

（3）事件处理。专业组对事件调查并报组长同意后，农场对事件有资质处理的，及时派人处理，没有资质处理的，及时上报上级部门派有资质的部门处理。

（4）事件跟踪。对事件处理后，要加强对事件的跟踪，防止类似事件发生。全场各有关单位接到通知后，结合实际，健全机制，明确分工，落实责任，确保农产品质量安全应急工作快速、高效、有序地开展。

四、公共卫生事件应急预案

2008年6月26日，农场为了及时、高效、妥善处置发生在场域的突发公共卫生事件，最大限度地减少突发公共卫生事件对公众健康造成的危害，保障广大人民群众的生命与健康，维护社会安全和稳定，农场成立了突发公共卫生事件应急处理工作小组。同日，依据《中华人民共和国传染病防治法》《中华人民共和国食品卫生法》等国家相关法律、法规、规章和南通开发区突发公共卫生事件应急预案，农场结合实际制定了《江苏省南通农场突发公共卫生事件应急预案》。预案适用于在农场范围内突然发生，造成或可能造成社会公众身心健康严重损害的重大传染病、群体性原因不明疾病、重大食物和职业中毒以及自然灾害、事故灾难和社会安全等事件引起的严重影响公众身心健康的公共卫生事件的应急处理工作。

根据突发公共卫生事件性质、危害程度、涉及范围，分为一般、较大、重大、特大4个级别。农场成立由场长任组长、党委书记和分管副场长任副组长的突发公共卫生事件应急处理工作领导小组，作为应急指挥体系，主要负责组织、协调、指挥农场范围内突发公共卫生事件应急处理工作，负责对重特大突发公共卫生事件的统一领导、统一指挥，做出处理突发公共卫生事件的重大决策。

农场医院（南通开发区江海社区卫生服务中心）是领导小组主要成员单位，其职责：一是负责制订预防和控制突发公共卫生事件的各项技术方案；二是负责确定监测点及监测网络，及时掌握事件动态；三是协助组建专家组，组建、培训卫生防疫应急机动队伍和医疗急救队伍，做好患者的调查和救治工作，提出事件现场处置的控制措施，开展健康教育，保护易感人群，防止疫情扩散；四是建议农场协调各管理点、各单位开展应急处置，必要时，提请农场向南通市、南通开发区提出对疫区采取疫情紧急控制措施；五是根据突发公共卫生事件应急处理工作的实际需要，向农场提出启动全场突发公共卫生事件应急预案的建议。

发生突发公共卫生事件后，医疗卫生机构服从领导小组的统一指挥和安排，开展应急处理工作。主要负责病人的现场抢救、运送、诊断、治疗、医院内感染控制，检测样本采集，配合进行对病人的流行病学调查。

突发公共卫生事件报告分为首次报告、进程报告和结案报告，根据事件的严重程度、事态发展和控制情况及时报告事件进程。首次报告必须报告信息：事件名称、发生地点、发生时间、波及人群或潜在的威胁和影响、报告联系单位人员及通信方式，尽可能报告的信息包括：事件的性质、范围、严重程度、可能原因、已采取的措施，病例发生和死亡的分布及可能发展趋势。进程报告，报告事件的发展与变化、处置进程、事件的诊断和原因或可能因素，在进程报告中既要报告新发生的情况，同时对首次报告的情况进行补充和修正。结案报告，突发公共卫生事件结束后，对事件的发生和处理情况进行总结，分析其原因和影响因素，并提出今后对类似事件的防范和处置建议。首次报告要快，进程报告要新，结案报告要全。

突发公共卫生事件监测报告机构、医疗卫生机构和单位发现较大及以上突发公共卫生事件，应当在2小时内向场领导小组报告，发现一般突发公共卫生事件，应当在6小时内尽快向场领导小组报告。场领导小组和农场医院接到较大及以上突发公共卫生事件信息或一般突发公共卫生事件报告后，应立即组织人员进行现场调查确认，及时采取措施，并应当分别在2小时和6小时内向南通开发区报告，随时报告事态进展情况，事件结束后，进行结案报告。未达到特大、重大、较大和一般公共卫生事件条件的传染病疫情，按照《中华人民共和国传染病防治法》规定的程序和时限报告。

五、安全生产事故应急预案

2014年5月5日，苏垦南通公司为全面落实"安全第一，预防为主"的方针，规范公司应急管理工作，将可能发生的事故降到最低限度，及时有效地对公司突发的重大安全事故采取应急救援行动，确保公司具备快速反应和处理事故的能力。公司依据《中华人民共和国安全生产法》《中华人民共和国劳动法》《中华人民共和国消防法》《江苏省安全生产条例》《生产安全事故应急预案管理办法》制定苏垦南通公司《安全生产事故应急预案》，适用于公司各部门及控参股企业在安全生产过程中发生的火灾、触电、机械伤害等危险有害因素造成的事故。应急工作坚持以人为本，安全第一，把保障企业员工生命、财产安全和身体健康作为应急工作的出发点和根本点，以最大限度地减少安全事故灾难造成的人员伤亡作为首要任务。

苏垦南通公司成立应急领导小组，包括通信联络组、应急组、安全警戒组、后勤保障组，公司负责人任总指挥。总指挥负责事故现场总体协调及决策，当事故发生后，实施应急救援行动，当总指挥不在时依序由副总指挥代替总指挥行使指挥权。

通信联络组负责向公司应急指挥部报告，及时与当地公安、消防、急救中心、医院取得联系，同时负责现场的联络工作，按事故现场指挥部命令周边企业及人员撤离到警戒线外安全区域，并负责应急过程的记录与整理。

应急组在指挥部指挥下参加抢险救援，并负责组织当班人员在事故发生时将事故发生区域的人员、物资抢救到安全地点，在事故有可能扩大须进行抢险抢修或救援时，应高度注意避免意外伤害，防止事态扩大。抢险抢修或救援结束后，直接报告最高管理者并对结果进行复查和评估。

安全警戒组设置事故现场警戒线、岗，维持抢险救护正常运转，组织人员撤离现场，并做好各类安全保障工作，协助周边单位和群众的安全疏散和撤离，保持抢险救援通道顺畅，引导抢险救援人员及车辆进入，抢救救援结束后，封闭事故现场直到收到明确解除指令。

后勤保障组负责事故现场的各种救援器材物资的供应和事故区域附近人员的疏散和重要物资抢险工作。

应急物资包括消防器材配备、干粉灭火器、消防水管、医药品、安全帽、应急车辆等配备。

应急准备：一是成立消防突击队，正确掌握各类火灾灭火方法和消防器材的使用；二是公司安全员应加强对生产现场、库房、生活区、办公区的防火、防爆的日常检查工作，发现隐患及时整改。库房要设置严禁烟火标志，每天下班前要关闭电源。特殊工种必须持专业上岗证书操作，配电系统要按照要求张贴警示标志，配电间严禁闲人入内。公司内消防栓严禁擅自使用，要经常检查关闭情况及水压情况，及时做好检查记录。厂区内严禁私拉乱接电线，每次临时用电必须检查线路有无外露，不得任意接长线路。

事故应急救援预案（措施），发生一般火警、火灾事故、设备事故、人身伤害事故，当班值班人员应立即报告领导，逐级上报，拨打119、120请求救援。不管是哪类事故，抢险救援时都要先切断电源或采取防护措施后再组织救援，防止事态扩大。发生重大火灾事故，应立即切断电源，迅速向班组长汇报，班组长逐级向上反映。岗位人员拨打119请求救援后，首先组织自救，使用现场的灭火器进行灭火。发生人身伤亡事故，发现人员在立即向安全员等逐级上报后，还要通知医院等部门立即赶赴现场组织救援。发生重大设备事故，要立即报告，同时停止设备运转处理事故时，要有专人监护，严格执行检修程序和停送电确认制度。发生爆炸事故，要立即关闭爆炸源，若有人员伤亡按人员伤亡预案救援。

六、新型冠状病毒感染的疫情防控应急预案

2020年2月，新型冠状病毒感染的疫情席卷全球，苏垦南通公司为有效预防和控制

疫情，指导和规范疫情应急处置工作，保持公司经济持续健康发展，保障公司职工生命安全和身体健康，维护社会稳定和公共卫生安全，依据《中华人民共和国传染病防治法》《突发公共卫生事件应急条例》《国家卫生健康委关于印发新型冠状病毒感染的肺炎诊疗和防控等方案的通知》《江苏省机关事业单位新型冠状病毒感染的肺炎疫情防控卫生学技术指南（试行）》《江苏省工业企业新型冠状病毒感染的肺炎疫情防控卫生学技术指南（试行）》等文件精神，制定苏垦南通公司新型冠状病毒感染疫情防控应急预案。

苏垦南通公司成立新型冠状病毒感染的疫情防控工作领导小组，牵头负责公司新型冠状病毒感染的疫情防控的应急指挥工作。领导小组在公司行政办公室下设疫情防控办公室，具体负责预案的执行与日常管理工作，负责统筹协调公司大楼体温异常的工作人员排查、报告、协助处置等工作。

作为应急响应，上班期间所有员工必须佩戴防护口罩，严禁聚集闲谈，做好对公用办公设备固定电话的消毒工作。做好办公区域的通风，上下午各1次，时间为20～30分钟，通风期间做好保暖工作。日常洗手按照洗手六步法。下班后，本人及家人尽量不要去人员密集场所，与人保持安全距离，不聚会。

上班前出现发热、咳嗽等症状的工作人员，应主动向领导小组办公室报告，由专人询问了解其近14天有无疫情重点地区旅居史或疑似、确诊病例接触史。如有旅居史或接触史，立即电话报告公司防控指挥部，在其统一指导安排下进行处置。如没有旅居史或接触史，由领导小组办公室安排专用车辆立即送到政府定点医疗机构发热门诊进行就诊，并第一时间将诊断结果报告单位。如被排除，应安排其在家休养或办公，等身体恢复后再到岗上班。对上班期间出现发热、咳嗽、乏力等症状的工作人员，部门负责人应立即向领导小组办公室报告，并按以上程序执行。

当有工作人员被确诊或认定为疑似病例时，应做好病例办公室、会议室等疫点的消毒以及加强密切接触者的管理。如在上班时间，与该工作人员接触的其他工作人员应留在所在办公室，具体在公司防控指挥部统一指导安排下进行处置；如处于下班时间，与该工作人员接触的其他工作人员应进行居家隔离，并及时向所在地社区报告，听从属地政府防控指挥部和公司防控工作领导小组后续安排。公司做好确认或疑似工作人员的思想安抚工作，给予人文关怀。

七、农场夏收夏种应对自然灾害的应急预案

农场在每年"三夏"来临之际，为确保夏收夏种工作顺利进行，应对可能出现的各种自然灾害，均制订工作方案及应急预案。

（一）夏收夏种前

农场农业服务中心提前做好对小麦的产量预测和测产工作，配合种子公司做好小麦留种田的确定和水稻留种的种植计划安排落实。农场营销中心及种子公司及早做好"三夏"农资的采购供应准备，确保"三夏"农药、化肥、种子的供应。农场农机监理所及安委会提前做好全年农机、电灌站的年检年审和"三夏"收种前农机具的安全检查工作。与农业机械驾驶员、操作员签订安全生产责任状，内容包括接受管理区、安委会、监理所的农机管理，积极参加组织的各项安全生产活动，主动参加法律法规的学习教育，增强安全防范意识。按时参加农业机械和驾驶员、操作员的年度审验，做到证驾相符，确保"三夏"安全生产。各农业管理区、管理点做好"三夏"前的仓库、晒场的清理、粮食覆盖物及"三夏"临工的用工准备，做好水稻育秧的准备和落实工作。做好农机准备工作，确保收割和栽插及时。农场农业服务中心开展好夏种前的农业技术培训和农机机手的操作技能培训工作。

农场成立"三夏"工作领导小组，召开"三夏"动员大会，各基层单位也相应地成立组织，而且农场组建"三夏"工作组和督察组，明确分工，落实责任，制订"三夏"工作方案及应对灾害性天气情况的应急预案。

（二）夏收期间

抓好"三夏"的收种进度和质量，农场"三夏"工作领导小组分头落实到各农业管理区，会同农业服务中心、种子公司与管理区共同做好"三夏"收种的小麦收割进度、保种质量和水稻栽插质量，做到既快又好。建立值班制度和信息上报制度，"三夏"期间取消双休日和节假日，对于农业管理区在"三夏"收种期间的困难，农场将及时提供帮助解决。对"三夏"的收种进度，由农场农业服务中心进行逐日统计及时进行上报。各部门积极配合，服务于"三夏"。

农业服务中心在"三夏"期间，重点抓好各项农业指示的落实，农机监理部门抓好小麦收割质量，做好秸秆还田工作，对水稻机械插秧进行田块指导和督察，确保机械插秧密度足，发棵早。同时指导好农业管理区及时做好水稻栽后的化除、施肥、治虫等各项管理措施的落实，农场营销中心对农业管理区"三夏"种植中缺少的农资应积极组织采购，确保及时供应。

农场安委会和农机监理所做好"三夏"期间的安全生产工作，在"三夏"期间深入田头，宣传安全知识，排查事故隐患，纠正违章行为。要求农机作业员对作业农机具要经常进行检查，加强维护保养，保证机具的安全技术状态完好，安全设施齐全、完整、有效。自觉接受公安交警和农机监理部门的执法检查。每次出车前、操作前必须检查机具的技术状况，带好证件，田间作业和道路行驶时必须集中精力、遵纪守法，做到不酒后驾驶，不疲劳开车、不开英雄车，不把机具交给无证人员驾驶、操作和使用。及时消除安全事故隐患，克服"三超"，杜绝违章带人。一旦发生事故，必须立即停车，保护现场，迅速向"110"或农机监理部门报案，接受处理。

各农业管理区、管理点做好小麦收获后的翻晒和入库保管工作，农场种子公司，米业公司积极配合，对能入库做种的和入库做商品粮的小麦及时组织收购，减轻农业管理区的晒场和仓库的压力。一旦出现灾害性天气，及时启动应急预案，农机部门调配一切可利用收割机进行抢收，做到收一块、耕一块、栽插一块，利用农场范围内一切可以利用场地、道路进行摊晒，加速晒场的周转，组织机关干部、退休工人进行翻晒，及时开启种子公司100吨/日和米厂150吨/日的烘干设备进行烘干，最大可能地组织小麦抢收，确保小麦收割工作的顺利进行。

（三）"三夏"结束

总结夏收夏种的工作经验和存在问题为来年的工作夯实基础。

第三节　场务、党务公开

农场场务、党务公开是推进农场民主政治建设的重要举措，是落实党的全心全意依靠职工群众的有效途径，是建立健全惩治和预防腐败体系的必然要求，也是加强企业管理及促进企业改革、发展、稳定的有效措施，它有利于坚持完善以职工代表大会为基本形式的企业民主管理制度，使企业民主管理的内容更实、形式更多样、职工更广泛、直接地参与企业管理。农场党委、行政始终把场务、党务公开纳入构建和谐农场和加强党风廉政建设、政治文明建设目标，实行统一部署、统一考核、统一检查。

1999年，农场作为江苏农垦首家场务公开试点单位，在当年农场第六届第六次职工代表大会上，通过了《江苏省国营南通农场关于实行"场（队，厂）务公开、民主管理"试行办法》，在全场实行场务公开，从总场到基层，层层建立了"场务公开、民主监督"领导小组，激励干部职工民主参与、民主管理和民主监督农场管理。场（队、厂）务公开的主要内容：以国家的法律法规、党和政府的政策为依据，凡有关改革发展的重大问题，以及涉及职工切身利益、职工普遍关心和反映强烈的问题，除科技、商业等秘密外，都向职工公开。主要包括以下内容：

关于经营与改革：上级下达的任务指标；农场（队、厂）发展规划、计划和目标以及相应的措施；经济责任制方案、奖惩办法及其他重要规章制度；生产经营状况；重大改革措施、重大投资、重大技术改造、大额资金使用、工程指标情况等；职工下岗分流和再就业；用工、招工、裁员及岗位增减；承担支付各项行政事业性收费、罚款、集资、基金项目和摊派费用任务。

关于工资、福利：工资分配、资金分配、职称评聘、医疗经费使用、临时补助、长期补助的评定及有关经费使用情况、劳保资金使用情况。

关于廉政建设：业务招待费全年核定额、实际支出额、主要开支项目、开支是否符合制度、手续是否完备等情况；领导干部在个人收入（工资、奖金、其他收入）、住房购房、装修住房、电话费开支、使用公车、出差费用支出、公费出国（境）、礼品礼金上缴上报、与配偶子女经商的关系等方面的廉洁自律情况。

民主评议领导干部和任免干部事项以及多数职工要求公开的其他事项。

"场（队、厂）务公开民主管理"的形式和途径：职工代表大会（队、厂职工大会）是实行场（队、厂）务公开的基本途径。凡是法律和政策规定须经职工代表大会审议、通过、决定的重大事项，必须向职工代表大会（职工大会）报告。职工代表大会（职工大会）闭会期间，可召开职工代表大会（职工大会）临时会议或职工代表团长联席会议进行审议，并按规定行使职权。建立职工民主议事会议制度，在职工代表大会闭会期间行使职权。职工代表大会（职工大会）民主评议领导干部要结合干部考核，每年进行一次，评议结果要经职工代表大会（职工大会）公开，并作为评价、使用干部的重要依据；凡涉及劳动关系的重大问题应通过集体协商解决。签订集体合同要多方面听取职工意见，体现职工意愿，合同草案要提交职工代表大会审议通过，合同生效后以书面形式向全体职工公布，监督检查集体合同履行情况向职工代表大会报告；生产大队、场属工厂在指导职工签订生产责任书或聘用合同时，应向职工公布上级下达的有关指示及其他有关内容；设立黑板报公开栏、通过广播及时公布需迅速公布的事项；其他形式和途径、情况发布会、座谈会、联席会、协商会、议事会等。

"场（队、厂）务公开，民主管理"的工作机制是在党委领导下，工会积极配合，通过职工代表大会（职工大会）及民主议事会议等多种形式组织好职工议事，参与决策。农场及各单位认真落实好场（厂、队）务公开，加强民主监督、民主管理，设立场（厂、队）务公开专栏，定期向广大干部职工公布生产、经营、销售情况，并把场（厂、队）务公开作为企业精神文明建设的重要内容。

2004年6月4日，按照江苏省农垦集团公司党委部署，农场推进场务公开，强化民主监督，加强党风廉政建设，全心全意依靠职工办企业，加快"工业化、城镇化、产业化"建设进程，农场对"场务公开、民主监督"领导机构进行了充实和调整。建立了场

"场务公开、民主监督"领导小组及办公室（设在场工会）、场"场务公开、民主监督"评议组。场"场务公开、民主监督"领导小组职责是对全场场务公开实行组织领导，把场务公开列入企业三个文明建设目标，确定全年工作计划，制订实施方案，搞好重大问题协调。每季度召开一次专题例会，总结工作，布置任务，明确要求，年终考核。"场务公开、民主监督"办公室职责是负责建立完善场务公开制度，明确各项公开内容，落实具体负责部门、人员和公开的时间、程序、要求，落实工作责任制，按照规定的公开内容，按期按时公开。负责文件的起草和方案的实施、监督、指导，以及信息的总结、反馈等。公开的程序是：由有关部门定期整理出公开内容，报场务公开办公室，经场务公开领导小组或分管领导审核后予以公开。场务公开监督评议小组职责是通过季度检查、职工代表民主评议等方式，督查各单位是否按规定的时间、内容、形式、程序进行场务公开；监督落实职工代表大会依法做出的决议、决定；对企业提出改进工作的意见，督促企业落实整改方案。

农场各中、基层单位建立健全"场务公开、民主监督"领导小组，根据要求搞好场务公开、区务公开、院务公开、校务公开和厂务公开，每半年向场领导小组办公室书面汇报一次场务公开工作情况，强化企业民主管理，加强党风廉政建设，促进企业经济持续稳定健康发展。

2005年以后，农场根据人事变动情况，每年对"场务公开、民主监督"领导机构进行调整充实，形成党委是第一责任人、行政是第一执行人、纪委监察是第一监督人、工会是第一承办人、职工是第一评价人的工作机制。完善和落实八项场务公开制度，把场务公开向企业管理领域延伸，纳入企业党风廉政建设，列入企业三个文明建设和年度工作目标，实行统一部署和考核。公开场务主要内容有：农业土地承包经营责任制，劳动用工管理制度，干部聘用任前公示，厂房竞买公告，水利建设招标，公路、仓库建设招标公示，特困居民低保、春节特困职工送温暖公示等，突出抓了"三重一大"的内容公开。

2009年，农场场务公开、"三重一大"公开制度得到有效执行。在坚持职工代表大会制度为场务公开基本形式的基础上，通过场务公开栏、时政报告会、党政工联席会、简报、黑板报等形式实行公开。做到日常性工作定期公开，阶段性工作按时段公开，短期性、一事一议工作及时公开。场务公开制度做到"五个规范""四个延伸""三个完善"。"五个规范"是确保在公开内容、公开形式、公开时间、信息反馈、监督检查达到规范化要求。"四个延伸"是：一是向企业的经营管理领域延伸，突出投资决策、大宗物资采购、建设工程项目、产品营销等经营管理的关键环节；二是向财务管理领域延伸，建立健全财务审批、使用等资金运作的程序公开制度增强资金使用的透明度；三是向人事管理领域延伸，突出人事任用、干部队伍建设的重大问题；四是向企业资产营运领域延伸，建立资产处置规范运行程序，接受职工群众监督。"三个完善"是完善组织体系、领导机制、考核方式，使场务公开纳入制度化、规范化轨道，做到用制度管人、管事、管权。同年 6 月，设立农场网站，及时准确地公开场务、党务信息，接受职工群众监督。农场被江苏省总工会评为"厂务公开民主管理先进单位"。

2013 年，农场公司制改造完成，苏垦南通公司坚持企务公开制度，为推进企务公开工作，公司宣传窗开辟了"公示"专栏，做到企务公开有依据、有标准、有内容、有反馈，坚持利用会议、文件、公示栏、网络等多种形式，及时公开涉及企业重大决策、生产经营管理、职工切身利益、党风廉政建设、人才招聘等方面的内容，从根本上维护职工的知情权、参与权、监督权，充分发挥职工参与企业管理、民主监督的重要职能。

第四节　档案管理

1974 年，农场（兵团）进行全场档案清理，主要是把散发在营、连的干部及知识青年的档案材料建档、入档。

1988 年 6 月 23 日，为认真贯彻落实《档案法》，充分发挥各种技术、文秘等资料的应有作用，使农场的档案工作走向规范化、标准化，为农场的经济建设做出贡献，农场成立档案科，集中保管各类技术等资料，以便生产建设中查考监证，设有档案科副科长 1 名，兼职档案员 5 名。

1995 年 4 月，农场成立会计档案销毁领导小组，下设会计档案销毁办公室，负责对全场 1970 年底之前会计档案进行鉴定销毁。

一直以来，农场档案工作都没有进行统一管理，农场各部门、各下属单位形成的文件材料都是各自保管，没有系统归档，直至 1999 年，农场成立综合档案室。1999 年 12 月，根据《中华人民共和国档案法》《江苏省档案管理条例》和江苏省农垦集团公司关于档案管理的有关规定，农场制定《南通农场档案管理暂行办法》，明确规定农场行政办公室负责全场档案的日常管理工作。在办公室设立综合档案室，集中统一收集管理包括党政工团、行政公文、工会、财务、劳资、基建、科技等档案。设专职档案员 1 名，负责接收、收集、整理、保管和提供利用档案；各职能科室设 1 名兼职档案员，负责专项档案的定期收集、整理、立卷、移交工作。同时，文件规定了农场文件材料的归档范围、保管期限及归档时间。

2000 年 7 月，农场根据财政部国家档案局 1998 年发布的《会计档案管理办法的规定》文件精神，决定对全场 1983 年底前会计档案进行清理、鉴定及销毁。成立会计档案清理领导小组，下设会计档案清理办公室，由财务部及分场、公司辅导会计组成，负责全场各单位的会计档案清理及应销毁会计档案的业务鉴定工作，办公地点设在农场办公室。各分场、公司成立相应的领导班子，负责本分场、公司会计档案清理、销毁的领导和业务鉴定工作。此次会计档案清理范围：农场场部及下属各单位 1983 年 12 月 31 日之前形成的已满保管期限的会计凭证、会计账簿和会计报表。鉴定清理工作从 7 月到 9 月底，共清理出符合财政部、国家档案局规定可以销毁的 1983 年 12 月底前的会计凭证 19921 本；1975 年 12 月底前总账、现金日记账、银行存款日记账 271 本；1983 年 12 月底前明细账 2395 本；1996 年 11 月底前月报 7408 份；1996 年 12 月底以前收据存根联 3071 本；其他不需保存的资料 529 本，报经江苏省农垦集团公司批准，全部销毁。

2005 年，为推进农场档案管理规范化、标准化、科学化建设，提高农场档案工作的整体管理水平，农场进一步完善《南通农场档案管理暂行办法》，制定《南通农场档案整理及归档方法》，对农场档案分类类目进行调整。2008 年，农场又重新修订档案管理办法。2013 年 6 月，农场公司制改造后，苏垦南通公司成立档案管理领导小组。2015 年，根据苏垦南通公司实际情况，苏垦南通公司对公司档案管理及归档办法中档案分类方法进行调整并纳入公司内控制度。

截至 2020 年底，苏垦南通公司有档案专业中级职称 1 人，档案库房两间、查档阅档室 1 间，建筑面积 184.8 平方米，综合档案室共有 1958—2020 年文书档案 20018 件；保存各类审计、科技档案 362 本，各类建设资料、图纸 13 袋；土管所移交档案 104 册；改制、撤销企业及农场财务档案共计报表 3307 本、凭证 34931 本、账簿 10216 本。

第五节　法务工作

在农场法律服务所成立之前的相当一段时期内，农场的人民调解工作是由农场内保部门兼管，无专职调解人员。"文革"时期，农场人民调解工作一度被取消，直至被"群众运动"所代替，片面强调自我教育。党的十一届三中全会以后，中央恢复司法部建制，各级司法行政和人民调解工作逐步趋向正常。

1979 年，农场成立调解委员会，由农场党委副书记兼任调解委员会主任。农场调解委员会由 7 人组成，在编 1 名专职民调干部，主持管理、指导、协调各基层调解委员会的日常工作。全场设有 64 个基层调解委员会，成员 289 人，各调委会主任由党支部书记兼任，负责调处工厂、大队的各类民事纠纷，结合人民调解工作，进行广泛的法治宣传教育工作。

1985 年，农场在全场范围内开展《中华人民共和国宪法》《中华人民共和国经济合同法》普及教育和考试，进行普及法律常识教育，场风好转，广大干部、职工的法制观念有所加强，提高了与外单位签订生产经济合同按法律办事的意识，通过学法、懂法、守法，减少上当受骗，全场刑事案件和民事纠纷明显减少。同年，根据中央提出在 5 年内对全体公民进行普及法律常识的通知精神，农场制订《普法教育实施计划》，利用场内有线广播举办法律知识专题讲座 34 讲，编写"普法教育简报" 7 期。1985 年至 1987 年 3 月，全场完成"九法一例"学习任务。1988 年 4 月，农场获得"南通县普法先进集体"的光荣称号。

1989 年 3 月，根据司法行政部门将法律服务延伸到基层的要求，农场为治理经济环境，整顿经济秩序，依法保护公民和法人的合法权益，保证农场改革开放顺利进行，经南通县司法局党组批准，成立江苏省国营南通农场法律服务所，场内隶属于场长办公室，为农场的企业法人和公民提供法律服务，调解各类民事权益纠纷，场外单独行使职权，并接受南通县司法局的行政和业务领导，开展法律服务的 5 项业务活动。通过建立健全各项制度，为农场经济建设、基层民主法治建设、社会治安综合治理提供优质法律服务。

法律服务所的工作职责：为公民提供法律咨询，代写法律文书，接受当事人委托参与民事诉讼、非诉讼调解和仲裁活动以及应聘担任承包经营户、个体工商户等法律顾问；接受当事人委托代理申请协办公证，协助公证处办理有关公证事项；根据当事人的申请，调解生产、经营过程中发生的纠纷；宣传国家法律、法规、政策，教育公司遵纪守法，尊重社会公德；调解疑难民间纠纷，指导、管理农场人员调解工作及其他司法行政工作。法律服务所实行"有偿服务、适当收费"的原则。

1990 年，农场法律服务所配有 3 名工作人员，共受理调处各类民事纠纷 22 件，协助基层调解纠纷 10 起。全年办理简易见证书 32 件，参与民事诉讼 5 件，非诉讼代理 11 件，为四家顾问单位收回应收款近 6 万元，解答法律询问 50 人次，代写法律文书 3 起，代办"婚姻状况证明" 229 人，全年收取法律服务费 2145 元。

1992 年 3 月，农场法律服务成为农场承上启下的法律服务机构，上为农场常年法律顾问单位南通市第二律师事务所的联系单位，下为农场的各企业单位和公民提供法律服务，调解各类民事权益纠纷。应聘担任常年法律顾问的南通市第二律师事务所，负责诉讼和非诉讼及仲裁活动、代写法律文书、收取法律服务费、介绍协办公证。

同年，为贯彻司法部巩固、提高、完善、发展乡镇法律服务所的要求，参照《南通县乡镇法律服务所目标管理考核办法》，农场制定《法律服务所目标管理考核办法》。考核办法要求农场法律服务所做好人民调解和法治宣传，包括健全农场人民调解组织、纠纷调解率和调解成功率作为标准、全年组织基层调解委员会活动不少于 4 次、业务培训不少于 2 次、标准化调解委员会达到以 50％为基础、防激化工作有成效，即因民事纠纷引起非正常死亡不超过总人口的 0.05‰，无民转刑案件，做好法治宣传和普法教育的实施工作，全年出法律专栏不少于 4 期，法律培训确保不少于 4 次，广播宣传不少于 6 次。

1996 年，为宣传土地管理的法律法规，使各级干部增强土地忧患意识，树立土地法制观念，提高土地执法水平，在全场中、基层党、政、工干部中组织土地法律知识竞赛。

2001 年，农场与上海亚太长城律师事务所南通分所签订合同，聘请其担任农场常年法律顾问。

2003 年，农场与法律工作者李慧签订法律服务所费用包干协议书，内容涵盖农场社会事务工作、代理诉讼及见证业务。

2005 年 10 月，农场按照年初普法教育工作计划，结合农场开展保持共产党员先进性教育活动，组织法务人员对全场在职干部、党员代表（含无职上岗党员）、职工代表，举办普法学习培训班，主要培训内容有《信访条例》《社会治安处罚条例》、法律基础知识、宪法和公民权利、市场经济法律制度等。培训班有效提升了党员干部群众法治观念，营造人人学法、懂法、讲法的良好社会风尚，推进法治农场、和谐农场建设。

2006 年 5 月 23 日，农场为认真履行工会对劳动法律法规和集体合同在企业的执行情况进行监督的职责，维护职工的合法权益，协调劳动关系，促进企业发展，成立农场劳动法律监督委员会，同时成立农场劳动争议调解委员会，以构建农场和谐劳动关系，维护劳动关系双方的合法权益。

2008 年，农场聘任江苏平帆律师事务所律师担任农场常年法律顾问。6 月中下旬，农场根据南通开发区《关于开展全区镇（场、街道）、村级干部国土资源法律知识宣传教育活动的通知》精神，在全场各级干部中开展国土资源法律知识宣传教育培训活动，成立农场宣传教育培训活动领导小组，负责组织领导全场宣传教育培训活动。领导小组下设办公室，负责整个活动的组织、协调、指导、督促、检查工作。

2010 年 12 月，农场工会被南通市总工会评为"五五"普法工作先进集体。

2017 年 3 月，按照江苏省农垦集团公司全面推进法治国企建设的要求，苏垦南通公司成立公司法治工作领导小组，下设法务办公室，与行政办公室合署办公。10 月，苏垦南通公司邀请律师事务所的法律专家为公司全体讲授《合同法》《劳动合同法》等与企业生产及劳动用工风险管理的相关内容。同年，苏垦南通公司开展法治教育专题学习，贯彻中央依法治国，建设法治国家的要求，围绕协调推进"四个全面"战略布局和垦区"十三五"发展战略规划以及《江苏农垦法治宣传教育第七个五年规划》，深入开展法治宣传教育，推进苏垦南通公司依法治企和法治创建。2017 年，苏垦南通公司共发生诉讼纠纷 9 起，结案 9 起，涉及标的额 595 万元。

2018 年，农场法治教育专题学习重点是新修改的《中华人民共和国宪法》，按照全面依法治国新要求，深入开展法治宣传教育，扎实推进依法治企和法治创建。同年 4 月，苏垦南通公司增设法务部，同时出台《江苏农垦集团南通有限公司法治工作管理办法》，主要是为提高公司法律事务管控能力，提升依法治企水平，推进法治国企建设，实现法务与业务的深度融合，形成防范法律风险的横向管控机制。公司法务部负责处理公司的法律事务工作，主要职责：一是正确执行国家法律、法规，对公司重大经营决策提出法律意见；二是起草或者参与起草、审核公司重要规章制度，对规章制度制定、修订、发布、公示、有效状态等进行管理；三是管理、审核公司合同，参加重大合同的谈判和起草工作，建立合同动态管理台账，开展合同监督检查及法律审核后评估工作，形成完整合同档案；四是参与公司的分立、合并、破产、解散、投融资、担保、租赁、产权转让、招投标及改制、重组、公司上市等重大经济活动，处理有关法律事务；五是办理公司工商登记及年报申报、其他证照以及商标、专利、商业秘密保护、公证、鉴证等有关法律事务，做好公司商标、专利、商业秘密等知识产权保护工作；六是负责或者配合公司有关部门对职工进行法治宣传教育；七是提供与公司生产经营有关的法律咨询，收集信息，识别法律风险，进行风险分析，及时处置化解风险；八是受公司法定代表人的委托，参加公司的诉讼、仲裁、行政复议和听证等活动，按要求执行案件报告制度，案件卷宗"一案一本"，对全年胜败诉案件进行全面分析总结并通报相关职能部门；九是负责选聘律师，并对其工作进行监督和评价；十是负责公司信用管理工作等。

2019 年 10 月，法务部、审计部合署办公。公司法务建立审计、纪检监察协同监督工作机制，加强采购管理，规范招投标制度和合同管理，完善"提审决"程序。合同、印章使用经法律顾问审核和相关部门会签，保证公司各项规章制度、重大决策、授权委托等合法合规。2020 年，公司纪委办、法务部联合编印《国有企业领导及工作人员简明法律知识读本》共计 200 本，对苏垦南通公司广大员工普及相关法律知识，提高廉洁从业水准，营造风清气正的良好氛围。

第六节　信访工作

一、信访管理

建场以来，农场民调信访始终由农场党委直接领导，配备专职的民调信访干部，坚持以"预防为主、教育疏导、依法处理、防止激化"的原则，以"依靠群众、调查研究、就地解决、调解为主"的方针，具体工作主要包括受理来信来访，调解民事纠纷，配合和协助保卫部门处理一些案件，沟通职工群众思想工作，密切干群关系，使民调信访工作真正成为沟通领导与群众之间的桥梁，为党的中心工作服务。

1986年，农场形成专职信访网络线，处理在农场经济体制改革、家庭农场产业结构变更、商品生产的发展和流通过程中产生的各种生产性纠纷、购销合同和承包合同纠纷以及房基地纠纷。

1997年开始，农场场办企业产权制度改革是农场重点工作，因事关职工群众的切身利益，牵涉面广，矛盾比较突出。农场从此项工作开始之前就部署该项工作作为农场信访工作的重点，抓信访工作关口前移，调查研究在前，规范制定在前，动员宣传在前，纪律教育在前，思想疏导在前，抓好执行情况的检查和效能效率状况的督查，实行以点带面、点面结合的工作方法，确保政令畅通、整体联动，从根本上减少群众信访。通过制订切合实际的改制方案和职工转岗分流实施方案，以及耐心细致地教育、疏导，得到了职工们的理解和支持，确保了改制工作的顺利进行。

1999年3月，农场成立信访工作领导小组，领导小组在行政办公室下设信访办公室，办公室主任兼任信访办主任。农场各中层单位设立兼职信访联络员（由党总支书记或政宣股长担任），协助农场信访办公室做好所涉及单位的信访工作。信访工作领导小组随着农场领导干部人事变动及时进行调整。2001年，农场被评为江苏农垦2001年信访工作先进单位。

2005年6月，农场认真学习和宣传贯彻新修订的国家《信访条例》，有针对性地改进和加强信访工作，切实保证《信访条例》的贯彻落实。通过加强《信访条例》的宣传教育，广大群众了解和掌握信访诉求，自觉维护正常的信访秩序，确保社会和谐稳定。按照"属地管理、分级负责，谁主管、谁负责"的原则做好信访工作。进一步畅通信访渠道，"依法、及时、就地解决问题"，力求把问题解决在原发地，解决在萌芽状态。

2008年7月，农场为贯彻落实6月28日中央和省、市处理信访突出问题及群体性事件联席会议的工作要求，确保奥运会期间全场社会稳定，开展农场领导大接访活动。

2012年8月30日，农场为做好"四项排查"工作，成立农场信访维稳工作领导小组，领导小组下设办公室（设在行政办公室），农场主要负责人为维稳工作的第一责任人，在出现突发情况时，领导直接参与接待。

2013年，苏垦南通公司信访工作坚持"属地管理、分级负责，谁主管、谁负责"的原则。公司职责范围的信访事项由公司负责办理；属上级单位职责范围的信访事项，向有关上级单位报送；非本单位职责范围的信访事项，向有关单位转送或交办。公司信访工作在公司党委、信访工作领导小组领导下，由公司办公室下设信访办公室负责组织、协调、督办，各部室（或公司）具体承办。

二、信访突出问题及群体性事件联席会议

2004年9月，农场建立处理信访突出问题及群体性事件联席会议。

1. 联席会议主要职责

了解掌握信访突出问题及群体性事件的情况和动态，分析研究农场稳定形势，针对信访突出问题及群体性事件提出对策建议；组织协调有关方面处理信访突出问题及群体性事件，总结交流处理信访突出问题及群体性事件的成功经验，推动相关工作有效开展；督促检查各管理区及党总支处理信访突出问题及群体性事件各项措施的落实。

2. 工作原则

坚持以邓小平理论和"三个代表"重要思想为指导，坚持立党为公、执政为民，切实维护人民群众合法权益，认真解决信访突出问题，妥善处理群体性事件，努力维护农场稳定。按照"属地管理""分级负责、归口办理"和"谁主管，谁负责"的原则，认真落实工作责任制；按照"标本兼治，综合治理"的要求，加强对基层基础工作的指导，力求从源头上解决问题，把矛盾化解在基层、化解在萌芽状态；集中时间、集中精力、集中处理信访突出问题及群访性事件；严格依照法律、法规和政策规定办事，把处理信访突出问题及群体性事件纳入法制化轨道；深入细致地进行思想政治工作，在解决实际问题的同时解决好思想问题；加强机关科室、中心和各管理区、党总支的协调配合，形成处理信访突出问题及群体性事件的整体合力。

3. 工作机构

联席会议下设办公室（地点设在场信访办公室），承担联席会议日常工作，督促落实联席会议决定的事项。办公室内部成立4个专项工作小组：征地拆迁问题工作小组，办公地点设在场土管所；企业改革问题工作小组，由社会事业管理科、计财科、工会办、党委办、行政办组成，社会事业管理科牵头负责，办公地点设在社会事业管理科；企业军转干部问题工作小组，由党委办公室牵头负责，办公地点设在党委办公室；涉法涉诉问题工作小组，由场综治办、江海派出所负责牵头，办公地点设在场综治办公室。各专项工作小组具体负责全场信访突出问题及群体性事件的协调处理工作。各管理区、党总支根据要求建立相关工作机构。

三、信访工作制度

2003 年 7 月，农场根据中央关于"信访工作只能加强，不能削弱"的指示精神，按照"谁主管、谁负责""一级抓一级，一级对一级负责"的工作原则，构建"大信访"工作格局，为创造农场改革和发展创造稳定的社会环境，制定《2003 年度信访工作考核办法》，将信访工作列入年终各单位双文明建设百分制考核，占比 10％，并在文明单位评比中实行一票否决。信访工作实行百分考核，考核项目：组织建设情况（30 分），要求各级信访组织网络健全，责任明确，台账记录齐全；宣传教育情况（35 分），要求认真宣传贯彻党的方针政策和农场各项文件规定，做好解惑释疑工作，深入基层，做好矛盾纠纷排查工作，虚心听取职工群众意见，变上访为下访，掌握工作主动权，坚持队务公开、厂务公开，主动接受职工群众监督，取信于民；调处信访情况（35 分），要求认真接待群众来信来访，掌握政策界限，做到矛盾不上交，件件有落实，努力将矛盾解决在基层和萌芽状态。考核工作由场信访工作领导小组负责落实。考核采取看台账资料、抽样调查、座谈相结合的办法，根据得分情况，年终评选信访工作先进单位。对发生大的信访问题而不及时报告的，将追究单位主要负责人责任。对因工作失误造成单位发生群访事件的，扣除本项分数，并在评比先进单位时予以一票否决。2006 年、2007 年、2008 年及以后各年，农场根据考核和执行情况，对信访工作考核办法又分别做了相应调整。

2013 年，农场公司制改造后制定内控制度《江苏农垦集团南通有限公司信访工作办法》，主要是为规范农场转公司以后的信访工作，保障信访人的合法权益，维护信访秩序，构建和谐社会。

第四编

党建及群团
工作

中国农垦农场志

第一章　农场党组织

第一节　党的代表大会

1960年4月，农场召开第一次党员代表大会，选举产生中国共产党南通农场第一届委员会，张德仁任党委书记。

1964年6月，农场召开第二次党员代表大会，选举产生中国共产党南通农场第二届委员会，张德仁任党委书记。

1971年7月29至8月1日，二十四团首届党员代表大会召开，正式成立中国共产党南京军区江苏生产建设兵团第四师第二十四团委员会，选举产生由王学堂等18位同志组成的二十四团第一届党委委员会，委员会设常委会。

1984年6月23—24日，中国共产党南通农场第四次代表大会召开，出席会议的正式代表有120名，列席代表有37名。大会听取并审议通过上一届党委、纪委所做的题为《改革、创新，为建设现代化农场而奋斗》的工作报告，经过民主协商，大会无记名投票选举产生农场第四届党委会，经中共江苏省农垦局党组批准，由葛克平、张耀康任副书记；大会无记名投票选举葛克平、张洪高、周光胜、蒋淦悌、刘福兰出席南通县第五次党代表大会；大会通过了关于加快农场经济管理体制改革的决定，提出"改革经营方针、改革管理体制、改革经营管理制度"三项改革。

1987年10月8—9日，农场召开中国共产党国营南通农场第五次代表大会，出席会议的正式代表有122名。会议听取并审议上届党委所做的题为《加强改善党的领导 继续深化各项改革，加快农场两个文明建设步伐》的党委工作报告、《严肃党纪 端正党风 加强改善党的领导 促进两个文明建设》的纪委工作报告；大会经过充分协商酝酿，无记名投票选举产生第五届党委会，葛克平任党委书记；选举产生中共南通农场纪律检查委员会，由田龙生兼任纪委书记；同时选举葛克平、周建华、胡智喜、刘金芳、凌卫东5位同志出席中共南通县第六次党代表大会。

1991年1月7—8日，农场召开中国共产党国营南通农场第六次党代表大会，出席大会的正式代表有120名。会议听取审议农场党委题为《切实加强党的建设 推进治理整顿

深化改革步伐 为夺取农场两个文明建设的新胜利而奋斗》的党委工作报告和题为《加强党风建设 维护稳定大局 保障农场"双文明"建设的顺利开展》的纪委工作报告；会议选举产生中共南通农场第六届委员会，选举葛克平任党委书记；选举产生中共南通农场纪律检查委员会，田龙生任纪委书记；同时选举葛克平、张月芬、杨希高、顾金其出席南通县第七次党代表大会。

1995年3月17—18日，农场召开中国共产党国营南通农场第七次代表大会，出席大会的正式代表有133名。会议听取审议农场第六届党委所做的题为《实现新发展 创造新业绩 为加快农场经济建设和改革开放步伐而奋斗》的党委工作报告和题为《紧紧围绕中心 认真改造职能 为农场深化改革和经济发展创造良好环境》的纪委工作报告；会议选举产生中共国营南通农场第七届委员会，选举葛克平为党委书记；选举产生中共国营南通农场纪律检查委员会，选举朱启明为纪委书记。

2000年9月7—8日，中国共产党国营南通农场第八次代表大会召开，会议正式代表141名，特邀代表17名，列席代表2名。会议听取审议了农场第七届党委所做的《迎接挑战抓机遇，开拓进取促发展，为全面加快经济建设和改革开放步伐而奋斗》的党委工作报告和纪委所做的《进一步加强党风廉政建设，深入持久地开展反腐败斗争》的纪律检查工作报告；审议通过中共国营南通农场第八次代表大会选举办法；选举产生中共国营南通农场第八届委员会、中共国营南通农场纪律检查委员会，顾惠成为党委书记，朱启明为纪委书记；选举顾惠成、宋所珍、姜景西、徐承宏为通州市第九次党代会代表。

2005年7月28—29日，中国共产党国营南通农场第九次代表大会召开，大会正式代表122名，实到会代表116名，特邀代表17名，列席代表5名。大会听取并审议党委所做的《加速"三化"进程 构建和谐社会 为实现农场经济社会发展新跨越而努力奋斗》的工作报告和纪委所做的《实践"三个代表"重要思想 从严治党 标本兼治 切实加强党风廉政建设》的工作报告，选举产生中共国营南通农场第九届委员会、中共国营南通农场纪律检查委员会；表彰先进基层党组织、优秀党务工作者、优秀党员；陆耀辉为党委书记、纪委书记。

2010年8月25日，中国共产党江苏省南通农场第十次代表大会召开，出席会议的正式代表共有103名。会议听取并审议了题为《抢抓历史机遇 加快转型升级 谱写农场跨越发展新篇章》的党委工作报告，《围绕中心服务发展 不断取得党风廉政建设新成效》的纪委工作报告；选举产生中共南通农场第十届委员会委员、中共南通农场纪律检查委员会委员；仲银为党委书记，薛忠为纪委书记。

2017年9月15日，苏垦南通公司第一次党员代表大会召开，参加会议的正式代表共有82名。会议听取审议了题为《坚守政治责任 履行使命担当 为企业改革发展提供坚实保障》的党委工作报告、《聚焦主责主业 强化监督执纪 为公司转型发展提供有力政治保障》的纪律检查工作报告，通过了《苏垦南通公司党费收缴、使用管理情况报告》，选举产生了新一届公司党委班子成员，冯德龙为党委书记、薛忠为纪委书记。

第二节　党的各级组织机构

农场党委是农场最高的党组织机构，根据党章规定选举产生，并按规定任期进行换届改选，对党员大会或党员代表大会负责并报告工作。农场党委会设正副书记，可以专职也可以兼职。党委的办事机构为党务办公室，根据农场实际情况，将党的组织、纪检、老干部及宣传、共青团等统归党务办公室管理，配备精干的工作人员，并建立明确的工作责任制。

农场党委的主要任务：一是保证和监督党和国家各项方针、政策在本单位的贯彻实施；二是切实抓好党的组织建设、思想建设，搞好对党员的教育，努力改进工作作风，提高工作效率；三是积极支持场长实现任期目标和两个文明建设的统一指挥；四是协同配合行政领导做好干部职工思想政治工作；五是加强对群众组织的思想政治领导，做好党的群众工作；六是加强党的纪律检查工作的领导，经常进行党性、党纪、党风教育，纠正党内不正之风。

农场党委遵照党的组织路线和党的干部政策，对所属的各级干部进行教育、培养、考察和监督，对场长提出的副场长和场级总经济技术负责人以及中层行政领导干部的人选方案，党委提出意见和建议。农场党委贯彻民主集中制的领导原则，充分发扬党内民主，建立和健全政治生活制度，加强党的组织纪律观念，对在工作中做出显著成绩的党员，给予表彰和奖励。对工作失职造成损失和违反党纪的，予以批评教育或党纪处理。

党委书记主持党委日常工作，组织贯彻党委会决议并检查决议的执行情况，带头执行民主集中制，搞好领导班子的建设和团结，组织党委成员交心通气，开展批评和自我批评，主要抓好党的组织建设和党员的思想作风建设，协调党、政、工之间的关系。党委副书记在做好自己分管工作的同时，协助书记做好党委的日常工作，党委委员做到带头执行党的方针、政策和决议，模范遵纪守法，经常深入实际搞调查研究，注意改进工作方法，做到坚持改革，加强学习，转变观念，积极发挥党的保证、监督作用；深入实际，调查研究，不断了解新情况，解决新问题，善于总结推广新经验。处理问题坚持原则，多做实事，提高工作效率。发扬党的优良传统和作风，艰苦奋斗、联系群众、以身作则、廉洁奉公、处理公务、公私分明，自觉抵制各种不正之风。

农场党委对职工代表大会实行思想政治领导，保障职工代表大会行使规定权利，向职工代表大会宣传党的路线、方针、政策，通过党员职工代表的先锋模范作用，教育职工不断提高主人翁责任感。支持、引导职工代表正确地行使权利和履行义务并通过职工代表大会听取群众意见，不断改进党的工作和作风，党委要加强对群众组织的思想政治领导。

农场党委以农场党校为阵地，每年对党、政、工、团、妇的领导干部和党员、党建积极分子进行有计划的培训，学习党的基本路线、方针、政策，进行思想政治教育，并通过他们去向职工群众进行理想、纪律、民主、法制和工人阶级革命传统的教育，反对和抵制腐朽思想的侵蚀，不断提高职工队伍的思想政治素质，以适应农场四化建设的需要。通过党、政、工、团、妇的共同努力，建设一支有理想、有道德、有文化、有纪律的职工队伍，为办好农场做出贡献。

一、领导机构

1958 年 5 月，中共南通县委任命徐志明担任农场党委书记，任命张德仁担任农场场长。经南通县委研究同意，徐志明、张德仁、蔡文昌、卞汉标、张连清 5 位同志为中共国营南通农场党委会委员。

1960 年 4 月，农场第一次党员代表大会选举产生农场第一届党委会，作为农场党的领导机构，党组织的关系隶属中共南通县委。

1964 年 6 月，农场第二次党员代表大会换届选举产生农场第二届党委会。

1965 年 5 月，中共江苏省南通县南通农场委员会变更为中国共产党南通农场委员会。

1967 年 6 月，成立中国人民解放军江苏省南通专区国营南通农场军事委员会文革办公室及农场军事管制委员会生产办公室，生产办公室由唐万亭、王汝明、茅志高、徐志明、刘继贵 5 人组成，与国营南通农场生产办公室合署办公。同年 9 月，军事管理委员会撤销。

1968 年 3 月，接中国人民解放军江苏省南通专区军事管制委员会军管字第 76 号指示，批准建立江苏省国营南通农场革命委员会的临时权力机构，全面领导农场各项工作。

1969 年 11 月，江苏生产建设兵团四师二十四团成立，农场党的组织按军队建制也相应设立了临时团党委会，临时团党委会由王学堂、李志忠、林作华、郭洪义、朱勋再、孙友田、陆文远、陈景尧组成，李志忠任书记。

1971 年 8 月，兵团首届党代会召开，正式成立江苏生产建设兵团四师二十四团委员会，党委会中设常委会，由王学堂、朱效周、林作华、孙友田、陆文远 5 位同志组成，王学堂为副书记，在缺书记的情况下代行书记职务。

1975年8月，江苏生产建设兵团撤销，农场由郭洪义、周伟森、徐志明、曾昭华、赵琴芳等5人组成领导小组，郭洪义、周伟森为领导小组负责人，5人领导小组实施党政统一管理。

1976年4月，经中共南通农垦局党的核心小组批准，建立中国共产党国营南通农场核心小组、南通农场革委会常委会，由张德仁、周伟森、郭洪义、周文照、赵琴芳等5位同志组成，张德仁任农场革委会主任、党的核心小组组长。同年9月，成立由张德仁、周伟森、郭洪义、许皓、周文照、赵琴芳、王万源、徐坚、何静平、孙汉文、潘贵昌、张耀康、张凤娣、徐淑元、孙家利、严祖范、严树忠、毛铁强、汤明德、颜日太等20位同志组成的国营南通农场革命委员会。

1978年11月，农场恢复建立中国共产党国营南通农场委员会，党的关系仍归属中共南通县委领导，黄德元任国营南通农场党委书记、场长。

1982年3月20日，李志民任江苏省国营南通农场党委书记兼场长。

党的十一届三中全会以后，农场党委贯彻执行中共中央〔1983〕2号文件、中共中央《关于经济体制改革的决定》等文件，先后进行了企业整顿，企业内部实行党政分开，推行场长负责制等。1984年6月，农场第四次党代会以后，实行"党委集体领导，场长行政指挥，职工民主管理"的领导体制，改变党委"一元化"领导的传统体制。同年8月，农场第一届职工代表大会做出决定，明确试行场长负责制，经中共江苏省农垦局党组批准同意，农场成为江苏农垦系统第一个实行场长负责制的农场。党委下属的基层党总支、党支部职能也随之做了部分调整，由过去包揽本单位的一切生产行政事务逐步转到以宣传贯彻党的路线和各项方针政策，支持和监督各级行政干部充分行使职权，促进本单位精神文明建设和物质文明建设，充实党的基层组织为主要任务。

2013年11月11日，农场公司制改造，撤销中共江苏省南通农场委员会、中共江苏省南通农场纪律检查委员会建制，成立中共江苏农垦集团南通有限公司委员会、中共江苏农垦集团南通有限公司纪律检查委员会。

党委办公机关和农场行政机关一样，1958年至1969年11月在农场东部区域的原农场农机修造厂内（今为苏通园区海维路北南湖路口），1969年11月西迁至农场三大队西边今苏通园区江海街道江山路588号办公大楼（苏通园区公安分局办公室）。2007年12月，迁至江海镇区太湖路今苏垦南通电力公司办公楼内。2020年底，迁至苏通园区江安路33号福地商业广场1号楼。

1960—2017年南通农场历届党委领导班子成员见表4-1-1。

表 4-1-1　　（1960—2017 年）南通农场历届党委领导班子成员

时间	会议	选举结果	
1960 年 4 月	农场第一次党员代表大会	党委班子成员	张德仁、徐志明、卞汉标、王树棠、孙汉文
1964 年 6 月	农场第二次党员代表大会	党委班子成员	张德仁、徐志明、卞汉标、汤明德、王树棠、孙汉文、丁勇
1971 年 8 月	农场第三次党员代表大会（二十四团首届党代会）	党委班子成员	王学堂、朱效周、林作华、孙友田、陆文远、陈景尧、王文场、阎守忠、翟岱义、张恭茂、寇长智、周炳义、金玉山、刘文甫、陈友芳、曾昭华、陈品高、徐玉珍
1984 年 6 月	农场第四次党员代表大会	党委班子成员	葛克平、张耀康、袁象耕、孙汉文、王炳亨、严祖范、许兰庆
		纪委班子成员	田龙生、戚志传、吴宗林、王思相、徐锦礼
1987 年 10 月	农场第五次党员代表大会	党委班子成员	葛克平、田龙生、王炳亨、孙汉文、严祖范、袁象耕、徐锦礼
		纪委班子成员	田龙生、王思相、许兰庆、朱启明、戚志传
1991 年 1 月	农场第六次党员代表大会	党委班子成员	葛克平、田龙生、王钧强、胡智喜、仲银、严祖范、朱启明
		纪委班子成员	田龙生、朱启明、朱春和、王思相、许家才
1995 年 3 月	农场第七次党员代表大会	党委班子成员	葛克平、朱启明、王钧强、仲银、顾惠成、朱建军、戚志传
		纪委班子成员	朱启明、许家才、王思相、徐新民、杨培康
2000 年 9 月	农场第八次党员代表大会	党委班子成员	顾惠成、仲银、朱启明、朱建军、周永昌、徐新民、徐承宏
		纪委班子成员	朱启明、徐新民、王思相、陈振林、叶辉
2005 年 7 月	农场第九次党员代表大会	党委班子成员	陆耀辉、仲银、姜景西、原强国、薛忠
		纪委班子成员	陆耀辉、薛忠、王思相、严忠、徐益辉
2010 年 8 月	农场第十次党员代表大会	党委班子成员	仲银、陆耀辉、冯德龙、丁荣根、薛忠
		纪委班子成员	薛忠、徐益辉、沈芳、宋所珍、严忠
2017 年 9 月	苏垦南通公司第一次党员大会	党委班子成员	冯德龙、薛忠、丁荣根、杨新民、沈玉林、马少先、孙健
		纪委班子成员	薛忠、徐益辉、沈芳、周卫平、石永梅、顾兵、周开全

二、基层组织

农场党的各级基层机构是指农场党委下辖的各级党的总支、支部委员会。1960 年 4 月，农场成立中国共产党南通农场委员会时，党委下辖第一至第六生产队等 6 个生产队及农场机械队、农场机关修配厂等 8 个党支部、党员总计 28 人。

1961 年 6 月，农场党委下辖 13 个党支部 28 个党小组，共有党员 155 个，其中男性

152 人，女性 3 人，预备党员 14 人。

1963 年，党员人数增加到 189 名，党支部增加到 14 个，增加的党员主要是从外单位调进的干部和复员退伍军人。

1969 年 11 月，江苏建设兵团四师二十四团成立。1971 年，二十四团首届党员代表大会召开，正式成立江苏生产建设兵团四师二十团委员会，团党委下辖 9 个营党委，后勤、机关 3 个党总支委员会，61 个基层党支部，全场党员 405 名。

农场组建生产建设兵团后，党的关系与中共南通县委脱离，归属江苏生产建设兵团四师党委领导。兵团期间，主要在知识青年中培养发展新党员，先后吸收 330 名党员，到 1975 年底，全场党员总数 570 名。

1971 年 8 月，兵团党委及下辖营党委及总支委员构成见表 4-1-2。

表 4-1-2　兵团党委及下辖营党委及总支委员构成

党委或总支	书记姓名	副书记姓名	党委或总支委员
兵团党委	—	王学堂	王学堂、朱效周、林作华、孙友田、陆文远、陈景尧、王文场、阎守忠、翟岱义、张恭茂、寇长智、周炳义、金玉山、刘文甫、陈友芳、曾昭华、陈品高、徐玉珍
一营党委	王文增	李瑞祥	王文增、李瑞祥、俞飞、王景云、陈森、王道恒、尹淑宜、徐福兴、陈继涛、施德才、何尔前、黄忠达、施勇
二营党委	阎守忠	刘德福	阎守忠、刘德福、花德彬、何光鸿、王道元、施朝云、周跃彬、周吉敏、童万耕、杨久云
三营党委	翟岱义	刘峰	翟岱义、刘峰、黄相仁、李根木、袁思信、丁顺栋、熊汉文、严祖范、缪武富
四营党委	张恭茂	王秀珠	张恭茂、王秀珠、王树堂、于尚武、邱训成、霍振兴、颜日太、徐玉珍、赵广志
五营党委	汝照九	寇长智	汝照九、寇长智、董永瑞、黄国林、张凤娣、邵桂珊、许家才、曾昭华、严树忠
六营党委	周炳义	王钧晨	周炳义、王钧晨、徐光明、顾宪钧、王友仁、仇士新
七营党委	金玉山	陈大旺	金玉山、陈大旺、朱洪义、张竹林、张斐斐、张永祥、沈招生
八营党委	刘文甫	赵振官	刘文甫、赵振官、汤明德、周兴、李建明、黄秀珍、莫加斌、于跃前、邢家礼
九营党委	陈友芳	唐汝辉	陈友芳、唐汝辉、李传山、张跃康、陈宝荣、左家禹、顾华林、陈钰、朱桂英、田加德
后勤直属总支	陈景尧	范景华	陈景尧、范景华、王来信、杨志才、李胜道、田加德
机关直属总支	孙友田	吴万斌	孙友田、吴万斌、何九余、周广胜、陈才秀

在党的十二大召开以后，农场党委在 1983—1987 年重视在知识分子中培养发展党员的工作，其间共发展党员 101 人，其中具有中专以上专业文化的中青年知识分子有 40 人，占吸收党员数的 40%，特别是经过 1986 年 8 月至 1987 年 9 月的整党工作以后，农场党委下设 7 个总支部委员会，73 个党支部，党员总数 668 人，到 1988 年 6 月底，全场党员人数 675 人，占职工总数的 7.13%。

1995 年，全场共有 10 个党总支、85 个党支部，共 731 名党员。

1997—2000 年，随着场办企业产权制度的改革，企业关停并转，企业党员转岗分流，原党支部已不具备党章规定的设立条件，为加强党支部建设和党员的管理，农场先后撤销了江海味精厂党支部、皮鞋一厂党支部、皮鞋二厂党支部、中心砖瓦厂党支部、印刷厂党支部、江海元件厂党支部、鼎盛皮革公司党支部、江海钢丝绳厂党支部、原运输队党支部、原公司船队党支部、华兴建筑工程公司场内工程处党支部等支部。支部撤销后，退休（保养）职工中的党员、自谋职业人员中的党员及改制后企业留用党员均由工业党总支负责协调并办理党员组织关系转移手续，让他们分别就近参加各单位党支部或清理组党支部、工业科直属党支部过组织生活。

2000 年，全场共有 8 个党总支，54 个党支部，870 名党员（其中预备党员 5 名）。

2002 年 4 月，农场党委下辖党总支 12 个，党支部 58 个，党员 871 名，党组织隶属从通州市委组织部转至南通开发区组织部。

2007 年 11 月，因农场内部分离办社会职能和机构调整，相应调整部分党组织设置。农场党组织机构设置为：全场设 10 个党总支，60 个基层党支部。其中：中心管理区党总支下辖第一党支部、第二党支部、第三党支部、第四党支部。长洪管理区党总支下辖第六党支部、第七党支部、第十党支部、农科所党支部。大明管理区党总支下辖第二十九党支部、第三十二党支部、第三十三党支部、第三十六党支部、第三十八党支部。江边管理区党总支下辖江边管理区直属党支部、第十五党支部、第十九党支部、第二十党支部、第二十三党支部。渔业管理区党总支下辖渔业管理区直属党支部、中心渔场党支部、大明渔场党支部、团结渔场党支部、三孔桥渔场党支部。农业服务中心党总支下辖农服中心直属党支部、水利站党支部、水利站党支部、种子公司党支部。企业党总支下辖企业直属党支部、江花粮贸党支部、希望粮油党支部、大明窑厂党支部、石油供应党支部、特种修理厂党支部、明星钢绳有限公司党支部、自来水厂党支部。场直党总支下辖行政党支部、党群党支部、电管中心党支部、江边商业公司党支部、南通老干部党支部、农场老干部党支部、江海小学党支部、农场中学党支部、医院党支部、江海派出所党支部。江苏农垦南通农场社区管理委员会党总支下辖社会行政管理科党支部、土地房产管理科党支部、社会事业管理科党支部、社会服务管理科党支部、流动党支部、腾飞新村党支部、健康新村党支部、江海星河湾党支部、莫愁新村党支部、大明社区党支部、三孔桥社区党支部、桃李新村党支部、造纸厂热电厂联合支部。勤奋药业党总支下辖第一党支部、第二党支部。

2010 年，全场共有 9 个党总支，63 个党支部，904 名党员（预备党员 6 名）。同年 9 月，长洪管理区党总支及管理区建制撤销，第十党支部划归江边管理区党总支；第六党支部划归中心管理区党总支；江边管理区第二十三党支部和直属党支部合并成立第二十三党支部。

2012年，随着农场社区和社会职能分离，跟社区管理和社会服务单位有关的人和单位均划出农场，归苏通园区江海镇社区管理。2013年，农场公司制改造，成立苏垦南通公司，农场党委更名为中国共产党江苏农垦集团南通有限公司委员会。苏垦南通公司党委下辖3个党总支，13个党支部，共计137名党员。

至2020年底，苏垦南通公司党委共下辖机关、企业、农发南通分公司、勤奋4个党总支，党群、行政、老干部、退休、企业直属、南通电力公司、农发南通公司直属、种子公司、苏垦米业南通分公司、勤奋第一、勤奋第二等11个党支部，共有正式党员112名。1971—2020年农场党的组织机构情况见表4-1-3。

表4-1-3　1971—2020年农场党的组织机构情况

年份	党委（个）	总支数（个）	支部数（个）	党员数（人）
1971	9	3	61	405
1972	9	2	61	452
1973	9	2	64	501
1974	9	2	67	558
1975	9	2	63	570
1976	1	8	63	630
1977	1	7	62	647
1978	1	6	60	641
1979	1	6	60	599
1980	1	6	61	626
1981	1	6	61	625
1982	1	6	57	622
1983	1	6	57	625
1984	1	9	60	624
1985	1	9	67	628
1986	1	9	67	649
1987	1	7	73	668
1988	1	7	73	675
1989	1	7	70	671
1990	1	7	72	679
1991	1	8	77	687
1992	1	9	78	686
1993	1	10	84	720
1994	1	10	85	729

（续）

年份	党委（个）	总支数（个）	支部数（个）	党员数（人）
1995	1	10	85	731
1996	1	11	84	764
1997	1	11	80	851
1998	1	11	79	862
1999	1	13	77	866
2000	1	8	54	870
2001	1	10	60	867
2002	1	12	58	871
2003	1	8	56	871
2004	1	8	63	870
2005	1	8	63	883
2006	1	10	59	883
2007	1	10	60	892
2008	1	9	61	899
2009	1	9	61	904
2010	1	9	63	904
2011	1	8	61	944
2012	1	8	61	943
2013	1	4	13	137
2014	1	4	13	135
2015	1	4	13	138
2016	1	4	13	134
2017	1	4	12	118
2018	1	4	12	106
2019	1	4	12	118
2020	1	4	11	112

第三节　党建工作

一、组织工作

（一）党的组织建设

建场初期，农场在党委的统一领导下，建立健全党支部和党小组，落实组织生活制度，定期开展党组织生活，积极发展党员。全场分片分组过好组织生活，定期定点上党课，经常开展批评和自我批评，使每个党员同志都能随时随地得到教育，不断提高政治觉悟。

1961年，农场开展"三反"整风运动，学习中央12条指示，组织干部群众进行专题讨论。经过"三反"整风运动，农场大部分干部改变工作作风，提高了认识，调动了广大群众的生产积极性。

1962年，农场加强党的领导，农场党委、各支部委员会的领导骨干明确分工，建立分工包干负责制度。农场党委书记负责党的中心工作和政治思想、组织建设工作；各党委委员明确分工，各负责一个党支部的具体政治思想、组织建设工作；各个党支部明确一个副书记或支部组织委员，负责党支部的日常政治思想、组织建设工作和共青团、妇女、民兵等组织的政治思想工作。通过中心工作的点的力量推动面的工作，通过面的总结经验教训来充实点的工作，农场各级党的组织（党委会、党支部）每月定期召开1次支部大会，总结一个月的工作，完成任务的情况、成绩和问题汇报，同时布置下个月的工作任务与要求，通过支部大会讨论通过做出决议。支部组织党的生活小组会议，每月定期召开2~3次。

1963年，农场党委加强组织整顿和组织建设，在教育提高党员觉悟的基础上全面加强支部建设，重点做好落后党支部的整顿和改进工作，建立和健全党的生活和各项制度。5月，为保证全场各管理区支部党课制度的贯彻执行，农场任命各管理区党支部的党课教员，以达到保质保量地完成"做一个好的共产党员"的党课教学任务。

1965年，农场党委以党支部为核心，充分发挥团、妇、民兵等组织作用，从各方面做好政治思想工作。为充分发挥各种组织作用，党委对生产队党支部加强领导，规定每月1次支部会，逢十召开小组会；同时对团、妇、民兵等组织建立组织生活制度，经常进行形势和任务的教育，使绝大部分党、团员等有组织的职工认识到以身作则、起带头示范作用的重要性。

1966年，农场贯彻执行党委《关于革命化方面若干问题的意见》文件精神，加强民主生活制度，要求全场各支部每月至少过1次民主生活会议。

1968年3月，农场根据南通专区革命委员会指示精神，整顿、恢复、重建党的组织，建立国营南通农场革命委员会。同年7月，建立"专案小组"，领导全场干部职工主要以学习毛泽东思想为政治任务，办好各种类型的毛泽东思想学习班，积极响应毛主席"农业学大寨"号召，掀起了群众性的春季农业生产新高潮。

1971年兵团时期，农场坚持民主集中制和党的集中统一领导，团党委、机关带头坚持四大制度，做到季有安排，月有检查，讲用会每季不少于1次，定期检查、总结"四落实"情况，同时加强党对"农业学大寨"群众运动的领导。充分发挥共青团的助手作用和青年的突击作用，重视妇女干部的培养，加强党对妇女工作的领导。直至1977年文化大革命结束，农场党委及基层党组织一直是以毛泽东思想和中央文件为思想指导，以"农业学大寨、建设大寨场"为主要任务，建设大寨型农场。

1978 年，农场开展整风运动，对照大寨和大庆式企业的标准及其领导班子的榜样，以高速度办好国营农场为中心，通过学习批评、总结工作、肯定成绩、摆问题、揭矛盾、找差距，从思想上、组织上、作风上对农场核心小组进行整顿，各党总支同时进行整顿。机关科室以上干部、分场干部和各连支部书记，以总支为单位划分小组，组织学习和落实整风运动。

1981 年，农场为迎接建党六十周年，开展模范党员和先进党支部的评比活动。此次活动表扬和树立了一批以身作则、带头苦干、作风正派、工作有成绩的党员及干部，为在党内树立一个好的风气起了很大的促进作用。

1982 年，农场党委遵循"个人服从组织，少数服从多数，下级服从上级，全党服从中央"的原则，坚持党委集体领导下的场长分工负责制。对于全场的生产、财务、基建、农田水利及经营管理制度、政策等方针大计和重大措施、全场性的重大活动和会议、组织人事等工作须经党委会集体研究，形成决议，坚决执行。党委会原则上每月一次，每季度举行一次党委民主生活会，半年举行一次交心通气会，发扬民主，广泛听取意见。坚持学习制度，努力提高思想水平、政治水平和工作水平，集体学习每旬不少于两个半天。

1985 年，农场开展全场整党工作，首批整党单位第一阶段用了 26 天时间学习了整党文件和全国党代表会议文件，进行了 4 个专题的党性教育和对照检查。

1986 年 1 月，农场党委加强对基层党组织的领导，健全党内正常的生活和学习制度。党委每个季度分析一次干部队伍状况，定期布置思想政治工作，做到有检查、有落实。凡独立核算的大队级单位，有 3 个以上党员的，建立党的基层支部。党委成员除参加正常的党委会活动外，都要做到以普通党员的身份参加党小组会和支部会。各级党的总支和支部建立健全学习制度和"三会一课"制度，党内生活正常化，以好的党风、好的学风带动场风、民风的根本好转。

1988 年，《中共南通农场委员会工作暂行条例》对农场各级基层党组织提出要求，农场党委下属的各级基层党组织应当对党员进行马列主义毛泽东思想的教育，党的基本知识和理想、纪律的教育，教育党员发扬为共产主义事业献身的精神，认真履行党员义务，增强党性观念，牢记全心全意为人民服务的宗旨，做到个人利益服从党和人民的利益，吃苦在前、享受在后，发挥共产党员的先锋模范作用。

农场各级党的基层组织应经常深入了解党员的思想情况，适时研究和帮助解决一些实际困难问题。党员应当做到每月不少于 1 次向党组织汇报思想情况或反映工作中的问题，积极配合行政领导做好职工群众的思想政治工作。

农场各级党的基层组织要抓好发展党员的工作,要特别重视在知识分子和工作在第一线的干部职工中发展党员,严格按照发展党员的工作程序,抓紧抓好对积极分子的教育培养和考察工作,坚持党员条件,成熟一个发展一个,确保新党员的质量。入党后,仍要加强对预备党员的教育,继续做好考察工作并做到按期讨论预备党员的转正问题。

农场各级党的基层组织健全党的组织生活制度,党委成员除参加所在党小组的活动外,党委民主生活会每半年开一次,党总支每季度一次,党支部每季度至少开一次党员大会、开一次组织生活会,进行一次党课教育。党员领导干部应当以普通党员身份参加党的组织活动。抓好党风,严肃党纪,经常对党员进行遵纪守法的教育,每年要有重点地进行党风党纪检查两次,对违纪的党员及时处理。

1991年,农场着重抓对党员干部进行党的基本路线教育,举办党建理论、党的基本知识和社会主义思想教育培训班。党委及基层党组织开展民主评议党员活动,坚持正常组织生活制度,加强对党员的教育、管理和监督。

1996年,农场党委以"四个一"为目标,在全场各级党组织中开展"三带一促"活动。"四个一":建设一个团结协调、改革创新、开拓进取、作风端正的好班子;造就一支以党员干部为骨干,职工群众为主体的好队伍;建立健全一个与经济工作有机结合、互相促进的党建工作好的运行机制;完善一套保证企业党组织发挥政治核心作用的好制度。"三带一促":组织带领党员学习市场经济理论;组织带领党员带头做好思想政治工作,确保改革和建设的顺利进行;组织带领党员群众以生产经营为中心,为企业排忧解难;促进企业转换机制,增强活力,提高效益。在各级基层党组织中,开展以"学习好、团结好、廉政好、纪律好、实绩好"为主要内容的创建五好班子活动。在各级干部中开展"学理论、学法律、学科学、学经济、学管理"的五学活动,开展好"双十佳"评比活动。

2004年3月,农场党委印发《南通农场党委会议事规则》,党委会议事坚持民主集中制的原则。主要议事范围:农场党委讨论制定贯彻执行党的路线、方针、政策和上级党组织指示的实施意见;研究制定农场党建计划和措施,处理和解决好党的自身建设和基层工作的重要问题,以及工、青、妇群众团体需要研究解决的重要问题;研究农场中长期发展规划、征地及小城镇规划、年度计划、经营方针、发展思路、投资方案、重大基本建设等重要事项。研究农场产业结构调整、产权制度改革和其他改革,以及涉及广大职工切身利益的重大问题。研究农场年度财务预决算方案、分配方案、大额资金使用情况,以及资产出租和资本、资源经营中的重大问题。研究农场机构、人事改革方案和管理制度的制定、修订和废除。研究制定场管干部的培训、考核、选拔、任用、监督等管理制度,研究党委管理的党群干部的任免，研究场长提名的行政领导干部的聘任和解聘，向上级党组织推荐和建议任免、调整有关干部，讨论通过党委的重要文件和党政主要负责人的重要报告和讲话。研究落实农场党代会召开的有关事项及党代会决议；研究有关奖惩事项和各种违法违纪案件及人员的处理；研究上级党组织规定应由党委集体决定的事项，场长、党委书记认为有必要提交党委会讨论的问题，以及研究处理突发性重大事件。

2005年7月开始，农场党委围绕江苏省农垦集团公司党委、南通开发区党工委的要求，集中开展保持共产党员先进性教育活动，完成了先进性教育的学习动员、分析评议、整改提高3个阶段的工作，在群众满意度测评中，农场先进性教育活动群众满意度达到了94％。农场及时调整完善党的组织设置，胜利召开了南通农场第九次党代会，进行了新一届党委领导班子的换届选举。按照"顺应发展，因地制宜"的思路，在非公企业建立党支部和党组织联络员，同时积极组建社区党支部，确保每个党员都有归属，每个支部都能正常开展活动。

2006年，农场在基层党组织中开展以"支部班子好、党员队伍好、工作机制好、工作业绩好、群众反映好"为主要内容的争创"五好"党支部和以"落实党的方针政策执行力强、促进基层发展带动力强、服务职工群众影响力强"为主题的争当"三强"党支部书记活动。通过开展"双争"活动，农场培养一批"五好"党支部、"三强"党支部书记，使农场基层党支部建设明显加强，党员队伍素质显著提高，党的工作机制更加规范，党支部的战斗堡垒作用和先锋模范作用得到发挥。

2010年，农场开展争创"四强"党组织，争做"四优"共产党员活动，成立争创"四强四优"活动领导小组和办公室。农场围绕政治引领力强、推动发展力强、改革创新力强、凝聚保障力强的"四强"党组织，以及政治素质优、岗位技能优、工作业绩优、群众评价优的"四优"共产党员的目标要求进行考核。考核分企业自评、组织考核、群众满意度测评。企业自评分数、组织考核分数以及群众满意度测评分数均采用百分制，权重为2：5：3，根据考核结果进行表彰奖励。

2011年，农场为认真落实"党建工作创新工程"，充分发挥各级党组织和党员在深入推进"八个领先"中的战斗堡垒和先锋模范作用，建立党员干部联系服务群众的有益载体，推动创先争优活动深入开展，农场成立社区联合管委会实施群众事务党员干部代理制度领导小组，建立健全社区联合管委会实施群众事务党员干部代理制度。

2012年，农场在创先争优活动中开展基层组织建设年活动，以"强组织、增活力、创先争优促发展"为主题，遵循"抓落实、全覆盖、求实效、受欢迎"的工作要求，着力解决农场基层党组织建设中的突出问题，着力增强基层党组织的创造力、凝聚力、战斗力，着力完善加强基层党组织建设的制度机制，充分发挥基层党组织推动发展、服务群众、凝聚人心、促进和谐的作用。

基层组织建设年活动工作目标是按照基层党组织战斗力、基层党组织素质、党员队伍生机与活力、基层基础保障水平、基层党建制度化水平"五提升"的总体目标，通过实施基层组织建设年，实现"五个突破"：一是在基层党组织建设有效性上有所突破；二是在联系服务职工群众直接性上有所突破；三是在党员作用发挥示范性上有所突破；四是在基层组织保障实效上有所突破；五是在制度建设长效性上有所突破。

2016 年，苏垦南通公司党委在"学党章党规、学系列讲话、做合格党员"学习教育活动中，要求基层党组织做到"四个突出"，突出正常教育、突出正面教育、突出问题导向、突出务求实效，坚持以上率下，发挥"关键少数"的引领作用，上级为下级做示范，书记给党员树标杆，形成上行下效、整体联动的良好局面。

2017 年 8 月，苏垦南通公司出台《江苏农垦集团南通有限公司基层党组织建设规范》，通过规范化建设使各基层党组织达到支部班子坚强有力、党员队伍素质过硬、基础工作扎实稳固、堡垒作用发挥明显的目的。党组织规范化建设对组织设置要求：一是党员人数较多的党支部应根据党员数量、分布情况和有利于开展活动的原则设置若干个党小组，每个党小组不得少于 3 名党员，其中至少要有 1 名正式党员；二是有正式党员 7 人以上（含 7 人）的党支部设立支部委员会，支部委员会一般由 3~5 人组成，组织分工可设书记、副书记、组织委员、宣传委员、纪检委员等，党员不足 7 人的，不设支部委员会，设书记 1 名。

2018 年 7 月，苏垦南通公司出台《江苏农垦集团南通有限公司党委会议事规则（试行）》，对公司党委的议事范围做了规定：一是公司贯彻执行党的路线方针政策、国家法律法规以及上级党组织的决定、决议、指示等的决策事项；二是公司党的组织建设、精神文明建设、思想建设、党风廉政建设、人才队伍建设、企业文化建设的具体部署，公司党委重要工作总结和报告、公司规章制度的制定和修改；三是公司本部机构设置、人员编制方案及薪酬方案的制订，以及涉及干部职工切身利益的重大问题，公司本部干部的任免、本部工作人员的聘用及人才引进；四是公司所属全资子公司干部的任免，公司所属控参股公司的董事、监事、经营班子成员、财务负责人的委派；五是公司重大改革方案、重大基本建设以及大额资金的使用等重大问题；六是公司拟提交董事会讨论决定前，应提交公司党委会讨论的主要内容：公司章程的修改；公司重要管理制度的制定、修订，以及重大改革重组方案的制订；公司的发展战略、中长期发展规划、年度投资计划，对外投资、合资、合作项目等重大决策；公司年度财务预（决）算；七是公司党委直接管理的干部的重要奖惩事项和各种违法违纪案件及人员的处理;八是工会、共青团等提出的需要党委研究解决的重要问题;九是公司经理层认为有必要提交党委会审议研究的问题;十是需要处理的突发性重大事件,党委书记认为有必要提交党委会研究决定的问题及其他必须由党委会集体讨论和决定的事项。

2018 年,苏垦南通公司实施党建"强基提质"工程,不断加强基层党组织建设,落实党建工作责任。切实担负起主体责任,把党建工作列入重要议事日程,坚持党建工作与中心工作一起谋划、一起部署、一起考核,做到守土有责、守土负责、守土尽责,形成一级抓一级、层层抓落实的党建工作格局。基层党组织负责人切实履行"一岗双责",坚持党建工作与分管工作同部署、同检查、同落实,做到两手抓、两手都要硬。各基层党组织要按照"谁主管,谁负责"的原则,对照党建工作责任清单,明确路线图、时间表,年初制定基层组织党建工作要点和学习计划,将党建工作全面纳入领导班子建设和绩效管理中进行部署和考核。

2020 年,苏垦南通公司全面从严治党主体责任清单指出,加强基层党组织建设,强化一切工作到支部的导向,探索创新"三会一课"的内容和形式,提高党的组织生活质量。按照江苏省国资委和江苏省农垦集团公司党委要求,推进基层党支部实施"双积分"系统考核和党支部书记持证上岗制度。巩固完善党的组织体系,实施"全面过硬进步"行动、品牌创树示范行动和人才优先发展行动,增强党组织政治功能和组织力。学习宣传贯彻《中国共产党国有企业基层党组织工作条例(试行)》,推进实施新时代基层党建"五聚焦五落实"三年行动计划,建立基层党建"一突出四联动"机制。实施党支部"标准+示范"建设工程,开展争创政治引领力强、推动发展力强、改革创新力强、凝聚保障力强的"四强"型党组织。

多年来,农场(苏垦南通公司)在党组织建设和共产党员创先争优活动中涌现了苏垦南通电力公司党支部等先进基层党组织和一批优秀共产党员、优秀党务工作者,受到了江苏省农垦集团公司和县市区级党委政府的表彰(表 4-1-4)。

表 4-1-4　企业党组织建设中受市级以上党委和政府表彰人员一览

姓名	荣誉称号名称	表彰时间	授奖部门
季文北	优秀共产党员	1996 年 1 月	中共江苏省农垦总公司委员会
徐益辉	优秀共产党员	1996 年 1 月	中共江苏省农垦总公司委员会
张栋	优秀共产党员	1996 年 1 月	中共江苏省农垦总公司委员会
曹邢华	优秀共产党员	1996 年 1 月	中共江苏省农垦总公司委员会
曹汝林	优秀共产党员	1996 年 1 月	中共江苏省农垦总公司委员会
刘金芳	优秀共产党员	1996 年 1 月	中共江苏省农垦总公司委员会

（续）

姓名	荣誉称号名称	表彰时间	授奖部门
龚雪昌	优秀共产党员	1996 年 1 月	中共江苏省农垦总公司委员会
季国民	优秀共产党员	1996 年 1 月	中共江苏省农垦总公司委员会
张学贤	优秀共产党员	1996 年 1 月	中共江苏省农垦总公司委员会
邱训成	优秀共产党员	1996 年 1 月	中共江苏省农垦总公司委员会
刁进宏	优秀共产党员	1996 年 1 月	中共江苏省农垦总公司委员会
李树成	优秀共产党员	1996 年 1 月	中共江苏省农垦总公司委员会
周永昌	优秀共产党员	1996 年 1 月	中共江苏省农垦总公司委员会
卞启胜	优秀共产党员	1996 年 1 月	中共江苏省农垦总公司委员会
刘文权	优秀共产党员	1996 年 1 月	中共江苏省农垦总公司委员会
王华兴	优秀共产党员	1996 年 1 月	中共江苏省农垦总公司委员会
姜学琪	优秀共产党员	1996 年 1 月	中共江苏省农垦总公司委员会
崔将	优秀共产党员	1996 年 1 月	中共江苏省农垦总公司委员会
黄冠章	优秀共产党员	1996 年 1 月	中共江苏省农垦总公司委员会
施朝云	优秀共产党员	1996 年 1 月	中共江苏省农垦总公司委员会
翟智君	优秀共产党员	1996 年 1 月	中共江苏省农垦总公司委员会
高建辉	优秀共产党员	2006 年	中共江苏南通市委员会
王思相	优秀共产党员	2011 年	中共江苏省农垦集团公司委员会
范忠	优秀共产党员	2012 年	中共江苏省农垦集团公司委员会
宋所珍	优秀共产党员	2012 年	中共江苏省农垦集团公司委员会
邱慧婷	优秀共产党员	2016 年 7 月	中共江苏省农垦集团公司委员会
施春芳	优秀共产党员	2018 年 1 月	中共江苏省农垦集团公司委员会
王春红	优秀共产党员	2020 年 4 月	中共江苏省农垦集团公司委员会

（二）"三重一大"事项集体决策制度

2008 年，为贯彻落实党中央提出的《重大决策、重要干部任免、重大项目安排和大额度资金的使用，必须由领导班子集体做出决定》的制度，健全和完善农场党政领导班子议事决策机制，充分发挥集体领导的核心作用，规范集体决策程序，保证重大决策的科学化、民主化，推进经济建设和科学发展，农场实施"三重一大"事项集体决策制度。之后，根据不同的时间和不同的经济发展情况，农场对"三重一大"制度不断进行改进完善。

2015 年，农场制定的《江苏农垦集团南通有限公司"三重一大"事项集体决策制度实施办法》规定，"三重一大"事项的决策必须坚持的原则是依法依规、规范决策、民主决策、科学决策的原则，决策前应当充分调研论证，必要时，履行专家论证、技术咨询、决策评估、公示等程序，同时对"三重一大"事项列入职责范围，包括列入党委会审议或决策事项、列入董事会审议或决策事项、列入总经理办公会审议或决策事项、职工大会

（或职工代表大会）审议或决策等事项都做了详细规定。明确"三重一大"事项决策程序包括会前、会中、会后 3 部分，一般应当包括调查研究、论证评估、酝酿沟通、提交议案、集体讨论、规范表决、组织实施、监督执行、责任追究等环节，同时明确公司党委书记、董事长、总经理分别为党委会、董事会、总经理办公会实施"三重一大"决策制度的主要责任人，公司领导班子应根据分工和职责及时向领导班子报告"三重一大"决策制度的执行情况，公司领导班子应向集团党委组织部及时报告贯彻本实施办法的情况。

（三）党建示范点创建

2017 年，苏垦南通公司为落实"党要管党"任务，夯实基层党建基础，促进基层党支部建设的规范化、科学化，发挥党组织的政治引领和战斗堡垒作用，打造苏垦南通公司党建"领头雁"作用，苏垦南通公司党委在各基层党支部开展党建示范点创建活动，创建围绕班子建设、基础工作、活动开展、制度建设、发挥作用 5 个方面，将示范点建成以硬件完善、软件规范、时代特色鲜明、党员群众公认、带动作用较强的基层党组织为目标，达到"五个好"基层党组织，体现在：一是党建工作具特色、富创新、有影响，能够代表苏垦南通公司基层党建工作的先进水平；二是领导班子坚强团结，同心同德，带出一支结构合理、整体素质高、战斗力强的党员队伍；三是党的活动严格按照"三会一课"制度进行，党建工作制度和基础设施完善配套；四是党建工作促进企业发展成效显著；五是党群关系和谐，群众满意度高的创建要求，具体表现在班子过硬、基础扎实。党支部能有效团结和带领党员干部贯彻上级各项政策精神，党支部工作和业务工作业绩突出，全体党员能紧紧围绕改革发展稳定大局，结合本部门本单位实际，积极探索党员推进改革、服务发展、维护稳定的有效措施和途径，高标准、高效率、高质量地完成各项工作任务。

2018 年，苏垦南通公司加强各级党组织的规范化建设，特别是党建示范点建设，以点带面，全面带动苏垦南通公司党建工作稳步向前推进。具体工作是组织党务工作人员观摩支部"三会一课"、党日活动，组织特色活动开展，提高支部工作质量和效果；加强党支部书记、党务干部和党员队伍建设，按照"政治强、作风正、有本事、口碑好"的标准，选优配强基层党支部书记，以提高党务干部素质为重点，加强对党务干部的教育、培养和使用；组织基层党支部书记参加江苏省农垦集团公司"学理论、强党性、提素质"轮训活动，全面提升党务干部综合素质、业务水平和工作能力；严把发展党员"入口关"，按照《发展党员工作细则》的要求，在年度发展计划范围内，注重从基层一线的优秀青年中培养发展党员，切实保证发展党员的质量；创建党建品牌，征集党建工作创新案例，培育发掘党建工作亮点，选树典型，深化公司"道德讲堂"建设，提高职工文明素养和企业文明程度。

2020 年 7 月，苏垦南通公司开展"党员示范岗责任区"活动，通过党员的示范、带动、辐射作用，提升党员干部整体水平，开展"党员示范岗责任区"争创活动，引导党员立足岗位做贡献，促进各基层党组织转变工作作风、创新工作思路、优化工作过程、增进服务意识、提升工作效率、赢得群众认可。充分发挥党员在各个岗位上的示范、带动和辐射作用，形成努力践行高质量发展的良好局面。

党员责任区的职责：对照《党章》的要求，以高度的政治责任感肩负起党组织赋予的光荣使命，积极履行好责任区职责。做坚定理想信念的表率：做好责任区内党员和群众的思想政治工作，宣传党的路线、方针、政策，宣传公司及本责任区的工作任务和目标，凝心聚力，努力调动责任区内所有人员的工作积极性和创造性。做刻苦学习的表率：组织和带领责任区内全体党员干部认真学习先进文化和专业技术知识，不断提高工作技能和工作水平。做勤奋工作的表率：在责任区内起模范带头作用，在安全生产、经营管理等工作中勇于承担急、难、险、重任务，优质、高效地完成各项工作任务。通过责任区内党员的不懈努力，充分发挥示范岗的先锋模范作用，努力把责任区建设成一个互相关心、互相帮助、团结协作的集体，积极营造和谐向上的氛围。

二、宣传及意识形态工作

（一）党员干部思想政治教育

建场初期，由地方各区乡组织的民工来农场进行围垦造田，在异常艰苦的条件下，农场制定和宣传农场发展规划，对围垦人员进行"以场为家，扎根农场，艰苦创业"的宣传思想教育，号召他们正确对待面临的困难，做好吃苦在先的思想准备。

1958 年，农场提出"青装（庄稼）换黄装（芦根），黄装换青装（秋后庄稼成熟），年底变粮仓，争取一本一利"的口号，确立"建设与生产齐头并进"的方针，在职工中开展"谈过去，比当前，看未来"的讨论，使职工坚定了建场信心。

1963 年，农场对全场干部职工进行系统的思想教育，在职工中开展"忆家史、场史、革命史、创业史"的忆苦思甜活动，在党员干部中开展学习毛泽东著作和学习共产主义战士雷锋的活动，并举办党员骨干培训班，大力表扬好人好事，奖励先进。

1964 年 3 月，国务院副总理谭震林在全国国营农场会议上提出"进行思想革命、技术革命、文化革命"的要求，农场组织开展"大学毛主席著作，大学解放军、大学大寨、大学大庆"的"四大学运动"，同时开展"比学赶帮超"活动，对知识青年进行"安心务农，建设农场"的教育。

1965 年，农场进行社会主义教育运动，进行了勤俭办场艰苦创业教育，开展了厉行节约、反对铺张浪费教育活动。

1966年下半年开始，因"文革"影响，农场干部职工政治思想学习处于不正常状态。

1977年，农场党的核心小组组长张德仁参加全国农业学大寨会议回来后，立即传达会议精神，在农场组织千人宣讲团，学习宣讲毛主席的光辉著作《论十大关系》，全场上下立即掀起传达贯彻的热潮。农场深入大队、分场，大张旗鼓地把第二次全国农业学大寨会议的精神迅速传达到广大干部职工心中，认真学习好、深入宣传好、贯彻执行好，深入揭批"四人帮"，迅速掀起农业学大寨的群众运动新高潮。

1979年1月，农场认真学习十一届三中全会公报，紧跟时代伟大转变，向全场印发《关于学习十一届三中全会公报的通知和计划》。党的十一届三中全会公报的中心内容是要把全党工作的着重点转移到社会主义现代化建设上来这一伟大转变，反映了历史的要求和人民的愿望，代表了人民的根本利益。农场场部机关除抓好自身学习外，还组织跑面组，及时了解各单位的学习情况，各分场、连队对学习公报十分重视，召开了总支会、支委会、骨干会、职工大会，层层进行动员，认真学习，深刻领会公报精神。

同年7月，农场贯彻党的十一届三中全会精神，以"三整顿"为主要措施，教育、整顿各级领导班子、职工队伍和企业管理。为适应党的工作着重点转移，农场举办党团支部书记集训班，通过集训提高认识、端正作风，从而教育和带领广大职工投入到四化建设中去。集训以阅读文件材料组织讨论为主，学习内容主要是关于党的作风建设和五届人大二次会议精神。同年，农场在干部职工中开展关于"实践是检验真理的唯一标准"的学习讨论，进一步解放干部职工思想，坚持实事求是的思想路线，顺利地实现了党的工作重心的转移，同年9月27日，农场恢复了中断十多年的职工代表大会制度，召开全场职工代表大会，讨论农场生产经营的重大事项，贯彻落实党的十一届三中全会精神和"调整、改革、整顿、提高"的八字方针，通过了农场三年规划和"八五"设想。

1980年，农场认真学习贯彻党的12条准则，提高各级党组织的战斗力，举办了102人参加的两期学习班，有9名干部参加了南通地委和地区农垦局举办的学习班。全场各分场和连队共学习12条准则和上党课465次，并由政工科对分场250多名在职连以上干部进行了考核。党委以扩大会议的形式，各单位支部书记、总支书记、副书记以及机关各科室主要领导共75人参加学习了"五中全会""十二条准则""邓副主席报告"等有关文件。

1981年2月，农场抓好中央工作会议精神的贯彻和中央2号文件及六中全会决议精神的学习贯彻，明确决议的指导思想是充分肯定毛泽东的历史地位和毛泽东思想，实事求是地评价建国32年以来的功过是非，通过学习对一些重大问题的认识都能以决议的基本结论为出发点和归结点。

1982年9月，党的十二大召开以后，农场组织全场干部学习十二大文件，重点学习邓小平的开幕词和关于《全面开创社会主义现代化建设的新局面》的报告。农场采取点面结合、集中上辅导课、分散讨论自学的形式，利用12月全月，举办了一期党小组长、连以上干部共390人参加的集训班并通过学习考试。党委成员除轮流讲课辅导外，晚上还分头到各单位检查学习情况。

1983年，农场组织党员系统学习新党章，重点学习了党的性质、党的指导思想、党的奋斗目标、党员的权利与义务等部分，同时结合学习了《邓小平文选》《关于党内政治生活的若干准则》，中共中央《关于建国以来党的若干历史问题的决议》，着重对党员进行了理想宗旨和任务要求教育，党员标准、民主集中制、党风党纪教育，开展做合格党员活动。

1984年，农场组织学习贯彻《中共中央关于经济体制改革的决定》文件精神，兴办职工家庭农场。农场举办党员、干部学习培训班，传达贯彻中发〔1984〕1号、中办发〔1984〕1号文件和江苏省农垦总公司第一次工作会议精神，做好邓小平、陈云十二届二中全会讲话和《中共中央关于整党的决定》《邓小平文选》的学习，迎接全面整党工作的开展，以整党决定精神为指导，密切联系农场和单位实际，提高农场全体党员、干部对整党重要性的认识，增强抵制、清除精神污染的自觉性，积极投身整党，做到边整边改，未整先改。

1985年，农场进行企业整党。按照南通市、县委的统一部署，在南通县整党办公室的指导下，农场组织党员学习《中共中央关于整党的决定》，学习中央关于加强农村工作的1号文件和农村经济体制改革等文件，举办党政工培训班。农场党员分两批参加整党学习，第一批场直机关党支部和分场公司党员干部共147名党员，第二批分场公司党总支和大队工厂党支部共486名党员。整党中，遵照中央提出的"统一思想，整顿作风，加强纪律，纯洁组织"4项任务，着重对全体党员进行了理想、宗旨和党性、党纪及党风教育，提高党员的政治思想素质，除3名党员因犯错误缓期登记外，参加整党的正式党员全部通过了党员登记。

1986年，农场成立"思想政治工作研究会"，分场、公司及下属单位相应建立政宣组织，围绕场长负责制，加强企业思想政治工作，编写了12篇文章。农场党委每季度召开一次时政任务报告会，一次思想政治工作研究会，下发一次思想政治工作书面指导意见，结合农场实际，在基层单位广泛开展"十个必访"活动。同年，农场出席了农牧渔业部农垦局召开的思想政治工作会议，被评为全国农垦15面红旗之一。

1987年，农场认真学习宣传中央1号文件精神，开展坚持四项基本原则教育，组织党员干部职工学习党中央关于坚持四项基本原则的一系列指示和《人民日报》的元旦献词及有关重点文章，通过学习统一5个方面的认识：一是明确坚持四项基本原则，反对资产阶级自由化是我们坚定不移的方针；二是明确坚持四项基本原则与坚持改革、开放的关系；三是明确维护和发展安定团结的政治局面是关系到社会主义现代化建设成败的关键问题；四是明确坚持四项基本原则是统一全党意志的最高准则，是每个共产党员必须坚持的党性原则；五是明确维护和发展安定团结的政治局面必须坚持社会主义法制，坚持人民民主专政。同年，农场党委组织全场党员干部认真学习贯彻党的"十三大"文件，组织党员干部集中学习关于中国共产党章程部分条文修正案。同年年底，农场建办了业余党校。

1988年，农场共举办10期培训班，对全场党员干部进行党的基本路线和基本理论教育、党风党纪教育、改革开放发展外向型经济宣传教育，学习贯彻国营工业《企业法》，参训人员1371名。同时，结合优秀党员和先进事迹宣传活动，组织党政工团骨干基础知识短训。

1989年，农场通过大会传达、演讲报告、有线广播、黑板报、座谈会等多种形式，认真抓好全场党员干部和职工宣传教育工作，组织学习中共中央《坚持四项基本原则，反对资产阶级自由化》等一系列重要文章，坚定不移地贯彻党的十一届三中全会以来的路线、方针、政策。农场举办中层和基层党、政、工、团培训班，深刻领会中央文件精神，联系实际全面理解，牢固确立坚持四项基本原则和改革开放搞活这两个基本点。在春节前夕，农场举行了回场大中专学生座谈会，宣传党的方针、政策和十一届三中全会以来农场的变化，鼓励他们勤奋学习，成为国家四化建设的有用人才。

1990年，农场立足稳定抓思想，围绕中心抓经济，结合实际抓教育，对全场党政干部进行了党的基本路线和社会主义基本理论教育。组织各级通信报道员大力宣传农场两个文明建设的成果，扩大农场的影响；组织职工参加江苏省农垦集团公司"国情、垦情、场情"知识竞赛；在团员青年中开展了学雷锋、树新风活动。为正确处理"软"与"硬"的关系，探索"两手抓"的新途径，在全场推行了精神文明建设和思想政治工作目标管理责任制，并列入企业年度目标管理。各级党组织发挥工、青、妇、民兵、教育等部门和离退休职工在建设农场精神文明中的作用，通过举办"爱场爱岗，余热新奉献"活动，为企业发展献计献策，在农场遭受自然灾害、工业滑坡、经济不景气的情况下，广大党团员能够以身作则，带领群众抗灾救灾，完成承包任务，帮助农场共渡难关。

1991年，农场认真宣传贯彻党的方针、政策，坚持落实"三个一"思想工作制度，围绕企业生产经营积极做好宣传发动工作，加强舆论阵地建设，宣传报道工作有了新的起色，被江苏省农垦总公司评为先进单位。

1992 年，农场组织党员干部认真学习贯彻中央 2 号文件和邓小平南方谈话精神，举办党政干部学习"十四大"文件培训班，重点进行解放思想，抓住机遇，加速企业经济发展的教育。农场开展学习"十四大"文件知识竞赛，开展职工喜闻乐见的各项文体活动，举办了政治、经济、科技、"二五"普法培训班。在全场各行业中开展社会主义劳动竞赛，加强了舆论阵地建设和宣传报道工作，活跃了职工业余文化生活。

1993 年，农场各单位对干部职工进行爱国主义、集体主义和社会主义思想教育，以及"二五"普法教育，通过举办各类培训班，提高干部职工的思想素质和业务水平，增强职工对企业的凝聚力、向心力，激发爱场爱岗、无私奉献精神，"双学双比""双增双节""科技兴场""劳动竞赛"成效明显。

1994 年，农场各级党组织认真宣传贯彻党的十四届三中、四中全会精神，组织党员干部学习《邓小平文选》第三卷，举办了市场经济培训班。加强宣传思想工作，全场进行民主评议党员和考核考评干部，充实调整和优化各级领导班子。

1995 年，农场组织干部职工开展以"四德"为主要内容的"创、树"教育活动，全场各级党政工领导高度重视、精心组织，广大职工积极参与，开展各种行之有效的教育活动，取得了明显的效果，为促进企业两个文明建设发挥了重要作用。

1996 年，农场各级党组织利用党课、报告会、民主生活会、中心学习组、党校培训等途径，组织党员干部学习马克思主义理论、《邓小平文选》，进行理想、宗旨教育。在干部中开展"树公心、当公仆"和"争一流、争奉献"的"两公""两争"主题活动，在党员中开展"学理论，争当改革先锋；学技术，争当行业标兵"的双学双争活动。落实"三会一课"组织生活制度，抓好党员经常性政治学习和思想教育，不断增强党性观念。在全体党员中广泛开展"学理论、学党章"和"比业绩、比贡献"的"双学""双比"主题活动，要求党员必须做到 5 个带头，即：带头学习、带头创业奉献、带头与贫困户联系、带头遵纪守法、带头创一流业绩。

1997 年，农场按照十四届六中全会和"十五大"提出的要求，认真组织党员干部学习邓小平理论，举办了以学习"十五大"文件精神为重点的党员干部冬训，并邀请南通党校教授做了专题报告，坚持不懈地进行对党员干部的时政教育，坚持"三会一课"和调阅制度。各级党组织加强对所属党员的教育和管理，党员干部的宗旨意识和工作责任心不断加强，涌现了一批甘于吃亏、无私奉献、大胆开拓、顾全大局、关键时刻挺身而出的先进人物。农场组织党员干部学习中纪委有关文件和党风廉政建设的各项制度规定，重申《党风廉政建设十条规定》《南通农场场规场纪》，开展专题民主生活会，组织观看廉政教育电教片，要求各级干部讲学习、讲政治、恪尽职守、廉洁奉公，坚持从严执纪。

1998 年，农场在全场党员干部中开展"三讲"教育，开展"爱我农垦、扬我精神、举我品牌、兴我农场、富我职工"的主题教育活动。以庆祝中华人民共和国成立 50 周年和迎澳门回归为契机，开展爱国主义教育和"爱场敬业、齐心协力、艰苦奋斗、共渡难关"的创业精神教育，结合国际、国内政治经济形势以及垦区、农场形势，对党员干部、职工进行时事政治教育，并对全场党员干部进行电化教育以增强全场干部的公仆意识和廉洁意识，增强职工的"主人翁意识"，提高各级干部的工作事业心和工作责任感，调动职工的积极性和创造性，在全场范围内掀起艰苦创业、勤俭建场的新高潮。6 月，农场举办"澳门回归知识竞赛"，开展庆国庆职工诗歌朗诵比赛，全场干部职工自编自诵歌颂祖国、歌颂改革开放和农场的诗歌，以激发干部职工的爱国、爱场精神。国庆期间以橱窗为载体，展示新中国成立 50 周年中华大地上的沧桑巨变，进行"没有共产党就没有新中国，没有改革开放就没有社会主义建设的巨大成就"的主题教育活动。设立庆祝新中国成立 50 周年广播专题节目，对全场干部职工进行爱国主义教育。同时在全场兴起学习邓小平理论的新高潮，在学原文基础上，开展专题学习与讨论，按照"积极、全面、准确、深入"的要求领会"十五大"精神，推进农场改革发展和两个文明建设的不断深入。

1999 年，农场党员干部坚持用邓小平理论武装头脑，在 1998 年的基础上，加强党员干部的"三讲"教育，场部在"七一"组织党员干部的电化教育和理论学习，以提高党员干部特别是领导干部的理论水平、政治意识和廉政意识。同时抓好职工队伍的政治学习和业务培训，通过有线广播、黑板报等宣传媒体，向职工宣传市场经济规律和市场信息，增强他们自觉参与竞争的市场意识。向职工宣传当前国际、国内以及农场的形势，教育转岗职工克服"等、靠、要"的思想，树立自强不息、自主择业、走向市场、参与竞争的新观念。

2000 年，农场组织党员干部认真组织学习党的十五届四中、五中全会精神和"三个代表"重要思想，进行时政教育，开展党员冬训，学习宣传王志明见义勇为英雄事迹。做好干部职工在体制改革、机制转换、分流安置、结构调整等过程中的思想政治工作，在职工中开展了"五我"主题教育活动，及时接待和处理职工群众来信来访，保证了生产经营的正常运行。

2001 年，农场在全场开展"三个代表"重要思想的学教活动，认真抓好学习教育、培训辅导、自我对照检查、听取职工意见、整改落实各阶段任务。通过学教活动，深刻查找存在的问题，明确落实整改任务，增强全体党员干部实践"三个代表"重要思想的责任心和自觉性。农场精心组织建党 80 周年宣传系列活动，认真组织学习江泽民总书记"七一"讲话精神，坚持时政报告会制度。

2002 年，农场在党员干部中推动"学习型农场"创建活动的同时，深入学习马列主义、毛泽东思想、邓小平理论和江泽民"三个代表"重要思想，确立与时俱进是马克思主义的本质、实事求是为马克思主义的精髓的观念。开展"牢固树立正确的权力观"主题教育活动，党员干部真正打牢思想基础，筑牢思想政治防线，立党为公、执政为民，正确认识和行使手中的权力，为实现扭亏为盈，推动农场党风廉政建设和反腐败斗争深入开展提供强大的思想和组织保证。农场组织党员干部学习江泽民总书记关于牢固树立正确的权力观的重要论述，在中纪委七次全会上的重要讲话，学习《毛泽东、邓小平、江泽民论马克思主义的权力观、群众观、利益观》和《实践"三个代表"重要思想，树立正确的权力观、群众观、利益观》等教材。充分发挥先进典型的示范效应，帮助党员干部树立正确的权力观，开展典型案例警示教育活动，学习省纪委汇编的《案件通报》《案例剖析》和违法违纪分子的《悔过自白》，组织观看《权钱色变奏曲》《慕绥新、马向东等案件警示录》《廉内助与贪内助》等反面典型电教片。

2003 年，农场在全场党员干部中开展坚持"两个务必"教育活动，贯彻落实省委组织部《关于在防治非典型肺炎斗争中充分发挥共产党员先锋模范作用的通知》精神，组织开展庆祝中国共产党成立 82 周年系列活动。围绕《南通开发区基层党组织十六届三中全会精神专题学习计划》要求，组织全场党员干部进行政治学习，学习贯彻十六大精神与"三个代表"重要思想，把兴起学习贯彻"三个代表"重要思想新高潮与开展"大改革、大开放、大开发、大发展"思想大解放的大讨论活动结合起来。

2004 年，农场根据上级要求，组织开展向"立党为公、勤廉为民"的李荣法学习的活动，学习中央 1 号文件，中共中央、国务院《关于促进农民增加收入若干政策的意见》等内容。

2005 年，农场组织党员干部开展共产党员先进性教育活动，印发《南通农场保持共产党员先进性教育活动实施方案》，建立先进性教育活动党委领导联系点制度。在年底组织先进性教育活动"回头看"，主要检查整改和建立长效机制，以巩固先进性教育成果。活动中党支部书记履行第一责任人的职责。

2006 年，农场党委组织党员干部学习党章和"八荣八耻"社会主义荣辱观教育，学习《江泽民文选》，准确把握《江泽民文选》的内容和实质，学习"三个代表"重要思想，深刻领会"三个代表"重要思想的科学体系，深刻领会发展是党执政兴国的第一要务，深刻领会立党为公、执政为民的本质要求，深刻领会党中央提出的科学发展观等重大战略思想是对"三个代表"重要思想的坚持和发展。党的十六大以来，党中央提出以人为本、实现科学发展、构建社会主义和谐社会、树立社会主义荣辱观等一系列重大战略思想，有力地推进了社会主义经济、政治、文化和社会建设。结合庆祝建党85周年系列活动，保持和发展党的先进性，推进"五好"党支部建设。

2007年，农场党委组织党员干部学习贯彻党的十七大精神，推进农场二次创业和全面小康建设步伐，充分认识学习宣传贯彻党的十七大精神的重大意义，全面理解、深刻领会、准确把握党的十七大精神的实质，深刻理解和把握科学发展观，深刻理解和把握社会主义经济建设、政治建设、文化建设、社会建设等方面，深刻理解和把握全面推进党的建设新的伟大工程的崇高使命。

2008年，农场在全场党员干部中开展"解放思想，创新发展"大讨论及征文活动，同时利用庆祝建党87周年及农场建场五十周年营造氛围、总结经验、树立典型，更好发挥各级党组织的战斗堡垒作用、领导干部的模范带头作用和广大共产党员的先锋模范作用。贯彻落实科学发展观，推进农场二次创业、构建和谐农场，召开"七一"纪念大会，表彰和奖励在二次创业期间各条战线上涌现出来的先进基层党组织和优秀党务工作者、优秀共产党员，开展党课教育活动，全场各党总支、支部组织党员和干部上党课，配合远程教育站点进行一次远程教育活动。举办以党的"十七"大精神为主题的知识竞赛，对党员干部、建党积极分子进行党的知识教育、党的传统教育、党的纪律教育，组织新党员入党宣誓，开展"我为二次创业争贡献、争当示范带动排头兵"主题实践活动。

2009年，农场深入开展学习实践科学发展观活动，组织党员特别是各级党员领导干部深入学习实践科学发展观活动，围绕"推动科学发展、构建和谐农场"，按照"党员干部受教育、科学发展上水平、人民群众得实惠"的总体要求，突出"实践科学发展、推进二次创业、实现三年翻番、建设和谐农场"这一主题，解放思想、实事求是、改革创新，着力转变不适应不符合科学发展观的思想观念；着力解决影响和制约科学发展的突出问题；着力解决群众反映强烈的突出问题；着力构建有利于科学发展的机制体制。提高领导科学发展、促进农场和谐的能力，提高科学决策、化解风险、应对危机的能力，推进二次创业、加快发展的能力，加强基础管理、增创科学发展新优势的能力，加强党的建设、改进党建工作的能力，全面提升企业的核心竞争力，把农场二次创业和加快发展的积极性引导到科学发展上来，以科学发展的要求统领二次创业和加快发展的各项工作，把科学发展观贯彻落实到农场经济社会发展的各个方面。在全场党员干部中开展"加强党性修养，坚持廉洁从政"党性、党风、党纪教育活动。学习胡锦涛总书记在十七届中央纪委三次全会上的重要讲话精神，按照中央《建立健全惩治和预防腐败体系2008—2012年工作规划》的要求，组织学习《国有企业领导人员廉洁从业若干规定》文件。

2010年，在全场基层党组织和党员中深入开展创先争优活动，成立农场创先争优活动领导小组和办公室，开展庆祝建党 89 周年系列活动，农场党委领导班子成员建立创先争优活动挂钩联系点，联系点包括农场全资、控参股企业，以及社区服务机构、单位，按照创先争优活动要求，场党委领导班子成员对各自挂钩联系点创先争优活动情况进行分类指导、监督检查和领导点评。

2011 年，农场结合庆祝建党 90 周年系列活动，组织全场党员干部贯彻落实党的十七大和十七届四中全会精神，推进创先争优活动开展，开展党史教育，坚定理想信念。认真学习以毛泽东、邓小平、江泽民为核心的党的三代中央领导集体和以胡锦涛同志为总书记的党中央关于中共党史以及中国近现代史、中国革命的重要论述。在此基础上，把《中国共产党历史》第一卷和第二卷、《中国共产党简史》《中国共产党新时期简史》等党史著作为基本学习教材。开展党的知识竞赛和庆祝建党 90 周年征文活动。召开中国共产党成立 90 周年庆祝大会，开展"为群众办实事，为党旗添光彩"实践活动，实践活动与贯彻落实农场"十二五"发展规划相结合，与创先争优活动和建党 90 周年庆祝活动相结合。同时在全场党员干部中开展向张雅琴学习活动，把张雅琴事迹与弘扬"艰苦奋斗、勇于奉献、开拓创新"的江苏农垦精神和"创新发展、追求卓越"的农场精神结合起来学习，激发全场党员干部的工作热情，努力为实现农场"十二五"发展规划新跨越做出积极贡献。

2012 年，学习宣传贯彻党的十八大精神，学习胡锦涛总书记的工作报告，十八届一中全会选举产生以习近平同志为核心的新的中央领导机构，顺利实现了党的领导集体的新老交替。农场按照中央和江苏省农垦集团公司党委的要求和部署，紧紧围绕主题主线，把握重点，联系实际，狠抓落实，把党员干部和职工群众的思想、行动统一到党的十八大精神上来，把力量凝聚到实现十八大确定的各项奋斗目标上来，把精力集中到农场转型发展、社会建设的目标要求上来，深刻领会夺取新时代中国特色社会主义新胜利的基本要求，深刻领会确保党始终成为中国特色社会主义事业的坚强领导核心。党支部结合"三会一课"针对基层工作的特点，坚持集中学习和个人自学相结合的方式，在理论联系实际、学以致用、指导工作上下功夫，不断把学习贯彻工作引向深入。

2013 年，农场党委组织党员干部深入开展党的群众路线教育实践活动，建立党委委员、党的群众路线教育实践活动联系点，党委委员通过到联系点参加动员大会和专题组织生活会，开展调研指导，督促形成具体制度，努力把联系点建成示范点，以点带面，推动党的群众路线教育实践活动深入开展。党员干部学习习近平总书记重要讲话和中央、省委以及江苏省农垦集团公司党委开展教育实践活动的有关精神，围绕"查宗旨意识牢不牢，治脱离实际、脱离群众之病；查工作作风实不实，治急功近利、不负责任之病；查精神状态振不振，治慵懒散漫、贪图享乐之病；查廉洁自律严不严，治挥霍奢侈、铺张浪费之病"为主要内容的"四查四治"，建设"三宽四有"高素质党员干部队伍。开展"我是谁、为了谁、依靠谁"的"三项讨论"，开展一次"问和谐、看观念，问成效、看作风，问清廉、看形象"的"三问三看"大讨论活动。联系学习吴仁宝等重大典型和身边的先进人物，深化对马克思主义群众观点和党的群众路线的认识，为查摆问题和整改落实打下思想基础。党员领导干部要"走基层、听民声、求良策"，农场党委班子成员集中一段时间深入基层，直面干部群众，收集意见建议，解决实际问题。

2014年，苏垦南通公司党委利用庆祝建党93周年活动，向全公司党员干部宣传党的光辉历程、伟大成就和优良传统，召开迎"七一"庆祝大会，回顾中国共产党93年来所走过的光辉历程，重温中国共产党的建党伟业，给全体党员讲一堂党课，提升党员的自身素质。组织支部党员认真学习党的十八大及十八届三中全会文件精神，并对学习内容做好记录，写好活动小结及心得体会。

2015年，苏垦南通公司党员干部及职工思想政治学习培训主要围绕以下5个专题：一是把学习贯彻习近平总书记重要讲话精神，特别是在江苏调研重要讲话精神持续引向深入，更好地凝聚共识、推动工作；二是深入学习领会党的十八届四中全会精神，全面推进公司依法治企进程；三是深入学习中央经济工作会议、省委十二届九次全会和江苏省农垦集团公司工作会议精神，推进公司跨越发展迈出坚实步伐；四是深入学习领会社会主义核心价值观，努力使"三个倡导"内化于心、外化于行；五是坚持不懈抓好作风建设，切实形成作风建设新常态。通过组织集中宣讲，邀请南通市讲师团来苏垦南通公司进行理论宣讲。组织党员干部以座谈会的形式，共同探讨研究如何解放思想、振奋精神、推动发展以及新一年的发展思路等内容，并听取党员干部对苏垦南通公司经济发展的意见和建议。苏垦南通公司党委组织全体党员参与"坚定信念 忠诚于党"主题读书活动，主题读书活动坚持集体阅读与个人阅读相结合、学习理论与工作实践相结合、学习原著与听报告相结合、集中辅导与交流研讨相结合等多种形式。

2016年，苏垦南通公司在公司党员干部中开展"学党章党规、学系列讲话，做合格党员""两学一做"学习教育。通过学党章党规，增强党性修养，开展"讲政治、守纪律、懂规矩、做表率"教育活动，组织党规党纪知识竞赛，编印知识问答，以通俗易懂的方式学习《中国共产党廉洁自律准则》《中国共产党纪律处分条例》等，掌握廉洁自律准则规定的"四个必须""四个坚持"。学习党的历史，学习革命先辈和先进典型，弘扬党的优良传统和作风，树立崇高道德追求，养成纪律自觉，守住为人、做事的基准和底线。通过学系列讲话，统一思想行动，加强理论武装、增强"四个意识"，在思想上、政治上、行动上同以习近平同志为核心的党中央保持高度一致。做合格党员，发挥先锋模范作用，学以致用、知行合一，做讲政治、有信念，讲规矩、有纪律，讲道德、有品行，讲奉献、有作为的合格党员。

2017 年，苏垦南通公司党委组织党员干部学习宣传贯彻党的十九大精神，深刻领会、认识党的十九大的重大意义，全面理解、准确把握党的十九大的精神实质，深刻理解和把握党的十九大的鲜明主题、十八大以来的历史成就、中国特色社会主义进入新时代的重大意义、习近平新时代中国特色社会主义思想的重大内涵、我国社会主要矛盾变化的深远影响、"两个一百年"奋斗目标的战略安排和新时代党的建设的总体要求。通过学习宣传贯彻，党员干部提高政治站位，兴起学习热潮，营造浓厚氛围，联系实际，学以致用，用十九大精神推动苏垦南通公司转型发展新实践，以十九大精神为指导，全面加强苏垦南通公司党的建设，谋划苏垦南通公司转型发展新思路。学习党中央治国理政新理念、新思想、新战略，学习全面从严治党重大部署、基本要求，学习意识形态工作。

2018 年，苏垦南通公司在公司党员干部中组织开展以"学习新思想，改革再出发，开放迈新步，发展高质量"为主题的解放思想大讨论活动，引导公司党员干部深入学习贯彻习近平新时代中国特色社会主义思想，着力破除与新时代要求、高质量发展不相适应的思想观念和思维定式，更大力度解放思想，推动改革再深入、实践再创新、工作再抓实，在公司上下营造勇于自我扬弃、锐意攻坚克难、奋力开拓进取的浓厚氛围，为公司健康稳定有序发展，凝聚广泛思想共识提供强大精神动力。农垦对标一流，破除"结构不优""产业粗放"等制约，趋利避害、加固底板、补齐短板、放大优势，发挥好"国家队""示范区""排头兵"作用，建设好一流现代农业企业集团。弘扬农场历史上艰苦奋斗、勇于拼搏、开拓创新的精神文化，弘扬苏垦南通公司"传承超越 合作共赢"文化理念，展现苏垦南通公司良好精神风貌。全面从严治党，坚持实事求是的思想路线，贯彻落实好政治责任、共同责任和具体责任等全面从严治党主体责任，努力加强全面从严治党宽松软等方面的落后环节，特别是抓好巡视巡察问题整改，加强党的建设，发挥基层组织战斗堡垒作用，为解放思想提供坚强的组织保障。

2019 年，苏垦南通公司党委组织党员干部组织开展"不忘初心、牢记使命"主题教育，贯彻"守初心、担使命、找差距、抓落实"的总要求，围绕以下 7 个专题进行学习教育培训：一是学懂弄通做实习近平新时代中国特色社会主义思想；二是学习贯彻党的十九届四中全会精神；三是深入学习贯彻中央经济工作会议精神；四是深入学习贯彻省委十三届七次全会、市委十二届十次全会精神；五是学习党史、新中国史；六是学习《中国共产党国有企业基层组织工作条例（试行）》；七是及时跟进学习有关乡村振兴战略的最新理论、制度、实践创新。通过学习引导党员干部提高政治站位，以习近平总书记的重要论述为根本遵循，切实提高政策水平和工作能力。

2020 年，苏垦南通公司组织党员学习贯彻习近平新时代中国特色社会主义思想和党的十九大精神，围绕"悟初心、强信心、谋发展"主题，庆祝建党 99 周年，召开公司全体党员干部参加的庆祝大会，邀请专家授课，观看公益专题片《战"疫"一线党旗红》。公司下属各基层党组织结合"三会一课"和主题党日活动，在学习时围绕"当初入党为什么、我为苏垦南通公司发展做什么?"的主题，开展学习讨论，并组织党员参观红色教育基地，开展"红色之旅"学习教育活动，坚定理想信念、锤炼党性作风。在支部党日活动中，为老党员过政治生日，为老党员送上学习资料，听他们讲述入党经历，与他们共忆峥嵘岁月、展望美好未来，增强他们的荣誉感、认同感和归属感。在全体党员中学习宣传贯彻党的十九届五中全会精神，把学习全会精神与学习贯彻习近平总书记视察江苏重要讲话指示精神和《习近平谈治国理政》第三卷结合，认真撰写读书笔记或学习体会，公司党委组织开展党的十九大精神的宣讲活动，党委班子成员在各自党建联系点向全体党员做十九届五中全会精神宣讲。

（二）第一议题学习制度

2020 年 5 月，苏垦南通公司为深入学习贯彻习近平新时代中国特色社会主义思想和习近平总书记重要讲话精神，推动学习贯彻习近平新时代中国特色社会主义思想，在学习贯彻中不断增强"四个意识"、坚定"四个自信"，以学习贯彻的实际行动和成效做到"两个维护"，公司建立健全"第一议题"学习制度。

公司党委领导的各党（总）支部和党员在党委会、中心组学习会、支部大会、支委会、党小组会、支部主题党日活动等及其他重要会议时，首先以研读、传达、专题学习为主要形式，学习习近平总书记最新重要讲话和重要指示批示精神以及党中央最新重要会议、文件精神，通过党员干部领学带学、专题学习、交流研讨、邀请专家解读宣讲、观看专题片等方式读原著、学原文、悟原理。按照既重全面系统，又重联系实际的原则，通过开展专题学习、重要会议、"三会一课"、主题党日、组织生活会等途径学习习近平新时代中国特色社会主义思想和习近平总书记重要讲话精神，做到学深悟透、融会贯通。在学习贯彻中发现问题、提出问题、研究问题、解决问题，把矛盾和问题摸清摸透，以解决问题、推动工作的实际成效检验学习贯彻习近平新时代中国特色社会主义思想的成效。

（三）党委理论学习中心组学习制度

苏垦南通公司党委理论学习中心组（以下简称党委中心组）是领导全场干部在职学习的一种行之有效的重要形式，是党委加强自身建设的一项重要制度，是提高领导干部理论水平、政策水平、工作水平的重要途径。

党委中心组成员主要由苏垦南通公司党委全体成员、在职党政工领导、财务总监、纪委负责人、机关科室负责人及中层单位行政负责人、直属控参股企业负责人、各党总支书记组成。党委书记担任党委中心组组长，是党委中心组理论学习的第一责任人，主要职责是审定学习计划，确定学习研讨主题，提出学习要求，主持集体学习研讨，指导检查中心组成员的学习。党委书记本身以身作则，带头抓好学习，落实学习任务，把学习作为一项严肃的政治任务，使党委中心组学习真正做到制度化、规范化，并学有成效。

党委副书记担任党委中心组副组长，党委书记有事不能主持会议时，由党委副书记（副组长）行使组长职责，协助审定学习计划，组织协调中心组的学习活动。党委负责宣传思想工作的成员是党委理论学习中心组学习直接责任人，主要职责是配合党委书记做好学习的组织工作，党委中心组配备学习秘书，学习秘书由党委宣传部部长担任，参与学习规划和计划的制订，学习活动的具体安排落实工作，负责学习记录、学习考勤考核及学习材料的准备工作，完成领导交办的有关工作。

党委中心组采用集中学习与个人自学相结合的学习方式，每月集中学习不少于1次，集中学习可采取专题学习讨论、交流心得体会、听专题报告、开展专题调研和讲座、观看录像、现场参加考察等形式，党委中心组成员除参加集中学习外，还必须抓紧时间进行自学，精读原著，并按学习内容，结合自身工作，有重点地自行安排专题，做好笔记和讨论交流发言准备，同时理论联系实际，完成年度的学习心得体会和调研报告。党委中心组成员除认真参加中心组集中学习外，还必须参加所在支部的"三会一课"和主题党日活动。

（四）　意识形态工作

党的十九大报告提出，要牢牢掌握意识形态工作领导权，意识形态工作是党的一项极其重要的工作，关乎旗帜、关乎道路、关乎国家政治安全。2018年以来，苏垦南通公司按照上级有关意识形态工作的部署和要求，围绕中心工作，找准立足点，发挥思想引领、舆论推动、精神激励的重要作用，扎实做好意识形态工作，落实中央关于意识形态工作责任制要求，守好阵地、管好队伍，切实做到守土有责、守土负责、守土尽责。

苏垦南通公司意识形态工作思路：意识形态工作的总目标——牢牢把握领导权、主动权；压实主体责任，强化主流舆论；建立分析研判机制，齐抓共管机制和考核问责机制；建好阵地，强化队伍，打好基础，抓重点、攻难点。意识形态工作3点思路：一是做好意识形态工作，必须始终坚持以人民为中心的工作导向；二是做好意识形态工作，必须把凝聚人心作为出发点和落脚点；三是做好意识形态工作，必须把解决思想问题和解决实际问题结合起来。

每年年初，苏垦南通公司召开意识形态专题工作会议，传达学习江苏省农垦集团公司和上级相关工作会议精神，总结上一年苏垦南通公司意识形态领域风险把控的工作成绩，指出存在的问题，并就新一年苏垦南通公司的意识形态工作做出新的部署，会上苏垦南通公司党委书记和领导班子成员、各单位（各科室、部门）负责人、各党总支书记签订年度意识形态工作责任书，层层分解责任，传递工作压力。明确党委书记为公司党委落实意识形态工作第一责任人，分管领导为意识形态工作专责责任人，其他党委成员为各自分工领域意识形态工作分管责任人，党委宣传部为意识形态具体工作部门，人力资源部（党委组织部）和综合部（工会办）为意识形态工作协助工作部门，各党（总支）支部对本（总支）支部意识形态工作负主体责任。每半年召开一次意识形态专题风险研判会，由各党总支、支部、职能部门和公司领导汇报所管领域意识形态风险存在点，提出整改解决措施。

农场在宣传及意识形态工作方面紧紧围绕上级党委和政府的要求，坚持中国共产党的领导，围绕中心，服务大局，做好党员及职工群众的思想政治工作，加强社会主义精神文明建设，加强意识形态工作，守好阵地，管好阵地，取得了成绩，也受到了上级党委和政府的表彰。1986年10月，农场被评为"全国农垦思想政治工作先进单位"，受到了国家农牧渔业部农垦局的表彰；1999年，农场工会被评为"全国农林系统工会宣传信息先进集体"，受到了中国农林工会的表彰。

（五）新闻宣传工作

农场坚持"党管导向、党管阵地"原则，牢牢地把宣传文化阵地管住管好，努力为扩大党的声音，宣传农场的声音，满足人民群众日益增长的精神文化需求创造条件，加大对各党总支、党支部重视宣传舆论工作的考核力度，加强宣传思想工作队伍建设，调整充实宣传报道信息员队伍，组织培训交流活动，提高队伍业务素质。

建场初期，农场政治处创办了《当前情况》，主要宣传农场政治经济形势，交流管理经验。1964年，农场开始试办场内新闻节目，各单位配备有黑板报，通过黑板报这一形式，宣传党的方针、政策、指示、当前任务、生产情况、好人好事等。

20世纪70年代，农场基层单位利用"三用机"、黑板报、画廊、橱窗等宣传工具进行宣传教育，并配备业余通讯报道员。宣传板块节目主要有："农业科技""一周要闻""法制之窗""职工生活""为您服务""青年园地""信息交流"等专题节目。自1979年起，农场创办编办了"政工简报""三夏快讯""三秋快讯""法治宣传""南通农场情况""病虫简报"等自办刊物。

对外宣传方面，自1964年起，农场首次在《华东通信》发表了题为《长江岸边的一颗明珠》的文章后，农场对外宣传报道逐年增多。1971年，农场（兵团）成立四师二十四团宣传报道组，负责二十四团内宣和外宣工作。1973年4月12日，四师二十四团报道组在《新华日报》上发表了一篇记录知青姐妹在农场养鸡生活的通讯报道《鸡房姐妹》，展现了知青们在农场战天斗地的生活场景。1975年，兵团撤销，二十四团恢复农场建制，报道组成员有变，但工作没有停止。1977年1月22日，一篇关于农场如何做好宣传贯彻第二次全国农业学大寨会议精神工作的长篇通信《努力做到家喻户晓人人明白》在《新华日报》头版报道，在农场引起很大反响。1983年，农场中心报道组先后在《人民日报》《中国日报》外文版、《新华日报》《工人日报》《农民日报》《致富报》《南通日报》《中国农垦》等报刊发表了稿件及新闻照片。1987年开始，农场参加市农垦公司举办的"农垦稿件交流节目"，加强了系统内信息交流。

1985年，江苏省农垦总公司政治处在农场拍摄了农业、工业、商业、建筑业、交通运输、多种经营、文教卫生等行业电视录像片，并在农垦系统及农场播放，农场被评为1985年度全国农垦新闻报道先进集体，南通县总工会新闻报道先进单位。1986年6月，中央电视台在农场园艺场拍摄了桃园丰收景象并予播放，1986年10月，南通电视台来农场录制了一组新闻系列片，详细介绍了农场在改革中前进、各业生产所取得的成果。

1986年，农场宣传工作根据中央和江苏省农垦局党委的指示，抓好农场"两个文明"建设，巩固安定团结的大好形势，保证各项改革的顺利进行，宣传报道工作的主要任务：一是根据新时期总任务的要求，准确宣传党的路线、方针、政策；二是开展理想宗旨、法治和形势教育的宣传，报道反映农场改革、开放和建设四化的生动事例与新鲜经验；三是宣传先进典型和英雄模范人物，宣传闪耀着共产主义思想的新人新事新风尚；四是报道各单位在抓好经济体制改革中，抓市场信息、抓生产环节、抓劳动保护、抓职工福利等新人新事；五是报道旗帜鲜明抵制和反对资产阶级自由化，抵制和反对资本主义、封建主义腐朽思想的侵蚀，抵制和反对"一切向钱看"和各种损公肥私、损人利己的行为。对内通过办好广播，充分发挥"职工生活""一周简讯"等自办节目的作用，提高广播质量，为农场经济建设服务。对外报道，组织力量沟通和外界的联系，为农场的各业生产提供经济信息，搞好产前、产中、产后服务。利用现有摄影、录像设备及橱窗、专栏、板报、墙报等工具搞好宣传工作。

进入20世纪90年代后，农场推进有线电视入户工程，抓好板报、橱窗、三用机宣传和现代远程教育站点的电化教育，办好《南通农场情况》刊物，管理好农场网站和场部机关局域网，发挥信息交流平台作用，重视和加强对外宣传报道工作，明确报道任务，拓宽投稿渠道。

1996年，农场突出宣传经济工作的指导思想、发展战略、发展目标、主要工作任务，把职工的工作热情和积极性引导到抓好各业生产，扩大经济总量，提高经济质量上来，促进物质文明建设和精神文明建设共同进步、协调发展。宣传加强党的建设、精神文明建设、反腐倡廉和民主法治建设，提倡艰苦奋斗、勤俭建场的优良传统和深入实际、联系群众的工作作风。坚持"团结、稳定、鼓劲"和正面宣传为主的方针，旗帜鲜明地在经济生活、政治生活、文化生活、社会生活和理想、道德、价值观方面，实施正确的舆论引导，使正确的舆论在社会生活中占主导地位。

2006年4月，为弘扬正气，做好宣传工作，农场创办《南通农场情况》刊物，《南通农场情况》主要内容有近期重点工作、近期要闻、各业动态、文明新风、工作提示、场务公开等版块，实时对全场职工发布农场最新政策、农场经济情况、当前工作要点、农业生产状况及回顾农场近期发生的重要事件，以便职工随时掌握农场最新动态，安心投入生产。2013年，随着农场社会职能分离及农场公司制改造，《南通农场情况》刊物停办。

2007年9月，农场出台《江苏省国营南通农场新闻宣传工作管理暂行规定》，规定农场新闻宣传（信息发布）工作必须坚持以正面宣传为主的方针，坚持真实、客观、公正的原则，必须有利于企业的生产经营，有利于企业改革发展，有利于农场的社会和谐与稳定。确定农场组宣科或党委办公室为农场新闻宣传工作归口管理部门，负责新闻宣传工作的综合管理，制定年度新闻宣传工作要点并组织实施，对新闻宣传工作进行指导和督促检查。农场建立新闻发言人制度，新闻发言人制度适用于农场重大新闻宣传活动。新闻发言人由农场党委决定，并报江苏省农垦集团公司党委宣传部备案。

2008年，农场宣传工作以党的十七大精神为指针，紧紧围绕"二次创业"的总体目标和发展思路，突出重点，强化新闻宣传，塑造企业文化，促进农场的知名度和影响力有新的提升。全面宣传贯彻科学发展观和构建社会主义和谐社会的重大战略思想，解放思想、实事求是、与时俱进、贴近实际、贴近生活、贴近群众，围绕中心工作，推进和谐文化建设，为实现"富民强场"的宏伟目标，提供有力的智力支持、思想保证和精神动力。宣传农场二次创业、产业结构调整和高效农业产业化发展的新路子，宣传农场干群创业、创新、创优的先进典型，宣传农场各级基层党组织和广大党员在建设小康进程中的表率和先锋模范作用，宣传农场经济社会协调发展的良好局面。同年5月30日，农场按照江苏省国资委和江苏省农垦集团公司开展管理创新年活动的统一部署，创办《管理创新情况简报》，共编印8期。

2009年6月12日，农场成立信息化工作领导小组，有效整合农场各类信息资源，发挥信息在农场经济、社会发展中的重要作用。农场出台《江苏省南通农场网站管理暂行办法》，农场网站及时准确地公开场务、党务信息，接受职工群众监督，促进办事效率的提高。

农场网站设置栏目：农场首页、农场简介、要闻集锦、招商引资、企业文化、农场文件、江海视频、通知公告、服务资讯等。农场网站发布的信息和相应的服务，遵循"谁发布，谁负责，谁承诺，谁办理"的原则；农场网站不得公开涉及国家秘密、商业秘密、个人隐私的政务信息。在公开政务、党务信息前，应当依照《中华人民共和国保守国家秘密法》以及其他法律法规和有关规定，对拟公开的政务信息进行审查。

2010年3月，农场党委指出宣传工作要高举中国特色社会主义伟大旗帜，以邓小平理论和"三个代表"重要思想为指导，全面落实科学发展观，深入学习贯彻党的十七届四中全会精神，紧紧围绕农场新一轮经济发展的战略部署，全面落实企业文化、品牌和信息化建设工作规划，创新思路，突出重点，拓展载体、扩大影响，提升农场影响力，扩大农场社会知名度。在宣传内容上要重点围绕农场二次创业三年再翻番的目标任务和经验做法，充分展示农场在二次创业项目建设中取得的成果和进展，在现代农业建设中的示范带动作用。农场拓展宣传渠道覆盖面，充分利用《江苏农垦情况》《江苏农垦人报》《江苏农垦科技》《江苏农垦信息网》《南通农场门户网》《南通农场情况》、场部宣传栏、展板，各单位三用机、宣传橱窗、板报等多种形式开展宣传；利用多种宣传渠道对农场二次创业、品牌建设、和谐社会、文明创建等方面进行全面报道。

2013—2020年，苏垦南通公司宣传思想文化工作坚持以习近平新时代中国特色社会主义思想为指导，自觉承担起"举旗帜、聚民心、育新人、兴文化、展形象"的使命任务，紧紧围绕江苏省农垦集团公司党委决策部署，务实重行、真抓实干，为公司高质量发展提供思想保证、舆论支持、精神动力和文化支撑。苏垦南通公司荣获江苏省文明单位、江苏省健康单位、江苏农垦先进企业、江苏农垦学习型党组织示范点、江苏农垦文化阵地建设优秀单位、江苏农垦优秀网站、好新闻等荣誉。

公司成立企划宣传部，组建苏垦南通公司基层通讯员队伍，创建苏垦南通公司公众号。企划宣传部在第一时间为各单位优秀通讯员对外发表稿件，每年组织一次基层通讯员培训和技能提升活动。基层各单位、各部门报道重点包括：年度重点工作完成情况；江苏省农垦集团公司相关部门、政府部门下达任务的对接和完成情况；部室重要活动、创新工作方法。

（六）社会主义精神文明建设

1980年，党的十一届三中全会以后，农场干部职工坚持以经济建设为中心，加强社会主义精神文明建设，职工代表大会通过了《南通农场职工守则》：认真学习马列主义，毛泽东思想，坚持四项基本原则，爱祖国、爱劳动、发扬主人翁的精神，为四化建设多做贡献。努力学习文化科学技术，熟练掌握本职业务知识和技能，努力完成和超额完成本职任务。自觉遵守纪律，严格执行各项规章制度，服从分配，听从指挥，不早退，不旷工。团结互助、尊干爱群、关心集体、爱护公物，艰苦奋斗，勤俭持家。遵守社会主义法纪，不打架、不骂人、不酗酒、不赌博、不结党、不违法乱纪，坚持原则，敢与坏人坏事做斗争，敢于自我批评和改正。正确处理恋爱、婚姻、家庭问题，提倡晚婚、实行计划生育，婚丧喜事不铺张，家庭团结，邻居和睦。讲究个人和集体卫生，积极参加有益身心健康的文体活动。

1981年，农场在抓好生产建设的同时，狠抓精神文明建设：一是狠抓四项基本原则的教育；二是开展学雷锋、树新风活动和"五讲四美"活动，进行共产主义理想和道德品质教育；三是抓好共青团的组织建设和思想建设，充分发挥共青团是党的助手和突击队作用。

1982年，根据中央宣传部规定，每年三月为"全民文明礼貌月"，农场党委在搞好"全民文明礼貌月"活动的基础上，在全场范围内开展建设文明单位、文明家庭和五好职工评比活动，号召全体共产党员、共青团员、广大干部职工积极行动起来，在建设社会主义精神文明活动中做出成绩，为农场建设做出贡献。

1983年，农场在"五讲四美三热爱"活动中，行政和宣传各部门积极配合党的中心工作，狠抓各项规章制度的宣传教育，开展了各种有益的文体活动，结合综合治理打击各种刑事犯罪，党风、民风和场风有了明显好转，人们的精神面貌发生了可喜的变化。

1984年，农场职工代表大会通过了《南通农场场规民约》和《职工奖惩条例》等文件，在全场范围内开展"创文明单位""争当先进个人"活动。活动要求全场职工在学习、工作、生活中做到精神文明建设和物质文明相结合；学习先进模范人物的事迹和争创先进模范相结合；学习科学技术与职工文化补课扫盲相结合；学习宣传宪法、婚姻法、民法与计划生育综合治理相结合；振兴农场经济和勤劳致富相结合。另外，农场组织开展职工读书演讲活动，并在南通市职工读书演讲比赛中获奖，举行名为"我为农场翻番做贡献"火炬接力赛和以宣传宪法、婚姻法、民法为内容的法律知识宣传周活动。农场大队和工厂设立不同规模的青年民兵活动室，以丰富青年和民兵的业余文体活动，社会风气明显好转，尤其是职工教育和计划生育工作，多次得到上级的表彰和奖励。

1985年，农场精神文明建设的基本内容和要求是"抓紧抓实、提高质量、全面规划、综合治理"，在着重抓好思想道德风尚建设的同时，抓好文化建设、法治建设、环境建设和公益事业建设，开展爱国主义、集体主义和共产主义思想教育，提倡大公无私、先人后己、廉洁奉公、坚持原则，开展学习和运用日常文明礼貌用语10个字活动。把治理"脏、乱、差"和创"三优"（优质服务、优美环境、优良秩序）提高到新的水平，把建设文明单位和建设文明车间、班组的竞赛活动提高到新的水平。

1986年，农场精神文明建设的主要任务是：一抓经常性的思想政治工作和形势、政策教育，深入搞好理想纪律教育，爱国爱场教育和正确处理三者关系的教育；二抓思想政治工作队伍和思想教育阵地建设，是做好思想政治工作的重要保证；三抓基层整党和巩固首批整党成果，努力提高党员干部坚持党的四项基本原则和执行党的路线、方针、政策的自觉性；四抓"五讲四美三热爱"和建设文明单位活动，为创"六好企业"打好基础；五抓社会主义民主法治教育，使社会主义民主制度化、法律化，使其达到人人知法、懂法、守法；六抓为广大职工提供精神食粮工作；七抓科技和文化教育事业，形成尊重知识、尊重人才、尊师重教的社会风气。

1987年，农场组织党员干部学习贯彻中共中央关于《社会主义精神文明建设指导方针决议》，采取大会宣讲、广播宣讲和办宣传栏等多种形式，力求做到人人明白，个个清楚。开展争创文明单位活动，各级党、团、工会组织职工在坚持业余、自愿、小型、多样的原则下，利用各类活动阵地和兴趣小组开展形式多样的文娱活动，宣传唯物主义，传播科学知识，丰富文化生活，帮助职工自觉破除建迷信，刹住赌博歪风。

1988年，农场精神文明建设制定"三个一"制度（每季召开一次时政任务报告会、一次思想政治工作例会、一次书面思想政治工作指导意见），开展思想政治工作如何为农场经济建设服务的大讨论，为庆祝建场三十周年编写了《南通农场简史》。农场在公司、分场两个文明建设的考评中，对精神文明考核，占总分的30％。主要考核内容：一是执行计划生育制度及环境卫生好（5％）；二是执行场规民约及法规法令（5％）；三是重视文体活动，积极搞好宣传报道工作（6％）；四是执行财务制度和财经纪律好（5％）；五是安全生产教育无事故（3％）；六是工会工作好（3％）、党团工作好（3％）。当年，农场被评为南通市文明单位。

1989年，农场在基层单位建设"四个一"阵地（一个活动室、一片球场、一块黑板报、一个业余通讯报道组），通过阵地建设，加强企业精神文明建设。9月，农场宣传部门和团委举行迎国庆黑板报比赛，不少基层单位自行组织文体活动，丰富了职工的精神生活，社会风气明显好转，全场涌现出许多精神文明先进集体和模范人物，两个党支部、两名党员被评为南通县先进支部和先进党员，一名干部和一名职工被评为南通市文明新风典型，好的社会风气得到弘扬，生产、生活、治安秩序基本稳定。

1990年，农场立足稳定抓思想，围绕中心抓经济，结合实际抓教育，对全场党政干部进行了党的基本路线和社会主义基本理论教育，对干部职工进行了较为系统的热爱社会主义祖国教育。在全场推行了精神文明建设和思想政治工作目标管理责任制，并列入企业年度目标管理。各级党组织通过举办"爱场爱岗，余热新奉献"活动，发挥工、青、妇、民兵、教育等部门和离退休职工在建设农场精神文明中的作用，为企业发展献计献策。全场党团员以身作则，在遭受自然灾害、工业滑坡、农场经济不景气的情况下，带领职工群众抗灾救灾，完成承包任务，帮助农场共渡难关。

1991年，农场组织党员干部学习江泽民"七一"讲话，进行社会主义思想教育，对职工进行《热爱社会主义祖国》的轮训，基层舆论阵地建设得到了加强，农场精神文明建设取得了明显成果，尤其在当年的抗洪救灾斗争中，各级党组织围绕"抗灾争利，以秋补夏"的目标，广泛宣传发动，为夺取抗灾胜利提供了思想保障。

1992年，农场以"团结、求实、开拓、创新"的企业精神为动力，加强对党员的教育、管理和监督。各级干部转变领导作风，密切党群关系，重视抓好对党员干部、职工的学习培训，认真宣传贯彻党的方针、政策，坚持落实了"三个一"思想工作制度，加强了舆论阵地建设。

1993年，按照精神文明重在建设的要求，坚持两手抓的方针，对职工进行爱国主义、集体主义和社会主义思想教育，以及"二五"普法教育，通过举办各类培训班，提高干部职工的思想素质和业务水平。同年12月15日，农场第四届职工代表大会召开特别会议，对全体职工代表进行培训，目的是增强职工代表的市场意识、竞争意识、风险意识和质量意识，在改革的大潮中以主人翁姿态带领全场职工为振兴农场经济献计献策。会议审议通过了新的农场企业精神"团结拼搏、开拓创新、敬业爱场、求实奉献"，并要求全场职工要以大会通过的新的农场企业精神为动力，紧密地团结在场党委周围，开拓创新振兴农场经济。

1994年，农场各级党组织学习贯彻了党的十四届三中、四中全会精神，加强党风廉政建设，查处一批违法违纪案件，对不正之风进行了专项治理。对职工进行"四有""四德"教育，开展"创、树"主题活动和"双十佳"评选活动，"双学双比"劳动竞赛取得了明显成效。

1995年，农场围绕江苏省农垦总公司《关于继续深入开展"创、树"主题教育活动的实施意见》的要求，先行一步"创、树"主题教育活动，活动主要内容围绕"树企业形象，展四德风采，兴班组新风"展开，结合开展"十佳主人翁、十佳文明新风家庭、十佳好婆婆、十佳好媳妇"和"五爱""五心"教育，不断拓展领域、扩大范围、提高层次，深化"创、树"主题教育成果。

1996年，农场开展群众性精神文明建设活动，总的要求是以培育"四有"新人为目标，以爱国主义、集体主义、社会主义和创业精神教育为主要内容，以加强青少年的思想道德教育和企业思想政治工作为重点，以评先创优活动为抓手，努力提高职工队伍素质和农场文明程度。同年，农场组织开展"三学三树、实施三项工程"活动。即学理论、学科学、学技能；树立正确的人生观、世界观、价值观，实施"质量优化工程""素质强化工程""环境净化工程"。努力培养"四有"职工队伍，开展"提倡科学文明，反对封建迷信；提倡艰苦奋斗、勤俭节约，反对铺张浪费、大操大办；提倡民主法制，反对违法乱纪，打击聚众赌博和其他社会丑恶现象"的"三提倡三反对"教育活动。教育和引导职工讲文明、讲礼貌、讲信誉、见义勇为、助人为乐，在全场形成和谐的人际关系、良好的社会秩序和健康的社会风气。倡导以集体主义为核心的价值观，正确处理国家、集体、个人三者的利益关系，弘扬创业、敬业和无私奉献精神。

1997 年，农场群众性精神文明建设活动蓬勃展开，全场普遍开展了"讲文明、树新风"活动，加强了职业道德建设，评出了首批 13 家"申报制"文明单位。同时，农场开展丰富多彩的企业文化活动，举办了迎回归革命歌曲演唱赛和元旦文艺会演、职工运动会等系列活动，丰富了职工精神生活。同年，农场职工代表大会通过了《南通农场场规场纪》：

一是制定南通农场职工守则，即：爱我农垦、兴我农场；依科重教，发展经济；遵纪守法、文明礼貌；晚婚优育、敬老爱幼；移风易俗、勤奋俭朴；见义勇为，无私奉献；团结拼搏、敬业爱场；开拓创新、求实奉献。

二是制定南通农场七不规范，即：①不讲脏话粗话；②不损坏公共设施；③不破坏绿化；④不乱倒垃圾、乱丢杂物；⑤不乱停乱放、乱贴乱画、乱搭乱建；⑥不乱设摊点；⑦不违章饲养。

三是制定南通农场服务行业职业道德要求，商业人员：货真价实，讲求信誉，买卖公平，老少无欺，热情待客，耐心周到，钻研业务，提高质量。医务人员：热爱医业，救死扶伤，严谨求实，高度负责，文明行医，亲切热情，清廉正直，不谋私利，钻研医术，精益求精。教师：献身教育，甘为"人梯"，热爱学校，热爱学生，循循善诱，诲人不倦，认真授业，精益求精，以身作则，为人师表。个体工商业者：遵纪守法，服从管理，明码标价，凭证经营，秤准尺足，收费合理，信誉第一，顾客至上，心有国家，自立自强。政法人员：爱憎分明，忠于人民，坚持原则，忠于事实，不畏艰险，勇于献身，遵守纪律，秉公执法，对党忠诚，听从指挥。党政干部：恪尽职守，为民造福，忠诚老实，光明正大，坚持真理，修正错误，廉洁奉公，不谋私利，谦虚谨慎，搞好团结，荐贤任能，唯才是用。

1998 年，农场在全场开展"五我"（爱我农垦、扬我精神、举我品牌、兴我农场、富我职工）主题教育活动，通过开展系列活动激发广大干群的爱国、爱场、爱岗热情。

2002年，农场配合江苏省农垦集团公司开展江苏农垦五十周年纪念活动，组织全场干部职工观看"走向繁荣"电视专题片，通过活动激发了干部职工爱场、爱岗热情。以"确立新观念、树立新形象、再创新业绩"为引导，继续深入开展"五我"主题教育活动，使广大职工在活动中提高思想境界。

2003年，农场对职工进行《公民道德建设实施纲要》《江苏农垦人行为规范》和"四德"教育，开展评选"文明单位""文明家庭""文明职工""文明窗口"活动，农场全体职工素质明显提高，三大队职工张美林被评为"江苏省文明职工"。

2006年，农场加强精神文明建设，认真贯彻十六届六中全会精神，全场开展创建劳动关系和谐企业活动。为庆祝中国共产党成立85周年，红军长征胜利70周年，农场工会与党委办公室牵头组织了90多名干部和职工组成的大型合唱队，参加南通开发区廉政歌曲和第五届合唱节演出，并获得组织奖。

2010年，农场全力推进企业文化、工会文化、职工文化、广场文化建设，不断丰富职工精神文化生活。通过开展各种文艺活动、各类比赛，丰富职工业余文化生活；通过创建卫生农场，为职工营造优美生活环境，与职工一起共建美好农场。

2012年，在农场农业资源整合上市、社会事务移交地方的背景下，农场继续重视职工思想文化建设。组织员工参加迎"七一"征文比赛，有6篇在南通开发区获奖；组织参加南通市"助人为乐"好人评先和江苏省农垦集团公司"文明标兵"推荐活动；积极开展学雷锋志愿活动，走进社区为群众义务劳动。

2014年，苏垦南通公司以公司精神"传承超越、合作共赢"为主旋律，提升企业文化凝聚力，构建苏垦南通公司文化体系。主要措施：一是丰富活动载体，围绕企业的使命、愿景、价值观这一主线，对现有文化进行整理归纳、提炼总结，建立企业文化的核心内容和框架体系；二是通过一系列具有特色的文化活动，展示苏垦南通公司形象和员工风采，推介公司品牌，营造团结合作的人文环境和奋进和谐的发展氛围；三是继续发扬农场历史形成的艰苦创业、无私奉献的企业精神，营造团结友爱、互相帮助、和睦共处的人文环境。

2015年，苏垦南通公司为加强企业精神文明建设，坚持"以文化育人，以文化铸魂，以文化塑行，以文化兴企"的原则，不断加强职工文化阵地建设，加大对职工文体设施、职工书屋等阵地建设力度。在职工中倡导读书学习的良好风气，提高公司全体党员的综合素质和业务能力，公司在全体党员中开展"坚定信念、忠诚于党"主题读书活动。读书篇目有：《党章》《中共中央关于全面推进依法治国若干重大问题的决定》及说明、《习近平总书记系列重要讲话精神读本》《习近平谈治国理政》《从严治党学习读本》《历史的轨迹：中国共产党为什么能》《法治热点面对面》《精神之钙》等书籍，同时开展读书心得体会征文活动，进行评比奖励。

2016 年 4 月，苏垦南通公司在全公司范围内开展"江海好家风"主题朗诵、摄影作品征集活动。公司利用 7—9 月开展"苏垦南通公司职工读书月"系列活动，倡导全民阅读，建设书香企业。读书月主题是"共享读书乐、共筑中国梦"，引导职工弘扬社会主义核心价值观，倡导职工通过多读书、读好书，点亮梦想，改变人生，开创未来，为促进公司精神文明建设和经济转型升级，推动新一轮经济大发展提供精神动力和智力支持。同年，开展读书心得征文比赛、好家风征文摄影作品比赛。之后每年，苏垦南通公司都会固定开展"苏垦南通公司职工读书月"系列活动。

2017 年，苏垦南通公司企业文化亮点纷呈，除开展形式多样的文体活动外，积极参加江苏省农垦集团公司、苏通园区举办的各类活动，加强与垦区兄弟单位、地方政府的交流沟通。开展"劳模在我身边"系列活动，在公司上下形成学习劳模、尊重劳模、崇尚劳模、争当劳模的良好氛围。

2018 年 11 月 10 日，苏垦南通公司隆重举办改革开放 40 周年暨农场建场 60 周年庆祝活动，举办了青年论坛和文艺晚会。庆祝活动通过微信公众号对外直播，充分展示了农场无私奉献、艰苦奋斗的农垦精神和"场域一家亲"的理念，以及农场改革开放、农垦改革以来的丰硕成果。同年，苏垦南通公司抓好文明创建活动，开展丰富多彩的精神文明活动，关爱员工身心健康和成长，提升员工幸福感，积极履行社会责任，争创江苏省文明单位。

2019 年，苏垦南通公司推动公司企业文化与区域性文化协调发展，充分利用各协会的窗口作用，展示公司对外形象及影响力。抓好协会的统筹管理，建立健全各协会管理暂行办法，将各协会的日常管理纳入制度化、程序化、规范化轨道，主动引导场域范围内的职工群众健康生活情趣。同年，苏垦南通公司被江苏省精神文明建设指导委员会评为"江苏省文明单位"。

2020 年 6 月，为深入推进群众性精神文明建设的主要载体，打通宣传职工群众、教育职工群众、关心职工群众、服务职工群众"最后一公里"，推动习近平新时代中国特色社会主义思想更加深入人心，规范和深化公司宣传思想文化工作和文明创建工作，以培育和践行社会主义核心价值观、弘扬农垦精神和南通精神为根本，以培养担当民族复兴大任的时代新人、弘扬共筑美好生活梦想的时代新风为着眼点，苏垦南通公司在机关办公大楼四楼建设新时代文明实践所。

（七）新时代文明实践站（所）

建设新时代文明实践中心（所、站），是党中央重视和加强基层思想政治工作的战略部署，是深入推进群众性精神文明建设的主要载体，是打通宣传职工群众、教育职工群众、关心职工群众、服务职工群众"最后一公里"的重要举措。苏垦南通公司新时代文明实践所，以志愿服务为基本形式，努力打造成兼具思想政治引领、传播党的声音、传承军垦文化、南通精神、培育文明风尚、提供惠民服务等多种功能的综合性宣传教育阵地。

2020年4月，苏垦南通公司被江苏省集团公司确定为首批新时代文明实践所建设单位之一，根据江苏省农垦集团公司党委部署，苏垦南通公司党委紧锣密鼓推进新时代文明实践所建设。6月，苏垦南通公司出台《江苏农垦集团南通有限公司新时代文明实践站（所）建设实施意见》，11月，苏垦南通公司新文明实践所基本完工。实践所占地120平方米，本着"小而美"理念设计建造，由4部分组成，分别是门厅、新时代文明实践展厅、新时代志愿者活动展厅、公司历史展厅。

苏垦南通公司新时代文明实践坚持正确的政治方向，牢牢把握党对意识形态工作的领导权，通过开展丰富多彩的文明实践活动弘扬主旋律、传播正能量、提振精气神，用共同的理想信念、价值理念、道德观念，把职工群众紧紧团结在党的周围。要坚持贴近职工群众需求，聚焦基层所思、所想、所盼，精准对接职工、居民需求，从具体事情入手，一件接着一件办，有效地强信心、聚民心、暖人心、筑同心。

苏垦南通公司新时代文明实践所坚持志愿服务为主，各基层单位领导带头、党员示范，突出党建引领和文明创建带动，建设一批活跃在职工群众身边的志愿者队伍，通过志愿服务的社会化发展、项目化运作实现文明实践活动常态化、制度化。

苏垦南通公司新时代文明实践所坚持鼓励探索创新，尊重基层首创精神，因地制宜、因企制宜，在建设模式、运行方式、活动形式、工作方法上不搞一刀切，鼓励各单位在扩大参与率覆盖面、增强吸引力和感染力上不断探索创新，使文明实践活动更具特色、更可持续、更富活力。

苏垦南通公司新时代文明实践所坚持统筹谋划推进，强化系统思维，把新时代文明实践活动融入基层党建工作、文明单位创建和企业高质量发展全过程，注重人员统筹、阵地共用、活动共融。

苏垦南通公司新时代文明实践所主要工作内容是紧紧围绕深入学习贯彻习近平新时代中国特色社会主义思想，坚持学思用结合、知信行统一，以"五传"为抓手，着力培养时代新人，大力弘扬共筑美好生活梦想的时代新风。一是传思想，学习实践科学理论；二是传政策，宣传宣讲方针政策；三是传道德，培育践行主流价值；四是传文化，丰富精神文化生活；五是传文明，倡导文明生活方式。

农场宣传及意识形态工作受上级党委和政府表彰人员见表 4-1-5。

表 4-1-5　农场宣传及意识形态工作受上级党委和政府表彰人员一览

姓名	荣誉称号	授奖部门	授奖时间
姜国生	全国农垦系统优秀通讯员	中国农垦、江苏省农垦总公司	1985 年 1986 年
葛克平	全国农垦系统优秀政工干部	农牧渔业部农垦局	1986 年 10 月
姜国生	江苏省农垦系统 1987 年度优秀通讯员	江苏省农垦总公司	1988 年 1 月
张洪飞 姜国生	通讯报道先进个人	江苏省农垦总公司	1988 年 2 月
凌卫东	市文明新风典型	中共南通市委宣传部	1989 年
严祖范 朱进华	江苏省农垦首届文化艺术节优秀组织奖	江苏省农垦总公司	1990 年 5 月
葛克平 姜国生	农垦系统优秀新闻报道员	江苏省农垦总公司	1991 年 3 月
葛克平 姜国生	优秀通讯报道员	江苏省农垦总公司政治处宣传科	1992 年 12 月
葛克平 姜国生	优秀通讯报道员	江苏农垦报社	1992 年 12 月
徐新民	2003 年度江苏农垦优秀组织、宣传干部	江苏省农垦集团公司	2004 年 3 月
姜国生	"中国农林工人"优秀通讯员	中国农林工会	1995 年
葛克平	优秀通讯员	江苏省农垦集团公司	2005 年 3 月
薛　忠	优秀组织、宣传干部	江苏省农垦集团公司	2006 年 2009 年
姜国生 曹立安	江苏省农垦"苏舜杯"优秀书画作品奖	江苏省农垦集团公司	2009 年 4 月
于建成	优秀通讯员	江苏省农垦集团公司	2008 年 2009 年
沈芳	2011—2012 年度江苏农垦优秀思想政治工作者	江苏省农垦集团公司	2013 年 7 月
严林锋	江苏农垦优秀通讯员	江苏省农垦集团公司	2010 年 2014 年 2015 年
严林锋	"十二五"江苏农垦企业文化建设先进个人	江苏省农垦集团公司	2015 年 1 月
徐益辉	优秀思想政治工作者	江苏省农垦集团公司	2016 年 7 月
陈飞	江苏农垦优秀通讯员	江苏省农垦集团公司	2018 年 2019 年 2020 年

三、党员、党性、党风、党纪教育

建场以来，农场利用党课、报告会、民主生活会、中心学习组、党校培训、每年冬训、支部"三会一课"、主题党日活动等途径，组织党员进行理想宗旨、党性党风党纪教育，使党员尤其是党员领导干部牢固树立马克思主义世界观和人生观，坚持党的基本路线，坚定社会主义、共产主义信念；牢记党的性质和全心全意为人民服务的宗旨，在事关大局、事关根本的原则问题上始终保持清醒的头脑和政治上的坚定，处处以党章和《党内政治生活的若干准则》约束自己，规范言论和行动。做到自重、自省、自警、自励，防微杜渐，增强抵御各种腐朽思想和生活方式侵蚀的能力。

农场（公司）每年开展反腐倡廉、党性党纪主题教育活动不少于 10 场次以上，党员干部受教育覆盖面达 100%。党性党纪学习教育经常化，讲政治作为一切工作的前提，常学常新、持续深化，坚持由"外在服从要求"向"内在自主学习"转变，注重廉政法规学习和革命传统教育、警示教育相结合。青年党员结合农场或公司实际和中国传统廉政文化，上台为党员干部讲述廉政故事，组织党员干部撰写廉政自勉格言警句，在党员干部大会上当众通读并签名留存。开设廉政课堂，党委书记、副书记、党总支书记分别给党员干部上党课，讲解廉政历史，提出廉政要求。开展"江海好家风"征文、摄影活动，汇编成册下发至每位党员干部，并以此为题材拍摄廉政微电影，以家风建设改进社风民风、纯正党风政风。

每年开展庆"七一"系列活动，召开党员干部教育大会，表彰"两优一先"先进集体和个人。组织党员干部观看革命电影，赴革命旧址，追寻先辈足迹、重温入党誓词、坚定革命理想，接受革命传统教育；组织党员干部赴廉政教育基地参观学习，赴南通监狱接受警示教育，用身边事教育身边人；组织党员干部参加南通市纪委每年举办的廉政知识测试，纪委委员参加省纪委"清风网"每日一题知识测试，通过"严考廉"，激发"真学廉"，增强党员干部廉政学习自觉性。

四、其他党建工作

（一）非公经济党建工作

20 世纪末 21 世纪初，随着农场场办企业产权制度改革和农场招商引资工作的开展，场域内私营企业数量不断增多，为职工就业、农场稳定做出了积极贡献。

2001 年，农场根据中共南通开发区组织部的要求，组织开展对场域非公经济组织（新经济组织）党建工作的调研，场域内用工人数在 10 人以上的私营企业有 45 家，其中用工人数 20 人以上的有 30 家，用工人数 50 人以上的有 13 家，用工人数在 100 人以上的有 6 家。非公企业在岗人员中共有党员 89 人，分散在 25 个企业之中，根据中国共产党章程规定，农场对达到建立党支部条件的企业及时建立党支部，对党员人数达不到建立支部条件的企业采用就近企业合并组建企业联合党支部。

2002 年 8 月 23 日，中国共产党南通开发区特种机械修理厂支部委员会成立，成为农场第 1 家非公企业党支部。至 2006 年底时，场域内已组建非公企业党支部 7 个，有 64 名党员（涵盖 12 个企业）纳入支部管理。

2007 年 7 月 27 日，农场成立规模以上非公企业组建党组织工作领导小组，并制订组建工作计划，工作计划分调研、集中组建动员大会、党组织关系接转等，根据企业实际情况，组建模式可以采用独建、联建、协建等，同时成立规模非公企业党建工作调研小组。当年，非公规模企业中有 26 名党员，有 5 名民营企业主向农场党委提交了入党申请书，并参加南通开发区组织部举办的入党积极分子培训班。26 名党员分布在 8 家规模民营企业。

2008 年 1 月 10 日，根据企业申请，农场党委发文《关于同意南通锐杰有限公司等五家规模以上非公企业建立党支部的批复》，同意建立锐杰服饰有限公司党支部、远东钢绳有限公司党支部、冠峰印染布业有限公司党支部、明星钢绳有限公司党支部、华通钢绳有限公司党支部。

非公企业党组织建设包括制度建设、组织生活、阵地建设及党员教育、管理和发展工作情况，围绕私营经济的特色做好支部工作，坚持"三会一课"制度，做好党员教育管理及新党员的发展工作。各单位建立支部活动室，做到支部制度上墙，企业党员在企业生产经营中积极发挥先锋模范带头作用。

（二）党建企地共建

2019 年，本着资源共享、优势互补、注重实效等原则，苏垦南通公司党委和江海街道党工委共同研究决定，组织开展"企地党建结对共建"行动。双方期望通过教育共抓、活动共组、平台共用、信息共享、责任共担、工作共推等手段，达到以党建促经营、促发展、促和谐、促民生的良好工作格局，形成风清气正、和谐稳定的良好政治社会风貌。

2019 年 4 月 29 日，企地党建结对共建签约仪式在苏垦南通公司举行，时任苏垦南通公司党委书记严忠做了动员讲话，就党建共建"初心传承、先锋领航、聚力同创"的行动主题做了详细阐述，希望每一位党员干部都是"初心"的接班人，充分发挥先锋的带动引领作用，不断推动企地高质量发展，实现"助力区域发展，共建美好家园"的光荣使命。时任江海街道党工委书记朱志祥发言，希望共建双方充分认识"结对共建"的重要意义，树立"结对共建"的高标准，大胆创新，扎扎实实开展好各项活动，促进党建工作迈上新台阶，把党的政治优势转化为双方服务经济社会发展、服务广大人民群众的实际行动。会上双方党委负责人签订《党建共建行动方案》，各党总支负责人签订《党建结对共建协议书》。

"企地党建结对共建"行动中，苏垦南通公司3个党总支与江海镇区4个党总支实现结对共建。具体是：苏垦南通公司机关党总支与江海镇区机关党总支党建结对共建；苏垦南通公司企业党总支与江海镇区星苏社区党总支、江海镇区星港湾社区党总支党建结对共建；苏垦农发南通分公司党总支与江海镇区腾飞社区党总支党建结对共建。

共建双方党总支签订党的建设联建、精神文明联创、公益事业联办、服务发展联优共建方案。通过联创共产党员先锋岗、联合开展文化体育活动、共同慰问困难党员、帮扶困难职工、联合组织参观红色教育基地等方式，加强双方基层党组织、党员相互之间的学习交流，互相取长补短，共同促进提高。

共建双方党总支协助各基层党支部提高党务工作能力和水平，以创建党建品牌为抓手，坚持"党建任务项目化管理、党建项目品牌化培育"，培育"党建工作示范点""党员示范岗"，拓宽党务工作者视野，使党建工作更具计划性、前瞻性、完整性。具体措施有：一是加强阵地建设，打造开放式、集约化、共享型的基本阵地。因地制宜，突出党建元素，打上红色烙印，彰显政治属性，实现基层党建阵地标准化、规范化，让基层党建活动有阵地，支部开展好活动、发挥好作用。二是加强党员教育管理。以"三会一课"和主题党日为载体，拓宽培训渠道，充实培训内容，强化对党员的日常教育管理，切实提高党员素质。在共建签约仪式、"5.10"思廉日、"七一"系列活动和新中国成立70周年庆祝活动等关键节点联合举办专家报告会、廉政警示教育、"传承红色基因"学习教育和征文活动。三是开展党员志愿服务活动。探索建立"党建＋志愿服务"模式，动员党员投身各项志愿服务，锤炼优秀品质，发挥先锋模范作用，引领带动职工群众共同参与，推动志愿服务向纵深推进，向常态化开展，携手共建美好家园。四是组织参加农垦系统和地方先进党组织、党支部书记党务工作研讨会、党务工作者培训班。

2020年，苏垦南通公司与江海街道党工委企地党建结对共建合作提升行动方案，双方党委决定继续推进企地党建结对共建行动，将党建共建活动持续深入开展。结合企地历史渊源、发展现状、前期活动开展情况，根据苏国资委〔2020〕15号《省国资委党委关于做好省属企业党组织与街道社区党组织共驻共建有关工作的通知》的文件精神，确定如下共建合作提升思路。

一是活动阵地"联建"。实施党支部"标准＋示范"建设工程，企地下辖各党支部争取在两年内全部达标。建设新时代文明实践所暨场史陈列馆，作为双方开展新时代文明实践活动的场所，展示农场发展历史、苏垦南通公司改革发展和江海街道开发建设、社区管理情况。

二是组织生活"联过"。定期组织结对总支、支部开展组织生活、交流党建工作经验、互相观摩学习，每年活动不少于两次。

三是宣传服务"联抓"。建设线上平台与线下平台。线上宣传展示平台，通过网站、公众号等宣传展示党员干部风采，宣传展示党建共建活动开展情况；线下志愿者服务平台，在公司文明办的指导下，组建志愿者服务分队，在辖区内常态化开展各类志愿活动，推动新时代文明实践活动和精神文明创建活动。

四是各类活动"联办"。联合举办江海风韵文艺晚会。作为农场多年的特色，苏垦南通公司积极参与到江海街道主办的每年一届的文艺晚会中。开展"我为垦地发展建言献策"主题座谈会。广泛发动干部群众为垦地发展建言献策、集思广益，听取社情民意，汇聚集体智慧。围绕建党99周年开展系列教育活动（知识竞赛、名家授课、红色实境教育等）。

五是安全生产"联管"。建立安全生产联管体制。江海街道作为苏垦南通公司安全生产工作上级主管部门，指导苏垦南通公司全年的安全生产工作，苏垦南通公司积极配合江海街道做好街道区域范围内的安全生产工作，做到全年安全生产零事故。

六是社区法治"联动"。联合街道综治办开展以"基层党建走在前，法律服务在身边"为主题的系列法治活动。综治办相关工作人员、苏垦南通公司法律顾问、劳资顾问、法务部成员在特定时间节点开展相关系列活动，如"626"禁毒日、"124"宪法日等。

七是培训资源"联享"。苏垦南通公司和江海街道充分发挥自身优势，相互融合，打造学习型企业和学习型街道。苏垦南通公司主要在企业文化、管理技能提升等方面，江海街道主要在各类政策方面，双方互相参与，共享培训资源。

"企地党建结对共建"合作提升行动，采取结对共建方式进行，分为党委层面、总支层面、支部层面3个层面。

此外，以党建带团建、群建，围绕"垦地e家"主品牌，以企地党委下辖党总支、支部为行动主体，涵盖群团，引导职工群众参与组建理论宣传、文化惠民、平安法治、技术推广、尊老敬老等志愿服务分队。结合自身实际和志愿服务活动情况，打造多个特色子品牌，丰富"垦地e家"内涵。

2019年11月，苏垦南通公司与中国农业银行南通开发区支行联合启动"以农为本，携手共建"企银党建共建活动。

2020年10月18日，苏垦南通公司与中国农业银行南通开发区支行联合举办"以农为本，携手共建"企银党建共建系列培训活动，苏垦南通公司领导班子、农行南通开发区支行领导班子及双方党员干部共 120 余人参加培训。

第四节　纪检监察

一、组织机构

建场初期，农场纪检监察工作由农场党的监察委员会负责。1960 年 4 月，农场党的监察委员会由农场第一次党的代表大会选举产生，经南通县委批准成立。监察委员会第一任监委书记由党委副书记徐志明兼任，监察委员会受农场党委和南通县纪委的双重领导。

1981 年 2 月 26 日，经中共江苏省农垦局党组批准，农场首次成立中共国营南通农场纪律检查委员会，委员会由许皓、孙汉文、严祖范、周美英、戚志传等 5 位同志组成，许皓任纪律检查委员会书记。

为了搞好党的纪检工作，从 1981 年成立纪律检查委员会开始，农场党委及各中、基层单位配备专兼职纪检人员，各党总支、党支部配备纪检委员。

1990 年 5 月，为服务农场党风、政风建设，农场成立监察室，隶属组织科。

1995 年，全场形成了由 121 人组成的纪检网络，其中农场纪委委员 6 人，党总支纪检小组 10 个，共 30 人，全场 85 个党支部都配备了纪检委员。

2000 年，农场纪委委员 5 人，在全场聘用 19 名兼职纪检信息员，各党总支、党支部都配备了纪检委员，形成了由 95 人组成的纪检网络，全场纪检组织健全，队伍不断充实。

2014 年，农场公司制改造后，苏垦南通公司成立监察审计部。

2018 年 4 月，苏垦南通公司对本部机构设置和职责做相应调整，将监察室从综合工作部分离，设监察室，独立行使纪检监察职能。

2020 年 2 月，苏垦南通公司撤销监察室，单独成立纪委办公室，直属公司纪委领导。

二、监督执纪

1981 年，农场纪委成立后，一是平反"文革"中的冤假错案，复议纠正历史遗留问题，开始对在文化大革命中受到冲击审查的 16 位同志进行了复查，16 位同志中，1 名由省局复查，1 名由地区局复查，14 名由农场复查；二是查处违纪案件，整顿党的纪律。农场纪委始终坚持中国共产党领导，把查处党员干部的违纪案件及打击经济犯罪活动作为全面从严治党、惩治腐败、取信于职工的重要环节来抓。着重查处贪污、受贿、违规使用资金、违反社会道德等方面的违纪案件。纪委在立案查处违纪案件的工作中，按照"事实清楚、证据确凿、定性准确、处理恰当、手续完备、程序合法"的办案方针，处理的案件经得起上级检查和历史的检验。

1985—1990 年，农场纪委重点加强制度建设，根据上级纪委的要求和农场党委有关会议精神，针对农场当时实际情况，陆续制定了《关于党政干部保持廉洁作风的规定》和《关于贯彻十三届三中全会精神，治理经济环境，整顿经济秩序的若干规定》，适时提出"三提倡、三反对"的规范意见，及时向全体党员提出"五坚持"的要求。协助党委和有关部门制定了《在职党员干部的六条标准》《干部建私房审批制度》《干部政治思想考核每分制》《二公开、一监督制度》《三会一课、民主生活会制度》《检查表彰制度》等。这些制度的实施，在一定程度上促进了农场党风的好转，党内违纪案件由 1984 年的 4.8% 下降到 1986 年的 3.1%，1987 年未发现党内违纪案件，为农场改革、开放、搞活创造了一个较好的安定团结的政治环境。农场纪委还配合党委抓干部考察工作。1990 年下半年，对全场机关、农业、工副业、文教卫生等行业系统的 45 名中层党政干部进行了历时 4 个月的考察，通过被考察人本人述职报告、个别走访群众干部，以及进行书面民意测验等方法综合考察，向党委出具综合报告，对基层单位干部的情况也及时向党委通报；配合党委抓党员民主评议活动。对基本不合格党员，反复进行调查考核，参与帮助建立党支部工作六项制度，强化党组织的思想作风建设，对评出来的优秀党员的事迹坚持标准，进行复核；配合司法部门抓普及法治教育，增强了广大党员的遵纪守法观念，促进了党风、场风的好转，据统计，全场 1985 年、1986 年两年刑事发案率均比 1984 年下降 50%，做好来信来访和群众举报工作。1988—1990 年，农场纪委共收到来信来访 66 件次，对于反映的问题，农场纪委秉承实事求是的原则分别进行了审理。

1991—1994 年，农场纪委加强对全场各级领导干部廉洁自律的教育与监督：一是及时派员参加中层党总支的组织生活会，听取发言，对批评与自我批评中反映出的缺点与错误，督促他们及时改正；二是调阅了全场 60 多个党支部活动记录，经常深入基层单位座谈了解，对企业干部廉洁自律情况进行督促检查；三是积极配合农场工会、组织部门对全场 340 多名党政干部进行民主考评，发动全场职工代表对在职党政干部进行评议监督。

1995—2000 年，农场纪委开展以"讲学习、讲政治、讲正气"为主要内容的党风党纪教育。组织学习《中国共产党纪律处分条例》（试行）、《中国共产党党员领导干部廉洁从政若干准则》（试行），坚持每季度对全场党员、干部进行一次形势任务和党风党纪教育活动；组织收看《幕后行动》《沉渣》等 10 多部电教片，受教育者达 6000 余人次，收到副科级以上党员干部的心得体会文章 80 余篇；为每个党总支、支部配发《党风廉政法规选编》《党纪政纪条规手册》，并订阅了《中国纪检监察报》《江苏纪监》等杂志，为基层进行党风党纪教育提供资料；组织党员干部参加中纪委知识竞赛、纪监知识考试等活动，推动全场党员干部党风党纪知识的学习。

2000年7月至2005年7月，农场纪委共收到职工、群众信访举报件36件，涉及经济类、社会道德类、工作失职类等内容，纪委在有关部门的配合下，认真调查、了解、核实情况，做到了件件有落实，事事有交代。对上级转办的举报信件，场纪委认真核实，及时上报处理结果；对署名举报的，纪委负责人或承办工作人员都直接向本人答复，明确处理意见；对构成违纪的，由纪委负责按程序给予立案查处；对查无实据或与事实不符的，予以澄清，消除影响；对因无具体线索，无从查证的，按规定原则进行处理；对不属于纪委管辖受理范围的群众反映的意见，由纪委及时转交有关部门处理。

2005年8月至2010年8月，农场纪委开展专门监督，充分发挥纪检职能，从源头控制，抓住重点，组织好对"三重一大"事项的监督：一是对实施效能监察的农场重点工程——秀江苑职工公寓20多个子项目的监督，涉及资金总额1.4亿多元；二是对大桥广告公司广告牌建设、商品混凝土公司的大额设备投资、防渗渠道、大宗办公用品采购等共30多个项目进行监督；三是会同审计、财务对管理区经营目标、财务预决算情况、送温暖资金发放情况、长期补助、低保对象核定、拆迁人员享受生活费等情况进行督查；四是在重要人事任免方面认真履职，严格把关。同时，农场纪委加强社会监督，充分发挥农业管理区监委会和无职上岗党员的作用，5年来农场坚持每年召开1次管理区监督委员会，无职上岗党员专题工作会议，听取意见建议，提出希望要求，分析改进工作，增强责任意识，提高监督效果。农场纪委还加强专项监督，会同计财科、审计科对农业模拟股份制联合体的粮食真实和高效农业补贴资金进行专项检查，对查出的问题及时责成有关单位整改。

2011—2013年，农场纪委加强纪检监察审计监督，组织全场科级干部、全资及控参股企业负责人到南通监狱接受廉政警示教育，向全场党员干部（含驻场单位）发送廉政短信，举行全场党员干部廉政承诺集体签名活动，观看廉政警示电教片，促进全体党员干部牢固树立廉政意识。认真做好"三重一大"事项的监督，坚持从源头上严把关口，农场纪监审部门加强对农场和控参股企业的各项工程招投标监督，全程参与监督工程项目招标、物资采购、废旧物资处置等事项，涉及合同金额2800万元，涉及资金共计218万元；强化内审监督，完成下属控参股企业的财务收支审计和年终决算报表的查账、验证工作，提出审计意见建议10条，有效防范和控制了廉政风险。

2014—2016年，苏垦南通公司成立3年中，公司纪委将"三重一大"事项、工程项目建设、土地出租、门面房出租、树木砍伐出售等作为廉政风险防控重点和关键，明确一把手总负责，分管领导"一岗双责"。

2017—2020 年，苏垦南通公司纪委继续加强党风廉政建设，严格落实"两个责任"。召开党风廉政建设专题会议，认真研究制订全年党风廉政建设和反腐败工作计划，协助修改完善《党风廉政建设责任状》，压实基层单位党总支负责人的"第一责任人"职责；认真履行监督责任，建立健全纪委书记负总责、监察室负责日常监督工作、各党总支纪检员协调督查的工作机制，制定全面从严治党纪委监督责任清单，对重点任务、目标要求、具体措施、完成时间、负责领导和负责部门进行落实；调整明确纪委委员的工作分工，建立党支部联系点制度，及时了解掌握基层支部动态，结合党建工作中期考核对党风廉政情况进行检查，把监督职责落到实处；督促巡察反馈问题的整改落实，以集团公司巡察和审计发现问题整改落实为契机，坚持以问题为导向，加强组织协调，明确整改措施、责任人员和整改时限，督促指导相关单位、部门发挥整改主责作用；组织开展专题教育活动，通过开展"5·10"思廉日专题活动、廉政讲座、专题党课、到监狱现场警示教育、"算好廉政账"等专题教育，切实提高全体党员干部的自我防范意识；加强个人重大事项及时提醒报告，副科级以上干部均提交了个人重大事项报告表；坚持干部任前廉政谈话制，协助组织部门对调整干部进行考察和任前廉政谈话提醒，并给予廉政鉴定，加强廉政风险排查及防控；完善内控制度，修正薄弱环节，同时，按照集团公司的统一部署，召开专题会议部署廉洁风险信息录入工作，并对 10 项录入内容进行培训，落实了信息报送责任人；加强招投标过程监督，重点在工程款清收、材料物资采购、工程招标发包、验收审计等方面，规范财务制度，完善内部流程，对每个重大工程项目都严格执行集团有关规定和公司《投资管理办法》《预算管理办法》《招投标管理办法》《资产经营管理办法》等制度，共监督 55 个招投标建设项目，进一步防范了权力运行风险。同时对苏垦农发南通分公司购置烘干机整套设备和安装工程进行了监督，有效防范了投资风险；对机关本部员工招聘，全程参与资格审核、笔试、面试等环节，坚持公平、公开、公正原则；抓好日常监督执纪，不断强化运用监督执纪"四种形态"与日常工作有机结合，做到"五个提醒"（会议提醒、案例提醒、节日提醒、风险提醒、任前提醒），重要节点向党员干部发廉洁短信、廉政信息提醒，协助省农垦纪委调查核查信访件 2 起。

实现与苏通园区企地廉洁共建计划，邀请苏通园区纪工委对公司党委管理的单位进行廉洁风险排查，与苏通园区纪工委签订《企地廉洁共建协议》，开展企地廉洁共建活动 6 次。实现教育共抓，苏垦南通公司和江海镇区党委共同组织党员干部 63 人次赴通州监狱接受警示教育，组织 80 名党员干部参加南通市纪委网上《中华人民共和国监察法》知识测试，学习参与率达 90%以上；双方信息共享，苏垦南通公司纪委将公司党员的基本信息通报给苏通园区纪工委，及时交流工作信息，2018 年与园区纪工委通报和交流工作信息9次；企地风险共防，邀请苏通园区纪工委人员一起对苏垦南通公司党委管理的单位先后3次进行廉洁风险排查；完成执纪协同，苏垦南通公司纪检干部参加地方开展的纪检业务培训，组织纪委委员听取南通市监委专职委员的专题讲座，借助地方资源，定期召开联席会议，共同研判党风廉政建设形势，制订工作方案。

1958年建场以来农场纪监委主要负责人见表4-1-6。

表4-1-6 1958年建场以来农场纪监委主要负责人一览

姓名	职务	任职时间
徐志明	监委书记	1960.4—1967.3
许皓	纪委书记	1981.2—1984.8
葛克平	兼职、未任命	1984.8—1985.3
田龙生	纪委书记	1985.8—1994.1
朱启明	纪委书记	1994.5—2002.1
陆耀辉	纪委书记	2002.10—2006.12
仲银	纪委书记	2006.12—2010.9
薛忠	纪委书记	2010.9—2013.11
薛忠	苏垦南通公司纪委书记	2014.4—2018.6
孙健	苏垦南通公司纪委书记	2018.6—2022

三、制度建设

（一）党风廉政建设责任制

2002年以来，农场党委每年向全场各党总支、党支部下发《关于贯彻落实党风廉政建设责任制的实施意见》，完善《廉洁自律十条规定》和《落实党风廉政建设责任制责任分解一览表》，确立了党委统一领导、党政齐抓共管、部门各负其责、纪委组织协调、依靠职工群众支持和参与的反腐倡廉领导体制和工作机制，明确了一把手负总责、一级抓一级、一级对一级负责的责任制，同时在全场健全完善责任网络并根据领导班子的调整及时补充调整。党委还把贯彻落实党风廉政建设责任制纳入中、基层党组织目标管理和3个文明建设百分考核，每年组织检查，考核结果与干部年薪挂钩。

每年年初，农场都要召开党风廉政建设、从严治党工作专题会议，传达学习江苏省农垦集团公司和上级纪委相关工作会议精神，总结上一年农场纪委的工作成绩，指出存在的问题，并就新一年农场的从严治党和党风廉政建设和反腐败工作做出新的部署。会上党委书记和领导班子成员、各单位（各科室、部门）负责人、各党总支书记签订年度党风廉政建设责任状。

企业党风廉政建设本着一级抓一级、一级带一级、一级对一级负责的原则，农场党委书记带头履行党风廉政建设职责，自觉接受所属企业和单位的全体党员、干部以及职工监督的同时，负责对党委领导班子成员、各单位负责人、各党总支书记等履行党风廉政建设和反腐倡廉责任及坚持依法廉洁经营、执行廉洁自律规定的情况进行监督、检查、考评。

（二）领导干部廉洁自律工作制度

为使农场各级领导干部自觉接受党组织和群众的监督，正确行使党和人民赋予的权力，树立创业、敬业和无私奉献精神，脚踏实地做好各项工作，农场建立健全领导干部廉洁自律制度、党员领导干部双重组织生活制度、民主评议党员制度、干部考核制度、个人重大问题报告制度、上级党组织和下级领导干部谈话制度。

农场（公司）每年召开党风廉政建设工作会议，农场党委成员、中层干部向全体干部职工述职述廉并进行民主测评。述职述廉主要是围绕一年来在德、能、勤、绩、廉、学等6个方面的情况开展，重点反映履职过程中的工作思路、工作举措、工作业绩、存在问题及整改措施，以及履行"一岗双责"、贯彻落实新修订的《中国共产党廉洁自律准则》《中国共产党纪律处分条例》、中央八项规定和省、市、农垦若干规定情况。

1988年10月，农场出台党政干部保持廉洁自律作风的十条规定：

（1）各级党政干部要带头遵循全心全意为人民服务的宗旨，克己奉公、严守纪律，不得以权谋私、假公济私。

（2）努力学习，提高工作效率和办事的透明度，对工作不推诿扯皮、不文过饰非、不弄虚作假、不欺上瞒下，办事忠诚老实，坚持实事求是。对职能权限范围内的工作，敢于负责，反对只报喜不报忧，敢于向歪风邪气做斗争，勇于开展批评和自我批评，严于律己，做群众的表率。

（3）严禁在职干部个人经商或合伙办私人企业。严禁利用职务之便高价倒卖紧俏物资（商品）牟取暴利或收受贿赂。离退休干部经商办企业，要严格遵守国家规定，经济要实行独立核算、自负盈亏，干部受聘到外单位任职，停止在本单位享受国家规定的待遇。

（4）干部（工作人员）出差不住高级宾馆，禁止公费旅游，不得私自借开会、出差、外出学习之机，转道到风景胜地游玩回单位报销差旅费。

（5）严禁个人擅自用公款赠送和收受礼品。场内组织召开的各种经济技术业务活动或会议，不得以任何名义向场内人员赠送礼品。代表单位去参加场外各种庆典礼仪活动或会议，对所赠送的礼品回场后应将礼品上交，经领导研究后视情况做出处理。

（6）党政干部应自觉做到不吃请、不收礼，凡到下属单位检查工作或搞调查研究，不得用公款搞招待。在开拓生产经营、搞活经济的业务交往中，必须招待时，应本着小额合理的原则，从简办理，不搞铺张浪费，严格制止宾少主多的现象。

（7）各级党政干部在开展各项业务活动中，不得利用手中掌握的人、财、物等权力，擅自违反政策规定去为自己和家属亲友谋私利。对家属、子女的入党、提干、升学、工作安排及奖惩等，本人一律回避。对各项经济业务活动中的回扣、好处费等，一律如数上报，不得隐瞒。

（8）各级选拔聘用干部时，应坚持德才兼备、任人唯贤的干部路线。按照党的"四化"要求，严格执行有关人事制度的规定，提倡民主推荐，着重德、能、勤、绩的考察。对按级聘用的干部要手续完备，不搞任人唯亲。

（9）各级党政干部必须自觉接受党组织和群众的监督，加强党纪、政纪和法纪观念，做到模范遵守法纪。对来自党员、群众的批评意见，要抱欢迎态度，严禁打击报复。各级党组织对干部的违反党纪政纪的行为，要坚持一级抓一级、一级管一级的原则，一经发现立即查明，并及时做出严肃处理。

（10）各级党组织对所属管理的干部，每年不少于两次有计划、有重点的检查，特别是对各项业务往来工作中，以是否保持廉洁奉公作为考核使用干部的一项重要内容。凡是保持廉洁作风受到群众好评的年内给予表彰和奖励；凡是违反本规定条款的组织和个人，视情节轻重，分别给予警告、通报批评及党纪政纪的处分。农场党委授权纪委（纪检组）协助党委（总支）监督执行。

1995 年，农场党委针对形势发展需要和国家有关党风廉政建设新的要求，对各级领导干部廉洁自律十条规定做了重新调整。

（1）不准收受贿赂，不准把经营管理活动中收取的折扣、中介费、让利销售款据为己有，场职工医院不准收取"红包"。违者，除如数退出所得金额外，视其情节给予当事人及单位领导警告、严重警告、降职、撤销职务处分。

（2）不准到农场下属单位或与本企业有业务关系的场外单位索要物品，不准到场内各鱼池钓鱼。违者，除按所索物品或鱼价的 3 倍付款外，并给当事者警告、严重警告处分。

（3）不准领取兼职职务工资及奖金，不准到下属单位或农场其他单位报销应由个人支付的各种费用。违者，除必须全部退出所领取的工资、奖金及个人报销的各种费用外，给予有关干部警告、严重警告、降职直至撤销党内外职务处分。

（4）不准违反财经纪律设立小金库或变相设立小金库，不准私自处理集体的农副产品。违者，除限期纠正外，给予当事者及单位领导警告直至撤职处分。

（5）不准违反规定动用公款购买摩托车、安装住宅电话，不准用公款外出游玩。违者，除所有费用一律由个人支付外，给予警告、严重警告、降职处分。

（6）不准用公款超标准业务招待和内部请客、搞高消费娱乐活动，不准接受可能对公正执行公务有影响的宴请。违者，除费用自理外，给予警告、严重警告处分。

（7）不准利用本人或家属成员婚丧喜庆及工作调动借机大操大办，挥霍浪费，更不准动用公款、公车操办和借机送人情。违者，除责令退还人情款，公车按规定付款，归还所借公款并支付占用公款期间银行贷款利率的利息外，给予当事者警告或严重警告处分。

（8）不准违反规定多占住房，不准用公款为个人或亲友购买、建造、装修住房。违者，除限期退出公款及多占公房外，还必须按银行贷款利率支付利息，支付所多占公房的折旧资金，并给予警告、严重警告处分。

（9）不准在职干部私自经商办企业和从事有碍于本企业利益的其他职业，不准利用职权为家属或亲友经商办企业提供任何便利条件，不准干部及其家属承包超出规定范围的农副业项目。违者，限期改正，限期内不改的，则撤销其领导职务。领导干部为家属或亲友经商办企业提供便利条件的，除要做出相应纠正外，给予有关领导警告直至撤销职务处分。

（10）不准利用职权拖欠公款、侵占公物，不准将公款、营业执照、银行账户借给他人从事营利活动，不准私车挂单位牌照。违者，除及时退还公款、支付银行贷款利率的利息、退出所占公物、支付侵占公物期间的折旧费外，给予当事者警告、严重警告或降职处分。

（三）节假日期间廉洁自律提醒制度

按照中纪委监察部《关于2005年元旦春节期间严格遵守廉洁自律规定坚决禁止奢侈浪费行为的通知》的文件精神，从2005年开始，农场纪委每年在元旦、春节、国庆、中秋等传统节日到来之际，会以文件、提醒函、群消息等多种形式强化教育和监督全场党员干部加强廉洁自律，保证节日期间的风清气正，过祥和、节俭、廉洁、文明的节日，要求党员干部以过硬的纪律作风和全新的精神面貌，大力弘扬风清气正、廉洁从业、文明节俭的良好风尚。

提醒节日期间全体党员干部提高政治站位，做到令行禁止，严格执行廉洁自律准则和廉洁纪律要求：一是严禁以各种名义违反规定发放津贴、补贴、奖金和实物；二是严禁违规公款安排旅游、健身和高消费娱乐活动；三是严禁党员干部出入隐蔽场所、私人会所吃喝；四是严禁违规组织和参与公款吃喝或接受管理服务对象宴请；五是严禁违规收受礼品礼金；六是严禁违规操办婚丧喜庆事宜或借机敛财；七是严禁违规使用公务用车进行游玩探亲访友等活动，严禁"私车公养""公车私用"；八是严禁违规参加老乡会、战友会、校友会等；九是严禁参与宗教、封建迷信活动；十是严禁赌博、酒后驾车。节日期间，农场或公司纪委严格监督执纪，畅通监督举报渠道。

（四）个人重大事项报告制度

2010 年，农场学习贯彻《关于领导干部报告个人有关事项的规定》，对于落实党要管党、从严治党的方针，加强领导干部管理监督，促进领导干部廉洁从政，发挥了重要作用。

2012 年，党的十八届六中全会对坚持和完善领导干部个人有关事项报告制度做出了新的明确规定，全面从严治党向纵深推进，领导干部个人有关事项报告工作也在不断加强和改进。

2013 年，农场根据《领导干部报告个人有关事项规定》和《领导干部个人有关事项报告查核结果处理办法》文件，农场为严肃党的纪律，强化党内监督约束机制，促进副科级以上干部带头严格执行《廉政准则》，加强党风廉政建设，建立健全在全场副科级以上干部中实行个人重大事项报告制度。

农场副科级以上干部必须要报告的内容有：

（1）本人购房或住房变动的。

（2）本人结（离）婚的。

（3）本人有违纪违法行为的。

（4）本人或家庭成员收受重要礼物、礼金（含有价证券）的。

（5）家庭发生重大民事纠纷和刑事案件的。

（6）配偶、子女及直系亲属因私出国（境）、留学、劳务输出、定居的。

（7）配偶、子女及直系亲属经商办企业、投资入股的。

（8）家庭成员婚丧嫁娶的。

（9）在本人工作生活中群众意见较大的问题。

（10）本人需要向组织报告的其他问题。

2014 年，苏垦南通公司建立健全副部级以上干部个人重大事项报告制度，副科级以上干部涉及上述报告事项的，无特殊理由须在 30 天内主动填写《副科级以上干部个人重大事项报告表》，报场纪检监察部门审核监督，报告人必须如实提供有关票据资料和办理情况。副科级以上干部在处理个人重大事项时，无正当理由不按时报告或弄虚作假、欺骗组织、报告严重失实的，视情节给予批评教育、责成检查，直至党纪政纪处分。

四、廉政教育专题活动

（一）"算好廉政账"专题警示教育月活动

2007 年起，农场党委决定每年的 9 月作为党员干部"算好廉政账"专题警示教育月，开启了农场一年一度的"算好廉政账"反腐倡廉警示教育月活动。算账教育方法，通过强烈的对比，算清得失、辨别美丑、明辨善恶、分清是非，知道哪些该做，哪些不该做，哪些能干，哪些不能干，什么是光荣，什么是耻辱，什么是美好前途，什么是万丈深渊。党员干部通过经常算账，切实加强党风、党纪教育，对提高党员干部的拒腐防变能力起到积极的推动作用。

一是算好"政治账"，党员干部始终保持政治上的清醒，恪守做人为官的基本准则，牢固树立全局观念，识大体、顾大局、讲党性、讲原则。在事关方向、事关原则的问题上始终保持清醒的头脑，做到在大是大非面前立场坚定、旗帜鲜明。要保持强烈的政治责任感和历史使命感，坚持党的事业第一，农场的发展大局第一，职工群众的利益第一。

二是算好"经济账"，党员干部树立正确的权力观，时刻牢记共产党人手中的权力是人民赋予的，只能用来为人民谋利益，时刻牢记"德莫厚于爱民，行莫高于利民"，常修为政之德，常怀律己之心，常思贪欲之害，做到权为民所用，情为民所系，利为民所谋。

三是算好"名誉账"，党员领导干部要时时、处处、事事记住自己是一名领导干部，记住作为一名领导干部应该负有的责任，珍惜领导干部的名誉，以德服人，以廉树威，使自己的人格魅力不断得到升华，努力铸就自己的崇高和伟大。

四是算好"家庭账"，党员干部要明白守身方能家园的朴素道理，要以自己的行动带动家人模范遵守党纪国法，要从严治家，廉洁持家，管好配偶、子女、亲属，靠良好的家风换来家庭的美满和谐。

五是算好"亲情账"，党员干部要注重培养健康的生活情趣，保持高尚的精神追求，明辨是非，克己慎行，正确选择个人爱好，提高文化修养，摆脱低级趣味，慎重对待朋友，净化自己的社交圈，把群众的敬佩、下属的爱戴，以及家人和亲朋好友的支持化为事业成功的动力，不断激励自己廉洁自律，做受人尊敬的好干部。

六是算好"自由账"，党员干部要深刻认识廉洁自律与自由和幸福的关系，把人身自由作为人生最大的幸福。

七是算好"健康账"，党员干部要经常想想腐败行为和牢狱之灾给自己和家人身心健康带来的危害，常思贪欲之害，常弃非分之想，常怀律己之心，始终保持共产党人的蓬勃朝气、昂扬锐气和浩然正气，做到拒腐防变。

（二）"5.10"思廉日廉政教育活动

"5.10"谐音"我要廉"。农场为推进党风廉政教育常态化、制度化建设，营造崇尚廉洁、风清气正的农场政治生态，从 2007 年 5 月起，农场党委开展关于"5.10"党风廉政建设和反腐倡廉宣传教育活动。之后每年的 5 月前后，农场都会组织开展"5.10"思廉日系列活动，以使农场党员干部达到倡廉、树廉、学廉、守廉的目的。

思廉日系列活动主要有：一是以"思廉"为主题组织党员干部召开专题会议，进行集中学习，外聘专家学者来场讲课，党员干部撰写学习心得体会；二是组织党委中心组成员和场办企业、全资控参股企业及机关部门主要负责人专题学习中央八项规定、省市十项规定和省农垦十项规定，重温《廉政准则》，营造风清气正的社会环境；三是参观廉政教育基地，上好廉政教育党课，组织观看警示教育及优秀党员干部事迹和垦区"文明标兵"宣传片，运用正反两方面典型事例教育党员干部牢固树立廉洁从政的意识，构筑反腐倡廉思想道德防线，激发党员干部学先进、赶先进、争当人民公仆的工作热情；四是利用农场网站、农场情况简报、宣传橱窗栏、横幅等进行廉政宣传，夯实拒腐防变思想根基；五是向全场副股级以上党员干部发送廉政短信，组织廉政建设责任制落实情况督查活动，进行廉政谈话，落实副科级以上干部《南通农场副科级以上干部个人重大事项报告制度》；六是开展廉政签名承诺、廉政征文、廉言廉语等活动；七是完善廉政制度，修订完善工程项目招投标监管、土地管理、征地赔青补偿等有关程序、制度，并对全场重点企业、重要部门、重要岗位排查出的廉政风险点进行督查。

（三）"廉政文化进企业"活动

2005年5月，农场加强廉政文化建设，推动廉政文化进农场、进社区、进管理区、进家庭、进学校、进企业，把思想教育、纪律教育与社会公德、职业道德、家庭美德教育和法律教育结合起来，通过开展观看反腐倡廉教育专题片、推出廉政教育宣传橱窗栏、开办廉政教育有线广播专题节目、廉政知识测试（竞赛）、选树廉政勤政先进典型、组织党员干部和各单位财务主管到警示教育基地接受教育等一系列活动，构建廉政文化教育平台，将廉政文化活动与群众文艺活动、营造廉洁氛围、提高农场党员干部的政治思想素质和公民道德修养、促进党建工作、发挥党员先锋模范作用相结合，在全场营造廉政文化建设氛围，初步形成"崇尚廉洁、以廉为荣、以贪为耻"的社会风尚。

农场组织开展"廉洁新风进农场"系列活动，将廉政文化与创建文明农场、平安农场等工作紧密结合起来，烘托浓厚的廉政文化氛围，张贴廉政宣传画，举办寓教于乐的文化活动。

在全场组织开展"廉政文化进管理区"活动，把廉政文化建设作为加强基层党组织党风廉政建设的重要抓手，大力开展党风廉政宣传教育活动，组织开展中基层干部廉政警示教育，定期将党风廉政方面的书籍、资料、报刊和电教片送到管理点，增强廉政文化的社会效应，以群众喜闻乐见的方式宣传党风廉政、弘扬正气、鞭挞丑恶，促进管理点干部严格自律、公正办事，扎实开展"区务公开"党员干部联系点、联系户活动。

在农场中、小学校组织开展"廉政文化进校园"活动，把廉政文化与政治教育、法治教育、校园文化、素质教育有机结合起来，运用生动直观、喜闻乐见的艺术形式，对学生进行廉洁教育，将廉政文化进校园作为德育教育固定的内容，渗透到学校教学工作的全过程和学生教育管理的各个方面。通过开展廉政演讲比赛、廉政知识竞赛、学习交流等活动，借助校报、校刊、校园宣传栏、校园网站、班级板报等阵地，开设符合学生心理特点的专栏、专题，广泛宣传廉政文化，传播廉政知识，弘扬廉政精神，使学生潜移默化、循序渐进地接受廉政文化熏陶。

在农场企业中开展"廉政文化进企业"活动，按照"反腐倡廉教育要面向全社会，把思想教育、纪律教育与社会公德、职业道德和法治教育结合起来"的要求，将廉政文化融入企业文化、企业精神建设中，为企业凝聚精神力量，为企业的发展增添后劲，在企业形成"以廉为荣、以贪为耻"的良好风尚。农场下属单位或国有参控股企业把有关廉政方面的规定纳入企业规章制度之中，在企业开辟廉政专栏进行廉政宣传教育。

五、管理区监督委员会

2007年8月，为加强农场农业管理区党风廉政建设，强化对管理区党组织和管理层的民主监督，提高全场基层党员干部的勤政意识，根据《中共南通市委关于加强农村基层党风廉政建设的意见（试行）》，农场在5个管理区设立5个管理区监督委员会，每个管理区监督委员会下设3个工作小组，即纪检监督小组、管理区区务公开监督小组、民主理财小组。

管理区监督委员会在场纪委和管理区党总支的双重领导下，按党章和农场有关规章制度开展工作：一是加强对管理区党务情况的监督，对管理区党组织重大事项决策，党员义务履行，党员奖惩，管理区后备干部选拔，党员发展、培养和评先评优等情况进行事前、事中、事后的全方位监督。二是加强对管理区干部廉洁自律情况的监督，对管理区党总支及管理成员执行党风廉政建设责任制和有关廉洁自律规定的情况进行监督，组织开展管理区干部"述职述廉"活动，听取、收集群众的意见和建议，并及时向管理区党总支和场纪委进行反馈。办理职工群众来信来访，引导职工群众依法信访、逐级信访，真正把矛盾化解在基层。定期对管理区党风廉政建设情况进行研究分析，制定、完善各项规章制度。三是加强对管理区党员、干部履行职责及带头致富情况的监督，对管理区农业生产租赁经营责任制落实情况和管理区干部帮扶职工群众脱贫致富情况进行监督，定期向场纪委和组织部门汇报管理区干部开展工作情况。四是加强对区务公开和民主管理的监督，对管理区落实上级关于区务公开、民主管理的一系列政策规定的情况进行监督。审核区务公开的内容、时间、形式及程序，认真征求管理区职工对区务公开和民主管理的意见及建议，并督促管理区把职工群众关心的热点问题及时公开。五是加强对管理区财务资金的监督，认真行使监督权、审核权、督促纠正权、向上级反映问题等权力，定期召开理财会议，检查账目和资产处理情况，对重大经营决策事项实施监督，对管理区开支内容进行审核。六是加强对管理区工程建设的监督，对属财务支出的工程项目进行全程监督，重点监督资金的管理使用情况、工程建设质量以及验收情况。七是对管理区干部的考核、奖惩、任免，有权向场党委和管理区职工代表会议、党员代表会议提出建议，协助场纪委查处管理区干部违纪违规案件。

在建立管理区监督委员会后，2011 年 1 月，农场根据南通开发区党工委、管委会《关于在全区基层站所创设监督委员会的实施意见》要求，对场域基层站包括江海派出所、农场电信局、邮政所、农场社保站、兽医站、苏垦南通电力公司、农场城镇管理办公室、农场土地房产管理科、农场自来水厂、农场江海社区卫生服务中心、农场水利站等单位均成立了监督委员会。

六、垦地廉洁共建

2017 年 3 月，由江苏省农垦集团公司纪委和南通市纪委牵头开展了垦地廉洁共建活动，苏垦南通公司和苏通园区签订了廉洁共建协议，制定党风廉洁宣传教育共抓、廉政建设风险共防、执纪审查设施共用、廉洁文化基地共建等 4 项工作措施，并形成具体工作活动方案。苏垦南通公司纪委向苏通园区纪工委定期报送干部信息，互派监督员，通过资源共享、平台共用、信息互通，督促推进苏垦南通公司党风廉政建设两个责任落实，为苏垦南通公司各项事业健康发展提供良好政治生态环境。

第二章　农场群团组织

第一节　工　会

一、职工代表大会

职工代表大会制度是在农场党委领导下行使职权，发动职工参与企业民主管理，评议监督干部，讨论决定农场生产经营大计一项重要制度。职工代表大会的代表由单位职工大会选举产生，凡是享有公民权的正式职工均有选举权和被选举权。职工代表实行常任制，每2～3年改选一次，连选连任。职工代表大会每年召开1～2次，职工代表又是企业工会会员代表，所以职工代表大会一般和工会会员代表大会同时召开。

1963年，农场为进一步贯彻中共中央八届十中全会和省、县党代表大会精神决议，贯彻江苏省国营场圃会议精神，全面推开社会主义教育运动，充分发扬民主，贯彻民主办场精神，决定于3月4—8日召开全场职工代表扩大会议，参会的有正式代表96人，生产队干部、共青团员等列席代表355人。会上，全体代表听取了党委书记张德仁所做的关于当前形势和阶级与阶级斗争的报告，讨论和研究了农场1963年的生产财务计划任务，选举了场务管理委员会。

1964—1978年，因受"文化大革命"的影响，农场职工代表会议十多年未曾召开。1979年，农场为认真贯彻党的十一届三中全会精神，把工作着重点转移到4个现代化建设上来，同时贯彻落实江苏省农垦局第三次工作会议精神，农场党委决定于9月27—28日召开全场职工代表大会。大会的主要任务是讨论和审定农场三年（1979—1981年）规划和1985年设想，重点是讨论落实农场当年秋播计划和力争当年生产"五超"历史水平。此次大会共有461名职工代表参加，列席代表13人。会上，农场党委书记黄德元代表农场党委做了工作报告，报告中提出，国营农场是全民所有制企业，农场职工是国家的职工、农场的主人，职工代表大会是代表国家利益、代表广大职工意愿的最高权力机构，有权审议农场对党的重大原则、方针政策和任务执行情况，有权对农场各级工作提出批评和修改意见，有权选举各级领导干部，对领导干部工作人员存在的缺点错误提出批评，对个别错误严重屡教不改的干部有权提出罢免、撤换。

1980 年 12 月 14 日，农场召开 1980 年度职工代表大会，到会的正式代表 450 人，列席代表 114 人。此次大会的主要任务是总结 1979 年农场职工代表大会以来，农场农、工、副、商、文教卫生、基本建设等各条战线的经验和教训；审查确定 1980 年财务决算和年终奖励政策；制订 1981 年生产财务建设规划；重点讨论冬春生产建设，夺取 1981 年夏熟作物丰产丰收的措施。大会听取审议了农场场长李志民所做的工作报告。

1982 年，农场党委根据江苏省农垦局工作会议指示精神和农场工作情况，对工会的筹建工作进行了部署安排。同年 3 月 22 日，农场建立工会筹备组，布置工会组建工作。1984 年 3 月 23 日，农场工会成立。同年 8 月 23—25 日，农场召开第一届职工代表大会，出席大会正式代表 381 人。大会审议通过了场长工作报告、农场经营管理体制及经济责任制改革方案以及《农场职工代表大会暂行条例实施细则》《农场职工奖惩条例实施细则》等农场规章制度。大会确定了农场工会承担职工代表大会闭幕期间的日常事务工作，负责办理职工代表大会或主席团交办的事项。第一届职工代表大会对农场的经营方针、领导体制和干部管理制度进行了较大的改革，推动了农场生产和经济的发展。大会改革了农场"以棉为主、粮棉并举"的经营方针，确定"稳定农业、以工为主、工副并举、内协外联、综合发展、富场裕民"为农场今后的经营方针，初步摸索到一条适合农场经济发展的新路子；改革农场场部机构设置，将原来的 15 个科室改为 3 科 3 室和 7 个经营服务公司，基本形成了与农场生产力水平相适应的服务体系；改革干部管理制度，坚持党管干部原则和"四化"标准，把干部的任命制改为选聘制；改革经济承包方式，农业上兴办职工家庭农场成为大农场内部的独立核算、定额上交、自负盈亏的一个经营层次，工商运建服实行百元利润工资含量经济责任制，机关、医院、学校实行考勤和考绩相结合，打破了"大锅饭"；改革和调整农场的产业结构，坚持走种养加一体化的路子，给农场经济注入了新的活力。1985 年 5 月 17—18 日，农场召开第一届职工代表第二次会议，会议听取了场长的工作报告，审议并通过了《农场改革总体方案》《职代会工作条例》《农场四年发展总体规划》《人才培训规划》《场规民约》《职工奖惩条例》《计划生育若干规定及房屋管理若干规定》和《支持保护家庭农场的若干规定》等各项规定，会议选举产生了经济审查委员会，通过了安全生产委员会和提案工作小组成员以及会议的各项决议。

1986 年 8 月 22—23 日，农场召开第二届职工代表大会第一次会议和第二届工会会员代表大会，参会的 266 名大会代表具有双重身份，既是职工代表，又是会员代表。大会总结回顾了近两年来农场经济管理改革的经验教训，听取并审议了场长工作报告和工会工作报告，审议并通过了《关于进一步巩固、完善、提高职工家庭农场的意见》《关于加强土地管理的若干规定》《关于房屋管理的暂行规定》《安全生产工作条例》，审议并通过了

《农场1985—1988年四年规划》和《小城镇规划》等文件及会议的各项决议。大会总结了农场1984年8月第一届职工代表大会以来农场的改革发展成就，确定农场的主要任务是巩固、消化、补充、改善已有的改革成果，加强对土地的管理，巩固、完善和提高职工家庭农场，努力发挥职工家庭农场的劳动效益、规模效益和技术效益，健全大农场套小农场的经营管理体制，推行各种经济承包责任制。大会提出要加强服务体系建设，对场办工业的办厂方向做适当调整，巩固现有项目，发展骨干企业，带动第三产业发展。当年，农场成为江苏农垦第一个被江苏省计划经济委员会和江苏省企业整顿领导小组命名为"企业整顿先进单位"的农场。1987年1月13日，农场召开第二届第二次职工代表大会，会议听取并审议了场长工作报告，通过了《国营南通农场职工代表大会实施细则》及会议的各项决议。大会总结了1986年农场各业的发展成就，对1987年的工作做了全面规划和部署。大会明确农场今后要围绕商品基地建设，稳步调整农业结构，坚持贯彻决不放松粮食生产、积极发展多种经营的方针。1987年8月28日，农场召开第二届第三次职工代表大会，会议听取并审议了农场上半年工作总结报告和下半年工作意见，讨论分析农场上半年经济形势和下半年的工作任务，选举产生农场管理委员会。1988年3月20—21日，农场召开第二届第四次职工代表大会，大会听取并审议了场长关于完成和超额完成1988年度经济建设、生产计划的决策意见的报告，审议并通过了关于房屋管理和有关职工福利方面的决定及会议的各项决议。大会总结了1987年的工作，明确1988年的任务，农场依照江苏省农垦总公司"以经济建设为中心，深化企业改革，全面提高经济效益，促进农垦经济长期、持续、稳定、协调地发展"的基本任务，认真执行以承包责任制为中心，完善大农场套小农场的双层经营体制，适应商品经济需要，深化企业机构改革。

1989年3月24—25日，农场召开第三届第一次职工代表大会暨1988年先进表彰大会，出席大会的正式代表287人，列席代表16人，特邀代表14人。会议听取并审议了题为《同心同德，振奋精神，在挑战中稳定发展农场经济》的场长工作报告及会议的各项决议。大会的主要任务是向职工代表汇报场长负责制第一任期内的工作和部署1989年的工作内容，自1985年初，江苏省农垦总公司决定农场作为江苏农垦首家实行场长负责制试点单位以来，至1988年底第一任期届满，任期内五大经济指标完成情况：工农业总产值1984年实绩2296万元，1988年实绩4244万元，年递增16.6%；利润总额1984年实绩255.3万元，1988年实绩487.8万元，年递增17.57%；粮豆总产量1984年实绩2250万斤，1988年实绩3400.6万斤，年递增10.88%；皮棉任期届满目标为30万斤，1988年实绩34.5万斤，固定资产净值1984年682.7万元，1988年底2214.9万元，平均年递增34.21%。1989年9月25—26日，农场召开第三届第二次职工代表大会，会议听取并审议了题为《苦干第四季度 为全面完成今年的经济任务而奋斗》的场长工作报告，审议并通过了《关于加强劳动、就业、工资管理的实施细则》和《房地产管理暂行办法修改补充意见》及会议的各项决议。1990 年 3 月 16—17 日，农场召开第三届第三次职工代表大会，会议听取并审议了题为《团结起来 振奋精神 把农场的两个文明建设推向新的水平》的场长工作报告，并签订了"南通农场 1990 年行政、工会共保合同"。1991 年 3 月 27—28 日，农场召开第三届第四次职工代表大会，会议讨论审议了题为《团结求实 开拓创新 为振兴农场经济而努力奋斗》的场长工作报告，签订了 1991 年度企业共保合同及表彰了 1990 年度农场各类先进集体和先进个人，完善了生产经营承包责任制。

1992 年 3 月 9—10 日，农场召开第四届职工代表第一次会议和第三届工会会员大会，出席大会的正式代表有 287 名。大会审议通过了题为《团结奋斗 开拓前进 加快农场两个文明建设步伐的》的场长工作报告；同意第三届工会委员会所做的《团结奋斗，把工会工作做得更好》的工会工作报告；同意农场工会第二届经费审查委员会所做的经费审查报告；批准场医院提出的公费（统筹）医疗费办法修改意见和《关于公费（统筹）医疗暂行规定有关条款的修改说明》；选举产生农场新一届工会工作委员会；签订了 1992 年企业共保合同；表彰了 1991 年度农场各类先进集体和先进个人。1992 年 8 月 9 日，农场召开第四届第二次职工代表大会，会议听取并审议了场长工作报告、工会工作报告，通过了会议的各项决议。1993 年 3 月 5—6 日，农场召开第四届第三次职工、第三届第二次工会会员代表大会，会议听取并审议了题为《解放思想 把握时机 全面加快经济建设和改革开放步伐》的场长工作报告、《认真贯彻十四大精神，为提前实现农场经济翻两番的目标而奋斗》的工会工作报告以及工会经费审查报告，签订了 1993 年企业共保合同，表彰了 1992 年度的各类先进。1993 年 9 月 20—21 日，农场召开第四届第四次职工代表大会和第三届第三次工会会员代表大会，会议审议并通过了题为《团结拼搏 狠抓当前 为完成今年的各项经济指标而奋斗》的场长工作报告。1994 年 4 月 6—7 日，农场召开第四届第五次职工代表大会和第三届工会会员代表大会第四次会议。会议审议了题为《抓住机遇 深化改革 加速发展 保持稳定 推动农场经济持续快速健康发展》的场长工作报告、《动员和组织全场广大职工为完成农场今年各项经济指标而努力奋斗》的工会工作报告。通过了《关于南通农场工会开展民主评议干部意见的决议》《关于 1993 年度农场工会经费审查报告的决议》，签订了 1994 年度共保合同，表彰了 1993 年度农场各类先进集体和先进个人。1994 年 10 月 9 日，农场召开第四届第六次职工代表大会，会议听取了题为《再接再厉 奋战四季度 为全面实现"二一四四四"经济目标而奋斗》的场长工作报告，通过了《国营南通农场公费（统筹）医疗暂行办法》。

1995 年 3 月 4—5 日，农场召开第五届第一次职工代表大会、第三届第五次工会会员代表大会，出席会议的正式代表 338 名。会议听取并审议了题为《全面实现"一三五"工程 推进农场经济持续、快速、健康发展》的场长工作报告、《团结拼搏 再创辉煌 为全面实现"一三五"经济目标而努力奋斗》的工会工作报告，审议通过了工会经费审查报告、《国营南通农场劳动争议调解实施细则》及南通农场劳动争议调解委员会组成名单，听取了民主评议干部工作的报告、签订了共保合同及表彰了 1994 年度农场各类先进集体和先进个人。1995 年 10 月 11—12 日，农场召开第五届第二次职工代表大会，大会听取了题为《决战四季度 实现新突破 为超额完成"一三五"经济目标而奋斗》的场长工作报告，审议并通过了《关于农场关停企业职工分流及安置工作的试行办法的报告》《关于修改国营南通农场公费（统筹）医疗部分条款的说明》及会议的各项决议。1996 年 3 月 19—20 日，农场召开第五届第三次职工代表大会和第三届工会会员代表大会第六次会议。会议听取审议了题为《创造新业绩 迎接新世纪 为全面加快经济建设和社会发展步伐而奋斗》的工作报告、工会工作报告、工会经费审查报告。会议通过了《南通农场场规场纪》《南通农场人民教育基金管理委员会章程》及会议的各项决议，工会与行政签订 1996 年度共保合同，表彰了 1995 年度先进单位及个人。1996 年 10 月 14—15 日，农场召开第五届第四次职工代表大会，会上审议并通过了题为《加大工作力度 奋力扭亏增盈 为努力完成各项经济目标而奋斗》的场长工作报告及《国营南通农场关于全员劳动合同制实施办法》（试行）。

1997 年 3 月 25—26 日，农场召开第六届第一次职工代表和第四届第一次工会会员代表大会，出席会议的职工代表共 352 名。大会听取并审议了题为《解放思想 转变观念 深化改革 稳中求进》的场长工作报告、《围绕经济中心 突出维护职能 动员和组织广大职工为实现农场"九五"目标而奋斗》的工会工作报告，审议通过了工会经费审查报告、农场财务预决算报告、南通农场精神文明建设规划、南通农场土地管理实施细则、南通农场职工代表大会工作制度；听取教育基金使用情况报告、选举产生第四届工会委员会及经费审查委员会、签订了共保合同及表彰了 1996 年度农场各类先进集体和先进个人。1997 年 11 月，为贯彻全国总工会《关于职工代表大会民主评议企业领导干部的实施意见》及《江苏省农垦企业职工代表大会民主评议领导干部实施办法》，农场召开职工代表大会，分别对各中层单位领导干部进行民主评议。民主评议的具体对象是各中层单位的正副分场长、正副经理、正副科长、正副主任、正副党总支书记、正副院长、正副校长、工会主席。1998 年 3 月 22—23 日，农场召开第六届第四次职工代表和第四届第二次工会会员代表大会。会议听取并审议了题为《加快改革进程 强化内部管理 努力实现农场经济重振目标》的场长工作报告、《高举伟大旗帜 围绕经济中心 动员广大职工为实现农场今年经济目标而奋斗》的工会工作报告，审议通过了工会经费审查报告、农场财务预决算报告、国营南通农场关于劳动力管理的暂行规定、国有场办企业富余人员转岗分流安置工作实施细则；听取教育基金使用情况报告，签订了共保合同及表彰了农场1997年度各类先进集体和先进个人。1998年11月28日，农场召开第六届第五次职工代表大会，大会听取审议了题为《认清形势 坚定信心 知难而进 狠抓当前 努力完成全年目标任务》的场长工作报告、《职代会民主评议场级领导干部的动员报告》及领导班子的述职报告，会上，职工对场级领导班子和领导干部进行民主测评。1999年3月23—24日，农场召开第六届第六次职工代表和第四届第三次工会会员代表大会暨1998年度先进表彰大会。会议听取并审议了题为《改革求活 结构调优 管理从严 负重奋进 推进农场经济持续稳定健康发展》的场长工作报告、《强化民主管理 突出维护职能 动员广大职工为实现农场经济目标而奋斗》的工会工作报告，审议通过了工会经费审查报告、农场财务预决算报告、《关于病休职工实行医疗期管理及病休待遇的规定》《南通农场关于实行场务公开民主管理的规定》《关于修改南通农场人民教育基金筹集办法和标准及积极开展捐资助学活动的报告》；听取了教育基金使用情况报告，征集职工代表提案，签订了共保合同及表彰了1998年度农场各类先进。1999年9月13日，农场召开第六届第七次职工代表大会和第四届第四次工会会员代表大会。会议听取并审议了题为《锐意改革 积极进取 加强领导 扎实工作 努力完成全年目标任务》的场长工作报告、《强化民主管理 突出维护职能 动员广大职工为实现农场经济目标而奋斗》的工会工作报告，审议通过了《2000年农业生产租赁经营责任制实施方案》《2000年农业生产租赁经营责任制实施方案》《江苏省国营农场集体合同》、职工代表民主评议场级领导干部工作委员会委员名单，会上举行了集体合同签字仪式。

2000年3月27日，农场召开第七届第一次职工代表暨第四届第五次工会会员代表大会，251名职工代表出席了会议。会议听取并审议了题为《认清形势 坚定信心 抢抓机遇 调整结构 为实现经济振兴而奋斗》的场长工作报告、《振奋精神抓机遇 开拓进取迎挑战 努力开创工会工作新局面》的工会工作报告、工会经费审查报告、农场财务预决算报告，会上审议通过了《南通农场医疗保险暂行办法修改意见》，听取教育基金使用情况报告及表彰1999年度农场各类先进。2000年9月26日，农场召开第七届第二次职工代表大会。大会听取并审议了题为《加速改革进程 加快结构调整 加强企业管理 努力完成全年经济工作目标》的场长工作报告、《职代会民主评议场级领导干部的动员报告》及领导班子《述职报告》，职工代表对场级领导班子和领导干部进行民主测评。2001年3月22日，农场召开第七届第三次职工代表大会。大会听取并审议了题为《认清形势 坚定信心 明确任务 狠抓落实 为开局之年实现扭亏为盈目标而奋斗》的场长工作报告、《认真贯彻党的十五届五中全会精神 团结广大职工为促进企业经济发展而努力奋斗》的工会工作报告，审议通过了工会经费审查报告、农场财务预决算报告、工会经费决算报告，听取了教育基金使用情况报告；表彰了农场 2000 年度各类先进集体和个人。2001 年 8 月 16 日，农场召开第七届第四次职工代表大会。大会听取并审议了题为《以劳动用工制度改革为核心 全面推进农场改革 为实现扭亏为盈目标而努力奋斗》的场长工作报告，审议通过了《2002年大农业土地租赁经营责任制实施方案》和《关于改革劳动用工管理制度的若干规定》。2002 年 3 月 23 日，农场召开第七届第五次职工代表大会，大会听取并审议了题为《抓住发展机遇 坚持与时俱进 确保实现扭亏为盈工作目标》的场长工作报告、《实现"三个代表"履行基本职责 在促进企业改革和发展中努力实现工会工作的新跨越》工会工作报告及农场财务预决算报告、工会经费审查报告，同时会上表彰了农场 2001 年度先进单位、先进集体和先进个人。2002 年 8 月 29 日，农场召开第七届第六次职工代表大会，大会听取并审议了题为《狠抓当关 各业联动 打好扭亏为盈关键仗》的场长工作报告，审议通过了《江苏省国营南通农场集体合同》。会上职工代表们听取了领导班子成员的述职报告，并进行了民主测评。

2003 年 3 月 19 日，农场召开第八届职工代表第一次会议和第五届工会会员代表暨 2002 年度先进表彰大会，参加会议的职工代表共 128 名。大会听取并审议了题为《抓住历史机遇 紧扣发展主题 全面推进农场小康建设》的场长工作报告、《认真学习贯彻党的十六大精神 动员广大职工为富民强场和实现小康目标而奋斗》的工会工作报告、工会经费审查报告、农场财务预决算报告；会议审议通过了《江苏省国营南通农场关于加强劳动用工管理制度的规定》；选举产生新一届工会委员会和工会经费审查委员会；听取教育基金使用情况报告及表彰 2002 年度各类先进。2003 年 8 月 28 日，农场召开第八届第二次职工代表大会。会议听取并审议了题为《思想再解放 改革再深化 思路再明晰 回忆推进富民强场达小康进程》的场长工作报告，审议并通过了《南通农场 2004 年大农业土地租赁经营责任制实施办法》及《关于病休职工实施医疗期管理及病休待遇的暂行规定》，领导班子成员在会上向全体职工代表做了述职报告并进行了民主评议。2004 年 3 月 27 日，农场召开第八届第三次职工代表大会。会议听取并审议了题为《顺应大势 把握良机 加快构建场域经济新格局》的场长工作报告、《围绕中心服务大局 与时俱进开拓创新 动员全场职工为推进"三化"建设 实现富民强场而奋斗》的工会工作报告、工会经费审查报告、农场财务预决算报告；会议审议通过了《南通农场江海镇区管理暂行规定》及表彰 2003 年度先进。2004 年 8 月 21 日，农场召开第八届第四次职工代表大会。会议听取并审议了题为《落实科学发展观 攻坚克难创佳绩》的场长工作报告、《场八届职代会民主评议场级领导干部动员报告》；会上，与会代表对场级领导进行了民主测评。2005 年 3 月 18 日，农场召开第八届第五次职工代表大会。会议听取并审议了题为《精心营造发展平台 全力推进"三化"进程 努力实现农场经济社会发展新跨越》的场长工作报告、《落实科学发展观 开创新局面 为建设经济发展、精神文明、职工富裕、社会和谐的农场而奋斗》工会工作报告、工会经费审查报告、农场财务预决算报告；会议审议通过了《南通农场医疗保险暂行办法修改意见》及表彰 2004 年度先进单位、集体和个人。2005 年 9 月 8 日，农场召开第八届第六次职工代表大会。会议听取并审议了题为《深化改革 加快发展 为全面完成今年目标任务而努力奋斗》的场长工作报告、《落实科学发展观 开创新局面 为建设经济发展、精神文明、职工富裕、社会和谐的农场而奋斗》工会工作报告、工会经费审查报告、农场财务预决算报告；会议审议通过了《江苏省国营南通农场集团合同》决议、《2006 年大农业土地租赁经营责任制实施办法》决议。2006 年 3 月 10 日，农场召开第八届第七次职工代表大会。会议听取并审议了题为《抓住新机遇 开拓新思路 谋求新发展 为开创农场"十一五"发展新局面而努力奋斗》场长工作报告、《加大力度抓维权 增强工会凝聚力 团结动员全场职工为实现"十一五"规划而奋斗》工会工作报告、工会经费审查报告、农场财务预决算报告；表彰 2005 年度先进单位、集体和个人。2006 年 9 月 5 日，农场召开第八届第八次职工代表大会。大会听取并审议了题为《振奋精神 扎实工作 全面完成全年目标任务》的场长工作报告、《加大力度抓维权 增强工会凝聚力 团结动员全场职工为实现"十一五"规划而奋斗》工会工作报告；审议并通过了《农场工作报告决议》《南通农场 2007 年大农业土地租赁经营责任制实施办法》。2007 年 3 月 23 日，农场召开第八届第九次职工代表大会。大会听取并审议了题为《坚定信念 加快发展 二次创业 再创辉煌》的场长工作报告、《组织起来抓维权 凝心聚力促发展 团结动员广大职工在二次创业中发挥主力军作用》工会工作报告、工会经费审查报告、农场财务预决算报告；会议审议并通过了《南通农场居民集中居住区建设管理实施办法》等决议；表彰 2006 年度先进单位、集体和个人。2007 年 5 月 24 日，农场召开第五届第六次工会会员、第八届第十次职工代表大会。会议传达江苏省农垦工会第三届第九次全委（扩大）会会议精神，报告农场会议代表大会筹备工作情况和出席江苏省农垦工会第四次代表大会代表候选人的主要简历，进行大会选举并报告选举结果。会上指出继 2001 年农场职工医保在江苏农垦率先纳入南通市统筹基础上，2007 年农场又在江苏垦区率先实现城镇居民医保与地方接轨，实现了场域居民医保全覆盖。2007 年 8 月 28 日，农场召开第八届第十一次职工代表大会。大会听取并审议了题为《解放思想 凝心聚力 把农场二次创业引向深入》的场长工作报告，审议并通过了《南通农场 2008 年大农业土地承包经营责任制实施办法》。

　　2008 年 3 月 17 日，农场召开第九届第一次职工代表大会和第六届工会会员代表大会，共有 109 名职工代表参加了会议。会议听取并审议了题为《抓住机遇 提速二次创业步伐 围绕目标 加快全面小康进程》的场长工作报告、《认真学习贯彻党的十七大精神 团结动员广大职工为二次创业，构建和谐社会，全面达小康，建设新农场而奋斗》的工会工作报告、工会经费审查报告、农场财务预决算报告；会上审议通过了工会委员会、工会经费委员会、女职工委员会以及主席、副主席、经费审查委员会主任、女职工委员会主任选举办法；选举产生新一届工会委员会和工会经费审查委员会；听取教育基金使用情况报告及表彰 2007 年度各类先进。2008 年 8 月 31 日，农场召开第九届第二次职工代表大会。大会听取并审议了题为《解放思想 创新克难 促进农场经济持续健康发展》的工作报告；审议并通过了《江苏省南通农场 2009 年农业生产经营管理实施办法》《江苏省南通农场集体合同》及大会各项决议。2008 年 9 月 26 日，农场召开第九届第三次职工代表暨第六届第二次工会会员代表大会。会议主题是选举出席南通开发区工会第一次会员代表大会的代表，代表的类型是工会工作者 3 名、工会积极分子 1 名、科技管理人员 1 名。2009 年 9 月 6 日，农场召开第九届第四次职工代表大会，会议听取并审议了题为《适应新形势 谋划新宏图 为农场新一轮发展奠定坚实基础》的场长工作报告；审议并通过了《江苏省南通农场 2010 年农业土地承包经营管理实施办法》及各项决议。2010 年 3 月 8 日，农场召开第九届第五次职工代表大会。会议听取审议了场长工作报告，表彰了农场 2009 年度各类先进单位和个人。2011 年 3 月 15 日，农场召开第九届第六次职工代表大会，会议听取并审议了题为《把握发展机遇 加快转型升级 为实现"十二五"跨越发展而努力奋斗》的场长工作报告、《当好主力军 建功"十二五"创新促发展 动员广大职工为创建垦区经济强场而奋斗》的工会工作报告、工会经费审查报告、农场财务预决算报告；会上审议通过了《江苏省南通农场 2010 年农业土地承包经营管理实施办法》及各项决议；表彰了农场 2010 年度先进单位、集体和个人。2011 年 11 月 30 日，农场召开第九届第七次职工代表大会。会议听取并审议了题为《服从发展大局，狠抓工作落实，确保农业资源整合目标圆满完成》的场长工作报告，审议并通过了《江苏省农垦农业发展有限公司南通分公司农业资源整合资产负债划转方案》《江苏省农垦农业发展有限公司南通分公司农业资源整合人员划转方案》《江苏省农垦农业发展有限公司南通分公司农业资源整合房屋资产租赁方案》3 个报告。2012 年 3 月 11 日，农场召开第九届第八次职工、第六届第七次会员代表大会，参加大会的职工代表共 97 名，特邀代表 19 名，列席代表 32 名。大会听取并审议了题为《解放思想促转型 乘势而上谋发展》的场长工作报告、《紧扣发展 服务大局 在企业转型中实现工会工作新作为》的工会工作报告，审议并通过了各项决议。本次大会主题是：深入贯彻落实江苏省农垦工作会议精神，总结农场 2011 年工作，部署 2012 年工作，动员全场上下解放思想，振奋精神，把握发展机遇，加快转型升级，推动农场经济平衡健康发展。2012 年 6 月 2 日，农场召开第九届第九次职工、第六届第八次会员代表大会，参加大会的职工代表共 87 名、列席代表 30 名。会议听取并审议了题为《实施民生工程 完善社会保障 大力促进场域经济社会协调发展》的场长工作报告，职工代表无记名投票通过《关于住房公积金缴存比例暂按 5％执行和暂缓执行新职工住房补贴的议案》。

2013 年 4 月 12 日，农场在社会事务全面移交苏通园区及农业资源整合划转给苏垦农发南通分公司后，召开农场（存续）职工、会员代表大会，参加会议的有正式代表 30 名，列席代表 7 名，特邀代表 17 名。会议听取并审议了题为《稳步增长抓效益 积极转型促发展》的场长工作报告、《顺应形势 主动作为 在企业转型发展中开创工会工作新局面》的工会工作报告及财务预决算报告、工会经费审查报告；选举产生新一届农场（存续）工会领导机构、工会委员会委员、工会经费审查委员会委员、女职工委员会委员和工会主席、副主席，经费审查委员会主任，女工委主任；会议表决通过了《江苏农垦南通农工商联合公司公司制改革方案》及大会各项决议；表彰了 2012 年度存续农场先进单位、集体和先进个人。

2014 年 3 月 24 日，苏垦南通公司召开第一届第一次职工暨会员代表大会，出席大会的职工代表应到 31 名，实到 26 名。大会听取审议了题为《坚持稳中求进 加快改革创新 全力推进转型升级再创新业绩》的总经理工作报告、《服务企业发展 关注员工成长》的工会工作报告、财务预决算报告、工会经费审查报告；签订公司集体合同和女职工权益保护专项合同；审议并通过了大会各项决议、表决；表彰了 2013 年度苏垦南通公司先进单位和先进个人。2015 年 3 月 23 日，苏垦南通公司第一届第二次职工暨会员代表大会召开。会议听取并审议了题为《发挥资源优势 攻克发展瓶颈 全力推进公司经济再上新台阶》的总经理工作报告、《适应新常态 确立新目标 在苏垦南通转型发展中展现工会工作新作为》的工会工作报告；审议并通过了公司财务预决算报告、公司工会经费审查报告；通过了大会各项决议；表彰了 2014 年度先进单位和个人。2016 年 3 月 29 日，苏垦南通公司召开第一届第三次职工暨会员代表大会。会议听取并审议了题为《厚植发展优势 着力提质增资 积极开创"十三五"发展新局面》的总经理工作报告、《坚定信心 攻坚克难 为圆满完成全年各项工作任务而努力奋斗》的工会工作报告、财务预决算报告、工会经费审查报告并通过了大会各项决议；表彰 2015 年度苏垦南通公司各类先进单位和个人、2015 年度重点单位重点项目劳动竞赛先进单位。2017 年 3 月 9 日，苏垦南通公司召开第一届第四次职工暨会员代表大会。会议听取审议了题为《保持定力 拓宽视野 重点突破 谱写转型发展新篇章》的总经理工作报告、《聚焦服务 彰显效能 为促进公司转型发展做出新贡献》的工会工作等报告。2018 年 3 月 28 日，苏垦南通公司召开第一届第五次职工暨会员代表大会，会议听取审议了题为《高点定位，砥砺奋进，矢志实现转型发展新突破》的总经理工作报告、《顺应新形势 展现新作为 团结动员公司员工在推进企业转型发展中建功立业》的工会工作等报告。

2019 年 2 月 28 日，苏垦南通公司召开第二届第一次职工暨工会会员大会。大会应到会员 77 名，列席代表 6 名，特邀嘉宾 24 名。会议听取并审议了题为《把握发展机遇 聚焦重点发力 奋力开创苏垦南通公司转型发展新局面》的总经理工作报告、《追梦新时代 创造新业绩 为推进公司高质量转型发展而努力奋斗》的工会工作报告，审议并通过各项决议；表彰了 2018 年度苏垦南通公司各类先进集体和个人；选举产生新一届工会委员会委员、工会经费审查委员会委员、女职工委员会委员。2019 年 11 月 4 日，苏垦南通公司召开第二届第二次职工暨会员大会，大会对公司工会委员进行了增补选举。2020 年 3 月 27 日，苏垦南通公司召开第二届第三次职工暨工会会员大会，会议听取并审议了题为《只争朝夕加油干 不负韶华再出发 奋力开创苏垦南通公司高质量发展新局面》的总经理工作报告、《凝聚新时代职工奋斗伟力 开创公司高质量转型发展新局面》的工会工作报告等，签订了《集体合同》《工资专项集体合同》《女职工保护专项集体合同》。2020 年 10 月 10 日，苏垦南通公司召开第二届第四次职工暨工会会员大会，大会审议并通过了《苏垦南通职工大病互助基金管理实施办法（暂行）》《苏垦南通公司职工董事、职工监事选举办法（草案）》。

1984 年南通农场工会成立以来主要负责人见表 4-2-1。

表 4-2-1　1984 年南通农场工会成立以来主要负责人一览

姓名	职务	任职时间
严祖范	工会主席	1984—1992
戚志传	工会主席	1992—2003
陆耀辉	工会主席	2003—2006
仲银	工会主席	2007—2011
薛忠	农场及苏垦南通公司工会主席	2011.12—2018.6
孙健	苏垦南通公司工会主席	2018.6—2019.9
薛忠	苏垦南通公司工会主席	2019.9—2020.1
朱忠惠	苏垦南通公司工会主席	2020.1—2020.12

二、工会组织建设

建场初期，农场没有工会组织，也没有职工代表大会制度，类似机构有党委领导下的全体职工大会。党的十一届三中全会以后，农场党委按照"党委集体领导，职工民主管理，场长行政指挥"三位一体领导体制改革的要求，于 1982 年 3 月 23 日成立了农场工会筹备组，下设 61 个筹建小组，有 176 名工作人员。经过两年的宣传教育工作，农场发展会员 7674 人，占职工总数的 92%，并通过建会试点工作，各农业大队和工副业单位都成立了分会，分场和农场中层单位成立了工作委员会。

1984 年 3 月 23 日，农场在职工俱乐部召开了工会成立大会，出席大会的有正式代表 275 人，占会员总数的 3.6%。根据工会章程，大会通过差额选举，选举产生 17 人组成农场工会委员会，严祖范任场工会首任主席，工会委员会配备 6 名专职工作人员负责开展工会各项工作。农场工会成立后，农场开始中、基层工会组织的整顿建设工作，建设"职工之家"。

1985 年，为适应飞速发展的经济体制改革形势，迎接江苏省农垦工会的验收，农场掀起了中、基层场办单位"建家"活动的高潮。同年 8 月，江苏省农垦总公司工会对农场工会的"整建"工作进行验收，颁发了"职工之家"合格证书。在"建家"活动中，农场注重工会领导班子的建设，建立和健全各级工会组织，坚持德才兼备、民主选举两条原则，把一批有组织能力、有领导才干、文化素质较高、热爱工会工作、密切联系群众、热心为职工办事的同志充实到各级工会领导班子。至 1986 年底，全场共有工会会员 7699 人（占职工总数的 95.3%），10 个分场、公司级工会工作委员会，69 个大队、工厂级分工会，469 个工会小组。

1985 年 12 月，农场工会主席严祖范出席了全国农林工会会议，农场在会上向参会代表递交了农场工会工作的交流资料。自 1984 年开始，农场工会连续 3 年被江苏省农垦工会评为"先进职工之家"，1987—1989 年连续 3 年被江苏省农垦工会授予"模范职工之家"称号。

1991 年，农场工会有 7674 名工会会员，占职工总数的 98.5%，工会委员 17 人，设正副主席各 1 人，工作人员 5 人。全场按行业、工作单位划分，设有分场、公司级工会工作委员会 10 个，配备正副主席共 17 人；大队、工厂一级的分工会 68 个，均配备有工会主席及 3~5 人的工会工作委员会。各大队、工厂根据人数多少，划分若干工会小组，全场共有工会小组 465 个。

1997 年，农场完成全场工会会员的统计造册工作，对工会会员的文化素质、年龄结构、从业状况等做了比较全面系统的了解。全场工会会员 6488 人，建立基层工会分会 79 个，全场共建"职工小家"79 个，中层单位工会工作委员会 9 个。农场在加强工会组织建设、阵地建设的同时，加强工会干部的思想建设，选派部分工会干部骨干外出学习培训，参加江苏省农垦举办的 2 期工会主席培训班，有 38 名工会干部受到省、市农垦工会和通州市总工会的表彰，其中有 7 位同志被评为"优秀工会工作者"，有 3 位同志被评为"优秀女职工工作者"。

2000—2002 年，随着农场场办企业产权制度的改革和招商引资，改制及新建企业不断增多，农场坚持"哪里有职工，哪里就有工会"，改制到哪里，工会就组建到哪里，以"建会"工作为重点，搞好改制、新建企业工会组建工作。在农场工会的组织领导下，农场私营企业中有 13 家私营企业建立了工会组织，各工会干部深入基层调查研究，做职工的贴心人，努力为职工办实事，帮助职工解决实际问题，有力地维护了职工的合法权益，推动了企业两个文明建设。

2003 年，农场按照建设"创新型集体""能干型队伍"的要求，抓好工会干部队伍建设，对全场 8 个中层单位、50 个基层工会组织进行了换届选举，一批热心工会工作、具有较高文化素质、工作有创新精神的同志进入各级工会班子，工会干部队伍在年龄结构、文化结构方面有了较大的改善和提高，工会工作出现了新的起色。当年，农场渔业分场工会被南通开发区工会评为"示范工会"，城镇社区工会被南通市交警五大队评为"交通安全文明村"，被南通开发区社会治安综合治理委员会评为"安全文明单位"。

2005 年，农场工会在参与企业改革改制的同时，抓好私营企业工会组建工作。同年 5 月 16 日，农场成立南通农场私营企业工会委员会筹备工作领导小组，5 月 25 日，农场召开私营企业工会第一届第一次会员代表大会，正式成立南通农场私营企业工会委员会。翌年 6 月 26 日，南通农场私营企业工会委员会更名为南通农场私营企业工会联合会，由农场工会主席兼任农场私营企业工会联合会主席，其职责是管理好所属区域内的私营企业工会组织。

2008 年 4 月，农场工会被江苏省总工会授予"模范职工之家"称号。同年 5 月，被中国农林水利工会全国委员会授予"全国农林水利产（行）业劳动奖状"。

2009—2011 年，农场坚持"党建带工建、工建服务党建"长效机制建设，按照"扩大工会工作覆盖面、增强工会组织凝聚力"的要求和"双措并举、二次覆盖"的工作要求，突出一个重点，创新三项制度，推动工会自身建设。农场工会以思想、能力、作风、队伍建设为重点，加强工会干部队伍建设，各级工会干部牢固树立政治意识、大局意识、责任意识和群众意识，建立工会干部培训、考核、激励机制，举办培训班，组织工会干部不断学习新知识、新观念、新业务，提高工会干部议大事、谋大局、创一流的意识和本领；强化工会干部队伍作风建设，增强服务大局、服务基层、服务职工的本领，深入基层调查研究，倾听职工呼声，真情关心职工疾苦，为职工做好事、办实事、解难事，打造一支政治坚定、作风过硬、业务扎实、结构合理的工会干部队伍。2011 年 11 月，农场工会被评为全国农林水利系统"模范职工小家"。

2012年，农场按照全国总工会提出的"广普查、深组建、全覆盖"的要求，重点抓好新企业、私营企业组建工会工作，精心打造"和谐工会""活力工会""有为工会""温暖工会""效能工会"，工会履职能力明显提升。随着农场社区社会职能分离，农场成立江海镇区管理委员会（后改为江海街道），私营企业属地管理，农场不再管理私营企业，私营企业联合工会职能结束。

2013年，农场工会以促进农场发展、维护职工利益、团结职工群众为目标，加强工会组织的思想、组织、宣传、作风和能力建设。各级工会组织围绕"建功'十二五'、创新促发展"的主题，加大了对职工宣传教育的力度，加强各级工会组织的自身建设，努力打造"和谐、活力、有为、温暖、效能"五型工会。坚持工会组织全覆盖，根据企业发展需要，先后顺利组建农场下属全资及控参股企业"新福地"和"大桥广告"等公司联合工会、苏垦南通电力公司工会、中新苏通商品混凝土与中新苏通市政工程联合工会、南通宝腾汽车销售服务有限公司工会。农场下属各全资、控参股企业都设有职工之家，扩大了工会组织的覆盖面。

2014—2020年，随着农场社区社会职能的分离，农场公司制改造，成立苏垦南通公司工会。苏垦南通公司工会坚持不论农场体制机制如何变化，工会基层组织不能缺、不能散的原则，根据形势变化及时充实完善全资及控参股企业各级基层工会组织，推选工会主席，夯实基层工会组织基础。苏垦南通公司为提高工会干部综合素质多次组织工会骨干参加市、区总工会举办的各类学习培训，提高工会干部的政治业务水平。及时调整农场工会劳动法律监督委员会和农工创业培训工作领导小组，加强班组建设，提升职工素质。苏垦南通公司工会、下属全资、控、参股公司工会紧紧围绕公司工作目标任务，以"创建学习型组织、争做知识型员工"活动为载体，以推进职工素质提升工程为重点，以班组精细管理、降耗提效为目标，充分调动了广大员工争先创优的积极性。

农场工会组织成立以来，在广大工会工作者的奋发努力下，农场工会工作取得了显著成绩，涌现了许多优秀的工会工作者，得到了上级党委、政府和工会的表彰。

农场工会系统受市级以上表彰的先进个人见表4-2-2。

表4-2-2　农场工会系统受市级以上表彰的先进个人一览

姓名	荣誉称号	授奖部门	授奖时间
严祖范	江苏省优秀工会干部	江苏省总工会	1985年12月
顾惠成	优秀工会积极分子	江苏省农垦集团公司工会	1986年3月

（续）

姓名	荣誉称号	授奖部门	授奖时间
严祖范	江苏省农垦优秀工会干部	江苏省农垦集团公司工会	1986 年
葛克平	优秀工会积极分子	江苏省总工会	1987 年
王金城	江苏省农垦工会积极分子	江苏省农垦集团公司	1987 年
陆海泉	江苏省农垦工会积极分子	江苏省农垦集团公司	1987 年
葛克平	工会积极分子	江苏省农垦集团公司	1987 年
王金城	工会积极分子	江苏省农垦集团公司工会	1989 年 2 月
吴文兰	先进工会工作者	江苏省农垦集团公司工会	1991 年 3 月
郭照坤	先进工会积极分子	江苏省农垦集团公司工会	1991 年 3 月
葛克平	工会工作积极分子	南通市工会	1992 年
严祖范	优秀工会干部	江苏省农垦集团公司工会	1992 年 2 月
钱金华	优秀工会先进分子	江苏省农垦集团公司工会	1993 年 2 月
戚志传	优秀工会主席	江苏省农垦集团公司工会	1993 年 2 月
包恒和	优秀工会积极分子	江苏省总工会	1995 年 6 月
葛克平	工会之友	江苏省农垦集团公司工会	1995 年 11 月
戚志传	优秀工会工作者	江苏省农垦集团公司工会	1995 年 11 月
贾叔均 吴美琴	争创模范工会先进个人	江苏省农垦集团公司工会	2006 年 1 月
顾煌	全国优秀工会积极分子	中华全国总工会	2008 年 4 月
贾叔军	优秀工会积极分子	江苏省总工会	2008 年 4 月
陈飞	优秀工会积极分子	江苏省农垦集团公司工会	2012 年 3 月
薛忠	优秀工会积极分子	江苏省农垦集团公司工会	2013 年 3 月
薛忠	优秀工会主席	江苏省农垦集团公司工会	2014 年 12 月
徐益辉	优秀工会工作者	南通市总工会	2015 年 12 月
薛忠	优秀工会工作者	江苏省农垦集团公司工会	2017 年 2 月
吴美琴	江苏农垦工会优秀会员	江苏省农垦集团公司	2017 年 7 月
周卫平	优秀工会积极分子	江苏省农垦集团公司工会	2018 年 11 月
陈玉霞	优秀工会工作者	江苏省农垦集团公司工会	2018 年 11 月

三、工会组织活动

（一）职工教育与精神文明建设

1984 年，农场工会成立后，工会加强职工教育工作，开展各类文化补习班，提高全体职工的整体文化素质，全场青壮年职工初中文化补课累计合格率为 85.7%，全场 12～40 岁少、青、壮年中非文盲率达 90% 以上，达到了上级的高限要求，扫盲工作基本完成。同年，工会选送 109 人去电大职大等学校培训深造，回来为农场生产建设服务。

1984—1991 年，农场工会为适应四化建设的需要，利用各种阵地和工具，采用各种形式向全场职工进行共产主义思想教育、职业道德与责任教育、职业纪律教育、法治教育和文化科学知识教育。农场组织爱场爱岗演讲比赛，演唱赛，歌颂祖国、赞美农垦的文艺演出，开展宣传农场的摄影比赛、书画展览等。工会开展"五讲四美三热爱"活动和振兴中华读书活动，举行全场性的职工读书演讲比赛活动，在场内外多次演讲，并获得南通市比赛团体总分第三名和南通农垦公司团体第一名，演讲比赛活动带动了全场的读书活动，激发了青年职工的求知欲望。1989 年 4 月，潘江燕获南通市总工会"我与企业共命运"演讲赛一等奖，1990 年，获江苏省农垦总公司"双爱演讲"三等奖。

职工思想政治觉悟和文化素质的提高，使广大职工热情关心农场建设，积极为农场建设献计献策，农场第二届职工代表大会上，全场职工为农场献计献策提案 231 件，批评意见和合理化建议 256 条，内容涉及体制改革、总体规划、发展方向、经营方针、机构设置、工资制度、文教卫生、计划生育等各个方面，为场领导的正确决策起了参谋作用。

1992—1996 年，农场工会以建设"四有"职工队伍为目标，大力开展职工的思想政治教育和科学文化技术教育，促进了职工队伍思想素质、技术水平的提高。1993 年，农场开展"创企业精神，树主人翁形象，展四德风采，兴班组新风"的创树主题教育活动，并逐年深化，全场形成弘扬"团结拼搏、敬业爱场、开拓创新、求实奉献"的农场企业精神，增强了职工的主人翁意识，形成全场争做"四有"职工的良好氛围。为配合基层抓好宣传教育，农场工会通过组织事迹演讲、报告会、办班培训、知识竞赛等形式，引导职工解放思想、更新观念，展示"职业道德、家庭美德、社会公德、个人品德"的四德风采。农场把评选先进和文明家庭结合起来，在"树主人翁形象"活动中，涌现出一大批先进模范人物和先进班组。

1997—2001 年，农场工会组织以歌颂党、歌颂祖国、歌颂社会主义、喜迎香港回归为主要内容的革命歌曲大奖赛和书画、摄影赛，协助江苏省农垦总公司完成了在农场举办的迎回归青年歌手预决赛任务。农场开展"面向 21 世纪职工主人翁形象"大讨论，在全场范围内开展了"爱我农垦、扬我精神、举我品牌、兴我农场、富我职工"的"五我"主题教育活动。以庆祝新中国成立 50 周年和迎接澳门回归为契机，开展爱国主义教育和"爱场敬业、齐心协力、艰苦奋斗、共渡难关"的创业精神教育。组织全场工会干部和职工收看江总书记"七一"讲话电视实况，并组织学习讨论，同时举办了《江苏农垦人永远跟党走》的演讲、歌咏比赛，唱响共产党好、社会主义好、改革开放好的主旋律，抒发农垦人对党、对祖国、对社会主义事业的无限热爱，充分展示了农垦人永远跟党走、不断向前进的豪迈情怀和新时代的风采。2000 年 4 月，农场职工王志明获得"江苏省见义勇为先进分子"荣誉称号，农场工会组织全场职工学习王志明见义勇为的英雄事迹，用职工身边的事教育身边人，充分展示和弘扬新世纪农垦人的主人翁精神。

2002—2007年，农场工会在全场开展"争创学习型企业，争当知识型职工，树新时期农垦人形象"活动，把活动与日常学习培训、培树示范典型、工会重点工作结合起来，做到活动内容有深度、层面广覆盖、方式重实效。各基层单位工会围绕提高职工队伍素质，建设学习型农场；围绕企业创新发展，建设学习型企业；围绕提高文明程度，建设学习型社区；围绕陶冶道德情操，建设学习型家庭；围绕建设新农场，建设学习型社会。农场工会重视加强职工的思想教育，对职工进行了《公民道德建设实施纲要》《江苏农垦人行为规范》"四德"教育、"八荣八耻"宣传教育，开展评选"学习型企业""文明单位""文明家庭""文明职工"活动。

2008—2012年，农场工会以服务和促进农场二次创业为主题，实施五大工程：一是劳动竞赛和创新活动工程。以组织广大职工建功立业为主旋律，启动创建"江苏农垦职工先锋号"活动，开展"当好主力军，建功'十一五'，和谐促发展"和"万千百"竞赛等活动，开展以"解放思想、创新发展"为主题的献计献策和合理化建议活动，农场工会被江苏省农垦工会评为"服务二次创业先进集体"。二是实施职工素质提升工程。以职工技能练兵为舞台，加大职工知识和技能培训力度，开展创建"知识型职工、学习型企业"活动，以"全面达小康、建设新农场"为导向，抓好"小康之家"创建活动，助力职工自主创业，增收致富，以业兴家、兴场，农场有389户家庭被江苏省农垦工会评为"小康之家"。三是精心组织二次创业先进事迹演讲报告会，并参加了垦区巡回演讲，取得了很好的宣传效果，为二次创业提供了强大精神动力。四是爱心捐助工程。一方有难，八方支援，2008年5月12日四川汶川发生强烈地震后，各级工会干部及时组织职工捐款，全场共捐款513586元，玉树发生地震，全场干部职工爱心捐款110631元，对28名来场打工的四川籍灾民进行了慰问，发放慰问金14000元。五是"职工书屋"建设工程。投入万元以上购买书籍、添置活动器材，加强基层单位职工健身活动阵地建设，增添了活动器材，做到软件硬件一起抓，农场工会被江苏省总工会授予"职工书屋"奖牌。农场工会还重视工会信息宣传工作，被南通开发区总工会评为"工会信息工作先进集体"。

2013—2020年，农场社区职能分离，成立江海镇区管理委员会（后改为江海街道），负责管辖农场区域内的社会性事务。农场公司制改造，成立苏垦南通公司工会。新成立的苏垦南通公司工会加大企业文化培育力度，坚持用企业精神凝聚人心，致力弘扬"传承超越、合作共赢"的苏垦南通公司文化，打造"互联网＋职工交流平台"，整合公司网站、微信平台等传播媒介，不断培植企业文化理念，统一员工思想，凝聚公司发展合力。公司本部和子公司围绕行业特点和未来发展趋向，凝练各自的企业精神，开展各具特色的企业文化活动：工会协同团委开展了"流动图书馆"活动；苏垦南通电力公司开展礼仪培训；建设书香企业，公司本部新建职工书屋，开展职工读书月活动，公司电子屏宣传"共享读书月、共筑中国梦"的活动主题，推荐优秀书籍，开展"重温历史、重读经典"读书心得征文活动，精心挑选128本优秀经典书籍供职工借阅，选取优秀读书心得征文作品装订成册广泛宣传，弘扬正能量，激发广大职工积极性；公司工会协同人力资源部完善职工自学成才奖励机制，对各类自学考试、自学考证的员工实行奖励，公司全资企业苏垦南通电力公司30名员工持有各类证书150余本，成为公司资质提升、转型升级的重要"智力"支持；打造学习型企业，培育学习型员工，举办机关工作人员综合能力培训班、工伤保险及安全生产培训班、企业常用法律知识培训班等。组织人员参加中华全国总工会劳动保护监督检查培训，并顺利通过资格考试。强化对口专业培训，组织相关人员参加"劳资风险防范"研修班、"企业危机管理"培训班、"互联网＋工会"学习班等，培训达480多人次；工会会同人力资源部组织每年开展"敬业之星""学习之星"等7星评选活动，通过民主推荐，选树、表彰不同行业、不同工作岗位上品行端正、爱岗敬业、无私奉献、技能优良的各类先进职工，并通过橱窗、宣传插页等多方位宣传，引领广大职工对标学习先进，传递进取正能量；工会会同多部门组织近10年来加入农垦的中青年职工开展"青春无悔"主题征文活动，其中3篇优秀作品刊登在《中国农垦》杂志上；倡导生态绿色理念，公司工会组织中青年员工前往南通园博园，开展以"奉献青年力量，传承农垦精神"为主题的植树爱树护树活动。

苏垦南通公司工会把爱护关心劳模、弘扬劳模精神、传播社会主义核心价值观作为一项重要职责，通过举行垦区劳模事迹演讲报告会，组织召开劳模座谈会，组织学习劳模事迹，发挥劳模引领示范作用，营造"学劳模、赶先进、争优秀"的良好氛围。将劳模精神根植于职工心中，影响和带动广大职工立足岗位、钻研业务、提升技能，引领职工见贤思齐、崇德向善，争做社会主义核心价值观的倡导者和实践者，开展对标学习。

各种活动的开展，提升了苏垦南通公司职工的文化素养，丰富了职工精神生活，增强了员工对企业的归属感，提升职工素质，打造了一支适应企业转型发展要求的高素质职工队伍。2013年2月，严卫国获"江苏农垦首届文明标兵"称号、江苏省总"五一劳动奖章"。2017年，沈芳获"第三届江苏农垦文明标兵"称号。

（二）文体活动及电影放映

1. **文体活动**　农场工会成立以后，对职工文娱体育活动十分重视，在组织上，以"职工之家"活动室为中心，成立各种小组或协会，多次请市、县文化部门的老师来场辅导，或直接送人到市里参加短期培训。开展文体活动，农场工会年年有计划，月月有安排，各种球类比赛、智力竞赛、读书演讲、歌咏晚会、文娱会演、灯谜游艺、游泳比赛、火炬接力赛、摄影和书画展览等轮转不断，活动形式也常换常新。从 1987 年开始，农场工会会同农场团委、人武部等有关部门一起，每年举行一次综合性的大型职工业余体育运动会，每次运动会的时间持续 10 个月左右，以分场、公司组成代表队，进行流动金杯竞赛。为丰富职工的业余生活，农场工会邀请南通县越剧团和南通市总工会业余越剧团来场演出。1987 年，工会组织建立职工乐队，一次性投资 8000 多元，购置电子琴、吉他、鼓、笛、小号等乐器。1989 年 2 月，时任农场工会主席严祖范获全国第一届农运会全国农村体育积极分子。

农场工会每年组织元旦期间的文娱会演、"三八"妇女节的大型秧歌舞比赛，融入"创树"主题教育内容；举办的美术摄影、书法作品比赛中有 40 多件艺术摄影作品和 6 件美术作品参加省、市以上的展览并获奖，有 160 多件新闻照片和文章在各种报刊上发表，其中在《人民日报》《工人日报》《新华日报》和《中国农垦》等大型报刊上发表 90 件。1993 年 1 月，农场职工潘江燕、曹立安、何宗林获南通市摄影家协会"达康杯"农民摄影比赛三等奖。

农场工会每年举办"三八"女职工游艺活动，庆"五四"青工篮球赛，开展"五一"宣传周系列活动。参加南通开发区举办的首届社区文化艺术节和首届农民艺术节；参加南通市、江苏省农垦集团公司举办的书画摄影赛。对职工进行时事政治教育，举行了"一同走过 50 年，携手迈向新世纪"的"三歌颂"诗歌朗诵会，国庆之际，农场工会、团委举办了歌颂党、歌颂社会主义的革命歌曲演唱赛，庆国庆 50 周年歌舞会演，迎澳门回归知识竞赛；农场电影队围绕主题教育活动，先后在全场放映了展示工人阶级风采，弘扬主人翁精神及"三歌颂"为主要题材的影片；举办了农场第十二届书画摄影作品赛、新中国成立 50 周年成就图片展。为庆祝建党八十周年，农场工会组织 100 多人的合唱队参加了南通开发区庆祝建党八十周年文娱演唱会，并荣获三等奖。

2002—2007 年，农场为加强职工精神文明建设，农场工会、党委办联手举办了文娱演出，农场工会开展了篮球、拔河、书法、摄影、知识竞赛活动。农场参加了南通开发区举办的群众运动会荣获团体第二名，组织开展"二次创业"先进事迹演讲，代表南通开发区参加南通市举办的农林人事迹演讲，荣获第一名。2004 年 2 月，农场工会荣获南通开发区 2003 年度群众文体工作先进单位。

2008—2012 年，农场工会以开展丰富多彩的文体活动为载体，加强农场精神文明建设。农场各级工会认真贯彻党的十七大精神，推进企业文化建设，丰富职工文化生活，动员职工参与"全民健身""我为奥运做贡献""迎奥运、讲文明、树新风"等活动；"五一"

宣传周期间，农场工会、团委、社区办联手举办"庆五一、迎奥运"职工运动会、"五四"青年歌咏大赛；社区工会多次举行文艺活动，元宵节灯谜竞猜、"三八"妇女节联谊活动、青年歌咏比赛、职工乒乓球、篮球友谊赛、老年门球赛、老年广场舞蹈等活动；农场参加江苏省农垦工会组织的乒乓球、象棋、摄影书画赛，在省农垦工会举办的"二次创业先进事迹演讲"和"二次创业歌咏大赛"中分别获得第一名。2010 年 5 月，袁辉获江苏省新闻出版局的江苏省农家书屋阅读演讲决赛一等奖，同年参加国家新闻出版总署农家书屋办公室组织的全国农家书屋阅读演讲获最佳口才奖。

2013—2020 年，农场公司制改造后，苏垦南通公司工会发挥工会在企业文化建设中的重要作用，政工一家凝心聚力，推动公司科学发展。开展节庆特色活动，营造节日气氛，元旦前夕开展迎新春联谊会、职工趣味运动会；女工委精心组织开展庆"三八"开展中华古诗词比赛、"载歌载舞庆三八，同心同德谋发展"主题歌舞会演、《夸夸机关十三钗》等活动；公司组织开展户外拓展训练，通过高空速降、龙舟竞赛、集体庆生等活动激发自我潜能、磨炼意志、挑战自我、熔炼团队、提升团队合力；组建公司羽毛球队、乒乓球队，正常开展训练，提高技能水平，公司业余文体组织日趋活跃；为培树"传承超越、合作共赢"的良好公司文化，搭建企业对外沟通交流平台，构建和谐社企关系，投资 100余万元新建职工活动中心（公司羽毛球馆，位于原农场皮鞋一厂内）；组织开展"江海好家风"征文、摄影比赛，散文、诗歌编印成册，并选送优秀作品参加南通开发区总工会宣讲比赛，9 篇文章在《江苏农垦人》上刊登。

苏垦南通公司连续多年与社区联办"江海风韵"文艺晚会；参加南通市、南通开发区格言警句征集大赛、五子棋赛、围棋比赛，多名同志获奖；组队参加南通市"职工万人掼蛋大赛"；选送摄影作品参加南通市"青春遇上新时代"主题摄影展播；参加江苏省农垦集团公司举办的首届职工趣味运动会获得单项二等奖；组织参加江苏省农垦集团公司举办的广场舞比赛获得三等奖，舞蹈《秋之韵》《三生三世十里桃花》展示了苏垦南通公司的员工风采；组织职工参与农垦集团工会"智力运动会""趣味运动会""羽毛球比赛"等活动，对外展示了苏垦南通公司健康、活力的员工形象。

2. 电影放映 农场建场初期，职工看电影主要依靠南通县电影队来场慰问放映，一年之中也仅有屈指可数的次数和场次。

1964 年 5 月 28 日，上级同意农场建立 16 毫米电影俱乐部放映单位，农场选派 2 人去南京学习放映技术。1965 年春节前夕，农场建立电影组，并首次在农场场部放映。

1965 年 5 月 8 日，农场电影放映工作本着普及放映的原则，在全场建立 18 个放映点，即生产队、场部 12 个点，加东南、西南、东北、西北片，东二圩、西二圩 6 个点。18 个放映点分成两组，第一组：七队→三队→二队→十一队→四队→六队→东二圃→西南→东北；第二组：九队→场部→一队→五队→中心队→东南→西二圃→西北→八队。电影组依次轮流放映，10～15天换1部新影片，遇雨顺延，确保每点放映1场。1965年农场通电之前，电影组每逢放映需携带发电机，当时全场放映点有24个，均无正规放映场所，电影组因地制宜利用农用场地露天放映，职工观看电影是扛板凳，急行军，冬季是边看电影边喝风。1969年农场场部西迁后，场部新建饭堂兼礼堂（后来加上排椅，兼做放映楼室和职工之家）一幢，面积约525平方米，拥有座位803个。礼堂主要用于召开各种会议及农场室内电影的主要放映点和场内职工开展文娱活动的主要场所。

电影组建立之初，使用的是16毫米放映机，配有发电机。1972年，电影组增添1个8.75毫米的放映组，1973年增加1个35毫米放映机组，1974年增加2个8.75毫米机组。1979年，所有的8.75毫米和旧的16毫米放映设备先后全部被淘汰，全部更新成16毫米的新设备。

电影组建立后，一直归属党委宣传部领导。1984年4月，农场工会成立后，农场管理体制改革，电影组改属农场工会领导。1985年，农场工会加强了对放映队的领导，把原场部的简易会堂改成了礼堂，增设了固定座位，称为"职工俱乐部"，增添了一些放映设备，加强了幻灯宣传，同时对电影队实行单独经济核算，订立经济责任制，实行放电影收费。

随着农场农业生产的稳定发展，经济效益的提高，农场对职工俱乐部进行修缮，建造放映楼室，铺设水泥地面，添置了可容纳803人的排椅，农场放映设备和条件有了较大改善。在江苏省市农垦局电影站及市县政府的支持下，电影组片源越来越丰富，每周放映可达3～4场。各农业大队同时建立活动阵地，将原来的食堂改建为放映室，40％的单位有了放映室，放映条件有了较大改善。

同时，电影组根据农场党委和宣传部门要求，围绕党在各个时期的中心任务，结合农场实际，自制幻灯节目，宣传党的方针、政策，进行普法、计划生育、文明礼貌及增产节支宣传教育活动，介绍农场建设成就，宣传先进人物和典型事迹。

1987年，全场干部职工总人数达12670人，基层大队工厂有70多个，为使广大职工都能看到电影，农场制定巡回放映制度。1985年开始，电影放映由原来的免费放映改为放映人员分点包干办法，农闲时正常放映，农忙时则利用阴雨天或工作间隙，深入基层巡回放映，有时还采用跑片的办法，增加放映场次。"职工之家"还积极组织电视录像片放映，场场满座，获得了广大职工一致好评。

1988年，农场电影组有2套35毫米、4套16毫米的放映设备，配备 7名专职放映员，其中有放映技师 1 名，技术尖子 1 名，熟练放映员 2 名，都是经上级考核认可的专业技术人员。

农场电影组每年坚持到基层大队、工厂巡回放映，全年放映 160 多场，观众达 2.6 万多人次。

1995 年，为纪念抗日战争胜利五十周年，农场工会组织开展专题电影周活动，电影周期间上映了《铁道游击队》《平原游击队》《苦菜花》《黑太阳 731》等反映抗日战争题材的影片，对全场职工进行爱国主义教育，除在场部礼堂放映外，还到农业大队巡回放映，观众累计 1.2 万余人次。

随着人们生活水平的提高，高档影院、有线电视、网络媒体的普及，全场职工普遍拥有电视，观看电影的观众越来越少，影片租费难以支付，电影放映难以维持。1998 年，根据上级要求，深化劳动用工制度改革，减员增效，原有放映队人员转岗分流。1999 年，农场礼堂停止放映电影，农场礼堂被拆除，农场电影放映随之结束。

（三）职工福利和送温暖工程

1984—1991 年，工会增加和改进各项集体福利设施，先后投入资金改建职工俱乐部、新建男女职工浴室、建造职工之家活动室、图书室、灯光球场和溜冰场等，资助农场行政为全场职工打深水井和接自来水管、建造中心幼儿园、给医院添置救护车等设备，聘请南通医学院附属医院来场对职工进行健康普查等。农场工会对全场生活困难户进行安排和处理，享受长期补助的有 203 人次，对临时困难职工发放临时困难补助金，并及时支付了职工的死亡丧葬费和抚恤金。每年春节农场工会拨给分场一定资金用于困难户的送温暖补助，平时按职工人数拨给各单位职工临时困难补助资金，逢年过节慰问病员及平时看望重病职工等。

1992—1996 年，农场工会"送温暖工程"促进了职工队伍的稳定，5 年中对全场 338 个特困户给予了长期补助，对 6400 个困难户给予了临时补助。巩固和发展尊老互助储金会，同时，各基层工会开展扶贫济困、互帮互助活动。基层工会及单位开展"送温暖、献爱心"活动，积极捐款资助困难职工和孤儿，弘扬中华民族的优良传统，倡导社会文明新风，树立新型的人际关系。

1997—2001 年，农场工会对全场 80 户特困户做了长期补助，每年根据情况进行调整。每年春节前夕，农场工会拨款用于各单位送温暖活动，资助失学孤儿、看望生病住院的职工和离退休人员、组织慰问特困户。各级基层工会开展扶贫济困、互帮互助活动，开展群众性的"进百家门、知百家情、解百家难、暖百家心"送温暖献爱心活动，积极捐款资助困难职工和孤儿。农场工会制定《南通农场扶贫帮困工作实施办法》，通过摸清实情，建立困难职工档案分类指导，因人制宜，一户一策，采取多种形式扶贫，分工负责，明确责任，建立扶贫工作责任制，设立"扶贫解困"基金，做到扶贫组织、政策、对象、资金、措施五到位，并重点抓4个方面工作：一是政策扶持，把职工脱贫致富工作纳入企业两个文明建设的目标管理之中，扶贫成果列入责任人的年终考核指标；二是组织扶持，农场工会与各中层单位签订扶贫解困责任书，各单位制定帮扶人员扶贫责任制，普遍开展"扶贫帮困联系户"活动，做到不脱贫、不脱钩，开展"结对子""一帮一""助耕队"等活动；三是科技扶持，在农场工会的支持下，各级基层工会以"双学双比"活动为载体，组织职工学文化、学技术，根据农时季节，适时举办各类技术培训班，进行现场技术指导，有效地提高了职工的劳动技能，促进了生产的发展；四是劳动力扶持，农业单位的工会组织对那些缺乏劳动力、长期生病的职工，组织后勤人员和职工帮助抢收抢种，保证他们的农田收入。对因台风房屋倒塌的职工户和因火灾房屋被烧的困难职工，场工会派专人到现场了解灾情，安慰职工，拨出资金和物资帮助他们重建家园。抓好重病互助金筹集工作，解决职工患重病看病难以承担的问题，共筹集重病互助金近79602元，用于14名重症职工。针对全场11个单位的15户职工仍居住草顶房25间，计618平方米，工会采取职工住户自己拿一点、所在单位筹集一点、场工会补助一点的办法，为职工改建成砖瓦房。

2002—2007年，农场工会主动承担对特困职工第一知情人、第一报告人、第一帮助人的责任，农场各中基层单位工会完善扶贫帮困的工作网络，建立健全特困职工档案。春节期间，各基层单位工会开展以"奉献一片情，温暖职工心"主题活动，进百家门、知百家情、解百家难、暖百家心，给困难职工带去党的关怀，确保困难职工过一个欢乐祥和的春节，做好困难职工的生活补助工作。为做好因缺乏资金而导致贫困职工的帮扶工作，对73户城镇居民特困户进行了调查申报和生活补助，并办理了低保；资助困难职工子女中品学兼优的10名中、小学生完成学业；为筹集春节送温暖资金，每年在全场副队级以上党政干部中开展"献爱心一日捐"活动；每年重阳节对85周岁以上退休职工进行慰问。农场被南通市总工会评为"实施送温暖工程先进集体"。

2008—2012年，农场工会以五大援助活动为抓手，实施扶贫致富工程：一是资金帮扶，争取到区工会援助，为2户困难职工申办了创业资金；为全场36户困难职工办理了长期经济补助；为3户特困职工申报办理了南通市困难职工补助卡；"暖心助学""爱心春蕾"活动中共资助16名中、小学生完成学业；"六一"节前夕，为中心幼儿园购买图书192册等。二是技能帮扶，场工会与农服中心联手组织举办职工实用技术和创业培训，通过集中办班培训，邀请专家授课、现场指导、外出考察学习等途径，使帮扶户逐步掌握比较先进的实用技术和专业技能。三是就业帮扶，帮助下岗人员再就业，帮助 10 名残疾人员就业。四是典型帮扶，树立一批勤劳致富和脱贫致富的典型，在典型帮扶中推广"五带"方式，即：富户带穷户，老户带新户，大户带小户，示范户带一般户，党员干部带特困户，全场有 59 户困难职工脱贫。五是温暖帮扶，各级工会深入开展以"真情献爱心、助困进百家"为主题的送温暖活动，把党政的关怀和工会组织的温暖送到困难职工心里，春节期间，农场工会下拨专款用于困难职工送温暖活动。农场工会强化困难职工帮扶中心建设和专业经济合作组织建设，工会帮扶工作由"单纯物质帮扶"向"多方位帮扶"转变，由"临时性帮扶"向"长效性帮扶"转变，帮扶工作重点转向创业帮扶、就业培训、特困职工帮扶，并将岗位技能培训、提升上岗资格能力作为帮扶的关键性措施，使困难职工有能力上岗转岗，有实力生存创业。

2013—2020 年，随着农场职工老龄化加快，以及绝大多数农业职工在征地拆迁后退出一产，场域内体弱多病、陷入贫困者增多，工会送温暖活动向贫困职工、弱势群体靠近。春节前夕，苏垦南通公司工会按照党委和上级工会的总体要求，走访慰问特困、伤病职工，把党和政府的关怀送到困难职工的心坎上，为 30 多户患白血病、肝癌、乳腺癌、尿毒症等大病困难职工申请到南通市、南通开发区总工会救助金 7 万多元。公司工会荣获江苏农垦"模范职工之家"、南通开发区"帮扶服务先进集体"称号。

2015 年起，苏垦南通公司工会支持公司履行社会义务，每年向"情暖江海专项慈善基金"捐款 50 万元，定向用于原场域困难职工救助，开展"五助"（助学、助医、助困、助残、助老）活动，增进了场域群众和农场老职工对公司工作的理解和支持，形成了"公司人、社区人都是农场人"的良好互信氛围，营造了公司和谐的外部发展环境。

农场（公司）工会每年开展夏季"送清凉"活动，由工会主席带队，逐一慰问坚守在炎炎夏日一线的全资及控股企业职工并送上清凉物资，让广大职工感受到公司大家庭的温暖，激发了广大职工的工作热情。

（四）关心退休职工和敬老爱老

为让退休职工安度晚年生活，继续发挥余热，老有所依、老有所乐、老有所为，农场工会加强对退休职工的管理。1986 年，全场有退休职工 1390 人，占职工总数的 15%。同年 3 月 23 日，农场在第二中学会堂召开首届退休职工代表大会，成立农场退休职工管理委员会。出席大会的有 132 名退休职工代表，分场、公司党总支书记 10 多人列席了会议。会议阐述了农场形势，分析了退休职工的现状，肯定了退休职工的成绩，表扬了好人好事，提出了退休职工如何安度晚年，继续发挥作用的意见和希望。退休职工代表们畅谈退休生活的体会，交流经验，大会讨论和通过了《南通农场退休职工管理委员会章程》，通过由 19 位同志组成的退休职工管理委员会名单，向全场退休职工印发了《倡议书》。为解除退休职工子女后顾之忧，农场工会还帮助退休职工管理委员会与南通市的退休管理委员会联系，成立南通市"尊老互助储金会"南通农场分会，近 500 人参加了"尊老互助储金会"。农场退休职工在退休职工管理委员会的领导下，看宅护院、防火防盗、打扫卫生、教育子女、传授技艺、为农场"四化"建设做出新的贡献。

1987 年 10 月 10 日，农场在场部新会议室举行第一届第二次退休职工代表大会，退休管理委员会总结了一年多来的工作，表扬了好人好事。农场场长、书记出席了会议，同大家推心置腹地谈心，介绍农场的改革和生产建设情况，老人们对农场的发展表示满意，感激农场对他们的关怀，决心继续发挥余热，为农场两个文明建设做出新贡献。

2003 年 1 月 1 日起，农场离退休人员基本养老金由江苏农垦社保管理处委托企业所在地县以上农业银行实行社会化发放，发放日统一确定为每月 25 日。

2005 年 12 月，根据南通市委办公室《关于南通市区企业退休人员社会化管理服务工作的实施意见的通知》精神，设立南通农场企业退休人员社会化管理办公室，办公室设在农场社会事业管理科。其主要工作职责是：建立退休人员社会化管理制度；做好退休人员社会化管理服务的政策宣传和政策咨询工作；及时准确地掌握、申报退休人员生存状况，协助办理退休人员养老金待遇调整、发放工作，丧抚费的核发报领、供养直系亲属遗属津贴申领手续；定期走访、慰问、帮扶重点服务对象；组织退休人员开展社会老年活动；做好退休人员变动、有关台账资料的汇总统计上报工作；做好上级退管中心布置的其他工作。办公室下设 5 个退休人员管理服务站：中心服务站、长洪服务站、大明服务站、江边服务站、江海镇社区服务站。

2010 年 2 月，农场为落实做好党委为民办实事工程，根据南通开发区文件精神，成立 60 岁以上老人免费健康体检领导小组，下设办公室，设在农场医院院长办公室，负责开展全场 60 岁以上老人免费健康体检活动。

2013 年 4 月，江苏省农垦集团公司下发《关于建立垦区农场职工及离退休人员、农发公司所属分公司职工定期免费健康体检制度的实施意见》文件，根据文件精神，从 2013 年起，农场开展两年一次的为全场离退休人员免费体检活动。体检费用由苏垦南通公司按每人两年一次 200 元标准给予经费补贴，列入农场年度预算。

2020 年 9 月 8 日，农场退休人员实行社会化管理实施方案，贯彻落实《南通市推进国有企业退休人员社会化管理实施方案》和《省农垦集团公司推进退休人员社会化管理工作方案》文件，深化国有企业改革，剥离国有企业办社会职能和解决历史遗留问题，平稳有序推进国有企业退休人员社会化管理，为国有企业公平参与市场竞争创造条件。2020

年底前，将农场退休人员管理服务职能移交街道和社区实行社会化管理，实行社会化管理后，农场办理退休人员管理服务工作与原企业分离，农场离休人员仍保持现有管理方式不变，按照农场退休人员医保关系所在地、户籍所在地、长期居住地的顺序，确定退休人员移交接收地，并与接收地职能部门统一办理管理服务移交手续，同时做好人事档案移交和党员组织关系转移工作。

农场切实做好敬老爱老工作，每年农历九月初九重阳节前后几天，农场都会组织开展各种形式的尊老敬老活动，特别是对农场85周岁以上高龄老人，农场及基层工会领导上门慰问，赠送长寿礼品。

（五）开展社会主义劳动竞赛

社会主义劳动竞赛是增强职工主人翁意识，提高职工劳动热情，提升职工技能技术，提高企业劳动生产率，更好地完成生产经营任务目标的有效形式，农场工会一直很重视在农业生产和场办企业中开展社会主义劳动竞赛。

1978年，农场为全面贯彻落实党的十一大和五届人大提出的各项战斗任务，切实完成农场的年度计划和长远规划，高速度地把国营农场办好，深入开展社会主义劳动竞赛。开展各单位之间全面竞赛"六比"活动：比政治工作、比领导班子、比生产进度、比企业管理、比安全节约、比其他工作；开展个人之间的"五比"活动：比思想、比团结、比风格、比干劲、比贡献。农场以革委会为主组成竞赛领导小组，分场、连队、排（车间）也要以领导干部为主组成竞赛评比领导小组。连队、分场之间的检查评比每月组织一次；场部对分场、连队每季度进行一次全面检查评比，对先进单位发放流动红旗。场部上半年、下半年对分场、连队各进行一次半年初评和年终总评，召开庆功授奖大会，对先进单位颁发锦旗、奖状和奖品。连队每月组织职工进行两次评比，对照个人竞赛的五比条件分为一、二、三等；病假一个月内超过3天、旷工超过半天的不予评奖，每月按评定的等级分别给予奖励工分，每季累计奖金工分发到人。

1979年，农场以党的十届三中全会精神为指针，坚持四项基本原则，坚持以生产为中心，加强思想政治工作，深入开展农业学大寨、工业学大庆的群众运动，掀起比、学、赶、帮、超的社会主义竞赛热潮。评思想、比贡献、选模范、树标兵，调动一切积极因素，挖掘一切增产潜力，千方百计实现农工副业生产全面超历史水平，以优异成绩向新中国成立三十周年献礼。

1982年，为充分调动全场广大干部职工建设社会主义的积极性，农场印发《关于开展社会主义劳动竞赛的决定》，在全场开展"五赛五比五看"为主要内容的社会主义劳动竞赛（即：赛文明礼貌、赛领导班子建设、赛经营管理、赛科学种田、赛安全生产；比思想、比团结、比风格、比干劲、比贡献）。农业各项作物以实种面积为准，开展三比竞赛（比每亩平均单产，看谁高；比每亩平均成本，看谁低；比每亩平均盈利，看谁多）。

1990年，农场召开党、政、工、团、妇各部门负责人联席会议，成立以党委书记为主任、工会主席为副主任的劳动竞赛委员会，下设劳动竞赛办公室，各分场、公司、工厂、大队相继成立劳动竞赛领导小组，配备联络员。农场编写《想主人翁事，尽主人翁责，积极参加社会主义劳动竞赛》的宣传材料，利用有线广播、黑板报、宣传画廊等进行广泛深入的宣传。农场劳动竞赛委员会召开劳动竞赛动员大会，分场、公司召开职工代表大会，布置劳动竞赛任务。

元件厂首先召开"厂兴我荣、厂衰我耻"的思想教育，组织操作技术比武，揭开了全场劳动竞赛的序幕。元件竞赛结果，劳动生产率提高28.6%，产品质量达到GB 2828—1987标准，取得了良好的经济效益，接着加工厂、皮鞋厂等单位相继开展了技术比武活动。在全场，各级劳动竞赛领导小组开展"三个一竞赛"（即人人提一条合理化建议、人人提高一个技术等级、人人增加100元效益），各单位根据自己单位的特点，选出竞赛项目，确定竞赛目标，制定竞赛规则，落实竞赛措施。农业上开展"双学双比"和"两田竞赛"活动，当年小麦、水稻、大豆、棉花的"百亩方"和"千亩片"高额丰产田就140场，共32539亩，占全场播种面积的70.7%，参赛人数达1359年；工业上把"三个一竞赛""三杯竞赛"与"双增双节"活动有机结合起来，围绕产品、质量、效益，提出合理化建议，各厂建立各种技术革新攻关小组，开展全员操作技术岗位练兵活动，形成群体竞赛的局面。

1992—1999年，农场工会在农业女职工中开展"双学双比"竞赛活动。1992—1996年，农场农业单位共有5363人次参加运动竞赛，参赛率95%以上，参赛的麦、稻"百亩方"田块640个，总面积67800亩，参赛的"千亩片"20个，总面积23000亩，参赛的田块比其他田块的经济效益提高15%。1997年，农场"双学双比"参赛的麦、稻"百亩方"田块58个，总面积6590亩，参赛的"千亩片"8个，总面积11000亩，出现了一批科技样板田和高产示范田；1998年，农场有1100多人次参加"双学双比"竞赛，参赛的麦、稻"百亩方"田块112个，总面积19320亩，参赛的"千亩片"8个，总面积15000亩，参赛田块的经济效益比一般大田提高18%。1999年，农业单位普遍开展"吨粮杯""丰收杯""农业领导工程""种子生产优胜杯""推广运用新技术""科技示范户""双学双比""优化种植结构"等八项劳动竞赛，有力地推动了生产，在大灾之年夺得粮豆总产量超历史水平的好成绩。农场多个经营公司在种植业和养殖业中开展了"两高一优"劳动竞赛，成鱼水面单产突破千斤以上；开展"淡水鱼养殖""特种水产养殖""果树品种优化改良"

"甜叶菊生产""生猪屠宰和防治 5 号病优质服务""水产技术员优质服务和新技术推广"劳动竞赛，取得了显著的经济效益和社会效益。

农场场办工业在各工厂中开展了"转机制，练内功，抓管理，争效益"竞赛活动和"产量、质量、效益"竞赛活动。场办工业和建筑业学习邯钢经验，开展"减员增效降本增利"活动，建立健全内部考核机制，形成了"产品在我手中，质量在我心中"的良好氛围；开展了"我为发展献一策"活动，职工纷纷献计献策，较好地解决了清收应收款等重大问题；"双学双比"劳动竞赛由大农业向二三产业拓展，由单一的学、比竞赛向开拓市场转移；场办工业和建筑业以垦区开展的"管理效益年"为契机，开展了"学邯钢、降成本、抓管理、争效益"活动，加强了现场管理考核，开展了"比安全、比质量、比效益"竞赛活动，保证了安全生产，提高了工程质量。农场江海酒厂把劳动竞赛延伸到产、供、销各个生产环节，连续多年生产销售黄酒突破万吨以上，出现了产销两旺的好势头；华兴建筑公司在建筑工人中开展抹灰技术比武，促进了工期和工程质量的提高；农场机电公司在 4 个农机站开展发扬为农服务的光荣传统，开展服务态度和农机作业质量比赛，评选最佳农机驾驶员，收种质量检查评比竞赛活动，三夏期间组织机驾人员开展了机收、水浆田劳动竞赛，参赛机车组 35 台，93 名机驾人员参赛，三秋期间开展了机收、机播、开沟作业竞赛，参赛机车 49 台，125 名机驾人员参赛；农场商物公司开展了"争创文明窗口，提高服务质量"和"争创文明窗口，争当服务明星"的社会主义劳动竞赛，保障了各业的物资需要。

2000—2007 年，农场工会紧扣发展主题进行劳动竞赛，在全场进行了"当好主力军、建功'十一五'、和谐建小康"主题教育活动。农场农业开展了"种植效益杯""种子优胜杯""新技术推广""双学双比""科技示范""种田女能手""稻麦高产不倒伏和无草害工程"等劳动竞赛，评选出了一批"科技示范户"和"种田女能手"，表彰一批劳动竞赛先进单位和个人。劳动竞赛使职工走上了致富路，"万千百"活动取得丰硕成果，群众性经济技术创新工程成效明显。建立"科技示范""特种水产养殖""水生蔬菜种植""蔬果生产" 4 个示范区，开展"麦稻无公害""科技示范户""致富女能手"劳动竞赛；在亏损企业职工中开展"我为企业发展献一计""我为降本增效献一策"活动；在改制企业开展"三创六小"活动；企业以"成本创最低、效益创最高、品牌创最好"开展厂际竞赛；组织开展群众性的小核算、小革新、小改进、小建设、小节约、小经验的"六小竞赛"，得到了职工的积极响应和主动参与。渔业管理区工会为提高养殖效益增加职工收入，大力推广特种养殖，坚持每年开展水产养殖、特种养殖劳动竞赛，全场评选"科技示范户"和"养殖女能手"。2001—2003 年，农场连续被评为南通市"双学双比"竞赛活动先进集体，

2003 年 2 月，农场被江苏省农垦工会评为农业产业结构调整先进集体，被江苏省评为"双学双比"先进集体。

2006 年，农场开展"建小康"竞赛活动，推进二次创业，"小康之家"创建活动取得初步成绩。在"小康之家"的创建活动中，层层落实以鼓励职工勤劳致富、合法经营、坚持物质文明与精神文明建设协调发展为出发点，建设和推出了一批具有标志性、示范性的致富典型群体，农场被江苏省农垦集团公司工会命名的"小康之家"有 294 个。

2008—2012 年，农场工会及各管理区工会围绕二次创业组织职工开展劳动竞赛，为致富职工开辟了新的渠道。全场职工提合理化建议 465 条，挖掘身边经济增长点 215 个，职工的创新精神和智慧才干得到充分展示。女职工在争创"五一巾帼标兵岗"、争当"五一巾帼标兵"活动中涌现出一批先进典型，21 名致富女能手受农场表彰。在二三产业中继续开展"三创六小"竞赛活动，评选表彰创新能手 2 名，营销能手 1 名。

苏垦南通电力公司、渔业管理区新建两个"职工科技创新工作室"，以创新技术、提高效率、提升质量、节本增效和安全生产为重点，深入开展创建"职工先锋号"活动；苏垦南通电力公司为保障苏通园区建设，努力提升职工技术水平，在全体职工中开展了技能比武大赛，促进了公司效益增长；各管理区工会开展了"亩成本最低、管理工作最佳、亩产量最高、经济效益最好"劳动竞赛活动，在夏粮严重受灾，中、小棚西瓜也受到一定影响的困难情况下，树立职工信心，狠抓秋季水稻田间管理，实现了以秋补夏的既定目标。

2013—2020 年，农场在社区职能分离、公司制改造后，着重在重点企业、重点项目推进"建功'十二五'、创新促发展"的劳动竞赛活动，在发挥先进的示范引领效应，在广大职工中营造了学先进、争先进，立足本职岗位，创造一流业绩的浓厚氛围。公司工会紧紧围绕强化管理、降本增效，开展劳动竞赛、提合理化建议、技术比武等活动，竞赛内涵不断丰富、形式不断创新、针对性不断增强，为企业又好又快发展提供保障。公司工会围绕管理提升，按照"贴近、实在、效能"的理念，精心策划组织开展了 4 项劳动竞赛活动：一是在苏垦南通电力公司开展降损节耗增效竞赛，通过创新技术、创新管理、节能降耗等新措施减少线损；二是在中新苏通混凝土公司开展安全生产与工程应收款回笼竞赛，通过采取强有力的奖惩措施，增强业务员责任意识，加强工程应收款资金回笼，减少坏账、死账、难账的发生，确保资金安全；三是在南通宝腾汽车销售服务公司开展"比服务、比质量、增产值、创效率"为主题的劳动竞赛，通过狠抓汽车售后服务环节，着力提升售后服务经营效益和服务水平，掀起"比、学、赶、帮"热潮，促进公司各项经济指标超额完成，促使员工服务质量、维修技术大幅度提高；四是开展员工技能比武和文化活动，机关工会组织年轻骨干开展电脑打字、编辑、排版技能比赛，实行民主打分、评选等级，促进机关工作人员提高办公自动化水平。苏垦南通电力公司注重职工技能提升，积极组织参加电工技术比武活动，屡获好名次。在竞赛中，围绕"内强素质、外树形象"的目标，公司做好宣传发动工作，通过网络、橱窗等形式及时表扬竞赛中的好人好事，在公司上下掀起学有榜样、赶有目标的劳动竞赛热潮。社会主义劳动竞赛中受市级以上党委和政府表彰的先进个人见表4-2-3。

表 4-2-3　在社会主义劳动竞赛中受市级以上党委和政府表彰的先进个人一览

姓名	荣誉称号	授奖部门	授奖时间
赵焕妍	"教育、文化、卫生、体育等方面社会主义建设"先进工作者	江苏省人民政府	1960 年
刘福兰	在 1977 年农业学大寨运动中取得优异成绩	江苏省革委会、江苏省农垦局	1978 年 3 月
刘福兰	"三八"红旗手	江苏省妇联	1979 年 10 月
刘锦芳	"女能人"称号	江苏省农垦总公司	1986 年
陈亚芳	"双学双比女能手"	南通市	1991 年
尹秀娟	"三八"红旗手	江苏省农垦总公司	1991 年
严祖范	"万千百"红旗竞赛先进个人名单	江苏省农垦总公司工会	1992 年 2 月
戚志传 吴文兰	"双学双比"活动先进个人	江苏省农垦总公司	1994 年 4 月
王水兰	"双学双比"先进能手	江苏省农垦总公司	1994 年 4 月
李友芳	"先进女能手"	南通市	1994 年
管凤英	"双学双比"先进个人	南通市	1996 年
戚志传	"双学双比"活动先进个人	江苏省农垦集团公司	1998 年 4 月
张圣红 李 云	"双学双比"先进女能手	江苏省农垦集团公司	1998 年

（六）职工代表大会制度及民主管理

农场工会自 1979 年起坚持每年召开职工代表大会，由场长代表农场向大会做工作报告。在各分场、公司、场直中层单位建立工会工作委员会，每年召开一次职工代表大会，在基层大队、工厂级单位建立工会分会，每年召开一次职工大会。建立和完善了三级民主管理网络。

工会依照《职工代表大会条例》《工会法》《企业法》《公司法》等法律规定，结合企业实际情况，努力落实职工代表大会的职权。在企业民主管理方面执行"三不"原则，即：未经职工代表大会认可的改革措施不出台，未经职工代表大会讨论决定的方案不拍板，未经职工代表大会审议通过的企业大政方针不定局，充分体现民主管理工作的力度和全心全意依靠职工办企业的精神。对职工代表的提案进行认真落实，对职工中提出的热点、难点问题，都尽可能地做好工作，因此在企业中逐步形成了民主管理的良好氛围。

农场工会组织发挥自身职能，动员和组织职工参与企业的民主管理。1986 年，农场工会编写了《实行场长负责制与职工参加企业民主管理》《创建"职工之家"与推行企业改革》及《怎样做好新时期工会工作问答》等成套宣传材料，向职工进行宣传教育，使得全场上下明确了"三权"关系，即：场长对生产经营等重大问题有决策权，场长对企业的重要规章制度有决定权，职工代表大会有监督评议干部权。

1987年，为搞好农场领导体制改革，在实行场长负责制的同时，加强企业民主管理，切实落实《全民所有制工业企业职工代表大会条例》规定的职权，农场制定《国营南通农场职工代表大会实施细则》。细则规定：农场、分场（公司）职工代表大会和大队（工厂）职工大会，分别是农场、分场、大队实行民主管理的基本形式，是职工行使民主管理权利的机构。职工代表大会设立生产经营民主管理小组、规章制度民主管理小组、工资奖惩民主管理小组、生活福利民主管理小组、评议监督干部民主管理小组和提案工作民主管理小组等。分场职工代表大会和大队职工大会成立综合性的民主管理小组，与场部职工代表大会民主管理小组相对应，配合开展活动，形成民主管理网络。农场工会负责组织召开职工代表大会，宣传职工代表大会的性质、任务和作用，不断提高职工的主人翁责任感，正确行使民主管理权利；配合组织部门对全场中层干部进行了民主评议和考核，为党委对干部的任免使用提供了可靠依据。各分场（公司）、大队（工厂）的职工代表大会或职工大会也都按照职工代表大会条例行使自己的职权，审议本单位行政领导根据场部、分场计划结合具体情况而制订的工作计划，听取职工群众的反映和要求，提出意见和建议，使民主管理工作在企业转换经营机制和深化改革中得到加强，形成规范。

1997—2001年，农场工会贯彻党的"依靠"方针，大力推进企业民主管理，落实职工的民主权利，维护职工的合法权益，全心全意依靠职工办企业，保障职工民主参与、民主管理和民主监督的权利。

一是继续推行以职工代表大会为基本形式的民主管理制度，组织职工参与企业重大决策和民主管理，全场建立和完善了三级民主管理网络。审议并通过了《南通农场职代会工作制度》《南通农场精神文明建设规划》《南通农场土地房屋管理规定》《南通农场职工医疗保险暂行办法》等文件，充分行使职工代表大会的权利，体现民主管理工作的力度和全心全意依靠职工办企业的精神。

二是农场工会把民主评议企业领导干部作为推进企业民主管理工作的重点，农场成立民主评议干部领导小组，各中层单位也相应成立民主评议干部领导小组。工会配合组织部门在党委统一领导、统一部署、统一组织、统一实施，正确评价每个干部在德能勤绩方面的表现，为农场准确奖惩、合理使用干部提供可靠依据，促进干部更好地接受职工的监督，增强为人民服务的责任感，增强公仆意识，改进作风，真正全心全意依靠职工办好企业的观念，强化干部勤政廉政建设，增强企业领导干部的号召力、凝聚力。

三是农场继续落实职工代表大会制度，组织职工代表对"窗口"服务行业进行巡视。农场工会先后组织 48 名一线职工代表对江堤达标进行了验收；组织 3 个巡视组，采取"听、看、评、改"的方式，分别对医院的服务态度、服务质量、医德医风、收费标准、内部管理、环境卫生等方面进行了巡视，对城镇管理办公室的物业管理、城镇管理、收费标准、安全生产、服务质量等方面进行了巡视；对中心小学校容校貌、教学质量、收费标准进行了巡视，对农机的作业质量、商物公司的服务态度和服务质量进行了巡视检查。

四是推行场务公开试点，1999 年，农场作为江苏省垦区场务公开试点单位，建立健全场务公开的制度和范围，职工有了知情权、监督权，调动了职工的积极性和创造性，加强了干部队伍的廉政建设和企业的稳定。在改制企业建立健全职工董事、监事制度，改制企业的工会负责人和职工代表按要求进入董事会和监事会，加强职工董事、监事的学习培训，使他们能参政、会参政、能监督、会监督，努力提高他们参政与监督的能力和水平，发挥他们在董事会、监事会的作用。

2002—2007 年，农场工会开展创建标准化职工代表大会活动，职工代表大会制度建设日趋完善。随着企业改革改制的不断深化，加强了国有和参控股企业以及非公企业的工会及职工代表大会工作，认真贯彻落实江苏省农垦集团公司工会颁发的《江苏省农垦企业职工代表大会规程》，完善农场职工代表大会十项工作制度，在全场开展了"创建标准化职代会"活动。各中基层单位依照《规程》办事，严格民主程序，做到在职工代表大会的活动方式、审议内容、作用发挥上都有新的实效。职工代表大会的主要议案采取无记名投票表决的方式，坚持做到未经职工代表大会认可的改革措施不出台，未经职工代表大会讨论的方案不拍板，未经职工代表大会审议通过的大事不定局。职工代表大会相关组织机构活动正常，民主评议干部、业务招待费使用情况、农场财务预决算情况、工会经费使用审查情况均向职工代表大会报告，对于职工代表提案和提出的合理化建议都能积极采纳，认真落实。农场被江苏省农垦集团公司工会评为"优秀职代会"单位。

2008—2012 年，农场工会强化以职工代表大会为基本形式的民主管理机制，职工的知情权、参与权、表达权、监督权得到有效落实。制定《南通农场职工代表竞选实施法》，以渔业管理区为试点，在全场推行职工代表竞选，把政治素质好、热心工会工作、为职工说话办事、能参政议政的职工选到代表中来，并在管理区工作人员代表中推行述职制度。在全场宣传贯彻《江苏省企业民主管理条例》《江苏农垦企业职工代表大会规程》，制定下发《关于贯彻落实〈企业工会工作条例〉，推进工会规范化建设的实施意见》，完善职工代表大会十项工作制度，在全场开展"创建标准化职代会"活动，各单位依照《条例》和

《规程》办事，严格民主程序，做到在职工代表大会的活动方式、审议内容、作用发挥上都有新的实效，职工代表大会的主要议案都采取无记名投票，真正反映职工意愿。

充分发挥职工群众的主体作用，每年召开职工代表大会前，把各重大事项交给职工群众讨论。充分发挥职工群众的监督作用，把重大决策的执行情况交给职工群众监督，各管理区都建立监督委员会，将土地承包方案及小麦、水稻直补公布于众。每年职工代表大会组织职工代表按照德、能、勤、绩、廉、学六个方面评议内容，对各级党政干部进行民主评议，评议结果作为上级组织和农场党委任免奖惩干部的依据。

贯彻《江苏省农垦职工代表管理办法》，推行职工代表述职制，创新和完善各项职工代表大会制度。在全场各单位开展了"标准化职代会"评选活动，把农场和各中层单位职工代表大会建设成为"机制创新、功能完善、维权有力、职工信赖"的先进职工代表大会。按照"机制共建、功能互补、实施联动"的要求，推进职工代表大会、集体协商、场务公开和职工董事、监事制度四位一体的企业民主管理制度体系建设。农场被江苏省农垦集团公司工会评为"先进职代会单位"。

2013—2020年，农场社会事务从企业实质分离移交地方，农业资源整合划归农发公司，农场成为江苏农垦第一个实现农场公司制改造后实体化运作企业。为顺应体制新变化，按法定程序组织了存续农场职工代表换届选举，召开职工代表大会，民主选举产生存续农场工会领导机构，投票表决通过了《关于江苏农垦农工商联合公司公司制改革方案》，为顺利推进公司制改造奠定了良好的群众基础。在公司制改造过程中，工会始终与公司董事会、公司党委保持步调一致，支持配合服务于企业改制，坚决拥护党委决策，坚决执行公司工作部署，积极参与民主管理。工会积极宣传改革主张，踊跃担当沟通解惑的桥梁，支持公司管理体制调整和运作机制的战略性转变。在改革的关键时期，工会通过各种形式力求把员工的思想统一到"公司化管理、专业化运作、多元化经营"的战略方向上来，引导到"用足资源、面向市场、内外并举、多元经营"的发展思路上来，为公司决策机构建言献策。坚持职工代表大会制度，抓好新老工会的无缝衔接，落实职工代表大会各项职权，坚持职工代表大会审议企业经营管理、项目建设等重大决策和涉及职工切身利益的重大事项制度，充分发挥职工参与企业管理的民主决策权。公司工会经过南通市总工会、南通开发区总工会"看台账、听汇报、查细节"的综合评定，荣获南通市"职工代表大会制度规范化建设示范单位"称号。

（七）　为职工群众办实事

1981年，根据江苏省人民政府苏政发〔1981〕77号文件规定和江苏省农垦局苏劳字〔1981〕414号通知精神，农场对1961年至1965年6月期间精简下放的老职工给予一次性退职金，并每月发放生活补助费 12 元，另加副食补贴 5 元。1990 年 1 月，农场根据苏劳〔1988〕42 号文规定，对相关 17 名人员的生活补助费提高到 22 元（含副食补贴费 5 元）。

1984—1991 年，工会增加和改进各项集体福利设施，新建了职工浴室，解决了职工的洗澡问题；改建了职工俱乐部，解决了职工雨天、冷天看戏难问题；投资打井和接通自来水，解决了职工吃水难的问题；建造"职工之家"，内设图书室、阅览室、电视室、游艺室、总览室，使职工业余文化娱乐有了一个较理想的场所；为解决职工体育活动缺少场地的问题，兴建了灯光球场和溜冰场。

1992—1996 年，农场工会为解决边远单位职工饮用水困难，拨款 15 万元用于二大队、五大队、十一大队、十五大队、三十六大队、三十八大队、三十九大队和多种经营公司下属渔场打深井和铺设自来水管道。为搞好职工医疗事业，3 年共计拨款 180 万元用于全场基层单位医疗赤字和医院搬迁及购买医疗设备。职工福利方面，投资 7 万元用于兴建和改建职工浴室。为维护和保障妇女、儿童权益，1992 年、1994 年、1996 年对全场女职工进行了体格检查，1995 年对全场保育员和幼儿进行了体格检查。

1997—2001 年，农场工会实施"办实事工程"增强企业凝聚力，为解决职工饮用自来水困难，共投入 14.92 万元用于全场 17 个基层单位自来水管道维修，投入 4.61 万元用于水厂变压器和增加设施。拨款 5.41 万元用于基层环境卫生整治、建造公厕、修建宅区道路等；为改善职工医疗条件，拨款 25.5 万元用于购买医疗设备，拨款 148.3 万元填补医疗赤字，投入 6.1 万元用于医院分院建设；拨款 35990 元用于幼儿入托费，拨款 0.68 万元用于幼儿园学费补贴，拨款 2.58 万元为中心幼儿园添置了 83 张新床位和购买儿童玩具；拨款 4000 元用于中心小学购买图书；拨款 9.41 万元用于全场计划生育工作。1998 年对全场 2331 名女职工进行了妇女病检查；为解决遭受台风与火灾的职工房屋倒塌重建，场工会拨款 4100 元予以资助；拨款 4.89 万元用于精神病职工治疗；拨款 30 万元用于建造安息堂；拨款 1.46 万元用于清理河道；拨款 3000 元用于筹建老年协会。中基层单位工会针对改制企业增多，转岗分流职工就业压力，积极采取措施，促进再就业工作，抓好转岗职工技术培训，提高转岗再就业职工的就业技能，拓宽就业渠道，5 年全场实现再就业职工 1300 多人。

2002—2007 年，工会把为职工办实事、做好事、解难事作为增强工会凝聚力的重要措施来抓，落实服务大局、服务基层、服务职工的有效措施。一是树典型、抓样板，促进产业结构调整，大力发展高效农业；二是投入 459 万元用于全场自来水管更新改造；三是为创建卫生农场，提升企业整体形象，拨款 50 万元用于灭蝇灭蛆和整治环境卫生；四是为保护女职工身体健康，为 4000 多人次女职工进行了体检；五是为四户特困职工修缮了危房；六是积极争取地方支持，为 33 名残疾职工发放了轮椅；七是拨款 21.5 万元用于精神病患者治疗。

2008—2012 年，农场工会建设困难职工帮扶中心，形成社会化帮扶格局。困难职工帮扶中心，集政策咨询、困难救助、职业介绍、法律援助于一体，是工会为职工办实事的重要窗口和有效载体。工会着力加强帮扶中心的标准化、规范化建设，逐步使帮扶中心达到"窗口直面职工，帮扶制度完善，帮扶方式拓展，管理档案完备，人员相对稳定，经费来源落实"的规范化建设要求，并积极推进帮扶中心向社区、管理区延伸，构建多层次、多渠道的帮扶工作体系，形成了"党政主导、群团主抓、部门配合、社会参与"的社会化帮扶格局。

2013—2020 年，公司工会恪守基本职责，探索创新道路，保障职工利益。公司及各子公司工会主动参与员工薪酬福利、劳动安全、社会保险等与员工切身利益密切相关问题的讨论和决策，依法建立员工权益保障机制，支持公司依法行使经营管理权，为公司的经营发展营造良好的人文环境。劳动合同是员工劳动权利的法律保障，在监督员工劳动合同管理方面，工会做了大量工作，在与人力资源管理部门一道修订新劳动合同文本时，着重强调员工休息休假、年休假工资、女职工特殊权益保护等内容。为保护员工集体利益，工会代表与公司经营班子签订《集体劳动合同》，建立工资集体协商制度，构建了员工集体权益保障机制。按照"应保尽保"的原则，工会以《中华人民共和国劳动法》《中华人民共和国劳动合同法》和《中华人民共和国社会保险法》为依据，认真监督员工社会保险和住房公积金待遇的落实，完善公司本部及各子公司员工健康体检。

（八）劳动争议调解及普法教育

1995—2001 年，农场工会在加强自身学习的基础上，聘请通州市劳动局的领导来场为副队长以上干部做了《中华人民共和国劳动法》的培训辅导，随后各基层单位又组织职工群众进行学习，通过学习，职工群众了解了《中华人民共和国劳动法》的基本内容，了解了在劳动关系中应享有的合法权益。

双向维护既是工会的重要职能，也是工会服务于党的中心工作的主要手段。农场工会在依法维护职工合法权益的同时，也依法维护企业的利益。农场工会代表职工与农场行政签订共保合同，把职工利益与企业利益紧密结合起来。做好职工来信来访工作，对职工中出现的热点、难点问题，工会尽可能做好工作、理顺情绪、化解矛盾，基本上做到事事有回音、件件有着落。依法参与劳动争议调解，仅 1997 年，农场工会受理单位与职工的劳动争议 4 起，经过调解维护了双方利益。

1997 年 12 月开始，农场全面进行产权制度改革，实施《中华人民共和国劳动法》，建立健全劳动争议调解组织，坚持"预防为主、调解为主、基层为主"的方针，促进改制中劳动关系的稳定，推进了企业改制的顺利进行。工会协助行政做好富余人员转岗分流安置工作，动员职工积极投身企业改制，维护企业稳定。一是抓宣传发动，提高职工对改革和改制的紧迫性认识，做好群访、集访人员的思想工作，为促进改革、维护稳定，尽到应尽的职责；二是源头参与，加大依法维护力度，农场工会干部作为企业改制领导小组成员，积极参与企业改制方案及配套政策的调查研究和制定；三是帮助职工树立信心，动员职工投身经济建设，各级工会在职工中陆续开展"企业有困难，我们怎么办"大讨论，把职工的思想集中到"对企业形势怎么看，企业有困难我们怎么办，企业要减亏我们怎么干"上来，凝聚职工人心，同心同德，共渡难关；四是突出维护职能，为适应现代企业制度的需要，建立稳定协调的劳动关系，维护劳动关系双方的合法权益，规范双方的行为，共谋企业发展；五是为建立稳定协调的劳动关系，充实和加强劳动争议调解班子成员，认真做好调解工作，成立农场劳动法律监督小组，认真履行对劳动法律法规的执行情况进行监督的职责。

2002—2007年，农场工会落实平等协商和集体合同制度，劳动关系协调机制推进到位。各级工会学习贯彻《江苏省集体合同条例》，贯彻"六个坚持，三个保证"，开展"集体合同管理年"活动，续签《南通农场集体合同》。协商制定《南通农场工资协商协议》《南通农场女职工权益保护协议》，推进工资协商和女职工权益专项合同的签订，完善劳动关系三方协调机制，形成了企业依法兴企，工会与职工依法维权的良好局面，建立了企业职工维权的长效机制，努力在劳动关系市场化的新形势下，建立起关乎职工切身利益的"保障网""安全伞"。举办"一办法五条例"和《劳动合同法》培训班，增强工会干部协调劳动关系和推动构建和谐社会的本领，同时推进集体合同、劳动合同向非公企业覆盖。

2008—2012年，农场工会坚持以人为本，建立健全利益协商、诉求表达、矛盾调处和利益保障机制，着力解决职工最关心、最直接、最现实的利益问题，建立和谐稳定的劳动关系。工会以"共谋发展、共享成果"为主题，开展劳动关系和谐企业创建活动，完善了劳动关系和谐企业的评选机制，健全劳动争议调解组织，构建上下贯通的劳动争议调解工作网络，扩大了劳动争议调解工作覆盖面。及时调解劳资争议，维护职工合法权益，各级工会把保障职工合法权益作为一切工作的出发点和落脚点，农场劳动法律监督委员会、矛盾纠纷调解委员会、劳动争议调解委员会及时调解各类矛盾纠纷，做到"小事不出管理区，大事不出农场"，努力把劳动争议化解在萌芽状态和初始阶段，维护职工队伍和企业的稳定。2008年，农场劳动法律监督委员会、矛盾纠纷调解委员会、劳动争议调解委员会及时调解各类矛盾纠纷113起，调解成功率99%，稳定了职工队伍。2009年、2010

年、2012年，农场3次被江苏省农垦集团公司工会评为"江苏农垦和谐劳动关系企业"，2011年12月，农场荣获全国农林水利系统"模范职工之家"称号。

2013—2020年，农场公司制改造后，苏垦南通公司工会协助经营层妥善处理各类信访和矛盾，解决合理诉求，积极参与职工劳动争议调解、安全生产监管等活动，为维护职工合法权益，构建和谐企业做出不懈努力。公司工会发挥自身职能，妥善化解各类职工群众信访，主动作为、履职担当，继续以构建企社和谐为目标，对老年门球队、篮球协会、羽毛球协会、老年腰鼓队等群众性文体组织给予帮助支持，促进活动正常开展。公司工会通过职工座谈会倾听职工意见；聘请劳资顾问、法律顾问，开展法律咨询；坚持民主协商，积极主动维权，依法依规协调监督处理好劳动关系和各类劳动纠纷；开展工资集体协商，规范工资分配，改善职工生活；通过提高企业收益，达到了共谋发展、共享成果、共创美好生活的"双赢"目的。

（九）鼓励发展民营经济，建立私营企业工会组织

1992年开始，农场工会坚持"一业为主，多元化经营"的方针，鼓励发展民营经济，扶持职工种植甜叶菊，全场种植面积达到1500余亩，为职工带来200多万元的纯利，也为集体盈余30多万元。扶持发展蔬果生产，"城郊农业"的基地作用得到发挥，调整了养殖结构，"鱼蟹混养""鱼鳖混养"成为农场民营经济新的发展项目。通常汽渡开通后，农场民营小饭店发展到53家。职工私人拥有的手扶拖拉机、翻斗车达到600余辆，私有推土机、挖掘机数百台，农场小城镇内小商店、酒家、家用电器、服装、缝纫、饮食等个体民营经济已达220家，民营经济从业人数已达3000多人。民营经济的发展，分流安置了场办企业改制时留下的企业富余人员，对繁荣经济、致富职工、稳定农场起到了积极的作用。农场工会把发展民营经济作为重要工作来抓，努力使民营经济成为农场职工新的效益增长点，成为职工致富的重要途径之一。

1995年，农场成立发展民营经济工作领导组，领导组在农场工会下设办公室。农场工会及时加强对民营经济的引导、管理和服务，把民营经济纳入农场经济发展大局，解放思想，放宽政策，鼓励下岗和转岗职工大力发展个体民营经济，农场从事民营经济人员达到3586人，年产值约7024万元。其中从事商业批发、零售及餐饮的200余家，固定摊点100多个，从业人员500余人，年营业收入1600多万元；从事客、货运输，有手扶拖拉机400辆，卡车50辆，中巴车25辆，从业人员共600人，全年运输产值1200多万元；从事高效作物种植的937户，从业人员1500余人，年产值约228万元；从事特种养殖的有5户，水面面积700亩，年产值570万元；从事土石方施工的，有挖掘机300余台，推土机12台，从业人员300多人，年生产总值3800万元。

2005年5月，农场成立私营企业工会联合会，农场工会主席担任农场私营企业工会联合会主席，召开农场私营企业工会第一届第一次会员代表大会。农场私营企业工会联合会推进依法建会，最大限度地把职工组织起来，依法推进私营企业组建工会，组建率、职工入会率达到100%。通过调查摸底，对照条件，全场有42家私营企业符合建会条件，其中企业职工人数在25人以上的成立工会委员会，不足25人的成立工会小组，42家私营企业工会组建工作全部完成，联合会在私营企业普遍建会的基础上，全面建立和推进职工代表大会制度、集体合同制度、劳动合同制度、工资协商制度，各企业工会加强企业职工代表大会制度建设，在各企业工会组织中开展争创"合格职代会""达标职代会""优秀职代会"单位活动，全面提升各企业职工代表大会水平，发挥职工代表大会作用；组织深入开展"争创学习型企业，争当知识型职工，树新时代私营企业职工形象"活动，努力提高职工队伍素质。农场工会在江苏农垦私营企业中率先做到了"四个第一"：第一个在垦区建立私营企业工会；第一个在垦区私营企业中推行职工代表大会制度；第一个在垦区私营企业中签订了集体合同、工资集体协商协议、女职工特殊权益保护协议；第一个在垦区私营企业中推行为员工办理养老保险、工伤保险，部分企业还为员工办理了"五险一金"。

2007年，农场为推进私营企业工会组织建设，加强对私营企业工会工作指导，制定了八项工会工作制度，签订了私营企业集体合同，加大了对职工的维权力度，全场有25家私营企业为455名员工办理了养老保险，保险金额140万元。突出在私营企业中组建工会这一重点，着力抓好28家私营企业工会组织换届选举，创新工会民主化建设的三项制度：推行私营企业工会主席直选制、建立工会"三员"（指导员、组织员、联络员）制和社区工会建会制。农场工会加强对私营企业工会工作指导，对私营企业召开职工代表大会、贯彻《劳动合同法》的情况进行检查。

2011年，农场非公企业民主管理，场域14家非公规模工业企业中全面推行了签订南通农场私营企业区域性集体合同、工资集体协商协议、女职工特殊权益保护协议，使非公企业职工权益得到了有效维护；以点促面，推行职工代表大会制度，农场把非公企业江苏泰瑞钢线有限公司和南通远东钢绳有限公司作为推行职工代表大会试点单位，使企业职工代表大会制度的民主管理模式在私营企业中得到了广泛推开，取得了明显成效。私营企业南通远东钢绳有限公司工会被南通开发区总工会授予"模范工会"称号。私营企业南通凌龙特钢制品有限公司荣获"南通市劳动关系和谐企业"。2012年3月，南通凌龙特钢制品有限公司质量检测中心被江苏农垦工会授予"职工先锋号"，5月又荣获了江苏省"工人先锋号"荣誉称号；南通远东钢绳有限公司工会被南通市总工会授予"和谐劳动关系企业"，远东钢绳公司工会、泰瑞钢线公司工会被南通开发区总工会授予"模范职工之家"，南通凌龙特钢制品有限公司、南通远东钢绳有限公司荣获了 2011 年度南通开发区文明单位。14 家非公规模工业企业中为 450 多名员工（包括外来农民工）办理了养老保险和工伤保险，保险金额达 900 多万元。

（十）新时代产业工人队伍建设改革

2020 年 10 月 20 日，苏垦南通公司工会为贯彻落实《新时代江苏农垦产业工人队伍建设改革实施方案》文件精神，制定《新时代苏垦南通公司产业工人队伍建设改革实施意见》，成立苏垦南通公司产业工人队伍建设改革领导小组，领导小组下设办公室，设在公司工会，负责推进苏垦南通公司产业工人队伍建设改革工作。

苏垦南通公司产业工人队伍建设坚持以职工为中心的理念，以解放思想为动力，因企施策，抓住重点和难点，破除束缚苏垦南通公司产业工人队伍建设的思想观念和体制机制，清障搭台，强化保障，积极稳妥推进改革，确保改革落地见效。对标江苏省农垦集团公司工作要求，对照苏垦南通各子公司的经营实际，力求体现南通特色。重点围绕技能工匠型人才培养以及人力资源管理专项提升，搭建技能人才成长平台和保障体系，加速推进苏垦南通工匠型人才队伍建设。

公司工会对产业工人队伍建设的主要举措如下。

1. **加强产业工人队伍思想政治引领，突出产业工人思政工作**　用习近平新时代中国特色社会主义思想武装产业工人，牢固增强"四个意识"，坚定"四个自信"，做到"两个维护"。落实意识形态工作责任制，有效防范针对产业工人的意识形态渗透活动。加强社会公德、职业道德、家庭美德和个人品德建设，强化职业精神和职业素养教育，引导产业工人爱岗敬业、甘于奉献，在精神文明建设中发挥示范作用。开展企业文化建设，培育健康文明、昂扬向上的职工文化。高度重视人文关怀和心理疏导工作，畅通产业工人诉求渠道，回应产业工人关心的问题。以警示教育、法治教育、幸福教育等为重点，开展形式多样的思想政治教育活动，维护产业工人队伍团结和公司和谐稳定，提高产业工人法律素养和诚信意识。

2. **优化产业工人群团工作**　结合各企业产业特点和职工队伍实际，推进工会改革与创新，充分发挥产业群团职能作用，在建机制、强功能、增实效上下功夫，不断创新工会运行机制、活动方式、工作方法，切实提升面向产业工人队伍的服务质量、水平和效率。建立健全工会组织、按比例配备工会干部，引导工会会员依法依章程缴纳会费、履行义务，保障工会会员享受权利。

3. **选树产业工人优秀典型**　在江苏省农垦集团劳动模范、首席技师等以及苏垦南通各类先进评选活动中，符合条件的优秀产业工人优先作为推荐人选。充分利用苏垦南通公司微信公众号、苏垦网站和各类宣传平台及新媒体，大力宣传公司工匠、劳模以及优秀产业工人的先进事迹，宣传产业工人为苏垦南通公司经营发展做出的重要贡献。推动劳模精神、劳动精神、工匠精神进企业、进车间、进班组，充分发挥各级劳模、工匠的示范引领作用，在苏垦南通公司营造尊重产业工人的企业氛围，奏响新时代劳动最强音。

4. **开展产业工人技能培训** 各子公司制定产业工人培养规划和培训制度，利用导师带徒、岗位练兵、技术比武等形式，对产业工人广泛开展岗位技能培训、职业技能培训、安全操作规程培训、高新技术培训、高技能强化培训和一专多能培训，进一步提升产业工人的技能水平。落实企业培养产业工人的经费保障，严格按照国家规定的比例足额提取职工教育培训经费，确保经费的60%以上用于企业一线职工的教育和培训。用好用足职工教育经费，定期办好培训班，提升参训职工的职业技能。

5. **开展劳动技能竞赛** 以"当好主人翁、建功新时代"为主题，在各基层工会开展多种形式的劳动竞赛和技能竞赛活动，加强劳动和技能竞赛组织管理，搭建有利于优秀产业工人脱颖而出的发展平台。坚持重心下移，深化创建"工人先锋号"活动，加强学习型、创新型等"六型"班组建设，开展女职工"双争活动"，激发职工劳动热情，不断增强企业核心竞争力。提高各类劳动竞赛的覆盖面和实效性，丰富竞赛内容、创新竞赛形式、拓展竞赛范围、提高竞赛质量，形成党政重视、工会积极组织、职工广泛参与的竞赛格局。

6. **深化群众性技术创新活动** 探索将职工"五小"（小发明、小创造、小革新、小设计、小建议）创新活动纳入苏垦南通公司创新体系，推动各子公司制定职工科技创新、技术改进和合理化建议奖励办法，推动技术工人创新成果按要素参与分配，鼓励更多的职工参与到技术创新工作中来。

7. **完善薪酬激励奖励机制，完善各类技能人才津补贴制度** 对于产业工人有创新成果的，除在评优评先等方面给予激励政策外，在工资奖金分配、福利制度等方面给予体现。对技艺高超、解决关键技术难题的高技能人才探索建立年薪制，逐步推行宽幅薪酬制，构建与管理专业技术人员待遇体系相对应的薪酬分配体系。建立产业工人表彰奖励机制，对荣誉获得者在培训培养学习交流、休假休养等方面加大倾斜力度，进一步激发产业工人干事创业的积极性。

8. **完善劳动经济权益保障体系** 完善集体协商和集体合同制度，落实产业工人参与分配决定的权利。深化工资收入分配改革，指导各子公司建立以岗位工资为主的基本工资制度，完善基于岗位价值、能力素质、业绩贡献的工资分配机制，强化工资收入分配的技能价值激励导向。贯彻江苏省《关于提高技术工人待遇的实施意见》，推进各子公司在提升经济效益的基础上，稳步提高一线产业工人福利待遇。全面落实企业安全生产主体责任，将安全生产培训作为苏垦南通公司产业工人职业培训的重要内容。鼓励在生产经营一线的产业工人，通过继续教育成长为安全生产的专业人才。对带头做好安全生产并做出贡献的产业工人，给予表彰奖励。持续搞好公司职工食堂、职工书屋、体育活动室等配套设施，为产业工人生产生活创造更好的条件。

9. **畅通产业工人参与民主管理渠道，贯彻落实全心全意依靠工人阶级的方针**　落实以职工代表大会为基本形式的民主管理制度，推进企务公开、业务公开，各子公司在重大决策上要听取产业工人意见，涉及产业工人切身利益的重大问题必须经过职工代表大会审议。坚持和完善职工董事、职工监事制度，鼓励产业工人优秀代表有序、有效参与公司治理。推进职工代表述职评议工作，提升产业工人广泛参与企业民主管理的积极性和履职能力。

10. **健全困难产业工人帮扶体系**　积极履行国有企业社会责任，坚持精准帮扶，准确掌握困难产业工人生产生活情况，精准施策、精准发力，帮助困难产业工人解困脱贫。出台大病互助基金管理办法，本着尽力而为、量力而行的原则，为困难产业工人医疗救助提供有力帮助。

11. **保障产业工人劳动安全卫生权益**　加强职业安全健康工作，开展安全生产专项治理整顿、隐患排查整改等安全生产活动。督促各子公司落实安全生产主体责任。健全职业病防治工作联席会议制度，完善职业病预防、诊断、治疗工作体系，组织开展每年一次职业健康体检，建立职业健康档案，宣传职业病防护知识，提高产业工人健康素质。

12. **丰富产业工人的精神文化生活**　推动苏垦南通公司文化阵地建设，规范党员活动室、职工休息室、职工书屋、宣传橱窗、体育活动室等场所管理，积极弘扬社会主义核心价值观、江苏农垦精神和苏垦南通公司企业文化。加强文化服务项目、品牌建设，持续开展"书香南通"读书活动，经常性开展一系列具有时代气息、职工群众欢迎的文体活动，大力繁荣发展职工文化，丰富苏垦南通产业工人精神文化生活，增强产业工人企业认同度、自豪感、凝聚力。

（十一）　建立健全苏垦南通公司在职职工大病互助基金

2020年，经苏垦南通公司党委决定、公司第二届第四次职工暨工会会员大会表决通过，苏垦南通公司实施在职职工大病互助基金。同年8月，苏垦南通公司制定《江苏农垦集团南通有限公司职工大病互助基金管理暂行实施办法》，成立江苏农垦集团南通有限公司职工大病互助基金管理委员会，对互助基金进行管理，并接受纪检、审计部门和职工的监督。基金管委会成员由基层工会、人事、社保、财务、法务、审计、纪检等部门人员组成，基金管委会主任由公司工会主席担任，副主任由公司财务总监担任。基金管委会办公室设在公司工会办公室，负责具体日常事务。

苏垦南通公司职工大病互助基金是由公司党委领导、工会运作的非营利性公益组织，基金的实施坚持"权利义务对等，据实而行，以收定支、救急不救贫，公开透明"的原则，旨在为巩固提升精准帮扶成果成效、充分发挥医疗互助的补充保障作用，帮助患重大疾病的公司职工解决实际困难，目的是大力弘扬团结互助、扶贫济困、奉献爱心的优良文化。

互助基金筹集对象、标准及来源：一是公司本部及全资控股企业全体在职职工，每人每年60元；二是江苏省农垦集团专项拨款；三是公司年度资金配套，以年初预算及上年度使用情况综合确定；四是鼓励和动员社会各界爱心人士捐赠；五是基金利息的增值。

互助基金申报程序、标准：每年1月，各基层单位开始申报，次月审核公示、发放。资助对象发生重大疾病时，住院医疗费用资助标准为：一年内累计支付住院医疗费用总额自理部分（现金支付）超过5000元的，可按下列比例对自理部分分段资助，自理部分在5001～10000元的，资助15%；自理部分在10001～20000元的，资助20%；自理部分在20001～30000元的，资助25%；自理部分在30001～40000元的，资助30%；自理部分在40001元以上的，资助40%。资助部分以5万元为封顶线。

互助基金申请顺序为职工个人申请、基层工会初审、基金管理委员会办公室审核、基金管理委员会审定及公示，公示无异议后转账给申请人。

第二节 共 青 团

一、共青团代表大会

农场建场初期，场外大批干部和工人陆续迁进农场，其中不少是共青团员，1959年，场党委指派组织科长孙汉文负责共青团工作。

1960—1966年，农场共召开了4次共青团代表大会，团委书记均由孙汉文兼任（其中第二次团代会选举产生的二届团委会，由顾秀哉任团委书记，因顾秀哉不久就调走，团委即行改选，仍由孙汉文兼任团委书记）。其中1962年10月6日至7日，农场召开共青团南通农场第三届代表大会第一次会议，到会代表60人，列席4人，全体代表听取了农场党委题为《关于当前形势和任务》的报告、团委副书记做的《一年来团的工作总结以及今后共青团员任务意见》的团委工作报告。代表们认真地进行了学习和讨论，审查了一年来共青团的工作，研究今后共青团的任务，会议选出共青团国营南通农场第三届委员会委员 9 人，并选举出席县团代表大会代表 5 人，通过团青年积极分子 2 人，先进集体 1 个。

1966 年 1 月 3—5 日，农场召开共青团国营南通农场第五届第一次代表大会，大会改选了团委会，共有 83 位代表参加了选举，17 名候选人以超过半数票数可被选为正式团委委员，由孙汉文、金维勤、王万源、何国圣、王汉生、周吉敏、钱洪军组成常委会，孙汉文任团委书记。

1972 年 9 月 25—27 日，农场（兵团）召开二十四团首届共青团代表大会，共有 271 位团员代表参加了会议。大会选举产生首届团工委，选举何九余等 15 名同志作为团工委委员。

1975 年 5 月，农场（兵团）召开二十四团第二届共青团代表大会，共有 375 名团员代表参加了会议。会上听取审议了上一届共青团委所做的题为《沿着毛主席指引的青年运动的方向，在与工农相结合的革命大道上奋勇前进》的工作报告。

1976 年 4 月 26—27 日，共青团南通农场第三届代表大会召开。出席大会的团员代表共 293 人。会上听取了题为《以阶级斗争为纲 反击右倾翻案风 坚持毛主席指引的青年运动的方向》的报告。大会选举产生了新的团委会。

1977 年 5 月 4—6 日，共青团南通农场第四届代表大会召开。大会对团基层 8 个团支部、8 个团小组、219 名优秀共青团员给予了通报表扬。

1980 年 5 月 14—15 日，农场召开共青团南通农场第五届代表大会，选举出共青团南通农场第五届委员会委员。

1983 年 4 月 6 日，农场召开共青团南通农场第六届代表大会，选举出共青团南通农场第六届委员会。

1985 年 6 月 7 日，农场召开共青团南通农场第七届代表大会，共有 121 名团员代表参加了会议。大会听取并审议了上一届团委所做的题为《以经济建设为中心 大胆改革团的工作 在党的领导下阔步前进》的工作报告，选举产生出共青团南通农场第七届委员会，17 日，共青团南通农场委员会改选。

1987 年 2 月 25 日，农场召开共青团国营南通农场第八届代表大会，共有 164 名团员代表参加了会议。大会听取并审议了上一届团委所做的题为《深化团的活动内容 全面活跃团的工作 以优异成绩向建场三十周年献礼》的工作报告，选举产生新一届团委会及出席县团代会代表人选。

1990 年 5 月 22 日，农场召开共青团南通农场第十三届代表大会，共有 160 名团员代表参加了会议。大会听取并审议了上一届团委所做的题为《齐心协力 乘势而上 推动我场共青团工作的新发展》的工作报告，同时选举产生农场第十三届团委委员会，表彰了

1989年度优秀团支部、优秀团员，最后通过了有关决议和倡议书。

1997年3月，农场召开共青团南通农场第十五届团代会，共有98名团员代表参加了会议。会上进行了委员会换届选举，产生新一届委员。

2000年3月15日，农场召开共青团南通农场第十六届代表大会，应到代表53人，实到代表43人，通过差额选举，无记名投票，产生共青团南通农场第十六届委员会。

2004年5月18日，农场召开共青团南通农场第十七届代表大会，应到代表40人，实到35人，会议听取并审议了《抓住机遇 迎接挑战 开创我场共青团工作新局面》的团委工作报告。开发区团委代表、农场党委书记在会上分别做了祝贺讲话。大会经代表充分酝酿讨论，采取无记名投票方式和差额选举的办法，选举产生共青团南通农场第十七届委员会委员。

2009年5月19日，农场召开共青团南通农场第十八届代表大会，大会应到代表43名，实到代表43名。大会通过了共青团南通农场第十七届委员会所做的《着眼大局 把握机遇 努力实现共青团工作的新跨越》工作报告，表彰了农场2008年度优秀团干部、优秀团员、优秀青年志愿者。大会选举产生共青团南通农场第十八届委员会委员。

二、共青团组织机构

1961年，农场团员组织情况：全场13个团支部30个团小组，共217名共青团员，其中男团员154人，女团员63人。历年来，农场团委受农场党委和共青团南通县委双重领导，在体制上，一直划归党委办公室（以前为政治处、政工科）。

1965年，农场新增加了1500多名青年，团员数比往年增加了近两倍，有青年2415人，团员613人，原有团委委员13人，都是兼职干部，不能适应工作的需要，1966年召开的共青团南通农场第五届代表大会选举产生由17人组成的农场新一届团委。1972年，农场（兵团）团委由何九余、余飞、何光鸿、李根木、于尚武、董永瑞、朱鸿义、李传山、范景华、吴万斌、许桂芳（女）、刘雪芳（女）、潘龙宝、陈友良、王菁（女）15人组成，何九余任团委书记。

1973年，农场（兵团）共青团组织共有11个团总支，64个团支部，共1670名共青团团员，其中女团员981人。到1974年，发展团员1968人，女团员1109人。1975年，发展团员2128人，其中女团员1172人。

1976年，全场共青团组织情况，共1个团委会，8个团总支，63个团支部，共青团员1977人。

1978年，全场共7个团总支，62个团支部，有共青团员1587人，其中女团员841人。

1979 年，全场共 8 个团总支，58 个团支部，有共青团员 752 人，其中女团员 438 人。

1980 年，共青团南通农场第五届委员会由杨执常、李辉、钱汉文、吴忠林、何束、祁汉平、杨志康、俞志明、钱建森、葛万丈、吴文兰、陈强泉 12 位同志组成，由杨执常任团委书记。全场共 8 个团总支、58 个团支部，共青团员 833 人，其中女共青团员 487 人。

1981 年，全场共有 8 个团总支，58 个团支部，947 个共青团员，其中女共青团员 473 人。

1982 年，全场共有 8 个团总支，57 个团支部，969 个共青团员，其中女共青团员 523 人。

1983 年 4 月，共青团南通农场第六届代表大会选举新一届共青团南通农场委员会，新一届团委由钱汉文、王正、王思相、赵美芬、吴忠林、陆兴辉、钱建森、张宏飞、郭惠芹、杨培康等 10 位同志组成，钱汉文、王正任团委副书记。

1985 年 6 月，共青团南通农场第七届代表大会选举新一届共青团南通农场委员会，委员会由包惠忠、杨京锋、邵国华、王克宁、蒋均、王育红、严夕军、钱建森、戴智毅、范兵、徐振兴、褚萍英、蒋美如 13 位同志组成，包惠忠、杨京锋任团委副书记。

1986 年 10 月 30 日，农场第二中学建立团委，成立"共青团国营南通农场第二中学委员会"。

1987 年，农场共有 8 个团总支，79 个团支部。同年 2 月，共青团南通农场第八届代表大会选举产生由王克宁、杨京锋、冯建华、吴雪平、姜景西、盛建新、郭维英、曲红兵、尹丹、张禾青、顾建芳、孙颖、邵国华、毛忠美、徐振兴 15 位同志组成第八届共青团委员会，由王克宁任专职团委副书记。

1988 年，农场有 2 个团委，9 个团总支，85 个团支部，共青团员 1530 人，14 周岁至 28 周岁青年 5627 人。

1990 年，农场共有 11 个团总支，84 个团支部。同年 5 月 22 日，共青团南通农场第十三届委员会由朱进华、曲红兵、杨培康、曹联秋、薛忠、冯建华、张禾青、盛建新、顾建芳、尤斌、黄大联、郭玉琴、邵国华、毛忠美、褚彬 15 位同志组成，由朱进华任副书记。农场首次配备专职团干部，坚持一年一次的支部改选，及时选配基层团干部。

1997 年 3 月，共青团南通农场第十五届团代会进行了委员会换届选举，产生新一届委员。1999 年 5 月，农场团委获江苏省南通市"新长征突击队"荣誉称号。2000 年 3 月 15 日，共青团南通农场第十六届委员会由朱江胜、杨晓燕、周铭祥、宗明、施建中、袁辉、徐培 7 位同志组成，由宗明任书记。农场团委所属中学有团委 1 个，5 个团总支，24

个团支部，共有团员 210 名，撤销、合并、补充了原组织力量薄弱、活动较难开展、团员较少的团支部，团支部书记配备率 100%，按期换届率 100%。2000 年 5 月，农场团委获南通开发区"五四红旗团委"称号。

2001 年，农场团委组织共有 32 个团总支、团支部，团委委员 7 人，团员总数 215 名，28 周岁以下的青年数 1123 名。农场团建制有：中学团委，5 个团总支；场直团总支，包括机关团支部、医院团支部、接待中心团支部；企业团总支，包括企业团支部、三孔桥团支部；农业团总支，包括农科站团支部、分场团支部；公司团总支，包括多经公司团支部、大明渔场团支部、中心农机站团支部、大明农机站团支部；小学团总支，包括中心小学团支部、大明小学团支部、中心幼儿园团支部。同年，农场区划调整，农场团委组织关系转到南通开发区团委，接受南通开发区团委的直接领导。

2004 年 5 月 18 日，经共青团南通农场第十七届代表大会选举产生宗明、徐培、王松、李晓晓、葛茜蓉等 5 位同志为共青团南通农场第十七届委员会委员。5 月 20 日，共青团南通农场第十七届委员会召开了第一次全体会议，选举宗明同志为共青团南通农场第十七届团委书记。委员分工如下：文体委员为徐培；组织委员为王松；宣传委员为李晓晓（女）、葛茜蓉（女）。

2005 年，农场共有 1 个中学团委，5 个团总支，24 个团支部，233 名共青团员。同年，农场团委建立青年联合会组织，共有 24 位有一定影响的各界企、事业青年杰出人才或代表人物申请加入农场青年联合会。2005 年 5 月，农场团委获江苏省南通市"五四红旗团委"荣誉称号。

2006 年，农场团委有直属基层团委 1 个（农场中学团委）、团总支 5 个、团支部 21 个，全场共有团员 150 名，青少年 899 名。4 月，农场团委获共青团南通市委员会授予的"南通市增强共青团员意识主题教育活动先进团委"称号。农场江海小学团支部被共青团江苏省委评为"全省增强团员意识教育活动先进团支部"。

2007 年，农场团委辖直属基层团委 1 个（农场中学团委），团总支 5 个，团支部 24 个，全场共有团员 233 名、青少年 903 名。2005—2007 年，农场团委被评为江苏省团委"五四红旗团委"创建单位。5 月，农场团委获南通开发区"先进团组织"称号。

2008 年，农场团委有直属基层团委 1 个（农场中学团委），总支 5 个，支部 34 个，全场共有团员 355 名、青少年 899 名。5 月，农场团委获南通开发区"先进团组织"荣誉称号。

2009 年 5 月 19 日，经过共青团南通农场第十八届代表大会选举，王松、邱慧婷（女）、宗明、施建中、葛茜蓉（女）、储德杰等 6 位同志当选为共青团南通农场第十八届委员会委员，并于当日召开共青团南通农场第十八届委员会第一次全体会议，以提名通过方式产生共青团南通农场第十八届委员会正副书记，宗明当选为共青团南通农场第十八届委员会书记。2014年3月，邱慧婷（女）任苏垦南通公司团委书记；2017年3月，葛俊任苏垦南通公司团委书记；2019年6月，赵高燕（女）任苏垦南通公司团委书记。2019年，苏垦南通公司团委获"2018年度南通开发区五四红旗团委"称号。2020年10月，苏垦南通公司团组织关系由南通开发区团委转到苏通园区团委，接受苏通园区团委领导。

三、共青团组织活动

农场团委在农场党委和团县委的领导下，加强思想政治工作，组织团员青年认真学习中央有关文件和中央领导的重要讲话，充分认识坚持四项基本原则的重要性，坚决拥护共产党的领导，热爱自己伟大的祖国，开展形势政策教育，遵法守纪教育，不断提高团员青年的思想素质；以团干部、青年骨干和学生为对象，以广播、板报、橱窗、团校为阵地，重点学习马列主义、毛泽东思想、邓小平理论、"三个代表"重要思想、科学发展观和习近平新时代中国特色社会主义思想，引导青少年树立正确的世界观和人生观，正确认识国家的命运、农场的前景，对拜金主义、享乐主义、个人主义在少数青少年中的滋长，以及少数青少年理想淡漠，社会公德意识淡化等现象采取多种形式加以引导，树立正确的社会主义核心价值观。

各级团组织在抓好团员青年政治学习的同时，结合单位和青年思想特点，强化爱国主义教育的形式，把爱国主义教育同爱场、爱队、爱岗教育有机结合起来，每年根据农场党委和农场行政的工作部署和学习要求，向各基层团总支或支部发布年度工作要求。抓好各级共青团组织建设，发挥党政助手作用，抓好对团干部的培养教育工作，搞好组织整顿，进行一年一度的支部改选，举办团干部培训班，不断提高团干部的素质，提高基层团支部的活力；中学团委利用"18岁中学生成人宣誓仪式"等有效形式强化对学生的素质教育，学校团组织以素质教育为依据，利用课外、双休日及假期加强对学生社会实践能力的培养和锻炼，扶持学生社团，开展小学生进入中学前后的入门教育，拓展校园社会工作领域。

建场初期，农场团委注重吸收新团员，壮大团员队伍，教育青年在生产等方面发挥骨干和带头作用。三年困难时期，农场团委号召团员青年带头克服困难。1963年，团委根据上级指示，广泛开展"学雷锋"活动的宣传发动工作。1964年，团委开展评选"四好团支部"和"五好青年"活动。1965年，团委要求全场青年学毛选、学时政、学雷锋、学董加耕、学解放军。1966年下半年，"文化大革命"爆发后，共青团工作逐步减少。1970年底，农场（兵团）政治处根据上级统一部署，着手进行"整团建团"工作，经过动员学习、团员登记、建立支部等几个阶段，至1971年底，全场各单位均建立了团支部，恢复了团员的组织生活。1972—1975年，团的工作主要是结合当时的政治运动开展活动，要求各级团组织及团员要自觉增强组织观念，开展团内团支委、团小组长轮训。加强对团干部的培养教育，每季度召开一次团工委会议、二次营总支委会、上好二次团课，每月召开一次连支部大会和小组会。同时，根据插场知青的特点，开展艰苦创业，专心务农，扎根农场的教育，开展毛泽东思想教育以及社会主义劳动竞赛。1976年后，城镇插场知识青年大量回城，团员人数剧减，随着党的工作着重点的转移，共青团工作逐步摆脱"政治挂帅"和"以阶级斗争为纲"的困境，开始走上以经济建设为中心的轨道。1987年初，农场被团省委青农部和省农垦总公司政治处指定为《中国共产主义青年团国营农场基层组织工作条例》（试行）的试点单位。同年8月，农场团委负责同志出席在黑龙江省召开的"全国农场系统第二次共青团工作会议"，农场团委向大会提交了论文《国营农场青年工作的特点及对策初探》和工作总结《认真搞好（条例）试点工作，努力打开共青团工作的新局面》，并在大会上做了交流，团中央书记处书记冯军在讲话中肯定了农场的试点工作，农场的论文被黑龙江《垦区团讯》在头版予以转载。1989年，农场进行颁发团员证的工作，到1989年底，有80％以上的团员领取了团员证。1990年开始，农场坚持每年举办一次团干部培训班，并纳入农场党校的培训计划。团委日常做好团员的组织结转和团员登记工作，积极发展新团员。根据机构调整和团员人数的变化，及时调整团的建制。2006年，农场团委所撰写的《适应时代发展要求，创新农场团建模式》被南通市团委评为"南通市团建创新方案设计"三等奖。

建场以来，农场团委建立健全各项规章制度，保证团的生活正常化，采取切实可行的措施，将团的工作渗透到各项经济活动中去。深化青年科技兴农带头人活动，青年科技兴农带头人活动是实施跨世纪青年人才工作的有效载体，科技兴场是农场实现经济增长方式转变的重点战略，青年科技人员责任在肩，培育、举荐科技兴农带头人活动意义深远。团委对全场青年科技人员现状进行追踪了解，努力培植各行各业科技兴农带头人，树青年种植养殖大户，立示范推广基地。团委对产生较好经济效益和社会效益的科技兴农带头人予以表彰并上报上级团委；开展青年岗位能手活动，通过青年岗位能手活动，提高青年岗位技能和综合素质。团组织通过拜师学技、互学小组、模拟训练、先进操作法推广、岗位练兵、技术比武、"五小"活动等形式，涌现出一批操作能手、青年技师、销售状元、青年企业家，全场掀起争当岗位能手的热潮，形成敬业爱岗、勤学苦练、达标创优的浓厚氛围。农业大队开展扶贫助耕活动，鼓励和支持青年农工种好责任田，为国家多做贡献，工厂组织开展"小发明、小革新、小改造、小设计、小建设"活动，成立攻关小组、质量管理小组、信息小组、成本小组、青年突击队等，各经济实体单位把"双考双节"工作贯彻在一切经济活动之中。

农场团委注重阵地建设，学习阵地有团干部培训班、业务技能培训班，聘请通州市团委学少部、青年部部长来场授课；科技阵地有"青年科技图书站"；娱乐阵地有职工之家歌舞厅、灯光球场、滑冰场、中学足球场；青年之家建设，作为青年学习和活动的主要场所。团委、团支部经常利用阵地开展活动，提高团组织的吸引力、凝聚力，使团员青年在活动中得到提高和充实，各基层团组织着眼于社会公德建设，引导团员青年带头传播社会主义的道德风尚，积极组织尊老敬贤、关心军烈属、美化环境、修桥补路等多种公益活动和学雷锋志愿活动，团员青年带头反对封建迷信、带头移风易俗、带头破除陈规陋习、带头婚事新办，倡导文明、健康、科学的生活方式，为建立和发展平等、团结、友爱、互助的社会主义新型关系做出青年应有的贡献。

农场团委开展青年形象活动，农场各级团组织围绕青年充满朝气、热情向上、极具开拓进取精神的特点，努力开展共青团的特色活动，创造名牌工程，凸显农场跨世纪青年形象，真正发挥共青团团结青年、教育青年、引导青年的作用：一是树立农场青年热情投身农场建设与改革，奉献岗位、拼搏进取、不屈不挠的团体形象；二是树立农场青年倡社会文明新风、抵制旧俗的崭新形象，如青年志愿活动等；三是树立农场青年勤学钻研、立志成才的学子风范；团组织充分发挥团的优势，发挥团员作用，发掘农场青年潜能，促使农场团员青年队伍成为一支振兴农场经济的重要力量，推进社会文明进步的重要力量。在各行各业中开展创建"青年文明号"活动，"青年文明号"是一个讲职业道德、树岗位文明、创经济效益的优秀青年集体，农场团委依据行业特点制定具体标准，建立和完善青年文明号的考评、表彰机制，引导青年职工树立崇高的职业理想，明确职业责任，提高职业技能，遵守职业纪律，使青年文明号成为传播精神文明的窗口，各团总支在所属基层团组织中择一重点推荐，最后由团委对评出的"青年文明号"进行授牌表彰。

农场团委组织开展丰富多彩、小型多样的文体活动，活跃青年的业余生活，利用一切条件特别是在节日期间开展各种有益于青年身心健康的活动。农场团委在农场党委的领导下，在工会等部门的配合下，开展一系列青年喜闻乐见的文体活动，如演讲比赛、歌咏比赛、联欢晚会、家庭演唱赛、知识竞赛、球类比赛、田径比赛等，在很大程度上活跃了青年职工的业余生活。年度系列活动主要有"三月系列活动"，3月5日青年志愿行动——学雷锋为民服务一条街，"五四"系列活动，青年卡拉OK演唱赛、青年球类比赛、"青春杯"现场书法比赛、"五四"青年专场歌舞会、18岁中学生成人宣誓仪式、五月歌会、演讲比赛。"七一系列活动"，重温党的历史，爱国主义教育基地、红色基地参观学习。"国庆系列活动"，"歌唱祖国"诗歌朗诵会、迎国庆篮球友谊赛、国际交际舞比赛、"江海杯"

乒乓球团体赛、中国象棋团体赛暨个人争霸赛、掼蛋比赛等。元旦系列活动：团干业务培训班，"青年文明号""青年岗位能手"推荐、评选、挂牌，"十佳青年"评选表彰，"无愧青春"青年事迹报告会。

农场团委每年组织全场团员、青少年积极投入"冬、春"植树造林活动，发挥突击队作用，要求各级团的基层组织坚持从实际出发、因地制宜的原则，根据青少年的特点运用多种形式植树造林，宜集中则集中，宜分散则分散，宜个人则个人，集体、个人一起上，多种形式相结合。每年的2月22—29日，3月5—12日作为全场青年团员植树造林的两个突击周，围绕绿化一条路、一座庭院、一条林带、一条河堤，组织青年突击队打好植树造林的突击战，搞好场容队貌，美化、净化、绿化学校环境。团委在党委的领导下，开展"文明礼貌月"活动、"学雷锋、树新风"活动、"五讲四美三热爱"活动以及"志愿农场"公益活动等，组织团员义务植树、美化环境、公益服务、社会宣传。在植树造林的同时，发动青少年做好护林工作，青年、团员不仅要在植树造林中当突击队，而且要在育林护林方面当好主力军，认真加强已栽苗木的管理，实行护林包干责任制，定员、定任务，把护林与培养青少年的共产主义情操有机结合起来，从而提高青少年爱林护林的自觉性，在青少年中形成一个护林光荣、毁林可耻的良好风气，制定各种护林公约、条例，成立护林小组，让青少年有一个护林的准则和组织。对护林成绩显著的青少年给予鼓励，团组织要积极配合所在单位党组织，加强对绿化工作的领导。

农场团委将对年度各行各业涌现出来的优秀团员青年在基层推荐的基础上，在全场投票选举产生"南通农场十佳青年"，并表彰宣传。1978年5月，农场召开全场知识青年代表大会并表彰了部分知识青年；1989年5月，王克宁被共青团南通市委授予"新长征突击手"称号、优秀团干部；1990年5月，张美被共青团南通市委授予"腾飞奖"；1992年2月，朱进华被团省委、省农林厅授予"青少年绿化突击手"称号；2017年，葛俊获南通市宣传部"南通好青年"称号、2018年获南通市团委"南通市优秀团干部"称号；桑郁林获南通市团委"2017年市青年岗位能手"称号。

第三节　女职工保护

一、组织机构

20世纪60年代初期，农场成立妇女联合会（简称"妇联"），负责农场妇女工作。农场妇联号召妇女积极参加生产建设，宣传"男女同工同酬"，维护妇女的民主权利和保护妇女儿童的合法权益。文化大革命时期，妇女工作受到干扰破坏，一度被取消，党的十一届三中全会以后，农场各项工作开始走上健康发展轨道，妇女工作也重新提上了议事日程。

1984 年，农场工会成立，工会配备了妇工委员（也称女工委员），后来改成了隶属于工会的农场女职工委员会。农场女职工委员会起初有 12 名委员，来自全场各条战线的各种岗位，起着桥梁和纽带作用，工会女职工委员会委员任期与同级工会委员会委员相同，同级工会换届时女职工委员会也随之换届。农场各基层工会包括中层工作委员会和基层分会，均配备了女工委员。

工会女职工委员会的职责是：依法维护女职工的合法权益，重点是女职工经期、孕期、产期、哺乳期保护，禁忌劳动、卫生保健、生育保险等特殊利益。女职工委员会定期研究涉及女职工特殊权益问题，向企业工会委员会和上级女职工委员会报告工作，重要问题提交企业职工代表大会或职工大会审议。

二、组织活动

保护妇女儿童的合法权益，加强妇幼保健是女工委的主要工作任务，1986 年，农场为全场 2160 名女职工进行了健康普查，1987 年、1988 年为 2225 名女职工普查了妇女病，被查出各种疾病的女职工得到了及时治疗，妇女的各种发病率大大降低。女工委关心孩子的成长，为教育下一代解除了年轻父母的后顾之忧，全场建立幼儿园 13 所，托儿所 49 个。1987 年，农场投资 20 万元建设中心幼儿园。农场工会每年"六一"节期间组织全场幼托工作检查评比，给每个托儿所发放凉席、面盆等用品，向文明托儿所和优秀幼教园丁赠送书籍等物品、发放独生子女入托入园补贴费和独生子女保健费，举办母女趣味障碍赛，女子自行车慢速赛及幼儿骑车、穿衣、折纸比赛。

随着农场改革的不断深入，农场加强精神文明建设，大力提倡劳动致富和计划生育。女工委组织妇女学习党的十一届三中全会以来的重要文件，坚持以经济建设和两个基本点为中心，调动妇女建设社会主义现代化农场的积极性，妇女在"四化"建设中做出新的贡献。1979 年，农场一分场二十七大队女职工刘福兰被农垦总局授予"先进工作者"荣誉称号。1984—1987 年，全场表彰"三八红旗手"24 人，"五好"家庭 544 户，先进幼托教师 19 人，先进女工委员 27 人，其中受到县以上表彰的"三八红旗手"21 人。

1991 年，为调动女职工参加社会主义竞赛的积极性，农场举办了 3 期妇女文化技术培训班，450 多名女职工参加了学习。

1992—1996 年，女工委在女职工中继续开展"巾帼建功，岗位奉献"活动，开展"百亩方""千亩片""水稻高产不倒伏""棉花产量超上年"及各行业的劳动竞赛。为维护和保障妇女、儿童权益。1992 年、1994 年、1996 年对全场女职工进行了体格检查，1995

年对全场保育员和幼儿进行了体格检查。

1997—2001年，为维护妇女、儿童合法权益，女工委牵头组织对全场2331名女职工进行了妇女病检查，普查率达63.8%。"六一"节为全场44名幼儿赠送节日礼品，在全场开展评选"十佳好婆婆""十佳好媳妇""十佳主人翁""十佳文明新风家庭"活动，促进了企业文明进步。1999年3月，农场被南通市"双学双比"活动协调小组评为南通市农村妇女"双学双比"活动先进集体。2000年4月，农场工会被江苏省农垦工会评为江苏省农垦先进女职工集体。

2002—2007年，农场女职工工作有了新的突破，"女职工建功立业"和"双学双比""巾帼建功"活动在富民强场中发挥了积极的作用，涌现出一批先进典型。女工委加大女职工合法权利的维护力度，为全场1027名妇女进行了体检；及时调解女职工家庭矛盾纠纷，构建和谐社会，维护企业稳定；开展"争创五一巾帼标兵岗、争当五一巾帼标兵"竞赛活动，对活动中涌现出来的"科技示范户"和22名"致富女能手"进行了表彰；重视女职工的学习培训，举办《婚姻法》《妇女权益保障法》《女职工劳动保护规定》《继承法》等法律法规知识竞赛。

2008—2012年，女工委深入实施女职工建功立业工程和女职工素质提升工程，推进"巾帼建功"和"双学双比"活动，加强女职工维权机制建设，开展争当"三八红旗手""文明家庭"和"二次创业巾帼建功"评先活动。调动女职工在新一轮大发展中的积极性，重点抓好4个方面工作：一是培育创业、创新、创优新女性。在女职工中开展建功立业"双争"活动、女职工素质提升行动和"双学双比"活动，充分发挥不同层次女职工的聪明才智。二是维护女职工特殊权益，建立健全女职工特殊权益保护机制，深化女职工专项合同。三是做好女职工就业创业援助，组织开展"巾帼牵手强农惠农行动"，组织女干部与困难职工牵手结对帮扶活动。四是积极引导女职工发展现代高效农业，实施高效农业"三八"示范基地建设，充分发挥其典型示范作用。2008年3月，顾昌兰、刘佩云获江苏省农垦二次创业"巾帼建功先进个人"称号。

2013—2020年，农场公司制改造后，苏垦南通公司工会和各下属公司工会都设立了女工委员会，签订《女职工特殊权益保护合同》，对女职工孕期、产期、哺乳期法定待遇落实做了详细的规定。每年3月8日前后，女职工开展专项文娱活动、健康普查等。保障妇女权益，展现女工风采，落实女工各项权益，开展"吟诗抒怀庆'三八'、携手并进绘蓝图"主题诗歌朗诵活动，公司领导和员工同台亮相，通过《沁园春·长沙》等经典诗文朗诵，激发了广大职工爱祖国、爱公司、爱岗位、爱学习的热情。2016年，沈晓英获"江苏农垦巾帼建功标兵"称号。2020年，陆卫霞获"江苏农垦巾帼建功标兵"称号。

第五编

科技、教育、文化与卫生

中国农垦农场志

第一章 科学技术

第一节 科学技术方面基本情况

20世纪60—70年代，农场科学技术活动的主要形式是良种繁育、群众性的大种"三田"（高产田、样板田、试验田）和农机农具的革新改造及场办工业企业设备的技术改造，伴随着生产的发展、技术人员的增加及科技网络的不断健全，农场科学技术活动逐渐深入开展。

1976年，农场把原良种站改建为南通农垦局农科所，即国营南通农场农科站，从事以良种繁育为中心的农业科学技术研究活动。农场农科站恢复和健全良种提纯复壮制度，开展水稻杂交优势研究和利用工作，引进与繁育了100多个粮棉高产新品种，1976—1977两年繁育各种良种20多万斤。农科站开展杂交棉花优势研究与利用，选育杂交粳稻新三系品种间杂交育种、单培本育种、辐射育种等多个项目的科研活动，再摸索高产规律、探求高产路径、把专业科研与群众性的科学实验结合起来，成为农场农业科技研究的领头羊。

1979年，农场充分发挥科学技术在农业机械中的积极作用，致力农业机械的技术革新和改造。农场农业科和农机修理厂合作设计制造了水稻精量直播机，经过20多个有关科研单位的考核鉴定，得到了江苏省农机和科研部门的检验批准，在农场二分场的2000多亩水稻机械化生产试验中获得了很好的收成。农场水稻种植达到全程机械化，包括机械铲运平田、机械水直播、飞机和机械治虫、化学除草、机械收割等，当年水稻平均单产869斤，杂交稻最高单产1122斤，661品种稻最高单产1076斤。

科学技术在农场工副业生产中也发挥积极作用，农场修理厂加弹机经过反复实践，研制改装后当年就为农场创造净利润40万元；江海元件厂提高技术措施和产品工艺质量，集成电路水平在全省同行业中连续两年名列第一；农场副业生产加强了畜牧的科学饲养管理，采用混合饲料饲养的办法也产生了明显的效果。

1980年3月，农场加强科学技术工作，成立南通农场科技工作委员会。科技工作委员会的主要职责是负责协同有关部门确定科研项目，总结和推广科研成果；负责全场科技人员技术职称的评审工作；总结农场科学实验技术革新经验，规划好农业、工业、副业、农机等科学研究、技术革新项目，报党委批准后，落实经费，组织力量具体实施；筹建好科技之家、建造科技楼和建立科技图书室，开辟学术讨论活动场所，使全场科技人员可以开展科学技术研究活动、交流经验和技术推广工作等。

1983年，农场为大面积推广棉花地膜覆盖技术，自制小型人工铺膜机械96台，改装大型播种铺膜机械10台，对全场1100多人次进行地膜覆盖栽培技术培训，专门组织技术力量保证及时铺膜播种，组织农机技术人员到各大队进行现场试种培训，确保地膜棉的播种质量。

1986年，科学技术就是生产力已经成为农场干部职工的共识，农场投入资金开设了电大班，对相关人员进行技术培训，选送农场急需的人才到电大、职大、函授高校定向培养和深造。同年，农场百亩小麦丰产方和千亩水稻直播的叶龄栽培模式栽培技术受到了有关专家的好评，黄桃新品种选育研究和金丰桃丰产栽培试验通过了省级鉴定，试验成功的水稻水直播化除技术在系统内外得到广泛推广。

1988年4月，农场根据江苏省农垦农工商联合总公司《关于在农场、工厂成立科学技术委员会的通知》的文件精神，成立南通农场科学技术委员会，委员会办公室设在农场农科所，同时规定农场凡具有各类专业技术职务的科技人员均可报名加入该会成为会员。农场科学技术委员会的职责是负责农场新技术、新产品、新成果的推广应用与横向科技联合与技术信息交流，收集科技情报资料与科技档案管理，进行标准、计量、开发与技术职务培训、考核晋升，重视技术人才的培养和专业技术人员的评聘。

1985—1988年，农场科技工作共完成省、市、农垦公司交给农场的科研项目研究和总结48个，其中有7个通过了省级鉴定，获江苏省政府科学技术进步三等奖5个，获江苏省农垦总公司科学技术进步一等奖6个、三等奖4个。农业办公室1986年引进试种的小麦"扬5"品种，1987年秋播1万亩，增产约100万斤，取得明显经济效益。

1990年，农场农业上继续实行科研项目的试验生产，引进了10多个稻麦良种进行品比试验，确认扬麦5号和中粳8169—22为农场今后数年内推广产品，为全场稻麦良种实现二代更新创造了条件。另外，农场创汇甜叶菊良种无性繁殖技术的开发利用得到了日本专家的好评。

1995年以后，农场实施"科教兴场"战略，依靠科学技术、科技进步提高经营者、劳动者素质，加强职工教育和科技咨询服务，抓好科技成果的推广和科学技术的指导，努力把科学技术转化为生产力。农场全面推广和应用群体质量栽培新技术、化学调控技术，大面积使用生物肥料和微量元素肥料，引进繁育和推广种植一系列优质高产新品种，有效地减少倒伏现象，科技份额在农业经济效益中的比例逐年加大，农场已成为江苏农垦淮南地区的小麦高产典型。

1997年，农场把"科技兴农"作为转变农业经济增长方式的强大推力，聘请江苏农学院两名教授作为农场麦稻生产技术顾问，定期授课，现场指导。农场农服中心加强科研，对每一作物都及时制定出当年栽培技术措施意见，运用小会交流，多层次集中培训、现场诊断等方式培训基层干部职工，开展广播宣传，发放技术材料、农时讲话、病虫情报，建立对大队干部、技术员的考核考试制度，提高群体质量为核心的10项栽培、施肥、化除、播种等技术，科学种植技术得到全面推广应用，科技份额在农业效益中的比例越来越大。

1998—1999年，农场重视农业科研，以农科所为基地，农业科研工作取得新进展。作为江苏农垦《两高一优蔬菜产业化工程技术的研究》课题重点成员单位，狠抓调研、考察、发展、培训和示范工作，两年内，农场完成技术总结和试验研究论文10篇。

2000年，农场在农业土地租赁经营和农业结构调整过程中，狠抓科技投入，提高职工科技意识，增加农业发展后劲。在二三产企业转变经营机制后，加强科技投入，科学管理，法人治理结构日趋完善。

2001年，农场科技兴农出成效，以实施农垦"三项工程"为契机，抓好种养业结构调整，推广种植设施栽培西瓜为重点，青毛豆、水生蔬菜、秋春菠菜、创汇作物甜叶菊、新优野生花木引种等均得到较快发展。二三产企业增加科技投入作为企业持续发展的必要条件，江花粮贸公司投入380万元引进国内外先进设备，扩建改造大米加工车间，"江花"大米在市场声名鹊起，崭露头角；轧花公司投资30多万元增添了棉花烘干机；私营企业冠峰印染有限公司投资250多万元扩建改造了圆网机生产线，并引进5名大学毕业生充实技术队伍。

2002年，农场科技创新和技术推广活动成果显著，注重农业的无公害生产。2003年，农场一大队等13个大队被认定为江苏省无公害粮油产地（稻米）。

2005年，农场坚持科技进步，推广应用新品种、新技术建设和完善农业科技创新体系，推进观念创新、科技创新、管理创新、发展创新。实现传统产业高新化、高新产业规模化，转变经济增长方式，农业产业结构不断优化升级。推广先进适用技术，推广机插秧技术。同年，农场被农业部认定为无公害示范基地农场，农场农业和渔业大宗产品均得到了无公害农产品认证。

2008年，农场发挥农业技术服务力量，推进农业技术创新，实施稻麦群体质量栽培，扩大测土配方施肥规模，巩固秸秆还田全覆盖的重要成果，农业管理人员加强服务协调，推进机插秧。水稻生产的机械化水平提高，渔业管理区通过成立通农生态渔业专业合作社，通过"农户＋合作社"生产模式有效增强了养殖户抵御市场风险的能力。

2010年，农场开展"科技入户、服务到田"活动，狠抓插秧质量，有效控制病虫危害。加大新药推广力度坚持统防统治，有效控制病虫危害，农业生产实现稳产高产。

随着科技的进步，农垦整合一体化经营后，苏垦农发智慧农业提上日程，以无人化作业、自动控制等为代表的数字化、智能化技术纷纷从实验室走到田野，助力农业标准化、精准化、集约化生产，成为现代农业可持续发展的有效支撑。

第二节　农业科学研究与试验发展

农场的农业科学研究与试验发展主要包含农场大农业的农业科技试验，其中作物布局、轮作制度、良种繁育、病虫防治（植物保护）、无公害农业等在本志第二编第四章第二节的综述部分已做详细描述。

一、农业高产技术实验探索

1967年4月17日，农场农垦科学实验站制订当年的科学实验计划，计划以棉花高产为中心，化学除草为重点，大搞样板田，开展群众性的科学实验活动，探索水稻单产1000斤、皮棉200斤、小麦1000斤、玉米夹种黄豆1000斤的栽培技术措施，为农业大面积的稳产、高产做好示范。

棉花皮棉200斤栽培技术探索：棉田化学除草剂实验与示范，探索麦套棉机械化的规格配置，运用新农药，观察新农药的效果，观察不同土质、不同时期的适宜中耕深度，观察飞机喷药治虫的效果，解决生产上遇到的疑难问题等。

探索亩产1000斤水稻的栽培措施：使用敌稗、24-D、五氯酚钠、除草醚等措施，合理安排前后期施肥和灌水的关系。

探索小麦赶水稻的栽培技术措施：观察8个品种的高产性状和探索栽培措施，使用抗锈药剂等。

其他部分：探索亩产600斤黄豆的措施，观察钼肥对大豆的增产作用。

观察适应性和鲜草产量、各种肥料控制以及养分之分析，观察绿萍肥效及保萍，观察增产效果等。

二、农业间作套种机械探索

1974年，农场（兵团）改变传统纯作方式，大面积推广间作套种，针对职工所讲的"间作套种好是好，只是机械用不上，光靠人干吃不消"的突出问题，农场决心进行农机具革新改造，向间作套种机械化进军，把农机具改革作为农场科学研究的重要内容。农场建立健全农机技术革新队伍，各机耕连和修配厂成立技术革新小组，每年制订出全年技术革新计划，并针对生产上亟待解决的问题和某些薄弱环节，一项一项地组织攻关，先后两次组织农业和农机战线上的领导与技术骨干去启东县五七农场学习取经，通过学习、调查论证不同耕作规格情形，摸索改革适应农场农机作业的耕作制度，在棉麦套种规格上，大胆采取做大大行缩小小行（即棉花40厘米×100厘米、三麦55厘米×85厘米）的规格，保证了农场现有农机具都能适应套种田作业，如大、中型机车可跨行作业，手扶拖拉机能钻行作业，甚至大型的收割机、牵引康拜因也能下套种田收获。

农艺上耕作规格的改革调整，向间作套种机械化迈出了第一步，能否实现间作套种机械化，关键还在于拖拉机后面挂不挂，原有的棉花播种机只能适应纯作棉田作业。1977年初，农场修配厂和机耕连成立攻关小组，没有高架播种机，就在通用机架上做文章，经过一个多月的努力终于试制出第一台合格的样机，填补了农场棉花套种机械作业的空白。同年，修配厂和机耕连投入制造麦套棉播种机的会战，用时20多天，在春播前完成5个台套、5个主要部件的加工任务，当年就机播套种棉花1万多亩，并使开行、下种、复土、镇压、喷除草剂5道工序一次作业完成。农场的这一革新成果，受到了江苏省科技大会的表彰。

三、杂交稻的繁育试种增产探索

1976—1977年，湖南省繁育推广杂交稻之花已开遍全国许多省市，杂交水稻生长优势强，增产潜力大，农场在水稻杂优利用试种初步取得成功的基础上，制定了"一年试种，二年推广，三年普及"的杂交水稻发展规划。农场试点发展杂交水稻，大胆引种杂交稻三系，1976年初战告捷，取得了繁殖、制种、示范三田的好成绩。1976年，全场水稻杂优利用面积40.91亩，其中试种杂交稻示范田1.8亩，实收亩产1275斤，比相同栽培条件的常规水稻中籼69—1每亩增产135～253斤，比中粳农林140、通选122增产314.3～550斤，增产幅度在12%～75%。二九南1号A不育系繁殖田18.31亩，实收不育系种子亩产136.2斤，保持系种子亩产222斤，折算亩产稻谷1584斤。南优3号制种田20.8亩，实收杂交稻种子亩产71斤，恢复系种子亩产326斤，折算亩产稻谷1036斤，杂优三系繁殖制种也获得了千斤以上的好收成。

1977 年，农场为加速繁育和扩种杂交水稻，专门派员前往海南岛繁育种子，并接受代南通县繁殖制种 2000 亩杂交水稻的任务。同年，全场水稻杂优利用面积扩大到 3927 亩，占水稻面积的 26％。其中，杂交稻示范田 1385 亩，在比常规稻施肥水平稍高的情况下，亩产达千斤左右，全场 11000 亩常规水稻亩产 650 斤，杂交稻比常规稻每亩增产 350 斤左右，增产幅度 60％左右。二九南 1 号不育系繁殖田 80 亩（其中 70 亩代南通县繁殖），实收不育系种子 11672 斤，亩产 145.9 斤，保持系种子亩产 179.3 斤，折算亩产 1638 斤，一季超双纲。南优 3 号制种田 2463 亩（其中 1930 亩代南通县制种），长势与花期相遇较好，但因受当年八号强台风的影响，结实率下降，杂交种子亩产 70 斤左右，恢复系种子亩产 300 斤左右，折亩产稻谷 1000 斤左右。

四、黄桃增产措施实验探索

1967 年，农场副业连定植黄桃 80 亩，黄桃品种主要是欧洲系的爱尔保太及西洋黄肉桃。欧洲系的黄桃适宜在我国北方种植，在南方则表现低产，开始几年黄桃亩产 2000 斤左右，总产量在 16 万斤左右，由于产量低，农场曾几次准备淘汰这 80 亩黄桃。为找出低产原因，1974 年，农场（兵团）副业连 2 名知青和 1 名老职工成立探索黄桃高产的科研组，添置了实验材料和书刊杂志，种植 2 亩黄桃高产试验田和 7 亩黄桃良种样板田，开展黄桃科学实验活动。科研组人员到江苏省农科院园艺系请教学习，到旅大、奉化、南京、镇江、扬州、无锡、上海等地参观调查，对桃、梨、苹果等果树进行近 100 项观察记载与试验，积累近 20 万个数据，特别是对黄桃生长特性前后进行 20 多项系统的试验，观察记载黄桃花期、枝条生长、果实发育、生理落果等现象，摸索黄桃产量、质量与光照、降水等生态因子之间的关系，进行多种修剪与施肥对比试验，探讨黄桃流胶病、畸形病的防治方法等，初步找到了黄桃低产，尤其是后期落果数量多、果子大、时间长的主要原因是生理落果严重。据 1975 年到 1977 年的观察统计，黄桃 8 月中旬采收时的着果数量只占其开花量的 22.6％，占 5 月上旬定果数量的 55.3％，因此每年 5 月中旬套袋以后，空袋所占比例相当大，这就直接影响了它的产量。

摸清落果是低产关键的主要因素后，要实现黄桃低产变高产，摸清落果的原因是科研组的主要任务。科研组进行了大量调查研究与科学实验，除冬剪外，增加 4 次夏季修剪，通过抹芽、摘心、剪梢、扭枝、圈枝、疏枝、环状剥皮等方法有效地控制枝条生长；通过深挖排水沟，增施磷、钾肥和微量元素硼，及时中耕除草，做好病虫害防治等措施，确保果实的发育壮大，局部调整黄桃有机养分的分配，减少果实因缺少养分而造成落果，同时采用科学管培措施，有效地减少了黄桃生理落果。据统计观测，1977年，全连黄桃生理落果率下降到15.5％，1978年下降到9.6％。采果数占定果数由过去的55.3％上升到88.7％，实现了大面积黄桃低产变高产。科研组培管的2亩黄桃高产试验田，几年平均亩产达3600斤以上，每亩上交出口合格桃2300斤，最高株产量达202斤。

1976—1978年，通过黄桃科研组的不断努力，同样的80亩黄桃，1976年总产量为18.5万斤，1977年总产量为21.7万斤，1978年总产量为27.3万斤。上交出口合格桃，1976年为13.1万斤，1977年为14.5万斤，1978年为15.6万斤，特别是1978年黄桃亩产突破了3000斤大关，平均每亩产黄桃3412斤，交售出口桃1950斤，每亩黄桃产值达到了551元，创造了当时南通地区黄桃生产最高纪录，得到了江苏省农科院、南通罐头食品厂、南通地区轻工、外贸等部门的好评和重视。

1979年5月，全国黄桃会议专程组织参会人员来该桃园参观，全国12省市的科研部门、大专院校的专家和老师察看现场，听取介绍，肯定了黄桃科研组的做法。

科研组先后编写的《黄桃冬季修剪的几点意见》《黄桃夏季修剪的初步意见》和《黄桃果实畸形病变探讨》等文章，得到了江苏省有关科研部门和南通地区各有关果园的一致好评。

五、农业高产栽培技术探索

1979—1981年，农场2000亩水稻（水直播）生产全过程机械化试点获得成功，并获得技术鉴定证书。

1984年起，农场实行经营体制改革，农业实行承包责任制，绿肥茬水稻逐渐减少，麦茬稻面积逐步扩大，为解决收种水稻的劳动力矛盾，1986年，农场从练湖农场引进田间简易盘育机插新技术。1983—1985年，农场与江苏农学院合作，参加了二省一市农垦水稻叶龄模式栽培课题组，进行多种小区试验，推广水稻的叶龄模式栽培示范研究，当年，农场广大基层干部群众掌握了水稻的叶龄模式栽培技术，亩增产达到了60公斤，增长17％。1985—1987年，农场继续与江苏农学院合作，参加二省一市农垦小麦叶龄模式栽培课题组，进行小区试验，扩大示范等多方面研究，1988年大面积推广试种，小麦单产提高了32公斤，增产16％左右。

1984年，农场大面积推广西瓜营养钵小棚育苗技术及地膜高产栽培及防病技术。

1986年，农场引进日本丰甜1号甜叶菊，农科所开展丰甜1号甜叶菊无性繁殖的研究工作，包括小棚、遮阳网、秋繁扦插技术、冬季的保苗、大田的防冻越冬技术和春季春繁技术。通过研究，以玉米田扦插繁殖甜叶菊效果最好，是无性繁殖甜叶菊的重要方式，为农场扩大种植甜叶菊取得了较好的保障作用。

1987年，农场科技工作形成以农科所为主体，农办、分场、大队相结合的科研和科技开发结构。农科所完成了"田间简易盘育秧机插水稻生育特点及栽培技术""食用菌引种及栽培""1987年丰甜1号甜菊繁殖、生产""薄荷优质高产配套栽培技术"等14个科研项目的研究和总结，农业办公室和分场生产股开展了多种类型的技术辅导、咨询和服务活动。其中，丰甜1号甜叶菊的成功繁殖为甜叶菊的大面积推广提供了种苗，被列为农场的创汇产品之一。同年，农场试验地膜西瓜套作棉花的两熟高产栽培，1988—1990年扩大示范，1991年开始大面积推广，为农场起到了明显的增收效应。

1992年，水直播稻重施基肥改为重施分蘖肥肥料运筹技术、塑料盘小苗抛秧技术，在农场大面积推广，增产效果明显，后因种植户种植面积过大，抛秧均匀度达不到要求而被终止。

1992年，针对农场土壤严重缺磷的情况，小麦生产的基肥由原来的过磷酸钙改为美国进口的磷酸二铵。

1993年，农场与江苏农学院合作，应用凌启鸿教授创造的水稻、小麦高产群体质量栽培原理作为试验示范的理论。

1995年起，农场小麦生产推广小群体，壮个体，坚持重施基肥、苗肥基施、控制腊肥、重施倒三叶，重点围绕高产不倒伏技术，在当年遭受严重的倒春寒，小麦的主茎和大分蘖幼穗冻害率达到60%的情况下，全场3万亩小麦单产达350公斤以上，实现建场以来的第一个丰收年。

1996年，小麦、水稻施肥技术采用配方增施磷肥及化学调控等措施，使农场3.1万亩小麦平均单产达404.5公斤，4927亩水稻单产实现590公斤，农场小麦、水稻生产单产水平实现一个飞跃。

1997年，农场推广小麦肥床旱育稀植壮秧人工移栽栽培方式，全场1509亩小麦表现了抗倒伏性强的优点。水稻整地推广无水层耖田技术，为秸秆还田取得保证作用。1995—1998年，农场在参加江苏省农林厅开展的小麦水稻"吨粮杯"和农业领导工程杯竞赛中多次获一、二等奖。

1998年，为适应农业产业结构调整，农场在三大队试种5亩简易竹竿大棚西瓜栽培并获得成功，每亩增效3500～4000元/亩。1999年，农场推广改良型中棚西瓜栽培技术，采用大棚育苗，将原来的小棚栽培西瓜育苗播期提前到2月下旬，移栽期提前到3月下旬，移栽后中棚覆盖保湿地膜，开花后采取人工授粉等技术，取得较好的经济效益。2001年以后，中棚西瓜栽培技术在农场全面推广，每年种植面积5000亩左右，改变了原来地膜覆盖、无设施栽培的旧习，职工收入大幅度提高，每亩比无设施栽培增效 1800～2000 元。

农场从 1998 年开始，坚持麦秸、稻草全部还田。2000 年，全场土壤复查，土壤有机质含量达 1.377%，比 1990 年普查的 1.02% 提高 35%，2005 年，土壤抽样调查，有机质含量全场平均达到 1.55%，土壤有机质含量提高 52%。

第三节　科技交流和推广服务

一、技术鉴定证书（选介）

1981 年 10 月 8 日，南通农场 2000 亩水稻（水直播）生产全过程机械化试点技术鉴定证书：

编号：苏垦鉴字〔1981〕4 号

江苏省科委于 1979 年下达给南通农场"2000 亩水稻（水直播）生产全过程机械化试点"的科研项目，在江苏农学院的协作下，经过 3 年的试验实践，并于 1981 年 9 月 14—16 日组织有关专家小组进行预鉴，认为可以进行科技成果鉴定。

1981 年 10 月 6—8 日，江苏省农垦局主持召开了"2000 亩水稻（水直播）生产全过程机械化试点"鉴定会，参加会议的有农垦部、中国农业科学院作物所、江苏省科委和上海、湖南、湖北等 12 个省（市）以及江苏省的有关高等院校，科研、生产单位的 50 位同志。

在会议期间，与会代表听取了南通农场对本课题的试验报告及预鉴组的预鉴报告；观看了 2000 亩试点和大面积水稻的生长情况以及水田配套农机具陈列的现场，并对鉴定材料进行了全面的审查。与会代表一致认为：

（1）经过 3 年试验，达到了较好的经济效果。1979 年，每个田管人员管理水稻 76 亩，每亩用量在 10.26 个工日，平均亩产 718 斤，平均亩盈利 7.2 元，按用工量计算，每人生产稻谷 1.3 万斤；1980 年，每个田管人员管理水稻 98 亩，每亩用工量在 5.44 个工日，平均亩产 869 斤、平均亩盈利 37 元，按用工量计算，每人生产稻谷 2.9 万斤；1981年，每个田管人员管理水稻 124 亩，预计每亩用工量约 4.7 个工日，平均亩产 900 斤，平均亩盈利 40 元，按用工量计算每人生产稻谷 3.5 万斤。根据以上结果，试点达到了原设计任务书要求的：每人管理水稻 50～70 亩，每亩用工量在 5 个工日以内，平均亩产 800斤，经济有盈余等项指标。其主要指标达到国内先进水平。

（2）试点从本单位的实际出发，在机械配套上立足国内，并通过革新改制，填补缺门，在精选种子、平整土地、开挖渠道、耕、耙、秒、水直播、植保、收获、运输、扬场、灌溉等 12 项作业上实现了机械操作，基本上实现了水稻生产全过程的机械化，方向对头、符合国情。

（3）该场在试验过程中，在解决水直播栽培中存在的缺苗断垄和草害等关键问题方面，取得了显著的成绩，并应用了水旱轮作、选用适宜品种、改善群体结构和科学促控等成套栽培技术，为水直播水稻进一步高产积累了一定的经验。

生产试验单位：江苏省国营南通农场

主要协作单位：江苏农学院

组织鉴定单位：江苏省农垦局

鉴定日期：1981 年 10 月 8 日

二、科研课题、成果及获奖名录

20 世纪 60—70 年代，农场科学实验的主要形式是群众性的大种"三田"（高产田、样板田、试验田）和农机农具的革新改装及场办工业企业技术改造活动。那时，稻、麦、棉小面积的高产田多数大队每年都能落实 1～2 块；栽培或品种试验少数有条件的大队也间或搞一些；场（团）、片（营）、队（连）领导干部以及技术人员、职工三结合的样板田每年全场都种几块，在此期间较有影响的"三田"记录是：

（1）1963 年，农场场部棉花样板田（设在九队）160 亩，单产皮棉 75 公斤。

（2）1964 年，九队（现二大队）青年棉花高产栽培试验田 4 亩，单产皮棉 101.5 公斤。

（3）1965 年，老垦区十一队（后来为三十八大队）棉花 1200 亩，获单产皮棉 80 公斤，当年围垦当年种植棉花的十八队（后来为十一大队）1100 亩，获单产皮棉 64 公斤。

（4）1966 年，农场实验站及有关大队在棉田试用敌草隆、除草剂 1 号，水稻田试用敌稗、24-D、五氯酚钠、除草醚等获得成功，并从此开始推广。

（5）1974 年，农场（兵团）生产股 1.05 亩棉花高产试验田，获单产皮棉 152.45 公斤。

1986—1988 年，由部、省下达，农场与科研单位、大专院校协作，根据场内生产自选的课题，累计 254 个（次），归类 43 项，其中种子方面的课题 6 项，新作物、新技术开发性课题 21 项，一般技术的应用研究 16 项。

获得的科技成果有：

（1）1963 年，农场棉花良种繁育成绩显著，获农垦部良种繁育一等奖。

（2）1965 年，获全国农垦系统"五面红旗"之一、棉花高产样板、农垦部良种繁育特等奖。

（3）1978 年，农场农机修造厂 2BD-10 型杂交稻精量播种机获农垦部科技成果三等奖。

（4）1981 年，一水二旱三年轮作制获农垦部科技推广奖。

（5）1981 年，2000 亩水稻全盘机械化试点单产 900 斤，亩用工 4.7 个，同年 10 月，经江苏省农垦局组织鉴定，并获农牧渔业部农垦总局科研成果二等奖。

（6）1981 年，研制成功 2BD-10 水稻精量播种机，通过部级鉴定，并获得农垦科学技术成果三等奖。

（7）1982 年，棉花高产攻关试验田单产 146 公斤皮棉，获江苏省农林厅科学技术进步四等类。

（8）1982 年 3 月，"二千亩水稻（水直播）全盘机械化栽培试点"获农垦部科研成果二等奖（奖 1000 元）。

（9）1982 年 3 月，"一水两旱三年轮作制"获国家农委、科委技术推广奖。

（10）1982 年 3 月，"一水两旱三年轮作制"获江苏省人民政府农村科技普及奖。

（11）1983 年，"陆地棉品种间杂交优势组合的筛选及应用"获江苏省农科院科技四等奖（协作课题）。

（12）1985 年，"江苏省农林害虫天敌资源调查"获江苏省政府科学技术进步二等奖（协作课题）。

（13）1986 年，"水稻大面积机械化高产栽培技术及其理论研究"获江苏省政府科学技术进步三等奖（协作）。

（14）1986 年，"江苏农垦农田杂草发生及其防治技术研究"获江苏省政府科学技术进步四等奖（协作）。

（15）1987 年，"江苏国营农场水稻害虫综合防治"获江苏省农垦局科学技术进步三等奖（协作课题）。

（16）1987 年，"地膜植棉新技术大面积推广应用研究"获江苏省农垦局科学技术进步一等奖（协作课题）。

（17）1987 年，"棉苗根病发生与防治研究"获江苏省农垦局科学技术进步一等奖（协作课题）。

（18）1987 年，"西瓜病害防治技术"获江苏省农垦局科学技术进步三等奖。

（19）1987 年，"黄桃新品种引进、选育"获农牧渔业部科学技术进步三等奖。

（20）1987 年，"新扬州鸡提纯复壮"获江苏省农垦局科学技术进步三等奖。

（21）1987 年，"小麦机械化高产栽培研究"获江苏省人民政府三等奖。

（22）1989 年 3 月，农场获农垦部"发展瘦肉型猪"奖状。

（23）1989 年 10 月，"直播稻田杂草发生消长规律及化除配套技术研究"获江苏省人民政府科学技术进步三等奖。

（24）1994 年，农场参与的江苏省"吨粮杯"麦、稻竞赛项目获江苏省农林厅颁发的全年高产二等奖。

（25）1994 年 7 月 14 日，农场在"八五"前期促进垦区科技进步工作中成绩显著，获江苏省农垦集团公司嘉奖。

（26）1994 年 6 月 2 日，"机械化栽培麦田恶性杂草的发生规律与化除配套技术"研究项目获江苏省农垦总公司 1993 年度科学技术进步一等奖。

（27）1995 年，农场参与的江苏省"吨粮杯"麦、稻竞赛项目获江苏省农林厅颁发全年高产二等奖。

（28）1996 年，农场参与的江苏省水稻高产、优质、高效配套栽培技术项目获农业部全国农牧渔业丰收三等奖。

（29）1996 年度江苏省"农业领导工程"丰产方竞赛，农场获江苏省农林厅颁发的小麦高产一等奖。

（30）1997 年度江苏省"农业领导工程"丰产方竞赛，农场获江苏省农林厅颁发的水稻高产一等奖。

（31）1998 年度江苏省"农业领导工程"丰产方建设竞赛中，农场获江苏省农林厅颁发的一等奖。

（32）2001 年，农场参与的小（大）麦优质高产高效机械化栽培技术项目获农业部全国农牧渔业丰收三等奖。

另外，一批从事农场农工副业科技研究和科技活动的同志也分别获得过省、市、农垦集团有关农业科学技术的奖励。

农场获省、市、集团级农业科学技术等奖项人员见表 5-1-1。

表 5-1-1　农场获省、市、集团级农业科学技术等奖项人员名录

姓名	荣誉称号	授奖部门	授奖时间
严晓明	"一水两旱三年轮作制"表彰	国家农委、科委	1982 年 3 月
葛克平	"一水两旱三年轮作制"科学技术推广奖	国家科委、农委	1982 年 3 月

（续）

姓名	荣誉称号	授奖部门	授奖时间
应业钧 杨子俊 马竹荣 翟智君 顾鸿飞 严淑英	"一水两旱三年轮作制"科学技术推广奖	国家农委、科委	1982年3月
应业钧 包恒和 高锦林	"两千亩水稻（水直）生产机械化栽培科技成果二等奖	农业部	1982年3月
王炳亨	农村科学技术推广先进工作者	国家科委、经委、 农林牧渔业部	1983年
蔡正贤	"农田杂草的发生和防除"科学技术进步四等奖	江苏省人民政府	1986年
陈润林 季学祥	"水稻大面积机械化高产栽培及理论研究"科学技术进步三等奖	江苏省人民政府	1986年
王克宁 周永昌	"农田杂草的发生和防除技术"科学技术进步四等奖	江苏省人民政府	1986年
周永昌	"水稻病害防治技术试验"科技进步三等奖	江苏省人民政府	1986年
蔡正贤	"西瓜病害防治技术试验"科学技术进步三等奖	江苏省人民政府	1986年
蔡正贤	"棉苗根病发生与防治研究"科学技术进步一等奖	江苏省农垦总公司	1986年
蔡正贤	"西瓜病害防治技术试验"科学技术进步三等奖	江苏省农垦总公司	1986年
王钧强 邢　汇 丁美云 周克勤	"黄桃新品种繁育"科学技术进步二等奖	江苏省农垦总公司	1987年
黄天胜 何超亭 王吉玉 顾树仁	"新扬州鸡提纯复壮"科学技术进步三等奖	江苏省农垦总公司	1987年
蔡正贤	"全国农垦棉苗病害研究及防治"科学技术进步三等奖	国家农牧渔业部	1987年
蔡正贤	"全国农垦棉苗病害研究及防治"科学技术进步三等奖	国家农牧渔业部	1988年4月 （表彰文）
王炳亨 顾惠成	"农机管理标准化"科学技术进步二等奖	江苏省农垦总公司	1988年3月
季学祥	"小麦机械高产栽培研究"科学技术进步三等奖	江苏省农垦总公司	1988年3月
蔡正贤 周永昌	"西瓜病害防治技术试验""江苏国营农场水稻病虫害综合防治"科学技术进步三等奖、"棉苗根病发生与防治研究"科学技术进步一等奖	江苏省农垦总公司	1988年4月

（续）

姓名	荣誉称号	授奖部门	授奖时间
蔡正贤 周永昌	"全国农垦棉苗病害研究及防治" 科学技术进步三等奖	国家农牧渔业部	1988 年 4 月 （表彰文）
王炳亨 仲　银 陈润林 徐永兴 刘文权 朱进华 王有成 王华兴	棉花高额丰产田"丰收杯"三等奖	江苏省农林厅	1988 年 8 月
曹振文 吴庭辉	"小麦百亩丰产方"丰收杯三等奖	江苏省农林厅	1988 年 8 月
蔡正贤	"棉苗根病的药剂防治"协作组优秀论文奖	全国棉苗病害研究成果 及新技术推广协作组	1988 年 10 月 （表彰文）
蔡正贤	《西瓜病害防治试验续报》植物保护学科优秀论文奖	江苏省农垦总公司	1989 年 3 月
周永昌等	"直播稻田杂草发生消长规律及化除配套技术研究" 1988 年度科学技术进步三等奖	江苏省人民政府	1989 年 10 月
周永昌等	"江苏农垦大豆田杂草发生及化除配套技术研究" 1989 年度科学技术进步四等奖	江苏省人民政府	1989 年 12 月
周永昌等	优秀论文一等奖、科学技术进步二等奖	江苏省农垦总公司	1990 年 1 月
包恒和 顾惠成 汪文宗 陆海泉 曹锵	科学技术进步二等奖的"联合收割机 二次分离得脱装置"完成人	江苏省农垦总公司	1990 年 4 月
周永昌等	水直播芽谷播种"扫弗特" 化除技术获科学技术进步三等奖	江苏省农垦总公司	1990 年 5 月
周永昌	获"农村星火带头人"称号	江苏省科委、团委	1990 年 8 月
陶鑫益 张宏飞 王华兴 李立洲	水稻千亩片优胜奖	江苏省农垦总公司	1991 年 1 月
周永昌	1991 年度科学技术进步二等奖的"麦茬水直播 稻田稻象甲综合防治技术研究和推广"项目第一完成人	江苏省农垦总公司	1992 年 2 月
陈润林	"薄荷高产高效益配套栽培技术的研究"论文在江苏省 天然香料第三届年会被评为优秀论文	江苏省作物协会	1992 年 7 月
周永昌等	"棉田杂草的发生规律与化学防除系列 配套技术"获国家科技成果证书	国家科委	1993 年 8 月
周其林 顾鸿飞	江苏省农垦科学技术进步三等奖	江苏省农垦总公司	1994 年 6 月
顾鸿飞 陈润林	江苏省农垦科学技术先进工作者	江苏省农垦总公司	1994 年 7 月
周永昌	在"八五"前期促进垦区科技工作中成绩显著受表彰	江苏省农垦总公司	1994 年 7 月

（续）

姓名	荣誉称号	授奖部门	授奖时间
周永昌	1993 年科学技术进步四等奖中参加者	江苏省人民政府	1994 年 11 月
包恒和	江苏农垦农业科学技术推广先进个人	江苏省农垦总公司	1994 年 12 月
刘文权	农业科学技术推广先进个人	江苏省农垦总公司	1995 年 1 月
仲　银 陈润林 季学祥	"麦茬机械水直播产量 结构特征及高产栽培技术" 水稻专集论文三等奖	江苏省农垦总 公司农业处	1995 年 4 月
周永昌	《阿罗溲抛秧稻田化除试验报告》 1996 年度优秀植保论文二等奖	江苏省农垦总公司农业处	1997 年 3 月
周永昌	1997 年度省"农业领导工程" 丰产方竞赛水稻高产二等奖	江苏省农林厅	1997 年 12 月
薛元海 宋所珍 周永昌	《好事达防除冬小麦田杂草的研究》 自然科学优秀学术论文三等优秀学术论文	淮阴市人民政府	1998 年 8 月
周永昌	1998 年度农业领导工程丰产方建设一等奖	江苏省农林厅	1999 年 1 月
季学祥	金善宝农业科技奖	南京农业大学	1999 年
周永昌	"小（大）麦优质高产高效机械化栽培技术" 获 2001 年全国农牧渔业丰收三等奖	农业部	2001 年 10 月
季学祥 周永昌	《依托科技 树立典型 完善服务》 2001 年度农业优秀论文奖	江苏省农垦集团公司	2002 年 3 月
季学祥	南通市"感动农民"十佳农技推广人物	南通市农业局	2007 年 12 月
吉远军	水产技术推广十佳标兵	南通市海洋与渔业局	2008 年 6 月
吉远军	中国水产学会学术年会优秀论文	中国水产学会	2009 年 10 月

第二章　教　　育

第一节　教育方面基本情况

1958年夏，南通县委农工部经县文教局统一招收初农两个班（完小毕业生100人），学制两年。两个班分别设在姜灶、三余两个农场，后来农场合并，1958年11月初，两个班的学生迁到农场。由于当时农场条件较差，一无教室，二无宿舍，师生均住在离场五华里的大安镇上（老场部北边），两个班的教室是借用大安镇的民房，教师无办公室，学生边学习边参加农业劳动。1958年12月5日，教室搬迁到老场部简易草房里。迁入农场后，初农班由农场党委统一领导，业务上由南通县文教局代管，开设的课程有语文、政治、数学、作物栽培、植物保护、土壤肥料、植物学等7门课，校名定为"江苏省国营南通农场初级农业技术学校"（简称初农）。

随着农场不断的扩垦，农场教育事业也有了一定的发展。1961年6月，农场开办第一所全日制普通初中班，命名为"南通农场职工子弟学校"。到1965年，全场中小学发展到13所，在校中小学生1267人。1972年12月，农场（兵团）教育已基本做到了普及小学五年制教育，全场（团）共有学龄儿童2943人，已入学的有2931人，普及率99%。全场（团）有小学15所，中学2所，除第5、第8、第9营三个营无完全小学外，其余各营都建立了完全小学。全团共有小学生1966人，中学生419人，幼儿班儿童546人。学生班级计89个，教职员工146人（其中小学教师106人，中学教师30人，炊事员10人），中、小学教师中有35人为国家正式教师。1978年，党的十一届三中全会以后，实现了理论上、思想上的拨乱反正，农场教育秩序逐渐恢复正常，教育事业有了新的发展。农场设2所中学，13所小学，在校学生4270人；16个幼儿班，在校幼儿360人。1981年夏，农场第一中学高中部改办职业高中班，先后设有"作栽""植保""农机"等9个专业。1983年，农场有2所中学，11所小学。1984年，农场在校小学生2045人，共82个班；在校中学生1815人（含高中补习班，不含电大班），其中初中24个班，高中7个班，职高6个班，共计37个班。1986年，农场加强对教育的投资，全面推行九年制义务教育，学校教职员工共286人。同年，农场贯彻中央关于教育体制改革的决定精神，建立教育管理委员会，试行校长负责制。

1988 年，农场具有完全中学 1 所，职业中学 1 所和在农场中心小学领导下的完全小学 5 所，初级小学 5 所。中小学共有 86 个班级，3006 个学生，其中：普通高中 7 个班，学生 322 人；职业高中 7 个班，学生 285 人；初中 21 个班，学生 860 人；小学 51 个班，学生 1215 人；学前班 13 个，学生 324 人。在编中小学教职工 290 人，其中，大学本科毕业生 8 人，大学专科毕业生 42 人，中专、中师毕业生 76 人，教职工中有党员 26 人（建立 3 个党支部），团员 96 人。

1958—1988 年的 30 年间，农场的教育事业从无到有、从小到大，已具备一定规模，学校普通教育方面：共培养 6865 名小学毕业生，1617 名高中毕业生。职业教育方面：共培养 150 名初级农校毕业生，100 名中等农校毕业生，365 名职业高中毕业生，150 名机务人员和 61 名电大毕业生，毕业生中有 50 多人担任大队以上干部，5 人担任科级以上干部；为高一级学校输送人才，先后录取中师中专的 27 人，大专的 11 人，电大的 8 人，本科的 31 人。教育基础设施建设方面：1983 年，农场第二中学教学楼建成；1984 年，学校食堂建成；1985 年，农场中心小学教学大楼建成，原有的小学教室改为中学校办厂厂房与学生宿舍；1987 年，农场第一中学小学校舍建成，至 1988 年，中小学教育设备基本齐全，校舍总面积达 18368 平方米。学校体育活动方面成绩也较显著，1980—1988 年，为江苏省培养输送运动员（中长跑）1 人，为南通县培养输送运动员 14 人。

1989 年，农场基础教育、职业教育得到巩固发展，完成从幼儿教育开始到高中毕业的正规教育体系。全场儿童的入学率、巩固率、普及率、毕业率都达到或超过了地方水平，跨入江苏省农垦的先进行列，农场教育事业取得的成绩受到地方教育部门和同行的关注。农场第一、二中学及小学 3 所学校在江苏省农垦组织的达标验收中，均被评为优秀。同年 11 月，农场成立国营南通农场学校董事会，职责是贯彻党的教育方针，提高教育质量，宣传、贯彻《义务教育法》，按照人民教育事业人民办的原则，每年向社会各界筹集一定数量的教育基金，改善办学条件和教学环境。宣传尊师重教的意义和教育在经济建设中的重要地位，每年召开 1～2 次教师或学生座谈会，了解师生政治、思想、学习、工作、生活等方面的愿望和要求，及时向有关部门反映，多办实事，切实解决教学工作中的迫切问题。

1990 年，农场用于办教育的经费 42.1 万元，上级拨款 16.9 万元，部分学校办学条件得到了改善。中小学校坚持社会主义办学方向，把师生的德育放在首位，强化学校常规管理，深化教育改革，提高教育质量，农场第二中学发挥学校教育整体优势，被江苏省农垦总公司评为"德育先进单位"，学校党支部被南通县评为先进党支部。第二中学和中心小学经农业部农垦司教育处检查被评为一类学校，第一中学的办学实践得到农业部教育司督导组的高度评价。"德育"位置的摆正，调动了教师"重德"的主观能动性，加快了学校管理规范化和科学化的进程。教育改革硕果累累，中小学有 12 名同学在老师的指导下参加县、市文理单科比赛分别获得一、二、三等奖。

1995 年，农场认真宣传贯彻《教师法》和《教育法》，九年义务教育覆盖率 100％，青壮年非文盲率 98％，幼儿教育、成人教育、职业教育和岗位培训教育得到加强，全场形成尊师重教、崇尚知识、尊重人才的良好风气。同年 4 月 15 日，农场根据通州市教育局文件精神要求，制定《关于建立人民教育基金的暂行规定》，对全场在册职工和个体工商户、地方驻场单位人员以及其他有工资收入的个人按规定收取人民教育基金，并鼓励社会各界向基金会捐资。人民教育基金专项用于农场教育事业。

1996 年 3 月 22 日，农场根据中共中央、国务院关于《办好农村学校教育，要坚持两条腿走路的方针，通过多种渠道，切实解决教育经费问题》的通知精神和中共中央关于《分级办学、分级管理》的决定以及江苏省农垦总公司的《关于多渠道筹措教育经费》的通知精神，农场组织全场干部职工集资办学，制定《国营南通农场人民教育基金管理委员会章程》，同时，为加强对人民教育基金的管理和使用，根据委员会章程成立南通农场人民教育基金管理委员会。

同年 8 月，江苏省农垦总公司决定在南通农场试点校长负责制，农场党委制定《国营南通农场校长负责制试行办法》和《国营南通农场教师聘任制试行办法》，从当年 9 月 1 日起正式试行，农场中学成为江苏垦区首家实行"校长负责制"的试点单位，同时配套执行的改革措施有"教师聘任制""岗位责任制""教师浮动工资制"等。同年 12 月 23 日，农场在南通农场中学内恢复南通农场职业中学，校址在南通农场中学内，农场中学校长兼任南通农场职业中学校长。

1997 年，农场幼儿早期教育更加完善，小学教育质量稳步提高，成人教育、职业教育和岗位培训工作得到了各级领导高度重视，人民教育基金筹集顺利，使用规范，尊师重教的风气愈益浓厚。同年，校长负责制试点在全垦区得到推广。

1998 年，农场教育面向未来，实施素质教育，中考升学率居通州前列，小学毕业会考取得了好成绩，幼儿教育富有特色，人民教育基金得到合理使用。

2000 年，农场教育系统在移交地方前，狠抓教学改革、教学管理和教育质量，实施素质教育成绩喜人，职高对口高考录取 13 人，高考 46 人，上线 44 人，其中本科 32 人，教学质量继续名列江苏农垦前茅。中心小学重视德育工作，坚持"合格＋特长"的素质教育培养方针，幼儿园加强园务管理和安全工作，促进幼儿身心全面发展。

2001 年 8 月 10 日，根据江苏省政府办公厅《省政府办公厅转发省教育厅等部门关于省农垦企业分离办学职能的实施意见的通知》（苏政办发〔2001〕38 号）文件精神，南通农场学校及教育管理相关资产和人员及职能全部移交南通开发区，正式移交后，农场场办学校及教育管理工作彻底结束。学校划归南通开发区后，农场中学重点发展初中义务教育。

2009 年，苏通园区进驻农场，征用农场大片土地。2014 年，农场江海小学和农场中学全部搬迁，苏通园区在原农场农科站所在位置重新建设"南通市苏通园区实验学校"，后来改为"南通市苏通园区实验小学"和"南通市苏通园区实验中学"。学校占地 9.01 万平方米，建筑面积约 6 万平方米，总投资 1.9 亿元，是 1 所 9 年一贯制公办学校。学校环境优美、设施一流，学校有大市级学科带头人 3 人，区级以上学科带头人、骨干教师、教坛新秀多名，10 多名教师在各类教学比赛、基本功比赛中获一等奖。

学校注重文化引领，以"教育即耕耘，成人即陶冶"为办学理念，秉承"勤恳"校训，发扬"上善若水、脚踏实地、思变求通"的学校精神，努力"将学校建成师生迷恋的精神家园"。学校关怀学生的全面发展，全校 37 个学生社团精彩纷呈，"花样跳绳"彰显学校特色，打造学校品牌，校花样跳绳队多次在世界和全国跳绳锦标赛上获得金牌。学校先后荣获"全国跳绳示范学校""南通市文明单位""南通市课改示范学校""南通市依法治校示范学校""南通市体育特色学校""南通市和谐校园创建先进集体""南通开发区教育先进集体"等称号。

农场教育系统在农场党委的领导下，通过全体教师和学生的共同努力，在提高农场职工文化素质和职工子女学习教育方面取得了显著成绩，涌现了各种类型的先进个人，受到了上级党委和政府的表彰。

农场教育系统受上级党委和政府表彰见表 5-2-1。

表 5-2-1　农场教育系统受上级党委和政府表彰一览

姓名	荣誉称号	授奖部门	授奖时间
周建华	全国农垦系统先进教师	农牧渔业部	1985 年
陆承祖	全国农垦系统先进教师	农牧渔业部	1985 年
张月芬	先进教师	农业部	1989 年
邵伟民	江苏省三好学生	江苏省教委、团省委	1990 年 5 月
郭均成	省地理教具评展鼓励奖	江苏省教委	1990 年 8 月
曹　钦	德育工作先进个人	江苏省农垦总公司	1990 年 9 月
王　森	92 之夏全国少年作文竞赛三等奖	中国少年文学编辑部	1992 年 9 月
宋　伟	92 之夏全国少年作文竞赛佳作奖	中国少年文学编辑部	1992 年 9 月

（续）

姓名	荣誉称号	授奖部门	授奖时间
季春梅	江苏省三好学生	江苏省教委	1994 年 5 月
孙仁超	全国语文教师"四项全能奖"	全国语文教师征文赛评委会	1994 年 12 月
马锦林	第三届全国中小学生作文竞赛优胜指导奖	共青团中央学校部	1995 年 5 月
曹群春 陈 英 仇美珍	第十届全国中小学作文竞赛育才奖	全国中小学作文竞赛组委会	1995 年 4 月
朱 俊 姜敏磊 张 凯	第十届全国中小学作文竞赛三等奖	全国中小学作文竞赛组委会	1995 年 4 月
曹乐乐 徐婷婷 刘 佳	第十届全国中小学作文竞赛鼓励奖	全国中小学作文竞赛组委会	1995 年 4 月
曹铃	全国物理教研论文三等奖	中国教育学会教育研究会	1995 年 7 月
曹 铃 沈 沛 陆承祖	江苏省农垦系统先进教师	江苏省农垦总公司	1985 年
曹 铃 卞洪才 程惠斌	江苏省农垦系统先进教师	江苏省农垦总公司	1987 年
黄汉江 张月芬 王建华	江苏省农垦教育系统先进工作者	江苏省农垦总公司	1988 年 11 月
黄 霞 姜 海	市小学生数学竞赛一等奖	南通市小学教学研究会、 市青少年三元数学奥林 匹克俱乐部	1989 年 5 月
曹 铃 张汉清	江苏省农垦系统先进教师	江苏省农垦总公司	1989 年 9 月
杨益彬 曹 铃 成炳顺 孙仁超 徐锦辉	江苏省农垦教研论文三等奖	江苏省农垦总公司教育研究会	1989 年 11 月
顾建芳	市小学数学青年教师优秀课评比三等奖	南通市教学研究室	1989 年 11 月
熊丽君	江苏省"叶圣陶杯"语文竞赛南通市三等奖	南通市教研室	1989 年 12 月
成炳顺 孙仁超 杨益斌 曹 铃 徐锦辉	江苏省农垦教育论文三等奖	江苏省农垦总公司教育研究会	1990 年 1 月
姜建忠	南通市小学生数学竞赛三等奖	南通市教育局	1992 年 1 月
张月芬 王建华	"改革班主任评定品德评语为三结合操行评定" 论文评比三等奖	江苏省农垦总公司	1992 年 11 月
黄 坪 于时之	优秀教研论文二等奖	江苏省农垦总公司科教处	1992 年 12 月

（续）

姓名	荣誉称号	授奖部门	授奖时间
孙仁超 曹　钤	优秀教研论文三等奖	江苏省农垦总公司科教处	1992 年 12 月
茅德备	优秀教研论文鼓励奖	江苏省农垦总公司科教处	1992 年 12 月
吴振华	演讲比赛一等奖	江苏省农垦总公司	1994 年 7 月
季文北	江苏农垦"十佳教师"	江苏省农垦总公司	1994 年 9 月
曹　钦	江苏农垦"百优教师"	江苏省农垦总公司	1994 年 9 月
周建华	撰写演讲稿获农垦教育系统一等奖	江苏省农垦总公司	1994 年 9 月
季文北	江苏农垦"最佳主人翁"	江苏省农垦总公司	1994 年 12 月
周建华	撰写演讲稿获农垦总工会二等奖	江苏省农垦总公司	1994 年 12 月
黄守莲 黄苏建	小学教师作文评比一等奖	江苏省农垦总公司	1995 年 7 月
任洪华	教育论文评比二等奖	江苏省农垦总公司科教处	1995 年 9 月
曹钤	教育论文评比鼓励奖	江苏省农垦总公司科教处	1995 年 9 月
余观夏	1995—1996 年度"优秀教师"	江苏省农垦总公司	1996 年 8 月

第二节　学前教育与小学教育

一、学前教育

建场初期，由于条件的限制，农场无幼儿教师。1969 年，随着条件逐步改善和教育事业的发展，农场开始创办"学前班"（一中小学附设 1 个班），收 6 周岁幼儿 26 名，开设识字、手工、数学、唱歌等启蒙教育课程，受到职工的欢迎。1970 年，农场学前班发展到 11 个（附设在各大队小学），收幼儿 345 名。1982 年，农场投资 2 万元修建 1 所幼儿园。1987 年，农场拨出专款 30 万元，南通县土地管理局划拨 2.81 亩土地作为建园用地，建设农场中心幼儿园（今腾飞社区办公室），1988 年暑期交付使用，共收 6 个班（分大班、中班、小班），学龄前幼儿 180 名，配备专职幼儿教师、职工 15 名（含行政人员）。随着计划生育政策的落实，为满足广大职工"少生优育"的迫切愿望，提高学前班的教学质量，1984—1988 年，农场先后选送 9 名小学教师进修培训专职幼儿教师。1992 年，农场在"六一"儿童节期间对全场 30 多所托儿所、幼儿园进行了评比检查，为他们添置毛巾、茶杯、面盆和玩具。同时积极鼓励幼儿老师提高业务水平，聘请南通师范教师为幼儿园老师授课。同年，中心幼儿园老师参加江苏省农垦总公司组织的幼儿园老师自制玩具比赛并获第二名。

1996 年，中心幼儿园经南通市教育验收，被评为一类幼儿园。2001 年，农场中心幼儿园改为国有民办，经通州市教育局同意，由物价局核定收费标准，从 2001 年起正式实行以收定支。同年 8 月，农场中心幼儿园移交给南通开发区管理。

二、小学教育

1960 年 2 月，为适应农场发展的需要，满足干部、职工子女入学的迫切要求，在老二队（后来的三十三大队）破草棚里办起了两个 1～4 年级小学复式班，共收 52 名学生，教师是从"初农"挑选出的两名各方面比较好的学生，提前毕业，经短期培训后去任教。同年 8 月，根据教育事业的发展，因陋就简办起了 11 个复式班，有学生 302 人，从首届"初农"毕业生中挑选了 13 名品学兼优的学生，经短期培训后分配在老场部、一队、五队、七队、八队、九队、中心队、十一队等 8 个小学任复式班教师。

1963 年，农场有 4 个小学班转为县公办，并有 6 名教师转为县公办教师。

1965 年春，农场扩垦（即后来的二、四分场），从公社迁来大批移民，为满足职工子弟入学的要求，增设十四队小学、十八队小学、二十一队小学、二十二队小学、二十三队小学，当年，全场小学发展到 13 所，共 40 个班级，1012 名学生。

1971 年，全场小学发展到 15 所，65 个班级，1724 名学生，小学毕业生升入初中学习的人数达 60％。

1973 年，农场（兵团）7～12 周岁的学龄儿童全部入学，全场中、小学生达 3234 人，学生班级 96 个。

1979 年，农场合并武装连、2 连、4 连 3 所小学，建造 1 所完全小学，并由农场和南通农垦局一起投资 3.8 万元作为教育经费，用于改善办学条件和新增 1 所场部幼儿园。

1984 年，农场第二中学附属小学更名为"南通农场中心小学"，后又改名为"南通农场江海小学"，负责全场 10 所小学的行政和教学业务领导，为全场小学树立示范与榜样作用。自 1984 年建立中心小学以来，农场小学的教学质量显著提高，参加县统考均超过邻近乡、镇小学，仅次于县重点小学。

1987 年，农场重视学生的基础教育，中心小学毕业升学率达 95％。同年，五年级学生代表参加江苏省数学竞赛获得二等奖。1989 年，农场中心小学在南通市组织的小学五年级数学竞赛中获 2 个一等奖。1990 年，农场中心小学足球队在南通市小学生足球赛中夺得冠军。1996 年，中心小学参加南通市数学竞赛，获 6 个一等奖、3 个二等奖、2 个三等奖。

第三节　中学教育

随着农场扩垦发展，职工逐年增多，农场干部、职工子女要求上初中的愿望强烈，为稳定干部、职工的思想情绪，提高职工的文化素质及满足农场职工文化知识的需要，农场克服种种困难，于1961年6月开办了1所全日制普通初中班，命名为"南通农场职工子弟学校"（其小学、初中、初农在一起），招收初一新生34名，学制3年。课程有：政治、语文、数学、英语、珠算、体育等6门课，由南通县文教局派来1名公办教师任教。但由于当时国家经济困难，1961年初中招生以后，1962年、1963年均未招生，直至1964年第一届初中毕业生毕业后，1964年秋才招收了第二届初中生40名。

1970年春，二十四团创建了初级中学，命名为"江苏生产建设兵团第四师第二十四团初级中学"（即农场第二中学的前身），建校时占地75.8亩。

1970年冬，二十三团撤销后，原二十三团的学校并入二十四团。合并后二十四团有两所中学，按建校先后，确定原二十三团中学为第一中学，二十四团中学为第二中学，两个中学有高中2个班，初中10个班，中学生529人。

1973年，第二中学建造教室两排（中学、小学各一排）、宿舍两排，第一中学的高中部全部迁至第二中学，第二中学成为一个完整的九年一贯制学校。

1978年以后，为了缓解大批知青教师回城后师资不足的困难，农场先后从公社招聘了符合要求的10名中学教师，抽调5名科技干部到中学任教，教学质量基本未受到多大影响，并在1979年高考中取得比较好的成绩，这一年录取本科3人，大专2人。同年，农场在中央农垦教育工作会议上介绍了办学经验。

1979年，农场第二中学被农垦部评为全国农垦系统普通教育先进集体。1980年，由江苏省农垦局定为系统内的两所重点中学之一。

1981年，农场第一中学有职高班2个，学生102人，初中班3个，学生150人；农场第二中学有高中班4个，学生208人，初中班17个，学生841人。1981年的高考中，达分数线的有4名学生，有2名学生被录取到普通大学，1名高中毕业生被录取为空军学员。同年，在202个初中毕业生中，有1名同学考上中师，8名同学成绩达到县中录取分数线，25名同学的成绩达到全县7所重点完中的录取分数线，有37名学生的成绩达到区重点中学录取分数线，其中一个考生的语文成绩85分，名列全县第三名，超过了以往任何一年的成绩水平。

1982年，农场第二中学成为全日制完全中学，全校有19个班级，共有教职员工72

人，学生 958 人。学校狠抓德、智、体三育并举，推动学生全面发展，全校 20 多名同学达到国家体育训练标准，学生的体质有所增强。

1985 年 9 月，农场第二中学荣获农牧渔业部授予的"全国农垦系统教育先进集体"的光荣称号。

1987 年，江苏省农垦总公司为二中拨了 5 万元设备，建立微机房。农场中学为大中专学校输送学生 19 名，学校被评为江苏省农垦系统先进单位。

1984—1987 年，学校先后录取中师、中专 16 人，大专 6 人，本科 23 人，电大专科 5 人。高考成绩超过江苏省平均分的：1984 年有政治、语文；1985 年有语文、物理；1986 年有语文、历史、英语；1987 年有政治、语文、物理、地理、历史。

1989 年，农场第二中学坚持德、智、体、美、劳全面发展的教育方针，培养国家和农场建设需要的合格人才，荣获农业部教育系统先进集体。当年，农场中考、高考都取得较好成绩，有 9 名学生达到高考录取分数线，10 多名学生达到县中以上录取分数线，第二中学高考录取率为江苏农垦系统第一，农场第二中学党支部被中共南通县委评为先进党支部。同年 4 月 10 日，农场第二中学扩建校舍拨用土地 1.69 亩得到南通县土地管理局批准。

1991 年，农场教育战线坚持全面发展方针，农场中学当年有 15 名职工子女被高等院校录取，是农场建场以来高考录取率最高的一年。

1993 年，农场文教系统重视加强教职员工的政治学习和思想教育，以培养"四有"人才为目标，坚持全面发展方针，培养出一批品学兼优的好学生，校风校纪有了较大改观，教学质量有了提高。当年，13 名学生参加高考，达到本科录取分数线的有 2 名，达到专科的有 6 名。

1994 年，农场中学应届毕业生共录取各类大学 17 人，其中本科 7 人。

1995 年 7 月，农场因生源严重不足，根据江苏省农垦总公司关于集中办学、集中投资、改善办学条件、提高教学质量的要求，从 1995 年暑假开始，撤销南通农场第一中学、第二中学、职业中学，合并建立南通农场中学，农场中学成为集职业教育、普通教育并重的综合性学校。合并成立南通农场中学后，农场增加了教学投入，投资 110 万元新建一幢教学实验楼，按照地方政府标准落实教师工资待遇，改善教师住房条件，学校教学质量有了新的提高，高考上线的 14 名学生中，录取到重点本科有 2 名、普通本科 8 名、大专 9 名。

1996 年，按照江苏省农垦总公司对农场"在 1998 年初步实施教育现代化"的要求，农场中学投资购买多台微机和 56 台语音设备。当年，农场中学高考、会考、中考均取得较好成绩，高考上线 29 人，中考录取到中师、中专及重点中学的有 9 人。

1997 年，农场高考和中考中录取各级各类高校或中等学校学生 31 人，其中本科 9 人，大专 14 人，中专 6 人，职高对口高考录取大专 2 人，创校历史纪录，中考固生率和录取率均居通州市前列。

1998 年，农场中学高考录取本、专生 37 人，其中本科 18 人，专科 19 人，本科录取率居通州市第二，职高对口高考录取到大专 2 人。

1999 年，农场中学和职业高中有 15 个教学班，包括初中部 7 个班、普高部 3 个班、职教部 5 个班，在校学生 600 人，在职教职工 80 人，其中专职教师 59 人。学校依法治校，深化素质教育，以质量效益为中心，以内涵发展为主导，深化改革，科学管理，教育、教学质量全面提高。学校严把课程设置关，根据教学计划开全开足全部课程，重视体育、卫生工作，两课两操常抓不懈；每年举行学校田径运动会，体育高考有 7 人专业上线；课外活动生动活泼，双休日素质教育效果显著；学生分组实验、演示实验到位，劳技课和理化生实验进一步加强；初三实用技术培训收到实效，微机教学全面普及；通过素质教育活动，使学生的个性和特长得到了培养，促进各方面素质的和谐发展；参加农场中小学生书画比赛多人获奖；制定"学科组考核办法"，落实岗位责任制，加强考核评估；"目标教学"逐步推进，效果显著，学生"双基"扎实，中考达市中公费线 2 人，没有出现总分在 200 分以下的学生；高三市期末统考和市一模、二模统考均取得优异成绩。高三分流的职高学生，参加全国成人高考有 12 人上线。高二会考成绩优异，实验、劳技考查合格率达 100％；各年级参加市统考和学校抽考成绩显著进步，职高参加南通市和通州市文化课统考、应知考试和南通中专的计算机专业课抽考均取得良好成绩；学生在各类竞赛中，获市级以上奖的有 10 人次。同年 12 月，农场中学被江苏省农垦事业管理办公室授予江苏农垦系统模范学校。

2000 年，农场中学和职业中学有 16 个教学班，其中：初中部 10 个班，普高中部 2 个班，职高部 4 个班，在校学生 600 多人；在职教职工 67 人，具备高级职称的有 10 人，中级职称的 32 人，初级职称的 14 人；中考录取省重点中学指令性计划 5 人，调节性计划多人，7 门中考科目的平均分、合格率分别有 6 门超过了市均分。职高对口高考录取 13 人，高考理科参考 34 人，上线 33 人，其中本科 27 人，上线率 97.1％，本科率 76.5％；高考文科参考 12 人，上线 11 人，其中本科 6 人，上线率 91.7％，本科率 50％；文、理科总计参考总人数 46 人，上线 44 人，其中本科 32 人，上线率 95.7％，本科率 69.6％。据南通市教育局统计，农场中学理科平均分在全市的名次为：语文第四名，数学第三名，英语第一名，理科综合第四名，总平均分第三名。2000 届学生的报考率达 100％，教学质量继续名列江苏农垦榜首。

2001 年，农场第二中学有 16 个教学班，初中部 10 个，普高部 2 个，职高部 4 个，在校生 600 多人，在职教职工 67 人，其中，高级职称 10 人，中级职称 32 人，初级职称 14 人。2001 年 8 月起，农场中小学教育划归南通开发区管理。

第四节　职业教育

1960 年春，南通农场初级农校创办南通农场首届机训班，学制半年，首批 40 名学员大部分分在农场机耕队，农场职业教育的序幕由此拉开。同年暑期，南通县委农工部通过文教局为南通农场初级农校招收 50 名高小毕业生，学制 2 年，1962 年 7 月毕业，一部分学生留场务农，一部分回公社，南通农场初级农校停办。

1965 年秋，江苏省农林厅开始筹建"江苏省国营南通农场半农半读农业技术学校"，从插场知识青年和职工子女中招收 90 名初高中毕业生，从公社招收初、高中毕业生 10 名，开设"作物栽培""植物保护"两个专业，学制 3 年。课程有政治、语文、数学、植物、作物栽培、植物保护、果树蔬菜栽培、良种繁育、土壤肥料、农业机械等，校址设在原第一中学内。1966 年 2 月正式开学上课，于 1969 年 1 月毕业，后因"文革"原因停办。

1981 年暑期，根据中共中央关于改革中等教育结构的指示精神，农场将第一中学普通高中改为职业高中，命名为"江苏省国营南通农场职业中学"。职业中学培养目标是使学生成为具有相当于普通高中的文化水平，有一定的专业知识和技能的初级技术人才和新型劳动者。农场职业中学先后开设"作物栽培""植物保护""畜牧兽医""农机""财会""服装""建筑""水电安装""装潢设计"等 9 个专业，共 18 个班，在校学生近 300 人，累计招生 800 人，毕业后被农场分配录用的有 135 人。

1983 年，为满足培养人才的需要，根据上级指示，南通县电大分校在农场第二中学开设"工业会计"电大班；1984 年，江苏省农垦总公司委托农场二中开设"工业民用建筑"电大班，这两班学生到毕业时都圆满完成了规定的学习课程，毕业统考、答辩成绩良好，毕业率达 100%。同年，南通市教育局邀请农场职业学校参加中等教育结构改革、勤工俭学工作会议，并把职业学校的工作总结作为会议文件向全市下发，市县的地方报刊发表文章，赞扬农场中学的职业班办得好。同年 5 月，农牧渔业部邀请职业学校领导去北京参加教学计划的编写工作。学校自制的昆虫标本、自编讲义、学生的生产实习报告和反映生产实习情况的一套彩色照片参加了市、县中等教育结构改革成果展览。

1987 年，职业中学根据社会和农场的需要，为农场的工业和建筑业培养人才，并多次在省市县职业中学学生技术比武中获得好名次。

1989年，农场职业教育在南通市劳动局、教育局统一组织的"职业技术学校专业合格证书"考核中获团体第二名。农场职业中学荣获"江苏农垦教育系统先进集体"称号。

1990年，农场新办的企业职工政校逐步走上正轨，先后开设了高中文化实习班、社会主义理论学习班，受训人数近千人次。农场职业中学农机专业参加南通市劳动局组织的技术等级考试，合格率为81%，在南通县20余所职业中学中仅次于南通县职业中学，名列第二。

1995年7月13日，农场撤销职业中学，职业中学和两所中学合并成立南通农场中学。1996年12月23日，重新恢复南通农场职业中学，校址在南通农场中学内。

第五节　职工教育

建场以来，农场根据中共中央、国务院《关于加强职工教育工作的决定》精神，农场职工教育事业蓬勃发展，农场通过建办业余学校，对文盲职工进行扫盲教育，对职工进行专业技术培训和补课，对党员干部及职工进行政治思想和时政、形势任务教育。

1961年3月，农场各单位的完小毕业生、农中毕业生和超龄学生越来越多，根据中共中央对各行业支援农业第一线的指示精神，加强和提高他们的政治文化水平，使他们在生产战线发挥更大的作用，农场决定举办青少年业余初中班。为照顾学员的学习方便，农场分两个班，东片设在场部（老场部），西片设在九队；学习时间为每星期一天，东片是星期六，西片是星期日；学习课程以语算为主，政治、会计业务、音乐为辅。

1963—1964年，江苏省农林厅农机处为加速农场机械化生产建设，在农场举办两期驾驶员训练班（学制1年），为江苏农垦培养了100名机务人员。机训班设在场部学校内，行政上受农林厅、农场双重领导。

1982年，农场干部职工中具有大、中专（技）文化水平的比例太低，全场青壮年职工中，小学水平的1100人，文盲522人，其余职工大多是"文革"期间毕业的初、高中毕业生，这种状况很难适应农场的现代化建设。为提高农场干部职工文化素质，加强职工教育，农场党委将职工文化教育工作作为年度评比文明单位和先进党支部的5条标准之一，规定凡是职工文化补课双科合格率达不到30%的不得评为文明单位和先进党支部。为了从组织上保证职工教育的开展，农场成立职工教育管理委员会，配备专职人员，分场成立职工教育领导小组，由各连队的政治指导员组成，每个分场设立3～4个教学点，由教学点所在的基层单位领导任校长。

当年，农场把职工教育工作作为精神文明建设的一个重要内容，从农场的实际出发，开办了初中文化补课班、职工夜校点、农业广播学校农业技术学习班、医务人员训练班、外语学习班等。全场干部职工学文化、学技术热情高涨，全场68～80届初、高中毕业生1612人，在文化课补课的基础上参加了南通地区组织的统一考试，语文、数学双科合格的有795人，占应补对象的49.3%。职工教育配备专职教师16人，是职工总数的1‰。农场在做好文化补课的同时还以农业单位负责人、技术员、生产组长、植保员为对象，向他们普及农业生产知识。普及农业知识学习方式采取年初集中，年中根据作物生产季节分段讲课，讲授棉花、水稻、三麦生产技术以及植保基础知识和主要病虫害的防治技术。组织学生收听中央农业广播学校的广播，分散听课，适当集中辅导，学生两次参加县考试，均名列前茅。全场有50%的单位开展扫盲工作，充分发挥团支部的作用，实行包教包学，搞好青壮年职工的"双补"和扫盲工作等，促进农场的发展。

1983年，农场分别被评为"江苏农垦南通分公司职工教育先进集体""江苏省先进职工教育单位"，并受到江苏省人民政府的嘉奖。

1984年4月，农场为提高职工队伍的文化技术水平，农场投入资金，将36名在职职工送入高等院校进行定向培养和代培，学习专业都是农场建设急需的专业类，有财务、建筑、经营管理、食品、畜牧等。

1982—1984年，职工文化技术"双补"工作中，文化补课合格人数1403人，累计合格率为87%；技术补课人数1317人，累计合格率为80%；扫除文盲738人，农场青壮年中非文盲人数占职工总数的93%，非文盲率大大超过了《江苏省扫除文盲条例》规定指标。1984年10月29日，农场出台《南通农场扫盲工作实施细则》，凡年满12～40周岁的文盲职工，青少年（除生理缺陷而不能学习或精神病患者）均为扫盲对象，应参加扫盲学习。其中12～25周岁的青少年文盲（包括小学流生）是扫盲的重点对象，必须在1985年6月前首先达到脱盲标准；26～40周岁的文盲，1985年上半年脱盲人数达标60%，下半年达标40%，整个扫盲工作在1985年内全部结束。扫盲工作在农场党委统一领导下由各分场、公司负责具体指导，各分场、公司、大队和工厂根据文盲人数的多少、路途的远近设点办学（联合设点的由分场、公司规划），扫盲教师由农场工会调配。

农场在抓双补和扫盲工作的同时，广开门路，培育人才，通过自学、外培造就各种专业技术人员328人，其中，中级技术工人145人、专业技术工人136人、干部高、中等学校培训毕业10人，结业37人，电大毕业生31人，职大毕业生12人，中专毕业（结业）生42人。此外，农场还按照岗位要求开展技术培训，先后举办各种专业技术长短训练班40余期，参加学习人数3400多人，其中，班组长管理知识培训班3期，参加学习人数68

人，合格人数 58 人，合格率占应培人数的 56％。

1985 年，农场职工教育工作内容：一是建立农场职工中心学校。职工学校办学方式有：5 人以下的单位以开小灶的方式实行包教；5～10 人的单位办班包教；15 人以上的单位办班集中学习。教师由场工会委派，每周每个单位教 2 课，每个教师包两单位，不足的聘请兼职教师。二是做好扫盲扫尾工作，工业单位筹办简易高小班，做好脱盲学员的巩固、提高工作，杜绝复盲现象，力争使 40％的脱盲学员年内达到高小水平。三是办好高中面授班，参加南通县高中文化普测，拿正规的高中毕业文凭。四是开展好技术补课，开设 6 个班（工业 2 个、农业 4 个）。五是组织中央农业广播学校学员定期辅导，每季度进行 1～2 次。另外，职工学校开设初中补习班，学员由工业单位具有高小文化水平、初中文化补课未合格者，且年龄不超过 35 岁的职工，以及虽拿到双补合格证但实际水平未达到初中毕业的人员组成。

同年 5 月，农场出台《国营南通农场人才培训规划》，对农场今后的职工培训工作做了具体的规划：一是对 20 世纪 70 年代以前毕业的知识分子，大部分争取在 2～3 年内到专业学校或科研单位进修或轮训一次（进修、轮训期限一般为两个月），以便更好地发挥技术才能，进行知识更新。二是实行"两条腿走路"培养人才，采取自费公助的办法，每年从高考落选的应届高中毕业生中选拔 5～8 名学生送高校学习农场急需的专业技术，费用的 60％自己承担，40％农场承担。三是专业培训，一专多能。根据现代科学技术有多学科互相渗透的趋势，每年抽调 2～3 名愿意扎根农场工作且专业知识面广的年轻技术人员到专业学校或科研单位学习急需的专业技术，时间为一年左右，完成学业回场发挥更大作用。四是有计划选送青年到电大、职大学习，鼓励自学成才。对于参加函授、刊授和自学考试合格达到相应学历的人，予以适当的奖励，并报销学杂费。对有真才实学而无相应学历的人，每年选送 2～3 名进修学习，以增加他们的系统理论知识。五是定期对职工进行文化补习和专业技术指导，每年有 10％～15％的工人脱产学习一个月或累计学习 250 学时，工厂组织技术人员给工人做专业技术辅导，以改变工人知识结构，提高工人技术素质。六是开设职工专业培训班，由工会负责组织聘请各有关专业技术人员作为兼职教师，不定期为职工进行有关方面的专业技术培训。七是办好职业高中，为农场经济建设服务，所学的课程应为所急需的应用专业课程，为农场培养输送专业技术人才。八是做好家庭农场成员的技术培训工作，对经营管理成绩突出的职工家庭农场场长（或成员）进行专业培训。

1987 年开始，农场职工培训开始从文化实习转向岗位技术培训。

1989 年 8 月 16 日，农场出台《关于鼓励在职职工业余自学有关问题的通知》，文件规定，农场职工参加自学考试、夜大、函大、电大业余班、业余中专和高中教育考试等业余学习，各单位应大力支持，妥善安排他们的工作，尽量为他们提供集体学习和听辅导课的方便。每次考试前尽量做到相对集中时间让他们复习迎考，所安排的时间不能作为事假处理。参加业余自学、考试合格的职工，农场给予一次性的奖学金，以资鼓励。奖学金的标准为：大学本科毕业奖250元；大学专科毕业奖200元；中专毕业奖150元；自学取得大专毕业证书并已享受奖学金，如果继续攻读大学本科课程，又取得大学本科毕业证书者，再奖50元。

1990年8月4日，南通县教育局同意农场建设中等教育规格的"南通农场成人教育中心"，位于第一农机站西侧原农场皮鞋厂内。农场对原有厂房进行改造，中心南北60米，东西65米，总面积3900平方米，及南北走向的钢屋屋架，钢瓦顶面的走道36平方米，最后建成的农场成人教育中心有校舍700平方米，房屋24间，内设党校、政校、团校、技术学校和高中文化补习学校。学校有大、中、小教室4个，具备4个班级同时开课的能力，大教室112平方米，学桌配齐可容纳100人；中教室84平方米，可容纳60人；小教室两个，均为56平方米。一间阅览室为28平方米，公共厕所，教师住房2.5间，共70平方米。教室内配备日光灯和吊扇，除200套学桌凳外，有录音机两台，彩电、录像机各两台，教学设施齐备，初步具备电化教学能力。

成人教育中心配备专职教师7人，兼职教师25人，兼职教师均为农场工、农、运、建、服、多经等各条战线上的专业技术人员和党政干部。农场利用成人教育中心这个阵地，对全场青年工人进行文化补课；开办职工业余高中文化班、中华会计函授中专班；团委、农科所、农机站、钢丝绳厂、皮鞋厂在这里进行岗位技术培训和技术等级培训；对应届高中毕业生进行实用技术培训，还对男生进行了军事训练。

1992年，农场充实成教中心老师队伍，专职教师达到9人，其中大专以上学历的达到6人，同时积极开展各项培训和教学活动。举办有职工业余高中文化班两个，学员有76人；中华会计函授班3个，学员有96人，其中已毕业1个班，36人；一个党政干部文化班，72人。同年初，举办工业系统青工轮训班，参加学习人数1317人；3月，为报考成人中专考生举办考前复习班，参加学习人数65人；7月，为应届高中毕业生举办了实用技术培训班，参加学习人数78人。同时，协同政法办公室实施普法教育，完成《土管法》等7个法的教育、培训；协助农科站、保卫科、团委、建安公司、服装厂等单位进行岗位培训，培训人数共878人。成教中心全年上课累计220天，成教中心校舍、设备的利用率超历史水平。

1993年4月2日，农场下发《关于在职人员学习、进修的有关规定》，一是农场鼓励待业青年自费读书，自学成才，只要取得国家教委承认的学历，农场将根据工作需要和专业对口情况优先考虑安排工作，并享受规定学历的一切待遇，学习费用全部自理。在职人员脱产去学习获得学历（含自学、函授等方式）的学习费用自理，各单位在这些同志考试和面授期间予以照顾，原则上不扣工资，脱产学习要报组织部门批准。二是脱产学习获得学历的在职干部的学习费用可采取自费和公费相结合的原则，采取补贴的方式予以补助，在农场工会的成人教育费用中报支，不得在本单位报销。三是在职技术人员外出短期进修、学习的人员，必须报经组织部门，经场领导同意批准，有关费用在工会成人教育费用中支付。四是凡以前公费学习获得学历和技术进修的有关人员需要调出农场的，必须退还一切学习费用，否则不予调出。五是各单位派人外出学习、进修的，须先报计划到组织部门，由场领导研究确定。当年，江苏省农垦总公司颁发关于成人教育中的工资处理的文件，规定职工通过学习取得经市级教育部门认可的新的文凭后，其工资低于新的文凭定级工资水平且工龄满一年的，从取得文凭的次月起，按新的文凭的定级工资执行，工龄不满一年的，待取得新的文凭满一年后按上述办法处理；工资等于或高于新的文凭定级工资的不做变动。同年，农场以职工学校为阵地，对 50 余名在职财会人员进行中专业务培训，协助通州市电大完成了党政干部高中班 71 名基层干部的文化教育；组织以上党、政、工干部学习了《中华人民共和国宪法》《水法》《企业法》《工会法》《转换经营管理机制条例》等内容。

1996 年 1 月，农场针对全场尚有 45 周岁以下文盲 304 人的情况，农场制定扫盲计划，采取集体办班与家庭承包相结合的方式，准备以 3 年为期，利用 3 个冬闲时期，到 1998 年底，彻底扫除农场剩余文盲。文盲数超过 6 名（含 6 名）的大队、工厂组织教学班，安排教学场所，准备必要的教学用品，进行集中教学。教员由单位扫盲领导小组从本单位挑选报农场职工教育委员会审查确定后聘用，一般每周利用两个晚上集中学习，其他时间自学或由辅导员辅导巩固教学成果。文盲数在 5 名（含 5 名）以下的大队、工厂，实行辅导员与学员包教包学办法。辅导员由学员的子女或配偶担任，子女、配偶无辅导能力的，由大队、工厂挑选思想好、有文化的党团员担任。农场成人教育中心负责业务指导和考核，扫盲成绩列入单位主要负责人年度考核内容。

1998 年，农场完成全场扫盲工作。同年，农场建立政校管理网络，在全场聘请 10 余名兼职业余教师，加强对职工的各种专业技术知识培训，开办大专会计班、农业岗培班以及其他短期培训班。

2003 年，农场加强职工技术培训，提高职工对先进科学技术的掌握能力、岗位技术能力，引导职工树立"知识就是财富，本领就是身价，学习就是途径"的思想。同年 3

月，农场工会为完善职工教育机制，提高职工岗位技术培训质量，聘请9位职工学校兼职教师，从事职工岗位技术培训的教学工作，聘期为2年。

2006年8月，农场修订《关于鼓励在职人员参加学历教育的意见》，根据《南通农场"十一五"期间人才队伍建设规划》文件，农场鼓励在职人员参加学历教育，不断提高岗位技能和自身素质，在学习指定专业后，其学费由农场从职工教育经费中支出，全额报销；未列入农场紧缺人才培养计划的在职人员，凡年龄在45周岁以下，自学从事专业或相近专业的大专或本科学历，取得国家承认学历的毕业证书，农场给予一次性奖励，获大专毕业证书的奖励3000元，获本科毕业证书的奖励4000元，获研究生毕业证书的奖励5000元。

2014年8月，农场公司制改造后，苏垦南通公司为鼓励员工积极学习，对学历奖励提高标准，员工参加不脱产自费学历教育，取得国家教委承认的大专学历奖励5000元/人，取得本科学历奖励8000元/人，取得硕士学位奖励12000元/人。

第六节　教育改革与职能分离

1993年8月起，农场党委深化教育改革，优化教师结构，对中小学校和幼儿园实行教职工定编和经费包干。每一学年场部根据国家规定及学生人数等对各校教职工编制实行核定，由农场教卫办具体落实到各校，校长（园长）在核定的编制内聘任教职工并确定岗位，有权在管辖范围内聘任或解聘教职工或变动教职工的工作岗位。缺编单位或个别人员一时不能配齐的，尽量内部挖潜解决，确需聘用临时代课教师和员工者，需向场部办理审批手续。除大、中专院校毕业生分配到教育系统工作可享受事业工资外，其余人员到教育系统工作，均享受企业工资。在核定编制的基础上，各校实行工资总额和行政经费包干，节约留校，超支不补。各校教职工在农场、本校范围内可适当流动，农场范围内原则上由超编学校流向缺编学校；本校范围内教职工不宜在原岗位上聘任，可打破教师、职员、工人工作界线，以前者向后者流动为主；经核编后，对于学校的超编人员，经过协商，可以安排到其他学校任教、任职或安排到系统外工作；本人有联系接收单位的，一旦落实，即可办理调动手续；本系统本单位确实无法安排，本人又无法联系到接收单位的或不服从工作安排的，即为落聘，落聘人员半年内发100%工资，第7个月起发70%工资，第13个月发40%工资，均不发奖金，落聘人员可自谋职业、自找出路；定编后凡上岗人员承担满负荷工作量，不能在工作量上要求照顾，确实体弱有病，男满55周岁，女满50周岁，由本人申请，领导批准后可以实行保养。

　　在经济体制、教育体制改革以后，农场加强了教育投资，得到南通县与江苏省农垦局的关怀与大力支持，为一中、二中先后建立理化仪器室和实验室，添置了必要的仪器设备，基本上解决了学生实验和教师演示教学的需要。同时为两所中学相继建立图书室，购置近万册的图书，基本上满足了教师参考、学生阅读课外书籍的需要，为提高教学质量创造了条件；为两所中学、中心小学、一中小学筑起围墙，为学校创造了良好安静的学习环境。

　　1996年8月，江苏省农垦总公司确定在农场进行校长负责制的试点，实行校长负责制是学校走向现代管理模式的必然产物，是教育适应社会主义经济高速发展的需要，是教育改革跨入更新阶段的重要标志。江苏省农垦总公司科教处多次对农场进行面对面的指导，农场党委制定《国营南通农场校长负责制试行办法》和《国营南通农场教师聘任制试行办法》，从当年9月1日起在各校正式试行，农场成为江苏农垦系统第一个试行校长负责制的单位。

　　1997年，校长负责制试点在全垦区得到推广，农场稳步推进以校长负责制为主要内容的内部管理体制改革，教学资源得到更为合理的配置，推动了教学改革深入进行和教育质量全面提高。

　　2001年8月10日，农场执行江苏省政府办公厅苏政办发〔2001〕38号文件《省政府办公厅转发省教育厅等部门关于省农垦企业分离办学职能的实施意见的通知》，农场中、小学校正式移交南通开发区，移交时共有在职教职工141名，其中市管教师4人，农场教职工137人，实际135人列入移交名单（其中国干105人，聘干15人，工人15人），移交学校用地117亩，固定资产366.4万元。正式移交后，农场场办学校及教育管理职能彻底结束。

第三章　文化体育

农场的文化体育建设主要由农场工会负责，在农场工会成立之前，文化体育建设工作由农场组织宣传等部门管理。建场初期，农场成立思想教育和文艺表演相结合的文艺小分队。1963年，文艺小分队自编自导"忆家史、忆场史、革命史、创业史"的忆苦思甜以及"向雷锋同志学习"的文艺节目，推动农场的"学雷锋"运动。1965年，文艺小分队命名为南通农场文艺宣传队，共有成员18人。1966年下半年，"文化大革命"开始，文艺宣传队工作处于瘫痪状态。

1978年，党的十一届三中全会以后，文艺宣传队的工作重新走上正轨，以歌舞、相声、快板、话剧等多种文艺形式，向农场职工及周边群众宣传党的改革开放政策。

农场工会自1984年3月23日成立以后，先后建立职工俱乐部、职工之家、溜冰场、灯光球场等活动场所，对职工文化体育建设工作十分重视，组织乐队，购置乐器，以"职工之家"活动室为中心，成立各种兴趣小组或协会，开展各种活动，加强职工群众思想建设和文化素质教育，发展和完善农场电影队，让职工能通过看电影加强农场文化建设。主要工作内容详见本志第四编第二章《群团组织》的工会组织活动中"职工教育与精神文明建设"和"文体活动及电影放映"部分。

长期以来，农场群众性的职工体育活动都能正常开展，职工的各项活动水平显著提高，对外参加各个领域的比赛均获得了很好的成绩。1985—1987年，农场在南通农垦公司每年组织的"四个一"（即一场文艺会演、一场智力竞赛、一项球类比赛、一次演讲比赛）竞赛活动中，农场代表队多次获得第一名的好成绩；农场篮球队在1983年江苏省农垦总公司首届职工男子篮球比赛中夺得亚军，1985—1986年，连续两年农场在南通农垦公司举办的"垦春杯"篮球大赛中夺得金杯，1987年，在江苏省农垦公司职工篮球比赛中获得亚军；1987年，农场3名歌手作为南通农垦公司代表参加江苏省农垦总公司组织的歌咏比赛，并且都进入了前5名；1987年上半年，农场足球队代表南通市队参加江苏省首届《要塞杯》农民足球赛，获得第3名；1988年6月，在江苏省农垦总公司首届农民运动会上，农场获摔跤第一名，铅球第三名。农场文娱创作也很活跃，姜国生1984年的《勤管地膜棉》《越冬管鱼种》作品和1986年作品《精彩节目》分别获全国农垦优秀新闻摄影三等奖；农场党委书记葛克平创作的歌曲《农垦大地》在 1987 年江苏省农垦总公司创作歌曲评比中获二等奖。

自 1987 年起，农场每年举办一次全场职工运动会和 5 次以上单项比赛，每年参赛人数 1000 人左右，丰富了农场职工文体生活；每年举办多种形式的文体活动、文艺会演、儿童书法绘画等展览，以及职工家庭歌咏比赛，陶冶职工的思想情操。1988 年，农场被评为南通县体育先进乡镇；1989 年，农场被评为南通市体育先进乡镇；1990 年，农场被评为江苏省体育先进乡镇；1993 年 3 月，农场参加南通市农民乒乓球比赛，获女子组第四名。

农场文艺演出获首届江苏农垦艺术节组织奖，中心小学足球队获南通市小学生足球赛冠军，代表南通市队参加江苏省小学生足球比赛。职工运动水平也有所提高，中小学生足球队在县、市比赛中名列前茅，职工足球队曾获得江苏省农民足球赛第三名和南通市第六届全运会足球第四名。职工篮球队在 1990 年和 1995 年通州市第二届和第三届农民运动会上先后获得团体总分第五名和优秀组织奖、团体总分第四名。同年，农场因文化体育活动成绩显著，被市、县授予体育先进单位，农场第二中学、中心小学被县体委授予"田径之校"称号。1991 年，农场被省体委授予"省级体育先进单位"荣誉称号。

1994 年，农场文体活动大众化，把着眼点放在普及群众喜闻乐见的形式上，让尽可能多的职工参与到竞赛中去，使越来越多的职工群众参加到团体文体活动中来。在文体活动方面，农场组织了诗歌朗诵会和家庭演唱会，采用逐级选拔的程序，参与表演的职工总计达到数百人，群众观看的机会也更多；农场医院工会除了组织交谊舞会，还组织了全院性的扭秧歌比赛，全体职工踊跃参加，年龄最大的是 53 岁，最小的才 19 岁；在体育活动方面，除举办全场职工运动会外，农场经常组织各种球类、棋类、牌类的单项比赛，各基层单位也经常利用节假日举办这类比赛；二中工会举办保龄球比赛、篮球投篮比赛和足球比赛；农场职工俱乐部活动室坚持正常开放，吸引众多的职工前来阅读报刊、跳舞或进行乒乓球、桌球、棋类活动，据统计，每年前来参加活动的职工达 1 万多人次；农场的书画摄影协会会员的水平得到了提高，在南通市群艺馆举办了农场职工摄影作品回顾展，展出作品 60 多幅，历时一个多月，南通日报、南通电视台、江苏电视台分别做了专题报道。1995 年 12 月，农场参加通州市第三届农民运动会，在 51 个代表队中荣获总分第 4 名的好成绩。

1997 年，农场场部职工俱乐部建设灯光球场、溜冰场、乒乓球室、桌球室、舞厅等多种健身活动场所和设备，全场有青年之家 41 个，活动场地 38 块。农场有职工篮球队、排球队、乒乓球队、象棋队、围棋队、田径队、足球队和拔河队等 8 个运动项目，运动员共计200多人。9月,农场参加南通市第七届运动会农民部拔河比赛获得第二名的好成绩。同年,农场被通州市评为"体育先进集体"。

1998年,农场成立体育运动委员会,由场工会、团委、女工委、人武部负责人和各分场、公司党总支书记组成,由场党委书记和工会主席分别担任主任、副主任,工会办公室副主任任秘书长。职工俱乐部配备体育兼职人员具体负责体育工作。另外,在农场中学和中心小学设立体育指导中心,聘请体育教师和社会体育指导员对基层单位的群体活动进行咨询和辅导。学校体育全面贯彻《学校体育工作条例》,学校每年两届学生运动会形成制度,中小学校按规定开设体育课,配足体育教师,坚持每天两操(课间操、眼保健操),每周3次课外体育活动,确保学生每天都有1个小时体育活动时间。中心小学100%的适龄学生达到了国家体育锻炼及格以上标准,中学达标占适龄人数的95%左右。基层单位体育有农民体协和球类、信鸽等多种体协组织,以职工之家为中心,工厂、大队都有青年之家和活动场所。全场每年一届职工运动会和5次以上的单项比赛,促使各个分场、公司层层选拔参赛运动员来开展各种小型体育比赛,参赛人数占全场总人口的7%以上。再加上群众性的拳、功、操、舞和自行车等体育锻炼的有5000多人,经常参加体育活动(每周3次,每次20分钟)的人数占全场人口的40%以上。

一直以来,农场都把文化建设列入企业三个文明建设目标,每年年初制定全年文体活动计划,在具体实施过程中,做到每季度有安排,每月有活动,工作有台账,活动有评比。农场党委十分重视企业文化建设,把文化建设纳入对企业各级干部工作目标的考核内容,并在经费上予以大力支持,每年拨出专款10余万元用于职工教育、技术培训,另外每年还要拨款1万余元用于开展各项群众性文体活动。历年来,农场重视文体活动的硬件建设投入,为开展各项活动奠定物质基础,2001—2004年,自农场行政区划从通州市划分为南通开发区后的4年间,农场在文化体育活动中共投入了13余万元用于开展各项文体活动,每年下拨中基层单位文体活动经费3万元。2002年,农场投资1.5万元建造了一个1000平方米的集娱乐、休闲、园艺于一体的健身场地。2003年,农场开展群众性健身活动,省体委无偿捐助农场1.5万元的室外活动健身器材,农场被南通市体委确定为居民健身点,农场各中、基层单位因地制宜地开展职工喜闻乐见、丰富多彩的文体活动。

农场职工俱乐部是全省农垦系统保留下来的为数不多的一家文化窗口,它是农场职工工作之余文体休闲的好地方,也是职工学习时事政治、科学文化及专业知识的好场所。农场职工俱乐部占地总面积800平方米左右,内设图书室、阅览室、乒乓室、健身房、棋牌室和歌舞厅,外设溜冰场、灯光篮球场。每周开放6天,每年场部投资1.3万元用于征订各类杂志,为职工学习文化知识提供良好条件,丰富了职工业余文化生活,促进了企业精神文明建设。每年到职工俱乐部来活动的职工群众约 12000 人次。

农场每年除列入文体活动的正常支出外，还要对农场摄影协会、信鸽协会和中老年腰鼓队投入一定的资金来开展丰富多彩的活动。2004 年，农场两名中国摄影家协会会员葛克平和姜国生分别荣获南通市政府颁发的"南通市文学艺术特别奖"。

除文体活动外，农场全民健身运动也形成一道亮丽的风景线，每天清晨镇区都有几百人自发地进行各种晨练活动，有跑步的、打太极拳的、跳健身舞的、打腰鼓的、跳扇子舞的等，形式多样，内容丰富，全年活动人次在 3 万人次左右。

2003 年 10 月，农场参加南通开发区组织的第三届群众体育运动会取得团体总分第二名的成绩，其中篮球比赛团体第四名、中国象棋比赛团体第三名、拔河比赛团体第三名、乒乓球比赛团体第五名、第三届群众体育运动会优秀组织奖。2004 年 12 月，农场参加南通开发区群众体育运动会获得拔河团体亚军、跳绳团体冠军、呼啦圈团体季军、中国象棋团体第四名、五子棋团体亚军、踢毽子团体亚军、优秀组织奖等奖项。2005 年 10 月，农场获得南通开发区第五届社区文化节专场文艺晚会三等奖；参加南通开发区群众体育运动会，其中踢毽子比赛团体亚军、拔河比赛团体亚军、呼啦圈比赛团体亚军。2006 年 12 月，农场参加南通开发区第四届群众体育运动会，其中定点投篮比赛团体第一名、踢毽子比赛团体第三名、呼啦圈比赛团体第四名、拔河比赛团体第五名、中国象棋比赛团体第五名。

2004 年起，农场每年夏秋之际在广场举办"江海风韵"文娱纳凉晚会，宣传农场、展示主人翁风采，场域数千职工群众前来观看，盛赞农场改革开放取得的大好形势。"江海风韵"文娱纳凉晚会每年一次，成为农场职工群众每年必不可少的文化大餐。2008 年 8 月，农场参加南通开发区"江海风韵——农场情"专场文娱演出，观众 3000 余人。参加南通开发区"江海韵、开放情"专场文艺演出，农场获得优秀演出奖，其中舞蹈《今天是你的生日，我的中国》获得优秀节目奖。

2008 年 12 月 3 日，农场为贯彻落实《全民健身计划纲要》，团结老年体育工作者和爱好者，发展老年体育事业，增进老年人身心健康，成立了江苏省南通农场老年人体育协会。

2009 年后，农场继续推进企业文化、工会文化、职工文化建设，努力丰富职工文化活动。2 月，农场女工委、社区联合举办了元宵节灯谜晚会。3 月，举办"庆祝'三八'妇女节游艺活动"。4 月，农场工会、团委、社区联合举办"迎五四青年歌手演唱赛"。组建中老年艺术团，编排精彩文艺节目送戏下基层，受到广大职工好评。

2012 年 9 月，农场社区职能分离后，农场保持优良传统，继续和属地政府江海街道联办"江海风韵"文娱纳凉晚会。另外，农场在每年的重大节假日均要举办一些职工趣味游戏活动，除农场每年开展文体活动外，农场各中基层单位每年也要因地制宜地举办一些小型文体活动。三孔桥社区坚持每年举办一次社区居民职工运动会，各管理区工会因地制宜开展职工群众喜闻乐见的文体活动。社区工会重视加强了"职工书屋"建设，每年投入万元以上购买书籍、购置活动器材，并重视基层健身活动阵地建设，增添了活动器材，做到软件、硬件一起抓，为加强和谐社区建设，奠定了坚实基础。几十年来，农场在文体活动工作中坚持以全民健身为宗旨，以建设文化开发区、构建和谐农场为目标，真正做到了组织有保证、活动有经费、年度有计划、参赛有奖励，在企业精神文明建设中成为一个亮点，为加快农场"城镇化、工业化、产业化"建设提供精神动力。

2013年，农场公司制改造，苏垦南通公司发挥企业文化建设的重要作用，政工一家凝心聚力，推动公司科学发展。开展节庆特色活动，除每年继续与社区联办"江海风韵"文艺晚会外，和当地政府、企业开展垦地共建职工趣味运动会活动。

2018年，苏垦南通公司成功举办庆祝改革开放40周年暨农场建场60周年系列活动，来自公司、镇区、场域的相关单位及社会各界人员为晚会献上了一台丰富多彩、精彩纷呈的节目盛宴，农场庆活动充分展示了南通农场改革开放、农垦改革以来的丰硕成果，对外展示了苏垦南通公司的锐意进取、充满活力的企业形象。

第四章　医疗卫生

第一节　医疗卫生方面基本情况

1958 年建场前，农场没有自己的医疗力量，只有一个医师负责常见病的治疗。

正式建场后，农场在老场部原农场修造厂（今为苏通园区海维路北南湖路口）南侧建立了农场医务室。1961 年，农场医务室改为卫生院，并在九队（今二大队）增设了医疗点（后改名卫生所）。1962—1964 年，农场卫生院更名为农场医院，下设两个门诊室。张芝山中药分店收归农场医院，医院开始设立内科病房。

1965 年，农场在中心队、七大队、十一大队、十七大队增设了医务室，扩大了卫生服务网点。

1966 年，农场在中心队北侧（今为中心农机站）设立传染病房。

1967—1968 年，农场医院西迁至新场部河西，医院规模扩大。

1977 年，农场贯彻"预防为主"的方针，积极开展群防群治，勤俭办医，加强医务人员业务培训学习，不断提升医疗水平，连队卫生员要学会接生，分场卫生所能实施一般手术。农场医院和分场卫生所积极做好巡查医疗工作。至 1978 年，农场有 1 所医院，80 张病床，4 个卫生所。

1979 年，农场医院设立门诊大楼，增设传染科、小儿科、皮肤科、骨科、口腔科及泌尿外科等。

1980 年 9 月，农场分场有卫生所，各连队配备卫生员，各单位都有医有药，卫生员-卫生所-医院构成全场统一的医疗预防网。

1981 年起，农场对医院试行经费包干制度，实行节约奖励、超支赔偿的管理办法。包干经费结余部分实行"四、三、三"分配，即 40％上交场部作为福利费收入，30％医院积累用于集体福利，30％奖给医护人员。其中：核定的大型器械购置费结余转下年度使用，不提奖励，透支列入当年包干经费总额中开支。包干经费超支，赔偿超支部分的10％，在提留的责任工资中抵算，但最多不超过责任工资总额。

1987 年，农场单独设立卫生科，院科合并办公，下设 4 个分场卫生所。

1989年5月，为压缩农场经济支出，解决农场职工住院难等问题，经农场党委批准，农场医院租用位于农场三级河的市司法局房屋作为农场医院传染病分院。

1991年6月6日，南通农垦公司同意将南通农垦三孔桥工厂职工医院划归农场，并同意农场建立南通农场医院三孔桥分院，将原南通农场医院传染病分院改建为南通农场医院传染病科。南通农垦三孔桥工厂职工医院划归农场后，人、财、物等均由农场统一管理，农场为三孔桥职工医院新建了职工医院门诊楼，改善了医院内部环境。

1993年，农场深化对医疗卫生、医疗管理和医疗费用包干改革，全体医护工作者在病房条件落后的情况下，坚持面向基层、面向职工做好医疗服务工作，分院对外服务经营取得了一定的经济效益和社会效益。

1996年，农场卫生工作围绕江苏省农垦集团总公司"初保、卫生双达标"的总体要求，完成医院卫生达标的硬件建设，以两个优异的佳绩一次性通过了省农垦总公司的验收，得到了集团领导的表扬，为农场创建通州市级卫生镇创造了良好的条件。

同年，农场医院设党支部、院长室、工会，负责全院日常事务管理。医院部门设置按卫生局要求实行六室分开，设院长办公室、医务科、护理部（统计室、院内感染办公室）、总务后勤科（财务科）、药剂科、卫生防疫科（预防保健科）。妇产科按要求四室分开；医院分3个病区，内科病区、大外科病区、传染科（独立）病区在三孔桥地区；各病区均设抢救室、医（护士）值班室、工友值班室；护理分4个单元，即门诊护理单元（设抢救室），内科、外科、传染科护理单元；各病区设病房的输氧管道，门诊和病房基本符合一级医院的标准。同年，农场医院根据《医疗机构管理条例》要求，通过了国家一级甲等中心卫生院的验收，获得"医疗机构执业许可证"并正式挂牌。为提高医务人员的业务技术水平，农场每年都会拨款用于医务人员的进修深造。当年，农场一次性拨款6万元，为33名医务人员进行了系统的医学理论知识培训。

1997年，农场医院通过通州市"爱婴医院"的验收、南通市一级甲等医院的验收。农场公费医疗逐步与南通市医疗保险制度接轨，农场职工医疗保险制度走上了健康发展的轨道。

1998年5月，农场医院被通州市卫生局评为一级甲等中心医院。

2000年，农场对医院进行改革，成立医院改制领导小组。同时，农场成立医院管理委员会，以增强民主议事、民主决策、民主管理和民主监督的力度。

2001年9月18日，农场批准医院改制，农场医院改制成独立核算、自负盈亏的国有民营单位，内部实行股份合作制（医院固定资产租赁，流动资产买断）。同年10月1日起，农场医疗保险与南通市接轨，执行《南通市市区城镇职工基本医疗保险实施办法》和

《南通市市区城镇职工大病医疗救助暂行办法》。

2008 年 4 月，农场根据南通开发区统一部署，全面推进农场社区卫生服务体系建设，成立社区医疗服务中心筹建工作领导小组，党委书记任组长。农场自筹资金 100 万元，对社区卫生服务中心病房楼进行改扩建。2008 年底，农场医院通过省、市、区审核，正式成立南通开发区江海社区卫生服务中心。

2009 年 2 月，江苏省农垦集团公司同意农场医院由国有民营转型为场属医院，与江海社区卫生服务中心实行一套班子、两块牌子。同年 6 月 1 日，农场同意《南通农场医院转型清算方案》，农场医院转型为江海社区卫生服务中心，实施了基本药品零差价销售政策。农场成为江苏垦区第一家医院转型成功的农场，为其他农场医院转型提供了示范带头作用。

2012 年 9 月，在农场社会职能分离移交时，南通农场江海卫生服务中心和南通农场医院全部由农场移交给江海镇区，隶属苏通园区管理，农场不再负有医疗卫生管理职能。

第二节　卫生防疫

1961 年 8—11 月，农场发生白喉共 160 多例，全部得到了安全治疗。1962 年，农场发生急性传染病、流行性脑膜炎。农场在传染病发现初期就立即采取措施隔离，室内和周围宿舍进行消毒，同时开展防治知识的宣传教育，采取预防措施，完成春季牛痘 207 人、霍乱预防注射任务 180 人、伤寒防疫任务 171 人、乙型脑炎防疫任务 104 人、痢疾噬菌体防疫任务 50 人，及时控制了烈性传染病的发生和流行。为控制和消灭疟疾病的发生，农场实行疟疾的抗病毒治疗，全场服药率达 90％以上，训练抗疟员（卫生员）23 人。

1967 年，农场于 6 月下旬至 7 月上旬开展全员霍乱菌苗注射，并同时开展以消灭肠道疾病为中心的三管（水源、粪便、食物）、两灭（蝇蛆、蚊子）的爱国卫生运动。

1968 年 3 月，农场医院设立卫生防疫组，配防疫医生 1 人。

1970 年 6 月 19—29 日，因夏令饮食卫生问题，农场（兵团）连续发生食物中毒事故 4 起，共有 142 人中毒，55 人住院治疗，无死伤。事故发生后，兵团临时党委于 6 月 30 日晚召集司、政、后及医院负责同志开紧急会议，专题讨论夏令季节防事故、防疾病问题，团党委同意医院的建议，组成一支专业防治小组，加强预防，抑制发病，方便群众。

1975 年，为预防动物传播疫病，农场成立兽医站，站址在第二中学西侧，内设站长 1 人，专职技术人员 4 人。兽医站成立以后，常年对农场各生产大队的畜牧场、职工饲养的家禽牲畜进行疫病防治，检验上市出售的生猪肉，对动物进行狂犬病疫苗的接种，骟羊劁猪。1998 年及 2003 年底，兽医站曾两次大规模为农场集体、个体饲养的禽类注射疫苗（禽流感时期）。

1980 年，农场卫生工作抓得紧、抓得早，全年肠道传染发病率较前两年大幅下降，到 10 月底，因痢疾住院数比上年同期下降 526 人。医院还定期和不定期地为农场职工子弟接种疫苗，到各生产大队进行传染病防治工作的宣传，有效地遏制了病毒性传染性肝炎、感冒及其他流行性疾病在农场的传播。长期以来，农场卫生防疫工作一直归党委领导，业务上得到南通县卫生局指导，1985 年，农场卫生防疫改归工会领导。

1987 年 2 月，农场单独设立卫生科，院科合一办公。该年年底，医院配备专职防疫医士 2 人，防疫工作得到加强。

1990 年，农场卫生防疫工作贯彻"预防为主，防治结合"的方针，医疗卫生条件有所改善，服务质量得到提高。全场开展爱国卫生检查评比活动，厂、队卫生面貌有所改观，全场 99％ 以上的人口饮用上了自来水。农场按规定对相关人员进行体格检查和计划免疫及妇女病普查，农场的主要传染病、传染性肝炎发病率明显下降，公费医疗制度日趋完善。

1995 年，农场成立初级卫生保健委员会，设在农场教卫科，旨在搞好农场初级卫生保健工作，以增强职工及子女的体质。

2002 年，农场医院改制为国有民营，农场的卫生防疫工作仍由医院负责。农场与医院签订委托协议，农场每年拨给医院卫生防疫费 4 万元，医院安排专人负责全场的卫生防疫工作，若农场卫生防疫工作出现问题，医院需承担责任。防疫工作人员要负责全场的食品卫生检查，餐饮人员的体检，儿童疫苗定期接种，中小学生打防疫针，全场灭蝇、灭蛆、灭鼠工作的布置和检查。

2003 年，全国一些地区发生了非典型肺炎疫情。同年 4 月，农场为积极预防和控制非典型肺炎，切实保障职工群众身体健康，维护农场稳定，成立南通农场非典型肺炎防治工作领导小组，场长任组长，下设办公室，设在农场医院内，由医院院长兼任办公室主任。同年 5 月 18 日，农场调整"防非"组织机构及成员，原场防非工作领导小组更名为农场"防非"指挥部，将分场级领导小组相应更名为指挥分部，同时在基层单位设立 10 人联保小组，安排白班、夜班 24 小时值班。5 月 23 日，成立农场"防非"工作督查组，加强对"非典"防治工作的督促和检查。同年 10 月，农场企管科党总支委员会、农场医院、农场城镇管理办公室获得南通开发区"防非"工作先进集体。

2004 年，为支持南通市创建国家卫生城市，农场出台《创建国家卫生城市工作方案》。农场医院加强传染病防治工作，认真贯彻《中华人民共和国传染病防治法》，有计划、有检查，按规定配置传染病管理监督员，依法开展管理工作。设预防保健专职人员，建立健全控制院内感染、疫情登记和报告制度，建立健全门诊日志，开设肠道门诊，并设预防传染病和健康教育的宣传栏。医院计划免疫实行按周门诊制度；儿童计划免疫单苗、四苗及乙肝疫苗全程接种率达到 95％；免疫接种规范，安全注射率 100％；制定流动人口计划免疫管理办法，居住期限 3 个月以上流动人口儿童建卡、建证率达到 95％。依照有关法规对消毒药、械、一次性医疗卫生用品生产、销售进行监督管理。同时做到卫生知识培训率 95％以上，传染病患者调离率达 100％。创卫期间，医院无甲、乙类传染病暴发疫情，无脊髓灰质病例发生，无院内感染引起的传染病暴发和死亡事故。

2007 年起，农场拨给医院的防疫经费由每年 4 万元增至 9 万元。

2008 年 6 月，为了及时、高效、妥善处理发生在农场范围内的突发公共卫生事件，最大限度减少突发公共卫生事件对公众健康造成的危害，保障广大人民群众的生命安全与健康，维护社会安全和稳定，农场成立南通农场突发公共卫生事件应急处理工作小组，党委书记任组长，依据《中华人民共和国传染病防治法》《中华人民共和国食品卫生法》《中华人民共和国职业病防治法》《突发公共卫生事件应急条例》及《传染性非典型肺炎防治管理办法》等法律、法规、规章和南通开发区突发公共卫生事件应急预案，结合农场实际，农场制定了《江苏省南通农场突发公共卫生事件应急预案》。预案适用于在农场范围内突然发生，造成或者可能造成社会公众身心健康严重损害的重大传染病、群体性原因不明疾病、重大食物和职业中毒以及自然灾害、事故灾难和社会安全等事件引起的严重影响公众身心健康的公共卫生事件的应急处理工作。

农场突发公共卫生事件应急处理工作职责单位农场医院（南通开发区江海社区卫生服务中心），其职责是负责制定预防和控制突发公共卫生事件的各项技术方案，负责确定监测点及监测网络，及时掌握事件动态，协助组建专家组，组建、培训卫生防疫应急机动队伍和医疗急救队伍，做好患者的调查和救治工作；提出事件现场处置的控制措施；开展健康教育，保护易感人群，防止疫情扩散，建议农场协调各管理点、各单位开展应急处置，必要时，提请农场向南通市、南通开发区提出对疫区采取疫情紧急控制措施。根据突发公共卫生事件应急处理工作的实际需要，向农场提出启动全场突发公共卫生事件应急预案的建议。

2009 年，为了加强全场卫生工作，推进实施职工健康工程，提高居民健康水平，农场根据《南通市农村基本公共卫生服务项目考核评估标准》，结合农场工作实际，制订《南通农场基本公共卫生服务项目实施方案》，并成立南通农场基本公共卫生服务工作领导小组。文件明确基本公共卫生服务项目内容：主要包括直接面向居民与流动人口的基本公共卫生服务、重点人群卫生服务、基本卫生安全保障服务等三大类及其开展健康教育、处理突发公共卫生事件、配合做好重大传染病防治、做好妇女卫生保健服务、做好儿童卫生保健服务、进行慢性病与老年人的动态健康管理、加强食品和饮用水等卫生监督监测、建立健全基本公共卫生服务专项资金等 8 个项目。

农场基本公共卫生服务由江海社区卫生服务中心承担，根据工作职责以及在各项目中承担的工作内容、工作量、成本等进行测算。强化农场基本公共卫生服务考核评估，根据南通市卫生局制定的基本公共卫生服务项目考核评估细则，社区卫生服务中心进行考核。农场场部会同南通市卫生局、南通开发区社会事业局对江海社区卫生服务中心每半年考核评估一次，根据考核情况通过经费拨付予以奖罚。

同年 4 月，为贯彻《关于在全省开展麻疹疫苗强化免疫活动的通知》文件精神，加强农场麻疹疫苗强化免疫活动工作，成立农场麻疹疫苗强化免疫活动领导小组，农场主要负责人任组长。6 月，成立农场防控甲型 H1N1 流感工作领导小组，领导小组办公室设在社会事业科。

2011 年 5 月，为贯彻落实国家和省市有关重性精神疾病管理治疗工作的总体部署和要求，扎实推进农场基本公共卫生服务项目的重性精神疾病治疗管理工作，农场成立重性精神疾病管理治疗项目领导小组，负责项目具体实施工作，领导小组下设项目办公室，办公室设在江海社区卫生服务中心 5 楼。同年 11 月，为促进农场公共卫生事业的发展，加强对农场公共卫生事业的管理，成立江海社区卫生服务中心公共卫生领导小组，主要负责全场健康教育、健康档案、预防接种、卫生监督、传染病防治、妇女保健、儿童保健、老年人保健、慢性病管理等九大类 22 项内容的具体实施，并参加南通开发区年终考核。

2012 年 9 月 30 日，苏通园区第二期征用农场土地 15.1 平方公里，同时移交给苏通园区的包括南通开发区江海社区卫生服务中心（农场医院）等农场 10 家社会事业性单位，随着社区卫生服务中心的移交，农场的卫生防疫及医疗卫生管理工作均移交苏通园区江海镇区。

2020 年初，新型冠状病毒疫情在全国暴发，同年 1 月，苏垦南通公司与驻地江海街道建立联防联控机制，成立疫情防控工作领导小组和办公室，制订《江苏农垦集团南通有限公司新型冠状病毒感染的疫情防控工作方案》《江苏农垦集团南通有限公司新型冠状病毒感染的疫情防控应急预案》；购置防疫物资、安排 24 小时值班，下沉到社区、各路段卡口和站点等一线，做好路口值守、物资调配、督查等工作，并向江海街道定向捐资 20 万元用于新冠疫情防控工作。同时为帮助承租苏垦南通公司和农场公司房屋资产的中小微企业和个体工商户缓解新冠疫情影响，克服经营困难，推动经济循环畅通和稳定持续发展，

两公司减免疫情期 2020 年 2 月房屋租金，减半收取 3～4 月租金，共计减免租金 35.0697
万元。

第三节　医疗及护理

1958 年 4 月以前，农场处于筹建阶段，农场没有自己的医疗力量，由当时的南通县
东方红公社（今川姜镇）卫生院派出一名医生到农场负责常见病的治疗。建场后，农场再
由南通县卫生科调来两名医务人员在老场部原农场修造厂南侧建立了农场医务室。1959—
1960 年，农场先后增加了 5 名医务人员。

1961 年，为方便群众中药配方，由张芝山药店派出 2 名中药人员来场设立张芝山中
药分店。至 1962 年 6 月，农场医务人员增加到 13 人，其中卫生员 4 人，实习生 2 人，会
计 1 人，中药店 2 人。

1962—1964 年，农场又调进数名医务人员，从医人员 10 多名。

1965 年，农场扩垦，南通县卫生局增调一批医护人员来场。

1966 年，病毒性传染性肝炎在农场流行，农场设立传染病房，收治肝炎病人。

1967—1968 年，农场医院搬迁至新场部，医院门诊、病房、辅助科室相继分开单独
设立，外科增设了手术室。医院同时开展计划生育方面的业务指导工作。

1969 年，农场组建江苏生产建设兵团四师二十四团，同年医院增设放射科和五官科。
1970 年，设立超声波 A 超及理疗室。1971 年，购置了心电图检查仪。

1977 年，农场不断充实基层医务力量，加强赤脚医生队伍建设。1979 年，农场医院
增设急诊室，危重病人特别护理间、太平间、洗衣房等。医院住院部在原有 100 张床位的
基础上，增设 100 张床位，其中 150 张床位是内科病区，50 张床位是妇产科和外科病区，
每个分场卫生所增设 3 张观察治疗床位。

1986 年，医院添置了 B 超设备，医疗条件有所改善，农场被评为江苏省先进单位。

1987 年，农场医院占地 8270 平方米，建筑面积 3440 多平方米。医院内设内科、外
科、传染病科、中医科、妇产科、结核病科；辅助医疗设有放射科、检验科、心电图超声
波室、手术室、理疗室、中西药房等；增设了 B 超和 X 射线断层设备。医院拥有病床 93
张（其中内科 24 张，外科 27 张，妇产科 8 张，传染科 34 张）。全年医院病房综合使用率
为 63.2％，病床周转次数 20.8 次，病床工作日 230.5 天；全年日均门诊 200 次左右，门
诊处方 106294 张。到 1987 年底，医务人员增加到 63 人，其中放射主治医师 1 人，西医
师 9 人，中医师 2 人，药师 1 人，西医士 16 人，防疫医士 2 人，药剂士 3 人，助产士 5

人，检验士 4 人，护士 20 人。同年，医院丁志刚、王雅中、郭玉珍获"江苏省农垦总公司卫生先进工作者"称号。

1989 年 5 月，农场医院租用市司法局房屋作为传染病分院，房屋面积约 800 平方米，购置 50 张床位及被服，增添了氧气筒等抢救设备、显微镜等化验设备。

1993 年底时，农场医院核定人员 108 人，其中干部（含以工代干）76 人，工人 32 人。

1995 年 6 月 13 日，农场为保障及增强职工及子女的体质，成立南通农场初级卫生保健委员会，由场长担任"初保"委员会主任，"初保"委员会办公室设在教卫科，以加强对"初保"工作的指导。

1996 年，农场投入 100 多万元，新建 1 幢 900 平方米的门诊楼，将原农场招待所改建成 5 层 3000 平方米的住院楼，增添了医疗器械及设备，成为拥有 90 多张床位和硬件设施齐全的综合职工医院，医院院容院貌大为改观，改善了职工就诊条件。

农场在改建医院的同时，加大对医院设施的投入力度，农场投入 53.85 万元添置了医疗卫生器具，改善医疗条件，保证了临床工作的需要。配备的医疗设备有胃镜 1 台，麻醉机 1 台，呼吸机 1 台，高频电刀 2 台，空调 3 台，其中，立式空调 1 台，分析天平 1 台，计划生育 B 超 1 台，母子无影灯 1 台，九孔无影灯 1 台，高速涡轮机 1 台，眼科裂隙灯 1 台，急救推车 3 台，治疗车 3 台，担架推车 2 台，卧式高压消毒锅 1 台，电冰箱 5 台，救护车 1 辆，工业洗衣机、电动洗胃机 1 台，医用显微镜等。进口设备：化验室自动生化仪 1 台、自动尿液检测仪 1 台、心电图 2 台、B 超机 2 台、病理切片机 1 台、双目显微镜 1 台、空调机、氧气检入系统及配套设施，硬件的装备为职工诊治疾病提供了有力的保障。

当年，农场医院有职工 104 人，其中医务人员 94 人，后勤人员 10 人。医务人员中有副主任医师 1 人，主治医师职称 22 人，医师（士）职称 40 人。医院临床科室：内（儿）科、外科（骨科）、妇产科、五官科、口腔科、眼科、中医科、皮肤科、传染科。医技科（辅助科）室：检查科（细菌室、病理室）、放射科、心电图室、B 超室、胃镜室、激光室、中西药房、药库、消毒供应室、病案室、图书室、传达门卫、挂号室、收费室、住院处、手术室、抢救室、洗衣物资仓库等。同年，外科开展了下腹部手术、上腹部胃切除、胆囊结石手术、脾脏切除术；妇产科开展了计划生育四项手术、剖宫产、子宫切除术等手术；五官科开展了上颌窦根治、白内障等手术。全年医院完成门诊 67576 人次，住院病人 1093 人次，大、小手术 394 例，抢救危重病人 64 人次，住院病人治愈率 79.8%。病历书写符合《江苏省病历书写规范》，放射科甲级片率达 90% 以上。

1997 年，农场医院占地 6400 平方米，建筑面积 4400 平方米，其中，医疗用房 4000

平方米，辅助用房 400 平方米，绿化面积 289.5 平方米。

到 1998 年，农场有医院 1 所，卫生所 4 所，防疫机构 1 所，医疗用房 3631 平方米，医疗设备原值 110 万元，病床 60 张，参保人数 8552 人（其中离休干部 22 人），年缴纳经费 432 万元。

2008 年 4 月，农场自筹资金 100 万元，按照南通开发区社区卫生服务体系建设标准，对社区卫生服务中心病房楼进行改扩建，建造了一幢面积约 500 平方米的二层病房楼，修缮维护原住院楼，改扩建面积为 1000 平方米。对原住院楼按社区卫生服务中心"六位一体"功能改造，包括医院电网、厕所、传呼系统、监控系统、健康宣教设备、放射科洗片机、五分类血球仪、手推式急救车、可调式输液椅、医用洗衣机、统一标识牌和更新床位等。

2010 年 3 月，农场江海卫生服务中心派出 6 名医师和 4 名护士参加了在南通市卫生局组织市区社区卫生服务中心进行的"三基"测试，测试平均得分 117.9 分，位列市区第五位。测试主要内容涉及社区常见病、多发病及慢性病相关的诊疗知识、急危重症的现场救治等内容。农场江海卫生服务中心在常见病、多发病的诊治能力上能满足社区居民对医疗的需求，满足对危急重症病人的初步诊治。农场卫生服务中心医护人员能较好地掌握医疗法律法规和基本公共服务规范。"基础理论、基本知识、基本技能"，简称为"三基"，是对社区卫生技术人员的基本素质和行为规则的要求，是确保医疗质量与医疗安全的前提，也是提高医疗技术服务能力与水平的基础。2011 年，时任医院院长季国杰被南通市卫生局评为卫生系统先进个人。

2012 年 9 月 30 日，南通开发区江海社区卫生服务中心（农场医院）移交给苏通园区，不再属于农场所辖单位。农场从 2013 年起不再承担农场区域的医疗卫生的服务和管理工作。

2013 年起，江苏省农垦集团公司建立垦区农场职工及离退休人员、农发公司所属分公司职工定期免费健康体检制度的实施意见，农场委托江海社区卫生服务中心为与农场签订劳动合同的全体在职职工、在农垦参加养老保险的离退休职工、失地职工以及曾经是农场职工的相关人员每两年进行一次免费健康体检。

2014 年 7 月，农场与江海社区卫生服务中心签订协议书，农场指定江海社区卫生服务中心具体组织实施体检任务，人员范围由农场认定。为提高体检效率，增强医务人员责任意识，经协商，对体检费用采取包干结算办法由农场按照应体检人数（减去当年去世人员）与社区卫生服务中心包干结算体检费用，两年一次集中体检，每年支付一半费用。非参加集中体检人员的体检事宜及费用一律由卫生服务中心负责，农场不再承担任何责任，体检费用每年 8 月结算。

第四节　妇幼保健

1962 年，农场卫生院、卫生保健室共有医生 5 人，其中妇保员 2 人、护理员 1 人，担负整个农场医院卫生防治及妇幼保健工作。

1963 年，农场卫生院根据妇女生理特点，照顾实行三调三不调的原则，既增加了劳动出勤率也保障了妇女的身体健康。

1968 年，农场参照南通专区军管会《关于培训农村不脱产女卫生员（接生员）工作安排意见的报告》的通知精神，对农场不脱产接生员的接生工资，自 1968 年 12 月 1 日起实行同工同酬。

1977 年，农场医院组织人员下分场、下连队，进行了一次全场妇女病普查普治工作，提高了全场妇女的健康水平。农场三分场 11 连和四分场 17 连自己动手为幼儿班、托儿所添置必要的活动器具和生活用品，丰富了儿童的生活。9 月中旬，农场对幼托班充实了人员，添置了基本活动品，对没有进行幼托分班的单位都分了班，实行专人负责。大部分幼儿班教学唱革命儿歌，编排文娱小节目，会前会后为职工演出；不少幼儿班开展教数、教字、学画、教汉语拼音，组织值日劳动等活动，从小培养儿童爱学习、爱集体、爱劳动、守纪律的好作风。

1984 年，为做好农场的妇女工作，农场工会专门配备女工委员。

1988 年，农场为 2225 名女职工普查了妇女病，极大地降低了妇科发病率。

1989 年 6 月，农场按照江苏省农垦总公司《关于对农场专职计划生育工作者实行岗位津贴》文件规定，对农场专职计划生育工作者实行岗位津贴，每人每月补助 10 元，从 1989 年 1 月起执行。

1990 年 4 月，农场成立计划生育协会，主要协助农场行政领导开展有利于计划生育的服务活动，宣传计划生育的方针政策、节育知识，引导群众自觉实行计划生育，反映群众对计划生育工作的意见和要求，提出加强和改进工作的建议。

1996 年，为做好农场的妇女工作，落实计划生育工作，农场设立计划生育办公室，配备场专职计划生育助理，享受副科级待遇，具体负责全场计划生育的宣传、指导及妇女儿童合法权益的保护等工作。

农场坚持每两年对全场妇女进行一次妇女病普查。1996 年完成普查妇女 3004 人，占应查妇女总数的 81.29%，通过普查常见妇女病的发病率与上年相比下降 15%，对患有妇女常见病的采取查治结合，边查边治，及时进行治疗，并规定定期到医院复查。通过普查发现了子宫肌瘤等病例 22 人，都及时给予患者手术治疗或转院治疗，保证了女职工的身心健康。同年，农场儿童保健系统管理率为 99％，儿童体检合格率为 99％，体弱儿童管理率为 100％，管理率为 95％以上，孕产妇管理率为 95％以上，高危孕产妇监护住院分娩率为 100％，孕产妇住院分娩率为 100％。三岁以下儿童普服和加强服用糖丸达 100％，全场儿童及孕产妇碘丸普服率达 95％以上。

1998 年 9 月，农场女工委员会牵头组织对全场 2331 名女职工进行了妇女病检查，普查率达 63.8％，查出患病人数 546 人，患病率达 23.4％，仅卵巢肿瘤患者就达 23 人，由于治疗及时，患病女职工都很快恢复了健康。

计划生育工作方面，农场每年都要在人口学校对未婚青年在婚前进行卫生教育，晚婚晚育教育，实行婚前体检登记批准制度，对孕妇实行定期检查，住院分娩的围产期保证、婴幼儿防疫卫生、免疫注射一条龙服务，保证了母婴健康。由于计划生育妇幼保健工作做得比较扎实，农场的晚婚率达 98％，一胎率达 99％以上，连续多年被评为通州市计划生育先进单位。

2010 年 4—7 月，农场江海社区卫生服务中心安排妇科医生和 B 超医生配合南通开发区进行妇女乳腺癌和子宫颈癌"两癌"及"RTI"免费筛查，为南通开发区制定生殖道感染干预工程方案提供依据，提高农场计划生育优质服务工作水平，为落实孕前期管理工作提供保障，体现了党和政府对育龄妇女生殖健康的关怀。

2012 年 9 月 30 日，随着南通开发区江海社区卫生服务中心（农场医院）移交给苏通园区，农场妇幼保健职能移交苏通园区管理委员会。

第五节　爱国卫生运动

建场以来，农场每年开展群众性的爱国卫生运动，普及卫生知识，控制各种传染病，减少发病率，使职工养成人人讲卫生、个个爱清洁的习惯，提高职工健康水平。

1962 年，农场建立爱国卫生运动委员会，各下属单位成立卫生领导组，全年在逢节假日、预防接种时，开展突击性检查共有 10 余次，平时结合生产随时注意卫生，召开全场卫生工作现场会，总结经验教训，通过卫生运动使灭蝇捕鼠成为群众的自觉行动。对全场 24 个食堂的炊事人员随时做好卫生知识的教育，做好食堂卫生的检查和督促，全年无食物中毒事件发生。

1977 年，经农场革命委员会研究决定，成立南通农场计划生育、爱国卫生运动委员会，各分场也相继成立计划生育、爱国卫生运动委员会，连队成立计划生育、爱国卫生运动领导小组。同年 10 月，全场开展"三项工作"（即爱国卫生、计划生育、幼托工作）大检查。

1978 年，农场规定爱国卫生制度：

（1）各单位每月或根据季节发病情况，邀请农场医院或分场卫生所医生对职工进行一次卫生讲座，有关公共场所、职工家庭、个人要分别制定爱国卫生公约，人人自觉搞好爱国卫生工作。

（2）爱国卫生以防病保健为中心。要突出管饮食、管粪便，要创造条件保证饮水卫生。要做到食堂无蝇，不售腐烂、变质、变味食物，不喝生水；厕所无蛆，经常冲洗；垃圾入坑，经常清理；家前屋后无杂草，无污水，室内整齐清洁；

（3）环境卫生要划分卫生包干区，实行 3 天一小扫，10 天一大扫，1 个月一检查。

1979 年 4 月，农场成立三项工作委员会，下设"三项工作办公室"，地点在医院。各分场成立 3 人领导小组，领导小组由分场干部组成。各连队成立领导小组，由连队干部、卫生员、妇女排长或群众代表 3～5 人组成，由 1 名连队干部专项负责此项工作。同时，农场开展春季爱国卫生运动和组织全场卫生大检查，全场卫生检查团由核心组成员、三项工作委员会有关人员以及政工科、办公室、后勤、基建、商店、共青团、医院（医院领导、防疫人员、妇幼保健人员）以及各分场有关人员参加。分场检查团由分场负责三项工作的领导和分场卫生所人员及各单位连干、卫生员、保育员组成。9 月，全场开展秋季爱国卫生运动大检查。

1983 年 9 月，农场为迎接国庆开展爱国卫生运动，以分场为单位，组织检查评比。卫生工作的重点是以饮食卫生和环境卫生综合治理为主，清除蚊蝇滋生地，降低"四害"密度，减少疾病传播媒介；清除垃圾杂草，整修场地路面和排水沟，消灭卫生死角；整顿市容、队容、店容、厂容、校容，同时搞好"三管一灭"和饮食卫生；搞好公共场所卫生和室内整理以及个人卫生工作，明确卫生分段包干责任制。

1987 年，农场在贯彻爱国卫生、计划生育工作中取得了较好的成绩，出现了许多先进集体和先进个人。1988 年 4 月，因在"三抓三创"活动中的突出成绩，农场长洪分场被南通县爱国卫生运动委员会评为 1987 年度文明卫生单位。

1989 年开始，法定每年 4 月为全国爱国卫生月。农场每年在全国爱国卫生月期间，在全场开展爱国卫生月活动，活动开展分工作准备、宣传发动、组织实施、检查评比 4 个阶段进行。

1992 年 4 月，农场开展爱国爱场卫生月活动。活动中大力开展爱国爱场卫生宣传教育和健康教育，大力普及除四害、讲卫生、预防传染病的科学卫生知识，提高群众卫生防病知识和自我保健能力及参与意识。农场卫生科明确专人负责，组织爱国爱场卫生突击检查，重点整治环境卫生，清除不卫生死角，处理好蚊蝇滋生地，杀灭露头蚊蝇；对居民居住区、窗口单位和沿街建筑物认真清理乱张贴、乱搭建、乱堆放、乱摆放现象，清除垃圾、杂草，创造一个良好的卫生环境。检查结果列入年终考评范围。

1993 年 9 月，农场开展秋季爱国卫生运动，活动时间从 9 月 5 日至 9 月 16 日。活动重点是：实施综合治理，以环境卫生为突破口，集中精力，重点治理脏、乱、差。具体做到：街道、厂区、住宅区、房前屋后无杂草、无垃圾、无卫生死角；堆放垃圾要有固定的垃圾池、垃圾坑，不乱倒垃圾；公厕、私厕要经常打扫，经常喷药，达到无蝇、无蛆、无臭，要求达到清洁、整齐、美观、优化。有效遏制秋季肠道传染病暴发和流行。

1995 年 6 月，农场调整爱国卫生运动委员会成员。同年 9 月，为控制传染病的发生和流行，在全场开展群众性的秋季爱国卫生运动。

1996 年，农场将"讲究公共卫生和家庭卫生，提高健康水平"写入《国营南通农场场规场纪》，强调江海镇区内实行门前"五包"（包清洁卫生、包不堆放物品、包车辆停放整齐、包绿化、包无乱写乱贴的广告）。要求住宅区保持清洁卫生，畜禽一律圈养，损坏庄稼照价赔偿。各单位定期组织评比，适当奖励，如有违反处 5～50 元的罚款。

同年，农场组织开展"初保、卫生"双达标活动，农场组织部门和各单位利用有线广播、三用机、黑板报、画廊等形式进行广泛宣传发动。医院成立以院长为组长的"卫生达标"领导小组，对照江苏省农垦卫生工作考核标准，制订具体实施方案，明确时间和任务要求，与各科室负责人签订了达标责任书，逐项分解，责任到人，并在全场开展评选"卫生文明单位""卫生文明户"活动。农场根据江苏省农垦总公司创建卫生工作"双达标"要求，召开全场性的卫生工作会议 2 次，爱卫会和初保委会议 4 次，发爱国卫生运动通知 4 次，全场性的卫生大检查 4 次。成立农场城镇管理办公室，属于科级单位，主要负责场部镇区内的市政建设和环境卫生管理。同年，农场职工代表大会讨论通过新修订的《南通农场场规场纪》，制定《江海镇管理条例》，在开展"双达标"评选、"文明单位"评选、"文明家庭"评选条件中都规定有文卫方面的要求，并将这些规定、条例、办法等印发到每个大队、工厂及职工家庭。为推动江海镇镇容镇貌上新台阶，农场教卫科和城镇管理办公室联合与场直各单位签订道路、河道段卫生包干责任书，指标和要求明确，并与临街集体、个体商店签订"门前三包"责任书。

1997 年起，每年 4 月为江苏省健康教育宣传月。宣传月期间，农场利用各种传播媒体经常性、广泛性、多层次、多渠道、多形式地向广大群众宣传卫生、保健知识，宣传卫生对个人健康的重要性、必要性。自办广播节目中安排卫生知识专题讲座 15 讲，卫生常识问答 100 题，播出卫生知识及全场环卫工作的动态信息稿件 200 多篇，场部宣传画廊出卫生常识宣传图片 2 期、人口知识和计划生育知识宣传图片各 1 期，基层出卫生宣传黑板报 260 多期；在"五四"青年节之际，场团委组织部分青年医生为群众进行医疗卫生常识现场咨询活动，咨询人数达 100 多人次；农场联合学校举办计划生育知识和育龄青年婚前知识讨论班各 4 期，听课人数 1000 多人次；加强在校学生的环境卫生、生理和心理卫生知识教育。幼儿园以讲故事、演节目的形式培养儿童的卫生习惯作为重点教育内容之一，小学做到有教材、有课时、有作业，中学在抓好生理卫生和生物课的同时，定期对学生进行试题测验，使学生初步掌握卫生保健知识，中小学的健康教育率达 100%。通过宣传教育，人们普遍提高了卫生工作的自觉性，增强了自我保健的意识，肠道和呼吸道传染病例明显减少，患了传染性肝炎的病人也能自觉住进传染病房隔离治疗。

为在镇区内减少蚊蝇滋生地和垃圾的乱倒现象，农场投入 2 万元资金在镇区内建造垃圾池 40 个，利用流槽修建占地 5 亩的垃圾堆场。1996 年开始在腾飞新村试行生活垃圾有偿上门清运制度，安排专门保洁员以铃声为号，早晚两次上门收垃圾。配备镇区专职清洁队，专职保洁员 15 人，负责江海镇区内主街道的卫生保洁、垃圾清运、公厕打扫、绿化管理。清洁队工人的收入列场部统一支出，待遇与机关职工同等享受。1996 年底，农场又投入资金 2 万元购置拖车 8 辆，铜铃 8 只，新增保洁员 4 人，调拨 1 辆 5 吨新东风柴油翻斗车和租用 4 辆手扶拖拉机专门用于垃圾清运，把上门清运垃圾工作推广到全江海镇区。

2004 年 4 月，为配合南通市政府创建全国文明城市，农场成立创建文明城市工作领导小组，由党委书记任组长，办公室设在农场城镇管理办公室。同年 5 月，农场制订创建国家卫生城市工作方案，农场根据实际，从爱国卫生组织管理、农业单位改水改厕、健康教育、控制禁烟、城镇基础设施建设、交通整治、场容环境卫生管理、环境保护、场内河道整治、市场摊点整治、公共场所卫生、饮用水卫生、食品卫生、传染病防治、城市除四害、窗口单位卫生、单位居民区卫生、住宅小区整治、民意测验等项重点工作入手，开展突击建设、整治和长效管理工作，使全场总体卫生状况得到根本改观，达到了《卫生城市标准》的要求。

2007 年，为配合南通开发区"五城同创"工作，创建卫生农场，改善职工生活质量，农场投入 55 万元用于环境卫生整治，用于对现有垃圾进行集中清理，深挖填埋。在清理后的垃圾场地种植绿化树木，建立长效管理机制，配备管理人员、垃圾车辆以及辅助工具等，解决垃圾乱倒问题。

2010 年 4 月，是全国第 22 个爱国卫生月，农场加强卫生基础设施建设，逐步完善环境卫生管理机制，对突出环境卫生整治进行重点整治，开展健康知识、控烟宣传活动，大力开展除"四害"活动。7 月，农场为加强江海镇市容环卫责任区管理，提高责任区管理工作成效，确保责任区市容环境卫生面貌保持良好的常态。同年，成立南通农场环卫责任区管理考核领导小组，办公室设在社会行政管理科。

2011 年 5 月，农场为全面贯彻落实南通开发区国家卫生城市复审迎查工作方案的通知，切实加强农场创卫工作的领导，落实责任、明确任务、责任到人，确保创卫工作扎实有效推进，决定成立南通农场创卫工作领导小组。领导小组下设办公室，办公室设在社会服务管理科，办公室职责：一是负责实施创卫的组织工作；二是做好创卫的宣传、报道工作；三是做好创卫的检查、督促工作；四是负责创卫资料的收集、整理、归类和管理；五是负责创卫领导小组日常工作。

2012 年 9 月 30 日，随着苏通园区征用农场土地二期移交工作的结束，农场的社区社会事务职能和包括农场城镇管理办公室等 10 家社区社会事务单位全部移交苏通园区管理委员会，从 2013 年起农场不再承担全场性的爱国卫生运动职责，只承担本企业内的卫生职责。

第六节　卫生改革与职能分离

1982 年 2 月，根据江苏省农垦局要求，农场成立教育卫生科，人员编制在学校和医院，工作在场部。

1998 年 5 月，根据国务院、省政府关于深化卫生改革，实行并逐步完善院长负责制的要求，加强垦区医院的科学化、规范化管理，以适应建立和发展社会主义市场经济体制需要，促进垦区卫生事业的发展，落实江苏省农垦集团公司《江苏农垦集团有限公司医院院长工作条例》，农场根据条例实施内容，与农场医院签订医药经费包干使用承包合同。合同内容：一是医药经费包干使用标准，1998 年由场部按当年 2—12 月职工工资总额的 8％按月（季）结算拨付给医院使用。改制企业实发工资总额低于档案工资（含补贴）的，按档案工资总额结算医疗保险费。1998 年 1 月的医药经费仍按 1997 年的结算办法执行。二是医院职工的工资支出，由场部按现行工资的 70％予以补贴，每季（或半年）结算一次。

医院应承担的费用项目：①全场参保职工及统筹医疗人员的医药费（包括外诊费），具体根据通场发〔1998〕19 号文件规定执行；②卫生防疫费；③医院职工的工资（含补贴）及奖金，并按职工工资总额（含奖金）计算上交 37.5% 的基本养老金、福利费、工会经费、教育经费，10% 的社会事业费暂予免交；④各项行政性支出；⑤医疗纠纷费用（包括事故赔偿）；⑥固定资产折旧，10 万元以内的设备添置，由医院支出。新增固定资产必须事先报告经场部批准后实施，如需场部投资，医院应承担利息支出，由医疗包干经费支出的只计折旧不计利息。从 1998 年起，医院职工的奖赔与场部机关脱钩，直接与医疗经费包干挂钩，年终决算经审计确认后，按包干结余的 10%～50% 计提奖金，同时上交 37.5% 有关费用，其余留医院经批准后用于改善医护条件等设施。包干经费超支，按超支部分的 10% 计赔。

2000 年 11 月，农场为搞好农场医院的体制改革，成立农场医院改制领导小组。同时，成立农场医院管理委员会，以增强民主议事、民主决策、民主管理和民主监督的力度。农场在认真调研和借鉴兄弟农场经验的基础上，根据上级文件精神，结合农场实际情况，在认真征求和尊重医院职工意见后，确定采用风险抵押金改革方案。上岗职工每人交纳 10000 元风险抵押金，干部岗位增加风险抵押金。通过改革，利用风险抵押金对现有的落后设备进行更新，最终达到"管理水平提高，医疗设备更新，服务改善，职工就医方便，农场负担减轻，员工收入增加"的目的。改革中共减员 20 多人，医院工作运行正常。

2001 年 9 月，农场医院上报《关于南通农场医院实行国有民营改制方案的请示》，要求实施内部改革，农场同意医院实行国有民营、独立核算、自负盈亏的改制方案。12 月，农场与农场医院签订净资产转让协议，农场将除房屋、土地除外的其他资产转让给医院，实行国有民营、独立核算、自负盈亏。医院职工人数由原有的 118 人定岗定编为 64 人，在岗人员交一万元上岗保证金，医院实行模拟股份管理模式。同时，农场印发《关于医院富余职工转岗分流的有关规定》，考虑到医院是特殊技术行业的特点，对医院富余职工转岗分流待遇做如下规定：

（1）医院改革后已与医院签订合同去培训的同志，到 2001 年秋学期止的学费凭票报销。到 2001 年 12 月止，发给每人每月生活费 238 元。

（2）转岗分流人员中，因去年改革会上曾动员年轻同志去学习考执业证等，故从 2000 年 10 月后凡参加成人高等教育学习的同志，也可报支一学年的学费，凭票报支。

（3）2000 年 1 月后，经医院同意，已参加考执业证的费用凭票报支。

（4）转岗分流的职工，工资发到 2001 年 12 月止。从 2002 年 1 月到 2002 年 9 月止，按通场发〔1998〕29 号文件精神办，即每月发给 67 元生活补贴费，两保金按社会平均工资的 60% 为计交基数，分别由企业和个人按规定比例交纳。

2008 年，根据《江苏省城市社区卫生服务条例》精神，经南通开发区社会事业局同意，农场医院转型为江海社区卫生服务中心，农场投入资金按社区卫生服务中心省标对医院进行了改建。

2009年2月，成立南通农场医院体制转型工作领导小组。同月，经报与江苏省农垦集团公司，同意农场将医院转型为江海社区卫生服务中心。撤销模拟股份制医院体制，农场原转让给医院的资产、负债由农场收回，同意确认医院63名股东退股。自3月起，农场医院由原国有民营医院转型为场属医院，与江海社区卫生服务中心实行一套班子、两块牌子。

2012年9月，江苏省农垦集团公司与苏通园区综合管理办公室签订《关于南通农场社区、社会事务及相关事项移交协议》。12月，农场将南通农场社区社会事务联合管理委员、南通开发区江海社区卫生服务中心（农场医院）等10家单位移交给苏通园区综合管理办公室管理。2013年7月，南通农场江海卫生服务中心全部移交江海镇区，和农场脱钩，隶属苏通园区管理，职工45人。

中国农垦农场志

第六编

社会生活

中国农垦农场志

第一章　农场人口

第一节　人口总量及变化

　　农场建场时，场内人口主要是由南通县迁来的移民构成，以后逐年由知识青年、退伍转业军人、大中专院校毕业生分配或配偶婚迁等，加上自然增长人口，开发建设的流动人口等组成。

　　1958年建场时，农场有职工313人，常住人口587人。1959年，农场有职工3644人，常住人口3831人。1960年，农场有职工3888人，常住人口4644人。1961年，农场有职工3775人，常住人口6228人。1962年，农场有职工3386人，常住人口5997人。1963年，农场有职工2824人，常住人口5871人。1964年，农场有职工3076人，常住人口6446人。1965年以后，农场职工和常住人口的数量随着南通县移民，以及上海、南京、徐州、苏州、无锡、镇江、常州、连云港、南通、扬州等市县插场知识青年的到来而逐年递增，来场知识青年人数最高时达上万余人。至1970年，农场常住人口20794人。1976年起，插场知识青年陆续返城，农场人口增减变化幅度较大。

　　1970—2014年农场常住人口总数见表6-1-1，1984—2014年南通农场人口变化情况见表6-1-2。

表6-1-1　1970—2014年农场常住人口总数

年份	1970	1971	1972	1973	1974	1975	1976
人口总数	20794	20310	20183	20249	20190	19189	19189
年份	1977	1978	1979	1980	1981	1982	1983
人口总数	20453	18598	14979	14351	14859	14857	14847
年份	1984	1985	1986	1987	1988	1989	1990
人口总数	14870	14955	14938	14836	14844	14904	15064
年份	1991	1992	1993	1994	1995	1996	1997
人口总数	14927	15018	15108	15102	15093	15019	15952
年份	1998	1999	2000	2001	2002	2003	2004
人口总数	15874	15864	15824	15660	15857	15943	16001
年份	2005	2006	2007	2008	2009	2010	2011
人口总数	16191	16512	16617	16817	16951	17052	17233
年份	2012	2013	2014	—	—	—	—
人口总数	17367	17475	17527	—	—	—	—

表 6-1-2　1984—2014 年南通农场人口变化情况

年份	人口总数	出生人口	出生率（‰）	死亡人数	死亡率（‰）	自然增长人数	自然增长率（‰）
1984	14870	66	0.44	54	0.36	12	0.08
1985	14955	80	0.54	63	0.42	17	0.12
1986	14938	160	1.07	56	0.37	104	0.7
1987	14836	192	1.29	60	0.41	132	0.88
1988	14844	189	1.27	69	0.46	120	0.81
1989	14904	205	1.38	60	0.4	145	0.98
1990	15064	180	1.19	52	0.35	128	0.84
1991	14927	149	1.0	77	0.52	72	0.48
1992	15018	113	0.75	89	0.6	24	0.15
1993	15108	142	0.94	76	0.5	66	0.44
1994	15102	157	1.04	95	0.63	62	0.41
1995	15093	171	1.13	88	0.46	83	0.67
1996	15019	155	1.03	99	0.66	56	0.37
1997	15952	133	0.83	87	0.55	46	0.18
1998	15874	102	0.64	90	0.57	12	0.07
1999	15864	103	0.64	95	0.6	8	0.04
2000	15824	207	1.31	115	0.73	92	0.58
2001	15660	117	0.75	108	0.69	9	0.05
2002	15857	133	0.84	91	0.58	42	0.26
2003	15943	100	0.63	74	0.46	26	0.16
2004	16001	118	0.73	101	0.63	17	0.10
2005	16191	92	0.57	115	0.71	−23	−0.14
2006	16512	93	0.56	103	0.62	−10	−0.06
2007	16617	84	0.50	99	0.60	−15	−0.09
2008	16817	94	0.56	124	0.74	−30	−0.18
2009	16951	89	0.53	121	0.71	−32	−0.19
2010	17052	110	0.65	111	0.65	−1	0
2011	17233	120	0.70	107	0.62	13	0.08
2012	17367	125	0.72	101	0.58	24	0.14
2013	17475	114	0.65	125	0.72	−11	−0.07
2014	17527	146	0.83	140	0.80	6	0.03

第二节 人口结构及素质

农场的人口结构和素质，据对1958年、1984年、2000年、2005年4个年份统计，对农场常住人口从总人口、男女比例、年龄结构、文化程度、民族、职业等构成情况统计，见表6-1-3。2005年后，随着农场企业的改革，南通开发区的南向开发，苏通园区进驻农场，农场属地成立江海街道，社会职能分离，农场已经完全融入当地社会生活，农场人口流动性增大，就业范围更加广阔，人员构成更加复杂。

表6-1-3 1958年、1984年、2000年、2005年末农场人口构成情况

单位：人

年份	总人口	男	女	0~14岁	15~64岁	65岁以上	小学	初高中	大专以上	汉族	其他民族	在职	退休	无业或自谋职业
1958	587	357	230	194	256	48	587	—	—	587	—	345	—	242
1984	14870	8164	6706	3083	8268	3519	7926	6559	385	14846	24	7409	3992	386
2000	15824	7950	7874	2991	9126	3707	7779	7455	441	15644	31	4992	4119	3422
2005	16191	8130	8061	2647	9840	3704	7251	8328	612	16159	32	3507	4536	5501

注：①表中1958年无业人员指当时的未成年人。②文化程度初高中包括职高、中专、成人高中。③大专包括大专及大专以上，包括电大等国家承认的五大生。④小学包括文盲。

第三节 流动人口

20世纪80年代开始，每年有一定数量的外地临时工进入农场从事晒粮或其他诸如砖瓦制造、粮油加工等比较脏累苦的工作。1990年开始，农场西、南沿江一带分别被通州市、南通市开发征用，新建万吨级油品码头、通常汽渡、港口工业区等单位，农场流动人口迅猛增长。据公安派出所正规登记的流动人口统计，2001年，划入南通开发区时农场流动人口有2446人。2002年，苏通大桥在农场开工建设，大量民工、建筑队伍进入农场，到2004年底，全场流动人口有2674人。2005年底，全场流动人口有2542人。以后随着南通开发区南向开发，苏通园区进驻农场，农场民营企业迅速发展，场域居民拆迁的推进及园区基本建设及招商引资，使得场域内流动人口急剧增加。表6-1-4表中数据为公安派出所登记数，实际数量远不止于此数。

表6-1-4 1980—2014年农场流动人口一览

年份	1980	1981	1982	1983	1984	1985	1986
流动人口总数	180	188	200	198	188	210	215

（续）

年份	1987	1988	1989	1990	1991	1992	1993
流动人口总数	220	205	240	269	285	320	335
年份	1994	1995	1996	1997	1998	1999	2000
流动人口总数	336	443	758	1307	1541	1847	2315
年份	2001	2002	2003	2004	2005	2006	2007
流动人口总数	2446	2376	2494	2674	2542	6534	10400
年份	2008	2009	2010	2011	2012	2013	2014
流动人口总数	10572	6335	4908	16364	20182	23814	13214

第二章 农场民政

农场是一个集生产经营和社会职能管理于一体的国有农业企业，很长一段时间，农场居民即为农场职工。农场民政等相关社会工作起步于 2000 年，终止于 2012 年 9 月农场社会职能分离。农场民政工作有别于乡镇或街道政府的民政等社会工作，只按照上级文件和政策要求和规定，为农场职工群众办实事。农场的民政工作主要是由农场工会部门负责人兼任民政助理，具体工作主要由农场工会和人武部门分管，农场民政工作的主要内容有社会救助、优待抚恤、复员退伍军人安置、婚姻登记等。

第一节 社会救助

建场初期，少数职工或职工家庭生活有困难，大多采用互帮互助形式自我解决。春节期间，农场工会会对特困户给予一定的经济或物资救助。

1991 年开始，农场党委委托工会对农场生活上确有困难的在职、退休职工给予长期或临时补助。

1995 年，农场出台《南通农场扶贫帮困工程实施办法》，制订扶贫帮困工作计划，建立组织网络，成立扶贫解困领导组，并每年投入相当的资金用于扶贫帮困。

社会救助作为农场工会扶贫帮困的重要工作，是农场社会保障体系的重要组成部分。一直以来，农场工会对职工及场域居民实施社会救助，对申请救助对象严格按照申请、入户核查、民主评议、公示、上报的程序进行办理，每年对长期补助户和低保户家庭状况进行入户走访调查，做到长期补助或低保人员有进有出，农场工会从农场实际出发，以效益为中心，以科教兴场为先导，以致富职工为目的，标本兼治，以"造血"为主及"输血""造血"相结合，以科技扶贫为重点，通过"定政策、送温暖、指出路、教方法、求发展"等途径开展多种形式的扶贫解困社会救助活动。

农场的贫困界定是以本地区最低生活保障线为标准，家庭年人均收入低于生活保障线的定为贫困户。农场贫困职工按贫困原因可分为两种类型：一是鳏寡孤独、痴呆病残、无劳动能力的救济型；二是缺资金、缺技术、缺劳力等原因致贫的可扶持型。对此农场采取多种形式、分门别类做好社会救助工作，主要帮扶救助形式有：

一是春节前夕开展"奉献一片情，温暖职工心""情系特困职工、关爱弱势群体""进百家门，知百家情，解百家难，暖百家心"的春节送温暖活动，每年春节农场工会拨款数十万元加上干部职工的爱心捐款和"慈善一日捐"等筹款形式，用于对特困职工的春节送温暖，让困难的职工能过一个欢乐、安定、祥和的春节；二是每年对因缺少资金、技术、劳动力以及长期患病而导致困难的职工给予长期补助；三是对无劳动力、无赡养人的孤寡独居老人关爱有加，享受"保吃、保住、保穿、保医、保葬"五保待遇；四是场部干部与困难职工结对帮扶工作，落实好帮扶人员和帮扶措施，把帮扶对象迫切需要解决的困难，如资金、技术、信息、劳动力、服务等作为工作的切入点和着力点，建立党员、干部、技术人员、科技示范户、富裕户与贫困职工户"结对子""一帮一"活动；五是通过培植种养结构调整典型示范户，发挥典型带动作用，带领困难职工脱贫致富；六是立足培训送技能，帮助特困职工参加适用有效的技术培训，提高创业技能来脱贫致富；七是农场工会、行政出面，帮助特困职工家庭多渠道、多形式实现再就业。

农场除对职工和场域居民做好扶贫帮困和社会救助工作之外，还积极向场外社会救助机构捐款捐物，体现国有企业对社会救助的担当和责任。

1992年，农场专门发文，在全场范围开展为兴建江苏省残疾人康复教育培训中心定向募捐活动，号召全场有固定收入的职工（包括合同工、临时工）及离退休人员和个体劳动者，每人捐赠1元钱，定向支持江苏省残疾人康复教育事业，此次活动全场共计捐款4988.71元。

2007年，农场向南通开发区扶贫基金会捐款153493.2元。

2008年5月12日，四川省汶川发生强烈地震，一方有难、八方支援，农场积极捐款抗震救灾，并组织场域各企业组织和干部职工捐款，全场共捐款513586元，向灾区人民献上一份爱心。同时，农场对28名来场打工的四川籍灾民进行了慰问，发放慰问金14000元。

2008年1月25日，农场雪灾，职工损失惨重，农场拨出救灾款410000元救助灾民。

2010年4月14日，青海省玉树藏族自治州玉树市发生地震，为支持青海玉树地震灾区重建家园，农场向玉树地震灾区捐款110631元。

2011年1月14日，在南通市民政局、南通市慈善总会举办的"暖冬行动——让孤寡老人过好年主题活动启动仪式"上及重阳节前夕，农场下辖企业南通大桥广告有限公司、南通凌龙特钢制品有限公司、南通市华通钢绳有限公司、南通市明星钢绳有限公司主动为南通开发区敬老院各捐款2000元，农场米厂捐赠优质大米1.5吨。

2011 年起，农场每年在干部职工中开展慈善救助一日捐活动，捐款用于救助社会贫困人员。当年重阳节，农场向南通开发区敬老院捐款 5000 元。

2012 年 9 月，农场社区管理职能移交属地。从 2014 年起，苏垦南通公司（农场）向南通开发区慈善总会每年捐资 49.8 万元建立"情暖江海助困基金"，定向用于苏通园区江海街道（原农场社区）的居民开展扶贫助学、特困失地职工救助和农场社区居民开展"五助"（助学、助医、助困、助残、助老）等公益性社会民生事业。

2015 年，苏垦南通公司向盐城慈善会捐款 33405 元。

2016 年，苏垦南通公司开展"向阜宁龙卷风灾区群众"捐款活动，向南通开发区敬老院捐款捐物 13000 元，用实际行动践行了国有企业的社会责任和国企员工的家国情怀。同年，公司工会被南通开发区总工会授予 2016 年度"栾馨仁（暖心人）先进集体"称号。公司工会与南通大学工会联合组织开展"莫文隋·暖冬计划"冬季募捐活动，共募捐衣物 443 件，善款 1732 元，提升企业美誉度，树立企业良好形象。

2020 年初，新型冠状病毒感染疫情暴发后，苏垦南通公司向南通开发区慈善总会捐资 20 万元，用于定向支援苏通园区江海街道（原农场社区）开展疫情防控工作。

第二节　优抚安置

一、退伍军人安置

建场初期，复员、转业、退伍军人是农场职工的主要来源之一，农场人武部门按照国家有关的文件安置复员、转业、退伍军人。

1968 年 4 月，根据江苏省军事管制委员会《关于做好 1968 年复员退伍军人接收安置工作的通知》的文件精神，安置到农场的复员退伍军人，到场后，不论当工人或学徒，其初期工资待遇：服役满 5 年以上的，可按不超过农工二级工工资标准（26.2 元）发放；服役满 3 年不满 5 年的，按农工一级工工资标准（23 元）发放。初期工资待遇的时间一般为 6 个月，期满后，按国务院〔1967〕劳字 382 号通知规定给予定级。原是从农场参军而仍回农场的复员退伍军人，由农场安置，并上报江苏省农垦公司审批；复工复职的，不实行初期工资待遇，可直接按国务院〔1967〕国劳字 382 号精神通知给予定级；如参军前的工资待遇高于上述规定的，仍按原工资发给。

根据《中华人民共和国兵役法》《中国人民解放军现役士兵服役条例》、国务院《退伍士兵安置条例》等文件规定，农场制定《农场退伍士兵安置及现役军人优抚暂行办法》，农场退伍士兵安置贯彻从哪里来、回哪里去的原则。2000 年后，由于农场土地资源逐渐减少，场办非农企业改革，农场不再承诺退伍士兵安排到非农单位。对农场在职职工入伍的退役士兵、士官仍然回原单位复工复职，如因各种原因无法回原单位的由农场协调解决。对1999年度前（含1999年）应征入伍的义务兵、服役未满13年的士官退出现役回场后，农场尽可能做一次性非农安置；确实无法安置到非农单位的，安置到农业单位承租土地或由个人自谋职业，农场一次性发给安置补助金7000元；因在部队受处分等而中途退伍的士兵不得享受此补贴。从2000年开始，从农场应征入伍的义务兵、服役未满13年的士官，一律由农场安排承租土地，或由个人自谋职业，农场发给一次性安置补助金。补助金标准：服役两年期满退役的义务兵，服役未满13年的士官，每人7000元。

2005年，农场修订《农场退伍士兵安置及现役军人优抚暂行办法》。农场应征入伍的义务兵及服役未满13年的士官退出现役回场后，由于场办企业全部改制，农场无法安置到非农单位而自谋职业的，农场一次性给予安置补贴10000元；对退出现役回场的义务兵及未满13年的士官确实需要农场安置的，由本人申请，农场负责上报办理招工手续，待上级批准后安置为农场合同制农业职工，享受农业职工"两保补偿田"，不再享受10000元一次性安置补贴费；因在部队受处分等原因中途退伍的士兵不得享受一次性安置补贴费和安置为合同制农业职工。

2009年起，农场退伍义务兵或士官安置工作统一由南通开发区民政部门办理，由南通市民政局安置或享受南通市区城镇义务兵一次性安置补贴（具体标准由南通市政府制定）。

二、现役军人及伤残退伍军人优抚

农场广大适龄青年积极响应国家号召，报名参军，农场按照政策对他们个人及家属进行慰问和优抚。每逢"八一"建军节或春节期间，由农场以不同形式，或出资购买年货或准备慰问金，对农场军烈属给予精神与物质上的慰问，慰问由农场办公室、人武部两个部门负责。

1983年起，农场对现役军人家属进行优抚补助。对现役的战士家属以及在军事院校学习尚未提干的现役军人家属，从1982年开始，每户每年补助人民币50元；1982年10月以后退伍的军人仍享受每户补助50元；已提干的及志愿兵的现役军人，已享受薪给制待遇，家属不享受农场优待补助。

1985年起，现役战士（不含志愿兵）和在军队院校学习的战士学员的家属享受战士入伍时参加工作的职工级别工资的40%优抚金。1985年10月后退伍的战士仍享受1985年度优抚金。1985年11月入伍的算1986年1月兵，其优抚金从1986年开始享受。在部队荣立三等功者当年优抚金提高20%，荣立二等功者当年优抚金提高30%。在部队受警告、严重警告处分的，减少当年优待金 20%；受记过、开除党团籍处分的，减少当年优待金的 50%～70%。1989 年，农场为现役军人直系亲属办理了人身保险。

1996 年之前，农场对于积极报名应征入伍的青年，从入伍那天起算工龄，在职青年职工入伍的算连续工龄，退伍回场给予安排工作。服役期间，农场每年给予一定数量的优抚费（第一年 550 元，第二年 600 元，第三年 650 元），对在部队表现突出立功者另外发放奖金（荣立一等功奖励 600 元，二等功 300 元，三等功 100 元，军区以上单位授予的荣誉称号奖励 300 元）。

1996 年起，农场对现役军人及伤残退伍军人优抚标准分门别类进行了适当调整：

一是入伍前为农业户口的待业青年，1996 年起入伍后第一年优待金为 800 元，第二年为 850 元，第三年为 900 元，第四年为 950 元；2000 年起每年一次性发给优待金 1000 元，2005 年起调整为每年 1400 元（入伍满 1 年计算）。

二是入伍前为城镇户口的待业青年，入伍后每年优待金由通州市民政局按规定发给，退伍后由通州市民政局进行安置就业。2001 年，农场区划调整归南通开发区后由南通市民政局按规定发给，退伍后由南通市民政局安置就业。

三是入伍前为农场在职职工的，其优待金按同企业、同工龄工人的基本工资（包括各项补贴）发放。

四是为了鼓励现役军人（指现役军官、士官、义务兵）安心部队服役，为国防和军队建设多做贡献，再立新功。1996 年起，在部队服役荣立一等功者奖励 500 元；荣立二等功者奖励 300 元；荣立三等功者奖励 100 元；被评为优秀士兵者奖励 50 元。2000 年起，在部队服役期间荣立一等功者奖励 500 元；荣立二等功者奖励 300 元；荣立三等功者奖励 200 元；被评为优秀士兵者奖励 50 元（2005 年起调整为 100 元）。2009 年起，在部队服役期间荣立一等功者奖励 1000 元；荣立二等功者奖励 800 元；荣立三等功者奖励 500 元；被评为优秀士兵者奖励 300 元，凭部队政治机关寄来的立功喜报为准。

五是每年春节前对入伍 1～2 年的义务兵家属及烈士家属发放慰问金，2000 年起每年 200 元，2005 年起每年 300 元，2009 年起每年 400 元；对军官、士官家属及伤残退伍军人发放慰问金，2000 年起每年 100 元，2005 年起每年 200 元，2009 年起每年 300 元。

2009 年起，农场现役军人及伤残退伍军人优抚统一由南通开发区民政部门按规定发放，退伍后由南通市民政局安置或享受南通市区城镇义务兵一次性安置补贴。

三、关停企业职工安置

1997 年起，农场实施场办企业改革。随着改革的不断推进，农场专门成立再就业工作领导小组和再就业服务中心，出台《国有场办企业富余人员转岗分流安置工作实施细则（试行）》，作为场办企业改制过程中如何做好人员分流安置的指导性文件，把改制过程中的关停企业职工和运营企业中的富余人员分流安置同减员增效、促进"再就业工程"结合起来，"一视同仁"同步纳入分流轨道，落实各项优惠政策，组织再就业培训。具体实施方法：一是富余人员原则上全部转岗分流到农副业大队承包土地，劳动工资关系转农副业大队。对年满55周岁（含55周岁）以上的男性职工、年满45周岁（含45周岁）以上的女性职工，可实行场内退养，保留其劳动关系，工资关系转至场劳资科；二是富余人员中，凡男性在55周岁以下、女性在45周岁以下者，全部转岗分流到本人居住地所在的农副业大队承包土地；三是对不愿到农副业大队承包土地者，可由本人申请提出自谋职业的要求，经所在单位批准，并与场劳资科签订自谋职业合同；四是对富余人员中长期身患疾病、不能从事农副业生产经营者，经农场组织到县（市）以上医院鉴定，实行待岗休养，每月由农场劳资科造册发放生活补助费，并由农场劳资科定期组织身体检查。对病情好转或恢复健康的人员，再按本细则有关规定进行转岗分流；五是对富余人员中在规定时间内既不服从转岗分流，又不愿签订自谋职业合同者，一律按自动离职处理，终止劳动关系。

第三节　最低生活保障

一直以来，农场以本地区最低生活保障线为标准，对家庭收入低于本地区最低生活保障线的农场职工或确实困难的非职工贫困户，农场工会实施长期困难补助，发放长期困难补助领取证，依据文件规定确定补助标准，凭证按月去场工会领取补助，享受最低生活保障。

2000年10月开始，围绕通州市人民政府文件和通州市民政局的要求，农场区域开始推行城市居民最低生活保障制度，农场部分长期困难补助户纳入通州市低保，共有12户26人纳入低保。同年，通州市最低生活保障标准为143元/月，农场最低生活保障金的发放采取补差法，即在核定保障家庭人均收入的基础上，补足到最低生活保障标准。发放程序是：由生活困难家庭的户主向户籍所在地大队或单位或居民委员会提出申请，经居民委员会调查，由农场工会审核，报通州市民政局批准，发给《通州市城市居民最低生活保障金领取证》。

2001年，农场行政区划归南通开发区后，城镇低保随之纳入南通市人民政府富民港办事处民政部门管理。至2001年底，根据南通市人民政府富民港办事处《关于颁发我区城乡最低生活保障制度暂行办法的通知》要求，核定全场低保户15户34人，低保金3157

元/月，人均享受低保金 92 元/月（标准 156 元/月）。2002 年 1 月起，农场最低生活保障改为由南通开发区人事劳动与社会保障局批准，保障标准逐年提高。2005 年，农场最低生活保障标准提高到每人每月 240 元。2002—2007 年南通农场低保情况见表 6-2-1。

表 6-2-1　2002—2007 年南通农场低保情况一览

年份	户数	人数	人均低保金（元/月）	标准金额（元）
2002	19	43	102	180
2003	24	46	125	200
2004	21	40	133	220
2005	21	40	153	240
2006	57	112	163	270
2007	67	132	173	288

从 2002 年 6 月起，低保家庭每月给予水、电、气补助 10 元。

2010 年，农场对合乎最低生活保障标准的家庭及时申报，全年救助因病、因灾、因残致贫居民 230 多人次，发放救济金 11 万余元。农场社区社会职能分离后，生活保障的服务职能划归苏通园区江海镇区管理。

第四节　残疾人管理

农场自建场以来，重视残疾人管理工作，具体事项的落实由农场工会负责。在农场二三产业场办企业招工中安排一定数量的残疾人就业，实现残疾人能依靠自己的劳动养活自己，并成家立业。1997 年，农场场办企业产权制度改革后，农场工会主动出击，联合农场企业管理科和场域民营企业协调，联系安排农场残疾人从事力所能及的工作，为残疾人安身立命提供帮助。

2005 年，江苏省农垦集团公司在二次创业规划中指出，要协调处理好改革发展中出现的各种矛盾和问题，切实关心民生，关注弱势群体，积极开展面向困难家庭、残疾人等特殊群体的社会救助活动。农场向地方民政部门争取政策，扩大最低生活保障覆盖面。

2007 年，农场非职工居民参加南通市城镇居民医保办理工作，在办理登记中，农场一些肢体、智力、精神、视力等方面残疾的居民，由于历史的原因，从未进行过残疾鉴定，未曾享受过政府对残疾人的优惠政策。农场为使残疾人既能及时搭上城镇居民医保的头班车，又能享受国家的相关助残政策，积极采取措施：一是加强工作人员自身学习，学习掌握国家各种类型残疾评定标准和医保中应享受的各种减免费用标准；二是根据各种类型残疾评定标准，组织人员对社区所有残疾人员进行排查摸底，实行一人一片，分工负责。摸查中对已经鉴定过有级别的、未鉴定过无级别的、过去鉴定过有级别但现在病情发展又需要重新鉴定的等几种类型都一一登记造册；三是通过农场工会、南通开发区民政、南通医保中心等多种渠道申请组织残疾鉴定；四是考虑残疾人经济困难、行动不便等，农场积极建议有关部门能下乡鉴定或集体组织残疾人送检。通过农场的努力，农场残疾人在规定的期限内办理了医疗保险，享受到国家对残疾人的优惠政策。

2019年，苏垦南通公司在乡村振兴三年行动计划中提出，公司扩大互助基金覆盖面、惠及面，积极开展公益关爱帮扶志愿等活动，努力帮助孤寡老人、单亲家庭、残疾人特困家庭、突发事件导致生活困难家庭等弱势群体。

第五节　婚姻与计划生育

农场的婚姻登记工作，在划归南通开发区之前一直指定由竹行镇人民政府负责登记发证。办理婚姻登记时，结婚当事人持所在大队或单位出具的《婚姻状况证明信》，并加盖公章，方可到婚姻登记部门办理结婚登记手续。2001年，农场行政区划归南通开发区后，由富民港办事处婚姻登记处负责登记发证。2002年5月，南通开发区成立开发区婚姻登记处，由南通开发区人事劳动与社会保障局管理，负责全区的婚姻登记工作。2003年10月1日起，新婚姻登记条例颁布后，男女双方当事人只需携带户口簿、本人身份证即可办理婚姻登记。

1964年，农场开始宣传计划生育，由农场医院卫生防疫科负责。1973年6月17日，农场（兵团）关于婚姻问题：一是提倡晚婚，严格制定审批手续，按照国家提出晚婚号召，结婚年龄一定要男方26周岁以上，女方24周岁以上。农场（兵团）根据国家要求，相应成立了计划生育领导小组。1978年，农场成立计划生育委员会，下设计划生育办公室，加强对计划生育工作的领导，计划生育当时作为我国的一项基本国策，农场一直坚持从20世纪70年代的"三提倡""三依靠"（即提倡晚婚、晚育；提倡一对夫妇生育两个孩子；提倡两胎之间间隔4~5年。依靠宣传教育；依靠党的政策；依靠广大群众；不搞强迫命令），到20世纪80年代初期的"晚恋、晚婚、少生、优生"和"只生一个好"政策。同时根据国家相关文件，农场制定计划生育各种节育手术的假期及工资标准的文件。

1984年，计划生育工作要求未婚青年实行晚婚。晚婚年龄男调整为25周岁、女调整为23周岁以上；如果男女双方年龄悬殊较大，女方超过27周岁，可照顾男方婚龄一岁，男方超过30周岁，可照顾女方婚龄一岁；已婚妇女在24周岁以上生育第一胎者为晚育；男女均达晚婚年龄，可享受延长婚假7天；符合晚育年龄生育者，产后及时落实有效节育措施，并领取独生子女证者，女方单位给予享受延长产假 30 天；符合晚婚晚育的婚、产假均发给基本工资。

进入 21 世纪，人口与计划生育工作从实现控制人口增长，提高人口素质转向稳定低生育水平、提高出生人口素质、解决后续人口问题转变；以补救措施为主转向开展知情选择、生殖健康服务，提高育龄夫妇的生殖健康水平。农场计划生育工作多次被评为江苏省先进单位。

2015 年 10 月，党的十八届五中全会决定，从 2016 年 1 月 1 日起，全面放开"二孩"政策。至此，国家实施 30 多年的独生子女政策正式宣布结束，只要是合法的夫妻就享有生育二孩的权利，不再受"单独二孩"政策或"双独二孩"政策的限制。

对实施计划生育的奖励措施：1985 年，农场《国营南通农场计划生育工作实施细则》文件规定，1968 年以后出生的独生子女，其父母双方表示终身不再生育，并已落实有效避孕节育措施者，由父母双方申请，填写《只生一个孩子志愿表》，经农场有关部门批准，发给《独生子女证》。领证后，凭证每年发给儿童保健费 40 元，直至孩子满 14 周岁止。凭证免收儿童统筹医疗费至 14 周岁止，享受统筹医疗待遇。独生子女入托、入园凭独生子女证和幼托单位发票，每月可报销幼托补贴费 3 元。对持有独生子女父母证的企业职工，退休时在未享受加发 5% 退休金待遇的情况下实行一次性奖励 3200 元。

第六节　殡葬管理

20 世纪 70 年代以前，死者以土葬为主，"入土为安"。20 世纪 70 年代以后，国家提出节约土地资源要求，厚养薄葬，丧事从简，实行火葬。农场的葬礼比较文明，一般在死者家中或借用死者所在单位仓库或空房设置灵堂，请所在大队或单位会主持操办葬礼的人士具体负责葬礼事务，比如搭建帐篷、操办桌席、组织乐队、提供灵车、联系火化等全套事务。

1982 年 6 月，农场响应国务院关于殡葬改革的〔1982〕35 号的文件，对于不听劝阻，坚持棺木土葬的职工停发丧葬补助金。

1999 年，农场城镇管理办公室在江海路（今太湖路）北首筹建殡葬服务部（海天陵园）。服务部占地 25 亩，总投资 120 万元，设有灵堂、灵车、休息室、食堂、骨灰盒存放室等。自此以后，农场除边远连队外，场部附近区域内人员死亡后葬礼一般都在殡葬服务部内进行，遗体火化后存放服务部的海天陵园。

2003 年 2 月，农场制定《关于在全场开展移风易俗深化殡葬改革清理墓葬用地专项整治工作的意见》的文件，对殡葬管理坚持总量控制、合理布局、节约用地、保护环境的原则。建设骨灰堂、骨灰墙、公墓，推进骨灰处理多样化，节约土地资源，破除丧葬陋习，倡导科学、文明、健康的丧葬新方式，改善农场生态环境。农场原土葬的全部迁坟腾地，迁出火化后集中安置于农场殡葬服务部的海天陵园。

2005年重阳节，在农场张江公路南侧，农场6位职工投资建设一家集养老、殡丧服务于一体的翔宇公司正式对外营业。该公司占地21亩，投资300万元，建有舍得楼1座，用于孤寡老人享受晚年安逸生活，同时接待殡丧服务，后因2008年建设星港湾花园而被拆除。

第三章　农场治安

第一节　治安保卫

1958—1969年，农场治安保卫工作是按照国家规定的《内保工作条例》进行工作的，农场治安保卫科有专职保卫干部1人，主要负责农场内部的保卫工作，开展一般调查研究，依靠群众做好"四防"工作，依法管制和监督改造地、富、反、坏等四类分子，做好要害部门的保卫工作，领导好治保委员会。

1969年11月，农场建制改为江苏生产建设兵团四师二十三团、二十四团两个团，治保工作由两个团的材料组接管，1969年11月两团分别成立保卫股。1970年12月，二十三团撤销，整个农场治安、治保工作未设专门机构，归农场政工科负责，设专职保卫干部4人，保卫工作由二十四团保卫股负责。

在生产建设兵团期间，农场（兵团）的治保工作脱离地方领导，由江苏生产建设兵团保卫处、师保卫科（内设临时法庭）负责侦查、批捕和刑事判决，基本上承担了地方公、检、法三家的任务。

1975年8月，江苏生产建设兵团撤销，恢复农场建制，经南通农垦局批准，农场重新成立保卫科。农场的保卫工作仍按1969年前的规定，案件由南通县局承办，农场保卫组织负责一般案件的材料调查工作和内保工作。

"文化大革命"结束后，农场公安保卫工作得到恢复。农场建立健全群众性的治保组织，各分场、公司、大队、工厂均配有兼职治保干部，农场保卫科在农场党委和县公安局的领导下，做好全场的治安保卫工作。1983年，根据上级有关部署，开展严厉打击刑事犯罪的"严打"工作，当年就打击了8名犯罪分子，促进了农场的和谐稳定和经济建设。

1984年，农场为加强社会治安，建立正常的生产、生活和工作秩序，保障职工利益不受侵犯，确保人民生命财产安全，以适应对外开放新形势的需要，请示南通县公安局，要求在农场成立派出所。同年，农场在继续打击刑事犯罪的同时，开始注重社会治安的综合治理、法治宣传教育，多项工作并举，起到了良好的社会效果。

1985 年 5 月 10 日，经南通县委、县政法委员会研究，江苏省公安厅苏公政字〔1985〕11 号文件批准，南通县公安局通公〔1985〕字 28 号文件同意，建立南通县公安局南通农场派出所。派出所与农场保卫科合署办公，受农场行政和县公安局双重领导，人员编制 7 人，保卫科长兼任农场派出所所长。

农场保卫科和派出所每年的主要工作是加强治安防范和治安管理，提供动态管理，控制治安流动犯罪，加强对外来人口监管，提高防范犯罪和控制治安的能力；组织参与市公安局布置的反盗抢专项斗争，春夏治安整治行动，百日侦破会战和追逃布控工作；加强巡逻、设卡和快速反应能力；组织联防队不定时对全场区域进行夜查夜巡；开展机动车专项整治等行动。做好刑事案件侦查工作和治安工作，对烟花爆竹进行专项治理，开展对电子游戏机室、美容院的专项清理整顿；开展打击社会黑恶势力的统一行动，同法轮功邪教组织进行坚决斗争。

1990 年，农场保卫科在"严打""扫黄"和除"六害"的斗争中做了大量工作，与民调部门一起，打击社会上的丑恶现象，维护了农场的治安稳定。

1994 年，农场深入开展严打斗争，根据省市公安机关的统一部署，于当年 4—6 月在全场范围内集中开展以"破大案、打团伙、追逃犯"为重点的严打斗争。农场依法从重从快惩处各种严重刑事犯罪和经济犯罪，稳定农场社会治安形势，为扩大对外开放、加快农场经济发展，实现职工代表大会上提出的"21444"工程的奋斗目标，创造一个良好的社会环境。

1999 年，农场成立南通农场安置帮教工作站，切实加强对刑满释放、解除劳教人员的安置和帮教工作，预防和减少重新违法犯罪的发生，维护社会稳定。

2001 年，根据《省政府关于进一步推进我省国有企业分离办社会职能的实施意见》文件精神，农场派出所顺利移交给南通开发区。

2002 年 3 月，农场加强对社会治安综合治理和预防职务犯罪工作的领导，成立南通农场社会治安综合治理和预防职务犯罪工作领导小组。5 月，农场成立南通农场刑释、解教人员帮教领导小组，旨在为加强对刑释、解教人员的帮教工作及时掌握帮教对象的思想动态，开展有针对性的政治思想教育，配合公安机关做好对两释对象的考核，控制违法犯罪苗头，采取必要的防范措施。同时为切实加强场域内各中、小学校及周边地区的社会治安综合治理，把法治教育、道德教育、纪律教育和预防犯罪教育纳入教育计划。按照 2002 年综治工作目标责任制规定，农场把关心青少年健康成长及预防和减少青少年违法犯罪纳入工作轨道，农场成立南通农场预防青少年违法犯罪领导小组。6 月，以"严打"整治为契机，以净化农场辖区治安环境为目的，树立农场稳定有序的良好形象，农场调整以场领导、派出所、综治办为主体的"严打"整治领导班子。

2003年1月，按照江苏省人民政府办公厅《省政府办公厅关于部分地区企业公安机构实行属地管理的通知》的文件精神，南通开发区公安分局在农场派出所的基础上，成立南通市公安局开发区分局江海派出所，负责农场区域的治安管理。4月，农场根据南通市公安局、南通开发区公安分局关于开展摩托车专项整治工作的部署，经与江海派出所共同研究，从4月起至年底，在全场组织开展摩托车（含轻便摩托车、助力车）专项整治行动。9月，为构建农场社会治安大防控、社会矛盾大调解格局，提高社会治安的管理、控制能力和社会矛盾纠纷的化解、处置能力，维护全场社会稳定，农场成立社会治安大防控、社会矛盾纠纷大调解服务体系领导小组。同时为加强新时期的人民调解工作，构筑新形势下解决民间纠纷的"第一道防线"，形成全社会参与的社会矛盾纠纷大调解格局，成立南通农场人民调解委员会及南通农场矛盾纠纷调处中心，实行两块牌子、一套班子管理。同年，农场制订《建立全场社会矛盾纠纷大调解服务体系实施方案》，同时成立南通农场稳定工作领导小组，加强对农场社会稳定工作的领导，确保全场的稳定，促进农场的发展。

2005年，江苏省农垦集团公司同意南通开发区公安分局征用农场6亩土地，建造派出所办公楼等设施，位于江海镇江海路西、珠江路西南（今太湖南路星港湾小区西门对面）。

2006年5月，农场为适应现代企业制度的需要，建立稳定协调的劳动关系，维护劳动关系双方的合法权益，共谋企业发展，农场建立南通农场劳动争议调解委员会。

2010年，上海世博会于5月1日至10月31日在上海举行。世博会安保反邪教工作进入非比寻常的临战状态，农场作为紧邻上海、南通市的南大门，上海世博会的环沪"护城河"区域，为提高各单位快速反应和应急处置能力，对法轮功人员实现有效防范控制。4月，农场成立南通农场上海世博会安保应急处置小分队（组）。应急处置小分队在农场610办公室的统一领导下开展工作，主要职责：一是应急处置小分队接到指令后，快速到达案发现场，负责保护现场，以便取证工作，各610工作站协助做好处置和现场调查走访等工作；二是各单位应急小组在接到命令后，第一时间赶赴现场，农场610办公室协助公安派出所负责现场的保护、调查走访、消除影响、疏导教育群众等工作。

2012年，农场社区社会职能移交后，农场社会治安机构及管理交由农场属地苏通园区江海镇区管委会（今江海街道）负责。

第二节 民兵组织及征兵工作

农场各个时期的民兵一直是农场精神文明建设中的骨干，生产上的主力军，在发展生产、提高企业经济效益上做出了应有的贡献。

人民武装部（以下简称人武部）是民兵组织的领导机构。农场人武部成立于 1961 年，属南通县人武部和农场党委双重领导。成立以来，在南通县人武部的直接领导下，认真贯彻落实上级重要指示精神，充分发挥民兵组织在农场经济发展和文明建设中的排头兵作用，走出了一条党管武装的新路子。

1969 年 11 月，农场改建制为中国人民解放军江苏生产建设兵团第二十三、二十四团，农场人武部随之撤销，民兵军事训练、民兵整组、兵役登记、征集新兵等人武工作交由兵团军务股负责。1975 年，江苏建设兵团撤销，恢复农场建制后，农场于 1977 年 10 月重新恢复人武部，依旧由南通县人武部和农场党委双重领导。人武部 1 名专职副部长具体负责全场的民兵整组、军事训练、兵役登记、新兵的征集等一系列的人民武装工作。社区职能分离后，农场人武部机构设在社区。

一、民兵组织

20 世纪 60 年代，农场的民兵组织主要工作内容是围绕民兵工作"三落实"，进行战备形势教育，爱国主义、国际主义教育。20 世纪 80 年代初期，农场对民兵进行恢复和发扬我党我军的优良传统的思想教育，在民兵组织中普遍开展"五讲四美三热爱"活动。1984 年以后，农场对民兵主要进行党的路线、方针政策、兵役法、国防观念的教育，以及法治教育等，着重提高民兵的思想政治素质，重点抓好精神文明建设，提高民兵的军事素质，充分发挥广大民兵在两个文明建设中的骨干带头作用。具体措施是：坚持每个季度 1 次政治课，采取集中和分散学习相结合的形式，同时在军事训练时用 1/10 的时间进行政治学习和形势教育。1978 年 5 月 25 日，经农场党委研究，报请南通县人民政府（当时的县革委会）、南通县人武部批准，农场成立南通农场民兵团，各分场、公司设民兵营，下设 7 个营（其中武装营 1 个），各大队、工厂设民兵连，设立 61 个民兵连（其中武装连6 个），同时贯彻民兵工作组织落实、政治落实、军事落实"三落实"指示。

1978 年 1 月 25 日，农场人武部发布《七七》2 号作战预案作为民兵作战演练的重要内容。

1979 年，农场人武部狠抓民兵建设，分 4 批训练了民兵骨干，完成了征兵任务，当年选送了 18 名适龄青年参军。

1981 年以后，农场根据中央调整民兵组织的指示，将原有的武装民兵、基干民兵、普通民兵 3 种民兵合编为基干民兵和普通民兵 2 种。基干民兵为一类预备役，普通民兵为二类预备役。

加强民兵军事训练，是农场民兵工作的重要内容。根据南通军分区和南通县人武部的指示精神，农场人装部每年利用 20～30 天时间，对基干民兵进行集中训练，训练项目有队列、射击、投弹、爆破、埋雷、排雷、战术等，参加训练对象为 18～20 周岁的基干民兵，合格率要求达 90％，实际民兵训练合格率都达到了 100％，受到了上级培训部门的表扬。农场民兵干部和教员的培训由南通县人武部负责，专职武装干部由军分区统一负责培训。

进入 21 世纪后，为调整优化民兵组织，保证随时完成上级交给的各项任务，根据南通军分区及上级人武部门通知，以《民兵工作条例》和南通军分区《基干民兵组训任务的通知》及全市基干民兵组建任务的要求，农场人武部门每年进行民兵整组，加强民兵组织建设，全面打牢后备力量建设基础，不断提高农场民兵应急能力和战斗力。同时，根据南通军分区、南通开发区人武办有关通知和指示精神，结合农场实际，农场民兵组织及时调整及改革。民兵组织整顿坚持以调整布局、优化结构、突出重点、建强队伍、分类建设为原则，按照稳定基层武装机构、健全规章制度、强化兵员管理的要求，着眼平时服务、急时应急、战时应战的需要，坚持从实战、实用、实际出发，适当压缩基干民兵的规模，扩大组建范围。

农场每年进行民兵整组的内容主要有：一是宣传教育，结合国际国内形势和民兵人员的思想实际，采取多渠道、多形式学习新时期民兵组织的重要性，搞好国防形势教育，增强参加民兵组织的光荣感和责任感，扎扎实实做好整组工作；二是出入转队，在工厂、企业、大队建立民兵组织，调整参加民兵组织的年龄，男性民兵由原来的 18～45 岁压缩到 18～35 岁，简化民兵的组织，将原来的武装、基干、普通 3 种民兵合编为基干、普通 2 种民兵。整组中除吸收年满 18 岁，符合政治、身体条件的男性公民加入民兵组织，把符合基干民兵条件的复退军人、经过军事训练的人员和与军事对口的地方专业人员编入基干民兵组织，动员已超 28 岁的基干民兵转为普通民兵。为保留骨干，参加专业技术分队的民兵，年龄可放宽 2～3 岁，动员已超过 35 岁的普通民兵退出民兵组织；三是调配干部，民兵干部应挑选政治思想好、身体健康、有一定军事素质、热爱民兵工作的人员担任。优先从转业、退伍军人中选调；四是集结点验，整组后期，基干民兵连（排）必须进行一次集结点验，参点率 90％以上，普通民兵营（连）要开一次民兵大会；五是总结工作，民兵组织应认真总结一年来民兵工作的情况，肯定成绩，查找问题，制定改进措施；六是健全制度，根据新的建制、新的任务，搞好软件建设修订，完善各项规章制度。

根据南通开发区人武办民兵组织调整改革方案，2006年，农场基干民兵为120人，其中市民兵应急分队20人，专业技术分队10人，对口专业分队60人，步兵分队30人，另战时首批兵员动员20人。2007年，农场基干民兵为131人，其中市民兵应急分队13人，专业技术分队71人（14.5高机连16人，工兵连55人），对口专业分队37人，步兵分队10人。2009年，农场民兵组织中基干民兵为119人，分为重点建设型和重点储备型两大类。重点建设型分为：应急维稳分队42人，应急救援分队35人，防空作战队伍14人，高机连12人。重点储备型分为：军兵种部队岗位预编人员3人，卫勤勤务分队5人；普通储备人员5人，并明确3名预备役军人。

二、征兵工作

建场以来，农场严格按照《中华人民共和国兵役法》《国防法》和《征兵工作条例》认真开展征兵宣传教育工作，根据征兵政策及调整变化情况以及上级人武部门的要求，周密部署、精心谋划征兵宣传工作，大力宣传适龄青年应征入伍的重大意义及农场对应征入伍青年的优惠政策、就业政策和义务兵补贴政策，充分调动广大适龄青年报名参军的积极性。每年利用征兵时期对广大职工、适龄青年及其家长进行一次以《兵役法》为主要内容的国防教育，大力宣传中国人民解放军的光荣业绩，广泛宣传一人当兵、全家光荣，宣传依法服兵役是每个适龄青年的光荣义务和神圣职责。张贴宣传标语，充分利用墙报营造当兵光荣的声势和氛围，农场圆满完成每个年度的征兵任务，得到了上级人武部门的肯定和表扬。

农场对积极报名应征、通过体检、政审合格被挑选批准入伍的青年，从入伍那天起就计算工龄，对在职青年职工入伍的算连续工龄，退伍回场给予安排工作。入伍前是城镇居民户的，行政区划归南通开发区之前，退伍后由南通县（后为通州市）民政局统一安排工作；行政区划归南通开发区后，退伍后由南通市民政局安排工作或享受南通市政府的安置政策。服役期间（义务兵）参照省、市、县有关优抚规定，结合实际，农场每年给予一定数量的优抚费，对在部队立功者另发给一定数量的奖金。

1990年1月1日起，农场根据南通县人民政府《南通县征收义务兵役费暂行办法》的文件精神，农场对年满18～22周岁，未服现役的男性青年征收义务兵役费，但对有严重生理缺陷或因身体残疾等丧失劳动能力的青年、在校学生及在年龄范围内的退伍军人免征义务兵役费。义务兵役费每年征收1次，有职业的每人每年20元，待业的每人每年10

元。义务兵役费征收范围内的在职职工，由所在单位负责征收；个体户及待业青年由户口所在单位负责征收。各大队、工厂、场直各单位依据本单位的户口，查清和统计好义务兵役费人员征收对象，编造花名册，并将征收对象名单每年张榜公布一次，同时报分场、公司、场直总支，各分场、公司、场直总支汇总后统一报送义务兵役费征收领导小组，而后由财务科根据统计人员数按标准统一转账到各单位。征收的义务兵役费全部用于优抚对象，统一由场财务科专项储存，专款专用。使用时须经义务兵役费征收领导小组组长批准，经费收支账目及时向场领导报告，并每年向职工代表大会报告费用收支情况。

对符合征收义务兵役费的适龄青年拒绝履行义务，经教育不改应予严肃处理，必要时可强制其履行交纳义务。具体措施：①场内待业青年 3 年内不安排招工或临时工，不予办理任何个体营业执照、驾驶执照，同时 3 年内不予安排建房基地，原有的个体工商业者停止营业，直至吊销营业执照；②场内各单位的在职干部、职工（含培训生、合同工、临时工）除由财务部门直接从其工资中扣除外，并视其认识态度给予必要的政纪处分。

2009 年起，农场对现役军人及伤残退伍军人优抚按南通开发区民政部门规定发给，退伍后由南通市民政局安置或享受南通市区城镇义务兵一次性安置补贴，征兵工作按照南通开发区和南通市人民政府的要求执行。

第三节　社会治安综合治理

农场社会治安综合治理工作（简称综治工作）的主要任务和职责：一是贯彻落实国家有关综治工作的法律、法规和方针政策，落实上级政府和部门关于综治工作部署，制订综治工作年度工作计划和阶段工作方案；二是制定并完善场域内综治工作各项工作制度和运行机制，确保规范运行；三是做好场域内综治工作、平安建设、法治建设等相关组织建设，健全并完善各项工作网络队伍；四是组织开展矛盾纠纷排查化解，治安突出地区和突出治安问题排查治理、协调解决影响社会稳定和社会治安的重点、难点、热点问题；五是定期检查、指导、督促场域内综治工作落实情况，对存在问题的单位、社区及时提出整改意见，并视情况采取相应的措施；六是检查、督查工作落实情况，及时反馈工作信息，建立健全综治工作各种工作台账，做好资料规范整理存档工作，为综治工作"一票否决"制提出建议；七是做好综治工作上情下达和下情上报工作，开展调查研究，探索综治工作新方法，当好领导的参谋助手。

农场综治工作由农场派出所和农场社会治安综合治理办公室（简称综治办）负责，围绕上级党委和市、县、区各级组织提出的依法行政的要求，遵照"平安、法制、和谐"这条主线，一以贯之，精心策划，认真组织。以建设"平安农场"和"法治农场"为总体目标，始终坚持发展是第一要务，稳定是第一责任的理念，夯实基层基础建设，构筑社会治安大防控体系，克服以企代政的困难，坚持属地管理，从严履行综治工作责任制，有效地维护了农场的社会政治稳定和治安稳定。历年来农场重大刑事案件、重大治安案件、重大政治事件的发生率基本没有或维持在较低发案水平，为构建和谐农场打下了良好的基础。

农场每年的综治工作主要有以下几个方面：

一是加强组织领导，明确目标任务。从构建社会主义和谐社会的高度，充分认识加强综合治理和平安创建工作的重要性和政治责任感，把创建安全地区放在构建和谐平安农场、服务经济跨越发展的大背景下去谋划、去部署、去落实。把综合治理和平安创建工作纳入农场社会经济发展总体规划，列入年终考核，制定完善了年度综治工作和创建工作年度计划，明确综治工作各项考核细则。经常（每月）召开专题会议，分析治安状况，研究、部署创建工作，听取各单位创建工作汇报，形成了社会齐抓共管、全民齐心共建的良好局面。每年根据农场党委成员调整情况及时调整平安创建领导小组，制订年度平安创建工作实施方案，明确全年平安创建工作重点，将创建任务分解到各管理区、管理点及各综治成员单位，层层落实工作责任制。

二是根据农场人员变动情况，每年及时调整综治领导组织结构，明确农场综治责任人，树立综治工作事关一方发展和稳定的重大思想。确立农场每年社会治安综合治理的工作目标，确保"平安农场"的牌子；提升公众的安全感，特别是在平安建设年和"法制江苏"建设年中，农场综治办从头抓起，突出软硬件建设，抓好目标的细化落实，力争通过综合治理和平安创建工作的考核验收；对各单位严格一票否决制度，确保综治工作的深入开展。根据上级政府下发的《社会治安综合治理和平安创建考核细则》，制定农场综合治理检查考核验收的具体实施办法，并明确对发生重大事故、重大案件的单位实行一票否决，在选用和提拔干部的时候听取综治办意见，确保综治工作平稳顺利地开展。

三是制定每年度的全场社会治安综合治理工作要点。工作要点是加强组织领导，立足于构建和谐社会，创建平安农场，完善社会矛盾纠纷大调解机制，重视信访工作，强化排查和调处；立足于以人为本，科技先导，在推进社会治安大防控体系建设的社会化、科技化上实现新突破；立足于严管、严治，在增强打击针对性、区域性、实效性上实现新突破；立足于强化基层，夯实基础，在社会治安综合治理各项措施的全面落实上实现新突破。完善每年的社会治安综合治理和平安创建责任制度，每年农场党委书记与全场各中层单位总支书记签订综治工作责任状。加强治安防范，因地制宜落实防控措施。春节前后及重大节假日开展巡逻报平安工作。农场综治办配合江海派出所加大打击违法犯罪活动的力度，坚持"严打"方针不动摇，坚持"打早、打小、露头就打"起到了明显效果。在技防方面，根据上级政府的统一规划、部署，农场在江海镇镇区范围内安装电子监控系统。

四是重视信访工作，完善矛盾纠纷大调解机制。围绕党委行政"一把手"关心大调解工作建设；坚持对矛盾纠纷的受理调处与主动排查相结合，实行每月排查一次，并推行"有矛盾报纠纷，无矛盾报平安"制度。坚持奖惩机制，巩固提高硬件建设和软件资料建设，严格按照南通市大调解工作指导委员会下发的"规范两表一档"规范化建立调处档案。通过举办普法培训班，巩固提高调解人员的政治素质和业务素质。信访工作强化排查梳理，关口前移，化解矛盾，以深入排查各类矛盾纠纷为重点，化解影响社会稳定的不安定因素。健全党委和行政统一领导、综治办组织协调、有关部门各负其责的矛盾纠纷排查调处机制，落实排查调处工作制度，强化"公调对接""诉调对接""检调对接"工作，努力提升调处化解矛盾纠纷的质效。

五是开展"无毒社区"创建工作。建场以来，农场根据政府禁毒办的要求和部署，加强防范，加大禁毒宣传力度和对毒品原植物的查禁力度，坚决禁止毒品原植物的种植，不定期地对可能种植毒品原植物的地方进行清查，做到早发现、早铲除，杜绝毒品原植物的蔓延。每年与各管理区签订了争创"无毒社区"责任书；春节前对全场外来务工人员开展以"拒绝毒品，欢度春节"为主题的毒品预防教育活动，向外来务工人员发放《毒品知识宣传单》；组织回乡大学生进行禁毒宣传，签订《大学生禁毒承诺书》；组织综治办成员，各管理区、管理点负责人及江海镇社区有关人员走村入户，进行禁毒宣传，并签订《不让毒品进我家承诺书》。根据南通开发区统一部署开展铲毒专项行动，同时利用农场的有线广播加强对毒品知识的宣传。组织人员将沿江荒滩、渔业管理区、各管理点等作为重点地区，将鱼塘、养殖场、果园、零星居民宅院等作为重点部位，将往年种毒户、鱼塘承包户作为重点对象，进行全面检查。在"6.26"国际禁毒日组织农场禁毒志愿者参加南通开发区禁毒委员会组织的禁毒誓师大会。在农场农贸市场组织开展了大型禁毒宣传活动，向居民讲解禁毒知识，散发禁毒宣传材料，组织居民观看禁毒照片展。

六是加强对全场干部、职工和青少年的法治教育。为增强全场广大干部职工的法律意识和法制观念，提高依法办事的能力和水平，推进依法治场的进程，结合普法教育，每年年初利用党员冬训，综治办组织普法培训，并对参加培训的人员进行考核。为了营造法治宣传的氛围，农场出资制作法治宣传标语在江海镇区主干道悬挂。为了预防青少年违法犯罪，农场中、小学聘请南通开发区政法委领导作为法治副校长，把法治教育经常化、制度化，把依法治校列入学校年度工作要点。综治办组织公安、共青团、工会、妇联等部门经常性开展对校园周边的环境整治。加大对网吧的管理，特别是未成年人上网的管理。南通开发区检察院和农场综治办结对，成立青少年维权工作站，为维护青少年的合法权利提供了可靠的平台。

七是加强对流动人口和私房出租户的管理。随着农场开发建设的推进，农场流动人口日益增多，人口流动性愈来愈强，流动人口和私房出租户增多，为加强对这些人员的管理，农场调整增加了流动人口协管员，并成立了南通农场外来人口管理中心以及社工服务管理中心，加强了对暂住人口和私房出租户的管理，农场的暂住人口登记率、发证率均达到95％以上。

八是做好社区矫正对象的交接以及社区矫正对象和刑释解教人员的帮教工作。贯彻落实省委、省政府关于全面推开社区矫正工作的精神，探索社区服刑人员监督管理和教育改造的有效方式，整合利用社会资源和力量，提高教育改造质量。针对个人所犯罪行的不同及所处的社会状况差异，综治办为每人制订了社区矫正方案，建立了由社区民警、社区矫正志愿者、社区矫正监督者组成的监管小组，每月坚持对矫正对象进行走访，了解其生活和思想状况。组织矫正对象参加法制教育课，并要求矫正对象每月上交一份思想汇报，同时每周汇报一次行踪，努力使他们早日回归社会，不再重新犯罪。全场刑满释放人员重新犯罪率为零，巩固了帮教成果。

九是加强安全生产。农场始终坚持"遵章守法、关爱生命"的原则，加强对安全生产工作的组织领导，牢固树立抓安全生产就是抓效益的意识，立足场情，常抓不懈。开展非煤矿山、钢丝绳行业，烟花爆竹、平安农机、危险化学品、小化工等专项治理。在安全生产月期间对中小型企事业法人代表安全培训，企业安全管理人员执业资格培训，通过培训提高企业安全文化，确保了全场安全无事故。

为加强全场居民的交通安全意识，农场安全办公室与综治办在农贸市场联合举行了大型交通安全图片展，现场发放交通安全宣传手册，提高居民对交通安全的认识。为切实加大对农业机械及驾驶员人员的监督管理力度，防止和减少农业机械事故，杜绝重大特大事故的发生，促进农场社会稳定和经济发展，在全场范围内开展创建"平安农机"活动。

十是开展国家安全人民防线工作。为增强国家安全意识，切实加强隐蔽战线斗争，加强人民防线基础建设，完善国家安全人民防线机制，不断提高人民防线发现、防范、制止危害国家安全和社会政治稳定活动的综合能力，提高信息工作搜集能力，根据人员变动情况及时调整农场国家安全人民防线工作领导小组，制定南通农场国家安全人民防线工作要点和工作考核细则。

第四章　文明单位创建

1982年3月，农场转发中央宣传部《关于深入开展"五讲四美"活动的报告》，在全场开展争创文明单位、文明家庭及五好职工活动。规定每年3月为"全民文明礼貌月"，使学雷锋和"五讲四美"活动更加制度化、群众化，号召全体共产党员、共青团员，广大干部职工积极行动起来，响应党中央和农场党委的号召，在建设社会主义精神文明、创建文明单位、文明家庭和评比五好职工活动中做出成绩。

20世纪80年代，农场坚持以人为本，把"五讲四美三热爱"具体化、制度化，深入开展"创建文明单位、争当先进个人"活动。做到5个结合：与学习张海迪、朱伯儒的先进事迹结合；与职工文化教育结合；与综合治理结合；与"双打"结合；与建立健全"场规民约"等各项规章制度结合。定期组织检查评比，并通过抓点带面，树立典型单位和个人，推动全盘收到了较好的效果。1987年，农场获江苏省农垦总公司双文明单位奖杯。

1988年，农场根据江苏省农垦总公司〔1987〕2号文件精神，制定下发《关于加强精神文明建设的指导意见》，工厂、大队建立了460个"文明建设活动小组"，在全场范围内指导礼貌用语，各行各业开展职业道德建设和创文明"窗口"活动。1988年后，农场连续多年荣获"南通市文明单位"称号。

进入21世纪，特别是农场行政区划归南通开发区后，农场紧紧围绕南通市文明创建要求，开展各项文明创建工作，围绕南通市"五城同创"，争创南通开发区、南通市文明单位。

2003年，农场开始对职工进行《公民道德建设实施纲要》《江苏农垦人行为规范》和"四德"教育。开展评选"文明单位""文明家庭""文明职工""文明窗口"活动，开展"争创学习型企业，争当知识型职工，树新时代农垦人形象"创建活动。为提升职工整体素质导入新的理念，为职工学习搭建多种舞台，培育具有坚定的理想信念、良好的道德风范、过硬的职业技能、健康的体魄和心理素质的职工队伍。围绕提高职工的整体素质，建设学习型农场；围绕企业创新发展，建设学习型企业；围绕提高文明程度，建设学习型社区；围绕陶冶道德情操，建设学习型家庭。

2004年7月，根据通开发创办〔2004〕6号文件精神，为推进农场江海镇区市场的

"五城同创"工作，成立南通农场"五城同创"市场专项整治指挥部。

2005年，农场大力加强社会主义精神文明建设，以创建文明单位、文明城镇为突破口，大力开展全场精神文明创建活动，坚持和完善精神文明建设百分考核制度。重视和加大对精神文明建设的投入，加大对广播、有线电视、文体休闲活动场所、宣传阵地等方面的投入。提升职工群众生活质量，开展群众性的业余文化活动，陶冶职工情操。发展文教卫生事业，抓好基础教育；重视医疗和卫生防疫工作，提高全场人民健康水平。

2006年3月10日，在农场第八届第七次职工代表大会上，场长工作报告中提出，要在"十一五"期间争创省、市级文明单位的经济和社会发展战略目标。通过实现创建目标，农场的综合经济实力得到提高，经济开放程度得到加大，一二三产业比例更趋合理，城镇建设力度得到提升，职工生活水平得到提高，农场社会文明和谐程度得到提高，各项社会事业全面进步，职工群众科学文化和思想道德水平明显提高，基层民主更加健全，社会秩序更加稳定，社会管理和公共服务更加完善。

2007年，为配合南通市创建全国文明城市活动，农场深入开展环境整治和文明创建活动，彻底整治场域卫生死角、违章建筑、呆沟呆塘等。加强卫生创建宣传，提高居民创卫意识，讲文明树新风，营造一个文明、清洁的新城镇。创业不忘环保，加大对场域企业的监督检查力度，与上级环保部门保持密切联系，发现问题及时处罚，违规企业责令整改，确保农场水更清、天更蓝。

2010年4月，农场调整文明创建工作领导小组，领导小组下设办公室，办公室设在农场人力资源科。农场围绕创建文明城市的要求，开展创建活动，出台多项创建文件，健全文明创建制度，完善文明单位、先进集体、文明家庭等评比条件及规则，南通农场场务公开制度等。为建设小康农场，落实"以城带乡，联动发展"战略，使广大农户尽快富裕起来，农场管理干部开展结对帮扶创建活动，通过送资金、送技术，实施"公司＋基地"订单农业，帮助销售农副产品等创建的实际行动，农业科技含量不断提高，农户收入不断增加。通过完善城乡低保实施长期救济活动，使病残弱势群体得到长期救助。农场投入资金扩建农贸市场，建设了灯光球场等健身场所，每年进行文明创建成果考评，取得了明显成效，农场社会和谐、居民安居乐业。

2011年5月，农场为贯彻落实南通开发区国家卫生城市复审迎查工作，切实加强农场的文明创建和创卫工作，助力南通市创建国家文明城市和卫生城市，农场党委召集各党总支书记及机关、社区有关科室负责人召开文明创建专题会议。会议全面部署农场文明创建和创卫复审迎查工作，贯彻落实好南通市提出的文明创建"目标要有新的高度、环境要有新的改善、测评要有新的提高、窗口要有新的形象、宣传要有新的起色、落实要有新的力度"的总体要求，全场行动共创文明和谐环境。

2008—2011 年，两年一届的南通市文明单位评比中，农场连续 3 次荣获南通市文明单位，受到了南通市委、南通市人民政府的表彰，这是农场文明创建方面取得的一项丰硕成果。

2012 年，农场坚持场务公开、民主监督、建立平等协商集体合同制度，创建和谐劳动关系企业，落实"四个一"，即：签订一份规范的劳动合同，健全一套合理的劳动报酬，构建一个平等的沟通合作平台，建立一套行之有效的监督机制，使企业职工互利互惠，共赢发展。农场建立健全利益协商、诉求表达、矛盾调处和利益保障机制，解决职工最关心、最直接、最现实的问题。把处理劳动关系方面的矛盾纳入民主管理、民主监督机制之中，建立健全劳动争议调解组织，成立职工矛盾纠纷调处中心，加大调节劳动关系的力度，维护了职工合法权益，保障了企业的和谐稳定，为企业的文明创建起到了保障作用。

2013—2020 年，农场公司制改造后，苏垦南通公司成立文明单位创建工作领导小组，制订苏垦南通公司文明单位创建工作实施方案，提出创建省、市、区级文明单位的目标。

苏垦南通公司文明创建坚持"1 个中心"，即坚持以全面贯彻习近平新时代中国特色社会主义思想，以建设社会主义核心价值体系为中心，以创建省级文明单位为目标，以志愿服务活动开展为契机，完善诚信体系，彰显服务特色，树立品牌形象，为推进苏垦南通公司又好又快发展提供信仰源泉和精神动力。

加强"3 项保障"：一是专属平台保障。公司深入挖掘和弘扬中华优秀传统文化内涵和农垦优秀传统文化，结合时代要求和公司特色进行创造性转化、创新性发展，形成具有本地特色、本地标志、本地品牌的文明实践站，切实推动文明创建的实效性和感染力；二是专项经费保障。苏垦南通公司文明单位创建专项经费纳入年度经费预算，实行统一领导、指标控制的原则，进行统筹安排和使用，经费实行实报实销制度，经费仅限用于文明单位创建活动，确保苏垦南通公司文明单位创建工作有一定的物质基础做保障；三是专人负责保障。公司文明创建工作由专职组织机构——文明办负责，设文明办主任、常务副主任各 1 名，专兼职文明办人员若干，按照制度实行专人负责，确保文明创建运行稳定。

做好"5 篇文章"：一是加强组织领导。苏垦南通公司高度重视精神文明建设工作，以文明单位创建为抓手，加强组织领导，凝聚创建合力，通过落实"三到位"措施，不断提升文明品位，深化文明内涵，增强创建成效，为各项工作开展提供了强大的精神动力和思想保障。坚持党政一把手为文明创建第一负责人制，瞄准保持省级文明单位的目标，切实把文明建设作为重要的工作任务摆上议事日程。二是强化思政教育。苏垦南通公司积极发挥党建工作的政治引领作用，精心开展党史学习教育，大力弘扬和培育爱国主义、民族精神、时代精神；强化意识形态建设和精神文明建设，完善制度、明确目标、压紧责任，把培育和践行社会主义核心价值观作为党员政治学习、职工思想道德教育的重点内容；常态化开展道德讲堂，加强职业道德、社会公德、个人廉洁等教育。加强思政研究，组织公司全员到市委党校学习"张謇企业家精神"。三是深化文明共建。参与如皋市长江镇田桥社区"城乡结对、文明共建"等活动，为田桥村群众办实事、做好事。开展"一碗爱心粥，温暖一座城"的"莫文隋爱心粥"志愿服务，用最直接、最贴心的语言、行动，送上温暖和关爱。四是助力地方文创。注重创新工作理念，善于兼收并蓄，扬长避短，拓展文明创建新成果。参与南通市文明创建和文明交通志愿服务。为助力南通市顺利通过文明城市建设国家、省级年度测评。公司主动对接结对单位虹桥社区，精心组织开展"文明创建我当先"集中志愿服务、"清洁家园、美化环境"专题志愿服务活动，不断丰富"今天我是活雷锋"主题实践活动内涵，用实际行动打造出"苏垦南通文明形象、国有企业社会担当"的生动局面。五是加强民主管理。坚持办事程序公开、规范、高效，作风不断改进，全面实施"举旗育人、建功立业、暖心聚力、强基固本"提升行动。通过强引领、建机制、优服务、促发展，激发了员工奋发向上、创新创造的激情，推动产业工人队伍建设改革工作取得阶段性成效。每年为职工办实事，职工满意率高；民主管理制度健全，推行政务、党务公开；文体活动活跃，文体设施齐全，发挥作用好；以中华传统节日为切入点，开展形式多样的群众性节日活动，发挥优秀传统文化的引领作用，推动公司道德建设和精神文明建设迈上新台阶；持续推进安全生产领域改革发展，有效防范化解各类风险隐患，全力推动安全生产形势持续稳定向好，安全生产制度健全，连续多年无安全生产事故；切实做细做实信访工作，实实在在解决群众的关心事、烦心事、难心事。

苏垦南通公司深入开展群众性精神文明创建活动，坚持两手抓、两手硬，坚持"六个一"标准，将文明创建工作纳入公司年度重点工作，坚持把业务工作和文明单位创建工作"一同谋划、一同部署、一同实施、一同检查、一同考核、一同奖惩"。依托新时代文明实践这一阵地，加强改进基层宣传思想文化工作和精神文明建设，让习近平新时代中国特色社会主义思想在国有企业落地生根、枝繁叶茂、开花结果；同时通过开展"莫文隋爱心粥"、金秋助学、关爱留守儿童、重阳敬老、关爱孤寡老人、"文明交通志愿行"等系列志愿服务活动，践行国有企业社会责任，彰显文明单位风采。经过全公司员工的不断努力，苏垦南通公司连续多年被评为南通开发区文明单位，南通市文明单位。2019年，被江苏省精神文明建设指导委员会评为"江苏省文明单位"。2020年，被评为"江苏省健康单位""江苏省农垦首批文化阵地建设优秀单位"，获得南通"江海志愿文化节公益伙伴"、南通开发区"2020年抗疫贡献奖"、南通开发区"最具爱心慈善捐赠单位"等荣誉称号。

第五章　生态文明建设

第一节　基本情况

生态文明建设和环境保护工作既关系着农场的经济建设，又关系着农场整体稳定，特别是构建和谐社会的今天，做好环境保护工作，赢得广大职工群众的认可和支持，是建设生产发展、生活富裕、构建和谐农场的必备条件。

农场的环境保护工作原隶属于南通县、通州市环保局，环境保护职能部门为农场工业科，科室专门配备 1 名同志负责协助做好场区内包括农业、工业企业的环境保护工作。2001 年 4 月，农场行政区划归南通开发区后，农场的环境保护隶属于南通市开发区建设环保局和南通市环保局的双重领导，农场环保主管部门为企业管理科，负责协助协调环保部门对辖区内企业做好环保工作，并督促辖区内企业遵守国家的环保法规，合理合法排放污染物。

2007 年，农场根据人员变化，调整环保领导小组成员，成立环境保护组织网络，由分管环境保护工作的副场长作为农场环境保护工作主管领导，职能科室负责人作为农场环保负责人，科室专职环保员作为农场专职环保监督员，各农业管理区、城镇管理办公室、环卫所、场域各国有和私营企业负责人作为农场兼职环保监督员，同时聘请了两位退休干部作为全场义务环保监督员。

为保护生态环境，做好环境保护工作，农场采取了以下措施：

一是根据《中华人民共和国环境保护法》，农场制定《南通农场环境保护管理规定》。文件规定农场环境保护工作贯彻"预防为主、防治结合、治管并重、讲求实效"的方针和谁污染、谁治理的原则，基本任务是：合理利用各种资源和能源，防治废水、废气、废渣、粉尘、垃圾、放射性等有害物质及噪声、震动、恶臭等对周围环境的污染和危害，保障全体职工和人民群众身体健康，促进生产发展。农场保护和合理利用土地、水源、能源、生物等自然资源，保障生产与环境的持续发展；不准以破坏生态环境谋求生产发展。一切新、改、扩建项目和生产技术措施项目，必须严格执行环境影响评价制度，其主体工程应与防治污染的设施同时设计、同时施工、同时验收、同时投入使用。生产中产生的有毒有害废水、废气和噪声必须经过处理，达到国家规定排放标准后才能排放；废渣、污泥和生产垃圾应采取措施，实行无害化堆放，定期清理，严禁向一切水域倾倒废渣和垃圾。农场环境保护管理部门积极研究、开发和引进无废、少废、节水、节能的新技术、新工艺，筛选、评价和推广环境保护实用技术。农场环境保护工作实行法人代表负责制，环境保护组织网络健全，管理制度办法完善，环境监测资料完整，并要求基层企业定期检查维护保养好污染治理设施，使其经常处于良好的运转状态。积极主动向上级环保部门和农场主管领导汇报环境保护工作，积极妥善处理好因污染而引起的企业与周边群众的矛盾。

二是明确南通农场专职环境保护监督员职责。主要内容有：督促检查农场内各基层企业贯彻执行国家有关环境保护的各项方针、政策、法律、法规，制定具体的实施办法，拟定农场环境保护的长远规划和年度计划，并组织实施。根据"谁污染、谁治理"和"谁开发、谁保护"的原则，建立健全环境保护责任制，制定企业环境保护考核指标，组织实施所属企业的限期治理计划。制定环境保护责任状，并组织实施。负责预审农场内各基层企业建设项目环境影响报告书或环境影响报告表。按照"三同时"规定，负责农场内各基层企业建设项目的厂址选择、设计审查、竣工验收。组织农场内各基层企业环境监测，开展污染源调查和建档工作，提供防治污染的科学依据。推广农场内各基层企业环境保护的先进经验和技术，开展环境保护科学研究和宣传教育工作。负责农场内各钢绳企业污染治理设施的在线监控，发现问题及时向农场领导及政府有关部门反映。积极妥善处理好因污染而引起的企业与周边群众的矛盾。根据农场无公害农业生产的要求，监督农药、化肥的合理使用，做好禁止使用高毒、高残留农药的宣传工作，维护农业生态环境的良性循环。做好严禁焚烧秸秆，农药、化肥包装品离田的宣传工作。根据社区环境的要求，做好社区环境保护和环境卫生工作。

三是确定南通农场兼职环境保护监督员职责。主要内容有：监督所在区域贯彻执行国家有关环境保护的各项方针、政策、法律、法规，制定具体的实施办法，协助农场专职环境保护监督员拟定农场环境保护的长远规划和年度计划，并组织实施。按照"三同时"规定，协助做好所在区域企业建设项目的厂址选择、设计审查、竣工验收。协助农场专职环境保护监督员做好所在区域各基层企业环境监测，开展污染源调查和建档工作，提供防治污染的科学依据。协助农场专职环境保护监督员推广农场内各基层企业环境保护的先进经验和技术，开展环境保护科学研究和宣传教育工作。负责农场内有关污染企业治理设施的在线监控，发现问题及时向农场领导及政府有关部门反映。积极妥善处理好因污染而引起的企业与周边群众的矛盾。根据农场无公害农业生产的要求，监督农药、化肥的合理使用；做好禁止使用高毒、高残留农药的宣传工作，维护农业生态环境的良性循环。做好严禁焚烧秸秆，农药、化肥包装品离田的宣传工作。

第二节　农业生态环境保护和修复

农场一直重视农业生态环境的保护和修复工作，建场初期主要以开展自然资源修复利用，新开垦的土地贯彻养地为主、养用结合、运用科学合理的轮作制度，建立用地和养地相结合的综合农业科学技术体系。实行大田轮作制度，坚持秸秆还田，严禁焚烧秸秆，改善农业生产环境质量，加速提高土地的肥力和产出能力。同时更加注重对环境的保护和治理，转变传统的粗放式、扩张型的发展方式，实现自然资源的节约和有效利用。通过采取新型的农业经营体系和经营方式，合理使用农药、化肥及采取秸秆还田、严禁焚烧等措施，充分提高资源的利用效率和增量提质，保护和修复资源，避免出现农田肥力下降，生态环境破坏等严重的局面，实现农场农业生态文明的可持续发展。

为保护农业生产环境，农场农业生产做到"四个推进"，推进农业由传统粗放经营向现代集约经营转变，加快转变增长方式，提高农业资源的产出率；推进农业由传统农业技术向现代集成技术转变，推动农业科技革命，加快农业科技转化，提高农业科技的含量；推进农业由分散经营向规模化、组织化转变，提高农业的规模化、组织化程度；推进农业由传统性的线性经济模式向循环经济模式转变，提高农业资源的利用率，依托并拓展现有的农业资源，加快发展循环农业和环保农业，促进农业可持续发展。

进入21世纪后，随着经济社会的发展和人们对食物品质要求的不断提高，人们越来越倾向于购买无公害绿色有机农产品。农场抓住机遇，在农业生产上，坚持发展无公害农业和有机农产品生产，禁止使用有毒有害农业投入品，确保农产品质量安全，建设环境友好型农场。2005年，农场被农牧渔业部授予农业无公害生产示范基地农场，农场生产的大宗农副产品均获得了省级以上无公害农产品认证和绿色食品的质量认证，获得了省、市级名牌农产品称号。农场农产品"通农"商标获得了江苏省著名商标和南通市知名商标。农场通过发展无公害农业和绿色有机农产品，提高产品科技含量，使农场增效，职工增收。

在发展农业过程中，农场结合区域发展的实际情况，建立起当地资源与环境动态变化的监测预警机制。为保证无公害农业生产，农场经常邀请南通市环保局监测科来农场进行环境质量检测，主要是大气环境质量监测，监测农产品生长环境中的二氧化硫、二氧化氮、总悬浮颗粒物、氟化物和铅5个指标。对农场的水土流失程度、环境承载能力及农业资源开发的程度进行监测，以便进行有效的生态补偿，注重对损害环境进行修复，恢复生态建设。同时加大生态保护宣传力度，形成职工全员参与和支持农场农业生态文明建设，激发农业职工的环保意识，使更多的职工参与其中。农场全面推行节能减排、发展绿色农业、确保农产品安全环保、发展绿色经济、发展现代农业，使农场农业生态在发展经济的过程中实现了更好的生态保护。

在农业生态文明建设的过程中，农场实施国家政策引导，不断完善生态环境保护制度，建立健全农业生态文明建设的制度体系，为农场农业生态文明建设的发展提供了强大的制度保障，农业生态文明制度体系内容包括法律法规、制度、政策、管理及责任制度。

第三节　工业企业环境保护工作

农场坚持在对传统产业提升改造的基础上，淘汰欠环保、高耗能、低产能的工业企业，按照绿色、智能、可持续的发展要求，引进和培育具有低能耗和低物耗、能够应用循环经济和低碳技术、坚持绿色发展理念的环境友好型产业，培育和发展战略性新兴产业，积极探索代价小、效益好、排放低、可持续发展的农场工业发展道路。为使生态文明建设的效率提升，农场对工业企业建立严格的生态责任保护机制，将工业经济发展过程中的资源损耗、环境破坏以及生态保护等一系列措施纳入农场社会发展的评价体系中，建立明确的奖惩机制，特别是对农场金属制品工业集中区的钢丝绳企业，农场非常重视，积极配合政府环保部门加强污染整治。

为保护农场优美的生态环境，合理利用各种资源，确保无公害农业的可持续发展，使农场职工拥有优良的生存环境，促进农场经济发展，农场环保负责人与场域内各企业签订《南通农场环境保护责任状》。环境保护坚持预防为主、防治结合、控制源头、综合治理和谁污染谁治理、谁开发谁保护的原则，逐步实现污染物达标排放。农场企业管理科是农场环境保护行政主管部门，对全场环境保护实施统一监督管理；对已有的排污单位，其污染物必须限期治理达到规定控制指标，才能允许排放，保证农业水源水质符合农业种植和养殖的标准。对未达标或者有时达标有时不达标而直接排放的单位，责令停产整改。

责任状绝对禁止下列7种排污行为：一是污水超过排放标准，不经治理而直接排放的；二是污水处理设施不正常运转，致使污水超标排放的；三是以试生产为名，污水处理设施没有建成或者没有同时试运转而直接排放污染物的；四是擅自设置排污口或者在隐蔽处偷设排污口以及通过其他管道或者利用其他方式排放污水的；五是在生产过程中，原材料"跑、冒、滴、漏"直接或者间接造成水环境污染的；六是烟尘未经处理直接排入大气的；七是设备未做改进，噪声严重超标，影响周边居民休息的。

对新建、改建、扩建项目和其他设施，农场规定应当坚持环境保护治理设施，同时设计、同时施工、同时投产的"三同时"原则，并遵守以下 3 条规定：一是凭环境影响报告书（表）和排放污染物申报登记表，向环境保护行政主管部门办理包括环境评价在内的有关手续；二是建设项目的污染防治设施经过环境保护行政主管部门验收合格后，方可投入生产或者使用；三是企业实施环境影响评价工作，必须要求持有《建设项目环境影响评价资格证书》的单位从事环境影响评价工作，并对评价结论负责。

责任状赋予农场环境保护监督员在执行任务时行使下列职权：一是对被发现的排放污染现场进行调查，采样并查阅有关技术资料；二是现场约见排污单位和破坏环境的单位负责人及其有关人员；三是有权制止违法排放污染物和破坏环境的行为并督促其限期整改。

责任状鼓励农场环境保护兼职和义务监督员检举和揭发违法排污行为，经调查属实的，将由政府环境保护主管部门给予表彰奖励。

责任状明确对具有下列行为的企业，农场环境保护主管部门或者环境监督员有权向上级环境保护行政主管部门建议责令其改正，并依照国家法律、法规视情节轻重处以罚款：一是违反环境影响评价制度的；二是环境影响评价结论错误造成环境污染的；三是引进不符合水环境保护规定要求的生产项目的；四是建设项目的污染处理设施未经环境保护行政主管部门验收合格即投入生产或者使用的；五是擅自拆除或者闲置污染处理设施，污染物超过规定排放标准的；六是无排污许可证或者不按照排污许可证的规定排放污水的等。

签订责任状后，各企业负责人开始重视环境保护责任，认识到生态文明建设是对绿色发展理念的贯彻与落实，企业只有在习近平总书记"绿水青山就是金山银山"的发展理念下，推进绿色发展、循环发展以及低碳发展的技术体系建设，才能实现企业的可持续发展。

第六章 乡村振兴建设

2020年5月，苏垦南通公司为深入贯彻落实党的十九大精神、中央农村工作会议精神，根据《中共中央国务院关于实施乡村振兴战略的意见》《中共江苏省委江苏省人民政府关于贯彻落实乡村振兴战略的实施意见》《省委办公厅省政府办公厅关于印发〈江苏省乡村振兴十项重点工程实施方案（2018—2022年）〉的通知》和江苏省农垦集团公司实施乡村振兴战略垦区行动计划的要求，成立苏垦南通公司乡村振兴工作领导小组，并制定印发《江苏农垦集团南通有限公司乡村振兴三年行动计划（2019—2021年）》。

行动计划的指导思想是：以习近平新时代中国特色社会主义思想为指导，坚持稳中求进工作总基调，坚持解放思想、系统思维、问题导向，按照产业兴旺、生态宜居、乡风文明、治理有效、生活富裕的总要求，以全面建成小康社会为目标，以"四个全面"战略布局为统领，以五大发展理念为指引，以农业供给侧结构性改革为主线，以高质量发展为追求，统筹推进公司经济、政治、文化、社会、生态文明建设和党的建设，全力推动农业全面升级、农场全面进步、居民全面发展，让农场成为安居乐业的美丽家园。

行动计划的目标任务是：按照"强富美高"要求，苏垦南通公司乡村振兴三年行动计划总体目标是"三好三强"。生活好，职工居民有持续稳定的收入来源，实现全部脱贫并得到巩固，保障体系更趋健全，基础设施和公共服务更加配套，职工居民通过拆迁安置住进了花园式小区，职工居民的幸福感持续提高；环境好，环境污染防治攻坚战取得显著成效，注重生态成为职工居民自觉行动，江海镇区内河道整治，天蓝水清成为苏垦南通公司环境常态。张江公路拓宽改造，印染小区拆迁改造，苏垦南通公司在拆迁后的二大队闲置土地上种植景观树木和绿化经济林，大大改善苏垦南通公司的环境面貌；风气好，文化事业繁荣兴旺，文明建设特色鲜明，综合治理卓有成效，职工居民综合素质和文明程度得到提高，苏垦南通公司成功创建为江苏省文明单位、南通市文明单位、南通开发区文明单位。与属地江海街道党委开展以"初心传承，先锋领航、聚力同创"为主题的"企地党建结对共建"活动，强化了党的领导，提升了公司职工居民的政治站位。产业强，紧紧抓住长三角一体化、"一带一路"和长江经济带等一系列国家战略叠加的发展机遇，依托区位优势和资源优势，推进区域内一二三产业融合发展，将苏垦南通公司建设成具备可持续发展、富有农垦风情、宜居宜业宜旅的滨江新城，实施农业综合生产能力提升重大工程，确保国家粮食安全和综合农产品的有效供给。苏垦农发南通分公司积极加快农业转型升级，优化农业生产力布局，推进农业结构调整，壮大特色优势产业，培育职工致富产业，引导农民发展设施农业，种植西瓜等经济作物，增加职工收入；活力强，巩固提升农垦改革成果，健全完善城乡融合发展的机制，积极研究破解制约农业产业发展的各类问题，拓展农业服务空间，苏垦农发南通分公司积极对外拓展市场，增强农业服务范围；队伍强，不断健全优秀人才的引、育、用、留机制，不断壮大新型职工队伍和专业人才队伍，基层党组织的战斗堡垒作用和党员的先锋模范作用得到充分发挥，各类人才在乡村振兴中发挥了重要的引领和推动作用。

乡村振兴行动计划包含的重点工作：

一是大力实施农业提振行动，把发展现代农业作为乡村振兴的重要支撑，以农业供给侧结构性改革为主线，以延长产业链、提升价值链、组合供应链、完善利益链为关键，以培育新产业、新业态、新模式为中心，着力提升农业的创新力、竞争力和全要素生产率，促进一二三产业融合发展，全力推进农业现代化。

（1）坚定不移助推地方高标准农田建设和规模经营，巩固公司外拓万顷良田农业生产合作基地。切实抓好高标准农田的经营管理，建立管护责任体系，确保长期发挥效益。充分发挥苏垦农发南通分公司的作用，大力发展多元化的农业生产性服务，完善农资供给、机种机收、统防统治、技术指导、烘干仓储、农产品销售等社会化服务体系，不断提高农业经营的集约化、社会化、产业化水平，履行江苏农垦的国企责任，提升自身效益的同时，助力地方乡村振兴。

（2）加快构建现代农业生产体系，坚持用现代物质装备武装农业，用现代科学技术提升农业，用现代生产方式改造农业，大力研发、推广一批适应苏垦农发南通分公司农业生产需求的新技术、新装备、新品种、新模式，持续提升农业生产的良种化、信息化、智能化、标准化水平。把农业工业化作为主攻方向，发展农产品精深加工和种子加工产业，提高农产品附加值。加强农业发展的科技支撑，推进农业产学研合作，强化农业专业技术人才的引进，为农业工业化提供有力支撑。

（3）大力发展乡村旅游业。利用苏通大桥和苏通园区特有的区位优势，围绕打造田园综合体，集聚要素，巧妙布局。增强农业复合功能，在乡村建设中融入"江海风情、田园风光、知青文化、军垦文化"四大要素，充分挖掘农垦历史文化底蕴，将南通开发区和苏通园区联合起来，有效衔接地方文化、旅游资源，将吃、住、行、游、购、娱等传统旅游要素与养生、休闲、文创等新型旅游要素紧密结合起来，打造一批特色鲜明的乡村旅游景点。完善乡村旅游区的功能配套，大力发展农家乐、渔家乐等民宿经济。加强宣传推广，重点面向上海、苏南等地，将苏垦南通公司打造成为都市人心灵憩息的港湾、老年人颐养生息的乐土。

二是大力实施收入提升行动，坚持把富民强场作为乡村振兴的重要内容，加速构建快速普遍、持续增收新机制，全力促进职工居民收入水平的提升和苏垦南通公司整体经济效益的增加。

（1）突出产业富民，受益于上海大都市经济圈规划及长三角一体化发展，瞄准南通、苏州、上海等大市场，利用现有资源大力招商引资，促进城镇化建设与南通开发区、苏通园区产业布局实现融合互补。依托苏垦物流地块项目、南通开发区竹行300亩商办项目、福地商业广场，打造苏垦南通公司商业服务及物流产业园。苏垦南通公司提供商服、休闲、服务、物流等一体化服务，以产业为保障，拓宽职工居民转移就业渠道，不断增加经营性、工资性、财产性收入。

（2）强化引导培训，大力培育懂技术、善经营的新型职工队伍，积极引导在外能人、退役军人、创业大学生、在外务工人员等群体返乡从事现代农业。结合农业产业发展、乡村旅游发展等重点，突出理念、技能、营销等关键，按照经常化、制度化、规范化的要求，切实抓好职工教育培训工作。加强农机服务主体培育，探索与职业院校合作办学模式，培育农机、农艺复合人才。

三是大力实施城乡融合行动，从职工居民最关心、受益最直接的事情做起，大力推动统筹融合发展，既尽力而为，又量力而行，逐步建立健全全民覆盖、普惠共享、城乡一体的基础设施、公共服务、社会保障体系，让职工居民有更多的幸福感、获得感。

（1）推进基础设施融合，做好特色商业街区及田园综合体项目等小城镇建设发展规划，注重各类设施的城乡衔接、相互配套，充分发挥好整体效应。完善苏垦南通公司水系规划，加大农田水利建设投入，切实增强综合生产能力和防洪抗涝能力，提升基层组织服务水平，加快完善党建、文化、平安、法治、社保等功能配套，不断满足群众生活需求。

（2）推进公益事业融合，持续推进"三供一业"分离移交后续工作，不断美化场部环境和改善居民生活条件，确保农垦改革落地生根取得实质性成效。

（3）推进保障体系融合，积极争取地方政府的配套资金，落实好城乡居民基本医疗保险制度，大力发展养老产业，打造"医养结合体"。

（4）完善生活配套体系，不断完善生活配套服务布局，提供家政保洁、日常维修等便民服务，着力打造"10分钟便捷生活服务圈"。配合镇区街道进行道路拓宽、提档升级，完善居民小区健身服务功能和职工活动场所建设，扩大互助基金覆盖面、惠及面，积极开展公益关爱帮扶志愿等活动，努力帮助孤寡老人、单亲家庭、残疾人特困家庭、突发事件导致生活困难家庭等弱势群体。

四是大力实施环境建设行动，坚持把生态宜居作为乡村振兴的重要遵循，牢固确立"绿水青山就是金山银山"的发展理念，以污染防治攻坚战和河长制工作为抓手，落实环境保护主体责任，推动生产、生活、生态"三生融合"，全力打造美丽家园。

（1）实施空气净化工程，全力推进秸秆综合利用机械化还田工作，逐步推广太阳能等清洁能源，禁止秸秆、垃圾等焚烧，逐步减少烟花爆竹等带来的空气污染，坚决关停不符合排放标准的企业，全面改善空气质量。

（2）实施河道洁化工程，按照"水清、河畅、岸绿、景美"的目标，集中开展工业废水、生活污水、畜禽养殖等排放污染整治和废沟废塘的整治，定期开展河道疏浚整治，大力整治水花生、浮萍等影响水体的有害植物，整治沿河的圈养，禁止将秸秆、杂草、垃圾等抛入河中。落实河长治河责任，抓好水环境保洁承包，切实巩固整治成效。

（3）实施镇区绿化工程，大力推进沿江、沿河、沿路，家园、田园、农业园"三沿三园"的绿化建设，推广种植高附加值的珍稀树木，不断提高树木彩色化、珍贵化、效益化。大力发展林下经济、林果经济，在绿化环境的同时拓展收入来源。强化对成片造林的管护，提高林木的存活率和保有率。

（4）实施田园美化工程，加强土壤修复，强化农业面源污染整治，坚持化肥零增长、农药减量化，做好测土配方施肥和商品有机肥推广工作。扩大资源节约型、环境友好型、农机化技术应用。优先发展节地节水、节药节肥、资源化利用、可持续发展的生态友好型装备，提升环保绿色农机装备水平。推进居民区违章建筑、废弃建筑等影响美观建筑的拆除。鼓励职工居民推进房前屋后的环境建设，不断改善生活品质。

五是大力实施文化繁荣行动，文化是乡村振兴的灵魂，要坚定文化自信，传承发展提升农耕文明，推动职工居民文化繁荣兴盛，不断丰富职工居民精神文化生活。

（1）筑牢公共文化平台，通过完善基础设施、提升服务效能、丰富活动内容等形式，充分发挥职工之家、图书阅览室、书画协会画展室、知青文化陈列室、健身文化活动室等作用，切实增强文化娱乐、图书阅览、体育健身等服务功能。

（2）广泛开展文化活动，充分发挥乒乓球协会、篮球协会、舞蹈协会、腰鼓协会、书画协会等作用，不断丰富职工业余文化生活。同时，提升工会组织活力，广泛开展职工年会、职工趣味运动会等形式多样的文体活动，不断满足广大职工居民的文化需要。

（3）培育壮大文化队伍，坚持以人民为中心的创作导向，突出舞台艺术和书画艺术重点，深入生活，扎根人民，创作讴歌党、讴歌人民、讴歌时代、讴歌英雄的群众喜闻乐见、雅俗共赏的文艺和书画精品。让更多职工居民参与到文化活动中，成为推动文化建设繁荣兴盛的重要力量。

六是大力实施党建领航行动，加强基层组织建设是乡村振兴的根本保证。要切实加强党对基层工作的领导，注重提升基层党组织组织力，发挥基层党组织的战斗堡垒作用，保障乡村振兴的顺利实施。

（1）增强政治功能，突出基层党组织的政治属性，广泛深入学习贯彻党的十九大精神，严格落实党组织书记基层党建主体责任，从严规范"三会一课"等党的基层组织生活制度。深入开展"两学一做"学习教育和"不忘初心、牢记使命"主题教育，切实增强政治意识、大局意识、核心意识、看齐意识。发挥基层党组织在各项事业中的领导核心作用，以共同理想凝聚职工居民，以示范表率带动职工居民，使广大职工居民增强"四个意识"，坚定"四个自信"，做到"两个维护"，切实强化职工居民的政治认同和思想归属。

（2）增强服务功能，深入开展在职党员"责任"工程、无职党员"有为"工程、流动党员"安家"工程、困难党员"帮扶"工程、老党员"余热"工程等"五大工程"，更好地发挥服务引领作用，切实加强党风廉政建设。

（3）加强队伍建设，建设一支梯次合理、结构科学、能力强的基层组织带头人队伍，为实施乡村振兴战略走在前列提供坚强的组织保证和人才支撑。实施后备干部队伍"春苗"计划，按照"有坚强党性和过硬本领，能带头发展经济；有经营头脑和组织能力，能带领群众致富；有良好品行和奉献精神，能带动服务群众；有群众工作和社会治理能力，能带出活力和谐"的要求培养后备人才队伍。实施基层党员队伍建设"活力"计划，立足于优化结构、增强活力，严格党员发展标准和程序，把基层优秀人才吸纳到党员队伍中来，不断优化基层党员队伍的年龄、知识、能力结构。加强基层人才队伍建设，把到基层一线挂职锻炼作为培养干部的重要途径，培育造就一支爱岗敬业的干部队伍。切实加强基层党员的教育培训，更好地适应乡村振兴的需要。

行动计划的组织保障：一是加强组织领导，苏垦南通公司党委作为乡村振兴的第一责任主体，切实担负起抓乡村振兴的历史重任，形成党委统一领导，部门统筹协调的工作领导体制。建立联席会议制度，定期研究工作，切实解决推进中遇到的问题难点；建立督促检查制度，将乡村振兴纳入考核体系，细化考核指标，提高考核权重，完善考核机制，层层分解责任，级级抓好落实，并把考核结果作为干部选任的重要依据。二是突出以人为本。维护好职工群众的根本利益，大力开展宣传教育，切实增强职工居民对乡村振兴的知晓率、建设美好家园的内生力。建立共享共建的工作机制，充分发挥职工居民在发展现代农业、创新社会治理等方面的主体作用，特别是在环境生态建设中，更要广泛宣传生态文明理念，积极鼓励职工居民自觉参与环境建设各项工作，全力打赢环境建设的人民战争；三是创新投入机制，完善乡村振兴资金投入保障制度，积极争取地方财税、金融、保险、项目等方面的扶持政策，最大限度地发挥资金使用效益。鼓励不同主体以独资、合资、承包、租赁等形式参与乡村振兴。

第七章 知　　青

20世纪60—70年代，来自上海及江苏省内各地的知识青年，响应党和毛主席的号召，辞家离乡，来到农场，"滚一身泥巴、炼一颗红心"，投身于农场的经济建设和文化建设，为农场注入了青春的气息和文化的火种，农场亦成为知青们的"第二故乡"。

第一节　农场知青工作

一、接收安置

自1963年起，农场开始接收城市知识青年，特别是1968年12月，毛主席发出"知识青年到农村去，接受贫下中农再教育，很有必要"指示后，全国上下迅速掀起了知识青年上山下乡新的高潮。农场（兵团）高度重视，积极响应，成立知识青年工作办公室，组团到各有关城市及学校接收知识青年到农场插队落户。农场热烈欢迎政治表现好、身体健康、不怕吃苦的知识青年到农场插队落户。农场（兵团）为做好来场知识青年的接收安置工作，从组织上、物资上分别做好准备。强化党委对知青工作的领导，把知青工作列入各级党委及支部的重要工作。农场各单位都充实和健全知青工作领导小组，把接收安置新知识青年作为知青工作的头等大事来抓，党委领导，各方去办。知识青年安置经费及物资做到专款专用、专材专用，建设好知识青年宿舍和食堂，保证知识青年一到连队，就有房住、有床睡、有工具用，解决知识青年的后顾之忧，为他们坚持在兵团锻炼成长创造良好的条件。

1963年5月至1965年10月，农场共安置来自上海、南通、南京、镇江、常州、扬州等城市知识青年共1409人，仅1965年农场就接收知识青年1115人。这批知识青年在农场党团组织和老职工的亲切关怀和教导下，经历了思想政治教育、三大革命运动、劳动锻炼及生活考验，逐步成长并活跃在农场各个不同的工作岗位，成为农场生产上的骨干力量，也是农场生产向前发展的主要动力。

1966年，农场专门发文对1964年后安置到农场劳动的知识青年下达补助用布通知，以解决知青的燃眉之急。

1968年9月至1969年3月，农场先后安置来自苏州、常州、南通等地的知识青年5800人，农场共提供76万斤口粮用于知识青年在农场的日常生活。1969年，南京军区江苏生产建设兵团筹建小组《关于组建生产建设兵团经费供应几个问题的通知》中规定"知识青年每人220元安置经费，主要用于建房、旅运和增添必要的生产、生活用具。"

1973年12月，农场（兵团）为使知识青年能扎根农场，奉献农场，表彰农场知识青年先进典型，召开了全场知识青年代表大会。知青代表按20~25人中选举产生1名代表，共有335名知青代表参加了会议。会议主要工作是认真总结交流建团4年来的知识青年工作经验和知识青年在兵团锻炼成长的体会，表扬先进、树立典型，大力表扬知识青年的好人好事，表彰一批有突出贡献的知识青年。

1974年，农场（兵团）对春节期间知识青年探亲路费报销做统一规定，要求春节期间回家探亲的知识青年统一按照团的布置进行登记，购买团体票。同年，农场（兵团）接收南京、无锡、苏州知识青年2300人。

1977年，农场为进一步开展知识青年工作，成立知识青年工作办公室。至1978年10月，农场还有3710名知识青年未返城。

据农场档案资料记载，1963—1978年，农场共接收和安置来自上海、南京、徐州、苏州、无锡、镇江、常州、连云港、南通、扬州等市城镇知识青年10600余人。1976年后，城镇知识青年陆续返回原籍，只有少数留在农场成家立业。

二、培养教育

农场（兵团）加强对知识青年的培养、教育和学习的领导，不断改进管理教育方法，各级干部和农业职工时刻关心青年一代的成长，做到政治上有人帮、生产上有人教、生活上有人管，充分发挥知识青年的积极作用。组织知识青年攻读马列著作和毛泽东著作，努力改造世界观，同时积极培养和吸收具备条件的青年入团、入党。

一是做好知识青年的劳动教育工作。知识青年们从学校出来第一次来到农场，参加农业劳动，从来都没有看到过钉耙、锄头，农场职工循循善诱、耐心教学，手把手地培训知青在地里干活。培养知识青年的劳动观念，教育他们在生产斗争中争做贡献，在科学实验中增长才干。抓好知识青年劳动锻炼，引导知识青年把艰苦的劳动同实现共产主义远大目标结合起来，热爱祖国、热爱农场、热爱劳动、热爱岗位，发挥知识青年在农场经济建设中的主力军和生力军作用。通过学习，知青们形成了大立雄心壮志、大搞劳动竞赛、大抓科学实验的浓厚氛围。

二是知识青年政治和业务上学习。农场围绕党中央的指示，坚持党的基本路线，带领知识青年响应党的号召，做好知识青年的政治学习工作，不断提高知识青年的政治觉悟，使知识青年在风口浪尖里锻炼成长。农场办好政治夜校，为知青学习提供平台，建立知青宿舍学习小组，建立健全每旬2、5、8学习制度，学习马列主义和毛泽东思想，学习《毛泽东选集》一至五卷等内容。知识青年通过在农场的学习教育和工作锻炼，政治素质和业务技能显著提高：有的知青加入了中国共产党；有的知青加入了中国共产主义青年团；有的积极响应祖国号召，报名应征参加了中国人民解放军；有的进入高等院校深造；有的分配进入农场中小学校教书育人；有的被农场提拔到各级管理和领导岗位和农场工副业单位的重要岗位。知青成为农场工农业生产的骨干，为农场的工业学大庆、农业学大寨做出了积极的贡献。

三是充分发挥知识青年特长，为农场政治和经济建设服务。知识青年普遍文化程度较高，农场结合实际，充分发挥知青文化特长，为职工扫盲和文化教育做出贡献。在政治运动中，引导知识青年踊跃投入其中，发挥知青骨干作用，成立宣讲团，深入班排、车间，典型引路，广泛开展宣讲活动，宣讲党的方针政策和农场各行各业的好人好事，组织知青采用画漫画、编儿歌、演文艺节目、出专栏以及诗歌比赛、讲故事等各种形式学习宣传。组织知识青年成立文艺宣传队，参加军区拥政爱民慰问团，创作优秀节目，为农场及周边群众送去精彩的慰问演出。

四是开展好文体活动。农场针对知识青年特点，利用工余时间开展好积极有意义的文体活动，用马列主义、毛泽东思想占领知青的业余生活阵地，促进知识青年的健康成长。建办图书馆、图书室，成立业余宣传队、合唱队、篮球队、排球队、乒乓球队等，做到各项活动有组织、有制度。白天带领知青战斗在生产一线，下班后组织知青看革命书籍、讲革命故事、唱革命歌曲。建立三用机广播站，投影电视室，举办文娱晚会、纳凉晚会、歌咏比赛等，丰富知青的业余生活。

五是在知识青年中开展理想和前途的大讨论。针对知识青年业余时间谈理想和前途的特点，农场各单位通过学习会、讨论会、思想汇报会、上团课等形式，在知青中开展理想和前途的大讨论活动，通过邀请老党员、老干部、老职工讲述党史、家史、农场创业史，写红色家信、谈心交友等活动，对知青进行阶级教育、路线教育和革命传统教育，忆苦思甜，引导知识青年树立共产主义远大理想，树立建立社会主义新农村的光荣使命。

六是开展学习英雄、争做英雄的活动。农场针对知识青年特点，经常性对知青开展共产主义思想教育，树立无产阶级正确世界观，学习英雄模范，争当英雄人物。教育知识青年如何对待生与死，组织知识青年学习董存瑞、黄继光等英雄事迹；如何对待个人前途，组织知识青年开展学雷锋做好事活动；如何对待苦与乐，组织知识青年学习金训华、王安民等同志的先进事迹。

三、回场"省亲"

2000 年后，返回城市的各地知青感念在农场知青生活岁月中农场各级领导及老职工们对他们的关怀、帮助之情，纷纷从各地重聚农场，回到他们的第二故乡"省亲"。农场对于知青的到来，都会给予热情周到的接待。2016 年 10 月，第三届南通农场知青联谊会在苏通园区实验中学举行，同时农场知青园揭幕开园。来自南京、南通、徐州、苏州、常州等地平均年龄已过七旬的知青代表们与农场老职工欢聚一堂，共同庆祝知青园落成。联谊会上，各地知青代表们不减当年风姿，为大家表演了精彩的文艺节目，并向农场赠送了图书字画礼品，表达他们对农场的感恩之情。

第二节　倡　议　书

一、知青倡议书

1965 年 10 月 15 日，农场第九生产队青年班全体知识青年"红在农场、专在农场、努力学习、奋勇前进，把自己锻炼成为坚强的革命接班人，为把农场建成稳产高产、机械化的样板农场做出更大的贡献！"向全场知识青年发出的倡议书（全文如下）。

全场各兄弟队的知识青年同志们：

我们听了大队书记传达场党委张德仁书记关于"突出政治，搞好秋收秋种，开展增产节约运动"的报告后，经过热烈的讨论，进一步认清了当前国内外的大好形势，明确了知识青年参加农业生产的光荣、伟大的革命意义，人人意气风发，个个斗志昂扬。一致表示要更高地举起毛泽东思想的伟大红旗，积极地投入三大革命运动，决心红在农场、专在农场，并发扬艰苦奋斗的革命精神，在秋收秋种的战斗中打一个漂亮仗，为确保今年粮棉生产大丰收和夺取明年农业生产更大更全面的丰收而奋斗！

我们青年班是由 25 个知识青年和 2 个老农工共 27 人组成的，其中女青年 18 人。管理粮、棉和其他经济作物共 277 亩，每人平均负担 10.2 亩。我们在场党委和大队党支部的领导下，已基本上闯过了"三关"：在劳动方面，大多数同志已达到了老农工的生产水平。我们现有的成绩跟党的要求以及形势发展的需要还相差得很远，因此，我们要大树革命雄心壮志，大鼓革命干劲，以革命精神种田，身在农场，眼看全世界，把自己锻炼成为一个有社会主义觉悟的有文化的新型劳动者，为建设社会主义新农场贡献自己的一切力量。我们愿与全场知识青年以及全体青年同志开展一个革命的友谊竞赛，并倡议如下：

我们的口号是：立大志、鼓大劲、出大汗、练硬功，团结一致，千方百计，人人摩拳擦掌，个个献计献策，达到事半功倍，在秋收秋播中，誓夺全场冠军。

我们的措施是：

（1）突出政治，用毛泽东思想武装自己的头脑，指导我们的行动，促进人的革命化。做到两个坚持：坚持逢二学习毛选的制度；坚持每半个月过一次民主生活，互相学习，共同提高，人人争当五好职工。

（2）在生产劳动中发扬天不怕、地不怕的顽强战斗精神，不怕任何困难，拜老农为师，进行创造性的劳动，队里的一切生产任务，不论重工、技术工，都要赛过老农工，充分发挥突击队的作用。

（3）积极参加民兵活动，苦练杀敌本领，做到人人会投弹射击，个个能站岗放哨捉特务，随时准备召之即来、来之能战、战之必胜。

（4）利用业余时间自编自演小型文娱节目，大唱革命歌曲，配合中心运动，活跃文化生活，人人写稿，办好黑板报，协助大队在今冬明春办好职工文化学习班两个，帮助21个老职工摘除文盲帽子。

（5）合理安排个人生活，发扬艰苦朴素的作风，做到人人都有针线包，个个会补、会洗；坚持每逢三、六、九早晨打扫环境卫生的制度，更好地促进队里的卫生绿化工作。

（6）争取主动，狠抓当前，积极地搞好秋收秋种，自觉地投入增产节约运动。坚决做到三个大干：苦干、实干、巧干；四个坚持：坚持以革命促生产，坚持岗位责任制，坚持比学赶帮，坚持自力更生；五个必争：分秒必争，分钱必争，颗粒必争，朵絮必争，寸草必争。我们决心把大队分配给我班的650元临工工资，节约550元上交，保证增产皮棉2500斤、粮食400斤等计人民币3200元；节约劳动力、少请临时工等计人民币950元。

亲爱的知识青年同志们：当前形势大好，一个农业生产的新高潮即将来到，让我们高举毛泽东思想的伟大红旗，为把自己锻炼成为又红又专的革命接班人，为把农场建成稳产高产、全部机械化的样板农场而携手前进。

致以

革命的敬礼

国营南通农场第九生产队青年班全体知识青年

一九六五年十月十五日

二、知青代表大会全体代表倡议书

全团知识青年同志们：

我团首届知识青年代表大会于12月5日至7日圆满结束了。

这次大会，是在全党、全军和全国人民学习十大文件、落实十大精神的新形势下召开的；是在全面贯彻中央 21 号、30 号文件，进一步做好知识青年工作的热潮中召开的；也是在我团大干战坚决实现粮棉双超、经济有盈余的战斗目标的决战时刻召开的。我们来自各条战线的 335 名代表和应邀参加这次大会的贫下中农、革命干部和 3 位革命家长代表，以饱满的政治热情，深入学习了十大文件，听取了师、团首长报告，交流了经验体会，进一步明确了新的战斗任务。大会开得团结紧张、生动活泼，是一次路线教育的大会，是一个团结胜利的大会，是一个朝气蓬勃的大会。

为了更好地贯彻大会精神，我们特倡议：

一、继续深入学习十大文件，把批林整风放在首位。我们要以党的基本路线为纲，认真读马列的书、毛主席的书和学习十大文件结合起来，联系思想实际、改造世界观，提高路线斗争觉悟，认真贯彻中央 21 号、30 号文件，不断提高执行毛主席革命路线的自觉性。继续深入持久地开展学习马列和毛主席著作的群众运动。学习是我们知青的一项根本任务，是反修防修的根本措施，我们要为革命自觉学、长期坚持学，反复实践运用，提高学习成效，"坚持数年、必有好处"。

二、树立共产主义的远大理想，红在兵团、专在兵团。认清我们所处伟大时代和肩负的历史使命，明确无产阶级专政下社会主义革命和加快发展社会主义新农村的方向和任务，牢固地树立无产阶级理想前途观，更坚定不移地走与工农相结合的道路。继续深入地开展"学习朱克家、以兵团为家"的活动。红在兵团、专在兵团、扎根兵团干革命。为了实现共产主义的远大理想，我们就得艰苦奋斗、自力更生、奋发图强；就得大干苦干，与天斗、与地斗、与阶级敌人斗，战天斗地、改天换地；就得依靠我们平凡的劳动，脚踏实地干；干一行、爱一行、钻一行，做力学实验的闯将、技术革新的能手，为人类做出新贡献！

三、坚决响应团党委提出的为实现粮棉双超纲、经济盈余而努力的战斗号召。我们知识青年要同广大贫下中农、革命职工团结战斗，继续深入开展"工业学大庆、农业学大寨"的群众运动。要继续大干特干不放松，继续做到"三找、六净四不丢"，颗粒必争、朵絮入库，为实现战斗目标立新功。要变冬闲为冬忙，大力加强三麦田间管理，大搞积肥造肥；大兴水利建设，为夺取明年农业更大丰收打好基础。坚决打好今年关键性的最后一仗，为早日实现全团粮棉超纲要、经济有盈余而努力奋斗。

同志们：毛主席在 1962 年曾高瞻远瞩地指出："从现在起，五十年内外到一百年内外，是世界上社会制度彻底变化的伟大时代，是一个翻天覆地的时代，是任何一个历史时代都不能比的"。我们广大知识青年要充分认识时代赋予我们的历史使命，树立雄心壮志，在兵团这个广阔天地里扎根成长，让我们在十大路线指引下，为完成十大提出的各项战斗任务，创造优异的成绩，迎接毛主席关于"知识青年到农村去"伟大号召发表五周年纪念日的到来，迎接师、团"两学"大会的召开，迎接兵团首届党代会的胜利召开！

团结起来，争取更大的胜利！

二十四团首届知识青年代表大会全体代表

一九七三年十二月七日

第三节　二十四团宣传队

1970年，以知识青年为主要成员组成的江苏生产建设兵团四师二十四团宣传队正式成立。兵团撤销恢复农场建制后，二十四团宣传队于1976年更名为南通农场宣传队，成员主要还是由插场知青组成。宣传队的教导员由王国林（原前线话剧团舞美部主任）担任，队长由康健（原解放军艺术学院老师）担任，其主要任务是为农场的"两会"（工业学大庆、农业学大寨）庆功演出，每年春节的"拥政爱民"慰问地方演出，参加每年的兵团文艺会演。

充分利用知青的特长，农场宣传队每年"五一""国庆""春节"期间会组队排练和巡回演出，主要节目有：1970年京剧《沙家浜》全场、1971年七幕话剧《农奴戟》、1972—1974年创作类歌舞节目、1976—1977年《沂蒙颂》选场。1976年11月，农场宣传队参加地区局宣传队，1977年1月，地区局宣传队参加江苏省农垦局文艺会演，1月20—27日，在农场演出5场后正式收官，农场宣传队就此结束光荣的历史使命。

《沙家浜》剧组：于1970年9月组建（同时组建剧组乐队）。9月13日起，历时18天排练，于9月30日成功首演。10月中旬下各营演出，12月16日赴清江市（淮阴）参加兵团会演。1971年春节，以解放军拥政爱民慰问团名义到南通县十大镇巡回演出。

《农奴戟》剧组：于1971年12月10日组建（同时组建剧组乐队）。剧本由上海人民艺术剧院提供，经南通市文工团指导排练，著名演员陶玉玲也曾来辅导。1972年1月20日，《农奴戟》在团部成功首演。1月23日起，在团部连演8场，春节期间参加了军区拥政爱民慰问团，在南通县城金沙演出4场，在南通人民剧场，为南通地市委、军分区演出3场。

第四节　知青生活片段

一、《鸡房姐妹》

1973年4月12日，江苏生产建设兵团四师二十四团报道组的一篇通信报道在《新华日报》上发表，引起了全团热烈反响。这篇通信报道主要记述了一对知青姐妹在农场养鸡的波折经历，展现了以她们为代表的知识青年不怕苦、不怕脏、不怕累，善于学习、迎难而上的革命精神。文章全文如下。

鸡房姐妹

在江苏生产建设兵团四师二十四团 23 连的养鸡场里，一只只体圆脖壮的"狼山"种鸡在草地上蹦跳追逐，寻虫觅食。鸡场的一角，有两个长得一模一样的年轻姑娘，手拿扫帚，打扫鸡棚，翻晒垫草。她俩就是孪生姐妹王恩永、王恩乐，今年 20 刚出头，但在养鸡场里工作已经整整 3 年了。

1969 年春天，王恩永、王恩乐初中毕业后，满怀建设社会主义新农村的豪情壮志，从繁华的苏州市来到建设兵团。

不久，她俩接受了饲养 1300 只"狼山"雏鸡的任务。初生牛犊不畏虎，姐妹俩二话没说，把铺盖搬到了养鸡场。没有栅栏，自己砍竹子扎，没有草帘，自己搓绳子编。几天后，小鸡运来了，看见这么多毛茸茸的小东西"叽叽喳"叫个不停，姐妹俩心里乐开了花。可是，干了一阵，她俩的情绪低落下来了。原来，这小鸡挺难侍候，每天得喂五六次食，米要碾碎炒香，青饲料要洗净切碎，常常是眼睛一睁，忙到熄灯，晚上还得值夜班，像这样没日没夜地干，能吃得消吗？姐妹俩心里结了个疙瘩。

指导员看出了她俩的心思，来到养鸡场和她们一起劳动，一起学习毛主席的光辉著作《为人民服务》。贫农饲养员杨大叔在附近养猪，每天起早带晚顾不上休息，抽空跑来教她们养鸡。这一切使姐妹俩受到了深刻的影响，心想：平时我们常说养鸡也是干革命，干革命遇到些困难，怎能打"退堂鼓"呢？她俩暗暗下定决心：向张思德学习，不怕苦，不怕难，完全彻底为革命！一天深夜，人们都睡熟了。突然，狂风大作，把鸡棚上的盖草掀掉了。正在值班的王恩乐急忙喊醒姐姐。只见风从棚顶钻进鸡窝，一只只小鸡缩成一团。姐妹俩心想：这鸡是国家的财富，丝毫也不能让它受损失。她俩拿起箩筐，将小鸡全部搬进自己的宿舍。接着又取来稻草，将小鸡一堆堆圈好。为了不让小鸡受凉，她们抱起床上的棉被、棉絮，将门窗堵了个严严实实。姐妹俩整整忙了一夜，使一千多只小鸡安然无恙。

为了把鸡养好，姐妹俩就是这样想得细致，干得认真。去年夏天，姐妹俩从书上看到这样一句话："坑蛆是一种营养价值很高的动物性饲料。"就想：眼下正是鸡生长发育最旺的阶段，给它们喂些蛆增加营养多好，还能节省粮食哩！第二天中午趁着休息时间，姐妹俩挑上粪桶，顶着炎炎烈日捞蛆去了。大暑天，粪坑里臭气冲鼻，她们全然不顾，把蛆捞好，又拿到水里漂洗干净给鸡吃。有人看见了，劝她们说："这种事又臭又脏，快别干了。"她俩笑着说:"这种事对革命有利,臭些脏些怕啥!"姐妹俩天天坚持捞蛆,一个暑天下来,一只只"狼山"鸡养得肥肥的,可她俩却累瘦了。

小王姐妹俩为革命养鸡,不怕困难,刻苦钻研,敢于实践。去年初夏,一千多只"狼山"鸡95%以上突然发生了烂嘴、害眼现象。当时,许多人都说没见过这种病,翻阅了许多养鸡资料,也找不到原因。面对困难,她俩冷静地进行了分析:要想给鸡治病,得增加营养。于是,她们给鸡吃好的饲料,并在饲料中放一些土霉素,增强鸡的抵抗力。对不能进食的鸡,就抱在怀里一口一口地喂。同时,每天用药水棉花蘸上食盐水,给病鸡擦洗患部,防止蔓延,但效果并不大。姐妹俩毫不气馁,继续观察。一天,她俩看见一个人患眼病,就想:人害眼病能用眼药治好,鸡能不能也用眼药治呢?在党支部的支持下,姐妹俩大胆实践。他们找来几只病鸡,用火油调上金霉素眼膏敷在患处,没几天,病情显著好转。于是,她们耐心细致地给每只病鸡进行治疗,使病鸡全部恢复了健康。几年来,小王姐妹俩通过实践,逐步摸出了一些养鸡规律,找到了给鸡喂大蒜消毒、防病,给鸡饮醋帮助消化,喂韭菜帮助开胃等许多办法。并学会了为鸡治病,使鸡越养越好。

二、《下乡三月间》

文章选摘自1974年11月25日江苏生产建设兵团四师二十四团新闻报道稿,描述新知青下乡3个月的生活片段,全文如下。

下乡三月间

1974年8月,无锡市200余名知识青年来到了江苏生产建设兵团四师二十四团(指国营南通农场)安家落户,在各级党组织的关怀和贫下中农的培育下,他们犹如大路旁的穿天杨树苗壮成长。3个月来的兵团生活,使他们爱上了农村,坚定了走毛主席指引的金光大道的信念。

团首长的关怀

7连新知青排刚建不久,团政委就带领了工作组来到了他们身边,与他们同住、同学习、同劳动,给新知青带来了无微不至的关怀。十月,正值秋忙,劳动紧张,晚上政委像往常一样,到新知青宿舍嘘寒问暖,同大家闲聊座谈时发现有的同志产生了怕苦怕累情绪,想回城市。政委意识到这是关系到培养千百万无产阶级革命事业接班人的大事,急需要加强思想政治工作,否则对于他们的健康成长会有直接影响,政委及时找连队指导员商量,研究了新知青的政治学习计划和思想工作措施。

第二天,政委组织了全体新知青学习了毛主席的光辉著作《青年运动的方向》,并启发大家反复学习毛主席的谆谆教导，衡量一个青年革命不革命的唯一标准："这就是看他愿意不愿意，并且实行不实行和广大的工农群众结合在一块⋯⋯。"广大新知青深受教育，联系自己思想实际，互相交流学习心得体会，出了学习园地。大家说，在学校，老师教我们学习《青年运动的方向》，使我们立下了到农村去的雄心壮志；到兵团，首长教我们学习《青年运动的方向》，使我们坚定了扎根农村的决心，新知青排33位同志提出了"困难面前不低头，苦字面前不摇头，前进路上不回头，争当个拾花能手"的口号，纷纷向党支部请战，特地到政委面前表决心，在全连掀起"人人争当拾花能手"的抢收棉花热潮。政委看到青年们的政治热情，心里乐开了花，同新知青们一起投入了拾花战斗。青年们更加受到了鼓舞，虽然从来没拾过棉花，但在首长的鼓励和指导下，旗开得胜，连续2次全排新知青人人一天拾花超过了100斤，新知青张兴和朱文祥起早带晚，连续作战，手戳破了，腰背痛了，坚持干了20小时，两人共拾花419斤，获得了"拾花能手"的光荣称号。

新知青在政治上受到首长的关怀，在生活上得到首长的关心。政委同新知青住在一起，常同他们一起打扫卫生、布置环境、搭晒衣架等，安排他们的生活，并亲自组织新知青开展文艺活动，领唱革命样板戏，丰富他们的业余生活。新知青有什么困难，政委总是尽力帮助，及时解决。一次，政委发现新知青小钱劳动不带劲，作风松垮郎当，就找他个别谈心，了解到小钱因不注意计划用粮，口粮不够吃，就立即拿出了自己身上仅有的几斤粮票送给小钱。小钱接过粮票，激动地向政委表示，决心以实际行动不辜负首长的期望，在农村三大革命运动中来一个脱胎换骨的蜕变。

贫下中农的话题

9连新来的知识青年袁玉风和几个伙伴，听了贫下中农的连队创业史介绍，感到特别惊奇。一位老农风趣地给他们出了个话题，当年我们住的羊皮房，睡的钢丝床，吃的蛋炒饭，喝的盐鸡汤，你们说，是苦还是乐？小袁和伙伴们闷了半晌答不上话来。

第二天，正逢星期日，小袁和伙伴们一早就起床，四周转看自己的新家了，瓦房成排，大树成行，连队环境叫人心情舒畅，来到田头，稻穗弯下腰，棉桃开口笑，好一派丰收景象⋯⋯，此情此景使小袁和伙伴们联想到那位贫下中农的话题，感到话中有话、题中有题。

大伙急于想解开这个话题，他们向老知青请教，才明白当年初建连队，住的羊皮房就是茅草房，睡的钢丝床就是棉花秆铺起的地床，吃的蛋炒饭就是玉米稀饭，喝的盐鸡汤就是咸菜汤。如今，吃上了大米，住上了瓦房，芦苇荡成了粮棉仓，这个变化是贫下中农战天斗地、艰苦创业的结果，贫下中农出这个话题，就是要我们新知青不忘创业苦，发扬老传统。小袁和伙伴们边看边想，心情久久不能平静。

突然，脱粒场上机器轰鸣，人声沸腾，打断了大伙的思路，"星期天，贫下中农还在大干？"大家异口同声地问。小袁想起了毛主席的教导，社会主义制度的建立给我们开辟了一条到达理想境界的道路，而理想境界的实现，还要靠我们的辛勤劳动，面对贫下中农放弃休息日、大干苦干的场面，小袁才真正找到了贫下中农话题的答案。只有过去的"苦"，才有今天的"乐"，我们到农村来，不是来享乐的，而是来革命的，要让自己的青春像贫下中农一样发出光芒。

小袁情不自禁地把手向伙伴一挥，贫下中农在大干，我们也要大干！大伙蜂拥而上，参加了贫下中农的玉米脱粒战斗，小袁穿的一身整洁的衣服，一下被玉米屑弄脏了，灰尘扑面而来，弄得满头满脸都是，贫下中农劝他休息，小袁却同伙伴们越干越欢。

一天的劳动，脱粒场上的玉米籽堆成了小山，金光闪闪。贫下中农关切地问小袁苦不苦，小袁擦了一把汗，爽朗地笑笑回答："苦中有乐嘛"。

父女俩的心愿

棉花盛开的时节，在6连棉田里来了一位陌生的五十开外的人正在拾花，他是谁？同志们看到站在他身边的一个姑娘，才知道他原来是这位姑娘、无锡新知青陈英的爸爸。

3个月前，小陈响应毛主席关于"知识青年到农村去"的号召积极报名，立志务农，可是小陈的爸爸有些思想顾虑，觉得女儿从小体质较弱，又患贫血，担心不能适应农村艰苦的劳动和生活，打算让小陈暂时休息一段时间再说，小陈看出爸爸的心思，给他摆了一大套立志务农的理由，还再三表示决心。父亲在小陈的强烈要求下，同意了她的志向。

小陈下乡后，父亲很挂念，担心女儿过不了劳动和生活关。这次他因公出差，路过这里，特地来探望一下小陈的情况，哪知父女俩一见面，父亲吃了一惊，相别3个月，女儿变了样，小陈原来那苗条的身体结实多了，白嫩的脸蛋变得黑里透红，未经父亲多问，小陈就滔滔不绝地向父亲汇报起3个月的经历，她说，"3个月的农村生活，虽然让我感到离爸爸妈妈远了，却感到离毛主席的期望近了，我是革命干部子女，懂得爸爸和先烈们在战争年代流血负伤、英勇作战所创造的业绩需要我们来继承。如今志在农村干革命，同战争年代杀敌一样，是一场硬仗，我们应同爸爸一样，打胜这场硬仗"。父亲听了女儿的一番话，感到这是女儿在向自己挑战啊。他看到女儿的进步，打心眼里高兴。他拉着女儿跑到连党支部表示感谢党和贫下中农的关怀，女儿在这里，我们做家长的一百个放心。为了支持女儿扎根农村干好革命，他再三勉励女儿，要戒骄戒躁、再接再厉。听说女儿要带领全班拾花超百斤，争当"拾花能手"，他也同女儿一起来到了棉田，参加了拾花劳动，同志们高兴地赞扬他们，父女俩的心愿凝结在一起了。

毛主席指引的路走定了

夜深人静，8连新知青宿舍的灯还亮着，高绍元正在聚精会神地学习毛主席的光辉著作《青年运动的方向》。下乡3月来，小高坚持看书学习，经常到深更半夜。今天，他又一次学习《青年运动的方向》，思索着明天批林批孔大会上的发言稿。

一天，有个人串到小高宿舍，问长问短，说要同小高交朋友，假装关心的样子对小高说："像你这样有才有志的青年人，何苦不在城市找个技术工作，发挥才干，跑到江滩上来啃泥沙"。并随手从袋子里掏出一副"扑克牌"，煞有介事地舞弄起来，说要给小高"算命"，算到什么时候"交好运"，小高听了，肺快气炸了，意识到，这是意识形态里阶级斗争的反映，小高警惕地看着这个家伙的丑恶表演，再也容忍不下，一个箭步跨到那家伙面前，指着他的鼻子痛斥说，你这一套花腔我早就领教过了，谁想动摇我们走毛主席指引的道路的决心，永远办不到！我们革命青年的理想和前途是同共产主义大目标联系在一起的，不信算命，要闹革命。这铿锵有力的指责，吓得那家伙灰溜溜地跑了。

这件事发生以后，常使小高联想到3个月前在无锡城里的一场斗争，那是毕业分配前夕，小高担任学校红卫兵团副团长，他组织同学们认真学习了"北大附中""清华附中"和"北京一、二、三中学"53名团员青年立志务农的先进事迹，教育很大，心潮澎湃，小高和另外两名团员，第一个联名写信给团市委，强烈要求首批下乡。这事引起了一场风波，有人说他们"头脑发热，下乡自找苦吃"，还有人说他们"带头报名是假积极"。但是小高他们没有被这些冷嘲热讽所吓倒，一遍又一遍地学习毛主席的教导："知识青年到农村去，接受贫下中农的再教育很有必要。"增添了力量，经团市委批准，首批跨过长江，来到了兵团。

一幕幕联想，在小高心中翻腾，他深切地感到，在知识青年上山下乡这场深刻的革命中，始终充满着两个阶级、两条路线的激烈斗争，阶级敌人和腐朽没落的思想意识形态、孔孟之道无时无处不在向我们进攻，一定要提高警惕。小高满怀慷慨地写下了发言稿题目"毛主席指引的路走定了"，决心以实际行动批林批孔，同鄙视劳动、轻视农民的剥削阶级陈腐观念彻底决裂。最近小高被全连同志推选出席了兵团共青团员、知识青年代表大会。

中国农垦农场志

第七编

人物、荣誉

中国农垦农场志

第一章　农场人物

第一节　建场元老

一、徐志明

徐志明，农场首任党委书记，南通农场主要创建人之一，1911年8月生，江苏省南通县人，青少年时代跟随父母讨饭、种田、挑盐谋生，1940年11月参加革命工作，1941年10月加入中国共产党，先后担任过乡粮食合作社主任、农抗会干事、党支部书记、老七团排长、区队长、区长、区委书记等职。

新中国成立后，担任过南通县委农工部副部长，县检察所副所长、县纪委副书记等。

1957年7月，受中共南通县委派遣，担任"围垦工程总队部"副总队长，率领民工筑堤围垦，首期工程结束留场工作。1958年5月，由南通县委任命，担任农场党委书记，后历任农场军管会副组长，革命委员会副主任、团副参谋长、领导小组副组长、农场顾问，1983年12月离休，享受厅局级待遇。

徐志明为人忠实诚恳、正直、勤奋，为农场发展、建设做出了重大贡献，20世纪70年代后期，虽早过花甲之年，仍不贪图安逸，关心农场生产建设，负责指导团结闸的建闸工作，受到广大职工群众的敬重。

二、张德仁

张德仁（曾用名张海澄），农场首任场长，1918年8月生，江苏省南通县人，青少年时代家境贫困，以种田打短工为生，1947年参加革命工作，同年7月加入中国共产党，先后担任过村长、乡长、上海支队六大队队长、九地委干校副政治指导员、南通县紫琅区长等职，新中国成立后，担任过南通县民政科副科长、科长，南通县人民法院院长，副县长区委书记等。

1958 年 5 月，由中共南通县委、县任命，担任农场场长。1960 年 4 月，由中共南通农场第一届党员代表大会选举，任农场党委书记。

1978 年 11 月，升任南通农垦局局长。1985 年 7 月离休，享受厅局级待遇。

张德仁在农场工作的 20 余年中，对党的工作忠诚积极、廉洁奉公、不谋私利，为农场的发展、建设做出了重大贡献，受到广大职工群众的拥戴，曾于 1976 年 11 月出席全国第二次农业学大寨会议，受到华国锋、叶剑英、陈云、李先念、王震等中央领导人的亲切接见。

第二节　离休干部

建场后农场离休干部见表 7-1-1。

表 7-1-1　建场后农场离休干部一览

序号	姓名	性别	生卒年	参加工作时间	离休时间
1	徐志明	男	1911.8—1990.10	1940.11	1971.8
2	宋柏岑	男	1923.11—1979.12	1948.6	1979
3	王树棠	男	1922.2—1979.9	1942.4	1979.9
4	周体良	男	1905.2—1990	1940.12	1982.11
5	卞汉标	男	1908.3—不祥	1942.8	1982.12
6	曹邦其	男	1911.8—1987.10	1941.2	1983.12
7	宋建国	男	1908.2—1992.6	1942.9	1983.12
8	汤明德	男	1919.3—2000.11	1943.2	1983.12
9	陆昌余	男	1914.8—2006.3	1944.10	1983.12
10	仇品嘉	男	1923.12—1992.4	1948.9	1984.6
11	李则民	男	1924.7—1984.12	1943.1	1984.6
12	瞿锦泉	男	1918.2—2000.11	1947.10	1984.6
13	尤吉生	男	1906.5—不祥	1946.10	1984.6
14	许皓	男	1927.2—1998	1947.7	1984.8
15	邢建祥	男	1927.11—1995.12	1945.5	1984.10
16	李良	男	1923.9—1998	1940.9	1984.10
17	沈建平	男	1928.6—2020.4	1949.2	1984.10
18	陈尧章	男	1925.2—2007.8	1949.3	1985.2
19	林锐	男	1926.4—2002.2	1945.4	1985.7
20	邓其贤	男	1923.7—1998	1946.7	1985.6

（续）

序号	姓名	性别	生卒年	参加工作时间	离休时间
21	刘汉云	女	1929.12—2012.12	1949.3	1985.4
22	唐我维	男	1914.10—1999.10	1949.2	1985.5
23	顾明	男	1929.4—1996.7	1948.1	1986.10
24	蒋学桂	男	1925.3—2007.5	1948.10	1986.10
25	龚品山	男	1927.3—2019.7	1946.11 参军	1987.3
26	李树仁	男	1926.7—不详	1947.4 参军	1987.3
27	李建明	男	1927.9—不详	1949.1	1988.1
28	向光福	男	1928.9—2002.3	1948.9	1988.4
29	李永兴	男	1928.6—2000.2	1948.10	1988.8
30	霍振兴	男	1928.10—2019.7	1948.2	1988.12
31	陈秉慧	男	1934.2—2017.11	1949.4	1989.3
32	盛竹平	男	1914.7—1998	1940.10	1989.5
33	蔡炳华	男	1929.7—2005.8	1949.6	1989.5
34	许兰庆	男	1930.11—2016.12	1949.9	1990.1
35	曲忠仁	男	1929.12—不详	1948.11	1990.1
36	王庭立	男	1931.9—不详	1949.3	1991.1
37	左政	男	1931.7—2012.4	1946.10	1991.1
38	王来信	男	1931.8—不详	1947.7	1991.1
39	黄锦江	男	1927.5—2006.5	1947.7	1992.1
40	陆士炎	男	1932.2—1998.4	1949.5	1992.2
41	曹立峰	男	1932.9—不详	1949.5	1992.9
42	袁思信	男	1932.12—2005.2	1947.8	1993.1
43	杨志才	男	1924.3—2016.9	1949.8	2002.2

离休干部事迹选介：

一、曹立峰事迹简介

他，跟随叶飞将军，血战平潭岛，荣立二等功；

他，效仿岳母刺字，将"革命"二字深深刻入手臂；

他，从坦克教练员转业成为拖拉机驾驶员，将南通农场的荒滩变良田。

他就是南通农场离休干部曹立峰。

在手臂上刻刺"革命"二字

岁月的镜头反转到 1949 年 5 月，在解放上海战役中，曹立峰应征入伍，编入中国人民解放军二十八军。同年 7 月，他跟随叶飞将军进军福建。在解放平潭岛战斗中，英勇作战，荣立二等功。那年他才 17 岁。

第一次金门战役失利后，部队积极动员，组织第二次登岛作战。他知道战斗非常危险，仍然奋勇参战。为表决心，他忍着剧痛，用缝衣针在左手手臂上深深刻刺下"党徽"标志和"革命"二字，表达着对党、对解放军的忠诚。

1952 年，由于年龄小，再加上参加革命后的各种突出表现，他被调到徐州坦克第二编练基地学习坦克驾驶，并很快成为一名优秀的坦克技术教练员，为新中国培养出了一批又一批的坦克手，两次荣立三等功。

用拖拉机犁出万顷良田

1958 年初，从部队转业后的曹立峰积极响应国家垦荒号召，从坦克教练员转业为拖拉机驾驶员来到南通农场，走上了艰苦卓绝的垦荒之路。

当时，南通农场刚刚建场，一穷二白，荒滩芦荡、江潮涨落、人烟稀少。

全场只有 3 台拖拉机，但需要开垦的土地却有两万多亩。作为机车组组长，他身先士卒，每天开着拖拉机平整犁田，一连几个月都不回家。过着"天为房，地为被，芦苇是蚊帐"的艰苦生活。晚上，睡在芦苇棚里，蛇、鼠在身边爬；白天，拼命劳作，累了，在地头稍事休息，渴了，捧一掬泥沟的水。生活是苦了点，但南泥湾精神一直在激励着他撸起袖子加油干。

经过锲而不舍地开垦，荒无人烟的芦苇滩变成了富饶的良田。1958 年秋，农场初次种植大豆就喜获丰收。1965 年，棉花亩产 120 斤，南通农场受到中央农垦部表彰，被选树为全国农垦系统"五面红旗"之一。

为农垦事业倾注全部心血

为提高生产力，改进生产技术，曹立峰开始了漫长而卓有成效的农业机械技术改进工作。1958 年，他发明了用拖拉机牵引石磙为大豆脱粒，办法看似简单，却很有效，并迅速在全场推广开来，节省了大量人力。1960 年，农场开始种植水稻，购买不到水泵，他牵头研制成功直流水泵，解决了稻田抽水问题。1962 年，他把双铧犁改制成铧式开沟犁，极大地提高了开沟效率。

1962 年，他担任机务科长，在农场一没电、二没水、三没机修设备的情况下，大量引进并培养农机技术人员，将 1 个机耕队建设成为 4 个机耕队和 1 个机械化生产队。后来，他还参与筹建了修理厂、汽车队、电工队，农场技术力量长足进步，为生产提供了强有力的支撑。

1970 年，曹立峰服从组织安排，随江苏生产建设兵团四师二十三团，来到了条件更加艰苦的复兴圩农场。

复兴圩农场以前是劳改农场，机务战线一盘散沙，设备破烂陈旧，技术力量非常薄弱。初到伊始，他就全力投入工作，狠抓队伍管理，优化工作作风，手把手培训技术人员，迅速提高了农场机械技术水平。经过几年的努力，机务队伍不仅能满足农场生产的需要，还经常支持附近乡镇，机务工作得到了团首长的多次表扬。

直到1992年离开工作岗位，曹立峰一直坚守在农垦机务战线上，用青春和汗水诠释着不负祖国不负党的人生誓言。他说："我这一辈子没什么突出事迹，最大的特点就是听党话、跟党走。祖国哪里有需要，我就到哪里去！"

二、王来信事迹简介

王来信，男，汉族，1931年8月出生于山东省昆仑县拾区北现村，高小毕业，1947年7月参加工作，1949年9月加入中国共产党；1969年9月转业至江苏生产建设兵团四师二十四团（南通农场），任工程连代理政治指导员、支部书记；1984年4月，任南通农场建筑公司党支部书记、副经理；1991年1月起江苏省农垦集团公司批准其按县处级待遇离休。

1948年，王来信荣立三等功1次；1955年6月，被批准授予"解放奖章"1枚；1955年11月，被授予准尉（正班）军衔；1956年3月，被国防部授予少尉（正排）军衔；1960年3月，被上海警备区政治部授予中尉（副连级）军衔；1961年8月，获解放军第一政治学校"五好学员"书面嘉奖；1963年9月，被上海警备区政治部授予上尉军衔；1971年8月，任中国共产党南京军区江苏生产建设兵团四师二十五团第一届代表大会代表；1976年，被农场授予"学大寨红旗手"；1984年6月，任中国共产党国营南通农场第四次代表大会代表。

王来信革命事业心强，在工作中勤勤恳恳、认真负责、作风踏实、干劲足，经常深入工地、车间班组了解情况，解决问题，圆满完成上级交办的各项工作任务。有政治工作能力，业务水平高，能胜任党组织工作和思想政治工作。让群众做到的事，自己首先做到，休息日和节假日经常工作，从来不调休、不补休。作风正派、能坚持原则、大公无私、对人平等、积极带头工作、一心为人民服务。

附：王来信参加淮海战役临城车站战斗情况的回忆录

1948年11月的一天，指导员在全连会上动员讲，华东局首长关心我们，考虑到警卫部队长期负责保卫华东局机关绝对安全的繁重任务，实战少，为了提高警卫部队的战斗力，命令特务团参加淮海战役。当时敌方兵团一个旅守备枣庄、临城、韩庄一带，上级命令我们团歼灭临城火车站守敌。

大家一听有战斗任务，高兴得你一言我一语议论开了。有的战士说，我参军两三年了，到现在还没有打过仗，心中早憋一肚子气，早就想参加战斗，现在打仗机会来了，我要把心中憋的气变成消灭敌人的勇气，多抓几个俘虏。有的战士说，我参军已4年，天天盼着参战，今天终于盼到可以参加战斗，我一定先冲上去消灭敌人，争取立功受奖。我在会上讲，我参军时间不长，但我平时勤学苦练，全连重机枪300米射击比赛中，我取得过第1名的成绩，我也是全连唯一参加旅重机枪300米射击比赛的射手，我一定勇敢冲锋不怕死，用我苦练的射击技术消灭敌人。动员会情绪高涨，战友们个个都写请战书，保证打好这一仗，以回报华东局首长的关怀，为特务团争光。

经了解敌情、现场侦查，我们掌握了临城车站有敌人1个营守防。营部驻东站，1个连防守站前，东西有几间平房驻防，利用平房用水泥构筑工事，火力较强。车站东西各1个连住老百姓房，利用路基构筑水泥碉堡，站北是1条1米多深的河，可能是修路挖土形成的，敌人1个加强排防守，利用河岸修水泥碉堡。我们团歼敌方案是：1营加团82迫击炮连、机枪连配合歼灭站前敌人；2营两个连歼灭站西边敌人；3营两个连歼站东边敌人；2营、3营各抽1个连，由3营副营长指挥歼站后敌人。

各单位按照布置进入阵地，观察敌情，构筑工事，做好战前准备。机炮连在敌前250米处利用土坎修筑掩体，架好枪，压子弹（向弹道压子弹）。不久，3颗信号弹射向空中，轻重机枪等各种武器猛烈地向敌人射去。1营爆破组在火力掩护下连续冲向敌工事，因地形开阔，敌人集团火力太猛，七八个战士在战斗中伤亡，爆破没有成功；1营又组织第三、四爆破组，在火力掩护下轮番冲上去爆破，敌人集团火力十分凶猛，我们又伤亡了八九个战士，爆破没有成功，1营攻击受挫。团长下令暂停攻击，重新调整进攻方向，根据敌情和地形，1营重新做了战斗部署，1营、重机枪一班二班、60炮兵班配合1连仍进行正面进攻，千方百计地吸引敌人火力；2、3连，重机枪四、五班，60炮七、八班配合，由1营长指挥从西南方向进攻敌人。

战斗重新开始，爆破组在火力掩护下，连续炸毁敌人地堡，敌人发现后，向我们新的进攻方向组织火力来阻挡，战斗十分激烈。这时，我冒着敌人密集的子弹，扛着子弹箱机智灵活地冲到了机枪处，将弹链迅速输入弹巢，射手准确射向敌人，敌人也密集射向我们，射手右臂中弹负伤，被卫生员抢救了下去。我立即顶上去，向敌人狠狠射击，随着战斗的进展，我提枪身，另一个战友扛枪架，我们灵活利用地形地物选择好阵地，我沉着准确地将子弹猛烈射向敌人碉堡火力点，将敌人的火力压下去，掩护步兵冲锋，爆破组在我的掩护下，刹那间把碉堡炸飞了，我继续沉着瞄准敌人攻势火力点，用密集的子弹将敌人火力点封锁，爆破组连续炸飞敌人工事四五处，受到步兵连干部战士的称赞。

重机枪是战斗的重要火力，敌人也千方百计地企图打击我们。我准确转移了几次阵地，有两次我刚迁移出阵地，敌人的炮弹就落在了原处。战斗进展一度较为顺利，1营两个连快要冲进车站处，敌人的暗堡射出密集子弹，伤亡了一些同志，步兵在敌人火力压制下无法进展。1营长着急了，叫通讯员命令我，尽快把敌人火力压下去，我在距敌250米处选择有利地形阵地仔细观察敌人火力点，沉着瞄准射出密集子弹处将敌人火力压了下去，爆破手刹那间就把碉堡炸毁了，步兵快速冲进车站，敌人乱作一团，节节败退，2连、3连向车站前敌人攻击，敌人在前后攻击下被歼。经过六七个小时激烈战斗，毙、伤敌营长以下102人，俘虏敌副营长以下382人。

战斗结束后，1营长走到我跟前，他握着我的手说："小同志，你作战勇敢，沉着机灵，特别是枪打得准，我要为你请功！"我说："感谢营长的鼓励，我平时苦练射击，300米射击比赛我是全连第一，是全连唯一参加旅300米射击大比武的。"1营长为我请功，连队党支部根据我的战时表现和步兵连反映的情况，研究决定给我记功，报上级批准立"三等战功"。

第三节　劳动模范

农场荣获江苏省南通市、农垦集团级劳动模范人物见表7-1-2。

表 7-1-2　农场荣获江苏省、南通市、农垦集团级劳动模范人物一览

姓名	级别	取得时间
黄伯荣	江苏省农垦局	1978 年
徐国荃	江苏省农垦局先进生产者	1978 年
刘福兰	中央农垦部先进工作者（省级）	1979 年
严晓明	中央农垦部先进工作者（省级）	1979 年
王炳享	江苏省农垦局	1983 年
刘根义	江苏省农垦局	1985 年
张月芬	江苏省农垦局	1987 年
杨希高	南通市农垦局	1991 年
周建华	南通市农垦局	1991 年
陈汉丰	江苏省农垦局	1996 年
施朝兵	南通市五一劳动奖章（个人）	1996 年
陈润林	南通市农垦局	1998 年
张美林	南通市农垦局	2002 年
庄凤水	江苏省农垦集团公司	2008 年
刘佩云	江苏省农垦集团公司	2008 年
杨新民	江苏省农垦集团公司	2011 年

（续）

姓名	级别	取得时间
严卫国	江苏省五一劳动奖章	2013 年
徐海兵	江苏省农垦集团公司	2014 年

劳动模范事迹选介如下。

一、中央农垦部先进工作者刘福兰

刘福兰，女，1940 年 2 月出生，1960 年在南通农场良种站参加工作，1969 年开始到连队从事农业生产，先后在农场 25 连 5 队任排长，二十七大队任班长。她将自己的青春与汗水播洒在了南通农场这片土地上，谱写了一曲曲巾帼不让须眉的赞歌。

她是庄稼的守护人

排是农场最小的一级农业生产单位，但也是最接地气的单位。那时候，作为排长，她虽然管理着很多知青，但是她从不苛求知青，自己总是身先士卒，冲在第一线，播种、施肥、打农药、拔草，每件农活都完成得干净利落。一个大队十多个排长，只有她天天在田里忙碌。"其身正，不令而行"，来自江苏各地的知青看在眼里，心中感激佩服这位女排长，开始主动配合她的管理，工作热情高涨。

天气是农业生产最重要的因素之一。准时收听每天的天气预报是她的一项必修课，听到明天天晴，她赶忙组织人手把棉花大棚打开通风透气，听到后天下雨，她又和时间赛跑抓紧把所有大棚都罩上。她用心守护着庄稼的生长，在她和知青的辛勤劳作下，每年责任田的水稻、小麦、棉花等作物总是 25 连长得最好。

一次接到突击任务，连队负责人到每个排视察打农药的情况，大部分排把工作人员集中起来就花半个多小时，她管理的排 5 分钟所有人员就位，10 分钟就背着打药箱下田了。连队领导看到后称赞不已，将她们排作为典型进行宣传。

她是知青的暖心人

1963—1978 年，农场先后接收安置了来自南京、徐州、苏州等地插场的知识青年上万人，很多知青被分配到了她所在排从事农业劳动。她关心知青，在知青中也颇有威望。很多知青刚到农场的时候，不能适应农村艰苦的条件，她在生活上给予知青帮助，并耐心地去做他们的思想工作；20 世纪 70 年代南通地区发生地震，她来不及顾念自己的父母和子女，第一时间赶到知青宿舍组织所有人疏散，并将知青安顿好；每次要打农药的时候，她都会再三检查每个知青是否戴好了防护用具，生怕药水中毒，确保每一个人都符合要求才让他们下田。

有一次，1 名苏州知青和徐州知青闹矛盾，在棉花田里打起架来，任凭别人怎么劝都没用。大家只能把她找来劝架。看到她来了，两名知青立刻停止了拳脚相向。"不管你们有什么个人恩怨，都不该在棉花田里打架，你们把咱们大家的劳动成果都破坏了。"她把知青喊到一边说，"有什么矛盾告诉我，我来帮你们解决。这样的情况绝对不能再出现。"两名知青惭愧地低头认错。"知错能改还是好同志。"她拍拍知青的肩膀，3 个人都露出了笑容。

如今，每年都有几十名知青从江苏各地赶来农场看望她，40 年了，他们始终忘不了关心爱护他们的"老排长"。不久前 1 位知青专门从美国回来找到她表达感激之情，还专门从美国买了鱼肝油送给她，让她保重身体。

她是农场的第一人

20 世纪 70 年代，她所在的排连续多年获得南通农场乃至江苏农垦棉花亩产、水稻亩产第一名。1977 年，她被江苏省农垦局授予"农业学大寨运动优秀标兵"称号。在南通农场，她第一个获得中央农垦部"全国农垦系统优秀工作者"称号（1978 年），她第一个获得江苏省妇女联合会"三八红旗手"称号（1979 年）。

面对荣誉，她很谦逊，"我只是一个普通的农垦职工，我的本职就是把田种好。我从没想主动争取过什么荣誉，组织上给的表彰让我很是意外。"

回想起在南通农场连队工作的件件往事，她绝口不提所获得的诸多"第一"。三十多年的工作经历，让她感到满足，她的付出有了回报，在有限的土地上，生产了充足的农产品，并成为农场上下学习的典型，她在知青迷茫的岁月里，给了他们大姐姐般的关怀和帮助。三十多年的工作经历，也让她感到愧疚，她把精力全部投入了农垦农业生产的事业中，很少有时间去照顾父母和教育子女。身教重于言传，她对工作的执着与坚守，父母一定能够理解，子女也必定耳濡目染。

二、中央农垦部先进工作者严晓明

严晓明，原南通农场四分场 24 连指导员，一个朴实无华的农场事业开拓者。正是这个朴实无华的开拓者，在南通农场这片历史星空中留下了耀眼的光芒：全国农垦系统 1979 年先进工作者、"一水两旱"三年轮作制突出贡献者、全国农垦 1979 年红旗单位先进集体先进生产者、江苏省棉花高额丰产单位管理者……这一个个沉甸甸的荣誉背后，是一个老人几十年如一日的艰苦奋斗和辛勤付出。"家里事再大也是小事，单位事再小也是大事"，这是老人一生坚守的人生准则。

服务人民　充分调动群众的积极性

1965 年，严晓明来到农场，那是三年困难时期过去的第四年，也是南通农场开垦后的第八年。在那个百废待兴、经济文化水平十分落后的年代，增加农业产量就成了保障人民群众生活水平的重中之重。在看到相邻的东方红农场后有两三百米长的土地上杂草丛生，他忽然灵机一动：为何不把这块荒地变废为宝呢？于是，他请来机耕队开垦，在上面种上了山芋。在家前屋后、田间地头的边角碎地上，他鼓励群众种芹菜、栽韭芽、种黄豆，闲暇时候做豆腐、茶干，改善生活。

在专心农业生产的同时，为丰富群众的精神生活，严晓明置办了乒乓球台、新建了足球场，甚至还买了当时的新奇电器——电视机，这样，群众的生活水平提高了，积极性上来了，农民生活有了积极性，如发现作物如有虫或有问题都会主动汇报，这样农业生产从不出事，产量也比别人高了。"大家积极性上来了，把我也调动起来了。"严晓明笑着对我说。

团结邻里　做好职工群众的知心人

当时的农场群众中存在一种不良的习惯：忙不吵架，不忙就吵架。为了解决这个不好的现象，严晓明想出了办法：农活闲暇时候，上午组织百姓上课开会，下午各自回家做家务干活。这样一来，一方面百姓的教育水平得到了提升，另一方面百姓的闲暇时间少了，吵架也就少了。

在工作的几十年里，大风大浪他都经历过，百姓有困难内部调解，甚至是自己私人救济，从不拖欠公款。群众的工作问题、学习问题，甚至小孩问题，他全部考虑到。工作期间有人生病了，他带去看病，并帮忙照顾；有知青偷米，他为顾全其面子，私下教育。在闲暇时候，他在邻里乡间走动，脚步走过连队的每一寸土地，倾听群众说法，主动解决群众生产生活困难。

参加革命以来，他把一生都交给了农场，几十年如一日，一直到退休。退休了，邻里之间有小矛盾，他还会出面调解，热心劝阻。"邻里间都是大事变小事，小事劝好了，就没有大事啦。"

关爱子女　他是子女教育的好榜样

严晓明有 3 个孩子：大儿子严卫东，二儿子严卫国，女儿严卫红。除了自己被评为全国农垦先进工作者，他还把劳模精神传递给了下一代，二儿子严卫国以父亲为榜样，成为江苏省总工会五一劳动奖章获得者，享受南通市劳动模范待遇。

当我问起老人有没有什么教育子女的心得时，老人开心地笑了。家里的小孩，严晓明教育他们，玩归玩，但是千万不要耽误了工作和生活。他教育子女要做一行爱一行，不能做一行破一行。要正确认识自己取得的成绩，自己说好没用，要大家都说好才是好，因此 3 个孩子都忠厚老实。二儿子严卫国毕业后，严晓明当时的工资每月只有 29 元，严卫国要他拿一百多元买书，他欣然同意，唯一的要求是要好好学，多学习，后来严卫国也学出自己的本事。

因为年代久远、工作调动等原因，资料多有毁损，再加上老人年事已高，对老人的采访获得的信息有限，但短暂的交流足以看出，老人数十年的光辉岁月里，虽然经历了无数的大风大浪，但是其勤劳善良、无私奉献的高风亮节，永远是我们年轻一辈学习的榜样。

三、江苏省劳动模范陈汉丰

陈汉丰，男，1956 年 5 月出生，1974 年参加工作，1984 年开始到连队从事农业生产，先后在农场三十二大队、三十七大队、三十六大队、三十四大队任队长。他在 1996 年被评为江苏省劳动模范。陈汉丰的父母亲是南通农场建场初期就参加开荒拓垦的第一代农场人，他本人作为第二代农场人，作为一名省劳模，始终认为劳模不仅仅是一项个人荣誉，更多的是一种责任。

在日常的工作学习中，他总是自觉维护劳模形象，积极弘扬劳模精神，切实发挥模范带头作用，真正做到了永葆劳模本色。他长期在农场基层单位工作，无论是在担任单位主管还是任职支部书记期间都能加强自身学习，注重运用党的先进理论思想来武装自己，不断拓宽知识面来提高自己，加强自身道德修养，牢固树立清正廉洁的为政理念，切实起到模范带头作用。

在带动和服务职工群众增收致富方面，他精于管理、贴心服务，在农忙关键时刻既当指挥员又做战斗员，带头参加劳动，在生产过程中注重科学管理，追求精益求精，单位年终效益和粮食单产等各项指标每年都名列农场前茅。在担任专职支部书记之后，发挥自身职能优势，积极配合和协助好单位主管搞好农业生产，2010 年和 2011 年他所在的联合体连续两年年终亩均效益和水稻单产获得了全农场第一名。中棚西瓜是农场职工种植的主要经济作物，经济效益与大棚西瓜有较大差距。他积极联系和引进外地瓜农带动单位职工从事亩均效益超万元的大棚滴灌西瓜种植。近年来，通过外地瓜农的示范带动，单位大棚西瓜种植面积一直比较稳定，职工收入每年都能稳定提高。

在扶贫帮困方面，他想职工之所想，急群众之所急，积极帮助困难职工解决实际困难。前些年，农场鼓励农业职工从事粮食规模生产，走少数人种多数田的经营模式。一些职工有经营管理能力但苦于资金缺乏，他积极为职工提供担保并帮助申请办理低息贷款，紧要时期还借出自有资金供一些职工进行周转使用，使一些职工很快走上了致富道路，往年拖欠的 3 万多欠款第一年全部还清。在农场推行模拟股份制联合体承包经营模式后，他组织其他致富成员一同自掏腰包帮个别无力入股的困难职工垫支联合体投股金，显著地带动了该职工经济收入的提高。通过实现模拟股份制联合体职工全员参股，使这一经营模式带动职工增收，实现农场的综合效益得到最大化的发挥。

作为一名省劳动模范，只要组织需要，不管是在农业上还是社区或是在存续农场中，他都会无条件服从组织安排，并且在自己岗位上继续发挥模范带头作用，他一直说这是他作为一名共产党员最基本的党性觉悟。他告诉我们，劳模精神的实质就是艰苦奋斗、勇于奉献、开拓创新。

四、江苏省"五一劳动奖章"获得者严卫国事迹

严卫国是江苏农垦南通电力公司生技科的一名普通员工，他主要负责公司施工工程的现场质量监督管理工作。他是江苏省"五一劳动奖章"的获得者和江苏农垦首届文明标兵，也是工程项目公认的技术能手，是质量管理工作的"严把关"。

学习，一直在路上

严卫国工作时认真履行自己的职责，工作之余努力学习国家的企业质量管理方针、政策和法规，系统地掌握质检工作的专业知识，带动生技科新老员工一同进步，实现了员工素质的自我提升，增强了严卫国创新工作室这一团队的战斗力。在完成本职工作的同时，他积极撰写管理、质量、技术等方面的文稿，为公司的技术及质量管理工作做出了积极的贡献。

质量，企业的生命

作为一名质量员，严卫国曾负责过农场星港湾花园、星苏花园一期供配电工程的现场施工质量。星港湾住宅小区是南通开发区在农场建设的低价位商品房，江苏农垦南通电力公司承揽了该小区供配电设施的工程施工。该工程工期紧、工程量大，在短短的90天内要完成11台箱变、2台环网柜、40台分支箱、10250米高低压电缆及配套设施的安装、调试。公司领导把此项重任交给了技术精湛、工作认真负责、公司人称"严把关"的严卫国。此次工程施工恰逢国庆60周年大庆，严卫国放弃了所有休息日，每天他总是第一个到现场，监督施工人员严格按照设计和规范施工，尤其是对隐蔽工程和基础工程，要求每根管线的埋放深度达标并经他验收后方可盖土，每个基础的钢筋按规格敷设合格后才能浇筑混凝土。发现问题及时解决，不能解决的及时和公司领导沟通，从不叫苦叫累，不计较个人得失，严把质量关。在他的监理下，工程进度有条不紊，终于如期保质完成。

2016年公司领导安排本年度的最大施工项目——星苏花园二期供配电项目工程由他现场负责。为更好地完成工程，不辜负领导的信任，在施工前，严卫国首先对图纸充分理解，制作各种统计表格，并根据施工图纸，制作了整个小区简洁版的管线图，在施工管理

过程中发现问题，及时发放整改通知书。

在工程施工过程中，除要求施工单位提供现场照片外，还要加强现场巡查；打铁还需自身硬，严卫国多次拒绝施工单位吃请，敢于顶真，现场共更换不符合合同要求的钢管1300 余米，更换不符合图纸要求的角铁 200 余米，不符合图纸要求的扁铁近 1000 米，扒掉并重砌手井 7 眼，扒掉并重放管线 5 处，有效地保证了工程质量。

沟通，和谐的节奏

质量管理工作受多方的牵制，上有公司的要求，下有施工现场实际情况的影响，作为搞技术、抓质量的严卫国来说，既要满足上面的要求，又要合理地指导现场施工，的确不是件容易的事情。处理每个问题都要从项目部的整体利益出发，以质量安全为前提，这往往与公司、监理和施工队的利益相冲突。但他善于动脑筋思考问题，积极创造和谐氛围，积极与建设方公司、监理沟通交流，获得理解，以保证质量为底牌，争取他们能站在自己的角度考虑问题，这就使得本来复杂的问题变得有条理，有路可走。在对下面人员的工作中，严卫国体恤民工的艰苦生活，经常去民工宿舍嘘寒问暖，替他们解决生活中的各种问题，跟他们聊天，激发民工的干劲，但在质量关口却毫不退让，严守底线。这种"软硬皆施"，有原则、会变通的战术，使得公司的工程质量管理工作能够正常有序地进行。

严卫国不仅有面对困难的勇气，肩负使命的志气，还有责无旁贷的豪气和坚定必胜的信心，他立足岗位，严格把好工程质量关，保质保量地完成质检任务和质量指标，为圆满完成生产经营不辞劳苦地辛勤耕耘着。

五、南通市劳动模范杨希高事迹

杨希高，原江苏农垦南通粮油加工厂厂长，个子不高，虽已头发花白，但依然红光满面、精神矍铄。

当年的先进事迹

追忆起当年在粮油加工厂的工作经历，杨希高顿时神采飞扬。老厂长 1940 年 6 月生于南通恒心通如村中心组一个祖代农民的家庭，姐兄弟 5 人，他最小。1961 年学校毕业后，国家统一分配到南通农场五大队劳动。1987 年调粮油加工厂任厂长。

他调进粮油加工厂后，一头沉入干部职工群众中。他和工人一起干活，和干部一起促膝谈心，和办公室人员一起修订完善厂规民约，一起执行改善住房方案。他一方面狠抓领导班子，积极调整科室和车间领导班子，让年轻能干的人担任领导；一方面抓增产，组织人员采取优惠价格，优质服务，到社会上多购粮油加工原料。1988 年收购油菜籽从 1987年 1200 万斤提高到 1600 万斤，增加了 25％。大量收购了油菜籽，生产加工最大化发展，狠抓生产能力挖潜能，落实超产奖励工资，职工加班加点就马上兑现奖金福利，大大提高了生产热情。他千方百计增收节支，1988年以前，工业煤渣都倒在河里，或出钱请人拉走。后来，他发现煤渣用处很大，他对外招标用煤渣调换砖头，以前每年倒掉的煤渣可兑换到15万块砖头。又如，以前油脂下脚都要出钱请人工作为废料倒掉，后来他发现油脚也有用，随着化学工业的发展，油脚成了宝贝，每年约有200吨油脚可为厂里增资10多万元。1988年，他来厂的第二年，工厂被评为市三级计量合格企业。1989年，加工厂档案管理被评为市级先进，能源管理被评为市级先进。1990年，标准化管理被定为国家四级，能源管理成为省级先进。三年连续创立百万元。南通农垦公司组织百万利润厂际竞赛获第一名。

杨希高深深懂得，作为厂长光靠自己的模范带头和行政命令想把企业搞好还是远远不够的。他真心实意地为干部群众的利益着想，充分发挥企业职工代表大会的作用，发扬民主依靠职工办企业，组织形式多样的劳动竞赛，调动干部职工的生产自觉性。杨希高的模范行为影响提高了全厂干部职工为国家集体生产劳动的积极性。因而他调到粮油加工厂的头四年连续创利税百万元，1990年他被评选为南通市劳动模范，当之无愧！

永不退休的劳模精神

2000年本来应该退休的杨希高被农场挽留在清理组协助农场改制，改制任务艰巨，他建立标准，严明原则，积极为大家服务，得到群众的一致好评。到了73岁才真正退休，开始享受退休生活。

杨希高退休后十分关注时事政治，《海峡两岸》和《中国新闻》都是他每天必看的节目。并且十分注重养生锻炼，墙壁上都是老厂长自己亲自画的太极拳谱，每天都要打上一套。

退休后还发挥余热，积极为社区群众排忧解难，前段时间农场星苏广场由于场地限制，来此锻炼的居民容易因为场地原因发生争执。老厂长看到后积极与社区和承包商沟通协调，扩充场地增设音响，方便社区群众，大家纷纷为他"点赞"。

六、南通市劳动模范陈润林事迹

"我要踏踏实实做好自己的工作，才能对得起培养我的党和单位。"陈润林为原南通农场农业服务中心主任、种子公司经理、农科所所长，退休已近18年，曾从事基层工作近40年，工作期间时时刻刻用这一句话来激励自己、提醒自己，靠扎扎实实的工作作风和平易近人、刻苦钻研的人格魅力赢得了广大职工的支持和赞扬。在他的带动下，农场科研小组8次获得国家、省、市、农垦级科学技术奖，他本人更是荣获30余项表彰，1988年被授予"南通市劳动模范"称号。

他是农业科技的带头人

1962年，陈润林毕业于南通农业专科学校，经国家统一分配来到农场工作。他凭借扎实的农学专业知识，从基层做起，从技术员一步步成长为高级农艺师、全场农业科技带头人。为全场农业新技术和新品种的开发、科研、示范、推广做出了卓越的贡献，为全场农业现代化生产打下了坚实的基础。其中以他个人或以他为主完成的科研课题有6项，新技术、新品种的推广应用有10项，也因此1996年获得农业部"全国农牧渔业丰收奖"三等奖；1995—1997年先后4次分别获得江苏省农林厅授予的小麦高产一等奖、水稻高产二等奖及两次"吨粮杯"二等奖；1996年2月获江苏省农垦"吨粮田"建设科学技术进步一等奖；生物全钾肥、甜叶菊引进、无性繁殖科学技术进步二等奖；1995—1997年连续3次被评为"江苏农垦系统科技、种子先进工作者"并获奖状证书，更荣幸的是1997年11月他作为江苏农垦科技工作者的唯一代表出席了江苏省总工会第十次代表大会。面对荣誉，他很是谦逊，"我只是一个普通的职工，职工的本职就是把工作做好。我从没想主动争取过什么荣誉，组织上给的表彰让我很是意外。"

他是南通市劳动模范

基于陈润林几十年勤恳工作以及取得的成绩，1998年被南通市政府授予他劳模称号，这是对他几十年工作的肯定。个人获奖是一个方面，更重要的是农场的经济效益得到了显著的提升。据不完全统计（由农场财务提供）1995—1997年，全场累计比1994年增产粮豆3569.2万斤，增产皮棉6394担，增收产值3469.6万元，农业工人人均收入增收20490元。3年中，农场高产优质良种的生产销售较大幅度增长，累计比1994年增加销售1800多万斤，为农场累计增加利润214万元，所售良种深受长江中下游四省一市广大农民的欢迎，取得了可观的社会效益。此外，对于新技术、新品种，他总结了引进、试验、示范、现场交流、技术培训、推广的一整套工作方法，并作为专家在江苏农垦、南通地区、军区农场等地，广泛推广先进技术，并受到了大家一致好评。

他是南通农场的代言人

南通农场于1958年建场，在老一辈农垦人的共同努力下，在沿江一片芦苇荡里，喝泥沟水、住茅草房、肩挑背扛，用精卫填海的毅力，在长江天堑上围垦出美丽富饶的南通农场，并逐步建成为全国农垦系统的五面红旗之一。但由于种种原因，农场基础建设滞后，处处还是一片农村的景象。提升农场形象是促进农场快速发展的重要途径。当时，他带领的农场科研所科研成果多，经济效益大，具有很高的知名度，颇受江苏省农垦科教处的重视和支持。1982年，江苏省农垦拨款12万元，用于新建四层多功能"南通农场科技大楼"，这是农场第一座现代化大楼，大幅提升了南通农场的形象，即使在今天，也依然是南通农场的标志性建筑之一。

他是种子公司产业建设的领头羊

根据农业经济社会发展的趋势，1995 年 6 月在全场中层干部会上，他提出抓住市场契机，发展种子产业的构想，得到了领导的认可。说干就干，他仅用一年时间，就将种子站从老场部迁至中心队东、张江路旁，按现代化的模式，建成了一座自动化精选种子流水线，包括 4 座巨型立式金属仓、数座高质量大容量的种子库，实现生产精选良种 1500 万～2000 万斤，不仅满足了场内用种，还覆盖了通州、海门、启东、海安、如皋、泰兴等县市，同时远销到安徽、江西、浙江等外省，获得了良好的经济效益和社会效益。

七、江苏农垦劳动模范庄凤水事迹

庄凤水，时任江苏农垦集团南通有限公司（江苏省南通农场）投资发展部部长，自 1974 年参加工作以来，他干一行，爱一行，专一行，凭着丰富的工作经验、饱满的工作热情、执着的敬业精神，点燃了农场改革"二次创业"的火炬，从点滴做起，勤勤恳恳，为壮大农场国有经济和民营经济付出了心血，做出了贡献。

心怀改革改制，推进顺利改革

20 世纪末，江苏农垦掀起了改革改制浪潮，庄凤水负责场办企业的改制工作。企业改制涉及职工的切身利益，稍有疏忽就会引发社会矛盾，为保证工作效果，庄凤水常常夜以继日、全身心地投入改制工作，以此来谋求农场改革工作的顺利推进。

改制 24 家场办企业过程中，从简单的体力劳动到复杂的数据审查，庄凤水均亲自参与，他廉洁奉公，坚持公正公开，为农场变现了国有资产 1217 万元，清理应收款 530 万元，止住了农场经济"出血点"，为后来的二次创业"强体瘦身"赢得了先机。

情系民营企业，求得企业做大做强

为达到富民强场的目标，农场成立了招商办，庄凤水负责招商引资工作。他积极参与出台并完善了招商引资激励政策，以企业满意为工作的根本宗旨，只要企业有要求，他总在第一时间赶赴现场。

2006 年上半年，南通开发区决定对近年来新办企业补办农转建合法用地手续，这项工作政策性强，涉及政府多个部门，时间紧、任务重，庄凤水克服困难毅然接受领导的安排，为企业补办合法用地手续，一年多来，他每日穿梭于南通、南通开发区、农场之间，坐镇在南通开发区国土局、规划局整理资料，催办手续。连老父亲病危住院也未能尽到一个孝子的责任，但他丝毫没有怨言。

庄凤水真诚服务企业的行为终于获得了累累硕果，自 2003 年招商办成立以来，引进企业 68 家，总注册资金 14213 万元，安置就业人员 2527 人。

真诚服务群体，求得理解配合

在场办企业改革改制过程中，有 2700 多人实施转岗分流，为能有效消除矛盾，维护社会稳定，庄凤水一方面查文件，给领导出谋划策，一方面积极与分流人员取得联系，掌握他们的思想动态，与新组建企业负责人沟通，尽量留用原企业职工，在他的努力下有 500 多人被新企业留用了。

随着农场工业集中区规模的逐渐形成，环境保护成为一个棘手的问题，有的私企污染物未经处理随意排放，给周边居民的生产生活带来了严重的影响。庄凤水意识到，如果不及时解决好这个问题，后果不堪设想。为此他来到相关企业，和企业主们进行交流协商，深入群众当中，耐心做好说服解释工作，并不分昼夜亲临排污现场指导督查污水处理情况。"精诚所至，金石为开"，庄凤水以实际行动化解了一场一触即发的纠纷。

实施二次创业，铸就项目落地

南通大桥广告有限公司是南通农场二次创业的"开门"项目，其成功与否直接关系到农场二次创业的成败。为确保"开门红"，作为二次创业具体实施者的庄凤水主动负起责任，从项目的可行性调查、项目的立项审批到基础工程的招投标工作，包括施工过程中和周边居民的矛盾调解，他都全心全意投入其中，在广告牌基础工程施工期间，他经常深入现场，抓好施工质量、进度和安全生产工作。

"路人口似碑，人心是杆秤"，庄凤水严谨的作风、扎实的工作、出色的成绩，赢得了领导和同志们的交口称赞，他先后多次被农场及南通开发区评为先进工作者、优秀共产党员、优秀党务工作者，他所带领的科室 2006 年被评为"江苏省用户满意服务明星班组"，受到了江苏省经贸委、江苏省质量管理委员会等部门的联合表彰。在成绩和荣誉面前，他总是谦虚地说"我所做的工作只是在其位、谋其政，作为一名共产党人，我只不过做了我应该做的工作，我唯有做得更好，才不愧领导对我的培养和同志们的厚爱。"

八、江苏农垦劳模刘佩云事迹

刘佩云，1962 年 5 月出生在通州区石港镇睹史院村。1987 年来到南通农场，在事业上善思求变、勤劳朴实，从珍珠养殖、鱼蚌混养到生态农庄，体现着她吃苦耐劳、勇于开拓进取的决心；生活上勤俭持家、孝亲敬友，真诚对待每一天，用实际行动彰显着劳模精神。

刘佩云，出生在一个普通的农民家庭。从小跟着父母干农活，造就了她吃苦耐劳的美好品格。创业中，她善思勤奋、好学务实，在鱼池承包养殖上闯出了一番天地；生活中，她孝亲敬友、教子有方，用行动诠释着勤劳善良的美好品德。

善思求变搞养殖

1987年，25岁的刘佩云因为不想再留在偏僻的小乡村庸庸碌碌，便和姐姐一起来到南通农场求发展。考虑到在老家养过珍珠，所以就和姐姐一起在大明渔场南匡河做起了老本行。初到农场时，人生地不熟，条件异常艰苦，没钱租房子，硬是咬牙用南匡河边的芦苇搭起了芦苇房子，几个人就挤挤住了下来，这一住就是两年。虽然条件艰苦，但凭着坚忍不拔的毅力和扎实的养殖技术，两年来也产生了一定的经济效益，刘佩云从珍珠养殖中看到了希望。

或许是上天要考验这帮年轻人，日子刚有所好转，她们就发现养殖的珍珠因为水质受到污染质量明显下滑。因为那个年代的农场还没有科学的环保概念，初出茅庐的年轻人也不懂该向哪个部门求助，所以在支撑了两年之后，珍珠养殖夭折了。4年的珍珠养殖没有改变她们的命运，更没有带来经济效益。刘佩云不甘心，想重新把珍珠养殖做起来，可是，姐姐这时候有了不同的想法，她更想回到老家安分守己。在思想斗争了一段时间后，刘佩云做通了丈夫的思想工作，并做了人生中第一个勇敢的决定：继续留下来创业。

当时中心渔场搞鱼蚌混养项目，准备扩建100多亩水域。刘佩云从中又看到了希望，带上珍珠蚌投入到中心渔场的混养项目中。一开始对混养不了解，鱼放得少了，鱼蚌产值效益就不高，鱼放得多了，珍珠的产值就会下降。慢慢地，她通过自己的钻研摸出了一些门道，鱼蚌混养越来越好。后来刘佩云又响应农场的号召养起了四大家鱼。在养殖过程中，场领导组织养殖户学习科学发展观，并请来了上海海洋大学的教授亲自授课。刘佩云非常珍惜这来之不易的学习机会，每次老师来授课，她都会坐在最前面认真听讲，遇到不明白的知识点或是养殖过程中出现想不通的问题，她都非常主动地和老师交流，逐步掌握了品种选育、疾病防治、饲料选配、渔场管理等关键技术，先后到连云港选购大眼幼体蟹苗搞混养，承包养殖小甲鱼、河豚等，都取得了不错的收益。她也从一名普通的养殖户一跃成为农场有名的养殖大户。渔业养殖获得成功后，刘佩云并不满足于现状，她又学习周边的"生态农庄"，搞起了休闲鱼庄生意，并利用渔场空置的土地养了100多只草鸡。每逢周末，周边都有很多垂钓爱好者或者郊外踏青的人来到鱼庄享受轻松愉快的时光。

勤俭持家传美德

说起刘佩云的勤俭，和她一起生活多年的丈夫顾新华最有发言权。"为了节省几块钱的早餐费，她都是自己在家做早餐。"面对妻子，顾新华是既心疼又无奈，他更希望妻子把做早餐的时间用来多睡一会儿。但刘佩云不这么认为，她觉得每天在外面吃早餐，一个月至少要花两三百元，她不舍得花这个钱。现在，刘佩云已经退休了，也不用像原来一样早起，但是每天自己做早餐成为她的一个习惯。

刘佩云不仅勤俭持家，而且善待老人、教子有方。刘佩云的婆婆是一位神经官能症患者，平日里靠药物维持，一到发病就会出现莫名的神经焦虑，自言自语或是找人说话到天亮。每每遇到婆婆犯病，刘佩云总会细致耐心地开导婆婆，或是陪着婆婆到天亮，即使第二天要大忙也都没有改变过。除了在婆婆发病时耐心陪伴，在日常生活中，刘佩云也尽心尽力照顾好婆婆。婆婆稍微有点咳嗽，就急着为婆婆准备润肺的百合进行调理；婆婆最近体重变轻了，就忙着买鱼买肉为婆婆增肥；婆婆不舒服需要输液怕疼，就像照顾小孩子似的哄着婆婆……老太太逢人就夸刘佩云真是自己的好儿媳！

刘佩云的言行也深深地影响着其他的家庭成员，一家人相亲相爱，互敬互重。

九、江苏农垦劳模杨新民事迹

1992 年 7 月，杨新民从江苏水利工程专科学校电气技术专业毕业后，分配到江苏农垦南通电力公司工作。多年来他通过坚持不懈地刻苦学习、钻研业务，从一名普通技术员成长为苏垦南通电力公司经理、苏垦南通公司总经理，职务虽然不断变化，可始终不变的是他对农垦供电事业的一腔热情。

劳动维护公司信誉

2010 年 10 月 14 日下午，苏垦南通电力公司接到苏通园区的紧急通知，要求为园区重大项目集中开工仪式提供 300 千瓦容量的供电、保电任务，届时参加开工庆典仪式的有省、市有关领导和新加坡政府高层。园区领导对公司提出 3 点要求：一是把这项任务作为政治任务来完成；二是限期 4 天，为庆典仪式的前期准备工作和庆典仪式提供电源；三是做好从庆典仪式开始到结束期间的保电任务，确保开工庆典活动在供电上万无一失。

接到任务后，大家既兴奋，又紧张，这是公司有史以来第一次为大型重要活动服务。按照正常施工过程，用户停电通知、线路安装、拆除至少也要 10 天时间才能完成。这对一个只有 20 多名干部职工的公司来说，是前所未有的挑战。杨新民立即组织召开中层以上干部会，成立了 4 个突击施工指挥小组。

在施工过程中，杨新民和全体施工人员一起放弃周末休息时间，起早贪黑、各负其责、一丝不苟。经过整整两天的团结协作、奋力拼搏，终于在 17 日下午提前一天顺利完成了工程的安装调试。尽管庆典现场热闹非凡，但为了确保活动顺利进行，大家不敢有一丝懈怠，坚守在保电现场。一直到庆典活动圆满结束，大伙才松了一口气。

劳动保障安全生产

工作中，杨新民始终把安全生产放在第一位，严格落实安全生产责任制，加强对员工的安全教育培训。公司于 2006 年申领到国家电监会的《承装（修、试）电力设施许可证》，于 2010 年取得《建筑业企业资质证书》和《安全生产许可证》，成为江苏农垦唯一一家三证齐全、具有电力工程施工资质的单位，保证了安全规范操作。

2010 年 8 月初，持续高温，居民用电负荷猛增，许多变压器不堪重负，故障不断。针对这一情况，杨新民积极安排人员 24 小时值班抢修，对重点地段严重超负荷的变压器、配电箱确定技术方案，突击实施增容改造，以满足用电负荷的增长。8 月 3 日、5 日两天，杨新民和同志们一起冒着高温酷暑，对莫愁新村、农科所等 8 个小区共计更换改造变压器 6 台、配电箱 9 台，总容量 1890 千伏安，创历史之最，有效解决了以上区域居民用电困难。

劳动服务千家万户

2010 年 7 月 22 日下午，一场突如其来罕见的暴风雨夹着电闪雷鸣袭击了江海大地，造成公司两条高压线路供电中断，一时间江海港区等 6 个地方大面积停电。公司报修电话犹如一个个抢修命令，汇集到公司值班室。杨新民迅速组织人员商量方案、安排任务，组成两个抢修小组，分乘两辆工程抢修车奔赴故障现场。通过对线路情况仔细巡视，认真判断故障原因和范围，逐一解决，分段送电，一直到晚上 7 点多钟才全部恢复供电。接着又赶往 10 千伏通常 I 线故障地，这时已是晚上 9 点多，杨新民带着抢修人员顶着雷雨冒着被毒蛇毒虫咬伤的危险，艰难走过 1000 多米泥泞的农田，推掉了压在高压线上的大树，在雨中登高抢修、更换角铁横担。经过 2 个多小时的抢修，终于恢复了供电。群众家的灯亮了，工厂的机器转起来了，养殖户的担心也消除了，而他们拖着疲惫不堪的身子到家时已是深夜。

从一名普通员工到省农垦劳模，20 多年来，杨新民伴随着农场的发展壮大而成长、成熟。人们总说：是金子总会发光的！是啊，普通的同志，只要扎扎实实、爱岗敬业、甘于吃苦、乐于奉献，抱着对企业高度负责的工作态度，尽心、尽职地干好每一天的工作，一定会在平凡的工作岗位上创造出人生的辉煌。杨新民谦虚地说："成绩属于过去，荣誉归于大家，未来在于创造！"

十、江苏农垦劳模徐海滨事迹

徐海滨，曾任江苏农垦集团南通有限公司（江苏省南通农场）企业党总支书记、资产经营部副部长。他，瘦小精干、雷厉风行；他，情系职工、任劳任怨。他被农场职工亲切地称为"海书记"。

30多年来，徐海滨以其忘我的工作热情，脚踏实地，肯为职工办实事、理难事的工作作风和能力，以及他那不计个人得失、不图名利的一名共产党员的高尚品质，赢得了农场上上下下的一致首肯，多次受到江苏省农垦集团公司、南通开发区、农场党委的表彰，并荣获中国专利局颁发的《水田悬挂平墁机》实用新型专利证书。

亲力亲为　勇挑重担

在工作中，徐海滨是一位出了名的"拼命三郎"，作为一名党员干部，他深知自己责任的重大，因此，他总是亲力亲为，将自己的工作延伸到田间地头，深入到职工群众之中，了解情况，掌握实情，勇于建言，依靠职工，恪尽职守。

2009年的夏天，南通开发区农村工作局为了储备长江冲沙用于基础设施建设，需要临时征用通常汽渡南长江边上一块土地作为长江沙堆场。要求农场土管所在两天内将所涉土地范围内的青苗补偿工作结束并将土地腾出交予对方使用，时间紧、任务重，徐海滨接受任务后，面对涉及近300亩土地范围内的青苗面积、牵涉到几十户职工家庭、人员分散以及气候炎热等诸多困难，与同事一起起早贪黑，中午吃在田里，晚上挨家挨户上门发通知做工作，为了方便职工，他带领工作人员到田头为职工办理补偿手续，减少职工群众来回跑的次数，受到职工的欢迎，工作取得较好的效果，平稳腾出了土地，按时完成了上级领导交予的任务。

情系职工　乐于奉献

为职工群众办实事、办好事，让职工群众过上富裕的生活是每位共产党员的最大心愿，同样，这也是徐海滨30多年来的梦想和执着追求。

自苏通园区在南通农场开发建设以来，徐海滨身体力行，本着对企业和职工高度负责的精神，从讲政治、讲大局，维护社会和谐稳定的高度从事了对职工群众的青苗补偿工作，这项工作关系到150户职工群众的切身利益，工作中的艰辛和困难、受到的委屈和谩骂不言而喻，但他一直以谦虚谨慎、朴实无华的工作作风，履行好一位亲民、爱民、为民、助民的基层党员干部职责，千方百计地攻克工作中的困难，不断改进工作方式和方法，经常到职工家中交心，耐心地做好思想工作，讲明补偿政策，正确协调好补偿与被补偿的关系，争取双方利益共同点，圆满达成共识，维护一方稳定。

微笑服务　洁身自爱

微笑服务一直是徐海滨调处职工矛盾纠纷的重要法宝。2012年上半年，在苏通园区江海学校建设赔青中，有一位女同志由于不满青苗补偿数额，拿着一把菜刀气势汹汹地来到资产经营科的办公室寻衅闹事。徐海滨满脸微笑着拉了一把椅子让她先坐下，耐心地听她倾诉事情缘由，随后等她情绪稳定了，他耐心帮她分析赔偿标准及赔偿理由，在"海书记"大量实事求是的数据面前，她的火气也慢慢地消失了，也认识了自己冲动鲁莽险些造成的后果，最终达成一致意见。

作为一名党员干部，廉洁自律是本色。有一次，一个做工程的朋友请他出面为工程项目用地清除地面上的青苗，此事涉及许多职工的切身利益。他毫不为利所惑，始终保持清醒的头脑，不偏不倚，坚持按章公开、公正、公平竞标发包。

"老骥伏枥"，非为回报，可一分耕耘，必有一分收获，多年来，徐海滨以其忘我的干劲，骄人的实绩，赢得了农场干部职工的一致赞许，相继被农场党委、南通开发区评为先进个人、优秀共产党员、先进党务工作者。面对成绩和荣誉，徐海滨并没有满足，虽然还有几年就要从自己心爱的岗位上退休，但他仍是忘我工作着，发挥着夕阳的余晖。他常以"至人无己、神人无功"自勉，对自己所做的事情和获得的荣誉，他总是坦然地说："踏踏实实做人、勤勤恳恳做事、不图名利和地位，牢记党的宗旨，做好为人民服务的表率，走好自己人生的每一步。"

第四节 最美老干部

不忘初心老党员

苏垦南通公司（原南通农场）有这样一名老干部，他用自己的一生诠释着"不忘初心"的深刻内涵。

党委书记当起了"宣传员"

南通开发区南段靠近江边的8万平方公里土地（原南通农场场域），几十年前还是一片荒无人烟的江边芦苇滩。是无数的老一辈农垦人响应国家垦荒号召，"献了青春献终身，献完终身献子孙"，用愚公移山的精神演绎了"精卫填海"的奇迹。为更好地宣传南泥湾精神和垦荒事业，时任南通农场党委书记的葛克平自己花钱购买了一台入门相机，从那时起他就走上了业余摄影的道路。从此，摄影成为他一辈子的兴趣爱好，更成为他宣传农垦人精神风貌的利器。

党委书记当起了"宣传员"——在农垦系统一时传为美谈。他这个"宣传员"一当就是30多年。他用一张张图片讲述着，党的垦荒号召如何使江边芦苇滩变成了万顷良田；党的跨江联动战略又是如何打造出了一座科技新城、宜居之城、投资热土。他先后在人民日报、国家地理杂志、新华日报等媒体上发表作品3700幅次，参加全国、省、市影展影赛入选获奖286次。1994年，作品"五月村姑忙秧禾"入选第十七届全国摄影艺术展。

2004年5月，南通市文联、市摄影家协会、江海晚报、南通日报、南通电视台等单位在江海晚报社为"葛克平同志摄影作品集"举行了首发式和研讨会。

"拍摄苏通大桥第一人"

2002年，葛克平退休之时，正是大桥开始建设之年。退休后，本可以享受安逸的晚年生活，他却主动请缨，跟踪拍摄大桥施工。从地质钻探初勘，到大桥正式奠基；从在江中搭建试桩平台打下第一根桩，到主桥正式开工；从1088米主跨合龙，到2008年7月1日正式通车。他用镜头记录了大桥建设全过程的历史图像资料。

为保证拍好这个专题，在拍摄过程中，300.4米高的主桥塔先后上去过几十次。有一次，为了等待主桥塔封顶的镜头，他在300米的塔顶一等就是3个小时；还有一次，在拍摄桥面灌注沥青时，他一不小心，双手扎进130多度高温的沥青里，手烫伤深3度，至今仍留着伤痕。

功夫不负苦心人。他先后用胶卷、数码相机拍摄了11000多幅大桥的图片。为江苏省交通厅、南通城建局提供了大量的图片作为资料永久保存，为中央十套编制苏通大桥6集电视纪录片，提供了百余张图片。如今，在相关资料上、宣传画上的苏通大桥照片，基本是他当年拍摄的。多年来，他的照片成为南通市宣传区位优势的一张张名片。

发挥余热永不止步

如今，葛克平已经年逾古稀，但是这位老党员仍然以实际行动发挥余热，践行党的誓言。2009年以来，葛克平为南通老年大学、开放大学、南通开发区园区中小学、农垦系统等单位的学员讲授了200多堂摄影课程，听课超过3000人次。他今年已经76岁了，但是他仍然克服体力、精力下降的困难，不顾严寒酷暑、风吹雨打，坚持授课。

为了给学员呈现精彩的课程，他不断给自己充电，学习最新的摄影知识，收看最近更新的摄影网校课程。精心准备，编写教学课件，将他的很多摄影作品融入课件中。在课后，还要为学员们用PS软件修整图片、与学员互动、解决学员提出的难题。通过他的努力，越来越多的学员爱上了摄影，其中有退休干部、宣传工作者、小朋友、中学生……他们通过学习摄影，亲近了大自然，结交了新朋友，发展了兴趣爱好。

退休前，他忙着支援国家的垦荒事业；退休初，他又忙着拍摄南通的城建风貌；如今，他还在忙着为学员讲授摄影课程。2016年，葛克平从全市8万名离退休干部中脱颖而出，荣获"南通市最美老干部"称号。

第五节　见义勇为英雄先进事迹

2000年2月12日，农场职工王志明为维护国家、集体的公共财产安全，勇斗盗窃犯而中刀受伤。2月22日，江苏省农垦集团公司专门发文对农场职工王志明在国家利益和人民群众生命财产遭到不法侵害的紧要关头，把个人安危置之度外，义无反顾挺身而出，不惜用自己的鲜血甚至生命保卫国家、集体和人民生命财产安全的事迹向全垦区做了通报表彰（苏垦集党〔2000〕13号文）。随即，江苏农垦情况（第4期）刊登了关于农场见义勇为英雄王志明的事迹报道，并指出王志明是在垦区深入开展"五我"活动以来，涌现出的一名突出榜样，值得全垦区广大干部职工学习。同年4月2日，江苏省人民政府授予王志明等"江苏省见义勇为先进分子"荣誉称号，盛赞他们是维护社会治安秩序的功臣，是时代的英雄，是社会主义精神文明建设的楷模。以下是王志明英雄事迹宣传材料，执笔人任洪华。

血染的风采

2000年2月12日，农历正月初八，夜幕降临，万家灯火，人们沉浸在春节喜庆、祥和、安宁的节日气氛之中。

王志明早早地吃过晚饭，像往常一样手提电瓶灯走出家门去连队居民点和大队仓库等地巡视值班。

7点10分左右，当他经河边查到大队仓库时，发现一个陌生人，王志明即走上前盘问："你是什么人？干什么的？"对方惊慌失措地用普通话回答道："我……走亲戚……迷了路，想……想在这儿找个地方睡觉。"王志明见对方形迹可疑，神情慌张，当下喝道："这里哪是睡觉的地方！赶快离开！"陌生人随即急步往场外走，保持高度警惕的王志明立即紧跟过去。大约并排走到离路口50米的地方，对方见势不妙，趁王志明没有防备，突然向王志明左肋下猛刺了一刀……"不好，是坏人！抓住他！"王志明只觉得腰部一阵剧烈的疼痛，"抓坏人！"王志明奋不顾身，捂住伤口，疾步追了上去，一边追一边大声喊道"抓贼啊，抓贼啊"，又追了60多米终于在大马路上，一把死死揪住了歹徒的衣服，两人在8号田大水渠边扭在了一起。面对正义凛然、临危不惧的王志明，歹徒慌忙脱下了大衣和西装，向麦地逃窜。王志明又向前追了20多米，终因体力不支倒在了油菜地里。歹徒借着夜幕，如惊弓之鸟慌不择路仓皇向南逃跑，消失在茫茫夜色之中。

周围的群众听到呼叫声，立即闻讯赶来，只见38岁的英雄王志明，手上紧紧抓住了歹徒的衣服，倒在了血泊中。

案情迅速报告了通州市公安局，公安部门火速赶赴现场，警民合作，布下了天罗地网。

身负重伤的王志明被立即送往农场医院，经过应急处理，转通州市第三人民医院紧急抢救。

因为脾脏被刺破，失血过多，王志明同志被抬进急诊室时，已经没有了脉搏，瞳孔开始放大，生命危在旦夕！

面对生命垂危、奄奄一息的王志明，送他前来抢救的大队领导、王志明的亲人、左邻右舍脑海中不禁又浮现出小伙子昔日生龙活虎的情景：

王志明，1963年5月生，是家里的顶梁柱，小夫妻俩原来都是农场皮鞋厂工人。父亲曾是大队的老保卫，退休在家，母亲在家休养，一家人生活安宁，夫妻和睦，邻里融洽。1997年皮鞋厂改制，王志明下岗分流到十七大队承包农田。小伙子下岗不失志，1998年就承包了30多亩大田，1999年承包了10亩水稻田。同时，家里买了手扶拖拉机，跑些运输，小日子过得蛮红火。他十分孝敬老人，岳父家生活困难，丈人长期患病，小舅子又是弱智，他既当女婿，又当儿子，岳父家承包的责任田也由他负责收种，他和妻子起早贪黑，包揽了种、收、运输等劳动，再苦再累，毫无怨言。作为大包户，王志明一直自觉遵守农场、大队的各项规章制度，及时上缴税费，从不拖欠。1998年，大队领导看中他思想素质纯，做事认真、正派，责任心强，不斤斤计较，乐意帮助人，安排他为大队放水，职工满意，深受好评。鉴于王志明的认真负责，又安排他春节到大队仓库值班保卫，这里存放着大量的粮食、大豆、农药、化肥、农机等国家财产。

此时，所有在场的人都有一个共同的愿望：一定要救活我们的英雄！

时间就是生命！

通州市第三人民医院的领导职工无不为王志明为保护国家财产、奋不顾身、勇斗歹徒的英勇行为所感动。医院组织最强的医护力量，打破常规、千方百计采用各种办法，经过十几名医护人员2个多小时竭尽全力的抢救，手术获得成功，通州市第二人民医院为抢救王志明创造了奇迹。2月13日凌晨3点左右，王志明终于苏醒过来，脱离了危险，转危为安。

为了打击犯罪，尽快破案，稳定治安，通州市公安局根据王志明抓下的犯罪分子的衣服和作案工具等非常重要的物证，迅速将协查通报下发农场各有关单位和附近乡镇。农场干部、职工群众积极配合协助排查。天网恢恢，疏而不漏。一条条重要线索迅速汇集到破案指挥中心，案发不到24小时，犯罪嫌疑人就被缉拿归案。当人们告诉王志明这一消息时，他脸上露出了欣慰的笑容。一场警民同仇敌忾的人民战争取得了伟大胜利！王志明同志见义勇为的英雄事迹不胫而走，在南通农场、江海平原被广为传颂。《江海晚报》《南通日报》先后登载了他的英雄事迹。南通农场党政领导、通州市公安局领导和其他许多素不相识的人，纷纷到医院探望、慰问王志明。

王志明为保护国家财产，奋不顾身、勇斗歹徒的英雄行为是春寒料峭的江海平原上涌动的一股暖流！他的事迹是南通农场精神文明建设开出的一朵鲜花！他用自己的鲜血写下了一位农场职工应有的主人翁风采！

第六节　人物名录附表

建场以来农场党委主要负责人见表 7-1-3，农场行政主要负责人见表 7-1-4，1980 年以来农场县级以上人民代表见表 7-1-5。

表 7-1-3　建场以来农场党委主要负责人一览

姓名	职务	任职时间
徐志明	农场党委书记	1958.5—1960.4
张德仁	农场党委书记	1960.4—1966.11
李芳跃	苏建兵团二十三团书记	1969.11—1970.12
李志忠	苏建兵团二十四团书记	1969.11—1972.4
任静安	苏建兵团二十四团书记	1972.4—1975.8
张德仁	党的核心领导小组组长	1976.4—1978.11
黄德元	农场党委书记	1978.11—1982.3
李志民	农场党委书记	1982.3—1984.3
葛克平	农场党委书记	1985.1—1997.9
王钧强	农场党委书记	1997.9—2000.5
顾惠成	农场党委书记	2000.5—2003.11
陆耀辉	农场党委书记	2003.11—2006.12
仲银	农场党委书记	2006.12—2011.12
陆耀辉	农场党委书记	2011.12—2013.11
冯德龙	苏垦南通公司党委书记	2013.11—2018.6
严忠	苏垦南通公司党委书记	2018.6—

表 7-1-4　建场以来农场行政主要负责人一览

姓名	职务	任职时间
张德仁	农场场长	1958.5—1965.3
何静平	农场场长	1965.7—1967.3

（续）

姓名	职务	任职时间
钱兰卿	军管委主任	1967.4—1967.8
林昌乐	军管委主任	1967.8—1968.10
储广泉	革委会主任	1968.3—1969.10
范玉山	苏建兵团二十三团团长	1969.11—1970.2
王新庆	苏建兵团二十四团团长	1969.11—1970.2
王学堂	苏建兵团二十四团团长	1970.2—1972.4
王金亭	苏建兵团二十四团团长	1972.4—1975.8
郭洪义	领导小组负责人	1975.8—1976.3
周伟森	领导小组负责人	1975.8—1976.3
张德仁	革委会主任	1976.4—1978.11
黄德元	农场场长	1978.11—1980.6
李志民	农场场长	1980.6—1984.3
袁象耕	农场场长	1984.3—1990.12
葛克平	农场场长	1990.12—1993.12
王钧强	农场场长	1993.12—1997.9
仲银	农场场长	1997.9—2006.12
陆耀辉	农场场长	2006.12—2013.11
冯德龙	农场场长（兼）	2013.11—2018.3
陆耀辉	苏垦南通公司董事长	2013.11—2015.7
刘刚	苏垦南通公司董事长	2015.7—2018.6
严忠	苏垦南通公司董事长	2018.6—
冯德龙	苏垦南通公司总经理	2013.11—2018.6
杨新民	苏垦南通公司总经理	2018.6—2018.10
严忠	苏垦南通公司总经理	2018.11—
冯德龙	南通农场公司总经理	2018.3—2018.6
薛忠	南通农场公司总经理	2018.6—2020.1
朱忠惠	南通农场公司总经理	2020.1—

表 7-1-5　1980 年以来农场县级以上人民代表一览

姓名	代表类别	代表任期	备注
周平	通州县人大代表	1980.1—1984.12	—
曾昭华	通州县人大代表	1980.1—1984.12	—
张福英	通州县人大代表	1980.1—1984.12	—
袁象耕	南通市人大代表	1985.1—1989.12	—
袁象耕	通州县人大代表	1985.1—1989.12	—
王炳亨	通州县人大代表	1985.1—1989.12	—

（续）

姓名	代表类别	代表任期	备注
曾昭华	通州县人大代表	1985.1—1989.12	—
仲银	南通市人大代表	1998.1—2002.12	—
仲银	通州市人大代表	1998.1—2002.12	—
周永昌	通州市人大代表	1998.1—2002.12	—
陈汉丰	通州市人大代表	1998.1—2002.12	—
仲银	崇川区人大代表	2003.1—2007.12	—
陆惠平	崇川区人大代表	2003.1—2007.12	—
王玲美	崇川区人大代表	2003.1—2007.12	—
陆耀辉	崇川区人大代表	2008.1—2012.12	—
陈玉霞	崇川区人大代表	2008.1—2012.12	—
丁荣根	崇川区人大代表	2013.1—2017.12	—
薛忠	崇川区人大代表	2013.1—2017.12	—

第二章　集体荣誉

建场以来南通农场及场属单位荣获国家级荣誉见表 7-2-1、表 7-2-2，南通农场及场属单位荣获省部级荣誉见表 7-2-3、表 7-2-4，南通农场及场属单位荣获市及省农垦级集体荣誉见表 7-2-5、表 7-2-6。

表 7-2-1　建场以来南通农场荣获国家级荣誉一览

获奖单位	荣誉称号	授奖部门	获奖时间
南通农场	良种繁育一等奖	中央农垦部	1963 年
南通农场	全国农垦系统"五面红旗"之一、棉花高产样板、良种繁育"特等奖"	中央农垦部	1965 年 12 月
南通农场	全国农垦系统 1978 年度先进集体	国家农垦总局	1979 年 3 月
南通农场	全国农垦系统 1979 年度先进集体	国家农垦总局	1979 年 3 月
南通农场	全国农垦系统经营管理先进单位	中央农垦部	1979 年 11 月
南通农场	"两千亩水稻（水直播）全盘机械化栽培试点"科研成果二等奖	中央农垦部	1982 年 3 月
南通农场	"一水两旱三年轮作制"技术推广奖	国家农委、科委	1982 年 3 月
南通农场	全国农垦思想政治工作先进单位	农牧渔业部农垦局	1986 年 10 月
南通农场	发展瘦肉型猪奖状	农业部农垦局	1989 年 3 月
南通农场工会	全国农林系统工会宣传信息先进集体	中国农林工会	1999 年
南通农场	第二批农业部无公害农产品示范基地	中央农垦部	2005 年 11 月
南通农场	农业普查先进单位	国务院农业普查领导小组	2008 年 4 月
南通农场	全国农林水利产（行）业劳动奖状	中国农林水利工会全国委员会	2008 年 5 月
南通农场	农业部水产健康养殖示范场	农业部办公厅	2008 年 12 月
南通农场工会	模范职工之家	中华全国总工会	2010 年 4 月

表 7-2-2　建场以来农场场属单位荣获国家级荣誉一览

获奖单位	荣誉称号	授奖部门	获奖时间
农场修造厂	2BD-10 型杂交稻精量播种机科技成果三等奖	中央农垦部	1978 年
大明农机站	全国农垦系统 1979 年度先进集体	国家农垦总局	1979 年 3 月
农场二中	全国农垦系统普通教育先进集体	中央农垦部	1979 年
农场二中	全国农垦系统普通教育先进集体	中央农垦部	1981 年 4 月
农场一中农场二中	全国农垦系统普通教育先进集体	中央农垦部	1985 年 9 月

（续）

获奖单位	荣誉称号	授奖部门	获奖时间
农场二中	全国农垦教育先进集体	农牧渔业部	1989 年 3 月
南通农场元件厂	全国质量集中考评二等奖	中国机械电子工业部	1991 年 9 月
南通农场元件厂	CCI、CTI 两个系列产品符合采用国际标准要求采标证书	中国机械电子工业部	1991 年 9 月
南通大桥广告有限公司	第 18 届中国国际广告节中国广告长城奖——创意奖	中国广告协会	2011 年 9 月
大明管理区工会	全国农村水利系统模范职工小家	中国农林水利工会全国委员会	2011 年 12 月

表 7-2-3　建场以来南通农场荣获省部级荣誉一览

单位	荣誉称号	授奖部门	获奖时间
南通农场	棉花生产成绩优异奖	江苏省革委会	1977 年 7 月
南通农场	计划生育先进单位	江苏省人民政府	1982 年
南通农场	"一水两旱三年轮作制"农村科技普及奖	江苏省人民政府	1982 年 3 月
南通农场	职工教育先进单位	江苏省人民政府	1983 年
南通农场	企业整顿先进单位	江苏省计经委企业整顿领导小组	1986 年 3 月
南通农场	江苏省先进集体	江苏省人民政府	1988 年 4 月
南通农场麦子百亩	江苏省 88 年"丰收杯"赛三等奖	江苏省	1989 年 2 月
南通农场工会	模范职工之家	江苏省总工会	2008 年 4 月
"通农"商标	2009 年江苏名牌农产品称号	江苏省	2009 年 12 月
南通农场工会	职工书屋	江苏省总工会	2010 年 5 月
南通农场工会	江苏省厂务公开民主管理先进单位	江苏省厂务公开协调小组	2010 年 5 月
江苏农垦集团南通有限公司	江苏省文明单位	江苏省精神文明建设指导委员会	2019 年 12 月
江苏农垦集团南通有限公司	2019 年江苏省健康单位	江苏省	2020 年 3 月

表 7-2-4　建场以来农场场属单位荣获省部级荣誉一览

单位	荣誉称号	授奖部门	获奖时间
农场长洪农机站	江苏省人民政府嘉奖	江苏省人民政府	1980 年 2 月
农科所	科学技术进步四等奖	江苏省农林厅	1982 年
农科所	陆地棉品种间杂交优势组合的筛选及应用四等奖	江苏省农科院	1983 年
南通农场农业办公室棉花高额丰产	江苏省 88 年"丰收杯"赛三等奖	江苏省	1989 年 2 月
南通农场元件厂	信息工作先进单位	江苏省电子器材公司江苏电子产品经济信息网	1991 年

（续）

单位	荣誉称号	授奖部门	获奖时间
南通农场一大队 等13个大队 22000 亩稻米	江苏省无公害粮油产地	江苏省	2003 年 12 月
南通农场招商办	2006 年度"江苏省用户满意服务明星班组"	江苏省经贸局	2007 年 1 月
南通农场团委	"江苏省五四红旗"团委	团省委	2009 年 3 月

表 7-2-5 南通农场荣获市及省农垦级集体荣誉一览

单位	荣誉称号	授奖部门	获奖时间
南通农场	1979 年先进集体	江苏省农垦局	1980 年 5 月
南通农场	粮食增产、经济盈余奖状	江苏省农垦局	1980 年 12 月
南通农场	1985 年生产建设成绩显著被授予锦旗	江苏省农垦总公司	1986 年 1 月
南通农场	江苏省农垦 1986 年度农机管理标准化农场	江苏省农垦总公司	1987 年 2 月
南通农场	江苏省农垦集团公司双文明先进单位奖杯	江苏省农垦总公司	1987 年 2 月
南通农场	绿化先进单位	江苏省农垦总公司	1987 年
南通农场	1987 年度农机管理标准化农场	江苏省农垦总公司	1988 年 1 月
南通农场	文明单位	南通市	1988 年 6 月
南通农场	1987—1988 年度三科达标竞赛优胜奖	江苏省农垦总公司	1988 年 1 月
南通农场工会	先进工会	南通市总工会	1989 年 1 月
南通农场工会	1988 年度先进基层工会	江苏省农垦总公司	1989 年 2 月
南通农场	1988 年度农村计划生育目标管理达标单位	南通市	1989 年 5 月
南通农场	1988 年度文明单位	南通市	1989 年 6 月
南通农场工会	"工会在异教 建设中的地位大家谈"活动中，被评为优秀集体	南通市总工会	1989 年 6 月
南通农场	江苏省农垦系统通讯报道先进单位	江苏省农垦总公司	1990 年 1 月
南通农场	江苏省农垦水稻千亩高产竞赛优胜奖	江苏省农垦总公司	1990 年 1 月
南通农场	江苏省农林厅水稻百亩高产达标奖	江苏省农垦总公司	1990 年 1 月
南通农场	通讯报道先进单位	江苏省农垦总公司	1990 年 1 月
南通农场	1989 年度安全生产单位	江苏省农垦总公司	1990 年 2 月
南通农场	1990 年度冬春水利先进单位	江苏省农垦总公司	1990 年 5 月
南通农场	先进体育单位	江苏省体委	1990 年 11 月
南通农场	绿化先进单位	江苏省农垦总公司	1990 年 12 月
南通农场	畜水生产先进奖杯	江苏省农垦总公司	1991 年 1 月
南通农场	会计报表评比成绩显著	江苏省农垦总 公司计财处	1991 年 2 月
南通农场工会	"双学双比"先进集体	南通市双学双 比领导小组	1991 年 3 月
南通农场	去冬今春农田水利建设先进单位	江苏省农垦总公司	1991 年 5 月
南通农场工会	"双学双比"竞赛活动先进集体	江苏省农垦总公司工会	1992 年 4 月
南通农场工会	模范"职工之家"	江苏省农垦总公司工会	1993 年 2 月

（续）

单位	荣誉称号	授奖部门	获奖时间
南通农场	江苏农垦创企业精神活动先进单位	江苏省农垦总公司	1994 年 1 月
南通农场	1993 年畜牧水产工作先进单位	江苏省农垦总公司	1994 年 3 月
南通农场	1994 年畜牧水产先进单位	江苏省农垦总公司	1995 年 4 月
南通农场	种子先进单位	江苏省农垦总公司	1996 年 2 月
南通农场	参加农垦农机援助获通报表彰	江苏省农垦总公司	1996 年 12 月
南通农场	小（大）麦"百亩方"优胜奖	江苏省农垦总公司	1997 年 2 月
南通农场	1996 年度农垦二级农机标准化农场	江苏省农垦总公司	1997 年 2 月
南通农场	1996 年度"最佳绿化领导工程"	江苏省农垦总公司	1997 年 2 月
南通农场	1997 年度"丰收杯"高产竞赛小（大）麦"百亩方"优胜奖	江苏省农垦集团公司	1998 年 2 月
南通农场	1995—1997 年度"双学双比"先进集体	江苏省农垦集团公司	1998 年 4 月
南通农场	场（厂）——级安全生产"优秀企业"	江苏省农垦集团公司	1998 年 5 月
南通农场	1998 年度财务管理先进单位	江苏省农垦集团公司	1998 年 12 月
南通农场	1998 年度"最佳绿化领导工程"	江苏省农垦集团公司	1999 年 1 月
南通农场	吨粮田千亩优胜奖	江苏省农垦集团公司	1999 年 2 月
南通农场工会	工会工作先进集体	江苏省农垦集团公司工会	1999 年
南通农场	1999 年度农业"丰收杯"高产竞赛吨粮田百亩优胜奖	江苏省农垦集团公司	2000 年 2 月
南通农场	1999 年度吨粮田百亩优胜奖	江苏省农垦集团公司	2000 年 2 月
南通农场	"双学双比"先进单位	南通市	2002 年
南通农场	江苏农垦 2002 年扭亏为盈先进单位	江苏省农垦集团公司	2003 年 1 月
南通农场工会	"万千百"活动组织奖、工会工作创新奖和革新奖	江苏省农垦集团公司工会	2003 年
南通农场	2003 年度先进企业、2003 年度招商引资先进单位	江苏省农垦集团公司	2004 年 2 月
南通农场	通讯报道先进单位	江苏省农垦集团公司	2005 年 3 月
南通农场工会《大力推进非公企业职工民主管理》	2005 年度工会工作创新成果首创性工作成果	江苏省农垦集团公司工会	2006 年 2 月
南通农场	江苏农垦创建标准化职代会单位	江苏省农垦集团公司	2006 年 2 月
南通农场	南通市文明单位	南通市委、市政府	2007 年 12 月
南通农场	农垦广播好新闻评选一等奖	江苏省农垦集团公司	2007 年 11 月
南通农场	2006 年度先进企业	江苏省农垦集团公司	2008 年 2 月
南通农场	2007 年度新闻宣传工作先进单位	江苏省农垦集团公司	2008 年 2 月
南通农场	江苏省农垦企业工会建设年活动先进单位	江苏省农垦集团公司	2008 年 2 月
南通农场工会	农垦企业工会建设年活动先进单位	江苏省农垦集团公司工会	2008 年 3 月
南通农场工会	农垦工会服务和促进二次创业先进集体	江苏省农垦集团公司工会	2008 年 3 月
南通农场	南通市新品葡萄展示会暨第三届通州市葡萄博览会银奖	南通市	2008 年 8 月
南通农场	南通市质量管理先进企业	南通市	2008 年 8 月
南通农场	市容环卫责任区管理工作责任状签订先进单位	南通市城市管理局	2008 年 10 月
南通农场	2008 年度先进企业称号	江苏省农垦集团公司	2009 年 2 月

（续）

单位	荣誉称号	授奖部门	获奖时间
南通农场	江苏省农垦工会服务二次创业先进集体、江苏省农垦和谐劳动关系企业	江苏省农垦集团公司	2009 年 2 月
南通农场工会	先进职代会单位	江苏省农垦集团公司工会	2009 年 12 月
南通农场工会	优秀职工书屋	江苏省农垦集团公司工会	2009 年 12 月
南通农场	江苏农垦 2009 年度先进企业	江苏省农垦集团公司	2010 年 1 月
南通农场工会	工会服务二次创业先进集体	江苏省农垦集团公司工会	2010 年 3 月
南通农场工会	和谐劳动关系企业	江苏省农垦集团公司工会	2010 年 3 月
南通农场工会	先进职代会单位	江苏省农垦集团公司工会	2010 年 3 月
南通农场工会	江苏农垦职工广场舞比赛组织奖	江苏省农垦集团公司工会	2010 年 11 月
南通农场工会	"五五"普法工作先进集体	南通市总工会	2010 年 12 月
南通农场	江苏农垦 2010 年度先进企业	江苏省农垦集团公司	2011 年 2 月
南通农场	防范和处理邪教问题先进集体	南通市	2011 年 3 月
南通农场	江苏农垦先进企业	江苏省农垦集团公司	2012 年 2 月
南通农场	文明单位	南通市	2012 年 2 月
南通农场	南通市知名商标	南通工商局	2012 年 1 月
南通农场	和谐劳动关系企业	江苏省农垦集团公司工会	2012 年 3 月
南通农场工会	优秀职工书屋	江苏省农垦集团公司工会	2012 年 3 月
南通农场工会	帮扶工作先进集体	南通市总工会	2012 年 11 月
南通农场	2012 年度"江苏农垦先进企业"	江苏省农垦集团公司	2013 年 2 月
南通农场微孔增氧技术	2012 年度江苏省农垦农业科学技术进步三等奖	江苏省农垦集团公司	2013 年 2 月
南通农场工会	农垦模范职工之家	江苏省农垦集团公司工会	2013 年 3 月
南通农场工会	模范职工之家	江苏省农垦集团公司工会	2014 年 3 月
江苏农垦集团南通有限公司	职工代表大会制度规范化示范单位	南通市总工会	2016 年 2 月
江苏农垦集团南通有限公司	职工代表大会制度规范化建设示范单位	南通市	2016 年 5 月
江苏农垦集团南通有限公司工会	"栾馨仁"先进集体称号	南通市	2017 年 4 月
江苏农垦集团南通有限公司	2017 年度江苏农垦网络好新闻三等奖	江苏省农垦集团公司	2017 年 10 月
江苏农垦集团南通有限公司	2015—2016 年度南通市文明单位	南通市文明办	2017 年 12 月
江苏农垦集团南通有限公司	2017 年度江苏农垦思想政治工作研究先进单位	江苏省农垦集团公司	2018 年 1 月
江苏农垦集团南通有限公司	江苏农垦 2019 年度先进企业	江苏省农垦集团公司	2018 年 3 月
江苏省南通农场有限公司	垦区企业文化阵地建设首批合格单位	江苏省农垦集团公司	2018 年 7 月
江苏农垦集团南通有限公司	江苏农垦优秀网站	江苏省农垦集团公司	2018 年 11 月

（续）

单位	荣誉称号	授奖部门	获奖时间
江苏农垦集团南通有限公司	江苏农垦"空中看农垦"宣传片三等奖	江苏省农垦集团公司	2018 年 11 月
江苏农垦集团南通有限公司机关工会	江苏省农垦模范职工小家	江苏省农垦集团公司工会	2018 年 11 月
江苏农垦集团南通有限公司	南通市文明单位	南通市	2019 年 12 月
江苏农垦集团南通有限公司	江苏农垦 2019 年度先进企业	江苏省农垦集团公司	2020 年 3 月
江苏农垦集团南通有限公司	江苏农垦文化阵地建设首批"优秀单位"称号	江苏省农垦集团公司	2020 年 3 月
江苏农垦集团南通有限公司	2020 年度江苏农垦突出贡献企业	江苏省农垦集团公司	2020 年
江苏农垦集团南通有限公司	2019—2020 年度江苏农垦宣传思想文化工作先进单位	江苏省农垦集团公司	2020 年
江苏农垦集团南通有限公司	2019—2020 年度南通开发区文明单位	南通开发区	2020 年

表 7-2-6　农场场属单位荣获市及省农垦级集体荣誉一览

单位	荣誉称号	授奖部门	获奖时间
南通农场 18 连、副业连、一分场机耕连、二分场机耕连	江苏省农垦学大寨、学大庆先进集体	江苏省农垦局	1978 年 3 月
长洪农机站	农机管理先进单位	江苏省农垦总公司	1983 年 5 月
农场一中	江苏省农垦系统教育先进集体	江苏省农垦总公司	1984 年 3 月
农场二中	江苏省农垦系统教育先进集体	江苏省农垦总公司	1985 年
农场二中	江苏省农垦系统教育先进集体	江苏省农垦总公司	1987 年
南通农场工会职工之家	模范职工之家	江苏省农垦总公司	1987 年
南通农场计财科	财务会计、统计报表一等奖	江苏省农垦总公司	1987 年
南通农场佳康 3 号收割机组	1988 年度先进联合先进机组	江苏省农垦总公司	1988 年 1 月
南通农场 JL-1065♯3	1988 年度先进联合收割机组	江苏省农垦总公司	1988 年 8 月
农场农科所	"地膜棉新技术大面积推广应用研究"一等奖（陈润林、周其林、顾鸿飞合作）	江苏省农垦总公司	1988 年
农场农科所	棉苗根病发生与防治研究一等奖	江苏省农垦总公司	1988 年
农场农科所	江苏国营农场水稻害虫综合防治三等奖	江苏省农垦总公司	1988 年
农场多种经营科	1987 年江苏农垦科学技术进步三等奖	江苏省农垦总公司	1988 年 3 月
农场二中	江苏省农垦系统教育先进单位	江苏省农垦总公司	1988 年 11 月
农场职业中学	江苏省农垦系统教育先进单位	江苏省农垦总公司	1988 年 11 月
农场中心幼儿园	制作教玩具比赛三等奖	江苏省农垦总公司	1988 年 11 月
农场医院后勤工会小组	先进工会小组	江苏省农垦总公司工会	1989 年 2 月
农场长洪分场工会	先进分场工会	江苏省农垦总公司工会	1989 年 2 月

（续）

单位	荣誉称号	授奖部门	获奖时间
农场加工厂分工会	先进分工会	江苏省农垦总公司工会	1989 年 2 月
农场十三大队分工会	先进分工会	江苏省农垦总公司工会	1989 年 2 月
农场园艺场连黄工会小组	先进工会小组	江苏省农垦总公司工会	1989 年 2 月
农场二中社会学科工会小组	先进工会小组	江苏省农垦总公司工会	1989 年 2 月
农场园艺场连黄组	89 年度连黄桃高产奖状	江苏省农垦总公司	1989 年 3 月
农场医院护理组	江苏省局护理知识竞赛第二名	江苏省农垦总公司	1989 年 5 月
南通农场江海酿酒厂	食品卫生先进单位	南通市	1989 年 6 月
农场职业中学	八九年度教育先进集体	江苏省农垦总公司	1989 年 9 月
南通农场江海酿酒厂	产品质量考核合格证	江苏省标准局	1989 年 10 月
农场加工厂	三级企业	江苏省农垦总公司	1989 年
农场农机安全管理站	农机监理先进单位	江苏省农垦总公司	1990 年 2 月
农场第二中学微机兴趣小组	市计算机竞赛鼓励奖	市教育局	1990 年 3 月
农场中心小学	市小学生足球大赛冠军	南通市体委	1990 年 5 月
农场长洪分场六、九大队	水稻千亩高产栽培优胜奖	江苏省农垦总公司	1990 年 12 月
农场长洪分场三、六、九大队	小麦百亩丰产方达标奖	江苏省农垦总公司	1990 年 12 月
农场中心分场河南片、河北片、江边分场十九大队	小麦千亩丰产片达标奖	江苏省农垦总公司	1990 年 12 月
农场六、二十四、九、十五、十九、三十二、三十八大队	水稻百亩丰产方达标奖	江苏省农垦总公司	1990 年 12 月
中心分场三、三十七大队；长洪分场十三大队	水稻千亩丰产方达标奖	江苏省农垦总公司	1990 年 12 月
南通农场元件厂	遥控开关获金鹰奖	南通市经济委员会	1990 年
农场文娱演出队	江苏省农垦首届艺术节演出优秀节目奖两名	江苏省农垦总公司	1991 年 1 月
南通农场农机监理站	先进单位	江苏省农垦总公司农机械安全监理所	1991 年 2 月
南通农场物资公司物资仓库	江苏省农垦商业物资系统先进单位	江苏省农垦总公司商物公司	1991 年 3 月
南通农场物资公司	先进企业	江苏省农垦总公司	1991 年 3 月
南通农场女工委员	"双学双比"先进集体	南通市"双学双比"协调小组	1991 年 3 月
南通农场加工厂	先进单位	江苏省农垦总公司	1991 年 5 月
南通农场中心分场团总支	抗灾救灾工作先进集体	共青团南通市委员会	1991 年 8 月
南通农场农机科	在技术革新与新技术推广活动中成绩显著	江苏省农垦总公司	1991 年 11 月
南通农场汽修厂	汽车维修行业质量验收优胜企业	南通市汽车维修行业管理处	1991 年
南通农场元件厂	重合同守信用单位	南通市工商局	1991 年
南通农场农机科	中级驾驶员培训工作一等奖	江苏省农机局	1992 年 1 月
南通农场宣传科	宣传工作先进集体	江苏省农垦集团公司	1992 年 2 月
农场中心小学	教育达标验收先进集体	江苏省农垦总公司	1992 年 3 月

（续）

单位	荣誉称号	授奖部门	获奖时间
农场中心小学	小学生足球比赛第二名	南通市体委	1992 年 4 月
农场多种经营公司	思想政治工作先进单位	江苏省农垦总公司	1992 年 12 月
农场加工厂	先进工会	江苏省农垦总公司	1992 年 12 月
南通农场中心小学	"双学双比""三八"绿色工程活动先进集体	江苏省农垦总公司	1994 年 4 月
农场农业科	科技推广先进集体	江苏省农垦总公司	1995 年 3 月
南通农场工会	先进工会	江苏省农垦总公司工会	1995 年 11 月
农场多经公司党总支	先进基层党组织	江苏省农垦集团公司党委	1996 年 1 月
农场大明分场党总支	先进基层党组织	江苏省农垦总公司党委	1996 年 1 月
农场九大队党支部	先进基层党组织	江苏省农垦总公司党委	1996 年 1 月
农场长洪农机站党支部	先进基层党组织	江苏省农垦总公司党委	1996 年 1 月
农场加工厂党支部	先进基层党组织	江苏省农垦总公司党委	1996 年 1 月
南通农场农业科	南通市"双学双比"先进集体	南通市	1996 年 3 月
南通农场、南通农场大明渔场	1995 年畜牧水产"高产高效益竞赛"表彰	江苏省农垦集团公司	1996 年 5 月
南通农场江苏 50-17 号	标兵机车组	江苏省农垦集团公司	1996 年 8 月
南通农场物资公司	1996 年度农资连锁经营成绩显著单位二等奖	江苏省农垦总公司	1996 年 11 月
南通农场江边分场	南通市农村妇女"双学双比"竞赛活动先进集体	南通市	1997 年 3 月
南通农场多种经营公司	1996 年度畜牧水产工作畜牧水产单项年创利百万元以上先进企业	江苏省农垦总公司	1997 年 3 月
南通农场大明分场小麦百亩方	"三八"丰产方	江苏省农垦集团公司	1998 年 4 月
南通农场女工委	女工工作先进集体	江苏省农垦集团公司工会	1999 年
南通农场大明水产养殖场	2001—2002 年度区级文明单位	南通开发区党工委	2003 年 6 月
南通农场长洪分场十大队	2001—2002 年度区级文明单位	南通开发区党工委	2003 年 6 月
南通农场水利站	2001—2002 年度区级文明单位	南通开发区党工委	2003 年 6 月
苏垦南通电力公司	2001—2002 年度区级文明单位	南通开发区党工委	2003 年 6 月
南通农场女工委	双学双比先进集体	江苏省农垦集团公司工会	2003 年
南通农场女工委	双学双比先进单位	南通市总工会	2003 年
南通农场大明管理区工会、南通农场中心管理区工会、南通农场渔业管理区三孔桥养殖工会	江苏农垦学习型班组（集体）	江苏省农垦集团公司工会	2006 年 2 月
共青团江苏省国营南通农场委员会	南通市五四红旗团委	南通市	2006 年 3 月
南通农场招商办	2006 年南通市标准化工作先进集体	南通市	2007 年 3 月
南通农场人民调解委员会	人民调解防激化先进集体	南通市综治委	2008 年 3 月
南通农场农贸市场	星级文明市场	南通市工商局	2008 年
农场大明管理区	职工先锋号	江苏省农垦集团公司	2009 年 2 月
南通农场水利站	职工先锋号	江苏省农垦集团公司	2009 年 2 月
农场长洪管理区	学习型班组	江苏省农垦集团公司	2009 年 2 月

（续）

单位	荣誉称号	授奖部门	获奖时间
农场长洪管理区	学习型班组	江苏省农垦集团公司工会	2009 年 12 月
农场江边管理区	职工先锋号	江苏省农垦集团公司工会	2009 年 12 月
农场渔业管理区	学习型班组	江苏省农垦集团公司工会	2009 年 12 月
苏垦南通电力公司	职工先锋号	江苏省农垦集团公司工会	2009 年 12 月
南通农场社区管理委员	2009 年度社区管理先进单位	江苏省农垦集团公司	2010 年 1 月
南通农场社区委员	社区工作先进单位	江苏省农垦集团公司	2010 年 1 月
苏垦南通电力公司	职工先锋号	江苏省农垦集团公司	2011 年 3 月
苏垦南通电力公司	学习型班组	江苏省农垦集团公司	2011 年 2 月
南通大桥广告有限公司	"讲诚信、服务优"广告经营先进单位	南通市广告协会	2011 年 2 月
南通大桥广告有限公司	江苏省优秀广告作品铜质奖	南通市广告协会	2011 年 2 月
大明管理区党总支	先进基层党组织	江苏省农垦集团公司	2011 年 6 月
南通农场水利站党支部	先进基层党组织	江苏省农垦集团公司	2011 年 6 月
南通大桥广告有限公司	广告作品设计银奖、优秀奖	南通市工商行政管理局	2011 年 10 月
南通农场农贸市场	南通市"平安农场"先进单位	南通市平安市场创建活动办公室	2011 年 12 月
苏垦南通电力公司党支部	创先争优先进基层党组织	江苏省农垦集团公司	2012 年 7 月
南通农场企管工会	模范职工小家	江苏省农垦集团公司工会	2013 年 3 月
苏垦南通电力公司工会	江苏省农垦模范职工小家	江苏省农垦集团公司工会	2013 年 3 月
苏垦南通电力公司	2011—2012 年度江苏农垦基层思想政治工作先进单位	江苏省农垦集团公司	2013 年 7 月
苏垦南通公司计划财务部	江苏省农垦巾帼建功标兵岗	江苏省农垦集团公司工会	2016 年 2 月
苏垦南通电力公司	先进党支部	江苏省国资委	2016 年 2 月
苏垦南通电力公司	江苏农垦基层思想政治工作先进单位	江苏省农垦集团公司	2016 年 7 月
苏垦南通电力公司党支部	先进基层党组织	江苏省农垦集团公司	2016 年 7 月
苏垦南通电力公司表计班组	江苏农垦 2017 年度质量信得过班组	江苏省农垦集团公司	2017 年 12 月
苏垦南通电力有限公司施工队	江苏农垦工人先锋号	江苏省农垦集团公司	2020 年 3 月
江苏农垦南通电力有限公司党支部	先进基层党组织	江苏省农垦集团公司	2020 年 4 月

江苏南通农场志
JIANGSU NANTONG NONGCHANG ZHI

后记

在中国农垦农场志丛编纂委员会指导和江苏农垦集团南通有限公司党委领导下，经过编纂人员近两年的不懈努力，《江苏南通农场志》现已编纂完成，不日将付梓出版。这是继1988年农场成立30周年时编纂的《南通农场简史（1958—1988）》以后农场编纂的首部志书，是农场及农场公司制改制后企业文化建设的又一项丰硕成果。

自江苏农垦集团南通有限公司（江苏省南通农场）被列为第二批中国农垦农场志编纂单位以后，公司党委高度重视。一是成立了由党委书记、董事长任组长，党委委员为副组长，公司各部门负责人为成员的南通农场志编纂工作领导小组，负责农场志编纂过程中的统筹协调工作。领导小组下设编纂办公室，挑选业务熟悉、责任心强、熟悉农场情况并有相关工作经验的人员具体负责资料收集、整理、编写、审校等工作，并将此项工作列入相关职能部门绩效考核的重点内容，根据编纂进展情况决定考核得分。二是落实经费保障。农场志编纂是一项复杂的系统工程，离不开良好的物质基础和坚实的保障条件，为保障农场志编纂工作顺利进行，公司在年度财务预算中配备足额经费，以保障农场志编纂工作的顺利开展。三是制订工作方案。公司制订印发了《江苏农垦集团南通有限公司志书编纂工作方案》，力求全面、系统、准确地记述南通农场自然、地理、政治、经济、文化、社会事业等历史和现状，系统记录农场及公司发展与改革历程，传承农垦精神，服务乡村振兴。四是精心设计农场志篇目。根据农业农村部的要求和农场的实际，编纂人员精心编写了《南通农场志篇目》草案，包括序言、凡例、概述、大事记、后记及正文的建制地理、经济、管理体制、党建及群团工作、科技教育文化与卫生、社会生活、人物荣誉等主要内容。五是有序收集编纂所需资料。根据篇目要求，按内容拆分至公司各业务部门和有关单位征集资料，制定详细志书编纂基础资料征集范围及目录，召开志书编纂专题会议。印发农场志资料收集宣传页，在现有档案资料的基础上，动员农场各单位、公司各部门及社会各界，广泛收集资料，必要时到上级档案馆等部门查阅资料。六是在收集资料编写初稿的同时走访离退休老干部、知青，收集回忆录、个人笔记、视频、照片，核实资料真伪，组织农场志编纂领导小组成员及原农场老领导对农场志初稿进行校对审核定稿。

《江苏南通农场志》编纂过程中，得到了苏垦南通公司党委及各部门负责人的大力支持和热情配合，得到了农场退休老领导葛克平、王钧强、仲银、顾惠成、朱启明、周永昌、张耀康、曾昭华等积极支持并主动提出修改意见，同时也得到了兵团时期曾在农场工作过的老同志陆永其、徐景熙等人的热心支持，并提供材料、提出宝贵意见，在此一并表示感谢。

随着时代的变迁，农场不断地开发建设，农场情况发生了巨大变化。农场志编纂人员本着对历史、对现实、对未来负责的高度责任感，希望农场志成为一部展现农场历史、抢救农场文化、系统记录农场建场至今的发展成果、传承老一代农场人拼搏精神的志书。由于时间仓促，资料缺乏，加之编者能力所限，志书编纂中可能存在许多不足之处，希望读者加以批评指正。

编　者

2023 年 12 月